As Mudanças no Ciclo de Vida Familiar

Aviso ao leitor

A capa original deste livro foi substituída por esta nova versão. Alertamos para o fato de que o conteúdo é o mesmo e que esta nova versão da capa decorre da alteração da razão social desta editora e da atualização da linha de *design* da nossa já consagrada qualidade editorial.

artmed®
EDITORA

C322m   Carter, Betty
                As mudanças no ciclo de vida familiar: uma estrutura para a terapia familiar / Betty Carter e Monica McGoldrick; tradução Maria Adriana Veríssimo Veronese. – 2.ed. – Porto Alegre : Artmed, 1995.
                512 p.; 25 cm.

            ISBN 978-85-7307-833-6

            1. Terapia familiar. I. McGoldrick, Monica. I. Título

                                CDU 615.851

Catalogação na publicação: Mônica Ballejo Canto – CRB 10/1023

Betty Carter
Monica McGoldrick
& Colaboradores

As Mudanças no Ciclo de Vida Familiar

Uma estrutura para a terapia familiar

2ª Edição

Tradução
Maria Adriana Veríssimo Veronese
Psicóloga

Reimpressão 2011

1995

Obra originalmente publicada sob o título:
The changing family life cycle: a framework for family therapy

© Allyn and Bacon, 1989

Capa:
Joaquim da Fonseca

Preparação de original:
Antônio Falcetta, Rita de Cássia Marques

Supervisão editorial:
Mônica Ballejo Canto

Editoração eletrônica:
Formato Artes Gráficas

Reservados todos os direitos de publicação, em língua portuguesa, à
ARTMED® EDITORA S.A.
Av. Jerônimo de Ornelas, 670 – Santana
90040-340 Porto Alegre RS
Fone (51) 3027-7000   Fax (51) 3027-7070

É proibida a duplicação ou reprodução deste volume, no todo ou em parte,
sob quaisquer formas ou por quaisquer meios (eletrônico, mecânico, gravação,
fotocópia, distribuição na Web e outros), sem permissão expressa da Editora.

SÃO PAULO
Av. Embaixador Macedo Soares, 10.735 – Pavilhão 5 – Cond. Espace Center
Vila Anastácio – 05095-035 – São Paulo SP
Fone (11) 3665-1100   Fax (11) 3667-1333

SAC 0800 703-3444
IMPRESSO NO BRASIL
PRINTED IN BRAZIL

*Dedicamos este livro
aos nossos pais,
aos nossos maridos
e aos nossos filhos*

Agradecimentos

Gostaríamos de agradecer a várias pessoas, por seu apoio e ajuda na realização desta nova edição. Primeiramente, aos nossos colegas do *Family Institute of Westchester* e do *Community Mental Health Center of Robert Wood Johnsoti Medical School, UMDNJ*, especialmente ao Diretor, Gary Lamson, por seu incansável apoio aos nossos projetos. Também temos um grande débito com Myra Wayton, Lisa Fine e Jeannine Stone, por seu apoio administrativo, o que possibilitou nossa concentração neste projeto. Agradecemos a Mary Scanlon, bibliotecária da Escola de Medicina, por responder tão generosamente aos nossos intermináveis pedidos de referências e informação. E agradecemos a Andrea Lauritzen, Angela McLearney e Karen Welch, babás de John Orranidis, pelo apoio que tornou mais fácil este trabalho. Nossas redes pessoais de amigos e colegas também foram cruciais para intensificar nossa vida de trabalho.

Gostaríamos de mencionar especialmente Carol Anderson, Froma Walsh, Michael Rohrbaugh, Evan Imber-Black, Ron Taffel, Meyer Rothberg, Sandy Leiblum, Joyce Richardson, Rich Simon e os outros membros do *Women's Project in Family Therapy*: Peggy Papp, Olga Silverstein e Marianne Walters, por sua amizade pessoal e apoio. Agradecemos a Suzi Tucker e a nosso editor, Gardner Spungin, por sua ajuda na publicação desta nova edição.

Somos gratas a Neale McGoldrick, por trabalhar com seu habitual e inacreditável vigor, velocidade e capacidade para dar forma à complexa editoração artística.

Colaboradores

ROBERT C. AYLMER, Ed. D.
Newton, Mass.

CLAUDIA BEPKO, M.S.W.
Fair Haven, N.J.

JACK O. BRADT, M.D.
Clinical Assistant Professor
Departament of Psychiatry
Georgetown University
Washington, D.C.

EVAN IMBER-BLACK, Ph.D.
Director of Family & Group Studies
Department of Psychiatry
Albert Einstein College of Medicine
Bronx, N.Y.

BETTY CARTER, M.S.W.
Director, Family Institute of Westchester
Mount Vernon, N.Y.

EDWIN H. FRIEDMAN, M.A.
Consultant and Family Therapist
Washington, D.C.

RICHARD FULMER, Ph.D.
New York, N.Y.
Director, Family Therapy Training
Program, Fordham-Tremont
Community Mental Health Center
Bronx, N.Y.

NYDIA GARCIA PRETO, A.C.S.W.
Clinical Coordinator
Adolescent Day Hospital
UMDNJ- Community Mental Health Center
Piscataway, N.J.

RANDY GERSON, Ph.D.
Atlanta Institute for Family Studies
Adjunct Professor
Georgia State University
Atlanta, Ga.

FREDDA HERZ BROWN, R.N., Ph.D.
Director of Training
Family Institute of Westchester
Mount Vernon, N.Y.

PAULETTE MOORE HINES, Ph.D.
Director of Consultation and Education
New Brunswick Community Focus Team
UMDNJ R.W. Johnson Medical School CMHC
Piscataway, N.T

LYNN HOFFMAN, M.S.W.
Family Therapist and Consultant
North Amherst, Mass.

JO-ANN KRESTAN, M.A., C.A.C.
Fair Haven, N.J.

JENNIFER MANOCHERIAN, M.S.
Family Institute of Westchester
Mount Vernon, N.Y.

PAULINA McCULLOUGH, A.C.S.W.
Assistant Clinical Professor of Psychiatry
(Social Work)
University of Pittsburgh
Pittsburgh, Pa.

MONICA McGOLDRICK, M.A., M.S.W.
Director of Family Training
UMDNJ R.W. Johnson Medical School
CMHC e Department of Psychiatry
Piscataway, N.J.
Faculty, Family Institute of Westchester
Mount Vernon, N.Y.

JOHN ROLLAND, M.D.
Assistant Professor
Department of Psychiatry
Yale University, School of Medicine
New Haven, Conn.
Medical Director, Center for Illness in Families
New Haven, Conn.

SANDRA RUTENBERG, Ph.D.
Assistant Professor
School of Nursing
Queens University
Kingston, Ont., Canadá

ROBERT M. SIMON, M.D.
Associate Psychiatrist
Ackerman Institute for Family Therapy
New York, N.Y.
Private Practice, Norwich, Vt.

JUDITH STERN PECK, M.S.
Director of Clinical Administration
Family Institute of Westchester
Mount Vernon, N.Y.

FROMA WALSH, M.S.W., Ph.D.
Social Services Administration
University of Chicago
Faculty, Family Institute of Chicago
Chicago, Ill.

Sumário

Parte 1 – *Sumário conceitual*

1 As mudanças no ciclo de vida familiar — uma estrutura para a terapia familiar 7
Betty Carter, M.S.W. e Monica McGoldrick, M.S.W.
    A família como um sistema movendo-se através do tempo 8
    As mudanças no ciclo de vida familiar 13
    Os estágios do ciclo de vida familiar da classe média americana intacta 15
    Variações maiores no ciclo de vida familiar 22
    Conclusões 26

2 As mulheres e o ciclo de vida familiar 29
Monica McGoldrick, M.S.W.
    Desenvolvimento masculino e feminino 31
    Trabalho 34
    Estrutura doméstica 36
    Entre famílias: idade adulta jovem 36
    A união de famílias no casamento: o jovem casal 39
    Famílias com filhos pequenos 42
    Famílias com adolescentes 47
    Lançando os filhos e seguindo em frente 50
    Famílias mais velhas 53
    Divórcio e recasamento 56
    As mulheres e suas redes de amizade 57
    Lésbicas 57
    Saúde e doença: padrões do comportamento relativo aos cuidados com a saúde ... 58
    Terapia familiar 59
    Conclusões 60

3 Etnicidade e o ciclo de vida familiar 65
Monica McGoldrick, M.S.W.
    O conceito de família 66
    Estágios do ciclo de vida 67
    O jovem adulto sozinho 67
    O jovem casal 68
    Casamento inter-racial 69
    A transição para a paternidade e a família com filhos pequenos 70
    Famílias de adolescentes 71
    Lançamento 72
    Famílias no estágio tardio da vida 73
    Etnicidade e morte 74
    Problemas e suas soluções 76
    Cerimônias e rituais 77
    Imigração e o ciclo de vida 77
    Terapia 79
    Conclusões 82

4 O ciclo de vida familiar e a mudança descontínua 84
Lynn Hoffman, M.S.W.
    Feedback evolutivo 84
    Crescimento hierárquico 86
    Crises de estágio de vida esperáveis 87
    O conceito de mecanismos de medida 88
    Injunções paradoxais e a "prensa" 91

5 Questões do ciclo de vida familiar no sistema de terapia.. 97
Robert M. Simon, M.D.
Terapeuta que ainda não chegou ao estágio do ciclo de vida da família............................... 98
Terapeuta que está no mesmo estágio do ciclo de vida da família....................................... 99
Terapeuta que já passou do estágio de ciclo de vida da família... 100
Outras questões do ciclo de vida 101
Quando os ciclos de vida não se ajustam bem 103
Estudo da família de origem do terapeuta 104

6 Sistemas e cerimônias: uma visão familiar dos ritos de passagem.................................. 106
Edwin H. Friedman, M.A.
Três mitos que inibem a formação de uma visão de processo familiar................................. 108
Três ritos de passagem naturais 114
Três eventos nodais de ciclo de vida 127
Conclusões.. 130

7 Transições idiossincráticas de ciclo de vida e rituais terapêuticos.................................... 131
Evan Imber-Black, Ph.D.
Transições idiossincráticas de ciclo de vida 132
A emergência dos sintomas 133
Rituais terapêuticos 135
Rituais de transição 135
Rituais curativos... 138
Rituais de redefinição de identidade 140
Planejando e implementando rituais terapêuticos para transições idiossincráticas de ciclo de vida .. 142
Conclusões.. 143

8 Genetogramas e o Ciclo de Vida Familiar 144
Monica McGoldrick, M.S.W. e Randy Gerson, Ph.D.
Casamento e Recasamento 144
A transição para a paternidade e as famílias com filhos pequenos 149
Famílias com adolescentes... 153
Famílias no meio da vida: lançando os filhos e seguindo em frente..................................... 153
Casamento, a próxima geração... 156
Paternidade, a próxima geração 158
Famílias no estágio tardio da vida 161
Conclusões.. 164

Parte 2 – *O ciclo de vida da família de classe média tradicional*

9 O lançamento do jovem adulto solteiro.. 169
Robert C. Aylmer, Ed. D.
Desenvolvimento adulto e a teoria do ciclo de vida... 169
Fatores individuais... 170
Fatores do sistema familiar 171
Questões de carreira 174
Questões de intimidade 175
Considerações clínicas 179

10 A união das famílias através do casamento: o novo casal 184
Monica McGoldrick, M.S.W.
Fusão e intimidade 187
Casais homossexuais... 192
O casamento.. 195
Padrões com a família ampliada 198
Parentes por afinidade 201
A importância das questões fraternas 201
Diferenças culturais 202
Questões no ajustamento conjugal 203

11 Tomando-se pais: famílias com filhos pequenos 206
Jack O. Bradt, M.D.
Paradigmas em colisão 208

Espaço para os filhos 210
Sexo 212
Intimidade 212
A família ampliada 213
Reequilibrando o trabalho e a vida doméstica: de volta ao trabalho 214
Rivalidade entre irmãos 215
A família centrada na criança 217
Orientação para intervenção 217
Conclusões 221

12 Transformação do sistema familiar na adolescência 223
Nydia Garcia Preto, A.C.S.W.
A visão de transformação de três gerações 224
Tarefas da adolescência 225
Intervenção clínica durante a adolescência 236
Conclusões 246

13 Lançando os filhos e seguindo em frente 248
Paulina McCullough, A.C.S.W. e Sandra Rutenberg, Ph.D.
Mudanças demográficas 250
A mudança na função do casamento 252
Maturidade no meio da vida 253
Desenvolvimento de relacionamentos adultos com filhos adultos 255
Realinhamento dos relacionamentos para incluir parentes por afinidade e netos .. 258
Resolvendo questões com a geração mais velha 259
Considerações clínicas 260
Outras considerações 267

14 A família no estágio tardio da vida 269
Froma Walsh, M.S.W., Ph.D.
Transições e tarefas no estágio tardio da vida 270
Flexibilidade de papel e envelhecimento bem-sucedido 282
Avaliação clínica e questões de tratamento 284

Parte 3 – *O ciclo do divórcio*

15 O divórcio nas mudanças do ciclo de vida familiar 291
Judith Stern Peck, M.S.W. e Jennifer Manocherian, M.S.
Demografia 292
Revisão da literatura 293
O impacto do divórcio em diferentes estágios do ciclo de vida familiar 301
Implicações clínicas 316

16 A família pós-divórcio 321
Fredda Herz Brown, R.N., Ph.D.
O processo de tornar-se uma família de progenitor sozinho 322
Fase I — As consequências 323
Fase II — O realinhamento 329
Fase III — Estabilização 334
O progenitor solteiro sem custódia 336
Orientação geral para o tratamento 340
Conclusões 341

17 Constituindo uma família recasada 344
Monica McGoldrick, M.S.W. e Betty Carter, M.S.W.
Estudos sobre o recasamento: achados clinicamente úteis 347
Questões emocionais predizíveis no recasamento 349
O processo de recasamento 351
O impacto do recasamento em várias fases do ciclo de vida familiar 353
Terapia familiar com famílias recasadas: procedimentos clínicos e ilustrações 356
Conclusões 367

Parte 4 – *Variáveis que modificam ainda mais o ciclo de vida familiar*

18 Doença crônica e o ciclo de vida familiar 373
John Rolland, M.D.
Tipologia psicossocial da doença 374
Fases temporais da doença 378
História transgeracional de doença, perda e crise 381
Conclusões 391

19 O impacto da morte e da doença grave sobre o ciclo de vida familiar 393
Fredda Herz Brown, R.N., Ph.D.
Fatores que afetam o impacto da morte e da doença grave no sistema familiar 394
Contexto social e étnico da morte 394
A influência étnica 395
Momento da morte no ciclo de vida 398
A natureza da morte 403
A franqueza do sistema familiar 406
A posição na família da pessoa que está morrendo ou morreu 407
Intervenção de tratamento familiar 408

20 Problemas de alcoolismo e o ciclo de vida familiar 415
Jo-Ann Krestan, M.A., C.A.C., e Claudia Bepko, M.S.W.
Alcoolismo e o ciclo de vida: questões gerais de tratamento 416
Determinação do estágio 418
Questões características em estágios específicos do ciclo de vida 420
O adulto jovem solteiro 420
O novo casal 424
A família com filhos pequenos 425
A família com adolescentes 427
Lançando os filhos e seguindo em frente 430
Alcoolismo e divórcio 431
A família no estágio tardio da vida 432
Orientação geral para o tratamento 434

21 O ciclo de vida familiar nas famílias negras pobres 440
Paulette Moore Hines, Ph.D.
O ciclo de pobreza 442
Características do ciclo de vida familiar 443
Ciclo de vida truncado 444
Lares chefiados por mulheres 444
Estresse impredizível 444
Confiança no apoio institucional 444
Estágios do ciclo de vida familiar 445
Estágio 1 – Adolescência/adulto jovem solteiro 445
Estágio 2 – A família com filhos 447
Estágio 3 – A família no estágio tardio da vida 454
Avaliação e intervenção 456
Terapia familiar de múltiplo impacto 458
Orientações gerais 462
Evitando o fracasso do terapeuta 464
Conclusões 466

22 Famílias de baixa renda e famílias com formação profissional: uma comparação da estrutura e do processo de ciclo de vida 468
Richard H. Fulmer, Ph.D.
Fontes dos dados 468
Padrões de natalidade e casamento 469
Acréscimos à teoria do ciclo de vida familiar 471
Estágios de ciclo de vida nas famílias "profissionais" 472
Estágios de ciclo de vida nas famílias de baixa renda 479
Forças e vulnerabilidades 491

Índice por autor 497
Índice por assunto 501

Parte 1

Sumário conceitual

1

As mudanças no ciclo de vida familiar: uma estrutura para a terapia familiar

Betty Carter, M.S.W. e Monica McGoldrick, M.S.W.

> O tempo presente e o tempo passado
> Talvez estejam, ambos, presentes no tempo futuro,
> E o tempo futuro, contido no tempo passado.
>
> *T.S. Elliot*

Nos poucos anos decorridos desde a primeira edição deste livro, ocorreram muitas mudanças no campo da terapia familiar em relação a esse tópico, e nos próprios padrões de ciclo de vida. Em primeiro lugar, existe uma florescente literatura discutindo as famílias, com relação à sua fase desenvolvimental, e referindo-se ao divórcio, recasamento e doença crônica em termos desenvolvimentais. Em segundo lugar, houve uma pequena revolução na percepção das diferenças no desenvolvimento masculino e feminino (Gilligan, 1982; Miller, 1976; etc.) e em suas implicações com o ciclo de vida familiar. A posição conservadora, ou mesmo reacionária, que o campo da terapia familiar assumiu com relação ao papel da mulher foi fortemente criticada (Goldner, 1986; Taggert, 1986; Libow, 1984; Hare-Mustin, 1978, 1980 & 1987; *The Women's Project in Family Therapy*, no prelo; McGoldrick, Anderson & Walsh, no prelo, etc.) e requer uma cuidadosa reconsideração de nossas suposições acerca da "normalidade", da noção de "família" – de quem é responsável por sua manutenção – e do papel do terapeuta ao responder às normas e realidades sociopolíticas em modificação. Também ficamos mais conscientes da importância dos padrões étnicos e da variabilidade cultural nas definições da normalidade do ciclo de vida (McGoldrick, 1982). Nesta segunda edição, tentamos reavaliar e reformular nossa primeira edição à luz dessas perspectivas em modificação.

Gostaríamos de enfatizar dois cuidados que devemos ter em relação à perspectiva de ciclo de vida. Uma aplicação rígida das ideias psicológicas ao ciclo de vida "normal" pode ter um efeito prejudicial, caso promova um ansioso autoescrutínio que desperte o medo de que qualquer desvio das normas seja patológico. A armadilha oposta, superenfatizar a primazia do "admirável mundo novo" enfrentado por cada nova geração, pode criar um senso de descontinuidade histórica ao desvalorizar o papel da paternidade e tirar o significado do relacionamento entre as gerações. O nosso objetivo é o de oferecer uma visão do ciclo de vida em termos do relacionamento intergeracional na família. Acreditamos que este constitui um dos nossos maiores recursos humanos. Não queremos supersimplificar a complexidade das transições de vida nem encorajar a estereotipia, promovendo classificações de "normalidade" que limitem nossa visão da vida humana. Pelo contrário, nossa esperança é a de que, ao sobrepormos a estrutura de ciclo de vida familiar aos fenômenos naturais da vida ao longo do tempo, possamos aumentar a profundidade com que os terapeutas consideram os problemas e as forças familiares.

A perspectiva do ciclo de vida familiar vê os sintomas e as disfunções em relação ao funcionamento normal ao longo do tempo, e vê a terapia como ajudando a restabelecer o momento desenvolvimental da família. Ela formula problemas acerca do curso que a família seguiu em seu passado, sobre as tarefas que está tentando dominar e do futuro para o qual está se dirigindo. Nossa opinião é a de que a família é mais do que a soma de suas partes. O ciclo de vida individual acontece dentro do ciclo de vida familiar, que é o contexto primário do desenvolvimento humano. Consideramos crucial esta perspectiva para o entendimento dos problemas emocionais que as pessoas desenvolvem na medida em que se movimentam juntas através da vida.

É surpreendente como os terapeutas, até bem pouco tempo, prestaram pouca atenção à estrutura do ciclo de vida. Talvez sejam as mudanças dramáticas nos padrões de ciclo de vida que estejam atraindo a nossa atenção para esta perspectiva. De qualquer forma, está ficando cada vez mais difícil determinar quais são os padrões "normais", e isso é muitas vezes causa de grande estresse para os membros da família, que têm poucos modelos para as passagens que estão atravessando.

Neste livro, consideramos o ciclo de vida familiar em relação a três aspectos: (1) os estágios predizíveis de desenvolvimento familiar "normal" na tradicional classe média americana, conforme nos aproximamos do final do século XX, e as típicas disputas clínicas quando as famílias têm problemas para negociar essas transições; (2) os padrões do ciclo de vida familiar que estão se modificando em nossa época e as mudanças naquilo que é considerado "normal"; e (3) uma perspectiva clínica que vê a terapia como ajudando as famílias que descarrilaram no ciclo de vida familiar a voltarem à sua trilha desenvolvimental, e que convida você, terapeuta, a incluir-se, e a seu próprio estágio de ciclo de vida, nesta equação (Capítulo 5).

A FAMÍLIA COMO UM SISTEMA MOVENDO-SE ATRAVÉS DO TEMPO

Em nossa opinião, o estresse familiar é geralmente maior nos pontos de transição de um estágio para outro no processo desenvolvimental familiar, e os sintomas tendem a aparecer mais quando há uma interrupção ou deslocamento no ciclo de vida familiar em desdobramento. Muitas vezes, é necessário dirigir os esforços terapêuticos para ajudar os membros da família a se reorganizarem, de modo a poderem prosseguir desenvolvimentalmente. Michael Solomon (1973), um dos primeiros terapeutas a discutir a perspectiva do ciclo de vida familiar, delineou tarefas para um ciclo de vida de cinco estágios, e sugeriu a utilização desta estrutura como uma base diagnóstica sobre a qual planejar o tratamento. Outros autores dividiram o ciclo de vida familiar em diferentes números de estágios. A análise mais amplamente aceita é a do sociólogo Duvall (1977), que trabalhou muitos anos para definir o desenvolvimento familiar normal. Duvall separou o ciclo de vida familiar em oito estágios, todos referentes aos eventos nodais relacionados às idas e vindas dos membros da família: casamento, o nascimento e a educação dos filhos, a saída dos filhos do lar, aposentadoria e morte. A análise mais complexa do ciclo de vida foi a proposta por Rodgers (1960), que expandiu seu esquema em 24 estágios separados que incluem o progresso dos vários filhos através dos eventos nodais do ciclo de vida. Hill (1970) enfatizou três aspectos geracionais do ciclo de vida, descrevendo os pais dos filhos casados como formando uma "ponte geracional" entre as gerações mais velhas e as mais novas da família. Sua opinião é a de que em cada estágio do ciclo de vida existe um complexo de papéis distinto para os membros da família, uns em relação aos outros. Combrinck-Graham (1985) sugeriu uma ênfase nas oscilações entre períodos centrípetos e centrífugos no desenvolvimento familiar, enfatizando as experiências de vida, tais como o nascimento ou a enfermidade, que requerem um estreitamento e primazia dos relacionamentos, e outras experiências, tais como iniciar a escola ou um novo emprego, que exigem um foco na individualidade. Obviamente, as muitas maneiras como os membros da família dependem uns dos outros dentro da "espiral geracional" (Duvall, 1977, página 153), numa mútua interdependência, são parte da riqueza do contexto familiar conforme as gerações se movem através da vida.

O desenvolvimento de uma perspectiva de ciclo de vida para o indivíduo foi grandemente facilitado pelo criativo trabalho de Erikson (1950), Levinson (1978), Miller (1976), Gilligan (1982) e outros, ao definirem as transições da vida adulta. Estudos recentes sobre o casal ao longo do ciclo de vida ajudaram-nos a obter uma perspectiva temporal do sistema de duas-pessoas (Campbell, 1975; Gould, 1972; Harry, 1976; Schram, 1979; Nadelson e colaboradores, 1984). O modelo de três pessoas, ou familiar, foi cuidadosamente elaborado por Duvall, que focaliza a educação dos filhos como o elemento organizador da vida familiar.

Nós gostaríamos de considerar o movimento de todo o sistema geracional abrangendo três ou quatro gerações em seu movimento através do tempo. Os relacionamentos com os pais, irmãos (Cicirelli, 1985) e outros membros da família passam por estágios, na medida em que a pessoa se move ao longo do ciclo de vida, exatamente como acontece com os relacionamentos progenitor-filho e conjugal. Entretanto, é extremamente difícil pensar na família como um todo, em virtude da complexidade envolvida. Como um sistema movendo-se através do tempo, a família possui propriedades basicamente diferentes de todos os outros sistemas. Diferentemente de todas as outras organizações, as famílias incorporam novos membros apenas pelo nascimento, adoção ou casamento, e os membros podem ir embora somente pela morte, se é que então. Nenhum outro sistema está sujeito a estas limitações. Uma organização comercial pode despedir aqueles membros que considera disfuncionais, ou, reciprocamente, os membros podem demitir-se se a estrutura e os valores da organização não forem de seu agrado. Se não puder ser encontrada nenhuma maneira de funcionar dentro do sistema, as pressões nos membros da família sem nenhuma saída podem, em casos extremos, levar à psicose. Em sistemas não-familiares, os papéis e funções do sistema são executados de uma maneira mais ou menos estável, substituindo-se aqueles que partem por alguma razão, ou então o sistema se dissolve e as pessoas vão para outras organizações. Embora as famílias também tenham papéis e funções, o seu principal valor são os relacionamentos, que são insubstituíveis. Se um progenitor vai embora ou morre, uma outra pessoa pode ser trazida para preencher uma função paterna, mas essa pessoa jamais substituirá o progenitor em seus aspectos emocionais.

Nossa opinião é a de que a "família" compreende todo o sistema emocional de pelo menos três, e agora frequentemente quatro, gerações. Esse é o campo emocional operativo em qualquer momento dado. Não achamos que a influência da família esteja restrita aos membros de uma determinada estrutura doméstica ou a um dado ramo familiar nuclear do sistema. Assim, embora reconheçamos o padrão americano dominante de famílias nucleares separadamente domiciliadas, elas são, em nossa opinião, subsistemas emocionais, reagindo aos relacionamentos passados, presentes e antecipando futuros, dentro do sistema familiar maior de três gerações. Nós insistimos em que você inclua pelo menos essa parte do sistema em seu modo de pensar, e o Capítulo 8 explica como utilizar efetivamente o genetograma para esse mapeamento e investigação clínica.

Nossa perspectiva de três gerações não deve ser confundida com aquilo à que Goode (1963) referiu-se como a "clássica nostalgia da família ocidental" – uma época mitológica em que a família ampliada remava suprema, com mútuos respeito e satisfação entre as gerações (Hess & Waring, 1984). O sexismo, classismo e racismo de tais arranjos patriarcais não devem ser subestimados. Entretanto, nós pagamos um preço pelo fato de a família moderna ser caracterizada pela escolha nos relacionamentos interpessoais: com quem casar, onde viver, quantos filhos ter e como dividir as tarefas familiares. Como Hess e Waring observaram, "Conforme nos movemos da família de laços obrigatórios para aquela de laços voluntários, os relacionamentos fora da unidade nuclear perdem igualmente qualquer certeza ou consistência normativa que os governavam em épocas anteriores. Por exemplo, os relacionamentos entre irmãos, hoje em dia, são quase completamente voluntários, sujeitos a rompimento através da mobilidade ocupacional e geográfica, como na verdade acontece com o próprio casamento" (página 303). No passado, o respeito pelos pais e a obrigação de cuidar dos mais velhos estavam baseados em seu controle dos recursos, reforçado pela tradição religiosa e pela sanção normativa. Atualmente, com a crescente capacidade dos membros mais jovens da família de determinar seus próprios destinos no casamento e no trabalho, o poder dos mais velhos de exigir a piedade filial está reduzido. No passado, a manutenção dos relacionamentos familiares era compreendida como responsabilidade das mulheres: elas cuidavam das crianças, cuidavam dos homens, e cuidavam dos idosos e doentes. Isso está mudando. Mas a nossa cultura ainda está dedicada ao "individualismo" fronteiriço e não fez arranjos adequados para que a sociedade assuma essas responsabilidades, e muitas pessoas, especialmente as pobres e as desamparadas, normalmente mulheres e crianças, estão fracassando em suas tentativas. Nós não estamos, todavia, tentando encorajar o retorno a uma rígida família de três gerações, injusta, patriarcal, mas, pelo contrário, queremos estimular o reconhecimento de nossa ligação na vida – dentro de qualquer tipo de estrutura familiar – com aqueles que vieram antes de nós e com aqueles que vieram depois. Ao mesmo tempo, é importante reconhecer que surgem muitos problemas quando as mudanças no nível social do sistema não acompanham as mudanças no nível familiar, e, consequentemente, deixam de validar e apoiar as mudanças.

Um dos aspectos mais complexos do *status* dos membros da família é a confusão que ocorre sobre a pessoa poder ou não escolher sua qualidade de membro e consequente responsabilidade numa família. Atualmente, as pessoas muitas vezes agem como se pudessem ter escolha nessa questão, quando de fato existe muito pouca. Os filhos, por exemplo, não têm escolha quanto a nascer dentro de um sistema, nem os pais, depois que os filhos nasceram, podem optar quanto à existência das responsabilidades da paternidade, mesmo que negligenciem essas responsabilidades. De fato, não se entra em nenhum relacionamento familiar por escolha, a não ser no casamento. Mesmo no caso do casamento, a liberdade de casar com quem a pessoa deseja é uma opção bastante recente, e a decisão de casar provavelmente é tomada com muito menos liberdade do que as pessoas normalmente reconhecem na época (veja o Capítulo 10). Embora os parceiros possam escolher não continuar um relacionamento conjugal, eles permanecem coprogenitores de seus filhos, e o fato de terem sido casados continua a ser reconhecido com a designação de "ex-cônjuge". As pessoas não podem alterar o fato de serem relacionadas a quem são na complexa teia de laços familiares ao longo de todas as gerações. Obviamente, os membros da família agem como se isso não fosse assim – elas rompem relações em virtude de seus conflitos ou porque acham que "não têm nada em comum" —, mas quando os membros da família agem como se os relacionamentos familiares fossem opcionais, eles o fazem em detrimento de seu próprio senso de identidade e da riqueza de seu contexto emocional e social.

Embora o processo familiar não seja, de modo algum, linear, ele existe na dimensão linear do tempo. Disso jamais poderemos escapar. Trabalhos anteriores sobre o ciclo de vida raramente levaram em conta este complexo processo de modo adequado. Talvez isso aconteça assim porque, de uma perspectiva multigeracional, não existe nenhuma tarefa unificadora como aquelas que podem ser descritas se os ciclos de vida são limitados a descrições do desenvolvimento individual ou das tarefas de paternidade. Mas é difícil superestimar o tremendo impacto modelador de vida de uma geração sobre aquelas que a seguem. Em primeiro lugar, as três ou quatro diferentes gerações devem acomodar-se simultaneamente às transições do ciclo de vida. Enquanto uma geração está indo para uma idade mais avançada, a próxima está lutando com o ninho vazio, a terceira com sua idade adulta jovem, estabelecendo carreiras e relacionamentos íntimos adultos com seus iguais e tendo filhos, e a quarta está sendo introduzida no sistema. Existe naturalmente uma mistura das gerações, e os eventos em um determinado nível têm um poderoso efeito nos relacionamentos em cada um dos outros níveis. O importante impacto dos eventos na geração de avós é rotineiramente esquecido pelos terapeutas centrados na família nuclear. Experiências dolorosas como doença e morte são particularmente difíceis de serem integradas pelas famílias, e, assim, provavelmente têm um impacto de longo alcance nos relacionamentos das gerações seguintes, como foi demonstrado no impressivo trabalho de Norman Paul (Paul & Grosser, 1965; Paul & Paul, 1974; veja também o Capítulo 19).

Atualmente, existem muitas evidências de que os estresses familiares, que costumam ocorrer nos pontos de transição do ciclo de vida, frequentemente criam rompimentos neste ciclo e produzem sintomas e disfunção. Hadley e seus colegas (1974) descobriram que o início dos sintomas tinha uma significativa correlação com as crises desenvolvimentais de acréscimo e perda de membros da família. Walsh (1978) e Orfanidis (1977) descobriram que um evento significativo do ciclo de vida (morte de um avô), quando estreitamente relacionado temporalmente com um outro evento do ciclo de vida (nascimento de uma criança), correlacionava-se com padrões de desenvolvimento de sintomas em uma transição bem mais tardia no ciclo de vida familiar (o lançamento da geração seguinte). Existem crescentes evidências de que os eventos de ciclo de vida possuem um efeito continuado sobre o desenvolvimento familiar durante um longo período de tempo. É, provavelmente, nossa própria perspectiva limitada, como terapeutas, que dificulta nossa percepção desses padrões. Uma pesquisa raramente é executada durante um período maior do que alguns poucos anos, e assim pode-se perder facilmente as conexões longitudinais. Um grupo de pesquisa, dirigido por Thomas, estudou os padrões familiares de alunos de medicina da Johns Hopkins, e depois os acompanhou durante muitos anos. Eles encontraram numerosas conexões de ciclo de vida entre padrões familiares iniciais e o posterior desenvolvimento de sintomas (Thomas & Duszynski, 1974). Essa pesquisa apoia o método clínico de Bowen, que investiga os padrões familiares através de seu ciclo de vida em várias gerações, focalizando especialmente os eventos nodais e os pontos de transição no desenvolvimento familiar, tentando compreender a disfunção familiar no momento presente (Bowen, 1978).

Conforme ilustrado na Figura 1.1, nós consideramos o fluxo de ansiedade em uma família como sendo tanto "vertical" quanto "horizontal" (Carter, 1978). O fluxo vertical em um sistema inclui padrões de relacionamento e funcionamento que são transmitidos para as gerações seguintes de uma família principalmente através do mecanismo de triangulação emocional (Bowen, 1978). Ele inclui todas as atitudes, tabus, expectativas, rótulos e questões opressivas familiares com os quais nós crescemos. Poderíamos dizer que esses aspectos de nossa vida são como a mão que nos maneja: eles são os dados. O que fazemos com eles é problema nosso.

NÍVEIS DO SISTEMA

1. Social, cultural, político, econômico (gênero, religião, etnicidade, etc.)
2. Comunidade, colegas de trabalho
3. Família ampliada
4. Família nuclear
5. Indivíduo

Estressores Verticais
Padrões, mitos, segredos e legados familiares

Tempo →

Estressores Horizontais →
1. DESENVOLVIMENTAIS
   Transições de ciclo de vida
2. IMPREDIZÍVEIS
   Morte precoce, doença crônica, acidente

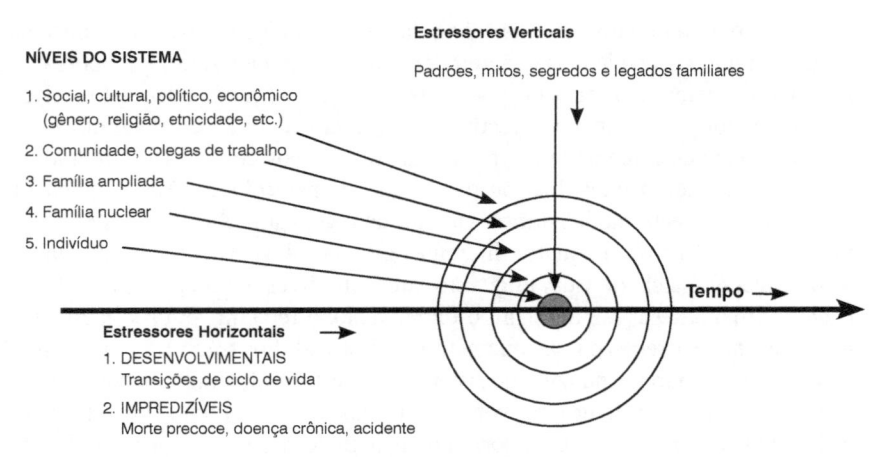

Figura 1.1 Estressores horizontais e verticais.

O fluxo horizontal no sistema inclui a ansiedade produzida pelos estresses na família conforme ela avança no tempo, lidando com as mudanças e transições do ciclo de vida familiar. Isso inclui tanto os estresses desenvolvimentais predizíveis quanto os eventos impredizíveis, "os golpes de um destino ultrajante" que podem romper o processo de ciclo de vida (uma morte prematura, o nascimento de uma criança deficiente, uma enfermidade crônica, uma guerra, etc.). Dado um estresse suficiente no eixo horizontal, qualquer família parecerá extremamente disfuncional. Mesmo um pequeno estresse horizontal em uma família em que o eixo vertical apresenta um estresse intenso irá criar um grande rompimento no sistema.

Em nossa opinião, o grau de ansiedade gerada pelo estresse nos eixos vertical e horizontal, nos pontos em que eles convergem, é o determinante-chave de quão bem a família irá manejar suas transições ao longo da vida. Torna-se imperativo, consequentemente, avaliar não apenas as dimensões do estresse do ciclo de vida atual, como também suas conexões com temas, triângulos e rótulos familiares que acompanham a família no tempo histórico (Carter, 1978). Embora toda mudança normativa seja estressante até certo ponto, nós observamos que, quando o estresse horizontal (desenvolvimental) faz uma interseção com o vertical (transgeracional), existe um aumento importante da ansiedade no sistema. Se, para dar um exemplo global, os pais da pessoa tiveram prazer em ser pais e lidaram com a tarefa sem uma ansiedade excessiva, o nascimento do primeiro filho produzirá somente os estresses normais de um sistema expandindo suas fronteiras em nossa época. Se, por outro lado, a paternidade foi uma *cause célèbre* de algum tipo na família de origem de um ou de ambos os cônjuges, e não foi manejada, a transição para a paternidade pode provocar uma ansiedade aumentada no casal. Quanto maior a ansiedade gerada na família em qualquer ponto de transição, mais difícil ou disfuncional será a transição.

Além do estresse "herdado" de gerações anteriores e daquele experienciado enquanto avançamos no ciclo de vida familiar, existe, é claro, o estresse de viver neste lugar, neste momento. Não podemos ignorar o contexto social, econômico e político e seu impacto sobre as famílias movendo-se através de fases diferentes do ciclo de vida em cada momento na história. Precisamos entender que existem discrepâncias imensas nas circunstâncias sociais e econômicas entre as famílias na nossa cultura, e esta desigualdade tem aumentado. No presente, os primeiros 10% da população possuem 57% da riqueza líquida do país, enquanto os 50% inferiores da população dividem 4.5% da riqueza líquida total (Thurow, 1987).

Entre os homens que trabalham, somente 22% ganham $ 31.000, e, entre as mulheres que trabalham, somente 3% ganham esse valor. (O tratamento que a sociedade dá às mulheres que trabalham ainda é gritantemente desigual, sendo que elas não ganham mais do que 65% daquilo que seus equivalentes masculinos ganham na força de trabalho, e sendo que as mulheres e as crianças respondem por 17% dos que estão na miséria.) Nós estamos rapidamente chegando ao ponto em que somente uma família com ambos os pais trabalhando em tempo integral será capaz de sustentar uma vida de classe média (Thurow, 1987).

Os fatores culturais também desempenham um papel maior na maneira pela qual as famílias passam pelo ciclo de vida. Os grupos culturais não apenas variam imensamente em sua separação dos estágios de ciclo de vida e definições das tarefas de cada estágio (Capítulo 3), como também está claro que mesmo após várias gerações depois da imigração, os padrões de ciclo de vida familiar dos grupos diferem acentuadamente (Woehrer, 1982; Gelfand & Kutzik, 1979; Lieberman, 1974). Também devemos reconhecer a tensão que o índice de mudança imensamente acelerado coloca nas famílias hoje em dia, quer as mudanças sejam para melhor, quer para pior.

Mesmo os estágios do ciclo de vida são avaliações bastante arbitrárias. A noção de infância foi descrita como uma invenção da sociedade ocidental do século dezoito e a de adolescência como uma invenção do século dezenove (Ariès, 1962), relacionadas aos contextos cultural, econômico e político daquelas épocas. A noção de idade adulta jovem como uma fase independente poderia facilmente ser reclamada como uma invenção do século vinte, e a das mulheres como pessoas independentes, como do final do século vinte, se é que isso já é aceito atualmente. As fases do ninho vazio e da terceira idade também são desenvolvimentos principalmente deste século, desencadeadas pelo menor número de filhos e pelo período de vida mais prolongado de nossa época. Dados os atuais índices de divórcio e recasamento, o século vinte e um pode vir a ser conhecido por desenvolver a norma do casamento serial como parte do processo do ciclo de vida. A tendência da psicologia desenvolvimental tem sido a de abordar historicamente o ciclo de vida. Em virtualmente todas as outras culturas contemporâneas e durante virtualmente todas as outras épocas históricas, a análise dos estágios de ciclo de vida são diferentes das nossas atuais definições. Para aumentar essa complexidade, os grupos de pessoas que nasceram e viveram em períodos diferentes diferem na fertilidade, mortalidade, papéis de gênero aceitáveis, padrões de migração, educação, necessidades e recursos, e atitudes em relação à família e ao envelhecimento.

As famílias, caracteristicamente, não possuem uma perspectiva temporal quando estão tendo problemas. Elas geralmente tendem a magnificar o momento presente, esmagadas e imobilizadas por seus sentimentos imediatos; ou elas passam a fixar-se num momento futuro que temem ou pelo qual anseiam. Elas perdem a consciência de que a vida significa um contínuo movimento desde o passado e para o futuro, com uma contínua transformação dos relacionamentos familiares. Quando o senso de movimento é perdido ou distorcido, a terapia pode devolver o senso da vida como um processo e movimento desde e rumo a.

AS MUDANÇAS NO CICLO DE VIDA FAMILIAR

Na geração passada, as mudanças nos padrões de ciclo de vida familiar aumentaram dramaticamente, especialmente por causa do índice de natalidade menor, da expectativa de vida mais longa, da mudança do papel feminino e do crescente índice de divórcio e recasamento. Enquanto antigamente a criação dos filhos ocupava os adultos por todo o seu período de vida ativa, ela agora ocupa menos da metade do período de vida adulta que antecede a terceira idade. O significado da família está mudando drasticamente, uma vez que ela não está mais organizada primariamente em torno dessa atividade.

A mudança do papel feminino nas famílias é central nesses padrões de ciclo de vida familiar em modificação. As mulheres sempre foram centrais no funcionamento da família. Suas identidades eram determinadas primariamente por suas funções familiares como mãe e esposa. Suas fases de ciclo de vida estavam ligadas quase que exclusivamente aos seus estágios nas atividades de criação dos filhos. Para os homens, por outro lado, a idade cronológica era vista como uma variável-chave nas determinações do ciclo de vida. Mas essa descrição não se ajusta mais. Atualmente, as mulheres estão passando pelo ciclo de maternidade mais rapidamente do que suas avós; elas podem transferir o desenvolvimento de objetivos pessoais para além do campo familiar, mas não podem mais ignorar esses objetivos. Mesmo as mulheres que escolhem um papel principal de mãe e dona de casa devem agora defrontar-se com uma fase de "ninho vazio" que iguala, em duração, os anos dedicados primariamente a cuidar dos filhos. Talvez o moderno movimento feminista fosse inevitável, na medida em que as mulheres passaram a precisar de uma identidade pessoal. Tendo tido sempre a responsabilidade primária pela casa, família e cuidados às crianças, as mulheres necessariamente começaram a debater-se sob suas cargas, conforme passaram a ter mais opções em suas próprias vidas. Dado seu papel fundamental na família e sua dificuldade para estabelecer funções concorrentes fora dela, talvez não surpreenda que as mulheres tenham sido as mais propensas a desenvolver sintomas nas transições de ciclo de vida. Para os homens, os objetivos de carreira e família são paralelos. Para as mulheres, esses objetivos entram em conflito e apresentam um grande dilema. Embora as mulheres sejam mais positivas do que os homens em relação ao prospecto de casamento, geralmente elas estão menos satisfeitas do que eles com a realidade do casamento (Bernard, 1972). As mulheres, não os homens, costumam ficar deprimidas no momento do nascimento; isso parece ter muito a ver com o dilema que essa mudança cria em suas vidas. As mulheres, mais do que os homens, buscam ajuda durante os anos em que educam os filhos, no momento em que seus filhos atingem a adolescência e saem de casa, e quando seus maridos se aposentam ou morrem. E são as mulheres, não os homens, que têm a principal responsabilidade pelos parentes mais velhos. Certamente o fato de as mulheres buscarem ajuda quando têm problemas tem muito a ver com a maneira diferente pela qual elas são socializadas, mas isso também reflete os estresses especiais de ciclo de vida sobre elas, cujo papel tem sido o de assumir a responsabilidade emocional por todos os relacionamentos familiares (Capítulo 2).

Atualmente, num ritmo cada vez mais acelerado ao longo das décadas deste século, as mulheres mudaram radicalmente – e ainda estão mudando – a face do tradicional ciclo de vida familiar que existiu durante séculos. De fato, a presente geração de mulheres jovens é a primeira na história a insistir em seu direito à primeira fase do ciclo de vida familiar – a fase em que o jovem adulto deixa a casa dos pais, estabelece objetivos de vida pessoais e começa uma carreira. Historicamente, esse passo extremamente crucial no desenvolvimento adulto foi negado às mulheres, e, em vez disso, elas eram passadas dos pais aos maridos. Na fase seguinte, a do casal recém-casado, as mulheres estão estabelecendo casamentos com duas carreiras, tendo filhos mais tarde, tendo menos filhos, ou simplesmente escolhendo não ter filhos. Na fase de "panela de pressão" do ciclo de vida familiar – aquela das famílias com filhos pequenos – ocorre a maioria dos divórcios, muitos deles iniciados pelas mulheres; na fase seguinte, a das famílias com adolescentes, os casais apresentam o mais rápido crescimento nos índices de divórcio atualmente. É durante essa fase que a "crise do meio da vida" envia às escolas e ao trabalho um número de mulheres sem precedente. Finalmente, quando os filhos se foram, um casal casado

– se ainda está casado – pode esperar uma média de vinte anos sozinho, junto, a mais nova e mais longa fase do ciclo de vida familiar. Em épocas anteriores, um dos cônjuges, geralmente o marido, morria uns dois anos depois do casamento do filho mais jovem. A terceira idade, a fase final do ciclo de vida familiar, quase tornou-se uma fase apenas para as mulheres, mais por elas sobreviverem aos homens que por viverem mais do que costumavam viver. Nas idades de 75-79 anos, somente 24% das mulheres têm maridos, ao passo que 61% dos homens têm esposas. Nas idades de 80-84 anos, 14 % das mulheres têm maridos e 49% dos homens têm esposas. Na idade de 85 anos, 6% das mulheres têm maridos e 34% dos homens têm esposas (Bianchi & Spain, 1986; Glick, 1984b; U.S. Senate Special Committee Report, 1985).

As recentes mudanças nesses padrões tornam ainda mais difícil a nossa tarefa de definir o ciclo de vida familiar "normal". Uma porcentagem sempre crescente da população está vivendo junto sem casar (3% dos casais em qualquer momento da vida) e um número rapidamente crescente está tendo filhos sem casar. No presente, 6% ou mais da população é homossexual. As estimativas atuais são de que 12% das mulheres jovens jamais casarão, três vezes a porcentagem da geração de seus pais; 25% jamais terão filhos; 50% terminarão seus casamentos em divórcio e 20% terão dois divórcios. Assim, as famílias não estão passando através das fases "normais" nos momentos "normais". Se acrescentamos a isso o número de famílias que experienciam a morte de um membro antes da terceira idade e aquelas que têm um membro cronicamente doente, deficiente ou alcoolista, o que altera seu padrão de ciclo de vida, o número de famílias "normais" é ainda menor. Um outro fator maior que afeta todas as famílias numa época ou noutra é a migração (Sluzkki, 1979; McGoldrick, 1982). A quebra na continuidade cultural e familiar criada pela migração afeta os padrões de ciclo de vida por várias gerações. Dado o imenso número de americanos que imigraram nas duas últimas gerações, a porcentagem de famílias "normais" diminui ainda mais.

Dessa forma, o nosso paradigma para as famílias americanas de classe média é atualmente mais ou menos mitológico, embora estatisticamente exato, relacionando-se em parte com padrões existentes, e, em parte, com os padrões ideais do passado, com os quais a maioria das famílias se compara.

É imperativo que os terapeutas reconheçam, pelo menos, a extensão da mudança e as variações em relação à norma, tão comuns, e que ajudem as famílias a parar de comparar sua estrutura e curso de ciclo de vida com aqueles da família da década de cinquenta. Embora os padrões de relacionamento e os temas familiares continuem a soar familiares, a estrutura, idades, estágios e formas da família americana mudaram radicalmente.

Chegou a hora de os profissionais desistirem do apego aos antigos ideais e colocarem uma moldura conceitual mais positiva em volta daquilo que existe: casamentos com dois salários; estruturas domésticas permanentes de "progenitor solteiro"; casais não casados e casais recasados; adoções por progenitores solteiros; e mulheres sozinhas de todas as idades. Já é hora de parar de pensar em crises transicionais como traumas permanentes, de tirar de nosso vocabulário palavras e frases que nos vinculam às normas e preconceitos do passado: filhos do divórcio, filho ilegítimo, lares sem pai, mãe que trabalha, e assim por diante.

OS ESTÁGIOS DO CICLO DE VIDA FAMILIAR DA CLASSE MÉDIA AMERICANA INTACTA

Nossa classificação dos estágios de ciclo de vida das famílias americanas de classe média, nos últimos vinte e cinco anos do século vinte, realça nossa opinião de que o processo subjacente central a ser negociado é a expansão, a contração e o realinhamento do sistema de relacionamentos, para suportar a entrada, a saída e o desenvolvimento dos membros da família de maneira funcional. Nós oferecemos sugestões a respeito do processo de mudança necessário nas famílias em cada transição, assim como hipóteses sobre as desavenças clínicas em cada fase.

O lançamento do jovem adulto solteiro

Ao delinearmos os estágios do ciclo de vida familiar, afastamo-nos da descrição sociológica tradicional do ciclo de vida familiar como começando no namoro ou no casamento e terminando na morte de um dos cônjuges. Ao contrário, considerando a família como sendo a unidade emocional operativa desde o berço até o túmulo, nós vemos um novo ciclo de vida familiar começando no estágio de "jovens adultos", cujo encerramento da tarefa primária de chegar a um acordo com sua família de origem influencia profundamente quem, quando, como e se eles vão casar, e como executarão todos os outros estágios seguintes do ciclo de vida familiar. Um encerramento adequado desta tarefa requer que o jovem adulto se separe da família de origem sem romper relações ou fugir reativamente para um refúgio emocional substituto (Capítulo 9). Considerada desta maneira, a fase de "jovem adulto" é um marco. É o momento de estabelecer objetivos de vida pessoais e de se tornar um "eu", antes de juntar-se a uma outra pessoa para formar um novo subsistema familiar. Quanto mais adequadamente os jovens adultos puderem se diferenciar do programa emocional da família de origem nesta fase, menos estressores verticais os acompanharão no ciclo de vida de sua nova família. Essa é a sua chance de escolherem emocionalmente aquilo que levarão da família de origem, aquilo que deixarão para trás e aquilo que irão criar sozinhos. Como foi mencionado acima, é de imenso significado o fato de que até a presente geração esta fase crucial jamais foi considerada necessária para as mulheres, que não tinham nenhum *status* individual nas famílias. Obviamente, a tradição de cuidar dos filhos teve um profundo impacto no funcionamento das mulheres nas famílias, como agora também está tendo a atual tentativa de mudar a tradição.

Nós consideramos proveitoso conceitualizar as transições do ciclo de vida como requerendo uma mudança de segunda ordem, ou uma mudança do próprio sistema. Os problemas de cada fase muitas vezes podem ser resolvidos por uma mudança de primeira ordem, ou uma reorganização do sistema, envolvendo uma mudança incremental. Resumimos as mudanças no *status* necessárias para uma realização bem-sucedida das transições de ciclo de vida na coluna 2 da Tabela 1.1, que delineia os estágios e tarefas do ciclo de vida. Em nossa opinião, é importante que o terapeuta não fique atolado com uma família em detalhes de primeira ordem, quando ainda não se fizeram as mudanças de segunda ordem necessárias, no *status* de relacionamento, para a realização das tarefas da fase.

Na fase de jovem adulto, os problemas normalmente centram-se na falta de reconhecimento, seja do jovem adulto, seja dos pais, da necessidade de mudar para uma forma de relacionamento menos hierárquica, baseada no fato de agora todos serem adultos. Os problemas em mudar o *status* podem assumir a forma de os pais encorajarem a dependência de seus filhos adultos jovens, ou de os jovens adultos permanecerem dependentes ou se rebelarem e se afastarem, num rompimento de relações pseudoindependente com seus pais e famílias.

Para as mulheres, os problemas nesse estágio estão mais frequentemente em deixar de lado sua definição de si mesmas em favor de encontrar um companheiro. Os homens, com maior frequência, têm dificuldade em comprometer-se nos relacionamentos, estabelecendo, em vez disso, uma identidade pseudoindependente centrada no trabalho.

Tabela 1.1 Os estágios do ciclo de vida familiar

Estágio de ciclo de vida familiar	Processo emocional de transição: princípios-chave	Mudanças de segunda ordem no *status* familiar necessárias para se prosseguir desenvolvimentalmente
1. Saindo de casa: jovens solteiros	Aceitar a responsabilidade emocional e financeira pelo eu	a. Diferenciação do eu em relação à família de origem b. Desenvolvimento de relacionamentos íntimos com adultos iguais c. Estabelecimento do eu com relação ao trabalho e independência financeira
2. A união de famílias no casamento: o novo casal	Comprometimento com um novo sistema	a. Formação do sistema marital b. Realinhamento dos relacionamentos com as famílias ampliadas e os amigos para incluir o cônjuge
3. Famílias com filhos pequenos	Aceitar novos membros no sistema	a. Ajustar o sistema conjugal para criar espaço para o(s) filho(s) b. Unir-se nas tarefas de educação dos filhos, nas tarefas financeiras e domésticas c. Realinhamento dos relacionamentos com a família ampliada para incluir os papéis de pais e avós
4. Famílias com adolescentes	Aumentar a flexibilidade das fronteiras familiares para incluir a independência dos filhos e as fragilidades dos avós	a. Modificar os relacionamentos progenitor-filho para permitir ao adolescente movimentar-se para dentro e para fora do sistema b. Novo foco nas questões conjugais e profissionais do meio da vida c. Começar a mudança no sentido de cuidar da geração mais velha
5. Lançando os filhos e seguindo em frente	Aceitar várias saídas e entradas no sistema familiar	a. Renegociar o sistema conjugal como díade b. Desenvolvimento de relacionamentos de adulto para adulto entre os filhos crescidos e seus pais c. Realinhamento dos relacionamentos para incluir parentes por afinidade e netos d. Lidar com incapacidades e morte dos pais (avós)
6. Famílias no estágio tardio da vida	Aceitar a mudança dos papéis geracionais	a. Manter o funcionamento e os interesses próprios e/ou do casal em face do declínio fisiológico b. Apoiar um papel mais central da geração do meio c. Abrir espaço no sistema para a sabedoria e experiência dos idosos, apoiando a geração mais velha sem superfuncionar por ela d. Lidar com a perda do cônjuge, irmãos e outros iguais e preparar-se para a própria morte. Revisão e integração da vida

Nossa opinião, seguindo Bowen (1978), é a de que os rompimentos de relação jamais resolvem relacionamentos emocionais e de que os jovens adultos que rompem relações com seus pais o fazem reativamente e, de fato, ainda estão vinculados emocionalmente ao "programa" familiar, e não independentes dele. A mudança rumo ao *status* adulto-para-adulto requer uma forma de relacionar-se mutuamente respeitosa e pessoal, em que os jovens adultos podem apreciar os pais como eles são, sem precisar transformá-los naquilo que eles não são e sem culpá-los por aquilo que não puderam ser. Os jovens adultos também não precisam submeter-se às expectativas e desejos paternos, às suas próprias custas. Nesta fase, a terapia frequentemente busca ensinar os jovens adultos a se comprometerem com seus pais de uma maneira nova, que modifique seu *status* no sistema. Quando são os pais que buscam ajuda, a terapia normalmente os ajuda a reconhecerem o novo *status* de seus filhos adultos e a se relacionarem com eles como tais. Os membros da família frequentemente ficam presos numa luta "sempre igual", em que, quanto mais tentam, piores as coisas ficam. A terapia busca ajudá-los a fazerem a mudança de segunda ordem necessária. Somente quando as gerações conseguem modificar suas relações de *status* e reconectar-se de uma maneira nova é que a família pode prosseguir desenvolvimentalmente.

A união das famílias no casamento: o casal

A mudança do papel feminino, o frequente casamento de parceiros de meios culturais muito diferentes e as distâncias físicas cada vez maiores entre os membros da família estão colocando uma carga muito maior sobre os casais, no sentido de definirem seu próprio relacionamento, do que costumava ocorrer nas estruturas familiares tradicionais, vinculadas às anteriores (Capítulo 10). Embora dois sistemas familiares quaisquer sejam sempre diferentes e possuam padrões e expectativas conflitantes, na nossa cultura atual os casais estão menos amarrados por tradições familiares e mais livres do que nunca para desenvolverem relacionamentos homem-mulher diferentes daqueles que experienciaram em suas famílias de origem. O casamento tende a ser erroneamente compreendido como uma união de dois indivíduos. O que ele realmente representa é a modificação de dois sistemas inteiros e uma sobreposição que desenvolve um terceiro subsistema. Como Jessie Bernard salientou há muito tempo, o casamento representa um fenômeno tão diferente para os homens e para as mulheres, que na verdade deveríamos falar do casamento "dele" e do casamento "dela". As mulheres tendem a antecipar o casamento com entusiasmo, embora estatisticamente ele não tenha sido um estado saudável para elas. Os homens, por outro lado, aproximam-se do casamento com uma típica ambivalência e medo de ser "apanhado numa armadilha", mas, de fato, eles se saem melhor no estado casado, em termos psicológicos e físicos, do que as mulheres. O casamento, tradicionalmente, significava que a mulher cuidava do marido e dos filhos, criando para eles um refúgio em relação ao mundo exterior. O tradicional papel de "esposa" significa um baixo *status*, nenhuma renda pessoal e muito trabalho para as mulheres, e, de modo típico, não atende às suas necessidades de conforto emocional. Essa é parte da razão para a recente redução do índice de casamentos e para a idade mais tardia em que vêm ocorrendo, assim como para a tendência feminina a adiar o nascimento dos filhos, ou até para escolher não ter filhos. Uma elevação no *status* das mulheres está positivamente correlacionada com a instabilidade conjugal (Pearson & Hendrix, 1979) e com a insatisfação conjugal de seus maridos (Burke & Weir, 1976). Quando as mulheres costumavam adaptar-se automaticamente ao papel no casamento, a probabilidade de divórcio era muito menor. De fato, parece muito difícil que os dois cônjuges sejam igualmente bem-sucedidos e realizadores. De fato, há evidências de que as realizações de um dos cônjuges podem correlacionar-se negativamente com o mesmo grau de realização no outro (Ferber & Huber, 1979). Assim, conseguir uma boa transição para o estado conjugal na nossa época, quando estamos tentando chegar à igualdade dos sexos (em termos educacionais e ocupacionais), pode ser extraordinariamente difícil (Capítulo 10).

Embora a nossa hipótese seja a de que o fracasso em renegociar o *status* familiar constitua a principal razão para o fracasso conjugal, parece que os casais não costumam trazer esse tipo de problema com a família ampliada. Os problemas que refletem a incapacidade de modificar o *status* familiar são normalmente indicados por fronteiras deficientes em torno do novo subsistema. Os parentes por afinidade podem ser intrusivos demais e o novo casal ter medo de colocar limites, ou o casal pode ter dificuldade em estabelecer conexões adequadas com os sistemas ampliados, separando-se em um grupo fechado de duas pessoas. Às vezes, a incapacidade de formalizar, no casamento, um relacionamento de casal, quando as duas pessoas estão morando juntas, indica que elas ainda estão muito emaranhadas com suas próprias famílias para definirem um novo sistema e aceitarem as implicações desse realinhamento.

Nessas situações, é aconselhável ajudar o sistema a mover-se para uma nova definição de si mesmo (mudança de segunda ordem) em vez de perder-se nos detalhes das mudanças incrementais sobre as quais eles podem estar brigando (sexo, dinheiro, tempo, etc.).

Tornando-se pais: famílias com filhos pequenos

A mudança para este estágio do ciclo de vida familiar requer que os adultos avancem uma geração e se tornem cuidadores da geração mais jovem. Problemas típicos que ocorrem quando os pais não conseguem fazer essa mudança são as brigas entre eles sobre assumir responsabilidades, recusa ou incapacidade de comportar-se como pais com seus filhos. Muitas vezes, os pais são incapazes de colocar limites e exercer a autoridade necessária, ou não têm paciência para permitir que seus filhos se expressem na medida em que se desenvolvem. Frequentemente, os pais que se apresentam clinicamente nesta fase, de alguma forma não estão aceitando a fronteira geracional entre eles e seus filhos. Eles podem queixar-se de que seu filho de quatro anos é "impossível de controlar". Ou, por outro lado, podem esperar que seus filhos se comportem mais como adultos, refletindo uma fronteira ou barreira geracional forte demais. Em qualquer caso, os problemas centrados na criança são tratados, de modo típico, ajudando-se os pais a obterem uma visão de si mesmos como parte de um novo nível geracional com responsabilidades e tarefas específicas em relação ao próximo nível da família.

Entretanto, no moderno casamento com dois salários (e às vezes duas carreiras), a briga central nessa fase é quanto à disposição das responsabilidades e cuidados à criança e pelas tarefas domésticas quando ambos os pais trabalham em tempo integral. O esforço de tentar encontrar cuidados adequados para a criança, quando não existe nenhuma provisão social satisfatória para essa necessidade familiar, traz sérias consequências: os dois trabalhos de tempo integral podem ficar com a mulher; a família pode viver em conflito e no caos; os filhos podem ser negligenciados ou sexualmente abusados quando os arranjos para cuidados são inadequados; a recreação e as férias podem ficar drasticamente reduzidas para se poder pagar os cuidados à criança; ou a mulher pode desistir de sua carreira para ficar em casa ou trabalhar apenas parte do tempo. Esse problema é central na maioria dos conflitos conjugais apresentados nesse estágio, e frequentemente leva a queixas de disfunção sexual e depressão. Não é possível trabalhar proveitosamente com os casais nesta fase sem lidar com as questões de gênero e com o impacto do funcionamento de papel sexual que ainda é considerado como a norma pela maioria dos homens e das mulheres. Realmente não surpreende que esta seja a fase do ciclo de vida familiar que possui o índice mais elevado de divórcios.

O Capítulo 11 ocupa-se amplamente do impacto dessa transição sobre o casal que trabalha, por causa de sua relevância para a família de hoje. Entretanto, os terapeutas também precisam informar-se a respeito do comportamento e desenvolvimento da criança, das suas dificuldades de aprendizagem, de sérios distúrbios na infância, etc., de modo a não negligenciarem esses aspectos quando focam o conflito progenitor-criança ou o conflito conjugal.

Para os avós, a mudança nessa transição é a de passar para uma posição secundária, em que podem permitir aos filhos serem as autoridades paternas principais e, não obstante, estabelecerem um novo tipo de relacionamento carinhoso com seus netos. Para muitos adultos, esta é uma transição particularmente gratificante, que lhes permite ter intimidade sem a responsabilidade que a paternidade requer.

A transformação do sistema familiar na adolescência

Embora muitos autores tenham separado os estágios das famílias com filhos pequenos em fases diferentes, na nossa opinião, as mudanças são incrementais até a adolescência, que introduz uma nova época, pois assinala uma nova definição dos filhos dentro da família e dos papéis dos pais em relação aos seus filhos. As famílias com adolescentes devem estabelecer fronteiras qualitativamente diferentes das famílias com filhos mais jovens, um trabalho dificultado, em nossa época, pela ausência de rituais que facilitem essa transição (Quinn e colaboradores, 1985). As fronteiras, agora, devem ser permeáveis. Os pais não podem mais impor uma autoridade completa. Os adolescentes podem e realmente abrem a família para um cortejo completo de novos valores, quando trazem seus amigos e novos ideais para a arena familiar. As famílias que descarrilam nesse estágio podem estar muito fechadas a novos valores e ameaçadas por eles, e com frequência estão fixadas numa visão anterior de seus filhos. Podem tentar controlar todos os aspectos de suas vidas num momento em que, desenvolvimentalmente, é impossível conseguir fazer isso. Ou o adolescente se retrai em relação aos envolvimentos apropriados a esse estágio desenvolvimental, ou os pais ficam cada vez mais frustrados com aquilo que percebem como sua própria impotência. Para esta fase, o velho adágio dos Alcoólatras Anônimos é particularmente adequado aos pais: "Que eu tenha a capacidade de aceitar as coisas que não posso mudar, a força para mudar as coisas que posso mudar, e a sabedoria para perceber a diferença." Fronteiras flexíveis, que permitem aos adolescentes se aproximarem e serem dependentes nos momentos em que não conseguem manejar as coisas sozinhos, e se afastarem e experimentarem, com graus crescentes de independência, quando estão prontos, exigem esforços especiais de todos os membros da família em seus novos *status* uns em relação aos outros. Esse também é um momento em que os adolescentes começam a estabelecer seus próprios relacionamentos independentes com a família ampliada, e são necessários ajustes especiais entre os pais e os avós para permitir e estimular esses novos padrões.

A terapia, nessas situações, precisa ajudar as famílias a modificarem apropriadamente sua visão de si mesmas, para possibilitarem a crescente independência da nova geração, embora mantendo as fronteiras e estrutura adequadas para favorecer o desenvolvimento familiar continuado.

O evento central no relacionamento conjugal nessa fase geralmente é a "crise do meio da vida" de um ou de ambos os cônjuges, com uma exploração das satisfações e insatisfações pessoais, profissionais e conjugais. Normalmente ocorre uma intensa renegociação do casamento, e às vezes a decisão de divorciar-se. O foco nas queixas dos pais e do adolescente, tanto por parte da família quanto do terapeuta, pode mascarar um caso amoroso ou um divórcio secretamente considerado, ou impedir que os problemas conjugais venham à superfície. Isso não significa que os sintomas adolescentes comuns, tais como abuso de drogas ou álcool, gravidez adolescente, delinquência ou comportamento psicótico não devam ser cuidadosamente avaliados e manejados.

Famílias no meio da vida: lançando os filhos e seguindo em frente

Esta fase do ciclo de vida familiar é a mais nova e a mais longa, e por essas razões é, de muitas maneiras, a mais problemática de todas as fases (Capítulo 13). Até uma geração atrás, a maioria das famílias ficava ocupada com a criação dos filhos durante toda a sua vida adulta até a velhice. Agora, em virtude do baixo índice de natalidade e do longo período de vida da maioria dos adultos, os pais lançam seus filhos quase vinte anos antes de aposentar-se, e devem então encontrar outras atividades de vida. As dificuldades dessa transição podem levar as famílias a se agarrarem aos filhos ou conduzir a sentimentos paternos de vazio e depressão, particularmente nas mulheres que centraram suas principais energias em seus filhos e agora se sentem despreparadas para enfrentar uma nova carreira no mundo do trabalho. O aspecto mais significativo desta fase é que nela ocorre o maior número de saídas e entradas de membros da família. Ela começa com o lançamento dos filhos adultos e prossegue com a entrada de seus cônjuges e filhos. É o momento em que os pais mais velhos estão adoecendo ou morrendo. Isso, em conjunção com as dificuldades de encontrar novas atividades de vida significativas durante essa fase, pode torná-la um período particularmente difícil. Os pais não apenas precisam lidar com a mudança em seu *status* conforme abrem espaço para a próxima geração e se preparam para avançar para a posição de avós, como também precisam lidar com um tipo diferente de relacionamento com os próprios pais, que podem tornar-se dependentes, dando-lhes (particularmente às mulheres) consideráveis responsabilidades como cuidadores. Esse também pode ser um momento de liberação, no sentido de que as finanças podem estar mais fáceis do que nos primeiros anos de responsabilidades familiares e de que existe o potencial de atingir áreas novas e inexploradas – viagens, *hobbies*, novas carreiras. Em algumas famílias, esse estágio é visto como um momento de fruição e conclusão, e como uma segunda oportunidade de consolidar ou expandir, explorando novas possibilidades e novos papéis. Em outras, ele conduz ao rompimento, ao sentimento de vazio e perda esmagadora, depressão e desintegração geral. Essa fase necessita de uma nova estruturação do relacionamento conjugal, agora que não são mais necessárias as responsabilidades paternas. Como Solomon (1973) observou, se a solidificação do casamento não ocorreu e não é possível um novo investimento, a família muitas vezes se mobiliza para agarrar-se ao filho caçula. Quando isso não acontece, o casal pode seguir para o divórcio.

A família no estágio tardio da vida

Conforme Walsh (Capítulo 14) salientou, poucas das visões existentes em nossa cultura nos fornecem perspectivas positivas para um ajustamento sadio na terceira idade, seja dentro da família ou no contexto social. Prevalecem as visões pessimistas. Os mitos atuais são de que a maioria dos idosos não tem famílias; que aqueles que as têm, pouco se relacionam com elas e normalmente são colocados de lado em instituições; ou que todas as interações familiares com os membros mais velhos da família são mínimas. Pelo contrário, a vasta maioria dos adultos acima de 65 anos de idade não vive sozinha, mas com outros membros da família. Mais de 80% vivem a uma hora de distância de pelo menos um dos filhos (Capítulo 14).

Um outro mito sobre os idosos é que eles são doentes, senis e frágeis, e que podem ser manejados melhor em asilos ou hospitais. Somente 4% dos idosos vivem em instituições (Streib, 1972), e a idade média de admissão é 80 anos. Há indicações de que, se as pessoas não estimulassem sua dependência ou os ignorassem como membros funcionais da família, esse grau de dependência seria ainda menor.

Entre as tarefas das famílias no estágio tardio da vida estão os ajustamentos à aposentadoria, que não apenas podem criar o óbvio vazio para o aposentado, mas também trazer uma tensão especial a um casamento que até então estivera equilibrado em esferas diferentes. A insegurança e a dependência financeira são também dificuldades especiais, especialmente para os membros da família que dão valor a administrar as coisas sozinhos. E, embora a perda de amigos e parentes seja uma dificuldade específica nessa fase, a perda de um cônjuge é o ajustamento mais difícil, com seus problemas de reorganizar toda uma vida sozinho, depois de muitos anos como casal, e de ter menos relacionamentos para ajudar a substituir o que foi perdido. Entretanto, a condição de avós pode proporcionar um renovado interesse pela vida, e oportunidades de relacionamentos íntimos especiais, sem as responsabilidades da paternidade.

A dificuldade em fazer as modificações de *status* necessárias nessa fase da vida refletem-se numa recusa, por parte dos membros mais velhos da família, a desistir de alguns de seus poderes, como quando um avô se recusa a passar o controle da companhia ou a fazer planos para a sua sucessão. A incapacidade de modificar o *status* aparece também quando os adultos mais velhos desistem e se tornam totalmente dependentes da geração seguinte, ou quando esta não aceita que seus poderes estão diminuindo ou os trata como totalmente incompetentes ou irrelevantes. As evidências sugerem que os homens e as mulheres respondem de forma muito diferente aos seus papéis no envelhecimento, e isto também deve ser cuidadosamente avaliado (Hesse-Biber & Williamson, 1984).

Mesmo quando os membros da geração mais velha estão muito debilitados, não existe realmente uma reversão de papéis entre uma geração e a próxima, pois os pais sempre têm muitos anos de experiência extra e permanecem modelos para as gerações seguintes, nas fases de vida que estão por vir. Não obstante, por ser a velhice totalmente desvalorizada em nossa cultura, os membros da família da geração do meio muitas vezes não sabem como fazer a modificação adequada no *status* relacional com seus pais.

Clinicamente, é raro que os membros mais velhos da família busquem ajuda, embora eles realmente tenham muitos problemas clínicos, principalmente depressão. Com maior frequência, são os membros da geração seguinte que buscam ajuda, e mesmo eles muitas vezes não se apresentam com seu problema definido como relacionando-se a um progenitor idoso. Geralmente é só após um cuidadoso estudo da história que ficamos sabendo que um avô idoso vai se mudar ou ser levado para um asilo, e que as questões de relacionamento referentes a essa modificação ficaram totalmente submersas na família.

Ajudar os membros da família a reconhecerem as mudanças de *status* e a necessidade de resolverem seus relacionamentos em um novo equilíbrio pode auxiliar as famílias a seguirem em frente desenvolvimentalmente.

VARIAÇÕES MAIORES NO CICLO DE VIDA FAMILIAR

Divórcio e recasamento

Embora a maioria estatística das classes média e alta americanas ainda atravessem os tradicionais estágios de ciclo de vida familiar como delineado acima, a maior variação em relação a essa norma consiste nas famílias em que ocorreu o divórcio. Com o índice de divórcio atualmente em 50% e o de redivórcio em 61% (Glick, 1984a), o divórcio na família americana está perto do ponto em que ocorrerá na maioria das famílias, e será então considerado cada vez mais como um evento normativo. Em nossa experiência como terapeutas e professores, julgamos indicado conceitualizar o divórcio como uma interrupção ou deslocamento do tradicional ciclo de vida familiar, que produz um tipo de profundo desequilíbrio que está associado, em todo o ciclo de vida familiar, a mudanças, ganhos e perdas no grupo familiar (Capítulo 15; Ahrons & Rodgers, 1987). Como em outras fases do ciclo de vida, existem modificações cruciais no *status* relacional e importantes tarefas emocionais que precisam ser completadas pelos membros da família que se divorcia, para que eles possam prosseguir desenvolvimentalmente. Como em outras fases, as questões emocionais não resolvidas nesta fase continuarão como obstáculos em relacionamentos futuros (Capítulo 15).

Consequentemente, nós conceitualizamos a necessidade, nas famílias em que ocorre o divórcio, de passar por uma ou duas fases adicionais do ciclo de vida familiar, de modo a se obter uma nova estabilização e a prosseguir desenvolvimentalmente, mais uma vez, em um nível mais complexo. Das mulheres que se divorciam, pelo menos 35% não casam novamente. Essas famílias passam por uma fase adicional e podem reestabilizar-se permanentemente como famílias pós-divórcio (Capítulo 16). Os outros 65% das mulheres que se divorciam casam novamente, e essas famílias precisam negociar duas fases adicionais do ciclo de vida familiar antes de uma reestabilização permanente (Capítulo 17).

Nosso conceito do processo emocional da família no divórcio e no pós-divórcio pode ser visualizado como um gráfico tipo montanha russa, com picos de tensão emocional em todos os pontos de transição:

1. No momento da decisão de separar-se ou divorciar-se
2. Quando essa decisão é anunciada à família e aos amigos
3. Quando são discutidos os arranjos financeiros e de custódia/ visitação
4. Quando acontece a separação física
5. Quando acontece o divórcio legal real
6. Quando os cônjuges separados ou ex-cônjuges têm contato para conversar sobre dinheiro ou sobre os filhos
7. Quando cada filho se forma, casa, tem filhos ou adoece
8. Quando cada cônjuge casa novamente, se muda, adoece ou morre.

Esses picos de pressão emocional são encontrados em todas as famílias que se divorciam – não necessariamente na ordem acima – e muitos deles acontecem repetidas vezes, durante meses ou anos. Uma descrição mais detalhada do processo aparece na Tabela 1.2.

As emoções liberadas durante o processo de divórcio relacionam-se primariamente à elaboração do divórcio emocional – isto é, a recuperação do eu em relação ao casamento. Cada parceiro deve recuperar esperanças, sonhos, planos e expectativas que foram investidos nesse cônjuge e nesse casamento. Isso requer um luto por aquilo que foi perdido e o manejo da mágoa, raiva, culpa, vergonha e perda em si mesmo, no cônjuge, nos filhos e na família ampliada.

Em nosso trabalho clínico com famílias que estão se divorciando, nós concordamos com a visão básica de sistema segundo a qual os rompimentos de relações são emocionalmente prejudiciais, e trabalhamos para ajudar os cônjuges em divórcio a manterem um relacionamento cooperativo enquanto pais e a permitirem o máximo contato possível entre os filhos e os pais e os avós naturais. Nossa experiência apoia a de outros autores (Hetherington e colaboradores, 1977; Ahrons, 1980), que descobriram ser necessário um mínimo de dois anos e um grande esforço após o divórcio para que uma família se reajuste à sua nova estrutura e prossiga para o próximo estágio de ciclo de vida, que pode ou não incluir o recasamento.

As famílias em que as questões emocionais do divórcio não estão adequadamente resolvidas podem permanecer emocionalmente paralisadas por anos, se não por gerações.

Tabela 1.2 Deslocamentos do ciclo de vida familiar que requerem passos adicionais para que as pessoas possam se reestabilizar e prosseguir desenvolvimentalmente

Fase	Processo emocional de transição Atitude essencial	Questões desenvolvimentais
Divórcio		
1. A decisão de divorciar-se	Aceitação da incapacidade de solucionar as tensões conjugais o suficiente para manter o relacionamento	Aceitação da própria participação no fracasso do casamento
2. Planejando a separação do sistema	Apoiar arranjos viáveis para todas as partes do sistema	a. Resolver cooperativamente os problemas da custódia b. Manejar a família ampliada com relação ao divórcio
3. Separação	a. Disposição para continuar um relacionamento copaternal cooperativo e o sustento financeiro conjunto dos filhos b. Ênfase à resolução de se dedicar à esposa	a. Luto pela perda da família intacta b. Reestruturação dos relacionamentos conjugal e progenitor-filhos, e das finanças; adaptação a viver separado c. Realinhamento do parentesco com a família ampliada: reforço da associação com a ampliação da família da esposa
4. O divórcio	Mais elaboração do divórcio emocional: superar mágoa, raiva, culpa, etc.	a. Luto pela perda da família intacta: abandonar fantasias de reunião b. Recuperação de esperanças, sonhos, expectativas daquele casamento com as famílias ampliadas c. Permanecer conectado
Família pós-divórcio		
1. Progenitor solteiro (lar com custódia ou residência principal)	Disposição para manter as responsabilidades financeiras, continuar o contato com o ex-cônjuge e apoiar o contato dos filhos com o ex-cônjuge e sua família	a. Fazer arranjos de visita flexíveis com o ex-cônjuge e sua família b. Reconstruir os próprios recursos financeiros c. Reconstruir a própria rede social
2. Progenitor solteiro (sem custódia)	Disposição para manter o contato paterno com o ex-cônjuge e apoiar o relacionamento dos filhos com o progenitor que tem a custódia	a. Descobrir maneiras de manter uma paternidade efetiva b. Manter as responsabilidades financeiras com o ex-cônjuge e os filhos c. Reconstruir a própria rede social

Os picos predizíveis de tensão emocional na transição para o recasamento ocorrem quando há um sério comprometimento com um novo relacionamento; quando um plano de casar novamente é anunciado às famílias e aos amigos; quando ocorre realmente o recasamento e a formação de uma família por segundo casamento, que acontece simultaneamente e na medida em que a logística da família por segundo casamento é colocada em prática.

O processo emocional familiar na transição para o recasamento consiste em lutar com os medos relativos ao investimento em um novo casamento e numa nova família: os próprios medos da pessoa, os medos do novo cônjuge e os medos dos filhos (de um ou de ambos os cônjuges); lidar com as reações hostis ou de perturbação dos filhos, das famílias ampliadas e do ex-cônjuge; lutar com a ambiguidade da nova estrutura, papéis e relacionamentos familiares; ressurgimento de intensa culpa e preocupação dos pais em relação ao bem-estar dos filhos; e ressurgimento do antigo apego ao ex-cônjuge (negativo ou positivo). A Tabela 1.3 descreve o processo em maiores detalhes.

Tabela 1.3 Formação da família recasada: um sumário desenvolvimental

Etapas	Atitude essencial	Questões desenvolvimentais
1. Iniciando o novo relacionamento	Recuperação em relação à perda do primeiro casamento ("divórcio emocional" adequado)	Recomprometimento com o casamento e com a formação de uma família, com disposição para lidar com a complexidade e a ambiguidade.
2. Conceitualizando e planejando o novo casamento e a nova família	Aceitar os próprios medos e os do novo cônjuge e dos filhos em relação ao recasamento e à formação de uma família por segundo casamento Aceitar a necessidade de tempo e paciência para o ajustamento à complexidade e ambiguidade de: 1. Múltiplos papéis novos 2. Fronteiras: espaço, tempo, condição de fazer parte da família, autoridade 3. Questões Afetivas: culpa, conflitos de lealdade, desejo de mutualidade, mágoas passadas não resolvidas	a. Trabalhar a honestidade nos novos relacionamentos para evitar a pseudomutualidade. b. Planejar a manutenção de relacionamentos financeiros e de copaternidade cooperativos com os ex-cônjuges. c. Planejar como ajudar os filhos a lidarem com seus medos, conflitos de lealdade, e condição de fazer parte de dois sistemas. d. Realinhamento dos relacionamentos com a família ampliada para incluir o novo cônjuge e filhos. e. Planejar a manutenção das conexões das crianças com a família do(s) êx-conjuge(s).
3. Recasamento e reconstituição da família	Resolução final do apego ao cônjuge anterior e ao ideal da família "intacta"; Aceitação de um modelo diferente de família com fronteiras permeáveis	a. Reestruturação das fronteiras familiares para permitir a inclusão do novo cônjuge-padrasto ou madrasta. b. Realinhamento dos relacionamentos e arranjos financeiros em todos os subsistemas para permitir o entrelaçamento de vários sistemas. c. Criar espaço para os relacionamentos de todos os filhos com os pais biológicos (sem custódia), avós e o restante da família ampliada. d. Compartilhar lembranças e histórias para aumentar a integração da família por segundo casamento.

* Variação de um esquema desenvolvimental apresentado por Ransom e colaboradores (1979).

    A nossa sociedade oferece às famílias por segundo casamento uma escolha entre dois modelos conceituais, sendo que nenhum deles funciona: famílias que agem como a família intacta da porta ao lado, glorificada nos seriados de televisão; e os padrastos e madrastas malvados dos contos de fadas. O nosso primeiro passo clínico, então, é validar para as famílias por segundo casamento a ausência de apoio social e clareza no paradigma de família que lhes é oferecido. Os terapeutas podem lhes propor o desafio de ajudar a inventar uma nova forma de estrutura familiar com a seguinte orientação, compensando o sentimento de sistema: abandonar o antigo modelo de família e aceitar a complexidade da nova forma; manter fronteiras permeáveis para permitir a modificação da composição da estrutura doméstica; e esforçar-se por canais abertos de comunicação entre os grupos de pais e entre todos os pais e avós biológicos e seus filhos e netos (Capítulo 17).

    Na nossa experiência, o resíduo de um divórcio zangado e vingativo pode bloquear a integração da família por segundo casamento durante anos ou para sempre. O ressurgimento do antigo apego emocional a um ex-cônjuge, que emerge caracteristicamente no momento do recasamento e nas subsequentes transições de ciclo de vida dos filhos, geralmente não é compreendido como um processo predizível, e, portanto, leva à negação, interpretações errôneas, rompimento de relações e inúmeras dificuldades. Como no caso do ajustamento a uma nova estrutura familiar após o divórcio, a integração da família por segundo casamento também parece requerer um mínimo de dois ou três anos antes que uma nova estrutura utilizável permita aos membros da família prosseguirem emocionalmente.

O ciclo de vida familiar dos pobres

A adaptação das famílias pobres multiproblemáticas a um rígido contexto político, social e econômico produziu um padrão de ciclo de vida familiar que varia significativamente em relação ao paradigma de classe média tão frequente e erroneamente utilizado para conceitualizar a sua situação. Hines (Capítulo 21) propõe uma análise do ciclo de vida familiar dos pobres em três fases, análise essa que nos leva a refletir: o "jovem adulto sozinho" (que pode ter apenas 11 ou 12 anos), que está virtualmente por conta própria, sem que nenhum adulto se responsabilize por ele; famílias com filhos – uma fase que ocupa a maior parte do período de vida e comumente inclui estruturas domésticas com três ou quatro gerações; e a fase da avó que não evoluiu, ainda envolvida, na velhice, com um papel central de educar crianças – ainda cuidando ativamente das gerações mais novas.

Além do capítulo referido acima, sugere-se a leitura de Aponte (1974, 1976) e Minuchin e colegas (1967), sobre abordagens clínicas das famílias pobres, e a leitura do provocativo contraste de Fulmer do ciclo de vida familiar em duas classes socioeconômicas diferentes (Capítulo 22). Tais polaridades tornaram-se um aspecto característico da vida americana na década de oitenta, particularmente nas áreas urbanas, onde a classe média é frequentemente superada em número por uma combinação de "yuppies", de pobres e de desabrigados.

Variação cultural

A maioria das descrições do ciclo de vida familiar típico (incluindo a nossa) deixa de transmitir os consideráveis efeitos da etnicidade e da religião em todos os aspectos de como, quando e de que maneira uma família faz suas transições de uma fase para outra. Embora possamos ignorar essas variáveis em favor da clareza teórica do foco na pessoa comum, um terapeuta que trabalha com pessoas reais no mundo real não pode se dar ao luxo de ignorar isso. A definição de "família", assim como o momento das fases do ciclo de vida e a importância das diferentes transições, varia de acordo com o *background* cultural da família. É essencial que os terapeutas considerem a maneira pela qual a etnicidade interfere no ciclo de vida e encorajem as famílias a assumirem uma ativa responsabilidade por cumprirem os rituais de seus grupos étnicos ou religiosos, para assinalar cada fase (Capítulo 20). Também é extremamente importante que nós, como terapeutas, ajudemos as famílias a desenvolverem rituais que correspondam às transições reais em suas vidas, incluindo aquelas transições que a cultura não validou (Capítulo 8).

CONCLUSÕES

Concluindo, dirigimos as reflexões do leitor às poderosas (e preventivas) implicações das celebrações do ciclo de vida familiar: aqueles rituais, religiosos ou seculares, que foram desenvolvidos pelas famílias em cada cultura para facilitar a passagem de seus membros de um *status* para o seguinte. Conforme Friedman (Capítulo 7) salienta, todos os relacionamentos familiares no sistema parecem abrir-se no momento imediatamente anterior e posterior a tais eventos, e muitas vezes é possível mudar as coisas com um esforço menor, durante esses períodos intensivos, do que aquele que comumente seria dispendido em anos de luta.

REFERÊNCIAS

Ahrons, C. H. (1980). Joint custody arrangements in the postdivorce family. *Journal of Divorce*, 3:187-205.
Ahrons, C. R. (1980). Redefining the divorced family: A conceptual framework. *Social Work*, Nov: 437-441.
Ahrons, C. R. (1983). Divorce: A crisis of family transition and change. In D. H. Olsen & B. X. Miller (Eds.), *Family studies: Review yearbook*. Vol. 1. Beverly Hilis, Calif.: Sage Publications.
Ahrons, C. R. H. & Rodgers, R. (1987). *The divorced family*. New York: Norton. Aponte, H. (1974). Psychotherapy, for the poor: An eco-structural approach to treatment. *Delaware Medical Journal* 46:15-23.
Aries, P. (1962). *Centuries of childhood: A social history of family life*. New York: Vintage.
Bacon, L. (1974). Early motherhood, accelerated role transition and social pathologies, *Social Forces* 52: 333-341.
Beisky, J., Spanier, G. B., & Robine, M. (1983). Stability and change in marriage across the transition to parenthood. *Journal of Marriage and the Family* 45(3): 567-578.
Bernard, J. (1972). *The future of marriage*. New York: Bantam.
Bianchi, S. M. & Spain, D. (1986). *American women in transition*. New York: Russel Sage.
Bowen, M., (1978). *Family therapy in clinical practice*. New York: Aronson.
Butler, R. N., & Lewis, M. I. (1983). *Aging and mental health*. New York: New American Library.
Campbell, A. (1975, May). The American way of mating: Marriage si, children only maybe. *Psychology Today* 37-43.
Carter, E. A. (1978). The transgenerational scripts and nuclear family stress: Theory and clinical implications. In R.R. Sager (Ed.), *Georgetown family symposium* (Vol. 3, 1975-76). Washington, D.C.: Georgetown University.
Cicirelli, V. G. (1985). Sibling relationships throughout the life cycle. In L. L'Abate (Ed.), *The handbook of family psychology and therapy*. Homewood, III.: Dorsey Press.
Combrinck-Graham, L. (1985). A developmental model for family systems. *Family Process*, 24(2): 139-150.
Duvall, E. M. (1977). *Marriage and family development* (5th ed.). Philadelphia: Lippincott.
Erikson, E. (1950). *Childhood and society*. New York: Norton.
Erikson, E. H. (1976). *Adulthood*. New York: Norton.
Fishbein, H. D. (1987). The identified patient and stage of family development. *Journal of Marital and Family Therapy* 8(1): 57-62.
Gelfand, D. E. (1982). *Aging: The ethnic factor*. Boston: Little Brown.
Gelfand, D. E., & Kutzik, A. J. (Eds.) (1979). *Ethnicity and aging*. New York: Springer.
Gilligan, C. (1982). *In a different voice*. Cambridge, Mass: Harvard University Press.
Glick, P. (1984a). How American families are changing. *American Demographics*, Jan 21-25.
Glick, P. (1984b). Marriage, divorce, and living arrangements. *Journal of Family Issues* 5(1): 7-26.
Glick, P. (1984c). American household structure in transition. *Family Planning Perspectives* 16(5): 205-211.
Goldner, V. (1985). Feminism and family therapy. *Family Process* 24(1): 31-48.
Goode, W. J. (1963). *World revolution and family patterns*. New York: Free Press.
Goodrich, D. W., Ryder, R. G., & Raush, H. L. (1968). Patterns of newlywed marriage. *Journal of Marriage and the Family* 30: 383-390.
Gould, R. (1972). The phases of adult life: A study in developmental psychology. *American Journal of Psychiatry* 129: 33-43.
Hadley, T., Jacob, T., Milliones, J., Caplan, J., & Spitz, D. (1974). The relationship between family developmental crises and the appearance of symptoms in a family member. *Family Process* 13:207-214.
Hare-Mustin, R. T. (1978). A feminist approach to family therapy. *Family Process* 17: 181-193.
Hare-Mustin, R. T. (1987). The problem of gender in family therapy. *Family Process* 26: 15-27.
Harry, J. (1976). Evolving sources of happiness for men over the life cycle: A structural analysis. *Journal of Marriage and the Family* 2: 289-296.
Hess, B. B., & Waring, J. M. (1984). Changing patterns of aging and family bonds in later life. *The Family Coordinator* 27(4): 303-314.
Hesse-Biber, S., & Williamson, J. (1984). Resource theory and power in families: Life Cycle Considerations. *Family Process* 23(2) 261-278.
Hetherington, M. E., Cox, M., & Cox, R., (1977). The aftermath of divorce. In E. M. Hetherington & R. D. Parke, *Contemporary readings in child psychology*, 3nd ed. New York: McGraw-Hill.
Hill, R. (1970). *Family development in three generations*. Cambridge, Mass.: Schenkman.
James, K. & Mcintyre, D. (1983). The reproduction of families: The social role of family therapy. *Journal of Marital and Family Therapy* 9(2): 119-130.

Kitson, G. C., & Raschke, H. J. (1983). Divorce research: What we know, what we need to know. In D.H. Olson & B. C. Miller (Eds.), *Family studies: review yearbook,* Vol. 1. Beverly Hills, Calif: Sage Publications.

Lieberman, M. (Oct.1974). Adaptational patterns in middle aged and elderly: The role of ethnicity. Paper presented at the Gerontological Society Conference, Portland, Ore.

Levinson, D. (1978). *The seasons of a man's life.* New York: Knopf.

Libow, J. A., Rashkin, P.A., & Caust, B. L. (1982). Feminist and family systems therapy: Are they incompatible? *The American Journal of Family Therapy* 10(3): 3-12.

McGoldrick, M. (1982). Overview. In M. McGoldrick, J. K. Pearce, & J. Giordano, (Eds.), *Ethnicity and family therapy.* New York: Guilford Press.

McGoldrick, M., Anderson, C., & Walsh, F. (in press). *Women in families: A framework for family therapy.* New York: Norton.

McGoldrick Orfanidis, M. (1977). Some data on death and cancer in schizophrenic families. Presentation at Georgetown Presymposium. Washington, D.C.

Miller, J. B. (1976). *Toward a new psychology of women.* Boston: Beacon.

Minuchin, S., Montalvo, B., Guerney, B., Rosman, B., & Schumer, F. (1967). *Families of the slums.* New York: Basic Books.

Nadelson, C., et al., (1984). Marriage as a developmental process. In C. C. Nadelson & D.C. Polonsky (Eds.), *Marriage and divorce: A contemporary perspective.* New York: Guilford.

Nock, S. L. (1981). Family life cycle transitions: Longitudinal effects on family members. *Journal of Marriage and the Family,* 43: 703-714.

Norton, A. J. (1980). The influence of divorce on traditional life cycle measures. *Journal of Marriage and the Family,* 42: 63-69.

Norton, A. J. (1983). The family life cycle: 1980. *Journal of Marriage and the Family,* 45(2): 267-275.

Quinn, W. H. (1983). Older generations of the family: Relational dimensions and quality. *American Journal of Family Therapy,* 11(3): 23-34.

Quinn, W. H., Newfield, N. A., & Protinsky, H.O. (1985), Rites of passage in families with adolescents. *Family Process,* 24(1): 101-112.

Paul, N. & Grosser, G. (1965). Operational mourning and its role in conjoint family therapy. *Community Mental Health Journal,* 1: 339-345.

Paul, N. & Paul, B. B. (1974). *A marital puzzle.* New York: Norton.

Rodgers, R. (1960). Proposed modifications of Duvall's family life cycle stages. Paper presented at the American Sociological Association Meeting, New York.

Schram, R. W. (1979). Marital satisfaction over the family life cycle: A critique and proposal. *Journal of Marriage and the Family* 41(1): Feb.

Sluzki, C. (1979). Migration and family conflict. *Family Process* 18(4):379-390.

Solomon, M. (1973). A developmental conceptual premise for family therapy. *Family Process* 12: 179-188.

Spanier, G. B. (1983). Married and unmarried cohabitation in the United States: 1980. *Journal of Marriage and the Family* 45(2): 277-288.

Spanier, G. B., & Glick, P.C. (1980). The life cycle of American families: An expanded analysis. *Journal of Family History* 5: 97-111.

Taggert, M. (1985). The feminis! critique in epistemological perspective: Questions of context in family therapy. *Journal of Marital and Family Therapy* 11(2): 113-126.

Thomas, C. G. & Duszynski, D.R. (1974). Closeness to parents and the family constellation in a prospective study of five disease states: Suicide, mental illness, malignant tumor, hypertension and coronary heart disease. *The Johns Hopkins Medical Journal* 134: 251-270.

Thurow, L. (1987). The surge in inequality. *Scientific American* 256(5): 30-37.

U.S. Senate Special Committee on Aging and American Association of Retired Persons. (1985) *Aging America.* Washington, D. C.: U.S. Government Printing Office.

Walsh, F. (1978). Concurrent grandparent death and the birth of a schizophrenic offspring: An intriguing finding. *Family Process* 17: 457-463.

Woehrer, C. E. (Nov. 1982). The influence of ethnic families on intergenerational relationships and later life transitions. *Annals ofthe American Academy of PSS* 464: 65-78.

Women's Project in Family Therapy (in press). *Feminism and family therapy.* New York: Guilford Press.

2
As mulheres e o ciclo de vida familiar

Monica McGoldrick, M.S.W.

As mulheres sempre desempenharam um papel central nas famílias, mas a ideia de que elas têm um ciclo de vida à parte de seus papéis como esposa e mãe é uma ideia relativamente recente, e ainda não amplamente aceita em nossa cultura. A expectativa em relação às mulheres tem sido a de que elas cuidariam das necessidades dos outros: primeiro dos homens, depois das crianças e depois dos idosos. Até muito recentemente, o "desenvolvimento humano" referia-se ao desenvolvimento masculino, e o desenvolvimento das mulheres era definido pelos homens de suas vidas. Elas passavam de filhas a esposas, a mães, com seus *status* definido pelo homem no relacionamento, e seu papel por sua posição no ciclo de vida familiar. Raramente era aceito que elas tinham direito a uma vida própria.

Neste capítulo, enfocaremos a interação dos papéis femininos por todo o ciclo de vida, tanto em suas famílias quanto no trabalho. Esses papéis mudaram dramaticamente nos últimos anos. Desde 1980, o índice de natalidade caiu abaixo dos níveis de reposição, na medida em que mais mulheres se concentravam em trabalhos e educação. Pela primeira vez, mais mulheres do que homens matriculam-se na universidade (Bianchi & Spain, 1985). Embora o campo da terapia familiar tendesse a ignorar o contexto global do qual os padrões familiares são parte, está ficando cada vez mais óbvio que os relacionamentos familiares não podem ser separados desse contexto, que define os tipos de relacionamentos que são possíveis nas famílias, e delineia quem está disponível para participar desses relacionamentos. Podem-se ilustrar as diferenças nos papéis de homens e mulheres pelo fato de que, no mercado de trabalho americano, as mulheres ainda ganham, em média, 64 centavos para cada dólar que um homem recebe pelo mesmo trabalho. Os terapeutas de família ignoraram o contexto em que as famílias existem, focando apenas o nível interacional de seus membros, como se estes fossem partes intercambiáveis com igual controle sobre os resultados das interações familiares (Taggert, 1985; Hare-Mustin, 1987). Como Goldner (1985) afirmou, apesar da documentação dos sociólogos e demógrafos referente às diferenças entre os homens e as mulheres na participação familiar, "a categoria de gênero continua essencialmente invisível nas conceituações dos terapeutas de família. Essa mancha cega parece extraordinária quando consideramos a condição de combate da família contemporânea e a extensão em que as linhas de batalha se formaram ao redor de ideologias conflitantes acerca de como as relações de gênero deveriam ser estruturadas" (página 33). Goldner segue dizendo que, "como a revolução sexual, o colapso da família tradicional significou, com excessiva frequência, um novo tipo de liberdade para os homens e um novo tipo de armadilha para as mulheres" (página 41).

Por mais difícil que seja, para muitas mulheres, aderir aos padrões tradicionais, mudar o *status quo* também é extremamente doloroso para elas. Mesmo quando as mulheres se rebelam contra ter de assumir a total responsabilidade por manter os relacionamentos familiares e por conservar tradições e rituais, tais como feriados e outras celebrações, elas sentem-se culpadas, de modo típico, quando não continuam a fazer aquilo que cresceram julgando ser sua obrigação. Quando ninguém mais entra para preencher a lacuna, elas sentem que a solidariedade da família está sucumbindo, e que a culpa é delas.

Ser parte de uma família e depois viver a dissolução dessa família possui implicações diferentes para homens e mulheres. Como Jessie Bernard (1982) descreveu, o casamento "dele" é muito diferente, e muito mais satisfatório, do que o casamento "dela". Embora os homens permaneçam ambivalentes em relação a casar-se, temendo "cair numa armadilha", são as mulheres que se tornam mais sintomáticas e mais predispostas ao estresse no estado casado, por virtualmente todos os indicadores. As pesquisas revisadas em vários lugares sugerem fortemente que as mulheres casadas apresentam mais sintomas do que os homens casados ou as mulheres solteiras (Brodsky & Hare-Mustín, 1980; Baruch e colaboradores, 1983; Bernard, 1982; Avis, 1985). Elas experienciam mais depressão e maior insatisfação conjugal. As mulheres, nos relacionamentos conjugais tradicionais, também apresentam um estado de saúde física pior, menor autoestima, menos autonomia, e um pior ajustamento conjugal do que as mulheres em relacionamentos de maior igualdade (Avis, 1985).

As mulheres estão expostas a índices mais altos de mudança e instabilidade em suas vidas do que os homens (Dohrenwend, 1973) e são mais vulneráveis aos estresses de ciclo de vida, em virtude de seu maior envolvimento emocional com as vidas daqueles que as cercam. Elas são mais responsivas a uma rede maior de pessoas pelas quais se sentem responsáveis. Sua sobrecarga de papéis as deixa ainda mais sobrecarregadas quando acontecem os estresses impredizíveis, tais como doenças, divórcio ou desemprego. Isso significa que elas ficam duplamente estressadas – estão expostas aos estresses de uma rede maior e são emocionalmente mais responsivas a eles (Gove, 1972). Kessler e McLeod (1984) descobriram que as mulheres são muito mais afetadas do que os homens pela morte de uma pessoa amada e por outros eventos da rede. Os homens respondem menos aos eventos em suas redes e realmente prestam menos atenção a esses estresses. A literatura de busca de ajuda indica que as pessoas que estão precisando de apoio emocional procuram as mulheres, com maior frequência, como confidentes, e dessa forma elas ficam submetidas a exigências ainda maiores de cuidados. Às vezes, suas redes são tão exigentes, que pode ser necessário romper certas relações para o bem de sua saúde mental (Cohler & Lieberman, 1980; Belle, 1982). Conforme Avis (1985) resume a pesquisa, "Muitos autores concluíram que a aderência aos papéis familiares tradicionais não apenas oprime as mulheres, mas pode ter um pernicioso efeito sobre todos os membros da família, sobre os relacionamentos conjugais e sobre o funcionamento familiar" (página 131).

Nos últimos anos, as mulheres têm casado mais tarde, tido menos filhos e se divorciado mais (50%). Aquelas com melhor formação profissional e melhor salário são as que mais se divorciam e as que menos casam novamente, ao contrário dos homens, entre os quais os mais ricos e com melhor instrução são os que mais permanecem casados ou recasam rapidamente. Geralmente é a mulher que cai para o nível da pobreza se o casal se divorcia, pois ela sofre uma queda média de 40% nos rendimentos, ao passo que o rendimento do homem aumenta cerca de 17%. No presente, 75% dos pobres são mulheres ou crianças, a maioria vivendo em lares de um único progenitor. Depois do divórcio, os homens têm um grupo ainda maior de mulheres casadoiras entre as quais escolher. No primeiro casamento, comumente a mulher é três anos mais jovem do que o marido; nos segundos casamentos, a mulher, em média, é seis anos mais jovem do que o marido (Bianchi & Spain, 1985).

Tradicionalmente, as mulheres foram consideradas responsáveis pela manutenção dos relacionamentos familiares e por todos os cuidados: por seus maridos, por seus filhos, por seus pais, pelos pais de seus maridos e por qualquer outro membro da família doente ou dependente. Mesmo atualmente, quase um quinto das mulheres com idades entre 55 e 59 anos cuida, em casa, de um parente idoso. Normalmente, uma filha ou nora é a principal responsável pelos cuidados a uma mãe idosa. Claramente, os cuidados aos idosos (que são, em sua maioria, mulheres) é primariamente um problema da mulher. Entretanto, cada vez mais mulheres mais jovens unem-se à força de trabalho, e, assim, não estão disponíveis para prestar esses cuidados, a não ser com extrema dificuldade. Atualmente, mais da metade de todas as mulheres entre 45 e 64 anos trabalha fora de casa, e a maioria delas em tempo integral. Com cada vez mais famílias de quatro gerações em cena, as cuidadoras tendem a ser idosas elas próprias, e lutando com um funcionamento em declínio. Dessa forma, as mulheres de meia-idade de hoje são submetidas à "pressão da dependência" entre seus pais e seus filhos (Lang & Brody, 1983; Baruch & Barnett, 1983).

As leis que regulam os serviços sociais que apoiam as famílias são determinadas principalmente por homens, e não apoiam as mulheres que são chefes de família. Contrariamente à afirmação de que os serviços governamentais solapam a força dos arrimos familiares, o fracasso em proporcionar serviços públicos às famílias irá, muito provavelmente, exacerbar os conflitos intergeracionais, fazendo com que os membros da família se voltem uns contra os outros (Hess, 1985). A esmagadora maioria dos legisladores em nossa sociedade é do sexo masculino, e sua história de legislação em apoio aos cuidados da família é muito deficiente. Essa é uma questão primária para as mulheres divorciadas, mães de filhos pequenos, mulheres que fazem parte de minorias, idosos (que são, em sua maioria, mulheres), e outros grupos que não têm o poder para fazer as leis e ficam então duplamente sobrecarregados – com a responsabilidade, mas sem os recursos para cuidar de suas famílias.

DESENVOLVIMENTO MASCULINO E FEMININO

Sempre houve uma versão "dele" e "dela" sobre o desenvolvimento humano, embora até recentemente somente a primeira estivesse descrita na literatura (Bernard, 1975). O desenvolvimento feminino era visto somente de uma perspectiva androcêntrica e significava aprender a tornar-se uma companheira adaptável para favorecer o desenvolvimento do homem. A maioria dos teóricos do sexo masculino, como Freud, Kohlberg e Piaget, tendia a ignorar o desenvolvimento feminino. Só muito recentemente é que a descrição do desenvolvimento da mulher apareceu na literatura (Miller, 1976; Gilligan, 1982; Dinnerstein, 1976; Belenky e colaboradores, 1986). Enquanto a separação, a diferenciação e a autonomia foram consideradas fatores primários no desenvolvimento masculino, os valores de cuidado e apego, interdependência, relacionamento e atenção ao contexto foram primários no desenvolvimento feminino. Ao mesmo tempo, estes últimos valores foram desvalorizados pelos teóricos do sexo masculino (tais como Erikson, Piaget, Levinson e Valliant).

As mulheres tendiam a definir-se no contexto dos relacionamentos humanos e a julgar-se em termos de sua capacidade de cuidar. Gilligan descreveu o lugar da mulher no ciclo de vida de um homem como o da "nutridora, cuidadora e ajudante, a tecelã daquelas redes de relacionamento das quais ela, por sua vez, depende. Mas, enquanto as mulheres cuidavam dos homens dessa maneira, os homens, em suas teorias de desenvolvimento psicológico, assim como em seus arranjos econômicos, tendiam a tomar como certo ou a desvalorizar esse cuidado" (Gilligan, 1982, página 17). As principais teorias do desenvolvimento humano geralmente igualavam a maturidade à autonomia. A preocupação com os relacionamentos era vista como uma fraqueza das mulheres, e não como uma força humana. Os estudos de Broverman e seus colegas sobre os esteriótipos de papel sexual (1970, 1972) tornaram eminentemente claros os preconceitos em nossas atitudes culturais que igualam a "adultez sadia" à "masculinidade". Como esses estudos demonstraram, nós igualamos a maturidade à capacidade de pensamento autônomo, à racionalidade, à clara tomada de decisões, e à ação responsável, e desvalorizamos as qualidades que nossa cultura definiu como necessárias à identidade feminina, tais como calidez, expressividade e o cuidado pelos outros.

As teorias propostas por homens deixaram de descrever a progressão dos relacionamentos para a maturidade da interdependência. Embora a maioria dos textos desenvolvimentais reconheça a importância da individuação, a realidade de uma conexão contínua é perdida ou relegada a segundo plano. Talvez seja por isso que quase não exista discussão na literatura desenvolvimental sobre a importância dos filhos na redefinição da identidade adulta de uma pessoa (Daniels & Weingarten, 1982).

Os oito estágios de desenvolvimento de Erikson (1963) sugerem que a condição humana de estar conectado faz parte do primeiro estágio, confiança *versus* desconfiança, que abrange o primeiro ano de vida, mas esse aspecto não aparece novamente até o sexto estágio, intimidade *versus* isolamento. Todos os outros estágios descritos por Erikson antes da idade adulta envolvem questões individuais ao invés de relacionais: autonomia *versus* vergonha e dúvida; iniciativa *versus* culpa; diligência *versus* inferioridade; identidade *versus* confusão de papéis. A identidade é definida como possuir um senso de eu *à parte da* própria família. Além disso, da idade de um a vinte anos, aquelas características que se referem a questões interpessoais – dúvida, vergonha, culpa, inferioridade e confusão de papéis, (sendo que todas são associadas a características femininas) – significam fracasso. É uma pena que a dúvida, a culpa, o senso de inferioridade e a consciência da confusão de papéis sejam definidos dessa maneira, como não fazendo parte de uma identidade sadia. Será que nós não precisamos dessas qualidades para lidar realisticamente com os outros, exatamente como precisamos de outras qualidades? Dada essa idealização do desenvolvimento sadio, não surpreende que os homens se desenvolvam com uma capacidade deficiente para a intimidade, e tenham dificuldade em relacionar-se com sua vulnerabilidade, dúvida e imperfeição.

O notável desenvolvimento da capacidade de falar ou comunicar, que ocorre entre as idades de um e três anos, e é a característica diferencial primária entre nós e os outros animais, não é nem mesmo mencionada nesse esquema. De fato, as meninas demonstram uma capacidade verbal mais precoce do que os meninos (Romer, 1981). E, notavelmente, a fase de produtividade de Erikson vem depois do momento de maior produtividade humana – produzir filhos –, que nem mesmo entra em seu esquema. O último estágio da idade adulta, integridade de ego *versus* desespero, novamente parece relacionar-se a aspectos individuais do desenvolvimento, e não aos interpessoais. Dessa forma, as características ideais de um adulto sadio, para Erikson, (autonomia, iniciativa, diligência, e uma clara identidade à parte da própria família) criam um ser humano seriamente desequilibrado. Em nossa opinião, todos os estágios do ciclo de vida possuem tanto aspectos individuais quanto interpessoais, e o fracasso em perceber isso tem levado ao desenvolvimento humano seriamente distorcido.

Segundo Levison (1978), os relacionamentos mais significativos para os homens no início da vida adulta são com o mentor e a mulher especial, ou ajudante, que encoraja o herói a dar forma ao seu sonho e a realizá-lo. Assim, os relacionamentos significativos do início da vida adulta foram interpretados como "figuras transicionais", como o meio de chegar a uma realização individual (Gilligan, 1982, página 152). O estudo de George Valliant (1977) sobre o desenvolvimento masculino entre graduandos de Harvard altamente realizadores, interessantemente chamado de "Adaptação à Vida" ao invés de adaptação masculina, também se centra no trabalho e minimiza a importância do apego aos outros.

Até a linguagem utilizada para descrever o desenvolvimento humano emprega termos peculiarmente impessoais, tais como "relações objetais" para referir-se aos relacionamentos humanos. O preconceito sexista de nossa linguagem aparece também no uso dos termos "privação materna", por um lado, mas "ausência do pai", um termo muito menos depreciador, por outro – embora normalmente estejamos nos referindo a um pai que estava completamente indisponível e a uma mãe que estava presente mas não proporcionou tudo o que era necessário.

Desenvolvimentalmente, esperava-se que as mulheres, a partir do início da idade adulta, "ficassem atrás de seus homens", para apoiar e criar seus filhos, e, paradoxalmente, fossem capazes de viver sem qualquer afirmação e apoio a elas mesmas. A adaptabilidade provavelmente era a maior habilidade exigida das mulheres. Esperava-se que elas aceitassem ser desarraigadas cada vez que seus maridos dissessem ser necessário se mudarem em virtude de um emprego melhor, aceitassem a falta de comunicação e a indisponibilidade de seus maridos, e lidassem elas próprias com todos os relacionamentos humanos. É irônico que as mulheres, que são vistas como "dependentes" e menos competentes do que os homens, tivessem de funcionar sem apoio em seus casamentos, e ser, na verdade, quase totalmente autossuficientes em termos emocionais. As mulheres, tipicamente, tinham de alimentar o senso de autoestima de seus maridos, mas eram vistas como "chatas" quando buscavam apoio emocional. [Na prática clínica, as queixas conjugais dos homens costumam centrar-se na chatice e exigências emocionais de suas esposas (Weiss, 1985), ao passo que as das mulheres centram-se na falta de responsividade emocional dos maridos e em seu próprio sentimento de abandono].

Miller (1976) busca uma nova psicologia que reconheça o padrão diferente do desenvolvimento feminino, baseado em um contexto de apego e afiliação aos outros. Segundo sua descrição, o senso de eu das mulheres foi organizado em torno do ser capaz de desenvolver e manter relacionamentos. A ameaça de rompimento de um relacionamento muitas vezes é percebida não apenas como uma "perda de objeto", mas como algo mais próximo à perda da própria identidade, requerendo assim uma transformação do eu e do sistema. Básico nesta perspectiva sistêmica é o senso de que a identidade humana está inextricavelmente vinculado aos relacionamentos com os outros, e de que a autonomia completa é uma ficção. Os estudos de Gilligan sugerem que o desenvolvimento moral das mulheres centrava-se na elaboração do conhecimento do apego humano. Segundo Gilligan (1982), "O apego e a separação fixam o ciclo de vida humana, descrevendo a biologia da reprodução humana e a psicologia do desenvolvimento humano. Os conceitos de apego e separação que retratam a natureza e a sequência do desenvolvimento do bebê aparecem na adolescência como identidade e intimidade, e depois na idade adulta como amor e trabalho" (página 151).

Em virtude da maneira como as mulheres foram socializadas, e por que a consciência das questões de gênero afeta intensamente o interior da família e os relacionamentos mais íntimos da mulher, essas questões têm sido ainda mais ameaçadoras e difíceis de aceitar do que as ideias sobre diferenças de classe ou etnicidade. Conforme James (1985) salienta:

As estruturas patriarcais são transmitidas através da aquisição da cultura, da linguagem e da identidade de gênero, e a família é o local desta transmissão... Na medida em que existe uma disjunção entre a ideologia e a experiência de uma mulher, ela tenderá a se culpar, a se perder e a se modelar de modo a se ajustar a esse quadro. Esta ideologia cria o silêncio das mulheres – falar contra ela pode trazer rótulos e sanções que a marcam como tendo um desvio... O valor das mulheres depende muito de seus papéis como esposas e mães. Seu valor está ligado aos seus relacionamentos com os homens e deles se deriva (páginas 244-247).

TRABALHO

Para os homens, o relacionamento com a família e o trabalho é visto como mutuamente apoiador e complementar, mas para as mulheres o trabalho e a família representam exigências conflituantes. As mulheres têm vivido uma dupla mensagem em relação a isso. (Fox & Hesse-Biber, 1984; Apter, 1985; McGoldrick, 1987; Berg, 1986). Embora a participação na força de trabalho seja o determinante mais importante do bem-estar psicológico das mulheres (Kessler & McRae, 1984), o valor cultural dominante tem sido o de que o lugar das mulheres é no lar. Nós sabemos que as mulheres que trabalham apresentam menos sintomas de sofrimento psicológico (Bernard, 1982).

Além disso, apesar da difundida crença de que o trabalho materno é prejudicial para os filhos, existe evidência de que isso não é assim (Hoffman, 1974). De fato, pelo menos um dos estudos demonstrou que ter uma mãe que trabalha e que possui um emprego de alto *status* tem um efeito ainda mais positivo sobre a realização tanto de seus filhos quanto de suas filhas do que ter um pai com uma profissão de alto *status* (Padan, 1965; Lozoff, 1974). E, no entanto, existem inúmeras pressões contra a mulher sentir-se bem por trabalhar (Piotrkowski & Repetti, 1984). A família é vista como apoiando e nutrindo o trabalhador do sexo masculino por seu desempenho no trabalho, ao passo que as mulheres são vistas como privando suas famílias por trabalhar, e não existe nenhum sentimento de a família ser um "refúgio" para as mulheres como tem sido para os homens. Na verdade, o alto nível das exigências psicológicas em seus trabalhos em casa e muitas vezes no local de trabalho (enfermeiras, professoras, secretárias) com pouco controle ou poder reais sobre sua situação, as coloca, grande parte do tempo, numa situação particularmente estressante (Baruch e colaboradores, 1987).

Friedan (1985) alertou que "se o movimento das mulheres não passasse para um segundo estágio e assumisse os problemas de reestruturar o trabalho e o lar, uma nova geração estaria vulnerável ao retrocesso. Mas o movimento não avançou para este segundo estágio necessário, de modo que as mulheres, lutando com esses novos problemas, os vêem como puramente pessoais, não políticos, e não buscam mais o movimento para soluções" (página 84). Friedan insiste agora em que coloquemos a questão em primeiro plano, "para libertar uma nova geração de mulheres dessa nova dupla carga de culpa e isolamento. A culpa pela maternidade menos-que--perfeita e pelo desempenho profissional menos-que-perfeito é real, porque não é possível "ter tudo" quando os empregos ainda estão estruturados para os homens cujas esposas cuidam dos detalhes da vida, e os lares ainda estão estruturados para as mulheres cuja única responsabilidade é cuidar de suas famílias" (página 84). Friedan nos instiga a enfrentar as duras tarefas políticas de reestruturar o trabalho e o lar, de modo que as mulheres que são casadas e têm filhos possam também merecer e ter voz ativa na linha de tomada de decisões da sociedade.

A independência econômica das mulheres, que tem profundas implicações nas estruturas familiares tradicionais, parece crucial para a autoestima feminina (Blumstein & Schwartz, 1983), como proteção em face de abuso (Aguirre, 1985), divórcio (Weitzman, 1986) e velhice (Hess, 1985). A crescente feminização da pobreza significa que virtualmente todos os pobres por volta do ano 2000 serão mulheres e crianças. Para neutralizar esta tendência, são necessárias maciças mudanças de poder em nossa cultura.

Conforme Goldner (1985) afirmou:

> Ao ignorar a complexa interpenetração entre a estrutura das relações familiares e o mundo do trabalho, os terapeutas de família endossam tacitamente a ficção do século dezenove de que a família é um refúgio doméstico em relação à economia de mercado... A dicotomização desses domínios sociais é uma mistificação e uma distorção que mascaram um princípio organizador central da vida familiar contemporânea. A divisão do trabalho (tanto afetivo quanto instrumental) e a distribuição do poder nas famílias estão estruturadas não apenas conforme as hierarquias geracionais, mas também ao redor das esferas de influência conforme o gênero, que obtém sua legitimidade precisamente em virtude da criação de uma dicotomia pública/privada. Confiar em uma teoria que não enfrenta e nem ao menos reconhece essa realidade é operar no domínio da ilusão. (Páginas 43-44)

Há indicações de que o diferencial de salários masculino-feminino cresceu com o passar do tempo, desde a década de cinquenta até a de setenta (Bianchi & Spain, 1985). Conforme a pesquisa demonstrou, a dependência econômica das esposas determina amplamente seu retorno a maridos abusivos (Aguirre, 1985; Strube & Barbour, 1984) e, basicamente, cria um desequilíbrio de poder seriamente problemático (Blumstein & Schwartz, 1983).

Cinquenta e um por cento das mulheres casadas (e 55% de todas as mulheres acima de dezesseis anos, se comparadas aos 36 por cento de 30 anos atrás) trabalham fora de casa, uma grande parte em empregos mal remunerados, com discriminação de sexo. Um quarto de todas as mulheres empregadas agrupam-se em apenas 22 das 500 ocupações distinguidas pela Agência do Censo. Trinta e três milhões de pessoas trabalham em empregos mal remunerados, nos quais 90% dos colegas são do mesmo sexo (Fox & Hesse-Biber, 1984; Bianchi & Spain, 1986).

Infelizmente, o bem-estar tanto das crianças quanto dos idosos, que são em sua maioria mulheres, pode ser obtido às custas da qualidade de vida da geração de sexo feminino do meio, que fica extremamente sobrecarregada. Oprimidas pelas esmagadoras exigências de cuidar de duas outras gerações, elas são forçadas a aceitar um trabalho que limita suas opções pelo resto de suas vidas (Hess & Soldo, 1984).

Mesmo que a maioria das mulheres trabalhe, a divisão das responsabilidades familiares para equilibrar a carga de trabalho não está ocorrendo. Embora os maridos e os filhos participem superficialmente das tarefas domésticas, quase todo o trabalho doméstico é realizado pelas esposas – entre 74% e 92% das maiores tarefas, de acordo com um estudo (Berheide, 1984). As mulheres empregadas continuam a fazer 4.8 horas por dia de trabalho doméstico, comparadas a 1.6 horas para seus maridos (Ferree, 1984). Como uma das mulheres da amostra de Berheide colocou, "Se você não faz, ele não é feito" (página 44). Os maridos realizavam entre 12% e 26% das tarefas, com exceção das incumbências externas, em que eles realizavam 54% e suas esposas 74% (a sobreposição reflete um trabalho realizado junto ou alternado). Os filhos realizavam entre 7% e 13% das tarefas. Os respondentes deixaram claro que as tarefas domésticas continuavam sendo responsabilidade da esposa, embora outros membros da família às vezes "a ajudassem".

Um estudo recente indica que na década passada as mulheres ficaram mais conscientes das limitações externas à sua capacidade de atingir seus objetivos na força de trabalho. Elas vêem a si mesmas como tendo menos controle sobre os eventos do que tinham no passado (Doherty & Baldwin, 1985). Isso está de acordo com os relatos de que as mulheres estão experienciando altos índices de discriminação sexual no local de trabalho (Doherty & Baldwin, 1985).

ESTRUTURA DOMÉSTICA

A tradicional estrutura doméstica está rapidamente se tornando uma relíquia do passado. Menos de 10% das famílias se ajustam ao tradicional ideal do pai que trabalha, da mãe que fica em casa e dos filhos (Friedan, 1985). Muito poucas famílias podem ter filhos a menos que tanto o marido quanto a mulher tenham empregos (Thurow, 1987). Somente 29% das estruturas domésticas consistem em casais com filhos menores de 18 anos, comparados a 44% em 1960, e, já que pelo menos metade dessas mães trabalha, muitos sugerem que o número está mais próximo de 6% (Hewlett, 1985). O número de lares de casais casados e casais com filhos tem diminuído regularmente desde 1970, e o número de lares com progenitor solteiro (em sua maioria dirigidos por mulheres) mais do que dobrou (Rawlings, 1983). Com o crescente número de mães solteiras adolescentes, suas mães, tias e irmãs parecem ter a total responsabilidade pelos filhos. Os pais adolescentes raramente são incluídos como parte do quadro, e outros membros da família do sexo masculino frequentemente não desempenham nenhum papel primário no desenvolvimento da família.

Finalmente, a maioria das pessoas que vivem sozinhas é do sexo feminino (11 milhões *versus* 6.8 milhões de homens) e elas costumam ser viúvas e/ou divorciadas idosas *(Current Population Reports,* outubro de 1981; Bianchi & Spain, 1985).

ENTRE FAMÍLIAS: IDADE ADULTA JOVEM

A idade adulta jovem, até muito recentemente, era apenas uma fase para os homens. As mulheres passavam de suas famílias de origem para suas famílias de procriação, sem nenhum espaço entre elas para ser independente. Para os homens, essa fase costumava enfatizar o desenvolvimento de uma carreira, ao passo que para as mulheres as carreiras quase sempre eram secundárias à busca de um marido. As mulheres são frequentemente confrontadas com um conflito entre os dois papéis, com a família e a pressão social entrando em conflito com as exigências da carreira. Quanto mais a mulher se centra na carreira, menos viáveis são suas opções maritais. Ao contrário da situação dos homens, em que a instrução aumenta a probabilidade de casamento, para as mulheres com formação universitária as chances de casar depois dos 30 anos diminuem rapidamente. Em nossa experiência, as filhas que utilizam inteiramente a idade adulta jovem para o desenvolvimento pessoal tendem a fazê-lo a uma distância maior de suas famílias de origem do que os filhos, provavelmente porque existe uma menor aceitação familiar do desenvolvimento individual feminino. É talvez por essa razão que a próxima fase, o jovem casal, representa padrões diferentes para os homens e as mulheres em relação às suas famílias de origem. Para as mulheres, ela traz um voltar-se para os pais em busca de maior conexão, ao passo que para os homens há uma maior separação em relação às famílias de origem, com o relacionamento conjugal substituindo a família de origem (White, 1986). Como Ben Franklin disse: "Meu filho será meu filho até casar, mas minha filha será minha filha pelo resto dos dias da minha vida". De fato, uma filha será também uma nora pelo resto de sua vida, uma vez que através do casamento ela também passa a ter, de modo típico, a responsabilidade pela ligação com a família do marido.

A pressão sobre as mulheres, no sentido de que não aproveitem todas as vantagens de uma vida independente, pode ser intensa. Elas podem reduzir suas aspirações em decorrência de atitudes educacionais e sociais internalizadas, ou de atitudes familiares. As mulheres preocupam-se com a possibilidade de que suas famílias desaprovem suas altas aspirações, temendo que isso signifique a perda de suas chances matrimoniais. Embora elas estejam inclinadas a perseguir possibilidades educacionais e profissionais mais do que no passado, elas ainda tendem a desistir da universidade e de um emprego muito mais do que os homens. (Também é verdade que os homens têm *menos* opções de desistir da carreira ou da ascensão profissional.)

Os estudos de Horner (1972) demonstraram que as mulheres sentem ansiedade em relação a realizações competitivas. Esse medo "existe porque, para a maioria das mulheres, a antecipação do sucesso na atividade de realização competitiva, especialmente contra os homens, traz a antecipação de certas consequências negativas, como por exemplo a ameaça de rejeição social e perda da feminilidade" (página 125). Sassen (1980) salientou que Horner encontrou a ansiedade em relação ao sucesso apenas nas mulheres cujo sucesso se dava às custas do fracasso de outrem. Assim, mais uma vez, fica demonstrado que o comportamento das mulheres é sensível ao seu contexto interpessoal.

Trabalhar com famílias nessa fase do ciclo de vida é particularmente recompensador em virtude das novas opções existentes, quando os adultos jovens ainda são capazes de buscar novos padrões de vida. As intervenções que buscam conectar as mulheres jovens às forças das mulheres de suas famílias nas gerações passadas podem ser especialmente significativas para ajudá-las nesta fase formativa crucial. É importante resumir todo o trabalho não reconhecido que suas mães e avós realizaram para cuidar das famílias e para manter uma estrutura doméstica funcionando, de modo a enfatizar sua coragem, capacidades, trabalho duro e forças, como modelos de papel para uma identificação positiva, uma vez que as mulheres, de modo típico, são escondidas da história *(herstory!)**. Uma discussão excelente a respeito do treinamento das mulheres para desenvolverem os relacionamentos familiares é oferecida na *The Dance of Anger*, de Lerner (1985).

Exemplo de caso: idade adulta jovem

Mary Smith, com 25 anos de idade, buscou terapia em virtude de conflitos com seu namorado porto-riquenho e de problemas com ambos os pais. Como pode ser visto no genetograma da família Smith (Figura 2.1), Mary é a mais velha de quatro filhos, e a única que ainda mora em casa. Sua mãe foi a segunda de três filhos de um pai alcoolista. Depois de algumas sessões, Mary trouxe sua mãe, Barbara Smith, cuja angústia em relação à sua vida com um marido abusivo ela confiava a Mary desde algum tempo. Mary sentia-se impotente para ajudar a mãe. Foi oferecida terapia conjugal à mãe, e vários meses depois ela decidiu retomar sozinha. Ela jamais contara a ninguém que seu marido Joe abusara tanto dela quanto dos filhos durante muitos anos. Ela disse que seu modelo de silêncio fora a sua mãe, que aguentara um marido ativamente alcoolista por quase cinquenta anos, e sempre dissera: "Você faz sua cama e se deita nela". Recentemente, Barbara começara a trabalhar em vendas de seguros. Ela adorava o sabor do mundo do trabalho, numa posição em que podia realmente utilizar suas capacidades interpessoais e administrativas. Mas o gerente era muito negativo em relação a mulheres, e ela logo foi despedida. Ela estava tendo grande dificuldade em encontrar outro trabalho.

Foi realizado um trabalho com Mary, Barbara e Joe, individualmente e em grupo. Foi utilizada uma estrutura de ciclo de vida para redefinir sua presente situação, de modo a ajudar a família a ver suas vidas no contexto do tempo e do movimento. Para ajudar Barbara a diminuir sua culpa por ter tolerado seu marido abusivo, eu sugeri que criar filhos exige uma energia imensa, e somente agora, quando seus filhos estão se tornando jovens adultos, é que ela está livre para reavaliar sua vida. Além disso, tendo crescido numa família com um pai alcoolista, ela aprendeu cedo a não expressar suas próprias necessidades e sentimentos. Como a irmã mais velha, coube-lhe a responsabilidade de cuidar de suas irmãs mais jovens desde o

---

* N. de T.: a autora faz um jogo de palavras intraduzível: history e herstory, respectivamente "a história dele" e a "história dela".

início da infância. [Nota da tradutora: a autora diz, no parágrafo anterior, que Barbara era a filha do meio, e agora refere-se a ela como a mais velha, responsável pelas irmãs menores. (?)] Em lugar algum ela foi encorajada a desenvolver um senso de si mesma e de suas aspirações e capacidades pessoais, exceto como cuidadora.

Depois de termos tomado medidas para garantir que o abuso jamais ocorreria novamente sem um envolvimento da polícia, uma interpretação semelhante foi feita a Joe, que gradualmente começou a perceber o sério dano que causara à sua família por seu abuso. Ele crescera numa família em que ele próprio fora abusado, casara-se jovem e imaturo, e os filhos chegaram rapidamente. Ao longo dos anos, com um repertório emocional muito limitado, ele lutara para sustentar sua família e fora apanhado pelo estresse de ser um vendedor-viajante, o que contribuiu para seu fracasso em lidar efetivamente com as demandas familiares. Foram realizadas sessões com ele e com seus filhos jovens adultos para discutir o passado e ajudá-los a lidar com seus problemas atuais de jovens adultos. Por exemplo, ele discutiu o fato de que em sua própria família houvera intensos conflitos ou rompimento de relações referentes aos casamentos de sua irmã e ao seu próprio, e agora que sua segunda filha estava para casar, ele não gostaria de repetir esse padrão. Ele ajudou Mary a planejar maneiras de resolver seus problemas financeiros, para conseguir um apartamento próprio. E ele ajudou seus filhos mais jovens a fazerem planos para os seus últimos anos de universidade e para se tornarem independentes. O propósito dessas sessões requeria a reavaliação do relacionamento com seus próprios pais, assim como de seus sonhos frustrados de tornar-se um artista e de sua entrada direta no mundo dos negócios, onde ele sentia ter pedido sua identidade.

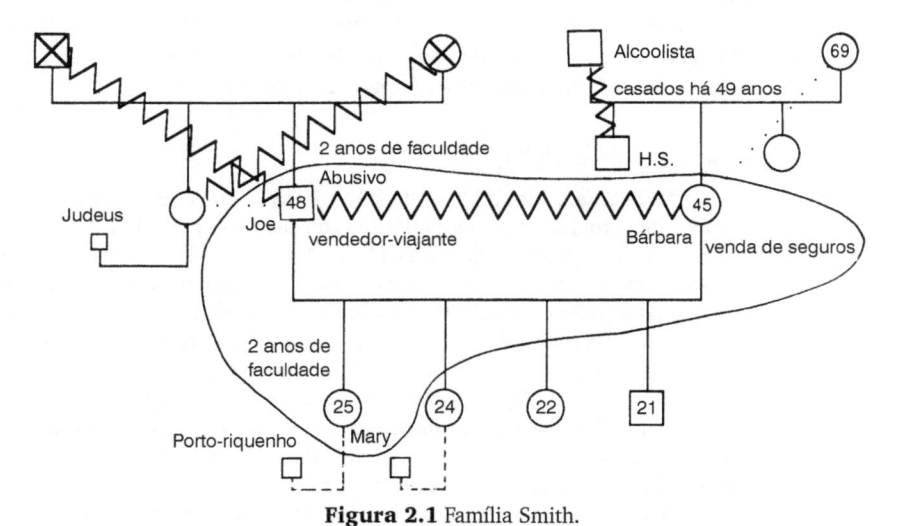

Figura 2.1 Família Smith.

O trabalho com Barbara centrou-se na reinterpretação de sua maternagem, para descobrir as forças em sua capacidade de criar os filhos, assim como em sua coragem de procurar um emprego numa ocupação claramente sexista. Ela foi encorajada a considerar cada entrevista de trabalho como proporcionando-lhe a capacidade de lidar com uma situação nova e difícil. Nós também discutimos as maneiras importantes pelas quais ela estava oferecendo aos filhos um novo modelo de papel, através de seu comportamento. Foi realizada uma sessão com Barbara e suas filhas para fortalecer sua decisão conjunta de jamais tolerar abuso no futuro. Também foram realizadas sessões com a mãe de Barbara e sua irmã. Sua mãe foi excepcionalmente clara sobre sua decisão de assumir a responsabilidade por sua própria vida, mesmo tendo decidido permanecer com o marido alcoolista. Ela deixou claro que havia escolhido um estilo de vida independente, no qual ela viaja sozinha e limita estritamente aquilo que vai tolerar do marido. Nós também discutimos seu dilema compartilhado em seus anos anteriores de vida, quando estavam criando os filhos pequenos, e quando não havia muito espaço para uma ação independente. Na sessão com a irmã de Barbara, conversamos sobre suas dificuldades comuns de conciliar a carreira e a família, e de aprender a falar sobre suas próprias necessidades, inclusive uma com a outra. Elas dicutiram suas experiências de crescimento, e decidiram apoiar-se mutuamente em seus esforços para expressar seus próprios sentimentos.

O senso de lealdade de Mary com relação à mãe e o medo de deixar a família era apenas um dos fatores que contribuíam para a sua dificuldade em seguir em frente com sua vida. Ela percebia que seu relacionamento com o namorado não era sadio, e que ele era abusivo e possessivo, como seu pai fora. Ela não se sentia capaz de manejá-lo efetivamente, mas temia a reação dele se ela o deixasse, e acreditava que jamais encontraria ninguém que a amasse. Ela achava que, se fosse morar em seu novo apartamento, não seria capaz de mantê-lo à distância. Ela sabia que "deveria" parar de vê-lo e continuar a estudar (ela fizera dois anos de universidade), mas achava que não era suficientemente esperta para continuar a trabalhar e a estudar, e que seu trabalho era a única segurança que tinha; ele proporcionava independência financeira. Gradualmente, modificando seus relacionamentos com os pais e irmãos, ela começou a sentir-se mais confiante. Quando seu namorado ficou bêbado em uma festa, ela terminou o relacionamento. Ela também decidiu que seria capaz de fazer um curso na universidade, e elaborou um plano para mudar-se para seu próprio apartamento.

Essa mudança aconteceu ao mesmo tempo em que os pais assumiam a responsabilidade por lidarem com seus próprios problemas conjugais, uma tarefa difícil para Barbara, uma vez que ela sabia que não poderia sustentar-se financeiramente caso se separasse de Joe. A motivação de Joe para trabalhar essas questões foi aumentada pela compreensão de que, além de sua família, ele não tinha nenhum relacionamento, e que seu trabalho, altamente estressante, proporcionava-lhe pouca segurança ou gratificação. Ele iniciou a difícil tarefa de desenvolver seu lado emocional, que tão cedo ficara bloqueado, e também a de reconectar-se com sua irmã, com quem rompera relações.

Esse caso ilustra não apenas o dilema de uma jovem mulher com relação a seguir a escolha da mãe de um caminho de vida (um relacionamento com um namorado abusivo) ou a escolher o caminho mais independente de uma carreira, que poderia ameaçar suas chances de encontrar um companheiro. Mary realmente acreditava no mito de ser cuidada por um homem, que a salvaria das dificuldades de lutar por um grau universitário e aprender a lidar com o dinheiro e com um estilo de vida independente. Durante a terapia, ela foi capaz de reconhecer forças em sua mãe que não percebera antes, em particular sua coragem de lutar para entrar no difícil mundo do trabalho depois de muitos anos em casa. Dessa maneira, ela pôde tentar igualar as forças da mãe e ainda encontrar seu próprio caminho na vida. Para fazer isso, todavia, ela, como sua mãe, precisava aprender a colocar suas próprias necessidades em primeiro lugar, ao invés de sempre atender às necessidades dos outros. A terapia do pai ilustra o importante papel que os homens podem ter, não apenas na superação das limitações que os estereótipos de gênero colocam em suas vidas, mas para servirem como modelos de papel para suas filhas, ao tentarem modificar os padrões disfuncionais e passar adiante suas forças.

A UNIÃO DE FAMÍLIAS NO CASAMENTO: O JOVEM CASAL

Em anos recentes, as mulheres têm casado mais tarde ou escolhido não casar (12% comparados a 3% na geração de seus pais). Elas estão tendo menos filhos e os tendo mais tarde, e muitas (cerca de 25%) estão escolhendo não ter filhos. O casamento representa uma proposição muito diferente para as mulheres e para os homens. Vários pesquisadores recentes descobriram uma persistente diferença nos valores dos homens e das mulheres em relação aos seus casamentos (Sternberg, 1986; White, 1986). As mulheres tendem a considerar essa transição como um momento para se aproximarem um pouco mais de suas famílias de origem, enquanto os homens tendem a dar um outro passo mais definitivo no sentido inverso. Embora durante o namoro os homens estejam dispostos a passar o tempo com as mulheres de uma maneira que aumenta o senso de intimidade da mulher, depois do casamento eles tendem a passar cada vez menos tempo conversando com as esposas, muitas vezes considerando que fazer coisas na casa seja uma demonstração adequada de cuidado e intimidade, e sentindo-se mistificados com relação ao que as mulheres querem quando buscam maior contato e intimidade no relacionamento conjugal (Sternberg, 1986). Geralmente, as mulheres estão mais dispostas do que os homens a admitirem problemas, e é muito mais provável que elas, e não os maridos, avaliem seus relacionamentos como problemáticos. Os homens valorizam a atratividade de suas esposas, ao passo que as mulheres consideram o potencial provedor de seus maridos uma atração maior no casamento. Os homens dizem que o que é importante no casamento é a responsividade sexual de suas esposas e os interesses compartilhados; as mulheres dizem que a capacidade de seus maridos de se relacionarem bem com a família e os amigos da mulher é mais importante. Os homens geralmente classificam sua comunicação conjugal, relacionamentos com os pais e relacionamentos sexuais como bons; as mulheres classificam todos esses aspectos como problemáticos. Além disso, parece que o duplo padrão continua a operar, com as mulheres considerando a fidelidade dos maridos mais importante do que eles consideram, e é mais provável que eles esperem fidelidade de suas esposas do que de si próprios (Coleman, 1986; Sternberg, 1984; Huston, 1983; White, 1986).

Entre 1970 e 1982, a proporção de mulheres com quase trinta anos que nunca casaram subiu de 10.5% para 23.4% (Saluter, 1983). Para aquelas no início da casa dos trinta anos, a proporção subiu de 6.2% para 11.6%. Parece que cerca de 25% das mulheres ainda estão casando antes dos vinte anos de idade, mas os outros 75% estão adiando o casamento por períodos ainda mais longos. Para cada dez mulheres entre 40 e 50 anos com formação universitária existem apenas três homens solteiros que são mais velhos e com melhor instrução (Richardson, 1986). Essa tendência demográfica, conforme um autor colocou, "torna a igualdade conjugal uma piada. Um marido pode ser um primor – lavar sua parte da louça, encorajar a esposa em seu trabalho, valorizar suas opiniões, respeitar sua individualidade e tudo o mais. Mas qualquer um pode olhar para o lado de vez em quando, e chega o momento em que ele está comparando sua esposa com outras mulheres, enquanto ela o está comparando com a solidão" (Pollit, 1986).

Em todos os grupos de idade, quanto maior o salário da mulher, menor o índice de casamentos – uma situação que é exatamente o contrário do que acontece com os homens (Bernard, 1982, página 35). Embora isso provavelmente reflita a maior liberdade de casar ou não que a segurança financeira proporciona à mulher, também reflete as limitações em suas opções. Uma vez que sempre foi esperado que as mulheres casassem com homens mais altos, mais velhos, mais espertos e mais ricos do que elas, elas encontram-se em séria desvantagem para encontrar um companheiro. As mulheres cujas escolhas não refletiam esses diferenciais sempre foram estigmatizadas, assim como os homens que escolhiam mulheres mais velhas, mais espertas, mais altas ou mais ricas do que eles. Esses homens atualmente poderiam ser tachados de "incompetentes", incapazes de encontrar uma mulher mais desejável. A única categoria em que as mulheres podiam ser "mais e melhores" era na atratividade física.

É surpreendente que as mulheres sejam tão positivas em relação ao casamento e os homens tão ambivalentes em relação a ele, uma vez que o casamento parece ser tão mais vantajoso para os homens do que para as mulheres.

Uma intervenção clínica que pode ser utilizada para ajudar os casais nessa fase a modificarem o tradicional padrão de seus papéis sexuais é a sugestão de mudar os rituais tradicionais que cercam o casamento, para que simbolizem o movimento rumo a relacionamentos não sexistas. Por exemplo, ambos os cônjuges podem ser encorajados a desenvolverem um ritual que lhes permita representar o movimento desde seus pais (não somente a mulher desde seu pai) para o vínculo conjugal. Uma vez que o casamento requer que os parceiros redefinam-se em relação à sua família ampliada seja como for, tal ritual lhes oferece a oportunidade de redefinirem os relacionamentos familiares tradicionais, de uma maneira que talvez torne mais equitativa sua futura acomodação conjugal.

Exemplo de caso: o casal

Joan Woods, 32 anos, e Peter Stern, 28, buscaram terapia depois de quatro anos de casamento em virtude de conflitos persistentes. Ambos eram os filhos mais velhos em suas famílias de origem. Peter, que era severamente disléxico, vinha de uma família judia. Seu pai fora advogado, mas havia trabalhado apenas marginalmente por muitos anos, em virtude de sérias depressões. Durante a infância de Joan, sua mãe fora hospitalizada por episódios psicóticos, de modo que Joan atuou com um papel maternal para seus dois irmãos mais jovens. Joan queixava-se de que Peter jamais era carinhoso, não parecia se importar com ela, e não parecia ambicioso, embora ele estivesse sempre trabalhando. Ele estava empregado como atendente de crianças. As queixas de Peter centravam-se nos contínuos resmungos e críticas de Joan, e em sua insistência em fazer sempre o que ela queria, muitas vezes viajando em decorrência de seu trabalho. Joan era uma ativa gerente de uma grande corporação, e seu salário era mais ou menos o dobro do salário de seu marido.

A briga do casal foi reinterpretada como uma reflexão sobre eles estarem na vanguarda das mudanças de nossa cultura, uma vez que o trabalho de ambos os libertava dos convencionais estereótipos de papel sexual para seus gêneros e dos tradicionais relacionamentos de casal de parceiros conjugais. Eu sugeri que os conflitos que eles estavam tendo resultavam de ainda não terem passado completamente para um novo tipo de casamento. Ao modificarem seus padrões emocionais como haviam modificado seus padrões de trabalho, e ao não ficarem aprisionados a certos estereótipos somente porque os outros ficam, eles poderiam tornar livre seu relacionamento um com o outro. Nós falamos inclusive sobre o fato de que a disfunção de seus progenitores do mesmo sexo, por mais difícil que possa ter sido para eles enquanto cresciam, talvez tivesse desempenhado um papel benéfico ao não lhes proporcionar os típicos modelos de papel estereotipados que poderiam ter limitado suas próprias opções de vida.

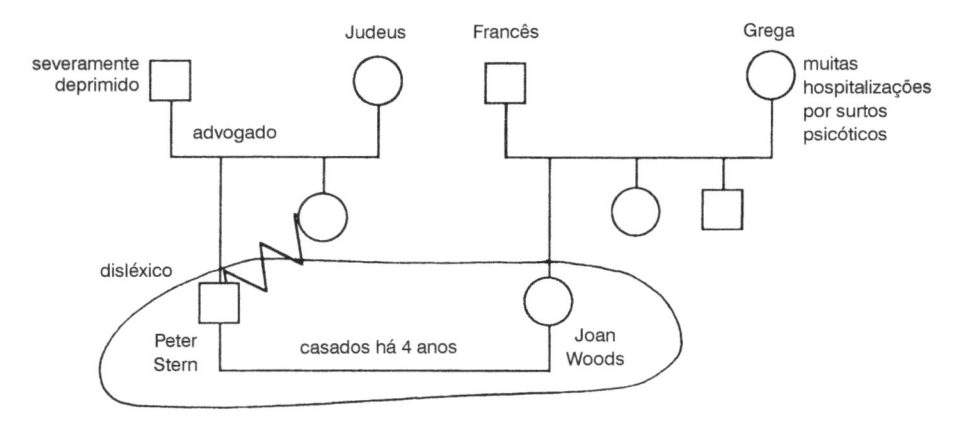

Figura 2.2 Família Woods/Stern.

A fase da transição para o casamento é um momento importante para ajudar as mulheres (e os homens) jovens a olharem além dos estereótipos que têm sido tão problemáticos para o desenvolvimento familiar. Os padrões estabelecidos nesse ponto do ciclo de vida podem ter uma grande importância mais tarde. Muitas mulheres jovens, nesse momento de suas vidas, resistem a enxergar os problemas de seus mitos românticos sobre o casamento, e muitas vezes só procuram a terapia depois do casamento, quando surgem os problemas. Mesmo então, nos primeiros anos do casamento, é muito mais fácil mudar os padrões do que mais tarde, quando eles já se firmaram.

FAMÍLIAS COM FILHOS PEQUENOS

Com a transição para a paternidade, a família se torna um grupo de três, o que a transforma em um sistema permanente. Se um cônjuge sem filhos parte, não resta nenhum sistema, mas, se uma pessoa deixa a nova tríade do casal e do filho, o sistema sobrevive. Dessa forma, simbolicamente e na realidade, essa transição constitui uma transição-chave no ciclo de vida familiar.

Mesmo para os "modernos" casais com duas carreiras, essa transição tende a assinalar uma reversão a uma divisão de papéis mais tradicional, com as mulheres fazendo a maior parte da manutenção doméstica e encarregando-se do cuidado das crianças. A família tradicional frequentemente não apenas encorajava, mas inclusive exigia padrões disfuncionais, tais como a super-responsabilidade das mães por seus filhos e a complementar sub-responsabilidade ou desobrigação dos pais (Avis, 1985). Nós gostaríamos de sugerir uma maneira muito diferente de pensar a respeito da paternidade. Como Daniels e Weingarten (1983) descreveram, "A paternidade é um poderoso gerador de desenvolvimento. Ela nos proporciona uma oportunidade de aperfeiçoar e expressar quem somos, de aprender aquilo que podemos ser, de nos tornarmos alguém diferente". Uma das mães de seu estudo disse o seguinte: "Os filhos desafiam a ser mais do que você pensava ser, a dar mais do que você imaginava ter em você para dar. Naquelas madrugadas, você aprende alguma sobre si mesma" (página 1). A literatura desenvolvimental, fortemente influenciada pela tradição psicanalítica dominada pelos homens, centrava-se quase exclusivamente nas mães, colocando uma ênfase extraordinária no relacionamento mãe-criança nos primeiros anos de vida, com a exclusão de outros relacionamentos na família e de fases desenvolvimentais posteriores (Lewis e colaboradores, 1984). Kagan (1984) chamou a nossa atenção para a mitologia envolvida em nossas suposições sobre a importância do período de bebê e da infância inicial na determinação do restante da vida humana. O modelo psicanalítico também enfatizava a visão do desenvolvimento humano como um processo primariamente doloroso, em que a mãe e a criança eram vistas como adversárias. As suposições acerca do desenvolvimento nos primeiros anos levou a um determinismo psicológico que considerava a maternidade responsável por qualquer coisa que acontecesse. A fantasia de que as mães eram todo-poderosas levou a uma tendência a culpar as mães por tudo aquilo que desse errado e a esperar que elas fossem perfeitas, inteiramente generosas e inteiramente sábias (Chodorow & Contratto, 1982). Grande parte da literatura feminista continuou a centrar-se na maternidade, localizando a díade mãe-criança dentro de um sistema patriarcal (Dinnerstein, 1976; Chodorow & Contratto, 1982). Nós insistimos em uma perspectiva bastante diferente do desenvolvimento humano, a que vê o desenvolvimento da criança na riqueza de seu contexto global de relacionamentos familiares multigeracionais, assim como dentro de seu contexto social e cultural. A literatura e a mídia continuam a focar a mãe como o componente crucial do desenvolvimento sadio da criança. Os pais ainda são representados como adjuntos periféricos (normalmente para proporcionar um pouquinho de apoio extra para a mãe), particularmente até que a criança seja verbal e não use mais fraldas. E as tias, tios, avós e outros parentes quase nunca são mencionados na literatura sobre o desenvolvimento da criança (Lewis e colaboradores, 1984).

Também é curioso quão não sistêmica tem sido a literatura desenvolvimental ao ignorar o poderoso impacto das crianças sobre o desenvolvimento adulto. Dessa maneira, o potencial para a mudança e o crescimento nos pais, na medida em que eles respondem ao desdobramento da vida de seus filhos, é perdido. Conforme Daniels e Weingarten (1983) colocam: "Uma vez que os homens, tradicionalmente, não se dedicavam a cuidar dos filhos, a paternidade – a experiência nuclear da produtividade – está singularmente ausente de seu senso do próprio desenvolvimento" (página 5), como fica evidente quando Erikson ignora o assunto completamente.

A transição para a paternidade é tipicamente acompanhada por uma diminuição geral na satisfação conjugal, por uma reversão a papéis sexuais mais tradicionais inclusive nos casais com duas carreiras, e por uma diminuição da autoestima nas mulheres (Cowen & Cowen, 1985). Isso tende a ser verdade mesmo para os casais com uma distribuição de papéis mais igual, nas primeiras fases de seu relacionamento e casamento. A transição para a paternidade tende a empurrá-los de volta para papéis sexuais mais tradicionais. Muito poucos casais compartilham igualmente as tarefas domésticas e as responsabilidades pelos cuidados dos filhos.

Recentemente, tem-se falado muito sobre maridos e mulheres compartilharem aulas de pré-natal e o parto. Entretanto, virtualmente ainda não existe nenhuma preparação dos homens para as tarefas muito mais complicadas e duradouras de criar os filhos. Em nossa opinião, esta é uma importante área para intervenção quando trabalhamos com famílias neste estágio do ciclo de vida. Os pais raramente têm alguma experiência com crianças pequenas, de modo que eles precisam aprender a arte da intimidade com crianças. Isso, basicamente, requer um tempo sozinho com a criança; quando suas esposas estão presentes, pode ser extremamente difícil para eles assumirem a responsabilidade primária por um filho ou desenvolver laços afetivos estreitos.

A nossa cultura ainda deixa as mulheres com a principal responsabilidade pela criação dos filhos, e as culpa quando alguma coisa dá errado. Setenta e três por cento das mães com filhos em casa trabalham, e 60% destas mães não têm nenhuma licença de maternidade garantida (um direito básico em 117 outros países) – e nós temos gasto 25% menos do dinheiro público nesse atendimento desde 1980. Assim, fica claro que as mães não estão recebendo apoio social para as tarefas que delas se espera quando se tornam mães. Mesmo quando os pais começam a participar mais ativamente da relação com os filhos, são as mães, incluindo as mães com dupla jornada, que suportam a maior parte da responsabilidade de atender às necessidades dos filhos. Isso inclui levar as crianças ao médico, resolver problemas escolares, dar o dinheiro para o lanche e participar das atividades depois da escola.

É difícil determinar quais são realmente as diferenças biológicas entre os homens e as mulheres, uma vez que a socialização tem um impacto tão poderoso e tão inicial. Nós realmente sabemos que é mais provável que os bebês do sexo feminino sobrevivam à experiência de nascimento e que é menos provável que tenham defeitos de nascença, e que as mulheres são menos vulneráveis à doença durante a vida. Além disso, nós nos perguntamos quão mais ricos seriam os padrões de ambos os sexos se tanto os homens quanto as mulheres participassem ativamente na criação dos filhos. Por exemplo, estudos de recém-nascidos demonstraram a tendência a encorajar mais a atividade física nos meninos e a dependência nas meninas (Romer, 1981; Lewis & Weintraub, 1974; Maccoby & Jacklin, 1974). Dada a presente socialização, parece que as meninas já tendem, em seus brinquedos infantis, a ser mais sensíveis aos relacionamentos e a evitar a competição. Aos três anos de idade, os meninos são mais orientados para outros homens, para seus iguais e para pessoas que não fazem parte da família, ao passo que as meninas são mais orientadas para as mulheres, membros da família e adultos (Lewis e colaboradores, 1984). Dessa forma, os meninos podem ser dirigidos para longe do lar já na pré-escola, ao passo que as meninas estão sendo socializadas para os relacionamentos familiares. Embora os meninos raramente interrompam seus jogos por causa de disputas, as meninas os interrompem (Lever, 1976). Mas a maior diferença no início da infância é que as meninas desenvolvem mais cedo a capacidade da linguagem e os meninos tendem a ser mais ativos. Estudos de bebês demonstram que os pais falam e olham mais para as meninas e brincam de forma mais agitada com os meninos.

Dada a extensão da influência de nosso sistema patriarcal, é realmente surpreendente não terem sido encontradas mais diferenças entre os sexos. Por exemplo, em um estudo dos dez principais programas de televisão infantis, quatro não tinham nenhuma mulher e os outros seis tinham predominantemente homens, com algumas mulheres muitas vezes apresentadas como submissas ou como feiticeiras ou criaturas mágicas. Um estudo das estórias infantis mostrou que poucos dos personagens principais eram do sexo feminino, e aqueles que eram, eram principalmente observadoras, não centrais para a ação, e eram quase sempre apresentadas como usando aventais (mesmo animais do sexo feminino), como que para reforçar seus papéis como empregadas domésticas (Romer, 1981). Mesmo no programa educativo Vila Sésamo, extremamente popular, nem um dos personagens principais é do sexo feminino.

Kagan e Moss (1962), em um estudo longitudinal de crianças, investigaram a realização orientada dos adultos apoiada nos seus relacionamentos com suas mães. (Eles não observaram seus relacionamentos com os pais, por mais estranho que pareça!) Eles descobriram que os homens haviam tido relacionamentos amorosos muito estreitos com suas mães durante o período de bebê, ao passo que as mulheres haviam tido uma intimidade menor do que a média com as suas mães. Hoffman (1972) sugeriu que isso acontece assim porque uma filha terá mais chances de se tornar orientada para a realização se não experienciar o treinamento em dependência que foi descrito como mais típico para meninas.

Os dados sobre as crianças criadas apenas com um progenitor não são claros. Realmente parece que uma menina criada sem o pai pode ter maior dificuldade em estabelecer relacionamentos com homens, e um menino pode demonstrar um comportamento extremamente masculinizado [possivelmente porque a sensibilidade da mãe à falta de um pai pode levá-la a colocar uma ênfase exagerada nesse comportamento (Romer, 1981)]. Por outro lado, as crianças criadas pelas mães em uma estrutura doméstica de progenitor solteiro provavelmente irão experienciar relacionamentos mais colaborativos e democráticos durante a infância, o que pode ser uma força especial em nossa sociedade competitiva, hierárquica (Hartman, 1987).

No tratamento das famílias nessa fase do ciclo de vida, é importante perguntar detalhadamente a respeito das responsabilidades em casa, assim como sobre o manejo das finanças e das condições de educação e cuidado dos filhos. Evidentemente, os homens que não desenvolvem relacionamentos íntimos com seus filhos, enquanto eles crescem, acharão difícil modificar o padrão mais tarde. Também é importante deixar clara a importância daquilo que as mulheres têm feito na família, uma vez que seu papel é frequentemente tratado como menos importante que o de seus maridos. Algumas perguntas típicas seriam:

- Ambos os pais costumam participar das atividades e eventos esportivos da escola?
- De que maneira seus filhos estão modificando sua perspectiva em relação ao significado de sua vida?
- O pai costuma passar um tempo sozinho com cada filho? (E quase impossível criar intimidade se ele não fizer isso.) E esse tempo está igualmente dividido entre as filhas e os filhos?

- Como as responsabilidades domésticas são divididas?
- Como e quem maneja o dinheiro?
- Quais são as esperanças e expectativas de cada progenitor para cada um dos filhos na idade adulta?

Exemplo de caso: família com filhos pequenos

George e Eleanor Durks procuraram terapia depois de quatro anos de casamento (veja a Figura 2.3). Eles tinham uma filha de três anos, de ambos, e George tinha três filhos crescidos de seu primeiro casamento. Como frequentemente acontece, era Eleanor quem se queixava: George, disse ela, não lhe dava nenhum *feedback* e nem ao menos sabia os nomes das amiguinhas de sua filha, embora tivesse a reputação de ser um negociador extremamente hábil na sua coorporação jurídica, na qual tinha uma posição de alto nível. Na opinião de Eleanor, seu marido não passava nenhum tempo com sua filha, Melissa, desaprovava a família de Eleanor, desaprovava férias, e inclusive divertir-se junto em fins de semana, e, em resumo, não tinha nenhum interesse além do trabalho. George foi muito menos verbal na sessão inicial, dizendo, quando pressionado, que ele não conseguia entender sobre o que sua mulher estava falando, uma vez que ele tentava dar-lhe tudo e não fazia nada além de trabalhar para proporcionar a eles uma vida boa. Ele disse que Eleanor muitas vezes agia irracionalmente, explodindo na frente dos amigos, mas ele, basicamente, não parecia querer nada, a não ser que ela parasse de se queixar, para que eles pudessem continuar com sua vida. O casal se conhecera quando estavam ambos trabalhando para a mesma firma de advocacia, onde George era um sócio sênior e Eleanor uma advogada. Esse encontro aconteceu logo depois de George ter passado por um tempestuoso divórcio de sua primeira esposa, que ele descreveu como "completamente louca". Inicialmente, disse ele, achara Eleanor muito compreensiva e interessada. Agora, ela não prestava mais atenção às preocupações dele e nada fazia além de reclamar. Eleanor deixara seu emprego quando Melissa nascera e não voltara a trabalhar. Ela ficou muito defensiva quando George lhe disse que ela não era mais tão interessante quanto costumava ser.

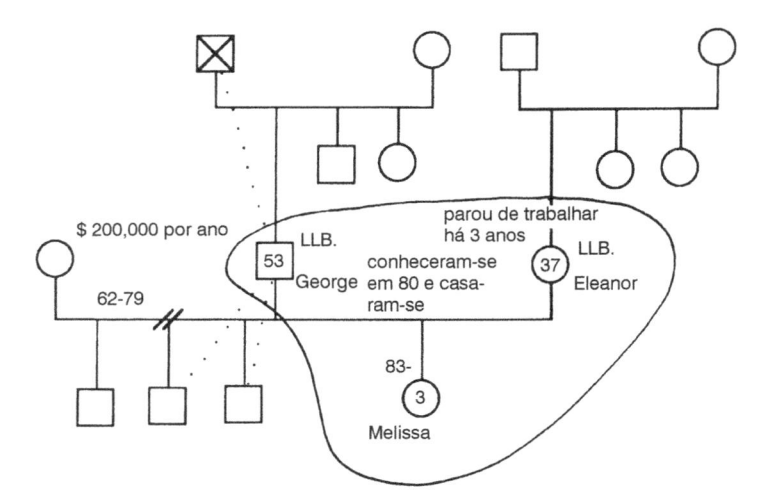

Figura 2.3 Família Durks.

Esse casal parecia ter entrado num padrão comum depois do nascimento da filha, no qual o modo anterior de relacionamento, baseado nas queixas de George sobre seu casamento prévio, e em interesses comuns em lei e política, havia mudado para o padrão conjugal tradicional. Entretanto, Eleanor estava infeliz com isso, embora não quisesse voltar a trabalhar e desistir de sua proximidade com a filha apenas para recuperar George. Ela falou francamente sobre sua ansiedade, caso levasse George ao ponto de uma separação, pois seu estilo de vida mudaria dramaticamente para pior, uma vez que o salário dele era quase $200,000, e, mesmo se ela voltasse a trabalhar, não ganharia mais de $40,000. Superficialmente, George não parecia preocupado com a possibilidade de ter um segundo casamento fracassado. Sendo consideravelmente mais velho, e tendo criado três filhos em um casamento extremamente tradicional, em que não tinha quase nada para fazer com os filhos até eles estarem suficientemente crescidos para jogar baseball, ele também não esperava desenvolver um relacionamento muito estreito com Melissa durante seu período de bebê ou no início da infância.

Para deixar claras as mudanças de papel sexual que pareciam cruciais no dilema desse casal, a terapia começou a explorar as primeiras experiências infantis de ambos os cônjuges, e a discutir em detalhes com eles o tipo de relacionamento que haviam tido com cada progenitor, e o que esperavam deles próprios. George vinha de uma família de três filhos homens, com um pai que era um homem de negócios bem-sucedido e distante, e uma mãe que desempenhava o papel de mártir hipocondríaca – em parte, achava ele, para conseguir a atenção do pai. George, inicialmente, fora atraído pela competência de Eleanor e por sua atitude compreensiva, tão diferente da de sua mãe. Na família de Eleanor, a mãe era não assertiva e submissa ao pai, um alcoolista abusivo e irresponsável. Eleanor foi primeiramente atraída pelo sucesso de George e por seu calor em relação a ela, tão diferentes dos de seu próprio pai. Foram realizadas várias sessões apenas com George, discutindo-se seu relacionamento limitado com os três filhos adultos, e a preocupação da terapeuta de que se ele não modificasse o padrão, perderia também a chance de proximidade com sua última filha. Ele foi instado a não competir com a esposa pelo tempo passado com Melissa, mas para passar algum tempo sozinho com ela, pois de outra forma provavelmente seria impossível que ambos viessem a se conhecer. Explorar seus sentimentos sobre o relacionamento com Melissa parecia mais fácil do que passar diretamente para o casamento, uma vez que estava tão magoado e tinha tão pouco senso do que estava errado ou do que ele poderia mudar. Foi sugerido, ao invés, que ele se esforçasse para conhecer melhor seus filhos e sua filha, e depois sua mãe, numa preparação para descobrir uma maneira diferente de relacionar-se com a esposa.

Enquanto isso, a terapeuta confirmou o sentimento de frustração de Eleanor, ao mesmo tempo em que tentava ajudá-la a planejar maneiras mais efetivas de atingir seus objetivos, em vez de queixar-se. Ela foi encorajada a ter prazer com a filha e a obter o máximo de gratificação possível a partir de sua rede de amizades. (Eleanor tinha muitos amigos, mas sentia-se culpada de não ser capaz de ter uma vida social que servisse também para George.) Ela também foi encorajada a passar algum tempo com sua família de origem, o que ela gostava de fazer, sentindo culpa por isso, uma vez que George não ficava à vontade com eles. O principal propósito dessas intervenções era o de ajudar Eleanor a definir seus interesses e desejos próprios, e não apenas baseada nos sentimentos de George.

Gradualmente, George começou a apreciar a gratificação de estar com a filha e a gostar de passar o fim de semana junto com Eleanor e Melissa. Eleanor parou de pressionar por uma proximidade que não conseguia obter, e a insistir somente quando era realmente importante para ela. Ela começou por esclarecer as finanças, por exigir uma responsabilidade por Melissa compartilhada, e por passar mais tempo com ele, como casal. Eleanor sentia-se culpada e desqualificada sempre que trazia sua preocupação pelo relacionamento deles. A terapia confirmou a experiência de Eleanor de não intimidade com George. As limitações dele foram formuladas, para ambos, como originadas da estrutura patriarcal da sociedade, que prejudica os homens nos relacionamentos humanos e as mulheres em outras áreas de funcionamento.

Como acontece tão frequentemente com as mulheres, a voz de Eleanor precisava de confirmação. Belenky e seus colegas relataram um estudo de entrevistas com mulheres, no qual elas falavam repetidamente em "ganhar uma voz", – referindo-se, em outras palavras, a ganharem um sentido pelo que valesse a pena dizer e sentir a segurança interior de dizê-

-lo. Em sua luta para ganhar uma voz, as mulheres muitas vezes precisam que sua experiência de não serem ouvidas seja validada.

Eleanor sentia-se desqualificada sempre que tentava esclarecer sua posição para o marido. E ele fora criado para não ouvir nem ser sensível à sua reclamação. Foram necessários repetidos esforços por parte dela para falar francamente e assegurar que sua posição fora articulada e escutada, e George custou para perceber que ele realmente nunca a escutara.

FAMÍLIAS COM ADOLESCENTES

Erikson (1968) descreve o desenvolvimento das adolescentes como diferente do dos garotos, no sentido de que elas mantêm em suspenso sua identidade conforme se preparam para atrair os homens por cujos nomes passarão a ser conhecidas, e por cujo *status* serão definidas – os homens que, como Gilligan (1982) diz, irão salvá-las do vazio e da solidão, preenchendo o "espaço interno" (página 12). Nossa preocupação é a de que essas atitudes em relação às meninas, que definem seu desenvolvimento em termos de sua capacidade de atrair um homem, são prejudiciais à sua saúde mental, deixando-as carentes de autoestima; elas podem temer que se parecerem espertas, altas, assertivas ou competentes demais, correrão o risco de perder suas chances de ter um relacionamento íntimo com um homem. É por adaptar-se às normas sociais que, durante os anos de adolescência, as meninas muitas vezes confundem identidade com intimidade, definindo-se através dos relacionamentos com os outros. Assim, é importante questionar essas normas, uma vez que elas colocam a menina num compromisso impossível, em que você somente será sadia se definir a sua identidade, não por você mesma, mas por seu companheiro.

Por alguma razão, parece haver certas fases no desenvolvimento, incluindo a pré-escola e a adolescência, em que as crianças parecem se ater mais rigidamente a estereótipos de papel sexual – ainda mais do que seus pais ou professores. É importante não encorajar essa estereotipia, mas estimular as meninas, especialmente, a desenvolverem suas próprias opiniões, valores, aspirações e interesses. Clinicamente, quando trabalhamos com adolescentes e suas famílias, é importante fazer perguntas sobre os papéis que se espera que cada um desempenhe na família. Quais são as tarefas e responsabilidades dos meninos e das meninas? Os filhos são encorajados a desenvolver as capacidades sociais, ou os pais focalizam primariamente sua realização e desempenho nos esportes? As filhas são encorajadas a ter aspirações acadêmicas elevadas? Ambos recebem igual responsabilidade e encorajamento para lidar com a instrução, esportes, aspirações para o futuro, relacionamentos com a família ampliada, presentear, escrever cartas, telefonar ou cuidar de parentes? Ambos compram e limpam suas próprias roupas? As meninas são encorajadas a aprender a respeito de dinheiro, ciências e outros assuntos "masculinos"?

Embora os convencionais valores de gênero sejam particularmente altos durante a adolescência, é também nessa fase crucial que são tomadas as decisões modeladoras de vida. E extremamente importante que o terapeuta transmita os fatos sobre a vida adulta de maneira compelativa. Como Alexander e seus colegas (1985) dizem, a respeito das intervenções com adolescentes delinquentes do sexo feminino, "A informação sobre os diferentes salários de uma secretária e de um operador de máquina, as estatísticas sobre as mulheres na força de trabalho, e os dados sobre as estruturas domésticas empobrecidas de progenitor solteiro aumentam a probabilidade de que a delinquente tome cuidadosas decisões a respeito de seu futuro" (página 141).

Durante a adolescência, as filhas ficam particularmente divididas entre a identificação com a mãe e a identificação com o pai. Uma filha que é íntima da mãe numa família tradicional pode sentir-se traidora, se seguir, em suas aspirações de carreira, para uma vida diferente da da mãe e para uma identificação de papel com seu pai (Hare-Mustin, 1978).

Um problema comum nessa fase é o relacionamento pai-filha. Os pais muitas vezes sentem-se desajeitados na relação com as filhas, conforme elas se aproximam da adolescência, temendo sua florescente sexualidade. Dado o repertório masculino frequentemente limitado para lidar com a intimidade, eles às vezes podem sexualizar o relacionamento, ou podem retrair-se, e inclusive ficar irritados ou zangados, como uma maneira de manter a distância que sentem ser necessária. Eles talvez precisem ser encorajados a envolver-se ativamente com suas filhas ao invés de evitá-las. É possível que eles se envolvam mais facilmente com os filhos, com quem as atividades compartilhadas, tais como os esportes, permitem um companheirismo sem pressões excessivas para um relacionar-se íntimo. A indisponibilidade dos pais em relação às filhas pode levá-las a desenvolverem uma imagem do homem como um romântico estranho, uma concepção irreal que não será adequada quando elas atingirem a vida adulta (Hare-Mustin, 1978).

Por outro lado, especialmente no caso dos homens que têm apenas filhas, esta fase pode assinalar sua conversão a uma posição feminista, na medida em que querem apoiar suas filhas para que tenham os mesmos direitos e privilégios que os homens têm. É importante tirar proveito terapêutico dessa conscientização. O fato de ter apenas filhas aumenta a probabilidade de os pais perceberem as desigualdades de gênero. Especialmente quando suas filhas se tornam adolescentes e avançam para a idade adulta, um pai pode, pela primeira vez, perceber as limitações impostas pelos atuais estereótipos de gênero à futura carreira e opções de vida da filha. Esse aumento de sensibilidade, é claro, ocorrerá mais provavelmente se o pai já desenvolveu um relacionamento íntimo com a filha, na infância. As mães podem sentir-se sob tensão na medida em que os filhos partem, particularmente quando percebem as limitações em suas opções, caso tenham-se dedicado essencialmente à criação dos filhos.

Exemplo de caso: final da adolescência

A Sra. Reid pediu que sua filha de 19 anos, Joyce, fosse atendida, pois seus hábitos alimentares haviam chegado ao ponto *em* que ela só comia peru e alface, e o Sr. Reid observara que ela parecia um esqueleto quando punha um maiô. O genetograma (Figura 2.4) mostra que o Sr. Reid era um consultor cujo trabalho o fazia ficar longe de casa cerca de seis meses por ano. Durante essas viagens, a Sra. Reid deveria estar sempre em casa caso ele resolvesse telefonar, mas ele recusava-se a permitir que ela o acompanhasse em suas viagens de negócios, ou mesmo telefonasse para ele quando estava fora. Joyce era a mais jovem de duas filhas, tendo sua irmã Sara ingressado na faculdade local um ano antes dela. A Sra. Reid também era a mais jovem de duas filhas. Seu pai sempre fora tratado como se estivesse em um pedestal. Sua esposa e filhas o serviam – ao ponto de passar a ferro suas meias –, apesar do fato de ele manter um caso bastante declarado com uma vizinha do mesmo prédio de apartamentos. A mãe do Sr. Reid morrera em um acidente de carro quando ele tinha três anos de idade, na mesma época em que ele fora hospitalizado por tuberculose. Logo depois de ele voltar para casa, seu pai casou novamente e teve outro filho. O pai também ficava longe por longos períodos e teve muitos casos durante a infância do Sr. Reid.

Ficou claro que Joyce sentia-se em conflito entre sua lealdade ao pai, que exigia que ela se saísse bem na escola e ingressasse nos negócios, e sua lealdade à mãe, para quem servia como confidente com relação à insensibilidade e descuido do pai. Ela tinha medo de deixar a mãe, cujas necessidades sentia intensamente, e ser enganada, caso escolhesse um relacionamento insatisfatório como o que havia entre seus pais.

Uma vez que o problema de alimentação de Joyce parecia refletir seu dilema de ciclo de vida referente às questões de gênero, dedicamos bastante tempo a explorar as esperanças de ambos os pais com relação às filhas, assim como as próprias aspirações destas e como percebiam as mensagens dos pais. A certa altura, para deixar claro o papel oculto central de Joyce na família, ela ficou responsável por decidir quem deveria vir às próximas sessões. Na primeira sessão, ela trouxe apenas o pai. Ficou claro que ela queria ver se ele estava pronto para assumir o relacionamento com a mãe, o qual ela sentia que ele lhe havia relegado. Na sessão seguinte, ela trouxe apenas a mãe, e o tema foi a irmandade das mulheres ao longo das gerações. Foram discutidos os namorados de Sara e de Joyce, e se o equilíbrio masculino/feminino na família seria modificado, nesta geração, deixando de ser a primazia da "irmandade" em relação a todos os outros relacionamentos. A Sra. Reid tinha certeza de que não, dizendo que o recente afastamento de Sara com seu namorado era apenas temporário, na medida em que ela mesma se distanciara enquanto namorava o Sr. Reid; depois do casamento, ela retornara ao vínculo primário com sua mãe e irmã, e afirmou inequivocamente que seu relacionamento com a mãe fora o mais importante de sua vida. Conforme ela colocou, "Ter uma mãe é tudo" – apesar do fato de ela sentir que sua mãe morrera de "coração partido" depois da morte do marido, quase como se as imagens idealizadas dos homens fossem adoradas em abstrato, ficando nas mulheres a verdadeira intimidade. Quando perguntamos se o namorado de Joyce poderia romper o padrão e exigir maior intimidade do que os outros homens da família haviam exigido, tanto a mãe quanto a filha disseram que essa era uma preocupação desnecessária, tão profundamente aceitos eram os padrões com os quais estavam familiarizadas.

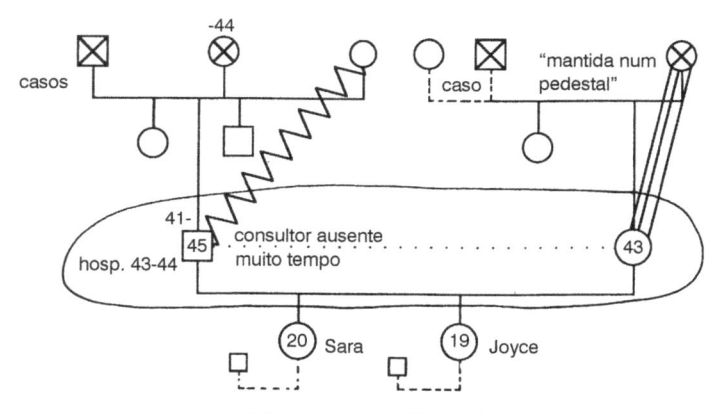

Figura 2.4 Família Reid.

Durante a última parte da terapia, as mudanças no papel feminino nesta geração foi um foco primário de atenção. Joyce buscou a permissão da mãe, e inclusive encorajamento, para levar um tipo de vida diferente; o Sr. Reid procurou desenvolver uma maior intimidade com suas filhas, uma experiência inteiramente nova para ele, não somente com suas filhas, mas com qualquer pessoa. Foi atingido um ponto decisivo em sua forma de relacionar-se, numa sessão em que sua irmã mais velha participou para discutir suas antigas experiências de vida compartilhadas e seu atual relacionamento. Não surpreendentemente, a irmã do Sr. Reid sentia a mesma distância ao lidar com ele que sua esposa e filhas sentiam, mas as impressões dela ampliaram o contexto das discussões terapêuticas.

Os membros da família foram encorajados, de todas essas maneiras, a aumentar sua flexibilidade, particularmente em sua definição dos papéis masculinos e femininos, e a experimentar as novas possibilidades, de modo que o pai pudesse ser mais emocional e a mãe e as filhas mais claramente assertivas e exigentes, para o seu próprio bem.

Muitas vezes, os relacionamentos de um homem com outros homens – um pai, irmão, filho, um companheiro de exército, ou amigo de infância – proporciona a melhor via para seus sentimentos. Para aqueles que serviram no exército, suas experiências de guerra talvez sejam as únicas experiências com intensidade emocional suficiente para colocá-los em contato com qualquer sentimento forte. Às vezes, é possível entrar no sistema emocional de um homem através de uma discussão de seu sistema de trabalho, particularmente das questões que envolvem um chefe bastante antigo. Mas frequentemente a negação das questões emocionais constitui um valor tão poderoso no ambiente de trabalho, que é impossível fazer qualquer avanço aqui. No caso do Sr. Reid, não existia nenhum homem próximo.

LANÇANDO OS FILHOS E SEGUINDO EM FRENTE

Essa é a fase mais longa no ciclo de vida familiar, durando muitas vezes vinte anos ou mais. Existe uma tendência, nos homens e nas mulheres, a irem em direções opostas, em termos psicológicos, no momento em que seus filhos passam a viver suas próprias vidas. Os homens, talvez percebendo que perderam a maior parte da intimidade do período de desenvolvimento de seus filhos, podem começar a buscar intimidade, ao passo que as mulheres, depois de anos centrando-se em cuidar dos outros, começam a sentir-se energizadas para desenvolver suas próprias vidas – carreiras, amizades fora da família, e outras atividades. A descoberta, celebrada pelos homens no meio da vida, da importância da intimidade e dos relacionamentos, é algo que as mulheres sabiam desde o início. A autoestima e confiança que vêm do trabalho sempre foi conhecida pelos homens, pelo menos por aqueles da classe média. Mas para a mulher esse pode ser um momento de estresse especial, pois elas muitas vezes sentem-se muito atrás no que se refere às capacidades de lidar com o mundo externo. Justo no momento em que seus filhos não precisam mais delas e quando estão começando a ser definidas pelo mundo masculino como velhas demais para serem desejáveis, elas precisam aventurar-se lá fora. Os passos iniciais geralmente são os mais difíceis. Uma vez que começaram a mover-se nessa arena, muitas mulheres sentem uma nova confiança e prazer com sua independência – não precisar mais colocar as necessidades de todos os outros em primeiro lugar. Em virtude das capacidades sociais e de manejo que geralmente desenvolveram em fases prévias do ciclo de vida, as mulheres possuem recursos notáveis para construir uma rede social. Sua vitalícia capacidade de adaptar-se a novas situações também lhes é extremamente vantajosa. Mas o mundo do trabalho ainda não reconhece seus esforços de maneira proporcional às suas contribuições. E as mulheres, tipicamente, não foram socializadas para esperar ou exigir o reconhecimento que merecem.

Obviamente, a divergência de interesses masculinos e femininos, assim como a mudança no foco das energias necessária nesta fase, muitas vezes cria sérias tensões conjugais (Hesse-Biber & Williamson, 1984). Esses estresses podem precipitar o afastamento ou inclusive o divórcio. Os homens que se divorciam perdem os cuidados proporcionados por uma esposa e casam novamente de forma muito rápida, normalmente com uma mulher mais jovem. No caso das mulheres, cujas opções de recasamento são bem mais limitadas, as probabilidades de recasamento depois de um divórcio nesta fase são bem pequenas. Em parte, isso pode ser atribuído à assimetria na disponibilidade de parceiros e, em parte, ao fato de que as mulheres mais velhas têm menor necessidade de serem casadas e, assim, talvez estejam menos inclinadas a "estabelecerem-se", particularmente num casamento tradicional que significará um retorno aos cuidados extensivos.

As mulheres que desenvolveram uma identidade primariamente através da intimidade e adaptação aos homens estarão particularmente vulneráveis ao divórcio durante a fase de lançamento, quando podem sentir que seu próprio eu está se desintegrando. A observação de Gilligan de que a inserção das mulheres nos relacionamentos, sua orientação para a interdependência, sua subordinação da realização aos cuidados, e seus conflitos em relação ao sucesso competitivo as deixam vulneráveis no meio da vida, parece mais um comentário sobre nossa sociedade do que um problema no desenvolvimento feminino. No presente, 42% das mulheres entre 55 e 64 anos estão na força de trabalho, comparados a 27% em 1950, mas seus benefícios são iguais aos dos homens e os tipos de empregos mal-remunerados: a discriminação de sexo que geralmente favorece os homens não mudou muito nos últimos quarenta anos.

É também nesse momento que as mulheres tipicamente entram na menopausa. Essa transição geralmente era considerada, por termos negativos, como uma época de sofrimento físico e psicológico, conforme as mulheres avançavam para a velhice. Pelo contrário, para muitas mulheres esse é um ponto decisivo que as libera sexualmente de preocupações a respeito de gravidez, e assinala uma nova estabilização em suas energias para procurarem trabalho e atividades sociais.

Essa fase do ciclo de vida, frequentemente chamada de "ninho vazio", é muitas vezes retratada como uma época de depressão para as mulheres, especialmente para aquelas cujas vidas foram inteiramente dedicadas ao lar e à família. Entretanto, a recente literatura sobre essa fase sugere que esse fenômeno é muito mais imaginado do que real. Geralmente, as mulheres ficam gratas pela oportunidade de recapturar o tempo livre e explorar novas opções. Elas não lamentam tanto o fim da época de criar os filhos como se imaginava.

Exemplo de caso: lançando os filhos e seguindo em frente

Nell Byrne, de 54 anos de idade, procurou terapia em virtude de um rompimento total de relações com sua filha de 30 anos, Elizabeth, que vivia na mesma casa, onde moravam as duas famílias, mas que não falava com a mãe há um ano (veja a Figura 2.5). Neli havia voltado para a casa dos pais após separar-se precocemente de seu marido alcoolista, embora os detalhes da separação jamais tenham sido discutidos. Ela fora a terceira de oito filhos. Sua própria mãe era cronicamente doente, e seu pai fora um alcoolista pacífico durante muitos anos. Desde o momento em que voltou para casa, ela tornou-se a cuidadora primária de ambos os pais, embora trabalhasse e sua mãe tomasse conta de Elizabeth durante o dia. Na medida em que passavam os anos, Nell tornou-se cada vez mais alienada de suas três irmãs, em consequência de mágoas e sentimentos de raiva, jamais discutidos abertamente, a respeito dos cuidados aos

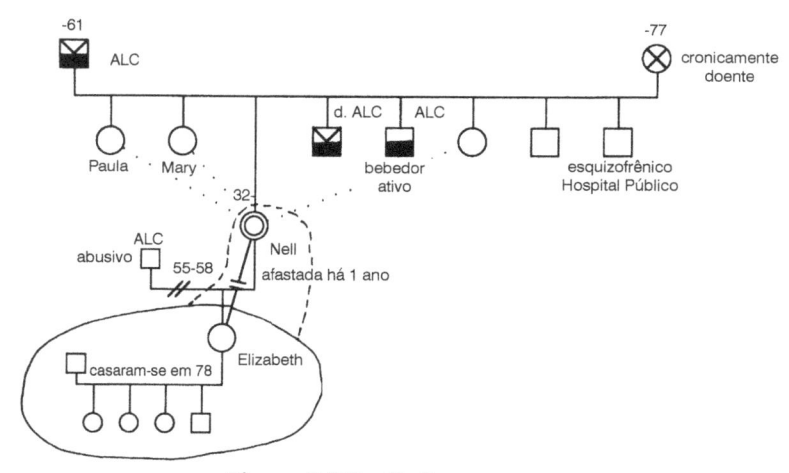

Figura 2.5 Família Byme.

pais. O Sr. Byrne morreu quando Elizabeth estava com cinco anos, e a Sra. Byrne quando ela estava com 21. Elizabeth casou no ano seguinte, e teve quatro filhos em rápida sucessão. Nell herdou a casa e Elizabeth e sua família moravam no andar térreo, pagando-lhe um aluguel. Dois anos antes de ela procurar terapia, Nell perdera seu emprego como secretária jurídica quando houve uma reorganização da firma, e não se sentia capaz de procurar um novo, temendo que a perda do emprego tivesse resultado de sua inadequação pessoal. Ela se afastara dos amigos, uma vez que, como ela dizia, "Ninguém gosta de estar perto de uma queixosa deprimida". E a tensão em seu relacionamento com a filha chegara a um ponto em que Elizabeth deixara de falar com ela. Depois disso, Nell também deixara de relacionar-se com suas irmãs, aparentemente porque elas sentiam que seria muito constrangedor, nos feriados, convidar tanto Nell quanto Elizabeth para as funções familiares, uma vez que elas não se falavam. Um estresse adicional era o fato de que os dois irmãos sobreviventes de Nell eram severamente disfuncionais – um deles um esquizofrênico crônico, paciente de um hospital estadual, com Nell como a parente primariamente responsável, e o outro um alcoolista declarado, que também usava Nell como seu recurso primário sempre que era preso ou hospitalizado.

Nossa avaliação da situação desta família foi que Nell estava experienciando o fracasso de uma vida como cuidadora, que, por várias razões, sentia não ser mais necessária àqueles a quem gostava, e não ser mais conveniente para os outros. Nós reavaliamos sua história de trabalho, que mostrou que ela tinha excelentes capacidades, tendo lutado para manter um escritório funcionando. Em resultado de conversas a respeito de antigas conexões profissionais, ela voltou a fazer contato com vários associados, e um deles lhe fez uma oferta de trabalho. Como parte da avaliação de seus relacionamentos familiares, decidimos convidar sua irmã mais velha mais próxima, Mary, para uma sessão, que acabou sendo extremamente proveitosa. Isso foi feito porque parecia que Nell precisava de uma redefinição do relacionamento como cuidadora, de modo a obter certo alívio de suas cargas, e também de mais apoio pessoal. Mary fora a irmã mais chegada a Nell durante a infância delas, e nós esperávamos agora utilizar a importância desse relacionamento inicial como base para um desenvolvimento.

Os relacionamentos das irmãs são geralmente os mais longos relacionamentos na vida. Uma vez que as mulheres sempre têm a responsabilidade primária pela família, os cuidados são geralmente divididos entre as irmãs. Muitas vezes, em virtude das responsabilidades que devem compartilhar e sem os recursos ou a autoridade para ajudar, elas podem voltar-se umas contra as outras. Os irmãos podem contribuir com dinheiro, o que requer menos em termos emocionais, e, no entanto, tendem a ser muito mais apreciados pelos pais que estão envelhecendo, por sua contribuição. Por outro lado, as irmãs podem tornar-se poderosos recursos uma para a outra com o passar da vida, quando ficam sem parceiros em resultado de morte ou divórcio. Infelizmente, a triangulação que se desenvolve nas famílias, particularmente em consequência da carga de cuidar dos pais, pode causar sentimentos de hostilidade entre as irmãs, e assim impedir aquele compartilhar especial que poderiam aproveitar por toda a vida.

Ficou evidente, na discussão entre Nell e Mary, que ninguém na família jamais soubera por que Nell se separara de seu marido. Ela ficara envergonhada demais para falar sobre seu alcoolismo e abuso, e os outros membros da família jamais haviam perguntado, mas haviam suposto que Nell tirara vantagem dos pais, ao voltar para a casa deles. Mary também não sabia da maioria dos detalhes acerca do alcoolismo do pai e das incapacidades da mãe. Ela nunca percebera o peso que Nell sentia ao cuidar dos pais. Nell ficara magoada porque ninguém jamais se oferecera para ajudar, ao passo que Mary, e aparentemente os outros, acharam que Nell aumentara os problemas dos pais em sua velhice. Ao discutirem os eventos ocorridos na vida de cada uma nos anos anteriores, as duas irmãs conseguiram iniciar uma aproximação, que tornou-se muito significativa para elas mais tarde, particularmente quando começaram a compartilhar a responsabilidade por seus irmãos disfuncionais, juntamente com os outros irmãos e irmãs. Nell, então, fez contato com sua irmã Paula, por conta própria, e iniciou o mesmo processo de reconexão. Finalmente, ela convidou a filha para participar de uma sessão. A queixa da filha era a de que Nell estivera cheia de desaprovação e desapontamento não verbalizados, e que magoara seus sentimentos muitas vezes. Essa era uma repetição das lembranças mais nítidas de Nell da sua própria infância. Ela falou sobre suas próprias experiências ao crescer, sua luta para admitir que o casamento com o pai de Elizabeth fracassara, e seu retorno à casa dos pais. Os problemas com o lançamento na geração anterior estavam se repetindo nesta geração. Nell admitiu que tivera muito medo de que Elizabeth acabasse na mesma posição frustrante em que ela se encontrara. Indubitavelmente, suas ansiedades haviam sido transmitidas a Elizabeth como desaprovação. Elizabeth começou a ver sua mãe sob uma nova luz, como uma mulher muito forte que conseguira manter uma carreira apesar de muitos encargos difíceis ao longo dos anos.

Como muitas mulheres, Nell tinha de lutar com a culpa que sentia por deixar de ser a cuidadora primária dos membros doentes e agonizantes de sua família, uma situação que muitas vezes fica intensificada por não existir ninguém mais para assumir a tarefa. Essa constitui uma dificuldade específica para as mulheres da geração de Nell, que foram socializadas numa época em que tais responsabilidades eram assumidas automaticamente. É importante ajudar essas mulheres a recrutarem o apoio dos outros, em suas famílias, para compartilharem as decisões, responsabilidades e pressão emocional desses relacionamentos.

FAMÍLIAS MAIS VELHAS

A fase final da vida poderia ser considerada apenas para as mulheres, uma vez que elas vivem mais tempo e, diferentemente dos homens, raramente estão acompanhadas por parceiros mais jovens, o que torna as estatísticas para essa fase do ciclo de vida extremamente desequilibradas *(Congressional Caucus for Women's Issues, New York Times,* 23/9/84):
- Seis em cada dez americanos com mais de 65 anos, e sete em cada dez acima de 85 anos, são mulheres.
- Dezessete por cento das mulheres americanas com mais de 65 anos têm rendimentos abaixo da linha de pobreza, em oposição a 10% dos homens.
- Quase metade das mulheres mais velhas têm rendimentos médios de menos de 5.000 dólares, em oposição a um em cinco homens.
- Mais de 80% das donas de casa idosas vivem sozinhas, e um quarto delas vive na pobreza.

A crescente proporção de mulheres bastante idosas nos próximos vinte anos pressagia inúmeros problemas. Como Hess e Soldo (1984) colocaram: "Os rendimentos das mulheres, inferiores aos dos homens por toda a vida de trabalho, continuam assim na velhice. Além disso, uma vez que a grande maioria das mulheres idosas é viúva, e as viúvas tipicamente moram sozinhas, seus índices de pobreza aumentam com a idade avançada. Torna-se cada vez mais difícil obter e manter uma moradia, particularmente a que depende da capacidade funcional em declínio" (página 2). Uma vez que as mulheres são as cuidadoras primárias das outras mulheres, esses problemas irão afetar pelo menos duas gerações de mulheres, que ficarão cada vez mais estressadas com o passar do tempo.

Aquelas mulheres que precisam de cuidados, e aquelas que os prestam, são estatisticamente as mais pobres e as que têm o menor poder legislativo em nossa sociedade. As leis são feitas principalmente por homens, e é dada pouca consideração a serviços que apoiem a capacidade das cuidadoras para que proporcionem o atendimento às pessoas de sua família. Vários estudos indicam que a razão imediata para a admissão em uma casa de saúde costuma ser o esgotamento dos recursos familares, mais do que uma deterioração na saúde do parente idoso (Hess & Soldo, 1984).

Embora o aumento nas famílias recasadas pudesse significar uma rede familiar maior para prestar cuidados, o crescente índice de divórcio e a fragmentação familiar provavelmente significam que um menor número de pessoas da família estará disposto a proporcionar cuidados aos pais idosos. Uma vez que tanto aqueles que prestam cuidados aos idosos quanto os que os recebem são mulheres, o assunto tende a ser esquecido em nossa perspectiva. Como terapeutas, nós precisamos anular esse desequilíbrio, redefinindo tanto os dilemas dos idosos quanto os de seus cuidadores como questões extremamente sérias e significativas.

Exemplo de caso: família envelhecendo

Lillian e Sam Beal inicialmente procuraram terapia (veja a Figura 2.6) por causa de sua filha mais velha, Laura. Entretanto, já na primeira sessão ficou claro que o maior problema era o lugar, na família, da velha mãe de Sam, Emily, de 83 anos de idade. Ela morava com Lillian e Sam desde o casamento deles, e sempre houve tensões entre Lillian e sua sogra. Sam recusara-se a pensar em deixar sua mãe morar num outro lugar, mas, ao mesmo tempo, raramente conversava com ela; nas palavras de Lillian, ele era "inacreditavelmente frio e insensível" em relação à mãe, embora geralmente fosse agradável com as outras pessoas. Laura, que começara a comportar-se de modo taciturno e negativo, logo estaria concluindo o segundo grau e partindo para a faculdade; ela era a mais sensível à pressão à qual a mãe estava submetida. Emily fora muito apegada às crianças, muitas vezes cedendo a elas, quando Lillian colocara limites. As crianças eram muito apegadas à avó, mas recentemente o filho, Sammy, havia se irritado com os resmungos da avó. Sam recusava-se a discutir ou a intervir em qualquer um desses conflitos, mantendo uma atitude silenciosa, tentando lidar com todos quando a família estava reunida, e tendendo a ignorar tanto a mãe quanto a esposa. Lillian, com 45 anos de idade, voltara a trabalhar recentemente, pois Sam, com 60 anos, fora despedido pela companhia e somente conseguia encontrar empregos com um salário bem mais baixo. Lillian ficara ambivalente em relação a trabalhar. Ela ficara satisfeita por afastar-se da sogra, mas nervosa em relação a manejar um emprego depois de dezoito anos fora da força de trabalho assalariada, e também temia não ser capaz de manter as "suas" responsabilidades em relação aos filhos e à família. Atualmente, tendo trabalhado por seis meses, ela estava satisfeita com os amigos que fizera, mesmo que seu trabalho como secretária muitas vezes fosse tedioso. Ela estava cada vez mais ressentida por ter de ser responsável por todo o trabalho doméstico e pelas refeições, mesmo que o marido voltasse para casa mais cedo do que ela. E ressentia-se particularmente do fato de ter de prestar todos os cuidados necessários à sogra.

A terapia envolveu o questionamento de muitas das premissas a partir das quais essa família operava. A primeira mudança baseou-se num princípio simples: que cada cônjuge assumisse a responsabilidade pelas necessidades de seus próprios pais – enviar cartões, comprar presentes, manter contato e prestar cuidados –, embora seja difícil implementar essa atitude, porque as mulheres tendem a ser mais sensíveis às necessidades dos outros e sempre tiveram o papel de mantenedoras dos relacionamentos nas famílias. Lillian estava muito mais sintonizada com a solidão e ausência de *status* da sogra na família, assim como com suas necessidades físicas, seu desejo de privacidade, com aquilo que ela precisava comprar e com a necessidade de marcar hora em médicos e levá-la a esses compromissos. Emily, por sua vez, costumava procurar a nora, "não querendo incomodar" seu "ocupado" filho. Foi atribuída a Sam, agora, a responsabilidade primária pelas necessidades de sua mãe. Nós tivemos de

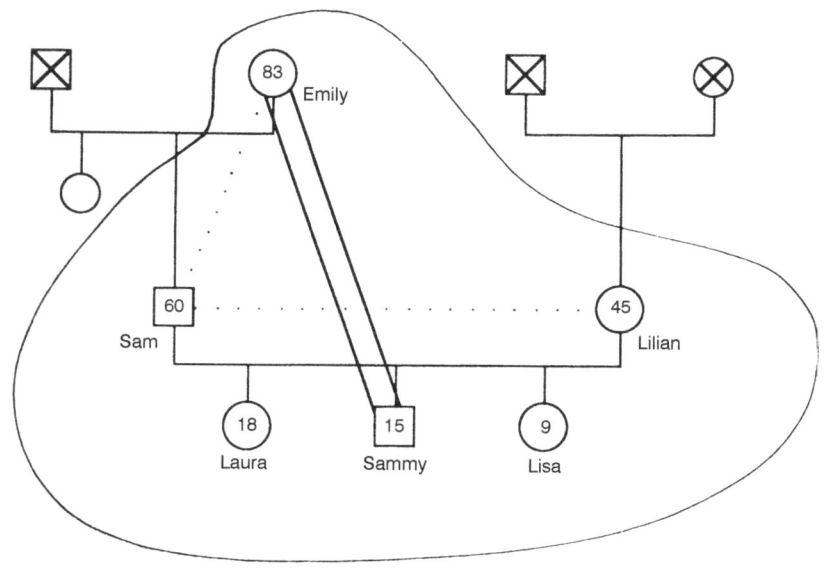

Figura 2.6 Família Beal.

acrescentar uma estrutura específica a esses novos arranjos; Sam começou a levar a mãe para tomar o café da manhã fora todos os sábados, para ficar um tempo sozinho com ela e para terem oportunidade de conversar a respeito de suas necessidades para a semana. Ele teve de aprender a ser responsivo a ela. Essa mudança envolveu um trabalho razoável sobre sua família de origem, voltando-se à sua infância e ao seu relacionamento com ambos os pais, para que ele pudesse entender como se dera seu afastamento emocional em relação à mãe. Aqui foram úteis os vários encontros entre Sam e sua irmã mais velha, durante os quais eles discutiram sua infância e seus relacionamentos passado e atual um com o outro e com seus pais. Lillian foi instada a não socorrer Sam e proporcionar-lhe o espaço emocional necessário para lidar com sua mãe. Uma vez que era tão difícil para ela não responder às necessidades dos outros, foi sugerido que ela saísse de casa de vez em quando, "esquecendo-se" do jantar e de outras tarefas domésticas, e que se inscrevesse em vários seminários relacionados ao trabalho. Foi discutida a crescente responsabilidade de Laura em relação à mãe, juntamente com sua próprias ambições de vida. Sam foi encorajado a passar mais tempo com ela para ajudá-la nos arranjos relativos à faculdade, uma vez que a única pessoa que já demonstrara interesse por essa área fora a mãe. Em uma sessão, a avó falou a respeito de sua vida, a respeito de como tivera de trabalhar desde muito jovem e de como ela e o marido haviam cuidado juntos de um armazém, até que ele morrera e ela tivera de prosseguir sozinha. Parte do ressentimento de Sam em relação à mãe tinha a ver com ela não estar disponível como as mães de seus amigos, e ao seu sentimento de que ela não se importava com ele. Isso foi discutido em relação aos mitos sobre as mães e como qualquer coisa menos do que um cuidado perfeito, global e totalmente generoso é considerada negligência.

As importunações de Emily em relação a Sammy também foram exploradas. Seu interesse maior era a arte, o que ela considerava "frívolo", e ela sentia que ele precisava de supervisão para ter um bom desempenho acadêmico. Isso foi discutido com a família, em relação às rígidas expectativas de nossa cultura para as meninas e os meninos; a mudança de seus padrões foi colocada como uma indicação de sua flexibilidade e força como família. Um importante objetivo geral da terapia, atualmente, passa a ser o reequilíbrio dos padrões assimétricos dos cuidados entre os cônjuges, não apenas em relação aos filhos, mas, como neste caso, no manejo da terceira geração.

DIVÓRCIO E RECASAMENTO

O divórcio e o recasamento são os dois pontos, na vida da família, em que os dilemas das mulheres em nossa cultura ficam mais evidentes (veja também os capítulos 15, 16, 17). Dada a situação desigual e insatisfatória de muitas mulheres no casamento, não surpreende que elas se divorciem com tanta frequência; mas os arranjos de nossa sociedade relativos ao divórcio estão levando cada vez mais mulheres e seus filhos a um nível abaixo da pobreza. Com a recente tendência à custódia conjunta após o divórcio, surgem muitas questões complexas para as mulheres. Até muito recentemente na história humana, as mulheres jamais recebiam a custódia após um divórcio. Elas não tinham nenhum direito legal; elas pertenciam aos maridos, assim como os filhos. Gradualmente, desenvolvemos um sistema em que a custódia ia para as mães, a menos que houvesse uma forte razão em contrário. Atualmente, muitas pessoas estão buscando uma forma de custódia conjunta, mas vários grupos feministas opõem-se a isso como não visando os melhores interesses das mulheres. O argumento é o de que as mulheres, de qualquer forma, continuam a ter a suprema responsabilidade pelos filhos, enquanto perdem parte do pequeno controle que tinham com a custódia única, através de seu direito a receber suporte financeiro.

Em nossa opinião, a custódia conjunta é um conceito extremamente importante para os homens e para as mulheres, mas ainda mais para os filhos. A dificuldade é que os homens, que têm pouca prática nos cuidados às crianças durante o casamento, têm dificuldade para aprenderem a compartilhar a real responsabilidade pelos filhos depois do divórcio. Os homens, e seus empregadores, tendem a considerar suas responsabilidades de trabalho como primárias, e o cuidado às crianças como secundário. Assim, se uma criança está doente ou ambos os pais precisam sair, geralmente é a mãe que tem de fazer os arranjos extras. E, porque elas estão trabalhando, as mães perdem a oportunidade de estar com seus filhos em tempo integral. Entretanto, existe um valor positivo na modificação dos papéis exigida pela custódia conjunta após o divórcio. Ela permite às mães algum tempo para si mesmas, e, especialmente quando o marido tem contato durante as noites com os filhos, ela o envolve nas responsabilidades dos cuidados básicos, tais como escolher roupas, supervisionar a escovação dos dentes e levar as crianças para a escola – o que, por sua vez, aumenta a probabilidade de uma intimidade genuína e contínua com eles, ao invés de mantê-lo num papel de "pai de domingo". A pesquisa atual documenta claramente a importância, para a criança, do contato contínuo com ambos os pais, e a insuficiência, especialmente no caso das crianças pequenas, de ver o pai somente em fins de semana alternados.

Em termos clínicos, é extremamente importante não ignorar o pai, mesmo que ele não seja ativo na estrutura doméstica ou no quadro familiar. Ao mesmo tempo, é importante não invalidar a mãe, supondo que o pai deva ser envolvido na presente situação. Conforme Herz Brown (capítulo 16) recomenda, é importante entrar num sistema familiar de lar de progenitor solteiro através da mãe, e acionar, com muito respeito, sua responsabilidade e poder em relação ao engajamento do ex-marido.

As famílias recasadas criam situações particularmente difíceis para as mulheres. A mais difícil de todas as posições familiares provavelmente é o papel de madrasta. Dadas as altas expectivas de nossa cultura em relação à maternidade, a mulher que substitui uma mãe "perdida" entra numa situação carregada de expectativas tão altas que nem Deus poderia satisfazer. Uma das maiores intervenções é a de remover a carga de culpa da madrasta por não ser capaz de realizar o impossível: assumir os cuidados maternos por filhos que não são seus. Nossa orientação geral é a de deixar os encargos dos filhos com o progenitor natural, por mais difícil que isso possa ser para um pai que trabalha em tempo integral e sente não ter nenhuma experiência com a "maternagem". O problema, para a madrasta, é extremamente pungente, uma vez que ela normalmente é a pessoa mais sensível às necessidades dos outros, sendo extremamente difícil para ela assumir uma posição secundária enquanto vê seu marido lutar desajeitadamente com uma situação desconfortável. O fato é que ela não tem alternativa. As tendências das mulheres de assumirem a responsabilidade pelos relacionamentos familiares, e de acreditarem que aquilo que vai mal é culpa delas, e que se elas tentassem bastante as coisas dariam certo, são os maiores problemas para elas nas famílias recasadas, uma vez que a situação envolve tantas complexidades, ambiguidades, conflitos de lealdade e problemas de associação inerentes.

AS MULHERES E SUAS REDES DE AMIZADE

A amizade constitui um recurso extremamente importante para as mulheres durante toda a vida (Rubin, 1985; Pogrebin, 1987). As mulheres costumam ter amizades mais íntimas, mas os relacionamentos que têm muitas vezes não são validados pala sociedade mais ampla (Bernard, 1981). Os homens podem ter conhecidos com os quais passam o tempo, mas nenhum amigo íntimo em quem confiem. Schydiowsky (1983) demonstra que a importância das amizades íntimas femininas das mulheres diminui da adolescência para a idade adulta, conforme elas centram-se em encontrar um companheiro e estabelecer um casamento, e depois aumenta por todo o restante do ciclo de vida. As amizades femininas íntimas foram relatadas como mais importantes do que as amizades masculinas íntimas, e estão em segundo lugar, depois da boa saúde, em importância para a satisfação de vida.

Talvez a socialização torne as mulheres capazes de desenvolverem amizades profundas e sem fronteiras, ao passo que os homens ficam mais inibidos nesse tipo de contato íntimo. Talvez pelo fato de a identidade masculina ser parcialmente estabelecida pelo repúdio da sua identificação com a mãe, suas fronteiras são mais cerradas e mais impenetráveis. Além disso, parece haver uma forte homofobia masculina americana que inibe a intimidade entre os homens. Levinson (1978), Valliant (1977) e Weiss (1985) descobriram que, para os homens, a amizade era amplamente notável pela ausência.

Nós insistimos para que os membros da família respeitem a necessidade de ambos os sexos de cultivarem sistemas de amizade fora da família e se afastem do padrão tradicional em que as mulheres organizam o programa social das atividades do casal em torno dos associados de negócios do marido. Em tais situações, é esperado que as mulheres façam amizades não baseadas nos interesses pessoais, mas porque seus maridos desejam cultivar certos contatos. Nesses arranjos tradicionais, espera-se que as mulheres substituam as amizades sempre que o trabalho dos maridos torne necessária uma mudança de residência. Tais arranjos não respeitam a importância da amizade como um apoio básico durante todo o ciclo de vida, e confundem a rede profissional com amizade.

LÉSBICAS

As lésbicas tendem a ser percebidas como adolescentes não lançadas, independentemente de sua idade (Krestan & Bepko, 1980). Uma importante questão clínica ao trabalharmos com elas é ajudá-las a lidarem com suas famílias de origem em relação ao seu estilo de vida lésbico, de modo que as famílias possam respeitar suas fronteiras de subsistema e elas não sintam a necessidade de se distanciar reativamente da família. Negociar uma maneira de manter um senso de conexão juntamente com um senso de individualidade é provavelmente o problema mais sério para os casais lésbicos (Roth, 1985). Em face da ausência de reconhecimento, por parte da família ou da sociedade, da tentativa de um casal lésbico de definir fronteiras, as fronteiras de casal podem tornar-se rígidas, empurrando-as para uma fusão e criando um sistema cada vez mais fechado (Krestan & Bepko, 1980). Vários problemas específicos criam dificuldades para os casais lésbicos, em particular o fato de não terem "eventos assinaladores", tais como cerimônias de casamento ou o nascimento de filhos, para definir sua mudança de *status,* como outros casais têm no casamento (Roth, 1985). Outras transições de ciclo de vida também tendem a ser problemáticas, tais como a aposentadoria, doença séria ou morte, em que a desqualificação do casal pela sociedade mais ampla pode levar a cerimônias em que elas precisem disfarçar seus sentimentos e relacionamentos, intensificando assim seus problemas, ao invés de promover um senso de continuidade e conexão.

Além disso, o relacionamento com a sua comunidade provavelmente será influenciado pela extensão com que elas "tornarem-no público". Elas podem ficar bastante isoladas de sua comunidade profissional e social se não forem honestas, e podem ser pressionadas de várias maneiras dentro da comunidade lésbica se o forem (Roth, 1985). Lidar com a questão de "tornar público" é um aspecto individual e interpessoal importante do desenvolvimento dos casais lésbicos (Roth, 1985). Elas precisam lidar com a consequente perda de *status* em resultado de sua orientação sexual, se forem francas, e com um senso de alienação, se mantiverem segredo sobre seu relacionamento mais importante. Em razão da atitude cultural negativa em relação à homossexualidade, o estilo de vida de tais casais torna-se mais do que uma escolha de amor ou parceira sexual. O necessário segredo com seus empregadores sobre seus relacionamentos, por exemplo, pode forçá-las a um contexto de funcionamento muito mais fechado e rígido.

Por outro lado, um estudo recente demonstrou que os casais lésbicos são o único grupo em que o dinheiro não determina o equilíbrio de poder (Blumstein & Schwartz, 1983), e essa força pode ser salientada nas intervenções terapêuticas.

SAÚDE E DOENÇA: PADRÕES DO COMPORTAMENTO RELATIVO AOS CUIDADOS COM A SAÚDE

As mulheres tendem, muito mais do que os homens, a se definirem como pacientes e a buscarem ajuda. Em termos práticos, o padrão tem sido o de as mulheres procurarem a ajuda de médicos do sexo masculino, tanto para problemas físicos quanto emocionais. Os homens tendem a evitar procurar ajuda e, assim, é muito mais provável que se tornem pacientes somente quando seus problemas ficaram sérios e requerem hospitalização, ao passo que é muito mais provável que as mulheres recebam ajuda numa base de não internação. Os cuidados informais à saúde sempre foram exercidos pelas mulheres. Elas cuidavam dos filhos, maridos e pais; elas serviam de enfermeiras e visitavam os doentes e os agonizantes. Agora que a maioria das mulheres está na força de trabalho, essa não pode mais ser uma suposição automática. Além disso, os níveis de menor remuneração e *status* do sistema formal de saúde – enfermagem e serviço social – sempre foram ocupados primariamente pelas mulheres. Com mais mulheres buscando carreiras de alto *status* na medicina e em outros campos, muitas das mulheres mais capazes não estão disponíveis para prestar serviços de saúde de nível mais baixo.

É difícil predizer o que acontecerá ao sistema de saúde na medida em que as mulheres se recusarem a desempenhar o papel de servidora e provedora não remunerada e os clientes se recusarem a ou forem incapazes de pagar os altos custos de um sistema de saúde que não atende às suas necessidades. Nós esperamos que o valor da prestação de serviços aumente, juntamente com os valores que as mulheres deveriam desenvolver, mas que têm sido desvalorizados na cultura mais ampla: importar-se, relacionar-se e ser sensível aos outros.

Também é interessante especular sobre o que acontecerá se as mulheres deixarem de definir seus problemas de uma maneira que as torne os recipientes da instituição masculina de cuidados: como mulheres deprimidas, ansiosas, fóbicas ou anoréxicas. Muito já foi falado sobre os determinantes culturais desses problemas, e as mudanças estão acontecendo gradualmente. As mulheres, esperamos, começarão a redefinir suas vidas. Em vez de se sentirem ansiosas e deprimidas quando não estão felizes numa vida de abnegação e atenção com os outros, elas podem começar a avaliar as inconsistências sociais e as exigências irracionais que lhes são feitas. Elas podem aprender a mudar suas vidas, em vez de tentar adaptar-se às circunstâncias. Os homens também, esperamos, irão recusar-se a continuar pagando o terrível preço, em termos físicos e emocionais, pelos valores de uma cultura que exige que ignorem seus sentimentos e necessidades de relacionamento.

TERAPIA FAMILIAR

Como foi discutido anteriormente, o campo da terapia familiar tendia a aceitar teorias desenvolvimentais e sistêmicas gênero-tendenciosas, campo este resultante do trabalho predominantemente com ideias a respeito de comportamento e relacionamentos derivadas de e centradas nos homens (Wiener & Boss, 1985). Muitas vezes, as mulheres que atendemos se valorizam unicamente a partir da aprovação de fontes externas, primariamente masculinas, e têm pouca noção de seu próprio valor. Conforme Weiner e Boss colocam, "Como as severas necessidades de dependência e ausência de autodesenvolvimento nas mulheres refletem a tradicional socialização de papel de gênero, as explicações superficiais e circulares deste fenômeno refletem a ausência de modelos de desenvolvimento e saúde mental apropriados, centrados na mulher" (página 15).

Weiner e Boss recomendam quatro maneiras específicas para fortalecer o desenvolvimento de novas estruturas e teorias conceituais baseadas na mulher:
1. Esclarecer os componentes socioculturais e históricos da educação nos campos da saúde mental.
2. Estabelecer critérios de sensibilidade aos papéis de gênero na supervisão, treinamento e consulta.
3. Atualizar e corrigir informações negativas e insubstanciadas a respeito do desenvolvimento feminino.
4. Obter evidências empíricas sobre o desenvolvimento psicossocial das mulheres.

A isso, nós gostaríamos de acrescentar algumas condições específicas acerca do tratamento, sugerir aos terapeutas maneiras de mudar para uma terapia sensível ao gênero, uma vez que, como foi discutido por Rampage e seus colegas (1986), ou estamos fazendo uma terapia familiar feminista ou uma terapia familiar sexista (deixando de responder às desigualdades nas famílias baseadas no gênero). Não existe meio-termo. Desnecessário dizer, proselitismo e discursos bombásticos são as maneiras menos efetivas de conseguir progresso terapêutico, e o terapeuta deve introduzir perspectivas alternativas sem discursos políticos.
- Prestar atenção à renda e às oportunidades de trabalho do marido e da esposa em uma família, e às implicações para o equilíbrio de poder em seu relacionamento.

- Prestar atenção à força física relativa de homens e mulheres em uma família, e ao impacto de qualquer intimidação física ou incidente de abuso físico, mesmo que passado, como um regulador da balança do equilíbrio de poder entre os cônjuges.
- Fazer com que os membros da família examinem aquilo de que gostam e não gostam com relação a ser homem e mulher.
- Ajudar a família a esclarecer as regras através das quais os papéis masculinos e femininos na família, na educação e no trabalho são escolhidos e recompensados.
- Ajudar a família a esclarecer as regras referentes a quem toma quais decisões, quem maneja as finanças, quem maneja as questões legais, quem maneja as questões emocionais, quem presta cuidados e quem limpa o banheiro.
- Colocar em contexto as atitudes familiares em relação aos papéis masculinos e femininos, esclarecendo as questões políticas, sociais e econômicas mais amplas do divórcio, envelhecimento e criação dos filhos, e encorajando as famílias a se educarem com relação a essas questões.
- Incitar as mulheres a aceitarem e buscarem valores "masculinos" não é a solução para os problemas de impotência feminina. É importante validar o foco feminino nos relacionamentos, ao mesmo tempo em que você lhes dá poder nas áreas de trabalho e dinheiro.
- Ser sensível ao alto preço que os homens talvez tenham de pagar se modificarem sua orientação na direção do sucesso e derem uma prioridade maior aos relacionamentos, cuidados e expressividade emocional.

Nós também esperamos que sejam realizadas mais pesquisas sobre as diferenças de gênero para os terapeutas do sexo masculino e feminino, em diferentes estágios de ciclo de vida, que trabalham com diferentes membros da família. A pouca evidência que temos até o momento sugere que existem diferenças significativas na maneira como os homens e as mulheres da família se relacionam com as terapeutas, especialmente as terapeutas jovens (Warburton e Alexander, no prelo) e na maneira como elas percebem a si mesmas e ao seu trabalho (Woodward e colaboradores, 1981).

CONCLUSÕES

Nós acreditamos que o sistema patriarcal que tem caracterizado nossa cultura empobreceu tanto os homens quanto as mulheres, e antecipamos um ciclo de vida em modificação, no qual os homens e as mulheres serão livres para se desenvolverem igualmente dentro e fora da família. Esperamos que a terapia familiar possa tornar-se uma força que estimule mudanças adaptativas no desenvolvimento humano, para permitir maior amplidão, tanto para os homens quanto para as mulheres, em suas maneiras de relacionar-se com seus parceiros e com seus iguais, em sua conexão intergeracional e em sua atitude em relação ao trabalho e à comunidade. Não acreditamos que o aspecto relacional e emocionalmente expressivo do desenvolvimento seja intrínseco às mulheres. Vemos a romantização dos valores "femininos" como inadequada e inútil às famílias (Hare-Mustin, 1983). Também não é suficiente que as mulheres adorem os valores "masculinos" da cultura dominante e desvalorizem aqueles que têm sido, tradicionalmente, os valores "femininos".

Buscamos uma teoria da família e do desenvolvimento individual em que tanto os aspectos instrumentais quanto os relacionais de cada indivíduo sejam estimulados. A perspectiva "feminina" tem sido tão desvalorizada que precisa ser salientada, conforme Miller

(1976), Gilligan (1982), Friedan (1981), Belenky e colaboradores (1986) e outros estiveram fazendo.

Está claro que os tradicionais padrões de casamento e família não funcionam mais para as mulheres, e as estatísticas revelam sua insatisfação. Em nossa opinião, somente quando tivermos desenvolvido um novo equilíbrio não baseado na hierarquia familiar patriarcal é que esses padrões irão mudar.

A dicotomia entre as esferas de "expressividade emocional" e "instrumental", e a desvalorização e relegação da primeira às mulheres custaram muito caro para todos os membros da família, homens e mulheres igualmente. Nós acreditamos que é a socialização das mulheres que as torna "intuitivas", e que os homens poderiam ser criados para serem igualmente sensíveis se os nossos padrões de educação fossem modificados para incluir isso como um valor desejável. Acreditamos que o nosso mundo precisa avaliar ambas as perspectivas e buscar uma sociedade em que os homens e as mulheres tenham ambas as capacidades: funcionar autonomamente e ser íntimo. Básica nessa mudança é a noção de que a nutrição não seria a província unicamente da mulher e de que o trabalho e o dinheiro não seriam uma esfera controlada exclusivamente pelo homem.

REFERÊNCIAS

Aguirre, B. E. (1985). Why do they return? Abused wives in shelters. *Social Work* 30(3):350-354.
Alexander, J., Warburton, J., Waldron, H., & Mas, C. H. (1985). The misuse of functional family therapy: A non-sexist rejoinder. *Journal of Marital and Family Therapy*, 11(2): 139-144.
Apter, T. (1985). *Why women don't have wives: Professional success and motherhood.* New York: Schocken Books.
Avis, J. (1985). The politics of functional family therapy: A feminist critique. *Journal of Marital and Family Therapy* 11(2): 127-138.
Baruch, G., Barnett, R., & Rivers, C. (1983). *Lifeprints: New patterns of love and work for today's women.* New York: New American Library.
Baruch, G., & Barnett, R. C. (1983). Adult daughters' relationships with their mothers. *Journal of Marriage and the Family* Aug.: 601-606.
Baruch, G. K., Biener, L., & Barnett, R. C. (1987). Women and gender in research on work and family stress. *American Psychologist* 42(2): 130-136.
Belenky, M. R, Clinchy, B. M., Goldberger, N. R., & Tarule, J. M. (1986). *Women's ways of knowing.* New York: Basic Books.
Belle, D. (1982). The stress of caring: women as providers of social support. In L. Goldberger & Shiomo Breznitz (Eds.), *Handbook of stress.* New York: Free Press, pp. 496-505.
Berheide, C. W. (1984). Women's work in the home: Seems like old times. *Marriage and Family Review* 7(3):37-50.
Bernard, J. (1975). *Women, wives and mothers: Values and options.* New York: Aldine.
Bernard, J. (1982). *The future of marriage.* New Haven, Conn: Yale University Press.
Bernard, J. (1981). *The female world.* New York: Free Press.
Bianchi, S. M., & Spain, D. (1985). *American women in transition.* New York: Russell Sage.
Blumstein, P., & Schwartz, P. (1983). *American couples: Money, work, sex.* New York: William Morrow.
Brodsky, A. M., & Hare-Mustin, R. T., Eds. (1980). *Women and psychotherapy.* New York: Guilford Press.
Brody, E. M. (1981). Women in the middle and family help to older people. *The Gerontologist* 21:471-80.
Broverman, I. K., Vogel, S. R., Broverman, D. M., Clarkson, F. E., & Rosenkrantz, P. S. (1972). Sex-role stereotypes: A current appraisal. *Journal of Social Issues* 28(2):59-78.
Broverman, I. K., Broverman, D. M., Clarkson, R. E., Rosenkrantz, R., & Vogel. S. R. (1970). Sex-role stereotypes and clinical judgments of mental health. *Journal of Consulting Psychology* 43:1-7.

Caplan, R. J., & Hall-McCorquondale, I. (1985). Mother-blaming in major clinical journals. *American Journal of Orthopsychiatry* 55(3):345-353.

Chodorow, N., & Contratto, S. (1982). The fantasy of the perfect mother. In B. Throne (Ed.). *Rethinking the family: Some feminist questions.* New York: Longman.

Cohler, B., & Lieberman, M. (1980). Social relations and mental health among three European ethnic groups. *Research on Aging* 2:445-469.

Cowen, C. R, et al. (1985). Transitions to parenthood: His, hers, and theirs. *Journal of Family Issues* 6(4):451-181. *Current Population Reports.* Oct. 1981:20, 365.

Daniels, R., & Weingarten, K. (1983). *Sooner or later: The timing of parenthood in adult lives.* New York: Norton.

Devanna, M. A. (1984). *Male-female careers – The first decade: A study of MBAs.* New York: Columbia University Graduate School of Business. Dinnerstein, D. (1976). *The mermaid and the minotaur.* New York: Harper & Row.

Doherty, W. J., & Baldwin, C. (1985). Shifts and stability in locus of control during the 1970's: Divergence of the sexes. *Journal of Personality and Social Psychology* 48(4): 1048-1053.

Dohrenwend, B.S. (1973). Social status and stressful life events. *Journal of Personal and Social Psychiatry* 28:225-235.

Erikson, E. (1968). *Identify: Youth and crisis.* New York: Norton.

Erikson, E. (1963). *Childhood and society* (2nd ed.). New York: W. W. Norton.

Ferree, M. M. (1984). The view from below: Women's employment and gender equality in working class families. *Marriage and Family Review* 7:3-4.

Foster, S. W., & Gurman, A. S. (1984). Social change and couples therapy: A troubled marriage. In C. Nadelson & D. Palonsky (Eds.), *Contemporary marriage.* New York: Guilford Press.

Fox, M. F., & Hesse-Biber, S. (1984). Women at work. Mayfield Publishing Company.

Friedan, B. (1985). How to get the women's movement moving again. *New York Times Magazine,* Nov. 3.

Gilligan, C. (1982). *In a different voice.* Cambridge, Mass.: Harvard University Press.

Goldner, V. (1985). Feminism and family therapy. *Family Process* 24(1):31-48.

Goleman, D. (1986). Two views of marriage explored: His and hers. *New York Times* 135:19 (Apr. l).

Gove, W.R. (1972). The relationship between sex roles, marital status and mental illness. *Social Forces* 51:34-44.

Hare-Mustin, R. T. (1978). A feminist approach to family therapy *Family Process* 17:181-194.

Hare-Mustin, R. T. (1983). Psychology: A feminist perspective on family therapy. In E. Haber (Ed.), *The women's annual: 1982-83.* Boston: G.K. Hall, pp. 177-204.

Hare-Mustin, R. T. (1987). The problem of gender in family therapy. *Family Process* 26(1): 15-27.

Hartman, A. (1987). Personal communication.

Hess, B. B. (1985). Aging policies and old women: The hidden agenda. In A.S. Rossi (Ed.), *Gender and the life course.* New York: Aldine.

Hess, B.B., & Soldo, B.J. (1984). The old and the very old: A new frontier of age and family policy. Presentation at annual meeting of the American Sociological Society, San Antônio, Texas.

Hesse-Biber, S., & Williamson, J. (1984). Resource theory and power in families: Life cycle considerations. *Familv Process* 23(2):261-278.

Hewlett, S. A. (1985). *A lesser life.* New York: Morrow.

Hoffman, L. W. (1972). Early childhood experiences and women's achievement motives. *Journal of Social Issues* 28(2): 129-155.

Hoffman, L. W. (1974). Effects of maternal employment on the child: A review of the research. *Developmental Psychology* 10(2): 204-228.

Horner, M. S. (1972). Toward an understanding of achievement-related conflicts in women. *Journal of Social Issues* 28:157-175.

Huston, T. (1983). Developing dose relationships: Changing patterns of interaction between pair members and social networks. *Journal of Personality and Social Psychology* 44(5):964-976.

James, K. (1985). Breaking the chains of gender: Family therapy's position, *Australian Journal of Family Therapy* 5(4):241-248.

Kagan, J. (1984). *The nature of the child.* New York: Basic Books.

Kagan, J., & Moss, H. A. (1962). *Birth to maturity.* New York: Wiley.
Kessler, R. C, & McLeod, J. D. (1984). Sex differences in vulnerability to undesirable life events. *American Sociological Review* 49:620-631.
Kessler, R. C., & McRae, J. A. (1984). A note on the relationships of sex and marital status with psychological distress. In J. Greenley (Ed.), *Community and mental health. Vol. III.* Greenwich, Conn.: JAI.
Krestan, J., & Bepko, C. (1980). The problem of fusion in the lesbian relationship. *Family Process* 19:277-290.
Lang, A. M., & Brody, E. M. (1983). Characteristics of middle-aged daughters and help to their elderly mothers. *Journal of Marriage and the Family* 45:193-202.
Lerner, H. (1985). *The dance of anger.* New York: Harper & Row.
Lever, J. (1976). Sex differences in the games children play. *Social Problems* 23:478-487.
Levinson, D. (1978). *The seasons of a man's life.* New York: Knopf.
Lewis, M. Feiring, C., & Kotsonis, M. (1984). The social network of the young child. In M. Lewis (Ed.), *Beyond the dyad: The genesis of behavior series* (Vol. 4). New York: Plenum.
Lewis, M., & Weintraub, M. (1974). Sex of parent x sex of child: Socioemotional development. In R.D. Friedman, R. M. Richart, & R. C. Vandewiele, (Eds.), *Sex differences in behavior.* New York: Wiley.
Maccoby, E. E., & Jacklin, C. H (1974). *The psychology of sex differences.* Stanford, Calif: Stanford University Press.
McGoldrick, M. (1987). On reaching mid-career without a wife. *The Family Therapy Networker* 11(3):32-39.
McGoldrick, M., Anderson, C., & Walsh, F. (Eds.). (in press) *Women in Families and Family Therapy.* New York: Norton.
Miller, J.B. (1976). *Toward a new psychology of women.* Boston: Beacon.
Padan, D. (1965). Intergenerational mobility of women: A two-step process of status mobility in a context of a value conflict. Tel Aviv, Israel: Publication of Tel Aviv University.
Piotrkowski, C. S., Repetti, R. L. (1984). Dual-earner families. *Marriage and Family Review* 7:3-4.
Pogrebin, L. C. (1987). *Among friends.* New York: McGraw-Hill.
Pollit (1986). *New York Times.*
Rampage, C., Halsted, C., Goodrich, T. G., & Ellman, B. (1986). Panel on Feminism and Family Therapy. Networker Symposium. Washington D.C. March 21.
Rawlings, S. W. (1983). Household and family characteristics: March 1982. *Current Population Reports,* Series P 20 (381). Washington, D.C.: U.S. Bureau of the Census.
Richardson, L. (1986). *The new other woman.* New York: Free Press.
Romer, N. (1981). *The sex-role cycle: Socialization from infancy to old age.* New York: McGraw-Hill.
Rossi, A. (1980). Life-span theories and women's lives. *Signs* 6:4-32.
Roth, S. (1985). Psychotherapy with lesbian couples: Individual issues, female socialization and the social context. *Journal of Marital and Family Therapy* 11(2):273-286.
Rubin, L. (1985). *Just friends.* New York: Harper & Row.
Saluter, A. F. (1983). Marital status and living arrangements: March 1982. *Current Population Reports,* Series P-20 (380). Washington, D.C.: Bureau of the Census.
Sassen, G. (1980). Success anxiety in women: A constructivist interpretation of its sources and its significance. *Harvard Educational Review* 50:13-25.
Schydiowsky, B. M. (1983). Sternberg, R. (1984). The nature of love. *Journal of Personality and Social Psychology* 47(2):312-329.
Strube, M. J., & Barbour, L. S. (1984). Factors related to the decision to leave an abusive relationship. *Journal of Marriage and the Family* 46(4): 837-844.
Taggert, M. (1985). The feminist critique in epistemological perspective: Questions of context in family therapy. *Journal of Marital and Family Therapy* 11(2): 113-126.
Thorne, B. (1982). *Rethinking the family: Some feminist questions.* New York: Longman.
Valliant, G. E. (1977). *Adaptation to life.* Boston: Littie, Brown.
Warburton, J., & Alexander, J. (In press). Sex of client and sex of therapist: Variables in a family therapy study. In M. McGoldrick, C. Anderson, & F. Walsh (Eds.), *Women in families and family therapy.* New York: Norton.

Weiner, J. P., & Boss, P. (1985). Exploring gender bias against women: Ethics for marriage and family therapy. *Counseling and Values* 30/1:9-21.

Weiss, R. S. (1985). Men and the family. *Family Process* 24(0:49-58).

Weitzman, L. (1985). *The divorce revolution.* New York: Free Press.

Wheeler, D., Avis, J. M., Miller, L. A., & Chaney, S. (In press). Rethinking family therapy training and supervision: A feminist model. *Journal of Psychotherapy and the Family.*

White, K. (1986). *The Journal of Personality and Social Psychology.* Woodward, C. A., Santa-Barbara, J., Streiner, D. L., Goodman, J. T., Levin, S., & Epstein, N. B. (1981). Client, treatment, and therapist variables related to outcome in brief, systems-oriented family therapy. *Family Process* 20:189-197.

3
Etnicidade e o ciclo da vida familiar

Monica McGoldrick, M.S.W.

A etnicidade interage com o ciclo de vida familiar em todos os estágios. As famílias diferem em sua definição de "família", em sua definição do momento das fases do ciclo de vida e das tarefas adequadas a cada fase, e em suas tradições, rituais e cerimônias para assinalar as transições de ciclo de vida. Quando os estresses ou as transições culturais interagem com as transições de ciclo de vida, os problemas inerentes a toda mudança são compostos. De fato, Plath (1981) argumentou que a própria definição de desenvolvimento humano nas culturas orientais é diferente do das culturas ocidentais, começando pela definição da pessoa como um ser social e definindo o desenvolvimento como o crescimento na capacidade humana de empatia e conexão. Em contraste, as culturas ocidentais começam com o indivíduo como um ser psicológico e definem o desenvolvimento como o crescimento na capacidade humana de diferenciação. Este capítulo irá sugerir algumas das variabilidades baseadas na etnicidade, delinear algumas das categorias para avaliar padrões étnicos na medida em que as famílias se movem ao longo do ciclo de vida, e oferecer um caso clínico para sugerir maneiras de intervir nas famílias que levem em conta a interface étnica e de ciclo de vida.

A etnicidade padroniza nosso pensamento, sentimento e comportamento de maneiras óbvias e sutis, embora geralmente opere fora de nossa percepção consciente. Ela desempenha um papel importante ao determinar o que comemos, como trabalhamos, como nos relacionamos, como celebramos feriados e rituais, e como nos sentimos com relação à vida, morte e doença. Nós vemos o mundo através de nossos filtros culturais e muitas vezes persistimos em nossas opiniões estabelecidas apesar de clara evidência em contrário.

Etnicidade, conforme é utilizada aqui, refere-se ao conceito da "condição de povo" de um grupo, baseada numa combinação de raça, religião e história cultural, independentemente de os membros perceberem aquilo que têm em comum uns com os outros. Ela descreve aquilo que é transmitido pela família ao longo das gerações e reforçado pela comunidade que a cerca. Mas ela é mais do que raça, religião ou origem nacional e geográfica, o que não pretende minimizar o significado da raça ou o problema especial do racismo. Ela envolve processos conscientes e inconscientes que preenchem uma profunda necessidade psicológica de identidade e continuidade histórica. Ela une aqueles que se consideram semelhantes em virtude de sua ascendência comum, real ou fictícia, e que são assim considerados pelos outros.

A consciência da identidade étnica varia imensamente dentro dos grupos e de um grupo para outro. As famílias variam na atitude em relação à sua etnicidade, em resultado do espírito de clã, do apego regressivo às tradições passadas e do medo de mudar as normas culturais, por um lado, e de negar quaisquer valores ou padrões étnicos, por outro. Nos grupos que experienciaram sério preconceito e discriminação, como os judeus e os negros, as atitudes familiares com relação à fidelidade ao grupo podem tornar-se bastante conflituadas e os membros podem inclusive voltar-se uns contra os outros, refletindo preconceitos do inundo externo. Alguns grupos têm escolha com relação à identificação étnica, ao passo que outros, em virtude de sua cor ou outras características físicas, não a têm. A etnicidade intersecciona-se com classe, religião, política, geografia, o período de tempo em que o grupo está no país, o grupo histórico e o grau de discriminação experenciado pelo grupo. Falando em termos gerais, os americanos tendem a aproximar-se do sistema de valores americano dominante na medida em que sobem de classe. As pessoas em diferentes localizações geográficas desenvolvem novas normas culturais. A religião também modifica ou reforça certos valores culturais. As famílias que permanecem dentro de uma vizinhança étnica, que trabalham e convivem com membros de seu próprio grupo, e cuja religião reforça os valores étnicos, tendem a manter por mais tempo sua etnicidade do que aquelas que vivem num ambiente muito heterogêneo e não têm nenhum reforçador social de suas tradições culturais. O grau de casamento interracial na família também desempenha um papel nos padrões culturais (McGoldrick & Preto, 1984). Não obstante, estão surgindo evidências de que os valores e identificações étnicos são mantidos por muitas gerações após a imigração, e desempenham um papel importante por todo o ciclo de vida familiar. Americanos de segunda, terceira e inclusive quarta geração diferem da cultura dominante nos valores, comportamento e padrões de ciclo de vida.

Embora estejamos bem conscientes que os problemas de estereotipar e generalizar – a respeito de grupos de maneiras – podem levar ao preconceito, e de forma alguma pretendemos contribuir para essa tendência em nossa cultura, assumimos o risco de caracterizar diferenças entre os grupos, de modo a sensibilizar os terapeutas para a gama de valores mantidos por pessoas diferentes. Evidentemente, cada família deve ser manejada como única, e as caracterizações aqui utilizadas pretendem ampliar a estrutura do terapeuta, não limitá-la.

O CONCEITO DE FAMÍLIA

Quando falamos de famílias movendo-se unidas através do ciclo de vida, é importante observar a forma como nossos clientes definem "família". Por exemplo, a definição americana dominante (primariamente WASP*), centrou-se na família nuclear intata, incluindo outras gerações muitas vezes apenas para traçar a genealogia familiar até ancestrais ilustres que estavam neste país antes de 1776, ou, nas famílias sulistas WASP, identificando os membros da família que tomaram parte na guerra civil (McGill & Pearce, 1982). Para os italianos, em contraste, poderíamos inclusive dizer que não existe isso de "família nuclear". Para esse

---

* N. de T.: WASP (White Anglo-Saxon Protestant), referindo-se aos americanos cuja família era originalmente do norte da Europa, especialmente considerados como membros da classe que detém influência ou poder na sociedade.

grupo, família costuma referir-se a toda a rede ampliada de tias, tios, primos e avós, que estão todos envolvidos nas tomadas de decisões familiares, que passam juntos os feriados e os pontos de transição do ciclo de vida, e que tendem a viver em estreita proximidade, se não na mesma casa (Rotunno & McGoldrick, 1982). As famílias negras tendem a centrar-se numa larga rede informal de parentesco e comunidade em sua definição ainda mais ampla de família, que vai além de laços de sangue até amigos de longa data, que são considerados membros da família (Stack, 1975; Hines & Boyd, 1982). Os chineses vão ainda mais longe, incluindo todos os seus ancestrais e todos os seus descendentes em sua definição de família. Tudo o que fazem é feito no contexto deste grupo familiar global e nele se reflete, trazendo vergonha ou orgulho ao conjunto inteiro de gerações. Entretanto, devemos acrescentar que as mulheres, nas famílias asiáticas, tradicionalmente mudavam-se para a casa da família do marido no momento do casamento, e seus nomes desapareciam da árvore familiar na geração seguinte, deixando apenas os homens como membros permanentes de uma família (Kim e colaboradores, 1981; Kim, 1985). Assim, num certo sentido, as famílias asiáticas são constituídas por todos os ancestrais e descendentes do sexo masculino de uma pessoa.

ESTÁGIOS DO CICLO DE VIDA

Os grupos diferem na importância atribuída às diferentes transições de ciclo de vida. Por exemplo, os irlandeses sempre colocaram grande ênfase no velório, considerando a morte como a mais importante transição de ciclo de vida, que liberta os seres humanos do sofrimento deste mundo e os leva, espera-se, para uma vida após a morte mais feliz. Os negros, talvez em resultado de experiências de vida semelhantes com o sofrimento, também enfatizaram os funerais; ambos os grupos fazem despesas consideráveis e adiam os serviços fúnebres até que os membros da família possam chegar lá. As famílias italianas e polonesas, pelo contrário, colocam a maior ênfase nas cerimônias de casamento; elas também chegam a despesas enormes e a celebração e a festa duram longos períodos de tempo, refletindo a importância, para esses grupos, da continuação da família na geração seguinte. As famílias judias dão ênfase especial ao Bar Mitzvah, uma "transição para a idade viril", refletindo assim o valor colocado no desenvolvimento intelectual, uma transição que a maioria dos grupos mal assinala.

O JOVEM ADULTO SOZINHO

A etnicidade relaciona o processo familiar ao contexto mais amplo no qual ela se desenvolve. Assim como a individuação nesta fase requer que cheguemos a um acordo com nossas famílias de origem, ela também requer que cheguemos a um acordo com nossa etnicidade. Por exemplo, se os jovens experienciam seus pais como frios, distantes e insensíveis, pode ser difícil para eles, mesmo reconhecendo que seus avós também eram assim, simpatizar com o estilo de vida dos pais. Entretanto, se eles reconhecem nesse estoicismo o individualismo determinado com o qual os pioneiros avançaram neste país, eles podem conectar-se com um quadro mais completo, mais complexo e acurado de sua linhagem, o que talvez seja mais fácil apreciar.

A intervenção de escolha para esta fase do ciclo de vida – orienta Bowen, para ajudar o jovem adulto a diferenciar – irá variar de acordo com o *background* étnico da família. Para uma mulher porto-riquenha, podem surgir problemas com o pai quando ela quiser buscar uma vida e uma carreira independentes, pois ele acredita que ela precisa, e deveria aceitar, a sua proteção. Um homem porto-riquenho poderia ter problemas familiares caso não quisesse conformar-se ao tradicional ideal de "macho". Numa família WASP, a necessidade seria a de reconectar-se, uma vez que o desligamento já ocorreu em grande extensão, e os relacionamentos já podem ter se tornado superficiais e ritualizados. As ideias de Bowen acerca de fazer "tempestade num copo d'água" (1978) aplicam-se bem a este grupo. Para os gregos e italianos, a necessidade, pelo contrário, talvez seja a de aumentar a distância emocional e ao mesmo tempo permanecer conectado. As questões primárias dependerão da orientação básica do grupo étnico com relação à aceitação das normas do grupo dominante na América para esta fase. Para os grupos tais como os WASPs, alemães e escandinavos, que valorizam a independência do jovem adulto, podem surgir problemas quando isso não puder ser realizado, seja em virtude de um retardo desenvolvimental, como no caso de uma criança incapacitada, seja porque a necessidade de uma educação prolongada toma impossível para o jovem adulto tornar-se autossuficiente. Para outros grupos que não valorizam a independência em relação à família (assim como os italianos e porto-riquenhos), esse período pode ser particularmente difícil. Para certos grupos, tais como os gregos e judeus, em que o sucesso e a família são altamente valorizados, um jovem adulto pode separar-se da família para buscar seus objetivos de sucesso, mas o *input* familiar permanece forte e será intensificado se esses objetivos não forem atingidos.

O JOVEM CASAL

Várias diferenças maiores tornam-se evidentes nesta transição de ciclo de vida, incluindo a definição dos papéis sexuais, as fronteiras em torno do casal dentro do sistema familiar, e o relacionamento dos cônjuges com os amigos, atividades e a comunidade. Enquanto o casal é considerado, em muitos grupos, como dois parceiros separados, em outros se espera que eles fundam suas identidades individuais. Em alguns grupos, o casal somente tem uma identidade como parte do sistema familiar. No Japão, por exemplo, até 1948, os casais não tinham nenhum *status* definido dentro do sistema familiar. Uma vez que as cerimônias de casamento não constituíam uma união simétrica dos grupos familiares, mas um recrutamento da mulher pela linhagem masculina, a família do marido, não os indivíduos, é que tomava as decisões com relação à esposa (Morsbach, 1978). Nas famílias japonesas, a esposa, tradicionalmente, passava a fazer parte da família do marido e esperava-se que se conformasse a isso. O óbvio triângulo envolvendo o marido, a esposa e a sogra é repetidamente discutido nas descrições da família japonesa. Para outros grupos étnicos, tais como os WASPs e os irlandeses, a fronteira em tomo do casal é bastante cerrada, e um progenitor que oferecesse conselhos seria considerado "intrusivo". Para muitos outros grupos, tais como os negros e italianos, a família ampliada é procurada e irá aconselhar a respeito dos conflitos e problemas que o casal pode ter um com o outro ou mais tarde com seus filhos.

Atitudes culturais diferentes em relação aos papéis sexuais também podem criar problemas para os casais inter-raciais nesta fase. Em alguns grupos, como o irlandês, espera-se que as mulheres sejam fortes e tomem conta das coisas. Em outros, como nas famílias gregas e italianas, espera-se que os homens manejem todas as questões fora da própria família. Nas famílias WASPs e judias, espera-se que os papéis sejam mais democráticos, muito embora, evidentemente, todos esses padrões se enquadrem no sistema basicamente patriarcal da cultura mais ampla (veja o capítulo 2). Os casais de diferentes *backgrounds* irão variar no grau de intimidade esperado entre os cônjuges, nas atitudes quanto às relações sexuais, e na existência de esferas de atividade independentes. Em alguns grupos, o homem lida com o mundo externo e a esfera da mulher é a casa. Em outros, espera-se que o casal se relacione primariamente com a família ampliada ou unicamente como uma família nuclear. Para outros grupos, os amigos são uma parte importante da socialização. Aqui, também, existem diferenças entre os "amigos da família" e os amigos pessoais de um cônjuge. Alguns chegam ao ponto de tirar férias separadamente; para outros, isso seria inadmissível.

CASAMENTO INTER-RACIAL

Os americanos, cada vez mais, estão casando fora de seus grupos étnicos. A probabilidade de casamento inter-racial geralmente aumenta com a extensão de tempo em que o grupo étnico vive no país, assim como com o *status* educacional e ocupacional. O casamento inter-racial é temido porque ameaça a sobrevivência do grupo. Os grupos religiosos e culturais sempre proibiram o casamento inter-racial. Geralmente, quanto maior a diferença no *background* cultural, maior será a dificuldade dos cônjuges para se adaptarem ao casamento (McGoldrick & Preto, 1984).

Por exemplo, um casal WASP/italiano poderia ter conflitos porque o WASP toma de modo literal a expressividade dramática do italiano, ao passo que o italiano considera intolerável o distanciamento emocional do WASP. O WASP poderia rotular o italiano de "histérico" e "louco" e, em retorno, ser rotulado de "frio" ou "catatônico". O conhecimento das diferenças nos sistemas culturais pode ser útil para os cônjuges que tomam o comportamento um do outro em termos pessoais. Os casais podem experienciar uma súbita e notável mudança na resposta quando passam a ver o comportamento do cônjuge como fazendo parte de um contexto étnico mais amplo, e não como um ataque pessoal.

Os casais que decidem casar fora do grupo normalmente estão procurando um novo equilíbrio das características de seu próprio *background* étnico. Eles estão se afastando de alguns valores, assim como se aproximando de outros. Como em todos os sistemas, os sentimentos positivos podem, sob estresse, tornar-se negativos. As famílias ampliadas podem estereotipar negativamente o novo cônjuge – geralmente uma manobra autoprotetora – reassegurando-se de sua superioridade, quando se sentem ameaçadas. Durante o namoro, uma pessoa pode ficar atraída justamente pela qualidade diferente do parceiro, mas quando entrincheirados num relacionamento conjugal, as mesmas qualidades muitas vezes se tornam as dificuldades.

As famílias, às vezes, podem utilizar seus costumes étnicos ou crenças religiosas para justificar uma posição emocional dentro da família ou contra os de fora (Friedman, 1982). Mas o problema oposto pode ser igualmente difícil. Isto é, os casais muitas vezes reagem um ao outro como se o comportamento do outro fosse um ataque pessoal, em vez de uma diferença com raízes na etnicidade. De modo típico, nós toleramos diferenças quando não estamos sob estresse – e, de fato, as consideramos atraentes. Entretanto, quando surge um estresse num sistema, nossa tolerância em relação às diferenças diminui. Nós ficamos frustrados se não somos entendidos de uma maneira que se enquadre em nossos desejos e expectativas. Os WASPs tendem a retrair-se quando aborrecidos, a ficar num isolamento estoico de modo a mobilizar seus poderes racionais (seu maior recurso ao lidar com o estresse). Os judeus, por outro lado, procuram discutir e analisar juntos a sua experiência; os italianos podem buscar alívio na comida, na expressão dramática e emocional de seus sentimentos, e num grau maior de contato humano. Obviamente, estes grupos podem perceber as reações uns dos outros como ofensivas ou insensíveis, embora dentro do contexto de cada grupo étnico suas reações façam excelente sentido. Em nossa experiência, grande parte da terapia com os casais inter-raciais envolve ajudar os membros da família a reconhecerem o comportamento uns dos outros como uma reação oriunda de uma estrutura de referência diferente (McGoldrick & Preto, 1984).

A TRANSIÇÃO PARA A PATERNIDADE E A FAMÍLIA COM FILHOS PEQUENOS

Como em outras transições do ciclo de vida, sejam quais forem as tradições aceitas por um determinado grupo, a sua maneira é vista como a única maneira correta e moral. Os rituais que a acompanham são práticas bastante definidas, e geralmente há pouca variação dentro de um dado grupo. Jordon (1980) explorou as práticas aceitas no nascimento em quatro culturas, e os sistemas de crença utilizados para apoiar essas práticas. O padrão americano dominante até bem recentemente era o de que o nascimento ocorria num ambiente médico esterilizado, apenas com o pessoal médico presente, e com a administração rotineira de certas drogas. O nascimento era considerado primariamente como um "evento médico", ao passo que a maioria das outras culturas o definiam como um processo natural. Atualmente, o padrão dominante está mudando para incluir o pai no nascimento, embora outras pessoas ou amigos da família raramente sejam incluídos. As cesarianas constituem uma prática comum, representando 25% dos nascimentos nos Estados Unidos. Na Holanda, em contraste, os bebês quase sempre nascem em casa; são administradas poucas ou nenhuma droga, espera-se que o marido e uma parteira estejam presentes, e as cesarianas são extremamente raras. O processo de nascimento, tanto na Holanda quanto na Suécia, é visto basicamente como uma experiência da mulher, sobre a qual ela tem responsabilidade primária. Os suecos usam os hospitais e as drogas de acordo com a vontade da mulher.

Em contraste com esses três, os índios Yucatan vêem o nascimento como uma responsabilidade compartilhada, não como uma responsabilidade individual. O marido, a mãe da esposa e uma parteira estão todos presentes. De fato, os maridos são criticados se não estiverem lá. Em contraste com a prática dominante nos Estados Unidos, outros homens raramente estão presentes – a tradição sendo a de excluir pessoas que não deram à luz.

Nos Estados Unidos, com o nascimento visto como um evento médico, os médicos são considerados responsáveis por aquilo que acontece. As mulheres se tornam "pacientes" (em cadeiras de rodas, muitas vezes sem suas próprias roupas, sem muito controle sobre as injeções ou drogas administradas). As episiotomias são uma prática aceita para "evitar as lágrimas", embora os relatos de outras culturas sejam os de que raramente ocorrem lágrimas. Os padrões americanos dominantes usam o "conhecimento científico" (um firme valor WASP) para justificar os modelos utilizados, tais como dar à luz num ambiente que está fora do território conhecido da família.

Os padrões de criação dos filhos também variam tremendamente. O valor americano dominante ainda é o de que as mães deveriam ter a responsabilidade primária pela criação dos filhos, embora isso nunca acontecesse em outros grupos culturais, em que as crianças eram criadas, tradicionalmente, por outros: avós, irmãos mais velhos ou outros substitutos dos pais. Os britânicos usavam amas de leite e pajens, as WASPs sulistas as negras, e muitos grupos culturais usavam avós, quando as mães trabalhavam fora.

Os grupos também diferem quanto a uma criação permissiva ou rígida, se a família deve ser centrada na criança, como tende a ser o caso nas famílias judias, ou se as crianças devem ser vistas e não ouvidas, como nas famílias irlandesas. Alguns grupos, tais como os gregos e porto-riquenhos, tendem a mimar os bebês, mas logo tornam-se rígidos com as crianças, especialmente as meninas, depois de uma certa idade. As famílias negras geralmente seguem a regra: "Poupe o castigo e estrague a criança", como as irlandesas, que desaprovam os elogios às crianças por medo de que elas fiquem "arrogantes", ao passo que outros grupos são extremamente afetuosos com as crianças, dormem com elas e as encorajam a expressar-se, e inclusive a "exibir-se". As famílias judias, de modo típico, prestam muita atenção ao desenvolvimento emocional e intelectual de seus filhos, levando-os prontamente a uma avaliação se suas notas caem abaixo de "A", ou se há alguma indicação de perturbação emocional. É importante que os terapeutas avaliem as famílias em relação ao seu *background* étnico, e sejam cuidadosos ao fazerem julgamentos sobre padrões de educação que podem ser diferentes daqueles com os quais foram criados.

FAMÍLIAS DE ADOLESCENTES

Conforme as famílias avançam para a adolescência dos filhos, as questões a respeito da separação e abertura a novos valores se tornam mais salientes. Nas famílias judias, que tendem a ser democráticas e a dirigir-se prontamente para novos valores, os pais muitas vezes são receptivos aos interesses dos filhos. Outros grupos são mais orientados para a tradição (italianos, gregos, chineses, etc.), e as lutas intergeracionais entre pais e filhos são frequentemente intensas. Este é o período em que o jovem quer trazer seus amigos para casa e isso será visto, alternadamente, como uma oportunidade ou uma intrusão no sistema familiar. Certos grupos, tais como os irlandeses, tendem a receber bem os de fora, algumas vezes ao ponto de preferir tê-los presentes (porque isso limita a intimidade possível entre os membros da família). Outros, como os italianos, podem levar muito tempo para ficarem íntimos dos estranhos, mas depois que ficam, estes passam a fazer parte da família.

Em muitas famílias, a adolescência pode ser um período particularmente estressante para as filhas, em virtude das regras rígidas que limitam a independência feminina na maioria das culturas. Nas famílias italianas e porto-riquenhas, por exemplo, as filhas podem ter de enfrentar brigas intensas conforme buscam mais atividades fora da família. A mudança no papel feminino pode intensificar as brigas intergeracionais da adolescência nessas culturas, na medida em que as filhas se rebelam contra o papel tradicional em que as mulheres cuidam dos irmãos e pais, e mais tarde dos maridos e filhos.

Algumas famílias, tais como as irlandesas, podem passar de práticas de criação de filhos muito estruturadas e controladoras para a concessão de uma excessiva liberdade aos seus adolescentes, como se fosse difícil para elas negociarem o limite intermediário de controle. Outras famílias, como as gregas e porto-riquenhas, podem tentar controlar completamente o comportamento de seus adolescentes, especialmente o das filhas. Com as normas mudando tão rapidamente na cultura dominante, atualmente as crianças estão expostas na escola a muitos comportamentos de risco e a influências para a liberdade em relação ao controle da família em idades cada vez mais iniciais. Isso se choca fortemente com os valores de muitas culturas.

Para certos grupos, tais como as famílias judias, a importância do sucesso pode levar a brigas entre pais e filhos nesta fase. Um estudo comparando adolescentes judeus e não judeus e suas famílias indicou que uma orientação para grandes realizações estava associada, nas famílias judias, a um alto grau de conflito familiar (Radetsky e colaboradores, 1984). Os pais judeus muitas vezes também proporcionam coisas aos filhos às custas de sua própria felicidade (Herz & Rosen, 1982), o que pode levar a crescentes níveis de culpa e ambivalência nos filhos, que sentem que jamais poderão fazer o suficiente para pagar aos pais.

LANÇAMENTO

É importante verificar se as famílias com dificuldades na fase de lançamento experienciaram a migração durante essa fase numa geração anterior, o que pode ter intensificado o significado dessa transição para a família. Nós precisamos avaliar cuidadosamente que caminho uma determinada família considera "normal" para os jovens adultos em seu contexto cultural (Capítulo 21). Como mencionado acima, as famílias WASPs podem ter extrema dificuldade se seus filhos não forem lançados "em tempo", uma vez que a dependência tende a ser vista como um sério problema nessas famílias. Assim, um filho que não possa funcionar independentemente por volta dos dezoito anos de idade pode ser percebido como um problema. Isso pode acontecer assim, mesmo que o adolescente precise de mais tempo, em virtude de um retardo desenvolvimental ou das exigências educacionais, para um funcionamento bem-sucedido em nossa cultura. Poderíamos inclusive dizer que as famílias britânicas da classe alta começam a lançar seus filhos já na idade de sete anos, quando eles são mandados para um internato. Existem muitas comunidades WASPs de classe alta nos Estados Unidos em que é considerado um sinal de disfunção não mandar seu filho para um internato, pelo menos a partir dos quatorze anos.

Em contraste, as famílias italianas talvez não pretendam lançar seus filhos nunca, mas, em vez disso, absorver recém-chegados através do casamento e nascimento. A expectativa é a de que todos permaneçam trabalhando e vivendo juntos na mesma comunidade. Eles esperam que os filhos adultos convivam primariamente com a família. Nessas famílias, as ambições dos filhos de uma realização independente pode ser vista como uma ameaça à família, que pode responder como se tivesse havido uma traição à lealdade familiar. De fato, as famílias italianas pretendem tomar conta de seus filhos aconteça o que acontecer, e podem precisar de ajuda somente se a rede não for suficientemente grande para manejar as responsabilidades que assumem por algum membro severamente disfuncional. Normalmente, existe a completa convicção de que os relacionamentos familiares são de interdependência, um nítido contraste com a cultura WASP, que valoriza tanto o funcionamento independente e a autodisciplina.

Poderíamos dizer que nas famílias judias a ausência de sucesso é considerada o problema primário na fase de lançamento. A separação em relação à família frequentemente só é permitida na extensão em que o jovem é bem-sucedido. O filme premiado "Best Boy", sobre um filho de meia-idade retardado e seu primo-irmão, numa família judia, é uma comovente descrição deste problema. A ambivalência intergeracional nas famílias judias pode ser vista especialmente nesta fase, conforme os filhos se distanciam culpadamente dos pais ou permanecem ambivalentemente próximos. A expectativa de relacionamentos ativos e íntimos, particularmente entre mãe e filha, é bastante diferente da de outros grupos, tais como os WASPs, em que as fronteiras geracionais, como todas as outras fronteiras, tendem a reforçar o funcionamento autônomo. Não é incomum, por exemplo, que uma filha judia adulta confie à sua mãe seus problemas sexuais, ao passo que uma filha irlandesa ou WASP talvez não revele nem mesmo os detalhes mais comuns de sua vida cotidiana.

Para as famílias irlandesas, o problema do lançamento pode ter a ver com a família não esperar muita "elaboração" das transições. O desejo de manter as aparências pode levá-las a ficarem muito aborrecidas se alguma coisa não dá "certo", embora, para o mundo externo, elas normalmente dêem a impressão de que tudo está bem e finjam que nada está acontecendo. Muitas vezes, as relações entre pais e filhos são rompidas nesse ponto, em resultado de sua incapacidade de conversarem uns com os outros sobre as mudanças no relacionamento necessárias para uma boa negociação dessa fase. Os pais podem não ir ao casamento de um filho ou podem surgir mágoas pela distância que os filhos tomam, às vezes uma reação retardada a pressões paternas na adolescência, às quais eles não puderam responder na época. Agora eles se sentem livres para reagir. As questões talvez sejam pouco discutidas, ou nem sejam discutidas. Frequentemente, o lançamento reativa os sentimentos de perda ou mágoa dos pais por problemas não resolvidos em seu próprio lançamento, que talvez jamais tenham sido discutidos e estejam agora intensificados pelo seu envelhecimento ou morte.

Dependendo dos papéis sexuais mantidos pelo grupo, as dificuldades da geração do meio nesta fase irão variar. Para os grupos em que o papel da mulher foi tradicionalmente limitado aos cuidados dos filhos e do marido, assim como os italianos e porto-riquenhos, a fase de lançamento pode provocar uma séria crise no casamento e na família, uma vez que a cultura tradicionalmente proíbe a mulher de avançar além da esfera do lar em suas atividades. Nos grupos em que as mulheres costumavam ter "outros papéis significativos" ao mesmo tempo, esta transição pode ser mais fácil. Por exemplo, as mulheres irlandesas tradicionalmente tinham contatos sociais através da igreja e participavam de várias atividades além da criação dos filhos. Além disso, a intimidade conjugal nunca era uma expectativa grande, reduzindo assim o desapontamento potencial no momento do lançamento. As mulheres negras normalmente trabalhavam fora de casa. Nas famílias WASPs, as mulheres frequentemente tinham outras atividades, porque acreditavam em tornar seus filhos independentes desde tenra idade. Ou elas trabalham ou participam de atividades voluntárias, e não esperam passar toda a vida como cuidadoras da família.

FAMÍLIAS NO ESTÁGIO TARDIO DA VIDA

As maiores diferenças entre os grupos nesta fase do ciclo de vida se relacionam à responsabilidade da geração do meio pelo cuidado dos idosos, às atitudes de respeito ou desconsideração pelos membros mais velhos da família, e particularmente ao papel da mulher mais velha na família, uma vez que as mulheres, de modo típico, vivem mais tempo do que os homens. O mais comum é que os americanos mais velhos sejam imigrantes ou filhos de imigrantes e/ou tenham crescido em comunidades étnicas, cercados por outros de seu próprio *background* cultural (Woehrer, 1978).

Certos grupos, tais como as famílias gregas, italianas e chinesas, acreditam firmemente em não "abandonar" os membros da família em casas de repouso. Outros, como os WASPs, escandinavos e judeus, estão muito mais inclinados a aceitarem a solução da casa de repouso. Um fator maior quando as famílias estão lutando com as questões dos cuidados de saúde de seus membros idosos é a importância das facilidades que também proporcionam um ambiente culturalmente adequado. É bem sabido que o significado das tradições culturais aumenta conforme envelhecemos (Gelfand, 1982), de modo que, na medida em que perdemos outras capacidades, as tradições e os rituais de nosso meio cultural assumem uma importância aumentada: alimentos, maneiras de celebrar os feriados, língua e música.

Hoje em dia, está ficando cada vez mais difícil para as famílias (isto é, para as mulheres) cuidarem de seus membros mais velhos, mesmo que queiram fazê-lo. Elas muitas vezes estão trabalhando, a rede da família ampliada está menor e mais dispersa, de modo que as tarefas de cuidados não podem ser compartilhadas, e nossa sociedade não proporciona virtualmente nenhum suporte econômico às famílias para essa atividade. Além disso, a geração mais jovem pode não entender o desejo dos pais de assumirem a responsabilidade de cuidar de um velho avô, e não ajudar, aumentando assim a carga. No mínimo, os terapeutas podem ajudar as famílias, no momento de tomar decisões sobre o cuidado dos membros mais velhos, a buscarem arranjos culturalmente sintônicos, mesmo que isso seja difícil.

Os grupos diferem em seus padrões de relacionar-se com amigos e parentes, um fator que se torna cada vez mais importante num estágio posterior de vida, conforme os membros da família ficam mais dependentes de redes de apoio. Os negros mais velhos tendem a valer-se de um grupo mais informal de ajudantes, ao passo que os brancos, especialmente os WASPs, costumam limitar a busca de ajuda a seus cônjuges ou a algum outro membro sozinho da família, e depois enfrentam dificuldades quando esse apoio é perdido. Os negros idosos, que também tendem a recorrer à prece como um recurso, parecem ter maior flexibilidade para empregar recursos variados, o que pode ajudar a explicar o índice de suicídio mais baixo dos negros idosos comparado com o dos brancos, apesar da educação, recursos e estabilidade familiar mais limitados (Gibson, 1982). Para as famílias negras e irlandesas que costumam preferir relacionamentos com iguais, existe uma grande ênfase na rede de amizades, assim como nos relacionamentos entre irmãos (Woehrer, 1978). Enquanto os italianos tendem a avaliar os amigos de acordo com sua capacidade de agir como um parente, os irlandeses tendem a avaliar os parentes de acordo com sua capacidade de agir como um amigo (Woehrer, 1978). De acordo com Greeley (1972), os irlandeses costumam sentir culpa quando não são amigos de seus irmãos ou não gostam de estar com eles. Outros grupos, como os escandinavos, pouco se visitam em família, mas costumam pertencer a organizações; outros, como os poloneses e italianos, tendem a conviver muito frequentemente com a família, e não costumam juntar-se a organizações. De fato, um estudo realizado há alguns anos descobriu que 79% dos americanos italianos visitavam seus pais semanalmente, comparados a 39% de escandinavos e WASPs (Greeley, 1971).

Dadas estas diferenças, conforme Woehrer (1978) as descreve, uma idosa cidadã escandinava que mora num grande conjunto de apartamentos e vê seus filhos apenas ocasionalmente, e um avô polonês que não tem amigos íntimos fora da família e não pertence a nenhuma organização, podem ambos estar socialmente integrados dentro do contexto de seus próprios valores e expectativas culturais. Da mesma forma, uma avó alemã que fica sozinha costurando roupas para seus netos e uma avó irlandesa empregada num balcão de informações do judiciário estadual, podem ambas encontrar significado e felicidade, mas, se tivessem de trocar os papéis, poderiam ficar alienadas e infelizes (Woehrer, 1978). Os escandinavos idosos podem relutar extremamente em revelar dificuldades para seus filhos ou em buscar a sua ajuda. Os negros vêem os amigos como parentes e como pessoas que ajudam umas às outras. Os irlandeses, que também apreciam as amizades, não gostam de procurar a ajuda dos amigos quando passam necessidades, e é mais provável que se retraiam (McGoldrick, 1982); Woehrer, 1978). Quando os clientes necessitam de recursos extras, particularmente os idosos, que estão mais ligados às suas tradições culturais, é importante examinar sua forma preferida de conectar-se.

ETNICIDADE E MORTE

O problema da morte é universal. Os rituais de luto envolvem uma transição para um novo estágio de identidade individual e relacional. Mas as culturas variam na maneira de lidar com seus membros agonizantes, em seus rituais de luto e em suas explicações a respeito do significado da morte na existência humana. Em contraste com o padrão americano dominante de negação da morte, os índios agonizantes do Alasca exibem uma intencionalidade com relação à sua morte, participam de seu planejamento e do momento de sua ocorrência, e demonstram um notável poder pessoal de escolha. Em nossa época, conseguimos esconder a morte, tornando muito mais difícil o processo de adaptação à perda.

Ao contrário de culturas tradicionais, nossa sociedade carece de apoios culturais para ajudar as famílias a integrarem o fato da morte com a vida que continua (McGoldrick, Hines, Garcia-Preto & Lee, 1986). A prática e a tecnologia médicas aumentaram os problemas de adaptação removendo a morte da realidade cotidiana da vida.

A cultura americana dirige-se para a minimização de todos os rituais para lidar com a morte. Em resultado da legislação, leis de saúde pública, costumes e regulamentos trabalhistas, existe pouco controle individual sobre os rituais dos processos para lidar com a morte, que passou a ser controlada pela indústria funerária. O período de licença de luto (normalmente de um a três dias) torna muito difícil para os grupos culturais manterem seus costumes tradicionais durante a morte e o luto.

Não obstante, as atitudes relativas ao luto variam profundamente e os terapeutas devem ter cuidado ao definirem a "normalidade" quando avaliam as respostas da família à morte. Por exemplo, em certas culturas mediterrâneas, como a grega e a italiana, as mulheres são as pranteadoras primárias e ostentam os sinais externos do luto (roupas pretas) pelo resto de suas vidas. Alguns grupos inclusive exigiam que a mulher se matasse quando seu marido morria. No extremo oposto, os WASPs tendem a valorizar um manejo da morte "sem estardalhaço, sem confusão", um manejo racional da experiência, com mínima expressão de sentimento, executado de uma maneira extremamente prática. Como um amigo colocou quando explicou por que não fora ao funeral de sua irmã gêmea : "O que adiantaria gastar o dinheiro para ir? Ela já estava morta". Os WASPs tendem a preferir a morte em hospitais, onde ficam fora do caminho – não são uma inconveniência para a família – e não desejam sujeitar-se a obrigações desnecessárias em virtude de sua dependência. (Nos hospitais, o cuidado é prestado na base "racional" do pagamento pelo serviço.) Para outros grupos étnicos, morrer longe do apoio da família ou do próprio ambiente constitui uma dupla tragédia. Os italianos, gregos, índios e muitos outros grupos consideram a interdependência como algo natural na vida e julgariam uma privação não natural não cuidar de um membro da família num momento de tal necessidade.

Como mencionado acima, as famílias negras e irlandesas geralmente consideram a morte a mais significativa transição do ciclo de vida, e os membros da família não pouparão esforços para ir ao velório e funeral de um parente ou amigo. As famílias negras sulistas frequentemente gastam muito dinheiro para ter flores, uma banda, canto e outros acompanhamentos em seus funerais. Os funerais podem ser adiados por vários dias para que todos os membros da família possam chegar lá. Os irlandeses também não economizam em bebidas e em outros arranjos para o funeral, mesmo se têm pouco dinheiro. Tais costumes sem dúvida relacionam-se à crença, nesses grupos culturais, de que a vida neste mundo geralmente é cheia de sofrimento, e de que a morte traz a libertação para uma vida melhor.

Entretanto, os dois grupos diferem muito em seu manejo da experiência emocional. As famílias negras tendem a expressar a sua tristeza diretamente. Os irlandeses, por outro lado, tenderão muito mais a embriagar-se, contar piadas e considerar o funeral como uma espécie de festa, com pouca expressão manifesta de seus sentimentos – um costume que poderia ser percebido por muitas pessoas como insensível. Na cultura porto-riquenha, em contraste, espera-se que "as mulheres expressem a sua tristeza dramaticamente, através de demonstrações semelhantes a ataques e emoções incontroláveis" (Osterweis e colaboradores, 1984). Vários asiáticos do sudeste participam em demonstrações públicas de emoção, mas, quando sozinhos, mantêm sua compostura e são estoicos em relação aos seus sentimentos (Osterweis e colaboradores, 1984).

A cultura judia possui um padrão prescrito de rituais para ajudar os membros da família a lidarem com a morte, incluindo o enterro num prazo de 24 horas, e uma semana de "shiva", ou luto familiar, quando os amigos e a família visitam e trazem comida. Certas preces, o "Kaddish", são ditas por um ano, e um serviço memorial, conhecido como a "descoberta", realizado onze meses depois da morte, assinala o final do período oficial de luto (Herz & Rosen, 1982). Na cultura judia europeia oriental, acreditava-se que "a pior vida é melhor do que a melhor morte" (Zborowski & Herzog, 1952) – num óbvio contraste com as crenças da cultura negra e irlandesa.

E importante considerar que os grupos culturais têm crenças específicas a respeito das formas de luto, e o terapeuta deve descobrir qual é a crença de seus membros a respeito da morte, dos rituais que a cercam e de uma vida após a morte. Muitas vezes, um fracasso em executar esses rituais de morte, por qualquer razão, é um componente importante que leva a família a ficar mergulhada num processo de luto sem resolução. De fato, em virtude da dominância do pessoal hospitalar e das funerárias no processo de morte, os membros da família podem ter perdido o controle de suas tradições e passado a considerar a participação no ritual como um sinal de fraqueza, de "ingenuidade" ou superstição. Talvez seja extremamente benéfico encorajar os membros da família a respeitarem as tradições herdadas e a serem ativos na determinação das formas culturais que utilizarão para lidarem com suas perdas.

PROBLEMAS E SUAS SOLUÇÕES

O comportamento na doença é uma experiência normativa governada por regras culturais. Nós aprendemos as maneiras aprovadas de ficar doente, e as explicações e atividade médicas, assim como as dos pacientes e de suas famílias, são específicas de cada cultura. Os sintomas diferem tanto entre os grupos étnicos, que isso tornaria questionável a utilidade de nossa nomenclatura diagnostica. Os pacientes demonstraram grandes diferenças em suas atitudes em relação às queixas (alguns grupos as exigem; outros as desaprovam), na exatidão de sua capacidade de descrever objetivamente a sua experiência, na solução que preferem em relação à dor, e em suas atitudes em relação aos médicos. A expressividade emocional pode levar a problemas, uma vez que a cultura (WASP) dominante tende a valorizar menos esta expressão do que muitos grupos minoritários. Certos grupos, em resultado, são rotulados como tendo problemas psicológicos, embora não haja nenhuma evidência disso à parte de sua tendência a dramatizar a sua experiência.

Cada cultura tem problemas característicos. Esses problemas muitas vezes são consequências de traços culturais que são forças notáveis em outros contextos. Por exemplo, o otimismo WASP leva à confiança e à flexibilidade na tomada de iniciativas, uma força óbvia quando existem as oportunidades para agir assim. Mas o otimismo torna-se uma vulnerabilidade quando as pessoas precisam enfrentar uma tragédia. Elas possuem poucas maneiras filosóficas ou expressivas de lidar com situações em que o otimismo, a racionalidade e a crença na eficiência da individualidade são insuficientes. Embora a independência e a iniciativa individual funcionem bem em algumas situações, os WASPs podem sentir-se perdidos quando a dependência do grupo é a única maneira de assegurar a sobrevivência (McGill & Pearce, 1982).

Naturalmente, o comportamento que os diferentes grupos consideram problemático também irá variar. Os WASPs podem ficar preocupados com a dependência, a emocionalidade ou a incapacidade de funcionar; os irlandeses, com "fazer uma cena"; os italianos, com a deslealdade à família; os gregos, com algum insulto ao seu orgulho ou "filotimo" (que significa algo semelhante a assumir a responsabilidade de alguém por seu próprio grupo); os judeus, com seus filhos não serem "bem-sucedidos"; e os porto-riquenhos, com seus filhos não demonstrarem respeito.

CERIMÔNIAS E RITUAIS

As famílias variam em seus padrões de celebração e no grau e padrão de ritualização de suas atividades. As vezes, a etnicidade é utilizada para promover o espírito de clã de uma maneira que vai além de reforçar e lembrar os membros de sua identidade de grupo. Normalmente, esses movimentos acontecem quando as pessoas se sentem exteriormente ameaçadas e se unem contra um inimigo comum. Em seu sentido positivo, os feriados grupais (o Natal, a Páscoa dos judeus, a Páscoa) são oportunidades para as famílias se reunirem em celebrações que assinalam as fronteiras de grupo e reforçam sua herança e valores comuns. Outras vezes, a etnicidade pode ser utilizada como camuflagem cultural (Friedman, 1982), como quando os pais dizem a um filho que não poderão ir ao seu casamento porque ele está casando com uma pessoa que não pertence ao seu grupo. Isso não significa que as famílias não possam ter sentimentos em relação ao casamento inter-racial ou a respeito da necessidade de cumprir os rituais como um reforço de sua identidade de grupo (veja a seção sobre o casamento inter-racial). É extremamente importante reforçar o uso dos rituais pela família, de modo a reforçar seu senso de identidade.

IMIGRAÇÃO E O CICLO DE VIDA

A migração é tão disruptiva em si mesma, que poderíamos dizer que ela acrescenta um estágio extra completo ao ciclo de vida daquelas famílias que precisam negociá-la. O reajustamento a uma nova cultura não é de forma alguma apenas um simples evento, mas constitui um prolongado processo desenvolvimental de ajustamento, que afetará os membros da família de modo diferente, dependendo de sua fase de ciclo de vida no momento da transição.

As atitudes das famílias em relação à etnicidade dependem de vários fatores, tais como o tempo decorrido desde a imigração, de seu estágio de ciclo de vida no momento da imigração, e das circunstâncias que as levaram a migrar: seus membros vieram sozinhos como jovens adultos, como crianças pequenas em sua família nuclear ou, em seus últimos anos, como parte de uma migração em massa em consequência de opressão política ou econômica? Todos aqueles que migram precisam lidar com o conflito entre as normas culturais de seu país de origem e as dos Estados Unidos. A identidade cultural de uma pessoa dependerá de sua facilidade com a nova língua; da situação econômica e política; da flexibilidade em fazer novas conexões com trabalho, amigos e organizações, tais como igreja, escolas, burocracias governamentais e o sistema de saúde; e de manter conexões com o país de origem. Os imigrantes podem emparedar o passado, forçando seus filhos a falarem somente o inglês e jamais falando a respeito do país que deixaram para trás. Ou podem emparedar a nova cultura, vivendo e trabalhando num enclave étnico, jamais fazendo qualquer esforço para aprender inglês ou negociar o sistema americano. Uma terceira abordagem é tentar assumir um padrão de biculturalidade, passando aos seus filhos as estórias e tradições, e ao mesmo tempo aprendendo o estilo da nova cultura.

Quando as famílias enterraram o passado, sob a pressão de acomodar-se à nova situação e pela dor de lembrar o que deixaram para trás, seria importante ajudá-las a superar a separação cultural e recuperar uma continuidade com a cultura de origem, o que pode enriquecer seu senso de identidade e ampliar seu potencial para lidar com o presente. Com relação a isso, é essencial ter em mente todo o curso do ciclo de vida. Na idade adulta jovem, as pessoas podem desconsiderar sua cultura, mas na medida em que envelhecem, sua identidade cultural pode tornar-se mais importante para elas e fazer com que se reconectem com suas tradições.

A esperança de retornar ao país de origem pode impedir os esforços da família para adaptar-se à nova situação. Isso aconteceu, por exemplo, com a primeira leva de migrante cubanos, muitos dos quais ficaram esperando que a revolução terminasse para que pudessem voltar à Cuba. O estado de permanente incerteza ou ausência de raízes é profundamente estressante e terá um impacto de longo alcance no ajustamento da família.

As pessoas que migram na fase de jovem adulto talvez tenham o maior potencial para adaptar-se à nova cultura, em termos de carreira e escolha matrimonial. Entretanto, elas talvez sejam as mais vulneráveis ao rompimento com sua herança, ficando sujeitas ao isolamento emocional em fases posteriores do ciclo de vida, quando a necessidade de apoio e identificação cultural tende a aumentar (Gelfand & Kutzik, 1979). O resultado é que poderão ficar permanentemente isoladas, incapazes de manter a continuidade entre sua herança e os filhos.

A terapia envolve o detalhado questionamento sobre o *background* da pessoa, não apenas a respeito da família, mas também do país de origem, e a ajudá-la a reconectar-se com a sua cultura.

As famílias que migram com crianças pequenas talvez fiquem fortalecidas por terem uns aos outros, mas ficam vulneráveis à reversão das hierarquias geracionais. Se a família migra com filhos pequenos (e ainda mais com adolescentes), existe a probabilidade de que os pais se aculturem mais lentamente do que os filhos, criando uma problemática reversão de poder na família (Lappin & Scott, 1982). Se os filhos precisarem assumir a tarefa de interpretar a nova cultura para os pais, a liderança paterna pode ficar tão ameaçada, que os filhos são deixados sem uma autoridade adulta afetiva para apoiá-los e sem uma identificação positiva com seu *background* étnico para amenizar sua luta com a vida nessa nova cultura. Orientar a geração mais jovem para demonstrar respeito pelos valores da geração mais velha é geralmente o primeiro passo na negociação de tais conflitos. As famílias que migram nessa fase também podem ter problemas pelo caminho, particularmente na fase de lançamento, quando os filhos se sentem culpados por deixar os pais, que não conseguem se colocar à vontade no novo ambiente cultural.

As famílias que migram quando seus filhos são adolescentes podem ter mais dificuldade porque terão menos tempo juntos, como unidade, antes que os filhos sigam seu próprio caminho. Assim, a família precisa lutar com múltiplas transições e conflitos geracionais ao mesmo tempo. Além disso, a distância em relação à geração de avós, no antigo país, pode ser particularmente perturbadora conforme eles ficam doentes, dependentes ou morrem. Os pais podem experienciar um grande estresse por não serem capazes de cumprir suas obrigações com seus pais no país de origem. Não é incomum que surjam sintomas nos adolescentes em reação ao sofrimento não expressado dos pais.

Novamente, a terapia envolve ajudar a família a organizar os conflitos culturais. A preocupação pela família ampliada no país de origem deve ser respeitada, enquanto a luta para realizar-se nesse novo país também é reforçada. Muitas vezes, encorajar essas famílias a se conectarem com igrejas ou outros apoios étnicos constitui uma parte importante da terapia.

Quando as famílias migram na fase de lançamento, geralmente não é tanto porque buscam uma maneira melhor de viver, e sim porque as circunstâncias no país de origem tornaram impossível a permanência lá. A migração nessa fase provoca dificuldades específicas para as famílias, porque é muito mais difícil para a geração do meio entrar num novo mundo e criar redes de amizade nesta idade. Novamente, se pais idosos são deixados para trás, os estresses podem ficar intensificados.

A fase de lançamento pode tornar-se mais complexa quando os filhos namoram ou casam com pessoas de outros *backgrounds*. Isso, naturalmente, é percebido como uma ameaça pelos pais, uma vez que significa uma perda da herança cultural na próxima geração. Não podemos subestimar o estresse que cria para os pais, que tiveram de desistir de seu país de origem, temer a perda de suas tradições quando seus filhos realizam um casamento inter-racial.

A migração na terceira idade é especialmente difícil, porque as famílias estão deixando muita coisa para trás. Há evidências de que mesmo aqueles que migram quando pequenos sentem uma grande necessidade de reivindicar suas raízes étnicas nesta fase, particularmente porque estão perdendo outros apoios (Gelfand & Kutzik, 1979). Para aqueles que não dominam o inglês, a vida pode ser extremamente isolada nessa fase. A necessidade de depender de outros pode ser particularmente frustrante, como quando a pessoa é forçada a ir para uma casa de repouso, onde não consegue se comunicar facilmente.

Algumas vezes, se a primeira geração é mais velha no momento da imigração e vive numa vizinhança étnica no novo país, seus conflitos de aculturação podem ficar adiados. A geração seguinte, particularmente na adolescência, tende a rejeitar os valores étnicos dos pais e luta para "americanizar-se" (Sluzki, 1979). Os conflitos intergeracionais muitas vezes refletem as lutas de valor das famílias na adaptação aos Estados Unidos.

Os membros da terceira ou quarta geração geralmente ficam mais livres para reivindicar os aspectos de sua identidade que foram sacrificados nas gerações anteriores pela necessidade de assimilação.

As famílias de diferentes grupos étnicos podem ter diversos tipos de lutas intergeracionais. As famílias WASPs costumam achar que fracassaram se seus filhos não se afastam da família e não se tornam independentes (McGill & Pearce, 1982), ao passo que as famílias italianas costumam sentir que fracassaram se seus filhos realmente se afastam. Os judeus esperam que exista na família uma atmosfera relativamente democrática, com os filhos livres para desafiarem os pais e discutirem abertamente seus sentimentos (Rosen, 1982). As famílias gregas, em contraste, não esperam nem desejam uma comunicação aberta entre as gerações, e não gostariam que o terapeuta reunisse todo mundo para discutir e "solucionar" seus conflitos. Espera-se que os filhos respeitem a autoridade paterna, que é mantida pela distância entre pais e filhos (Welts, 1982). As famílias irlandesas ficarão embaraçadas por compartilhar sentimentos e conflitos entre as gerações, e não podemos esperar que façam isso em grande extensão.

Qualquer transição de ciclo de vida pode desencadear conflitos de identidade étnica, uma vez que coloca a família mais em contato com as raízes de suas tradições familiares. A maneira pela qual os rituais de transição são celebrados pode fazer uma diferença importante em quão bem a família se ajustará às mudanças (Capítulo 7). Todas as crises situacionais – divórcio, doença, perda de emprego, morte, aposentadoria – podem criar conflitos de identidade étnica, fazendo com que as pessoas percam o senso de quem são. Quanto mais o terapeuta for sensível à necessidade de preservar as continuidades, mesmo no processo de mudança, mais poderá ajudar a família a manter o máximo controle sobre seu contexto e utilizá-lo para o desenvolvimento.

TERAPIA

A apreciação da variabilidade cultural conduz a um modelo radicalmente novo de intervenção clínica. Restaurar um senso mais sólido de identidade pode requerer a solução de conflitos culturais dentro da família, entre a família e a comunidade, ou no contexto mais amplo no qual a família está inserida. A diferenciação implica que selecionemos, de nossas tradições étnicas, aqueles valores que desejamos manter. As famílias talvez precisem ser orientadas a diferenciarem as convicções profundamente mantidas dos valores defendidos por razões emocionais.

Definir a resposta mais adaptativa a uma dada situação não é uma tarefa fácil. Exige que avaliemos o contexto total em que ocorre o comportamento. Por exemplo, os porto-riquenhos neste país podem ver a volta a Porto Rico como a solução para os seus problemas. Uma criança que se comporta mal pode ser mandada de volta, para viver com membros da família. Esta solução pode não ser funcional da perspectiva de que a criança então estará isolada da família imediata. A situação de vida em Porto Rico também pode não ser adequada às necessidades da criança. Entretanto, é aconselhável que o terapeuta não se oponha aos planos dos pais, mas que os encoraje a fortalecer sua conexão com os membros da família em Porto Rico, para os quais pretendem mandar a criança, de modo a aproveitar ao máximo seu desejo de confiar em sua própria rede como apoio para manejar uma criança problemática.

O papel do terapeuta em tais situações, como em qualquer terapia, será o de intermediário cultural, ajudando os membros da família a reconhecerem seus próprios valores étnicos e a solucionarem os conflitos que surgem das diferentes percepções e experiências.

Frequentemente, é muito difícil compreender o significado do comportamento sem conhecer um pouco a orientação de valores do grupo. O mesmo comportamento pode ter significados muito diversos para famílias de diferentes *backgrounds*. O exemplo seguinte, de um casal recém-casado, ilustra a importância do entendimento terapêutico do papel da etnicidade em relação às transições de ciclo de vida.

> Brian Werner, um analista de computadores de 28 anos de idade, com um *background* alemão/irlandês, e sua mulher Barbara, uma professora de nível secundário de 26 anos, com um *background* judeu europeu oriental, procuraram terapia em novembro de 1985, cinco meses depois de seu casamento. Barbara estava extremamente aborrecida com Brian porque ele não queria enfrentar sua mãe (dele), que, na opinião dela, os tratara muito mal. Embora Brian fosse geralmente uma pessoa tranquila, seus desentendimentos haviam escalado a ponto de Brian começar a bater nela, o que a levou a ameaçar separar-se. O casal se conhecera em 1983, três semanas após o pai dela sofrer um ataque cardíaco. Eles casaram em 28 de julho de 1985, sem nenhum membro da família de Brian presente. Aparentemente, o pai dele desaprovara a cerimônia de casamento judia, e a mãe de Brian ficou em conflito, até o último minuto, entre aborrecer o marido indo ao casamento ou aborrecer o filho ficando em casa. Os irmãos de Brian também foram apanhados pelo conflito e não compareceram ao casamento. Três dias mais tarde, o pai de Brian morreu de hemorragia cerebral. Durante e após o funeral, Brian e Barbara foram tratados educadamente pela Sra. Werner e pelos outros membros da família, mas nada se falou sobre o que acontecera com relação ao casamento deles. Barbara ficou extremamente aborrecida com isso. Em duas ocasiões, ela tentou conversar a respeito com a Sra. Werner, que respondeu como se não houvesse nenhum problema e ela não soubesse sobre o que Barbara estava falando.
>
> Durante a primeira sessão de terapia, a terapeuta fez um genetograma de três gerações (Figura 3.1), que indicava que o casamento já era um assunto "tóxico" em ambas as famílias de origem desde a geração anterior. A mãe de Barbara fora desaprovada desde o início por sua sogra, e seu pai, o Sr. Fine, havia finalmente rompido relações com a família unicamente "pela maneira como eles tratavam sua esposa". O pai da mãe de Barbara "exigira" que seu genro permanecesse nas vizinhanças depois do casamento ou romperia relações com eles.
>
> Quanto aos pais de Brian, haviam-se conhecido na Irlanda durante a guerra e vindo para este país para casar-se, porque não encontraram nenhum padre irlandês que quisesse casá-los. A Sra. Werner jamais voltara à Irlanda.
>
> Os estresses familiares relacionavam-se aos conflitos cercando a transição para o casamento, que tinha um significado carregado em ambas as famílias. Além disso, pelo fato do casamento deles ser um casamento inter-racial étnico, sua maneira de lidar com a situação estava

As mudanças no ciclo de vida familiar   **81**

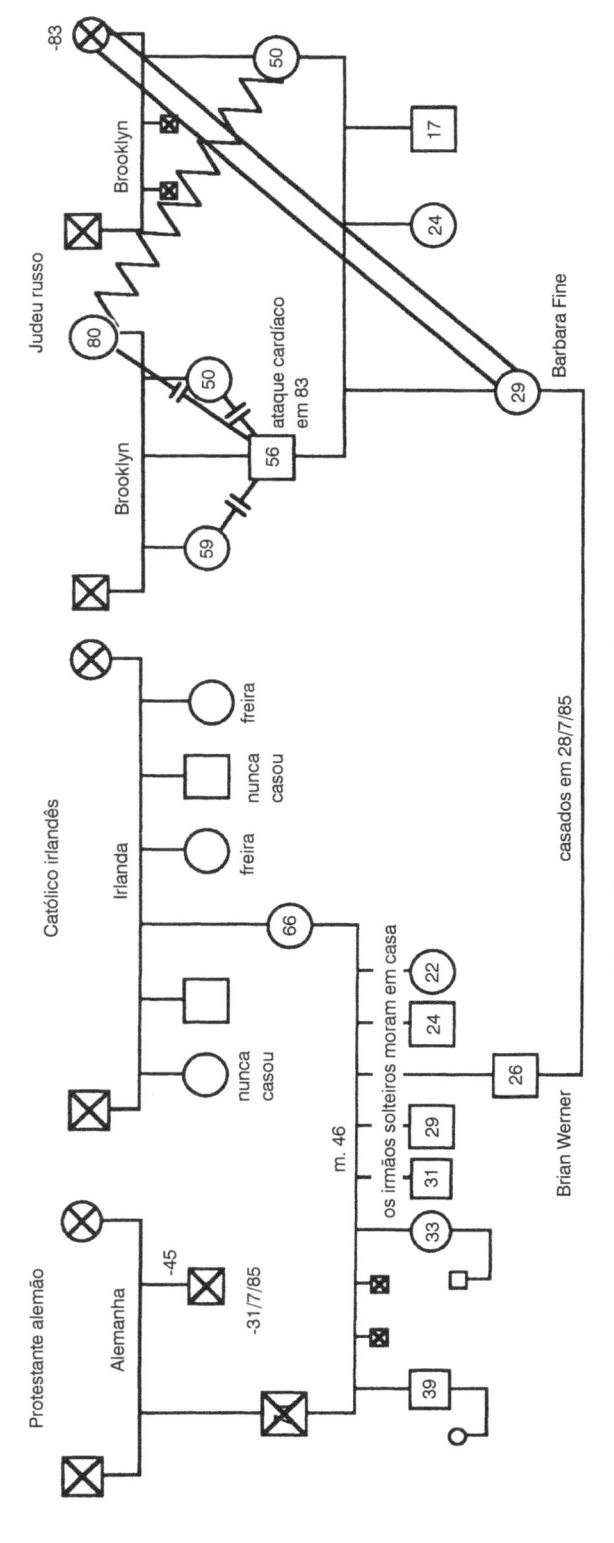

Figura 3.1 Genetograma da família Werner.

compondo suas dificuldades. Barbara continuava querendo "falar abertamente sobre a coisa", o que somente deixava Brian mais ansioso. Ela ficava dizendo a ele como enfrentar a mãe, exigindo isso como um teste necessário de sua lealdade. Brian tinha certeza de que isso não daria certo, mas não conseguia explicar por quê. A terapeuta discutiu com Brian e Barbara a maneira como cada uma das famílias lidava com o estresse, e os *backgrounds* culturais de ambas as famílias. Barbara teve de admitir que a Sra. Werner era muito "irlandesa", mas repetiu: "Ela me insultou. Ela jamais me agradeceu por todas as coisas que fiz por ela e simplesmente me ignora". Brian e Barbara receberam artigos para ler, sobre etnicidade (McGoldrick & Presto, 1984), para ajudá-los a obter uma perspectiva dos padrões em suas famílias, e Barbara foi instruída para recuar e deixar que Brian resolvesse seu seu relacionamento com a mãe. Brian, então, trouxe sua mãe para uma sessão de terapia. Ele estava se sentindo muito rejeitado por ela, mas durante a sessão ficou claro, como acontece tão frequentemente nas famílias irlandesas, que sua mãe estava se sentindo igualmente rejeitada por ele. Ele tinha dificuldade em responder a ela.

Em virtude do nível de ansiedade de Brian e da reatividade de Barbara, foi decidido que veríamos Brian individualmente, para orientá-lo sobre a forma de desenvolver um relacionamento com a mãe, abrindo assuntos tóxicos, incluindo seu casamento três dias antes da morte do pai, o casamento de seus pais e a dissolução dos laços com a Irlanda, e seus medos em relação à saúde da mãe. Ele também foi orientado sobre como lidar com as reações de Barbara sem afastar-se dela (como costumava fazer).

Barbara também foi orientada sobre a forma de responder à sua sogra sem expressar todas as suas hostilidades diretamente (como ela queria fazer).

Seu primeiro aniversário de casamento (e o aniversário da morte do Sr. Werner), assim como o próximo dia de Ação de Graças e o Natal, proporcionaram a Brian e Barbara oportunidades de reelaborar os temas familiares de isolamento após o casamento inter-racial e de tornarem-se parte de suas famílias de uma nova maneira, em vez de repetir o padrão de rompimento ou submissão estabelecido na geração de seus pais, se não antes.

CONCLUSÕES

A etnicidade intersecciona-se com o ciclo de vida em todas as fases. Cada transição do ciclo de vida é uma oportunidade para reparar os rompimentos e reforçar as continuidades da família. É importante encorajar as famílias a utilizarem suas transições de ciclo de vida para fortalecerem as identidades individuais, familiares e culturais.

REFERÊNCIAS

Bowen, M. (1978). *Family therapy in clinical practice,* New York: Jason Aronson.
Friedman, E. M. (1982). The myth of the Shiksa. In M. McGoldrick, J.K. Pearce, J. Giordano (Eds.), *Ethnicity and family therapy.* New York: Guilford Press.
Gelfand, D. E., & Kutzik, A. J. (Eds.) (1979). *Ethnicity and aging: Theory, research and policy.* New York: Springer.
Gelfand, E. G. (1982). *Aging: The ethnic factor.* Boston: Little, Brown.
Gibson, R. C. (1982). Blacks at middle and late life: Resources and coping. *Annals of the American Academy* (AAPSS 464), Nov.: 79-91.
Greeley, A. M. (1971). *Why can't they be like us?* New York: Dutton.
Greeley, A. M. (1972) *That most distressful nation.* Chicago: Quadrangle.
Herz, R, & Rosen, E. M. (1982). Jewish families. In M. McGoldrick, J. K. Pearce, & J. Giordano (Eds.), *Ethnicity and family therapy.* New York: Guilford Press.
Hines, P., & Boyd Franklin, N. (1982). Black families. In M. McGoldrick, J. K. Pearce, & J. Giordano (Eds.), *Ethnicity and family therapy.* New York: Guilford Press.

Jordon, B. (1980). *Birth in four cultures*. Montreal: Eden Press Women's Publications.

Kim, Bok-Lim (1985). Women and ethnicity. Presentation at the American Family Therapy Association, June.

Kim, Bok-Lim, Olcamura, A. L, Ozawa, N., & Forrest, V. (1981). Women in shadows. National Committee Concerned with Asian Wives of U.S. Servicemen, 964 La Joila Rancho Road, La Joila, CA 92037.

Kubler-Ross, E. (1975). *Death: The final stage of growth*. Englewood Cliffs, N.J.: Prentice-Hall.

Lappin, J., & Scott, S. (1982). Intervention in a Vietnamese refugee family. In M. McGoldrick, J. K. Pearce, & J. Giordano (Eds.), *Ethnicity and family therapy*. New York: Guilford Press.

McGill, D., & Pearce, J. K. (1982). British American families. In M. McGoldrick, J.K. Pearce, & J. Giordano (Eds.), *Ethnicity and family therapy*. New York: Guilford Press.

McGoldrick, M. (1982). Irish families. In M. McGoldrick, J. K. Pearce, & J. Giordano (Eds.), *Ethnicity and family therapy*. New York: Guilford Press.

McGoldrick, M. (1982). Normal families: An ethnic perspective. In F. Walsh (Ed.), *Normal family process*. New York: Guilford Press.

McGoldrick, M., Hines, P., Garcia-Preto, N., & Lee, E. (1986). Mourning rituais: How culture shapes the experience of loss. The Family Networker, 10/6, 28-36.

McGoldrick, M., & Preto, N. G. (1984). Ethnic intermarriage: Implications for therapy. *Family Process* 23(3):347-362.

Morsbach, H. (1978). Aspects of Japanese marriage. In M. Corbin (Ed.), *The couple*. New York: Penguin.

Osterweis, M., Solomon, F., & Green, M. (eds.), (1984). *Bereavement: Reactions, consequences and care*. Washington, D.C.: National Academy Press.

Plath, D. (1984) Of time, love and heroes. In (Ed.) *Adult Development Through Relationships*. Radetsky, D.S., Handeisman, M.M.. & Browne, A. (1984). Individual and family environment patterns among Jews and non-Jews. *Psychological Reports* 55:787-793.

Rotunno, M.. & McGoldrick, M. (1982). Italian families. In M. McGoldrick, J. K. Pearce, & J. Giordano. (Eds.), Ethnicity and family therapy. New York: Guilford.

Sluzki, C. (1979), Migration and family conflict. *Family Process* 18(4):379-390.

Stack, C. (1975). *All our kin*. New York: Harper & Row.

Welts, E. P. (1982). Greek families. In M. McGoldrick. J. K. Pearce, & J. Giordano (Eds.), *Ethnicity and family therapy*. New York: Guilford Press.

Woehrer, C.E. (1978). Cultural pluralism in American families: The influence of ethnicity on social aspects of aging. *The Family Coordinator* 329-339.

Zborowski, M., & Herzog, E. (1952). *Life is with people*. New York: Shocken Books.

4
O ciclo da vida familiar e a mudança descontínua

Lynn Hoffman, M.S.W.

FEEDBACK EVOLUTIVO

Um artigo recente de Dell e Goolishian (1979) examina o conceito de *"feedback* evolutivo", um termo desenvolvido pelo físico Prigogine para descrever um "princípio organizador básico, de não equilíbrio, que governa a formação e o desdobramento dos sistemas em todos os níveis". No último livro de Bateson, *Mind and Nature,* encontramos uma descrição semelhante em sua comparação de epigênese e evolução:

> Em contraste com a epigênese e a tautologia, que constituem os mundos da replicação, existe todo o domínio da criatividade, arte, aprendizagem e evolução, em que os processos contínuos de mudança se alimentam ao acaso. A essência da epigênese é a repetição predizível; a essência da aprendizagem e da evolução são a exploração e a mudança.

O conceito de Prigogine de "ordem através da flutuação", conforme descrito por Dell e Goolishian (1979), enfatiza não a estabilidade e a homeostase, mas a ideia da mudança descontínua:

> Em qualquer ponto no tempo, o sistema funciona de uma maneira particular, com flutuações em torno daquele ponto. Essa maneira particular de funcionar tem um raio de estabilidade dentro do qual as flutuações ficam reduzidas e o sistema permanece mais ou menos imutável. Se uma flutuação é ampliada, entretanto, ela pode exceder o raio existente de estabilidade e levar todo o sistema a um novo raio dinâmico de funcionamento. Para criar esta instabilidade, é necessário um passo ou impulso autocatalítico para *o feedback* positivo, (página 10)

Dell aponta a tendência dos teóricos do sistema no campo da terapia familiar de negar a revolução epistemológica, da qual o movimento familiar é parte, utilizando a linguagem da causalidade linear em lugar da linguagem muito diferente da causalidade circular defendida por Bateson. Dell objeta particularmente ao uso vulgar da ideia de homeostase. Os teóricos da família foram vítimas da errônea noção de que a família é como uma máquina homeostática com um regulador: assim, diz-se que "uma família precisa de um sintoma", ou que "um sintoma tem uma função homeostática na família". Usar esse tipo de linguagem é supor um dualismo entre uma parte do sistema e outra parte. É mais correto dizer que todas as partes estão empenhadas em qualquer organização de constância ou mudança em questão, de maneira igual e coordenada. Falar de outra forma é empenhar-se naquilo que Bateson chama de "cortar a ecologia", ou naquilo que Dell descreve como um tipo de "vago anismismo de sistema".

O que devemos ter em mente é a contínua recorrência de todos os circuitos em sistemas complexos. Não é válido dizer que os pais estão "usando" os problemas do filho para manter-se juntos. Poderíamos igualmente dizer que o filho está usando a superproteção dos pais para manter-se seguramente em casa. Ou que, sem os problemas do filho, não haveria nenhuma ligação entre a mãe e a mãe do pai. Ou que um filho mais velho valorizado continua sendo mantido em casa em virtude disso. Ou que o filho problema é o maior consolo da mãe, e assim por diante. Dell e Goolishian fazem analogias com a biologia e outras ciências: "O DNA não é um regulador de sistemas biológicos; as funções biológicas são reguladas pelo sistema total de DNA e citoplasma" (página 4).

A questão mais importante colocada por Dell é que não podemos usar uma analogia cibernética baseada num modelo mecânico de *feedback de* sistema fechado. Em vez disso, precisamos entender que existe uma cibernética diferente de sistemas vivos que não pode ser explicada pela visão de *feedback* negativo. Essa questão é dramatizada pelo *stepwise** e súbitos pulos para novas integrações, característicos de tais sistemas, que são não apenas impredizíveis, mas irreversíveis. A ênfase conceitual é nos processos auto-organizadores que buscam novos estágios evolutivos, e não em processos que buscam o equilíbrio.

O que torna tão crucial esse argumento é que as famílias que chegam com um ou mais membros angustiados parecem estar tendo dificuldade em evoluir; elas estão ou parecem estar não evoluídas – "fixadas" num estágio obsoleto. Talvez seja esta "fixação" que torne a antiga versão do modelo homeostático tão convincente para os terapeutas que trabalham com famílias perturbadas. Nessas famílias, existe uma ênfase excessiva na manutenção do equilíbrio. Por essa razão, a tarefa da terapia deveria ser a de tornar acessível a um grupo, que está se tornando cada vez mais parecido com uma peça de maquinário homeostaticamente controlada, o poder inerente a todos os sistemas vivos – a capacidade de transcender à fixação e avançar para um estágio diferente.

Certamente, colocar uma estrutura evolutiva ao redor de nossa analogia cibernética é, em si mesmo, um passo evolutivo na teoria da família e na teoria da mudança. Em primeiro lugar, ajusta-se muito melhor ao processo que estamos querendo descrever do que o modelo estático de mecanismos *de feedback* ativados pelo erro. Em segundo lugar, proporciona uma análise racional mais satisfatória para o sucesso de algumas das assim chamadas abordagens "paradoxais" à terapia, que produzem rápidas mudanças em famílias ou em indivíduos. Essas mudanças podem ocorrer com incrível rapidez, e na verdade parecem autogeradas. Para irmos adiante nesse assunto, voltemo-nos às ideias de um outro físico que escreveu a respeito da mudança descontínua, John Platt.

---

* N. da T.: O elemento de composição "wise" é usado principalmente no inglês americano, acrescentado ao substantivo para designar uma maneira de funcionar, ou uma conexão com alguma coisa. Por exemplo, "clockwise" significa "no sentido dos ponteiros do relógio". Assim, o termo "stepwise" significa "no sentido ou na maneira de um passo, medida, ação, etapa".

CRESCIMENTO HIERÁRQUICO

Uma propriedade que as famílias compartilham com outros sistemas complexos é que elas não mudam numa linha suave, contínua, mas em saltos descontínuos. Platt (1976), num criativo artigo, fala de uma física de processo, em que a ênfase não está na estrutura estática, mas naquilo que ele chama de "hierarquia de fluxo" – formas que mantêm um estado constante, mesmo que a matéria, a energia e a informação estejam continuamente fluindo através delas. Se pensar um pouco, o leitor ficará convencido de que as famílias, também, são como cachoeiras ou cascatas, onde o padrão de muitas camadas das gerações persiste como uma estrutura global, mesmo que os indivíduos passem por ela na medida em que nascem, envelhecem e morrem.

Platt argumenta que muitos sistemas naturais são desse tipo, e que a mudança, em tais sistemas, ocorre de maneira surpreendente e súbita. Ele cita como exemplos o apaixonar-se, os atos de criação, as conversões, os pulos evolutivos, as reformas ou revoluções, e diz que quando um sistema está conflituado ou disfuncional, isso necessariamente não pressagia um desastre, mas indica que está surgindo uma pressão em direção a uma nova e mais complexa integração.

Platt faz uma útil distinção entre três tipos de mudança que dependem da maneira como a entidade em questão está organizada. Se ela é externamente projetada, como um relógio, então a mudança terá de ser feita por um agente externo, como o relojoeiro que desmonta o relógio e torna a montá-lo. Se ela é internamente projetada, como uma planta que contém um projeto genético, então somente as mutações do padrão genético podem produzir uma mudança.

Entre os sistemas vivos que seguem um projeto automantenedor, muitos apresentam um terceiro modelo de mudança. Em tais entidades, a mudança assume a forma de uma transformação: o súbito aparecimento de padrões mais organizados em termos funcionais, que não existiam antes. Platt chama esse tipo de mudança de "emergência de tempo". Poderíamos pensar num caleidoscópio, que mantém o mesmo padrão geométrico quando giramos o tubo, até que de repente uma pequena partícula muda em resposta à gravidade e todo o padrão muda para um padrão inteiramente novo. O aspecto mais interessante de um caleidoscópio é que jamais podemos voltar atrás.

Isso está de acordo com a maneira pela qual os sistemas, que possuem aquilo que Ashby (1960) chama de "mecanismos de *feedback* bimodais" ou "homeostatos", operam. Eles permanecerão estáveis enquanto o ambiente em torno deles não mudar, ou enquanto os elementos internos não mudarem; mas, se isso acontecer, ou o sistema entrará em colapso ou responderá mudando para um novo "assentamento" que satisfaça as demandas do novo campo. A mudança no assentamento cria uma descontinuidade, porque a variação dos comportamentos, a "gramática" das atividades permissíveis, mudou. Assim, emerge um conjunto de padrões, opções e possibilidades completamente diferentes. Ele normalmente está organizado de maneira mais complexa do que o anterior. Mas ele, também, é regulado por normas e não mudará até que novas pressões do campo imponham um novo pulo.

A história natural de um pulo ou transformação normalmente se dá da seguinte forma: primeiro, os padrões que mantiveram o sistema num estado constante relativo ao seu ambiente começam a funcionar mal. Surgem novas condições para as quais esses padrões não estavam projetados. São tentadas soluções *ad hoc*, que às vezes funcionam, mas normalmente têm de ser abandonadas. Aumenta a irritação em relação a pequenas, mas persistentes, dificuldades. O acúmulo de dissonância eventualmente leva o sistema a uma situação crítica, a um estado de crise, enquanto a tendência homeostática intensifica os movimentos corretivos que fogem ao controle. O ponto extremo daquilo que os engenheiros cibernéticos chamam de "fuga" ou é o colapso do sistema, que cria uma nova maneira de monitorar a mesma homeostase, ou seu espontâneo pulo para uma nova integração que lidará melhor com o campo modificado.

As famílias são exemplos notáveis de entidades que mudam através de pulos. Os indivíduos que formam uma família estão crescendo (pelo menos parcialmente) de acordo com um projeto biológico interno, mas os agrupamentos mais amplos dentro da família – os subsistemas e as gerações – devem passar por mudanças maiores uns em relação aos outros. A tarefa da família é produzir e treinar novos grupos de seres humanos para serem independentes, formarem novas famílias e repetirem o processo, enquanto os grupos mais velhos perdem o poder, declinam e morrem. A vida familiar é uma contínua troca de guarda multigeracional. E embora este processo às vezes seja suave, como as transições dos partidos políticos numa democracia, com maior frequência ele é carregado de perigo e rompimento. Atualmente, é de conhecimento comum que a maioria dos sintomas psiquiátricos (e muitos sintomas médicos) agrupa-se em torno desses períodos de estresse. A partir desta evidência, devemos supor que a maioria das famílias não pula facilmente para novas integrações, e que as "transformações" referidas por Platt não são, de forma alguma, autoasseguradas. Isso nos leva a uma acumulação de pesquisas de sociólogos e terapeutas que estudam o ciclo de vida familiar.

CRISES DE ESTÁGIO DE VIDA ESPERÁVEIS

O ciclo de vida familiar foi descoberto através de uma rota indireta. De importância maior foi o trabalho de Erik Erikson (1963), cuja descrição dos estágios de vida individuais, da interação entre esses estágios e o processo de formação das instituições sociais desafiaram o estreito foco das teorias de desenvolvimento intrapsíquico. Ao mesmo tempo, os terapeutas que estudavam as respostas dos indivíduos ao estresse começaram a questionar a noção de que havia indivíduos com melhores padrões de manejo ou melhores "forças de ego" do que outros. Um dos pioneiros nesta área, Eric Lindemann, notou que a diferença entre uma reação de tristeza normal e uma anormal tinha a ver com inteira composição da rede familiar da pessoa enlutada, não com seus mecanismos de manejo, conforme demonstrado por tentativas anteriores de manejar o estresse. Lindemann (1967) comenta, em seu clássico estudo dos sobreviventes e parentes das vítimas do incêndio de Coconut Grove, que:

> Com certa frequência, a pessoa que morreu representava uma pessoa-chave num sistema social; sua morte era seguida pela desintegração desse sistema social e por uma profunda alteração das condições de vida e das condições sociais das pessoas enlutadas.

A intensidade de uma reação de tristeza não tinha de ser vinculada a uma história neurótica prévia, mas ao tipo de perda para a pessoa envolvida.

Parecia então que não apenas uma perda, mas também a aquisição de novos membros da família poderia desencadear uma perturbação. Um estudo atualmente clássico de Holmes e Rahe (1967), que compilaram uma "Social Readjustment Rating Scale" (escala do Índice de Reajustamento Social), indicou que não havia nenhuma correlação entre a percepção negativa de um evento e o grau de estresse a ele associado. De uma lista de 43 eventos estressantes de vida, avaliados por 394 sujeitos em termos de intensidade e período de tempo necessário para ajustar-se a eles, dez entre os catorze primeiros envolviam perder ou ganhar um membro da família. É fascinante observar que os eventos com significados presumivelmente positivos, como "reconciliação conjugal", precediam na escala outros eventos com conotações negativas, como "dificuldades com sexo".

Os pesquisadores do estresse começaram a perceber que estavam lidando com crises de estágio de vida normais, esperáveis, que tinham a ver com pessoas entrando e saindo do sistema familiar. Dois termos logo foram criados – "crise de acréscimo" (quando alguém se juntava à família) e "crise de desmembramento" (quando alguém partia ou morria). A isto poderíamos acrescentar vários graus de partida, ou efeitos atribuíveis a mudanças maiores nos papéis: uma criança começando o jardim de infância poderia provocar uma crise em algumas famílias, assim como a aposentadoria do chefe da família em outras.

Ao mesmo tempo, esses sociólogos pioneiros da família, como Reuben Hill, estavam estudando o relacionamento entre os estágios de vida familiar e seus impactos sobre os indivíduos na família (Hill & Hansen, 1960). É interessante que jamais foi atingido um consenso quanto ao número de estágios; alguns pesquisadores chegaram a listar 24, e outros limitaram-se a sete ou oito. De modo geral, o namoro, o casamento, a chegada dos filhos, a adolescência, a partida dos filhos, o reajustamento do casal, o envelhecimento e o enfrentamento da morte são as maiores categorias. Os estudos vinculando esses períodos à produção de sintomas de todos os tipos têm justificado um crescente interesse. Acompanhando este interesse, tem havido um gradual entendimento de que um sintoma pode não ser uma perturbação pertencente a um membro individual, mas um sinal de que uma família está com problemas para negociar essa transição.

Apoiando essa ideia, Haley (1973) afirmou que os comportamentos patológicos tendem a emergir nos momentos do ciclo de vida familiar em que o processo de desligamento de uma geração em relação à outra é impedido ou retardado. Por exemplo, os membros de uma família em que um filho está mediando um conflito entre os pais parecem retardar a partida dessa pessoa, ou inclusive bloqueá-la. Um sintoma parece ser um compromisso entre permanecer e partir; o filho torna-se incapacitado, em maior ou menor grau, e não consegue sair de casa; ou pode sair, mas achar difícil negociar a nova molécula do casamento e recuar; ou então um filho do novo casamento talvez tenha de servir como um mediador, por sua vez. Muitas vezes, confirmamos a veracidade da afirmação bíblica: " Os pais comeram uvas ácidas e os filhos ficaram arrepiados". Uma criança frágil, psicótica, parece às vezes carregar em seus ombros toda uma rede familiar, como a pessoa-chave num momento de alta tensão, que demonstra inacreditável força e um impecável senso de equilíbrio.

O que agora, justificadamente, podemos perguntar é qual é o mecanismo que de alguma maneira impede as pessoas de uma família de darem o pulo para uma nova integração. A resposta é sugerida pelo conceito de um outro tipo de mudança, que ocorre quando um sistema homeostaticamente regulado está a ponto de exceder seus parâmetros ou romper-se. Para isso, teremos de voltar a Ashby e à sua ideia dos mecanismos de medida.

O CONCEITO DE MECANISMOS DE MEDIDA

Em *Design for a Brain,* Ashby (1960, páginas 87-89) descreve quatro tipos de movimento conforme uma entidade passa de um estado para outro. A "função completa" acontece de modo progressivo, sem um intervalo finito de constância entre os estados, como um barômetro. A "função de medida" tem intervalos de constância separados por pulos descontínuos, como uma escada. A "função parcial" é como a função de medida, só que a linha de um estado a outro é progressiva, e não instantânea. A "função nula" simplesmente indica a ausência de movimento ou mudança.

Aqui, nós estamos preocupados apenas com a função de medida. Ashby comenta o fato de que muitas funções de medida ocorrem no mundo natural. Ele inclui como exemplos a tendência de uma fita elástica de romper-se quando a proporção de tensão *versus* comprimento atinge um certo ponto, ou a tendência de um fusível a explodir quando o circuito fica carregado além de um certo número de ampères, ou a súbita mudança que acontece quando um forte ácido é adicionado a uma solução alcalina.

Ao observar certas entidades mais complexas, como as máquinas, Ashby percebe que algumas de suas variáveis podem apresentar uma súbita mudança de qualidade sempre que elas atingem um certo valor que ele chama de "estado crítico". De fato, diz ele, é comum que os sistemas apresentem mudanças de função de medida sempre que suas variáveis são levadas longe demais de seu valor usual. Ele passa a especular que seria útil para um sistema ter pelo menos um desses elementos. Um exemplo claro é a rede elétrica de uma casa. Se não existe nenhum disjuntor, todo o sistema entrará em colapso e terá de ser substituído. Mas o mecanismo do disjuntor fará com que somente um dos fusíveis exploda, e quando ele for substituído (supondo-se que a sobrecarga foi corrigida), o sistema ainda estará funcionando. Ashby chama esse tipo de arranjo de mecanismo de medida.

Uma dificuldade com as ideias de Ashby é que ele realmente não está preocupado com sistemas vivos no nível de grupo e além deste. Ele está tentando desenvolver um modelo cibernético que explique a evolução e estrutura do cérebro, e a maioria de seus exemplos é tirada do mundo da biologia, química e física. Temos de tirar suas ideias do contexto para aplicá-las aos sistemas sociais. Entretanto, sem uma noção semelhante à do mecanismo de medida, as súbitas mudanças no comportamento que frequentemente observamos nas famílias com membros sintomáticos jamais teriam sido explicadas.

Tomemos a criança psicossomática cujos sintomas refletem um conflito entre os pais. No caso de uma família, uma das muitas variáveis essenciais é o relacionamento entre os membros da díade executiva, que são geralmente os pais. Provavelmente existem arranjos homeostáticos regulando as dimensões de proximidade/distância ou equilíbrio de poder que limitam os comportamentos permitidos nesta díade. Suponhamos que um desses conjuntos de limites está constantemente sendo ultrapassado. Num casal simétrico, uma leve vantagem para uma das partes pode provocar uma escalada que, se não for bloqueada, pode terminar em violência ou divórcio. Num casal complementar, uma desigualdade muito grande pode provocar depressão no cônjuge "baixo" e uma concomitante ansiedade no cônjuge "alto". Seja qual for a natureza do platô (e normalmente ela não é um exemplo puro de qualquer um dos modelos descritos acima), haverá um "estado crítico" que representa um valor além do qual o sistema não poderá continuar e ainda permanecer intacto.

Neste ponto, várias coisas podem acontecer. Um casal pode ter técnicas para lidar com a ameaça, como um período de esfriamento para um casal simétrico zangado, ou uma "boa briga" para um casal complementar distante. Uma outra maneira seria um dos cônjuges desenvolver um sintoma severo ou crónico, que novamente evitaria uma divisão, embora a um custo. Entretanto, o que frequentemente acontece é que uma terceira parte – por exemplo, um filho – é envolvido no conflito. Quando isso acontece, o desconforto da criança aumenta, enquanto as tensões paternas diminuem. Talvez uma mínima sugestão de conflito entre os pais desencadeie a ansiedade na criança, que reage com um comportamento irritante. Nesse momento, um dos pais pode começar a atacar a criança, enquanto o outro sai em sua defesa. Aprisionada na pressionante espiral, a criança pode começar a responder com um sintoma físico – pode apresentar sintomas de ataque asmático e começar a respirar com dificuldade. Isso fará com que os pais interrompam sua briga oculta e se unam. Um problema bastante real une o casal, uma vez que está em jogo o bem-estar do filho. Sua união, especialmente se é acompanhada de um comportamento de apoio, permite que a ansiedade da criança diminua, ainda que a força da condição fisiológica traga seus próprios perigos.

Neste exemplo, poderíamos dizer que os sinais de alerta estão funcionando sempre que uma cadeia de *feedback* atinge um estado crítico num conjunto de relacionamentos. Esses sinais impedem a ocorrência dos eventos que colocariam em risco o sistema. Por exemplo, o sintoma da criança é um sinal de alerta que distrai os pais de uma briga.

Mas e se o desconforto da criança aumenta a um nível inaceitável, e se desenvolve uma cadeia *de feedback* positivo que não pode ser anulada pelos sinais de alerta normais? Aqui, nós avançamos para o próximo nível de controle homeostático, em que a interface não está entre a criança e os pais, mas entre a família e a sociedade mais ampla. Ashby chama a atenção para o fato de que:

> Uma propriedade comum, embora desprezada, de todas as máquinas, é que elas "quebram". Em geral, quando uma máquina "quebra", o ponto representativo atingiu um estado crítico, e a correspondente função de medida modificou o valor... Como bem se sabe, quase todas as máquinas ou sistemas físicos irão quebrar se suas variáveis forem levadas longe demais de seu valor usual. (Páginas 92-93)

É possível que aquilo conhecido na psiquiatria como "colapso nervoso" seja semelhante, em função, àquilo sobre o que Ashby está falando. Em uma família, o "colapso" dos indivíduos opera como um mecanismo de medida, assinalando o fracasso dos mecanismos homeostáticos familiares e a necessidade da intervenção do sistema mais amplo, a comunidade. É aqui que entram os ajudantes, de várias maneiras, e são feitas tentativas de reparar o elemento quebrado, a pessoa.

Entretanto, voltando à imagem do circuito elétrico, na medida em que ele continua a ser sobrecarregado, não adiantará nada consertar ou trocar o fusível. As vezes, o problema é temporário; a sobrecarga se deve à súbita ligação de um dispositivo extra (uma sogra em visita, por exemplo), e uma vez que este seja retirado, o sistema retomará ao normal. Mas muitas vezes a mudança é permanente. Alguém morreu, ou ocorre uma mudança irreversível nas circunstâncias familiares, ou um membro da família atingiu um nível de maturação inerente ao crescimento de todos os seres humanos. Então, a família deve modificar suas respostas comportamentais para atender às novas demandas. De outra forma, o comportamento sintomático da pessoa pode continuar, ou um outro comportamento problemático pode substituí-lo. Aquilo com o que estamos lidando, numa família com um membro perturbado, é uma situação em que a transformação necessária para efetuar um pulo para o próximo estágio poderia ameaçar a família a prejudicar algum membro ou subsistema importante.

As apresentações sintomáticas poderiam, assim, ser consideradas negativamente como transformações abortadas, ou positivamente como negociações acerca da possibilidade de mudança. Antônio Gramsci, em *Prison Notebooks,* diz: "A crise consiste precisamente no fato de que o velho está morrendo e o novo não consegue nascer; nesse interregno, aparece uma grande variedade de sintomas mórbidos". Uma redundância sintomática é um arranjo que normalmente surge para lidar com esse interregno entre o velho e o novo. Representa um compromisso entre as pressões contra e a favor da mudança. O sintoma é apenas o aspecto mais visível de um fluxo conectado de comportamentos e atos, como um irritante primário que tanto monitora as opções de mudança, a fim de que um movimento rápido demais não ponha em perigo algum membro da família, como também mantém sempre viva a necessidade de mudança. Teremos então comportamentos em espiral, em vez de um ciclo em torno da possibilidade de um pulo. As vezes, o pulo é dado simplesmente por causa de uma mudança acidental trazida pela espiral, que está sempre avançando para a frente no tempo. Mesmo que uma espiral muito estreita pareça circular cronicamente em torno de um ponto central, ela continua sempre mudando e jamais deixa de ter algum potencial de mudança.

A pergunta seguinte seria como ajudar a família a dar o pulo para cima, em vez de continuar nessa espiral crônica, e conseguir uma transformação para um novo estágio que irá remover a presença de sintomas ou de angústia.

INJUNÇÕES PARADOXAIS E A "PRENSA"

Platt, como vimos, enfatizava a capacidade positiva – e até extraordinária – dos sistemas vivos conseguirem transformações que vão além do que poderia ter sido predito ou obtido anteriormente, dessa forma não apenas "ganhando o dia", mas apontando o caminho para um novo dia. Ashby vê um tipo diferente de mudança, talvez igualmente extraordinária: a capacidade de um elemento do sistema de "quebrar" se for introduzida uma pressão excessiva para a mudança. Em uma família ou outro grupo, a mudança para uma configuração sintomática ganha, mas ela certamente não aponta o caminho para um novo dia. Isso pode ser visto como uma não evolução ou um pulo malogrado, na medida em que não apenas impede que a família faça uma nova integração como também parece acontecer às custas de um dos membros da família, que muitas vezes, sentimentalmente, foi considerado o "bode expiatório" (uma denominação mais aparente do que real).

A questão para a terapia, a essa nova luz, passa a ser: Como interferir com um mecanismo que garanta a estabilidade familiar (morfoestase) e ajudar a família a obter uma transformação que represente uma integração mais complexa (morfogênese)? Aqui, seria indicada uma discussão sobre aquilo que Rabkin chamou de "saltologia" (do latim, *saltus*, "saltar"), e que, mais prosaicamente, poderíamos chamar de "teoria do pulo". Também importante nesta conexão é o excelente raciocínio de Rabkin relacionando as transformações ou pulos à aparência daquela singularidade comunicacional, a "injunção paradoxal".

Rabkin (1976) apresentou um refrescante exame do conceito original de dupla mensagem num artigo intitulado "Uma Crítica ao Uso Clínico da Dupla Mensagem". Essa artigo reclassifica a maioria dos exemplos utilizados pelos terapeutas-pesquisadores para ilustrar as duplas mensagens: hostilidade disfarçada, sarcasmo, falsidade estratégica, ou os comuns dilemas "maldito-seja-você-se-fizer, maldito-seja-você-se-não-fizer".

Podemos igualar um desses dilemas, a injunção paradoxal, à dupla mensagem. Uma injunção paradoxal é descrita como uma afirmação que intrinsecamente contradiz a si própria, a menos que seja desmanchada em um nível de "comunicação" e um nível do "que significa essa comunicação" – o segundo nível incluindo-se no primeiro. É assim também que os pesquisadores de Palo Alto consideravam a dupla mensagem. A dupla mensagem, como vimos, foi associada a manifestações de comportamento irracional tal como a esquizofrenia.

Entretanto, a injunção paradoxal é uma forma de comunicação na qual todos os pais e todos os filhos (todos os superiores e todos os subordinados, por falar nisso) se envolveram, em algum momento de suas vidas – mas eles raramente enlouqueceram, literalmente. E claro, todos eles ficaram perturbados, o que acontece, argumenta Rabkin, porque a injunção paradoxal é o melhor que a nossa pobre linguagem pode fazer para sugerir que é necessária uma mudança em um sistema.

Rabkin toma um exemplo já utilizado pelos terapeutas para igualar uma injunção paradoxal a uma dupla mensagem. O progenitor diz para o filho, num momento em que este está prestes a entrar para a área cinzenta da adolescência: "eu insisto em que você vá à escola porque você acha maravilhoso aprender." (O grupo de Bateson em Palo Alto usou um exemplo semelhante, um cartum do *New Yorker* em que um empregador está dizendo a um empregado perplexo: "Mas Jones, eu não quero que você concorde comigo porque eu estou dizendo, mas porque você pensa da mesma maneira que eu".) Rabkin, então, cita Koestier no processo de criação: Antes que um pulo criativo possa ocorrer, diz Koestier, todos os outros caminhos anteriores precisam estar bloqueados. É somente a partir da intensidade acumulada do estresse que ocorrerá a pressão para dar o pulo.

A essa luz, a injunção paradoxal parece a forma comunicacional mais provável para criar uma pressão suficiente para a mudança. A injunção paradoxal de um progenitor para um filho adolescente na verdade está dizendo: "eu quero que você seja independente, mas quero que você queira isso independentemente de eu querer". O que poderia ser chamado, na falta de um termo melhor, uma "mensagem constrangedora simples", é estabelecida. O recebedor é instruído para permanecer simultaneamente num relacionamento simétrico e num relacionamento complementar com aquele que comunica. Sendo isso impossível, deve ser dado um pulo para aquilo que Rabkin chama de "realização", sua palavra para a transformação ou nova integração mencionada por Platt.

As situações impossíveis estabelecidas pelo mestre zen para o seu aluno ficam agora compreensíveis a essa luz. A questão é que o aluno deve tornar-se "igual" ao mestre, mas isso não pode ser feito a partir de uma ordem do mestre, ou a partir do relacionamento mestre-aluno. O aluno, de alguma forma, deve, "sozinho", ter a ideia de que esse é o curso que deve ser tomado. De acordo com esse pensamento, deveríamos reservar o termo "injunção paradoxal" ou "mensagem constrangedora simples", para a desconcertante diretiva que frequentemente aparece como o arauto de um pulo para um novo estágio, e o termo "dupla mensagem" para as sequências de mensagens muito diferentes que bloqueiam esse pulo ou requerem a ocorrência de consequências impensáveis.

A introdução desse conceito da mensagem constrangedora simples soluciona muitas questões que confundiram os pesquisadores e terapeutas durante muitos anos. Em primeiro lugar, não existe mais a incômoda pergunta: Se a comunicação paradoxal opera na arte, fantasia, brinquedo e nas atividades mais criativas, como podemos distinguir entre aquela forma de comunicação paradoxal que está associada à comunicação esquizofrênica e aquela que está associada às complexas realizações do artista ou do profeta? Em segundo lugar, temos uma maneira de explicar a ideia da dupla mensagem terapêutica, ou contraparadoxo, que foi vinculada à medicina homeopática: A cura assemelha-se à doença. Uma dupla mensagem terapêutica poderia ser recolocada como um restabelecimento das condições de uma mensagem constrangedora simples, mas dessa vez num contexto diferente – o relacionamento entre o terapeuta e o cliente ou a família. A mensagem é colocada novamente, o período de confusão é atravessado, a família ou o cliente dá o pulo necessário, e a nova integração é então recompensada, em vez de invalidada ou descartada.

Um exemplo desse processo é descrito por Bateson (1972), num ensaio sobre "aprendendo a aprender". Bateson interessou-se pelos golfinhos que haviam sido treinados para demonstrar o "condicionamento operante" para o público, exibindo comportamentos especiais – escutando um apito e depois recebendo um peixe. Os golfinhos possuíam um considerável repertório desses comportamentos. Bateson percebeu que esses animais, uma vez que não apresentavam sempre o mesmo comportamento, deveriam ter "aprendido a aprender" a produzir alguns comportamentos distintos. Ele pediu para observar o processo pelo qual um golfinho era ensinado a fazer isso, e de fato criou uma situação experimental para conduzir suas observações. Primeiro, o treinador recompensou o golfinho por um determinado comportamento, tal como erguer sua cabeça. O animal repetiu essa ação várias vezes, sendo sempre recompensado com um peixe. Entretanto, na próxima vez em que o golfinho entrou, não havia peixe. O treinador esperou que o animal produzisse um outro comportamento acidentalmente – talvez uma sacudida de cauda aborrecida – e então recompensou isso. Cada comportamento foi recompensado três vezes na sessão em que ocorreu, mas não na próxima. As recompensas eram dadas somente quando o golfinho novamente apresentava um comportamento incomum. Esse processo, evidentemente, tão perturbador para o treinador e para o golfinho, que às vezes o treinador quebrava as regras e reforçava o animal quando não era apropriado. O golfinho, por sua vez, começou a agir de forma cada vez mais agitada, conforme suas tentativas de ganhar uma recompensa previamente reforçada provavam ser inúteis, e passou a exibir comportamentos que num ser humano seriam chamados de "psicóticos".

Antes da décima-quinta sessão, entretanto, aconteceu um evento notável. O golfinho avançou rapidamente pelo tanque, agindo de forma intensamente excitada. Quando fez seu espetáculo, apresentou uma série elaborada de oito comportamentos, três dos quais jamais haviam sido observados antes nesta espécie. Bateson argumenta que o rompimento dos padrões habituais de estímulo e resposta pode ser extremamente perturbador para uma criatura, se esse rompimento constantemente lhe faz injustiça no contexto de um relacionamento importante. Ele acrescentou, todavia, que, se o rompimento e a dor não fazem com que o animal entre em colapso, a experiência pode provocar um pulo criativo, um fato também observado por Wynne (1976), no ensaio "Sobre a Angústia e as Paixões Criativas de Não Escapar da Dupla Mensagem".

Este exemplo reforça a noção de que um pré-requisito para os pulos criativos em sistemas complexos é um período de confusão acompanhado por autocontraditórias mensagens, inconsistências, e, acima de tudo, por injunções paradoxais: eu ordeno que você seja independente; eu quero que você me ame espontaneamente; eu ordeno que você seja o dominante. Essas mensagens, com suas ameaçadoras implicações de que o relacionamento entre os comunicantes estará em perigo se não ocorrer a mudança, podem ser chamadas de "prensa". A "prensa", de forma branda ou severa, muitas vezes parece ser necessária antes que a mudança morfogenética ou reguladora possa ocorrer numa pessoa, numa família ou em sistemas mais amplos.

Entretanto, se e quando é feito um movimento na direção apropriada, deve haver imediata confirmação e recompensa. A essência da dupla mensagem é desconfirmar um pulo já dado, indicar que a mudança não é desejada ou desqualificar todo o evento. Em outras palavras, a dupla mensagem é uma mensagem constrangedora simples continuamente imposta e depois continuamente suspensa; uma pressão para mudar seguida por injunções para não mudar; um tipo de coisa sim-não, que provoca o rompimento e dor que Bateson argumentou ser insustentável para os seres humanos e outras criaturas. Rabkin, levando adiante esta ideia, argumenta que uma injunção paradoxal que provoca uma mudança num sistema, seguida por uma injunção paradoxal para anular essa mudança no sistema bem pode resultar numa intensa desorganização no recebedor de tais mensagens.

Considerem o exemplo de uma mãe em briga com seu filho adolescente. Ela quer que ele apresente um comportamento mais adulto ("simétrico"). Mas se ela ordena que ele aja assim, ela o está definindo como uma criança (um relacionamento "complementar").

Não existe saída para essa dificuldade, como todos os pais exasperados e adolescentes ressentidos bem sabem, a não ser por uma mudança através da qual ambos descubram que estão se relacionando de modo mais agradável e mais como iguais do que como pai e filho, pelo menos na área em que havia briga. Essa mudança pode acontecer subitamente, ou pode ser necessária uma longa batalha para cá e para lá. Mas a condição necessária é que a mudança no ambiente que regula seu relacionamento aconteça "espontaneamente", pois se a mãe a forçasse ou o filho a aceitasse, isso meramente reafirmaria sua situação anterior.

Se o progenitor que está dando as mensagens paradoxais originais responde positivamente a uma integração do relacionamento num nível mais igual, então essa é uma boa solução do dilema. Mas, se no momento em que o filho e a mãe atingem esse estado desejado, um deles, ou alguém da família assinala que isso seria ruim ou inadmissível segundo as regras familiares, então temos as pré-condições para uma dupla mensagem. E então temos o aparecimento de sintomas inseridos em ciclos, nos quais a pressão para a mudança aumenta, seguido por injunções contra a mudança, numa sequência interminável como um disco que trancou: o famoso "jogo sem fim".

A maneira como uma mensagem constrangedora simples tanto pode resolver-se quanto transformar-se num sintoma pode ser ilustrada pelo seguinte caso hipotético.

Peter, de treze anos de idade, começa a dormir até tarde da manhã, atrasando-se assim para a escola. Sua mãe cansa de tentar fazer com que se levante e finalmente diz:

"Por que eu sempre tenho de tirar você da cama para ir à escola? Aja como um adulto. Você deveria querer ir à escola tendo em vista seu próprio futuro. Seu pai costumava levantar às seis da manhã e entregar jornais antes de ir para a escola, numa temperatura de zero grau", etc, etc.

Essa é uma mensagem constrangedora (variedade simples), porque, se o garoto "agir como um adulto", ele estará demonstrando um relacionamento simétrico, mas, ao mesmo tempo, se ele realmente for à escola, será em resposta à exigência da mãe, e seu relacionamento com ela estará então definido como complementar. O que ele acaba fazendo é ficar ainda mais relutante em ir à escola. Sua mãe oscila entre lavar suas mãos em relação a ele ou ficar em seu pé, um processo que apenas escala a tensão entre eles. Telefonam da escola, dizendo que o garoto está começando a perder dias inteiros de aula, o que significa ainda mais pressão. O pai, que normalmente pode dormir até mais tarde do que o filho e detesta levantar cedo, é constantemente acordado pelas confusões matinais. Embora ele prefira ficar fora das transações da mulher com o filho, ele começa a protestar. "Largue o garoto de mão." "Você só está piorando as coisas." Ele a compara ao seu próprio pai, que tornou horríveis seus anos adolescentes insistindo em que ele levantasse cedo e entregasse os jornais. Ele diz que entende o garoto. Essa declaração desperta a divisão latente na maioria das díades paternas, a divisão entre uma posição permissiva e uma punitiva. A mãe, intensificando sua posição, diz: "Já era hora de você parar de reclamar dele". Eles acabam gritando e criam um estado de raiva não resolvida um com o outro. Peter puxa as cobertas sobre sua cabeça e consegue novamente não ir à escola.

Este é o tipo de confusão normal nas famílias quando os filhos entram na adolescência. Ela geralmente é resolvida se os pais conseguem superar suas diferenças e estabelecem uma frente unida. Talvez a rebelião adolescente não sirva apenas para estabelecer o início da independência para uma criança, mas também proponha uma questão que os pais, que por um processo natural estarão um dia sem filhos novamente, podem utilizar para testar a natureza e força de seu vínculo. O caminho que os pais tomam parece não importar muito; a situação é solucionada se eles podem dizer: "É a sua vida, estrague-a e assuma as consequências", ou "Vá para a escola e deixa de bobagem". De alguma maneira, a partir desse microteste de se os pais estão suficientemente unidos para sobreviver à eventual partida de seu filho, ele recebe confirmação suficiente para começar a partir, e o problema da escola termina. O garoto pode descobrir que uma atraente colega pega o ônibus na mesma parada. De repente, já não é mais: "Por que você não levanta e não vai para a escola?", e sim: "Por que você nunca está em casa?"

Aqui está o cenário alternativo que poderia estabelecer um sintoma.

> O garoto acaba levantando e indo à escola. Ele encontra a tal colega e também recupera seu interesse pelos estudos (uma estória improvável, mas esse continua sendo um caso hipotético). Entretanto, o pai começa a ficar cada vez mais deprimido. Seu trabalho não está indo bem e sua úlcera está começando a se manifestar. Parece que este é o último filho que ainda está em casa e o que sempre foi mais apegado ao pai, e ainda por cima a esposa é bastante dominadora e ele prefere ficar distante dela do que brigar abertamente. Ele tem um leve sentimento de elação quando o garoto desafia a mãe em relação a não ir à escola de uma maneira que jamais foi possível para ele enquanto crescia. O garoto é muito importante para ele. A mãe, por sua vez, está estranhamente aprisionada à briga que tem com o filho. É como se ele fosse capaz de enfrentá-la de um modo como o marido jamais foi capaz, e, embora esteja zangada, ela obtém um tipo de satisfação com a sua assertividade. Com o marido existe somente uma briga com um oponente imaginário; com seu filho, alguém realmente está ali.
>
> Ao mesmo tempo, talvez ambos estejam percebendo inconscientemente que o fato de o garoto crescer significa a emergência de muitas questões difíceis entre eles, e a úlcera do pai parece sinalizar que ele provavelmente interiorizará seus sentimentos relativos a essas questões, em vez de arriscar-se a um conflito aberto com a esposa. A atmosfera está cheia de agourentas possibilidades. O pai come pouco à noite e queixa-se de sua úlcera. Quando ele se queixa, a esposa parece ficar mais aborrecida do que compadecida, e diz: "Estou cansada de ouvi-lo falar sobre sua úlcera e jamais ir a um médico. Eu sempre tenho de forçá-lo a marcar uma hora. Por que você não pode assumir a responsabilidade por seus próprios problemas em vez de atormentar toda a família?" O pai fica taciturno e quieto, e o filho sente seu estômago contrair-se. Ele diz: "Não quero mais jantar", e começa a sair da mesa. A mãe diz: "Fique sentado bem aí até todos termos terminado". O pai diz: "Deixe-o ir, pelo amor de Deus. Você tem de controlar a vida de todo o mundo como controla a minha?" A noite termina com o garoto em seu quarto, deprimido; o pai vendo TV em silêncio; e a mãe lavando a louça furiosamente.
>
> No dia seguinte, o garoto se queixa de um ataque de náusea e diz que não pode ir à escola; de fato, ele abandona a escola. Os pais discutem sobre se devem ou não obrigá-lo a ir à escola. No final, ele fica em casa. Este é o início de uma bela fobia escolar. Dois meses mais tarde, tendo tentado tudo e por sugestão da escola, os pais começam a procurar um psicoterapeuta.

O que o psicoterapeuta decide já não faz parte desta estória. Mas uma leitura contextual da situação mostra que o comportamento adequado do garoto de ir à escola não foi recompensado. Em vez disso, houve intimações de catástrofe (discórdia entre os pais, doença do pai); a polarização dos pontos de vista – ação permissiva *versus* punitiva, aumentada – com o sintoma do garoto agora central, mantendo o comportamento dos pais e sendo mantido por eles num círculo autoperpetuador. Essa situação evidentemente não pode ser resolvida por um pulo criativo, tal como o garoto apaixonar-se (um ato involuntário que poderia ser visto como uma resposta apropriada a uma mensagem constrangedora simples – "ele" não decidiu voltar à escola; o que decidiu isso foi o fato de "ter-se apaixonado"). Na verdade, as possibilidades de catástrofe redobram quando o garoto menciona que conheceu uma menina maravilhosa. O pulo que deveria ser dado é invalidado pelo contexto, não por um único vilão: são as mensagens das pessoas que formam o seu contexto que dissimuladamente colocam a sua eventual partida como uma traição, algo prejudicial, possivelmente, ainda, como um assassinato. Podemos inclusive imaginar a fobia escolar transformando-se em algo mais sério. O garoto começa a ouvir "vozes" dizendo-lhe que ele é o filho de Deus e está destinado a salvar o mundo, e que sua missão exige que ele fique em seu quarto e escreva um longo livro descrevendo seu novo entendimento do significado do universo.

Resumindo, uma teoria de mudança descontínua sugere que não há maneira de evitar o período de estresse e rompimento, que é o prelúdio para aquilo que chamamos de transformação. Um aspecto comum desses períodos é o tipo de mensagem conhecido como a injunção paradoxal, ou, utilizando uma terminologia diferente, uma mensagem constrangedora simples. A dupla mensagem resulta somente quando essa mensagem constrangedora simples é anulada ou negada, de modo que a necessária pressão para a transformação ou pulo não pode ocorrer. Nesse caso, poderíamos esperar o surgimento de um sintoma que expressa tanto a necessidade familiar de mudança quanto a proibição contra ela. Uma vez que as estruturas familiares estão sob maior pressão para mudar nos pontos naturais de transição, não surpreende que a maioria dos sintomas ocorra nesses momentos. O terapeuta ou o estudioso da vida familiar informado saberá que esses comportamentos são concomitantes esperáveis da mudança familiar. Ele ou ela procurará romper a sequência homeostática que produz o sintoma, a fim de que a pressão para a mudança possa crescer, e possa ocorrer uma transformação que tornará desnecessária a presença do sintoma.

REFERÊNCIAS

Ashby, W. R. (1960). *Design for a brain.* London: Chapman & Hall, Science Paperbacks.
Bateson, G. (1972). *Steps to an ecology of mind.* New York: Ballantine Books.
Bateson, G. (1978). *Mind and nature.* New York: Dutton.
Dell, R, & Goolishian H. (1979). Order through fluctuation: An evolutionary epistemology for human systems. Paper presented at the annual scientific meeting of the A. K. Rice Institute, Houston, Texas.
Erickson, E. (1963). *Childhood and society.* New York: Norton.
Gramsci, A. (1929) *Prison notebooks.*
Haley, J. (1973). The family life cycle. In *Uncommon therapy: The psychiatric techniques of Milton Erickson, M.D.* New York: Norton.
Hill, R. L., & Hansen, D. A. (1960). The identification of conceptual frameworks utilized in family study. *Marriage and Family Living* 22:299-311.
Holmes, T. H., & Rahe, R. H. (1967). The social readjustment rating scale. *Journal of Psychosomatic Research* 2:213-28.
Lindemann, E. (1969). Symptomatology and management of acute grief. In H.J., Parad & G. Caplan, (Eds.), *Crisis intervention: Selected readings.* New York: Family Service Association of America.
Platt, J. (1970). Hierarchical growth. *Bulletin of Atomic Scientists.*
Rabkin, R. (1976). A critique of the clinical use of the double bind. In E. C. Sluzki & D. C. Ransom (Eds.), *Double bind: The foundation of the communicational approach to the family.* New York: Grune & Stratton.
Wynne, L. (1976). On the anguish and creative passions of not escaping the double bind. In C. Sluzki & D. Ransom (Eds.), *Double bind: The communicational approach to the family.* New York: Grune & Stratton.

5
Questões do ciclo da vida familiar e no sitema de terapia

Robert M. Simon, M.D.

Os terapeutas de família normalmente falam e escrevem como se eles fossem os observadores externos de sistemas familiares autocontidos, mas há duas circunstâncias que desmentem essa ilusão de objetividade: a supervisão e o fracasso clínico. Ambas as experiências são necessárias no desenvolvimento profissional, e nos obrigam a refletir sobre um sistema mais complexo: *família mais terapeuta*. Dessa perspectiva, precisamos considerar não apenas um, mas dois ciclos de vida, o nosso próprio e o da família. A combinação de ambos pressagia um bom ou mau resultado dos esforços para mudar.

A maneira pela qual os dois ciclos de vida se combinam é uma parte importante do que chamarei de *ajuste* entre o terapeuta e a família. O ajuste, que admito ser um termo inexato, abrange todos aqueles elementos de estilo pessoal, sabedoria, carisma e desembaraço que dão ao terapeuta uma vantagem para introduzir a mudança em sistemas paralisados. Ele se relaciona ao conceito familiar de ligação (Minuchin, 1974), porque ambos se referem à conexão essencial do terapeuta com a família. Mas diferentemente da ligação, o ajuste não inclui uma ação ou uma conotação de valor.

Ajuste não se consegue, ele acontece. Assim, perguntas relevantes relativas à ligação (Você conseguiu? Como você consegue?) não se aplicam ao ajuste. Poderíamos apenas perguntar: "Qual é a natureza do [inevitável] ajuste?"

O ajuste não é linear. Diferentemente da técnica, que deve melhorar com o passar do tempo, o ajuste muda de acordo com a experiência de vida do terapeuta e também é diferente com cada família atendida. Por exemplo, suponham que um terapeuta jovem encontra um casal de meia-idade com um adolescente problema. A idade do terapeuta e a sua experiência de vida são relativamente (embora não inteiramente) pouco importantes na descrição da interação disfuncional da família. O ajuste, por outro lado, pode desempenhar um papel mais importante na credibilidade do terapeuta com a família e também no alcance e poder das estratégias de intervenção. Nesse exemplo, o fato de que o terapeuta jamais educou um adolescente é a questão mais óbvia, mas não a única. O ajuste também será influenciado pela experiência adolescente do terapeuta com seus próprios pais, pela experiência com os irmãos, e, de fato, por todas as normas e expectativas familiares passadas que cercam a noção de adolescência para o terapeuta.

A educação dos filhos não é a única trilha em que essas questões se estendem. O gênero, por exemplo, contribui imensamente para a experiência normal de vida, de modo que o ajuste de um terapeuta do sexo masculino com uma família é diferente daquele de uma terapeuta. Da mesma forma, as experiências não patológicas mas modeladoras tais como o divórcio, a morte de um progenitor ou de um irmão, ou uma incapacidade física também podem influenciar o ajuste de uma maneira profunda. Tudo isso pode estar invisível na formulação "objetiva" feita pelo terapeuta sobre o problema familiar.

A supervisão também acrescenta um outro nível de ajuste, isomórfico àquele entre o terapeuta e a família; os movimentos no sistema família-mais-terapeuta serão influenciados pelo sistema família-mais-terapeuta-mais-supervisor. Normalmente, essa é uma influência positiva, pois reequilibra situações em que o ajuste entre o terapeuta e a família é improdutivo. McGoldrick (1982) explorou essa questão naquilo que chamou de "família gatilho". Ela relatou a imobilização de um terapeuta em treinamento quando confrontado com uma família que evitava o assunto do câncer da mãe. A mãe deste terapeuta morrera de câncer, e em sua família de origem o assunto era um tabu.

Como uma primeira aproximação imperfeita, podemos supor que os ciclos de vida do terapeuta e da família podem combinar-se de três maneiras principais: (1) O terapeuta ainda não experienciou o estágio da família; (2) O terapeuta está atualmente experienciando o mesmo estágio de ciclo de vida da família; (3) O terapeuta já passou por aquele estágio de ciclo de vida. Cada situação tem um sabor especial.

TERAPEUTA QUE AINDA NÃO CHEGOU AO ESTÁGIO DO CICLO DE VIDA DA FAMÍLIA

Eu me referi antes ao jovem terapeuta que se ajusta à família mais velha através das lembranças de sua própria infância e adolescência. Os filhos gostam desses terapeutas, mas seu *rapport* talvez tenha limitações. Quando comecei a trabalhar como terapeuta de família, uma mãe irada gritou para mim: "Por que eles não têm uma lei contra o abuso *dos pais?*" Naquele momento, ela estava reagindo à cordialidade que eu sentia e demonstrava em relação ao seu filho difícil. Nosso ajuste era tal, que eu compreendia os sentimentos dele muito melhor do que os dela. Minha resposta a esse pirralho atraente seria muito diferente hoje em dia, depois de ter criado meus próprios filhos, e, também, depois de ter entendido melhor algumas das brigas de meus pais. (E na época em que eu tratei aquela família, uma supervisora madura teria sido muito útil.)

John, um psicólogo de 28 anos de idade, era supervisionado por um colega via *videotape*. A família consistia em um casal em seus quarenta e poucos anos com duas filhas adolescentes, sendo que a mais velha havia sido ameaçada de ser expulsa da escola por matar aulas repetidamente. A mãe repreendeu a filha e o jovem terapeuta interferiu várias vezes para defender a filha. Enquanto ele tentava tirar a filha do foco da discussão, a outra menina sugeriu, velada e levemente, que o pai estava saindo com outra mulher. John ignorou completamente esses comentários e voltou ao problema do comportamento escolar da filha mais velha. Então, de modo protetor, ele deu conselhos aos pais sobre a maneira de lidar com sua filha e com a escola.

Na discussão de supervisão, John percebeu que ficara do lado da filha contra os pais, particularmente contra a mãe, e facilmente ligou isso com sua reatividade à própria mãe. O que o deixou pasmo, entretanto, foi não ter nem ouvido nem compreendido os comentários da filha mais jovem até que o supervisor os destacou e passou novamente o *videotape*.

Quando questionado se esse ponto cego estaria relacionado de alguma maneira à sua própria família, John relatou que seus pais haviam se separado brevemente quando ele estava com cerca de 15 anos. Eles não lhe deram nenhuma explicação específica sobre esse evento ou sobre sua subsequente reconciliação, mas John suspeitara que seu pai estava tendo um caso amoroso.

Abalado pelo impacto deste incidente quase esquecido em seu trabalho, John foi motivado a conversar mais com cada um dos pais, esclarecendo a história familiar e elaborando várias questões pessoais em seu relacionamento com eles. Com orientação periódica no grupo de supervisão, John identificou e elaborou vários problemas que o haviam impedido de compreender seus pais e a maneira pela qual eles vieram a ser as pessoas que eram. Eventualmente, ele descobriu que seu pai na verdade não tivera um caso, mas nessa época a questão estava entre as menos importantes de sua agenda. Seu trabalho com famílias mais velhas melhorou consideravelmente no ano seguinte.

Num outro exemplo, uma jovem terapeuta solteira entrevistou um casal de meia-idade prestes a se divorciar. A terapeuta agiu de maneira brusca, dispersa e fria em relação ao casal. Um dos outros terapeutas em treinamento comentou: "Não sei o que deu nela; normalmente, ela é tão melhor". Um outro colega informou que o pai da terapeuta estava se divorciando pela segunda vez. Uma filha zangada, malditas-as-suas-duas-casas, emergira (temporariamente, como se verificou), ao encontrar um novo grupo de adultos desapontadores.

TERAPEUTA QUE ESTÁ NO MESMO ESTÁGIO DO CICLO DE VIDA DA FAMÍLIA

Qualquer estágio de transição de vida tende a ser cheio de dor e de revolta, e os terapeutas podem facilmente empatizar com uma família que está passando pela mesma coisa que eles estão experienciando. Não é provável que eles "patologizem" a situação desnecessariamente, uma vez que a conhecem por experiência pessoal. Por outro lado, talvez haja gatilhos emocionais excessivos para o terapeuta manejar. A forma como estes são manejados, é claro, depende de cada terapeuta. Alguns se defendem com manchas cegas, de modo que questões importantes são deixadas de lado. Alguns terapeutas podem manifestar um desprezo reativo em relação à família, especialmente notável quando o caso é discutido com colegas.

O terapeuta pode reagir com ansiedade ou ciúme à solução tentada pela família para um problema. Suponham que, na fase adolescente do ciclo de vida, uma mãe e um filho se aproximaram mais um do outro. Eles estão com um terapeuta cujo relacionamento adolescente com a mãe baseava-se na evitação, mas cuja esposa está lutando para ficar perto de seus próprios filhos. Este terapeuta pode condenar a proximidade mãe-filho como não sadia, "edípica demais", etc. O valor da mãe como mentora e como modelo para um relacionamento conjugal posterior é desvalorizado. (Observem como o gênero surge nesse ponto. Há mais a respeito disso adiante.) Um outro exemplo da reatividade do terapeuta poderia ser visto quando um casal no meio da vida experimenta um "casamento aberto" em termos sexuais. Se esse arranjo era alguma coisa pela qual o terapeuta sentia-se atraído, mas não conseguiu realizar, ele ou ela pode denunciá-lo como doentio, ou evitar completamente a questão. De qualquer forma, a raiva, aborrecimento ou desamparo do terapeuta frequentemente indica que foi aberta uma ferida pessoal, e os terapeutas fariam bem em curá-la em suas próprias famílias, em vez de reagir a ela em seu trabalho.

Determinadas questões no ciclo de vida do terapeuta podem interferir em seu trabalho com certas famílias em terapia. Suponham que os pais de um terapeuta se divorciaram no final de seus quarenta anos, e que o terapeuta enfrenta agora dificuldades conjugais na meia-idade.

Ele ou ela pode estar indevidamente pessimista quanto aos problemas conjugais poderem ser resolvidos nessa fase, e, dessa forma, ficar paralisado com algumas famílias. Os supervisores muitas vezes observam que um rompimento maior nos padrões de ciclo de vida familiar do terapeuta (mortes precoces, doenças prolongadas, divórcio, recasamento, etc.) acaba sendo a base para a dificuldade em responder a esses processos nas famílias atendidas por ele.

Isso não significa que ter vivido esses eventos constitui sempre um fator negativo para a carreira de alguém como terapeuta. Pelo contrário, uma boa resolução do evento traumático (ou autodiferenciação, nos termos de Bowen) pode levar a um entendimento e a uma empatia valiosos para o paciente – um tipo especial de ajuste através de tragédias pessoais relacionadas. O desenvolvimento deste recurso nos terapeutas que estão sendo treinados talvez seja uma dádiva sem paralelo da experiência de supervisão.

TERAPEUTA QUE JÁ PASSOU DO ESTÁGIO DO CICLO DE VIDA DA FAMÍLIA

O ajuste com as famílias fica um pouco mais fácil conforme nós envelhecemos. Um terapeuta que já passou por algumas das dificuldades que a família enfrenta pode ser muito compreensivo. Os membros da família sentem que os terapeutas mais velhos reconhecem seu problema imediatamente. Eles não ficam perturbados por ele, e possuem um bom repertório de anedotas baseadas na experiência pessoal. O terapeuta mais velho mostra à família que a situação é basicamente normal, e não patológica. Trabalhar com um terapeuta destes é, num nível não verbalizado, *reassegurador*.

John e Terry, um casal com trinta e poucos anos, buscou ajuda após sete anos de casamento. Na época, eles tinham dois filhos, com três e um ano de idade (os filhos não foram incluídos no tratamento). Eu estava então com 41 anos e tinha um adolescente e um com dez anos.

A queixa inicial era de severa discórdia conjugal, que apenas piorara durante um período de psicoterapia individual para Terry. O casal estava aprisionado num padrão de mútua acusação, especialmente em relação a dinheiro. A principal arma dele era o retraimento; a dela era tratá-lo com condescendência, demonstrando perícia psicológica, especialmente considerando o relacionamento dele com os filhos.

Na primeira fase do tratamento, cada um apresentou um "caso", como se estivéssemos no tribunal. O problema do ajuste foi especialmente significativo nesse momento, porque a dificuldade de estabelecê-lo com o marido era exatamente correspondente à facilidade com que podia ser estabelecido com a esposa. Terry estava sempre pronta a aceitar como verdade a menor das minhas opiniões, e a fazer preleções a John sobre a sabedoria de minhas declarações. John não se relacionava facilmente com qualquer outro homem, para começar, e o fato de Terry me aceitar cegamente normalmente provocava nele uma mágoa ciumenta. Consequentemente, fiz um esforço conjunto para estabelecer um sentimento de confiança entre John e eu. Ao mesmo tempo, Terry foi encorajada a desenvolver suas próprias ideias e a me sobrepujar no entendimento de si mesma e de sua família.

Tudo isso era trabalho para um terapeuta no meio da vida. Minha idade e *status* profissional eram um espólio para atrair o interesse de John por uma aliança; acho que ele desprezaria um terapeuta mais jovem. Também desconfio que, numa idade mais jovem, eu teria uma dificuldade consideravelmente maior em me fazer de desentendido. Isso não significa que um terapeuta mais jovem não pudesse ter tratado o casal, mas simplesmente que nosso ajuste particular permitiu que certas estratégias fossem colocadas em ação.

Pós-escrito

O casal retornou seis anos mais tarde, porque Terry resolvera divorciar-se de John. Durante a discussão, ficou claro que a situação era irrevogável, e que eles estavam se aquecendo para uma amarga luta em relação à custódia, como um "antídoto" metafórico para o sentimento de desamparo de John. A visão que tinham do terapeuta, a partir de primeiro *round* do tratamento, possibilitou intervir com autoridade, e uma breve terapia os ajudou a desistirem de uma batalha destrutiva e sem sentido. O sucesso da terapia deveu-se parcialmente ao fato de o casal me considerar como um membro mais velho da família.

Encontrar-se num estágio de ciclo de vida posterior àquele da família também pode trazer armadilhas. Os terapeutas que tiveram dificuldades num estágio passado do ciclo de vida podem achar que trabalhar com uma determinada família abre a porta para seus fantasmas e antigas maldições. Numa autodefesa, eles podem tornar-se distantes, cínicos ou condescendentes. Podem agir como se somente as soluções deles pudessem dar certo para a família, ou, em outros casos, transmitir o sentimento de que nada dará certo, absolutamente. Um outro perigo é o terapeuta parecer sábio demais. Os membros da família, ou pelo menos os pais, podem então abandonar seus próprios recursos e tentar imitar o especialista. Essas famílias querem ficar em terapia para sempre, pois a vida continua a apresentar novos problemas e eles sempre precisam das fórmulas do terapeuta para solucioná-los. Aqui, também, o terapeuta tornou-se um membro da família, mas o relacionamento é o de uma fusão encoberta. Como em todas as fusões, um rompimento reativo espera em emboscada. Em algum momento, o poço da infalibilidade se esgota e uma família amargurada volta-se contra o antigo guru.

OUTRAS QUESTÕES DE CICLO DE VIDA

A primeira edição do *The Family Life Cycle* deixou claro que existem muitas questões cruciais na história natural das famílias, não apenas as questões centrais de parceria e criação dos filhos. A doença, a morte, o divórcio, e inclusive a economia, também podem influenciar poderosamente o curso da vida familiar. Já começou a ser especulado se a ameaça nuclear produz um sutil efeito deturpador nas expectativas normais do ciclo de vida (Simon, 1984). Essas são questões não menos significativas para o terapeuta do que as questões de parceria/paternidade enfatizadas até esse momento.

O relacionamento entre os sexos, entretanto, é de especial interesse, porque atinge diretamente todas as outras questões, e em virtude de sua variação ao longo do ciclo de vida. As mulheres geralmente têm sido as querelantes no trabalho conjugal e com a família; quando são os homens os querelantes, eles normalmente se prendem na maneira pela qual as mulheres expressam suas queixas (falta de responsividade sexual, em particular). Uma vez que minha carreira já abrange uma boa parte do ciclo de vida adulta (20 anos), eu estava curioso para ver se minhas atitudes clínicas haviam mudado ao longo do tempo, e voltei a anotações clínicas de 12 a 15 anos atrás. Descobri que o nível puramente técnico de observação não mudara muito, exceto que agora estou mais inclinado a formular os casos em torno de mudanças sistêmicas que em torno da avaliação do caráter. O que parece muito diferente hoje em dia são as minhas formulações sobre as mulheres.

Notas sobre uma mulher deprimida e seu marido em 1969

> Muitos detalhes sobre a fenomenologia depressiva; em seguida, um parágrafo sobre o marido.

Um homem afável, supersorridente, que parece negar a raiva e o ressentimento. Tende a ver a mulher como a paciente irracional e a si mesmo como razoável. Tem ejaculações precoces, mas retrata-se como sem qualquer sintoma neurótico.

Na primeira sessão conjunta:

Ele pula imediatamente para a vida sexual deles, uma vez que a noite anterior fora um exemplo típico de ejaculação prematura, culpa e ela ficar deprimida. Ele é [compulsivamente] orientado para o orgasmo, enquanto ela está mais interessada na intimidade das preliminares.

Numa sessão posterior:

Ele a mandou ao banco três vezes nesta semana e ela está furiosa: É ele quem deve cuidar disso. Estará ela restabelecendo seu relacionamento com seu pai?

Notas sobre uma família em 1971:

Os pais vieram por problemas com C., sua filha de 12 anos, uma menina desajeitada e supercrescida que contrasta com seu irmão mais jovem fisicamente "perfeito" e altamente valorizado. O pai tem um jeito de garoto, um tanto infantil. A mãe é um tanto masculina, controladora numa maneira sutil. Sente-se ansiosa por ser dois anos mais velha do que o marido.

Segunda sessão, algumas semanas depois:

Eles mudaram de modo importante. Ela não está mais conivente com ele em seu "casamento ideal". Sente que está sempre pisando em ovos com ele, com medo de dizer o que pensa. Ela brigou com a mãe dele muitos anos atrás, mas agora acha que era com ele que estava zangada. Ele então passou a desqualificá-la, criticando sua escolha de palavras, dizendo que ela realmente não está tão aborrecida, por que tornar as coisas piores, etc. Há várias indicações de um problema sexual.

O que me surpreende ao observar essas vinhetas não é qualquer avanço que tenha feito em diagnóstico ou intervenção, mas meu consistente fracasso em associar o estado emocional da mulher, incluindo sua responsividade sexual, à sua falta de poder na família. Essas eram mulheres com grandes responsabilidades por seus lares e filhos, por permanecerem atraentes para seus maridos, por estimularem as carreiras dos maridos e assim por diante. Mas elas somente podiam experienciar um poder real em uma área – educação dos filhos. Se isso não fosse suficiente para elas, ou se passasse a não ser suficiente, ou se esse trabalho um dia estivesse terminado, elas não tinham nenhuma base de poder. Isso era ignorado na literatura psiquiátrica e sobre a terapia familiar, na época. Quando essas mulheres ficavam deprimidas, a convencional sabedoria clínica ou vinculava a depressão à sua perda da capacidade reprodutiva ou, de alguma maneira, definia seus sintomas como criados por elas mesmas. Somente nos últimos poucos anos é que as autoras feministas no campo da família introduziram as realidades do poder em nossos modelos teóricos (Hare-Mustin, 1978; Hess-Biber & Williamson, 1984).

Embora, como a maioria dos homens, eu ainda tenha um longo caminho a percorrer nesta questão, acho que a minha atitude em relação aos problemas das mulheres mudou imensamente com o passar dos anos. A continuada vitalidade do movimento das mulheres certamente desempenhou um importante papel nisso, e eu tive a sorte de estar associado a mulheres poderosas e articuladas em meu local de trabalho. Mas eu também encontrei essas questões numa estrutura doméstica de três mulheres e um homem, e quando se trata de aprender acerca de assuntos de família, os pequenos acontecimentos são às vezes os que mais contam.*

Quando começou a trabalhar em meio-turno como ajudante de professora, minha mulher sugeriu abrir sua própria conta bancária. Quase por reflexo, eu comecei a contestar essa ideia – havia tão pouco dinheiro envolvido; nós jamais tivéramos qualquer conflito em relação a gastar dinheiro, eu teria de pagar todas as taxas e assim por diante. Em retros-

---

* Eu incluo esta anedota não como um exercício de autocongratulação, mas como um exemplo de como as pequenas experiências de vida modelam a nossa postura terapêutica.

pecto, eu percebo que sua proposta deixou-me inquieto, de alguma maneira: Seria esse um prelúdio de abandono?

Mais tarde, cada um de nós teve um *insight* mais completo das nossas motivações naquele momento. Ela percebeu que era extremamente importante para ela ter um dinheiro que apenas ela controlasse, independentemente da quantia. Eu percebi que parte da minha resistência devia-se ao fato de ela ter sugerido a ideia, e eu não gostava que ela tivesse ideias melhores do que as minhas. Nós então encontramos a mesma questão emergindo em conversas casuais com amigos e parentes: na maioria dessas famílias, as mulheres trabalhavam, mas elas frequentemente comentavam que o marido se recusara a permitir que elas tivessem suas próprias contas bancárias. Esses casais geralmente se consideravam bem casados, mas as mulheres ressentiam-se abertamente das questões financeiras. Ao mesmo tempo, sentiam-se impotentes para modificar isso. Aparentemente, muitas ainda operavam segundo as regras familiares de antigamente: o papel da mulher é o de apoiar seu marido que ganha o pão, não o de desafiá-lo.

A falta de poder pessoal está por trás de muitas das queixas femininas em relação à sua vida doméstica, e grande parte da resistência masculina à mudança baseia-se em sua falta de entendimento do assunto, assim como em sua relutância a dividir o poder. Os homens são aculturados para pensar que (1) o poder é essencial à masculinidade e que (2) as mulheres precisam ser cuidadas. Em ambos os casos, eles não entendem por que suas esposas se sentem tão infelizes, na medida em que estão sendo cuidadas. Em minha própria luta ao longo do ciclo de vida, vim a centrar grande parte da terapia conjugal em torno desse equilíbrio de poder, mas é claro que terapeutas de gêneros, idades e experiências diferentes poderiam considerar as questões de maneiras diferentes. Suponham que uma terapeuta mais velha encontre uma jovem família com uma versão dessa questão. Ela pode ficar furiosa com o chauvinismo do jovem marido ou com a maneira pela qual sua esposa se deixa engambelar por isso. Ou um jovem terapeuta encontrando o mesmo casal talvez não consiga conectar-se com o senso de queixa e vaga depressão da esposa. Esses elementos no ajuste podem ser sutis e não ficar aparentes para o supervisor, a menos que as sessões de terapia sejam observadas "ao vivo".

QUANDO OS CICLOS DE VIDA NÃO SE AJUSTAM BEM

Há algumas sugestões gerais que talvez sejam úteis aos terapeutas de família que se encontram num ajuste inadequado entre o estágio de vida da família e o seu próprio. A principal recomendação é o estudo rigoroso da nossa própria família de origem, o que merece uma seção separada. Além dessa tarefa maior, as quatro questões seguintes devem ser consideradas.

Escolha da posição

Não faz sentido que um terapeuta jovem, encontrando uma família mais velha, adote uma posição superior ("Eu sou o especialista"). É igualmente ridículo que um terapeuta mais velho seja muito submisso ("Vocês são os especialistas"). O primeiro terapeuta será descartado como arrogante e o último como ineficiente, A mudança de um sistema pode ser conseguida de muitos ângulos, desde que exista um ajuste que funcione.

Escolha do modelo

Essa é uma questão estreitamente relacionada, porque modelos diferentes de terapia enfatizam posições diferentes. Por exemplo, os modelos de Bowen e Milan enfatizam um terapeuta neutro que opera através de perguntas e de um vivo interesse de pesquisa pelo sistema familiar. A terapia estrutural, por outro lado, requer um comando mais carismático; se um jovem terapeuta está lidando com uma família mais velha, ou uma terapeuta com um pai tirânico, talvez não haja suficiente autoridade para dar à família tarefas reestruturadoras. No treinamento, a escolha do modelo normalmente é determinada pela filosofia do instituto, mas a limitação da escolha é compensada pelo apoio do supervisor.

Supervisor

A supervisão privada é uma instituição respeitável em todas as psicoterapias, e está também sendo recomendada para os terapeutas de família depois dos anos de treinamento. Por razões já discutidas nesse capítulo, o supervisor deveria ser escolhido não apenas com base na experiência clínica, mas também visando a complementar a experiência de vida do supervisionado. Com relação a isso, existe muito a ser dito sobre terapeutas do sexo masculino buscando supervisoras do sexo feminino:

Rede de trabalho

Mesmo o supervisor idealmente escolhido está limitado a uma sessão de vez em quando e a um número de casos necessariamente restrito. Um outro tipo de supervisão é experienciado quando a vida profissional permite que os terapeutas interajam com colegas de diferentes idades, gêneros, etnicidade e orientação sexual. Ver o mundo clínico através dos olhos de outras pessoas é como viver partes do ciclo de vida que o destino resolveu não nos conceder pessoalmente.

ESTUDO DA FAMÍLIA DE ORIGEM DO TERAPEUTA

Este capítulo enfatizou que o ajuste entre o terapeuta e a família é às vezes uma questão de treinamento e autoeducação. Os institutos psicanalíticos sempre reconheceram a necessidade de os terapeutas se submeterem às suas próprias explorações através da análise de formação. O análogo na terapia familiar é o estudo da própria família, caracterizado por Murray Bowen (1978) como um empreendimento complexo de pesquisa. Seu objetivo é compreender a rede de regras e expectativas familiares sobre as quais cada um de nós foi socializado, o que não difere muito dos objetivos da análise de treinamento. Seu método, entretanto, é bastante diferente, enfatizando discussões ativas com membros da família, ao invés do desenvolvimento de transferência com o terapeuta.

No atual estágio da história da terapia familiar, não há nada de novo em recomendar que os terapeutas estudem as suas próprias famílias, mas somente a escola de Bowen torna essa pesquisa essencial ao treinamento e à supervisão. Outras abordagens à terapia familiar podem utilizar a pesquisa sobre a família de origem quando o terapeuta em treinamento fica paralisado com uma determinada família, mas esse trabalho não está previsto na sequência de treinamento. Isso, por sua vez, faz com que os supervisores ou outros instrutores talvez não estejam treinados para ajudarem os profissionais a conduzirem tal pesquisa. Se a pessoa não está fazendo treinamento num instituto com base em Bowen, ou não está em nenhum treinamento, pode ser difícil encontrar a assistência adequada. (A assistência, por falar nisso, nem sempre é uma questão complexa: eu me lembro de ter ficado paralisado com uma dolorosa questão familiar do passado e fui imensamente ajudado quando Bowen disse-me para ser paciente e não perder a cabeça. Eventualmente, comprovou-se que ele estava certo.)

Bowen enfatizou o trabalho de Walter Toman (1969) sobre a posição em relação aos irmãos e sua influência organizadora sobre a personalidade. Essa também é uma questão de ciclo de vida, porque a influência da posição em relação aos irmãos sobre as nossas expectativas quanto ao eu e aos outros não é, de acordo com a minha experiência, tão definitiva quanto Toman parece pensar. Cada nova época na vida parece trazer uma reavaliação e reorganização dessas influências. Minha própria "mão" (no jogo de cartas), como Toman fala, é intensamente júnior. Eu sou o caçula, assim como o meu pai e a minha mãe. Tanto meus pais quanto eu nos relacionamos principalmente com uma irmã mais velha. Minha esposa, também, tem boa prática em ser a mais jovem, sendo irmã de um irmão mais velho. Nosso típico conflito conjugal não é um choque de vontades, mas uma silenciosa luta para conseguir que o outro tome conta. Até investigar as ramificações de ser o caçula e suas típicas combinações no casamento com outros filhos caçulas, com filhos mais velhos e assim por diante, eu não tinha nenhum modelo contra o qual julgar alguns dos conflitos conjugais que apareciam em meu consultório. Eu percebi que ficava extremamente pouco à vontade com filhos mais velhos que brigavam abertamente e também tendia a ficar facilmente intimidado, apesar de uma fachada profissional, por homens beligerantes.

Para mim, a investigação das questões de família de origem envolveram não apenas específicos eventos dolorosos de minha juventude, mas também uma apreciação de como a condição de ser o caçula ou o mais velho fora experienciada em ambas as famílias. Em resultado, eu me tornei mais capaz de cuidar de certas situações e de "despatologizar" tanto as ações de meus pacientes quanto minhas próprias respostas a elas. Por exemplo, eu agora consigo ver a mim mesmo evitando o conflito com alguns pacientes, quando anteriormente teria encontrado uma racionalização ou, contrafobicamente, insistido numa confrontação. Ao mesmo tempo, meu relacionamento com as mulheres já não é mais uma oscilação entre aceitar tudo o que elas dizem *versus* "colocá-las em seu lugar". Uma vez que a condição de ser o caçula ou o mais velho jamais mudará, essa é uma daquelas questões que, como diz Bowen, será trabalho para uma vida inteira. Considerando tudo, a pesquisa sobre a família de origem desempenha para os terapeutas o mesmo papel que um estudo de Chopin desempenha para um pianista: é uma experiência extremamente interessante em si mesma, e nos deixa em melhor posição por tê-la enfrentado.

REFERÊNCIAS

Bowen, M. (1978), *Family therapy in clinical practice*. New York: Jason Aronson, Chaps. 21 and 22.
Hare-Mustin, R. (1978), A feminist approach to family therapy. *Family Process* 17:181-194.
Hess-Biber, S., & Williamson, J. (1984) Resource theory and power in families: Life cycle considerations. *Family Process* 23:261-278.
McGoldrick, M. (1982), Through the looking-glass: Supervision of a trainee's 'trigger' family. In J. Byng-Hall & R. Whiffen, eds, *Family Therapy Supervision*. London: Academic Press.
Minuchin, S. (1974). *Families and family therapy*. Cambridge, Mass.: Harvard University Press, Chap. 7.
Simon, R. (1984). The nuclear family. *Family Networker* 8:22-27.
Toman, W. (1969). *Family constellation*. New York: Springer.

6
Sistemas e cerimônias: uma visão familiar dos ritos de passagem

Edwin H. Friedman, M.A.

Os ritos de passagem são normalmente associados a momentos emocionalmente críticos da vida. Mas a maioria dos estudos sobre essas cerimônias tendia a ignorar o papel crucial da família em tais eventos. A convenção nas ciências sociais era colocar o foco primário na cultura que proporciona os ritos ou nos indivíduos que estão sendo passados para um novo estágio em seu ciclo de vida. O papel da família em tais ocasiões tendia a ser visto como secundário, como ocupando mais uma posição intermediária entre os membros individuais a serem passados e a sociedade. Dessa perspectiva, a família participa nos costumes proporcionados por uma cultura como uma maneira de ajudar seus membros a assumirem sua nova posição naquela cultura.

Vinte anos de experiência como clérigo e terapeuta familiar me proporcionaram uma percepção quase totalmente diferente do papel das famílias nos ritos de passagem. Descobri que a família, longe de ser uma intermediária, é a força primária operando nesses momentos – primária não apenas porque é ela, e não a cultura, que determina a qualidade emocional dessas ocasiões (e, consequentemente, o sucesso da passagem), mas também porque é a família, mais do que a cultura, que acaba determinando os ritos a serem cumpridos. As famílias são muito menos determinadas pelos costumes de sua cultura e por sua maneira de fazer as coisas do que são seletivas, de acordo com suas próprias características e patologia, em relação ao repertório cerimonial de sua cultura. Embora, é claro, a família sempre diga: "E assim que nós (judeus, católicos, fidjianos, aborígenes) sempre fizemos as coisas (em nossos casamentos, funerais, batismos, bar mitzvahs)." (Veja também Friedman, 1982).

Na verdade, tão central é o papel do processo familiar nos ritos de passagem, que provavelmente seria correto dizermos que a família é que está fazendo a transição para um novo estágio de vida naquele momento, em vez de algum "membro identificado" posto em evidência durante a ocasião.

Entretanto, o que talvez seja mais significativo, ao mudarmos o foco primário para a família, é que isso nos permite ver o enorme potencial terapêutico das crises familiares naturais. O fenômeno que se salientou em minha experiência com famílias de todas as culturas é que os períodos que cercam os ritos de passagem funcionam como "dobradiças do tempo".

Todos os sistemas de relacionamento familiar parecem destrancar-se nos meses que antecedem e seguem a tais eventos, e muitas vezes é possível abrir portas (ou fechá-las) entre os vários membros da família, com menor esforço, durante esses períodos intensivos do que comumente conseguiríamos com anos de extenuantes esforços.

Acredito que isso acontece porque, com relação ao momento em que acontecem, os eventos de ciclo de vida não são tão ao acaso como podem parecer. Pelo contrário, eles normalmente são a consecução ou culminação de processos familiares que já se encaminhavam para esse final há algum tempo. Os eventos de ciclo de vida são sempre parte de "outras coisas que estão acontecendo". Eles sempre indicam movimento, e é simplesmente mais fácil dirigir um navio quando ele está flutuando, mesmo quando ele está indo na direção errada, do que quando ele ainda está encalhado.

O propósito deste capítulo será o de arrancar a camuflagem cultural dos ritos de passagem e mostrar como o processo familiar opera em momentos emocionalmente significativos de mudança do ciclo de vida. Tentarei mostrar como os períodos de tempo que cercam esses momentos são particularmente úteis para observar o processo familiar em seu estado natural. Darei exemplos, a partir de minha própria experiência, para mostrar como os membros das profissões de ajuda podem utilizar o entendimento familiar dos ritos de passagem para transformar a crise sempre inerente a esses eventos numa oportunidade para uma mudança benéfica.

As ideias e exemplos que serão ilustrados originam-se de 20 anos de contínua experiência em uma comunidade (a área metropolitana de Washington), tanto como rabino quanto como terapeuta de família. Durante essas duas décadas, meu duplo papel me permitiu trocar percepções entre essas posições, assim como em cada papel tive um ponto de vantagem normalmente inexistente quando os indivíduos funcionam apenas em um único. Por exemplo, minha contínua experiência numa comunidade frequentemente proporcionou-me a oportunidade de observar a mesma família ao longo de uma geração inteira. Como seu pastor, muitas vezes obtive um conhecimento profundo daquela família, não somente em pontos nodais importantes e nos ritos de passagem, mas também conforme observava as mudanças que aconteciam entre aqueles eventos. E, evidentemente, todas essas informações eram informadas por aquilo que eu estava aprendendo sobre o processo familiar a partir de minha experiência geral como terapeuta de família. Da mesma forma, uma vez que minha experiência de terapia sempre foi ecumênica, e uma vez que Washington é uma "Meca", nacional e internacionalmente, tive a oportunidade de observar intimamente famílias de muitas culturas e *backgrounds* diferentes. Essa experiência me fez perceber que aquilo que eu vinha observando nas famílias judias tinha uma aplicação universal. Eventualmente, descobri que podia extrapolar com bastante sucesso os *insights* que obtivera a partir de minha experiência com o ciclo de vida como rabino para as famílias que estava aconselhando em relação a outros problemas, independentemente de seu *background* cultural.

A estrutura desse capítulo será a de explorar três eventos naturais do ciclo de vida (morte, casamento, puberdade) e depois comentar três eventos nodais que são menos uma parte natural do ciclo de vida e mais uma criação dos tempos em que vivemos (divórcio, aposentadoria, desarraigamento geográfico).

Todavia, antes de iniciar este processo, eu gostaria de observar brevemente três mitos que inibem a formação de uma visão de processo familiar dos ritos de passagem, e quatro princípios sobre o relacionamento do processo familiar com os ritos de passagem que são básicos em minha conceitualização.

TRÊS MITOS QUE INIBEM A FORMAÇÃO DE UMA VISÃO DE PROCESSO FAMILIAR

Os três mitos sobre a vida que inibem o desenvolvimento de uma visão de processo familiar dos ritos de passagem são os seguintes: (1) que a família está entrando em colapso; (2) que a cultura determina o processo familiar de maneira fundamental; e (3) que o rito de passagem é o mesmo que a cerimônia que o celebra.

O colapso da família

A noção de que a família está "entrando em colapso" é apoiada pelos índices mais altos de divórcio e pela maior distância física entre os parentes em nossa sociedade altamente móvel. Entretanto, os eventos nodais na vida familiar possuem uma qualidade absolutamente arrebatadora e são capazes de transcender distâncias imensas, como se comprova na presença dos membros da família que vêm de longe para participar de funerais, casamentos ou bar mitzvahs. Às vezes, apenas uma ou duas pessoas vêm de outra área do país, mas elas estão lá para representar aquela parte do clã. Por outro lado, isso evidentemente pode acontecer ao contrário, e aqueles parentes que eram esperados não aparecem, dando como desculpa a distância física ou o clima. Mas, seja qual for o caso, parece importante salientar que necessariamente não existe correlação entre o grau de distância física ou a frequência da comunicação anterior entre os membros da família e o fato de eles aparecerem num dado ritual familiar. Uma pessoa pode achar difícil tirar o carro da garagem para dirigir quarenta quilômetros, enquanto outra, ao descobrir que o aeroporto local está fechado por causa da neve, pode dirigir trezentos quilômetros através de uma nevasca até um outro aeroporto. Não podemos predizer, baseados em relacionamentos prévios, quem fará o quê. Também não existe correlação alguma entre a distância que os membros da família terão de percorrer e sua pontualidade na cerimônia, e isso pode acontecer, de fato, numa razão inversa.

Evidentemente, é possível dizer que tudo isso é prova do colapso da família e da necessidade subjacente de relacionamentos familiares. Entretanto, talvez não seja por acaso que determinadas pessoas irão aparecer em alguns eventos e em outros não. De qualquer forma, o potencial terapêutico inerente à reunião dos membros da família nos eventos de ciclo de vida não deve ser ignorado por causa da distância. Uma metáfora melhor para o presente estado da vida familiar poderia ser a de que a família "se escondeu", e que nada persuadirá alguns de seus membros a se mostrarem num rito de passagem. O cordão umbilical é infinitamente elástico.

Eu envolvi clientes em viagens através do oceano e em comunicações noturnas que abrangiam três continentes, e descobri que, mesmo depois de décadas, o sistema enterrado ainda está muito vivo.

Há uma outra razão para não confundir a distância física com o potencial emocional. Não podemos supor que aqueles membros da família que estão mais distantes da base-lar são necessariamente os mais independentes ou os menos reativos em termos emocionais. Pelo contrário, muitas vezes eles são os membros da família que mais precisavam da distância física para se relacionarem com alguma independência com os membros da família que permaneceram na casa.

Por exemplo, uma mulher estava mantendo um modo adaptativo de relacionamento com seu crítico marido, a fim de ter paz. Ela é visitada por uma irmã cuja presença faz com que se sinta menos só, ou, pelo contrário, por uma mãe cuja dependência exige muita atenção e energia emocional. Em qualquer caso, a homeostase de seu casamento será perturbada e o marido, sentindo a retirada de energia emocional, percebe a esposa como menos cooperativa ou menos atenta, e se torna mais crítico do que nunca. Na verdade, eu descobri que é uma regra geral o fato de, quando um dos cônjuges é visitado por parentes, o outro frequentemente se tornar mais reativo durante a visita. São especialmente aqueles relacionamentos mantidos pela distância, por assim dizer, que irão aflorar com toda a intensidade original nas reuniões familiares. Além disso, o que muitas vezes permitia a esses relacionamentos serem mantidos distantes era que cada membro da família compensava, correspondentemente, investindo mais emoção nos relacionamentos mais próximos, como com um cônjuge, enquanto afastado da família ampliada. Quando o relacionamento originalmente intenso revive, a energia agora retirada do cônjuge é sentida imediatamente, criando assim problemas "em casa".

Esses fenômenos podem ocorrer em qualquer reunião familiar, e provavelmente ajudam a explicar grande parte da ansiedade aumentada que envolve o Natal. (Veja a comparação em termos de processos familiares entre o Natal e o bar mitzvah, com relação às questões de beber, presentear e os índices de suicídio.) Mas, nos rituais familiares que estão associados aos eventos nodais do ciclo de vida, todo o sistema de energia emocional está mais elevado, para começar, e, assim, eles são os principais momentos de confluência e redirecionamento de intensidade. Consequentemente, seria mais correto dizer que o maior colapso que ocorre durante os ritos de passagem não é o da família, mas o das defesas familiares contra a distância física.

A cultura determina o processo familiar

Em 1970, eu fiz uma palestra no Simpósio de Terapia Familiar de Georgetown, intitulada "Cultura e Processo Familiar". A tese desse trabalho era a de que mais do que determinar a vida familiar de uma maneira significativa, a cultura era mais a projeção do processo familiar num nível societal. Eu propus que tentar entender a vida familiar através de seus costumes e cerimônias era, consequentemente, raciocinar em círculos. A nova metáfora sugerida por mim era a de que "a cultura é o meio através do qual o processo familiar desenvolve a sua arte".

Tentei mostrar que, embora uma severa família católica, uma rígida família metodista ou uma ortodoxa família judia possa afirmar que está apenas seguindo sua religião quando observa todos os costumes de seu meio da maneira adequada, nenhuma cultura tem entre seus líderes uma concordância geral quanto àquilo que é certo. Obviamente, sempre podemos encontrar outras famílias da mesma cultura, se não membros da mesma família, que fazem as coisas de maneira diferente.

O que parece acontecer na vida familiar é que os indivíduos e as famílias aderem mais estreitamente àqueles valores que coincidem com seu próprio estilo de vida. Cada tradição religiosa ou *background* cultural tem sua própria utilidade neurótica.[1]

---

[1] Nas famílias étnicas, é quase impossível para uma criança que está crescendo distinguir um sentimento relativo à sua família de um sentimento relativo ao seu *background* étnico. Eu tentei demonstrar, alhures, que o comprometimento com a tradição não tem nada a ver com casar fora dessa tradição. Em qualquer família étnica, o filho que casa fora de seu grupo é o filho mais importante para o equilíbrio do relacionamento dos pais. Veja "Ethnic Identity as Extended Family in Jewish-Christian Marriage", apresentado no Quinto Simpósio de Terapia Familiar de Georgetown. Novembro, 196, publicado em *Systems Therapy,* editado por Bradt e Moynihan, 1971.

Há algumas ramificações crucialmente importantes dessa reversão na conceitualização da maneira pela qual a família e a cultura influenciam uma à outra. A primeira é que ela tira o terapeuta do meio – entre o cliente e seu *background* –, quando surgem questões sobre rituais e cerimônias, e o cliente diz: "Não posso fazer isso porque é contra a minha tradição". Perguntas como: "Todas as pessoas da sua fé fazem isso dessa maneira?" ou "Todos os ministros da sua religião concordam com a sua opinião sobre esse assunto?" podem abrir a porta. Às vezes, podemos fazer o contrário e perguntar: "Como é que você é tão rígido (ortodoxo ou cumpridor) em relação a essa específica questão religiosa ou cultural, quando não segue tantos outros princípios da sua fé?" Por exemplo, para uma mulher que está pensando em divorciar-se: "Bem, eu posso entender a sua decisão de jamais casar novamente, como boa católica, mas como você resolveu ir contra a Igreja com relação ao controle da natalidade?" Não é importante que façam belas distinções teológicas, mas que assumam a responsabilidade por suas decisões e, assim, que se tornem o juiz decisivo de quem será o juiz.

Poderiam objetar: "Isso não será verdade em todas as questões; nenhum judeu ortodoxo jamais aceitaria um casamento misto, nem um católico rígido aceitaria o casamento com uma pessoa divorciada". Em primeiro lugar, esta não é a minha experiência. Novamente, como acontece com as correlações de distância física, as correlações de lealdade à tradição não parecem acontecer quando estamos lidando com as complexidades dos sistemas emocionais familiares nos eventos de ciclo de vida. Mesmo que seja verdade que um judeu ortodoxo esteja mais inclinado a não aceitar um casamento misto, ou um católico cumpridor a não aceitar o casamento com um divorciado, a intensidade com que eles reagem é uma outra questão, e isso nos diz muito sobre a família e a posição deles. Por exemplo, uma objeção simplesmente afirmada como tal, ou inclusive a recusa a participar de um evento porque é contra os princípios de alguém, pode ser compreendida como a definição de uma posição. Por outro lado, romper relações, deserdar, atormentar constantemente ou interferir intensamente não têm nada a ver com valores e tradições culturais, mesmo que os membros da família que estão agindo dessa maneira afirmem que estão defendendo a fé. As raízes desse tipo de fanatismo serão sempre encontradas nos relacionamentos não elaborados desta pessoa com a família de origem. (Veja a discussão a respeito das cerimônias de casamento.)

É simplesmente impossível manter claro este tipo de foco no processo familiar, na medida em que supomos que o comportamento dos membros da família é determinado pelo *background* cultural, em vez de seletivo em relação a esse *background*. Na verdade, na extensão em que conseguimos manter claro este foco, resultam dois outros benefícios. Primeiro, isso provavelmente significa que cada vez que os membros da família dão uma explicação cultural sobre por que fazem ou não podem fazer determinada coisa, aquela explicação cultural naquele exato momento, longe de ser o comentário esclarecedor que parece ser, provavelmente é uma negação do processo familiar. Consequentemente, em vez de registrá-la como um dado mais significativo, o terapeuta deveria reconhecer tal explicação como uma luz de alerta – uma indicação do ponto em que essas pessoas estão paralisadas em sua própria família.

O segundo benefício que resulta quando mantemos o foco no processo familiar é o de a cultura e o costume poderem então ser utilizados como elemento rastreador para obtermos uma melhor interpretação dos relacionamentos entre os membros da família. Tomem, por exemplo, cinco irmãos adultos com mais de cinquenta anos, dos quais apenas um continua *kosher*, ou dos quais apenas um ainda é um pilar da paróquia local. Você, seguramente, pode concluir que esta pessoa é o filho responsável pela memória da Mama.

Observar essas pistas muitas vezes ajuda-nos a compreender por que certos membros da família estão funcionando de uma determinada maneira durante qualquer rito de passagem.

A cerimônia é o rito de passagem

O terceiro mito que inibe a visão familiar dos ritos de passagem é a suposição de que a cerimônia é o rito de passagem. Afinal de contas, algumas pessoas casam muito antes da cerimônia, e algumas jamais conseguem realmente sair de casa. Alguns membros da família são enterrados muito antes de expirar, e alguns continuam em volta, assombrando durante anos, se não gerações. Este mito tem um corolário, o de que os membros da família que são o foco da cerimônia são os únicos que estão fazendo a passagem. Toda a família fez a passagem nos eventos nodais do ciclo de vida, e a passagem muitas vezes começa meses antes e termina meses depois da cerimônia.

As cerimônias celebram. De um ponto de vista de sistemas emocionais, elas não são eficazes em si mesmas. Pelo contrário, seu efeito é determinado por aquilo que já vinha se desenvolvendo dentro do sistema emocional da família. Entretanto, as cerimônias realmente focam os eventos, no sentido de que põem os membros da família num contato consciente uns com os outros, e no sentido de que levam os processos a um ponto culminante.

Por um lado, consequentemente, o evento de celebração pode ser uma ocasião muito útil para conhecer pessoas, para reunir pessoas, para restabelecer relacionamentos, para aprender sobre a família (tanto observando quanto ouvindo as lendas), para criar transições, como a de comando, ou pela oportunidade de funcionar fora do ou contra o nosso papel normal – "soltar--se", por exemplo, quando o usual é sermos controlados.

Por outro lado, a minha experiência com os ritos de passagem sugere que o momento mais importante para nos envolvermos com a família de alguém é nos meses anteriores e posteriores à celebração, usando o evento mais como uma desculpa para reentrar. Embora, naturalmente, quanto mais prepararmos o solo antes da celebração, mais rica será a colheita no evento propriamente dito.

Por exemplo, seria bom usar o estado de fluxo num sistema familiar normalmente presente em um funeral para fazer com que um irmão e uma irmã voltem a falar um com o outro. Mas será mais fácil que isso aconteça no funeral se iniciarmos a comunicação com eles enquanto o membro da família a ser enterrado ainda estiver agonizante.

Talvez o ponto mais importante a ser salientado para distinguirmos entre a cerimônia e a passagem seja o de que o potencial para a mudança encontrado por mim próximo aos eventos nodais talvez não fosse tão grande se o evento fosse simplesmente o evento.

Essa noção se realimenta em si mesma. Se você conseguir acertar as coisas antes de alguma cerimônia, então todos os processos curativos naturais que as antigas tradições capturaram em seus ritos de passagem irão assumir o controle, e, na celebração, farão grande parte do trabalho para você. Alhures, eu desenvolvi esse tema para os clérigos de todas as crenças religiosas, sugerindo que uma consciência do processo familiar possibilita a um ministro valer-se das forças naturais nas famílias para enriquecer a experiência religiosa. A ideia não é psicologizar a religião. Pelo contrário, a tese é a de que, quando os clérigos facilitam o envolvimento significativo dos membros da família nas cerimônias de ciclo de vida, eles de fato estão permitindo o fluxo dos processos curativos naturais, e fazendo aquilo que a religião sempre intuiu, mas que nos tempos modernos veio a ser chamado de terapia.[2]

---

[2] Eu desenvolvi a noção de que as tradições maduras já estão em contato com o processo familiar em "Enriquecendo o Ciclo de Vida Através da Participação Familiar Criativa", rascunho de 40 páginas, 1977. Artigo escrito para o *Committee on Family Life of the Central Conference of American Rabbis*. Apresentado integralmente na *Conference,* Toronto, junho de 1978. Veja também a seção sobre puberdade – bar mitzvah.

Como eu sempre digo aos casais preocupados com as opiniões dos parentes: se o relacionamento familiar não está operando patologicamente, e esse casamento não é mais do que desequilíbrio rotineiro de seu sistema familiar, então você poderia até mesmo incluir um assassinato ritual como parte da cerimônia do casamento que todo o mundo ainda sairia comentando: "Não foi um casamento maravilhoso ?" Se, por outro lado, existem severos dilemas na família, ou se o casamento é particularmente perturbador para o equilíbrio do casamento dos pais, então a questão é outra. Se for assim, nenhuma precaução relativa a seguir costumes e cerimônias adequadamente irá proteger o casal da infinita capacidade de crítica dessa intensidade.

A conclusão lógica, a partir disso, é que se você está preocupada com o comprimento de seu vestido ou o formato da pia batismal, vá trabalhar os triângulos com os seus pais. De fato, talvez você jamais tenha uma oportunidade melhor.

Abandonar esses mitos leva a alguns princípios muito úteis, que por sua vez conduzem à observação de padrões confirmadores. Pois do outro lado da noção de que o rito de passagem é mais do que a cerimônia, e que os indivíduos que fazem a passagem são mais do que aqueles identificados com a cerimônia, está a ideia de que os ritos de passagem sempre indicam um movimento significativo num sistema familiar. Consequentemente, a abordagem de uma família aos ritos de passagem não apenas pode torná-los jornadas mais fáceis, como também as crises que esses eventos precipitam tornam-se oportunidades de ouro para induzir a mudança em padrões de relacionamento disfuncionais, de outra forma estáveis. Como mencionado anteriormente, os sistemas familiares parecem destrancar-se durante esses períodos.

Com base na minha experiência com famílias de muitas culturas, eu gostaria de afirmar os seguintes princípios relativos aos ritos de passagem das famílias, independentemente do *background* cultural.

1. Os ritos de passagem são eventos familiares que acontecem no momento em que acontecem em decorrência dos processos emocionais que estiveram se desenrolando na família nuclear e ampliada daquele(s) membro(s) que é(são) o foco da cerimônia.
2. A cerimônia ou o evento em si reflete o fato de que os processos na família têm sofrido mudança e estão num estado de fluxo.
3. A cerimônia e o período que a antecede e sucede são, portanto, períodos oportunos para induzir a mudança no sistema familiar.
4. Parece haver certos períodos "normais" para a mudança e para a elaboração de processos emocionais nos momentos de transição do ciclo de vida, e as tentativas de apressar ou encurtar indevidamente esses períodos são sempre uma indicação de que existem importantes questões não resolvidas no sistema de relacionamentos familiares.

Este último princípio conduz à observação de certos padrões. A incrível semelhança na maneira como os três primeiros princípios apareceram, independentemente da cultura, fez-me perceber que eu estava observando algo natural e orgânico no fenômeno humano. Então, ficou claro que a chave para entender as famílias, não apenas durante um rito de passagem, mas em qualquer momento, era observar na história da família a maneira pela qual esta funcionou em ritos de passagem anteriores, de acordo com a indicação dos maiores problemas familiares. Embora não seja possível definir com precisão a exata variação da "normalidade", e aqui a cultura afetará as normas, poderia ser estabelecida uma variação suficiente para criar um parâmetro para julgar os extremos.

Na Tabela 6.1 estão sete contínuos descrevendo os períodos de tempo que cercam os ritos de passagem do casamento, nascimento e divórcio. A coluna do centro representa um intervalo que descobri ser extremamente comum quando as pessoas estão considerando objetivamente a decisão de fazer uma mudança. Este é o período parâmetro. Ele não pretende ser totalmente inclusivo, e talvez possa ser visto como uma régua de cálculo que poderia expandir-se ou contrair-se entre os extremos, dependendo da cultura. O importante não é a exatidão desta coluna, e sim para onde ela aponta em cada direção. Com base em minha experiência, eu diria que, na medida em que os membros da família se aproximam desses extremos, eles estão tomando decisões mais com suas entranhas do que com suas cabeças, e que ainda há importantes questões não elaboradas a serem resolvidas com a família de origem.

Tabela 6-1

Extremo	Período parâmetro	Extremo
1. Idade ao casar fuga com o namorado	21-27	Nenhum casamento na adolescência ou meados dos 40
2. Duração do namoro amor à primeira vista – 10 dias	6 meses a 1 ano	cinco anos de namoro firme ou morar juntos
3. Duração do noivado fuga com o namorado logo depois da decisão	3-6 meses	muitos anos de adiamento
4. Tempo até o nascimento do primeiro filho gravidez antes do casamento	2-3 anos	sem filhos, por alguma razão
5. Tempo entre a separação e o divórcio tentativa de apressar os limites legais	1-2 anos após os limites legais	até que a morte nos separe
6. Tempo entre a separação de um companheiro e o namoro firme com o futuro companheiro caso com o futuro companheiro	4 anos	retraimento, promiscuidade
7. Tempo entre o divórcio e o recasamento igual aos exemplos 5 e 6	2-5 anos	igual aos exemplos 5 e 6

A tabela também sugere que os extremos opostos dizem coisas parecidas. Eu enfatizo isso porque esses extremos opostos podem aparecer em gerações diferentes ou em diferentes irmãos, mas refletem padrões semelhantes.[3]

Entretanto, de maneira nenhuma estou dizendo que as famílias com membros em um dos extremos de uma escala estará, necessariamente, nos extremos das outras escalas. É importante entender também que estes contínuos não devem ser tomados muito literalmente. Eles são projetados primariamente para criar um instrumento que proporcione perspectiva, e serão menos especificamente acurados em qualquer ponto dado da linha, embora mais geralmente acurados conforme nos movemos para os extremos. *(Cuidado:* Quem quer que tente avaliar-se através dessas "escalas" acabará achando que caiu completamente nas extremidades.) Embora as escalas ainda precisem de aperfeiçoamento, penso que esse modelo é válido, mesmo que ele faça parecer que algumas famílias possuem membros que passam pela vida segurando uma extremidade de seu cordão umbilical numa das mãos, procurando alguém em quem conectá-lo, ou o contrário, como quando os membros da família são incapazes de se comprometer com qualquer pessoa.

---

[3] Na vida emocional, qualquer situação pode provocar efeitos exatamente opostos, e qualquer efeito pode vir de situações totalmente opostas. E importante estarmos conscientes disso ao observarmos padrões que superficialmente podem parecer diferentes. Eu tentei desenvolver mais completamente esse tema em "The *Curvature of Emotional Space*", apresentado no Décimo-quarto Simpósio de Terapia Familiar de Georgetown, 1977, não publicado.

O que pode ser dito a respeito dos indivíduos que tendem a operar perto dos extremos é que eles vêm de famílias que têm dificuldade em estender seus relacionamentos, em outras palavras, têm dificuldade em manter distâncias diferentes com uma pessoa ao longo do tempo. Eles tendem a controlar seus sentimentos com um interruptor liga/desliga – é tudo ou nada. Outros indícios também tendem a comprovar isso. Por exemplo, quando ninguém ou todo o mundo é convidado para um evento, isso pode significar algo parecido. E com relação a funerais, a cremação sugere o mesmo tipo de dificuldade em permitir que a dor dos processos emocionais opere naturalmente. De modo geral, qualquer coisa que demonstre a pressa em substituir a perda ou uma incapacidade de preencher o vazio indica uma falta de flexibilidade no sistema.

Mas a mais importante ramificação desses achados para a abordagem de uma família aos ritos de passagem é, acredito, que em sua universalidade eles apoiam a noção de que a espécie humana desenvolveu ritos de passagem a partir de sua própria natureza. As tradições, independentemente da cultura, refletem ou capturam isso, e, fundamentalmente, é por isso que, na vida emocional de qualquer família, os ritos de passagem ao longo do ciclo de vida são o momento ideal para aprendermos sobre a família, assim como para ajudá-la a curar-se. Para a aplicação desses conceitos a organizações inteiras, veja *Generation to Generation* (Friedman, 1985).

TRÊS RITOS DE PASSAGEM NATURAIS

A seguinte discussão abrange três ritos de passagem naturais – funerais, casamentos e ritos de puberdade – e inclui exemplos de como uma abordagem familiar pode tornar a passagem menos carregada de ansiedade, e inclusive transformá-la numa oportunidade para ajudar a família em termos mais amplos. Eu também comento brevemente os três pontos nodais no moderno ciclo de vida que não são tão naturais, mas estão se tornando tão difundidos que se aproximam dos tradicionais ritos de passagem na significação emocional – divórcio, aposentadoria e desarraigamento geográfico.

Funerais

Começarei com um evento que normalmente considera-se assinalar o final do ciclo de vida, porque a morte é, indubitavelmente, o mais importante evento isolado na vida familiar. Ao longo dos anos, eu observei que ocorrem mais mudanças nas famílias – casamento, divórcio, gravidez, mudanças geográficas, outras mortes – no ano seguinte à morte de um membro da família do que depois de qualquer outro ponto nodal do ciclo de vida. Outra razão para começar pelo fim é que este evento, especialmente se está associado a uma pessoa particularmente importante da família, pode influenciar a celebração de outros eventos nodais que vêm a seguir. Por exemplo, no primeiro casamento, batismo, bar mitzvah, e assim por diante, depois da morte de uma pessoa importante para o sistema, é provável que haja uma reunião muito maior do que poderíamos esperar. Quando isso ocorre, o próprio fenômeno pode indicar quem irá substituir a pessoa falecida da família. Por outro lado, a reunião num funeral não parece ser tão influenciada pelos eventos nodais que a precedem.

A morte cria um vácuo, e os sistemas emocionais, como os sistemas físicos, apressar-se-ão em preenchê-lo. Neste processo, os rompimentos familiares entre os membros da família irão começar e terminar, e a liberdade e a paralisia serão o destino de outros. As mu-

danças na responsabilidade são normais, e a substituição torna-se um objetivo para muitos. A fluidez de um sistema no momento da morte também é maior, embora não necessariamente por um período indefinido. Em outras palavras, se alguém pretende tirar vantagem deste período, o funeral, seus preparativos e sua "celebração" podem ser uma experiência esclarecedora. E embora possa haver mais ansiedade e dor para a família quando uma morte está sendo esperada, esses casos oferecem mais oportunidade de mudança. Seis tipos principais de oportunidade passam a existir durante este rito de passagem:
1. A chance de assumir ou mudar a responsabilidade.
2. A oportunidade de restabelecer contato com parentes distantes (ou parentes próximos que moram longe).
3. A oportunidade de conhecer a história familiar.
4. A chance de aprender a lidar com as forças mais ansiosas que moldaram nossa vida emocional.
5. (Embora esse possa incluir os prévios), a oportunidade de mudar a direção da energia nos triângulos familiares, sendo que todos parecem ressurgir em tais momentos.
6. A oportunidade de reduzir os efeitos debilitantes da tristeza.

O último tem o caráter de uma urdidura de tempo, uma vez que envolve os efeitos provocados depois da morte por aquilo que a pessoa fez na família antes da morte. Mas talvez seja o mais crucial de todos e, melhor do que qualquer outra noção, expressa a ideia de que um rito de passagem é mais do que uma cerimônia. A noção básica é: A tristeza é o resíduo da parte não elaborada de um relacionamento.[4]

Vários destes tipos estão exemplificados na seguinte estória, à qual estive envolvido como clérigo, mas fui capaz de utilizar o meu conhecimento sobre o processo familiar para deixar fluir as forças curativas naturais liberadas pelos ritos de passagem.

>Uma mulher bastante envolvida em saúde mental comunitária telefonou e perguntou se eu estaria disposto a fazer um funeral "não-religioso" para seu marido, um renomado cientista, de 46 anos de idade, que estava em fase terminal e poderia morrer a qualquer momento. O problema é que ela não queria que ele ficasse sabendo. Ele era ateu, mas ela queria fazer isso pelos filhos, de 19 e 12 anos de idade. Eu respondi que não podia concordar em fazer um funeral para um homem que ainda estava vivo, a menos que pudesse encontrá-lo. (Havia outras razões para assumir essa posição, que tinham a ver com minhas ideias gerais de que o segredo quase sempre estabiliza a disfunção e aumenta a ansiedade no sistema. Eu concluí isso depois de observar numerosos clientes em terapia, nos quais a morte iminente de uma pessoa amada foi manejada em segredo.)[5]
>
>A mulher disse que um encontro com seu marido estava fora de questão, e eu apenas disse: "Pense a respeito". Ela ligou novamente mais tarde naquele dia, para dizer que falara com o marido e que ele concordara em encontrar-se comigo. Eu disse a ela que não queria vê-lo sozinho, mas com ela e os dois filhos. Ela concordou, mas avisou-me que não queria nenhuma terapia. Eu disse que apenas faria perguntas.
>
>O marido acabara de voltar do hospital para morrer em casa. Quando cheguei, ele estava na cama, e, apesar de fisicamente fraco, estava perfeitamente lúcido. Ele era filho único, e tinha um telefone ao lado da cama para que, quando seus velhos pais ligassem do meio-oeste, não percebessem como a situação estava ruim.

---
[4] Devo este entendimento ao Dr. Murray Brown, conforme relatado numa reunião clínica mensal em Georgetown, depois da morte de seu pai.
[5] O completo desenvolvimento deste ponto de vista sobre os perniciosos efeitos dos segredos nas famílias está em "Segredos e Sistemas", apresentado no Décimo Simpósio Sobre Família da Universidade de Georgetown, 1973. Publicado no volume 11, *Selected Papers*, editado por Lorio e McClenathan, 1977.

O filho mais velho estava lá, mas fui informado de que o mais jovem, que tinha asma, fora mandado para a casa da avó materna. Eu comecei por dizer ao homem agonizante (na frente de sua mulher e filho) que nunca encontrara uma pessoa que sabia que estava para morrer e que me perguntava o que ele pensava sobre isso. Ele respondeu de maneira abnegada, parecendo tentar transmitir que estava se aproximando de seu fim com perfeita serenidade. Eu fui claro, dizendo que sua mulher falara que ele era ateu, e me perguntava se ele estaria agora querendo garantir-se antes de encontrar seu criador. Ele respondeu de modo lúcido, novamente, e com grande senso de caráter: "Não". Ele sabia que esse seria realmente o fim. Então eu perguntei-lhe o que ele gostaria que fosse dito em seu funeral. (Eu já tinha-lhe dito que encontrara algumas passagens de Albert Eistein que julgara apropriadas, mas agora estava falando em termos de elogio.) Ele, então, replicou com surpreendente humildade que não havia nada de especial nele que ele quisesse enfatizar.

No que me tocava, nesse ponto todas as perguntas estavam apenas "sondando". Eu voltei-me para o filho e perguntei-lhe, na frente do pai, o que ele gostaria que fosse dito no funeral do pai. Nesse momento, a propósito, um telefonema casual fez a mãe sair do quarto; ela não voltou mais. Eu passei a estimular uma conversa do tipo mais pessoal possível entre o pai e o filho sobre a questão do que seria dito no funeral do pai. O homem morreu no dia seguinte. O filho, a meu pedido, escreveu e proferiu o elogio, e a mãe, vários dias depois, mandou-me uma longa nota de agradecimento e uma cópia do *On Death and Dying*[6], de Kubler-Ross.

Como clérigo, tive uma rara oportunidade nesta situação, mas penso que aquilo que ocorreu lá somente poderia ter ocorrido naquela família durante um rito de passagem desse tipo. Essa experiência mostrou-me que existem maneiras de encorajar um processo desses se você tem a "sorte" suficiente de estar atendendo um cliente na época de uma morte na família.

Minha própria experiência com o agonizante, o morto e os sobreviventes é de que não é tanto um indivíduo que está morrendo, e sim um membro da família – isto é, parte de um. organismo está morrendo. Quando este foco é mantido, por mais impessoal e frio que possa parecer a princípio, surgem muitas maneiras novas de ver as coisas. Por exemplo, utilizando o princípio dos extremos mencionado antes, acredito que quando são feitos esforços extraordinários, seja para terminar com a vida da pessoa, "para reduzir o sofrimento", seja para prolongá-la quando a pessoa está biologicamente viva, mas existencialmente morta, a família ou está desejosa de apressar a passagem ou temerosa de entrar nela. Em qualquer caso, isso dirá alguma coisa sobre a família e a importância da pessoa agonizante para ela naquele momento. Essa abordagem também traz um novo foco às assim chamadas questões éticas acerca do "direito de morrer".

Há outra maneira importante pela qual o foco na pessoa agonizante, e não na família, orienta mal este rito de passagem: ele requer que o agonizante esteja perfeitamente lúcido. Em muitos casos, tais pessoas estão psicoticamente senis, inconscientes, em coma, negando estrondosamente, ou desesperadamente confusas. Nestas situações, do ponto de vista da existência daquele indivíduo, a pessoa "bem poderia estar morta". Mas isso não é verdade do ponto de vista da família. Enquanto a pessoa agonizante está acima da terra, ainda é uma parte viva do organismo. (Comparem com os extraordinários esforços para manter vivos os líderes políticos, mesmo que eles já não sejam capazes de governar.) Os sistemas conhecem o extraordinário significado do enterro.

---

[6] Numa outra experiência que tive com as forças emocionais inconstantes presentes nos funerais, uma mulher tentou raptar sua mãe depois da morte do seu pai, porque a distância que existia entre ela e o marido a fazia sentir que pranteria o pai sozinha. Isso está descrito em *"Family Systems Thinking and a New View of Man"*, CCAR *Journal*, volume 18, número 1, janeiro de 1971.

Recentemente, eu tive a oportunidade de colocar em prática grande parte do que tenho pregado, quando minha mãe, que vinha piorando há anos de sua arterioesclerose, entrou num declínio final. Apresento aqui, resumidamente, a maneira como funcionei durante aquele período, pois acredito que o relato de minha experiência encerra grande parte do que tenho tentado transmitir acerca dos funerais.

Em agosto de 1977, minha mãe, de 79 anos de idade, cuja condição física e mental vinha piorando nos últimos anos, e que, durante esse período, teve de viver com uma atendente em casa, caiu e quebrou um pequeno osso em sua perna. Por não ter quase nenhuma pulsação abaixo de sua cintura, o gesso quase imediatamente criou um ferimento que teria gangrenado sem uma constante atenção. Ela foi hospitalizada numa tentativa de debridar o ferimento e salvar sua perna.

Uma vez que minha mãe de qualquer maneira já não caminhava mais, o cirurgião queria amputar. A decisão teria de ser minha, já que eu era seu único filho e meu pai morrera há 25 anos. Ela parecia não ser mais capaz de compreender o que estava acontecendo. Pensando em minha mãe como uma pessoa que não desistia facilmente, preferi tentar salvar a perna, mas já estava pensando em seu funeral. O que atrapalhava a minha capacidade de pensar claramente durante esse período era a incrível ansiedade de sua irmã, que morava ao lado de minha mãe. Minha tia chegara aos oitenta e poucos anos usando sua ansiedade para levar os outros a assumirem responsabilidades. Ao longo daqueles últimos quatro meses, ela constantemente falava mal da atendente para mim, e de mim para todas as pessoas. Num esforço para diminuir a intensidade do triângulo envolvendo minha mãe, minha tia e eu, comecei a contatar com outros membros da família ampliada, os quais eu percebia formarem triângulos entrosados comigo e minha mãe ou comigo e minha tia. Comecei um processo no qual tentei estabelecer ou restabelecer o máximo possível de relacionamentos com outros membros da família e com amigos íntimos de minha mãe por todos os Estados Unidos. Eu os mantive informados daquilo que estava fazendo e do estava acontecendo. Encontrei um grande apoio ao fazer isso; o processo de envolver membros da família à distância também pareceu redistribuir a culpa e a responsabilidade, difundiu o risco e me tornou mais objetivo em relação àquilo que estava acontecendo perto.[7]

Durante seis semanas, a situação continuou a mesma, e então, quando estávamos todos prestes a desistir, fiz uma última tentativa de abrir caminho até a minha mãe, dizendo-lhe diretamente que eu estava desistindo. Para a nossa surpresa, a perna começou a sarar e minha mãe pôde voltar para casa. Entretanto, logo depois a enfermeira visitadora apertou demais as faixas e minha mãe desenvolveu uma gangrena. Nesse momento, as posições mudaram, o cirurgião agora disse que ela estava tão perto da morte que a amputação seria um ato "heroico". Uma vez que eu já havia pensado muito sobre como o apego não resolvido faz com que seja difícil deixar alguém morrer, tive dificuldade com este. Minha tia, que desde o início fora contra a amputação, continuava contra. Eu, todavia, decidi pela amputação, porque não podia deixar que o corpo de minha mãe se envenenasse quando isso poderia ser evitado; ela teria de morrer "naturalmente". Depois da amputação, ela realmente pareceu recuperar-se durante um certo tempo. Novamente, ao longo desse período, permaneci sempre em contato com a família e os amigos, informando-os sobre o que estava acontecendo, mas somente depois de ter tomado a decisão, para poder decidir livre da ansiedade familiar. Por todo esse período, minha tia e as pessoas mais próximas à minha mãe criticavam-me por não a ter colocado numa casa de saúde bem mais cedo, onde "ela" teria ficado mais confortável (significando que eles teriam ficado mais confortáveis).

---

[7] Para um maior conhecimento de meu sistema familiar, e uma olhadela em minha ansiosa tia dez anos antes (ela é aquela que passa através da porta corrediça de vidro), veja "The Birthday Party: An Experiment in Obtaining Change in One's Own Extended Family", *Family Process,* volume 10, número 3, setembro de 1971.

Logo depois que minha mãe voltou para casa do hospital, ficou claro para mim que seu corpo passara além de todos os limiares, e comecei a preparar-me para a sua morte e funeral. Então, a mesma enfermeira visitadora, que fora severamente castigada pelos médicos por seu erro anterior e que estava muito ansiosa a respeito de sua condição, quis hospitalizá-la novamente. Felizmente, eu fui chamado antes disso. Durante três anos eu lutara contra uma grande pressão familiar para mantê-la fora de uma instituição. Agora estava claro que ela teria menos tempo do que o necessário para reverter o processo de sua enfermidade. Com grande dificuldade, eu tomei a decisão de não a deixar voltar para o hospital e morrer na instituição, mas de deixar que a natureza seguisse seu curso. Parei de interferir. Em cinco dias ela estava morta.

Eu preparara uma lista de números de telefones da família, e, quando recebi a notícia de sua morte, comecei a executar um plano que desenvolvera enquanto minha mãe estava agonizante. Telefonei para cada parente avisando que minha mãe morrera e aproveitei as reminiscências naturais que fizemos, para tomar notas daquilo que cada pessoa disse a respeito dela. No funeral, eu li um "elogio familiar", que incluía meus próprios comentários e os dos outros membros da família. Então, pedi que as pessoas presentes acrescentassem qualquer coisa que desejassem.

Meus comentários acerca de minha mãe foram tão diretos e honestos quanto pude fazê-los. Falei sobre como achava que suas qualidades haviam me influenciado (ou estragado), e fiz referências ao modo como ela cuidara de sua mãe para a família. Quanto a mim, depois do funeral, senti fortalecida a minha capacidade para lidar com crises agudamente ansiosas.

Aqui estão algumas coisas que aconteceram durante o rito de passagem em minha vida pessoal e em meu trabalho com famílias.

1. Três anos antes, por uma razão ou outra, eu deixara de ter contato com todas as pessoas que eventualmente vieram ao funeral. Agora, as coisas haviam dado uma volta tão completa, que um primo chegou a convidar toda a minha família para visitá-los. Eu senti que era novamente um membro da família.
2. O neto de minha ansiosa tia, que desposara recentemente, sem que a família soubesse, uma mulher com quem vivia há anos, apresentou sua esposa à família pela primeira vez.
3. Sabendo como os canais financeiros são canais emocionais, e tendo visto tantas divisões familiares a respeito de heranças, tentei utilizar esse fenômeno ao contrário, dando aos recém-casados a mobília de minha mãe, o que eles apreciaram imensamente.
4. Descobri-me capaz de voltar imediatamente ao trabalho com entusiasmo, sem nenhuma depressão, e percebi um senso aumentado de criatividade e competência.
5. Também houve ramificações para os meus sistemas de trabalho. Com relação aos clientes em terapia familiar, várias famílias entraram em crise nesse momento. Em minha opinião, quando aprendi a lidar com as forças formadoras de ansiedade que me transformaram em "mim", eu inadvertidamente retirei alguns dos suportes com os quais estivera previamente apoiando estes clientes durante a minha ansiedade. Entretanto, quase todos eles tiveram pulos de crescimento, pois parece que eu também não respondi ansiosamente a essas crises "convidativas".
6. Também houve uma reação análoga interessante dentro da pequena congregação atendida por mim, que eu ajudara a estabelecer catorze anos antes. Anualmente, no momento do contrato, eu vim a esperar algum ataque da "oposição leal". No passado, eu normalmente me envolvia muito com esses membros, muitas vezes chegando a extremos para refutar o conteúdo de suas acusações – motivado, acredito, pela ansiedade em relação à minha própria segurança ou em relação à continuidade da filosofia da congregação. Desta vez, todavia, o conteúdo de suas

acusações, embora não diferente em natureza, parecia quase tolo, se não aborrecido, e não levei muito a sério as queixas iniciais. (Não surpreendentemente, as reações à minha exoneração escalaram.[8])

Um último ponto: vinte e cinco anos antes, eu observara, impotente, meu pai morrer lentamente num hospital. Eu não ousei aproveitar a oportunidade para dizer-lhe o que ele significava para mim, para discutir com ele sua morte iminente ou para funcionar de alguma maneira que pudesse ser útil para a minha sobrevivência ou para a consequente viuvez de minha mãe. A atmosfera estivera carregada de ansiedade e negação. Seu velório deixou-me com um sentimento de alívio, de que tudo estava terminado, mas era um alívio mesclado com confusão, culpa e um sentimento difuso de que alguma coisa ficara incompleta. Quando parecia que ele iria morrer, ele me fez uma declaração um tanto enigmática: "Eddie, faça aquilo que você quer fazer". Totalmente fora do contexto de uma experiência circundante mais íntima, isso tornou-se, com o passar dos anos, semelhante a uma misteriosa pérola de conselho que levamos de uma conversa com um oráculo, sobre a qual somos forçados a refletir e pensar a vida toda. Por outro lado, após a morte de minha mãe, a história foi totalmente diferente. Embora ela não estivesse nem um pouco preocupada com o meu futuro – de fato, ela muitas vezes era amarga, queixosa, do contra, e, às vezes, na confusão de sua psicose senil, uma verdadeira bruxa – tive um sentimento de inteireza, realização e paz. Por fim, eu diria que tratar um funeral como um rito de passagem e aproveitar ao máximo a oportunidade para nossa própria diferenciação é a única maneira que conheço de escapar desse horrível dilema, eternamente assombrador, de desejar que tudo acabe logo.

Casamentos

Se a morte é o evento mais portentoso na vida familiar, o casamento pode ser o mais sintomático em dois sentidos. Primeiro, minha experiência com mais de dois mil casais antes do casamento levou-me à conclusão de que o momento escolhido para o casamento está longe de ser casual. Eu descobri, por exemplo, que muitos casais ou se conhecem ou decidem casar nos seis meses seguintes a uma mudança maior na família de origem de um dos parceiros. Não é que o romance não conte, mas simplesmente que ele não é suficiente para levar um relacionamento ao casamento. Os casamentos também podem ser sintomáticos de um processo familiar, no sentido de que os estresses do período de preparativos para o noivado e casamento realmente parecem fazer as rachaduras aparecerem. Isso também acontece nos funerais, mas existem algumas diferenças maiores. Muito provavelmente, a morte terá um efeito implosivo numa família, no qual todos os membros se juntam, mesmo que depois do funeral briguem acerca da herança. Nos casamentos, precisamos decidir se convidaremos aqueles com os quais não queremos estar, e o peso da escolha pode tornar-se quase insuportável, dependendo de quantos lados estamos tentando satisfazer. Enquanto que no funeral a necessidade de conforto faz com que os parentes fiquem inclinados a estarem uns com os outros, num casamento o desejo de estar alegre torna execráveis alguns desses mesmos parentes. Uma outra diferença maior entre casamentos e funerais é que na morte estamos lidando com perda de alguém de dentro, ao passo que no casamento o problema é a inclusão de alguém de fora – apesar do velho ditado: "Não estou perdendo uma filha, mas ganhando um filho".

---

[8] Eu não discuti aqui os efeitos dos ritos de passagem sobre os sistemas de trabalho, simplesmente por falta de espaço. Desenvolvi um pouco esse tema em *"Leadership and Self in a Congregational Family"*, *CCAR Journal*, inverno de 1978.

Evidentemente, pode haver um lado frívolo nos casamentos: a preocupação obsessiva com a etiqueta, a inadequação de alguns presentes, até o ciúme de quem vai sentar com quem. Novamente, contudo, quando consideradas em termos de processo familiar, essas pequenas coisas podem ser mais significativas do que poderíamos pensar. As vezes isso é descarado, como no caso da mãe que durante o casamento sussurrou para a noiva quando ela foi tomar o vinho cerimonial: "Não beba demais agora, querida". Da mesma forma, um sinal de alerta divertido mas frequentemente significativo acontece quando a mãe ou o pai faz o primeiro contato com o clérigo, ou porque seu filho "trabalha", ou porque sua filha mora no Alasca e "seria um telefonema interurbano".

Por outro lado, algumas famílias manejam essas situações com surpreendente perceptividade. Um homem, que estava desposando uma mulher que tinha uma filha de cinco anos de idade, voltou-se para a garotinha imediatamente após o pronunciamento e deu um anel também à criança. Ele sabia o que estava fazendo; naquelas condições, ele realmente casou com ambas, não somente com sua noiva.

Um dos aspectos das cerimônias familiares que sempre me impressionou, e também provou-me que o processo familiar invisível tem mais poder do que a cerimônia, é a perda do senso crítico em eventos familiares. Eu realizei casamentos extremamente esquisitos nos mais desconfortáveis ambientes (com uma pulga literalmente atrás da orelha) e todo o mundo depois veio me cumprimentar, dizendo que fora o casamento mais animado do qual já haviam participado. Mas também tomei parte naqueles sistemas ansiosos em que mesmo nos ambientes mais elaboradamente organizados, as mais eloquentes homilias eram ignoradas, e eu tinha de me esforçar para não pisar inadvertidamente no vestido da noiva, fazendo-a tropeçar.

Como uma oportunidade para induzir a mudança, descobri que o rito de passagem que cerca um casamento é o momento mais propício para redirecionar o foco. As oportunidades para aprender sobre a família e reformular os triângulos, já mencionadas em relação aos funerais, também estão presentes, mas o período em torno do casamento aparece primariamente como o momento para redirecionar o foco de um progenitor, e, mais uma vez, crise é oportunidade.

Embora este seja claramente o caso, a maioria dos casais que têm dificuldades com seus pais com relação à cerimônia do casamento vê esse período apenas como algo a superar até casar e ir embora. Essa evitação da experiência poderia ser semelhante à cremação após a morte. É claro, o ir embora realmente somente acontece se os jovens utilizarem esse período para desenvolverem uma maior diferenciação do eu em seus relacionamentos com os pais. E, novamente, os casais que estão sofrendo em tais momentos (como nas mortes terminais) talvez sejam mais afortunados. Quando surgem problemas na família de origem durante os preparativos para o casamento, as oportunidades de redirecionamento do foco são abundantes.[9]

Para começar, posso dizer categoricamente que jamais vi uma questão religiosa, social ou qualquer outra relacionada à escolha matrimonial, ser elaborada, quando os esforços foram feitos diretamente sobre o conteúdo da questão. Por exemplo, se os pais criticam a escolha matrimonial com base em diferentes *backgrounds* religiosos ou sociais, os esforços para mudar a opinião dos pais dizendo coisas como: "Mas, mamãe, você sempre foi tão liberal", ou "Papai, você sempre me ensinou a tratar todas as pessoas igualmente", estão destinados ao fracasso. Eu vi muitos noivos e noivas passarem um fim de semana inteiro tentando mostrar aos pais críticos como suas opiniões eram ilógicas, e partirem acreditando

---

[9] Eu desenvolvi a noção geral do interrelacionamento entre casamento e família de origem em dois artigos: *"The Nature of the Marital Bond"*, apresentado no Décimo-primeiro Simpósio de Terapia Familiar da Universidade de Georgetown, 1974, publicado no volume 11, *Collection of Selected Papers*, editado por Lorio e McClenathan, 1977; e *"Engagement and Disengagement – Family Therapy with Couples During Courtship"*, apresentado no Oitavo Simpósio de Terapia Familiar da Universidade de Georgetown, 1971, publicado em Collection of Symposium Papers, volume 1, editado por Andres e Lorio, 1977.

que haviam conseguido modificar o ponto de vista dos pais, apenas para receberem uma carta na mesma semana mostrando que eles estavam de volta à estaca zero. Esses esforços para lidar com o conteúdo da queixa dos pais são ineficazes porque a pessoa está lidando com o sintoma, não com a causa. A causa de quase todas as severas reações paternas à escolha marital é o fracasso deste progenitor em elaborar alguma coisa importante em outros relacionamentos. O foco foi mal colocado. Por outro lado, encontrei quase 100% de sucesso na redução do significado dessas questões, se não eliminação completa, quando o noivo ou a noiva é capaz de refocalizar o progenitor reativo em seus próprios pais.

Três fatores maiores sempre estão presentes na posição do parente reativo na família: (1) ele ou ela está tendo grande dificuldade em diferenciar-se do filho que está casando; (2) não necessariamente distinto disso, o filho que está casando é muito importante para o equilíbrio do casamento dos pais; e (3) esse progenitor ou parente está aprisionado em alguma posição de responsabilidade, em termos emocionais, em sua própria família de origem.

Não há dúvida de que o terceiro aspecto é mais importante, mas ele frequentemente também é o mais difícil de atingir. Alguns movimentos iniciais para mudar o foco, que descobri serem úteis nos fatores um e dois, são: "Bem, papai, é tudo culpa sua, você deveria ter-me mandado à escola hebraica (à igreja aos domingos) com maior frequência". Se a resposta é: "Nós tentamos, mas você não quis", segue-se em frente. "Bem, você era o pai, por que não tentou mais firmemente?" "Ainda bem que sua mãe não está aqui para ver isso". Ou, para uma mãe intrometida que diz à filha o que fazer no casamento: "Mamãe, aqui está uma lista de 100 aspectos do casamento; sei como é importante para você agradar à sua irmã (mãe, sogra, amigas); examine-a quando tiver tempo e me dê respostas tão completas quanto possível. Estou particularmente interessada em saber se você quer a tradicional abordagem de colocar as facas ao lado das colheres, ou a nova ideia de que a faca deve ficar na frente do prato". Isso não provocará uma mudança completa, mas com certeza dará espaço para respirar. Há um esforço refocalizador, entretanto, que jamais falhou. Embora, para alguns leitores, possa parecer meramente uma tentativa de amenizar uma questão tóxica ou um comentário sarcástico ou desagradável, eu ainda não encontrei uma maneira melhor para a noiva refocalizar a atenção da mãe. É mais ou menos assim.

"Mãe, sei que você se opõe a John, e tem o direito de ter a sua posição, mas você ainda é a minha mãe, e penso que me deve uma última coisa antes de John e eu casarmos. Nós nunca tivemos uma conversa franca sobre sexo. Qual foi o segredo do seu sucesso conjugal? Quantas vezes por semana você diria que um homem gosta? E quando você não quer, como mantém um homem à distância?" Ainda não encontrei uma maneira melhor de refocalizar uma mãe em seu próprio casamento (os pais satisfeitos com seu casamento não colocam tanta energia em seus filhos). Mas nem todas as filhas podem fazer esse pequeno discurso. Assim, por outro lado, talvez os 100% de sucesso que vi com essa técnica deve-se ao fato de que qualquer filha que possa dizer isso à sua mãe está no caminho do desligamento, de qualquer maneira.[10]

Às vezes, um casamento proporciona a oportunidade de trabalhar no triângulo primário com a mãe e o pai. A chave para qualquer triângulo é não ficar preso no meio como o foco de uma questão não resolvida entre os outros dois. Se um membro da família fica preso no meio, ele não apenas tem menos condições de manobrar, como também os outros dois acabam numa pseudo-estabilização de seu relacionamento. Uma das melhores maneiras de "destriangular" é juntar os outros dois membros do triângulo. Isso vale tanto para o triângulo clássico, como num caso extraconjugal, como para aquele em que o terceiro membro é um sintoma (físico ou emocional) do parceiro, progenitor ou filho da pessoa. Parecen-

---

[10] Para uma descrição do tipo de sistema emocional familiar que acredito objete mais aos "de fora", veja "Conversion, Love and Togetherness", *Reconstructionist*, volume 39, Maio de 1973.

do encorajar uma união que na verdade tem mais aparência do que substância, muitas vezes é possível colocar a questão oculta em seu devido lugar. (Quem duvidar disso deve tentar o oposto, isto é, separar as duas pessoas, ou a outra pessoa e seu sintoma, e observar que elas apaixonam-se absolutamente uma pela outra.) Quando uma pessoa que vai casar consegue evitar o conteúdo do comentário do progenitor que objeta e, em vez disso, concentra-se nos processos emocionais do triângulo, essa noiva ou noivo será desfocado como uma parte natural de qualquer processo novo, que agora focaliza os pais um no outro.

Por exemplo, normalmente é a mãe que tende a reagir mais a uma escolha matrimonial ou aos preparativos do casamento. Se esse é o caso e papai também começa a reagir, temos uma maravilhosa oportunidade de dizer ao papai quão extraordinário é ver que ele fica do lado da mãe mesmo quando isso é contra os seus princípios. Se é o pai quem mais reage e a mãe fica do lado dele, podem ser feitas declarações semelhantes sobre como ela é fiel aos antigos padrões da esposa adaptável. A chave é ficar empurrando um para o outro e elogiar sua união, enquanto seguimos em frente.

Também existe o inverso disso. Ele acontece quando os pais concordam em ir ao casamento, mas de modo muito relutante, deixando claro que estão indo apenas por um sentimento de dever. Isso é uma armadilha. Aqui, eles colocaram novamente a noiva ou o noivo no meio, tornando o(a) filho(a) responsável pelo comportamento deles. Em tais circunstâncias, eles chegarão com um voto de não se divertir (o que pode ser contagioso). Eles ficarão sozinhos num canto, talvez com um irmão, parecendo lúgubres fazendeiros do meio-oeste de um quadro de Grant Wood, inflexivelmente sérios. A destriangulação, aqui, é fazê-los vir por eles mesmos, dando-lhes permissão para não vir: "Queridos pais, sei que vocês estão indo somente para me agradar, e não quero que desistam de seus princípios só porque sou seu favorito; eu gostaria que vocês estivessem lá, mas compreenderei se não conseguirem ir".

Um típico padrão que frequentemente requer atenção é a referência dos pais às suas próprias famílias ampliadas. Em minha experiência, quando o progenitor diz: "Meus pais estão aborrecidos", isso sempre é uma projeção; igualmente, quando o progenitor diz: "Isso irá matá-los". Eu jamais vi um avô reagir mais do que um progenitor, mesmo quando seus conceitos antiquados nos levariam a esperar uma reação maior. Isso é outra evidência de que as questões têm a ver com a proximidade do relacionamento, não com o tema em questão. Em todos os casos, o seguinte tipo de carta sempre teve um grande sucesso em minha experiência:

> Querida vovó, ou tia ou tio:
> Como você já deve saber [eles provavelmente não sabem], vou casar com um judeu [um católico.um negro, um Martin]. Eu gostaria de convidá-la para o casamento, mesmo sabendo que isso vai tão contra os seus princípios e que talvez você sinta que não poderá vir. Entretanto, eu realmente queria que você soubesse. Eu também gostaria que você me desse um conselho. Sua filha, ou irmã mais jovem [não "minha mãe"], está completamente enlouquecida com relação a isso. Ela fica me dizendo que isso será o fim de nosso relacionamento, me telefona todas as noites, diz que se você descobrir você cairia morta, etc. Fico pensando se você poderia me dar alguma informação que pudesse explicar por que ela está se comportando dessa maneira, ou algum conselho sobre como lidar com ela.

De acordo com a minha experiência, sempre que esse tipo de carta é enviado, embora não seja mandada uma resposta, em algumas semanas as coisas se acalmam.[11] Às vezes, a ques-

---

[11] Isso também pode funcionar na direção oposta. Eu vi pais que nunca estiveram realmente motivados para trabalharem o relacionamento com um filho, e que começaram a fazê-lo quando chegaram originalmente preocupados com a escolha conjugal do filho, e ficaram literalmente, por muitos anos depois da cerimônia, continuando a provocar mudanças em toda a família.

tão não resolvida que está por trás da reatividade dos pais relativa ao rito de passagem de um casamento tem a ver com um relacionamento entre os pais e um parente que já morreu – talvez seus próprios pais, um cônjuge ou um outro filho. Quando isso é verdade, uma visita ao túmulo com esse progenitor pode proporcionar uma oportunidade para destravar atitudes fixas e permitir um novo foco. A chave, entretanto, independentemente do novo foco que a pessoa escolha, é que um casamento iminente é um sinal de um sistema relacional em fluxo. Alguns membros sentirão mais do que os outros o impulso das forças de mudança. A pessoa que reagirá mais será aquela que estabilizou sua vida através de algum tipo de dependência emocional em relação à pessoa que está casando. Por exemplo, alguns pais usam um filho como uma âncora para não serem levados pelo vórtice da influência dos próprios pais. Ou investem em um filho para compensar a ausência de afeição num casamento. O caminho que não leva a nenhuma mudança é o de fugir de casa com o namorado, romper relações ou tentar aplacar os pais tanto quanto possível até casar e poder começar a sua própria família. Essas abordagens garantem uma transferência da intensidade emocional para a nova família que está se formando. Mas quando os indivíduos podem ser ensinados a aproveitar a oportunidade no rito de passagem de um casamento, eles deixam em casa muita bagagem desnecessária.

Aqui está uma experiência clínica e uma breve história de caso que ilustra a extensão em que o casamento, como um rito de passagem, é um evento familiar.

> Um homem divorciado procurou-me, para tratar de seu casamento, mencionando na entrevista pré-matrimonial que não iria continuar vendo seu filho pequeno do casamento anterior, uma vez que isso iria "complicar as coisas para a criança". Eu cuidadosamente salientei que, ao fazer isso, ele poderia criar fantasmas. Ele não se convenceu e eu não insisti. A propósito, eu tive a impressão de que tudo aquilo, de alguma maneira, tinha a ver com a mãe dele, que não iria ao casamento. Depois do casamento, ele recusou-se a pagar meus honorários, dizendo que viera apenas para casar-se, não para ser aconselhado. Foi a única vez em que isso aconteceu, e eu registrei mentalmente que havia tocado fundo em alguma coisa.

Vários anos depois, um noivo em perspectiva procurou-me, numa situação idêntica. Lembrando-me da primeira experiência, contei a esse homem o que havia acontecido na vez anterior em que levantara tal questão, e acrescentei: "Sei que esse é um assunto delicado, mas você já pensou sobre a possibilidade de que, apesar de toda a sua boa-vontade, sua filha poderá crescer perguntando-se por que seu pai natural rejeitou-a, rompendo relações de maneira tão absoluta?" E mencionei quantas histórias familiares eu conhecia, de adultos que contaram estórias semelhantes de como seus pais ou avós haviam-se tornado fantasmas no sistema, e como o resíduo da culpa desses rompimentos continuara a assombrar a família. Ele riu do primeiro noivo, mas disse que simplesmente não via as coisas da minha maneira. Dois dias mais tarde, ele ligou para dizer que resolvera procurar outra pessoa para realizar o casamento. Mais uma vez, tive a impressão de que isso tinha a ver com a mãe dele.

Vários anos depois disso, chegou um homem para casar, que mencionou ter restabelecido recentemente o relacionamento com seus filhos, depois de muitos anos de rompimento. Eu disse: "Oh, então você deve ter feito grandes mudanças com a sua mãe". Desta vez, o noivo olhou-me como se tivesse visto um fantasma e respondeu: "Como, diabos, você ficou sabendo disso?" Eu ainda não sei como sabia, posso apenas dizer que sempre que um relacionamento muda subitamente próximo ao rito de passagem de um casamento, seja um rompimento ou restabelecimento de um relacionamento dormente, minha experiência ensinou-me que normalmente um terceiro membro da família está envolvido. O casamento, como um rito de passagem, é como o movimento de um iceberg, com a maior parte daquilo que está em movimento invisível aos olhos humanos.

O segundo exemplo de caso é o de uma família de cinco filhos, em que a mais velha procurou-me, aos quarenta anos de idade, para um segundo casamento. Embora bastante instruída, ela era a ovelha negra da família. Seu pai, um tirano muito bem-sucedido, morrera há vários anos. A família – isto é, a mãe (e um irmão solteiro, em especial – estava furiosa com a sua escolha matrimonial, e) ameaçara deserdá-la. Numa sessão com a mãe e a filha, apareceram as surras que o pai dava na filha.

Embora ela tivesse feito terapia toda a sua infância, achava o assunto muito doloroso. Nesse ponto, eu perguntei-lhe se ela alguma vez considerara as surras do pai como sintomáticas da proximidade da mãe com ela. Os laços que a acorrentavam desintegraram-se perante meus olhos. Ela ficou motivada a persuadir a família, ao invés de brigar. E, por dois meses antes do casamento e seis meses depois, ela passou a trabalhar os triângulos com seus irmãos, sua mãe e todos os parentes que pôde encontrar. Sua mãe, que estava recebendo as atenções de um homem pela primeira vez desde a morte do marido, foi aconselhada a não casar com esse homem, pois ele não era suficientemente bom, etc. E o que a *sua* mãe (agora com oitenta e poucos anos) iria dizer? O irmão, que herdara a posição de super-responsabilidade do pai (e que não fora ao casamento), era repetidamente cumprimentado por estar disposto a desistir de sua felicidade pessoal a fim de manter a família unida.

Ambos os relacionamentos começaram quase imediatamente a mudar. Era como se eles estivessem agora vendo essa mulher pela primeira vez. O outro irmão, um errante Ph.D. no final da casa dos vinte, alternava empregos e *hobbies, e* a irmã mais jovem era uma escrava absoluta de seu rígido marido, com sintomas físicos começando a aparecer em seu filho.

Cada um desses sintomas disfuncionais, que haviam sido ajudados a operar secretamente através do perpétuo foco da família na "pobre irmã", tornou-se novamente abordável, como que pela primeira vez, na época de seu casamento. Colocando em ação toda a energia e inteligência características da família, que anteriormente haviam intensificado a patologia ou sido absorvidas pela rebelião, a ovelha negra utilizou a oportunidade proporcionada pela posição de bode expiatório da família, e a família começou a mudar em todos os aspectos.

Puberdade

O terceiro rito de passagem mais universal é o da puberdade, o início da idade adulta. Dos três, este perdeu grande parte de seu significado familiar na cultura moderna, passando muitas vezes a ser associado a fenômenos culturais, formaturas, namoro e assim por diante. A minha própria tradição religiosa, é claro, o manteve com a celebração do bar (menino) ou bat (menina) mitzvah. Eu gostaria de mudar de marcha nessa seção, e falar de acordo com a metáfora de minha própria tradição a respeito desse rito de passagem.[12]

A maior razão pela qual desejo manter aqui a minha própria tradição é que fiz experiências com mudanças na tradição, baseado naquilo que aprendi sobre o processo familiar, e os resultados foram tanto surpreendentes quanto esclarecedores. O que desejo mostrar, primeiro, é como algo tão obviamente individual, focado na criança, é realmente um rito familiar; e, segundo, como tornar todo o mundo consciente deste fato aumenta verdadeiramente a efetividade da passagem. Há outras lições que também advêm – que a mensagem do sistema emocional é um meio mais poderoso do que a tradição cultural, estabelecendo-a ou pervertendo-a; e que as antigas tradições, mesmo sem articulação do processo familiar, reconheceram isso todo o tempo.

---

[12] Uma abordagem improvisada em todo o ciclo de vida, que tenta mostrar como a tradição realmente pode ser preservada através dos *insights do* processo familiar, é encontrada em *"Enriching The Life Cycle Through Creative Family Participation",* op. cit.

A tradição judia do bar mitzvah (literalmente, filho dos, ou merecedor dos, mandamentos) tem, no mímino, 1500 anos de idade. Em um dia próximo ao seu aniversário de treze anos, o menino é chamado a louvar a leitura da escritura sagrada ou a ler parte dela. Do ponto de vista da lei judia tradicional, ele agora é um adulto, capaz de testemunhar no tribunal, ser responsável por seus próprios erros e ser contado como um dos dez homens necessários ao serviço público *(minyon)*. Na década de vinte (por volta da época da décima nona emenda, que deu às mulheres o direito ao voto), ramos progressistas do judaísmo introduziram o bat mitzvah para a menina, embora a cerimônia tenha-se difundido apenas recentemente, desde o renascimento do movimento das mulheres.

Hoje em dia, do ponto de vista religioso, dependendo do ramo do judaísmo, a cerimônia pode ser apenas o louvor à escritura sagrada, a leitura de uma parte em hebraico, que a criança pode ter acabado de memorizar, ou um rito com mais ênfase no significado dessa parte, com a criança indo um pouco além do discurso estereotipado de agradecimento, acrescentando uma fala que interpreta essa parte.

Em termos da sociologia contemporânea, o bar mitzvah, especialmente para os judeus do subúrbio de classe média, frequentemente parece ser um evento de grande importância social. Em alguns lugares, se faz a piada: "O bar tornou-se mais importante do que o mitzvah". E poderíamos acrescentar: "E o ecônomo mais importante do que o rabino".

Mas, de qualquer maneira, do ponto de vista do processo familiar, a cerimônia sempre parece estar focada na criança.

A primeira vez que pensei no bar mitzvah em termos familiares foi realmente antes de fazer formação em terapia familiar. Estava trabalhando como especialista em relações comunitárias para a Casa Branca. Pela primeira vez na vida, comecei a sentir as pressões que os não judeus sofrem na época do Natal. Os colegas com os quais trabalhara o ano inteiro começaram a ficar extremamente ansiosos. Eles começaram a comprar presentes compulsivamente, além de seus recursos, e a beber mais frequentemente. Então, numa noite de sexta-feira, quando estava saindo de uma festa de Natal da equipe para um fim de semana que incluía um bar mitzvah, as coisas começaram a parecer estranhamente familiares. A ansiedade, os presentes, a bebida – alguma coisa os dois tinham em comum. Anos mais tarde, quando tinha a estrutura conceitual, comecei a entender.

Era a força da união familiar: toda a intensidade familiar, os problemas com os parentes, os sentimentos não falados, a pressão para relacionar-se, o que muitos indivíduos passavam grande parte do ano tentando evitar, tornava-se inevitável para um cristão na época do Natal; para as famílias judias, acontece algo parecido na época do bar mitzvah. Conforme comecei a explorar essa noção, outros eventos e achados impulsionaram-me ainda mais na direção de observar os campos de força familiares. Primeiro, o pai de um menino em bar mitzvah (sem que eu soubesse, esperando um transplante) teve uma parada cardíaca durante a cerimônia do filho, e morreu. Este era filho único, sentado perto de sua mãe viúva, a qual era terrivelmente dependente, na época. Esta experiência trouxe-me uma quantidade extraordinária de informações adicionais. Quando contei a outras pessoas o que havia acontecido, comecei a ouvir um número inacreditável de relatos sobre pais entrando em disfunção na época do bar mitzvah de um filho, incluindo suicídios, colapsos e outras formas de enfermidade física. (É bem sabido, evidentemente, que o índice de suicídios sobe nacionalmente no final de dezembro.)

Comecei a juntar as coisas. Não surpreende que eu jamais tenha conseguido diminuir realmente a ansiedade de uma criança em bar mitzvah, independentemente de quão bem preparada ela estivesse. Não era com a sua ansiedade que eu estava lidando. Não surpreende que as mães, que eu previamente percebia como modelos de eficiência e bom senso perspicaz, se aproximassem de mim à beira da histeria para marcar datas de bar mitzvah. Não surpreende que os pais que chefiam altas agências governamentais, acostumados a conviver com crises diárias, pareçam hesitantes nesse período. Eu estava lidando com fenômenos com efeitos de longo alcance.

Já que eu sabia que um meio extremamente efetivo de lidar com o pânico era oferecer um modo alternativo de comportamento, comecei imediatamente a envolver os membros da família na cerimônia e na preparação. Logo descobri, para a minha surpresa e satisfação, que esses esforços recompensavam mais do eu esperava.

A primeira mudança que fiz foi no método de escolher a parte a ser lida. Tradicionalmente, não existe escolha; seguimos o ciclo do calendário. Comecei a encontrar a criança, a aprender um pouco sobre ela e sua família, acrescentando aquilo que já sabia, e então fazia várias sugestões baseadas no interesse e estilo, deixando que a criança e os pais fizessem a seleção final. Depois, realizava uma sessão de estudo com toda a família – pais, irmãos, avós, se eles estivessem na cidade – em que promovia uma discussão (inclusive briga) a respeito da interpretação. No final da discussão, a criança recebia a tarefa de ser o professor naquele dia. Eu lhe pedia para dividir sua fala em três partes – uma sinopse da porção em suas próprias palavras, sua interpretação daquilo que o autor bíblico estava querendo dizer, e qualquer interpretação que ela desejasse fazer naquele dia.

Depois dos encontros com a família, continuava a me reunir com a criança para ajudá-la a preparar seu discurso, mas começava a assumir menos responsabilidade. Ao passo que antigamente eu costumava ficar terrivelmente preocupado com relação à articulação, coerência e conceitualização geral do discurso, eu agora ficava principalmente preocupado em fazer perguntas (que queria que fossem levadas à família) que ajudassem o desenvolvimento das ideias.

Eu logo percebi que meu papel mudara significativamente. Em vez de suportar a carga de ajudar essa criança através de seu rito de passagem, eu tinha uma equipe, uma equipe em que era mais um treinador do que o jogador principal. Com isso em mente, também comecei a fazer outras mudanças na cerimônia. Primeiro, deixei de fazer um sermão, limitando-me a uma introdução, na qual descrevia o desenvolvimento do bar mitzvah na tradição judaica e na forma que lhe dera a nossa congregação. A criança era chamada de "nosso professor naquele dia", e o pai (ou, em alguns casos, ambos os pais) era solicitado a abençoar a criança, pública ou privadamente. Uma vez que a congregação possuía uma tradição de cerimônias criativas desde o início, as famílias começaram a criar as suas próprias cerimônias. Mantendo meu papel de treinador, eu fornecia livros de consulta, pedia de seis a dez passagens, e então assumia a responsabilidade de ajustá-las à ordem da oração. As famílias, evidentemente, diferiam na extensão em que eu podia selecionar, ficando algumas tão envolvidas que imprimiam, às suas custas, um suplemento que continha a porção da escritura em hebraico e em inglês, e os membros artísticos da família (às vezes a própria criança) criavam desenhos para a capa. Algumas vezes, um dos irmãos escrevia um poema para o frontispício. Uma família tinha um brasão muito antigo e decorou a capa com ele.

Todas as famílias tinham a opção de fazer o bar mitzvah em casa, se preferissem. Às vezes, os membros mais musicais da família tocavam uma abertura ou música de fundo durante a prece silenciosa. Uma criança que soubesse música poderia tocar em sua guitarra ou clarim uma música que tivesse composto para a cerimônia. Os pais também distribuíam porções a serem lidas para os parentes, que as liam para a congregação. Também eram distribuídas as orações abençoando a refeição, cada família sendo encorajada a dividir essas responsabilidades como algo natural.

Os resultados foram além do que eu previra. A ansiedade familiar pareceu diminuir imensamente, existe um foco muito menor na expressão materialista, e, apesar de um envolvimento menos direto comigo, a criança geralmente apresenta um desempenho global melhor. Em outras palavras, embora eu não tente tanto "ensinar" a criança, seja qual for o processo liberado pela minha transferência de funcionamento para a família, isso também está provocando esforços mais cuidadosos, mais profundos em termos intelectuais, por parte da criança. Por fim, embora eu esteja menos "em evidência", parece que recebo mais agradecimentos dos parentes do que antes. Os sistemas parecem saber.

TRÊS EVENTOS NODAIS DE CICLO DE VIDA

Os funerais, casamentos e o início da puberdade têm sido ritos de passagem universais desde que a espécie humana passou a possuir cultura. Nossa cultura moderna parece estar produzindo três outros pontos nodais de grandes consequências para o ciclo de vida: divórcio, aposentadoria e desarraigamento geográfico. Eu gostaria de discutir também essas mudanças como eventos familiares. Entretanto, desejo deixar claro que penso haver uma diferença importante entre esses três e os três primeiros. Os primeiros estão todos conectados ao ciclo de vida em termos biológicos. Eles são parte do ser humano. Não está tão claro para mim se, por si mesmos, os últimos têm o mesmo poder de mudança, a menos que sejam, talvez, como muitas vezes é o caso, resíduos dos primeiros eventos – por exemplo, quando o divórcio, ou a separação, acontece durante o ano seguinte a uma morte importante; ou uma mudança geográfica logo depois de um casamento. E, é claro, ambos podem ser sintomáticos de forças ainda maiores fluindo através das artérias familiares. Os últimos também diferem no sentido de que não são passagens completas, mas mais semelhantes a aberturas para uma passagem. No casamento, morte ou puberdade, um indivíduo não está apenas deixando um estado, mas passando a um outro que é bem definido. De alguma maneira, o princípio e o fim estão incluídos como parte da passagem completa num período de seis meses a um ano; e o novo estado para o qual a família se dirige está, de certa maneira, teleologicamente ajudando a família através da crise. Da mesma forma, enquanto os ritos biológicos de passagem lidam, todos, com a perda e a cura, esses últimos ritos tendem a lidar apenas com a perda. Assim, eles têm um final mais aberto. Tudo isso não significa que eles não são momentos oportunos para trazer mudanças a uma família, ou que, em alguns casos, não são sintomas de mudanças que já estão acontecendo na família, mas talvez eles não sejam, em si mesmos, fenômenos familiares naturais com todo o poder de curar que aquelas experiências contêm.

Divórcio

O índice de divórcios hoje em dia está se tornando tão alto que parece estar alcançando o nível de um imperativo biológico. E, desses últimos pontos nodais não biológicos, o divórcio parece prognosticar maiores mudanças familiares. Vários grupos religiosos experimentaram criar uma cerimônia de divórcio. (A tradição judaica teve uma por 1.500 anos, em que o homem entrega pessoalmente à esposa o documento do divórcio, se possível, e diz: "Eu me divorcio de ti".) Uma vez que o enfoque deste capítulo tem sido o de que os ritos de passagem são eventos familiares, talvez, em muitos casos, apenas o segundo casamento ou um funeral complete realmente essa passagem. Eu conheço uma pessoa que enviou comunicações de divórcio com um convite para uma festa: "A Sra. _____ comunica o divórcio de sua filha do Sr. _____, nas escadas do Palácio de Justiça de

_____". Ela disse que muitas de suas primas deram uma olhada no cartão e o destruíram antes que seus maridos pudessem vê-lo.

Para desencadear o completo poder de um rito de passagem familiar de divórcio, talvez a seguinte perspectiva possa ser útil: na extensão em que um divórcio acontece porque o rito de passagem do casamento não funcionou (isto é, não conseguiu provocar o desligamento em relação à família de origem), o divórcio provavelmente não trará uma mudança real se os triângulos originais ainda estão fixos. Por outro lado, na extensão em que o divórcio é o resultado de mudanças nessa situação originalmente fixa com a família de origem, que por sua vez desequilibrou o casamento, então o divórcio provavelmente proporcionará oportunidades.

Em qualquer caso, se os clientes que chegam para elaborar seus medos de solidão, instabilidade, ajustamento aos filhos, perda de amarras, e assim por diante (o foco da maioria dos livros de autoajuda sobre divórcio), podem ser focados, em vez disso, nos relacionamentos com a família de origem – e eles frequentemente estão mais motivados a fazer isso durante esse período – teremos transformado o divórcio num rito de passagem, no sentido mais completo do termo.

Aposentadoria

A aposentadoria talvez tenha mais ramificações com a vida familiar do que se pensa, embora os terapeutas próximos às bases militares não precisem ser alertados para esse fato. O número de divórcios que ocorrem depois de uma precoce aposentadoria militar é bastante elevado. A regra geral parece ser esta: quando o casamento era equilibrado pelo intenso envolvimento da mãe com os filhos e pelo intenso envolvimento do pai com o trabalho (que se torna uma espécie de família ampliada), a aposentadoria dele muitas vezes desequilibra o relacionamento, particularmente se ele agora tenta reentrar na família e se descobre excluído, ou busca uma substituição, na forma de um relacionamento extraconjugal. Este fenômeno não está limitado aos militares, e pode acontecer em qualquer profissão que envolva um marido profundamente mergulhado em seu sistema relacional de trabalho (advogados, clérigos, etc.). Que isso possui ramificações de longo alcance, pode ser constatado na seguinte história.

Um casal, ambos filhos únicos, e ambos com vinte e sete anos de idade, procuraram-me para casar, depois de um relacionamento estável de cinco anos. Eles haviam decidido e queriam o casamento dentro de um mês. Naturalmente, eu lhes perguntei o que, em sua opinião, levara o relacionamento a um casamento. Embora bastante instruídos, introspectivos, e de maneira nenhuma ameaçados pela pergunta, eles não tinham nenhuma ideia. Esquadrinhando a história familiar, não consegui encontrar nenhuma das mudanças familiares usuais, tais como mortes, casamentos e nascimentos. Então, inocentemente, ela comentou: "Bem, a única coisa que posso dizer que mudou foi que os nossos dois pais se aposentaram no ano passado". Cinco anos de relacionamento estável e eles subitamente perceberam que eram adequados um para o outro.

Uma explicação possível para isso é que, quando os pais se aposentaram, eles se aproximaram de suas esposas que, inadvertidamente, soltaram os filhos. Ou talvez isso tivesse acontecido com a pessoa que realmente resistia. De qualquer maneira, teoricamente, esse é o oposto exato da situação militar em que resulta o divórcio quando a esposa se recusa a aproximar-se do cônjuge agora mais disponível, continuando a agarrar-se aos filhos.

Assim, fica claro que a aposentadoria pode ter ramificações familiares significativas, e que também pode ser induzida por eventos familiares, como quando um progenitor, depois de uma perda (por morte, divórcio ou casamento), começa a perguntar-se: "Qual é o sentido de trabalhar tanto?" e começa a mudar seu ponto de vista. A assim chamada síndrome de "deixar o ninho" talvez seja semelhante. Uma outra ramificação familiar maior da aposentadoria é o início dos processos senis. Se a experiência com minha mãe e minha tia se aplica mais universalmente, talvez a seguinte regra seja verdadeira: se, na época em que uma pessoa mais velha começa a reduzir significativamente o seu funcionamento (através da aposentadoria ou de uma doença), existir um membro da família ansioso e superativo que, naquele momento, não tem nenhum receptáculo para a sua energia, o provável resultado é a senilidade do primeiro.

Desarraigamento geográfico

O desarraigamento geográfico também pode ter severas consequências, particularmente na medida em que ele significa abandonar uma casa ou comunidade emocionalmente importante. O que também é crucial é a extensão em que ele muda o equilíbrio de um casamento. Por exemplo, se ele afasta uma esposa de sua mãe, isso tanto pode libertá-la quanto fazê-la tornar-se mais dependente. Em geral, podemos dizer que esse desarraigamento, na medida em que afasta um casal da família ampliada de um dos cônjuges e o aproxima da do outro, modificará o equilíbrio, embora não necessariamente sempre na mesma direção. Eu vi situações em que casais mudaram-se para uma área onde residiam ambos os sistemas ampliados e quase se separaram depois de alguns meses, apesar de um relacionamento anterior bastante satisfatório.

Por outro lado, eu vi mais de uma família em terapia, paralisadas num problema conjugal ou num problema com um filho, ficarem subitamente motivadas a "resolver as coisas" com a aproximação extrema, para que pudessem seguir com sua nova vida.

Aqui, vale o princípio mencionado anteriormente: as famílias em fluxo, durante um rito de passagem, às vezes podem ser modificadas mais facilmente em tais períodos. Isso também sugere que as mudanças que acompanham, e muitas vezes, precedem, o desarraigamento geográfico ou a aposentadoria, talvez sejam forças muito mais poderosas do que imaginamos. E, mais uma vez, a mudança visível, isto é, a aposentadoria ou a mudança concreta, podem ser sintomáticas de mudanças emocionais na família, que vinham crescendo há algum tempo rumo a um clímax.

A nossa cultura, evidentemente, pouco fez para preparar as famílias para as ondas de choque emocional das mudanças ou da aposentadoria. De modo interessante, o governo dos Estados Unidos, sentindo a importância de ciclo de vida da aposentadoria em anos recentes, instituiu um programa de aposentadoria experimental, em que a pessoa pode mudar de ideia durante o primeiro ano. Mas mesmo esse programa talvez seja pouco mais útil do que os casamentos experimentais. São as forças homeostáticas do equilíbrio emocional que contam, e é muito difícil interpretar corretamente as mudanças nesse equilíbrio até a pessoa se comprometer realmente.

E sobre as cerimônias que poderiam ajudar essas transições? Talvez fosse possível criá-las, mas elas teriam de ser centradas na família, e não no sistema de trabalho ou na comunidade mais ampla, embora alguns membros desses sistemas pudessem ser incluídos.

Aqui, deparamo-nos com o significado das cerimônias. De um ponto de vista individual, uma cerimônia pode ajudar a assinalar um sentimento de mudança ou renovação, e talvez conscientizar a pessoa de um período-parâmetro em seu ciclo de vida. Mas ela é muito mais do que isso. As cerimônias, mesmo hoje, atingem processos que as tribos mais antigas estavam tentando manejar em seus ritos extremamente primitivos. Afinal de contas, é somente quando pensamos em uma pessoa como um membro da família que o termo "ciclo de vida" tem sentido. De outra forma, deveríamos falar em termos de linhas de vida.

CONCLUSÕES

Eu tentei mostrar que a noção de que as famílias são principalmente veículos passivos durante os ritos de passagem da vida, com pouca influência no resultado da passagem ou na seleção de determinados ritos e cerimônias, não é verdadeira. O foco da ciência social tradicional nos costumes de culturas diferentes, auxiliado pela concentração no indivíduo, ignora completamente a possibilidade de que as diferenças culturais bastante óbvias sejam realmente pouco importantes em si mesmas. Pode ser divertido compará-las, mas elas não são tão cruciais como as forças invisíveis do processo familiar que usa essas máscaras. Na verdade, todas as culturas, conforme se tornam mais sofisticadas, podem estar participando de uma grande ilusão – a saber, que os feiticeiros, apesar de todos os seus truques, somente conseguiram afastar da vista os fantasmas e espíritos, e torná-los mais difíceis de exorcizar ou controlar. Agora são os demônios que usam as máscaras. Existe uma grande ironia aqui, com relação à função dos ritos de passagem. Agora, as máscaras culturais que eles puderam assumir lhes permitem passar, despercebidos, para a próxima geração.

Um exemplo disso é a mãe que está tendo dificuldade em se separar de um filho. Em vez de focar suas dificuldades de separar-se de seus próprios pais, ela ataca uma nora culturalmente diferente. Com relação a isso, um filho com dificuldade em se separar de um progenitor que, em vez de focar os processos emocionais na família que o criou, escolhe uma companheira de uma cultura estranha, está participando do mesmo processo.

Mas a shiktza (mulher não judia ou geralmente não étnica) para os braços de quem o homem étnico corre sempre acaba se relacionando no mínimo tão intensamente quanto a mãe étnica de cujos braços o homem escapou. Na verdade, pesquisas adicionais provavelmente mostrarão que os problemas com parentes por afinidade já existiam na geração anterior, quando todo o mundo tinha a "mesma fé".

Por outro lado, o final pode ser diferente quando os membros de uma família conseguem enxergar através da camuflagem cultural e do diversionismo em relação ao indivíduo focado. Quando eles conseguem manter seu olhar no processo familiar que contribuiu para o rito de passagem que está ocorrendo naquele determinado momento, assim como observar como esses processos funcionam durante o rito de passagem, esta família está numa posição em que pode influenciar tanto a efetividade da passagem quanto o seu próprio sistema emocional.

REFERÊNCIAS

Friedman, E. H. (1982). The myth of the shiksa. In M. McGoldrick, J. K. Pearce, & J. Giordano (Eds.), *Ethnicity and family therapy*. New York: Guilford Press.
Friedman, E. H. (1985). *Generation to generation: Family process in church and synagogue*. New York: Guilford Press.

7
Transições idiossincráticas de ciclo de vida e rituais terapêuticos

Evan Imber-Black, Ph.D.

Eventos e transições normativos de ciclo de vida, tais como casamentos, nascimentos e mortes, são frequentemente assinalados com rituais. Muitos grupos religiosos e étnicos também têm rituais para assinalar o desenvolvimento adulto jovem (por exemplo, bar mitzvah, confirmações), ou esse desenvolvimento pode ser assinalado por rituais seculares tais como a diplomação. Esses rituais, embora frequentemente considerados como eventos distintos – tais como o casamento, o batismo ou nomeação de um bebê, e assim por diante – são, na verdade, processos que ocorrem ao longo do tempo e envolvem uma preparação anterior e uma reflexão posterior. As escolhas referentes a quem participa do planejamento e execução de um ritual de ciclo de vida podem ser consideradas como metáforas para as normas familiares. As negociações que ocorrem durante a preparação para os rituais de ciclo de vida podem ser oportunidades para uma mudança de segunda ordem. Assim, tais rituais podem ser vistos como o drama visível e condensado das transições de ciclo de vida que assinalam.

Confiando em símbolos, metáforas e ações, que podem ter múltiplos significados, os rituais de ciclo de vida funcionam para reduzir a ansiedade em relação à mudança. De acordo com Schwartzman (1982), os rituais tornam manejável a mudança, na medida em que os membros a experienciam como parte de seu sistema, e não como uma ameaça a ele. Da mesma forma, Wolin e Bennett (1984) sugerem que os rituais contribuem para a "identidade" de uma família, para o seu senso de si mesma através do tempo, facilitando a elaboração de papéis, fronteiras e regras. Através dos rituais, tornam-se possíveis um senso do eu e um senso do ser parte de uma família e de um grupo. O bem-estar emocional e físico pode ser proporcionado pelos momentos de intensa mudança no relacionamento. Os rituais podem ajudar na resolução do conflito. As contradições podem ser resolvidas, conforme os rituais incorporam elementos contraditórios. Assim, um casamento, de modo imediato, assinala a perda de membros em determinados papéis nas famílias de origem, embora ao mesmo tempo assinale o início de um novo casal e de relacionamentos por afinidade. Uma vez que o evento ritual é limitado em tempo e espaço, cria-se um contexto seguro e manejável para a expressão de fortes emoções. Os rituais assinalando transições normativas de ciclo de vida funcionam em muitos níveis, possibilitando a mudança individual (por exemplo, do adolescente para o jovem adulto; do adulto solteiro para o adulto casado), a mudança no relacionamento (por exemplo, de progenitor e filho para dois adultos; de namorados para casados), a mudança no sistema familiar (por exemplo, a expansão através da adição de membros ou a contração através da partida de membros), e a mudança família-comunidade (por exemplo, a diplomação assinala não apenas o fato de um filho deixar a escola, mas uma mudança no relacionamento familiar para sistemas maiores; uma festa de aposentadoria assinala não apenas o fato de uma pessoa parar de trabalhar, mas uma mudança no relacionamento familiar com o mundo externo). Os rituais podem funcionar para conectar uma família com gerações anteriores, proporcionando um senso de história e enraizamento, ao mesmo tempo em que implicam futuros relacionamentos. O desempenho e a participação em tais rituais unem a família à comunidade mais ampla, por meio da repetição de ritos familiares. Os rituais podem funcionar para evitar um isolamento disfuncional, especialmente crucial em momentos de tristeza e perda. Assim, a etapa final formal de muitos rituais funerários envolve a reincorporação dos sobreviventes na comunidade, por meio de visitas ou refeições (Van Gennep, 1960).

TRANSIÇÕES IDIOSSINCRÁTICAS DE CICLO DE VIDA

Embora todos os indivíduos e famílias experienciem algumas transições de ciclo de vida normativas e participem de rituais que facilitam essas transições, muitos indivíduos e famílias se deparam com transições de ciclo de vida idiossincráticas que, em virtude de sua natureza aparentemente diferente ou rara, podem não ser assinaladas por rituais. Essas transições idiossincráticas podem incluir o nascimento de um filho deficiente; aborto; separação forçada através de hospitalização, encarceramento ou terror; a reunião depois dessas separações forçadas; migração; relacionamentos de viver junto com alguém; o final de relacionamentos sem casamento; casamentos homossexuais; colocação em lares adotivos e a reunião depois dessa colocação; uma súbita morte violenta ou inesperada, incluindo o suicídio; famílias formadas por adoção, em que existe uma falta de apoio declarada ou encoberta por parte de membros da família; a partida de um jovem adulto com deficiência física ou mental, especialmente quando esta partida de casa não foi antecipada; e doença crônica e incapacitante.

Esta lista, que pretende ser sugestiva e não exaustiva, toma forma através de amplos processos sociais que podem mudar com o passar do tempo e podem diferir em vários grupos culturais e socioeconômicos. Assim, a gravidez fora de um casamento legal pode ou não ser um evento de ciclo de vida idiossincrático, com todos os aspectos concomitantes descritos acima, dependendo das normas da família, do grupo de referência da família, e da resposta da comunidade mais ampla. Embora a lista possa parecer uma combinação incomum, todas as transições mencionadas possuem vários elementos em comum.

1. Não existem rituais familiares, repetitivos e amplamente aceitos para facilitar as mudanças necessárias e para unir o indivíduo, a família e a comunidade.

2. Todos requerem uma complexa reelaboração dos relacionamentos, da mesma maneira como as transições de ciclo de vida normativas, mas não possuem os mapas existentes que atendem às transições mais esperadas.

3. Frequentemente falta o apoio contextual da família de origem, da comunidade e da cultura mais ampla. Os eventos e processos individuais e familiares não são confirmados pela família de origem, pelos sistemas mais amplos e pela comunidade.

4. Frequentemente é difícil chegar a um equilíbrio entre ser como os outros (por exemplo, uma família com um membro severamente deficiente compartilha muitas características com outras famílias) e ser diferente dos outros (por exemplo, uma família com um membro severamente deficiente tem certas características de funcionamento diferentes das de outras famílias), resultando num sentimento distorcido, ou de negar as diferenças ou de maximizá-las, com a exclusão do sentimento de estar conectado com outros.

5. Frequentemente é experienciado um sentimento de estigma, em resultado do preconceito da comunidade mais ampla. Isso, por sua vez, pode levar à emergência de segredos e conspirações de silêncio que limitam as possibilidades de relacionamento.

6. O envolvimento com sistemas mais amplos muitas vezes é problemático. As famílias com membros deficientes, hospitalizados, encarcerados ou adotados precisam lidar com sistemas mais amplos de maneiras que alteram as fronteiras e os relacionamentos familiares, frequentemente durante muitos anos. As famílias, que experienciaram migração forçada ou migração por razões econômicas, muitas vezes estão envolvidas com sistemas mais amplos intimidantes. As famílias cuja organização e associação não são afirmadas pela cultura mais ampla, assim como os casais *homossexuais e* seus filhos, são frequentemente estigmatizados pelos sistemas mais amplos. Uma vez que a identidade e o senso de competência familiar inclui reflexões de sistemas mais amplos com os quais elas interagem, as famílias com qualquer um dos vários eventos ou transições de ciclo de vida idiossincráticos listados correm um risco maior de incorporar imagens negativas.

7. A família pode abandonar ou interromper os rituais familiares que contribuem para seu senso de si mesma, especialmente se eles provocam lembranças dolorosas. Por exemplo, depois da perda de um membro através de morte súbita, hospitalização ou encarceramento, os membros podem evitar rituais familiares. As famílias que são incapazes de aceitar relacionamentos homossexuais de seus filhos, ou relacionamentos heterossexuais sem casamento, podem interromper a participação em rituais. Paradoxalmente, esse abandono ou interrupção dos rituais funciona para evitar a cura e o desenvolvimento do relacionamento.

A EMERGÊNCIA DOS SINTOMAS

Os teóricos do ciclo de vida familiar (Carter & McGoldrick, 1980; Haley, 1973; Terkelson, 1980) descreveram a conexão entre o descarrilamento dos eventos de ciclo de vida normativos e a emergência de sintomas nos indivíduos e nas famílias. Desenvolvendo a interpretação de Haley do uso que Erikson faz da teoria de ciclo de vida. Carter e McGoldrick alertaram o terapeuta para avaliar tanto os estressores horizontais quanto os verticais no desenvolvimento familiar, enquanto Terkelson acrescentou a categoria "paranormativa", para incluir aquelas transições como a separação conjugal, doença e graves eventos extrínsecos e inesperados com os quais uma família deve lidar, e sob cujo estresse pode ficar sintomática. As famílias experienciando eventos e processos de ciclo de vida idiossincráticos correm um risco especial de desenvolverem sintomas em seus membros. A convergência da falta de apoio social, rompimentos relacionais e isolamento, estigma, segredo, sentimento de vergonha em um ou mais membros, e frequentemente relacionamentos estressantes com sistemas mais amplos com os quais a família deve interagir, podem ser espelhados por uma escassez de rituais que assinalem a mudança desenvolvimental. Sintomas e interações rígidas e repetitivas dos membros da família em resposta a sintomas expressam metaforicamente a posição paralisada da família. O terapeuta que procura por questões de ciclo de vida normativas, de modo a fazer hipóteses com relação à emergência dos sintomas, pode descobrir que os processos de ciclo de vida idiossincráticos são salientes e frequentemente ocultos.

Exemplo de caso

　　Uma mulher idosa foi encaminhada à terapia em virtude de uma "fobia". Seus sintomas incluíam o ato compulsivo de lavar as mãos, a recusa em tocar em qualquer pessoa além de suas filhas, e uma incapacidade de ir a lugares públicos como lojas e restaurantes. Ela era casada e tinha duas filhas adultas e vários netos. A família insistia em que seus problemas haviam começado quando ela e o marido se aposentaram, cinco anos atrás, em decorrência do início de problemas de saúde do marido. Uma hipótese ligando seus sintomas ao estágio desenvolvimental de ciclo de vida da aposentadoria e velhice parecia tentadora, mas provou ser ineficaz. Na medida em que a terapia prosseguiu e desenvolveu-se o vínculo através de várias intervenções (veja Imber-Black, 1986a, para uma completa descrição do caso), surgiu um evento de ciclo de vida idiossincrático para ser discutido. Durante a década de quarenta, esta mulher engravidara antes de casar com o marido. Sua família insistira em que o casal se mudasse para longe. A gravidez fora mantida em segredo para a família do marido, pois ele ficara com medo da resposta familiar. O segredo foi descoberto mais tarde, e sua sogra a criticara imensamente. Eles haviam casado sem nenhuma celebração e com um grande sentimento de vergonha. O nascimento da primeira filha não foi assinalado por nenhuma celebração, por parte do casal ou da família ampliada. Ao descrever esses eventos, a mulher chorou como se eles tivessem acontecido ontem, em vez de há quase cinquenta anos, como se eles estivessem vivos e não resolvidos no presente, assim como no passado.

　　O casal decidira mentir para as filhas em relação à data de seu casamento, e vivia num medo constante de que as filhas descobrissem. Eles evitavam a celebração de seu aniversário. O casal restringiu seu relacionamento com os outros, tanto com a família ampliada quanto com o mundo externo, e tornou-se cada vez mais fechado em si mesmo. A assim chamada "fobia" da mulher parecia ser agora uma metáfora para uma família que vivia com medo e no segredo. Seu ato "compulsivo" de lavar as mãos e as respostas dos membros da família a isso eram altamente ritualizados, numa família que não compartilhava nenhum outro ritual. Muitos de seus medos existiam desde o começo de seu casamento, mas, como as circunstâncias do próprio casamento, haviam sido mantidos em segredo até a aposentadoria do casal e o surgimento dos problemas de saúde do marido. Era como se ela sentisse que compartilhar seus medos aparentemente irracionais com outros membros da família fosse finalmente levar à resolução dos relacionamentos familiares, e abrir a família ao mundo exterior, o que realmente ocorreu através do processo de uma terapia, durante o qual o casal contou às filhas o seu segredo. Elas responderam que já sabiam do segredo há anos, mas sentiam-se obrigadas a manter em segredo o conhecimento do segredo. Assim, quatro décadas de relacionamento haviam sido marcadas pelo medo e pela distância, conforme os tópicos ficavam cada vez mais proibidos, a fim de que não tocassem nas origens da família. Na época em que começou a terapia, somente a "fobia da mamãe" era um assunto seguro para discussão. A terapia terminou com uma celebração do aniversário do casal, pela primeira vez em 48 anos!

　　Neste exemplo, transições de ciclo de vida normativas foram descarriladas por uma transição idiossincrática. A família, recebendo a desaprovação e a condenação da família de origem e o estigma da comunidade mais ampla, respondeu construindo uma parede de segredo. Foram evitados os rituais normativos de ciclo de vida que orientariam seu desenvolvimento, o que, paradoxalmente, aumentou seu sentimento de vergonha. Os sintomas e as interações em resposta a sintomas substituíram os rituais como marcos contextuais para os relacionamentos. A ressurreição dos rituais pela família (por exemplo, a celebração de aniversário) pode servir como um guia para o terapeuta que trabalha com famílias marcadas por eventos e processos idiossincráticos de ciclo de vida.

RITUAIS TERAPÊUTICOS

A eficácia dos rituais terapêuticos para facilitar a mudança sistêmica foi descrita por muitos terapeutas (Imber-Black, 1986a, 1986b; Imber Coppersmith, 1983, 1985; O'Connor, 1984; O'Connor & Hoorwitz, 1984; Palazzoli e colaboradores, 1977; Papp, 1984; Seltzer & Seltzer, 1983; van der Hart, 1983). Diferindo das tarefas simples cujo pbjetivo é atingir o nível comportamental, e que os terapeutas esperam sejam desempenhadas conforme prescrito, os rituais pretendem atingir os níveis comportamental/ cognitivo e afetivo, e espera-se que a família ou o indivíduo improvise, de modo a adequar o ritual a circunstâncias particulares e pessoais. Em vez de confiar em instruções concretas, os rituais utilizam símbolos e ações simbólicas que podem ter múltiplos significados. Ao planejar rituais terapêuticos, o terapeuta deve descobrir os símbolos que são apropriados, aqueles que representam a possibilidade de novas opções de relacionamento e que possuem familiaridade suficiente para não serem totalmente estranhos. Assim, ao planejar rituais terapêuticos, o terapeuta aproveita as pistas dos rituais culturais, que, de acordo com Grainger (1974), "partem de ideias que 'se ajustam' e nos levam para o novo, o estranho, o 'não ajustado', que tem o poder de transformar radicalmente nossas noções anteriores de ajuste" (página 11).

Os rituais terapêuticos, como intervenções em eventos e processos idiossincráticos de ciclo de vida, frequentemente se valem de elementos que acompanham os rituais normativos de ciclo de vida, de modo a destacar semelhanças com outros, ao mesmo tempo em que incluem elementos incomuns capazes de afirmar diferenças em vez de escondê-las.

Embora existam diversas categorias de rituais que podem ser úteis na terapia, três categorias são particularmente benéficas para os eventos e processos idiossincráticos de ciclo de vida. Estas incluem os rituais de transição, os rituais curativos e os rituais de redefinição de identidade.

RITUAIS DE TRANSIÇÃO

Os rituais de transição foram extensivamente descritos por van der Hart (1983), primariamente com referência às transições normativas de ciclo de vida. Esses rituais assinalam e facilitam as transições de membros específicos e do condicionado de membro da família, alterando fronteiras e criando novas opções de relacionamento. As transições necessárias nos eventos e processos idiossincráticos de ciclo de vida frequentemente não têm nenhum ritual. Na verdade, a própria transição, e todas as mudanças no relacionamento concomitantes a ela, podem ser imprevistas para a família.

Exemplo de caso: a entrega de presentes

Uma família foi encaminhada para a terapia por um médico, em virtude de algo que foi identificado como "depressão" na mãe. A família era composta pelos pais, o Sr. e a Sra. Berry, e dois filhos adultos jovens, Karen, de 22 anos e Andrew, de 20. Karen fora diagnosticada como "gravemente retardada em termos mentais" logo depois de seu nascimento. A Sra. Berry foi aconselhada pelo pediatra de Karen a desistir de seu trabalho e a ficar em casa para cuidar dela. A família ampliada apoiou esse conselho e fazia frequentes visitas enquanto Karen e Andrew eram pequenos. Disseram aos pais que Karen jamais funcionaria sozinha, e permaneceria sempre "como uma criança". Eventualmente, Karen foi para uma escola especial, mas os pais jamais foram aconselhados sobre como preparar-se para a adolescência ou adultez de Karen. Karen desenvolveu a linguagem e aprendeu a cuidar-se sozinha.

A família funcionou bem durante a infância de Karen e Andrew. Entretanto, quando as duas crianças ficaram adolescentes, surgiram sérias dificuldades. Ninguém, na família nuclear e na ampliada, sabia como lidar com Karen como uma jovem mulher em desenvolvimento. A família temia que ela explodisse sexualmente e passou a protegê-la cada vez mais. Andrew tinha de passar a maior parte de seu tempo livre levando Karen a eventos organizados por sua escola especial, e acabou ficando cada vez mais ressentido e retraído. Seus planos de sair para a faculdade pareciam-lhe impossíveis. Karen ficou rebelde e difícil de conviver, e os pais sentiram que haviam falhado com ela e que precisavam se esforçar mais. Ao mesmo tempo, a escola de Karen começou a insistir com a família para colocar Karen num lar de grupo. Essa opção não existia na época do nascimento de Karen, e jamais fora antecipada pela família. Por um período de dois anos, os pais e a escola lutaram em relação ao futuro de Karen. Os pais não conseguiam articular seus medos para o pessoal da escola, que os via como "superenvolvidos" com Karen. Consequentemente, não foram dadas explicações adequadas sobre aquilo que o lar de grupo poderia oferecer a Karen e à sua família. Durante essa época, todas as pessoas da família se deterioraram emocional e funcionalmente, culminando no encaminhamento para terapia familiar por parte do médico da mãe.

Durante o curso da terapia, que afirmou a imprevista mudança de ciclo de vida pela eventual partida de Karen, e que confirmou as valiosas contribuições que a família fizera a Karen, a família foi capaz de pedir e receber as informações adequadas a respeito do lar de grupo, com relação ao futuro de Karen neste lugar. Na medida em que a saída de casa foi normalizada, os pais conseguiram articular as expectativas relativas às visitas e às férias, as quais assinalam o relacionamento da maioria dos jovens adultos com suas famílias. Andrew ficou mais livre para viver a sua própria vida, e fez planos para ir para a faculdade dentro de quatro meses, depois que Karen fosse para o lar de grupo. A família estava se preparando para muitas mudanças. Entretanto, quando Karen começou a visitar o lar de grupo, primeiro para jantares, e depois para passar a noite de vez em quando, começaram a acontecer brigas entre ela e os pais. O Sr. e a Sra. Berry ficaram alarmados, achando que Karen não estava tão pronta para mudar-se como eles haviam pensado, e, numa sessão sozinha com o terapeuta, eles choraram e disseram que temiam pelo futuro dela.

Uma vez que a família fizera tantas mudanças para que Karen deixasse a casa e estava justamente prestes a completar a partida concreta quando as brigas começaram, o terapeuta decidiu que era necessário um ritual para marcar a saída de Karen de casa. Os pais afirmavam frequentemente que eles "não achavam que haviam dado o suficiente" a Karen para equipá-la para a vida na comunidade externa. Este sentimento de não ter-lhe "dado o suficiente" era intensificado pela crítica da escola em relação à família. Sua frase "dado o suficiente" foi utilizada para construir um ritual de saída de casa que confirmaria a adultez jovem de Karen, promoveria a confiança da família em Karen e em si mesmos, e destacaria a continuidade da conexão entre os membros.

Pediu-se aos pais e a Andrew que escolhessem, cada um, um presente para Karen, para que ela o levasse ao seu novo lar – algo que faria com que ela se lembrasse deles e que também facilitaria sua entrada em seu novo ambiente. Karen, por sua vez, foi solicitada a escolher um presente para cada membro, algo que ficaria com eles quando ela partisse. Os membros da família foram solicitados a não comprar esses presentes, mas a escolher algo que lhes pertencesse ou a fazer alguma coisa. Pedimos que eles trouxessem esses presentes na próxima sessão, e que não contassem a ninguém na família a respeito dos presentes antes da sessão.

Quando a família chegou, parecia muito excitada e feliz, de uma maneira jamais vista antes durante a terapia. Eles não haviam compartilhado os presentes antes da sessão, mas haviam decidido embrulhá-los e colocá-los numa grande sacola, que Karen levou para o encontro. A Sra. Berry começou dizendo que durante aquela semana eles haviam escolhido uma data definitiva para a mudança de Karen, o que não haviam conseguido fazer antes. Karen fizera várias visitas ao lar de grupo. Ela também disse que houvera muitas risadas secretas durante as duas semanas, conforme as pessoas preparavam seus presentes, e nenhuma briga!

O terapeuta sugeriu uma maneira simples e em grande parte não verbal para a troca dos presentes: cada membro entregava o seu presente, com uma breve explicação, se necessária, e o recebedor simplesmente diria "obrigado", ficando a discussão reservada para depois da troca dos presentes. Isso foi feito para chamar a atenção para a família como um grupo unido, e para facilitar uma participação igual, uma vez que Karen frequentemente ficava em silêncio quando as discussões verbais eram rápidas.

O Sr. Berry começou a cerimônia. Ele tirou da sacola um embrulho com um formato estranho, que acabou sendo a sua frigideira favorita. O Sr. Berry, tradicionalmente, fazia o café da manhã aos domingos. Como Karen estava aprendendo algumas habilidades culinárias simples na escola, ela sempre queria usar a frigideira dele, mas o pai dizia que ela iria estragá-la e não deixava. Karen inclinou a cabeça e disse: "Obrigada".

O pacote da Sra. Berry era pequeno, e ela o entregou timidamente a Karen. Ele continha um frasco de perfume quase cheio e um par de brincos. A Sra. Berry relatou brevemente que muitas vezes censurara Karen por usar o perfume dela e jamais lhe permitira usar esses brincos. Ela olhou para Karen e disse: "Acho que você está suficientemente crescida para eles – eles pertenceram à minha mãe e ela os deu a mim, e agora eu estou dando para você". Com lágrimas nos olhos, Karen disse: "Obrigada".

O humor mudou profundamente quando chegou a vez de Andrew. Ele comentou que não conseguira levar seu presente inteiro para a sessão, mas que Karen compreenderia. Ela abriu o pacote e encontrou uma caixa de alpiste parcialmente usada. Indo para a faculdade, Andrew não poderia levar seu periquito. Ele tivera permissão para ter vários bichinhos de estimação, ao passo que Karen não. Ele explicou que telefonara ao lar de grupo e que eles a deixariam levar o passarinho. E disse que a ensinaria a cuidar dele antes de ela se mudar. Karen agradeceu-lhe, e a Sra. Berry expressou seu alívio pelo fato de o periquito também estar deixando a casa!

Então, Karen entregou seus presentes. Para a mãe, Karen deu seu bichinho de pelúcia favorito, que ela tinha desde pequeninha, e com o qual ainda dormia. Ela disse à mãe: "Eu não posso dormir com isso na minha nova casa – por favor, fique com ele". Para o pai, ela deu uma fotografia dela mesma que fora tirada numa de suas visitas ao lar de grupo. A fotografia a mostrava sentada com vários jovens, homens e mulheres, e ela disse ao pai: "Esses são meus novos amigos". Para Andrew, ela deu seu rádio-relógio. Era algo que ela prezava muito, fora um presente de Natal. Quando ela o entregou a Andrew, disse: "Não se atrase para a escola!"

Duas semanas depois dessa sessão, Karen mudou-se para o lar de grupo, e um mês mais tarde Andrew foi para a faculdade. A família encerrou a terapia. No seguimento, um ano depois, a família relatou que ambos os filhos estavam bem adaptados aos seus novos ambientes e que estavam por vir para casa para as férias. A Sra. Berry também voltara a estudar para conseguir um emprego remunerado.

Discussão do ritual

Esse ritual de saída de casa pareceu funcionar de várias maneiras. Durante o curso da terapia, a família estivera se preparando para a saída de Karen de casa, mas pareceu paralisar-se quando essa saída estava prestes a acontecer. Como muitos rituais normativos de ciclo de vida, o ritual terapêutico funcionou para confirmar um processo que já estava em movimento, e que não era simplesmente um evento distinto. O ritual, simbolicamente, afirmou e tornou simultâneas as contradições da separação e da continuidade da conexão, o que existe quando um filho sai de casa. Os membros da família, ao entregarem seus presentes, foram capazes, ao mesmo tempo, de dar permissão para a separação e de afirmar seus relacionamentos que continuariam, mas mudariam.

O ritual foi planejado para introduzir simetria num sistema primariamente marcado por relacionamentos complementares. Assim, todos os membros participaram da entrega e recepção dos presentes, e do planejamento e reflexão relativos à seleção do presente, alterando assim o padrão familiar anterior, em que os pais e Andrew eram considerados como os "dadivosos", os "provedores", os "protetores", e Karen a recebedora dos cuidados, conselhos e proteção.

O ritual também foi planejado para confirmar as fronteiras individuais, na medida em que cada membro era individualmente responsável por seu próprio planejamento e seleção de presentes. A individuação foi promovida através da instrução de "planejamento secreto" por parte de cada membro. As relações diádicas entre Karen e os outros membros também foram confirmadas, numa família que anteriormente operava com tríades envolvendo Karen como seu modo primário de relacionamento. Finalmente, a contribuição de cada membro para o ritual foi salientada como importante a todo o processo, celebrando assim, simbolicamente, a unidade familiar global. Assim, vários aspectos do ritual funcionaram para introduzir diferenças no padrão de sistema familiar.

Ao pedir à família para trazer seus presentes à sessão de terapia, o terapeuta pôde servir como testemunha para o processo. As testemunhas são frequentemente uma parte dos rituais normativos de ciclo de vida. O terapeuta também pode ser visto simbolicamente como representando um sistema exterior de ajuda numa instância comemorativa com uma família que estava acostumada à crítica e ao desprezo por parte de sistemas exteriores.

Este ritual, "a entrega de presentes", também tem sido utilizado com muito sucesso com outras famílias que estão lutando com processos de saída de casa que ou são difíceis ou precipitados (por exemplo, os filhos que deixam um dos progenitores para viver com o outro, ou os filhos que vão viver temporariamente fora de casa).

RITUAIS CURATIVOS

Os rituais curativos fazem parte da tradição humana. Todas as culturas têm rituais para assinalar perdas profundas, lidar com a tristeza dos sobreviventes e facilitar a continuação da vida depois de uma perda dessas. Entretanto, a cura pode ser necessária não somente no caso da perda de um membro através da morte, mas também para todas as perdas sofridas pelo final dos relacionamentos, para a reconciliação nos relacionamentos depois de revelações dolorosas (por exemplo, casos amorosos), para a tristeza não resolvida quando os rituais curativos normativos não ocorreram ou não deram certo, para as perdas de partes e funções do corpo causadas por doença, e para a concomitante perda de papéis, expectativas de vida e sonhos (veja Imber Coppersmith, 1985, e Palazolli e colaboradores, 1974, pasa exemplos de caso de rituais curativos). Os rituais terapêuticos curativos são particularmente úteis quando os rituais curativos não existem (por exemplo, aborto; o final de relacionamentos importantes, especialmente aqueles não confirmados pela comunidade mais ampla; voltar ao normal depois de terror político) ou não são apoiadores pela magnitude da perda (por exemplo, suicídio ou outra morte súbita, violenta ou inesperada).

Exemplo de caso: pondo fogo no passado

Alice Jeffers, de 35 anos de idade, solicitou terapia dizendo estar deprimida e incapaz de viver normalmente a sua vida. Alice era solteira e vivia sozinha. Era veterinária, treinada e em atividade. Na primeira sessão, ela disse que tivera um relacionamento de oito anos com um homem. O relacionamento, que incluíra períodos em que eles haviam vivido juntos, fora bastante tempestuoso, e terminara finalmente há dois anos, por insistência dele. A família de Alice não aprovara esse relacionamento. Eles ficaram aliviados quando terminou, mas pareciam incapazes de apoiar Alice em sua dor. Alguns amigos disseram que ela fizera bem em livrar-se dele. Ao longo desses dois anos, Alice fora ficando cada vez mais isolada, e na época em que procurou terapia não saía mais com nenhum amigo, passava todo o seu tempo livre pensando a respeito de seu antigo amor e sonhando com ele à noite, engordara bastante e sentia que o seu trabalho estava sendo afetado. A incapacidade de sua própria família e de seus amigos de confirmarem sua dor e sua perda parecia contribuir para a sua necessidade de não fazer nada além de pensar nele e sentir-se triste. Ela disse que achava que, se tivesse casado e se divorciado, as pessoas a teriam apoiado mais, como haviam feito com sua irmã em tais circunstâncias.

O terapeuta iniciou com uma simples confirmação da perda e da tristeza de Alice, e salientou o fato de que não existem processos combinados para o final de um relacionamento em que não houve casamento. Pediu-se a Alice para realizar uma tarefa que tanto lhe permitiria entristecer-se quanto seguir em frente com um outro aspecto da vida. Durante uma hora por dia, ela não deveria fazer nada além de reviver lembranças do relacionamento, uma vez que isso era algo que obviamente ainda precisava ser completado. O terapeuta sugeriu que ela escrevesse essas lembranças em fichas de arquivo e as trouxesse na sessão seguinte. Fora dessa hora, ela deveria fazer outras coisas. Se as lembranças se intrometessem nesses outros momentos, isso significaria que uma hora por dia não era suficiente, e ela deveria aumentar o tempo para uma hora e meia. Alice retornou com uma pilha de fichas de arquivo, que ela codificara criativamente por cores, utilizando púrpura para as lembranças "agradáveis", verde para as lembranças "invejosas" e azul para as lembranças "tristes". Então, com uma risada, ela declarou: "E, evidentemente, minhas lembranças raivosas são vermelhas!" Conforme a terapia focava as fichas e seus significados, Alice declarou que se sentira muito melhor durante aquelas três semanas, que começara a achar que uma hora por dia era muito tempo, e que parara de sonhar com seu antigo amor. O terapeuta perguntou-lhe se havia fichas que ela sentia-se pronta para abandonar, e ela disse que havia. Pedimos que levasse todas as fichas para casa e as selecionasse, separando aquelas às quais ainda queria agarrar-se e aquelas que estava pronta a abandonar.

Alice chegou, duas semanas mais tarde, vestida de modo mais alegre do que antes e ansiosa para falar. Ela começara a sair com amigos, e estava pensando em fazer aulas de aeróbica. Depois de contar isso, tirou da bolsa duas pilhas de fichas. Ela disse que decidira guardar as lembranças "agradáveis" púrpuras, pois essas eram uma parte dela que desejava manter. Ela sentia que as partes boas do relacionamento a haviam modificado de maneiras positivas, e que gostaria de levar isso para qualquer novo relacionamento que pudesse ter. Essa foi a primeira menção a um sentimento de futuro. Ela também desejava guardar a maioria das lembranças "raivosas" vermelhas, pois elas ajudavam-na a lembrar como fora tratada miseravelmente muitas vezes, evitando assim romantizar o passado. Entretanto, ela estava pronta para abandonar as lembranças "invejosas" verdes, que muitas vezes a faziam sentir-se mal em relação a si mesma, e as lembranças "tristes" azuis, pois achava que já ficara triste o suficiente! Nesse momento, o terapeuta saiu da sala e voltou com uma tigela de cerâmica e uma caixa de fósforos, e silenciosamente os entregou a Alice, que sorriu e disse: "Oh, nós devemos queimá-las!" É importante observar que ela viu a ação de queimar as fichas como um empreendimento compartilhado por ela e pelo terapeuta. O terapeuta devolveu as fichas para Alice, que as empilhou na tigela, ateando fogo a elas. Ela usou vários fósforos para conseguir um bom fogo, e então ficou silenciosa por vários instantes contemplando as chamas. Em certo momento, ela disse: "É tão final, mas é bom". Alguns minutos depois, ela brincou: "Nós deveríamos tostar uns *marshmallows* – seria a ironia final", referindo-se ao fato de que seu namorado muitas vezes criticara seu corpo e seu peso e, apesar disso, comprava-lhe gulodices. No final, ela falou: "Isso é bom – minha lembrança final é de calor".

Nas sessões subsequentes ao ritual de atear fogo, Alice lidou com muitas questões relativas à família de origem, o que anteriormente não acontecera devido à sua posição paralisada perante o namorado. Ela foi capaz de renegociar vários relacionamentos, começou a sair mais com os amigos e passou a ter aulas de mergulho. Quando a terapia terminou, ela estava começando a ter aulas de voo, uma metáfora adequada para tudo aquilo que estava começando.

Discussão do ritual

Vários elementos comuns aos rituais terapêuticos curativos foram utilizados neste caso, incluindo a afirmação da dor e da perda, alternação do agarrar-se e do abandonar, e uma ação para simbolizar a finalidade. Quando a cura adequada não ocorreu num relacionamento ou situação, a família e os amigos bem-intencionados frequentemente desencorajam a expressão da dor ou, de outra forma, tentam minimizar o tumulto. Como no caso de Alice, isso frequentemente tem o efeito oposto, e a pessoa pode ficar duplamente perturbada, tanto pela tristeza quanto pelo sentimento subsequente de isolamento. Os rituais terapêuticos curativos devem começar com uma afirmação dessa tristeza, e depois conduzir a um processo gradual de deixar aquilo para trás que respeite o ritmo do paciente. A ação simbólica nos rituais terapêuticos curativos frequentemente espelha a que acontece nos rituais normativos curativos, tais como queimar e enterrar. Neste caso, o terapeuta serviu de testemunha e foi coparticipante do processo curativo. Essa coparticipação foi espontaneamente proposta por Alice, e consistiu num importante elemento devido ao seu sentimento de isolamento. Os rituais curativos podem ser seguidos por rituais de celebração. No caso que está sendo discutido, Alice planejou o seu próprio ritual de celebração, a compra de várias roupas novas para definir o que ela chamou de seu "novo estilo".

RITUAIS DE REDEFINIÇÃO DE IDENTIDADE

Os rituais de redefinição de identidade funcionam para remover rótulos e estigmas de indivíduos, casais e famílias, e muitas vezes para realinhar os relacionamentos entre a família e os sistemas mais amplos, o que é especialmente necessário quando os sistemas mais amplos tinham pontos de vista negativos em relação a uma família. Pode-se conseguir uma reelaboração de uma transição idiossincrática anterior do ciclo de vida que ocorreu de modo errado. Novas opções de relacionamento, previamente impossíveis devido à limitação dos rótulos, tornam-se possíveis (Imber Coppersmith, 1983). Um equilíbrio entre ser ao mesmo tempo igual e diferente dos outros torna-se possível.

Exemplo de caso: uma celebração de adoção

Uma família foi encaminhada para a terapia pelo serviço social. A família era composta pelo pai e pela mãe, o Sr. e a Sra. Oscar, e seu filho Wayne, de dez anos de idade. Na época do encaminhamento, Wayne, que fora adotado quando bebê, estava vivendo num lar adotivo, porque, como ambos declararam, eram, "maus pais". A prova, segundo eles, de que eram "maus pais" incluía o comportamento de Wayne e problemas de aprendizagem na escola e em casa. Eles acreditavam que, se fossem "bons pais", Wayne seria "bom".

A terapeuta investigou as origens e contribuições para a ideia dos pais de serem "maus pais", e descobriu que essa ideia começara quando souberam que não poderiam ter filhos biológicos. A Sra. Oscar disse que sabia que deveria, de alguma maneira, ser uma pessoa "má", ou Deus lhe teria dado filhos. Os quatro avós desaprovaram a adoção de Wayne, e não houve nenhuma celebração ou presentes para assinalar sua entrada na família Oscar. Quando Wayne era bem pequeno, e começou a fazer todas as travessuras normais que os garotinhos fazem, a Sra. Oscar não tinha ninguém com quem falar a respeito, e começou a sentir-se cada vez mais certa de que era uma "mãe má". Esse processo escalou quando Wayne entrou na escola. Ele tinha dificuldades de aprendizagem e foi rapidamente rotulado como um problema. A Sra. Oscar participava frequentemente das reuniões escolares. Essas reuniões reforçavam seu sentimento de que eles eram "maus pais".

A terapeuta pediu aos pais para lhe contarem de que maneira sua família era igual às outras famílias e de que maneira era diferente. Eles foram incapazes de definir qualquer maneira pela qual se assemelhassem a outras famílias, a não ser por coisas como viver numa casa e fazer as refeições junto. Eles viam a si mesmos como completamente diferentes das outras famílias, porque a deles fora formada pela adoção. Por essa mesma razão, Wayne era definido como totalmente diferente dos outros meninos. Suas semelhanças com outros meninos de sua idade passavam despercebidas, e apenas as diferenças chamavam a atenção. As interações da família com sistemas auxiliares mais amplos, ao longo dos anos, haviam reificado essa visão, culminando com a colocação de Wayne sob cuidados adotivos. Com a continuação da sessão, ficou aparente que os pais desejavam sinceramente que Wayne voltasse para eles, e que a ideia de interromper a adoção viera do serviço social. A terapia começou com o tema de esclarecer tanto as semelhanças quanto as diferenças da família em relação às outras famílias.

Durante o curso da terapia, o comportamento de Wayne no lar adotivo, na escola e nas visitas, começou a melhorar. Foram feitos planos para o seu retorno ao lar. A terapeuta decidiu utilizar a ocasião do retorno de Wayne para um ritual de redefinição de identidade que alterasse a percepção de cada membro de si mesmo e de sua família. A terapeuta explicou aos pais que o problema deles começara quando Wayne fora adotado e nenhuma celebração fora realizada em função das atitudes de suas famílias de origem. Isso fez com que a família começasse a se sentir diferente das outras, porque as famílias geralmente celebram a chegada dos bebês. O período em que Wayne ficara sob cuidados adotivos foi reformulado como uma oportunidade para refazer a sua entrada na família. Pediu-se aos pais que planejassem uma festa de adoção que celebrasse Wayne como o seu filho. Wayne ficou sabendo sobre a festa, e, num breve encontro em separado, a terapeuta pediu-lhe que fizesse alguma coisa para celebrar a mãe e o pai como seus pais. Os Oscar decidiram convidar os amigos e a família. Eles também convidaram a terapeuta, a mãe adotiva anterior e a assistente social. Nem todos os membros de suas famílias estavam dispostos a comparecer, mas vários compareceram e trouxeram presentes para Wayne. Com relação aos membros que decidiram não comparecer, a Sra. Oscar comentou mais tarde: "Isso diz mais a respeito deles do que de nós!" Foram mostradas fotografias de Wayne quando bebê, o que não havia sido feito antes. Os pais serviram sorvete e bolo, e Wayne, que escutara atentamente durante as sessões, quando os pais falavam sobre serem "maus pais", fez um cartaz que dizia: "Estou feliz por ter bons pais!"[1]

Depois da celebração de adoção, o comportamento de Wayne, em casa e na escola, continuou a melhorar. No seguimento, a terapeuta perguntou a respeito de Wayne, e o Sr. e a Sra. Oscar foram capazes de relacionar qualquer mau comportamento de Wayne com as "atividades normais da pré-adolescência" em vez de com sua adoção ou o fato de serem "maus pais".

Discussão do ritual

Este ritual de redefinição de identidade serviu para redefinir Wayne, seus pais, a família como um todo, e o relacionamento familiar com a família ampliada e com o mundo exterior, conforme exemplificado pelos sistemas mais amplos. Colocado em uma terapia que contestara com sucesso as visões negativas dos pais em relação a eles mesmos e ao filho, o ritual de celebração de adoção recontextualizou o lugar de Wayne na família como um motivo de celebração e não como um motivo de vergonha. O estigma foi removido, e a família recusou-se a aceitar qualquer novo estigma por parte das famílias de origem ou de sistemas mais amplos. As semelhanças da família com outras famílias (por exemplo, as famílias fazem festas para celebrar a chegada dos filhos) e a sua singularidade como família adotiva foram salientadas e confirmadas.

---

[1] Uma variação desta celebração de adoção foi criada e utilizada primeiramente pela Family Therapy Training Team, na Universidade de Massachusetts, incluindo Richard Whiting, Linda Giardino, Janine Roberts, John Anderson e David Armstrong, com Imber-Black como supervisor.

PLANEJANDO E IMPLEMENTANDO RITUAIS TERAPÊUTICOS PARA TRANSIÇÕES IDIOSSINCRÁTICAS DE CICLO DE VIDA

Watzlawick (1978) referiu-se aos rituais terapêuticos como "as mais compreensivas e as mais elegantes de todas as intervenções" (página 154). Palazzolli (1974) sugeriu que os rituais requerem grande criatividade por parte do terapeuta. Planejar e implementar os rituais discutidos neste capítulo, entretanto, constituem uma habilidade que pode ser aprendida.

1. Assim como os rituais normativos são processos, e não eventos distintos, também os rituais terapêuticos são parte de um processo terapêutico mais amplo. Sua eficácia está no planejamento, na avaliação cuidadosa, especialmente com relação às fases do ciclo de vida e dos eventos idiossincráticos do ciclo de vida, e no respeito e vínculo entre a família e o terapeuta. Os rituais considerados aqui não são "jogos" ou "truques", mas surgem de um contexto relacional que aprecia a tendência dos seres humanos de ritualizar e a necessidade de significado nos relacionamentos humanos.

2. O terapeuta procura descobrir os símbolos e atos simbólicos apropriados para o indivíduo, a família, e o grupo étnico e cultural que representam a possibilidade de desenvolvimento relacional. Esses símbolos e ações metafóricas devem conectar a família com aquilo que é conhecido, ao mesmo tempo em que são capazes de conduzir àquilo que é desconhecido. O terapeuta deve permanecer aberto ao desenvolvimento de múltiplos significados novos revelados pela família em relação aos símbolos utilizados, e não pré-determinar esses resultados.

3. O terapeuta planeja o ritual, utilizando o *input* familiar para as dimensões de tempo e espaço. Assim, os rituais podem ocorrer num determinado momento ou ao longo do tempo. O tempo pode ser usado para estabelecer determinadas distinções ou salientar a simultaneidade. Consegue-se um senso de conexão com o passado, o presente e o futuro. O ritual pode ocorrer numa sessão de terapia, em casa ou em algum outro lugar combinado, tal como perto de onde haja água, num bosque ou num cemitério. Se o terapeuta determina que é importante haver uma testemunha, então a sessão de terapia geralmente é o melhor momento e espaço.

4. O terapeuta fica atento a alterações, de modo a incorporar contradições. Assim, agarrar-se a alguma coisa pode ser alternado com deixá-la para trás em um simples ritual, ou um ritual de término ou separação pode ser seguido por um ritual de renovação ou celebração.

5. O terapeuta toma cuidado para deixar que a família planeje e improvise alguns aspectos do ritual, de modo a facilitar a imaginação que pode levar à solução de problemas e a um funcionamento intensificado. Quando apropriado, vale utilizar senso de humor e jocosidade.

6. Os rituais terapêuticos para os eventos idiossincráticos de ciclo de vida valem-se muito dos rituais normativos.

7. O terapeuta permanece aberto à maneira como a família desenvolve o ritual, incluindo a escolha de não realizá-lo. Os rituais terapêuticos, exatamente como os normativos, não devem ser eventos vazios, praticados simplesmente porque alguém diz que devemos fazê-lo. Eles são oportunidades para a confirmação de relacionamentos existentes e para o início de mudanças relacionais. A disposição da família deve ser cuidadosamente avaliada e respeitada. Nos rituais terapêuticos bem-sucedidos, o ritual e seu resultado pertencem fundamentalmente à família.

CONCLUSÕES

Os eventos e transições idiossincráticos de ciclo de vida colocam dificuldades particulares para os indivíduos e para as famílias. Carecendo dos mapas que acompanham as transições mais esperadas e do apoio e confirmação contextuais mais amplos, podem ser desencadeados complexos processos de *feedback,* resultando em sintomas e num alto nível de angústia e isolamento. Os rituais terapêuticos, criativamente planejados para salientar a participação do indivíduo ou da família na formulação de sua forma fundamental, emprestam muito dos rituais normativos de ciclo de vida, e facilitam as transições necessárias, a cura e a expansão das possibilidades de relacionamento.

REFERÊNCIAS

Carter, E. A., & McGoldrick, M. (1980). The family life cycle and family therapy. In E. A. Carter & M. Goldrick (eds.). *The family life cycle: A framework for family therapy,* New York: Gardner Press.
Grainger, R. (1974). *The language of the rite.* London: Dacton, Longmann & Todd.
Haley, J. (1973). *Uncommon therapy: The psychiatric techniques of Milton H. Erickson,* New York: Norton.
Imber-Black, E. (1986a). Odysseys of a learner. In D. Efron (Ed.), *Journeys: Expansion of the strategic-systemic therapies.* New York: Brunner/Mazel.
Inber-Black. E. (1986b). Toward a resource model in systemic family therapy. In M. Karpel (Ed.), *Family resources.* New York: Guilford Press.
Imber Coppersmith, E. (1983). From hyperactive to normal but naughty: A multisystem partnership in delabeling. *International Journal of Family Psychiatry* 3/2: 131-44.
Imber Coppersmith, E. (1985). We've got a secret: A non-marital marital therapy. In A. Gurman (d.), *Casebook of marital therapy.* New York: Guilford Press.
O'Connor, J. (1984). The resurrection of a magical reality: Treatment of functional migraine in a child. *Family Process* 23/44: 501-509.
O'Connor, J., & Hoorwitz, A. N. (1984). The bogeyman cometh: A strategic approach for difficult adolescents. *Fumily Process* 23/24: 237-249.
Palazzoli, M. (1974). *Self-starvation: From the intrapsychic to the transpersonal approach to anorexia nervosa.* London: Caucer Publishing Co.
Palazzoli, M., Boscolo, L., Cecchin, G., & Prata, G. (1974). The treatment of children through the brief therapy of their parents. *Family Process* 13: 429-42.
Palazzoli, M., Boscolo, L., Cecchin, G., & Prata, G. (1977). Family rituals. A powerful tool in family therapy. *Family Process* 16/4: 445-153.
Papp, P. (1984). The links between clinical and artistic creativity. *The Family Therapy Networker* 8/5: 20›9.
Schwartzman, J. (1982). Symptoms and rituals: paradoxical modes and social organization. *Ethos* 10/1: 3-23.
Seltzer, W., & Seltzer, M. (1983). Magic, material, and myth, *Family Process* 22/1: 3-14.
Terkleson, K. G. (1980). Toward a theory of the family life cycle. In E. A. Carter & M. McGoldrick (Eds.), *The family life cycle: A framework for family therapy.* New York: Gardner Press.
Van der Hart, O. (1983). *Rituals in psychotherapy: Transition and continuity.* New York: Ivington Publishers.
Van Gennep, A. (1960). *The rites of passage.* Chicago: University of Chicago Press.
Watzlawick, P. (1978). *The language of change: Elements of therapeutic communication.* New York: Basic Books.
Wolin, S. J., & Bennett, S., A. (1984). Family rituals. *Family Process* 23/3: 401 »20.

8
Genetogramas e o ciclo da vida familiar

Monica McGoldrick, M.S.W. e *Randy Gerson*, Ph.D.

Q uando avaliamos o lugar de uma família no ciclo de vida, os genetogramas e as cronologias familiares constituem úteis instrumentos. Eles proporcionam uma visão de um quadro trigeracional de uma família e de seu movimento através do ciclo de vida. Este capítulo explora a maneira pela qual os genetogramas podem elucidar a estrutura do ciclo de vida familiar e como o entendimento do ciclo de vida pode ajudar na interpretação do genetograma. Nós consideramos ambos os padrões que ocorrem tipicamente em várias fases do ciclo de vida e os problemas predizíveis quando os eventos de ciclo de vida são "irregulares". A família de Sigmund Freud é utilizada para ilustrar as questões de ciclo de vida num genetograma.

O ciclo de vida familiar é um fenômeno complexo. Ele é uma espiral da evolução familiar, na medida em que as gerações avançam no tempo em seu desenvolvimento do nascimento à morte. Poderíamos comparar este processo familiar à música, em que o significado das notas individuais depende de seus ritmos em conjunção uns com os outros e com as lembranças de melodias passadas e a antecipação daquelas que ainda estão por vir. Os genetogramas são retratos gráficos da história e do padrão familiar, mostrando a estrutura básica, a demografia, o funcionamento e os relacionamentos da família. Eles são uma taquigrafia utilizada para descrever os padrões familiares à primeira vista. A Tabela 8-1 mostra o formato básico de construção de um genetograma, de acordo com a padronização descrita por McGoldrick e Gerson em 1985.

CASAMENTO E RECASAMENTO

Uma vez que o ciclo de vida familiar é circular e repetitivo, podemos começar a contar a história da família em qualquer momento. Com a família Freud, nós começamos alguns anos antes do nascimento de seu mais famoso membro, Sigmund, no momento do casamento de seus pais. Queremos lembrar que grande parte daquilo que sugerimos sobre a família de Freud é uma especulação, uma vez que as informações do registro histórico são muito incompletas. O que se segue pretende apenas ilustrar o uso do ciclo de vida familiar na avaliação dos padrões familiares com genetogramas.

Na fase de casamento ou recasamento, o genetograma mostra a união de duas famílias separadas, indicando o lugar de cada cônjuge em seu próprio ciclo de vida familiar. Para começar uma nova família, ambos os parceiros devem chegar a um acordo com suas famílias de origem. O genetograma dá pistas sobre a maneira como os cônjuges estão conectados à suas próprias famílias, e sobre seus respectivos papéis nestas famílias. Quando um dos cônjuges compete com a família do outro ou quando os pais não aprovam a escolha dos filhos, os triângulos entre parentes por afinidade podem começar nessa fase. O genetograma também mostra os relacionamentos prévios que podem interferir com o atual vínculo conjugal.

Tabela 8-1 Formato de um Genetograma

A. Símbolos para descrever a associação e estrutura familiar básica (inclua no genetograma as pessoas significativas que moraram com ou cuidaram de membros da família – coloque-as no lado direito do genetograma, com uma anotação a respeito de quem são elas).

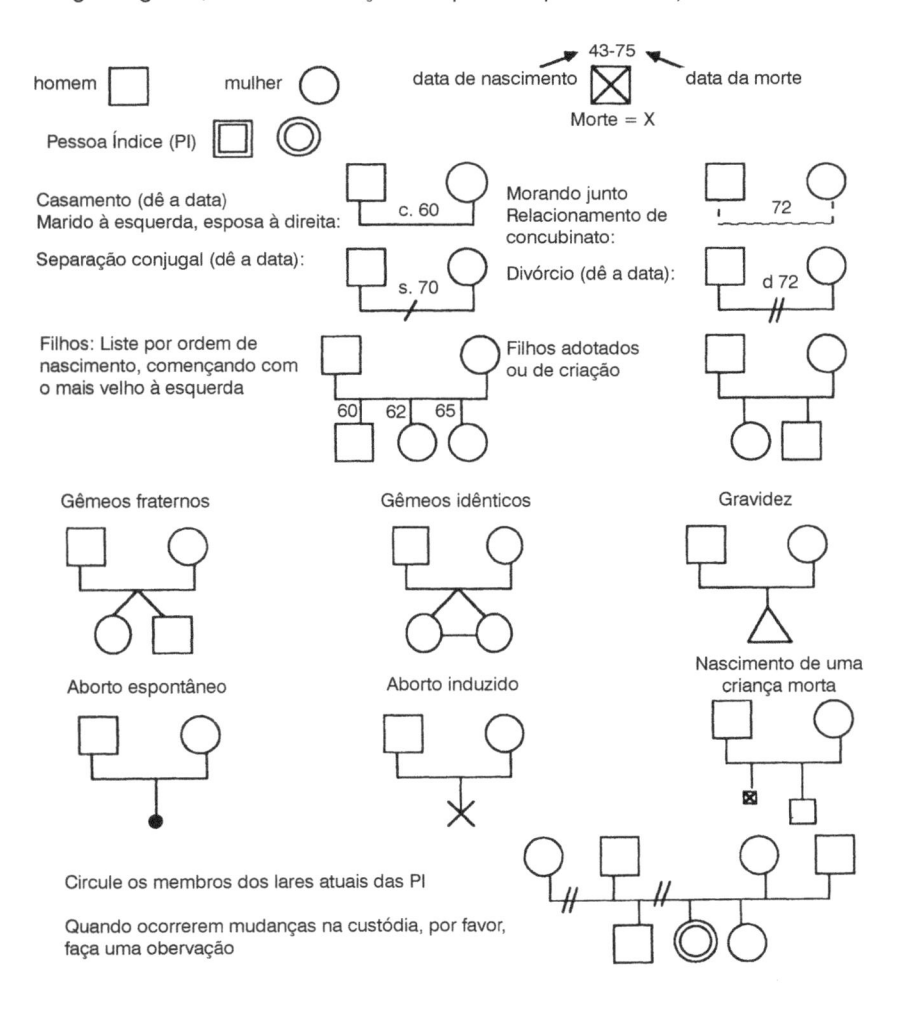

B. Padrões de interação familiar. Os seguintes símbolos são opcionais. O terapeuta pode preferir anotá--los numa folha separada. Eles estão entre as informações menos precisas do genetograma, mas podem ser indicadores-chave de padrões de relacionamento que o terapeuta quer lembrar:

Relacionamento muito estreito   Relacionamento conflitual

Relacionamento distante   Desavença ou rompimento (dê as datas, se possível)

Fundido e conflitual QA./ViQ

C. História médica. Uma vez que o genetograma pretende ser uma mapa da família orientador, há espaço para indicar somente os f afores mais importantes. Assim, liste apenas as doenças e problemas maiores ou crônicos. Inclua as datas entre parentes quando for possível ou aplicável. Use as categorias do DSM-III ou abreviações reconhecíveis, quando existirem (por exemplo. Câncer – CA; derrame – AVC).

D. Outras informações familiares de especial importância também podem ser anotadas no genetograma:
1. *Background* étnico e data da migração
2. Religião ou mudança religiosa
3. Educação
4. Ocupação ou desemprego
5. Serviço militar
6. Aposentadoria
7. Problemas com a Lei
8. Abuso físico ou incesto
9. Obesidade
10. Abuso de álcool ou de drogas (símbolo = ■ ○)
11. Fumar
12. Datas em que membros da família deixaram a casa: DC'74
13. Atual localização de membros da família

É útil ter um espaço no final do genetograma para anotações sobre outras informações-chave: isso incluiria eventos críticos, mudanças na estrutura familiar desde que o genetograma foi feito, hipóteses e outras anotações sobre problemas ou mudanças familiares importantes. Essas anotações devem sempre ser datadas, e devem ser bastante resumidas, uma vez que cada porção extra de informação em um genetograma o deixa mais complicado e, consequentemente, reduz sua legibilidade.

    Como pode ser visto no genetograma da família Freud em 1855 (Figura 8.1), o casamento de Jacob Freud e Amalia Nathansohn teve vários aspectos atípicos. Jacob, que tinha quarenta anos, estava casando pela terceira vez. Amalia tinha apenas vinte anos. De fato, a nova esposa era ainda mais jovem do que um dos filhos do primeiro casamento de Jacob. Essas diferenças entre os cônjuges tenderiam a complicar sua transição para uma nova família.
    Nós sabemos que Jacob Freud e sua primeira mulher, Sally Kanner, tiveram dois filhos homens e duas outras crianças que não sobreviveram, mas pouco se sabe sobre Sally, e menos ainda sobre a segunda esposa de Jacob, Rebecca (Clark, 1980; Glicklhom, 1969). Nós não sabemos o que aconteceu com nenhuma das esposas – se o casal divorciou-se ou se a esposa morreu. A falta de informações desperta a curiosidade sobre os primeiros casamentos de Jacob e suas implicações para o seu terceiro casamento com Amalia. O primeiro casamento de Jacob aconteceu quando ele estava apenas com dezesseis anos, sugerindo a

As mudanças no ciclo de vida familiar   **147**

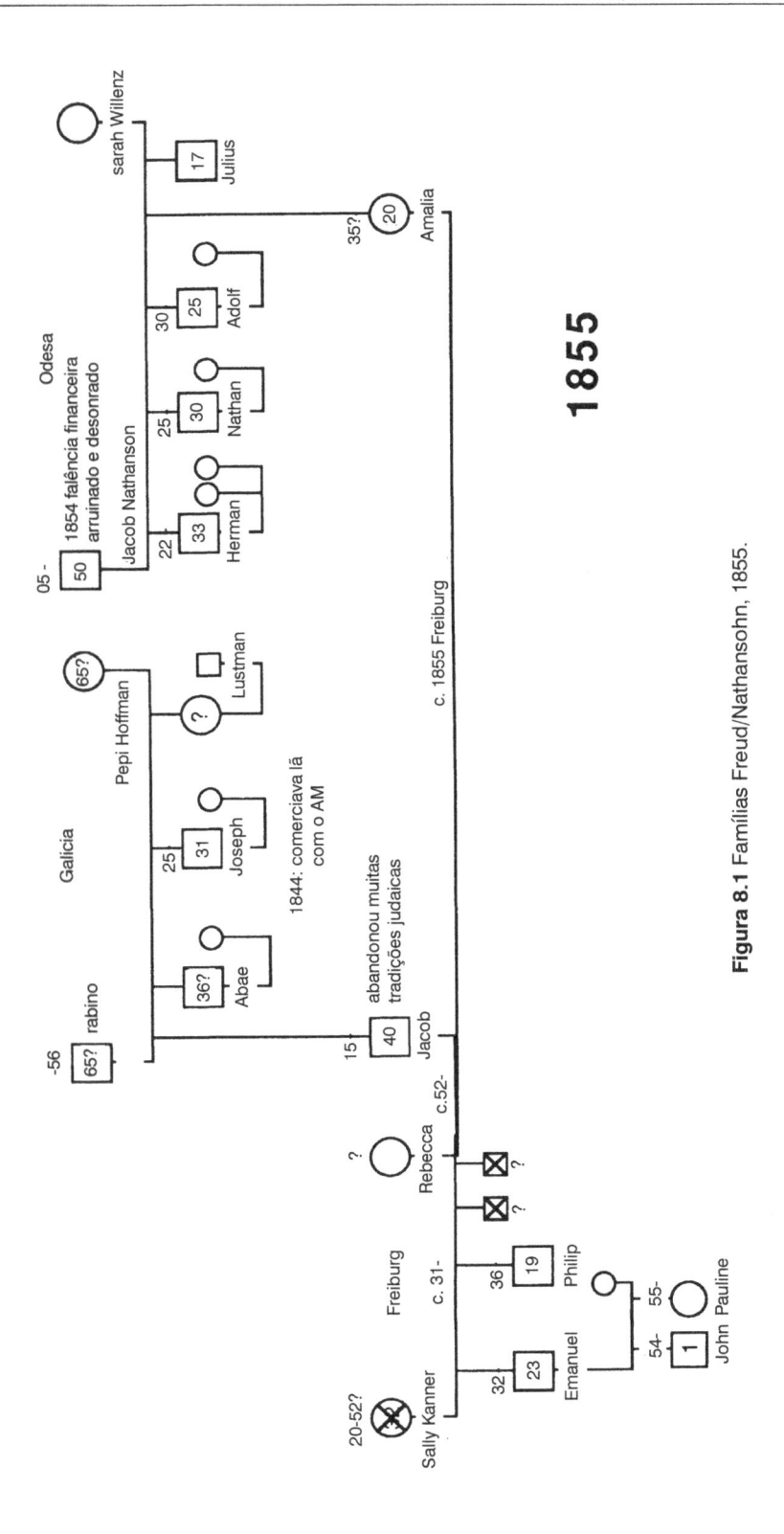

Figura 8.1 Famílias Freud/Nathansohn, 1855.

possibilidade de uma gravidez inesperada (Anzieu, 1986). O segundo casamento é ainda mais misterioso. Essa esposa, Rebecca, jamais foi mencionada por qualquer membro da família, e só sabemos de sua existência a partir de registros públicos. Parece que ela casou com Jacob em 1852, de modo que os filhos de Jacob, Emanuel e Philip, estariam crescidos, e obviamente a teriam conhecido. Amalia, certamente, teria pelo menos sabido de sua existência, uma vez que todos viviam na mesma cidade; contudo, se alguma vez alguém a mencionou a Freud, ele jamais contou isso a ninguém. Gostaríamos de saber por quê. Havia alguma coisa nela que envergonhava a família? De qualquer forma, Jacob e Amalia obviamente começaram o seu casamento à sombra dos casamentos anteriores de Jacob.

Quando examinamos o genetograma, é particularmente importante observar as idades dos membros da família na medida em que se movem através do ciclo de vida. Existe um momento normativo para a transição a cada uma de suas fases. Essas normas estão sempre mudando, e têm variado através das culturas e por toda a história, mas podem servir como um ponto de partida para compreendermos mais sobre as transições de ciclo de vida numa família. Por exemplo, se os filhos casam tarde ou jamais deixam o lar, isso pode relacionar-se à dificuldade de diferenciarem-se da família. Com qualquer casal recém-casado, é importante observar as posições dos cônjuges dentro dos ciclos de vida de suas respectivas famílias. Jacob já era avô, ao passo que Amalia, vinte anos mais jovem, e uma igual para seus filhos, estava na fase adulta jovem. Como foi que esses dois chegaram a casar? Sabemos que Jacob não tinha nenhum prospecto particular de negócios naquela época (Swales, 1986), de modo que poderíamos nos perguntar o que levou Amalia a concordar em casar-se com um homem tão mais velho, com filhos adultos e dois casamentos anteriores. Parece que o pai de Amalia tinha perdido recentemente a sua fortuna, o que talvez explique a situação (Swales, 1986). De qualquer forma, Amalia era uma jovem mulher cheia de vivacidade, uma das mais jovens de sua família. Jacob, por sua vez, havia passado por muitos altos e baixos. Tendo se saído bastante bem na década de trinta como vendedor-viajante com seu avô materno, ele aparentemente deu uma parada no meio da vida. Poderíamos predizer, observando estas indicações num genetograma, que as diferenças de experiência e expectativa talvez levassem a uma transição problemática de ciclo de vida.

Nossa estrutura de ciclo de vida sugere que questões não resolvidas em fases anteriores do ciclo de vida conduzem a transições mais difíceis e a complexidades em estágios posteriores do ciclo de vida. Assim, é provável que, com os casamentos anteriores de Jacob, seu misterioso passado e as discrepâncias de idade e expectativas, assim como com a precariedade financeira, Jacob e Amalia iniciaram seu casamento com muitas questões complexas não resolvidas.

Também é útil examinar o genetograma em relação a triângulos e padrões predizíveis em diferentes estágios do ciclo de vida. Conforme discutido por McGoldrick e Carter no capítulo 17, as famílias recasadas são formadas numa base inteiramente diferente da das primeiras famílias, pois elas são construídas sobre as perdas da primeira família. Elas requerem uma fase adicional do ciclo de vida. Existem pelo menos dois triângulos predizíveis no genetograma de uma família recasada: (1) aquele envolvendo os dois novos cônjuges e o cônjuge anterior (ou a lembrança do primeiro cônjuge), e (2) aquele envolvendo os dois novos cônjuges e os filhos do casamento anterior. Nós não sabemos nada a respeito do relacionamento de Amalia com as primeiras mulheres de Jacob, nem conhecemos detalhes de seu relacionamento com Emanuel e Philip. Nós sabemos que na fantasia de Freud, sua mãe e Philip eram amantes, e que, depois de três anos de casamento, Jacob fez arranjos para seus filhos emigrarem para a Inglaterra. Teria ele feito isso parcialmente para manter os filhos a uma distância segura de sua esposa?

A TRANSIÇÃO PARA A PATERNIDADE E AS FAMÍLIAS COM FILHOS PEQUENOS

Durante a transição para a paternidade e para o tornar-se uma família com filhos pequenos, os pais precisam assumir a pesada responsabilidade de criar os filhos ao mesmo tempo em que tentam manter seu próprio relacionamento. O genetograma muitas vezes revela estressores que tornam esta fase particularmente difícil para os pais. Ao proporcionar um rápido mapa da constelação de irmãos, o genetograma também pode revelar as circunstâncias particulares que cercam o nascimento de uma criança e a maneira pela qual essas circunstâncias contribuem para que a criança tenha uma posição especial nessa família. Finalmente, o genetograma mostrará os típicos triângulos mãe-pai-criança deste período.

Como pode ser visto no genetograma da família Freud para 1866 (Figura 8.2), Sigmund nasceu em 1856, em Freiburg, Morávia. Ele foi o primeiro de oito filhos, de modo que o seu nascimento assinalou o início da transição de ciclo de vida de uma segunda família com filhos pequenos. Tendo nascido numa família recasada, ele tinha dois meio-irmãos adultos, do casamento anterior de seu pai. Todos esses particulares, vistos no genetograma, sugerem um importante papel para Sigmund como o primeiro membro de uma nova família nuclear.

É o nascimento do primeiro filho, mais do que o próprio casamento, que marca mais profundamente a transição para uma nova família. O cônjuge previamente casado começa a deslocar-se para o novo cônjuge e filho. Para o novo cônjuge, o filho tende a significar uma maior legitimização e poder em relação à família anterior do parceiro. Sigmund, definitivamente, parecia ter um lugar especial no coração de sua mãe. Ele tinha um relacionamento extremamente intenso com ela (Nelken, no prelo) e ela sempre se referia a ele como o seu "Sigi de ouro". De acordo com a opinião geral, ele era o centro da casa. Existe a proverbial estória familiar de que, quando sua irmã Anna quis aprender a tocar piano, sua mãe comprou um piano, mas livrou-se dele imediatamente quando Sigmund queixou-se de que o barulho o incomodava. Suas irmãs não tiveram mais lições de piano. A posição especial de Sigmund também é indicada pelo fato de que a família concedeu-lhe o privilégio de nomear seu irmão mais jovem, Alexander, nascido quando Sigmund estava com dez anos. (De modo interessante, em seu próprio casamento, ele próprio nomeou cada um de seus seis filhos, dando-lhes nomes de heróis ou de pessoas da família!) A preferência cultural dos Freud por filhos do sexo masculino exaltou ainda mais a posição de Sigmund em sua família.

Também é importante, ao avaliar uma transição de ciclo de vida, examinar os estressores existentes na família naquele momento. Quando vemos perdas e eventos traumáticos coincidentes no genetograma, devemos começar a explorar seu possível efeito sobre o processo do ciclo de vida.

De uma perspectiva sistêmica, a perda é considerada como uma transição maior que rompe os padrões de interação do ciclo de vida, e que, portanto, requer uma reorganização familiar e propõe desafios de adaptação compartilhados. O senso de movimento de uma família através do ciclo de vida pode ficar paralisado ou distorcido depois de uma perda, e os genetogramas nos permitem traçar o efeito das perdas ao longo do tempo.

Como pode ser visto no genetograma para 1859 (Figura 8.3), havia muita coisa acontecendo na família Freud na época do nascimento de Sigmund. A qualidade especial de Sigmund para seu pai pode ter sido intensificada pelo fato de o pai de Jacob ter morrido três meses antes de Sigmund nascer, tendo Sigmund recebido o seu nome. Esse avô, Schiomo, era um rabino, e talvez Sigmund tenha sido criado para seguir seus passos, tornando-se um professor e um líder intelectual. O papel de Sigmund na família também era obviamente influenciado por seu brilhantismo. Um outro fator que explica seu papel especial foi, provavelmente, ele ter nascido no ponto alto das esperanças da família. Logo depois, eles tiveram de migrar duas vezes, e Jacob sofreu vários fracassos nos negócios. Os irmãos mais jovens de Sigmund, especialmente Anna e Dolfi, talvez tenham suportado a parte mais difícil dos efeitos negativos dessas mudanças na família.

Igualmente importante, podemos ver no genetograma que o irmão de Sigmund, Julius, nascido quando Sigmund tinha 17 meses, viveu apenas sete meses. A morte de um irmão tende a intensificar os sentimentos paternos em relação aos filhos sobreviventes. A criança mais próxima em idade, especialmente se é do mesmo sexo, frequentemente se torna uma substituta para a criança perdida. Assim, a proximidade de Sigmund com sua mãe pode ter-se tornado ainda mais importante para ela depois da morte de seu segundo filho. A perda desse bebê também teria sido intensificada pelo fato de que exatamente um mês antes de sua morte, o irmão mais jovem de Amalia, também chamado Julius, morreu aos 20 anos de idade, de tuberculose pulmonar (Krull, 1986). Provavelmente, ela sabia que seu irmão estava morrendo quando deu seu nome ao filho, sete meses antes. Mais tarde, Sigmund disse que recebera esse irmão com "malevolência e verdadeiro ciúme de bebé, e sua morte deixou em mim o germe da culpa" (citado em Krull, 1986).

Os mais velhos às vezes se ressentem dos que nasceram depois, sentindo-se ameaçados ou deslocados pela chegada do novo bebê. Desde tenra idade, Sigmund pode ter considerado Anna como uma intrusão, e ela pode ter-se ressentido de sua posição e privilégios especiais na família. Ela foi concebida no mês anterior à morte do segundo filho, Julius. O ciúme fraterno de Sigmund poderia ter sido composto pela ambivalência familiar em relação à criança nascida após um filho perdido. Esses sentimentos de rivalidade podem permanecer na idade adulta. O relacionamento de Sigmund com sua irmã Anna parece jamais ter sido muito estreito, e eles ficaram afastados quando adultos.

Um outro fator complicador, em termos da constelação de irmãos, pode ser visto no genetograma. Durante os primeiros três anos de sua vida, Sigmund foi criado quase como um irmão mais jovem de seu sobrinho John, que era mais ou menos um ano mais velho do que ele. Sigmund comentou a importância desse relacionamento: "Até o final de meu terceiro ano, nós fomos inseparáveis; nós nos amávamos e brigávamos e esse relacionamento infantil determinou todos os meus sentimentos posteriores de intercurso com pessoas da minha idade. Meu sobrinho, John, teve desde então muitas encarnações, que reviveram primeiro um e depois outro aspecto de caráter, e está inerradicavelmente fixado em minha lembrança consciente. Às vezes, ele deve ter me tratado muito mal, e eu devo ter contraposto corajosamente o meu tirano" (Jones, 1953, página 8).

Essa fase inicial de uma nova família, da qual Sigmund foi o primeiro, concluiu-se finalmente com uma divisão e emigração da antiga família. Nós não sabemos os detalhes dos motivos pelos quais a família Freud deixou Freiburg. Parece que Jacob e Amalia compartilhavam uma babá com Emanuel e sua esposa, e os primos brincavam bem, juntos. A babá foi eventualmente demitida da casa por ter roubado, e essa foi mais uma perda para Sigmund. Talvez houvesse tensões entre Amalia e seus enteados Emanuel e Philip, que a lembravam das antigas fidelidades de Jacob. Como já foi mencionado, houve inclusive a sugestão de um possível caso amoroso. De qualquer maneira, quando Sigmund estava com três anos, seus meio-irmãos e suas famílias foram tentar a sorte na Inglaterra, e Jacob levou sua família primeiro para Leipzig, e depois para Viena, possivelmente em virtude de revezes econômicos. Assim, num período de poucos anos, Sigmund experienciou inúmeras perdas: sua prioridade como o primogênito, a morte de seu irmão, a demissão da babá, a emigração de seus meio-irmãos e seus filhos, e, finalmente, o desarraigamento de sua própria família.

As mudanças no ciclo de vida familiar **151**

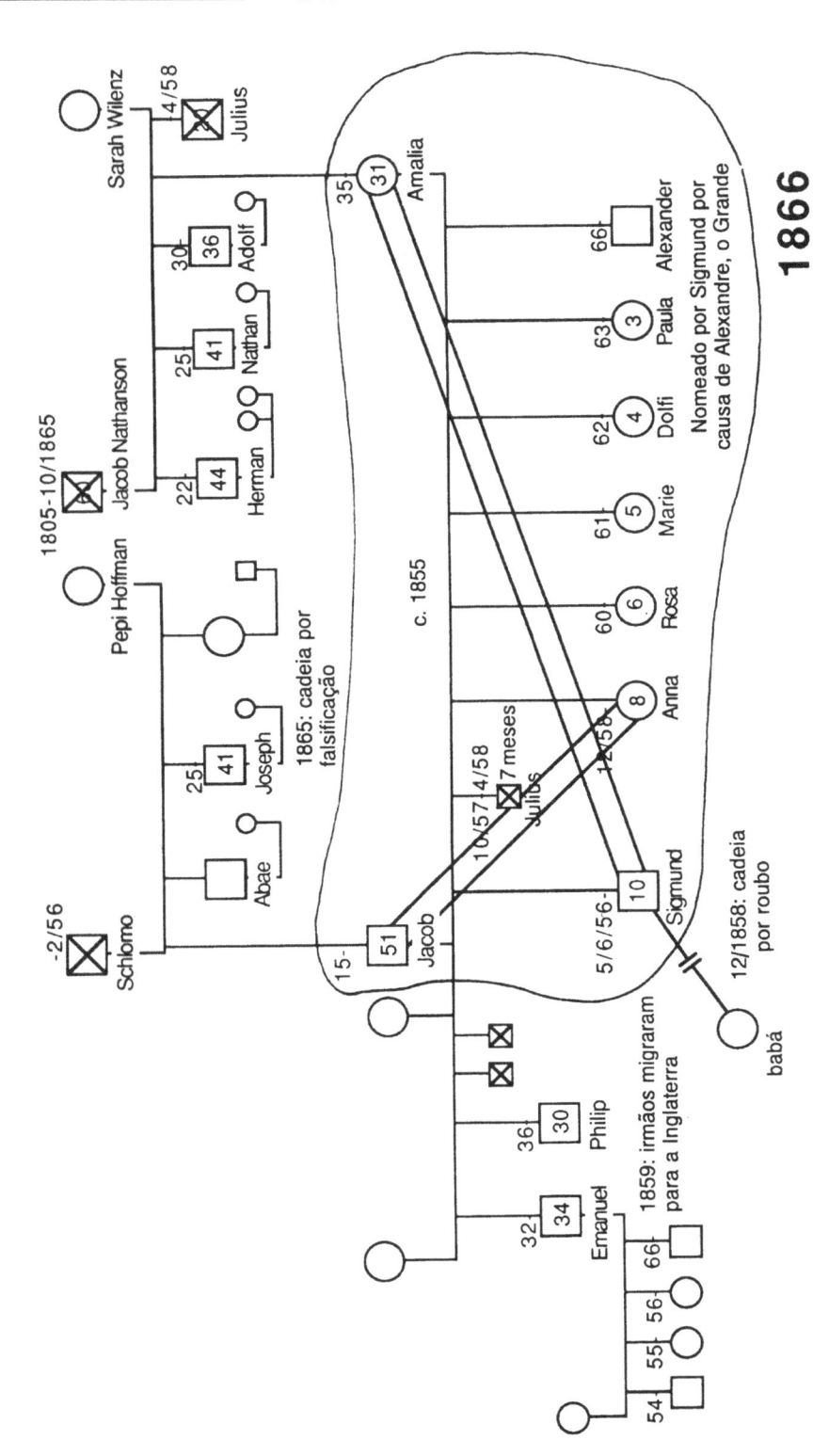

Figura 8.2 Família com filhos pequenos: Família Freud, 1866.

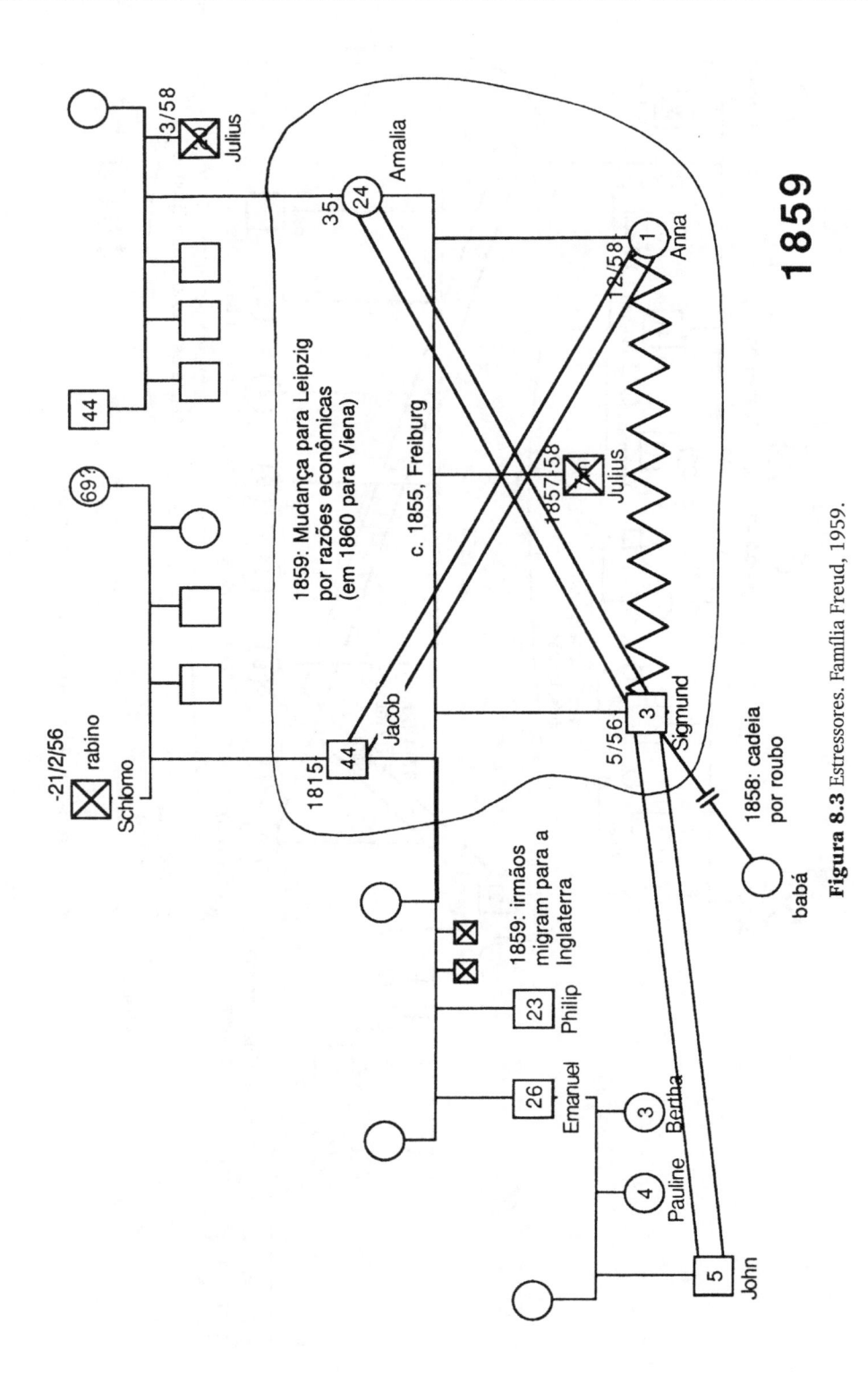

Figura 8.3 Estressores. Família Freud, 1959.

FAMÍLIAS COM ADOLESCENTES

Quando os filhos atingem a adolescência, a tarefa é a de preparar a família para uma mudança qualitativa nos relacionamentos entre as gerações, uma vez que os filhos não são mais tão dependentes de seus pais. Durante esse período, é provável que se desenvolvam triângulos envolvendo os adolescentes, seus iguais e seus pais, ou os adolescentes, seus pais e seus avós. O genetograma muitas vezes revela as fronteiras familiares e os padrões multigeracionais que irão predizer quão facilmente a família se ajustará a essa fase.

A Figura 8.4 mostra a família Freud em 1873, o ano em que Sigmund completou 17 anos de idade e entrou na escola de medicina. Nós possuímos poucas informações específicas sobre os eventos familiares nessa época, mas o genetograma sugere uma família com muitos encargos de educação de filhos, com sete crianças ainda em casa. Também podemos perguntar-nos se a discrepância de idade entre Jacob e Amalia não teria sido mais sentida nesse estágio de ciclo de vida. Jacob, aos 58 anos, podia estar sentindo a sua idade. Sigmund, mais tarde, descreveu seu pai como muito resmungão e desapontado na última parte de sua vida. Jacob ficou particularmente desapontado com seus filhos Emanuel e Philip. Sigmund relatou, mais tarde, que sentia como se tivesse de compensar a ausência deles. Também sabemos que o irmão de Jacob foi aprisionado por falsificação, uma experiência que Sigmund disse ter embranquecido os cabelos de seu pai. [Parece que Jacob estava implicado no esquema – ou, pelo menos, seus filhos estavam, o que pode explicar sua mudança anterior para a Inglaterra (Krull, 1986; Swales, 1986).] Em contraste, Amalia, aos 38 anos, ainda era cheia de energia, atraente e jovem. Nós não sabemos se essas diferenças em idade, nível de energia e aparência levaram a tensões ou conflitos entre Jacob e Amalia, mas, dada a sua devoção a Sigmund e às exigências de uma grande família, é provável que suas energias estivessem mais centradas nos filhos do que em seu marido.

É durante a adolescência que os filhos começam a ter interesses fora da família, tanto na escola quanto com os amigos. Sigmund saiu-se muito bem na escola, e foi o primeiro da classe em sua turma de ginásio, durante seis de seus oito anos lá (Prause, 1978). Seu sucesso com seus iguais foi menos espetacular. (O genetograma algumas vezes indicará amigos importantes na vida de um filho, e se as fronteiras familiares incluem facilmente pessoas de fora.) Nós sabemos que Sigmund teve apenas um amigo íntimo na escola, Eduard Silberstein, com quem ele correspondeu-se e formou uma sociedade secreta. Aos dezesseis anos, ele teve uma paixão pela irmã de um amigo, Gisela Fluss, mas jamais expressou seus sentimentos a ela. Por tudo o que se sabe, ele era um jovem tímido, intenso e sério, que se centrava mais nos estudos do que em atividades sociais. Talvez ele estivesse respondendo a um mandato de sua família: sobressair-se na escola e ter sucesso na vida, justificando assim a sua posição especial na família.

FAMÍLIAS NO MEIO DA VIDA: LANÇANDO OS FILHOS E SEGUINDO EM FRENTE

O genetograma também nos permite antecipar os desenvolvimentos da próxima geração. Se olharmos o genetograma da família Bernays (Figura 8.5), veremos que os primeiros anos, e particularmente a adolescência e o início da idade adulta de Martha, futura mulher de Sigmund, foram turbulentos e apresentam certos paralelos com a família Freud. Seu irmão mais velho, Isaac, teve problemas médicos na infância que exigiram muita atenção médica e o deixaram manco. Conforme crescia, Isaac era considerado uma criança difícil, com tendências destrutivas (Swales, 1986) que punha a casa em rebuliço. Além disso, as três crianças depois de Isaac morreram no início da infância. Finalmente, vieram Eli,

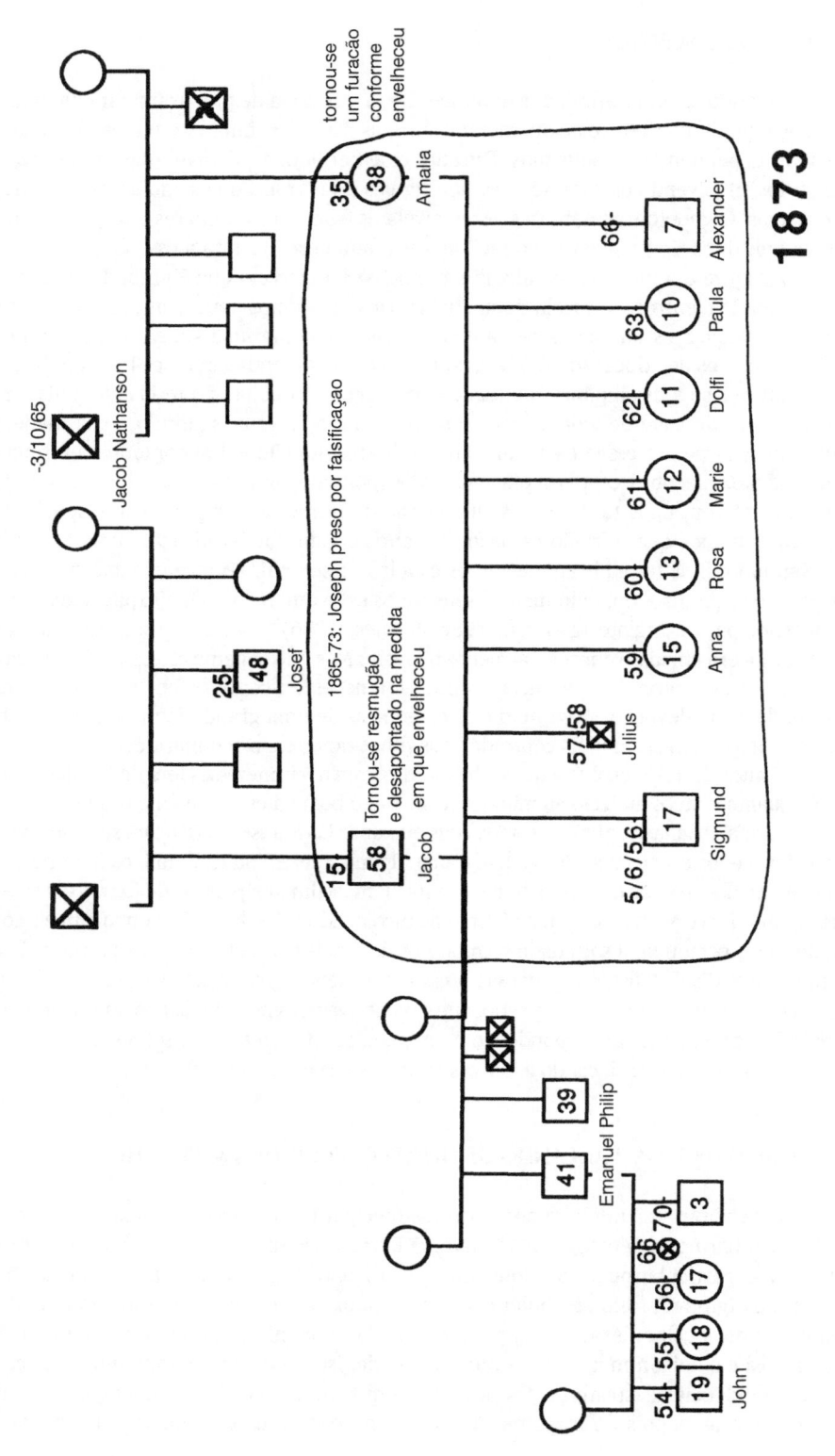

Figura 8.4 Família com adolescentes. Família Freud, 1873.

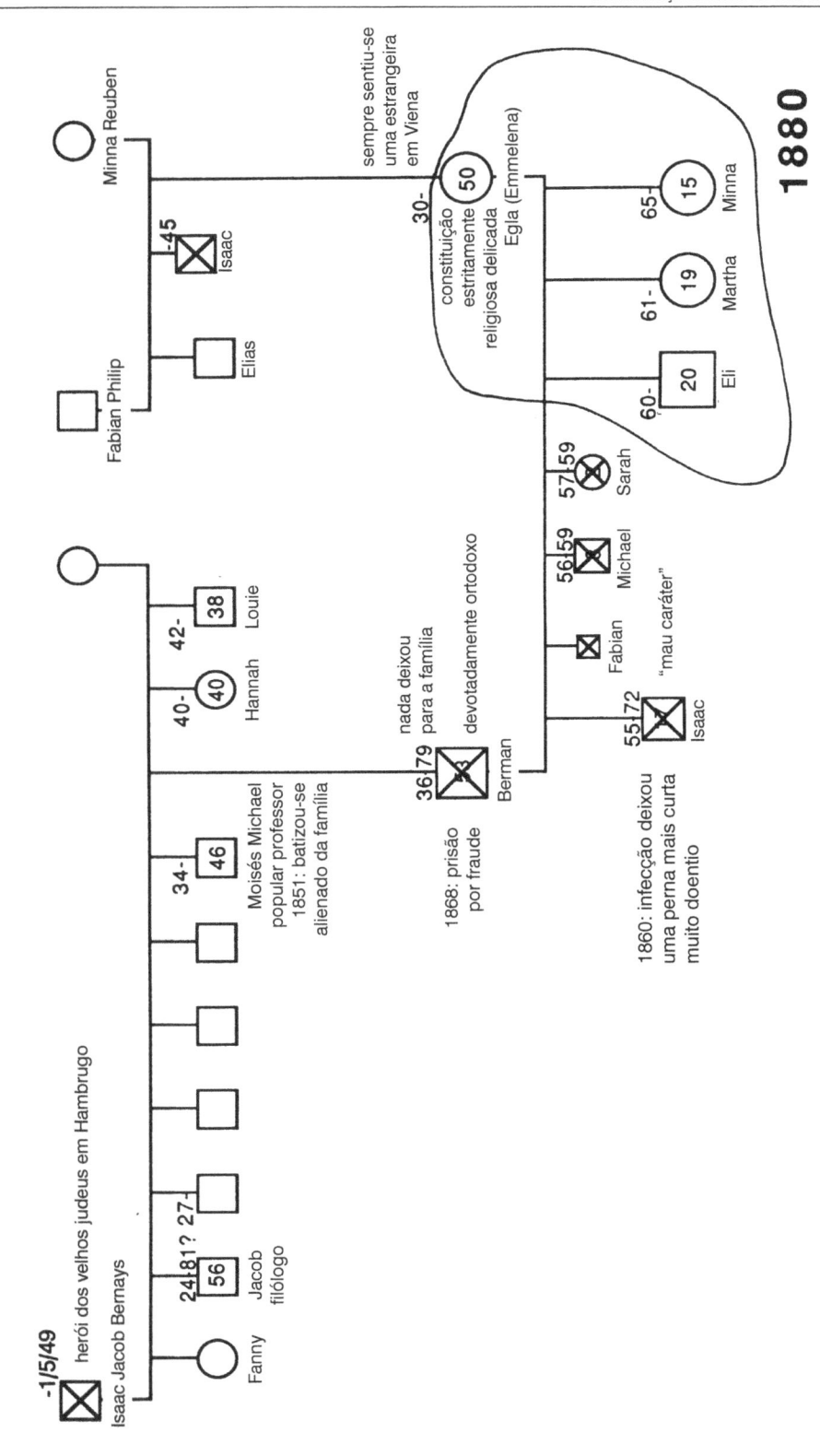

Figura 8.5 Família com adolescentes. Família Bernays, 1880.

Martha e Minna. Como a família Freud, os Bernays tiveram de lidar com a morte de filhos pequenos. Quando Martha estava com oito anos de idade, seu pai foi aprisionado por um curto período por fraude, trazendo, indubitavelmetne, um sentimento de desgraça para a família. Como Sigmund (cujo tio e talvez pai e irmãos estavam envolvidos em falsificação), Martha cresceu numa atmosfera de segredos e presságios de potencial ruína e desgraça. Quando Martha estava com onze anos, seu irmão mais velho, Isaac, então com dezessete, morreu. E quando ela estava com dezoito, seu pai morreu de um ataque cardíaco. A família foi deixada em má situação financeira. Como a família Freud, com o aparente contínuo desemprego de Jacob, não fica claro como os Bernays sobreviveram. Eli, que assumiu o comando da família, eventualmente fugiu de Viena para evitar a falência e o pagamento de débitos a amigos. Podemos especular se as semelhanças no *background* e experiência de Sigmund e Martha não constituíram parte de sua atração um pelo outro.

A fase de lançamento é o período em que os filhos deixam a casa para serem independentes. No passado, esta fase normalmente se misturava com o casamento, uma vez que os filhos não saíam de casa até casarem. Atualmente, muitos passam por um período em que são adultos solteiros. Em nossa opinião, esta fase é a base do ciclo de vida da família moderna, e crucial para as outras fases que estão por vir. Pular esta fase, ou prolongá-la, pode afetar todas as futuras transições de ciclo de vida. O genetograma muitas vezes revela a duração da fase de lançamento, assim como os fatores que podem contribuir para retardar o lançamento.

A informação que temos sobre a família Freud durante a fase de lançamento é bastante escassa. Como já foi mencionado, Sigmund tinha uma posição favorecida, quase exaltada, em sua família. Às vezes, isso pode levar a dificuldades na fase de lançamento, quando um jovem adulto hesita em deixar essa posição favorecida e os pais não estão inclinados a deixar seu filho especial partir. Na época de Sigmund, os filhos normalmente não saíam de casa até casar e estabelecer uma família própria. Isso também aconteceu com Sigmund, que viveu com seus pais até os trinta anos, quando casou com Martha Bernays.

Um fato interessante, da perspectiva do ciclo de vida, é como Sigmund demorou para completar seus estudos de medicina. Ele levou sete anos para conseguir seu diploma, e não praticou durante muitos anos depois disso. Isso não era incomum na época, especialmente para os estudantes que não possuíam independência financeira. Talvez ele estivesse hesitante em terminar e passar para a próxima fase – a de sustentar-se. Ou talvez ele sentisse que era necessário em casa. De qualquer maneira, ele não pensou seriamente em sustentar-se até o momento em que quis casar com Martha. Quando o genetograma indica um adiamento da próxima fase, como no caso de Freud, com seu prolongado período como estudante e seu longo noivado, devemos explorar os impedimentos para seguir em frente no ciclo de vida.

CASAMENTO, A PRÓXIMA GERAÇÃO

Tendo passado por várias transições do ciclo de vida da família Freud, chegamos à próxima fase: o casamento de Sigmund Freud e Martha Bernays. O genetograma do casamento frequentemente proporciona valiosas pistas para as dificuldades e problemas envolvidos na reunião de duas tradições familiares em uma nova família.

O que fica imediatamente aparente, a partir do genetograma (Figura 8.6), é a incomum conexão dupla entre os Freud e os Bernays na geração de Sigmund. Essas configurações incomuns muitas vezes sugerem relacionamentos complicados entre as famílias, e a possibilidade da existência de triângulos. O filho mais velho de cada família casou com a filha mais velha da outra família. Conforme mencionado anteriormente, Sigmund e sua irmã Anna nunca se deram

As mudanças no ciclo de vida familiar **157**

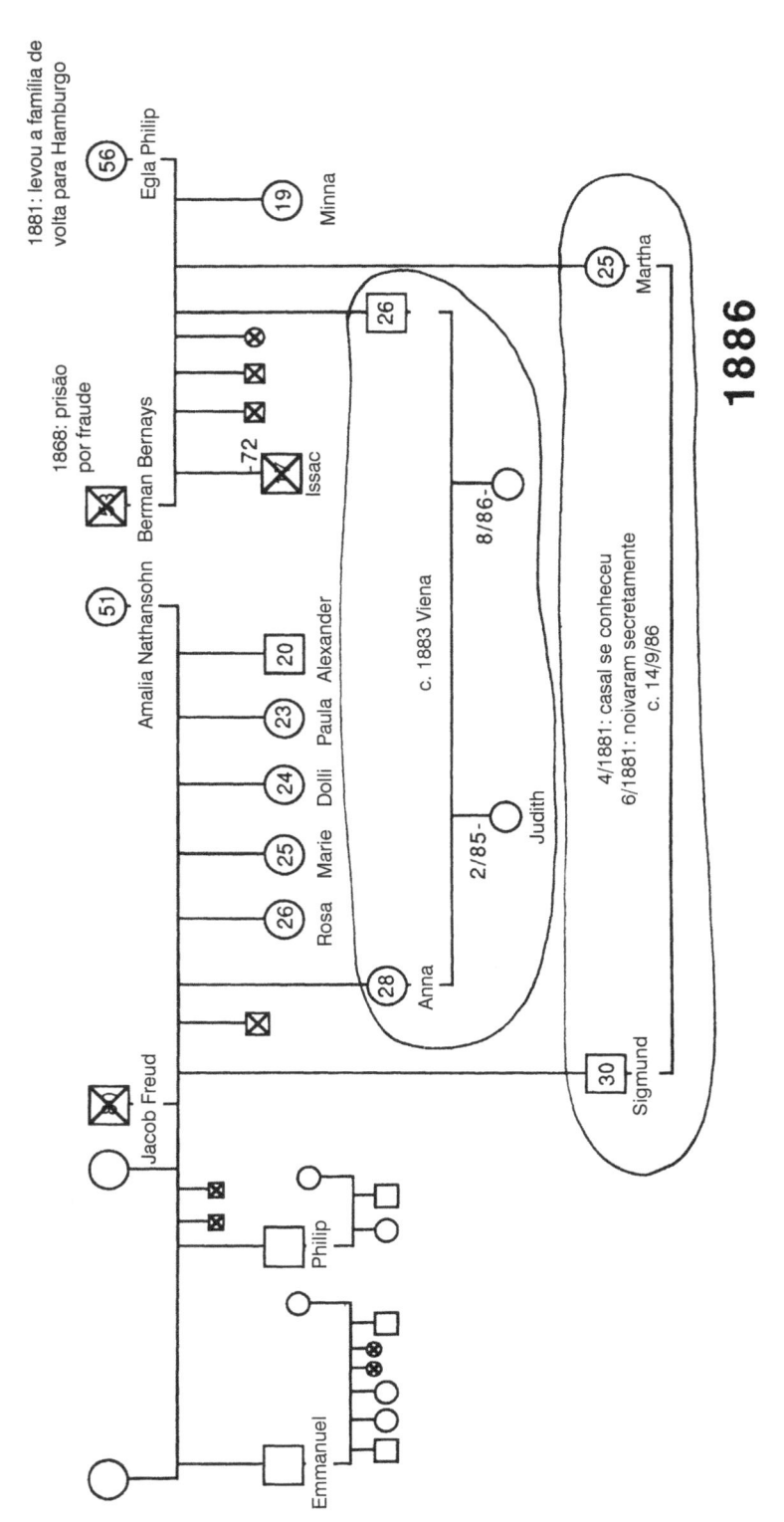

Figura 8.6 Casamento. Famílias Freud/Bernays, 1886.

muito bem. Talvez Sigmund sentisse a comum rivalidade fraterna de uma criança mais velha em relação a uma irmã mais moça. Seja qual for a razão, Sigmund pareceu ressentir-se com o casamento de Anna com Eli Bernays, que anteriormente fora amigo dele, e de cuja irmã ele estava noivo. O noivado de Sigmund durou mais de quatro anos, de 1882 a 1886, período em que Freud estava ansioso para casar-se, mas não pôde fazê-lo por falta de dinheiro. Eli e Anna casaram em 1883, e parece que Sigmund não foi ao casamento. De fato, ele nem mesmo mencionou o evento em suas cartas a Martha, embora lhe escrevesse quase todos os dias, e logo depois disso discutiu a possibilidade de comparecer ao casamento de um dos primos dela, um evento familiar certamente bem menos importante. Talvez Sigmund se ressentisse do casamento de Anna por seu próprio casamento lhe parecer tão distante. Os sentimentos negativos de Freud em relação à sua irmã e cunhado pareceram intensificar-se quando o casal mudou-se para Nova Iorque, e o menos instruído Eli ficou muito rico, ao passo que o altamente instruído Sigmund teve de lutar pelo dinheiro para sustentar sua família.

Nós sabemos que antes de seu casamento havia dificuldades entre Sigmund e Martha com relação às suas famílias. Ambos vinham de famílias com problemas financeiros, e as preocupações financeiras os impediram de casar por mais de cinco anos. Além disso, Freud sentia-se ameaçado pelo relacionamento de Martha com a família de origem, e era exigente e possessivo quanto à sua lealdade a ele. Durante a sua longa corte, Sigmund escreveu a Martha: "Você já está pensando no dia em que partirá, agora não falta mais do que uma quinzena, não deve ser mais do que isso, ou então, sim, ou então meu egoísmo levantar-se-á novamente contra a Mamma e Eli-Fritz, e eu farei um tal barulho que todos ouvirão e você compreenderá, mesmo que seus sentimentos filiais se rebelem contra isso. A partir de agora, você é apenas uma hóspede em sua família... Pois não é dito, desde tempos imemoriais, que a mulher deixará seu pai e sua mãe para seguir o homem que ela escolheu?" (carta em E.L. Freud, 1960, página 23). Sigmund ressentia-se particularmente com sua sogra, que levara sua família, incluindo Martha, de Viena para Hamburgo, no início de seu noivado. Sigmund tinha um ciúme declarado do relacionamento de Martha com Eli, e ameaçou ainda romper o noivado caso ela não desistisse de sua lealdade ao irmão. Não obstante, durante todo o casamento deles, Martha manteve contato com outros membros de sua família e permaneceu fiel à sua fé, o judaísmo ortodoxo, apesar de rejeição intelectual do marido à religião.

PATERNIDADE, A PRÓXIMA GERAÇÃO

Como pode ser visto no genetograma dos Freud para 1896 (Figura 8.7), Sigmund e Martha casaram-se e tiveram seis filhos num período de oito anos. Os primeiros anos de uma família com filhos pequenos é sempre uma época cheia de acontecimentos. Martha estava ocupada criando sua prole cada vez maior, enquanto Sigmund lutava para ampliar sua prática médica e começar o seu trabalho intelectual extremamente criativo. Essa época é muitas vezes difícil para os casamentos, com as energias dos cônjuges tão centradas em seus filhos e em seu trabalho. Quando esta fase é vista no genetograma, devemos estar atentos às questões de educação dos filhos e tensões normativas no casamento.

Foi durante esta fase de ciclo de vida que Sigmund experienciou uma grande crise de vida que levou às suas maiores descobertas intelectuais, e à sua mais importante formulação, depois retratada, da teoria da sedução. Também foi durante esses anos que Sigmund apresentou sintomas de depressão e problemas "pseudo"-cardíacos. Ele queixava-se de letargia, enxaquecas e de várias outras preocupações somáticas. Ele estava claramente muito angustiado. Durante esse período, ele começou a sua famosa autoanálise, e construiu o edifício de uma nova teoria, que levou à publicação de possivelmente seu livro mais famoso, *The Interpretation of Dreams*.

As mudanças no ciclo de vida familiar 159

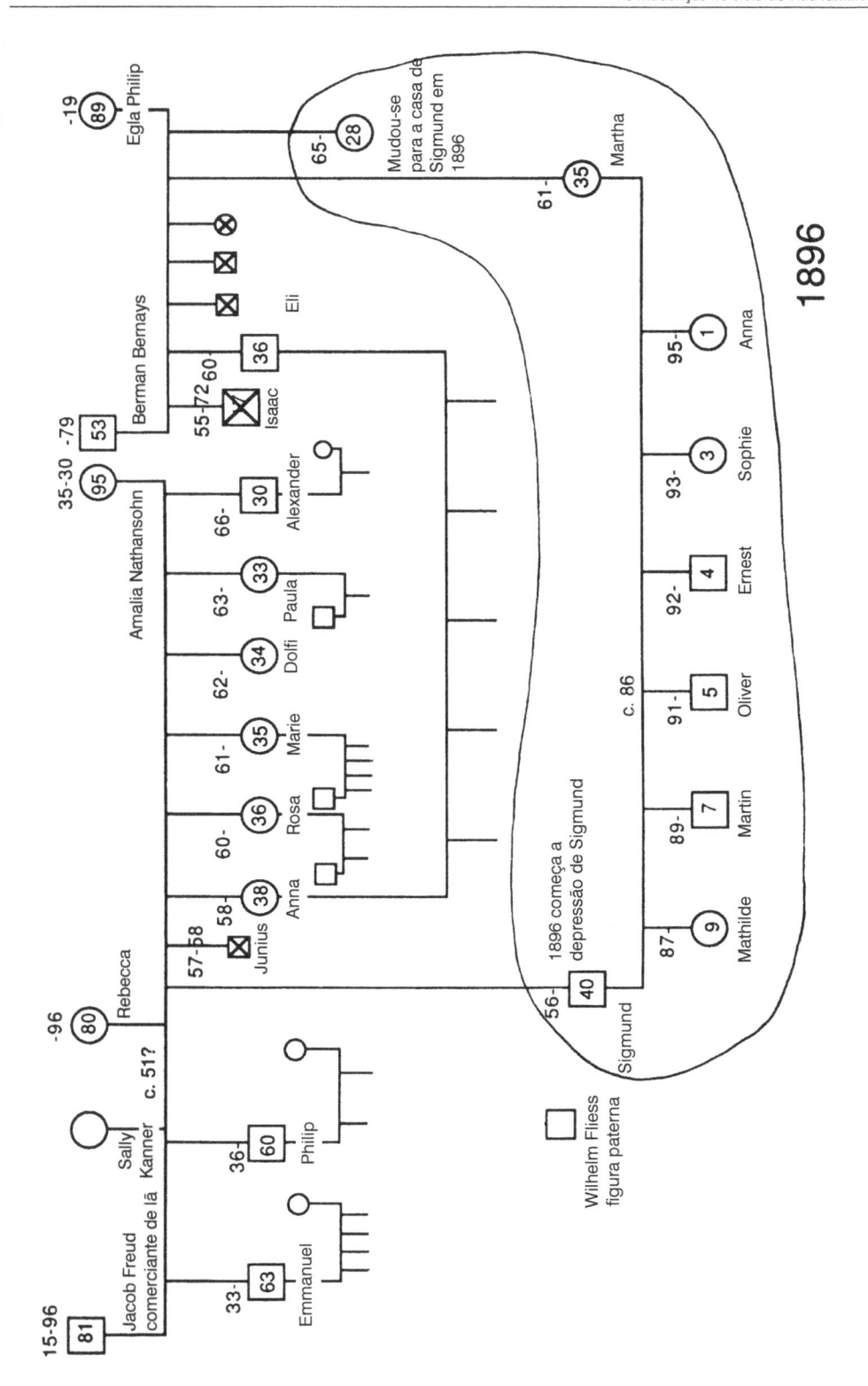

Figura 8.7 Paternidade e a próxima gestação. Família imediata de Freud, 1896.

Uma olhada no genetograma pode elucidar por que esta foi uma época tão turbulenta, embora produtiva, na vida de Sigmund. Em dezembro de 1895, nasceu Anna, sua última filha. Martha estava esgotada por cinco gestações em nove anos e ficara surpresa e infeliz por descobrir que estava novamente grávida, e parece que Sigmund e ela decidiram, então, não ter mais filhos. O sexo entre o casal aparentemente começou a diminuir de modo considerável nesse ponto (Anzieu, 1986).

Frequentemente, o último filho tem uma posição especial na família. Isso aconteceu com Anna, que recebeu seu nome não por causa da irmã de Freud, mas por causa da filha de seu amigo e amado professor, Samuel Hammerschiag. Essa jovem, Anna Hammerschiag Lichtheim, também era amiga dos Freud (Krull, 196?). Por toda a sua vida, Sigmund e sua filha Anna foram muito ligados (ela, mais do que sua esposa, cuidou dele quando ficou doente), e foi a única dos filhos que jamais casou, dedicou-se ao pai, que inclusive foi seu analista durante muitos anos, e foi a única que decidiu continuar com o trabalho de sua vida. O nascimento do último filho pode ser um ponto decisivo na vida familiar. Parece que Martha estava muito ocupada criando seus seis filhos e Sigmund, que não se envolvia muito com as crianças, aproximou-se, intelectual e emocionalmente, de sua cunhada, Minna, que ele descreveu em maio de 1894, numa carta a Fliess, como "por outro lado, minha confidente mais próxima" (Masson, 1985, página 73).

Minna mudou-se para a casa de Freud no início de 1896. Quatorze anos antes, ela estivera noiva do melhor amigo de Sigmund, Ignaz Schonberg, que terminara o relacionamento um pouco antes de morrer de tuberculose. De acordo com Jones (1955), a visão de Freud daquele período era a de que ele e Minna eram parecidos, porque eram ambos pessoas indômitas e apaixonadas que queriam as coisas à sua maneira, ao passo que Ignaz e Martha era bem-humorados e adaptáveis.

Minna jamais casou. Quando outros parentes aparecem como membros da família num genetograma, devemos especular sobre a possibilidade de triângulos envolvendo os cônjuges e os filhos. Por todos os relatos, Sigmund e Minna tinham um relacionamento extremamente íntimo. O quarto de Minna na casa dos Freud tinha uma única entrada através do quarto principal (Eissler, 1978). Eles tiraram pelo menos 12 férias juntos (Swales, 1987), aparentemente porque ambos gostavam de viajar, ao passo que Martha não, pelo menos não nó ritmo de Freud (Freeman & Strean, 1981). Minna estava muito mais interessada em discutir as ideias de Freud do que Martha. Pesquisas recentes apoiam a sugestão de que Sigmund possa ter tido um caso amoroso com Minna, que levou a um aborto em 1901 (Swales, 1985). Não sabemos nada sobre a atitude de Martha em relação ao relacionamento do marido com sua irmã. (De modo interessante, como pode ser visto no genetograma dos Freud para 1939, Figura 8.9, o filho mais velho de Freud, Martin, repetiu este padrão e teve um caso com a irmã de sua esposa) (Freud Lowenstein, 1984).

Também em 1896, o pai de Sigmund morreu, uma perda que ele considerou como o evento mais significativo e perturbador na vida de um homem. Ele escreveu, logo depois da morte do pai: "Por um daqueles caminhos obscuros por trás da consciência oficial, a morte do velho homem me afetou profundamente... Sua vida terminara muito antes de ele morrer, mas sua morte parece ter despertado em mim lembranças de todos aqueles dias remotos. Eu agora me sinto muito sem raízes". A morte de um progenitor assinala um ponto crítico no ciclo de vida. Além da perda, é uma dolorosa lembrança da nossa própria mortalidade e de que o manto da tradição e da responsabilidade foi passado para a próxima geração. Agora, Sigmund também tinha sua mãe para cuidar. Foi mais ou menos nessa época que Sigmund adotou Fliess como uma figura paterna em sua autoanálise.

Podemos considerar a autoanálise de Sigmund como a culminação de vários eventos no ciclo de vida familiar e no seu próprio ciclo de vida. Ele recém fizera 40 anos. Tivera seu último filho. Estava lutando para sustentar uma grande família. A irmã de sua mulher viera morar com eles para sempre. Seu pai morrera. Aparentemente, a paixão de seu casamento esfriara. Em termos atuais, Sigmund estava sofrendo de uma "crise do meio da vida". A crise parece ter sido resolvida com a consolidação de sua carreira: a publicação de seu livro, sua função como professor e seu crescente reconhecimento como o pai de uma nova teoria.

FAMÍLIAS NO ESTÁGIO TARDIO DA VIDA

Durante a fase do envelhecimento, a família deve chegar a um acordo com a mortalidade da geração mais velha, enquanto os relacionamentos devem ser modificados na medida em que cada geração avança um nível na hierarquia desenvolvimental e todos os relacionamentos precisam ser reordenados. Existem problemas especiais para as mulheres, que são mais frequentemente as cuidadoras (Dolfi e Anna) e que tendem a viver mais do que seus maridos (Amalia e Martha). Muitas vezes, o genetograma revelará o filho a quem foi delegado o cuidado dos pais que envelhecem, assim como as lutas e triângulos em que os irmãos se envolvem, ao manejar essas responsabilidades. Quando morre o último progenitor, os relacionamentos entre os irmãos tornam-se independentes pela primeira vez. Os conflitos e rompimentos entre os irmãos nesse momento normalmente refletem triângulos com os pais que vêm de fases do ciclo de vida muito anteriores, especialmente com relação a quem foi o filho favorecido na infância.

Podemos ver no genetograma (Figura 8.7) que o pai de Sigmund morreu em 1896, com 81 anos de idade, deixando Amalia aos cuidados dos filhos pelos 35 anos seguintes. Sigmund e seu irmão mais moço, Alexander, assumiram a responsabilidade financeira por seus pais e irmãs num estágio posterior de vida, embora fosse a filha solteira do meio, Dolfi, quem permaneceu em casa com a mãe, que viveu até os 95 anos. Sigmund também viveu muito, até os 83 anos de idade (Figura 8.8) e foi cuidado por sua filha Anna. Anna tornou-se a principal seguidora do pai e a herdeira de seu manto. Anna, aparentemente, foi sua cuidadora primária nas suas 17 operações de câncer na região maxilar, embora Martha Freud ainda estivesse viva (ela viveu até 1951). O fato de ela assumir este papel significava, como significara previamente para a irmã de Sigmund, Dolfi, em relação à mãe, que Anna jamais tivera sua própria família, uma vez que estava com 44 anos na época em que seu pai morreu, e ele não quisera ficar sem ela em todos esses anos. Mesmo depois de sua morte, Anna não casou.

O genetograma pode ser útil para predizermos ou compreendermos as reações dos membros da família em diferentes pontos no ciclo de vida. Por exemplo, Sigmund teve uma reação muito forte à morte de seu neto de três anos, em 1923, logo depois de ele próprio ter recebido o diagnóstico de câncer (Figura 8-9): "Ele era realmente uma criaturinha encantadora, e percebi que jamais amara um ser humano, certamente não uma criança, tanto assim... Essa perda é muito difícil de suportar. Acho que jamais senti tanta tristeza, talvez a minha própria doença contribua para o choque. Eu continuo por pura necessidade; fundamentalmente, tudo perdeu o significado para mim" (11/6/23). Um mês mais tarde, ele escreveu que estava sofrendo da primeira depressão em sua vida (Jones, 1955, página 92). E, três anos mais tarde, ele escreveu para o seu genro que desde a morte dessa criança ele não conseguira aproveitar a vida: "Eu passei alguns dos dias mais negros de minha vida chorando por essa criança. Por fim, eu recuperei o controle e consigo pensar nele tranquilamente e falar sobre ele sem chorar. Mas o conforto da razão não ajudou em nada; o único consolo para mim é que na minha idade eu não ficaria muito com ele".

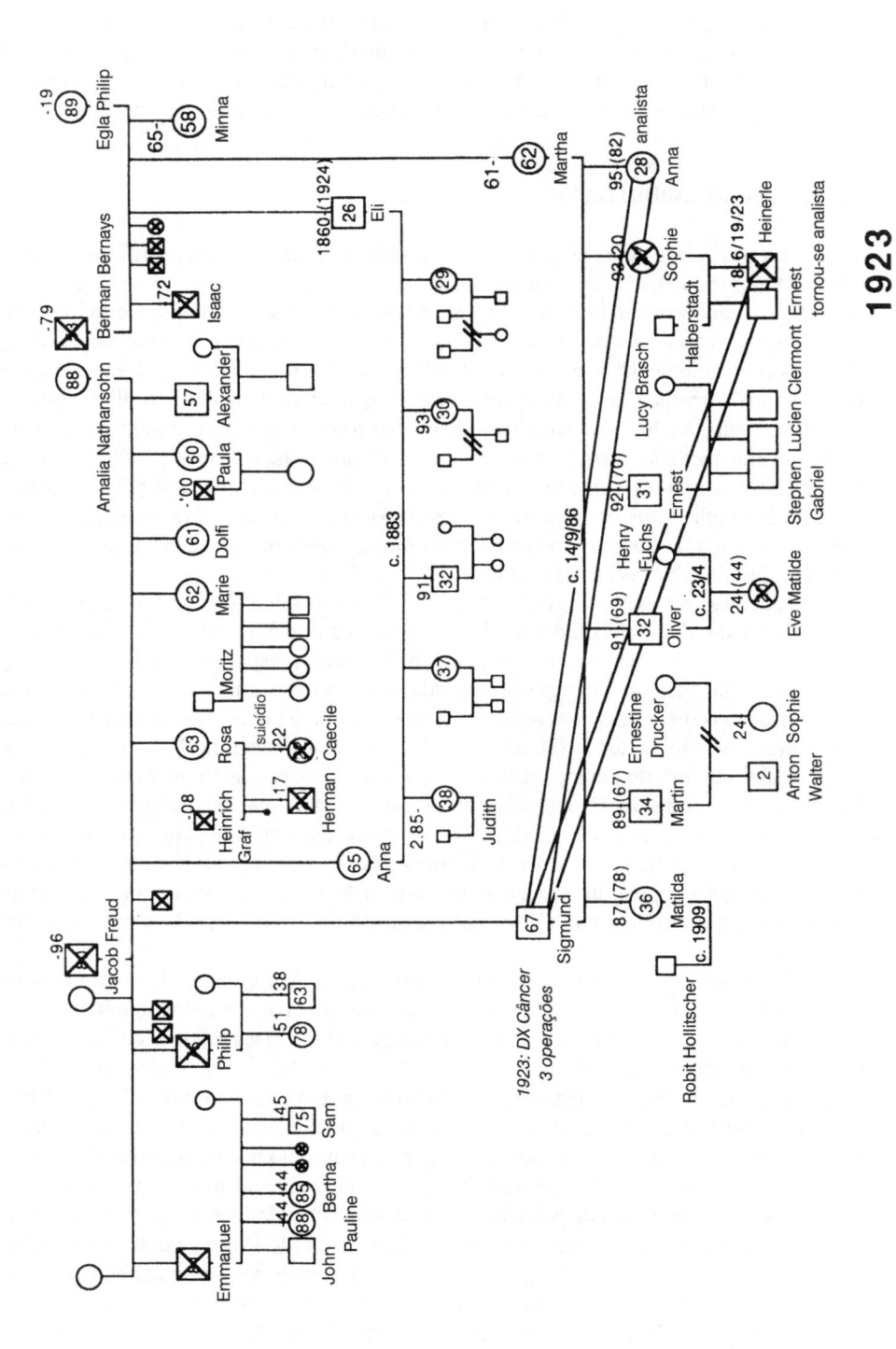

Figura 8.8 Envelhecimento. Família Freud em 1923.

As mudanças no ciclo de vida familiar 163

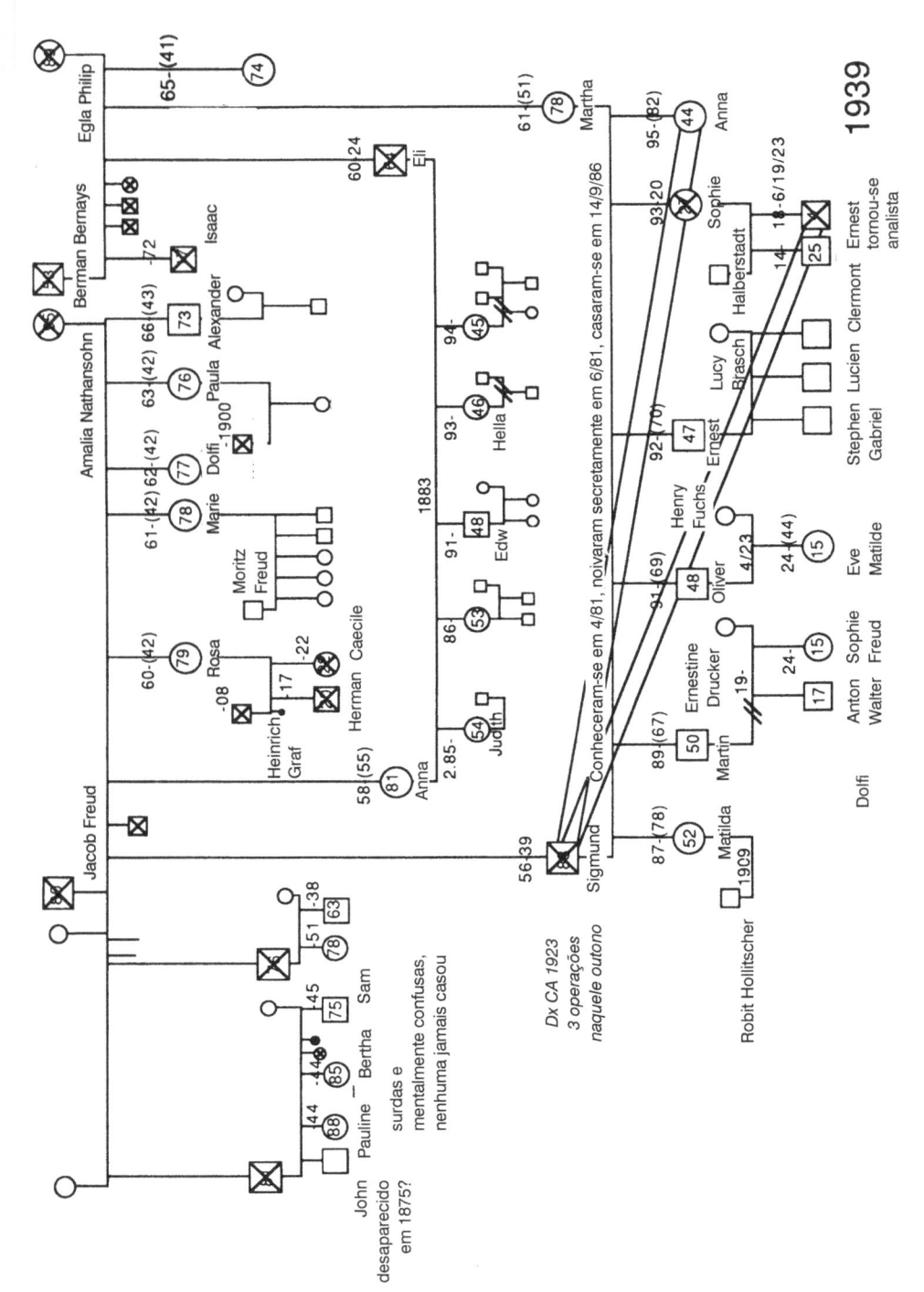

Figura 8.9 Família Freud em 1939.

As palavras de Sigmund sugerem que ele estava chegando a um acordo com a sua própria mortalidade. Isso seria particularmente difícil, pois sua filha Sophie (a mãe da criança) morrera três anos antes, aos 27 anos, e também em virtude da morte de seu neto, tão precoce no ciclo de vida.

Comparem a morte do neto com a reação de Sigmund à morte de sua própria mãe, sete anos mais tarde, em 1930: "Eu não disfarçarei o fato de que a minha reação a esse evento foi, em virtude de circunstâncias especiais, uma reação curiosa. Seguramente, não sei que efeitos essa experiência pode produzir em camadas mais profundas, mas na superfície eu consigo detectar apenas duas coisas: um aumento de liberdade pessoal, uma vez que sempre foi um pensamento terrível o de que ela pudesse ficar sabendo que eu morrera; e, em segundo lugar, a satisfação por ela finalmente ter conseguido a libertação à qual tinha direito depois de uma vida tão longa. Nenhuma tristeza, por outro lado, com a que meu irmão dez anos mais jovem está sentindo dolorosamente. Eu não fui ao funeral; mais uma vez. Anna me representou em Frankfurt. Seu valor para mim não poderia ser maior. Esse evento me afetou de uma maneira curiosa... Nenhuma dor, nenhuma tristeza, o que provavelmente pode ser explicado pelas circunstâncias, a avançada idade e o final da pena que sentíamos por seu desamparo. Com isso, um sentimento de libertação, que acho que consigo compreender. Eu não poderia morrer enquanto ela estivesse viva, e agora eu posso. De alguma maneira, os valores da vida mudaram notavelmente nas camadas mais profundas" (Citado em Jones, 1955, página 152).

Nesse caso, Sigmund, com 74 anos, mais reconciliado com sua própria morte, fica aliviado por ter sido cumprida a ordem sequencial do ciclo de vida: primeiro morrem os pais, e depois os filhos. A perda precoce ou traumática de um membro da família é, tipicamente, um luto extremamente difícil para as famílias, e os terapeutas devem estar atentos a padrões disfuncionais que se desenvolvem em resposta a tais perdas (Capítulo 19; McGoldrick & Walsh, 1983; Walsh & McGoldrick, 1988).

CONCLUSÕES

O genetograma pode ser usado para mapear a família em cada fase do ciclo de vida familiar. Configurações diferentes no genetograma sugerem possíveis triângulos e problemas que podem ser explorados em cada fase. O genetograma é apenas um mapa esquemático de uma família. Coletar a informação necessária deve ser parte de uma extensiva entrevista clínica, e o genetograma é um gráfico sumário dos dados coletados. Muitas informações, evidentemente, devem ser omitidas para que um genetograma fique compreensível. Apesar destas limitações, acreditamos que o genetograma, com uma concomitante cronologia familiar (McGoldrick & Gerson, 1985; Gerson & McGoldrick, 1986) é o melhor instrumento já desenvolvido para traçar o ciclo de vida familiar. A Tabela 8-2 apresenta um exemplo de cronologia da família Freud que abrange vários eventos na história familiar, alguns dos quais podem ser vistos claramente no genetograma, e outros desses, como pode ser visto, teriam sido perdidos lá.

Tabela 8.2 Cronologia da família Freud

1854 Nasce o sobrinho de Sigmund, John.
1855 (29 de julho) Jacob e Amalia casam.
1856 (21 de fevereiro) Morre o pai de Jacob, Schiomo Freud (Jacob está com 40 anos).
1856 (5 de maio) Sigmund nasce, em Freiburg, Morávia (atualmente Pribor, Tchecoslováquia).
1857 (outubro) Nasce o irmão de Sigmund, Julius.
1858 (março) Julius Nathansohn, 20 anos, irmão de Amalia, morre de tuberculose.
1858 (15 de abril) Julius morre.
1858 Nasce Fleiss. [Schur (1972) diz que Freud o identificava com Julius.]
1858 (dezembro) Nasce Anna, irmã de Sigmund.
1859? A babá de Sigmund vai embora – presa por roubo, relatado pelo meio-irmão de Sigmund, Philip (durante o puerpério de Amalia com Anna).
1859 Emanuel e Philip emigram com suas famílias, incluindo o sobrinho de Sigmund, a quem ele é muito apegado.
1859 A família Freud se muda de Freiburg para Leipzig (?), em virtude de revezes econômicos.
1860 A família se estabelece em Viena.
1860 (março) Nasce Rosa, irmã dê Sigmund.
1861 (março) Nasce Marie (Mitzi), irmã de Sigmund.
1862 (julho) Nasce Dolfi, irmã de Sigmund.
1863 (maio) Nasce Paula, irmã de Sigmund.
1866 (abril) Nasce Alexander, irmão de Sigmund, nomeado por ele.
1868? Sigmund entra no ginásio.
1873 Sigmund entra na escola de medicina.
1882 (17 de junho) Sigmund e Martha ficam noivos.
1883 Minna fica noiva de Ignaz Schonberg, amigo íntimo de Sigmund.
1883 (14 de junho) A mãe de Martha se muda com as filhas para Wandsbek.
1883 (setembro) O amigo de Sigmund, Nathan Weiss, comete suicídio.
1883 (outubro) Eli Bernays e Anna, irmã de Freud, casam. Sigmund não comparece ao casamento e nem mesmo o menciona em suas cartas a Martha (pelo menos não na correspondência publicada – embora aparentemente apenas uma pequena parte tenha sido publicada).
1884 (18 de julho) Sigmund publica artigo sobre cocaína.
1884 Jacob Freud tem problemas de negócios.
1885 (abril) Sigmund destrói todos os seus artigos.
1885 (junho) Schonberg rompe seu noivado com Minna.
1886 (fevereiro) Schonberg morre de tuberculose, diagnosticada em 1883.
1886 Artigo sobre histeria masculina.
1886 (14 de setembro) Sigmund e Martha casam, graças a um presente em dinheiro da tia de Martha.
1887 (outubro) Nasce Mathilda, a primeira filha de Sigmund e Martha (recebeu esse nome por causa da esposa do colega Breuer).
1889 Nasce Martin, o segundo filho (recebeu esse nome por causa do hipnotista francês Jean Martin Charcot).
1891 (fevereiro) Nasce Oliver, o terceiro filho (recebeu este nome por causa do herói de Freud, Oliver Cromwell).
1892 (abril) Nasce Ernst, o quarto filho (recebeu este nome por causa do professor de Freud, Ernst Brucke).
1892 Eli Bernays vai para a América.
1893 Eli volta para levar sua família para os Estados Unidos. (? Duas filhas, Lucy e Hella, ficam com a família de Freud durante um ano). Sigmund dá algum dinheiro a Eli para a viagem.
1893 Nasce Sophie, a quinta filha (recebeu este nome por causa da sobrinha do professor de Freud, Samuel Hammerschlag).
1893 (outuno) Sintomas cardíacos – Sigmund é instado a parar de fumar. Breuer é o seu médico, mas ele também busca os conselhos de Fleiss. (A esposa de Fleiss, mais tarde, passa a ter ciúme de seu relacionamento com Freud.)
1894 Sigmund escreve que está tendo problemas cardíacos, tentando parar de fumar, depressão e fadiga, e problemas financeiros.
1895 (janeiro) Fleiss opera o nariz de Freud. [Fleiss está, aparentemente, tratando Freud por uma condição pseudocardíaca (Mannoni, 1974).] Freud ainda está usando cocaína.
1895 (fevereiro) Começa o episódio de Emma Eckstein.
1895 (março) Anna é concebida. Sigmund e Martha decidem que este será seu último filho.
1895 (maio-junho) Sigmund começa a autoanálise.
1895 (24 de julho) Sigmund tem o sonho de Irma.
1895 (agosto) Sigmund vai para a Itália com o irmão Alexander.
1895 (novembro) Minna chega para morar com a família Freud.
1895 (dezembro) Nasce Anna, a sexta e última criança [recebeu este nome por causa da filha do professor de Freud, Samuel Hammerschiag, uma jovem viúva e paciente de Freud, que pode ter sido "Irma" no sonho de Irma (Anzieu, 1986)].
1896 (abril) Sigmund escreve a respeito de enxaquecas, secreções nasais, medo de morrer.
1896 (maio) Sigmund escreve sobre ser isolado pela comunidade médica.
1896 (23 de outubro) Morre Jacob Freud. (Sigmund está com 40 anos na época. Parece que sua esposa está fora, por alguns dias, e não volta para o funeral. O pai estivera muito doente por mais ou menos um mês.)

1896 (novembro) A família Freud se muda para um novo apartamento no mesmo prédio.
1897 (janeiro) Sigmund é ignorado numa promoção na universidade.
1897 (março) Mathilda tem uma difteria muito severa.
1897 (maio) Sigmund é novamente ignorado numa promoção – fica ansioso.
1897 (maio) Sigmund tem um sonho incestuoso com sua filha Mathilda.
1897 (julho) Sigmund manda fazer o túmulo do pai.
1897 (agosto) Ele escreve a respeito da autoanálise.
1897 (15 de outubro) Freud desenvolve a ideia do complexo de Édipo.
1899 *Interpretation of Dreams*
****
1900 Fim da autoanálise de Sigmund.
1902 (5 de março) Ele se torna professor extraordinário.
****
1919 Martha tem uma pneumonia severa, vai para um sanatório.
1919 Sigmund e Minna vão para um spa para uma "cura".
1920 A filha Sophie contrai pneumonia e morre.
1923 (maio) Sigmund procura seu amigo Felix Deutsch para diagnóstico do seu câncer e a primeira operação. 1923 (19 de junho) O neto favorito morre de tuberculose. Sigmund chora pela primeira vez. Ele jamais supera esta perda, ocorrida logo depois de sua própria doença.
1923 (4 de outubro) Ele faz uma segunda operação. 1923? (11 de outubro) Sigmund submete-se a uma terceira operação. (Nos próximos 16 anos, ele fará mais 30 operações.)
1923 Eli morre em Nova Iorque. Sigmund escreve amargamente a respeito do dinheiro de Eli, e sugere que talvez agora sua irmã Anna faça alguma coisa por suas quatro irmãs indigentes.

REFERÊNCIAS

Anzieu, D. (1986). *Freud's self-analysis*. Madison, Conn.: International Universities Press.
Clark, R. W. (1980). *Freud: The man and the cause*. New York: Random House.
Eissier, K. R. (1978). *Sigmund Freud: His life in pictures and words*. New York: Helen & Kurt Wolff Books, Harcourt, Brace, Jovanovich.
Freeman, L., & Strean, H. S. (1981). *Freud and women*. New York: Frederick Ungar Publishing Co.
Freud Lowenstein, S. (1984). My three mothers. *Radcliffe Quarterly* Dec.: pp. 14-17.
Freud, E. (Ed.) (1960). *The letters of Sigmund Freud*. New York: Basic Books.
Freud, M. (1958). *Glory reflected: Sigmund Freud-Man and father.* New York: Vanguard.
Gerson, R., & McGoldrick, M. (1986). Constructing and interpreting genograms: The example of Sigmund Freud's family. In *Innovations in clinical practice: A source book (vol. 5)*.
Glicklhorn, R. (1969). The Freiberg period of the Freud family. *Journal of the History of Medicine* 24:37-43.
Jones, E. (1954, 1955). *The life and work of Sigmund Freud*. 3 volumes. New York: Basic Books.
Krull, M. (1986). *Freud and his father.* New York: Norton.
Mannoni, O. (1974). *Freud*. New York: Vintage.
Masson, J. (Ed.) (1985). *The complete letters of Sigmund Freud to Wilhelm Fleiss: 1887-1904*. Cambridge, Mass.: Beinap Press.
McGoldrick, M., & Gerson, R. (1985). *Genograms in family assessment*. New York: Norton.
McGoldrick, M., & Walsh, F. (1983). A systemic view of family history and loss. In M. Aronson (Ed.), *Group and family therapy*. New York: Brunner/Mazel.
Nelken, M. (In press). Freud's heroic struggle with his mother. Manuscript in preparation.
Prause, G. (1978). *School days of the famous*. New York: Springer.
Swales, P. (1987). "What Freud Didn't Say." UMDNJ-RWJ Medical School. May 15.
Swales, P. (1985). Freud, Minna Bernays, and the conquest of Rome: New light on the origins of psychoanalysis. *The New American Review* 1, 2/3:1-23.
Swales P. (1986). Freud, his origins and family history. UMDNJ-RWJ Medical School. November 15.
Walsh, F., & McGoldrick, M. (In press). Loss and the family cycle. In C. Galicor (Ed.), *Family transitions: Continuity and change over the life cycle*. New York: Guilford Press.

Parte 2

O ciclo da vida da família de classe média tradicional

9

O lançamento do adulto jovem solteiro

Robert C. Aylmer, Ed.D.

O estágio de ciclo de vida do jovem adulto solteiro compreende aquele período de tempo em que o indivíduo deixou sua família de origem, em termos físicos, se não emocionais, mas ainda não estabeleceu uma família de procriação. Sendo assim considerado como "no meio", este estágio não tem sido explorado com muitos detalhes pelos teóricos da família, e é também amplamente ignorado pelos terapeutas de família.

Embora esse possa parecer o mais individual dos estágios de ciclo de vida familiar, sua resolução satisfatória talvez tenha raízes mais centrais em questões desenvolvidas com a família de origem do que qualquer outro. Ao sair da família e começar a estabelecer uma identidade nos mundos do trabalho e dos relacionamentos íntimos, o sucesso provavelmente é mais determinado pelo grau, qualidade, tom e integralidade com que os relacionamentos familiares originais (com os pais, irmãos e outros parentes) são renegociados, do que por qualquer outro fator.

Para os propósitos deste capítulo, o estágio de ciclo de vida familiar do jovem adulto solteiro inclui aqueles indivíduos na casa dos vinte anos que estão (1) fisicamente separados (embora possam ocorrer breves retornos ao ninho); (2) em pós-faculdade e/ou no exército ou (se abaixo de 21 anos) trabalhando e vivendo fora da casa dos pais; e (3) financeiramente independentes ou quase (embora essa possa ser uma questão em desenvolvimento). Ele inclui os indivíduos que casaram cedo e se divorciaram depois de um ano ou dois, assim como aqueles que estão vivendo juntos sem um compromisso permanente. No entanto, ele não inclui os filhos de qualquer idade que jamais saíram de casa.

DESENVOLVIMENTO ADULTO E A TEORIA DO CICLO DE VIDA

O problema com a maioria das estruturas de ciclo de vida e das teorias sobre o desenvolvimento adulto das últimas décadas é que elas utilizam pesquisas sobre a vida dos homens para descrever todos os "adultos". Em consequência, elas se centram na idade cronológica e no desenvolvimento da carreira, enfatizam a importância da individuação e da separação, e deixam de reconhecer a igual importância do apego. No passado, este foco no desenvolvimento masculino ajustava-se às normas da sociedade, que não permitiam que as mulheres jovens experienciassem um período de desenvolvimento pessoal antes do casamento. Até esta geração, as mulheres jovens eram passadas dos pais para os maridos, sem nenhuma expectativa de desenvolver objetivos pessoais de vida ou as habilidades que levam à independência econômica.

Por exemplo, ao traçar o principal processo de desenvolvimento, Levinson (1978) mostra o sucesso ou fracasso do engajamento do homem em sua carreira, com seu casamento e relacionamentos familiares assumindo um papel adjuntivo à tarefa principal de seguir em frente com seu "sonho". Da mesma forma, no trabalho de George Vaillant (1977), as variáveis correlacionadas com o ajustamento adulto, assim como as entrevistas que originaram esses dados, relacionam-se principalmente à ocupação, com uma preocupação mínima com os relacionamentos. De fato, Vailiant disse para os seus sujeitos, antes da entrevista com cada um, que a pergunta mais difícil que faria seria "descreva a sua esposa".

Até mesmo Erik Erikson, o santo padroeiro do ciclo de vida, deixou de articular um processo de desenvolvimento em que as mulheres adultas jovens sejam consideradas tão maduras quanto os homens. Erikson (1968) escreveu que a identidade de uma mulher jovem já estava definida por "seu tipo de atratividade", e pela natureza seletiva de sua busca de um homem, e que a identidade feminina é um comprometimento primário biológico, psicológico e ético com os cuidados às crianças. Assim, Erikson parece descrever, e dessa forma prescrever, a dependência como a norma para a mulher, levando a socióloga Jessie Bernard (1975) a queixar-se de que o desenvolvimento normativo de uma mulher em nossa sociedade consiste primeiro em aprender a ser dependente e depois (para algumas) aprender a superar isso.

O trabalho notável de Carol Gilligan, *In A Different Voice* (1982), descreve as diferentes orientações dos homens e mulheres em seu desenvolvimento, com os homens buscando a identidade na autoexpressão e as mulheres no autossacrifício. Isso cria problemas recíprocos no posterior desenvolvimento adulto, quando os homens podem perceber que seu foco na realização individual os deixou emocionalmente distantes e isolados de suas esposas e filhos, e as mulheres podem descobrir ter formado uma identidade tão baseada nos relacionamentos que não desenvolveram as capacidades necessárias para sustentar-se financeiramente em face do divórcio ou da morte do marido.

Assim, tanto a autonomia quanto o apego são objetivos adultos funcionais, no amor e no trabalho, para homens e mulheres igualmente. Entretanto, em nossa sociedade, cada sexo foi ensinado a perseguir um e a negligenciar ou abster-se do outro. Gilligan enfatiza, em oposição ao corpo principal da literatura sobre o desenvolvimento adulto, que não existe nenhum molde único de experiência e interpretação social para ser seguido pelos jovens adultos, e sim uma verdade mais complexa de contínua separação e apego na vida das mulheres e dos homens. Jean Baker Miller (1976) junta a sua voz a esta opinião, dizendo que o entendimento de que a associação humana é tão importante quanto a autointensificação significa a possibilidade, tanto para os homens quanto para as mulheres, de uma maneira de viver e funcionar inteiramente diferente, mais avançada e não violenta.

FATORES INDIVIDUAIS

Seguindo a ideia pré-concebida da condição de ser separado como a chave para a maturidade, virtualmente cada autor que escreve sobre o tópico do desenvolvimento adulto salienta a independência em relação à família como a tarefa desenvolvimental essencial à fase de ingresso na idade adulta. Tendo provisoriamente deixado o lar para fazer faculdade e/ou serviço militar, "aprendizagem" de um trabalho ou para viajar, o jovem adulto se defronta com a tarefa de estar "pra valer" no mundo adulto. Embora ainda exista muito tempo para experimentar as múltiplas possibilidades de identidade, trabalho e relacionamentos, nesse estágio o indivíduo se depara com as duras realidades de "tomar conta do negócio", em termos de ter 'uma residência independente, manter-se e cuidar-se, ter responsabilidade financeira e manejar independentemente a sua vida em geral. Levinson (1978) escreve que o indivíduo (do sexo masculino)

> ...deve agora mudar o centro de gravidade de sua vida, da posição de filho na família de origem para a posição de adulto principiante com uma nova base-lar verdadeiramente sua. É o momento da entrada completa no mundo adulto. Isso requer múltiplos esforços: explorar as possibilidades disponíveis, chegar a uma definição cristalizada (embora de forma alguma final) de seu eu como adulto, e fazer e viver de acordo com suas escolhas iniciais relativas à ocupação, relacionamentos amorosos, estilo de vida e valores.
> O caráter distintivo deste período desenvolvimental está na coexistência de suas duas tarefas: explorar, expandir os próprios horizontes e adiar os comprometimentos mais firmes até que as opções estejam mais claras; e criar uma estrutura inicial de vida adulta, ter raízes, estabilidade e continuidade. O trabalho em uma das tarefas pode dominar, mas a outra jamais está totalmente ausente. O equilíbrio da ênfase nas duas tarefas varia tremendamente. (Páginas 79-80)

Esta, certamente, não é uma tarefa fácil, e requer imensas reservas de coragem, energia, tolerância em relação à ambiguidade, e disposição para arriscar. Não surpreende que tantos jovens adultos não consigam entrar nesse estágio, ficando em casa como adolescentes retardados; não progridam nas questões de desenvolvimento da independência e da identidade, e, embora fisicamente separados, fiquem simplesmente se debatendo em termos vocacionais e interpessoais; ou pulem o processo desenvolvimental de independência através do casamento prematuro e do assumir responsabilidades por uma nova família.

O início e a progressão satisfatória nessa fase depende necessariamente da resolução das tarefas do estágio adolescente que a precede imediatamente e estabelece um contexto para o desenvolvimento e o funcionamento autônomos. A adolescência, por sua vez, deve muito de seu sucesso ou fracasso à qualidade da estrutura interpessoal e familiar que acompanha os estágios desenvolvimentais anteriores. Os fatores pessoais e psicológicos de confiança, autonomia, competência, autoestima e esperança, que emanam de um "ambiente contentor" adequado (Kegan, 1982), são essenciais em qualquer estágio de desenvolvimento, e particularmente neste estágio tão arriscado. No entanto, é importante lembrar que esses aspectos do eu sempre existem no contexto contínuo de uma rede familiar, nuclear e ampliada, viável. A importância desse contexto de relacionamentos, forças emocionais e eventos, continua a exercer uma influência direta sobre a evolução do eu, muito depois de ter terminado o impacto dos efeitos da tradicional criação dos filhos.

FATORES DO SISTEMA FAMILIAR

Devido à primazia do sistema familiar *nuclear* que está se separando, a maioria das questões aqui descritas envolverá relacionamentos entre o jovem adulto e seus pais. No entanto, é importante reconhecer que as transações e decisões neste triângulo paterno primário são inerentemente determinadas por e constantemente sujeitas aos estresses nas redes familiares ampliadas (incluindo também os relacionamentos dos pais com os pais *deles*). Alguns desses fatores sistêmicos mais gerais serão tratados aqui, conforme for apropriado.

Tendo abandonado a contínua supervisão diária dos arranjos de vida dos filhos adultos, permitindo-lhes que estabeleçam arranjos de vida independentes, a tarefa primária da família nuclear consiste em continuar o processo de deixar para trás o controle e o poder no relacionamento anteriormente dependente. Alguns aspectos dessa complicada transição da adolescência para a idade adulta incluem o manejo do sustento financeiro (presentes *versus* empréstimos, com ou sem um esquema combinado de juros e pagamento, com ambos os pais, explicitamente, ou secretamente com um deles, sem o conhecimento do outro, etc.); respeitar as fronteiras residenciais, por exemplo, incluindo a escolha de residência, que pode ou não ser compatível com os valores paternos, ou visitar a casa dos filhos apenas quando combinado ou por convite (em vez de "dar uma passadinha" inesperada); e permitir que a casa do(a) filho(a) seja mobiliada e cuidada de modo independente, da forma preferida e supervisionada pelo jovem (em vez de brigar com relação à mobília, louça, alimentação, serviços de limpeza e assim por diante, impingindo-os à "criança" mais do que disposta, apesar de ela protestar).

O desenvolvimento da carreira do jovem adulto apresenta ao sistema familiar um desafio com relação ao grau em que este pode tolerar a mistura de tentativa e comprometimento necessários para a satisfatória resolução da fase. "Desvios" em relação à classe média, como a decisão de não cursar a faculdade, ou parar um ano entre o segundo grau e a faculdade ou entre a faculdade e a graduação, podem ser respeitados como experimentos de identidade transicionais e resolução de sonhos infantis ou adolescentes incompletos, ou podem ser vistos como ataques desleais, destrutivos ou prejudiciais ao objetivo e significado familiar.

Naturalmente, essas identidades provisórias também podem ser assumidas pelo jovem adulto com um espírito divertido, ousado, ou como um gesto hostil, reativo, um gesto de desafio contra os pais e seus valores. Na medida em que estão sendo dados os passos mais sérios na direção de uma carreira, é importante tolerar a ambiguidade, a confusão e a súbita mudança. De outra forma, o nível de ansiedade e a reatividade dos pais podem limitar inadequadamente o "debater-se" natural deste estágio.

Os relacionamentos íntimos do jovem adulto também requerem um alto grau de tolerância pela variação e mudança de escolha. Embora os pais tivessem tido de brigar por afeição com rivais durante toda a adolescência, a liberdade de fazer escolhas quanto a relacionamentos, sexo e coabitação sem nenhum escrutínio ou supervisão paterna geralmente "é uma ameaça mais séria ao senso de proximidade dos pais com seus filhos do que os apegos anteriores intensos mas não muito "sérios". Da mesma forma, os jovens adultos, aprendendo a estabelecer objetivos e limites num ambiente sem nenhuma supervisão, podem experienciar uma ansiedade aumentada. Eles podem evitar relacionamentos (para a preocupação dos avós em perspectiva), ou empenhar-se em relacionamentos e estilos de vida experimentais que desencadeiam reações no sistema parental ou ampliado.

A reatividade pais-filho quanto à escolha de companheiros ou quanto à natureza dos arranjos de vida é muitas vezes um problema considerável, na medida em que as gerações competem por um equilíbrio entre as ligações fora do sistema familiar e uma redefinição da intimidade pais-filho. Como nas questões de desenvolvimento da independência e da carreira, aqueles pais que resolveram melhor seus problemas de separação, intimidade e autonomia em relação às suas próprias famílias de origem, família e identidade pessoal terão mais facilidade em responder às excentricidades desta fase.

Deste ponto de vista do sistema familiar, a resolução satisfatória desta transição requer (1) a capacidade de tolerar a separação e a independência, permanecendo, ao mesmo tempo, conectado; (2) a tolerância em relação à qualidade diferente e ambiguidade na identidade profissional dos filhos adultos; e (3) a aceitação da variação das ligações emocionais intensas e dos estilos de vida fora da família imediata. Evidentemente, o grau de tolerância possível para os pais é determinado em parte pelo grau de reatividade dos filhos. Entretanto, uma vez que certo grau de perturbação e crise é inerente à progressão do jovem adulto nesta fase, um fator mais importante na resposta dos pais será o grau de satisfação e sucesso em sua resolução das outras transições de ciclo de vida familiar nas quais eles próprios estão envolvidos. O grau em que os pais controlaram a luta pela independência em relação aos próprios pais, que pode ter sido reativada por questões de envelhecimento, aposentadoria, incapacidade ou morte naquela geração, terá um importante efeito no grau em que poderão permitir uma autonomia e independência maiores em seus próprios filhos. O grau em que os pais enfrentaram e resolveram as questões de limitação e coação nos objetivos profissionais em sua própria crise do meio da vida terá um profundo impacto no grau em que poderão tolerar a aparente "perda de tempo" quando o filho resolve experimentar diferentes identidades profissionais. Finalmente, quanto mais satisfatoriamente os pais, como marido e mulher, estão renegociando as questões de intimidade em seu "ninho vazio", mais capazes serão de tolerar as variações, os excessos e as crises na exploração da sexualidade e intimidade na qual seus filhos adultos jovens estão empenhados.

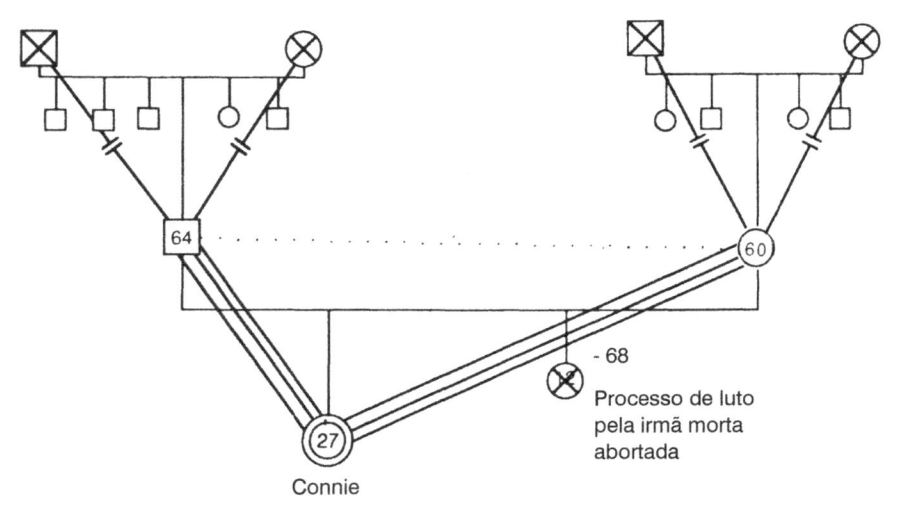

Figura 9.1 Connie

Exemplo de caso

Connie é uma professora solteira, de 27 anos de idade, que está muito insatisfeita com a sua carreira. Ela é a única filha viva de uma família judia cuja filha mais jovem morreu de câncer na adolescência, um evento do qual a família jamais se recuperou e que jamais discutiu. Connie nunca visitou o túmulo de sua irmã, nunca menciona o seu nome na família, e nem mesmo sabe se seus pais conversam sobre a irmã ou visitam seu túmulo. Ambos os pais estão afastados de seus sistemas paternos e fraternos, e seu casamento é distante, exceto pela preocupação por Connie.

Connie vive num condomínio comprado por seus pais "como um investimento", mas que é claramente a sua maneira de continuar a sustentá-la. Não existe nenhum contrato ou acordo formal para Connie contribuir para a manutenção do condomínio. Ela está sempre atrasada meses em seu "aluguel", deixou que o lugar se deteriorasse, e gasta seu salário substancial de maneira esbanjadora, de modo que está sempre precisando tomar mais dinheiro emprestado dos pais.

Ela é constantemente assediada por cada um dos pais, separadamente, para que visite e cuide das necessidades emocionais do outro progenitor. O pai a convida para um jantar secreto no qual lhe implora que telefone para a mãe, porque "você é toda a vida dela". A mãe telefona para Connie e lhe diz para não tocar em assuntos sensíveis, porque "seu pai teria um ataque cardíaco e morreria". Connie descreve seus envolvimentos românticos com pessoas que seus pais não aprovariam como "confessores secretos", e acredita que o conhecimento desses relacionamentos destruiria os pais.

A terapia com Connie visava inicialmente esclarecer seus objetivos, ajudando-a a fazer escolhas informadas em relação à sexualidade e intimidade, e a tornar-se menos reativa às intrusões dos pais em sua vida e mais responsável por suas próprias finanças. Mais tarde, passou a confrontar-se com sua reação de tristeza não tratada em relação à irmã, e com a possibilidade de gradualmente reabrir essa questão no sistema familiar, começando a falar sobre isso com os pais e membros da família ampliada.

QUESTÕES DE CARREIRA

No desenvolvimento profissional, a ansiedade pode ser alta se o adulto jovem ainda não está no nível de ingressar na carreira de escolha ou pelo menos não está envolvido na aprendizagem séria, tal como a escola de graduação, a partir da metade da casa dos vinte anos. A essa altura, a "experimentação" das várias identidades provisórias para testar ou aperfeiçoar capacidades e interesses profissionais está rapidamente se tornando perigosamente obsoleta. O indivíduo que ainda não está comprometido com um caminho profissional ou escolha ocupacional fica vulnerável à dúvida em relação a si mesmo, à substancial perda de autoestima e à depressão. Esta vulnerabilidade, e a defensividade que provavelmente a acompanha no nível individual, muitas vezes interage de maneira contraprodutiva com a ansiedade aumentada na geração paterna, em relação à capacidade dos filhos de "conseguirem". Em casos extremos, os indivíduos com dificuldade em esforçar-se, ou em manter esses esforços de maneira comprometida para atingir objetivos profissionais, tais como permanecer num emprego ou na escola de graduação, podem periodicamente voltar para casa quando esses esforços fracassam. Embora às vezes benéfica para permitir uma resolução mais completa dos relacionamentos pais-filho na idade adulta, a repetida reentrada na estrutura familiar pré-adulta, especialmente se desencadeada por disfunção, pode ter um efeito debilitante na progressão de todo o sistema familiar rumo aos seus estágios de ciclo de vida mais diferenciados.

Pode haver considerável estresse e ansiedade mesmo naqueles casos em que o progresso não é abortado. Questões de competitividade, expectativas e diferenças em relação às realizações profissionais entre a geração mais velha e os objetivos da mais nova frequentemente distorcem e inibem uma maior diferenciação do eu em relação à família, o que é proporcionado por um comprometimento com a carreira. Para o jovem adulto, a competitividade reativa para superar os pais ou, no outro extremo, a oposição reativa de mostrar-lhes como eles estavam errados em suas escolhas de vida, frequentemente compromete a energia necessária no mundo externo, vinculando-a a envolvimentos familiares improdutivos. Essas lutas podem então provocar desvios inadequados no caminho profissional, afastando o indivíduo daquilo que seria mais apropriado para as suas reais capacidades e necessidades.

Mesmo que esta luta por uma identidade vocacional mais completa não seja tão conflitual, os jovens adultos muitas vezes ficam muito ambivalentes em relação a buscar conselhos dos pais e de outros membros da família nesse período de elevado estresse. Um senso reativo de orgulho, a necessidade de manter a "independência", ou invalidar a sabedoria paterna, tudo isso pode privar o jovem adulto de um sistema de apoio muito necessário durante esse tempestuoso período de transição.

No nível do sistema familiar, a capacidade de proporcionar esse apoio está primariamente relacionada à habilidade dos outros membros da família de separarem as suas próprias expectativas e conflitos relativos à realização, das expectativas e conflitos dos filhos. Esta capacidade, evidentemente, está intrinsecamente enraizada no grau de satisfação, ou pelo menos de resolução, nas questões profissionais do meio da vida que afetam os próprios pais. A reatividade dos pais à realização dos filhos também pode relacionar-se à ordem de nascimento do filho (Toman, 1969), às realizações ou dificuldades relativas encontradas pelos outros filhos, ou à clareza de seu próprio ajustamento vocacional com relação aos seus próprios irmãos e pais. Para o jovem do sexo masculino, lutas particulares nessa questão tem a ver com o desejo de uma colocação mais equilibrada de energia na família, em vez de investir todos os seus recursos em suas carreiras. Isso muitas vezes pode originar uma desaprovação, real ou percebida, por parte do pai, por não levar suficientemente "a sério" o avanço profissional. Para as mulheres, particularmente aquelas com mães tradicionais que não trabalham, existe frequentemente uma ambivalência extrema e superexpectativas pessoais de serem capazes de "conseguir tudo" nas áreas profissional, familiar e de relacionamento.

Entretanto, é na área da intimidade e relacionamentos que parece surgir o maior estresse nessa fase, particularmente quando o desenvolvimento da carreira está se processando facilmente. Com uma base operacional estabelecida fora da família de origem, juntamente com a independência financeira e um crescente senso de segurança pessoal e autoestima no desenvolvimento vocacional, as questões de isolamento, de compartilhar e completar-se como pessoa assumem um papel principal.

QUESTÕES DE INTIMIDADE

Apesar da óbvia importância da intimidade e do comprometimento nesta fase, os autores que escrevem sobre o desenvolvimento adulto proporcionaram poucas informações úteis. For exemplo, o índice do original livro de Levinson (1978) não contém nenhum apontamento sobre a "intimidade" ou "comprometimento" como fatores no desenvolvimento adulto (do sexo masculino). Sheehy (1974), que utilizou o trabalho de Levinson como modelo, trata dessas questões, mas somente no contexto da redefinição ou divórcio em casamentos que já existem. Ela não se refere aos problemas de comprometimento e intimidade dos indivíduos ou casais que ainda não chegaram ao casamento ou a um sério comprometimento.

Gilligan (1982) afirma que esses estudos superenfatizaram as realizações profissionais e ignoraram a intimidade. Ela afirma que Levinson, em particular, relega as mulheres e os relacionamentos a uma posição subordinada ao avanço profissional dos homens, particularmente no papel da "mulher especial", que é "a companheira que encoraja o herói a formular e a realizar a sua visão" (Levinson, 1978). Consequentemente, ela vê a descrição de Levinson dos relacionamentos adultos iniciais como "os meios para a realização individual... Essas figuras transicionais devem ser abandonadas ou reconstruídas depois que o sucesso é atingido" (Levinson, 1978).

Esse uso explorador dos outros a serviço do interesse pessoal egoísta dificilmente constitui intimidade. Kegan (1982) estabelece a útil distinção entre a fusão (relacionamentos que são considerados e utilizados como a *vertente de eu*) e a intimidade (em que os relacionamentos são um passo na direção de *compartilhar o eu*). A descrição de Kegan da mudança no equilíbrio do que ele chama de eu *autônomo* ou institucional para o eu *mútuo* interpessoal ou interconectado consegue preencher melhor a lacuna "autonomia-apego" na pesquisa sobre o desenvolvimento adulto apontada por Gilligan (1982). Antes do estágio do equilíbrio interpessoal, "Não existe nenhum eu para compartilhar com outrem; em vez disso, o outro é necessário para fazer existir o eu. Fusão não é intimidade e a pré-existência ou manutenção do eu que está envolvido tem poderosas reverberações entre o indivíduo e o sistema da família de origem" (página 97).

O complexo quadro de desenvolvimento apresentado por todos esses autores é de que esta fase constitui uma fase de inevitável estresse e perturbação, na medida em que o indivíduo passa de uma *orientação individual* para uma *orientação interdependente* de eu. Entretanto, como Kegan demonstra, a natureza e o grau desse estresse, e da resolução satisfatória, são determinados primariamente pelo grau de eu que o indivíduo traz para um encontro íntimo, em vez de por aquilo que ele ou ela espera obter deste encontro. É nesta noção de diferenciação do eu, que está no núcleo da teoria de Bowen sobre a família (1978), que o inter-relacionamento entre o jovem adulto em desenvolvimento e o sistema familiar está mais aparente, indo através dos mecanismos do processo de projeção familiar, triângulos na família de origem e eventos nodais.

A programação da família de origem descreve como as pessoas aprendem expectativas, atitudes, orientação e conceitos funcionais ou disfuncionais (em relação ao eu, outros e relacionamentos) na família, que depois exercem efeitos poderosos no comportamento do indivíduo nos relacionamentos íntimos e em outras áreas da vida adulta. Essa aprendizagem ocorre através de dois canais principais: o processo de projeção familiar (Bowen, 1978) no sistema da família ampliada e os triângulos paternos no sistema familiar nuclear.

No processo de projeção familiar, os indivíduos são imbuídos com as características ("sério", "irritável","super-responsável", "não confiável", etc.) e as obrigações emocionais ("tomar conta da mãe", "compensar o tio vagabundo", "substituir o irmão morto") de predecessores, com os quais existem questões familiares não resolvidas em virtude de um luto incompleto (Paul & Paul, 1975); lealdades familiares (Boszormenyi-Nagy & Sparks, 1973); divórcio (Aylmer, 1977); ou rompimentos (Cárter & Orfanidis, 1976). Assim, os indivíduos saem da família de origem para o mundo e o casamento "programados" para desempenharem papéis e personagens pertencentes a pessoas, relacionamentos e eventos há muito enterrados (Aylmer, 1986, página 110).

Não é difícil perceber como esses dramas de família ampliada podem inibir o autodesenvolvimento ou conectar a resultante qualidade incompleta com o processo de fusão (isto é, completar o eu através de outrem) descrito por Bowen (1978) e Kegan (1982). Bowen também utiliza o termo *pseudo-eu* para descrever os aspectos de personalidade que são evocados pelos relacionamentos, e portanto altamente dependentes desses relacionamentos. Clinicamente, quanto mais essas questões de fusão na família ampliada forem resolvidas antes do desenvolvimento de novos relacionamentos, mais facilmente o indivíduo poderá passar para a fase mútua, interdependente, da verdadeira intimidade, mais livre da projeção da família de origem. O indivíduo e os novos relacionamentos (ou casamento) podem existir no contexto de compartilhar o eu, em vez de numa tentativa inútil e vulnerável de buscar o eu no relacionamento.

Além de lidar com esses dramáticos roteiros multigeracionais de todo o sistema da família ampliada, os indivíduos amadurecem nas circunstâncias imediatas de uma família nuclear e em relacionamentos emocionais altamente carregados com cada um dos pais. O triângulo conectando o indivíduo com os pais também pode determinar potenciais e limitações para a intimidade.

Por exemplo, um homem que cresce num típico triângulo de distância negativa em relação ao pai e emaranhamento com a mãe (que desistiu de alcançar o marido) pode chegar a relacionamentos adultos íntimos com uma alergia emocional à proximidade, que ele experienciará como invasão e perda da independência, e uma posição compensatória, distante, crítica, que foi modelada de acordo com o pai (veja a Figura 9.2).

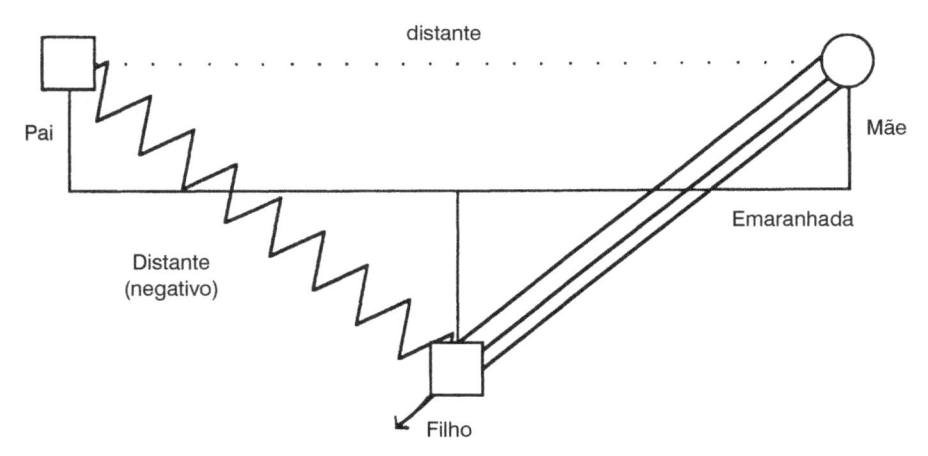

Figura 9.2 Triângulo na família nuclear: sensível ao emaranhamento.

Correspondentemente (Figura 9.3), uma mulher que cresce num outro típico triângulo paterno, com um pai distante, idealizado, e com uma relação conflitual emaranhada com a mãe, poderia chegar à idade adulta com certa tendência à adição emocional a homens distantes, os quais persegue mas jamais consegue agarrar, e uma incapacidade de relacionar-se com mulheres (Aylmer, 1986).

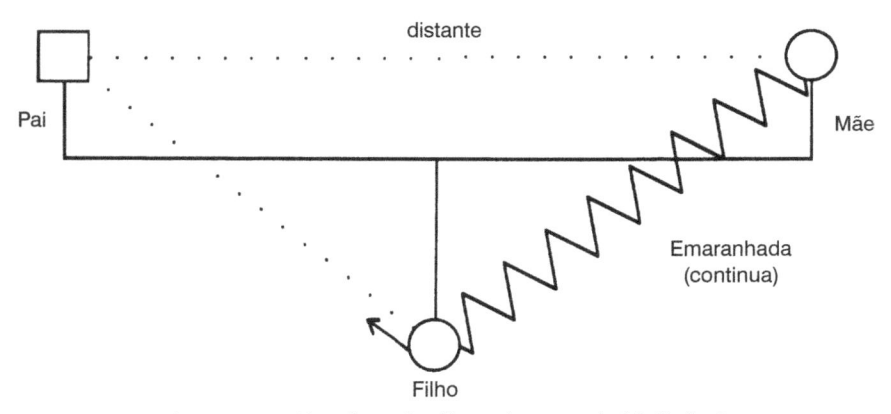

Figura 9.3 Triângulo na família nuclear: sensível à distância.

O fator final da família ampliada que afeta o desenvolvimento individual envolve reações de todo o sistema a eventos nodais e estressores. Os eventos nodais podem ser recentes (conflitos em relação à escolha de amigos) ou remotos (disputa em relação ao testamento do avô dez anos atrás); súbitos (ataque cardíaco do pai) ou de longa duração (doença de Alzheimer da mãe); positivos (novo emprego) ou negativos (morte de um irmão); sérios (ameaça de guerra nuclear) ou amenos (um amigo se muda para um pouco mais longe). Eventos nodais também podem ocorrer em nível individual (perda de emprego), num relacionamento (divórcio da irmã), num grupo social (questões que envolvem as mulheres) ou na sociedade como um todo (a crise de energia).

Os eventos nodais, consequentemente, são tanto fenômenos familiares em si (casamento, divórcio, nascimento, morte, etc.) ocorrendo dentro do sistema, quanto fenômenos não familiares (emprego, mudanças sociais, etc.) que atingem os membros da família, vindos de fora. Em qualquer caso, os eventos nodais podem influenciar a angústia, elevando os níveis de ansiedade no(s) sistema(s) da(s) família(s) ampliada(s), intensificando assim os padrões familiares disfuncionais (triângulos, rompimentos, emaranhamento) que aumentam o estresse em cada membro da família, ao mesmo tempo em que reduzem sua variação de opções de relacionamento e adequada conexão na rede familiar.

Em resumo, quanto mais alta a frequência e severidade dos eventos nodais no sistema da família ampliada, e quanto menor a maturidade emocional (diferenciação) e a condição de estar conectado àquele sistema, mais alto será o nível de ansiedade e maior a probabilidade de sintomas individuais ou relacionais (Aylmer, 1986).

Eventos estressantes e assuntos não resolvidos no sistema familiar nuclear e ampliado são inevitáveis e universais no desenvolvimento humano. Entretanto, quanto mais intensas e não resolvidas essas questões permanecerem, e quanto mais forem manejadas simplesmente através da distância e inclusive do total afastamento dos relacionamentos e das pessoas dos quais se originam, mais eles colocam novos estresses e limites na capacidade do indivíduo de desenvolver um eu, e, consequentemente, de compartilhar esse eu em relacionamentos íntimos. Um alto nível de ansiedade relacionado a eventos nodais mal manejados na família pode complicar imensamente o caminho para os jovens adultos em formação.

Exemplo de caso

Charlie é um corretor em treinamento de 28 anos de idade, cheio de energia, bem-sucedido, atlético, WASP, que foi encaminhado para a terapia por seu clínico, que o estava tratando por um processo gastrointestinal e outras queixas psicossomáticas. Charlie é um indivíduo muito tenso e competitivo, que está atualmente subindo rapidamente no programa de treinamento de sua firma.

A discussão de sua vida revela o fato de que Charlie e Nancy, sua namorada há vários anos, estão vivendo juntos, e na verdade compraram juntos uma casa. Entretanto, eles não têm nenhum plano definitivo de casamento, e Nancy se queixa de que eles fazem sexo de modo muito infrequente. A proximidade é mais no sentido de "companheirismo", e Charlie depende muito do encorajamento e apoio de Nancy, e pediu à sua firma para não ter de viajar para fora da cidade, a fim de não precisar passar a noite longe de Nancy. Uma exploração maior revela que Charlie fica muito ansioso com questões de intimidade sexual ou emocional no relacionamento, sentindo que irá "perder a si mesmo" ou "dissolver-se na confusão".

Charlie é o único filho de um famoso cientista, cujo pai entrou em falência bancária nos negócios. Charlie jamais teve certeza do grau em que atendera às expectativas do pai, e, embora progredindo bem em sua carreira, estava muito ansioso tanto em relação ao seu nível de sucesso quanto à escolha de seu campo ocupacional.

Embora a ambivalência profissional de Charlie pareça claramente ligada à ambiguidade relativa a assemelhar-se ao pai ou ao avô, e tenha seus problemas para ele, é primariamente na área dos relacionamentos íntimos que seu desenvolvimento está impedido. Quando questionado, Charlie diz que não consegue imaginar seu pai tendo as mesmas ansiedades a respeito de sexo e intimidade, e que jamais sonharia em revelar essa "fraqueza" ao pai.

Quando Charlie foi orientado pelo terapeuta a compartilhar suas dificuldades com o pai, ficou pasmo ao saber que o pai estivera noivo três vezes, de três mulheres diferentes, e que recuara aterrorizado conforme a data do casamento se aproximava. Na verdade, fora somente depois de dois anos de terapia intensiva (de que Charlie jamais imaginaria o pai capaz) que o pai de Charlie conseguira conhecer, comprometer-se e casar com a mãe de Charlie.

Munido dessa informação, e com um sentimento mais sólido de seu valor, Charlie e Nancy conseguiram enfrentar mais diretamente seus problemas sexuais, que estavam estreitamente ligados à superdependência de Charlie ao apoio de Nancy. Na medida em que Charlie conseguiu sentir-se mais confiante, assumindo riscos na área do sexo e intimidade, ele também ficou menos dependente de Nancy e começou a viajar mais para a sua firma, sendo realmente capaz de aproveitar a liberdade e o poder que sentia. Eles logo fizeram planos para casar. Aprender a discutir com o pai seus medos em relação ao trabalho, juntamente com a questão da falência do avô e seus efeitos sobre o pai, também reduziu muito a ansiedade de Charlie na área profissional.

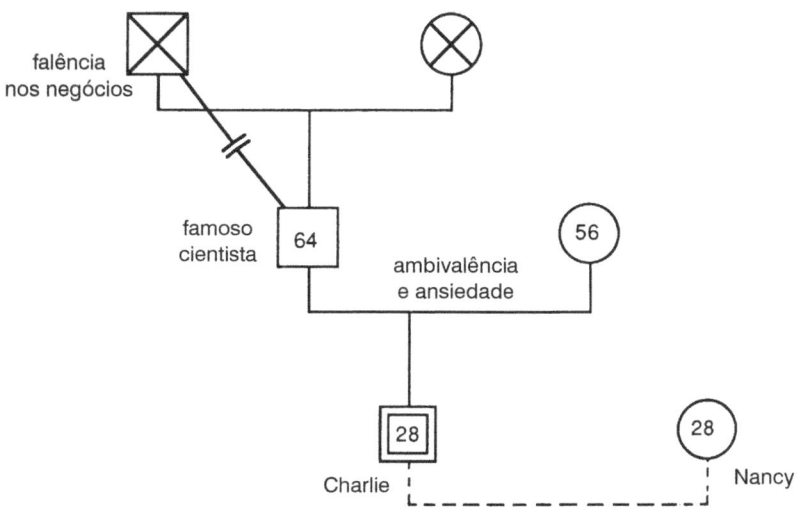

Figura 9.4 Charlie.

CONSIDERAÇÕES CLÍNICAS

Uma vez que muitos problemas da idade adulta jovem são diretamente determinados por dificuldades correntes nos relacionamentos e eventos da família nuclear e ampliada, a terapia geralmente é mais efetiva quando foca ativa e diretamente essas questões. Bowen (1978) e seus colegas utilizam o termo "orientação" para descrever o contínuo processo de consulta na terapia com a família de origem. [Para uma discussão mais completa da análise racional e logística do processo de orientação, veja Carter e Orfanidis (1976)].

A orientação consiste em trabalhar (normalmente individualmente) com um membro da família, inicialmente para remover a dinâmica e as questões multigeracionais que estão inibindo o funcionamento individual e familiar. São então formuladas estratégias para orientar o indivíduo para relacionar-se deliberada e conscientemente com determinados membros da família nuclear e ampliada, de modo a normalizar padrões de relacionamento e lidar adequadamente com assuntos difíceis.

Um método que enfatiza o reengajamento com a família durante um estágio de ciclo de vida de emancipação pode parecer paradoxal (e é frequentemente visto assim pelos clientes!). Entretanto, as renegociações diretas dos laços emocionais preexistentes são essenciais na tarefa do estágio crítico de iniciar um equilíbrio permanente entre autonomia e apego.

A orientação pretende reverter a tendência dos sistemas familiares de estabelecerem tensões através das gerações e de criarem padrões intergeracionais de *emaranhamento, rompimento e triângulo*.

O emaranhamento é um padrão de superenvolvimento emocional entre os membros da família, que pode variar desde contatos telefônicos excessivamente frequentes até uma fusão simbiótica total. Em seu extremo, o emaranhamento impede o desenvolvimento emocional e psicológico do indivíduo, promove interdependências patológicas e isola uma família da comunidade.

O *rompimento é* um padrão familiar caracterizado por extremo desligamento e distância, ao ponto de não haver absolutamente nenhum envolvimento. Ele pode ocorrer zangada e subitamente, com extrema amargura e projeção, ou gradual e inocuamente ao longo dos anos e das gerações, sem causa aparente. Os rompimentos roubam das famílias a sua essência e vitalidade, e contribuem para um sentimento de vazio e vulnerabilidade nos membros que elas lançam, mas não apoiam.

Ambos os padrões são de alta carga emocional, profundamente inseridos nas estruturas familiares e, consequentemente, muito difíceis de mudar. Embora pareçam opostos em natureza, o emaranhamento e o rompimento cumprem funções semelhantes nas famílias, permitindo que as questões de relacionamento e as necessidades de distância e proximidade sejam colocadas ou evitadas, mas jamais resolvidas.

A distância e a proximidade podem caracterizar os padrões de relacionamento de famílias inteiras, ou inclusive de culturas inteiras, ou ser encontradas reciprocamente no mesmo sistema familiar nuclear ou ampliado. Dentro de um sistema, a dinâmica de distância-proximidade normalmente assume a forma de um *triângulo,* em que dois membros são (excessivamente) próximos e um terceiro é (excessivamente) distante. As famílias podem ser vistas como uma rede de triângulos conectadores, em que cada membro está próximo de alguns e distante de outros, numa complicada teia de alianças e tensões.

Embora problemáticos em todos os estágios do ciclo de vida familiar, esses processos de emaranhamento, rompimento e triângulos têm um impacto especial sobre o jovem adulto. O emaranhamento mantém os indivíduos superenvolvidos com as forças da família de origem num momento em que lhe são essenciais a entrada no mundo externo e novos relacionamentos comprometidos, íntimos. O rompimento afasta os indivíduos, prematura e arbitrariamente, dos recursos da família nuclear e ampliada que alimentam a identidade e apoiam novos empreendimentos e apegos. Os triângulos impedem que se vejam os outros da família como pessoas reais, não tanto como personagens de um drama multigeracional, e criam expectativas irreais e inadequadas para os parceiros nos relacionamentos desenvolventes.

O treinamento objetiva substituir esses padrões disfuncionais no sistema nuclear e ampliado por relacionamentos adultos francos, caracterizados pelo contínuo compartilhar do eu sem reatividade aos outros. Os passos ou estágios para conseguirmos esse resultado incluem o seguinte.

Destriangulamento – mudar deliberadamente a dedicação a um progenitor excessivamente próximo ou afetuoso (ou outro membro da família) para aquele distante ou difícil, a fim de conseguir um relacionamento mais equilibrado com cada progenitor como indivíduos. Por exemplo, ficar do lado do pai numa discussão ou recusar-se a ouvir as críticas da mãe em relação ao pai.

Contato pessoa a pessoa – criar oportunidades de compartilhamento e troca com membros da família, especialmente com os progenitores, para transformar os extremos de distância e proximidade em uma intimidade mais genuína. Por exemplo, escrever cartas descrevendo os nossos interesses ou preocupações pessoais, ou reconhecer a contribuição de um progenitor para a nossa vida.

Reversões – comportar-se deliberadamente do modo oposto às expectativas familiares, a fim de criar oportunidades para um novo comportamento. Por exemplo, pedir conselhos aos membros mais jovens ou aos bodes expiatórios da família; modificar o padrão de comparecimento aos rituais familiares; ou responder com bom humor às críticas, em vez de reagir defensivamente.

Reconexão – estabelecer ou intensificar os relacionamentos com a família nuclear ou ampliada, a fim de aumentar as opções de relacionamento, descobrir informações históricas ou dissipar relacionamentos de superenvolvimento na família nuclear. Por exemplo, escrever a membros da família ampliada pedindo informações sobre o genetograma, ou visitar parentes desconhecidos.

O seguinte caso ilustra com mais detalhes como os problemas multigeracionais podem emergir na idade adulta jovem e como a treinamento da família de origem pode facilitar uma satisfatória resolução dessas crises e a progressão através deste crucial estágio desenvolvimental.

Exemplo de caso

Joan é uma pesquisadora de 26 anos de idade, que inicia a terapia com sentimentos de depressão, baixa autoestima, falta de assertividade, ambivalência em relação à sua carreira, e um padrão de envolvimentos breves e insatisfatórios com homens. Embora ela esteja em terapia psicodinâmica, tanto individual quanto grupal, há dois anos, sua situação não está melhorando.

O genetograma (Figura 9.5) indica que Joan é a mais jovem de duas filhas de uma família judia da classe trabalhadora. A mãe e o pai são europeus orientais, tendo casado tarde, após a emigração que se seguiu à Segunda Guerra Mundial. A mãe de Joan perdeu muitos parentes nos campos de concentração, e maior parte da família de seu pai foi destruída durante a Primeira Guerra Mundial, depois da qual ele vagou pela Europa, órfão. A irmã mais velha de Joan é casada, com dois filhos, e parece bastante bem-sucedida, embora ela e Joan sejam muito distantes. Isso poderia dever-se parcialmente à diferença de idade de seis anos, mas também reflete a estrutura triangular da família. Joan relata que sempre lembra o casamento dos pais como conflitual, com sua irmã geralmente tomando o partido do pai enquanto ela se aliava à mãe e ficava zangada com o pai.

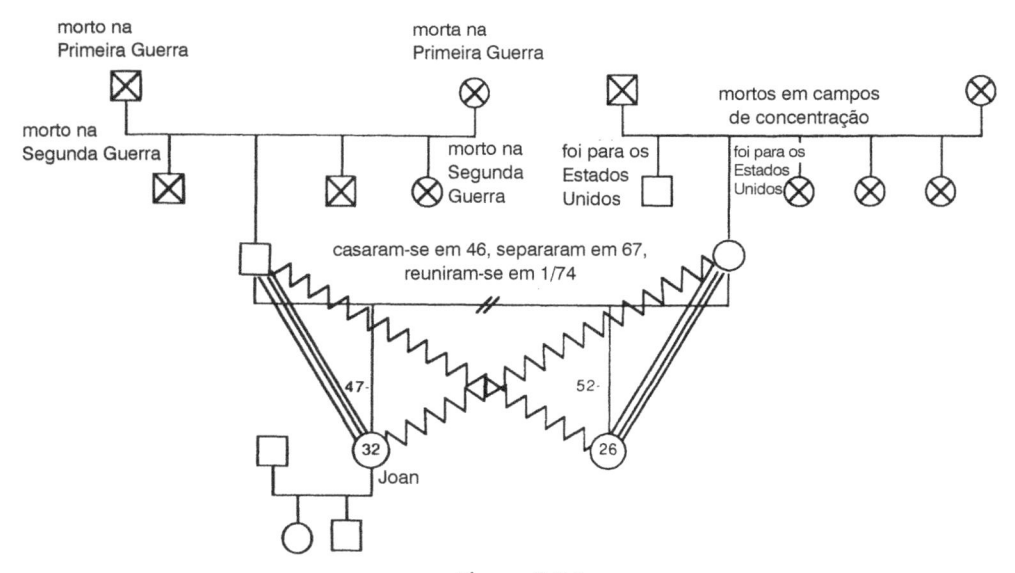

Figura 9.5 Joan.

Em 1967, quando a irmã mais velha casou, o pai teve revezes financeiros e deixou abruptamente a família. Sete anos mais tarde, a irmã mais velha de Joan resolveu procurar o pai, investigou seu paradeiro através de registros do sindicato e persuadiu-o a voltar para a família. No mês seguinte ao retorno do pai, Joan conseguiu um emprego numa cidade distante, e permaneceu virtualmente afastada durante vários anos, até retornar recentemente para casa (ostensivamente por razões profissionais). Quando perguntada a respeito da escolha do momento para partir, justamente o momento da volta do pai, Joan replicou: "Eu fiquei encarregada de cuidar de minha mãe uma vez, e não deixaria que isso acontecesse novamente. Eu caí fora enquanto podia".

O momento no tempo em que esses eventos aconteceram e sua falta de contato depois da sua mudança sugerem que as ações de Joan estavam baseadas mais na reatividade a questões e eventos da família de origem do que a um genuíno desenvolvimento em sua carreira. Nesse contexto, a emergência e exacerbação dos sintomas desde a sua volta podem ser vistas como o retorno, de forma mais direta, da tarefa desenvolvimental não terminada que Joan abortou com a sua súbita mudança. A terapia multigeracional foi iniciada para desfazer o triângulo que conectava Joan com a mãe e o pai, que a estava impedindo de avançar em seu desenvolvimento individual. Inicialmente, Joan foi orientada para tentar aproximar-se mais diretamente de seu pai, a fim de melhorar o relacionamento e elaborar parte de sua mágoa e raiva por ele tê-la abandonado. Ao mesmo tempo, Joan tentou resolver sua emaranhada reatividade em relação à mãe, descobrindo mais a respeito da família de origem da mãe, incluindo a experiência nos campos de concentração. Esta foi uma aplicação direta da teoria de Bowen de renegociar os relacionamentos com a família de origem, em que os relacionamentos distantes são abordados diretamente, a fim de aumentar a proximidade, enquanto os relacionamentos estreitos são abordados indiretamente, a fim de proporcionar perspectiva e afastamento.

Essas abordagens não tiveram muito sucesso, inicialmente, devido à reatividade e raiva de Joan em relação ao pai, e à sua ansiedade por abrir questões dolorosas com a mãe. Por exemplo, Joan dera o heroico passo de viajar a Israel com seu pai para visitar o túmulo do irmão dele. Ela relatou que embora sentisse uma empatia considerável com sua tristeza, enquanto ele chorava no túmulo do irmão, foi incapaz de consolá-lo, quer com palavras quer com gestos. Com a mãe, ela ficava muda e gelada sempre que tentava fazer perguntas a respeito do passado. Por essa razão, foi realizado um encontro com Joan e seus pais. O propósito desse encontro era facilitar o destriangulamento de Joan em relação aos pais, tentando "quebrar o gelo". (A irmã mais velha não estava no encontro, mas mais tarde viu o *videotape* da sessão.)

A entrevista de consulta foi portanto estruturada para ajudar Joan a aproximar-se diretamente do pai, explorar a reatividade da mãe a essa ideia e obter a permissão de ambos os pais para começar a olhar para o doloroso passado. Isso seria apresentado a eles como uma necessidade de sua filha de conhecê-los melhor e conseguir um relacionamento melhor com eles, para poder prosseguir em sua própria vida. Finalmente, a entrevista pretendia concluir com o estabelecimento de um plano para os esforços de Joan no sentido de resolver seu relacionamento com os pais no contexto das famílias ampliadas.

No curso desta entrevista, para a qual Joan se preparara através de um ensaio, incluindo gravar e escutar declarações para o pai sobre seus sentimentos a respeito do relacionamento deles, Joan foi capaz de dizer ao pai que ela o amava, e que embora tivesse ficado com raiva dele por ter partido, ela não estava mais com raiva e agora queria um relacionamento mais estreito. Joan perguntou à mãe se compartilharia com ela parte de seu passado. A mãe concordou com esse pedido no momento em que compreendeu como isso era importante para a filha, e no curso da sessão arregaçou a manga da blusa para mostrar sua tatuagem do campo de concentração, ao mesmo tempo em que descrevia com alguns detalhes como fora a experiência, quais membros de sua família haviam morrido e como ela conseguira sobreviver. O pai, por sua parte, explicou à filha, em lágrimas, algumas das circunstâncias de sua partida, e concordou em sentar-se com ela e revisar sua vida passada, para que ela pudesse conhecê-lo melhor.

Embora forte e comovente como experiência, esta sessão foi considerada, no contexto da terapia, apenas como o início dos esforços de Joan de destriangular-se com os pais, não como a culminação. Depois do encontro, Joan obteve um mapa da Polônia e passou muitas horas com o pai, seguindo suas andanças quando adolescente, depois que seus pais foram mortos na Primeira Guerra Mundial. Esse entendimento permitia-lhe ser menos reativa ao modo áspero e abrasivo com que o pai se comunicava, e também regular seu envolvimento com ele, a fim de não se expor mais a comportamentos tóxicos, que lhe despertavam sentimentos reativos. Gradualmente, na medida em que conseguia dele mais informações sobre sua vida, começou a vê-lo como uma figura trágica, mais merecedora de empatia do que de raiva. Além disso, como esta era a primeira vez, pelo que lembrava, em que passava um tempo sozinha com o pai, ela começou a experenciar mais um sentimento de proximidade e conexão com ele. Pela primeira vez, eles começaram a ter um relacionamento.

Para facilitar sua aproximação com a mãe e a exploração da história do holocausto, Joan ingressou na *One Generation After*, uma organização constituída para facilitar a compilação dos relatos dos sobreviventes do holocausto. Joan, como muitos outros filhos do holocausto, considerou essa estrutura e apoio imensamente úteis para aprender como tratar as dolorosas questões com a mãe. Embora esta área permaneça delicada e experimental tanto para Joan quanto para sua mãe, elas continuam gradualmente a explorar essa parte da vida da mãe com mais detalhes.

Um ano depois de realizar tais esforços para libertar seu desenvolvimento adulto destriangulando-se de sua família de origem, Joan candidatou-se e foi aceita em um programa de Ph.D. em uma importante universidade, e conheceu e desenvolveu um relacionamento comprometido com um homem com quem está pensando em casar-se. Ela não está mais deprimida ou ambivalente quanto aos relacionamentos com os homens e está progredindo bem em relação aos seus objetivos profissionais. Ela permaneceu um tanto ansiosa quanto à sua competência e tem periódicos ataques de ansiedade associados a exames na escola de graduação. Essas preocupações em relação a consequências catastróficas por não ser suficientemente competente ficaram claras quando ela cotejou a exploração de sua reatividade às terríveis experiências da mãe nos campos de concentração.

O caso de Joan ilustra a maneira pela qual as questões de carreira e intimidade no desenvolvimento adulto podem ressoar com tarefas individuais e questões da família de origem. As questões na família de Joan aparecem claramente devido à sua trágica natureza, e certamente nem todos as pessoas buscarão a mudança com a absoluta determinação de Joan. Entretanto, este trabalho ilustra como a cuidadosa atenção e o esforço sistemático para explorar e resolver, no contexto dos atuais relacionamentos familiares, os determinantes das dificuldades desenvolvimentais podem libertar os indivíduos de roteiros restritivos que inibiram o crescimento durante anos, ou mesmo durante gerações.

REFERÊNCIAS

Aylmer, R. C. (1977). Emotional issues in divorce. *The family.*
Aylmer, R. C. (1986). Bowen family systems marital therapy. In N. S. Jacobson & A. S. Gurman (Eds.) *Clinical handbook of marital therapy.* New York: Guilford Press, pp. 107-148.
Bernard, J. S. (1975). *Women, wills, emotions: Values and options.* Chicago: Aldine Publishing.
Boszormenyi-Nagy, I. (1973). Invisible loyalties. New York. Harper.
Bowen, M. (1978). *Family therapy in clinical practice.* New York: Jason Aronson.
Carter, E. & Orfanidis, M. (1976). Family therapy with one person and the therapist's own family. In P. J. Guerin (Ed.) *Family therapy: Theory and practice.* New York: Gardner Press, pp. 193-219.
Erikson, E. H. (1968). *Identity, youth and crisis.* New York: W. W. Norton & Co.
Gilligan, C. (1982). *In a different voice.* Cambridge, Mass.: Harvard University Press.
Kegan, R. (1982) *The evolving self.* Cambridge, Mass.: Harvard University Press.
Levinson, D. J. (1978). *The seasons of a man's life.* New York: Ballantine Books.
Miller, J. B, (1976). *Toward a new psychology of women.* Boston: Beacon Press.
Sheehy, G. (1977). *Passages.* New York: Bantam.
Toman, W. T. (1969). *Family constellation* (2nd ed.). New York: Springer.
Vaillant, G. E. (1977). *Adaptation to life.* Boston: Little, Brown.

10

A união das famílias através do casamento: o novo casal

Monica McGoldrick, M.S.W.

> De um homem mais velho para um mais jovem, que está à beira do divórcio: "Acho que no nosso tempo não esperávamos tanto do casamento, e talvez conseguíssemos muito mais". De uma mulher mais velha para uma mais jovem, que está à beira do divórcio: "Acho que no nosso tempo não esperávamos tanto do casamento, e nos satisfazíamos com aquilo que conseguíamos".

Tornar-se um casal é uma das tarefas mais complexas e difíceis do ciclo de vida familiar. Entretanto, juntamente com a transição para a condição de pais, que há muito tempo isso simboliza, é considerada como a mais fácil e feliz. A visão romantizada dessa transição pode aumentar esta dificuldade, uma vez que todas as pessoas – desde o casal até a família e os amigos – quer ver apenas a felicidade da mudança. Os problemas podem permanecer então escondidos, apenas para intensificar-se e vir à tona mais tarde.

As cerimônias de casamento, mais do que qualquer outro rito de passagem, são vistas como a solução para problemas como solidão ou dificuldades com a família ampliada. O evento é visto como encerrando um processo, embora ele não o encerre; "E eles viverão felizes para sempre" é o mito. As famílias muitas vezes dizem: "Finalmente eles se acomodaram", como se o casamento resolvesse alguma coisa, em vez de acontecer no meio de um complexo processo de mudança do *status* familiar.

Este capítulo delineará os problemas de tornar-se uma nova família, e discutirá as intervenções clínicas no caso daqueles que têm dificuldades em negociar essa fase. O significado do casamento na nossa época é profundamente diferente do seu significado em toda a história anterior, quando ele estava firmemente inserido na estrutura econômica e social da sociedade. A mudança no papel da mulher e a crescente mobilidade da nossa cultura, juntamente com os dramáticos efeitos dos contraceptivos amplamente disponíveis, estão nos forçando a redefinir o casamento.

O casamento requer que duas pessoas renegociem juntas uma miríade de questões que definiram previamente para si em termos individuais, ou que foram definidas por suas famílias de origem, tais como quando e como comer, dormir, conversar, fazer sexo, brigar, trabalhar e relaxar. O casal precisa decidir a respeito das férias, e como utilizar o espaço, o tempo e o dinheiro. Também existem as decisões a respeito das tradições e rituais familiares que serão mantidos e daqueles que os parceiros desenvolverão sozinhos. Essas decisões não podem mais ser determinadas unicamente numa base individual. O casal também terá de renegociar os relacionamentos com os pais, irmãos, amigos, família ampliada e colegas, em vista do novo casamento. Ele coloca para a família um estresse que não é pequeno, o de abrir-se para um estranho que é agora um membro oficial de seu círculo íntimo. Frequentemente, nenhum novo membro foi acrescentado ao sistema nos últimos anos. A ameaça dessa mudança pode afetar profundamente o estilo de uma família; a tendência dos membros de se polarizarem e verem vilões e vítimas sob o estresse dessas mudanças pode ser muito forte.

A piada de que existem seis no leito conjugal é na verdade uma afirmação suavizada. Foi dito que o que diferencia os seres humanos de todos os outros animais é o fato de ter parentes por afinidade. No reino animal, o acasalamento envolve apenas os dois parceiros, que geralmente estão maduros, separados de suas famílias, e se acasalam sozinhos. Para os seres humanos, este acontecimento é a união de dois sistemas imensamente complexos. É possível que, se os casais pudessem avaliar completamente a complexidade emocional de negociar o casamento já no início, eles talvez não ousassem topar essa proposta.

O lugar do casamento no ciclo de vida tem mudado dramaticamente. Os homens e as mulheres, como nunca antes, estão fazendo sexo mais cedo e casando mais tarde. Uma proporção cada vez maior está vivendo junto antes do casamento, ou inclusive vivendo com vários parceiros antes de resolver casar. O casamento costumava ser o principal marco de transição para o mundo adulto, porque ele simbolizava a transição para a paternidade; atualmente, ele muitas vezes reflete uma continuidade maior da fase da idade adulta jovem ou mesmo da adolescência, uma vez que o nascimento dos filhos é cada vez mais adiado para vários anos depois do casamento.

De fato, as mudanças de *status* do casamento talvez não possam ser devidamente avaliadas pela família até a próxima fase. É essa transição para a paternidade que confronta os casais mais agudamente com os problemas dos tradicionais papéis sexuais e dos padrões multigeracionais. As mulheres estão querendo as suas próprias carreiras, e estão cada vez mais resistentes a ficarem com as responsabilidades primárias pela casa e pelos filhos e a terem maridos que ficam ausentes da vida familiar. Mas as mudanças chegam muito lentamente.

Na maioria das sociedades, falar sobre a escolha de casar ou não casar seria quase tão relevante como falar sobre a escolha de crescer ou não crescer: essa era considerada a única rota para o *status* adulto completo. Casar era simplesmente parte da progressão "natural" através da vida, parte do inevitável, a menos que acontecesse uma catástrofe. Só recentemente a nossa sociedade modificou suas normas a respeito disso, na medida em que uma parte maior da população não se ajustava aos padrões tradicionais, e inclusive questionava a sua viabilidade.

O ideal cultural ainda é o de que o homem tenha uma posição superior. O marido "deve ser" mais alto, mais esperto, mais instruído, e ter um poder maior de gerar dinheiro. Por mais de uma geração, Jessie Bernard tem discutido o fato de que o casamento provoca descontinuidades tão profundas na vida das mulheres, que chega a constituir um genuíno risco à saúde (Bernard, 1982). Apesar do difundido estereótipo cultural de que o casamento é algo que os homens devem temer, todas as pesquisas apoiam o contrário – que, de todas as maneiras, o casamento melhora a saúde mental dos homens, enquanto em quase todos os aspectos, mentalmente, fisicamente, e mesmo nas estatísticas criminais, as mulheres solteiras são mais sadias do que as casadas (Apter, 1985).

Contrariamente aos populares estereótipos da vida da solteirona frustrada e do solteirão livre e desimpedido, as mulheres solteiras se saem muito bem e os homens solteiros se saem muito mal (Gurin e colaboradores, 1980, página 42). E, estatisticamente, quanto mais instrução uma mulher tem, e quanto melhor o seu trabalho, menos provável que case. Para os homens, acontece exatamente o contrário.

Por mais paradoxal que pareça, tendo sido educadas para se considerarem dependentes, as mulheres, depois do casamento, frequentemente se esforçam muito para manter intacta a autoimagem de seus maridos. Muitas vezes, porque a mulher pôs tantos ovos na cesta do casamento, ela tem muito interesse em fazê-lo dar certo.

Uma surpreendente porcentagem de 10% de mulheres está escolhendo não casar, e as estimativas são de que 20-30% das mulheres da presente geração escolherão não ter filhos. A isso devemos acrescentar os casais que esperam muito tempo no ciclo do casamento para terem filhos. De acordo com um censo de 1985, 75% dos homens norte-americanos ainda estão solteiros aos 25 anos de idade. Isso é um aumento em relação aos 55% de 1970. Para as mulheres, os índices são agora de 57%, comparados a 36% em 1970, refletindo uma mudança considerável (Glick, 1984).

Nós ainda não temos nenhuma evidência real do impacto sobre o casamento mais tardio do tremendo aumento recente no número de casais que vivem juntos sem casar; mas sabemos que cada vez mais casais estão passando por um estágio de viver com um ou mais parceiros antes do casamento, tornando a transição para o casamento um ponto muito menos crítico no ciclo de vida familiar do que no passado. Existe um aumento de 4% no número de casais não casados vivendo junto em qualquer momento dado, embora uma porcentagem global muito mais alta viva junto por algum tempo antes do casamento. Obviamente, o significado de uma cerimônia de casamento muda quando um casal já vive junto há vários anos e participa conjuntamente das experiências na família ampliada. Não obstante, como o filme *"Best Friends"* retrata, mesmo depois de um casal viver junto por vários anos, a transição para o casamento ainda pode criar um grande tumulto, ainda mais se os parceiros não lidaram como casal com sua família ampliada durante o período em que viveram juntos.

De qualquer maneira, parece haver um tempo e um padrão para esta fase. Aqueles que casam cedo geralmente têm maior dificuldade para se ajustarem às tarefas dessa fase. As mulheres que casam antes dos 20 (cerca de 25% das mulheres) têm uma probabilidade duas vezes maior de se divorciarem do que aquelas que casam depois dos 20. Por outro lado, aquelas que casam depois dos 30 (cerca de 20% das mulheres) têm menor probabilidade de se divorciarem, mas se o fazem, o fazem mais rapidamente do que aquelas que casam mais cedo (Glick, 1984). Assim, parece que na nossa cultura existe um tempo para a união, e embora pareça ser melhor casar mais tarde do que mais cedo, aqueles que caem fora do limite normativo, em qualquer uma das extremidades, podem ter problemas para fazer a transição. Essas pessoas muitas vezes estão respondendo a estresses familiares que tornam mais difícil o processo de união. Aqueles que casam cedo podem estar fugindo de suas famílias de origem ou buscando uma família que nunca tiveram. Eles podem sair de casa fundindo-se com um companheiro, numa tentativa de conseguir força um no outro. Mais tarde, eles poderão ter dificuldades maiores por não terem conseguido primeiro dar o passo para o desenvolvimento independente. As mulheres que casam tarde estão frequentemente respondendo a um conflito entre o casamento e a carreira e a sua ambivalência em relação a perder sua independência e identidade num casamento. Um crescente número de homens também parece estar evitando o comprometimento, e prefere viver sozinho do que envolver-se na interdependência que o casamento traz. Alguns que casam tarde também podem ter tido uma imagem negativa do casamento em casa, ou ficaram emaranhados em suas famílias e têm problemas para estabelecer relacionamentos externos, desenvolver uma situação de trabalho segura e sair de casa.

Apesar da tendência para retardar tanto o casamento quanto a gravidez, a maioria dos casais realmente casa e tem filhos antes dos trinta anos. Naturalmente, aqueles que têm filhos logo depois do casamento têm relativamente pouco tempo para se ajustarem às mudanças de *status* do casamento e seus estresses concomitantes, antes de seguirem em frente.

O que é surpreendente, considerando as implicações a longo prazo da decisão de casar, é que tantos casais parecem passar tão pouco tempo refletindo sobre a decisão. Aylmer (1977) comentou que muitos norte-americanos parecem passar mais tempo decidindo que carro irão comprar do que selecionando o cônjuge que esperam manter por toda a vida. Parece que o tempo das decisões relativas ao casamento muitas vezes é influenciado por eventos na família ampliada, embora a maioria dos casais não perceba a correlação entre esses eventos e o processo que está por trás de sua decisão de casar (Ryder e colaboradores, 1971; Friedman, 1977; McGoldrick & Walsh, 1983). As pessoas frequentemente parecem conhecer seus cônjuges ou tomar a decisão de casar logo depois da aposentadoria, doença, ou inclusive da morte inesperada de um progenitor, ou depois de alguma outra perda familiar traumática. O senso de perda ou de solidão talvez seja um fator contribuidor importante no desejo de construir um relacionamento estreito. Isso pode deixar a pessoa cega para os aspectos de um cônjuge em perspectiva que não se ajusta ao quadro idealizado em que o outro o completará e fará a vida valer a pena. Esse desejo de complementação provavelmente levará à dificuldade em aceitar as diferenças do cônjuge, que irão necessariamente aparecer no curso do relacionamento. Como uma mulher colocou: "Meu marido e eu sempre tivemos medo do estranho um no outro. Nós queríamos acreditar que o outro sempre pensava exatamente como pensávamos que ele estaria pensando, o que jamais poderia acontecer. Nós simplesmente não conseguíamos apreciar que aqui estava uma pessoa nova e diferente, com seus próprios pensamentos e sentimentos, que tornaria a vida muito mais interessante".

FUSÃO E INTIMIDADE

Um dilema básico na união é a confusão da intimidade com a fusão. Fogarty esclareceu o problema da seguinte maneira: "As forças do sentimento de estar unido a outrem originam-se do desejo humano natural de proximidade. Levadas a extremos, elas conduzem a uma busca de complementação. Levadas além do possível, essas forças conduzem à fusão, uma união de duas pessoas e resultante distância. Os cônjuges tentam desafiar a natural condição incompleta das pessoas e dos sistemas, como se alguém pudesse tornar-se completo fundindo-se num par unido" (Fogarty, 1976, página 39).

Existe uma imensa diferença entre estabelecer um relacionamento íntimo com uma outra pessoa separada e usar um relacionamento de casal para completar o eu e melhorar a autoestima. O natural desejo humano de compartilhar a experiência de alguém muitas vezes leva a esta confusão entre buscar a intimidade e buscar a fusão na união. Os poetas, há muito tempo, falam sobre essa diferença. Rilke (1954) escreve: "O amor, a princípio, não é algo que significa fundir-se, entregar-se e unir-se a outrem (pois o que seria uma união de algo inexplicado e incompleto, ainda subordinado?); ele é uma veemente instigação para que o indivíduo amadureça... ele é uma reivindicação extremamente exigente" (página 54).

Evidentemente, existem diferenças sexuais na maneira pela qual a fusão é experienciada, uma vez que as mulheres, tradicionalmente, eram criadas para considerar normal o "perder-se" num relacionamento, e os homens eram criados para considerar a intimidade como assustadora. Assim, os homens muitas vezes expressam sua fusão mantendo uma posição distante pseudodiferenciada, e as mulheres, mantendo uma pseudointimidade, que é na verdade um desistir de si mesmas.

Frequentemente, os outros esperam que um casal se funda, e vêem a mulher como de alguma maneira unida à identidade de seu marido, aumentando assim a dificuldade da mulher de diferenciar-se e manter a sua identidade separada. Para os homens, o medo da intimidade e as expectativas sociais de sua "independência" e da adaptação da esposa funcionam juntos para inibir o estabelecimento de relacionamentos íntimos que permitam a existência das diferenças.

A teoria sistêmica de Bowen (1978) elucida a tendência universal de buscar a fusão como relacionada à incompleta diferenciação da pessoa em relação à sua família de origem. Em outras palavras, os casais buscam completar-se um no outro na medida em que não conseguiram resolver seus relacionamentos com os pais, o que os teria libertado para construírem novos relacionamentos baseados na liberdade de cada pessoa de ser ela própria, e de apreciar o outro como ele é. O processo pelo qual as pessoas buscam aumentar sua autoestima no casamento está baseado na negação de sua "qualidade diferente" em relação ao cônjuge, e pode resultar em severas distorções na comunicação, a fim de manter o mito da concordância (Satir, 1967).

Durante o namoro, os casais normalmente estão muito conscientes dos aspectos românticos de seu relacionamento. O casamento transforma o relacionamento, de uma união privada para a união formal de duas famílias. As questões que os parceiros não resolveram com suas próprias famílias provavelmente serão fatores na escolha conjugal e interferirão no estabelecimento de um equilíbrio conjugal útil.

Talvez grande parte da intensidade do amor romântico seja determinada pelos valores familiares da pessoa. Desta perspectiva, Romeu e Julieta podem ter sido atraídos tão intensamente um para o outro precisamente porque a situação familiar proibia seu relacionamento. Esses obstáculos podem levar a uma idealização da pessoa proibida. Eles, e muitos outros heróis românticos, desde Tristão e Isolda, foram convenientemente poupados de uma visão mais completa de seu relacionamento em virtude de suas mortes precoces, preservando assim o romance, e talvez obscurecendo os dramas familiares subjacentes mais prosaicos que provavelmente deram origem à sua atração.

Na vida cotidiana, o resultado desses casos de amor geralmente não é tão romântico, como o seguinte caso ilustra (veja a Figura 10.1).

> Nancy conheceu seu marido, Tom, no último ano do segundo grau. Seus pais haviam tido um casamento muito infeliz e investiram todas as suas energias no sucesso dos filhos. Nancy planejava ir para a faculdade e era esperado que seu irmão mais jovem fosse ainda além, em termos acadêmicos. Um mês depois de sua graduação no segundo grau, o pai de Nancy, que era advogado, teve um severo derrame e ficou inválido. Sua mãe, que jamais respondera bem ao estresse, passou a criticar ainda mais o marido agora que ele estava tão dependente. Nancy começou a faculdade, e na mesma semana conheceu Tom, por quem "apaixonou-se loucamente". Dentro de três meses, ela decidira desistir da faculdade e casar-se com ele, que começara a trabalhar numa companhia de seguros depois de concluir o segundo grau no ano anterior. Ele era o único filho de uma família de classe média-baixa. Para ele, Nancy não apenas era muito atraente, como também sua família representava um degrau acima, socialmente. Ela era uma mulher intensa, dinâmica e encantadora. Sua intensidade o atraía, talvez porque sua própria vida familiar tivesse sido frustrada pela incapacidade do pai de trabalhar, em virtude de um ferimento de guerra, juntamente pelo desapontamento da mãe por ter tido apenas um filho. Tom esperava escapar da atmosfera solitária e bastante deprimida de seu lar, casando-se com Nancy. Ele sempre se sentira responsável pelo bem estar dos pais, mas impotente para fazê-los felizes. Ele ficou deliciado quando Nancy abandonou a faculdade e começou a insistir para que casassem. De qualquer maneira, ele sentira-se ameaçado por ela querer fazer faculdade. Para Nancy, ele representava a única maneira conhecida de fugir das expectativas familiares. Ela estivera em conflito a respeito da escola, uma vez que sua mãe tivera de desistir da faculdade em favor de seu irmão mais moço (da mãe). Ela achava que superar a mãe em instrução seria um sinal de deslealdade. Ela também começara

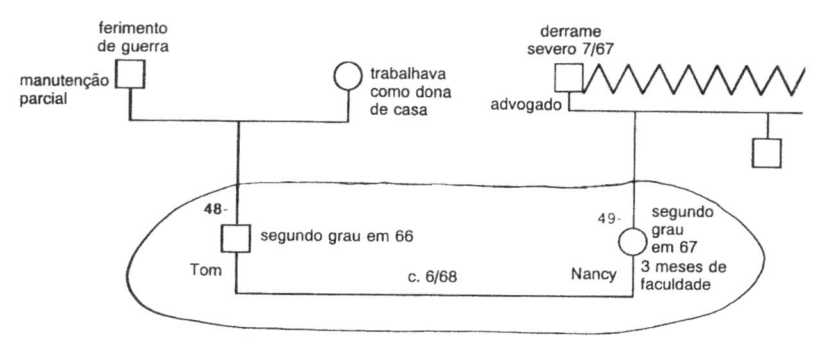

Figura 10.1 O jovem casal.

a receber mensagens mistas da família, em relação a continuar sua educação, depois do derrame do pai. E, uma vez que crescera não acreditando ser realmente esperta, sentia-se sob grande pressão em relação ao desempenho escolar. Tom a libertaria dessas pressões. Ele não a empurraria para realizações. Ele a aceitava como ela era. Ele tinha um salário seguro, e isso significava que ela não precisaria preocupar-se com sua incapacidade em concentrar-se nos estudos, ou em ser desleal com a mãe obtendo sucesso. Ela tornar-se-ia a esposa de Tom; eles teriam uma família e suas preocupações estariam terminadas.

Tanto Tom quanto Nancy consideravam um ao outro atraentes e achavam que seu relacionamento fazia com se sentissem melhor do que jamais haviam se sentido antes. Os pais de Tom não foram desaprovadores, de modo geral, mas sugeriram enfaticamente que eles esperassem, uma vez que ambos ainda eram tão jovens. O pai de Nancy desaprovava que ela se casasse com alguém sem instrução superior e achava que ela deveria concluir a faculdade. Em certos momentos, Nancy se perguntava se poderia encontrar alguém mais inteligente e promissor, mas a desaprovação dos pais a instigou a defender sua escolha e a rejeitar o "esnobismo" deles. Antes do casamento, Nancy e Tom tiveram poucas oportunidades para estarem sozinhos. O tempo que tinham era preenchido com os arranjos para o casamento e a discussão sobre as pressões das famílias sobre eles. Quase imediatamente após o casamento, Nancy ficou inquieta. As coisas com a sua família haviam se acalmado – eles não tinham mais razões para protestar. Nancy logo ficou entediada e começou a pressionar Tom para encontrar um emprego melhor. Tom sentia-se culpado por ter "abandonado" seus pais, algo que ele não deixara aparecer durante o namoro. Para melhorar as coisas em termos financeiros, e para lidar com seus sentimentos em relação aos pais, ele sugeriu comprar uma casa para duas famílias que seus pais tinham em vista. Eles poderiam dividir as despesas e seria um bom investimento. Nancy concordou porque isso significava que eles teriam um lugar muito melhor para morar. Quase imediatamente, ela começou a sentir a pressão dos pais de Tom para conviver com eles e terem filhos para eles. Tendo casado para escapar de seus próprios pais, ela agora sentia-se sobrecarregada com outros dois, com a carga adicional de não conhecê-los bem. Subitamente, a personalidade de Tom passou a irritá-la. Onde inicialmente ela gostara dele por seu estilo despreocupado e sua aceitação em relação a ela, agora o via como carecendo de ambição. Ela ficava embaraçada quando eles estavam com os amigos dela, em virtude de suas maneiras e falta de instrução, de modo que passou a evitar seus amigos, o que a deixou ainda mais isolada. Ela tentou pressioná-lo para que realizasse seus sonhos (os dela) e satisfizesse todas as suas necessidades de relacionamento. Ele sentia-se cada vez mais inadequado e incapaz de responder à sua pressão. Sexualmente, ela achava que ele era desajeitado e insensível, e começou a recusá-lo. Seu senso de inadequação o levou a retrair-se ainda mais e ele começou a sair à noite com os amigos, pelos quais se sentia aceito e não julgado.

A resistência de Nancy às expectativas paternas havia sido agora transferida para o casamento. A esperança de Tom de chegar além da vida frustrante dos pais havia sido transformada numa pressão, por parte de Nancy, para que tivesse sucesso, e ele ressentia-se disso. Nem Nancy nem Tom haviam refletido individualmente sobre aquilo que queriam da vida. Cada um deles voltara-se para o outro na expectativa de realizar as suas necessidades insatisfeitas e agora ambos estavam desapontados.

O que começou a acontecer entre Nancy e Tom é o que acontece a muitos casais quando a esperança de que o parceiro irá resolver todos os problemas prova ser inútil. Existe uma tendência a personalizar o estresse e a culpar alguém por aquilo que dá errado. As vezes, a pessoa culpa a si mesma; às vezes, o cônjuge. Dado um estresse suficiente, os casais tendem a definir seus problemas somente dentro do relacionamento. Eles podem culpar o cônjuge ("Ele me abandonou; ele não me ama.") ou a si mesmos ("Eu não presto; eu conseguiria satisfazê-la, caso prestasse.") Quando começa esse processo personalizante, é muito difícil manter aberto o relacionamento. Nancy começou a colocar em Tom a culpa por seus desapontamentos na vida, e ele via a si mesmo como responsável pela infelicidade dela.

Um fator importante que estreita os relacionamentos de casal ao longo do tempo é a sua crescente interdependência e sua tendência a interpretar mais e mais facetas de suas vidas dentro do casamento, o que frequentemente é apoiado pelos outros, que também promovem o estreito foco do casal. Por exemplo, durante o namoro, se um parceiro fica deprimido, o outro possivelmente não tomará isso como muito pessoal, supondo que "Há muitas razões para ficar deprimido na vida; isso provavelmente nada tem a ver comigo". Essa suposição de não ser responsável pelos sentimentos do outro permite uma resposta apoiadora e empática. Depois de vários anos de casamento, entretanto, esse parceiro tem uma tendência muito maior de considerar as reações emocionais do outro como um reflexo de seu próprio *input, e de* sentir-se responsável pela depressão do parceiro. Depois de cinco anos de casamento, o parceiro pode pensar: "Isso deve significar que eu não sou uma boa esposa, ou a essa altura já teria conseguido fazê-lo feliz". Uma vez que cada um começa a assumir a responsabilidade pelos sentimentos do outro, a tendência é de que cada vez mais áreas do relacionamento fiquem cheias de tensão. Com o passar do tempo, eles evitarão lidar com mais e mais áreas. Por exemplo, ela pode sentir-se inadequada, culpada e ressentida. Ela então pode decidir evitar lidar com ele, porque não deseja ser culpada, ou pode tornar-se muito protetora e não dizer nada que o aborreça, por medo de fazê-lo sentir-se pior. Em qualquer caso, quanto mais as reações dela são uma resposta às dele, menos flexibilidade haverá no relacionamento e mais a comunicação do casal ficará constrangida nas áreas emocionalmente carregadas.

O período em que os casais estão namorando provavelmente é o momento menos indicado, de todas as fases do ciclo, para procurar terapia. Não porque o unir-se seja tão fácil, e sim por causa da romantização da atração entre os parceiros. Eles terão uma forte tendência a idealizar um ao outro e a evitar olhar para as dificuldades imensas e de longo alcance de estabelecer um relacionamento íntimo. Embora os primeiros anos de casamento sejam a época de maior satisfação conjugal global para muitas pessoas, eles também são a época do índice mais elevado de divórcios. O grau de desilusão e desapontamento mútuo normalmente corresponderá ao grau de idealização do relacionamento durante o namoro, como no caso de Nancy e Tom. Durante o namoro, o impulso para o relacionamento provavelmente evitará a percepção das dificuldades potenciais (Friedman, 1977), de modo que elas só aparecerão mais adiante. Por um lado, durante o namoro existe a tendência para a pseudomutualidade e, por outro, como Bowen observou, esse pode ser o momento de maior abertura no relacionamento, porque os anos de interdependência ainda não o limitaram. A maioria dos casais tem os relacionamentos mais próximos e mais abertos de sua vida adulta durante o namoro. É comum que os relacionamentos em que as pessoas vivem juntas sejam harmoniosos, e que se desenvolvam sintomas de fusão quando elas finalmente se casam. É como se a fusão não fosse problemática na medida em que ainda existe a opção de terminar o relacionamento (Bowen, 1978, página 377). Embora o casamento frequentemente estreite um relacionamento, a fusão muitas vezes começa a se desenvolver durante o namoro, quando os casais dizem que gostam de tudo a respeito do outro, passam juntos todo o seu tempo livre e assim por diante.

O fracasso em avaliar ou permitir a qualidade diferente da outra pessoa decorre de jamais termos conseguido nos tornar independentes, em termos emocionais, de nossos pais. Isso deixa a pessoa na posição de tentar construir a autoestima no casamento. Nenhum dos parceiros ousa comunicar ao outro os seus medos. Ele pode estar pensando: "Eu jamais a deixarei saber que na verdade não sou nada ou a perderei, e jamais lhe direi que às vezes ela é chata e fala demais". Enquanto isso, ela pode estar pensando: "Eu jamais o deixarei saber que realmente não tenho valor ou ele me deixará. E não posso dizer que ele é chato, só quer assistir aos esportes e ver TV, e não tem nada interessante para dizer". Cada um coloca o outro como responsável por sua autoestima: "Eu tenho valor porque você me ama". Isso os deixa vulneráveis à possibilidade inversa: "Se você não me ama, eu não tenho valor". Assim, os casais podem ficar amarrados numa teia de atitudes evasivas e ambíguas, porque nenhum deles ousa ser franco com o outro, por medo de que as coisas não dêem certo, como aconteceu em suas famílias de origem. As mensagens entre eles podem ficar cada vez mais encobertas, na medida em que definem o seu próprio valor, cada vez mais, através do relacionamento. O conteúdo da comunicação pode ficar totalmente obscurecido pela necessidade de ambos os parceiros de validarem a si próprios através do cônjuge. Isso pode acabar no absurdo de um casal passar o tempo fazendo coisas que nenhum deles quer fazer, porque cada um pensa que o outro quer fazer aquilo daquela maneira.

Embora muitos casais pareçam conseguir chegar à condição de casal com a ajuda do romance, da pseudomutualidade ou da resistência de seus pais à ideia, alguns, talvez em número crescente, absorvem-se no processo de tornar-se um par.

> Mary e David solicitaram aconselhamento sobre se deviam casar depois de viverem juntos por oito anos. Mary via a recusa de David a casar como uma rejeição. David via a insistência de Mary para casar como uma reflexão de outras inseguranças, uma vez que eles eram felizes em sua vida juntos. Ele via o casamento como atando-os a obrigações desagradáveis como aquelas que seus pais haviam compartilhado. Ele também temia ter de cuidar dela, caso ela herdasse a doença genética incapacitante da qual sua mãe sofria. Mary estava preocupada com a recusa de David a casar-se com ela, dizendo que o deixaria a menos que ele mudasse de ideia, embora ela admitisse que eles eram compatíveis na maioria das coisas e que ela sentia-se muito feliz com sua vida juntos. Ela estava obcecada com a possibilidade de ele deixá-la.

Em tais situações, os padrões familiares contribuem para a incapacidade de cada um negociar a transição para a condição de casal. Nesses casos, o conceito de "casamento" assumiu um significado muito além do fato de duas pessoas compartilhando suas vidas uma com a outra. Com muita frequência, os casais caem nos papéis estereotipados que Mary e David estão desempenhando aqui. Ela não consegue pensar em nada além do casamento, e essa é a única coisa sobre a qual ele não consegue pensar. Esses padrões refletem lados opostos da mesma falta de diferenciação em relação às suas famílias de origem. Os homens que não estão à vontade com seu nível de diferenciação costumam temer o comprometimento, ao passo que as mulheres costumam ter medo de ficar sozinhas.

Não é incomum que duas pessoas que viveram juntas, felizes, descubram que as coisas mudaram com o casamento, porque elas agora acrescentaram à situação as carregadas definições de "marido" e "esposa". Estas palavras geralmente trazem consigo as concepções de pesada responsabilidade *por* (em vez de *em relação a*) outra pessoa, que o viver junto não impunha. Também pode existir a carga de ter passado definitivamente da juventude para a idade adulta "séria".

Um outro casal não casado que vivia junto há quatro anos, Ann e Peter, ambos com trinta e poucos anos, buscou terapia por causa de uma vida sexual insatisfatória. O casal sempre evitara conversar sobre casamento. Peter falou que simplesmente não estava preparado, e Ann, que temia descobrir que ele não queria casar com ela. Ela entendia o silêncio dele como a declaração de sua indiferença básica em relação a ela. Para Peter, o casamento significava uma perda de espontaneidade, tal como a que via em seus pais. Seu pai e sua mãe haviam abandonado a faculdade para casar, quando sua mãe engravidara, e eles viam isso como um grande erro. Com o encargo de uma família para sustentar, eles sentiam-se sufocados em suas ambições, e jamais haviam superado essa frustração. Peter sentia que precisava resolver todas as suas inseguranças e tornar-se completamente autossuficiente antes de casar. Ann temia, se Peter não casasse com ela, ter de começar logo um novo relacionamento, ou estaria velha demais para ter filhos. Isso afetara o relacionamento sexual deles, que ficara cada vez mais tenso.

Este casal considerava o casamento como uma tarefa tão imensa que eles jamais estariam suficientemente preparados para ela. Muitos casais têm a percepção errônea oposta, de que o casamento os completará, independentemente de todos os outros aspectos de sua vida. As atitudes e mitos familiares em relação ao casamento filtram-se de geração para geração, tornando essas transições proporcionalmente mais fáceis ou mais difíceis.

CASAIS HOMOSSEXUAIS

Os padrões descritos aqui para os casais heterossexuais são semelhantes, mas frequentemente mais difíceis, para os homossexuais, por várias razões (Krestan & Bepko, 1980; Roth, 1985; Nichols & Leibium, 1986). É difícil antecipar as terríveis implicações da crise da SIDA para os *gays,* assim como para os casais heterossexuais, na formação de relacionamentos de casal. Um grande estudo realizado antes da crise da SIDA sugere que, em muitos aspectos, o impacto do gênero sobre o casal superou o efeito de sua condição de *gay,* em termos dos padrões que os casais desenvolveram em relação a sexo, poder e trabalho (Blumstein & Schwartz, 1983). Nós podemos apenas predizer que as mudanças forçadas no comportamento sexual, trazidas pela epidemia de SIDA, influenciarão radicalmente os homens *gay* e os heterossexuais (as lésbicas têm uma probabilidade muito pequena de desenvolver a doença), tanto em seus padrões sexuais quanto em seu relacionamento com os membros da família. Ao mesmo tempo em que a semelhança ou identificação, pelo fato de os homossexuais serem do mesmo sexo, pode aumentar o entendimento entre os parceiros, ela provavelmente também os tornará mais vulneráveis à fusão. Uma segunda e relacionada área de dificuldade origina-se da falta de aceitação que a maioria dos casais *gay* experiencia na família e na cultura em geral, por todo o seu ciclo de vida. Isso aumenta o risco de eles desenvolverem problemas de fronteira um com o outro, em resposta às reações negativas da família ou da sociedade em relação à sua condição de casal; o estigma de ser homossexual pode levar ao estabelecimento de uma identidade secreta, ou a uma fusão com outros na comunidade *gay e* ao rompimento com o mundo heterossexual.

Relacionada a essa negatividade familiar e societal está a falta de rituais normativos para os homossexuais, conforme eles avançam no ciclo de vida. Eles não têm o benefício do casamento formal, ou inclusive do divórcio, para assinalar suas transições no relacionamento. Muitas vezes, a família de origem tende a vê-los como perpétuos adolescentes. É necessário um esforço especial de sua parte para receber o adequado reconhecimento de suas transições no relacionamento.

Exemplo de caso

Kathy Bailey, de 28 anos de idade, e Ellen Carr, de 35, que viviam juntas há um ano e meio, procuraram terapia em janeiro de 1986. Kathy não conseguia dormir e Ellen estava preocupada por estar deprimida, ansiosa e bebendo demais. Kathy lutara desde a adolescência com a sua homossexualidade. Na faculdade, ela saía ocasionalmente com homens, e depois de graduar-se tivera um breve casamento, esperando que isso a libertasse de seus sentimentos homossexuais e do rompimento que um estilo de vida homossexual criaria entre ela e sua família de origem. Depois do divórcio, ela manteve uma grande distância em relação aos pais, com quem sempre tivera um relacionamento tumultuado. Ela era conhecida na família como uma criança-problema desde o início da escola. Sua conservadora família WASP funcionava na base de manter as aparências. Sua irmã mais velha sempre foi a "boa menina", e jamais foi além dos limites aceitos pela família. Kathy sempre foi a pessoa sincera na família, considerada uma rebelde. Ela sempre discutiu política com o pai, e quando se envolveu no movimento dos direitos das mulheres, ele ficou particularmente enraivecido. Kathy sentia que sua mãe às vezes se compadecia dela, mas jamais ousou discordar abertamente do marido.

Depois do seu divórcio, Kathy envolvera-se mais com lésbicas, nos vários empregos ativistas políticos que tivera. Ela teve vários relacionamentos, mas Ellen foi a primeira com quem morou. Depois de começar o relacionamento com Ellen, ela decidira cursar Direito, mas abandonara a escola recentemente.

Ellen, que vinha de uma família judia, sabia claramente, desde que cursara o segundo grau, que era lésbica, e convivia com um grupo social lésbico desde a época em que entrou na faculdade. Ela jamais contara aos pais que era lésbica, mas ocasionalmente levava amigas à casa, e sentia que seus pais, que tinham um relacionamento muito conflituado, não ficavam infelizes por ver que ela não saía com homens. Ela desconfiava que a *mãe* fosse lésbica, sem saber, assim como uma tia por parte de pai, que jamais casara.

O que desencadeou a perturbação de Kathy foi ter contado aos pais, durante uma visita (que ela sempre fazia sem Ellen), que ela era lésbica. Kathy disse que decidira contar aos pais porque estava cansada de manter sua vida em segredo. Sua mãe, inicialmente, a apoiara bastante. Seu pai, entretanto, ficara extremamente zangado e lhe dissera que esta era apenas a última de uma série de "decisões erradas" que ela tomava há anos. Em vários telefonemas aos pais nas semanas seguintes, ela foi recebida por ambos com um silêncio pétreo. Os sintomas de Kathy começaram logo depois disso. Ellen tentara apoiar, mas havia desaprovado o fato de Kathy contar aos pais sobre sua homossexualidade, acreditando que "os pais jamais compreendem e não há sentido em entrar em tudo isso". Desde então, Kathy conversara com várias amigas lésbicas sobre a situação, e o conselho geral que lhe deram foi de que ela não deveria se importar com os pais: seu pai parecia um "bronco insensível", e por que se incomodar – simplesmente esqueça. Seu conflito era o de que, em algum nível, ela ainda buscava não apenas uma maior proximidade com os pais, mas também a sua aprovação.

As sessões iniciais de terapia centraram-se em ajudar Kathy a escolher para si mesma os diferentes aspectos de seus sentimentos e comportamento. Ela tentou, por exemplo, diferenciar seu desejo de aprovação paterna em relação à sua carreira de seu estilo de vida lésbico. Ela trabalhou para permitir que os pais desaprovassem a sua homossexualidade, se precisavam disso, sem rejeitá-los. Ela também precisava decidir como queria lidar com os pais, e não tomar decisões baseada nos sentimentos de suas amigas. Ela foi encorajada a colocar-se no lugar dos pais, com relação à comunicação de sua homossexualidade. Tendo elaborado isso, ela foi orientada a escrever uma resposta ao pai, na qual reconhecia o desapontamento dele por haver deixado o Direito (a profissão dele), e lhe dizia como deveria ter sido frustrante para ele sua indecisão profissional (a dela) ao longo dos anos. Ela então falou sobre seus medos anteriores de que ele rompesse totalmente com ela se soubesse de sua homossexualidade, e de seu alívio por isso não ter acontecido; ela disse que entendia como isso deveria ser difícil para ele e para a mãe, uma vez que significava que eles jamais teriam netos (um assunto particularmente doloroso para eles, pois sua irmã tivera de fazer uma histerectomia dois anos antes). Ela reconheceu que provavelmente seria muito difícil para eles

Figura 10-.2 Casal lésbico.

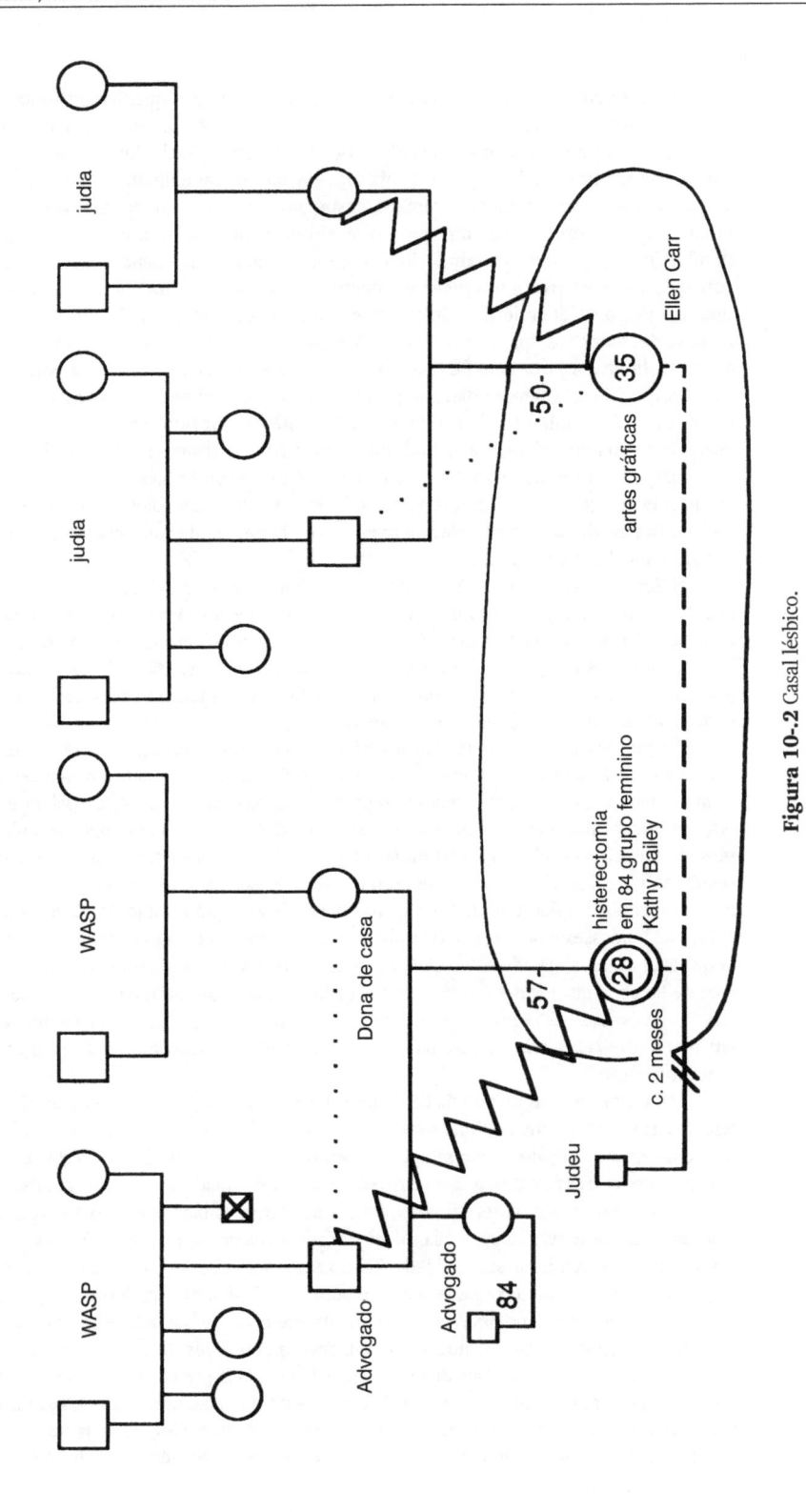

lidarem com a questão com seus amigos. Disse que gostaria que sua vida não tivesse tomado esse rumo, pelo bem deles, e o quanto ela o amava e queria ter um relacionamento próximo.

A carta ajudou-a a esclarecer, para si mesma, que o seu lesbianismo não era uma questão a ser aprovada pelos pais, e que discutir isso com eles estava no nível mais profundo de uma necessidade de acabar com o segredo e solidificar sua identidade como adulta. Felizmente, através de sua motivação para entender a si mesma e pelo respeito às limitações dos pais, ela foi capaz de conseguir, nos anos seguintes, um relacionamento com eles em que a questão de sua identidade sexual tornou-se um fato da vida, aceito por eles de uma maneira prática. Ela e Ellen foram aceitas na família como um casal, inclusive para férias conjuntas, com uma fronteira de respeito em tomo de seu relacionamento.

Como pode ser visto neste exemplo, os problemas sistêmicos que cercam a formação de casais geralmente são semelhantes, independentemente do contexto dos problemas. Entretanto, certos padrões são bastante predizíveis no caso de casais homossexuais, assim como no caso de casamentos entre religiões, classes, etnias ou raças diferentes. Onde a família ampliada é extremamente negativa em relação ao casal, seja qual for a razão, nós encorajamos os casais a assumirem uma perspectiva mais ampla, não tentando transformar a aceitação de seu casamento num evento sim-ou-não, mas trabalhando gradualmente ao longo do tempo para construir pontes para que a família se aproxime. Outras transições de ciclo de vida, particularmente nascimentos e mortes, frequentemente criam uma alteração no equilíbrio familiar, que permite redefinições do *status* familiar para o casal.

O CASAMENTO

Um dos melhores indicadores do processo familiar na época da formação do casal, e um dos melhores lugares para a intervenção preventiva, é o próprio casamento. Como eventos familiares, os casamentos são as únicas cerimônias maiores organizadas pela própria família, e são os cerimoniais familiares que envolvem o maior planejamento (Barker, 1978). A organização do casamento, quem fará quais arranjos, quem será convidado, quem comparece, quem paga, quanta energia emocional é investida nos preparativos, quem fica aborrecido e por quais motivos, tudo isso reflete muito o processo familiar. Geralmente, parece que aqueles que casam de maneira não convencional, em cerimônias civis, ou sem a família ou os amigos presentes, têm as suas razões. Quase sempre, os motivos nessas situações são a desaprovação familiar, a gravidez pré-conjugal, uma decisão impulsiva de casar, um divórcio anterior, a incapacidade ou má-vontade dos pais de pagar os custos do casamento (Barker, 1978). De um ponto de vista clínico, o ônus emocional dessas situações, quando faz com que seja reduzida a importância do casamento, provavelmente indica que os membros da família são incapazes de fazer as mudanças de *status* necessárias para adaptarem-se a esse novo estágio de ciclo de vida, e que terão dificuldades com estágios futuros. Os casamentos deveriam ser rituais de transição para facilitar o processo familiar. Como tal, eles são extremamente importantes para assinalar a mudança de *status* dos membros da família e a modificação na organização familiar.

O problema oposto acontece quando a família fica supercentrada no casamento em si, talvez gastando mais do que pode, colocando toda a sua energia no evento e perdendo de vista o casamento como o processo que une duas famílias. As famílias e os casais muitas vezes imaginam que depois, que ocorreu o casamento, todos sentir-se-ão próximos e conectados. Atualmente, com as mudanças nos costumes morais, este foco no casamento pode estar menos intenso, mas ainda existe uma grande sobreposição de mito associada à felicidade conjugal, que fica deslocada nas celebrações de casamento de uma maneira que pode ser contraprodutiva.

Surpreendentemente, poucos casais procuram aconselhamento pré-marital, apesar das óbvias dificuldades em negociar esta transição (Friedman, 1977), e apesar do fato de que a intervenção preventiva em relação à família ampliada poderia ser muito mais fácil nesse momento do que mais tarde no ciclo de vida. O que podemos dizer é que é extremamente proveitoso, quando trabalhamos com qualquer membro de uma família na época de um casamento, encorajá-lo a facilitar a resolução dos relacionamentos familiares através deste evento nodal. Podemos apenas encorajar todos os participantes a fazerem o máximo uso do evento para lidarem com o processo familiar subjacente. Por exemplo, geralmente é bom dizer aos casais que as brigas entre os parentes por afinidade são predizíveis e não precisam ser tomadas de modo muito pessoal. É importante que os casais percebam que a tensão aumentada dos pais provavelmente se relaciona ao seu sentimento de perda tendo em vista o casamento. Quando as famílias discutem sobre os arranjos para o casamento, as questões em disputa apenas encobrem questões subjacentes do sistema muito mais importantes, como no exemplo seguinte:

> Um casal prestes a casar estava muito chateado com a preocupação da mãe da noiva com os convites e a distribuição dos convidados nas mesas. Um casamento anterior da noiva fora anulado, e isso jamais fora comunicado ou manejado abertamente pela família. Inicialmente, a filha ficou furiosa com a mãe por esta não aceitar seu novo casamento. A mãe estava constrangida em convidar sua família, uma vez que ela viera ao primeiro casamento e agora ficaria sabendo que ele não dera certo. A mãe esperava que com uma cerimônia discreta "ninguém notasse" e que a questão do casamento anulado fosse totalmente esquecida com o passar do tempo. Ela esperava que os parentes pensassem que o novo marido era o mesmo com quem a filha casara da primeira vez. A filha estava enraivecida com aquilo que percebia como uma rejeição a ela e ao seu novo marido. Quando ela foi capaz de falar com a mãe sobre isso, enfatizando como esse segundo casamento deveria ser difícil para a mãe, a tensão diminuiu consideravelmente. A filha foi capaz de desistir de sua indignação e de aproximar-se da mãe com certa compaixão pelo seu medo das reações familiares. O movimento da filha liberou a tensão que envolvia o sistema.

Uma vez que os membros da família muitas vezes vêem os outros como capazes de "arruinar" o evento, uma norma prática útil é que cada pessoa assuma a responsabilidade por divertir-se no casamento. Também é bom que o casal reconheça que o casamento é um evento familiar, e não apenas para eles dois. Considerados desta perspectiva, os sentimentos dos pais acerca da cerimônia precisam ser levados em conta, de todas as maneiras significativas possíveis. Um exemplo interessante é a jovem mulher mencionada acima, que estava tendo um conflito com a mãe em relação à anulação não discutida. Ela sempre fora uma aliada do pai. Para o casamento, ela pediu a ambos os pais que a levassem ao altar, uma vez que, disse ela, ambos a haviam ajudado a chegar ao ponto do casamento. A mãe ficou extremamente comovida pelo convite, e este pequeno gesto permitiu que a jovem fizesse uma significativa declaração familiar para os pais em relação ao significado deles em sua vida. Provavelmente, quanto mais responsabilidade o casal puder assumir para organizar um casamento que reflete a alteração de sua posição em suas famílias e a união de dois sistemas, mais auspicioso isso será para o seu futuro relacionamento.

> Um ideal pelo qual trabalhar no planejamento de um casamento seria aquele conseguido por Joan e Jim Marcus. Eles eram um daqueles casais incomuns que procuraram uma orientação para ajudá-los no período pré-matrimonial. Eles estavam conscientes de conflitos surgindo entre eles e queriam resolvê-los antes que piorassem. Os pais de Jim haviam se divorciado quando ele tinha cinco anos. Seu pai casara novamente, por pouco tempo, quando Jim tinha oito anos, e novamente quando ele estava com dezesseis anos. Ele crescera sob a custódia do pai, com várias governantas entre os seus casamentos. Jim ficara afastado de sua mãe, uma alcoolista, e de ambas as madrastas, por vários anos, mas foi capaz de reverter o processo de rompimento ao

planejar seu casamento. Ele telefonou a cada uma delas para convidá-las especialmente para o seu casamento, discutindo com cada uma a sua importância na vida dele e como lhe seria significativo tê-la presente na celebração de seu casamento.

O problema seguinte eram os pais de Joan, que estavam planejando uma elaborada cerimônia e queriam que tudo fosse feito de acordo com o figurino. Isso deixaria pouco à vontade a família de Jim, que não era tão rica. Inicialmente, Joan reagiu muito aos planos fantasiosos da mãe, e à sua atitude de tomar decisões sem conversar a respeito. Por sugestão de sua terapeuta, ela passou um dia inteiro conversando com a mãe, discutindo os seus próprios sentimentos em relação a casamento e abordando-a como um recurso para resolver como manejar as coisas. Ela descobriu que a mãe casara numa pequena cerimônia civil, porque seus pais tinham pouco dinheiro e desaprovavam o casamento. Eles haviam casado durante a guerra da Coreia, logo antes de seu pai partir para o exterior. Jonn ficou sabendo como sua mãe ansiara por um "casamento adequado". Ela percebeu que os desejos da mãe de fazer tudo de maneira grandiosa originavam-se de seus próprios sonhos não realizados e eram uma tentativa de dar a Joan algo que ela não tivera. Com esse entendimento, Joan pôde compartilhar com ela seu desejo de uma celebração simples, e especialmente a sua ansiedade em relação ao desconforto da família de Jim, que ela não mencionara antes. Ela pediu à mãe que a aconselhasse sobre como manejar a situação. Contou-lhe como ficava pouco à vontade com os divórcios na família de Jim, e seus medos de que os parentes dela o desaprovassem, especialmente se todas as figuras maternas dele comparecessem ao casamento. Subitamente, a atitude da mãe mudou. Em vez de determinar como as coisas deveriam ser feitas, passou a querer ajudar, numa atitude muito mais casual. Uma semana mais tarde, a mãe de Joan disse a Jim que se houvesse algo que ela pudesse fazer para facilitar as coisas com sua mãe, suas madrastas e outros convidados, ela ficaria satisfeita em fazê-lo.

Um outro casal, Ted e Andrea, talvez o único casal que atendi que procurou aconselhamento pré-matrimonial especificamente para trabalhar questões da família ampliada, foi capaz de lidar tão bem com tempestuosas reações emocionais na família que provavelmente evitou anos de intensos conflitos que haviam prejudicado as duas famílias ampliadas durante várias gerações. Quando eles buscaram ajuda, disseram que planejavam casar-se apenas com a presença de amigos, a menos que pudessem fazer com que suas famílias os aceitassem como eles eram. Os pais de Andrea haviam fugido para casar-se quando seus pais recusaram-se a aceitar o casamento em virtude de "diferenças religiosas". O avô paterno de Ted tivera um ataque cardíaco e morrera três dias depois do casamento do pai de Ted. Assim, os casamentos tornaram-se eventos temíveis para ambas as famílias ampliadas. O casal começou o trabalho através de um contato pessoal com os membros da família ampliada, para convidá-los para o casamento e falar sobre algumas preocupações durante as conversas. Por exemplo, o noivo telefonou para a mãe de seu pai, que tinha 85 anos de idade, e que, segundo seus pais, não conseguiria comparecer ao casamento. Ele disse a ela que seus pais tinham certeza de que ela não poderia ir, mas que o fato de ela ir significava muito para ele, uma vez que ele temia que seu pai tivesse um ataque cardíaco e precisava de seu apoio. Os pais haviam querido proteger a avó, "para o próprio bem dela". Ela não apenas fez arranjos, sozinha, para que uma prima viajasse de avião com ela, como combinou ficar na casa do filho, o pai do noivo, durante a semana após o casamento. No casamento, a noiva e o noivo fizeram brindes, em verso, para as suas famílias, nos quais assinalaram os temas incômodos, com humor e sensibilidade, e fizeram questão de passar momentos com os membros da família.

Muitas vezes, os sistemas de amigos e os relacionamentos com a família ampliada mudam depois do casamento. Muitos casais têm dificuldade em manter amizades individuais e passam a ter, pelo menos nos primeiros anos, apenas "amigos casados". Nós encorajamos os cônjuges a manterem suas redes pessoais de amigos, uma vez que os "amigos casados" costumam reforçar a fusão, e não permitem aos cônjuges seus interesses e preferências individuais.

PADRÕES COM A FAMÍLIA AMPLIADA

O casamento simboliza uma mudança no *status de* todos os membros da família e das gerações, e requer que o casal negocie novos relacionamentos, como par, com muitos outros subsistemas: pais, irmãos, avós, sobrinhas e sobrinhos, assim como com os amigos. Com maior frequência, as mulheres se aproximam mais de suas famílias de origem depois do casamento, e os homens se tornam mais distantes, mudando o seu vínculo primário para a nova família nuclear. Em qualquer caso, os cônjuges lidam com suas famílias de muitas maneiras diferentes. Muitos consideram o casamento a única maneira de se separarem de suas famílias de origem. Eles tendem a se emaranhar com as famílias, e esse padrão continua mesmo depois do casamento. Padrões de culpa, intrusividade e fronteiras confusas são típicos de tais sistemas. Outros casais rompem emocionalmente com suas famílias mesmo antes do casamento. Nessas situações, os parceiros nem ao menos podem convidar os pais para o casamento. Os pais são vistos como estorvando e rejeitando, e o casal decide deixá-los de lado. Um outro padrão envolve o contato continuado com os pais, mas com conflitos permanentes. Em tais famílias, normalmente existe o envolvimento da família ampliada nos planos de casamento, mas frequentemente com brigas, sentimentos feridos e "cenas" quando o casamento está se aproximando. Esse padrão talvez seja o mais útil para uma futura resolução das questões. O conflito indica que pelo menos a família está lutando com a separação, e não encobrindo-a como nas famílias emaranhadas ou nas quais há rompimento. A situação ideal, raramente encontrada, é aquela em que os parceiros tornaram-se independentes de suas famílias de origem antes do casamento e ao mesmo tempo mantêm laços estreitos, carinhosos. Nesses casos, o casamento servirá para que a família toda compartilhe e celebre a mudança de *status do* novo casal.

> Arlene e Howard são um claro exemplo das dificuldades do emaranhamento. Eles casaram quando ambos estavam com dezenove anos de idade. Haviam-se conhecido e saído juntos durante o segundo grau. O pai de Arlene trabalhava dezoito horas por dia e sua mãe dedicava-se exclusivamente ao filho e à filha. Arlene temia a solidão da mãe se a deixasse, de modo que permaneceu em casa quando seu irmão partiu para uma faculdade distante. Depois do segundo grau, Arlene conseguiu um emprego de vendedora numa loja de departamentos. Ela pensou em se mudar para trabalhar ou estudar, mas achou que os pais, especialmente a mãe, sentir-se-iam rejeitados se fosse morar num apartamento próprio na mesma cidade, e ela também tinha um pouco de medo de morar sozinha. Depois do "susto" da gravidez, quando ela e Howard decidiram que teriam de casar, ela concluiu que esta era mesmo a melhor coisa a fazer, e poucos meses depois eles estavam casados. A família dela pagou o casamento e controlou a lista de convidados, o que aborreceu Howard. Entretanto, ele achou que não estava, em termos financeiros, em condição de reclamar. A família dele era muito pobre e não podia contribuir para os gastos, e ele próprio não tinha nenhum dinheiro extra. Depois do casamento, o casal mudou-se para um apartamento próprio, mas Arlene e a mãe mantinham um contato telefônico diário e o casal visitava os pais dela quase todos os fins de semana. Howard começou a usar a desculpa do trabalho para evitar essas reuniões familiares. A mãe de Arlene envolveu-se intensamente na decoração do apartamento deles, oferecendo-se para pagar as coisas que o casal não podia comprar. Howard resistiu a esses presentes, que o faziam sentir-se em dívida e culpado, mas Arlene disse que rejeitar os presentes dos pais iria apenas magoá-los. Foi somente muitos anos depois, quando seus próprios filhos começaram a soltar-se, que Arlene e Howard reconheceram a necessidade de encontrar novas maneiras de lidar com esse emaranhamento. Uma intervenção na época do casamento teria ajudado este casal a estabelecer as fronteiras e o equilíbrio necessários em seu relacionamento para evitar essas complicações posteriores.

O segundo padrão de manejo dos pais envolve o rompimento dos relacionamentos, numa tentativa de obter a independência.

Jack e Mary casaram numa cerimônia civil, com dois amigos como testemunhas. Eles "não acreditavam em casamento", e casaram apenas por conveniência. Jack ganhara uma bolsa de estudos para a faculdade aos dezoito anos, e trabalhava à noite para pagar suas despesas extras. Ele decidira fazer tudo isso sozinho porque odiava o abuso alcoólico do pai. A princípio, ele se manteve em contato com a mãe, mas quando ela ignorou a sua insistência para que deixasse o marido, Jack decidiu que merecia o que tinha e passou a manter apenas contatos superficiais e esporádicos. Ele conheceu Mary na faculdade, e um tempo depois eles foram morar juntos. Ela tivera uma adolescência tumultuada, em que seus pais desaprovavam seus namorados, sua política e seu uso de maconha. Ela desaprovava aquilo que chamava de sua hipocrisia, uma vez que eles bebiam pesadamente. Depois de muitas brigas violentas, ela começou a evitar ir para casa. Jack também desencorajava o contato familiar. Ele disse que aquilo apenas a perturbava e que seus pais jamais iriam mudar. Depois que ela contou aos pais que ela e Jack iriam morar juntos, o relacionamento ficou ainda mais tenso. Eles desaprovaram e ela desaprovou a desaprovação deles. Jack ficou bem feliz por ela ter rompido o relacionamento com os pais, pois em sua opinião pais apenas significam problemas e eles se sairiam melhor sozinhos. O casal fechou-se um no outro como numa posição de "dois contra o mundo", que permaneceu em equilíbrio até seus próprios filhos atingirem a adolescência. Nesse ponto, os filhos começaram a atuar, e quando Jack e Mary tentaram colocar limites, os filhos desafiaram sua posição pseudomútua, dizendo: "Por que deveríamos escutá-los? Vocês jamais deram ouvidos a seus pais ou mantiveram qualquer relacionamento com eles". O casal não conseguiu mais manter sua fusão em face dos desafios dos filhos. Nesse momento, eles precisaram reavaliar seu padrão de fechar o mundo lá fora, sob estresse. Agora, eles precisavam abrir-se para novas conexões que os ajudassem a responder à angústia de seus filhos.

Muitos casais desenvolvem padrões restritivos, como Jack e Mary, que funcionam até que estágios desenvolvimentais posteriores os desestabilizem.

O terceiro padrão comum de relacionamento com a família ampliada envolve certo contato, certa proximidade, certo conflito e a evitação de questões centrais. Nessas famílias, a época da união é uma excelente oportunidade para reabrir relacionamentos fechados, por exemplo, convidando para o casamento parentes com os quais os pais não mantêm contato. É uma boa chance para desintoxicar questões emocionais, para revisar laços conjugais e familiares em várias gerações, como parte da redefinição do sistema. Entretanto, as tensões subjacentes muitas vezes afloram reativamente no momento da transição, em cenas emocionais ou brigas em relação aos planos para o casamento, para serem encobertas novamente conforme os membros da família tentam agir de modo alegre e amigável para "não criar problemas". A tentativa de fazer as dificuldades parecerem insignificantes muitas vezes aumenta a probabilidade de explosões. O fato de que toda mudança provoca rompimento e incerteza no sistema precisa ser manejado pela família, para que os processos desenvolvimentais continuem acontecendo. Por exemplo, pode ser mais fácil para a família seguir em frente se ela está em contato com seu sentimento de perda no momento do casamento, e se está um pouco confusa e inquieta em relação a como manejar os novos relacionamentos. Sejam quais forem os padrões de dificuldade com a família ampliada – conflito, emaranhamento, distância ou rompimento – a falta de resolução desses relacionamentos é o maior problema na negociação dessa fase do ciclo de vida familiar. Quanto mais os triângulos na família ampliada forem manejados através de um rompimento emocional do relacionamento, mais o cônjuge passará a representar não apenas quem ele ou ela é, mas também a mãe, o pai, o irmão e a irmã. Esse *input* de intensidade irá certamente sobrecarregar os circuitos, com o passar do tempo. Se o relacionamento do marido com a esposa é o seu único relacionamento significativo, ele será tão sensível às reações dela, e especialmente a qualquer sugestão de rejeição, que reagirá excessivamente a sinais de diferenças, obrigando-a a concordar com ele ou culpando-a por não aceitá-lo. A intensidade eventualmente tornará insustentável o relacionamento. A mobilidade social de nossa cultura e o superfoco na família nuclear, negligenciando todos os outros relacionamentos, contribui para esta tendência de colocar num casamento uma exigência emocional maior do que a que ele pode suportar. Quando um cônjuge fica excessivamente envolvido na resposta do outro, ambos ficam presos numa teia de fusão e incapazes de funcionarem sozinhos.

  Paul e Lucy, dois universitários graduados, procuraram terapia conjugal depois de dois anos de casamento, por estarem ambos preocupados com a tensão entre eles. Eles achavam que não estavam aproveitando tanto seu relacionamento quanto outros casais, apesar de seus maiores esforços. Entre outras coisas, Paul disse que tentava levar Lucy para jantar fora sempre que possível – uma luta, segundo ele, porque tinham pouco dinheiro. Lucy disse que nunca apreciava essas saídas, que sentia o desconforto dele e não gostava de gastar dinheiro dessa maneira, mas o acompanhava, uma vez que isso parecia significar tanto para ele. Paul ficou chateado e disse que ela sempre parecia querer sair, e que ele fazia isso para agradá-la. Ela disse que apenas fingia estar feliz, porque isso parecia significar muito para ele. Acabou aparecendo que a mãe de Paul, que morrera de câncer no ano em que Paul e Lucy casaram, sempre vira o pai dele como pão-duro. Ela queixava-se frequentemente que seu marido não a convidava para sair. Paul não queria parecer-se com o pai. Lucy estava tentando obsequiá-lo porque não queria acabar se divorciando como seus pais. O casal estava a caminho de um padrão de vida que nenhum deles desejava, por medo de desapontar um ao outro.

  A terapia, para este casal, visava reduzir seu foco no casamento e colocar seu relacionamento no contexto mais amplo de suas famílias ampliadas. Esta abordagem terapêutica, a marca registrada da terapia sistêmica de Bowen, parece ter um grande mérito para os casais que ficam míopes e vêem seus parceiros como a fonte de todos os sofrimentos e alegrias de sua vida.

  Alguns casais transferem as lutas paternas para o cônjuge, diretamente. O casamento de um desses jovens casais afundou quando a possessividade do marido levou-o a bater na esposa por esta ter tido um caso amoroso. A esposa, Roberta, desempenhara o papel de "menina malvada" e rebelde em sua família de origem. Seu caso incestuoso com um primo-irmão, aos dezessete anos de idade, provocara nos pais uma resposta violenta. Ela conheceu John quando ainda estava envolvida com o primo, e casou com ele na primavera seguinte. Em poucos meses, o ciclo da possessiva intrusividade de John e da atuação rebelde de Roberta estava a pleno vapor.

  Ocorre um problema relacionado quando as pessoas escolhem parceiros para manejarem por elas as suas famílias. Um homem pode escolher uma esposa totalmente inaceitável para seus pais e então deixar que ela lute com eles a batalhas dele, enquanto ele se torna o "inocente espectador". O preço que todos pagam nessas situações é o fracasso em conseguir qualquer intimidade real, uma vez que as questões jamais poderão ser resolvidas se outros membros são trazidos para manejar os relacionamentos por alguém.

  Quando determinados membros da família tinham uma função central na vida de seus pais ou na preservação do seu equilíbrio conjugal, eles podem sentir que os pais não lhes deram "permissão" para terem um bom casamento. Nós sugerimos que a maioria dos problemas conjugais deriva-se de problemas não resolvidos com a família ampliada, e não dos específicos conflitos conjugais nos quais os cônjuges podem centrar-se.

  Embora seja pouco comum, na nossa época, que um progenitor morra antes de os filhos casarem, quando isso ocorre, o poder das instruções no leito de morte relativas ao casamento, e de outras diretivas paternas não resolvidas, também em relação ao casamento, são cruciais para avaliar as expectativas de um casal em relação a eles mesmos e ao outro no casamento.

PARENTES POR AFINIDADE

Entre os triângulos problemáticos para o casal, aquele que envolve o marido, a esposa e a sogra é provavelmente o mais famoso. Os parentes por afinidade são bodes expiatórios fáceis para as tensões familiares (Ryder e colaboradores, 1971). Sempre é muito mais fácil odiar nossa nora por impedir que nosso filho demonstre amor do que admitir que ele não responde tanto quanto gostaríamos. Pode ser mais fácil para uma nora odiar a sua sogra por ser "intrusiva" do que enfrentar o marido por não comprometer-se inteiramente com o casamento e definir uma fronteira em relação aos de fora. Os relacionamentos por afinidade são uma arena natural para deslocar tensões do casal ou da família de origem de cada cônjuge. O reverso disso é o padrão de um cônjuge que rompeu com a sua família e procura adotar a família do outro, estabelecendo uma fusão cálida e emaranhada com os parentes por afinidade, definindo a sua própria família como fria, rejeitadora, desinteressante e assim por diante.

É importante mencionar também o sexismo de nossa cultura, que tão frequentemente põe a culpa na sogra e não no sogro, que normalmente é visto como desempenhando um papel mais benigno. Assim como as mães são culpadas por tudo aquilo que não dá certo nas famílias, por terem recebido a responsabilidade primária pelos relacionamentos familiares, também as sogras são as principais culpadas, por extensão. Muitos fatores contribuem para esse processo. Exatamente como recebem a responsabilidade de manejar os problemas emocionais do marido, as esposas também são frequentemente colocadas na posição de expressar os problemas para todos os outros membros da família, e então são culpadas quando as coisas não dão certo.

A IMPORTÂNCIA DAS QUESTÕES FRATERNAS

Os irmãos também podem deslocar seus problemas para lidarem uns com os outros com a intrusão de um novo cônjuge. Triângulos predizíveis são especialmente prováveis entre o marido e os irmãos da esposa ou entre a esposa e as irmãs do marido. As irmãs podem dizer que a esposa "não tem bom gosto", que infunde no irmão valores superficiais e assim por diante. O que o sistema não percebe, nesses casos, é que o irmão provavelmente escolheu a esposa intencionalmente, como uma proteção contra suas irmãs, talvez para estabelecer os limites que ele jamais ousou estabelecer sozinho, ou para permitir-se distanciar-se sem a culpa de fazê-lo diretamente. Muitas vezes, o irmão deixará que a esposa assuma completamente o manejo da família, o que normalmente apenas aumenta a tensão. E claro, uma pessoa também pode usar a família ampliada para distanciar-se de seu cônjuge sem assumir a responsabilidade por isso, sob o pretexto do dever familiar: "Eu adoraria passar o dia todo contigo, doçura, mas tenho de visitar meus pais".

Podemos encontrar boas pistas sobre um novo casal nos relacionamentos conjugais dos pais, os modelos primários de casamento para o casal. O outro modelo básico para os cônjuges é seu relacionamento com os irmãos, seus primeiros e mais próximos companheiros. A pesquisa indica que os casais que casam com parceiros de posições fraternas complementares conseguem a maior estabilidade conjugal (Toman, 1976). Em outras palavras, o irmão mais velho de uma irmã mais jovem tenderá a entender-se melhor com uma irmã mais jovem de um irmão mais velho. Eles provavelmente não terão conflitos de poder, uma vez que ele estará à vontade como líder e ela como seguidora. Além disso, eles provavelmente ficarão à vontade com o sexo oposto, uma vez que também cresceram em estreito contato com irmãos do sexo oposto. Aqueles que casam com pessoas que não têm posições fraternas complementares precisarão fazer mais ajustes com relação a isso. Um caso extremo seria o mais velho de vários irmãos do sexo masculino que casa com a mais velha de várias irmãs. Ambos esperariam ser o líder e provavelmente teriam dificuldade para entender por que o outro não aceita bem as ordens, pois estão acostumados a terem suas ordens aceitas em casa. Além disso, eles estarão menos à vontade com o sexo oposto, uma vez que cresceram em ambientes fortemente unissexuados (Toman, 1976).

O aspecto mais difícil das diferenças de posição fraterna é que nós geralmente não estamos conscientes de quantas das nossas suposições sobre a vida estão baseadas nelas. De fato, um grande número de nossas expectativas básicas de vida se origina de suposições implícitas que formamos em nossas famílias. Nós raramente imaginamos o quanto temos de aprender sobre a condição de ser diferente quando nos unimos a outra pessoa, como no seguinte exemplo.

> Um casal, casado há dois anos, procurou terapia com várias queixas vagas de que o relacionamento não estava funcionando bem. Ambos os cônjuges eram os mais jovens de sistemas fraternos muito grandes. Suas queixas centravam-se no vago sentimento de que suas necessidades não estavam sendo atendidas no relacionamento, e que o outro nunca parecia estar fazendo a sua parte. Foi salientado que já que cada um era considerado o "bebê" em sua família de origem, ambos provavelmente estavam esperando que o outro fosse o responsável, uma vez que os menores crescem esperando que um progenitor ou um irmão mais velho, bom e compreensivo, sempre tome conta das coisas. Eles riram e disseram que realmente haviam sido o príncipe e a princesa em suas famílias. Agora, eles precisavam se esforçar muito para assumir a responsabilidade no casamento, uma vez que esta era uma tarefa nova para ambos, e uma tarefa que ambos não sabiam que precisavam aprender.

O dilema apresentado por este casal é típico de muitos problemas conjugais que na verdade não são problemas conjugais. São problemas que ficam em evidência no casamento, mas que em verdade derivam-se do fato de o casal encontrar no casamento uma situação diferente daquela a que estavam acostumados em suas famílias de origem. Novamente, o maior problema é que essas diferenças de experiência são extremamente difíceis de reconhecer. Frequentemente, se nossas expectativas não são satisfeitas, a suposição é a de que o cônjuge tem culpa, por não responder "corretamente". É frequente ouvirmos as queixas: "Se você me amasse, saberia como eu me sinto", ou "Se você me amasse, não duvidaria sempre dos meus planos", como se o "amor" incluísse adivinhar o que o outro pensa e sente.

DIFERENÇAS CULTURAIS

Uma outra arena que se torna problemática num casamento sob estresse são as diferenças culturais ou de estilo familiar. Isso talvez seja um problema maior nos Estados Unidos, onde pessoas de *backgrounds* culturais tão diversos casam e encontram conflitos por partirem de suposições básicas tão diferentes (McGoldrick & Preto, 1984).

> Um jovem casal buscou terapia depois de um ano de casamento, porque a esposa afirmou estar convencida de que seu marido não a amava e que se modificara depois do casamento. A esposa era a quinta de sete filhos de uma família do Brooklyn, de origem italiana. Ela conheceu o marido na faculdade e ficou extremamente atraída por sua força tranquila, estável, e por suas grandes ambições de vida. Ele vinha de uma família protestante do meio-oeste, em que, como único filho, foi intensamente encorajado pelos pais a trabalhar duro e levar uma vida moralmente correia. Ele a considerou vivaz e encantadora, e também ficou atraído por sua família, abertamente afetuosa, e que, em contraste com seus "tensos" pais, parecia estar sempre se divertindo.
>
> Sob estresse, o casal descobriu que as mesmas qualidades que os haviam atraído um para o outro passaram a ser o problema. O marido tornou-se para a esposa "uma rocha insensível". Ela queixou-se: "Ele não se importa absolutamente com os meus sentimentos e me ignora com-

pletamente". Para o marido, a vivacidade da esposa transformara-se em "histeria" e ele achava insuportáveis os seus "resmungos, explosões emocionais e gritos".

Quando discutimos na terapia seus estilos familiares tão diferentes de lidar com o estresse, suas suposições opostas tornaram-se óbvias. Na família do marido, a regra era a de que você sempre deve guardar seus problemas para si mesmo e refletir sobre eles; com suficiente esforço e reflexão, quase todos os problemas podem ser resolvidos. A família da esposa lidava com o estresse reunindo-se e discutindo. A família se relacionava intensamente em todos os momentos, mas especialmente quando algum de seus membros estava aflito. Estes estilos haviam sido trazidos para o casamento e estavam piorando ainda mais as coisas. Quanto mais a esposa se sentia isolada e precisava de contato, mais barulhentamente ela buscava atenção e mais o marido se retraía para conseguir certo espaço e manter seu equilíbrio. Quanto mais ele se retraía, mais frustrada e sozinha a esposa se sentia. Ambos haviam transformado suas diferenças, inicialmente rotuladas como a fonte de atração, no problema, e começado a ver o comportamento do outro como um sinal certo de desamor. Nenhum deles conseguira perceber que seus estilos familiares simplesmente eram diferentes. Eles estavam compondo a dificuldade ao entrarem cada vez mais em seu próprio padrão, com cada um culpando o outro por sua resposta. Quando os padrões familiares foram esclarecidos no contexto dos *backgrounds* étnicos e das famílias ampliadas, os cônjuges conseguiram moderar suas respostas e ver suas diferenças como neutras (nem positivas, nem negativas), em vez de como sinais de psicopatologia ou rejeição.

QUESTÕES NO AJUSTAMENTO CONJUGAL

De modo geral, é possível predizer que o ajustamento conjugal será mais problemático se qualquer um dos seguintes casos for verdadeiro:

1. O casal se conhece ou casa logo depois de uma perda significativa (Ryder, 1970; Ryder e colaboradores, 1971).
2. O desejo de distanciar-se da própria família de origem é um dos fatores do casamento.
3. Os *backgrounds* familiares dos cônjuges são significativamente diferentes (religião, educação, classe social, etnicidade, as idades dos parceiros e assim por diante).
4. Os cônjuges vêm de constelações fraternas incompatíveis.
5. O casal reside ou extremamente perto ou a uma grande distância de cada família de origem.
6. O casal depende de alguma das famílias de origem em termos financeiros, físicos ou emocionais.
7. O casal casa antes dos vinte anos (Booth & Edwards, 1985).
8. O casal casa depois de um conhecimento de menos de seis meses ou de mais de três anos de noivado.
9. O casamento ocorre sem a presença da família ou dos amigos.
10. A esposa fica grávida antes ou durante o primeiro ano do casamento (Christensen, 1963; Bacon, 1974).
11. Um dos cônjuges tem um relacionamento difícil com seus irmãos ou pais.
12. Um dos cônjuges considera a sua infância ou adolescência uma época infeliz.
13. Os padrões conjugais em uma das famílias de origem eram instáveis (Kobrin & Waite, 1984).

A maioria destes fatores já foi confirmada por dados sociológicos sobre divórcio (Burchinal, 1965; Goodrich e colaboradores, 1968; Ryder, 1970; Bumpass, 1972; Becker e colaboradores, 1977; Mott & Moore, 1979).

Muitos outros fatores provavelmente também contribuem para a dificuldade de ajustamento em nossa época. A mudança nos padrões familiares em resultado da mudança no papel das mulheres, o frequente casamento de parceiros com *backgrounds* culturais muito diferentes, e a crescente distância física em relação às famílias de origem estão colocando uma carga muito maior nos casais, no sentido de definirem seu relacionamento, do que acontecia nas estruturas familiares tradicionais e compelidas por precedentes (Rausch, 1963). Embora todos os sistemas familiares sejam diferentes e possuam padrões e expectativas conflituantes, em nossa atual cultura os casais estão menos compelidos por tradições familiares e mais livres do que nunca para desenvolverem relacionamentos diferentes daqueles que experenciaram em suas famílias de origem. Os casais precisam pensar a respeito de muitas coisas que no passado seriam tomadas como certas. Isso se aplica também à enorme lacuna que frequentemente existe em nossa cultura entre pais e filhos, na instrução e no *status* social. Embora seja muito melhor para a estabilidade conjugal dos filhos que estes sejam mais bem sucedidos do que os pais (Glick, 1977), qualquer grande lacuna constitui obviamente uma tensão, uma vez que os pais, irmãos e o(a) filho(a) terão de adaptar-se a grandes diferenças de experiência.

A economia de nossa cultura permite que uma razoável porcentagem de filhos seja capaz de deixar suas famílias e sustentar-se financeiramente muito antes do que era possível no passado. A independência econômica pode aumentar a tendência a distanciar-se da família ampliada. No outro extremo, a necessidade do longo processo educacional para muitos profissionais também pode complicar o ajustamento a esta fase do ciclo de vida, criando o problema da prolongada dependência em relação aos pais (veja Fulmer, Capítulo 22). Por exemplo, os casais que estão tentando definir-se como separados de suas famílias, mas que ainda estão sendo sustentados por elas, estão numa posição difícil e ambígua. É impossível tornar-se independente em termos emocionais enquanto ainda existe a dependência financeira, de modo que muitos casais lutam para estabelecer fronteiras em relação aos pais, mas são basicamente incapazes de mantê-las.

A mudança no papel das mulheres também influencia o relacionamento conjugal. Parece que a ascensão no *status* feminino está positivamente correlacionada à instabilidade conjugal (Pearson, 1979) e à insatisfação conjugal de seus maridos (Burke, 1976). Quando as mulheres assumiam automaticamente o seu papel adaptativo do casamento, a probabilidade de divórcio era muito menor. A esposa adaptativa não estava preparada para funcionar de modo independente, quer economicamente quer emocionalmente. Na verdade, o fato de ambos os cônjuges serem igualmente bem sucedidos e realizadores parece muito problemático para o casamento. Há evidências de que a realização de um dos cônjuges pode correlacionar-se ao mesmo grau de sub-realização no outro (Ferber, 1979). Assim, chegar ao ajustamento conjugal em nossa época, quando estamos tentando conseguir a igualdade dos sexos (em termos educacionais e ocupacionais), pode ser extraordinariamente difícil.

REFERÊNCIAS

Apter, T. (1985). *Why women don't have wives*. New York: Schocken.
Aylmer, R. C. (1977). Emotional issues in divorce. *The Family* 4/2.
Bacon, L. (1974). Early motherhood, accelerated role transition and social pathologies. *Social Forces* 52: 333-341.
Barker, D. L. (1978). A proper wedding. In M. Corbin, Ed., *The couple*. New York: Penguin.
Becker, G., et al. (1977). Economics of marital instability. *Journal of Political Economy* 85: 1141-1187.
Bernard, J. (1982). *The future of marriage*. New Haven, Conn.: Yale University Press.
Blumstein, P. & Schwartz, P. (1983). *American couples*. New York: Morrow.

Booth, A., & Edwards, J. N. (1985) Age at marriage and marital instability. *Journal of Marital and Family Therapy* 47/1:67-75.

Bowen, M. (1978). *Family therapy in clinical practice.* New York: Jason Aronson. Bumpass, L. & Sweet, J. (1972). Differentials in marital instability, 1970. *American Sociological Review* 37: 754-766.

Burchinal, L. G. (1965). Trends and prospects for young marriages in the United States. *Journal of Marriage and the Family* 27/2.

Burke, R. J., & Weir, T. (1976) The relationship of wives' employment status to husband, wife and pair satisfaction. *Journal of Marriage and lhe Family* 38/2.

Christensen, H. T. (1963). The timing of first pregnancy as a factor in divorce: A cross cultural analysis. *Eugenics Quarterly* 10: 119-130.

Fogarty, T. (1976). On emptiness and closeness, Part II. *The Family* 3/2.

Friedman, E. (1977). Engagement and disengagement: family therapy with couples during courtship. In F. Andres & P. Lorio, Eds., *Georgetown Family Symposia,* Vol 1.

Glick, P. C. (1977). Updating the life cycle of the family. *Journal of Marriage and the Family* 39/1.

Glick, P. C. (1984). Marriage, divorce, and living arrangements. *Journal of Social Issues* 5/1: 7-26.

Goodrich, W. et al. (1968) Patterns of newlywed marriage. *Journal of Marriage and The Family* 30/3.

Gurin, G. Veroff, J., & Feld, S. (1980). *Americans view their mental health.* New York: Basic Books.

Kobrin, F. E., & Waite, L. J. (1984). Effects of childhood family structure on the transition to marriage. *Journal of Marriage and the Family* 4:807-816.

Krestan, J., & Bepko. C. (1980). The problem of fusion in the lesbian relationship. *Family Process* 19:277-290.

McGoldrick, M., & Preto, N. G. (1984). Ethnic intermarriage: Implications for therapy. *Family Process* 23/3:347-364.

McGoldrick, M. & Walsh, R (1983) A systemic view of family history and loss. In L. R. Wolberg & M. L. Aronson (Eds.), *Group and family therapy,* New York: Brunner/Mazel.

Mott, F. J. & Moore, S. F. (1979). The causes of marital disruption among young American women: An interdisciplinary perspective. *Journal of Marriage and the Family* 41/2.

Nichols, M., & Leiblum, S. R. (1986). Lesbianism as a personal identity and social role: A model. *Affilia* 48-59.

Pearson, W. & Hendrix, L. (1979) Divorce and the status of women. *Journal of Marriage and the Family* 41/2.

Rausch, H. L., et al. (1963). Adaptation to the first years of marriage. *Psychiatry* 26/4:368-380.

Rilke, R. M. (1954). *Letters to a young poet,* translated by M. D. Hester. New York: Norton.

Roth S., (1985). Psychotherapy with lesbian couples: Individual issues, female socialization and the social context. *Journal of Marital and Family Therapy* 11/3:273-286.

Ryder, R. (1970). Dimensions of early marriage. *Family Process* 9/1.

Ryder, R. G., Kafka, J. S., and Olson, D. H. (1971) Separating and joining influences in courtship and early marriage. *American Journal of Orthopsychiatry* 2: 450-464.

Satir, V. (1967). *Conjoint family therapy,* Palo Alto, Calif: Science & Behavior Books.

Toman, W. (1976). *Family constellation* (3rd ed.). New York: Springer.

11

Tornando-se pais: famílias com filhos pequenos

Jack O. Bradt, M.D.

> A paternidade, quer do pai ou da mãe, é a mais difícil tarefa que os seres humanos têm para executar. Pois pessoas, diferentemente dos outros animais, não nascem sabendo como serem pais. Muitos de nós lutam do princípio ao fim.
>
> *Karl Menninger*

Como todos os estágios desenvolvimentais do ciclo de vida familiar, tornar-se um progenitor também apresenta a característica comum de uma mudança na associação e uma mudança no funcionamento de seus membros. Após 25 anos de trabalho com famílias, o autor tem certeza de que não existe nenhum estágio que provoque mudança mais profunda ou que signifique desafio maior para a família nuclear e ampliada do que a adição de uma nova criança ao sistema familiar. Nas últimas duas gerações, num mundo que se tornou maciçamente inclinado à destruição, nossa nação tomou consciência da superpopulação e da destruição da nova vida. Sobrepostas a essa cortina de fundo emocional global estão as dramáticas mudanças no número de mulheres trabalhando fora de casa, no índice de divórcio e na estabilidade do casamento, no uso geral de contracepção e aborto, na inflação e no custo financeiro vitalício de ter um filho.

Nesse contexto de maciças mudanças sociais, o desafio da nova associação – uma nova criança na família – é revisto. A estrutura doméstica considerada é cada vez mais incomum: um casal casado apenas uma vez que se torna pai e mãe de um filho ou filhos com quem vive em uma estrutura doméstica. O foco é nos novos pais e filhos pequenos, numa época de extremas mudanças e desafios aos relacionamentos.

Biologicamente, tornar-se um progenitor é o evento que identifica este estágio. Mas ser um progenitor é o resultado psicológico e social e é mais do que um vínculo entre duas gerações. Isso modifica o equilíbrio entre trabalho, amigos, irmãos e pais. Além disso, esse estágio tem um significado profundamente diferente para o homem e a mulher. Os jovens pais contemporâneos, nos Estados Unidos, lutam para integrar seu local de emprego lucrativo, normalmente longe de casa e de sua vida familiar. Outrora dois mundos separados, distintamente povoados por homens ou por mulheres e crianças, o mundo do trabalho – o local de *status* e poder – tornou-se o mundo dos homens e das mulheres, com um valor psicológico, e também fiscal, claramente percebido. O mundo doméstico foi deixado para as crianças e os velhos, sem que as mulheres e os homens saibam muito bem quem deveria ou quem vai criar os filhos, ou como criá-los num mundo que possui menos apoio à comunidade do que possuía nas gerações anteriores.

Levados pela necessidade psicológica, embora talvez reconhecendo a interdependência da necessidade de um equilíbrio de investimento entre a vida de trabalho e a vida no lar, os jovens progenitores lutam contra as pressões, que aparentam mutuamente exclusivas, das responsabilidades e satisfações profissionais e familiares, e relacionam-se com esta pressão como se as melhores respostas fossem diferentes para os homens e as mulheres. Para os avós, pode ter sido assim, mas atualmente esse não parece ser o caso, pois a natureza do trabalho em nosso país muda cada vez mais na direção do intercâmbio de informações, e não da indústria da chaminé, de um mundo de trabalho braçal, para um mundo de inteligência artificial. Embora a natureza do trabalho doméstico tenha sido significativamente alterada pelos produtos de uma nação industrializada, a natureza da atividade de ajudar as crianças a se tornarem adultos responsáveis permaneceu estável, ainda exigindo uma interação flexível com adultos amorosos que se sentem recompensados por criarem filhos.

Sempre foi possível, para os homens e as mulheres, deixarem de lado seu próprio relacionamento, sua falta de experiência íntima no casamento, enfatizando "os filhos" ou "o trabalho". O resultado satisfatório deste estágio desenvolvimental (para homens e mulheres) é uma maior diferenciação de si mesmo e uma maior capacidade de educar, que o autor acredita ser interdependente da intimidade. O processo de centrar-se na criança, que será discutido, impede a intimidade, a diferenciação e o casamento.

Este capítulo será compreendido melhor com os seguintes conceitos em mente.

1. O eu adulto é experienciado através de múltiplos relacionamentos em duas esferas: a esfera doméstica, constituída pelos amigos e pela família multigeracional, e a esfera não doméstica, constituída pelo emprego remunerado e pela vida pública, normalmente fora de casa.
2. A esfera doméstica é representada pela imagem do brinquedo infantil, o *jack*. Como o *jack*, as relações domésticas estão organizadas em um eixo vertical e em dois eixos horizontais. Especificamente, a metáfora representa o eixo avós-pais-filho como vertical, movendo-se para cima e para baixo através do tempo, cortado por dois eixos horizontais, até certo ponto relativos a fases temporais, o dos irmãos e amigos antes do casamento e o do cônjuge e amigos depois do casamento. Os relacionamentos de eixo vertical tendem a ser desiguais. Os relacionamentos de eixo horizontal são mais igualitários.
3. A resolução positiva da tensão entre as esferas intensifica e diferencia o eu. A resolução negativa e a fusão resultam de uma desconexão das esferas, da fixação unipolar ou da desconexão dos eixos.
4. Os eventos nodais são os acontecimentos comuns e incomuns na família e na vida profissional que criam instabilidade na associação e na função, os eventos que trazem a possibilidade de perda ou ganho de membros e desafiam a integridade e o crescimento do sistema. Os eventos nodais afetam o equilíbrio do sistema e têm o potencial de catalizar a fusão e/ou a diferenciação.
5. Proximidade e distância reativas são manifestações de fusão. O autor vê a proximidade e a distância como variáveis interdependentes do processo triangular em que um membro está fora e os outros estão dentro.
6. A verdadeira intimidade é distinguida da "proximidade" e é independente de uma terceira parte e da fusão. É o diálogo emergindo com diferenciação entre iguais. A intimidade encoraja uma autoconsciência maior e a mudança na conceitualização ou integração dos relacionamentos humanos.

PARADIGMAS EM COLISÃO

O casamento com filhos cria uma colisão de paradigmas, um conceito apresentado por Armstrong (1971), entre as crenças e atitudes adotadas pelos homens e pelas mulheres e as atitudes ou orientação das gerações mais velhas e do mundo do trabalho. Entre eles estão (1) a crença na igualdade sexual; (2) o casamento igualitário; (3) normas e atitudes culturais; (4) as políticas nacional e de corporação relativas a famílias que trabalham, com filhos dependentes; e (5) o equilíbrio da vida profissional e doméstica.

Os homens e as mulheres podem aspirar à igualdade sexual – e secretamente duvidar que os sexos sejam iguais em dotação psíquica e capacidade individual. Como nação, de modo geral, gostaríamos de proporcionar igualdade de oportunidade, mas nossa experiência nos diz que isso não está estabelecido. Quando o casal passa a ser um grupo de três, fica clara a colisão entre os sexos, assim como entre as instituições familiar e societal. Quando a questão é cuidar de uma criança, encontramos ao mesmo tempo o maior desafio à igualdade sexual e talvez a questão fundamental para a resolução da desigualdade.

Os fatos das diferenças sexuais são poucos. "Apesar da... importância das diferenças biológicas intrínsecas e da considerável crença nessas diferenças... é mais fácil demonstrar a crença nessas diferenças do que as próprias diferenças" (Seiden, 1976). Macoby e Jacklin (1974) resumem três diferenças razoavelmente bem estabelecidas: (1) As meninas, em média, possuem uma capacidade verbal maior do que os meninos, depois dos onze anos, mais ou menos. (2) Os meninos, em média, possuem uma capacidade visual, espacial e matemática maior do que as meninas, iniciando por volta dos 12-13 anos e aumentando nos anos escolares do segundo grau. (3) Os homens são mais "agressivos", com diferenças aparecendo já no início do brinquedo social (de dois a dois anos e meio). Essas diferenças inclusive podem ser resultado de fatores sociais.

Gilligan (1982) e outros atribuem a constância geracional e as diferenças quase universais nas personalidades e papéis masculinos e femininos não à anatomia, mas "ao fato de que as mulheres, universalmente, são amplamente responsáveis pelo cuidado inicial à criança". Apesar do limite das diferenças imutáveis, nossa herança de papéis e tradições fez parecer que as diferenças são a base para a maneira pela qual os homens e as mulheres organizam seus relacionamentos e a distribuição de responsabilidades pela educação dos filhos e o ganho do dinheiro.

Embora o igualitarismo – igualdade – seja uma atitude política relativamente antiga, só muito recentemente os homens e as mulheres tentaram vivê-lo em sua vida pessoal e profissional. A Segunda Guerra Mundial assinalou o início da tendência de as mulheres casadas trabalharem fora de casa. O fato de que o casal contemporâneo aspira à igualdade em termos conjugais, assim como no local de trabalho, não é prova de sua durabilidade ou estabilidade quando estressado pelo teste do nascimento de um filho ou pela dificuldade de ajustar essa nova pessoa às duas esferas da vida.

A igualdade é uma crença, desejo e ideal vulneráveis. Quando os jovens casais com um novo filho enfrentam o mundo real: Como poderão sustentar isso financeiramente? A quem poderão confiar seu filho, se ambos saem para trabalhar todos os dias? Quem tem um emprego em que o fato de ser pai (mãe) é considerado, é integrado na descrição do cargo? Quem tem o melhor salário? Quem espera ser atendido em casa? Mas o maior estresse de todos, com o advento de um filho, é sobre a psique do homem e da mulher.

Sinceramente, considerando tudo, a imagem de um homem real e de uma mulher real não é uma imagem de igualdade, igual competência ou igual responsabilidade na vida doméstica e na vida profissional. Apesar do esforço social e legal para mudar, a opinião pessoal dos jovens instruídos ainda é a de que os homens, mais do que as mulheres, pertencem ao mundo do trabalho fora de casa, e de que as mulheres, mais do que os homens, pertencem ao lar, com a tarefa de educar as crianças.

Na opinião de Gilligan (1982), "Estas diferenças surgem num contexto social em que facetas de poder e *status* social se combinam com a biologia reprodutiva para dar forma à experiência dos homens e das mulheres e às relações entre os sexos" (página 2). "Dado que para ambos os sexos o cuidador primário nos três primeiros anos de vida é tipicamente feminino, a dinâmica interpessoal de formação da identidade de gênero é diferente para os meninos e as meninas" (página 7). "Uma vez que os bebês do sexo feminino geralmente são cuidados por pessoas de seu próprio gênero, enquanto os meninos não, a personalidade feminina, mais do que a masculina, vem a definir-se em relação a e em conexão com outras pessoas" (página 7). Os homens, por outro lado, são encorajados a serem separados, a serem autônomos, a competirem com outros homens, mais do que a cooperarem com eles.

Por que a igualdade diminui se papéis diferentes proporcionam satisfação diferente para homens e mulheres? A resposta: porque a nossa cultura não dá um *status* e um poder especiais às mulheres, e certamente não aos homens que assumem a vida doméstica. Pelo contrário, o poder e o *status* social estão no mundo do trabalho. Algumas mulheres o encontram lá, mas as mulheres principalmente cuidam dos filhos, e o desequilíbrio conduz à carga e fundamentalmente à desigualdade sexual.

Conforme salientado por McGoldrick (Capítulo 10), os casamentos de hoje são menos frequentemente contratos para o resto da vida unindo duas pessoas de maneira complementar. O casamento sem filhos muitas vezes parece trazer poucas mudanças para o marido e/ou para a esposa que mantêm seus relacionamentos e interesses de solteiros e utilizam o tempo seguindo suas próprias vidas.

Para os homens de hoje, e para seus pais antes deles, o trabalho vem em primeiro lugar, antes do cuidado pelas outras pessoas. A diferença, atualmente, é que o mundo do trabalho, a economia, não é a economia do período de 1940-1960. Existem alguns homens que escolhem cuidar dos filhos, em vez de serem forçados a ficar em casa em virtude de circunstâncias econômicas (veja abaixo), mas de modo geral os homens mais frequentemente falam acerca da igualdade do que a vivem com sua parceiras.

Os Estados Unidos são a única nação industrializada que não oferece licença de maternidade paga como parte da política nacional. Foi estimado que um quarto das mulheres que trabalham 20 horas por semana são empregadas por companhias em que a política não garante o seu retorno ao mesmo cargo, ou a um cargo comparável, depois do período em que ficaram fora para ter um filho (Lewin, 1984). Os jovens progenitores de hoje vêem um mundo diferente daquele que seus avós e pais viram. E, no entanto, eles geralmente aspiram ao mesmo objetivo – o sucesso nesse mundo. Para alguns jovens adultos, ser bem-sucedido para os pais, agradar aos pais, seria um objetivo reconhecido. Mas viver a vida tradicional do mundo masculino e do mundo feminino, como os pais fizeram, envolve tantos riscos quanto a vida pioneira do casal com filhos, em que ambos trabalham. Em qualquer circunstância, as políticas nacional e de corporação não apoiam nem o casamento nem os pais com filhos. A política das corporações coloca em primeiro lugar a corporação, em segundo lugar a família. O trabalho não precisa apoiar a família, mas espera-se que a família apoie as exigências do emprego e do trabalhador.

"As jovens mulheres competentes que começaram alegremente a subir as escadas que se abriram para elas nos últimos dez anos estão, agora, muitas com trinta a poucos anos, tornando-se mães, e estão encontrando aquilo que poderia ser chamado de 'a segunda onda' de resistência masculina. Elas foram aceitas como iguais no trabalho. Sua capacidade e perícia são reconhecidas. Mas ninguém quer lidar com o fato de que elas são mães. Tudo bem que um homem fale sobre seus filhos no trabalho. Mas se uma mulher quer subir, é melhor que ela fique calada" (Barko, 1984).

Em 1977, os dados do censo registraram pela primeira vez uma maioria de mães casadas, com filhos de idade inferior a 18 anos, no mercado de trabalho. Em 1983, 59% das mães estavam no mercado de trabalho, e, pela primeira vez, a maioria das mães com filhos de idade inferior a 6 anos faziam parte da força de trabalho — 58% de todas as mães com filhos entre os três e cinco anos de idade. Hoje, metade de todas as mulheres com filhos de idade inferior a três anos, e 70% das mulheres cujo filho mais jovem tem de seis a treze anos estão na força de trabalho.

Os fatores que contribuem para esta mudança do papel feminino, não mais exclusivamente na esfera doméstica, são a economia (frequentemente a necessidade), a oportunidade (Título XI da legislação aprovada na década de setenta), o desejo e o sustento igual (o movimento feminino encorajou as mulheres a entrarem no domínio dos homens), e a probabilidade estatisticamente alta de que o casamento possa acabar. As atuais projeções de divórcio para as pessoas que casaram no final dos anos setenta e no início dos oitenta estão entre 10 e 50%.

O nascimento de um filho perturba a delicada heterossocialidade do local de trabalho e encaminha as mulheres na direção doméstica. O fluxo de homens rumo à esfera doméstica não se compara à partida das mulheres grávidas, do trabalho para casa, encorajando a primitiva crença de que o local de trabalho é domínio do homem.

Imaginem que os parceiros estão inteiramente ocupados, apreciando seus relacionamentos separados, da época em que eram solteiros, assim como seu relacionamento conjugal, e sentindo-se iguais em termos sexuais, vivendo em equilíbrio em ambas as esferas da vida. O que acontece com o trabalho e a vida doméstica quando ela engravida? Eles talvez imaginem que haverá uma perturbação mínima. "Eu deverei voltar ao trabalho em três a seis semanas." "Se tudo correr bem, conseguirei trabalhar praticamente até o parto." Mesmo que esse acabe sendo o caso (o que pode ser, mas com estresse considerável), a temporária ausência da esposa do trabalho e a adição permanente de um bebê desequilibra os sentimentos e as suposições de igualdade de escolha em relação ao trabalho e à vida no lar.

ESPAÇO PARA OS FILHOS

O ambiente em que as crianças nascem pode ser um ambiente em que não exista nenhum espaço para elas, exista espaço para elas ou exista um vácuo que elas devam preencher. Muitos fatores determinam o contexto existente na família no momento do nascimento. Todo o espaço familiar disponível pode já estar ocupado com outras atividades ou relacionamentos. Ou pode haver pouco espaço, porque existem poucos membros disponíveis na família.

O espaço para a paternidade (espaço para filhos) é difícil de criar, no caso dos pais contemporâneos. Na medida em que a força de trabalho se tornou mais equilibradamente povoada por homens e mulheres, não houve um deslocamento comparável de homens para a esfera doméstica, nenhuma reavaliação da vida doméstica e houve uma desvalorização da tarefa de criar os filhos. Une Bronfenbrenner (1977) pergunta: "Quem se importa com as crianças da América? Quem se importa?" Nós somos uma nação de famílias com um único progenitor – aquelas que realmente têm apenas um e aquelas que funcionalmente carecem de um, normalmente o pai.

O movimento desproporcional na direção da esfera não doméstica frequentemente deixa as crianças num contexto relacional em que há poucos adultos, particularmente porque a mobilidade aumentada dos pais orientados para uma carreira ocorre durante os anos em que os filhos estão nascendo. Esse afastamento normalmente também encoraja uma distância psicológica "permanente" em relação à família ampliada. Um efeito adicional, nesta situação, é que os filhos estão tendendo a ser mais fiéis ao seu grupo de iguais do que aos pais, professores, igreja ou estado. De fato, hoje a pergunta se torna pertinente: Estarão as crianças educando-se umas às outras? Estará a sociedade estratificando-se por idade? Com efeito, o resultado é que os adultos têm menos espaço em suas vidas para os filhos.

No outro extremo estão os adultos superenvolvidos com a esfera doméstica. A superproximidade nos relacionamentos pais-criança geralmente é o resultado de se preencher o vácuo criado por uma perda de relacionamento com uma outra geração. Isso tende a criar uma falta de clareza geracional e a sobrecarregar o relacionamento pais-criança. A intensidade interpessoal origina-se de dois fatores: (1) urgência – a condição emocional prevalente dentro de nossa cultura; e (2) exclusividade – o grau em que os impulsos são focalizados em uma ou em muito poucas pessoas (Gorney, 1968, página 146). O condicionamento para a intensidade, nascido da descontinuidade, frequentemente é seguido pela descontinuidade ou rompimento (perda).

Os filhos podem ser usados para preencher um vazio na vida dos adultos, frequentemente resultante da perda de seus próprios pais (Bradt & Moynihan, 1971; Fields, 1985), de uma falta de intimidade conjugal ou da não participação na esfera não doméstica de vida, por escolha ou por fracasso. Clinicamente, isso pode emergir como a família focada na criança (veja abaixo), em que a criança se torna uma substituição para a realização ou lugar não obtidos no mundo ou para a perda do relacionamento com um membro da família que está morto ou fora de contato (rompimento). Embora a força de caráter seja uma possível consequência adulta da adversidade ou de um ambiente desfavorável na infância, de modo geral o rendimento de uma geração de filhos é maior quando o solo social que envolve a família é mais nutriente.

Cada vez mais, os adultos jovens parecem estar perguntando: "Por que escolher ter filhos?" Nós podemos nos perguntar por que essa atitude está surgindo e o que ela tem a ver com as experiências familiares desses jovens adultos. Estarão eles pouco à vontade com os encargos na vida de seus pais, e evitando uma situação familiar que os antropólogos culturais descrevem como, possivelmente, a estrutura familiar emergente na evolução social que recebe o menor apoio? Em 1965, era considerado uma atitude egoísta não ter filhos, tendo quantos filhos o casal pudesse ter (Rainwater, 1965). Nos anos setenta e oitenta, a busca do eu (autoatualização, autopotencial, autorrealização) foi uma força contrária, juntamente com a grande incerteza econômica mundial, a ter filhos.

As mudanças nas oportunidades educacionais e econômicas para as mulheres, a maior necessidade de as mulheres participarem da força de trabalho e o uso do controle da natalidade e do aborto legalizado são fatores contemporâneos influenciando a decisão de ter um filho. As estatísticas do divórcio, afirmando a incerteza de um casamento duradouro, e a baixa prioridade de nossa nação em relação aos filhos e aos pais que trabalham associaram-se ao conflito quanto a ter filhos. Em qualquer caso, o período de tempo entre o casamento e o nascimento do primeiro filho aumentou dramaticamente nos últimos levantamentos estatísticos. Os homens, que normalmente não consideram a paternidade como uma mudança dramática e que os põe à prova, muitas vezes se entusiasmam mais com uma gravidez do que suas esposas.

Essa posição sobrecarregada e desequilibrada da maternidade pode explicar por que a atual ausência de filhos parece ser mais determinada pelas esposas do que pelos maridos. Agora, mais do nunca em toda a história, a mulher está consciente de seu papel como sobrecarregado pela maternidade, um papel difícil e amplamente não reconhecido (socialmente não recompensado), com a vulnerabilidade adicional de um risco de divórcio cada vez maior.

O autor acredita que a decisão automática habitual quanto a quem deixa o seu trabalho para cuidar do filho e a quem continua a ser o provedor financeiro primário monta o cenário para uma evolução regressiva dos homens e das mulheres, alienando-os novamente uns dos outros, alinhando-os em mundos separados, o do trabalho e o do lar, em que podem fundamentalmente alienar-se de si mesmos.

Depois do evento-marco – o nascimento do bebê – os três meses seguintes são frequentemente considerados como parte da gravidez. Eles são mais precisamente identificados como o quarto trimestre. Durante este período, ocorrem mudanças endócrinas mais abruptas do que as mudanças hormonais da puberdade, os ciclos menstruais ou a gravidez. Como sempre acontece nas mudanças hormonais, existem mudanças no afeto e instabilidade que tornam a nova mãe mais vulnerável à resposta de seu marido, da família ampliada e de seu bebê. Muitas vezes, a chegada do bebê dá início a uma experiência de sentir-se ignorado(a), isolado(a), e, especialmente para a mãe, sobrecarregada com a maior complexidade das tarefas e relacionamentos. A depressão pós-parto é um risco nesse período e pode ser avaliada com base no complexo entrelaçamento dos fatores biopsicossociais.

SEXO

A presença de uma criança na casa, especialmente uma criança mais velha, impede que os pais tenham privacidade, mesmo em seu próprio quarto. Existe a ameaça de tempo excessivamente curto e níveis excessivos de preocupação ocupando a mente do marido e da esposa para que eles possam ter intimidade sexual. As esposas podem colocar o sexo sem intimidade na categoria dos deveres conjugais a serem mantidos num mínimo. Os maridos, tentando virtuosamente serem maridos e pais bons e trabalhadores, interpretam a aparente falta de interesse de suas esposas como uma rejeição, ou deixam de perceber todo o duro trabalho que elas realizam.

Ambos podem sentir que o outro não reconhece o seu valor. O casamento parece tedioso e menos satisfatório.

O mito americano da paternidade, se a atual literatura reflete as contínuas tendências da sociedade, ainda é o de que a paternidade se iguala à maternidade. Existem alguns pais que felizmente estão descobrindo o prazer e o desafio de se tornarem um pai-progenitor participante, ativamente envolvido na esfera doméstica, um igual em relação à esposa e um pai completo para os filhos. Infelizmente, talvez haja menos homens descobrindo a paternidade no casamento do que no divórcio. A típica noção do bom pai sempre foi: "Ele é um pai responsável: sempre trabalhou duro e sustentou sua esposa e filhos".

Para os casais cujo vínculo era mais de fusão do que de intimidade, a chegada de um filho aciona o triângulo da família nuclear (Bowen, 1966), pondo em risco a estabilidade do relacionamento dos pais, com a posição de proximidade ameaçada pelo bebê. A presença e o comportamento do bebê podem fazer com que um dos pais se aproxime dele, deixando o outro distante. Comumente, o triângulo muda, de modo que o pai fica na posição distante e a mãe e a criança se aproximam. Para alguns casais distantes, o bebê representa uma proximidade desejada com o outro, através do bebê. O envolvimento do bebê no processo proximidade-distância do triângulo paterno pode ser suficientemente bom para sustentar o crescimento e o desenvolvimento do bebê, mas as conquistas desenvolvimentais da criança podem tornar-se "eventos nodais" que ameaçam os padrões familiares triangulares estáveis.

INTIMIDADE

Intimidade é um relacionamento carinhoso sem fingimento, uma revelação sem risco de perda ou ganho por qualquer uma das partes. É dar e receber, uma troca que aumenta porque facilita a consciência dos eus, de suas diferenças e semelhanças. É uma elaboração discriminante, encorajadora, das facetas de cada pessoa. Ela cria e sustenta o sentimento de pertencer a, ao mesmo tempo em que percebe a singularidade de cada indivíduo. A intimidade encoraja a continuidade. Ela é a energia sustentadora do movimento humano através do tempo. Ela permite que não pertençamos apenas ao presente, mas também àqueles que vieram antes e àqueles que vêm depois.

Belsky e colaboradores (1985), resumindo vários estudos, incluindo os seus, afirmam que "a qualidade conjugal declina modestamente, mas seguramente, desde o período anterior até o posterior ao nascimento do primeiro filho. Este declínio é mais pronunciado para as mulheres do que para os homens. Aquelas famílias que experienciam mais satisfação conjugal antes do nascimento, experienciam mais satisfação conjugal depois do nascimento". Com a mudança do número de membros da família de dois (o casal que vive dos salários) para três (e o bebê completa três), das tarefas e exigências, muitas reais, algumas auto-impostas, as chances de diálogo privado, de intimidade, ficam reduzidas.

O fracasso de qualquer um dos cônjuges tanto de mudar para ser um progenitor quanto de continuar a crescer como cônjuge contribui para uma desigualdade de relacionamentos e constitui uma ameaça à intimidade. Um casamento que desenvolveu intimidade é um casamento mais capaz de responder ao desafio da paternidade, de integrar a mudança permanente de vida que a paternidade traz, não apenas para os pais, mas para toda a família.

A FAMÍLIA AMPLIADA

A família ampliada é um recurso para a família nuclear em momentos de calma e de perturbação. Existem algumas famílias em que a maioria dos membros considera as crianças da família como sua responsabilidade coletiva. Isso significa que as iniciativas de contato e os relacionamentos são mútuos. As gerações mais velha, do meio e mais jovem participam para apoiar o senso de associação e de pertencer a. A mobilidade geográfica das famílias nucleares torna mais difícil obter da família ampliada o apoio e a ajuda que o novo bebê e os novos pais precisam. Qual das famílias ampliadas se envolve mais e influencia diretamente (não relacionar-se também é algo que influencia) a família nuclear, é algo que fica indicado quando esta recorre a uma das famílias em busca de ajuda com o novo bebê.

A decisão de ter um bebê é o início de um afastamento em relação ao eixo horizontal do casamento, para um realinhamento com o impulso vertical das gerações do futuro e do passado.

Com a chegada de um filho, todos os membros existentes na família avançam um grau no sistema de relacionamentos, de sobrinha ou sobrinho para prima ou primo, de irmão ou irmã para tio ou tia, de marido e mulher para pai e mãe – uma dialética entre relacionamentos iguais e não iguais. Surgem as perguntas: Se há um realinhamento vertical da nova família com a família ampliada, é mais com a família do marido ou com a da esposa? Esse alinhamento apoia ou prejudica o relacionamento conjugal? Como é o equilíbrio entre as direções autônoma e interdependente da família ajustada?

Para alguns membros da família, a mudança é mais uma mudança nominal do que uma mudança desenvolvimental ou funcional. A mudança mais essencial da família ampliada, para o bem estar de todos, é a de constituir recursos ativos para a nova família. Para algumas que não eram próximas antes, a adição de uma criança à família pode promover mudanças, criando disposição para ajudar.

Às vezes, um conjunto de avós tem dificuldade em aceitar o outro conjunto como iguais. Compartilhar o interesse pelos novos netos pode facilitar isso, assim como pode reconciliar um avô com este estágio mais tardio do ciclo de vida. Tornar-se avô(ó) faz lembrar a realidade finita da própria vida, assim como a possibilidade de ter de assumir um papel secundário no relacionamento tanto com o(a) filho(a) quanto com o(a) neto(a). Alguns pais gostariam de ignorar o casamento de seu(sua) filho(a), e esperam que a lealdade do(a) filho(a) seja maior em relação a eles do que em relação à nora ou ao genro. Como uma mãe lembrou ao filho: "Eu venho em primeiro lugar, depois seus filhos, depois sua esposa". Outros avós em perspectiva, ansiosos em relação ao estilo do casamento dos filhos, ficaram felizes com a comunicação de que teriam um neto, uma resposta ao seu desejo de que eles "deveriam ter um filho e se acomodar". Assim, a criança é vista como um estabilizador do casamento, em vez de como uma pessoa cujo curso de vida irá emergir com o passar do tempo. Algumas dessas crianças acabam sendo "pacificadores" em sua vida doméstica e profissional. Outras crianças, nem um pouco pacíficas, estabilizam um casamento através de seu comportamento perturbador.

Alguns pais usam o fato de serem pais para justificar o contato reduzido com a família ampliada, como quando dão a desculpa: "As crianças precisam de nós em casa". Com que frequência os adultos com filhos têm contato com seus pais sem a presença (ou o assunto) dos filhos? O foco de atenção e atividade nos netos mantém os pais afastados da depressão ou ansiedade que experienciam quando em contato com a geração mais velha. Através dos pais, as crianças são vulneráveis ao processo multigeracional. Os filhos acrescentam seu próprio comportamento reflexivo ao dos pais, deixando de lado o processo multigeracional e contendo-o na família nuclear até o nascimento da próxima geração. O processo vertical unipolar – o envolvimento com os filhos, o não envolvimento com os próprios pais – é circular. A evitação dos próprios pais cria um vazio ou vácuo que pode ser preenchido pelos filhos, deixando menos espaço para os avós. Quando as famílias estão aprisionadas em relacionamentos de fusão, elas não podem ser íntimas. Muitas vezes são feitas tentativas mal orientadas de encontrar intimidade, mas os rompimentos em relação à família ampliada e a superintensidade com os filhos proíbe a intimidade.

A família ampliada tem uma influência estabilizadora sobre a família nuclear instável, particularmente se existia evitação ou indiferença entre as gerações mais velha e a do meio. Uma criança problemática pode acalmar-se consideravelmente se os rompimentos com a família ampliada forem transpostos. E, de vez em quando, um membro menos intenso da família pode ser capaz de lidar com uma criança de modo menos apaixonado, com expectativas mais apropriadas de responsabilidade. Os membros mais velhos da família ampliada podem ser solicitados a proporcionar a autoridade ou a liderança inexistentes numa família disfuncional; um tio ou tia solteiro(a) ou sem filhos pode assumir as funções paternas ou de liderança, no lugar de um progenitor disfuncional ou ausente. As crianças que se relacionam com membros mais velhos da família provavelmente terão mais informações, mais identidade, do que aqueles que se espera serem "parecidos" com alguém com quem têm pouco ou nenhum relacionamento pessoal.

Resumindo a teoria: superenfatizar os relacionamentos com o cônjuge e amigos e negligenciar os relacionamentos pais-criança significa correr o risco de negligenciar os filhos e as pessoas mais velhas, e sacrificar as lições e a nutrição da continuidade. Superenfatizar os relacionamentos pais-criança significa pôr em risco o casamento e pode levar a vínculos emocionais excessivamente intensos entre pais e filhos. Reequilibrar a distribuição de tempo, energia e conexões psicossociais pode ativar poderosos recursos em um sistema para curar a si próprio.

REEQUILIBRANDO O TRABALHO E A VIDA DOMÉSTICA: DE VOLTA AO TRABALHO

Para a família em que ambos os pais trabalham, um retorno de ambos ao horário integral de trabalho é impossível, a menos que providenciem cuidados aos filhos enquanto ambos estão trabalhando fora de casa. Quer o trabalho seja uma necessidade financeira ou uma escolha, cada progenitor precisa ajustar-se emocionalmente a um planejamento que deixa seus filhos com uma outra pessoa que não eles. Se eles vivem perto da família ampliada, o desejo de autossuficiência e exclusividade de seu casamento e vida fica comprometido pelo envolvimento de um parente como progenitor substituto. Se nenhum substituto da família ampliada está disponível, é adequado ou está disposto, a alternativa é empregar alguém que ganha a vida cuidando dos filhos de outras pessoas. Isso é caro, e normalmente é difícil encontrar alguém que seja ao mesmo tempo competente e conveniente. E quanto menor a criança, maior é o sentimento de risco e mais difícil encontrar a ajuda necessária. As recentes revelações sobre profissionais que cuidavam e abusavam de crianças deixa clara a difícil situação dos jovens pais.

Às vezes, os casais conseguem resolver as coisas sozinhos, tendo horários diferentes de trabalho. Pleck (1985) descobriu que, se os turnos são diferentes, a criança pode se beneficiar por ser cuidada apenas pelos pais, mas o casamento sofre, porque o contato entre marido e mulher fica diminuído.

Normalmente, a mãe é o progenitor cuja perspectiva fica obscurecida pelo cuidado à criança. Sua intenção de voltar ao mundo não doméstico do trabalho torna-se um ponto crítico no processo familiar. Ela pode estar motivada por um desejo de recuperar seu senso de eu e reequilibrar seus relacionamentos adultos e obter validação social. É claro, os maiores estresses são experienciados pelos pais que tentam coordenar dois empregos com a responsabilidade pelos filhos. Isso é especialmente verdadeiro se eles se prendem ao conceito de que apenas as mães são progenitores.

É essencial trabalhar o reequilíbrio das responsabilidades entre marido e mulher. Alguns homens e mulheres acham que quando se tornam pais, a mulher não deve trabalhar. Surgem conflitos entre eles: As necessidades de quem vêm em primeiro lugar? O trabalho de quem vem em primeiro lugar? É justo supor que apenas um dos pais é necessário? Normalmente, nunca surge a questão de quem está mais bem qualificado para cuidar da criança. Uma filha caçula casada com um primogênito que "criou" seus irmãos mais jovens talvez esteja menos qualificada para cuidar da criança do que seu marido. Mas a suposição, quase sempre, é a de que a esposa é o progenitor que deve ficar em casa. Se o casal ousa planejar as funções paternas e o trabalho fora de casa de uma maneira equitativa, a habitual inflexibilidade dos empregadores tranforma isso num esforço árduo. Tentar negociar a flexibilidade ou um horário de trabalho que coloque um valor igual na vida familiar normalmente resulta em ações punitivas ou derrogativas, assim como no rebaixamento do potencial profissional do empregado. O sucesso no mundo do trabalho normalmente é concedido àqueles que trabalham como se suas famílias precisassem apenas de seu salário e/ou de sua reputação neste mundo. As negociações entre os novos pais e mães raramente são conduzidas com a convicção de que ambos podem realizar-se psicologicamente desistindo de parte da satisfação e ambição profissional, e de que ambos podem sentir-se recompensados cuidando de seu filho.

Mesmo quando um plano é desenvolvido, ele corre o risco de falhar. Suponham que a pessoa empregada para cuidar da criança adoeça – e então? Será o marido ou a mulher a pessoa que se ajustará a isso e deixará de lado o trabalho para ficar em casa com a criança? E o inesperado no trabalho – sair da cidade, trabalhar até tarde, começar cedo? Ou suponham que a criança que fica numa creche adoeça. As pessoas da creche irão lembrar que este é o dia em que o pai está responsável ou automaticamente chamarão a mãe? O arraigado comportamento tradicional daqueles que vivem papéis tradicionais desencoraja o esforço de responder diferentemente à diferença na vida familiar hoje em dia.

RIVALIDADE ENTRE IRMÃOS

Um espaço ótimo entre os filhos é verdadeiramente uma questão de perspectiva. Do ponto de vista dos pais, uma criança por vez é um desafio suficiente, e múltiplos nascimentos ou nascimentos muito próximos é um desastre potencial. Do ponto de vista da criança, a companhia perfeita seria um gêmeo idêntico, o igual ótimo, um perfeito espelho, um alter ego *extraordinário*. Para os pais, o nascimento de gêmeos é muito mais estressante do que os nascimentos únicos, em grande parte por causa das tarefas adicionais envolvidas. Com a família nuclear geralmente isolada da contínua assistência da família ampliada, e numa cultura onde o cuidado às crianças geralmente é responsabilidade da mãe, com pouco apoio ou ajuda dos outros, os gêmeos são um desafio maior à sua resistência física e emocional, assim como ao relacionamento do casal.

O fato de que os irmãos inevitavelmente criam "um trauma" uns para os outros parece mais uma função da disponibilidade dos adultos que cuidam do que da inerente rivalidade das crianças. O antigo padrão familiar em que apenas a mãe cuida parece tanto uma explicação para a rivalidade entre os irmãos como o fato de eles serem próximos em idade. A cooperação pode ser um resultado tão provável quanto a competição, dependendo talvez mais da disponibilidade e cooperação dos pais do que de seus filhos.

A competição é determinada não apenas pela disponibilidade dos pais, mas pela maneira como os pais se relacionam com os filhos. Um progenitor que habitualmente tenta julgar as disputas entre irmãos encoraja a "rivalidade fraterna". Um erro comum dos pais é considerar um dos filhos como o responsável (culpado), em vez de considerar todas as crianças envolvidas naquela ação como responsáveis por resolverem o problema. As crianças são normalmente mais cooperativas umas com as outras em face da adversidade coletiva, tal como pais que esperam que todos os seus filhos cooperem. Paradoxalmente, um dos mais comoventes exemplos de interação cooperativa entre irmãos é encontrado entre as crianças que foram privadas dos pais através da morte ou outros rompimentos do relacionamento progenitor-criança, tal como a colocação em um orfanato.

Uma filosofia igualitária da vida familiar encoraja a rivalidade fraterna. O igualitarismo – direitos, privilégios e autoridade igual para pais e filhos – parece, para alguns, o estado ótimo para a vida familiar. Assim como é importante aprender a viver cooperativamente com os iguais (isto é, os irmãos), também é importante viver com alguma outra pessoa com autoridade e ter responsabilidade por alguém menos capaz. De fato, infância é uma designação incorreta se uma criança não tem um progenitor responsável – veja Boszormeny-Nagy & Spark (1973), a respeito da paternificação [um(a) filho(a) no papel de progenitor]. Uma criança que já tem privilégios de adulto não receberá uma outra criança como uma companhia igual e potencial. Quase inevitavelmente, o filho único é incluído em mais atividades adultas do que quando existe mais de um filho. Depois do nascimento de um segundo filho, o primogênito muitas vezes recebe a mensagem de que deve ser um exemplo: "Você é mais velho". Isso pode ajudar o primogênito a se ajustar às descrições dos filhos primogênitos, mas também solapará o potencial dos irmãos de se tornarem companheiros cooperativos. Algumas crianças que deveriam ser companheiras fogem da estreita associação, da oportunidade de aprender a cooperar e a competir, porque seus pais as estimulam a desenvolver interesses, amigos, comportamentos e atitudes diferentes e não relacionados.

Toman (1978) proporciona um entendimento da compatibilidade dos pais com seus filhos – por exemplo, que um progenitor pode identificar-se com o filho que tem a mesma posição, como os pais primogênitos que se identificam mais com seus primogênitos do que com os filhos nascidos depois. Outros fatores influenciam isso; por exemplo, os filhos que simbolizam certos membros da família supervalorizados ou subvalorizados, não simplesmente eles mesmos. As alianças a favor ou contra determinadas crianças muitas vezes estão baseadas nessas transferências intrafamiliares e encorajam a rivalidade fraterna.

Embora as circunstâncias, tais como a presença física e disponibilidade potencial ou ausência de um progenitor, sejam um fator importante, o alinhamento de simpatia dos filhos com um progenitor mais do que com o outro é o resultado de um processo repetitivo de triangulação que provoca um sentimento de proximidade em relação a um dos pais e de distância em relação ao outro. Às vezes, o conflito (claro ou encoberto) entre os pais está manifesto na interação dos irmãos que brigam em função das questões paternas como se fossem suas.

O índice de natalidade declinou nos últimos anos, indicando uma oscilação popular em direção a famílias com um ou dois filhos, ou inclusive sem filhos. As atuais estatísticas indicam que os casais estão tendo em média um pouco menos de dois filhos.

A FAMÍLIA CENTRADA NA CRIANÇA

No outro extremo do desequilíbrio, o superinvestimento da família nuclear nos relacionamentos progenitor-criança impede o envolvimento em relacionamentos fora da família e corrói todos os relacionamentos conjugais. A família centrada na criança representa este extremo.

Em 1971, Carolyn Moynihan e o autor escreveram um estudo descrevendo suas experiências no trabalho com 50 famílias centradas na criança (Bradt & Moynihan, 1971). A experiência com várias centenas dessas famílias desde então esclareceu ainda mais este processo familiar. A presença de uma criança com problemas incomuns não constitui uma família centrada na criança. O foco na criança é um processo que parece compartimentalizar a tensão familiar, canalizando-a para uma determinada criança. Assim, ele pode ser visto como um mecanismo de manejo, que, como todos os mecanismos, tem suas limitações, seu ponto fraco. Nesse caso, a manifestação do colapso está representada numa determinada criança. A criança desempenha um papel ativo no processo.

O que o autor chama de autêntico processo familiar centrado na criança começa a operar antes do nascimento desta, e é somente amplificado pela sua presença e curso de vida. O fracasso da criança em avançar de forma bem sucedida através dos marcos desenvolvimentais psicológicos intensifica o processo familiar e encoraja o rótulo "problema" bem cedo na vida. A história habitualmente revela múltiplas consultas a especialistas em saúde infantil, que começam muito cedo na vida da criança. Terapeutas de família normalmente não estão entre os profissionais que foram consultados. Os pais investem intensamente na criança e não expressam nenhuma outra preocupação: "É um problema da criança, não um problema familiar".

As crianças presas nesse processo têm alguns lucros, embora elas e todos os membros da família fiquem impedidos de desenvolver vários relacionamentos tanto dentro quanto fora da família. O processo centrado na criança os ajuda a lidar com a situação e também a não conseguir estabelecer relacionamentos humanos em que há riqueza e diversidade.

ORIENTAÇÃO PARA INTERVENÇÃO

Os pais com filhos pequenos, que buscam aconselhamento familiar, estão em geral preocupados com a deterioração do casamento, a ameaça de rompimento, a possibilidade de separação ou divórcio ou o funcionamento perturbado de um dos cônjuges. Os filhos são parte da consideração da qualidade da vida familiar, mas geralmente não são o problema apresentado. Na prática clínica, a autêntica família centrada na criança está em declínio. Uma vez que este livro inclui um capítulo sobre o divórcio, esta discussão sobre intervenção relaciona-se mais com a família significativamente centrada na criança. A intensidade da preocupação dos pais com uma criança tem duas origens: (1) o relacionamento histórico ou atual de cada progenitor com sua mãe e seu pai; ou (2) a relativa fragilidade dos relacionamentos com o cônjuge, com os irmãos ou com os amigos, atual e/ou historicamente.

Mas os terapeutas de família não estão em primeiro lugar na lista de especialistas a serem consultados, quando os pais estão preocupados com um de seus filhos. Com maior frequência, um especialista infantil – psiquiatra infantil, pediatra ou professor – é consultado a respeito de uma criança, especialmente uma criança mais jovem. Supondo-se que o especialista infantil possui uma orientação sistêmica, a tarefa será a de colocar as preocupações específicas no contexto dos relacionamentos e amizades familiares multigeracionais, e de reequilibrar as esferas não doméstica e doméstica da família.

Para encontrar soluções, precisamos fazer as perguntas certas. Precisamos definir as disfunções e os recursos de um sistema, e não de um indivíduo. Igualmente importante é a definição de poder e motivação: Quem é capaz de mudar e quem efetuará a mudança? O processo de afastar-se de considerações individuais, aproximando-se das sistêmicas, é iniciado de maneira concreta através da construção de um mapa familiar (genetograma) nas sessões iniciais (Bradt & Moynihan, 1971). As perguntas que têm a ver com as informações registradas no mapa familiar centram a atenção, a energia e o investimento num sistema multigeracional, incluindo os vivos e os mortos, em vez de apenas discutir os vários indivíduos e sintomas.

Todas as técnicas clínicas confiavelmente efetivas deveriam ser baseadas num entendimento conceitual da família. No caso de uma família que apresenta uma criança como a sua preocupação, é importante:

1. Avaliar a preocupação dos pais da criança como um processo de manejo. O que a família está tentando manejar?
   a. Historicamente, a experiência de perda infantil dos pais ou a experiência de perda dos avós, com quem o(s) progenitor(res) está(estão) fundido(s) (a autêntica família centrada na criança).
   b. Estresses atuais.
   c. Disfunção conjugal encoberta ou evidente – questões ameaçadoras demais para tratar ou padrões antigos de evitação que tornam um tabu a consideração aberta do casamento.
2. Considerar o quanto os sintomas da criança são intensificados por um determinado estágio do desenvolvimento psicológico, assim como o estado de equilíbrio entre o processo horizontal e o vertical da família.

Precisamos avaliar se a inclusão da criança no trabalho que está sendo realizado é essencial para engajar os pais. Se a criança é atendida separadamente, o que às vezes é benéfico, direta ou indiretamente (como um apoio para a mudança de foco da família), existem riscos de reforçar o processo centrado na criança, em vez de dar atenção à (1) redefinição do problema e às (2) tarefas de reequilíbrio. Conforme eles se tornam produtivos e esperançosos em relação a outras preocupações, a criança fica mais livre para sair da "posição fixa".

Afastando o processo das preocupações com a criança

As perguntas que usam a criança como um ponto de referência permitem a entrada na família ampliada. Por exemplo: "Como a sua mãe lidaria com esse tipo de comportamento em Rick?" "Quanto contato você e Nelle tiveram na semana anterior àquela em que Rick chutou a lâmpada?" "Com que frequência vocês observam esse padrão?"

Aproximando o processo da criança

Os pais que estão ansiosos em relação a determinado assunto podem afastar-se do assunto fazendo referências à criança, ou o terapeuta pode decidir voltar a referir-se à criança se algum dos pais está ficando muito ameaçado ou parece excessivamente impaciente com as discussões a respeito da família ampliada. E a criança pode representar a única ponte existente entre os pais, que de outra forma manténs uma total distância no relacionamento conjugal.

Exemplo de caso

Um ano e meio depois de seu casamento, que acontecera no ano em que ambos haviam completado trinta anos, Alex e Marion começaram a conversar a respeito de ter um filho. Durante o primeiro ano de seu casamento, eles haviam tomado algumas importantes decisões educacionais e profissionais. Alex completara com sucesso os extensivos exames para o seu grau de doutor, e sua dissertação de pesquisa estava bem encaminhada. Ele também começara um trabalho de tempo integral que proporcionaria sustento financeiro enquanto escrevia a sua dissertação. Marion começara um programa de mestrado num campo que unia vários de seus interesses e estava realizando um trabalho comunitário importante para ela.

Eles se sentiam prontos para pensar em ter um filho, embora não pudessem predizer com certeza em que estágios, em termos acadêmicos ou profissionais, ambos estariam quando o bebê nascesse. Tornar-se pais era importante para os dois, embora Alex verbalizasse mais seu desejo de ter um filho logo, de não esperar. Nove meses antes de seu casamento, seis meses depois de tomarem a decisão de casar, Marion havia engravidado. Naquela época, Marion decidira fazer um aborto, e Alex, relutante, apoiara a sua decisão. Como na primeira gravidez, eles conceberam rapidamente. Depois que a gravidez foi confirmada, eles a comunicaram, felizes, aos seus amigos íntimos e à família de Marion, mas não à de Alex, pois ele estava afastado da família há vários anos.

Depois da náusea e cansaço que sentiu durante o primeiro trimestre, Marion sentiu-se sadia e forte durante o restante da gravidez. Ela e Alex investigaram as chances de o bebê ter defeitos congênitos, uma vez que dois primos-irmãos de Marion haviam nascido com defeitos congênitos. Um consultor genético os assegurou de que os riscos, em seu caso, eram mínimos.

Marion comemorou a conclusão bem sucedida de seus cursos de graduação e do programa comunitário dirigido por ela viajando para a Califórnia para visitar alguns amigos muito chegados. Depois de dois anos de casamento, esta era a sua primeira viagem sozinha, e ela a apreciou muito.

Mas essa viagem estabeleceu uma nota de separação entre Alex e Marion que iria caracterizar o restante da gravidez e os primeiros meses da vida do bebê. Alex estava ocupado tentando conciliar seu trabalho de tempo integral com a sua dissertação, assim como procurando um trabalho para quando terminasse seu doutorado. Marion começara uma residência profissional e estava preocupada em arranjar um emprego para ela depois do nascimento do bebê.

Alex e Marion frequentavam juntos as aulas de pré-natal, mas raramente praticavam juntos. Eles combinaram ter sessões até um mês antes do nascimento do bebê, e Alex planejou sua primeira viagem em busca de emprego a Washington, D.C., para seis semanas antes da data prevista. A mãe de Marion veio para visitar e ajudar a preparar o quarto e as roupas do bebê enquanto Alex viajava.

Para surpresa de todos (inclusive do médico), o bebê chegou seis semanas mais cedo, no dia seguinte àquele em que Alex saíra da cidade. A mãe de Marion levou-a ao hospital, onde o bebê nasceu após duas horas de trabalho de parto. Alex voltou no dia seguinte para conhecer seu pequeno mas sadio filho, Christopher.

Alex tirou duas semanas de férias, e a mãe de Marion ficou mais três semanas para ajudar a nova família a estabelecer-se. Quando Alex voltou ao trabalho e sua mãe partiu, Marion ficou em casa com o bebê. Seus planos de trabalho haviam sido modificados pelo nascimento prematuro de Christopher; o projeto no qual ela trabalharia teve de ser adiado. Em casa, ela sentia-se muito solitária, embora conhecesse algumas outras mães em situação parecida. Tanto ela quanto Alex ficavam exaustos cuidando de um bebê que precisava ser amamentado a cada duas ou três horas. Eles não tinham nenhum outro parente por perto que pudesse ajudar. Quando o bebê estava com dois meses de idade, Marion começou a usar os serviços de uma *babysitter* parte do tempo, a filha da secretária de Alex, para poder completar o trabalho interrompido pelo nascimento prematuro de Christopher.

Alex e Marion centravam-se em seu trabalho e em seu filho. Embora Marion fizesse a maior parte do trabalho com o bebê, Alex era muito apegado a ele e fazia qualquer coisa quando estava em casa. A divisão das tarefas domésticas não foi conseguida tão facilmente. O trabalho estava prosseguindo bem para ambos. Marion voltou a trabalhar em meio-turno quando Christopher estava com cinco meses, e em tempo integral um ano mais tarde. Eles tiveram a sorte de encontrar uma sucessão de babás carinhosas e competentes para Christopher. Alex terminou a sua dissertação um ano depois do nascimento de Christopher e então passou a procurar um emprego em seu campo.

Nesse ponto de seu casamento, eles tinham muito pouco tempo para si mesmos. Eles não tiveram uma noite longe de Christopher até ele estar com um ano e meio. Sua vida sexual nunca fora muito ativa, mas depois do nascimento do bebê ficou ainda mais reduzida, devido à sua exaustão e a uma série de severas infecções que Marion teve depois da colocação de um DIU. As infecções somente terminaram quando Christopher estava com nove meses. Marion voltou a usar um diafragma, embora ela e Alex preferissem usar uma forma de contracepção que permitisse mais espontaneidade. No ano seguinte, quando Marion foi ao médico para buscar uma prescrição de pílulas anticoncepcionais, seu Papanicolau estava anormal. Apesar de a situação voltar ao normal em alguns meses, ela causou certa preocupação e os forçou a esperar mais tempo para mudar a forma de contracepção.

Eles procuraram um terapeuta de família quando as pressões do trabalho de Alex tornaram-se sérias. O terapeuta os ajudou durante um período de limbo, quando eles não sabiam quando, onde ou que tipo de trabalho Alex encontraria, e então, depois que ele aceitou um emprego, através da transição. Alex mudou-se para Washington, D.C., dois meses antes de Marion e Christopher. Ele procuraria uma casa para alugar; ela terminaria seu trabalho e prepararia os pertences para a mudança; a mãe dela tomaria conta de Christopher enquanto eles estivessem fazendo a mudança.

A mãe de Marion era uma participante ativa na família da filha, o pai morrera vários anos antes de seu casamento. Marion e Alex haviam desenvolvido estreitos relacionamentos com vários parentes de Marion que viviam no meio-oeste, e encontravam os irmãos dela regularmente, nas comemorações familiares.

Entretanto, eles não tinham contato com a família de Alex. Os pais de Alex haviam se divorciado quando ele tinha nove anos de idade; subsequentemente, ambos os pais haviam casado novamente, e seu pai tivera mais dois filhos – um menino e uma menina —, nascidos exatamente dez anos depois de Alex e sua irmã. As relações de Alex com sua família haviam ficado tensas quando ele entrara na escola de graduação e quando seu longo relacionamento com uma namorada terminara. Ele rompera voluntariamente o contato com sua mãe e sua irmã, mas tentara manter contato com o pai, apesar da ativa desaprovação de sua madrasta.

Nenhum dos pais fora ao casamento de Alex e Marion, embora Alex tivesse convidado o pai. Alex comunicou ao pai o nascimento de Christopher, e, logo depois que Alex mudou-se para Washington, ele levou Christhoper para visitar seu pai num fim de semana em que sua madrasta estava fora da cidade.

Em Washington, Alex e Marion começaram um atendimento com um terapeuta de família – o autor –, a quem haviam sido encaminhados pelo primeiro terapeuta. Logo depois das sessões iniciais, o trabalho centrou-se em como reconectar-se com a família de Alex. O terapeuta ajudou-os a desenvolver uma estratégia para preencher a lacuna depois de anos de separação, e para antecipar respostas dos diferentes membros da família. O terapeuta enfatizou a abertura de canais de comunicação com todos os membros da família, não apenas com alguns selecionados.

Alex enviou uma carta para a sua mãe e uma para seu pai e a madrasta. Nas cartas, ele descreveu suas razões para a mudança, sua nova casa, sua situação profissional e incluiu fotos de Christopher. Ele recebeu imediatamente uma calorosa resposta da mãe, e começou a fazer planos para que ela os visitasse. Não veio nenhuma resposta de seu pai. Através de uma tia, Alex descobriu que seu pai acabara de ter dois derrames. Alex telefonou para o pai e combinou com a madrasta que iria visitá-los imediatamente. Nos dois meses seguintes ao início da correspondência, Alex visitara seu pai e a madrasta em sua casa, e a mãe de Alex viera a Washington para visitar o filho, a nora e o neto, pela primeira vez.

No ano seguinte, Alex e Marion trabalharam para fortalecer seu relacionamento com a família de Alex. Eles viajaram duas vezes para o meio-oeste, a fim de visitar os parentes de Alex e participar de rituais familiares – primeiro, o funeral de seu pai (ele morrera poucas semanas depois da visita de Alex) e, depois, para um dia de Ação de Graças. Com o ativo encorajamento e apoio do terapeuta, Alex (que tem experiência em filmagens) fez um *videotape* de sua família. Alex e Marion mantêm um ativo relacionamento com a família dele através de telefonemas e cartas. Christopher reconhece as fotos de todos os parentes e conta estórias de visitas a eles.

Fundamental no processo de terapia familiar para Alex e Marion foi a exploração da família de Alex e sua história de conexões e rompimentos. Obter uma nova dimensão em sua família significava reequilibrar os termos de seu relacionamento com a mãe de Marion, que fora a única progenitora e avó durante vários anos. O terapeuta trabalhou com eles para incluir a mãe de Marion no novo sistema familiar. A outra questão de importância-chave para Alex e Marion na terapia era o equilíbrio das responsabilidades profissionais e domésticas que eles gostariam de conseguir, e os papéis que ambos desejavam desempenhar em cada esfera. Alex mudara-se para Washington por razões profissionais. Marion mudara-se para lá por razões familiares, assim como por razões profissionais. Ela planejava iniciar a busca de um emprego assim que a família estivesse instalada e ela tivesse conseguido uma creche para Christopher.

A experiência de Marion na nova comunidade estava centrada nas necessidades de seu filho e nos recursos para as famílias com filhos pequenos. Ela conheceu outras mães e crianças, mas sentia-se cada vez mais afastada do mundo profissional, mesmo tentando fazer contatos e conseguindo entrevistas um ou dois dias por semana. Depois de alguns meses, foi-lhe oferecido um trabalho e ela aceitou. De modo a sobreviver financeiramente na dispendiosa região de Washington, a família precisava do salário de Marion. O trabalho era exaustivo, e Marion sentia que não lhe restava nenhuma energia para a família ou considerações domésticas. Quando o trabalho terminou, devido à perda de recursos financeiros, ela não ficou infeliz, mas ficou desempregada. Mais uma vez seu mundo reverteu para a cultura mãe-criança que ela conhecera antes. Nesse momento, Alex estava sendo designado para um outro trabalho, e não tinha nenhum conhecimento adicional para conseguir um emprego para compartilhar com ela.

Em seu segundo ano em Washington, Alex e Marion estão começando a desenvolver um novo equilíbrio na vida profissional e doméstica, um equilíbrio mais de seu agrado. Desde que se mudara, Alex recusara-se a fazer horas extras em seu trabalho; agora, ele tomou a decisão de reduzir seu horário de trabalho de 40 para 30 horas por semana. Nesse meio tempo, Marion começou a trabalhar como *free-lancer,* o que significa um período de trabalho intenso pontuado por períodos de nenhum trabalho. Christopher vai todos os dias para a creche quando Marion está trabalhando, e três dias por semana quando ela está em casa.

Enquanto Alex busca maior flexibilidade para poder explorar outras opções profissionais e dedicar mais tempo e atenção à sua família, Marion está começando a procurar um emprego estável de tempo integral que proporcione o salário e benefícios que eles também precisam.

CONCLUSÕES

Em janeiro de 1986, o *Family Policy Panel,* um ramo da Associação das Nações Unidas dos Estados Unidos, concluiu que o mercado de trabalho norte-americano não conseguira adaptar-se às dramáticas mudanças da família norte-americana. Eles instaram o governo e as corporações a adotarem políticas que tornassem mais fácil para os empregados trabalhar e ter filhos.

Em abril de 1985, a republicana Patrícia Schroeder introduziu no Congresso o *Parental and Disability Leave Act,* que poderia levar a um maior apoio ao casal com filhos pequenos. E uma predizível falta de mão-de-obra nos anos noventa talvez encoraje o governo e as corporações a serem mais responsivos às necessidades da família contemporânea.

Atualmente, o casamento com filhos pequenos é incompatível com a atitude de nossa nação em relação à primazia do trabalho. Mesmo com reformas – uma mudança na política governamental e industrial de acordo com a orientação dos países europeus –, a incapacidade dos homens e das mulheres de compartilharem de modo mais igual o atendimento às crianças e ao outro irá solapar o sucesso do casamento e a emergência de uma nova geração mais andrógina.

Quando os filhos forem criados igualmente por homens e mulheres, as meninas e os meninos verão as mulheres trabalhando lado a lado com os homens, fora de casa, não como uma privação, mas como uma extensão do carinho e da cooperação entre os sexos. A tensão heterossexual no mercado de trabalho, nascida em grande parte de antigas tradições de desigualdade e dominação sexual, será substituída por amizades heterossexuais não sexualizadas, relacionamentos de igualdade encorajando a intimidade, que apoiam, em vez de ameaçar, a vida familiar. Psicológica e filosoficamente, os jovens pais de hoje estão estressados e gostariam de mudar a maneira de viver a vida. O terapeuta familiar tem uma oportunidade de ajudá-los a perceber que os papéis determinados pelo gênero são parte do estresse entre eles, que as escolhas de ser diferente podem dar certo, que brigar por sua família no trabalho acabará fazendo uma diferença na política das corporações e do governo.

O resultado ótimo deste estágio do ciclo familiar não é simplesmente o de ligar os adultos, como pais, aos filhos. E o de intensificar o relacionamento íntimo do casamento – ajudar homens e mulheres a realizar seu potencial criador na idade adulta jovem e média, e a assumir o seu lugar na família de maneira plena, possivelmente ampliando a vida. E o de unir os sexos e as gerações no presente e no futuro, e o de colocar o amor numa posição igual à do trabalho.

REFERÊNCIAS

Armstrong, R. (1971). Two concepts: Systems and psychodynamics. Paradigms in collision. In J. O. Bradt and C. D. Moynihan (Eds.), *Systems therapy*. Washington, D.C.: Groome Child Guidance Center.
Barko, N. (1984). Corporate etiquette, *Working mother*, vol. 7, 5.0. Los Angeles: McCall Publishing Co.
Beisky, J., Perry-Jenkins, M., & Crouter, A. (1985) The work-family interface and marital change across the transition to parenthood. *Journal of Family Issues* 6/2.
Boszormenyi-Nagy, I., & Spark, G. (1973). *Invisible loyalties.* New York: Harper & Row.
Bowen, M. (1966) The use of family therapy in clinical practice. *Comprehensive Psychiatry* 7:3: 45-74.
Bradt, J. O-, & Moynihan, C. (197). Opening the safe – the child-focused family. In J. O. Bradt and C. J. Moynihan (Eds.), *Systems therapy*. Washington, D.C.: Groome Child Guidance Center.
Bronfenbrenner, U. (1977). *Who needs parent education. Working conference on parent education.* Flint, Mich.: 29-30.
Fields, E., Fisher J. (1985) A Generation Apart (video), City Lights Production Inc., New York, N. Y.
Gilligan, C. (1982). *In a different voice.* Cambridge, Mass.: Harvard University Press.
Gorney, R., *The human agenda.* New York; Simon and Schuster, 1968.
Lewin, T. (1984). Maternity leave: Is it included? *New York Times* July 22.
Macoby, M., & Jacklin, J. (1974). *The psychology of sex differences.* Palo Alto, Calif: Stanford University Press. Rainwater, L. (1965). *Family design, marital sexuality, family size, contraception.* Chicago: Aldine.
Seiden, A. (1976). Overview: Research on the psychology of women l. Gender differences and sexual and reproductive life. *American Journal of Psychiatry*, 133/9.
Toman, W. (1976) *Family Constellation*, Third Edition, New York, Springer.

12

Transformação do sistema familiar na adolescência

Nydia Garcia Preto, A.C.S.W.

As adaptações na estrutura e organização familiar necessárias para manejar as tarefas da adolescência são tão básicas que a própria família se transforma de uma unidade que protege e nutre os filhos pequenos em uma unidade que é um centro de preparação para a entrada do adolescente no mundo das responsabilidades e dos compromissos adultos. Esta metamorfose familiar envolve profundas mudanças nos padrões de relacionamento entre as gerações, e, embora possa ser assinalada inicialmente pela maturidade física do adolescente, ela muitas vezes é paralela e coincide com as mudanças nos pais conforme eles entram na meia-idade e com as transformações maiores enfrentadas pelos avós na velhice.

Essas mudanças acontecem dentro de um contexto social mais amplo, que se torna cada vez mais complexo. Nas sociedades altamente tecnológicas, tais como os Estados Unidos, a família não funciona mais como uma ampla unidade econômica e passou a depender de sistemas externos para ensinar os filhos, para estabelecer limites e encontrar empregos para eles. Enquanto no passado a família era capaz de oferecer treinamento prático para os filhos na forma de trabalho, ela agora precisa proporcionar-lhes as capacidades psicológicas que os ajudarão a diferenciar-se e a sobreviver num mundo que muda cada vez mais rapidamente. Em resultado, a maior função da família foi transformada, da função de unidade econômica em uma função de sistema de apoio emocional.

Este capítulo enfoca a transformação global que a família experiencia ao tentar dominar as tarefas da adolescência. A maioria das famílias, depois de um certo grau de confusão e perturbação, é capaz de mudar as normas e os limites e reorganizar-se, para permitir aos adolescentes maior autonomia e independência. Entretanto, existem alguns problemas universais associados a esta transição, que podem resultar em disfunção familiar e no desenvolvimento de sintomas no adolescente ou em outros membros da família. Casos clínicos ilustrarão os bloqueios que as famílias podem experienciar durante esta fase, assim como os fatores que podem contribuir para a desorganização ou o comportamento sintomático da família, e as intervenções terapêuticas que poderiam ser efetivas com essas famílias.

A VISÃO DE TRANSFORMAÇÃO DE TRÊS GERAÇÕES

A adolescência exige mudanças estruturais e renegociação de papéis nas famílias, envolvendo pelo menos três gerações de parentes. As demandas adolescentes de maior autonomia e independência tendem a precipitar mudanças nos relacionamentos entre as gerações. Por exemplo, não é incomum que os pais e avós redefinam seus relacionamentos durante este período, que os casais renegociem seu casamento e que os irmãos questionem sua posição na família.

Por serem tão intensas, as demandas adolescentes frequentemente servem como catalisadores para reativar questões emocionais e acionam os triângulos. A luta para satisfazer essas demandas muitas vezes faz aflorar conflitos não resolvidos entre os pais e avós, ou entre os próprios pais. Uma exigência de maior autonomia e independência, por exemplo, frequentemente desperta nos pais o medo da perda e da rejeição, especialmente se eles se sentiram rejeitados ou abandonados pelos pais durante a adolescência. Nas famílias com adolescentes, os triângulos geralmente envolvem os seguintes participantes: o adolescente, o pai e a mãe; o adolescente, um dos pais e um avô; ou o adolescente, um dos pais e os amigos do adolescente.

Quando o adolescente entra em conflito com um dos pais, os esforços para diminuir a tensão frequentemente repetem antigos padrões de relacionamento da família de origem dos pais. Os pais que fizeram um esforço consciente para educar seus filhos de modo diferente, evitando os mesmos "erros" que seus pais cometeram, muitas vezes têm um brusco despertar. Quando seus filhos atingem a adolescência, eles muitas vezes ficam surpresos ao observar semelhanças de personalidade entre seus filhos e seus pais. A seguinte legenda de um cartum de Jules Feiffer ilustra bem isto (Heller, 1982):

> Eu odiava a maneira como fui educada... De modo que tudo aquilo que minha mãe fez comigo eu tentei fazer diferente com minha Jennifer. Minha mãe era possessiva. Eu encorajei a independência. Minha mãe era manipuladora. Eu fui direta. Minha mãe era cheia de segredos. Eu fui aberta. Minha mãe era evasiva. Eu fui decidida. Agora meu trabalho está feito. Jennifer é adulta. A imagem exata da minha mãe.

Nesta situação, os pais podem reagir com extrema confusão, raiva ou ressentimento, ou de várias outras maneiras. De fato, parece haver uma reação em cadeia recíproca de satisfazer e fazer exigências entre as gerações, que é precipitada pelos adolescentes da geração mais jovem. Os pais, enquanto respondendo às exigências do adolescente de maior apoio e autonomia, podem entrar em contato com necessidades semelhantes neles mesmos, e, por sua vez, fazer as mesmas exigências aos seus pais ou um ao outro.

Durante este período, as famílias também estão respondendo e ajustando-se às novas demandas de outros membros da família que estão entrando em novos estágios do ciclo de vida. Na maioria das famílias com adolescentes, os pais estão se aproximando da meia-idade. Seu foco está naquelas questões maiores do meio da vida, tais como reavaliar o casamento e as carreiras. O casamento, emergindo das pesadas responsabilidades de cuidar dos filhos pequenos, pode ficar ameaçado na medida em que os pais revisam sua satisfação pessoal à luz do idealismo militante de seus filhos adolescentes. Para muitas mulheres, esta pode na verdade ser a primeira oportunidade de trabalhar sem as restrições que enfrentavam quando os filhos eram pequenos. Muitas mulheres podem estar começando uma carreira nesse ponto, ao passo que os homens estão envolvidos com a maximização de suas carreiras (Prosen e colaboradores, 1981). O estresse e a tensão normais provocados na família por um adolescente são exacerbados quando os pais sentem uma profunda insatisfação e são compelidos a fazer mudanças em si mesmos. Ao mesmo tempo, os avós enfrentam a aposentadoria e possíveis mudanças, doença e morte. Esses eventos estressantes pedem uma renegociação dos relacionamentos, e os pais podem ter de se transformar em cuidadores de seus próprios pais ou ajudá-los a integrar as perdas da velhice.

O que frequentemente se cria é um campo de demandas conflituantes, em que o estresse parece ser transmitido para cima e para baixo entre as gerações. Assim, por exemplo, o conflito entre os pais e avós pode ter um efeito negativo sobre o relacionamento conjugal que escoa para o relacionamento entre os pais e o adolescente. Ou o conflito pode viajar na direção oposta. Um conflito entre os pais e o adolescente pode afetar o relacionamento conjugal, o que acaba afetando o relacionamento entre os pais e os avós.

TAREFAS DA ADOLESCÊNCIA

As origens desta transformação familiar são as tarefas desenvolvimentais do adolescente, que começam com o rápido crescimento físico e maturação sexual durante a puberdade. Em resultado da maturação sexual, são acelerados os movimentos que buscam solidificar uma identidade e estabelecer a autonomia em relação à família (que são na verdade processos desenvolvimentais para toda a vida). Expectativas sociais que se modificam e muitas vezes entram em conflito, em relação aos papéis sexuais e normas de comportamento, são impostas ao adolescente pela família, escola, companheiros e mídia. Sua capacidade de diferenciar-se dos outros depende de quão bem eles manejam os comportamentos sociais esperados, para expressar as intensas emoções precipitadas pela puberdade. Para estabelecer autonomia, eles precisam tornar-se cada vez mais responsáveis por suas próprias decisões e ao mesmo tempo sentir a segurança da orientação dos pais.

A flexibilidade é a chave do sucesso para as famílias neste estágio. Por exemplo, aumentar a flexibilidade das fronteiras familiares e modular a autoridade paterna permitem maior independência e desenvolvimento para os adolescentes. Entretanto, numa tentativa de diminuir os conflitos gerados durante este período, muitas famílias continuam a buscar soluções que costumavam funcionar em estágios anteriores. Os pais muitas vezes tentam puxar as rédeas ou retrair-se emocionalmente para evitar novos conflitos. Ou eles aceitam cegamente o adolescente ou o rejeitam. Os adolescentes, por outro lado, num esforço para abrir seu caminho, recorrem a ataques de raiva, se retraem emocionalmente por trás de portas fechadas, buscam apoio nos avós, ou apresentam intermináveis exemplos de amigos que têm mais liberdade.

Esta seção enfoca os desafios normais e os medos ou bloqueios típicos que os pais e os adolescentes experienciam durante esta transição.

Sexualidade: transformação do eu físico

A puberdade traz inúmeras mudanças que não apenas transformam o eu físico como assinalam o início da transição psicológica da infância para a idade adulta (Hopkins, 1983). Existem variações na idade em que inicia, mas ela geralmente começa mais cedo para as meninas do que para os meninos. Tem havido também uma tendência para uma maturação mais precoce, tanto para as meninas quanto para os meninos, referida como a "tendência secular". A menarca, por exemplo, tem mostrado uma tendência regular a ocorrer mais cedo, desde o século passado. A idade média para o início da menstruação é agora de treze anos, ao passo que no século passado era acima de dezesseis (Hopkins, 1983).

As mudanças físicas e sexuais que ocorrem têm um efeito dramático sobre a maneira pela qual os adolescentes se descrevem e avaliam, e altera radicalmente a maneira como são percebidos pelos outros. Lidar com este tumulto nos pensamentos, sentimentos e comportamentos sexuais é uma tarefa maior para todos os membros da família. É comum que os membros da família fiquem confusos e assustados quando os adolescentes começam a expressar seus novos interesses sexuais. Os Lornes ilustram um padrão familiar observado em famílias que estão lidando com essas mudanças.

> O Sr. e a Sra. Lornes sempre haviam tido orgulho de sua filha de catorze anos, Sandra, que era uma aluna excelente, ativa na banda da escola, uma ginasta e bailarina. Quando eles descobriram que ela estava interessada em garotos mais velhos que bebiam, dirigiam e tinham a reputação de ser "maus elementos" na escola e na comunidade, eles reagiram com medo e confusão. Sua resposta inicial foi a de controlar todos os seus telefonemas e saídas, e de levá-la de carro a todas as atividades. Ela, confusa com a reação deles e assustada com seus próprios sentimentos, começou a mentir e a "agir às escondidas".

A reação inicial dos Lornes foi semelhante à de muitos pais quando percebem pela primeira vez a sexualidade aumentada de uma filha. Os pais querem proteger suas filhas dos perigos do mundo, temendo a possibilidade de exploração sexual, estupro ou uma gravidez indesejada. Embora a filha possa ser madura em termos físicos, os pais temem que ela seja incapaz de proteger-se da realidade do ambiente. Estes medos não são infundados, pois o abuso sexual, o estupro e a gravidez na adolescência são problemas cada vez mais frequentes neste país (Dickman, 1983). As preocupações relativas a filhos do sexo masculino são um tanto diferentes. Os pais de um menino podem preocupar-se mais com a possibilidade de que seus interesses sexuais o distraiam de seus estudos e prejudiquem seu futuro do que em relação à exploração sexual.

Normalmente, os pais que estão à vontade com sua própria sexualidade conseguem aceitar melhor a sexualidade aumentada dos adolescentes e transmitir a sua aceitação. Igualmente, quando o lar é um lugar em que a informação é abertamente compartilhada, há maiores possibilidades de estabelecer limites realistas, sensíveis, e de tolerar transgressões menores. Isso proporciona ao adolescente uma estrutura de aceitação para expressarem e experimentarem este novo e importante aspecto de suas vidas. Por outro lado, se a crescente sexualidade do adolescente é negada, ignorada ou rejeitada pelos pais, as possibilidades de desenvolvimento de um autoconceito sexual positivo ficam diminuídas. A probabilidade de sentimentos aumentados de alienação entre os adolescentes e seus pais é maior, e os riscos de atividade sexual prematura, excessiva ou perigosa ficam maiores.

As experiências pessoais com a sexualidade influenciam a maneira pela qual os pais estabelecem limites e expectativas, e afetam a extensão em que eles incluem o adolescente no processo de estabelecer normas. Em geral, os pais que tiveram experiências positivas em casa e com os companheiros durante a sua transformação sexual estarão mais inclinados a proporcionar experiências semelhantes aos seus filhos do que aqueles que foram negligenciados, rejeitados ou sexualmente abusados. Isso não significa que todos os pais que tiveram essas experiências negativas repetirão o padrão, mas não é incomum observar nas famílias a repetição do abuso, negligência ou rejeição, assim como a recorrência da gravidez adolescente e filhos nascidos fora do casamento.

De fato, os impulsos incestuosos entre o adolescente e o progenitor de sexo oposto provavelmente aumentarão com a emergente sexualidade do adolescente. A energia e inaceitabilidade desses impulsos se transformam facilmente em um conflito maior. Talvez o adolescente se comporte de forma tão horrível a tornar mais fácil para os pais deixá-lo ir, e talvez os pais sejam tão difíceis a tornar mais fácil para os adolescentes querer ir. Um relacionamento anteriormente especial e amoroso entre pai e filha pode evoluir rapidamente para um relacionamento hostil, com o pai sendo possessivo e punitivo e a filha, provocadora. As mães que são especialmente próximas de seus filhos (homens) podem sentir confusão e conflito quando eles começam a exigir mais privacidade e distância em relação a elas. O desejo da mãe de proximidade pode ser recebido com agressão e rejeição, e ela, magoada, pode reagir de maneira semelhante.

Os pais e filhos do mesmo sexo, por outro lado, tendem a se envolver em lutas mais competitivas. Uma suposição extensivamente discutida, especialmente na teoria psicanalítica, é a de que eles competem pela atenção e pelo amor do progenitor de sexo oposto (Freud, 1962; Blos, 1962). Uma outra suposição, entretanto, é a de que eles competem em função de suas percepções conflituantes dos papéis de gênero apropriados. Uma vez que os adolescentes parecem ser mais estereotipados em sua visão dos comportamentos masculinos e femininos do que qualquer outro grupo de idade (Hopkins, 1983), parece natural que eles enfrentem e desafiem o comportamento paterno que não se conforma às suas percepções. Portanto, a luta global durante a adolescência pode ser mais intensa com o progenitor do mesmo sexo, que normalmente serve como o principal modelo de papel durante a infância. Com certeza, grande parte do conflito entre pais e adolescentes reflete as diferenças na maneira pela qual cada geração interpreta os estereótipos e o duplo padrão em relação aos papéis sexuais que existem nesta sociedade.

Embora a tendência geral seja em direção ao colapso deste duplo padrão, as adolescentes continuam a apresentar um maior comprometimento emocional em suas experiências sexuais do que os garotos (Peplau, 1976; Schulz e colaboradores, 1977). Entre adolescentes de ambos os gêneros, a tendência parece ser a de iniciar mais cedo os relacionamentos sexuais (Jessor & Jessor, 1975). Isso significa que a maioria dos pais de adolescentes terá de revisar seus padrões e atitudes em relação a papéis sexuais, e possivelmente fazer mudanças que se ajustem melhor às normas sexuais cada vez mais liberadas. Para muitos pais, essa pode ser uma tarefa muito difícil, especialmente se seus valores estão de acordo com o duplo padrão mais tradicional.*

Identidade: transformação do eu

A identidade se refere à opinião pessoal de alguém sobre quais traços e características o(a) descrevem melhor. Esta autoestrutura sofre a sua maior transformação durante a adolescência (Marcia, 1980), quando parece tornar-se mais abstrata e psicologicamente orientada.

As tentativas de compreender esse processo basearam-se principalmente nas teorias de Freud e Erickson. Freud centrou-se nos impulsos sexuais e no processo de individuação (Blos, 1962), enquanto Erickson (1968) identificou a adolescência como o período em que os indivíduos experienciam uma crise de identidade, que, quando resolvida, leva a um comprometimento com conceitualizações e ocupações sociopolíticas.

Uma questão crítica que essas teorias negligenciam é a de que, à parte das óbvias características físicas que distinguem os homens das mulheres, existem diferenças básicas na maneira pela qual ambos os sexos estruturam a sua identidade. Poucos estudos tratam desta questão, mas aqueles que o fazem parecem apoiar a suposição geral de que as mulheres dependem mais dos relacionamentos e conexões que estabelecem e mantêm, ao passo que os homens enfatizam a separação e a individuação (Chodorow, 1974; Gilligan, 1982). Baseadas em estudos sobre homens, a maioria das teorias desenvolvimentais supõe que os padrões masculinos são a norma. Isso criou uma dupla mensagem para as mulheres nesta sociedade, uma vez que os traços que caracterizam o conceito de "mulher ideal" são diferentes daqueles que descrevem o "adulto

---

* N. de T.: Parágrafo com erro de impressão. Uma linha inteira foi repetida e uma linha inteira omitida. O sentido da frase, entretanto, está claro. Como a única referência bibliográfica de 1975 é a de Jessor & Jessor – sobre a perda da virgindade – a frase pôde ser "deduzida".

ideal" (Broverman e colaboradores, 1970). O "adulto ideal" é visto como tendo mais dos traços que caracterizam o "homem ideal". Esta inconsistência nas expectativas de papel torna a consolidação do gênero especialmente difícil para as mulheres durante a adolescência, quando este processo parece estar acentuado. Os adolescentes do sexo masculino que não possuem identidades fortemente tipificadas em termos de papel sexual também podem experienciar maior dificuldade do que os seus correlativos mais "masculinos".

Independentemente das diferenças nas estruturas teóricas e no gênero, a súbita e dramática aceleração da formação da identidade que ocorre durante a adolescência pode tornar-se uma fonte de excitação e energia, mas também de conflito, para os adolescentes e suas famílias. Uma capacidade recentemente descoberta de formular hipóteses intelectuais expande a criatividade adolescente e os sentimentos de domínio (Inhelder & Piaget, 1958). Eles se tornam filósofos amadores e juízes morais de valores e costumes sociais, muitas vezes agindo com embaixadores entre o lar e a comunidade, trazendo novas ideias e atitudes que servem como catalisadores para a mudança de outros membros da família. Sua propensão a questionar e desafiar normas e padrões tende a desencadear transformações em casa, na escola e na comunidade.

A luta para obter uma autoimagem separada, clara e positiva também pode trazer confusão e imobilização para os adolescentes e suas famílias. Novas experiências no mundo podem submetê-los à ansiedade, desapontamento, rejeição e fracasso. Assim como com roupas e estilos de cabelo, os papéis podem ser experimentados, apreciados brevemente e então descartados ou adotados, numa tentativa de fixar um senso de eu. Embora alguns desses papéis sejam consistentes com os valores familiares, eles frequentemente desafiam, se não agridem, os costumes da família.

Enquanto tentam estabelecer a autoidentidade, os adolescentes muitas vezes discordam dos pais em relação a ideias, crenças e valores. Comentários como: "Meus pais são tão antiquados, eles não conseguem me entender", ou "Eu jamais vou querer ser como meus pais, eles são tão chatos" são familiares para aqueles que trabalham com adolescentes. Também facilmente reconhecíveis são os comentários paternos tipo: "Eu era tão diferente nessa idade", "Eu não ousava questionar meus pais", ou "Eu não consigo acreditar que as meninas telefonam para os garotos e os convidam para sair". Essas diferenças tendem a criar conflito entre as gerações, e às vezes levam a lutas a respeito de regras, papéis e relacionamentos. O medo do conflito pode fazer o adolescente evitar fazer perguntas ou compartilhar ideias, e isso cria distância e falta de confiança.

Os pais com um forte senso de eu provavelmente serão menos reativos aos desafios adolescentes. Isso não significa que eles não sentirão confusão ou medo, mas eles talvez não pessoalizem tanto suas reações. Em vez de se sentirem atacados ou ameaçados pelas críticas, eles farão perguntas, ouvirão explicações e compartilharão sentimentos – métodos que ajudam os pais e os adolescentes a negociarem diferenças e conflitos (Offer e colaboradores, 1981).

Uma vez que o gênero sempre foi um aspecto integral da autoidentidade, os relacionamentos entre filhos e pais do mesmo sexo têm um poderoso efeito sobre o processo de identificação de gênero durante a adolescência. As opiniões dos adolescentes sobre quem eles são estarão fortemente conectadas aos seus sentimentos sobre ser homem ou mulher. Os relacionamentos com o progenitor do sexo oposto são também igualmente influenciadores para validar o senso de identidade de gênero do adolescente, e, em certa extensão, serve como um programa para moldar futuros relacionamentos com o sexo oposto.

Embora sempre haja exceções, a regra é a de que as filhas aprendem a ser mulheres com suas mães, e os filhos aprendem com os pais a ser homens. Infelizmente, em sua tentativa de oferecer modelos de papel positivos, os pais muitas vezes ensinam ideais acerca de papéis sexuais, em vez de comunicar a seus filhos o valor de sua própria experiência. Betty Carter (1980) descreve claramente este padrão:

> As mães, num esforço para cumprir sua responsabilidade, criando filhos perfeitos, costumam dizer às filhas aquilo que julgam ser benéfico, em vez de dizer como elas realmente se sentem, especialmente no que se refere ao transmitir suas dúvidas, medos, lutas e incertezas. Assim, tentando desesperadamente serem "boas mães" e orientarem suas filhas, elas sonegam sua *experiência pessoal mais profunda e* tentam transmitir a suas filhas *como deveria ter sido e como querem que seja para suas filhas* – em vez de como *realmente é ou foi para elas* (página 16).

Lutando por ideais, os adolescentes muitas vezes sentem os pais como hipócritas, e raivosamente recusam conselhos. Um padrão semelhante acontece entre pai e filho. Em outras palavras, aquilo que os pais dizem frequentemente não é aquilo que eles fazem. As inconsistências nesse processo são tão inevitáveis quanto o conflito que emerge quando os adolescentes enfrentam e desafiam as diferenças.

Autonomia: transformação da tomada de decisões

Os adolescentes precisam aventurar-se fora de casa para se tornarem mais autoconfiantes e independentes. As alianças fora de casa aumentam, e a influência dos iguais se torna mais forte. Embora precisando de atendimento e aceitação para desenvolverem identidades separadas, eles também precisam de permissão e encorajamento para se tornarem mais responsáveis por si mesmos. Autonomia não significa desconectar-se emocionalmente dos pais, mas significa na verdade que um indivíduo não é mais tão dependente dos pais em termos psicológicos, e que tem mais controle sobre a tomada de decisões em sua vida.

Evidentemente, da perspectiva adulta, as decisões do adolescente, numa época de escolhas comportamentais rapidamente expansíveis, podem deixar muito a desejar. A distinção entre escolhas meramente insensatas e frustrantes e aquelas que são autodestrutivas, inclusive trazendo risco de vida, muitas vezes é difícil de determinar. A incerteza sobre quando e como agir é comum para os pais de adolescentes. O seguinte exemplo descreve como as decisões sobre disciplina e/ou proteção se tornam mais difíceis quando os riscos para todos os envolvidos são maiores.

> Os Proust estão ficando cada vez mais ansiosos e indecisos acerca de como lidar com Wendy, que, com 15 anos de idade, é a sua filha mais velha. Será que ela deve ter uma hora para voltar para casa, à noite? Se deve, que hora será essa? Eles devem continuar a controlar seu trabalho escolar? Insistir para que participe de "eventos familiares"? E em relação a festas? Vários de seus amigos não ficaram completamente bêbados em uma festa há duas semanas? E sobre o controle de natalidade? O boato do recente aborto de sua amiga Olivia aumenta os medos dos Proust. E há o exemplo de Joe, que mora no quarteirão, uma criança aparentemente sadia, amigável. Agora, aos dezessete anos, está sempre drogado e se envolvendo cada vez mais em séria delinquência.
>
> A mãe de Wendy se lembra, ressentidamente, das restrições de sua própria adolescência. Wendy não deveria ter a oportunidade de divertir-se da qual ela foi privada? É verdade, às vezes ela toma algumas decisões insensatas, mas não é assim quando estamos crescendo? Talvez fosse melhor se ela soubesse que seus pais confiam nela, mas ousarão eles? Seu pai estava angustiado com a possibilidade de sua filha ser sexualmente atacada ou maltratada de alguma outra maneira. Mas o que ele deveria fazer?
>
> Wendy quer ser popular e ter amigos. Ela quer um namorado, e está curiosa em relação a sexo. Mas e seus pais? Como reagirão? E seus amigos? Arme e June têm namorados mas não fazem sexo, mas Mary e Sue falam sobre isso o tempo todo. Mas, se ela ficar grávida, a quem

poderá contar? Seus pais a obrigariam a fazer um aborto, como os pais de Olivia? É claro, existe o controle da natalidade, mas ela fica muito constrangida para perguntar. Ela também tem medo de drogas, mas é difícil resistir quando as festas estão cheias de drogas e a maioria dos garotos na escola experimentou pelo menos maconha e álcool.

Descobriu-se que os adolescentes tendem a buscar mais autonomia nas famílias em que são encorajados a participarem das tomadas de decisão, mas em que os pais fundamentalmente decidem o que é adequado. Nesse tipo de família, os adolescentes também tendem a seguir o modelo dos pais e a buscar amigos que os pais aprovem. Em contraste, os adolescentes criados em famílias em que as decisões e a autorregulação são limitadas tendem a ficar mais dependentes e menos seguros (Newman & Newman, 1979). Como os pesquisadores observam, esses achados colocam um paradoxo intrigante: "As mesmas condições para desenvolver um senso de independência também constróem um vínculo de proximidade e afeto entre pais e filhos" (página 230).

Manter o controle e ser ao mesmo tempo objetivo, apoiador e democrático não é uma tarefa fácil para a maioria dos pais, especialmente quando se sentem julgados e criticados por seus próprios filhos. A tolerância paterna tenderá a ser baixa se eles não conseguiram obter autonomia emocional em relação aos seus próprios pais. Da mesma forma, se os pais têm conflitos não resolvidos um com o outro, sua capacidade de aceitar o desejo de autonomia do adolescente fica prejudicada. O adolescente pode então ficar triangulado em lutas de poder entre os cônjuges ou entre os pais e os avós, o que complicará o processo aumentando a tensão, a insatisfação, o desentendimento e o conflito, para todos.

Embora a adolescência seja uma época em que tanto os meninos quanto as meninas buscam regularmente a autonomia em relação aos pais, foram encontradas diferenças na maneira pela qual cada um realiza a tarefa. Douvan e Adelson (1966), num estudo antigo mas ainda relevante, descobriram que os meninos pareciam ser comportamentalmente dependentes por um período mais longo do que as meninas. Entretanto, eles pareciam conseguir autonomia emocional mais rapidamente do que elas. Seus achados também implicam que a independência é uma preocupação mais importante para os meninos do que para as meninas, e que as expectativas paternas parecem reforçar o padrão. Estudos mais recentes indicam que essas diferenças talvez ainda sejam válidas (Gilligan, 1982).

As expectativas de papel de gênero certamente influenciam os adolescentes conforme eles passam a tomar decisões em relação a objetivos de vida. As famílias tradicionais encorajavam mais os filhos do sexo masculino a progredirem em termos educacionais e ocupacionais, a viverem independentemente e a se sustarem financeiramente. Recentemente, as mulheres passaram a exigir as mesmas oportunidades e as famílias com filhas adolescentes estão fazendo escolhas que desafiam os valores mantidos pelas gerações anteriores. Quando não existem protótipos para proporcionar modelos de papel, o conflito e confusão normalmente experienciados durante essa fase podem aumentar dramaticamente para as famílias com filhas adolescentes.

Para que os adolescentes dominem as tarefas desenvolvimentais discutidas aqui, a família deve ser forte, flexível e capaz de suportar o crescimento. Isso geralmente é mais fácil com cada filho sucessivo, e particularmente difícil se a díade conjugal fica severamente ameaçada. Por exemplo, o caso de Tom Murphy, de 17 anos, ilustra algumas das mudanças que podem ocorrer durante a adolescência quando o filho está num triângulo com pais que estão em briga.

> A adolescência aumentara os medos de Tom, na medida em que ele sentia uma urgência em diferenciar-se e em ficar mais autônomo. Ele não queria mais ser engenheiro, conforme seus pais estavam planejando para ele, mas passara a interessar-se por iluminação e teatro, e estava gostando de trabalhar com um grupo semiprofissional. Seus pais, entretanto, desaprovavam este

interesse, e insistiam constantemente em que ele fosse para a faculdade. A ideia de ir embora para a faculdade o deixava assustado. Ele ficava ansioso com a perspectiva de morar numa casa de estudante e de deixar seus pais sozinhos com todos os seus conflitos não resolvidos. Incapaz de falar livremente em casa sobre suas inseguranças, e sem amigos íntimos. Tom ficara deprimido.

Com medo de provocar brigas, ele evitava conversar com os pais, e recusava-se a ir a lugares com eles, especialmente com sua mãe, para quem fora companhia constante. Na escola, ele desistiu, deixando de fazer tarefas necessárias para a graduação e abandonando os cursos pelos quais não se interessava. Seu comportamento alarmou os professores a ponto de eles pedirem ao psicólogo para vê-lo. Quando os pais ficaram sabendo, reagiram com medo e raiva, confusos com o seu comportamento, que eles sentiram como uma rejeição aos seus valores e esforços para proporcionar-lhe um bom futuro.

Tom ficara preso num clássico triângulo, tentando agradar aos pais e sentindo-se responsável por suas discussões. Mas satisfazer a um dos pais significava desapontar o outro. As discussões e os problemas conjugais nesta família aconteciam há anos. A Sra. Murphy estava muito insatisfeita com o relacionamento conjugal e dizia que Tom, seu único filho, era a única razão pela qual ela permanecia casada. O Sr. Murphy estava ressentido e tentava minimizar os problemas, afirmando que ela e Tom estavam contra ele. Esmagados pelos conflitos em seu casamento, o Sr. e a Sra. Murphy haviam sido incapazes de encarar de modo objetivo e de apoiar a busca de autonomia de Tom. Um comportamento que de outra forma poderia ter sido interpretado como um movimento em busca de autonomia foi experienciado por eles como uma aliança conluiada de Tom com um dos pais, contra o outro. Seu crescimento representava uma ameaça ao sistema, especialmente ao relacionamento dos pais. Numa situação dessas, a terapia familiar pode ser extremamente útil.

Apego, separação e perda durante a adolescência

Todas as transformações ameaçam apegos anteriores. A tarefa da adolescência desencadeia sentimentos de perda e medos de abandono na maioria das famílias. Na medida em que os adolescentes fortalecem suas alianças fora, sua menor participação em casa é frequentemente experienciada por outros membros da família como uma perda. Na verdade, a transição da infância para a adolescência assinala uma perda para a família – a perda da criança. Os pais muitas vezes sentem um vazio quando os adolescentes passam a ter maior independência, pois não são mais necessários da mesma maneira e a natureza de seus cuidados precisa mudar.

As dificuldades inerentes à tarefa de separação são maiores quando o sistema de apoio paterno não está funcionando ou não está disponível, e não existem adultos que possam proporcionar assistência. Em tais condições, é provável que os pais se sintam esmagados e respondam tentando controlar arbitrariamente seus adolescentes ou desistindo completamente do controle.

Tentar controlar arbitrariamente os adolescentes pode levar a um comportamento seriamente sintomático. Esse tipo de controle muitas vezes é observado nas famílias em que, como Stierlin (1979) sugere, operam forças centrípetas para evitar que os membros deixem o sistema. Por exemplo, as famílias que experienciaram perdas e rejeições precoces tendem a tornar-se superprotetoras, e os pais podem tentar exercer o controle reforçando comportamentos excessivamente infantis. A mensagem dada é a de que a separação é perigosa, e são feitos esforços extremos para proteger os membros, especialmente os filhos, de ameaças externas. Através da mistificação, ou exigindo laços tão fortes de lealdade que surge uma imensa culpa quando a separação é considerada, a família permanece fechada e isolada dos outros. Os membros das famílias assim vinculados tentam satisfazer as exigências uns dos outros, mas deixam de promover o crescimento. Em resultado, os adolescentes podem ficar paralisados quando sentem a urgência de crescer mas ficam em casa para satisfazer as necessidades dos pais. Os pais experienciam um dilema semelhante quando os medos de perda interferem com suas tentativas de ajudar os filhos a crescerem. O dilema muitas vezes é resolvido pela adoção de um comportamento sintomático.

Com frequência, as famílias se descobrem presas em brigas para as quais a única solução parece ser uma separação prematura. Os pais que ficam esmagados pelas tarefas da adolescência podem desistir de toda a responsabilidade e deixar que autoridades externas assumam o controle. Frustrados e sentindo-se impotentes para mudar o comportamento dos adolescentes delinquentes ou emocionalmente perturbados, eles podem pedir aos tribunais, às agências sociais ou aos hospitais para tirá-los de casa. Os adolescentes também podem casar-se precipitadamente, ir viver com amigos ou namorados, e às vezes fugir, numa tentativa de escapar dos conflitos do lar. Num extremo, existem aqueles adolescentes que são essencialmente expulsos de suas famílias. Nessas famílias, como Stierlin (1979) sugere, parece haver forças centrífugas que impelem o adolescente para fora do sistema. Por exemplo, os pais que foram abusados ou negligenciados tendem a abusar e rejeitar quando perdem o controle e se sentem impotentes. Especialmente quando os pais são emocionalmente perturbados ou abusam de substâncias, os adolescentes podem ser forçados a uma autonomia prematura.

A expulsão de adolescentes (Sager e colaboradores, 1983) pode levar a um rompimento familiar permanente. Esse tipo de separação, embora menos intensa do que aquela que se segue à morte, possui ramificações significativas e traumáticas. No caso do adolescente que é expulso ou foge de casa, o índice de acidentes violentos, infligidos por outros ou pela própria pessoa (incluindo superdose por droga), é alto. A vulnerabilidade à exploração também é alta. Desemprego, subemprego, prostituição e envolvimento com um parceiro abusivo são consequências mais prováveis para o adolescente sem apoio familiar. Os membros remanescentes da família que expulsou ou foi abandonada provavelmente enfrentarão uma culpa aumentada, acusações mútuas, autorrecriminação, amargura, contínua raiva, depressão e sentimentos de perda não resolvidos. A capacidade familiar de seguir em frente em seu próprio curso de ciclo de vida pode ficar severamente comprometida. Ambos os pais e outros adolescentes, ou quase adolescentes, da família são significativamente afetados pela experiência ao tentarem negociar suas próprias transições.

Toda mudança implica a aceitação da perda. Os pais, às vezes, incapazes de lidar com a perda do filho dependente, passam por séria depressão. Da mesma maneira, o adolescente precisa lidar com a perda do eu infantil e da família como a fonte primária de amor e afeição. A perda de um primeiro vínculo romântico também pode desencadear depressão nos adolescentes.

A perda precoce na história de um dos pais pode tornar esse estágio bem difícil. Vários estudos descobriram conexões de ciclo de vida entre a perda precoce ou o rompimento do ciclo de vida e o desenvolvimento posterior de sintomas (Orfanidis, 1977; Walsh, 1978). Eles também descobriram uma correlação entre a morte de um avô na mesma época do nascimento de um neto, e os padrões de desenvolvimento de sintomas dessa criança durante a adolescência.

No seguinte exemplo, tanto o Sr. quanto a Sra. Olson haviam sofrido perdas trágicas e imprediziveis em estágios iniciais de sua vida. O divórcio, o suicídio, rompimentos emocionais e doença física haviam sido usados em gerações anteriores como soluções para conflitos emocionais.

> O Sr. Olson, filho único, lembrava-se de estar sempre preocupado com a saúde da mãe e com medo de perdê-la. Quando era bebê, ele perdera o pai, que morrera inesperadamente de pneumonia. Sua mãe jamais casara novamente. A Sra. Olson também era filha única, e seus pais haviam se divorciado quando ela tinha treze anos. Ela se sentira rejeitada e abandonada, sentimentos que aumentaram quando ambos os pais casaram novamente, e quando sua mãe cometeu suicídio, depois da morte do padrasto. Naquela época, ela ficara sabendo por uma prima que

sua avó materna também cometera suicídio, assim como a irmã da prima. O pai da Sra. Olson morrera de um ataque cardíaco dez anos depois do casamento dela. A Sra. Olson também se sentia rejeitada por sua sogra, que se ressentira com o casamento e não se interessava nem por ela nem pelas netas. Agora, ela também se sentia rejeitada pelo marido e pelas filhas, sempre que discordavam dela. Ela costumava expressar sua raiva e mágoa, enquanto o Sr. Olson retraía-se emocionalmente, fazia comentários sarcásticos e às vezes explodia zangadamente.

Quando sua filha Christina entrou na adolescência, começou a expressar suas ideias mais claramente. Naquela mesma época, a Sra. Olson também passou a expressar mais a sua desaprovação e raiva em relação ao Sr. Olson. Ela quisera divorciar-se, mas não o fizera quando ele prometera mudar. Eles haviam tentado esconder isso das filhas, mas Christina percebera. Desde então, seu pai estava tentando realmente mudar, especialmente passando a conversar durante o jantar.

Dois anos mais tarde, Christina desistira de qualquer sinal de rebelião. Ela aproximara-se muito da mãe, compartilhando os mesmos interesses e falando abertamente sobre suas preocupações em relação à escola e seus problemas com os amigos. Ela se afastara dos amigos e limitara os contatos sociais. Tornara-se muito importante para ela diferenciar-se de seus amigos e não tomar parte em seu comportamento infantil. Ela idolatrava a mãe, tinha medo da desaprovação do pai, e estava preocupada com o retraimento de sua irmã Sylvia em relação à família. Sylvia, que também entrara na adolescência, começara a passar mais tempo com os amigos e a se interessar por música *rock*.

Recentemente, Christina também começara a se preocupar com seu peso. Sua perda de peso e medos em relação à comida também se tornaram uma fonte de preocupação para toda a família. Ambos os pais tentavam ativamente alimentá-la, e Sylvia começara a conversar mais com ela. Todos ficaram alarmados quando o pediatra de Christina diagnosticou uma anorexia nervosa e os encaminhou à terapia.

Em resposta ao extremo medo de que os pais se divorciassem num momento tão vulnerável de sua vida, Christina começou a mudar, de uma maneira que servia para proteger a família. Os próprios pais estavam assustados com os sentimentos de perda e rejeição. Eles estavam tentando não repetir os padrões que, em suas famílias de origem, haviam levado a divórcio, suicídio e relacionamentos emocionais conflituantes.

Fatores socioculturais influenciando a família

A classe social, educação, raça, etnicidade, sexo e local de residência influenciam fortemente o ciclo de vida das famílias. Por exemplo, a experiência das famílias pobres com adolescentes é significativamente diferente daquela das famílias de classe média e alta. Os adolescentes das famílias pobres normalmente deixam a escola mais cedo para procurar emprego, numa tentativa de se tornarem financeiramente independentes. Infelizmente, sua falta de experiência torna difícil o sucesso. A resultante frustração, combinada com a pressão de viver numa casa com recursos limitados, pode levá-los a partir precipitadamente ou a serem postos para fora pela família. Nessas famílias, os pais têm dificuldade com a definição de seus próprios papéis, e não conseguem proporcionar a orientação e o controle que ajudariam os filhos a dominarem a adolescência. A possibilidade de envolvimento com crime, prostituição, drogas e alcoolismo é muito alta nesse grupo.

Em anos recentes, foi dada mais atenção ao significativo papel que a etnicidade e a cultura desempenham na vida das famílias. Os padrões de relacionamento são profundamente influenciados por valores e atitudes étnicos transmitidos através das gerações. Os grupos étnicos diferem notavelmente nos rituais utilizados para facilitar os estágios de ciclo de vida (Capítulo 3). Por exemplo, os anglo-americanos tendem a promover a separação precoce dos adolescentes e sua transição para a idade adulta (McGill & Pearce, 1982). Diferentemente da maioria das famílias italianas, hispânicas e judias, eles não lutam para manter os filhos perto de casa. McGill e Pearce (1982) observam que os anglo-americanos são bons em promover a separação, mas talvez ofereçam orientação e apoio insuficientes para os adolescentes. O resultado poderia ser uma separação prematura que conduz a uma identidade pseudoadulta e ao estabelecimento de relacionamentos imaturos, numa tentativa de substituir a família.

Em contraste, as famílias portuguesas, embora também esperem que os adolescentes façam cedo a transição para a idade adulta, manejam a separação de modo muito diferente. Os adolescentes são encorajados a encontrar emprego e contribuir financeiramente no lar, exatamente como os adultos. Entretanto, em termos sociais e emocionais, espera-se que eles permaneçam leais e sob a supervisão de seus pais (Moitoza, 1982). Espera-se que vivam em casa até casarem. Sair de casa antes do casamento traz o risco de serem banidos pela família. Quando essas expectativas são desafiadas, podem ocorrer sérios conflitos entre os pais e os adolescentes. A interação e o contato pais-adolescente pode diminuir substancialmente ou cessar. Esses rompimentos obviamente interferem com transições sadias para a idade adulta.

Um outro fator que influencia os adolescentes e suas famílias é o tipo de comunidade em que residem. Por exemplo, a pressão e expectativas experienciadas pelas famílias que moram em áreas rurais são diferentes daquelas experienciadas pelas famílias das áreas urbanas. Os adolescentes que crescem em cidades tendem a ser menos dependentes de suas famílias para a recreação. Com o transporte público e uma maior concentração de opções recreacionais, aumenta seu potencial para a atividade independente. De modo geral, eles estão expostos a uma maior diversidade de estilos de vida e de modelos de papel, tanto positivos quanto negativos. Isso pode aumentar a distância entre os pais e os adolescentes e escalar os conflitos normais desse estágio. Os pais talvez não consigam tanto seguir o rasto dos amigos dos filhos e seu paradeiro, ou talvez se preocupem menos em fazê-lo do que os pais suburbanos ou rurais.

Em contraste, os adolescentes das áreas suburbanas e rurais, devido à distância geográfica, podem ficar isolados de seu grupo de amigos e dependentes da família para o transporte e estimulação social. Uma maior dependência em relação à família pode intensificar a luta adolescente normal pela independência ou tornar mais lento o processo de crescimento. A aquisição de uma carteira de motorista e a disponibilidade de um carro representam um evento transicional que permite um aumento significativo das ações independentes do adolescente.

O divórcio é outro fator social que tem um tremendo efeito sobre as famílias com adolescentes. Peck e Manocherian (Capítulo 15) descrevem alguns dos padrões que emergem nas famílias em que os adolescentes não conseguem manter uma distância apropriada dos conflitos paternos depois do divórcio ou da separação. A mudança na estrutura familiar pode provocar uma falta de clareza nas fronteiras e uma intensificação dos vínculos entre pais e adolescentes. Os adolescentes podem assumir papéis adultos num esforço para substituir o cônjuge ausente e apoiar o progenitor que ficou. Os pais solteiros que não contam com uma rede de amigos às vezes dependem inadequadamente dos filhos para apoio emocional. O caso da Sra. Callahan ilustra algumas das questões e padrões que podem tornar-se salientes nas famílias de pais solteiros durante a adolescência.

> A Sra. Callahan, uma porto-riquenha de 39 anos de idade, viera para os Estados Unidos depois de concluir a universidade. Ela partira para evitar conflitos com os pais, especialmente com sua mãe, que sentia como rejeitadora. Ela e os pais sempre haviam morado com a família ampliada do pai. Crescendo, a Sra. Callahan sentira-se mais próxima da família ampliada do pai do que da mãe, que, segundo ela, a ignorava e criticava. De acordo com a Sra. Callahan, sua mãe sempre se sentira rejeitada pela família do pai, e ressentia-se de sua proximidade com eles.
>
> A Sra. Callahan casara com o Sr. Callahan, um irlandês, logo depois de vir para este país. Dois anos mais tarde, depois do nascimento de Clara e grávida de Sônia, a Sra. Callahan ficou sabendo que o marido estava tendo um caso. Ela ficou zangada e magoada, sentindo-se traída, abandonada e rejeitada. Ela tentou esquecer e fazer o casamento funcionar, mas depois de oito

As mudanças no ciclo de vida familiar **235**

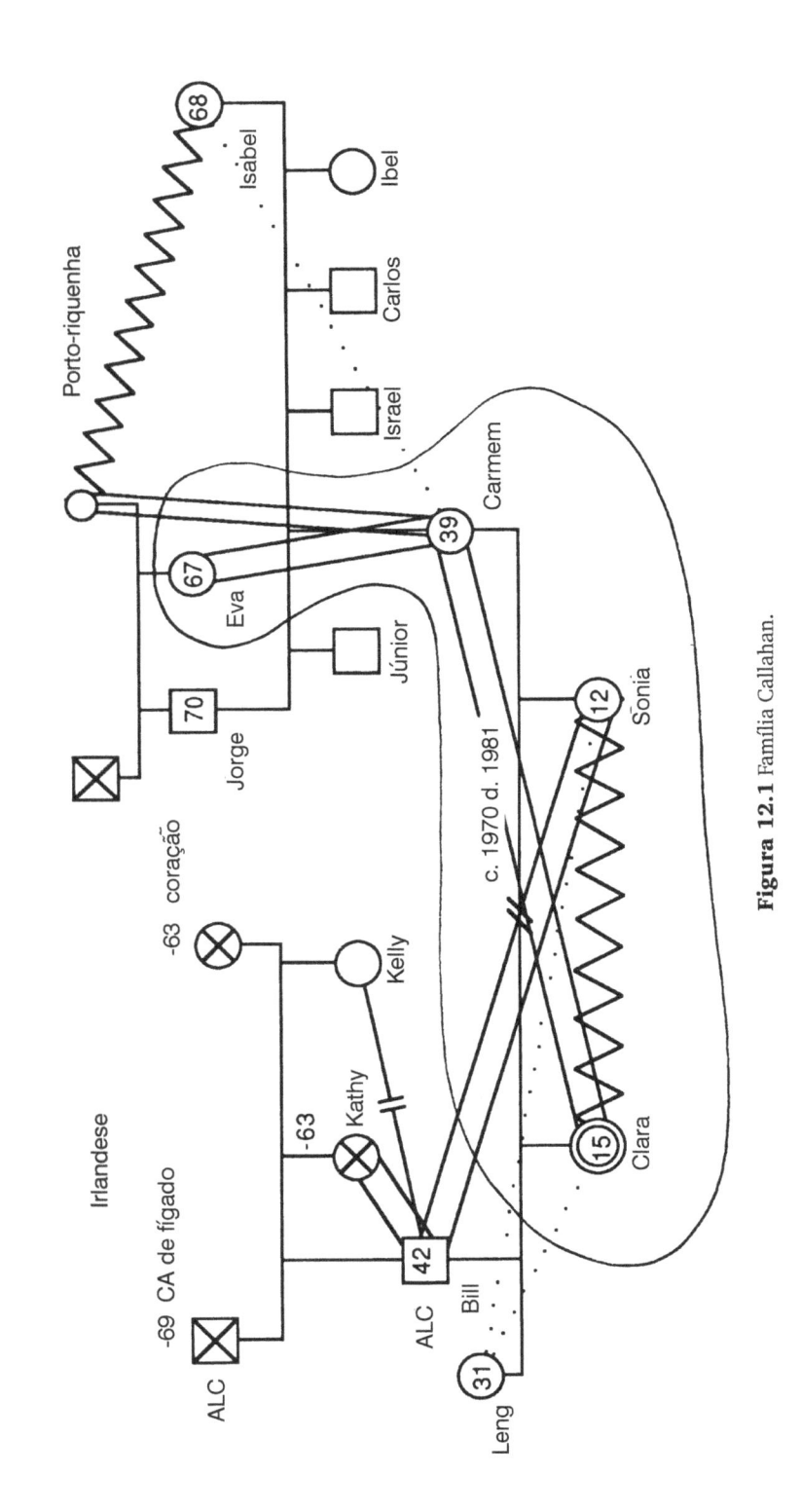

Figura 12.1 Família Callahan.

anos resolveu divorciar-se dele. Ela não conseguia perdoar e confiar, e ele começara a usar o álcool para lidar com seus sentimentos. Ele sentira-se culpado pelo caso, e magoado e zangado com o divórcio, que não desejava. Ela preocupava-se com o fato de ele beber, sentindo que, em algum nível, sua rejeição causara os problemas dele. Incapazes de resolverem seus conflitos, o divórcio tornou-se a solução.

O divórcio fora traumático para todos eles, especialmente para Clara, que estava com dez anos na ocasião, e para Sônia, que estava com quase oito. O Sr. Callahan continuara a ser um pai responsável, e, com a concordância da Sra. Callahan, tinha contatos frequentes com as meninas. As visitas aconteciam na casa da Sra. Callahan, pois ela não confiava nele quando bebia. Ela temia que ele perdesse o controle ao dirigir ou fizesse avanços sexuais em relação às meninas. Ela não tinha nenhuma prova disso; ela perguntara às meninas a respeito e sabia que ele as amava, mas não podia confiar num alcoolista.

Cinco anos mais tarde, a Sra. Callahan ainda não havia casado novamente. Ela voltara a estudar e estava trabalhando como profissional; entretanto, temendo ser rejeitada, isolara-se de seus amigos, investindo sua energia em ser uma boa mãe. Antes do nascimento das filhas, ela havia decidido ser um tipo de mãe muito diferente do que tivera. O Sr. Callahan, ao contrário, casara-se com uma mulher oriental, de quem as meninas não gostavam. Essa nova esposa não se envolvia muito com elas, e a Sra. Callahan temia que o Sr. Callahan também perdesse o interesse pelas filhas. Ela às vezes arrependia-se do divórcio, achando que deveria ter sido mais compreensiva.

Na escola, Clara, que estava agora com 15 anos, não estava se saindo bem, e escrevera recentemente uma carta para a mãe, na qual ameaçava fugir e matar-se. Sua mãe ficou assustada e zangada, não querendo escutar as críticas e queixas da filha. A expressão de insatisfação de sua filha fora extremamente dolorosa. Ela estava se sentindo rejeitada novamente, desta vez por sua filha. Ela achava que havia se sacrificado tanto por elas, e não conseguia perdoar a ingratidão de Clara. Clara, que sempre fora muito apegada à mãe, queria agradá-la, mas, sentindo necessidade de tornar-se autônoma, ficou confusa e assustada por a mãe ter reagido com dor e raiva quando ela tentou diferenciar-se. Ela conseguiu falar sobre isso com uma professora na escola, que telefonou para a Sra. Callahan e sugeriu terapia.

As intervenções terapêuticas que ajudaram essa família serão discutidas mais tarde com maiores detalhes. Entretanto, ajudar a Sra. Callahan e suas filhas a conversar sobre o divórcio, o alcoolismo do pai e a distância emocional que ela mantinha de sua família permitiu o movimento e a mudança nesta família. Discutir as diferenças relacionadas a valores culturais e os sentimentos confusos de Clara relacionados à sua identidade étnica também foi benéfico.

Um outro fator que este caso elucida é o considerável impacto que a falta da família ampliada ou de outro grupo de apoio provoca sobre a maneira pela qual as famílias manejam a adolescência. Alguns grupos étnicos, como os porto-riquenhos, dependem muito dos membros da família ampliada para ajudá-los com a disciplina dos adolescentes e a clarificação das fronteiras. É comum que os pais porto-riquenhos mandem um adolescente rebelde viver com tios ou padrinhos que sejam mais objetivos para estabelecer limites. Esse movimento também serve para dar um tempo aos pais e aos adolescentes, para que consigam suficiente distância emocional uns dos outros, voltando a ter controle e restabelecendo um relacionamento mais equilibrado. Depender somente da família nuclear, especialmente quando esta é uma família de progenitor único, para controle, apoio e orientação para os adolescentes pode sobrecarregar os circuitos e aumentar os conflitos.

INTERVENÇÃO CLÍNICA DURANTE A ADOLESCÊNCIA

Se existe um momento no ciclo de vida das famílias em que os encaminhamentos para terapia familiar atingem um pico, é provável que seja a adolescência. Embora a maioria das famílias seja capaz de lidar com as demandas dessa transição e seguir em frente, muitas chegam a impasses em que é necessária a ajuda. Elas podem procurar a terapia voluntariamente, mas é comum que sistemas externos, como escolas, tribunais ou médicos as encaminhem ou se envolvam em algum ponto do processo. Entretanto, independentemente da maneira como são encaminhadas, e quer aceitem quer resistam ao encaminhamento, as famílias costumam chegar sentindo-se confusas, zangadas e descontroladas, e apresentam problemas que refletem a incapacidade familiar de lidar com as tarefas da adolescência.

Muitas vezes, as famílias continuam tentando soluções ineficientes para satisfazer as demandas da adolescência. Incapazes de fazerem as mudanças necessárias que facilitam o crescimento, elas se paralisam, repetindo padrões disfuncionais que eventualmente levam ao comportamento sintomático nos adolescentes. Ajudar essas famílias a encontrarem soluções que possam romper esses ciclos, desencadeando uma mudança de segunda ordem, é um objetivo primário da terapia.

Os problemas apresentados pelas famílias com adolescentes variam em severidade e duração, e podem variar de fobia escolar no início da adolescência à esquizofrenia no final da adolescência. Doenças psicossomáticas, distúrbios de alimentação, depressão, comportamento suicida, delinquência, abuso de substâncias, fugas e comportamento impulsivo do adolescente estão entre os mais comuns.

As seguintes intervenções clínicas visam uma abordagem de ciclo de vida aos adolescentes e sua famílias. Sua aplicação será demonstrada utilizando-se como exemplos alguns dos casos discutidos em seções anteriores.

Reestruturando as concepções de tempo da família

Na terapia, a apresentação inicial feita pelas famílias com adolescentes reflete tipicamente a parada do tempo. Paralisados e assustados, eles experienciam o presente como interminável e o futuro como perigoso. Os sintomas que trazem muitas vezes representam a tentativa da família de resolver conflitos criados por sua incapacidade de negociar as mudanças de relacionamento que devem acontecer durante a adolescência. Destinados a resolver o dilema de relacionamento, os sintomas também interrompem a evolução do sistema familiar (McGoldrick & Garcia-Preto, 1982). Nessas famílias, os adolescentes normalmente param de crescer emocionalmente, e às vezes até fisicamente, e os pais muitas vezes parecem incapazes de ajudar seus filhos a crescer. Na maioria dos casos, o caminho fica bloqueado por conflitos não resolvidos que criaram distância emocional entre os pais e os avós e entre os outros membros da família através das gerações. Os padrões presentes somente fazem sentido em relação aos padrões evolutivos totais do sistema (McGoldrick & Garcia-Preto, 1982).

O objetivo de reestruturar as concepções de tempo da família é o de liberar o sistema da situação em que o tempo parou. Investigar o sistema em relação a diferentes esferas de tempo ajuda a identificar os pontos do ciclo de vida em que a família parece paralisada. Perguntas sobre as diferenças entre os relacionamentos familiares no momento em que o sintoma apareceu e em períodos anteriores na história familiar indicam o contínuo processo de mudança numa família cujo senso de tempo foi interrompido. Embora respeitando o valor positivo da atual adaptação sintomática da família, a noção de mudança futura pode ser introduzida no sistema, oferecendo-se novas conexões entre presente e passado e abrindo caminho para novas opções (McGoldrick & Garcia-Preto, 1982).

No caso de Tom e sua família, reestruturar as concepções de tempo da família ajudou a libertar o sistema de ver o presente como infinito e o futuro como perigoso. Perguntar à família se eles concordavam ou discordavam das impressões e reações de cada um em relação ao comportamento de Tom revelou diferenças em seus relacionamentos que os ajudaram a compreender alguns dos padrões que pareciam manter os sintomas presentes. Por exemplo, ficou claro que o Sr. e a Sra. Murphy discordavam em relação a todas as coisas sob o sol, exceto em seus planos para o futuro de Tom. Tom, por outro lado, discordava desses planos para o seu futuro, mas estava com medo de expressar diferenças em casa.

Para obter um quadro mais claro do presente, perguntou-se aos pais sobre as diferenças nos relacionamentos durante sua própria adolescência. Veio à tona que o pai de Tom ficara profundamente magoado e ressentido aos nove anos de idade, quando sua mãe morrera após uma breve enfermidade física. Durante a adolescência, ele saíra de casa e jamais conseguira estabelecer um relacionamento íntimo com seu pai, que ele descreveu como sempre ausente de casa por estar sempre trabalhando para sustentar a família. Ele estava tentando desesperadamente mudar esse padrão com o filho, mas sentia-se bloqueado pela esposa, que sentia como crítica e distante – exatamente como sentira sua madrasta. Ele acusou-a de afastar Tom dele e de transformá-lo num "filhinho da mamãe". Por outro lado, a Sra. Murphy, filha única como Tom, sentira seu pai como crítico e distante, um padrão que estava agora experienciando novamente em seu relacionamento com o marido. Seu pai fora um alcoolista, e seus pais estavam sempre em conflito. Todavia, ela fora cuidada, apoiada e aceita pela mãe, algo que estava tentando repetir com seu filho. Depois da morte de sua mãe, dois anos antes da atual situação, ela sentira-se extremamente triste com a perda, e zangada por seu marido ser incapaz de lhe dar o apoio emocional que necessitava. Ela educara Tom para ser diferente dos homens que conhecia, mas agora ele também a estava rejeitando. Ela acusava o marido de afastar Tom, por não aceitá-lo.

Os padrões observados ofereceram novas conexões para o entendimento dos problemas apresentados. Os relacionamentos entre os pais de Tom e seus avós haviam claramente influenciado a presente situação. A morte da mãe da Sra. Murphy havia desequilibrado a família. Depois dessa morte, a Sra. Murphy ficara mais dependente do filho e do marido para apoio emocional, mas já que ela e o Sr. Murphy estavam em conflito, Tom era pressionado para preencher o vazio. Precisando de orientação e apoio para lidar com os desafios da adolescência, Tom se sentia tão impotente quanto eles. Esvaziada por sua perda, a Sra. Murphy não podia dar e o Sr. Murphy não sabia como dar. Para ajudar a família a mover-se, foi sugerido que o comportamento de Tom era uma tentativa de parar o tempo, porque ele via o futuro como perigoso. Foi dito que em algum nível Tom provavelmente estava com medo de deixá-los sozinhos, porque sentia ser a cola que mantinha a família unida. Perguntas sobre o futuro exploraram as percepções da família de como a partida de Tom afetaria os padrões de relacionamento. Pedir ao Sr. e à Sra. Murphy que visualizassem Tom como adulto e falar sobre o tipo de relacionamento que gostariam de ter com ele no futuro ajudou a esclarecer algumas de suas expectativas presentes. Perguntas sobre seus planos de aposentadoria e velhice fizeram aflorar alguns medos da família em relação à sobrevivência. Fazer a Tom perguntas hipotéticas sobre sua própria maioridade e velhice dos pais clarificou alguns de seus medos e ansiedades em relação ao crescimento.

Pediu-se à família que parasse de fazer planos para o futuro de Tom. Pedimos que se concentrassem no presente, que encontrassem maneiras de ajudar Tom a ficar menos temeroso e mais confiante. Ele precisava aprender a tomar decisões em relação ao seu futuro. A atual situação na escola foi dada como um exemplo do tipo de decisão que ele precisa tomar. O Sr. e a Sra. Murphy foram aconselhados a ficar de lado e deixar que Tom assumisse a responsabilidade por negociar na escola. Sugeriu-se que tentassem esclarecer suas expectativas em relação a Tom, caso ele não fosse para a faculdade. Também foi predito que Tom provavelmente continuaria deprimido até que a família fosse capaz de pensar sobre o futuro de maneira menos desastrosa.

O foco inicial no presente ajudou a família a obter algum controle, ao fazer planos para lidar com o problema imediato. A sugestão de que agora era o momento de eles trabalharem nas tarefas que ajudariam Tom a diferenciar-se e tranformar-se num adulto responsável, permitiu que o presente fosse reestruturado como uma transição no ciclo de vida familiar. Perguntas sobre a adolescência dos pais os ajudou a serem mais objetivos um em relação ao outro, na medida em que faziam conexões entre o passado e o presente. Estimular a família a pensar sobre o futuro introduziu a noção de tempo evolutivo, e a libertou para considerar possibilidades diferentes.

Trabalhando com subsistemas

Trabalhar com subsistemas familiares constitui uma poderosa intervenção para reestruturar e redefinir os relacionamentos, quando as famílias com adolescentes ficam paralisadas em termos desenvolvimentais. Depois de um encontro inicial com toda a família para avaliar padrões, um encontro com os pais e adolescentes, separadamente, aumenta a capacidade do terapeuta de manobrar para apoiar ao mesmo tempo as duas gerações, enquanto clarifica as fronteiras. Isso também ajuda o terapeuta a não ficar preso em lutas de poder, como quando os adolescentes se tornam beligerantes ou se recusam a falar nas sessões (Nicholson, 1986). Encontros com o adolescente e seus irmãos, ou pedir a outros parentes significativos para participarem de algumas sessões, aumenta as informações e abre o sistema para novas possibilidades. Essa intervenção permite ao terapeuta apoiar todas as gerações, ao mesmo tempo em que encoraja uma exploração mais autônoma das questões pelos membros da família (Minuchin, 1974).

Encontros com os pais

A maioria dos pais recebe bem a oportunidade de falar privadamente com o terapeuta a respeito de medos e suspeitas em relação ao comportamento de seu adolescente. O objetivo terapêutico dessas sessões, entretanto, é o de criar uma atmosfera mais segura em que eles se sintam mais livres para serem mais objetivos sobre seus papéis como pais, e explorarem as lutas que talvez enfrentem em outras áreas de sua vida, tais como o casamento, o trabalho, o ser solteiro ou divorciado, ou problemas com suas famílias de origem. Na maioria dos casos, para conseguir engajar os pais dessa maneira, o terapeuta precisa primeiro tratar das preocupações que eles trazem.

O Sr. e a Sra. Olson, por exemplo, estavam extremamente ansiosos para se encontrarem sozinhos com o terapeuta para discutir a anorexia de Christina. Eles tinham milhares de perguntas referentes à peso, hospitalização, e às opiniões e planos do pediatra e do terapeuta em relação ao tratamento. Perguntar a respeito de suas impressões e reações individuais ao sintoma resultou em acaloradas discussões e atritos entre eles. Perguntas sobre como os sintomas estavam afetando seu casamento provocaram uma longa descrição dos problemas conjugais por parte da Sra. Olson, com declarações breves e minimizadoras por parte do Sr. Olson, que de outra forma geralmente concordava com a esposa. A investigação de seus sistemas de apoio revelou que eles não confiavam um no outro, e não tinham amigos ou parentes que pudessem ajudar.

O objetivo imediato dessa sessão foi uni-los como pais, para que lutassem juntos, como uma equipe, para ajudar Christina a crescer. O Sr. e a Sra. Olson foram aconselhados a parar de brigar com ela em relação à comida, mesmo que isso significasse colocar vendas em seus olhos. Foi sugerido que se alternassem em ler o jornal um para o outro na mesa do

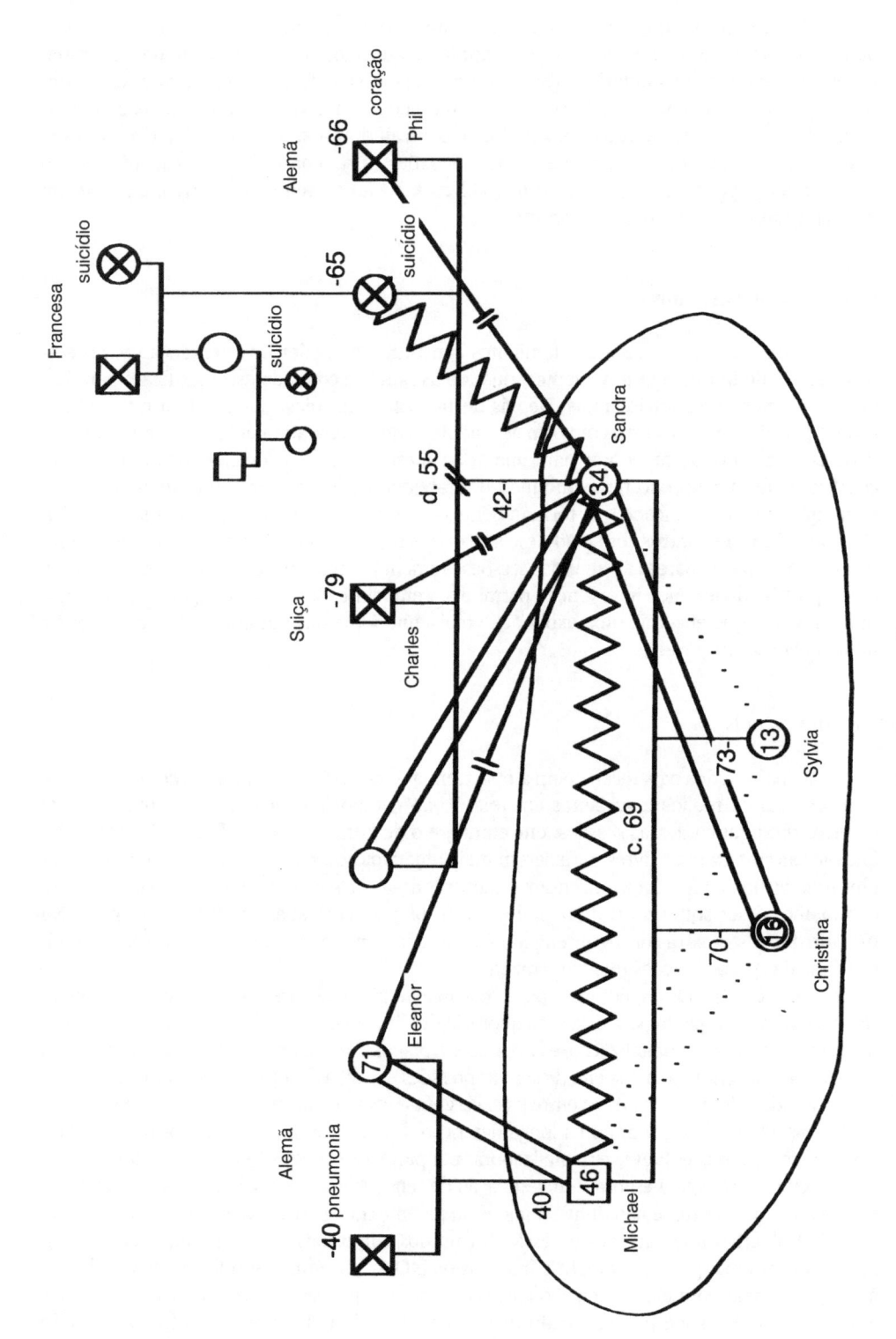

Figura 12.2 Família Olson.

jantar, que conversassem sobre as reportagens, e que falassem com a filha somente quando ela fizesse comentários sobre as notícias.

Evidentemente, eles não seguiram todas essas sugestões, mas conseguiram parar de forçar Christina a comer, e centrar-se em outras áreas de preocupação – o isolamento da família em relação aos amigos, seus medos em relação ao retraimento de Sylvia e as dificuldades de seu casamento. Atendê-los sozinhos a intervalos diferentes na terapia tornou mais fácil a exploração dos padrões disfuncionais em seu relacionamento como pais e cônjuges. Encorajá-los a serem claros quanto às expectativas que nutriam um em relação ao outro e a negociarem diferenças sobre normas e limites em casa aumentou o apoio emocional entre eles.

A paternidade ficou mais fácil para eles depois que conseguiram perceber os padrões de relacionamento em suas famílias de origem e conectar os medos presentes a experiências passadas. A Sra. Olson foi capaz de relacionar seus medos em relação à inanição de Christina e ao isolamento de Sylvia com suas reações aos suicídios em sua família. Ela sentira-se impotente, furiosa e vazia depois do suicídio de sua mãe, e como sua mãe fizera na geração anterior, ela tentara manter o suicídio em segredo. Compartilhar esses sentimentos com toda a família tornou possível a comunicação com suas filhas. O Sr. Olson conseguiu relacionar seus medos de inadequação como pai com a falta de cuidados paternos que experienciara desde tenra idade. Ele também temia perder sua família da mesma maneira como temia perder a mãe quando era criança, quando ela ficara seriamente doente e hospitalizada durante dois anos com tuberculose. Preocupado com a saúde da mãe, ele sempre tentara evitar conflitos com ela, e agora tinha medo de dizer-lhe que ficara magoado quando ela não aceitara sua família. Ele aceitou a sugestão de escrever para a mãe, na Europa, contando-lhe histórias sobre suas filhas e sua esposa. Mais tarde, numa visita à mãe, ele conseguiu ir adiante, perguntando-lhe suas impressões sobre o que lhe contara. Compartilhar as impressões dela com sua família ajudou-o a sentir-se mais conectado com elas.

Encontros com adolescentes

Sessões individuais com os adolescentes proporcionam uma oportunidade para avaliar seu funcionamento fora do sistema familiar. Muitas vezes eles apresentam um quadro muito diferente quando vistos sozinhos, sentindo-se mais livres para explorar e expressar suas opiniões sobre o mundo. Perguntas referentes a valores e crenças sobre a vida, amor, sexo, responsabilidade, educação, drogas, amigos, família e o futuro ajudam a esclarecer seu conceito de eu, ou identidade. Entender a semelhança ou diferença dessas ideias em relação às opiniões dos pais identifica áreas de conflito que podem estar bloqueando o processo de diferenciação.

Tom, por exemplo, estava silencioso e parecia rígido e zangado quando visto com os pais. Ele respondeu com monossílabos às perguntas sobre as ameaças de suicídio que fizera, dando poucas informações. Sozinho, ele continuou a apresentar o mesmo quadro, mas quando a conversa foi conduzida para seu interesse por rádio, eletrônica, teatro e restaurantes, ele começou a relaxar e a mostrar mais sentimento. Tom não estava seguro de querer cursar engenharia eletrônica agora que se apaixonara de tal forma por teatro e iluminação cênica. Entretanto, ele temia falar no assunto com seus pais, que certamente começariam uma briga sobre a única coisa em relação à qual eles pareciam concordar – seu futuro. Ambos queriam que ele fosse para a faculdade e se tornasse um engenheiro eletrônico.

Quando o Sr. e a Sra. Murphy brigavam, a saída de Tom era ficar quieto e refugiar-se em seu quarto. Se ele concordasse com a mãe, o Sr. Murphy sentir-se-ia rejeitado e zangado, reclamando que ambos estavam contra ele. Se ele concordasse com o pai, o que acontecia raramente, a Sra. Murphy ficaria magoada e não falaria mais com ele. Se ele falasse sobre problemas, seu pai culparia a Sra. Murphy. Sua solução para o dilema foi parar com tudo, e neste processo ele ficou deprimido e suicida.

As sessões com Tom serviram para validar seus sentimentos de medo, mágoa, raiva e confusão, e para encorajar seu desejo de autonomia, sendo ele orientado para enfrentar os pais. Numa sessão com os pais e com o apoio do terapeuta que havia conversado com seus pais para aumentar o entendimento deles a respeito da situação, Tom conseguiu contar-lhes sobre o seu dilema. As sessões também proporcionaram a Tom a oportunidade de estabelecer um relacionamento com um adulto que não fazia parte do sistema, que apoiou e enfrentou seus desejos de ser diferente de seus amigos e de seus pais, e reconheceu sua necessidade de maior autonomia.

Os encontros com os adolescentes também oferecem um contexto mais seguro, no qual eles podem revelar segredos e fantasmas que os atormentam. Incesto, estupro, abortos, drogas, álcool, sexo e abuso físico são questões que às vezes estão sob a superfície ou profundamente enterradas.

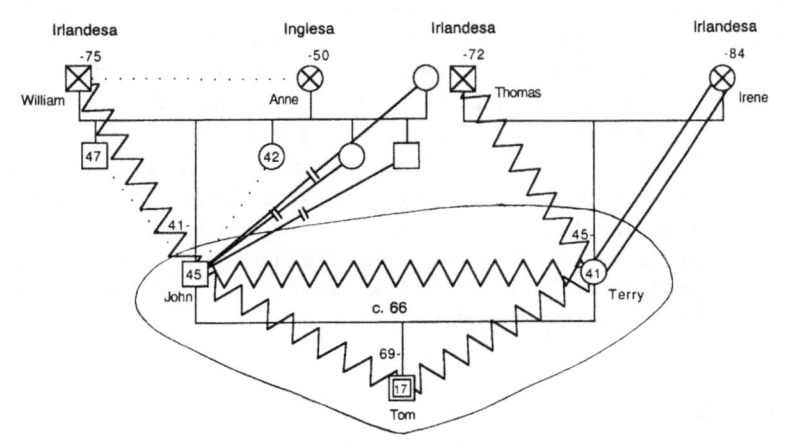

Figura 12.3 Família Murphy.

Encontros com os irmãos

As mudanças que a família faz para acomodar os adolescentes afetam a posição de outros irmãos no sistema. Regras e limites que refletem a maior autonomia e responsabilidade do adolescente muitas vezes despertam ressentimento nos filhos mais jovens e nos mais velhos que não tiveram os mesmos privilégios. Conforme os adolescentes ficam mais envolvidos em atividades com os amigos na comunidade, as funções que tinham em casa talvez tenham de ser cumpridas por outros filhos.

Nas famílias em que o adolescente está sintomático e os pais buscam terapia, os irmãos mais jovens normalmente estão ansiosos em relação à sua própria adolescência. Os pais, igualmente, podem estar com medo de ter de passar por problemas semelhantes com os outros. Ansioso em relação aos conflitos iminentes que esperam os irmãos, o adolescente pode ter dificuldade em se afastar. As sessões que incluem os adolescentes e seus irmãos ajudam a diminuir os medos e a criar apoio nesse subsistema.

Desde o início da anorexia de Christina, o Sr. e a Sra. Olson haviam ficado mais preocupados com sua filha mais jovem, Sylvia, que era quieta e se mantinha distante da família. Sylvia raramente compartilhava qualquer coisa a seu respeito com a família, a menos que persuadida pela Sra. Olson, que ficava extremamente magoada e zangada com o comportamento da filha. Sylvia era o oposto de Christina, que se tornara confidente e amiga da mãe, e contava à família todas as suas coisas. Christina achava que os pais estavam sendo muito duros com Sylvia, não lhe dando uma chance para ser ela mesma. Embora ela aceitasse Sylvia, também queria sentir-se mais próxima, conversar mais a respeito de como fazer amigos e compartilhar impressões acerca dos pais.

As sessões de terapia com Christina e Sylvia centraram-se primariamente em seu relacionamento e em tentar criar apoio entre elas. Perguntas que revelaram suas impressões sobre como cada uma delas funcionava em casa e fora de casa, com os amigos, ajudaram a esclarecer as imagens que tinham uma da outra, da família e do mundo. Sozinhas, elas conseguiram discutir mais abertamente suas crenças e valores em relação amigos, e explorar a maneira pela qual o isolamento e os limitados contatos sociais da família haviam contribuído para a dificuldade de Christina. Sylvia, embora retraída em casa, tinha vários amigos com quem se relacionava. Em contraste, Christina, que em casa era loquaz e o centro das atenções, sentia-se dolorosamente inadequada entre seus amigos e os evitava. A função de Christina na família dera espaço à Sylvia para sair, mas agora as posições em que elas pareciam paralisadas eram disfuncionais.

A sugestão na terapia foi de que Sylvia desse dicas a Christina sobre como fazer amigos, e que Christina orientasse Sylvia sobre como aproximar-se dos pais. Também perguntamos o que achavam da ideia de defenderem uma à outra quando julgassem que os pais estavam sendo injustos. Foi sugerido que organizassem uma festa, como uma situação em que poderiam trabalhar juntas para mudar alguns dos padrões que pareciam problemáticos. Sylvia, orientada por Christina, apresentaria aos pais a ideia da festa. Christina faria os convites e responderia aos telefonemas, com a ajuda de Sylvia. Ambas iriam negociar com os pais as regras e os limites para a festa.

O objetivo terapêutico, ao pedirmos que assumissem riscos com seus pais e amigos, era o de estimular o apoio entre elas e encorajar seu crescimento desenvolvimental.

Encontros com outros parentes

No caso de Clara e sua família, convidar para algumas sessões a tia da Sra. Callahan, que estava morando com elas, facilitou a identificação dos padrões que haviam operado na geração anterior e estavam se repetindo na atual.

De modo interessante, a adolescência de Clara ativara um triângulo semelhante a um que operara na geração anterior. O triângulo, desencadeado por questões de disciplina, envolvia Clara, a Sra. Callahan e uma tia-avó materna que morava com a família desde o divórcio. Clara achava que sua tia-avó, que ainda aderia aos valores porto-riquenhos, era muito antiquada, e ficava ressentida com suas tentativas de discipliná-la. Ambas queixavam-se à Sra. Callahan, que tentava ser mediadora e explicar as diferenças culturais, mas que também estava confusa em relação a quais valores manter e que acabava sentindo-se impotente. A tia então se aproximava para apoiar a Sra. Callahan e Clara se distanciava, sentindo-se rejeitada por ambas. Durante sua adolescência, a Sra. Callahan estivera envolvida num triângulo com sua mãe e esta tia, que era a irmã mais jovem de seu pai. A tia tentava ser mediadora das brigas entre a Sra. Callahan e a mãe, mas normalmente terminava defendendo a sobrinha. A mãe então ficava zangada e se afastava da Sra. Callahan, que por sua vez se sentia rejeitada. A tia então se aproximava para explicar o comportamento da mãe e apoiar a Sra. Callahan.

Convidar a tia para algumas das sessões com a Sra. Callahan fez com que ficasse mais fácil modificar esse triângulo. Foi-lhes dito que Clara precisava do apoio de ambas, mas principalmente da mãe, com quem havia se identificado e de quem agora precisava se diferenciar. Foi sugerido que Clara estava tão confusa quanto elas pelas maneiras diferentes através das quais as duas culturas lidavam com a adolescência. Pedir-lhes que identificassem os valores porto-riquenhos que estavam provocando o maior conflito em casa fê-las chegar a um acordo. Elas concordaram que sair com garotos era a maior fonte de conflito, uma vez que em Porto Rico esta prática tinha regras e conotações muito diferentes. Sair com garotos era algo que só começava muito mais tarde, e normalmente na companhia da família ou de amigos. Sair com garotos diferentes é algo censurável, e as meninas ficam com má reputação. Foi salientado que, para que Clara pudesse viver nesta cultura e sentir-se à vontade com seus amigos, seus parentes precisavam adaptar-se a alguns dos valores desta cultura. Num acordo, elas concordaram em deixar Clara sair com um garoto e mais um casal, mas somente com pessoas que conhecessem. Seria combinado, com a participação de Clara, um horário para ela voltar para casa à noite.

Convidar a tia para as sessões ajudou a mudar o atual triângulo, mas para fazer outras mudanças no relacionamento entre Clara e a mãe, foi necessário trabalhar o relacionamento entre a Sra. Callahan e sua mãe, que morava em Porto Rico. Orientar a Sra. Callahan para compartilhar alguns de seus conflitos com a mãe e pedir seu conselho sobre como disciplinar Clara, através de cartas e de uma visita a Porto Rico, foi uma maneira de diminuir a distância emocional entre elas. A Sra. Callahan passou a aceitar mais as limitações da mãe e a gostar da atenção recebida dela. Isso ajudou-a a escutar as filhas com mais atenção.

Rituais

Os rituais terapêuticos foram definidos por Watziawick (1978) como a síntese mais elegante da intervenção e da técnica. Prescrevê-los às famílias que estão tendo dificuldade em negociar as tarefas da adolescência pode diminuir a ansiedade em relação à mudança, proporcionando estabilidade, ao mesmo tempo em que utiliza as tradições e a imaginação para fazer a transição da adolescência à idade adulta. Talvez, em alguns casos, o desenvolvimento de ciclos sintomáticos seja uma substituição para a falta de rituais.

De modo geral, esta sociedade carece de rituais para assinalar o movimento em direção à idade adulta (Quinn, Newfield & Protinsky, 1985). Exceto por alguns rituais culturais ou religiosos como os bar mitzvahs e as confirmações, há uma escassez de rituais para assinalar as transições do desenvolvimento adolescente. Entretanto, propor às famílias que estão paralisadas nessa transição o planejamento de comemorações de alguns eventos, tais como o aniversário de dezesseis anos, a obtenção de uma carteira de motorista e as formaturas, proporciona a oportunidade de assinalar o crescimento rumo à maturidade.

Na família Callahan, por exemplo, prescrever o planejamento da comemoração do décimo-sexto aniversário de Clara não apenas mudou os padrões de relacionamento, como também introduziu no sistema uma antiga tradição cultural que simboliza crescimento e maturidade.

Em Porto Rico, assim como em muitos outros países hispânicos, o décimo-quinto aniversário de uma menina simboliza uma mudança de *status*. Amigos e parentes são convidados para celebrar o *"Quinceanera"*, o aniversário de quinze anos, na casa da família ou em algum lugar especial, onde normalmente eles comem e dançam. A partir desse momento, ela pode ir a bailes e festas com os amigos, mas normalmente não pode sair sozinha com um garoto até os dezessete ou dezoito anos.

Durante uma conversa sobre a adolescência da Sra. Callahan em Porto Rico, foi feita uma descrição deste costume. A Sra. Callahan lembrou-se de seu sentimento de tristeza e perda quando seu décimo-quinto aniversário não fora celebrado. Ela sentira-se diferente das amigas e ficara ressentida com os pais, mas especialmente com a mãe, que, sentira ela, não a amava. Na verdade, esse costume também não fora praticado na família da mãe. A tia da Sra. Callahan, contudo, lembrava-se de ter tido uma comemoração quando completara quinze anos. A Sra. Callahan e ela, entusiasmadas, relataram lembranças das festas de "Quinceaneras" a que haviam comparecido. Clara, que nunca fora a uma dessas festas, descreveu para elas como suas amigas estavam planejando celebrar seus aniversários de dezesseis anos, "a mocidade dourada", que é o costume nesta cultura.

O décimo-quinto aniversário de Clara não fora comemorado, e elas não estavam planejando nenhuma festa de "mocidade dourada" para seus dezesseis anos. Foi sugerido que organizassem uma festa que refletisse as duas culturas.

O objetivo de prescrever este ritual foi o de encorajar a cooperação entre as gerações, e ao mesmo tempo o de promover a aceitação das diferenças no sistema. O evento permitiu que Clara, a Sra. Callahan e a sua tia se conectassem uma com a outra de maneira mais autônoma, e que compartilhassem com amigos e família uma ocasião feliz.

Usos do eu

Para engajar as famílias com adolescentes na terapia, os terapeutas precisam sentir-se livres para apoiar, enfrentar ou unir-se a qualquer uma das gerações quando necessário. Essa é uma tarefa difícil, especialmente para os terapeutas que estão lutando com seus próprios filhos adolescentes, ou para aqueles cuja adolescência foi marcada por relacionamentos conflituantes com os pais. O impulso natural nessas situações é o do terapeuta aliar-se aos pais ou ao adolescente, de considerar um como a vítima e o outro como o vilão, e de intervir protegendo ou defendendo um deles contra o outro.

As seguintes perguntas podem ajudar os terapeutas a manterem uma visão mais neutra e circular do problema.

1. Como os pais experienciaram a sua própria adolescência?
2. Qual era a natureza dos relacionamentos dos pais com outros membros da família durante a adolescência?
3. Houve mudanças nas expectativas e comportamentos entre os membros da família durante a adolescência dos pais? Por exemplo, eles se afastaram ou se aproximaram do pai ou da mãe?
4. Se havia irmãos, esses relacionamentos mudaram?
5. Quão próximos ou distantes eram de seus avós e do restante da família ampliada?
6. Como eram estabelecidos os limites e resolvidos os conflitos?
7. Quão conectada era a família com seu contexto sociocultural?
8. Eles se divertiam e eram receptivos a novos amigos, ideias e valores?

Fazer essas perguntas em relação à sua própria adolescência também pode ajudar os terapeutas a ficarem mais conscientes de questões pessoais que podem influenciar suas reações e deixá-los impotentes com certas famílias. Buscar orientação com um supervisor ou colega que possa observar uma sessão, ao vivo ou filmada, de casos em que o terapeuta se sente paralisado, pode elucidar ainda mais essas questões. Os terapeutas também podem modificar significativamente seu uso de si mesmos como agentes de mudança nas famílias anteriormente sentidas como difíceis e resistentes, depois de mudarem padrões pessoais de comportamento com suas famílias de origem (McGoldrick, 1982).

De maneira geral, trabalhar com essa população, apesar de desafiador e excitante, também pode ser frustrante e exaustivo. Para evitar o fracasso, um dos caminhos é os terapeutas estabelecerem redes de apoio com outros profissionais. Isso é crucial quando os adolescentes estão severamente deprimidos e suicidas. Exatamente como a família precisa estar conectada com sistemas ampliados, o terapeuta também precisa.

CONCLUSÕES

Os adolescentes crescem e ficam adultos, têm seus filhos, e tendem a adotar valores e atitudes que refletem as crenças dos pais, a menos que tenham sido seriamente prejudicados psicologicamente. As famílias que estão lidando com as tarefas da adolescência experienciam tranformações em sua estrutura e organização que inicialmente provocam rompimento e criam confusão. Entretanto, a maioria das famílias se adapta às mudanças sem maiores dificuldades e passa adiante no ciclo de vida; algumas, incapazes de fazer a transição, tornam-se sintomáticas. Na terapia, o objetivo passa a ser o de destrancar o sistema para permitir o movimento.

Avaliar a maneira pela qual as famílias estão lidando com as tarefas adolescentes é crucial para compreender os problemas que as trazem à terapia. Para diagnosticar aquilo que elas apresentam, os terapeutas precisam ampliar sua perspectiva, considerando não apenas as múltiplas maneiras como as famílias funcionam, mas também os fatores externos que nelas causam impacto. Normalmente, sem uma estrutura social relativamente estável, as famílias têm maior dificuldade em oferecer a flexibilidade e proteção que os adolescentes precisam para crescer.

As intervenções com uma abordagem de ciclo de vida e com um alcance de três gerações tendem a desencadear transformações no sistema. Reestruturar as concepções de tempo da família, trabalhar com subsistemas e propor rituais que promovam tradições ou criatividade são intervenções que provocam mudanças na organização do sistema. Investigar os padrões de relacionamento entre as gerações e relacionar conflitos atuais com conflitos passados não resolvidos permitem aos membros das famílias uma maior objetividade em suas interações. Ao proporcionar novas conexões, o terapeuta pode ajudar as famílias a negociarem as mudanças de relacionamento que devem ocorrer durante a adolescência e a verem o futuro como menos perigoso.

BIBLIOGRAFIA

Ackerman, N. J. (1980). The family with adolescents. In E. A. Carter and M. McGoldrick (Eds.), *The family life cycle: A framework for family therapy.* New York: Gardner Press.

Blos, P. (1962). *The adolescent passage: Developmental issues.* New York: International Universities Press.

Broverman, J. K., Broverman, D. M., & Clarkson, F. E. (1970). Sex roles stereotypes and clinical judgements of mental health. *Journal of Consulting and Clinical Psychology* 34:1-7.

Chodorow, N. (1974). Family structure and feminine personality. In M. Z. Rosaldo & L. Lamphere (Eds.), *Woman, culture and society.* Stanford, Calif.: Stanford University Press.

Carter, E. A. (1980). Legacies, intergenerational themes. In E. Carter, P. Papp, O. Siverstein, & M. Walters (Eds.), *Mothers anel daughters.* Washington.

Dickman, J. R. (1983). Teenage pregnancy: What can be done? Public Pamphlet No. 594.

Douvan, E., & Adelson, J. (1966). *The adolescent experience.* New York: Wiley.

Erickson, E. H. (1968). Identity: Youth and crisis. New York: Norton.

Freud, S. (1962, originally published 1905). *Three contributions to the theory of sex.* (A. Brill, trans.). New York: Dutton.

Garcia-Preto, N. (1982). Puerto Rican families. In M. McGoldrick, J. K. Pearce, & J. Giordano (Eds.), *Ethnicity and family therapy.* New York: Guilford Press.

Gilligan, C. (1982). *In a different voice: Psychological theory and women's development.* Cambridge, Mass.: Harvard University Press.

Heller, S. (1982). *Jules Feiffer's America: From Eisenhower to Reagan.* New York: Knopf.

Hopkins, J. R. (1983). *Adolescence: The transitional years.* New York: Academic Press.

Imber-Black, E. (1986). Rituais: In session and end of session creative interventions. Paper presented at Family Training Unit, UMDNJ, CMHC.
Inhelder, B., Piaget, J. (1958). *The growth of logical thinking.* New York: Basic Books.
Jessor, S., & Jessor, R. (1975). Transition from virginity to nonvirginity among youth: A psychological study over time. *Developmental Psychology* 11:473-484.
Mareia, J. E. (1980). Identity of adolescence. In J. Adelson (Ed.), *Handbook of adolescent psychological.* New York: Wiley.
McGill, D., & Pearce, J. K. (1982). British families. In M. McGoldrick, J. G. Pearce, & J. Giordano (Eds.), *Ethnicity and family therapy.* New York: Guilford Press.
McGoldrick, M. (1982). Through the looking glass: Supervision of a trainee's "trigger" family. In J. Burg Hall & R. Whiffen (Eds.), *Family therapy supervision.* London: Academic Press.
McGoldrick, M., & Garcia-Preto, N. (1982). Edited tape on: Milan use of time. UMDNJ, CMHC, Piscataway, N. J.
McGoldrick, M., Pearce, J. V. & Giordano, J. (1982). *Ethnicity and family therapy.* New York: Guilford Press.
Moitoza, E. (1982). Portuguese families. In M. McGoldrick, J. K. Pearce, & J.-Giordano (Eds.), *Ethnicity and family therapy.* New York: Guilford Press.
Minuchin, S. (1974). *Families in family therapy.* Cambridge, Mass.: Harvard University Press.
Newman, B. M., & Newman, PR. (1979). *An introduction to the psychology of adolescence.* Homewood, 111.: Dorsey Press.
Nicholson, S. (1986). Family therapy with adolescents: Giving up the struggle. A.N.Z.J. *Family Therapy* 7:1-6.
Offer, D., Ostrov, E., & Howard, K. I. (1981). *The adolescent: A psychological self portrait.* New York: Basic Books.
Orfanidis, M. (1977). Some data on death and cancer in schizophrenic families. Paper presented at the Symposium Meeting of the Georgetown Symposium, Washington, D.C.
Peplau, L. A. (1976). Impact of fear of success and sex role attitudes on women's competitive achievement. *Journal of Personality and Social Psychology* 34:561-568.
Peck, J., & Manocherian, J. (1987). Divorce. In E. A. Carter & M. McGoldrick (Eds.), *The family life cycle.* New York: Gardner Press.
Prosen, H., Toews, J., & Martin, M. (1981). The life cycle of the family: Parental midlife crises and adolescent rebeilion. In S. C. Feinstein, J. C. Looney, A. Z. Schwartzberg, and A. D. Sorosky (Eds.), *Adolescent psychiatry: Developmental and clinicai studies,* vol 9. Chicago: University of Chicago Press.
Quinn, W. H., Newfield, & Protinsky, H: O. (1985). Rites of passage in families with adolescents. *Family Process* 24:101-111.
Sager, C. J., Brown, H. S., Crohn, H., Engel, T., Bodstein, E., & Walker, L. (1983). *Treating the remarried family.* New York: Brunner/Mazel.
Schulz, B., Bohrstedt, G. W., Borgatta, E. F., & Evans, R. R. (1977). Explaining pre-marital sexual intercourse among college students. A casual model. *Social Forces* 56:148-165.
Stierlin, H. (1979). *Separating parents and adolescents: A perspective on running away, schizophrenia and waywardness.* New York: Quadrangle.
Walsh, F. (1978). Concurrent grandparent death and the birth of a schizophrenic offspring: An intriguing finding. *Family Process* 12:179-188.
Watzlawick, P, Weakland, J., & Fisch, R. (1974). *Change: Principles of problem formulation and problem resolution.* New York; Norton.
Watzawick, P. (1978). *The language of change.* New York: Basic Books.

13

Lançando os filhos e seguindo em frente

Paulina G. McCullough, A.C.S.W. e Sandra K. Rutenberg, Ph.D.

No caso das famílias que estão no estágio de vida que começa com o lançamento dos filhos e continua até a aposentadoria, existem questões desenvolvimentais, transições, tarefas e problemas clínicos particulares. Em termos da idade dos pais, este estágio normalmente se estende dos quarenta e poucos anos até meados dos sessenta.

O título do capítulo reflete aquele que geralmente é considerado o maior propósito da vida familiar – isto é, o cuidado, a proteção e socialização dos filhos até o momento em que estes se tornam adultos independentes. Assim, esta fase costumava ser chamada de "ninho vazio", e era considerada uma transição bastante negativa, particularmente para as mulheres, as cuidadoras primárias. Entretanto, embora essa transição possa começar com a saída do primeiro filho de casa, ela envolve uma miríade de transições e tarefas familiares de crescimento pessoal além da função paterna (Carter e McGoldrick, capítulo 1). Em termos gerais, essas transições e tarefas se relacionam com:

1. A mudança de função do casamento.
2. O desenvolvimento de relacionamentos adultos entre os filhos adultos e seus pais.
3. A expansão dos relacionamentos familiares, para incluir os parentes por afinidade e os netos.
4. A oportunidade de resolver relacionamentos com pais que estão envelhecendo.

Estas tarefas proporcionam uma oportunidade inerente de reexaminar o significado da família em todos os níveis. Se o casal de meia-idade funcionava anteriormente como se existisse meramente para a procriação dos filhos, esta fase pode assomar como vazia e sem significado. Esses casais talvez não consigam adaptar-se a uma vida que não depende mais da função paterna para organizar seu relacionamento. Da mesma forma, se os filhos adultos não precisam mais dos pais, ou escolhem estilos de vida divergentes ou opostos, então os pais podem ver poucas razões para permanecerem conectados a esses filhos adultos. Dado que a geração mais velha está agora entrando numa fase de declínio físico e talvez necessite de mais cuidado e atenção, o adulto de meia-idade deve chegar a um acordo com sua responsabilidade por atender a essas necessidades, à parte de buscar a ajuda de instituições ou agências sociais. O significado prévio da família é ampliado pelos casamentos dos filhos adultos, que criam vínculos com outros sistemas familiares. Os casamentos de nossos filhos também assinalam o início de um novo ciclo de vida familiar, e pressagiam o nascimento de netos que têm em comum as heranças de duas famílias ampliadas.

A duração desse estágio, entre a partida do último filho e a morte de um dos cônjuges, aumentou desde a primeira década do século de uma média de menos de dois para quase vinte anos. Isso reflete tanto a idade mais jovem da mãe quando o último filho sai de casa quanto a maior expectativa de vida. A família menor, o maior número de mulheres empregadas e as mudanças nas definições dos papéis femininos e masculinos, tanto antes do período de lançamento quanto depois, são importantes para determinar as atividades e interesses do casal no meio da vida. Essas mudanças, que serão discutidas abaixo com mais detalhes, sugerem que este estágio do ciclo de vida merece ser pensado mais em termos de suas forças e recursos e menos em termos do "ninho vazio".

Schram (1979) declara que os resultados da pesquisa na área das famílias com filhos adultos foram parciais, inconclusivos e às vezes contraditórios em suas premissas e achados subsequentes. Depois de revisar a literatura a respeito da satisfação conjugal nesse estágio, ela conclui que existem três descrições concorrentes daquilo que acontece com o casal no estágio pós-criação-dos-filhos: (1) a síndrome do "ninho vazio", que pressupõe a existência de problemas para um ou para ambos os pais; (2) o "modelo curvilinear", que reivindica uma maior liberdade e independência para o casal; e (3) variações na satisfação conjugal que são menores em natureza. Essas explicações concorrentes precisam ser exploradas em maior profundidade. Para algumas famílias, certamente, atingir este estágio pode ser visto como um tempo de realização, conclusão e uma segunda oportunidade de consolidação e expansão através da exploração de novos caminhos e novos papéis. Para outras, um segundo olhar pode levar ao rompimento (divórcio e outros problemas), a um sentimento de perda esmagadora (síndrome do ninho vazio) e uma desintegração geral (doença e morte). Um modelo teórico amplo postularia que as famílias se enquadram num contínuo de funcionamento. Para as famílias mais funcionais, os ritos de passagem são manejados como uma parte da vida familiar; as famílias mais disfuncionais podem considerar muitos dos eventos nodais como mais perturbadores ou possivelmente conflituantes. Muitas dessa famílias lidaram com os eventos em estágios anteriores como "crises" de algum tipo. Para outras famílias, os estágios anteriores foram completados com dificuldade e problemas não resolvidos foram trazidos para o presente estágio. Até certo ponto, em cada estágio existe uma "recapitulação" de questões anteriores. Em famílias mais funcionais, os problemas são manejados e resolvidos conforme aparecem. As famílias atendidas em terapia talvez sejam aquelas que provavelmente vêem a transição em termos negativos e sentem uma dificuldade significativa em realizar alguma ou todas as tarefas acima.

Embora a abordagem deste capítulo seja intergeracional, ele focará principalmente a geração do meio, a maneira pela qual suas tarefas se relacionam umas às outras, aos seus filhos adultos e aos seus pais que estão envelhecendo. Será dada especial atenção ao casamento, e também ao chegar a um acordo com os pais que estão envelhecendo, pois é a qualidade dessas conexões primárias com o cônjuge e a família de origem o que determinará quão bem os filhos serão "lançados". O foco será naquelas famílias em que ambos os pais estavam presentes no estágio de criação dos filhos e que continuam juntos no período de lançamento. Existe uma população bastante grande em que o divórcio ocorreu anteriormente. Além disso, muitos dos pais divorciados logo casam novamente, criando "famílias reconstituídas". Nestas e nas famílias de único progenitor, existem tarefas extras nesta fase, que serão apresentadas alhures neste livro (McGoldrick & Carter, U.S. Bureau of the Census, 1981).

A primeira seção deste capítulo discutirá as mudanças demográficas relacionadas a este estágio do ciclo de vida, uma vez que elas esclarecem suas várias tarefas. A segunda seção examinará as quatro maiores tarefas da fase e sugerirá alguns problemas típicos para as famílias nesse momento. A terceira seção enfocará as abordagens clínicas com as famílias em lançamento. A tese das autoras é a de que pensar sobre essa fase em termos de seus desafios e possibilidades ímpares pode contribuir imensamente para o tratamento efetivo, e proporcionar uma abertura para a resolução de antigas dificuldades no sistema familiar.

MUDANÇAS DEMOGRÁFICAS

As mudanças mais evidentes observadas estatisticamente neste estágio do ciclo de vida familiar são (1) a maior expectativa de vida na população em geral, (2) a redução do tamanho da família nuclear, (3) o aumento no número de mulheres envolvidas na força de trabalho e (4) o aumento no índice de divórcio. Cada uma dessas mudanças reflete modificações na população em geral, manifestadas em diferentes atitudes, demandas e possibilidades nesse estágio, e é sentida com variável grau de intensidade por cada família que faz esta transição. A maior expectativa de vida é de imensa importância, pois foi a longevidade dos adultos que na verdade criou este estágio.

O relatório especial do *Census Bureau de* 1981 sobre os norte-americanos durante o meio da vida inclui na meia-idade todos aqueles entre as idades de 45 e 64 anos. Em 1979, as pessoas de meia-idade chegavam a 44 milhões, cerca de 20% da população dos Estados Unidos. No ano de 2010, o número será quase o dobro, de 75 milhões; aproximadamente 25% da população. Este grupo não apenas é grande, em número, como também é significativo para a nossa discussão o fato de que "nove entre dez pessoas de meia-idade vivem atualmente em famílias e a vasta maioria delas vive com seu cônjuge" *(US Bureau of the Census,* 1981).

A redução do tamanho da família nuclear significa que os pais concluem mais cedo a tarefa primária de lançar os filhos. Uma análise da idade das mães no momento dos vários eventos da vida (Glick, 1977) destaca a maior duração do estágio pós-criação-dos-filhos e permite algumas especulações sobre seu significado. A idade média no primeiro casamento continuou razoavelmente constante nos últimos oitenta anos (embora aumentando recentemente), assim como a idade da mãe no nascimento do primeiro filho. Entretanto, a idade da mãe no nascimento do último filho caiu notavelmente. A idade da mãe na época do casamento do último filho também caiu. Por último, a idade da mãe na época da morte de seu cônjuge aumentou imensamente. Os últimos três pontos significam que, atualmente, as pessoas estão se deparando com períodos de casamento muito mais longos no estágio pós-criação-dos-filhos.

De fato, este estágio do meio da vida pode ser considerado como incluindo um processo de duas partes. Conforme descrito por Duvall (1971), esses dois estágios são: (1) as famílias como centros de lançamento (desde o momento em que o primeiro filho sai de casa até o momento em que o último filho sai de casa) e (2) pais de meia-idade (desde o ninho vazio até a aposentadoria). Solomon (1973) referiu-se aos processos envolvidos, afirmando que a tarefa dos pais envolve "o abandono da natureza primária da gratificação envolvida no papel dos pais... Isso torna necessária a existência de um relacionamento conjugal estabilizado".

Atualmente, o período de tempo entre a partida do último filho e a aposentadoria é surpreendetemente longo, tornando o ajustamento conjugal algo central neste estágio. O casal médio, hoje em dia, pode antecipar treze anos juntos entre o momento em que o último filho sai de casa e a aposentadoria. Concomitante a isso está a mudança da ênfase social na meia-idade como uma época de novas oportunidades e expansão de vida. O casamento, neste estágio, está começando a refletir essas mudanças. Os casais variam desde aqueles que parecem aceitar alegremente a meia-idade e vivem vicariamente através dos filhos casados e dos netos até aqueles em que um deles percebe subitamente que "a vida lá fora está me chamando". Essa percepção pode levar a um claro conflito e à necessidade de um relacionamento conjugal diferente.

O aumento no divórcio afeta a família em quase todos os estágios do ciclo de vida. Para a família que está entrando nesta fase, quando a "missão" do casal como pais parece completa, o divórcio oferece uma opção para renegociar um relacionamento insatisfatório. Embora a maioria dos divórcios ocorra nos primeiros dez anos de casamento, um recente levantamento mostrou que 11% dos divórcios e anulações em 1982 ocorreram com indivíduos que estavam casados há vinte ou mais anos (PHS *Vital Statistics of the United States*, 1986). A atual geração de meia-idade casou numa época em que os índices de divórcio eram muito mais baixos. Consequentemente, será mais provável que estes casais vejam o divórcio como um fracasso pessoal (Hagestad & Smyer, 1982). Hagestad e Smyer afirmam que em virtude de a maioria dos divórcios ocorrer na casa dos vinte e trinta anos, aquelas pessoas que se divorciam depois dos quarenta encontrarão menor apoio dos amigos. Além disso, "as perspectivas dos novos papéis e relacionamentos conjugais serão drasticamente diferentes para os homens e para as mulheres, devido aos efeitos associados das diferenças sexuais nos índices de morte e do duplo padrão de envelhecimento. Os homens têm um número muito maior de possíveis parceiras entre as quais escolher" (página 167).

As famílias de meia-idade, de modo geral, estão numa boa situação financeira. O grupo de idade entre 45-54 tem o maior salário médio de todos os grupos de idade ($31,516 em 1986) *(US Bureau of the Census,* 1986). A maior participação das mulheres na força de trabalho, de modo geral e especificamente entre os 45-64 anos, representa um outro fator que está mudando a situação econômica dos casais no período pós-criação-dos-filhos. De fato, 62.9% de todas as mulheres entre 45-54 anos e 41.7% de todas as mulheres entre 55-64 anos participavam da força de trabalho em 1984 (U.S. *Bureau of the Census,* 1986).

O tipo de trabalho realizado pelas mulheres é relevante. Em 1970, as mulheres representavam 33.9% de todos os trabalhadores em ocupações administrativas e profissionais. Em 1980, esse número subiu para 40.6%. Em 1970, elas representavam 59% das posições de "vendas técnicas e apoio administrativo" no mercado de trabalho. Em 1980, este número foi de 64.4%. Nas ocupações subordinadas, as mulheres representavam 58.9% da força de trabalho total. Com os filhos saindo de casa nesse estágio, muitas mulheres podem sentir esta transição como uma libertação da dupla exigência da família e da carreira. Mas as necessidades da família não cessam quando os filhos saem de casa; a população idosa cada vez maior está apresentando dilemas sem precedentes para a geração do meio, com relação à responsabilidade dos cuidados e à natureza da autonomia.

As perguntas que essas mudanças sociais trazem são importantes. Como essas mudanças afetarão os relacionamentos entre as gerações adultas? As famílias no estágio do meio da vida estão tendo um novo papel no desenvolvimento global da família? Serão necessários novos rituais e novos papéis familiares? O fato da tecnologia e das mudanças demográficas terem tornado esse estágio quase tão longo como o estágio da criação dos filhos torna ainda mais necessária a pesquisa sobre este período, para ajudar as famílias a negociarem produtivamente as suas muitas transições.

A MUDANÇA NA FUNÇÃO DO CASAMENTO

O vínculo conjugal readquire proeminência nesse momento de transição. Muitas forças dentro do sistema familiar parecem acentuar a necessidade de dar um novo foco, revisar e muitas vezes estabelecer um novo arranjo no casamento. Não ter mais de cuidar dos filhos deixa mais tempo livre para a auto-reflexão do casal. Naqueles casos em que a força central que organizava e mantinha o relacionamento do casal era a criação dos filhos, a tarefa envolverá uma mudança mais drástica, exigindo que eles repensem o significado da família, e em especial o significado do casamento. Além disso, o casamento dos filhos frequentemente impulsiona os pais (e avós) a pensarem sobre seus próprios casamentos. A morte de um pai idoso, ou a crescente consciência de suas fragilidades, destaca ainda mais a necessidade de assegurar uma boa qualidade à nossa vida. Para muitos indivíduos, a mudança é gradual, ou não parece haver uma grande urgência em mudar; para outros, parece haver um súbito despertar para algum aspecto esquecido da vida, ou um impulso para tomar uma direção bem diferente.

A essa altura, o casamento já sofreu muitas mudanças: da ênfase mais romântica, idealista e/ou sexual até a época mais prosaica, de criação dos filhos, de companheiro de equipe. Essas sequências prévias talvez tenham culminado num relacionamento maduro, estável e mais satisfatório do que em qualquer outro momento. Ele também pode estar mais conflituado, mais tênue e mais alienado. Na ausência dos filhos, o vínculo conjugal, seja qual for a sua natureza, adquire proeminência. Além disso, uma maior dependência em relação a ele tornará mais óbvios os problemas existentes.

Schram (1979), ao revisar a pesquisa que enfoca esse estágio, sugere que a diminuição das limitações dos tradicionais papéis sexuais no estágio pós-paternidade pode ser uma importante variável relacionada à satisfação conjugal. O casal pode adotar papéis mais limitados ou mais ampliados. Uma maior liberdade em relação às responsabilidades paternas pode impelir o marido para a expansão e a mulher para "agarrar-se" ao casamento e ao marido. Por outro lado, a esposa pode começar a buscar a expansão, através de um empreendimento separado ou de uma carreira. Se o casamento estava baseado em ela se adaptar, ser essencialmente uma cuidadora e responsável por satisfazer a maioria dos desejos do marido, a mudança criará um desequilíbrio que será profundamente sentido por ele e provocará uma perturbação, temporária ou prolongada. Swensen, Eskew e Kohlepp (1981) distinguem os casais mais maduros (pós-conformistas) dos menos maduros (conformistas). Eles observam que, para os pós-conformistas, os relacionamentos têm mais profundidade e mais expressão de amor do que em qualquer outro momento do ciclo de vida. Os casais conformistas, entretanto, atingem este estágio depois de terem restringido seu desenvolvimento individual. Para os casais conformistas, a trajetória conjugal mostra que "tanto o amor expressado entre marido e mulher quanto o número de problemas no casamento diminuem. Isto é, parece que há menos coisas acontecendo entre eles, para o bem ou para o mal" (página 849). Eles acrescentam que no casamento conformista de longa duração parece haver menos interação, as áreas de conflito parecem estar lacradas e existe uma autorrevelação significativamente menor. Aitman e Taylor (1973), e Bowen (1978) propõem a noção de que uma combinação de ansiedade e imaturidade levará o casal a navegar para longe dos assuntos potencialmente carregados de conflito e rumo a áreas mais seguras, de modo a limitar os intercâmbios que provocam discussões. Esse afastamento pode produzir distância emocional, distância física e o desenvolvimento de sintomas ou o continuado foco nos "filhos" (Bradt & Moynihan, 1971). Uma pergunta óbvia é em que grau o casamento acolheu as necessidades de intimidade e de ser separado. Em outras palavras, quão bem a interdependência funcionou? A dependência excessiva pode acentuar o vínculo em pelo menos um dos parceiros (o mais adaptativo, normalmente a esposa). A distância excessiva pode fazer um dos parceiros sentir-se "fora de contato", "descuidado", levando ao estresse e à insatisfação, o que nessa idade pode manifestar-se como sintomas físicos.

Nessa idade, parece existir uma relação entre o *status* conjugal e certos índices de saúde. O psicofisiologista Lynch (1977) observa que "os solteiros, os viúvos e os divorciados tinham uma probabilidade duas a quatro vezes maior do que as pessoas casadas de morrer prematuramente de hipertensão, derrame e doença cardíaca coronariana". Entretanto, ele afirma que "tanto a presença quanto a ausência de contato humano podem ser fatores críticos levando à doença a à morte prematura". Ele acrescenta que "a simples presença de uma outra pessoa...não constitui uma benção absoluta...pois as interações humanas desagradáveis podem ser inclusive fisicamente destrutivas" (página 121). Trabalhar com uma família que está lidando com uma doença crônica nesse estágio é algo bastante complexo. Embora a família possa estar lutando com dificuldades presentes que antecedem o início da enfermidade, as famílias muitas vezes usarão o medo de provocar repercussões relacionadas à doença como uma razão para evitar os problemas subjacentes. Aqueles que conseguem assumir um papel produtivo e cuidadoso em relação às incapacidades ou morte iminente de um progenitor idoso geralmente serão mais adaptativos quando precisarem lidar com esses problemas em si mesmos ou no cônjuge.

O casamento, para certas famílias, é sinônimo de conflito; o conflito representa um mecanismo essencial através do qual a família lida com a ansiedade e a "indiferenciação" (Bowen, 1966). Nesse estágio, o conflito conjugal crônico pode assumir a forma de um combate aberto ou de uma silenciosa distância. Em tais famílias, os indivíduos não conseguem viver com, e não conseguem viver sem, seus relacionamentos familiares. Entretanto, mesmo as dificuldades conjugais antigas podem ser impelidas para a mudança "no curso dos acontecimentos", quando os indivíduos se veem face a face com transições inevitáveis como o lançamento.

Geralmente, o estado do casamento é uma boa medida do funcionamento e da autonomia do indivíduo (Vaillant, 1977). Contudo, as exigências neste estágio colocam problemas diferentes para a mulher e para o marido e merecem ser consideradas separadamente.

MATURIDADE NO MEIO DA VIDA

Erickson (1964) descreveu o padrão de maturação para os indivíduos conforme ele se desenvolve desde a formação da identidade no adolescente, da intimidade no início da idade adulta, até a criatividade, ou seu inverso, a estagnação, no meio da vida. Desde então, vários autores estudaram os indivíduos no meio da vida e delinearam e expandiram nosso entendimento deste estágio. Os perfis masculinos foram estudados por Levinson (1978) e Vaillant (1977), e os perfis femininos por Gilligan (1982) e outros. O que existe em comum nos autores que descrevem a meia-idade é a tentativa de diferenciar os resultados satisfatórios dos insatisfatórios, os perfis maduros dos imaturos. Bowen (1978) – numa descrição geral que atravessa o gênero e as linhas de idade – baseia sua definição de maturidade ou diferenciação na maneira como as pessoas manejaram o equilíbrio indivíduo/união. Todo indivíduo está no ápice de múltiplas forças familiares. Consideradas deste modo, as experiências com as quais os indivíduos precisam lidar em cada estágio, e suas consequências, dependerão tanto da posição deste indivíduo em sua família quanto dos próprios eventos. Um achado clínico comum é o de que os indivíduos de uma família parecem ser capazes de navegar através dos diferentes estágios, enquanto os indivíduos de outras famílias parecem propensos a terem problemas em todas as transições de ciclo de vida. Em algumas famílias, por exemplo, os homens, em sucessivas gerações, experenciam mudanças tumultuadas aos 40 anos, ao passo que em outras famílias os homens fazem as transições mais gradualmente.

Gilligan (1982) conceitualiza que as máximas biológicas e psicológicas dirigem as mulheres para um caminho diferente do dos homens. Os relacionamentos e apegos têm primazia para as mulheres, e a maturidade é eventualmente atingida pela integração deste foco na intimidade *com* a capacidade de autonomia e de ser separada. Neugarten (1976) afirma que na medida em que uma mulher for capaz de construir a sua própria individualidade, as transições maiores do ciclo de vida serão realizadas mais facilmente. Isso sugere que o grupo constrito de mulheres nesse estágio é composto por aquelas que construíram suas vidas concentrando-se nas necessidades da família às custas de suas próprias necessidades. A menos que consigam continuar a fazer isso cuidando dos filhos adultos e dos netos, a ausência dos filhos será sentida neste caso como atrito.

Há poucos estudos abrangentes sobre este período da vida. Em um estudo, Harkins (1978), revisando uma amostra de 318 mulheres "normais", determinou que os efeitos do "ninho vazio" são leves e desaparecem dentro de dois anos. Ela não encontrou nenhum efeito da transição sobre o bem estar físico e, de fato, encontrou um efeito positivo sobre o bem estar psicológico. Este mesmo estudo indica um grupo que poderia ser considerado como o grupo "intermediário" – aquelas que têm alguma dificuldade para fazer a transição. A única variável mostrando uma relação com o ajustamento foi aquela que ela denominou "estar fora do planejado". Ela conclui: "A única ameaça ao bem estar talvez seja ter um filho que não consegue se tornar independente no momento esperado" (página 555). Glenn (1975) relatou que as mães "pós-maternidade" sentem maior felicidade, prazer com a vida e felicidade conjugal do que as mulheres de idade semelhante que têm um filho em casa. O que nós não sabemos é quantas dessas mulheres mais felizes consideradas por Glenn estavam no mercado de trabalho.

Nas duas últimas décadas, o movimento feminino ajudou a tornar as mulheres e os homens mais conscientes das possibilidades de expansão dentro do casamento e no mundo mais amplo. Mais mulheres aproveitaram as possibilidades de expansão com o trabalho remunerado. Atualmente, as mulheres constituem aproximadamente metade da força de trabalho. Além disso, as mulheres, cada vez mais, estão definindo a carreira como um componente importante para atingir a maturidade ótima. Os grupos mais recentes de casais de meia-idade têm demonstrado capacidade de negociar as duas carreiras, e inclusive casamentos com intercâmbio, o que requer flexibilidade, criatividade e a capacidade de ser ao mesmo tempo independente e permanecer conectado. Em estágios anteriores do ciclo de vida, duas carreiras poderiam ser uma fonte de ansiedade, pois o trabalho tinha de ser conciliado com a necessidade de cuidar dos filhos pequenos. Neste estágio, todavia, ambos os cônjuges conseguem dedicar-se às carreiras, livres das preocupações associadas aos cuidados dos filhos. Por outro lado, há evidências de que muitas mulheres continuam a assumir a responsabilidade pela população idosa cada vez maior. Além disso, as mulheres, que antes expressavam sua autonomia através de empregos voluntários ou de tempo parcial, descobrem um novo tipo de realização dedicando-se ao trabalho ou à carreira. Para um outro grupo de mulheres, que consideravam o trabalho principalmente em termos financeiros, este se torna o momento de fazer uma escolha mais bem definida da carreira.

Os perfis masculinos foram estudados por Levinson (1978) e Vaillant (1977). Vaillant (1977) relatou que, de 95 homens, 26 afirmaram ter casamentos estáveis depois de uma média de vinte anos. O autor acrescenta que "nenhuma variável longitudinal única predisse a saúde mental tão claramente como a capacidade de um homem de permanecer bem casado ao longo do tempo" (página 320). Objetivos profissionais, embora não perseguidos com a mesma intensidade de estágios anteriores, ainda são muito importantes na meia-idade. Para muitos indivíduos, a carreira continua na mesma linha ascendente, o que é evidenciado por promoções no trabalho, indicação para funções executivas, maior reconhecimento e sucesso financeiro. Foi afirmado anteriormente que os indivíduos atingem o seu pico, conforme medido pela renda per capita, neste período. Entretanto, ele é também uma encruzilhada para muitos, que sentem ter chegado tão longe quanto poderiam em seu emprego (Levinson, 1977). Conforme as corporações e indústrias se reorganizam, alguns homens perdem o emprego. Se a esposa ainda está trabalhando, as consequências talvez não sejam tão terríveis como no caso em que o homem é o principal arrimo. Igualmente, o maior interesse público nos anos oitenta pela aposentadoria antecipada pode ser experenciado por alguns homens como limitador, por outros como libertador. Os indivíduos com maiores recursos utilizarão essas mudanças socialmente induzidas para chegar a uma nova competência, desenvolvendo talentos até então desconhecidos ou partindo para uma nova carreira. Entretanto, se o casal continua a prestar assistência financeira a filhos adultos que estão estudando, ou a pais idosos, para despesas médicas, então essas pressões podem impedir qualquer inclinação a fazer modificações na carreira neste estágio.

Os homens que se dedicaram unicamente à carreira deparam-se agora com mudanças no eu, na família e/ou no ambiente, e podem perceber a natureza limitada e limitadora de seus objetivos. A mudança parece essencial. Eles podem consegui-la expandindo uma atividade ou acrescentando novas atividades à já existente, ou podem modificar completamente suas carreiras. Em muitos casos, o ímpeto para a mudança é proporcionado pelo casamento. A esposa pode insistir e exigir um relacionamento diferente, mais profundo, mais expansivo; anteriormente, o marido teria resistido, mas talvez agora ele seja capaz de encarar a mudança. Outras vezes, o impulso para mudar vem de algum tipo de limitação temporária, tal como uma enfermidade, fadiga mental ou uma incessante pressão no trabalho (Vaillant, 1977). Devemos observar que alguns homens podem experenciar a saída dos filhos como uma perda pessoal. Embora mais à distância, eles, também, podem ter percebido a criação dos filhos como o principal objetivo de suas vidas. Além disso, os filhos que estão levando uma vida completamente adulta são um lembrete para os pais de que eles estão na última parte de suas próprias vidas. O impacto das perdas e mudanças que estão ocorrendo nesse momento às vezes é demonstrado indiretamente através de casos amorosos, da ênfase em possessões materiais como carros esportivos e barcos, ou de algum tipo de atuação.

DESENVOLVIMENTO DE RELACIONAMENTOS ADULTOS COM FILHOS ADULTOS

A existência de relacionamentos positivos com os filhos adultos representa a culminação de um longo processo de gradualmente "deixar partir", que começa na infância, ganha velocidade na adolescência e conduz a algum tipo de separação física quando o jovem adulto vai para a universidade ou começa a trabalhar. A conclusão deste processo é aquilo que chamamos de "lançamento". Alguns indicadores de uma separação bem sucedida no jovem adulto são a aquisição de habilidades para um trabalho ou uma carreira, arranjos de vida independente (ou planos nessa direção) e o desenvolvimento de amizades estáveis e de relacionamentos íntimos. Dois desenvolvimentos subsequentes – casamento e reprodução – equilibram as atividades do indivíduo, criando a dimensão "eu-outro" que cerca o desenvolvimento do jovem adulto.

Se os estágios anteriores correram bem, os pais, nesse ponto, serão capazes de responder com apoio e interesse às novas tarefas assumidas por seus filhos. Eles talvez tenham uma "sensação de coisas que passaram", que normalmente não interfere no lançamento. As atitudes positivas dos pais irão variar de acordo com as normas familiares. Em algumas famílias, escolher uma faculdade, uma carreira ou um cônjuge fica a cargo do jovem adulto. Em outras, espera-se que a geração mais jovem, ou algum de seus membros, realize muitos dos objetivos e aspirações das gerações anteriores. Quando isso se centra numa pessoa, este determinado indivíduo, ainda que seja bem sucedido por padrões externos, pode ficar "trancado", da mesma maneira que uma criança aparentemente incapacitada; entretanto, esses indivíduos e famílias certamente não foram alcançados pelos serviços de saúde mental.

Há vários estudos que enfocam as questões envolvidas no lançamento dos filhos. Anderson e colaboradores (1977) estudaram 100 famílias assintomáticas através de autorrelatos. Uma das perguntas feitas aos pais era como esperavam se sentir quando seus filhos, agora na adolescência, finalmente saíssem de casa. Os pesquisadores descobriram que "embora 33% esperassem uma perda do senso de família, 51% antecipavam novas oportunidades e 21% esperavam inclusive um sentimento de alívio" por terem completado este estágio. Para os últimos dois grupos, "a tão citada síndrome do ninho vazio não parecia ser um grande problema".

A separação existente no lançamento do jovem adulto parece, à primeira vista, ser uma interação envolvendo primariamente o jovem adulto e seus pais. Na realidade, os padrões familiares multigeracionais estabelecidos com relação ao grau de autonomia permitido, e as maneiras pelas quais ela pode ser obtida, são igualmente decisivos. Em algumas famílias, parece haver posições "oprimidas" e "mais livres" seguindo padrões definidos ao longo das gerações – por exemplo, ser o mais velho ou o mais jovem. Na maioria das famílias, as expectativas parecem ser muito diferentes para os homens e as mulheres. Os extremos de proximidade e distância entre as duas gerações mais velhas terão um impacto negativo no lançamento. Um progenitor de meia-idade que rompeu emocionalmente com seus pais apresentará uma sensibilidade aumentada em relação à separação de seus filhos. Reciprocamente, o superenvolvimento emocional dos pais com seus próprios pais idosos pode levar a respostas problemáticas em seus filhos.

Mais uma vez, o *status do* casamento desempenhará um papel importante no resultado desse processo. Solomon (1973) afirma que "se a solidificação do casamento não ocorreu e um reinvestimento não é possível, a família normalmente se mobiliza...para agarrar-se ao último filho...antes disso, a família pode evitar o conflito que cerca a separação permitindo que um dos filhos parta e passando a centrar-se no que vem a seguir" (página 186). É um axioma do funcionamento familiar que a dependência recíproca entre pais e filhos irá manifestar-se como um foco em um dos filhos (Haley, 1980, página 30).

Um outro mecanismo comum através do qual as famílias lidam com as dificuldades em "deixar partir" é "rompendo" (emocionalmente e/ou fisicamente). O rompimento pode parecer uma emancipação, mas é a dependência emocional que impulsiona o processo. O rompimento pode envolver um indivíduo ou todo um segmento da família. Ele pode ser desencadeado por um acontecimento, por exemplo, o casamento de um jovem adulto ao qual os pais se opõem, e é particularmente frequente depois da morte de um membro importante da família, quando assuntos difíceis subjacentes não foram resolvidos. Da mesma maneira, as famílias podem se dividir em dois grupos por questões que envolvem patrimônio, dinheiro, quem foi favorecido ou qualquer outra questão conflitual em relação à qual as pessoas não conseguem resolver suas diferenças. Tanto os rompimentos quanto as polarizações podem durar semanas ou anos, dependendo da ansiedade existente e dos triângulos envolvidos. Os rompimentos no casamento são geralmente os mais difundidos, enganadores e difíceis de superar (Bowen, 1978).

A independência física sem a concomitante autonomia emocional poderia ser definida como um pseudolançamento. Fugir de casa alistando-se no exército, casamentos precipitados, gravidez fora do casamento, dependência de drogas e abuso de álcool, tudo isso aponta para dificuldades com separação. A dependência subjacente vem à luz quando o jovem adulto se mete em encrencas e precisa ser "socorrido" pelos pais (Haley, 1980). Outras variações do pseudolançamento são a extrema dependência do apoio da família (especialmente o financeiro) e o voltar para casa depois de um primeiro período de lançamento (em uma família, todos os três filhos voltaram para casa depois da faculdade, afirmando que não havia empregos disponíveis para eles). As vicissitudes no mercado de trabalho poderão dificultar a diferenciação entre o processo familiar e os processos societais.

O padrão mais comum quando surgem problemas no processo de lançamento é os pais identificarem o problema como estando no jovem adulto. A história e a intensidade das dificuldades influenciarão o grau dessa projeção. Os pais, tipicamente, adotam uma das seguintes posturas:

1. "Isso é algo completamente inesperado". A família considerava-se altamente funcional e fica "chocada" ao perceber que alguma coisa poderia estar errada. Aqui, existia uma maneira idealizada de lidar com a vida, uma evitação do conflito e uma extrema valorização da harmonia, proximidade e dos sucessos do jovem adulto. O lançamento bem sucedido do primeiro filho pode prolongar o mito da "família feliz".
2. No outro extremo está a família que sempre lidou com o conflito colocando-o num dos filhos. O comportamento sintomático é tratado como mais um exemplo do problema daquele indivíduo. Uma abordagem familiar proporcionará a oportunidade de examinar plenamente a geração mais jovem e de tratar as questões sistêmicas que mantêm vivo o problema. Entretanto, o conhecimento dos sistemas por parte do especialista nem sempre é suficiente para fazer a família aceitar essa perspectiva. Foram desenvolvidas algumas abordagens estratégicas especiais para o manejo das famílias extremamente resistentes (Haley, 1973, 1980; Palazzoli e colaboradores, 1978; Wright e colaboradores, 1982).
3. "Não há nada de errado nisso": aqui, a família toda se une, permanecendo aglutinada. A família em que todos os três filhos voltaram para casa sem emprego, depois da faculdade, ilustra isso. A mãe, num discurso apaixonado (silenciosamente apoiado pelo pai), ofereceu várias razões excelentes para seus filhos ficarem na casa. O que ela não discutiu tão claramente foi que o casamento estava estagnado e a presença dos filhos trazia um sentimento de vitalidade e movimento que estava faltando no lar.
4. "Nós pensávamos que tudo isso estava acabado". Nessas famílias, o casal "esperava ansiosamente o momento em que o último filho iria sair de casa e tornar-se financeiramente independente". O fracasso em lançar pode representar uma briga transgeracional. Em outros casos, os jovens adultos estão respondendo a questões não resolvidas, quer na família total quer no casal. Nesses casos, a motivação dos pais para a saída do filho adulto será um poderoso auxiliar para um bom resultado.
5. Um problema menos comum envolve sintomas emocionais ou físicos nos pais. A versão mais comum é alguma forma de depressão quando o último filho parte. O perfil é o de um indivíduo (normalmente a mãe) que depende dos filhos para apoio emocional, e cujo marido não quer ou é incapaz de investir mais no casamento conforme os filhos crescem. Nestes casos, o lançamento é percebido

como uma perda. Às vezes, os sintomas físicos ou emocionais irão desencadear o reinvolvimento do cônjuge mais distante. Quando isso não acontece, os sintomas poderão prosseguir. Em alguns casos, a perda percebida é manejada através de um caso amoroso, de uma separação ou divórcio.

6. Um padrão ainda mais incomum é aquele em que o fracasso na emancipação alerta os pais para problemas neles mesmos. A motivação para explorar o problema, independentemente do jovem adulto atrapalhado, constitui um sinal positivo e pressagia um bom progresso.

REALINHAMENTO DOS RELACIONAMENTOS PARA INCLUIR PARENTES POR AFINIDADE E NETOS

Os planos de casamento do jovem adulto podem criar problemas com a geração do meio. Essas dificuldades são manifestações de separações mal-sucedidas entre os pais de meia-idade e seus filhos. Será mais difícil incorporar parentes por afinidade quando os filhos escolhem um parceiro numa reação ou desafio aos pais, e quando a ação parece ser uma rejeição dos valores que a família considera importantes (McGoldrick, capítulo 10). Em outros casos, o jovem adulto escolhe o companheiro para evitar a família, e, assim, o companheiro é literalmente uma cunha contra a família. Muitas vezes, este companheiro irá abraçar as opiniões negativas que o parceiro/filho adulto tem sobre a família. Raramente as dificuldades com os parentes por afinidade não são deslocamentos de antigos problemas familiares não resolvidos. Os conflitos podem ser expressos em termos de qual casal de pais é favorecido, ou qual será visitado nos feriados, num verdadeiro "cabo de guerra", e assim por diante.

O casamento representa uma das maiores transições para o jovem adulto e cria um denominador comum entre as gerações. A geração do meio enfrenta a tarefa de "chegar a um acordo" com novos níveis ou condições de apego nos casamentos das duas outras gerações. Os problemas da geração do meio em ajustar-se ao estado casado da nova geração pode variar de um extremo de excessiva interferência até o outro extremo, em que existe o sentimento de que seus filhos não precisam mais deles, que passam a sentir-se supérfluos, indesejados ou deslocados. Para o casal de meia-idade, o casamento de um filho irá desencadear uma série de reflexões, sentimentos e fortes emoções, dependendo do estado de seu próprio casamento. Além disso, testemunhar a maneira, bem ou mal-sucedida, pela qual a geração mais velha está lidando com as mudanças em seu casamento permitirá entrever o seu (da geração de meia-idade) próprio futuro.

O nascimento da quarta geração conduz a um novo estado no relacionar-se; os filhos se tornam pais; os irmãos se tornam tios e tias, e os pais se tornam avós. Feikema (1978) estudou o significado desta transição para o sistema familiar. Como acontece com outros assinaladores neste estágio, a função dos avós tem amplas variações (Hagestad, 1985; Bengston, 1985). Para muitas famílias, este papel está inserido na tradição. Os avós são figuras de autoridade que ajudam os pais com a socialização dos filhos, articulando as expectativas relativas a eles. Para outras famílias, especialmente no caso de avós mais jovens, o papel é mais o de "procurar divertimento" (Neugarten, 1976), quando o adulto se junta ao neto com o propósito específico de divertir-se. Outras funções que os avós parecem ter são "como um indicador de continuidade intergeracional ou como um pára-choque contra a mortalidade potencial da família" (Bengston, 1985, página 25). Outra é a de " guarda atento", uma terceira é a de "árbitro... nas questões de continuidade intergeracional", e, finalmente, como "figuras na construção social da biografia dos membros mais jovens da família, interpretando e dando significado ao passado pessoal" (Bengston, 1985, página 25). Para algumas famílias que vivem no mesmo espaço físico, alguns avós têm a função de *babysitters,* temporariamente ou regularmente. Em qualquer caso, está cada vez mais claro que os avós têm importantes funções no ciclo de vida de seus netos (Blau, 1984).

RESOLVENDO QUESTÕES COM A GERAÇÃO MAIS VELHA

Em grande parte do trabalho com adultos de meia-idade, parece haver todo tipo de gradações de "negócios incompletos" com seus pais. Em alguns casos, o negócio incompleto pode assumir uma nova forma com a morte de um dos pais. A dinâmica subjacente é o fracasso em conseguir separar-se emocionalmente dos pais. Isso acontece em graus variáveis com todas as famílias. Os negócios incompletos impedem que ambas as gerações realizem as tarefas esperadas daquele determinado estágio de vida.

As questões de vida com as quais a geração mais velha está lidando – por exemplo, aposentadoria, segurança financeira, maior tempo juntos, funcionamento físico mais limitado e um aumento dos sintomas físicos – terão um impacto sobre a geração do meio. As mulheres quase sempre são as cuidadoras da família, em termos físicos e emocionais, enquanto os homens assumem a maior parte das responsabilidades financeiras. Os problemas do envelhecimento na geração mais velha não apenas precisam ser manejados, como também pressagiam os problemas que seus filhos de meia-idade logo enfrentarão. A morte de um cônjuge é uma das maiores tarefas que aguarda os adultos mais velhos. Neugarten (1976) descobriu que as reações dos cônjuges idosos à morte variam bastante. Ela concluiu que um número considerável de idosos manifesta uma grande aceitação, e nesses casos a morte provoca pouca disrupção. Tudo isso envolve decisões sobre vida autônoma *versus* morar com um filho ou filha de meia-idade, ou escolher uma casa de repouso. O estado do relacionar-se intergeracional afetará essas decisões. O conflito na geração do meio ou na mais jovem normalmente tem um impacto negativo sobre os adultos mais velhos. Uma interdependência realista com o restante da família conduzirá a um estresse menor e/ou a um melhor manejo do estresse pela geração mais velha.

Em alguns casos, os adultos minimizam as preocupações dos pais idosos com a sua situação de vida, e ficam impacientes ou inclusive negam as percepções das pessoas idosas. O terapeuta pode trabalhar com os adultos para que se concentrem naquilo que desencadeia suas respostas evasivas ou zangadas aos membros mais velhos da família. Na maioria dos casos, isso se relaciona à incapacidade do(a) filho(a) de aceitar o progenitor em seus (do progenitor) próprios termos, e a sentir-se envolvido pela negatividade do progenitor. Em um estudo sobre filhos judeu-norte-americanos de pais idosos, Simos (1973) descobriu que os adultos de meia-idade se sentiam culpados e impotentes para ajudar se os pais estivessem deprimidos e infelizes. Os pais idosos podem sentir a confusão dos filhos, mas interpretá-la erroneamente como rejeição. Se o filho ou a filha consegue ser menos crítico e sentir-se menos responsável pela felicidade dos pais, estes muitas vezes terão uma visão menos negativa de suas próprias vidas.

Os indivíduos na geração do meio também terão problemas com aquilo que consideram como atitudes dos pais desinteressadas, descuidadas e às vezes rejeitadoras, em relação às suas dificuldades. Muitas vezes, esses sentimentos são induzidos pelas respostas dos avós aos caprichos dos netos que estão crescendo. A crítica silenciosa ou percebida dos avós de que os pais foram muito frouxos ou incompetentes provocará brigas no relacionamento. Ser capaz de ouvir a crítica dos avós como uma medida de seu interesse e uma expressão de sua ansiedade geralmente ajuda os pais de meia-idade a responderem de forma menos defensiva.

Para a pessoa de meia-idade, ocorre uma transição maior com a morte dos pais idosos. Isso pode envolver a consciência de novas responsabilidades como a geração que orienta e uma consciência maior de sua própria mortalidade. Para o filho de meia-idade, a morte de um progenitor idoso não precisa ser uma crise. Em apoio a essa noção, Neugarten (1976) descreve a atitude das famílias funcionais em relação a essas mortes como mais um acontecimento natural. Surgem problemas quando as dificuldades gerais de relacionamento na família não foram resolvidas. Para algumas famílias, a principal reação à morte do progenitor é a culpa que indica questões não resolvidas. A culpa não está necessariamente relacionada a ter estado distante ou em conflito com o progenitor. Ela muitas vezes é observada naqueles que foram super-responsáveis e superenvolvidos com os pais grande parte de sua vida. Um outro problema, comum para as pessoas que prestam os cuidados, é o ressentimento em relação aos irmãos, que frequentemente se envolvem pouquíssimo e aparentemente não sentem ansiedade em relação aos cuidados que precisam ser prestados aos pais.

Finalmente, quando os membros da família não conseguem lidar com a questão da perda dos avós, as questões não resolvidas provavelmente irão reaparecer de alguma outra forma. Bowen (1978) escreveu a respeito de difundidas reações em cadeia após certas mortes, muito semelhantes a "efeitos de uma onda de choque". Orfanidis (1977) e Walsh (1978), em seus estudos sobre famílias de esquizofrênicos, observaram, independentemente, que a morte de um avô assinala como especial o filho nascido naquela época. Nesses casos, essas conexões e o impacto da morte são negados pela família. Muitos fatores podem estar associados à dificuldade que cerca a morte. Como em outros eventos do ciclo de vida, a flexibilidade geral do sistema, sua abertura e o nível de maturidade existente são os fatores mais significativos (Bowen, 1978; McGoldrick & Walsh, 1984; Paul & Paul, 1982).

CONSIDERAÇÕES CLÍNICAS

Uma visão de três gerações deste estágio do meio da vida nos orienta para questões existentes entre as famílias nucleares e ampliadas. O grau de sucesso que os pais demonstraram ao lidar com questões de autonomia, responsabilidade e conexão com suas respectivas famílias de origem terão um impacto definitivo em seu sucesso no manejo destas questões com seus filhos adultos. Essa estrutura não apenas reformula o problema apresentado como parte de um resumo histórico, como também transfere sutilmente a perspectiva dos membros da família, do problema e da crise para o contexto.

A perspectiva do ciclo de vida familiar transforma a experiência dos membros da família, desde um estreito foco num problema ou crise até uma orientação de um processo que envolve sucessivas gerações. Quando nos vemos como parte de um todo maior, o sentimento de opressão pode diminuir. Igualmente, os sentimentos de culpa ou falha, comuns na fase inicial da terapia, podem ser substituídos por um gradual reconhecimento de como a família influencia e modela o comportamento.

Além disso, a estrutura mais ampla permite que o terapeuta fique menos à mercê das forças opostas que parecem polarizar os membros da família em campos diferentes ou causas opostas, e que propiciam amplas oscilações de uma geração para a próxima: o avô é um grande bebedor, o pai é um abstêmio e o neto também bebe pesadamente no curso de três gerações sucessivas (Carter, 1976). Uma visão diferente dos problemas e sintomas como parte de um todo mais amplo coloca a presente experiência (antes definida como patológica, intratável ou sem esperança) dentro do contexto de uma ocorrência natural (ou pelo menos compreensível).

Questões subjacentes não resolvidas podem ser desencadeadas em qualquer uma das três gerações. Dependendo do grau de ansiedade gerado, os três subsistemas podem responder com concomitantes mudanças ou alterações do equilíbrio familiar. Os seguintes exemplos de caso certamente não abrangem a completa variação de possibilidades, mas sugerem o alcance e inter-relacionamento dos eventos em qualquer família. O primeiro (Figura 13.1) demonstra como uma família que externamente foi bem sucedida no manejo de estágios anteriores – principalmente pela insistência na união e na conformidade – experencia um "brutal despertar" durante o lançamento do último filho. A incapacidade de emancipar-se apareceu como sendo secundária a antigas questões conjugais não resolvidas na família.

Há cerca de sete anos, a Sra. Doane, de quarenta e poucos anos, consultara um terapeuta em função de problemas com sua filha mais jovem, Lily, de 21 anos de idade. Sua filha mais velha concluíra a faculdade e estava morando longe, mas Lily continuava se debatendo, tanto em relação à carreira quanto à vida longe de casa. Ela voltara para casa depois de dois períodos malsucedidos na faculdade. Ela era excessivamente dependente e exigente em relação à Sra. Doane, que se ressentia da intrusividade da filha e dos constantes apelos por atenção. A Sra. Doane considerava impulsiva a volta de Lily para casa e imatura a sua carreira universitária fracassada. Ela não via nenhum problema em si mesma, no marido ou em seu casamento. Depois de três sessões, ela declarou que sabia o que fazer em relação a Lily, e prometeu voltar se precisasse.

Seis meses mais tarde, ela retornou à terapia, anunciando que seu marido a deixara repentinamente, e que dissera calmamente que precisava se separar "por ele mesmo". Ele não deu nenhuma outra explicação. Ela não conseguiu entender seu comportamento e ficou muito deprimida. Mais tarde, ela ficou sabendo que o marido, ao sair de casa, já mantinha um caso há um ano com uma mulher de vinte e poucos anos. As ações do Sr. Doane contrastavam agudamente com seu comportamento anterior; ele fora um "bom" filho, seguindo os passos do pai ao ir trabalhar no negócio que ele criara, e fora um "perfeito" marido e pai. Então, logo depois da morte do pai, ele mergulhara numa aventura artística que apreciara imensamente. Lá, ele conhecera essa mulher. Ele estava sentindo um grande desejo de "deixar tudo para trás" e começar uma nova vida. Fora há três anos, quando ele começara a afastar-se da esposa, que Lily voltara para a família.

Antes de discutir o curso terapêutico, faremos algumas reflexões. Ao casar com o marido, a Sra. Doane esperava obter aquilo que imaginava que a família dele representava: uma família feliz e um pilar da comunidade. Os pais dela tinham um relacionamento conflituado e lutavam para viver de acordo com seus rendimentos. Ela era a pessoa mais forte e funcional da família, e conseguira fazer a faculdade com seus próprios recursos. Ela sentia que os Doane combinavam muito mais com ela do que a sua própria família. Ela tornou-se mais Doane do que os próprios Doane. De modo interessante, embora ela tivesse sido bem sucedida em sua carreira de conselheira escolar, ela via a si própria antes de tudo como uma esposa. Assim, a maior parte de seus pensamentos e esforços giravam em torno de fazer "felizes" tanto a família nuclear quanto a ampliada. Em resumo, seu autoconceito e sua autoestima eram obtidos principalmente em "estar disponível" e "atender" aos outros.

A Sra. Doane tinha opiniões firmes implícitas sobre o casamento. Uma delas era a suposição de que seu marido pensava da mesma maneira e compartilhava a sua perspectiva e prioridades. Uma extensão natural era a de que as prioridades dele permaneceriam estáveis e imutáveis com o passar do tempo. A pedra de toque dessas crenças era a santidade do casamento. Consequentemente, a aparentemente súbita mudança dos acontecimentos encontrou a Sra. Doane emocionalmente mal-equipada para lidar com as marciais dificuldades. Ela foi invadida por um esmagador sentimento de traição, que experenciou como choque e torpor. Essas respostas iniciais foram seguidas por sentimentos igualmente fortes de revolta e confusão: "Onde foi que eu errei?"

Este é um cenário comum às famílias que enfrentam situações semelhantes. Como a maioria das mulheres de seu grupo, a Sra. Doane colocara suas capacidades e recursos a serviço da família. Além disso, no passado, qualquer sugestão de dificuldade a levara a esforçar-se mais. Ela estava magoada e sentia-se oprimida pela responsabilidade de tentar entender todo aquele

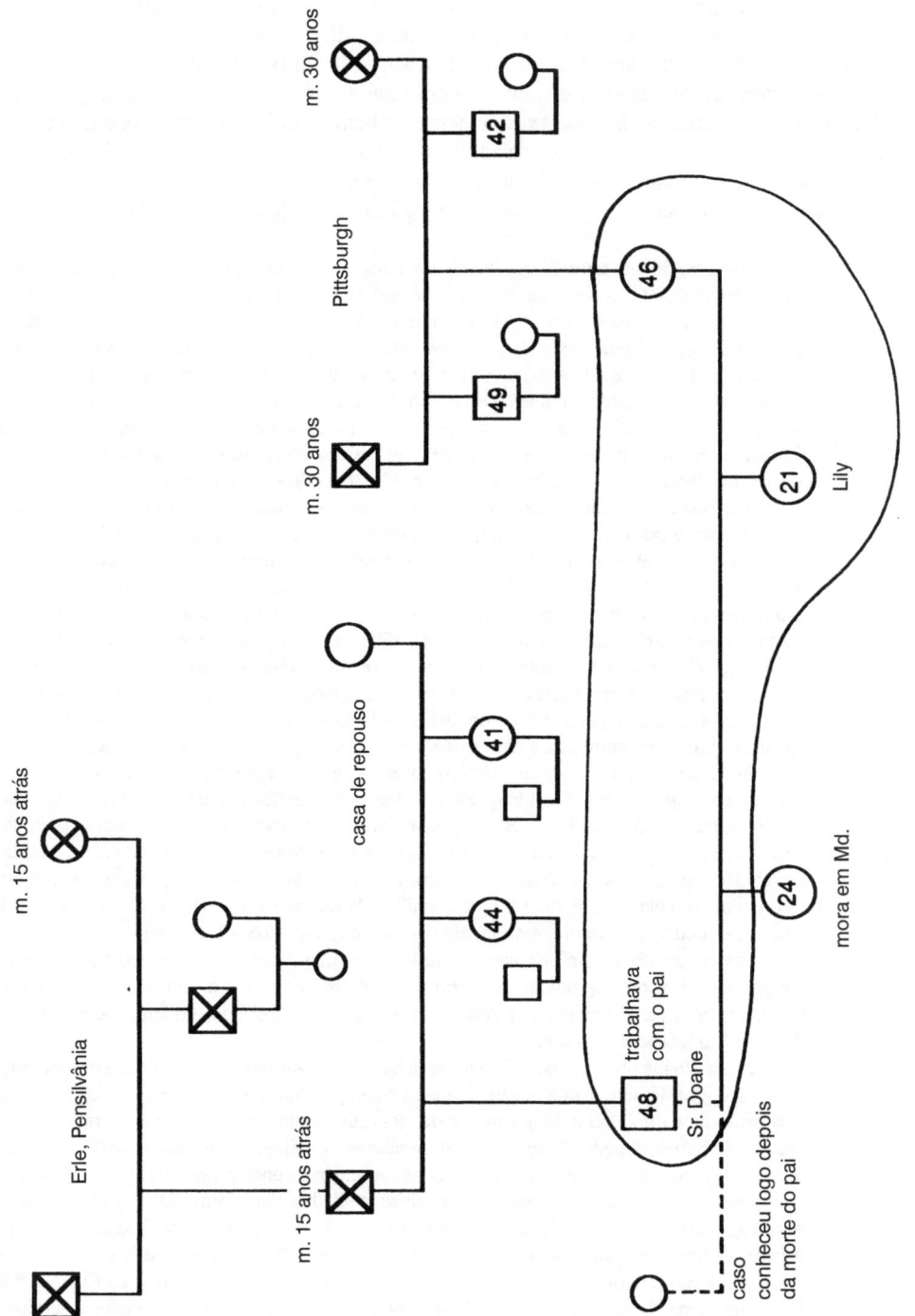

Figura 13.1 A família Doane.

motim. Por sua vez, o Sr. Doane achava que tinha anulado suas próprias ideias e desejos no esforço para satisfazer sua mulher. Foi depois da morte de seu pai, a pessoa que influenciara mais fortemente suas respostas aos outros, que o Sr. Doane arremessou-se na busca de uma transformação em sua vida, o que culminou num caso amoroso. Segundo sua esposa, o Sr. Doane parecia "completamente noutra" e despreocupado com o resultado de suas ações. Ele desmentia suas próprias iniciativas e não expressava suas opiniões, particularmente as referentes ao seu descontentamento mal-definido com o casamento.

De acordo com a dinâmica familiar e sua socialização como mulher, a Sra. Doane foi a pessoa que procurou terapia, um achado clínico comum para uma mulher em sua situação (Lerner, 1985). A terapia tinha o objetivo de ajudá-la a compreender o problema através do entendimento de seu funcionamento no contexto familiar. Sem desmentir sua mágoa e sofrimento, ela teve a oportunidade de explorar isso em seu relacionamento com figuras importantes. Para uma mulher que se orgulhava de sua capacidade de resolver dificuldades, o caso amoroso do marido fê-la sentir-se um fracasso e diminuiu sua confiança. Por trás dessas mágoas havia acusações e raiva encobertas. A raiva, como em muitos outros casos (Lerner, 1985), foi suavizada pelo entendimento de que ela permitira que algumas importantes dimensões de seu senso de eu submergissem, e pela posterior compreensão de que ela teria de "deixar partir" alguns de seus antigos sentimentos, pensamentos e mecanismos de manejo.

Conforme era esperado, quando a Sra. Doane conseguiu abandonar a necessidade de "agarrar-se" ao casamento, seu marido começou a aproximar-se dela. Ela considerou, pela primeira vez, se queria ou não permanecer naquele casamento. A extensão em que os indivíduos conseguem redefinir seu curso de vida tratando das questões que são importantes para eles pressagiam um bom progresso na terapia. O Sr. Doane precisava lidar com o entendimento de que ele, também, corria o risco de perder sua esposa. A separação, além de ser um embaraço, tornou-se uma oportunidade para dar uma segunda olhada no casamento e em todos os aspectos que não haviam funcionado. O novo arranjo precisava incluir as novas percepções de ambos. A recém-descoberta autonomia da Sra. Doane exigia que o Sr. Doane lidasse com ela e com o relacionamento de uma nova maneira. O Sr. Doane descobriu que não havia tanta necessidade de manter-se indisponível. Ele estava lutando com suas necessidades percebidas, e com aquilo que podia, realisticamente, esperar de si mesmo, do caso e do casamento. O casal combinou que o Sr. Doane voltaria para casa depois de seis meses de terapia conjunta. Assim que ele voltou, Lily encontrou as próprias asas, e começou um processo que conduziu a uma carreira, e eventualmente ao casamento. Desde que essa família se apresentou (McCullough, 1980), a Sra. Doane vinha seguindo um caminho de autodefinição. Depois de quinze anos como conselheira escolar, ela decidiu tornar-se uma empresária independente, estabeleceu sua própria firma de publicidade, e tem sentido uma satisfação cada vez maior com essa nova vocação. Suas preocupações em relação ao casamento não desapareceram completamente, mas ela se sente mais capaz de lidar com seus sentimentos e com o marido.

Os Doane exemplificam algumas considerações terapêuticas centrais no manejo dessas questões. Se o terapeuta pressupõe a existência de uma forte interdependência entre todos os membros envolvidos da família, essa abordagem pode ser útil para diminuir a crise. O cônjuge rejeitado pode ser ajudado a tirar seu foco do caso e a vê-lo como parte de um processo mais amplo. Se esse cônjuge se tornar menos crítico e se concentrar em melhorar a sua parte no relacionamento, o parceiro pode, por sua vez, perceber que o caso é apenas um dos muitos problemas do sistema. Dessa maneira, as chances de resolver tanto a separação quanto o caso ficam consideravelmente maiores. O conhecimento do terapeuta de que uma tensão temporária frequentemente acompanha o movimento rumo a um novo nível de autonomia individual e melhor funcionamento familiar é importante para aliviar a ansiedade, a desconfiança e a raiva.

As disputas conjugais costumam ser especialmente cáusticas nesse estágio da vida. Guerin (1982) conceitualiza quatro estágios de conflito conjugal, acrescentando que o conhecimento do estágio do conflito facilita o prognóstico e ajuda a prever armadilhas. Naqueles casamentos em que um "divórcio emocional" vem ocorrendo há algum tempo, ou em que um dos protagonistas percebe o divórcio como a resposta para todos os problemas existentes, o foco não será tanto em ressuscitar o casamento como em suavizar e facilitar o processo de separação.

Uma outra versão de interação familiar é aquela que coloca a responsabilidade pelos pais e filhos na geração do meio. Este livro deixou claro que a separação envolvida no lançamento apenas *parece* envolver primariamente o jovem adulto e seus pais. Na verdade, é igualmente decisivo estabelecer os padrões multigeracionais referentes ao grau de autonomia permitido e à maneira como isso pode ser obtido. A seguinte vinheta é um exemplo de uma situação em que o fracasso dos pais em se separarem satisfatoriamente de seus próprios pais contribuiu para o prejuízo de sua filha adulta. Além disso, para a família Bartok, a responsabilidade pelos pais idosos e pelos filhos estava fixada na geração do meio.

O Dr. e a Sra. Bartok foram encaminhados por um psiquiatra que estava tratando sua filha Laura, de 23 anos de idade. Laura voltara a morar em casa depois de ter deixado a faculdade na metade do segundo ano. Ela tinha grandes dificuldades de adaptação e poucos amigos ou interesses externos. Uma revisão dos vários subsistemas revelou que o pai, um médico, mantinha relacionamentos bastante formais, impessoais, com os pais e com sua única irmã. Com a esposa e filhos, ele parecia manter uma atitude desligada, mas era muito dependente da mulher e super-reativo às suas críticas. A Sra. Bartok, por sua vez, tinha uma história de estreito envolvimento com seus pais e com seus filhos. Depois da morte do pai, dois anos antes, ela tornara-se a "guardiã da mãe". A intensa dependência da mãe e suas exigências despertavam ressentimento e culpa na Sra. Bartok, reações que também tinha com a filha. O distanciamento do Dr. Bartok sobrecarregava ainda mais a intensa fusão emocional do sistema, perpetuando assim a circularidade disfuncional.

Este exemplo salienta problemas geracionais conectadores. O mais notável é o padrão frequentemente encontrado nas famílias com filhos prejudicados: os jovens não apenas não conseguem individualizar-se, como esse fracasso se repete em várias gerações. A morte do pai deixou a Sra. Bartok, a filha mais velha de sua geração, responsável por sua mãe. O fato de que Laura era a única filha mulher na geração seguinte contribuiu para toma-la o foco nesta geração. O fracasso de Laura em emancipar-se aparentemente deixou a Sra. Bartok "responsável" aqui, também. O padrão era um padrão recíproco, em que o Dr. Bartok negava suas responsabilidades emocionais em relação à família.

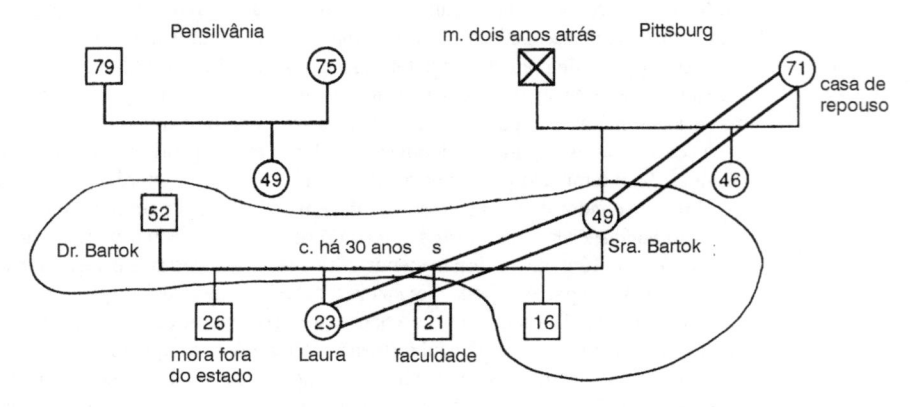

Figura 13.2 Os Bartok.

Apesar do problema ser apresentado como um prejuízo em um jovem adulto, os movimentos iniciais da terapia visavam tratar do desequilíbrio conjugal, que tornara a Sra. Bartok a única responsável por todos os relacionamentos. O Dr. Bartok, apesar do padrão de manejar as questões emocionais principalmente através da negação e do retraimento, estava interessado em tornar-se mais disponível para toda a família. Consequentemente, ele envolveu-se ativamente nos planos que precisavam ser desenvolvidos em relação à sua sogra e filha. Além disso, os problemas do casal foram trazidos a primeiro plano e tratados. A Sra. Bartok continuava desapontada com a tendência do marido a ficar passivo e indisponível, mas ele conseguiu verbalizar um pouco mais seu interesse e preocupação, de modo que ela passou a sentir-se menos sobrecarregada e desamparada. A necessidade de a Sra. Bartok modificar seu sentimento de não ter escolha em relação à mãe foi bastante trabalhada. A crescente disponibilidade do marido e o fato de ela ter conseguido recrutar a ajuda de sua irmã mais jovem para localizar a melhor casa de repouso, permitiram finalmente que ela lidasse com essa questão sensível. Os esforços terapêuticos centraram-se em ajudá-la a chegar a um acordo com o casamento e a superar a culpa por se separar da mãe. O concomitante reajustamento emocional permitiu aos pais assumirem uma posição em relação à Laura e a "empurrá-la para fora do ninho".

A Sra. Bartok decidiu ingressar no mercado de trabalho, empregando-se num centro de saúde particular em que antigamente servira como voluntária. Apesar de não ter tido nenhum emprego por mais de vinte anos, ela considerou o trabalho um desafio e ajustou-se bem.

Vale a pena notar que, a menos que o terapeuta esteja consciente dos triângulos conectadores, os problemas com a geração mais velha poderão passar despercebidos por muito tempo. Especialmente quando houve alguma versão de "rompimento" entre a pessoa de meia-idade e o(s) pai(s), o resultante ressentimento e/ou culpa podem tornar o assunto inabordável. Isso não aconteceu com a família Bartok. Embora eles não tivessem apresentado imediatamente seus problemas com a mãe da Sra. Bartok, nenhum deles tentou negá-los. A mãe da Sra. Bartok, embora evidenciando alguns sinais de prejuízo mental, ainda era capaz de reconhecer as pessoas amadas e seu ambiente, mas estava suficientemente prejudicada para não aceitar sua séria incapacidade de tomar conta de si mesma. Dada essa situação, tanto ela quanto a filha respondiam ao padrão em sua família e ao padrão na sociedade – a mulher idosa esperava que sua filha tomasse conta dela; e a Sra. Bartok tornou-se a cuidadora.

Não é fácil incluir os idosos nos planos que os afetam. Com muita frequência, na ausência de terapia ou de uma percepção daquilo que acontece no processo de envelhecimento, muitos cuidadores respondem às exigências das pessoas idosas como se essas exigências não fossem razoáveis. Além disso, seus sinais de desorientação ou senilidade podem ser vistos como táticas para dominar, ou pior, como maneiras de castigar e aborrecer suas famílias. Se a pessoa que sempre teve o papel de cuidadora estiver motivada a desvendar os temas familiares e sua tendência a alimentar e manter o comportamento, a raiva ou o medo de magoar o progenitor idoso será substituído por uma abordagem mais realista da situação.

A condição de "inseparável" entre as pessoas de meia-idade e seus pais, ou a incapacidade de atingir uma emancipação mais funcional, pode assumir formas mais sutis. Numerosos indicadores assinalam esse padrão – incapacidade ou relutância em revelar aspectos importantes da própria vida, de discutir assuntos emocionalmente carregados, incapacidade de tomar uma posição ou de chegar a uma solução acerca de pontos de discordância importantes. A orientação do terapeuta irá decidir a maneira pela qual esse processo será tratado. Muitas vezes, podemos chegar a uma perspectiva mais abrangente se o paciente consegue afastar-se, deixar partir ou vincular-se mais realisticamente aos pais, aos filhos e ao cônjuge. Alguns terapeutas de família acreditam que o assunto da emancipação merece abordagens mais específicas em seu manejo (Williamson, 1981; Framo, 1976). Nas histórias acima, tanto o Sr. Doane quanto o Dr. Bartok manifestavam sinais de emancipação interrompida, mas uma igual negação de que as questões transgeracionais faziam parte da terapia. O Sr. Doane relacionava-se com sua mãe de maneira muito circunspecta, pontuada por contatos infrequentes (a mãe vivia num vilarejo para aposentados). De outra forma, ele tinha bastante contato com uma irmã e com um primo, com quem trabalhava. Exceto por um certo esforço para esclarecer assuntos de trabalho com este último, o Sr. Doane não modificou qualquer padrão fundamental com sua mãe. Quanto ao Dr. Bartok, ele estava instrumentalmente mais disponível para os pais, mas compartilhava muito pouco a sua vida pessoal. As mudanças mais substanciais foram em sua família nuclear, mas houve pouca mudança em relação aos pais.

Igualmente importante no manejo da separação em relação aos pais, ou talvez uma demonstração específica do processo, é lidar com a morte iminente de um ou de ambos os pais. Nas famílias mais funcionais, os assuntos relacionados à morte, tais como testamentos, testamenteiros e assim por diante, são ventilados com bastante antecedência. O início da doença crítica e a morte iminente são às vezes bem mais difíceis para os filhos absorverem. Clinicamente, o melhor resultado é obtido se o cliente percebe a importância de tratar da situação e de seus sentimentos com o progenitor doente. O medo de piorar a situação, de não saber a "maneira certa" ou as palavras certas, ou de tirar a esperança da pessoa doente são algumas das formas pelas quais os indivíduos expressam suas ansiedades e hesitações. Na terapia, as partes não resolvidas do relacionamento podem ser tratadas com evidente alívio. Alguns ficam dolorosamente conscientes de que a discussão de assuntos pessoais não fazia parte do relacionamento; para outros, a compreensão é a de que existe emoção excessiva, com os concomitantes medos de ser esmagado por ela, de chorar, ou de perder totalmente o controle. O foco terapêutico é o de ajudar o indivíduo a entender melhor a situação e o seu papel nessa situação, e de encorajar o contato pessoal e a comunicação com os membros da família ampliada. Além disso, o indivíduo na meia-idade pode aprender bastante apoiando os pais idosos em sua revisão de vida. Isso ajuda as pessoas mais velhas a refletirem em voz alta sobre o significado de sua vida, sobre os sucessos e fracassos que tiveram e sobre as pessoas significativas para eles. Não obstante, nem todas as pessoas idosas desejam refletir sobre sua vida ou revisá-la abertamente. A questão importante é que o que as pessoas idosas apreciam é alguém que seja carinhoso e capaz de aceitá-las, e não alguém que tente reassegurá-las ou convencê-las de que as coisas foram realmente melhores ou diferentes de sua percepção.

Não é essencial reunir a geração mais velha numa sala para resolver negócios incompletos. Basta orientar o adulto de meia-idade motivado para empenhar-se num comportamento diferente. Essa geração do meio também varia consideravelmente na motivação para modificar padrões. A morte dos pais parece compor as dificuldades. Esse achado é consistente com a crença de Bowen (1978) de que a probabilidade de resolver satisfatoriamente os problemas passados parece diminuir com a morte de ambos os pais.

Um achado clínico interessante é o de que a morte de um progenitor também pode resolver um vínculo e ajudar os filhos a se sentirem mais responsáveis por si mesmos, proporcionando-lhes um senso de liberdade nunca experimentado. Em alguns casos (McCullough, 1978), ela pode provocar no indivíduo de meia-idade uma verdadeira metamorfose.

Em relação ao jovem adulto que passa a ser identificado como o problema, os dois exemplos clínicos ilustram parte da dinâmica mais evidente. Um princípio geral é que o jovem adulto "paralisado" no triângulo com os pais terá as maiores dificuldades com o lançamento, embora em algumas famílias todos os filhos talvez tenham dificuldades com essa tarefa. Concentrar os esforços em outras áreas, não nos filhos, geralmente melhora e algumas vezes resolve os problemas com o jovem adulto que está com dificuldades. O sucesso na abordagem da questão de um filho adulto "problema" depende, em certa extensão, da capacidade de determinar a função que o comportamento sintomático tem na família, assim como a posição do adulto propenso a problemas. O filho triangulado geralmente é o membro mais disfuncional da família. Em muitos casos, o jovem adulto "paralisado" parece ficar satisfeito em deixar que os pais sejam os principais proponentes na terapia.

Finalmente, Friedman (capítulo 6) salienta que os rituais e ritos de passagem familiares com relação a noivados, casamentos, nascimento e morte podem dar às pessoas uma oportunidade de elaborar questões ainda não resolvidas. Nós achamos que isso é verdade, particularmente naqueles casos em que a pessoa está motivada para assumir riscos ou compromissos com a família ampliada.

OUTRAS CONSIDERAÇÕES

O estágio pós-criação dos filhos frequentemente é uma época de consolidação e funcionamento, pois a experiência e a maturidade, e a solvência financeira (nas classes média e alta) geralmente estão em seu pico. Tendo concluído o período de criação dos filhos, os pais talvez esperem realizar todo o seu potencial. As dificuldades neste estágio relacionam-se à reelaboração dos laços conjugais, assim como dos laços entre pais e os filhos, e ao acréscimo dos novos papéis de "parentes por afinidade" e de "avós". A maioria dos indivíduos na geração do meio perde um ou ambos os pais nesse momento, e eles próprios passam a ser a geração mais velha.

Pensar sobre as famílias dentro de uma estrutura de ciclo de vida esclarece as tarefas predizíveis a serem realizadas num dado estágio. O uso da dimensão inter-geracional oferece um meio para descobrir os padrões familiares que indicam como as famílias costumam lidar com as transições, especialmente com as separações. A experiência confirma o princípio de que sempre que existe um problema familiar sério neste estágio – mesmo quando não houve anteriormente nenhuma evidência de perturbação – havia, sempre, padrões disfuncionais preexistentes no sistema familiar.

BIBLIOGRAFIA

Altman, I. & Taylor, D. (1973). *Social penetration: The development of interpersonal relationships.* New York: Holt, Rinehart & Winston.
Anderson, C. A., et al. (1977, October). *A computer analysis of marital coping styles in families of children of normal and atypical development.* Unpublished paper presented at the American Academy of Child Psychiatry Annual Meeting, Houston, Texas.
Bengston, V. L. (1985). Diversity and symbolism in the grandparental roles. In V. L. Bengston (Ed.), *Grandparenthood.* Beverly Hills, Calif.: Sage Publications.
Blau, T. (1984). An evaluation study of the role of the grandparent in the best interests of the child. *American Journal of Family Therapy* 12/4:46-50.
Bowen, M. (1966). The use of family therapy in clinical practice. *Comprehensive Psychiatry* 7:345-374.
Bowen, M. (1978). *Family therapy in clinical practice.* New York: Jason Aronson.
Bradt, J. O., & Moynihan, C. J. (1971). Opening the safe – the child focused family. In J. O. Bradt and C. J. Moynihan (Eds.), *Systems therapy.* Washington, D.C.: Groome Child Guidance Center.
Carter, E. A. (1978). Transgenerational scripts and nuclear family stress: Theory and clinical implications. In R. Riley (Ed.), *Georgetown family symposia:* Vol. 3 (1975-76), Georgetown University.
Duvall, E. (1971). *Family development.* Philadelphia: J. B. Lippincott.
Erikson, E. (1964). *Childhood and society.* New York: Norton.
Feikema, R. J. (1979). Birth and the addition of a new generation and its impact on a family system. In P. McCullough & J. C. Carolin (Eds.) *Second Pittsburgh Family Systems Symposium: A Collection of Papers.* University of Pittsburgh.
Fogarty, T. (1973-78). On emptiness and closeness, Part l, Part II. "The best of the family." New Rochelle: Center for Family Learning.

Framo, J. (1976) Family of origin as a therapeutic resource for adults in the marital and family therapy: You can and should go home again. *Family Process* 15(2): 193-210.

Gilligan, C. (1982). *In a different voice*. Cambridge, Mass.: Harvard University Press.

Glenn, N. (1975). Psychological well-being in the postparental stage: Some evidence from national surveys. *Journal of Marriage and the Family* 37 (l): 105-110.

Glick, P. (1977). Updating the life cycle ofthe family. *Journal of Marriage and the Family* 39(1): 5-13.

Guerin, P. (1982). The stages of marital conflict. *The Family* 10(1): 15-26.

Hagestad, G. O. (1985). Continuity and connectedness. In V. L. Bengston (Ed.), *Grandparenthood*. Beverly Hills, Calif.: Sage Publications.

Hagestad, G. O. & Smyer, M. A. (1982). Dissolving long-term relationships: Patterns of divorcing in the middle age. In S. Duck (Ed.), *Personal relationships 4: Dissolving personal relationships*. New York: Academic Press.

Haley, J. (1973). *Uncommon therapy: The psychiatric techniques of Milton H. Erikson*. New York: Norton.

Haley, J. (1980). *Leaving home: The therapy of disturbed young people*. New York: McGraw-Hill.

Harkins, E. (1978). Effects of the empty nest transition: A self report of psychological well-being. *Journal of Marriage and the Family* 40(3): 549-556.

Lerner, H. (1985). *The dance of anger.* New York: Harper & Row.

Levinson, D. J. (1978). *The seasons of a man's life*. New York: Knopf.

Lynch, J. J. (1977). *The broken heart: The medical consequences of loneliness*. New York: Basic Books.

McCullough, P. (1980). Launching children and moving on. In E. Carter & M. McGoldrick (Eds.), *The family life cycle: A framework for the family therapy*. New York: Gardner Press.

McGoldrick, M., & Walsh, F. F. (1984). A systematic view of family history and loss. In Aronson and Woldberg (Eds.), *Group and family therapy*. New York: Brunner/Mazel.

Neugarten, B. (1976). Adaption and life cycle. *The Counseling Psychologist* 6(1).

Orfanidis, M. M. (1977). Some data on death and cancer in schizophrenic families. Paper presented at the Georgetown Family Symposium, Washington, D. C.

Palazzoli, S. M., Cecchin, G., Prata, G., & Boscolo, L. (1978). *Paradox and counter-paradox*. New York: Jason Aronson.

Paul, N. L. & Paul, B. B. (1982). Death and changes in sexual behavior. In Froma Walsh (Ed.), *Normal family processes*. New York: Guilford Press.

Schram, R. (1979). Marital satisfaction over the family life cycle: A critique and proposal. *Journal of Marriage and the Family* 41(1): 7-12.

Simos, B. G. (1973). Adult children and their aging parents. *Social Work* 18: 78-85.

Solomon, M. (1973). A developmental conceptual premise for family therapy. *Family Process* 12(2): 179-188.

Swensen, C. H., Eskew, R. W., & Kohlepp, K. A. (1981). Stage of family life cycle, ego development, and the marriage relationship. *Journal of Marriage and the Family* 43(4): 841-853.

U.S. Bureau of the Census (1981). Social and economic characteristics of Americans during midlife. June 1981. Current Population Reports, Series P-23, No. 11, Washington, D. C.: U.S. Government Printing Office.

U.S. Bureau of the Census (1986). Statistical abstract of the United States. Washington, D. C.: U.S. Government Printing Office.

U.S. National Center for Health Statistics (1986). Vital statistics of the United States: 1982, Vol. III, Marriage and Divorce. DHHS Pub. No. (PHS) 86-1103. Public Health Service. Washington, D. C.: U.S. Government Printing Office.

Vaillant, G. E. (1977). *Adaptation to Life*. Boston: Little, Brown.

Walsh, F. W. (1978, December). Concurrent grandparent death and the birth of a schizophrenic offspring: An intriguing finding. *Family Process* 17(4): 457-463.

Williamson, D. (1981). Termination ofthe intergenerational hierarchial boundary between the first and second generations: A new stage in the family *Journal of Marital and Family Therapy* 7(4): 441-452.

Wright, L. M., Hall, J. S., O'Connor, M., Perry. R. & Murphy, R. (1982). The power of loyalties: One family's developmental struggle during the launching years. *Journal of Strategic and Systemic Therapies* 1(4): 57-70.

14

A família no estágio tardio da vida

Froma Walsh, M.S.W., Ph.D.

Velhice. Nós temos quase tanto pavor de envelhecer quanto de não viver o suficiente para chegar à velhice. Os idosos, em nossa sociedade, foram estereotipados e descartados como antiquados, rígidos, senis, aborrecidos, inúteis e incômodos.

Num desafio a essas expectativas e limitações culturais negativas, surgiram novas imagens dos idosos em filmes tais como *"Trip to Bountiful"*, *"Harold and Maude"* e *"Harry and Tonto"*. Esses filmes refletem e estimulam uma crescente sensibilidade em relação a uma pessoa que está tentando, com coragem e ousadia, adaptar-se às perdas e desafios de um estágio tardio de vida, de uma maneira que atenda às necessidades de auto-identidade, companheirismo satisfatório e experiência significativa.

No entanto, raramente vemos na mídia opções para um sadio ajustamento na terceira idade dentro da família e do contexto social. Pelo contrário, o idoso é visto como estando à margem da comunidade social e encontra soluções afastando-se ainda mais, rompendo totalmente com a sociedade, ou inclusive alardeando códigos legais, morais ou sexuais. Notavelmente, os idosos são retratados como viúvos, ou como não tendo família ou como fugindo da família.

Prevalecem as visões pessimistas da família no estágio tardio da vida. Os mitos sustentam que a maioria dos idosos não tem família ou, no melhor dos casos, tem com ela contatos infrequentes, obrigatórios e conflituantes; que os filhos adultos não se importam com seus pais idosos e os abandonam ou livram-se deles em instituições; e que as famílias, num estágio posterior de vida, estão demasiadamente fixadas em sua maneira de ser para mudar antigos padrões de interação. Através destas concepções errôneas, a família num estágio tardio de vida, assim como o indivíduo mais velho, foi estereotipada e posta de lado.

De fato, os relacionamentos familiares continuam a ser importantes durante a terceira idade para a maioria dos adultos em nossa sociedade. Setenta por cento vivem com os cônjuges ou outros parentes, incluindo filhos, irmãos e pais idosos. A proximidade dos membros da família e o contato por telefone são especialmente importantes para aqueles que vivem sozinhos, 80% dos quais são mulheres mais velhas, geralmente viúvas. A maioria daqueles que têm filhos relata que um dos filhos poderia ir até lá em poucos minutos, se fosse necessário, e tende a manter um contato telefônico no mínimo semanal; apenas 3% nunca veem os filhos. Assim, o isolamento total é raro. Embora a maioria dos adultos mais velhos prefira morar separado dos filhos adultos, o contato frequente, laços emocionais recíprocos e vínculos de apoio mútuo são mantidos pela maioria das famílias, num padrão que foi convenientemente chamado de "intimidade à distância" (Blenkner, 1965; Butler & Lewis, 1983; Spark & Brody, 1970; Taeuber, 1983; Treas, 1977; Troll, 1971; Streib & Beck, 1981). Além disso, a maioria das evidências indica uma ligação entre contato social, apoio e longevidade: a vasta maioria dos idosos que visitam seus amigos e família provavelmente vive mais tempo do que aqueles que raramente têm contatos.

A família como um sistema, juntamente com seus membros mais velhos, enfrenta desafios importantes de adaptação na terceira idade. As mudanças com a aposentadoria, a viuvez, a condição de avós e as doenças requerem o apoio familiar, o ajustamento às perdas, reorientação e reorganização. Os relacionamentos familiares passados e presentes desempenham um papel crítico na resolução da maior tarefa psicossocial deste estágio, a obtenção de um senso de integridade *versus* desespero, com relação à aceitação de nossa própria vida e morte (Erikson, 1959). As claras transições e tarefas do estágio tardio da vida apresentam um potencial de perda e disfunção, mas também de transformação e crescimento.

O campo da saúde mental, infelizmente, não tem dado atenção suficiente às fases tardias da vida individual e familiar, apesar do fato de os adultos acima de 65 anos constituírem o grupo mais suscetível à doença mental (Butler & Lewis, 1983). A incidência de psicopatologia aumenta com a idade, especialmente as doenças cerebrais orgânicas e os distúrbios funcionais como a depressão, ansiedade e estados paranoides. O suicídio também aumenta com a idade, com o índice mais alto entre os idosos brancos do sexo masculino. Embora os adultos mais velhos constituam 11% da nossa população, eles representam 25% de todos os suicídios. Muitos transtornos estão associados a dificuldades na adaptação familiar às transições e tarefas do estágio tardio de vida.

TRANSIÇÕES E TAREFAS NO ESTÁGIO TARDIO DA VIDA

Lançamento: preparando o terreno

A resposta de cada família aos desafios do estágio tardio da vida decorrem de padrões familiares anteriores desenvolvidos para manter a estabilidade e a integração. A maneira pela qual a família e seus membros lidam com essa situação depende muito do tipo de sistema que criaram ao longo dos anos e da capacidade e formas do sistema de ajustar-se às perdas e às novas exigências. Certos padrões estabelecidos, outrora adequados, podem tornar-se disfuncionais com as mudanças no ciclo de vida das pessoas.

O lançamento do último filho prepara o terreno para as relações familiares na segunda metade da vida (Deutscher, 1964). A redução estrutural da família, de uma família com duas gerações para a díade conjugal, apresenta tarefas de separação pais-filhos e uma mudança para os pais do investimento em seus filhos para um novo foco em seu casamento. A perda do funcionamento num papel materno torna esta transição especialmente crucial para as mulheres.

Embora a maioria se ajuste bem a esta transição "de ninho vazio" (Neugarten, 1970), a capacidade de fazê-lo depende, em parte, de como o ninho vazio é sentido. A transição pode ser dificultada por um relacionamento conjugal insatisfatório e um apego excessivo a um filho. Em algumas famílias, um filho, adulto jovem, que fica preso num triângulo destes pode apresentar sintomas nesse momento. Em outros casos, o fracasso em negociar esta transição pode ter um impacto retardado, interferindo com a capacidade subsequente da família de lidar com transições na terceira idade. O seguinte caso clínico[1] ilustra esse efeito de bomba de tempo:

> Stanley, de 67 anos de idade, foi hospitalizado por insistência da esposa em virtude de um sério abuso de álcool iniciado após sua aposentadoria. Moravam na casa Stanley, sua mulher e seu filho de 42 anos de idade, que jamais saíra de casa. Um superenvolvimento entre mãe e filho, existente há muito tempo, servira para estabilizar um casamento cronicamente conflitual há anos, uma vez que Stanley permanecera envolvido em seu trabalho fora de casa. A aposentadoria alterou o equilíbrio homéostático, pois Stanley, agora em casa o dia todo, sentia-se um intruso indesejado. Sem a fonte de autoestima proporcionada pelo trabalho, ele sentiu-se competindo imerecidamente com seu filho pela afeição da esposa, num momento de sua vida em que estava ansioso por um companheirismo maior com ela. A rivalidade entre pai e filho logo se transformou em raivosas confrontações quando Stanley estava bêbado, com sua esposa ficando do lado do filho e ameaçando divorciar-se. (Veja a Figura 14.1.)

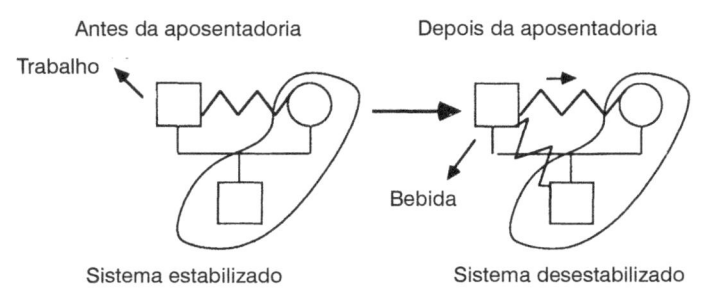

Figura 14.1 Fracasso em resolver tarefas familiares desenvolvimentais anteriores complica a transição no estágio tardio da vida.

Nesta família, as tarefas do estágio de lançamento nunca foram dominadas e jamais foi estabelecido um relacionamento conjugal pós-paternal. O modo de adaptação defensivo da família serviu para evitar o conflito e a intimidade no casamento por muitos anos, mas foi rompido quando a aposentadoria exigiu novos ajustes e reorganização no sistema.

Aposentadoria

Após uma diminuição na satisfação conjugal quando os filhos estão na adolescência, a maioria dos casais experiencia uma satisfação conjugal aumentada após ajustar-se ao lançamento dos filhos e durante os seus últimos anos juntos (Lowenthal e colaboradores, 1975). O companheirismo, o interesse e cuidados mútuos tornam-se altamente valorizados no relacionamento conjugal, assim como a intimidade sexual, que continua para muitos em anos avançados (Masters & Johnson, 1968; Lowenthal e colaboradores, 1975).

A aposentadoria representa um marco e um ajustamento significativos para o casal (Medley, 1977). Para o indivíduo que se aposenta, especialmente no caso dos homens em nossa sociedade, existe uma perda de papéis profissionais, produtividade e relacionamentos significativos que foram centrais por toda a vida adulta. O fato de a aposentadoria ser desejada ou forçada irá afetar o ajustamento. A perda do papel de provedor familiar e uma

---

[1] Este caso e vários dos seguintes foram adaptados a partir de uma coleta de amostras de pesquisa clínica pelo autor e colegas no *Northwestern University/University of Chicago Clinical Training Program in Later Life*. Agradecemos a David Gultman, Ph.D., Morton Lieberman, Ph.D., Joanna Gutmann, M.S.W., Jerome Grunes, M.D. e Leslie Groves, Ph.D.

provável redução nos rendimentos podem trazer um estresse adicional. As mulheres que trabalham terão menos dificuldade com sua própria aposentadoria se mantiverem seu papel como dona de casa. As mulheres em casamentos tradicionais geralmente têm dificuldades maiores com a aposentadoria dos maridos (Heyman, 1970), que pode trazer a perda do *status e* da rede social relacionados ao trabalho. A mudança de residência na aposentadoria acrescenta o deslocamento e a perda de relações com a família, vizinhos e comunidade. Essa transição envolve a reorientação de valores e objetivos, e uma nova direção das energias.

A maior tarefa dos casais tradicionais com a aposentadoria do marido é a incorporação deste dentro da casa, com uma mudança nas expectativas de papel nessa idade e na qualidade da interação. A maioria dos casais elabora bem essa reintegração. Entretanto, alguns passam por dificuldades, como o seguinte caso ilustra.

> A Sra. Barnett procurou tratamento, em virtude de depressão, um ano depois de seu marido aposentar-se de um cargo administrativo. O Sr. Barnett pareceu ajustar-se bem à sua aposentadoria. Em lugar do investimento no trabalho, ele começara a cozinhar como um *gourmet, e* saíra-se muito bem. Ao fazê-lo, ele virtualmente tomou conta da cozinha, anteriormente domínio de sua mulher. Ele também aplicou prontamente sua experiência profissional ao assumir a administração do orçamento doméstico, o que antes também era uma responsabilidade da Sra. Barnett. Ele estava satisfeito com suas novas atividades e orgulhoso de continuar sendo um bom marido, compartilhando a carga de trabalho doméstico e poupando a esposa das tarefas penosas que ela assumira sozinha todos aqueles anos. A Sra. Barnett, achando que deveria sentir-se grata pela consideração do marido, estava intrigada por sentir-se tão deprimida com seu novo ócio. Ela começou a telefonar várias vezes por dia para sua filha casada, passando a preocupar-se cada vez mais com o casamento desta. Quanto mais mãe e filha conversavam, pior ficava a discórdia conjugal da filha. Finalmente, exasperada com a intrusão da mãe e sentindo-se impotente para aliviar a sua depressão, marcou para ela uma consulta psiquiátrica. (Veja a Figura 14.2.)

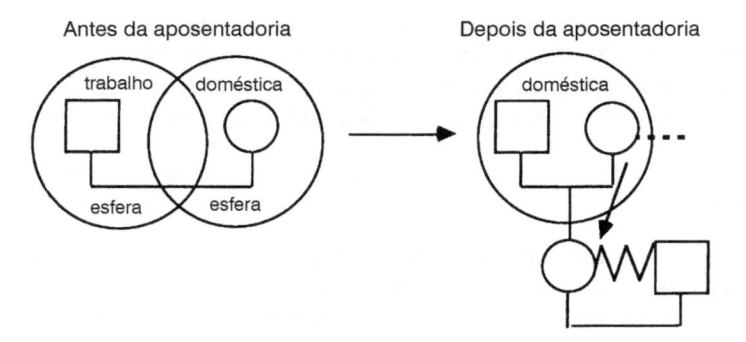

Figura 14.2 Adaptação disfuncional à aposentadoria.

A terapia de casal revelou as principais questões tensionando o sistema familiar. Antes da aposentadoria, os parceiros tinham campos separados, ou esferas separadas de influência e atividade, das quais obtinham satisfação, significado e autoestima. Fronteiras claras mantinham a diferenciação. Com a aposentadoria, o Sr. Barnett invadiu o campo da esposa, assumindo suas principais atividades. A saída que ele encontrou foi assumir exatamente aquelas responsabilidades que tinham dado significado e estrutura à vida dela ao longo dos anos, especialmente desde que os filhos haviam crescido. O campo da Sra. Barnett pareceu encolher, suas fronteiras ficaram confusas, e seu senso de valor e competência ficou diminuído pelo domínio e sucesso do marido na esfera dela. Ela sentiu-se inútil e desamparada. Quanto mais deprimida ela ficava mais o marido assumia o controle para "aliviá-la". Em desespero, a Sra. Barnett passou a centrar-se na filha, projetando a sua própria insatisfação e ressentimento no casamento desta. A ansiedade da filha em relação à sua própria adequação em seu casamento foi desencadeada e os problemas aumentaram.

O tratamento revelou outros problemas. Quando o Sr. Barnett ficou reduzido à atividade doméstica, ele deprimiu-se. A imediata substituição do envolvimento profissional pela atividade no lar serviu para impedi-lo de reconhecer as perdas que sentira ao aposentar-se. Ele também se preocupava com o futuro e com como conseguiria sustentar a si mesmo e à esposa com uma pensão limitada, fixa, numa época de inflação. A Sra. Barnett reconheceu que também tinha essas preocupações, mas não as compartilhara com o marido para protegê-lo, com medo de que ele tivesse o mesmo destino do pai dela, que ficara desesperado com a aposentadoria e morrera um ano depois. Ela temia perder o marido e passar a viver uma vida solitária como a que sua mãe tivera.

Com os sentimentos e preocupações compartilhados e a comunicação mais aberta, o casal conseguiu expressar seus medos e reformular a relação de papéis. Eles exploraram novos interesses e atividades que não apenas lhes trouxeram maior satisfação mútua, como também os fortaleceu e preparou melhor para aquilo que o futuro poderia trazer.

Viuvez

Uma grande preocupação para as mulheres de meia-idade é a perspectiva da viuvez (Neugarten, 1970). As mulheres têm uma probabilidade de enviuvar quatro vezes maior do que os homens, e também maior probabilidade de enviuvar numa idade menos avançada, com muitos anos de vida ainda pela frente. O sentimento inicial de perda, desorientação e solidão contribui para um aumento nos índices de morte e suicídio no primeiro ano, especialmente no caso dos homens. Os contatos sociais e familiares muitas vezes se rompem, pois normalmente é a mulher que une o marido à família e à comunidade social, especialmente depois da aposentadoria. No entanto, o sofrimento prolongado para as mulheres viúvas tende a ser maior, pois elas possuem recursos financeiros limitados e é menos provável que encontrem um novo parceiro, ao contrário dos viúvos, que são em menor número e tendem a casar com mulheres mais jovens (Butler & Lewis, 1983).

A tarefa psicossocial desta transição envolve a tristeza pela perda e o reinvestimento no funcionamento futuro. Lopata (1973) identificou três fases nesse processo de ajustamento para as mulheres. A tarefa primária na primeira fase é desatar os laços com o marido e admitir o fato de que ele está morto, transformando em lembranças as experiências compartilhadas. Descobriu-se que é importante encorajar a expressão manifesta da tristeza e da perda. Na segunda fase, tipicamente depois de um ano, a atenção se volta para as demandas da realidade no funcionamento cotidiano, e para o manejo da estrutura doméstica. O ajustamento ao fato de estar fisicamente sozinha pode, em si mesmo, ser difícil. Dentro de um ou dois anos, o ajustamento à terceira fase muda para novas atividades e interesse pelos outros. Com essa transição, também ocorre um realinhamento dos relacionamentos no sistema familiar (Walsh & McGoldrick, 1987).

Lopata observa que o rótulo de "viúva" pode ser duro, deixando claro: "Eu sou uma mulher que perdeu o marido". Essa identidade pode interferir com o processo de reentrada, particularmente quando a família e os amigos não enfrentaram a própria perda ou não chegaram a um acordo com a própria mortalidade ou possibilidade de viuvez. Nesses casos, podem ocorrer distanciamento e rompimentos.

Pode ocorrer um deslocamento maior se na viuvez a pessoa perde a casa, ou se problemas financeiros ou uma doença impedem um funcionamento independente. Nessas situações, é provável que a pessoa vá morar com filhos adultos, irmãos e inclusive com parentes bem idosos. Uma mulher preparou-se para a possível perda do marido reassegurando-se de que sempre poderia voltar a morar com a mãe. A morte da mãe, um ano antes da morte do marido, foi devastadora.

O recasamento está se tornando uma opção para muitos idosos, especialmente homens, que encontram mais mulheres disponíveis. Os filhos muitas vezes ficam chocados, pois as restrições econômicas e legais estão contribuindo para a recente tendência de os casais idosos morarem junto sem casar.

Uma variável crítica no sucesso do recasamento é o relacionamento com os filhos e sua aprovação do novo casamento. Podem surgir dificuldades quando um filho vê o novo casamento como uma deslealdade ao progenitor falecido. Os filhos adultos podem ficar chocados com o recasamento de um progenitor idoso – especialmente quando não conseguem imaginar os idosos como atraentes ou sexualmente ativos – e muitas vezes logo pensam que o novo cônjuge está interessado apenas em dinheiro. Pode surgir a preocupação em relação ao testamento, particularmente se os filhos encaram a herança como uma compensação por desapontamentos anteriores ou como evidência de que eles ainda vêm antes do novo casamento.

Condição de avós

Setenta por cento das pessoas acima de 65 anos têm netos, e mais de um terço são bisavós (Streib & Beck, 1981). Essa experiência pode ser extremamente significativa para os adultos mais velhos. Margaret Mead (1972) comentou a sua própria resposta ao tornar-se avó:

> Eu nunca havia pensado em como era estranho ser envolvida, à distância, no nascimento de um descendente biológico...o extraordinário sentimento de ter sido transformada não por um ato próprio mas pelo ato de um filho, (página 302)

A condição de avós pode oferecer um "novo arrendamento de vida", de várias maneiras. Em primeiro lugar, ela satisfaz o desejo de sobreviver, auxiliando assim a aceitação da nossa própria mortalidade. Conforme Mead experienciou, "Na presença de um(a) avô(ó) e de um(a) neto(a), o passado e o futuro se fundem no presente" (página 311). Isso também é verdade no sentido de que a condição de avós estimula a revivescência das próprias experiências anteriores de criação dos filhos. Essa reminiscência e nova perspectiva podem ser valiosas na revisão e aceitação de nossa própria vida, e, em especial, de nossas satisfações e conquistas como pais, assim como de qualquer desapontamento ou fracasso.

A condição de avós constitui uma transição sistêmica que altera os relacionamentos (Sprey & Matthews, 1982) e oferece várias possibilidades de papel (Neugarten & Weinstein, 1986) e oportunidades de interações significativas. O desenvolvimento da condição de avós também encerra um grande potencial de enriquecimento do estágio posterior da vida, como um recurso para pais solteiros e que trabalham, e para uma aproximação entre as gerações (Satiz, 1977).

Os avós e os netos podem usufruir de um vínculo especial, que não é complicado pelas responsabilidades, obrigações e conflitos inerentes ao relacionamento pais-filhos. Não surpreendentemente, costuma dizer-se que os avós e netos se dão tão bem porque têm um inimigo comum. Na verdade, essa aliança pode ser problemática se um neto é triangulado num conflito entre um progenitor e um avô, como no seguinte caso.

Depois da morte de seu pai e de seu divórcio, Joan, de 36 anos de idade, e seu filho Billy, de dez, foram morar com a mãe de Joan, para unirem seus recursos limitados. A família foi atendida em terapia conjunta quando Joan queixou-se de que Billy estava se comportando mal, não a respeitava e estava fora de controle. Quando a família chegou para a primeira sessão de terapia, Billy recorreu à avó para ajudá-lo a tirar as botas. A avó logo tentou assumir o controle da sessão, enquanto Joan parecia passiva e desamparada. Billy, sentado entre elas, olhava frequentemente para a avó buscando deixas. Cada vez que o terapeuta expunha um conflito entre Joan e sua mãe, Billy chamava a atenção para si, comportando-se mal. As tentativas de Joan para fazê-lo ficar quieto eram ineficazes, ao passo que Billy respondia imediatamente a uma palavra da avó.

A avó queixou-se de estar sobrecarregada por ter de cuidar de ambos os "filhos". Entretanto, ela solapava as tentativas de Joan de assumir mais responsabilidade em casa, criticando tudo o que esta fazia como "incorreto", querendo dizer que não era a maneira como ela teria feito as coisas. A necessidade da avó de estar no controle originava-se em grande parte da depressão e ansiedade subjacentes em relação ao seu próprio bem estar desde a morte do marido. Os objetivos da terapia centravam-se em desenvolver na família relações de papel mais equilibradas e adequadas em termos geracionais, de modo que Joan pudesse ser uma mãe mais efetiva para seu filho, enquanto o papel da avó como chefe da casa foi redefinido, de uma posição de controle para um *status* de pessoa idosa merecedora de respeito.

Em outros casos, os avós superenvolvidos podem ser arrastados aos conflitos conjugais, especialmente em relação às questões de paternidade, com os netos novamente triangulados. Nesses momentos, os avós podem apresentar-se como uma válvula de segurança ou uma saída para o conflito na família nuclear.

Embora a maioria dos avós possa ficar aliviada por não ter as responsabilidades primárias como cuidadores, a expectativa de ser um recurso mas não uma interferência pode ser igualmente opressiva. Mead afirma:

Eu penso que não levamos suficientemente em consideração a obrigação que depositamos nos avós de se manterem fora de cena – não interferirem, não mimarem, não insistirem, não se intrometerem. (Página 303)

Em *"Trip to Bountiful"*, o crônico conflito entre a mãe e a nora e a posição triangulada do filho, com lealdades conflituantes, é comovente. O desconforto de uma situação dessas leva alguns idosos a se afastarem de suas famílias. Dado o impacto potencialmente destrutivo dos rompimentos (Bowen, 1978), a probabilidade de disputas emocionais em toda a família é grande: a mágoa, desapontamento, desentendimento, raiva, alienação e sentimento de fracasso e culpa podem acompanhar os filhos e netos em seus relacionamentos futuros, restabelecendo o doloroso cenário em momentos posteriores de suas vidas.

Esses rompimentos são compreensíveis, dada a confusa reorientação da viuvez, complicada pela falta de clareza e pelos sentimentos complexos geralmente presentes nas relações de papel entre pais e avós. Mas os *rompimentos* podem ser evitados e reparados antes do final da vida. Ajudar múltiplas gerações de uma família a redefinir e reintegrar suas relações de papel tardiamente na vida é um desafio importante para o terapeuta de família.

Doença e dependência

A doença é uma preocupação proeminente para a maioria dos adultos mais velhos. O medo da perda do funcionamento físico e mental, de uma doença crônica dolorosa, e de uma condição progressivamente degenerativa são preocupações comuns, mesmo que grande parte dos idosos mantenha uma boa saúde. A deterioração física e mental pode ser exacerbada pela depressão, desamparo e medo de perder o controle. Essas preocupações ecoam a ansiedade de outros membros da família quando esta responde a uma doença. Só recentemente nós começamos a apreciar a tensão que um cuidado prolongado a um membro doente provoca na família. Para os filhos adultos, as finanças provavelmente estão sendo drenadas pelas despesas com a faculdade dos filhos exatamente na época em que as despesas médicas com os pais idosos aumentam. As responsabilidades pelos cuidados eram tradicionalmente um domínio quase exclusivamente das mulheres, como filhas e noras. Recentemente, conforme elas passaram a participar mais integralmente da força de trabalho, e conforme seu salário se tornou essencial para manter um padrão de vida razoável nas famílias, e especialmente nas famílias divorciadas, os recursos financeiros e de cuidados aos pais idosos diminuíram. As mulheres, no meio da vida, estão cada vez mais sobrecarregadas por exigências físicas e emocionais conflituantes, na medida em que as responsabilidades profissionais se justapõem às expectativas de manter papéis tradicionais como dona de casa, esposa e mãe, cuidadora dos pais idosos e, de modo crescente, de avós muito idosos (Brody, 1979).

Embora apenas 5% dos idosos sejam mantidos em instituições, 86% de todos os outros adultos mais velhos apresentam problemas crônicos de saúde que, na medida em que envelhecem, requerem mais hospitalizações, despesas médicas e cuidados familiares para o funcionamento no dia a dia (Cantor, 1983; Zarit e colaboradores, 1982). A ausência de uma orientação adequada de manejo por parte da maioria dos especialistas médicos aumenta a confusão, a frustração e o desamparo que os membros da família experenciam perante a doença crônica e terminal. Alguns aspectos da doença crônica são especialmente difíceis para as famílias, tais como transtornos de sono, incontinência, declarações delirantes e comportamento agressivo. Um sintoma e consequência de angústia familiar é o abuso do idoso, cada vez mais frequente em famílias oprimidas, sobrecarregadas além de seus meios e de sua tolerância (Elder Abuse, 1980).

Entre as doenças mais difíceis de manejar estão as demências senis – distúrbios cerebrais progressivos que afetam 5-7% das pessoas acima de 65 anos. A doença de Alzheimer, responsável por 60% dos casos de demência, produz uma severa deterioração intelectual e comportamental antes da morte, que geralmente ocorre em quatro ou cinco anos, podendo às vezes levar dez anos. Uma vez que o tratamento médico da doença é limitado, prevalece uma tendência de custódia no manejo dos pacientes demenciados. Em virtude de insuficiente diagnóstico e da difundida crença de que os pacientes demenciados não podem ser cuidados em casa, normalmente é aconselhada a colocação numa casa de repouso. Entretanto, as observações sugerem que os pacientes mantidos em casa com medicação em dosagem baixa ou sem medicação não apresentam uma deterioração tão severa quanto aqueles nas instituições, onde costumam ser muito medicados (Zarit & Zarit, 1982). A intervenção familiar é crucial para proporcionar os cuidados e lidar com o estresse (Ware & Carper, 1982). Instituições que oferecem cuidados durante o dia são uma outra opção para aliviar parcialmente a carga da família (Woehrer, 1982).

É importante que os terapeutas não suponham que a presença de disfunção familiar indica que a família desempenhou um papel causal na deterioração de uma doença crônica. A disfunção familiar pode ser, ao menos em grande parte, uma consequência do estresse associado à doença. As prioridades de intervenção familiar devem incluir (1) a redução do impacto estressante da doença crônica sobre a família; (2) informações sobre a condição médica, capacidade e limitações funcionais e prognóstico; (3) orientação concreta em relação à manutenção e solução de problemas, e (4) vinculação a serviços suplementares para apoiar os esforços da família no sentido de manter os idosos na comunidade (Pinkston & Linsk, 1984; Walsh & Anderson, 1987; Zarit & Zarit, 1982).

Pode ocorrer um desequilíbrio no relacionamento conjugal com a doença de um dos cônjuges. As capacidades do parceiro podem esgotar-se se os cuidados tiverem pouco apoio externo financeiro e emocional. Em alguns casos, o parceiro pode utilizar o papel de cuidador e o foco na doença do outro para evitar a sua própria vulnerabilidade, ansiedade ou desejo de ser dependente e cuidado. A necessidade do cônjuge de funcionar insuficientemente em relação ao cuidador supereficiente pode impedir a recuperação do potencial máximo.

A questão da dependência assume um primeiro plano nas relações intergeracionais na medida em que os pais que estão envelhecendo experenciam – ou temem – um declínio em suas capacidades, como na doença. Numa família normal, o manejo das necessidades aumentadas de dependência dos pais que estão envelhecendo não envolve uma "reversão de papel", como dizem alguns (Goldfarb, 1966). Mesmo quando os filhos adultos apoiam, instrumental e emocionalmente, os pais que estão envelhecendo, o filho permanece no relacionamento de filho em relação ao progenitor, e não se torna um progenitor para seu pai ou sua mãe. Devemos lembrar que apesar de às vezes parecer criança, o progenitor idoso tem mais de 50 anos de vida e experiência adulta (Spark & Brody, 1970).

A resolução das questões de dependência requer uma aceitação realista das forças e limitações por parte do adulto mais velho, e a capacidade de permitir-se ser dependente quando necessário. Também requer a capacidade do filho adulto de aceitar um papel *filial* (Blenker, 1965), assumindo a responsabilidade por aquilo que pode fazer pelos pais que estão envelhecendo, assim como o reconhecimento daquilo que não pode ou não deve fazer. Esta capacidade pode ser limitada pela situação física, emocional e social do filho. Se, por exemplo, os filhos adultos estão enfrentando as demandas de seu próprio envelhecimento que requerem maior adaptação de funcionamento, as expectativas de satisfazer as necessidades de dependência dos pais talvez não sejam realistas (Brody, 1974).

Em outros casos, um progenitor que está envelhecendo pode tornar-se excessivamente dependente dos filhos adultos. Se os filhos, em virtude de sua própria ansiedade, se tornam excessivamente responsáveis, pode criar-se um círculo vicioso, em que quanto mais eles fazem pelo progenitor, mais desamparado ou incompetente este se torna, com crescentes necessidades, encargos e ressentimentos. O superapego e a dependência ambivalentes são comuns (Kahana & Levin, 1971). Os irmãos podem chegar a extremos opostos em relação às responsabilidades filiais, como no seguinte caso.

A Sra. Z., uma viúva de 74 anos de idade, foi hospitalizada com múltiplos problemas somáticos, exacerbados por sintomas de senilidade, incluindo desorientação, perda de memória recente e confusão. Ela disse que tinha dois filhos, Tim, com 46 anos, e Roger, com 43, mas queixou-se de que eles não se importavam se ela vivesse ou morresse. Os filhos, relutantemente, concordaram em vir para uma entrevista familiar. Ao telefone, Roger declarou que, em sua opinião, a hospitalização era simplesmente uma estratégia da mãe para conseguir compaixão, uma tentativa de fazê-lo sentir-se culpado por não estar sempre à sua disposição, como Tim estava. Ele disse que percebera, há muitos anos, que o melhor relacionamento com a mãe era absolutamente nenhum relacionamento. Em contraste, Tim tornara-se cada vez mais responsável pela mãe, especialmente desde que ela enviuvara. Entretanto, quanto mais "disponível" ele era, mais dependente e desamparada ela ficava para manejar sua própria vida. No momento da hospitalização, ele sentia-se esgotado pela crescente necessidade da mãe.

Foram definidos dois estágios de trabalho terapêutico. Em primeiro lugar, o filho superresponsável foi orientado para "ajudar" a mãe desafiando-a a funcionar ao máximo, em vez de fazer as coisas por ela. O filho que não se envolvia foi solicitado a reunir-se ao irmão e a aliviá-lo de alguns encargos limitados, específicos. Ambos os filhos foram encorajados a comunicarem seus sentimentos e preocupações diretamente à sua mãe e a escutarem-na pacientemente. Recomendamos que não se alarmassem se a mãe inicialmente resistisse às mudanças. Com a ansiedade no sistema reduzida e a família trabalhando junto, o distúrbio de pensamento da Sra. Z. diminuiu e seu funcionamento melhorou marcantemente.

A segunda fase do tratamento envolveu uma "revisão da vida familiar", em que a mãe e os filhos compartilharam reminiscências de sua história de vida familiar. Eles foram ajudados a explorar períodos desenvolvimentais de especial significação emocional, e a evocar lembranças, respostas e entendimentos cruciais. A rivalidade existente há muito tempo entre os irmãos foi explorada e colocada em perspectiva. O rompimento de Roger foi melhor entendido ao relembrar um conflito em relação à dependência, no final da adolescência, que ele manejara saindo raivosamente de casa, rompendo o contato e jurando permanecer autossuficiente. Seu relacionamento com os pais havia-se congelado nesse ponto, mas agora podia ser trazido ao presente. Finalmente, a mãe e os filhos prantearam juntos, pela primeira vez, a morte do pai, e todos revelaram um medo secreto de tê-lo sobrecarregado com preocupações e apressado a sua morte. Mais importante, a terapia provocou uma reconciliação e um novo entendimento e carinho entre os membros sobreviventes da família.

Este autor descobriu que a aplicação da terapia de revisão da vida (Lewis & Butler, 1974) a famílias inteiras tem um potencial benéfico imenso para muitas famílias na terceira idade. Ela amplia o processo de reminiscência, que facilita a resolução das tarefas de aceitação da vida e da morte, para incluir as percepções e o envolvimento direto de membros significativos da família que são centrais nessa resolução. Álbuns de fotografia da família, álbuns de recortes, genealogias, reuniões e peregrinações podem auxiliar nesta tarefa. A resolução das questões do estágio tardio da vida depende do fundamento de todos os outros estágios anteriores. Conflitos ou desapontamentos em estágios anteriores, que podem ter resultado em rompimentos ou em imagens e expectativas congeladas, podem ser reconsiderados de um novo ponto de vista favorável e da perspectiva de outros membros da família. Sucessivas fases da vida podem ser revisadas, para que os relacionamentos sejam atualizados. A transmissão da história familiar a gerações mais jovens pode ser um bônus adicional nesse trabalho.

A importância de apoiar o máximo funcionamento e competência nos membros idosos da família, como vimos acima, é salientada no seguinte caso, em que a equipe clínica tornou-se excessivamente responsável como cuidadora e subestimou o funcionamento e recursos de uma paciente idosa.

Rita, uma viúva de 78 anos de idade, foi admitida na unidade de internação psiquiátrica com um diagnóstico de estado confusional e paranoia aguda, depois de um incidente em que ela acusara seu senhorio de conspirar para livrar-se dela. Quando perguntamos o que a trouxera ao hospital, Rita respondeu que seu único problema era uma deficiência de visão. Quando perguntamos se morava sozinha, ela respondeu: "Moro com meus livros".

A crescente cegueira de Rita estava tornando difícil e perigoso ela viver sozinha. O senhorio relatou que seu apartamento estava em desordem e que ela parecia incapaz de lidar com as tarefas mais simples da vida, como fazer compras no armazém. Ela recusava, zangada, qualquer ajuda dos vizinhos, e isolava-se socialmente. Sua única família sobrevivente era uma irmã casada, que morava em outro estado. A deterioração das condições visuais de Rita e a falta de uma rede de apoio levou a equipe do hospital a concluir que ela seria incapaz de continuar a funcionar de modo independente. Foi recomendada uma casa de repouso. Rita protestou veementemente, insistindo em que queria apenas voltar para o seu apartamento. A hospitalização foi ampliada para "manejar a sua resistência" ao plano de tratamento desenvolvido para ela. Felizmente, uma entrevista sensível com Rita conduziu a uma nova apreciação a seu respeito e a um plano muito diferente de alta desenvolvido *com* ela.

Rita tivera um casamento feliz, sem filhos, até a súbita morte do marido há dezesseis anos. Em resposta a essa perda dolorosa e inesperada, ela afastou-se da família e dos amigos, para jamais tornar-se novamente dependente de alguém. Ela centrou sua vida em seu trabalho e em seus livros. Uma colega de trabalho lembrava-se de Rita como uma "pessoa obstinada", respeitada por seu desempenho e perseverança em empreendimentos difíceis, até sua aposentadoria compulsória aos 70 anos. Desde então, Rita imergira em seus livros, que tinham inúmeras funções vitais. Eles eram uma fonte de conhecimento, proporcionando-lhe um senso de competência e domínio. Os romances, biografias e atlas proporcionavam um agradável contato com o mundo, com outras pessoas, lugares e épocas. Mais importante, os livros tinham um significado especial, pois ela os herdara de seu pai, um estudioso, que morrera logo depois da morte de seu marido. Os livros a ligavam ao pai, lembrando o estreito relacionamento que tivera em criança com ele. Agora, a visão reduzida de Rita a estava privando desses contatos que ela valorizava extremamente.

Na forte identificação de Rita com o pai havia um grande orgulho de sua herança índia, com um senso de superioridade constitucional que se manifestava na perseverança em presença da adversidade, obstinação e no desejo de sobreviver e adaptar-se. Essas forças foram reveladas numa visita ao apartamento de Rita. À primeira vista, tudo parecia um caos: pilhas de livros por todos os cantos; roupas e recipientes com comida nos balcões, mesas e cadeiras. Entretanto, uma inspeção mais cuidadosa revelou que Rita havia organizado cuidadosamente o seu ambiente através de um sistema adequado à necessidade de adaptar-se à sua dificuldade visual. Com um marcador colorido, ela classificara toda a comida segundo um código por cor; as roupas estavam organizadas de acordo com a função; os livros estavam empilhados conforme o assunto e seu significado para ela. Quase cegamente, ela conseguia localizar facilmente tudo o que precisava.

A negação de Rita de suas necessidades de dependência podia ser considerada patológica, mas sua autoconfiança lhe fora extremamente útil durante muitos anos. Foi o colapso de seu modo de adaptação – sua visão – que despertou confusão e ansiedade. Todavia, de modo realista, Rita precisaria de certa assistência para viver de modo independente. Sua relutância em depender de qualquer cuidador a fizera rejeitar toda ajuda, com uma exceção: ela mesma entrara em contato com uma organização religiosa que mandava alguém que lia para ela, sempre que ela pedia. Ela conseguia aceitar ajuda quando mantinha o controle sobre as circunstâncias – quando ela pedia a ajuda, quando eles vinham até ela e quando ela mesma determinava os limites e fronteiras do relacionamento dependente.

Um novo plano de tratamento foi desenvolvido, apoiando o objetivo de Rita de viver de modo independente e incorporando seus valores. Sua capacidade natural de assumir a responsabilidade por si mesma e sua determinação em funcionar tão autonomamente quanto possível foram reforçadas. Para ajudá-la a não sentir-se tão sem controle e isolada por sua limitação visual, foi empregada uma abordagem de terapia de "rede". Ela foi encorajada a selecionar e a iniciar o contato com alguns vizinhos e lojistas que poderiam ajudá-la ocasionalmente em algum serviço. Em troca, ela ensinaria a eles a respeito da cultura índia americana e das tradições que seu pai lhe passara.

O momento em que a saúde debilitada requer que consideremos a colocação numa instituição ou casa de repouso constitui uma crise para a família (Kramer & Kramer, 1976; Tobin & Kulys, 1981; Butler & Lewis, 1983). Contrariamente ao mito, os filhos adultos geralmente não se livram dos idosos colocando-os em instituições. Somente 4% de todos os idosos vivem em instituições, sendo que quase metade deles apresenta doença cerebral orgânica, com a idade média de admissão em torno de 80 anos. As instituições costumam ser buscadas somente como o último recurso, normalmente quando as famílias estão excedendo os limites. No entanto, os sentimentos de culpa e abandono podem tornar a decisão de institucionalização altamente estressante para as famílias, e particularmente para as filhas adultas, nas quais a responsabilidade pelos cuidados é tipicamente concentrada, como o seguinte caso ilustra.

A Sra. Arletti procurou ajuda psiquiátrica, temendo que seu filho adolescente precisasse ser colocado numa instituição. A Sra. Arletti foi atendida juntamente com o filho, que admitiu faltar à escola e ter problemas de comportamento que a mãe sentia-se incapaz de controlar. Uma avaliação completa do sistema familiar revelou que os problemas haviam-se desenvolvido nos últimos oito meses, desde que a velha mãe da Sra. Arletti fora morar com eles. O filho reconheceu que frequentemente faltava à escola e passava todo o dia em seu quarto, que ficava ao lado do quarto da avó. A Sra. Arletti desatou a chorar ao descrever a condição parkinsoniana da mãe, e sua dificuldade em cuidar dela, que exigia atenção vinte e quatro horas por dia, tendo, como progenitora sozinha, de trabalhar em turno integral. Ela ficava alarmada com a ocasional perda de equilíbrio da mãe, temendo uma queda, sentindo-se impotente e sem condições de ajudá-la se isso ocorresse enquanto ela estivesse no trabalho. Sua preocupação quanto à institucionalização dirigia-se primariamente à mãe.

Este caso enfatiza a importância de uma avaliação e investigação familiar completa dos membros idosos, mesmo quando os problemas apresentados aparecem em outro lugar e estão a serviço da família em crise.

Quando a institucionalização está sendo considerada, ou quando a família está realmente sobrecarregada, mas com medo de aventar a possibilidade, sessões familiares incluindo a pessoa idosa podem ser úteis para avaliar as vantagens e os custos das várias opções, levando em conta as forças e limitações do membro idoso e da família, e para compartilhar sentimentos e preocupações antes de chegar a uma decisão conjunta. Através da discussão, frequentemente emergem novas soluções que permitem que o idoso permaneça na comunidade sem sobrecarregar indevidamente qualquer membro da família. Organizações como a Associação de Enfermeiras Visitadoras *(Visiting Nurses Association)* podem proporcionar serviços em casa e informar as famílias da comunidade sobre auxílios existentes.

Lidar com a doença terminal talvez seja a tarefa mais difícil para a família, complicada pela prolongada enfermidade e pelas decisões sobre vida *versus* facilitar o processo de morte. A adaptação familiar à perda (Walsh & McGoldrick, 1988) envolve o luto compartilhado e uma reorganização do sistema de relacionamento familiar. A negação, o silêncio e o segredo costumam ser fundamentalmente disfuncionais. Quando o paciente e a família escondem o conhecimento de uma doença terminal, e tentam proteger os próprios sentimentos e os dos outros, as barreiras de comunicação criam distância e desentendimento e impedem a tristeza preparatória. O terapeuta pode ajudar a encorajar os membros da família a compartilharem sentimentos de desamparo, raiva, perda de controle ou culpa por não terem feito mais do que fizeram (Cohen, 1982). Talvez seja mais fácil os membros mais jovens da família aceitarem a perda dos idosos, cuja hora chegou, do que os idosos aceitarem a perda – e sua própria sobrevivência – de amigos ou de seus próprios filhos que morrem primeiro. A morte do último membro da geração mais velha é um marco para a família, significando que a próxima geração é agora a mais velha e a próxima a enfrentar a morte. Também é importante não ignorar o impacto da morte das pessoas idosas nos netos, para os quais a perda de um dos avós pode constituir a primeira experiência com a morte.

Interação geracional-cruzada das questões de ciclo de vida

Em todas as famílias, as tarefas do estágio tardio de vida dos idosos interagem com as preocupações específicas das gerações dos filhos e netos em suas próprias fases de vida, como vimos nos casos descritos. Com a crescente diversidade nos estilos de vida e padrões familiares, e a tendência ao casamento e nascimento dos filhos numa época mais tardia (Walsh, 1982), podem surgir pressões e conflitos diferentes. Conforme ilustrado na figura 14.3, as questões mais notáveis em uma família (Família B) entre um adulto mais velho e um filho adulto jovem talvez sejam diferentes, e mais complicadas, do que aquelas que surgem numa outra família (Família A) entre um adulto mais velho, um filho de meia-idade e um neto adolescente.

Pode ocorrer uma falta de complementaridade ou ajuste quando vários esforços desenvolvimentais forem incompatíveis. No caso da família B, as necessidades e preocupações de uma mãe que está envelhecendo, enfrentando uma dolorosa deterioração e morte, colidiram com as questões de separação, identidade e comprometimento de sua filha adulta jovem.

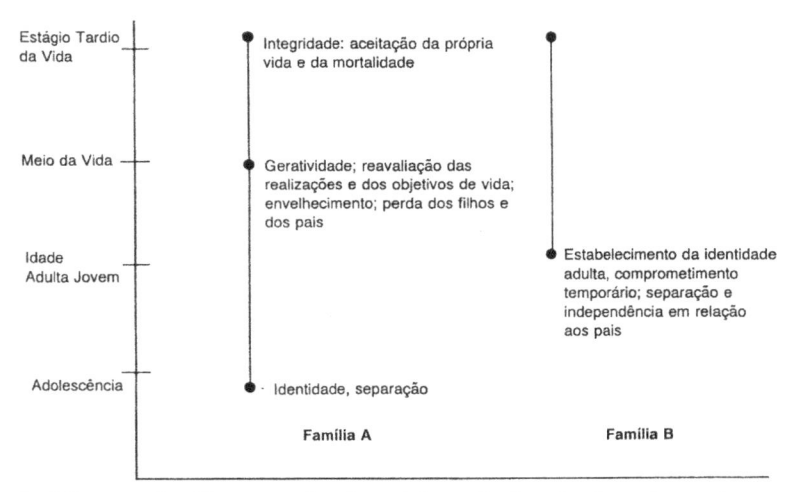

```
Estágio Tardio          ● Integridade: aceitação da própria      ●
da Vida                   vida e da mortalidade


Meio da Vida            ● Geratividade; reavaliação das
                          realizações e dos objetivos de vida;
                          envelhecimento; perda dos filhos e
                          dos pais

Idade                                                            ● Estabelecimento da identidade
Adulta Jovem                                                       adulta, comprometimento
                                                                   temporário; separação e
                                                                   independência em relação
                                                                   aos pais

Adolescência            ● Identidade, separação

                             Família A                              Família B
```

Figura 14.3 Resposta familiar a questões do estágio tardio da vida, dependentes da composição geracional familiar e da interação das preocupações de estágio de vida de todas as gerações.

Julia estava com vinte e poucos anos, começando uma carreira como assistente social e noiva, prestes a casar, quando sua mãe, de 69 anos de idade, morando a 2.000 milhas de distância, desenvolveu uma doença cardiovascular e iniciou um longo e doloroso declínio físico. Julia sempre fora muito ligada à mãe, e sentiu-se dilacerada em resposta ao apelo indireto, mas intenso, da mãe, de que ela voltasse para casa. Ela sentia um impulso interno de voltar para a mãe, mas uma resistência ainda mais forte a desistir de seu novo emprego e de adiar seus planos de casamento indefinidamente.

A situação era complicada pelas recentes questões emergentes de separação e identidade de Julia. Ela sempre fora uma boa filha, uma "boa menina" que jamais se opunha aos desejos ou valores da mãe. Somente depois de sair de casa ela começou a diferenciar-se. Numa tentativa de conseguir isso, ela acentuou diferenças entre ela e a mãe, e discordou abertamente em questões extremamente importantes para a mãe, especialmente religião. A distância geográfica que ela estabeleceu ajudou a amparar seus esforços para pôr-se à prova sozinha, sem depender da direção e do apoio da mãe. Agora, exatamente no momento em que Julia estava precisando afastar-se, funcionar autonomamente e dirigir a si mesma, a mãe precisava estar perto e depender de Julia. Julia temia perder seu senso de eu e ver suas prioridades submergirem em função das necessidades da mãe.

Os telefonemas semanais foram ficando cada vez mais tensos, acabando em aberto conflito. O fato de Julia não ter voltado para casa foi considerado pela mãe como uma atitude de desinteresse e egoísmo. Ela inveetivou: "Que espécie de assistente social você é se nem se importa com a sua própria mãe?" Julia fez uma breve visita à ela, sentindo-se culpada mas ressentida, pois mesmo que ficasse bastante tempo não seria suficiente para a mãe. Ansiosa, logo antes de partir, Julia anunciou desafiadoramente que não acreditava mais em Deus e não pretendia educar seus filhos em nenhuma religião. Sua mãe ficou desolada, tomando isso como uma total rejeição a ela e seus valores, sentindo que falhara como mãe.

Julia enviou presentes à mãe. Um deles foi escolhido com especial cuidado e afeição: um livro encadernado em couro, com a inscrição "Para as suas memórias". Em sua próxima visita à casa, Julia encontrou todos os seus presentes empilhados na prateleira de um armário, não usados. Profundamente magoada, ela gritou com a mãe, pedindo que lhe explicasse, especialmente, o livro vazio. A mãe retrucou: "Se eu escrevesse minhas memórias, teria de escrever o quanto você me desapontou". Julia encurtou sua visita. Voltando para sua casa, surgiram conflitos entre ela e o noivo, e os planos de casamento logo foram cancelados. Julia, profundamente perturbada com o rompimento, telefonou aos pais em busca de consolo. Sua mãe replicou friamente: "Bem, agora que você não vai mais casar, eu não tenho mais nada pelo que viver". Poucas horas depois, ela teve um derrame. Julia, furiosa com o egoismo e a aparente manipulação da mãe, não voltou mais para casa até que, uma noite, chegou o longamente antecipado telefonema do pai, informando: "Mamãe morreu".

Julia pouco se entristeceu. Ela casou em poucas semanas com alguém que conhecera recentemente. Foi somente depois do final desse casamento que os sentimentos de perda em relação à mãe afloraram, com culpa e arrependimento pela alienação final e pelo fato de ser tarde demais para mudar as coisas. Ela decidiu reparar seu tenso relacionamento com o pai – que não visitava desde a morte da mãe – antes que fosse tarde demais. Com a orientação da terapia familiar, ela também começou a se relacionar com a família da mãe, vindo a conhecer sua vida de várias perspectivas e a apreciá-la mais integralmente como pessoa. Ela também ficou sabendo que a mãe perdera sua mãe logo depois de fazer uma escolha de vida que desapontara imensamente a velha senhora, e não a procurara para desfazer o rompimento antes da morte dela. O processo de diferenciação de Julia foi catalisado por seu trabalho. Finalmente, utilizando técnicas gestálticas com seu terapeuta, Julia teve uma importante conversa "com sua mãe", expressando aquilo que queria ter sido capaz de compartilhar com ela.

Este caso ilustra que o momento dos eventos pode ser crítico no ajustamento (Neugarten, 1970). As necessidades desenvolvimentais da mãe de chegar a um acordo com sua vida e sua morte iminente ocorreram "fora de época" da perspectiva da prontidão desenvolvimental da filha. A mãe, que estava envelhecendo, precisava trazer a família para mais perto no final de sua vida, reafirmar seus valores de vida e sentir que cumprira satisfatoriamente seu papel como mãe. A filha, adulta jovem, sentira-se ameaçada pelo anseio de proximidade e dependência num momento de perda iminente, quando ela ainda não estava segura de sua individuação. Neste caso, as reações "de aniversário" geracional-cruzadas complicaram o quadro, na medida em que os problemas do relacionamento da mãe com sua própria mãe no final da vida foram revividos e replicados, com o desapontamento projetado na filha e o rompimento do relacionamento antes da morte.

É necessário estudar mais profundamente a perda paterna na idade adulta jovem. Como Erikson (1959) observou, o jovem adulto está emergindo da busca da identidade e entrando nas questões de comprometimento. O medo de perder o ego em situações que exigem abnegação pode levar ao isolamento e à absorção em si mesmo. Como Levinson (1978) observou nos homens jovens, isso pode acentuar a preocupação normal em relação às primeiras escolhas e comprometimentos, especialmente o casamento, ocupação e residência, coisas que definem nosso lugar no mundo adulto. Responder às necessidades e à ameaça de perda dos pais que estão envelhecendo pode ser extremamente complicado nesse estágio da vida.

FLEXIBILIDADE DE PAPEL E ENVELHECIMENTO BEM SUCEDIDO

Os estudos sobre desenvolvimento adulto e funcionamento familiar normais indicam que várias respostas adaptativas, em vez de um único padrão, podem estar associadas ao ajustamento bem sucedido à terceira idade. Essa diversidade reflete diferenças nos padrões estruturais familiares (Walsh, 1982), nos estilos individuais de personalidade (Maas & Kuyper, 1977), nos papéis sexuais (Troll, 1971; Gutmann, 1977) e no contexto sociocultural (Gibson, 1982; Woehrer, 1982 e Gelfand, 1982).

As tradicionais distinções de papel sexual da idade adulta mais jovem tendem a mudar. Os homens mais velhos demonstram crescente passividade e acomodação em resposta aos desafios ambientais, e maiores necessidades de cuidados e associação, ao passo que as mulheres mais velhas tornam-se mais assertivas e ativas no sentido de satisfazerem as próprias necessidades (Gutmann, 1977). O desenvolvimento de modos de resposta mais andróginos, de aspectos da personalidade que antes eram negados, permite uma maior flexibilidade de papel que pode estar relacionada à longevidade e maior satisfação na vida, na velhice (Sinott, 1977).

Da mesma forma, o bom funcionamento das famílias num estágio posterior de vida requer uma flexibilidade na estrutura, papéis e respostas a novas necessidades e desafios desenvolvimentais. Os padrões que foram funcionais em estágios anteriores talvez não sejam adequados agora, e novas opções devem ser exploradas. A perda do funcionamento e morte de membros significativos da família requerem que outros assumam novos papéis e responsabilidades (Walsh & McGoldrick, 1988). Perdas anteriores e padrões adaptativos também afetam as respostas a desafios de vida posteriores (Walsh, 1983c; Caspi & Elder, 1986).

A diversidade, complexidade e importância das relações familiares na terceira idade provavelmente se tornarão ainda maiores no futuro. Por volta de 1990, o número de pessoas com mais de 65 anos pulará dos atuais 20 milhões para 28 milhões, com o maior aumento nos "velhos velhos", acima de 85 anos. Quando a geração *boom* de bebês chegar à velhice, ela constituirá pelo menos 20% da população. A decrescente proporção de pessoas mais jovens e a crescente participação das mulheres na força de trabalho provavelmente exarcebarão a tensão nas famílias, com relação ao sustento financeiro e da prestação de cuidados (Taeuber, 1983). Conforme as instituições sociais assumem mais aspectos instrumentais da vida, como a manutenção da renda e os cuidados de saúde, a família pode-se tornar ainda mais importante para proporcionar laços emocionais duradouros, um senso de identidade e um senso de valor pessoal (Neugarten, 1974).

Com a ampliação do período de vida, os casais talvez tenham 30 ou 40 anos pela frente depois que os filhos saírem de casa. Famílias de quatro e cinco gerações serão comuns. Um número maior de casais "velhos jovens" na época da aposentadoria, com os recursos diminuindo, estarão envolvidos no cuidado de seus pais "velhos velhos". O crescente número de famílias recasadas aumentará e complicará a rede de famílias ampliadas. Por outro lado, a tendência é a de ter poucos ou nenhum filho. As implicações da ausência de filhos no ajustamento à terceira idade são desconhecidas e justificam estudos, dado o significativo papel dos filhos e netos na resolução das tarefas do estágio tardio da vida. É digna de nota a grande proporção de pacientes adultos mais velhos, em internação psiquiátrica, que não têm filhos, na experiência da autora e de vários colegas.

Uma vez que as pessoas estão vivendo mais tempo do que no passado, nós carecemos de modelos de papel para relações familiares num estágio tardio de vida, exatamente como carecemos de rótulos e definições de papel apropriados. O termo "pós-paternidade" é infeliz, pois os pais jamais deixam de ser pais. Em vez disso, é a *natureza* dos relacionamentos pais-filhos que muda no estágio posterior da vida. Nós estamos apenas começando a explorar as possibilidades nessa transformação. Maggie Kuhn, a vibrante co-fundadora de 73 anos de idade das *Grey Panthers,* vê a responsabilidade dos idosos de serem inovadores e de explorarem novas opções de papel, como o futuro da sociedade. Ela acredita que a sabedoria e experiência das pessoas idosas, unidas à energia e novo conhecimento dos jovens, pode ser a base para um rico intercâmbio e planejamento para o futuro (Kuhn, 1979). E importante o sentimento de orgulho pela idade, pela própria história, experiência de vida e pela capacidade de lidar com a mudança.

Os serviços clínicos devem ser flexíveis para ajustar-se à diversidade de constelações familiares e para apoiar o funcionamento ótimo e a vida independente na comunidade. Novas opções de tratamento precisam ser desenvolvidas para se ajustarem às novas demandas e necessidades.

AVALIAÇÃO CLÍNICA E QUESTÕES DE TRATAMENTO

A profissão da saúde mental não tem percebido nem respondido às necessidades de atendimento dos adultos mais velhos e suas famílias. Vários fatores, incluindo a invisibilidade dos idosos e o preconceito profissional contra a velhice, contribuíram para essa negligência.

Invisibilidade

Problemas funcionais envolvendo relações familiares com membros idosos são frequentemente "escondidos". Em primeiro lugar, é muito mais provável que os adultos mais velhos apresentem problemas somáticos a serviços médicos do que problemas emocionais a serviços psiquiátricos. Numa avaliação médica, esses problemas funcionais tais como depressão, confusão e ansiedade podem não ser detectados, ou podem ser considerados simplesmente como um acompanhamento irreversível da doença orgânica. Estresses familiares concomitantes talvez não sejam tratados.

Mesmo quando a doença cerebral orgânica ou outros sérios distúrbios físicos estão presentes, a família pode desempenhar um papel importante na manutenção ou exacerbação da condição, e pode ser um determinante crucial no curso ou resultado. Como foi observado acima, o círculo vicioso de família superfuncionando, paciente subfuncionando pode apressar e perpetuar os sintomas rotulados como "senilidade". É importante que os clínicos avaliem o componente familiar – na contribuição e reação – em qualquer disfunção médica e envolvam os membros da família para que se relacionem diretamente com o paciente, encorajando o seu máximo funcionamento. O impacto estressante da doença crônica sobre a família também exige que se dê atenção às necessidades familiares de informações auxiliares, orientação para prestação de cuidados e vínculo com os recursos da comunidade.

Um segundo problema de visibilidade ocorre quando os terapeutas erroneamente supõem ou aceitam a queixa inicial de um adulto mais velho – de que não existe família ou de que a família não é importante num estágio tardio de vida. Dado o prevalente padrão de "intimidade à distância", o terapeuta deve olhar além do fato de a pessoa morar sozinha ou não, para identificar relacionamentos significativos. Vínculos emocionalmente significativos podem transcender a distância geográfica ou a aparente distância biológica, como no caso de uma nora, um sobrinho ou um "primo distante". Com a perda do cônjuge, não apenas os descendentes, mas também a família de origem e a família de origem do cônjuge podem ter grande importância. A própria declaração da pessoa de "não ter mais nenhuma família" pode indicar a continuidade da significação emocional e questões de luto não resolvido com relação a vários membros da família que talvez tenham morrido num período curto de tempo. Outros rompimentos existentes há muito tempo são potencialmente reparáveis. A complexidade e diversidade das redes familiares requerem uma cuidadosa avaliação clínica. Desenhar um genetograma com uma pessoa idosa pode ser particularmente útil para identificar pessoas significativas e vínculos de apoio potenciais.

Um terceiro problema de visibilidade ocorre quando as gerações mais jovens buscam tratamento para si mesmas ou para seus filhos. Os problemas envolvendo os membros idosos da família podem estar escondidos atrás de outras queixas ou sintomas no sistema. Não é incomum, numa avaliação diagnostica "completa" de um adulto que busca tratamento, incutir uma detalhada avaliação da história familiar anterior, com pouca ou nenhuma menção aos relacionamentos atuais ou mudanças recentes que possam ter precipitado os sintomas apresentados. Seja qual for a idade ou o problema da pessoa com sintomas, é importante perguntar sobre os membros idosos no sistema familiar.

Os terapeutas são treinados e estão acostumados a avaliar as famílias a partir de um modelo baseado em estágios desenvolvimentais anteriores, quando a estrutura, os papéis e o funcionamento ajustam-se aos imperativos da criação dos filhos e à integração de uma estrutura doméstica de duas gerações. Nós devemos ter cuidado para não transferir suposições, sem questionar, para o funcionamento familiar num estágio posterior de vida. Os desafios num estágio tardio de vida e a diversidade das redes familiares evidentemente exigem conceitualizações novas e mais flexíveis para entendermos o funcionamento e a disfunção familiar, pois eles têm conexão com a realização das tarefas do estágio tardio da vida. As avaliações familiares devem determinar corno uma família, dada sua composição, estilo e modos de adaptação particulares, e as necessidades de seus membros, respondeu aos imperativos da terceira idade. Quando ela falhou nas respostas aos desafios, nós precisamos considerar a variedade de opções possíveis para a reorganização da família e a transformação dos relacionamentos, a fim de atender às novas necessidades e exigências.

Preconceito contra a velhice

A estereotipificação negativa dos idosos e suas famílias pelos sistemas e profissionais da saúde mental conduziu às suposições de que eles são um mau investimento para a terapia, excessivamente resistentes à mudança ou simplesmente não tratá-veis. Os problemas funcionais podem ser desconsiderados como uma parte natural e irreversível do envelhecimento e da deterioração orgânica. O rótulo de senilidade é aplicado indiscriminadamente a idosos apresentando uma variação de sintomas de funcionamento intelectual ou responsividade deficientes (Nowakowski, 1978). Os programas de treinamento clínico enfatizam os primeiros estágios desenvolvimentais e oferecem limitada exposição aos idosos e às suas famílias. Os ambientes psiquiátricos, com ou sem internação, tendem a ser organizados de acordo com as necessidades de tratamento de pacientes mais jovens, considerados mais interessantes e mais tratáveis. Os idosos frequentemente são tratados em termos de custódia, ou precisam se ajustar aos programas destinados aos pacientes mais jovens.

Butler (1975) julga que o preconceito profissional contra a velhice decorre da tentativa de evitar a realidade pessoal do envelhecimento e da morte. É importante que os terapeutas percebam nossas apreensões, tenham uma perspectiva de todo o período de vida e avaliem o que significa ser velho.

Os problemas dos terapeutas com as próprias famílias – particularmente com nosso próprio envelhecimento ou pais falecidos – podem contribuir para a ansiedade, evitação, superresponsabilidade ou enfáticas dificuldades com os idosos. Na medida em que tentarmos conhecer melhor as pessoas idosas em nossa família, em que tentarmos resolver nossa perdas e tristezas, e explorarmos novas possibilidades relacionais, o trabalho terapêutico com as famílias no estágio tardio da vida apresentará um novo significado e opções de crescimento.

REFERÊNCIAS

Blenkner. M. (1965). Social work and family relationships in later life with some thoughts on filial maturity. In E. Shanas & G. Strieb (Eds.), *Social structure and the family: Generational relations.* Englewood Cliffs, N.J.: Prentice-Hall.

Boszormenyi-Nagy, I. & Spark, G. (1973). *Invisible loyalties: Reciprocity in intergenerational family therapy.* Hagerstown, Md.: Harper & Row.
Bowen, M. (1978). *Family therapy in clinical practice.* New York: Jason Aronson.
Brody, E. M. (1974). Aging and family personality: A developmental view. *Family Process* 13:23-37.
Brody, E. (1979). Women's changing roles and care of the aging family. *Aging: Agenda for the eighties.* Washington, D.C.: Government Research Corporation.
Butler, R. & Lewis, M. I. (1983). *Aging and mental health: Positive psychosocial approaches* (3rd ed.). St. Louis: Mosby. Cantor, M. (1983). Strain among caregivers: A study of experience in the United States. *The Gerontologist* 23:597-604.
Caspi, A., & Elder, G. (1986). Life satisfaction in old age: Linking social psychology and history. *Journal of Psychology and Aging* 1:18-26.
Cicirelli, V. (1983). Adult children's attachment and helping behavior to elderly parents: A path model. *Journal of Marriage and the Family* 815-825.
Cohen, M. (1982). In the presence of your absence: The treatment of older families with a cancer patient. *Psycbotherapy* 19:453-460.
Deutscher, I. (1964). The quality of post-parental life. *Journal of Marriage and Family* 26:52-60.
Elder abuse. (1980). Department of Health & Human Services. Pub. No. (OHDS) 81-20152. Washington, D.C.: U.S. Government Printing Office.
Erikson, E. H. (1959). Identity and the life cycle. *Psychol. Issues,* vol. l, no. l, Monograph 1. New York: International Universities Press.
Finkle, A. L. (1976). Sexual aspects of aging. In L. Bellak & T. Karasu (Eds.), *Geriatric psychiatry.* New York: Grune & Stratton.
Framo, J. (1976). Family of origin as a therapeutic resource for adults in marital and family therapy: You can and should go home again. *Family Process* 15:193-210.
Gelfand, D. (1982). *Aging: The e ethnic factor.* Boston: Little, Brown.
Gibson, R. (1982). Blacks at middle and late life: Resources and coping. *The Annals of the American Academy* 79-90.
Glick, P. (1977). Updating the life cycle of the family. *Journal of Marriage and the Family* 39:5-13.
Goldfarb, A. (1965). Psychodynamics of the three-generation family. In E. Shanas & G. Streib (Eds.), *Social structure and the family: Generational relations.* Englewood Cliffs, N. J.: Prentice-Hall.
Gutmann, D. (1977). Notes toward a comparative psychology of aging. In J. Birren & K. Schaie (Eds.), *Handbook of the psychology of aging.* New York: Van Nostrand Reinhold.
Hadley, T. R., et al. (1974). The relationship between family developmental crisis and the appearance of symptoms in a family member. *Family Process* 13:207-214.
Haley. J. (1973). The family life cycle. *Uncommon therapy.* New York: Norton.
Headley, L. (1977). *Adults and their parents in family therapy.* New York: Plenum Press.
Herr, J. & Weakland, J. (1979). *Counseling elders and their families.* New York: Springer.
Heyman, D. (1970). Does a wife retire? *Gerontologist* 10:54-56.
Kahana, R. & Levin, S. (1971). Aging and the conflict of generations. *Journal of Geriatric Psychiatry* 4:115-135.
Kramer, C. and Kramer, J. (1976). *Basic principles of long-term patient care.* Springfield, 111.: Charles C. Thomas.
Kuhn, M. (1979). Liberating aging, an interview by Ken Dychtwald. *New Age Magazine.*
Levinson, D. (1978). *The seasons of a man's life.* New York: Knopf.
Lewis, M. I. & Butler, R. N. (1974). Life review therapy. *Geriatrics* 29:165-173.
Lopata, H. (1973). *Widowhood in an American city.* Cambridge, Mass.: Schenkman. Lowenthal, M. Thurner, M., & Chiriboga, D. (1975). *Four stages of life.* San Francisco: Jossey-Bass.
Maas, H.. & J. Kuypers (1977). *From thirty to seventy.* San Francisco: Jossey-Bass.
Masters, W. H., & Johnson, V. E. (1968). Human sexual response: The aging female and the aging male. In B. Neugarten (Ed.), *Middle age and aging.* Chicago: University of Chicago Press.
Mead, M. (1972). *Blackberry winter.* New York: William Morrow & Co.
Medley, M. (1977). Marital adjustment in the post-retirement years. *Family Coordinator* 26:5-11.
Neugarten, B. (1970). Dynamics of transition of middle age to old age: Adaptation and the life cycle. *Journal of Geriatric Psychiatry* 4:71-87.

Neugarten, B. (1974). Successful aging in 1970 and 1990. In E. Pfeiffer (Ed.), *Successful aging: A conference report,* Duke University.
Neugarten, B., & Weinstein, K. (1968). The changing American grandparent. In B. Neugarten (Ed.), *Middle age and aging.* Chicago: University of Chicago Press.
Nowakowski, L. (1978). *Utilization of knowledge of aging in clinical practice.* Paper presented at 15th Annual Georgetown Symposium, Washington, D.C.
Pinkston, E., & Linsk, N. (1984). *Care of the elderly: A family approach.* New York: Pergamon Press.
Saltz, R. (1977). Fostergrandparenting: A unique child-care service. In L. Troll., J. Israel, & K. Israel (Eds.), *Looking ahead: A woman's guide to the problems and joys of growing older.* Englewood Cliffs, N.J.: Prentice-Hall.
Sands, D. & Suzuki, T. (1983). Adult daycare for Alzheimer's patients and their families. *Gerontologist* 23:21-23
Sinott, J. D. (1977). Sex-role inconstancy, biology, and successful aging: A dialectical model. *Gerontologist* 17:459-63.
Sorensen, E. M. (1977). Family interaction with the elderly In P. Watzlawick & J. Weakland (Eds.), *The interactional view:* New York: Norton.
Spark, G. Grandparents and intergenerational family therapy. *Family Process* 13:225-238.
Spark, G., & Brody, E. M. (1970). The aged are family members. *Family Process* 9:195-210.
Sprey, J., & Matthews, S. (1982). Contemporary grandparenthood: A systemic transition. *Annals of lhe American Academy* 91-103.
Streib. G., & Beck, R. (1981). Older families: A decade review. *Journal of Marriage and the Family* 42:937-956.
Sussman, M. (1976). The family life of old people. In R. Binstock & E. Shanas (Eds.), *Handbook of aging and the social sciences.* New York: Van Nostrand Reinhold.
Taeuber, M. (1983). *America in transition: An aging society.* U.S. Department of Commerce, Bureau of Census, Current Population Report, Special Series no. 128.
Tobin,. S., & Kulys, R. (1981). The family in the institutionalization of the elderly. *Journal of Social Issues* 37:145-157. Treas, J. (1977). Family support systems for the aged: Some social and demographic considerations. *Gerontologist* 17:186-191.
Troll, L. (1971). The family of later life: A decade review. *Journal of Marriage and the Family* 33:263-290.
Walsh, F. (1982). Conceptualizations of normal family functioning. In F. Walsh (Ed.), *Normal family processes.* New York: Guilford Press.
Walsh, F. (1983a). Family therapy: A systemic orientation to treatment. In A. Rosenblatt & D. Waldfogie (Eds.), *Handbook of clinical social work.* San Francisco: Jossey-Bass.
Walsh, F. 1983b). Normal family ideologies: Myths and realities. In C. Falicov (Ed.), *Cultural dimensions of family therapy.* Rockville, Md.: Aspen Systems.
Walsh, F. (1983c). The timing of symptoms and critical events in the family life cycle. In *Clinical implications of the family life cycle.* Rockville, Md.: Aspen Systems.
Walsh, F., & Anderson, C. (1987). Chronic disorders and families: An overview. In F. Walsh & C. Anderson (Eds.), Chronic disorders and the family, special issue, *Journal of Psychotherapy and the Family,* 3:3.
Walsh, F., & McGoldrick, M. (1988). Loss and the family life cycle. In C. Falicov (Ed.), *Family transitions: Continuity and change.* New York: Guilford Press.
Ware, L., & Carper, M. (1982). Living with Alzheimer disease patients: Family stresses and coping mechanisms. *Psychotherapy* 19:472-481.
Woehrer, C. (1982). The influence of ethnic families on intergenerational relationships and later life transitions. *Annal of American Academy* 65-78.
Zarit, S., Reever, K. E., & Bach-Peterson, J. (1982). Relatives of the impaired elderly: Correlates of feelings of burden. *Gerontologist* 22:373-377.
Zarit, S., & Zarit, J. (1982). Families under stress: Interventions for caregivers of senile dementia patients. *Psychotherapy* 19:461-471.

Parte 3

O ciclo do divórcio

15
O divórcio nas mudanças do ciclo de vida familiar

Judith Stern Peck, M.S.W. e Jennifer R. Maniocherian, M.S.

O divórcio tornou-se endêmico na sociedade norte-americana. Há duas décadas ele era relativamente raro; atualmente, quase 50% dos casais escolhem o divórcio como a solução para a insatisfação conjugal. Apesar de sua prevalência, poucos cônjuges estão preparados para o impacto emocional e físico do divórcio. O divórcio afeta os membros da família em todos os níveis geracionais, por toda a família nuclear e ampliada, provocando uma crise para a família como um todo, assim como para cada indivíduo dentro da família.

O divórcio é o maior rompimento no processo de ciclo de vida familiar, aumentando a complexidade das tarefas desenvolvimentais que a família está experienciando naquela fase (Carter & McGoldrick, Capítulo 1). As tarefas normais do ciclo de vida, interrompidas e alteradas pelo processo de divórcio, continuam com maior complexidade, devido às fases concomitantes deste processo. Cada fase seguinte do ciclo de vida fica afetada pelo divórcio e, portanto, deve ser considerada no contexto dual do próprio estágio e dos efeitos residuais do divórcio.

Com o formato da família irrevogavelmente alterado, a família segue em frente numa nova forma. A pesquisa indica que o sistema familiar requer de um a três anos para lidar com o processo de divórcio, restabilizar-se e continuar seu processo desenvolvimental "normal" (Hetherington, 1982). Se uma família consegue negociar a crise e as concomitantes transições que precisam ser experienciadas a fim de restabilizar-se, ela terá estabelecido um sistema mais fluido que permitirá a continuação do processo familiar desenvolvimental "normal".

O contexto sociocultural da família é um outro aspecto a considerar no entendimento do impacto do divórcio, pois ele acrescenta uma dimensão vital e frequentemente ignorada ao processo de divórcio (McGoldrick e colaboradores, 1982). Alguns grupos étnicos e religiosos aceitam o divórcio muito mais prontamente do que outros; algumas religiões não o aceitam de forma alguma. Não lidaremos aqui com as maneiras específicas pelas quais as diferentes culturas consideram o divórcio, mas seria importante compreendermos que as ramificações da percepção do divórcio em uma cultura específica influenciam imensamente o processo de adaptação das famílias.

DEMOGRAFIA

Durante as duas últimas décadas, houve um dramático aumento do divórcio nos Estados Unidos. A alta mais abrupta aconteceu na década de 1966 a 1976 (US Bureau of the Census, 1983). Em 1962, houve 413.000 divórcios; em 1983, 1.179.000 *(National Center for Health Statistics [NCHS], 1984)*. Assim, o número de divórcios quase triplicou em 20 anos. Apesar de uma leve tendência decrescente em 1982-1983 (NCHS, 1984), dados preliminares do NCHS indicam que em 1985 o índice de divórcio subiu novamente, igualando o nível de 1983 *(The New York Times,* 14 de abril, 1986). Todas as evidências sugerem que o divórcio tornou-se e continuará uma variante no estilo de vida de quase metade dos casamentos dos jovens adultos de hoje (Glick, 1984).

Em 1981, a duração do casamento na época do divórcio tinha um pico de dois anos, declinando gradualmente nos anos seguintes, com uma duração média de sete anos para o casamento e com a idade média dos cônjuges na época do divórcio entre 25 e 34 anos (NCHS/ 1984a). Assim, *a época de maior risco para o casamento parece ser nas primeiras fases do ciclo de vida familiar, antes e logo depois do nascimento dos filhos.* De acordo com os dados de 31 estados, em 45% dos divórcios não havia filhos; em 26%, um filho; em 20%, dois filhos; e em 9%, três ou mais filhos (NCHS, 1984a). Cerca de 1.200.000 crianças foram afetadas em 1981 – uma proporção de cerca de uma criança por divórcio (NCHS, 1984a). Estima-se que, se esse padrão atual continuar, em 1990 um terço de todos os filhos (menores de idade) brancos e três-quintos dos negros experienciarão a separação ou o divórcio dos pais; dessas crianças, é muito mais provável que as brancas estejam vivendo numa família recasada dentro de cinco anos (Bumpass & Rindfuss, 1979).

Das pessoa que se divorciam, cinco-sextos dos homens e três-quartos das mulheres casarão novamente (Glick, 1984), com as chances de recasamento muito maiores quando o casal está nos primeiros estágios do ciclo de vida familiar. Nesses recasamentos, o índice de divórcio é ainda mais alto do que nos primeiros casamentos, com as estatísticas variando de acordo com o sexo e os grupos de idade. Para os homens e mulheres na casa dos trinta anos que casaram novamente em 1980, o índice previsto de divórcio é de 61% para os homens e 54% para as mulheres (Glick, 1984).

Há vários fatores etiológicos associados à instabilidade conjugal.

1. *Idade e gravidez pré-conjugal:* Esposas com menos de 18 anos, maridos com menos de 20 (Norton & Glick, 1976), ou pessoas que casam quando existe uma gravidez pré-conjugal (25% das noivas estão grávidas [Furstenberg, 1976]) têm uma probabilidade duas vezes maior de divorciar-se.
2. *Instrução:* Homens menos instruídos e mulheres mais instruídas correm um risco maior do que homens mais instruídos e mulheres menos instruídas (Levinger, 1976). Comparadas com aquelas que não completaram a faculdade ou têm pós-graduação, as mulheres que completaram quatro anos de faculdade constituem o grupo com menor risco de divórcio (Glick, 1984a).
3. *Salário:* As mulheres que ganham mais dinheiro têm uma probabilidade maior de divorciar-se do que aquelas com salários mais baixos (Ross & Sawhill, 1975). Da mesma forma, quanto maior for o salário da mulher em relação ao do marido, maior será o risco de divórcio (Cherlin, 1979).
4. *Emprego:* Quando o marido tem um emprego e um salário instáveis, ou quando seu salário diminui em relação ao ano anterior, o casamento corre um risco maior (Ross & Sawhill, 1975).

5. *Nível socioeconômico:* Embora a diferença esteja diminuindo, os relativamente desfavorecidos tendem a correr um risco desproporcional (Norton & Glick, 1976).
6. *Raça:* Os casais negros têm um índice de divórcio mais alto do que os brancos, e os casamentos inter-raciais correm um risco ainda maior (Norton & Glick, 1976).
7. *Linha de transmissão intergeracional:* O divórcio parece ocorrer em determinadas famílias, embora os estudos de correlação entre o divórcio dos pais e a instabilidade conjugal na geração seguinte tenham produzido resultados mistos. Uma possibilidade é a de que não seja o padrão de divórcio, por si, mas os fatores econômicos relacionados ao divórcio o que conduz os filhos a casamentos prematuros com parceiros mal-escolhidos (Mueller & Pope, 1977).

REVISÃO DA LITERATURA

Divórcio: uma crise de transição

No passado, a pesquisa focava o relacionamento entre divórcio e psicopatologia, com o *status* conjugal vinculado ao distúrbio mental. As evidências que apoiam essa visão decorrem da vulnerabilidade psicológica de muitas pessoas na época da separação/divórcio. As pessoas divorciadas correm um risco seis vezes maior de serem hospitalizadas por distúrbios psicológicos do que as pessoas casadas (Bloom e colaboradores, 1978; Briscoe e colaboradores, 1973). Além disso, as pessoas divorciadas apresentam um índice de suicídio duas vezes mais elevado do que as casadas, mais acidentes de carro, mais doenças físicas culminando em morte (câncer e doença cardíaca), e mais problemas com o abuso de substâncias (Bloom e colaboradores, 1978).

Em nossa opinião, esta perspectiva patológica do divórcio apresenta tanto falhas metodológicas quanto conceituais. O trabalho mais recente sobre o impacto do divórcio, iniciado na década passada, vê o divórcio como uma crise transicional (Ahrons, 1980a), forçando uma interrupção das tarefas desenvolvimentais a serem negociadas na fase específica do ciclo de vida familiar (Carter & McGoldrick, Capítulo 1), criando em seu lugar uma série de ajustamentos relativos à separação/divórcio, que lança a família num estado de caos e desequilíbrio por um período de um a três anos (Hetherington, 1982) até ocorrer a restabilização.

A ausência de apoio ou orientação societal para a família que vive este processo aumenta as dificuldades. Nós precisamos de um modelo de divórcio como uma transição familiar normativa (Ahrons, 1980a) e acreditamos que esta estrutura, baseada em um paradigma teórico da crise, constitui um útil instrumento para conceitualizar a experiência de divórcio para a família. Incluindo estágios e processos para os ajustamentos relacionados ao divórcio e os concomitantes estresses de vida, ele oferece uma perspectiva mais positiva, proporcionando o potencial para uma experiência de crescimento, na medida em que os membros da família desenvolvem novas capacidades adaptativas.

Na década passada, houve considerável pesquisa sobre o impacto do divórcio no casal e nos filhos. Embora a recente cobertura da mídia tenha chamado a atenção para a difícil situação dos avós com relação aos direitos de visitação, o processo de ajustamento ao divórcio do sistema familiar como um todo – avós, irmãos e outros membros da família ampliada – frequentemente é deixado de lado. Nós acreditamos que cada um dos membros da família nuclear e ampliada é afetado de uma maneira que influencia o processo para todos, dependendo em parte da fase de ciclo de vida da família. Por exemplo, existe evidência de que o estreito contato avós/netos é valioso para as três gerações da família (Kivnick, 1982).

Ao revisar a literatura, nós examinamos primeiro o impacto do divórcio sobre a família como um sistema e depois as questões especiais relativas aos filhos do divórcio.

O impacto do divórcio sobre a família

De acordo com a escala de Holmes e Rahe (1967) de eventos estressantes de vida, o divórcio vem em segundo lugar, depois da morte de um dos cônjuges. Grandes ajustes individuais precisam ser feitos em dois níveis, emocional e prático: ajustamento à separação, com todo o tumulto emocional que a acompanha, e ajustamento à nova vida, com os problemas numa área afetando o ajustamento na outra (Spanier & Casto, 1979). Muitos fatores inter-relacionados influenciam a resposta: as circunstâncias da dissolução do casamento, a natureza da vida pós-separação, a idade, sexo, duração do casamento, a posição da família em relação às tarefas específicas de seu estágio de ciclo de vida, estabilidade psicológica inicial, a qualidade da vida pós-separação, instrução, nível socioeconômico, contexto étnico, outros estresses ocorrendo no momento, a experiência anterior com o estresse e o apoio disponível.

O processo de ajustamento ocorre em estágios, num período de dois a três anos, começando com o período de pré-decisão e terminando com algum tipo de homeostase estabelecido na nova família de progenitor sozinho ou com o recasamento (Hetherington, 1977; Ahrons, 1980a). A transição é gradual, começando muito antes da decisão concreta, frequentemente com apenas um dos cônjuges lutando com a ideia de divórcio como uma solução para a sua insatisfação, e terminando quando a família restabilizou-se de uma maneira que é compreendida por todos os membros da família nuclear e ampliada (Ahrons, 1980a.) Ahrons (1980a) postula cinco estágios que se sobrepõem, neste processo de ajustamento, cada um envolvendo transições e tarefas de papel específicas.

No primeiro estágio *(Cognição Individual)*, pelo menos um dos cônjuges está considerando o divórcio e iniciando o processo de separação emocional, mantendo distância através de atividades e envolvimentos separados. Este período é frequentemente caracterizado por estresse aumentado, com consideráveis brigas, amargura, acusações, desvalorização do parceiro, depressão, ansiedade e, sempre, ambivalência. Pode haver um caso amoroso, que frequentemente serve para apressar a decisão.

Um dos fatores iniciais mais importantes no ajustamento envolve a participação do cônjuge – ou a falta de participação – na decisão. Para aquele que o inicia, o período de tomada de decisão talvez seja o mais difícil de todos, pois ele/ela luta com tremendo remorso e culpa (Wallerstein & Kelly, 1980).

No segundo estágio *(Metacognição Familiar)*, também pré-separação, o segredo é revelado. Um momento de grande sofrimento, para algumas famílias, este pode ser o momento de maior desequilíbrio. Se a família maneja bem essa situação, o casal talvez seja capaz de separar-se com decisões bem refletidas.

Na maioria dos divórcios, um dos parceiros quer sair do casamento mais do que o outro. Em estudos sobre casais com filhos, casados há cerca de dez anos, a maioria das decisões não foi mútua (Wallerstein & Kelly, 1980; Ahrons, 1981). As mulheres tendem a tomar a iniciativa (Wallerstein & Kelly, 1980; Ahrons, 1981); os homens, a opor-se à ela (Wallerstein & Kelly, 1980).

Para o cônjuge que não toma a iniciativa, quanto mais súbita e inesperada a decisão parece ser, mais difícil será o ajustamento emocional inicial (Spanier & Casto, 1979). Muitos cônjuges não iniciadores do processo estão totalmente despreparados para a decisão (Wallerstein & Kelly, 1980), e experienciam um sentimento total de baixa autoestima, impotência e humilhação.

No terceiro estágio *(Separação do Sistema)*, acontece a separação concreta. Este é um momento muito difícil para toda a família, o resultado dependendo muito de como os estágios precedentes foram manejados. Quanto mais reativa a família, maior a crise. Inicialmente, cada cônjuge está num estado de vulnerabilidade emocional aumentada, que pode interferir com o funcionamento normal. Sintomas comuns incluem a incapacidade de trabalhar efetivamente, má saúde, mudanças no peso, insônia e outros transtornos do sono, disfunção sexual, e uso de álcool, tabaco e outras substâncias (Hetherington, 1982).

Sempre existe ambivalência. Para a vasta maioria, persiste um apego apesar da raiva e do ressentimento – quanto maior o apego, maior a angústia (Weiss, 1979). Com o passar do tempo, a raiva e o apego diminuem, com a raiva permanecendo por mais tempo. Existe um sentimento de desamparo, de falta de controle sobre os eventos de vida, sentimentos de incompetência – social e sexualmente, perda, solidão, raiva, necessidades de dependência frustradas e problemas de identidade. Muitos não estão satisfeitos com o novo estilo de vida e gostariam de ter batalhado mais para fazer o casamento dar certo. A pessoa que iniciou a separação pode se arrepender e querer reconciliar-se, enquanto a outra pode ter começado a fazer terapia e reagir, e não estar disposta a correr o risco de tornar-se vulnerável novamente.

Durante este estágio e em todos os seguintes, cada cônjuge está propenso a um tremendo tumulto emocional, a altos e baixos. Assim que o turbilhão emocional parece diminuir, ocorre alguma coisa nova que deixa o indivíduo novamente confuso. Este processo se repete muitas vezes por um período que normalmente dura um ano, e que pode durar até dois anos ou mais. Com o passar do tempo, a intensidade de cada oscilação diminui lentamente – como uma espiral ascendente que gira para lá e para cá, atingindo gradualmente um ponto final. Para aqueles que funcionavam marginalmente antes da separação, o divórcio pode aumentar as dificuldades; para outros, o divórcio estimula o crescimento pessoal de uma maneira que não era possível no casamento. Para muitas mulheres, pode ser a primeira vez na vida em que se sentem autônomas; consequentemente, elas experienciam um novo senso de competência e bem-estar.

Pode haver uma série de separações e reconciliações – metade de todos os casais se separa pelo menos uma vez (Weiss, 1975) – criando fronteiras ambíguas conforme o casamento vai para lá e para cá, é desligado e ligado, deixando os membros da família sem saber se devem reorganizar-se para executar papéis ausentes. O contato prematuro com os advogados muitas vezes aumenta a crise. Quando a separação se torna pública e os procedimentos legais são iniciados, a crise pode aumentar ainda mais.

Em geral, os homens e as mulheres respondem, diferentemente, com diferentes questões e estilos de manejo (Berman & Turk, 1981; Chiriboga e colaboradores, 1978). No momento de iniciar os procedimentos, as mulheres tendem a ficar significativamente mais zangadas com os cônjuges, especialmente se percebem o marido como uma atitude semelhante (Kelly, 1986). Elas tendem a encarar de frente o estresse do divórcio; passam por um período de tumulto emocional, ficam zangadas ou deprimidas, e depois se recuperam (Chiriboga e colaboradores, 1978). Muitos homens lidam com a sua infelicidade atirando-se no trabalho e mais tarde experienciam um sentimento total de mal-estar (Chiriboga e colaboradores, 1978). No final das contas, parece haver uma diferença significativa no modo como as mulheres e os homens se ajustam emocionalmente ao divórcio. Wallerstein (1986) realizou um seguimento ao estudo de Wallerstein e Kelly (1980), dez anos pós-divórcio, descobrindo que 55% das mulheres *versus* 32% dos homens sentiam que sua vida havia melhorado, e 64% das mulheres *versus* 16% dos homens relataram um sentimento de crescimento emocional psicológico em resultado do divórcio.

Muitas pessoas desempenharão um papel fundamental: os filhos, os membros da família ampliada, os amigos, os amantes, os colegas, os advogados e outros. O apoio da família e dos amigos é crucial tanto para os homens quanto para as mulheres. Embora os amigos casados possam apoiar incialmente, depois dos primeiros meses geralmente há um abrupto declínio, particularmente para as mulheres. Sem esse apoio, o ajustamento completo fica mais difícil. A própria pessoa pode se impor essa situação, pois algumas respondem afastando-se da família e dos amigos quando mais precisam de apoio. Talvez as pessoas em volta dele/dela desaprovem, ou estejam cansadas de ouvir a mesma história ser repetida, ou sintam laços de lealdade com o outro cônjuge. Em qualquer caso, a rede social das pessoas separadas muitas vezes muda, dos amigos antigos, casados, para conhecidos mais casuais, solteiros. O ajustamento tende a ser mais rápido quando existe mais interação social (Hetherington, 1977).

O quarto estágio *(Reorganização do Sistema)* envolve o difícil processo de deixar claras as novas fronteiras. Todos os membros da família experienciam a perturbação e confusão que acompanham o processo de divórcio e têm dificuldade em negociar a transição durante este estágio. A perda de um dos pais na casa, as muitas mudanças no funcionamento familiar, e os estresses em cada progenitor, que afetam sua capacidade de serem pais, tudo isso contribui para o impacto sobre os filhos. Quanto mais o progenitor não residente for excluído, maior será o potencial de disfunção familiar.

O desafio para os sistemas familiares torna-se o de reorganizar, ao invés de desmantelar. Novas regras e padrões devem ser desenvolvidos, pois todos os hábitos e rotinas da vida cotidiana que eram tomados como certos não são mais. As associações mudam: as famílias incluem um cônjuge cada uma, possivelmente com novos parceiros e suas famílias; os irmãos podem estar separados; os cuidadores podem assumir uma posição importante na família; os filhos que saíram de casa ou outros membros da família ampliada podem voltar. Os papéis, as fronteiras, a associação e a estrutura hierárquica mudam, com virtualmente todos os subsistemas da família afetados: marido/mulher, pais/filhos, irmãos/irmãos, avós/netos, cônjuge/família de origem, cônjuge/parentes por afinidade, cônjuge/relacionamentos não familiares (amigos, trabalho, comunidade, etc.). Também mudam os relacionamentos com todos os sistemas fora da família nuclear: família ampliada, amigos, trabalho, escola, comunidade. Tudo isso acontece na ausência de normas ou apoios sociais para as famílias divorciadas. Consequentemente, as mudanças são uma fonte de grande estresse, aumentando o conflito que interfere na realização das transições.

Para o casal, o processo de terminar o relacionamento conjugal ao mesmo tempo em que mantém laços interdependentes como pais é difícil, especialmente porque existem poucos modelos de papel para serem utilizados como uma orientação. De fato, muitas pessoas divorciadas têm mais certeza daquilo que não querem fazer, baseadas na experiência de outros, do que daquilo que realmente querem fazer. O que torna o processo ainda mais difícil é que qualquer continuação do relacionamento é considerada suspeita – uma forma de agarrar-se ao outro. Um recente estudo de cinco anos, que examinou a natureza dos relacionamentos conjugais anteriores (todos com filhos), descobriu que metade dos casais estudados foi capaz de chegar a um relacionamento amigável: 12% eram "grandes amigos", 38% eram "colegas cooperativos", 25% eram "sócios zangados" e 25% eram "adversários furiosos" (Ahrons, 1986).

Outros estudos examinando a qualidade do relacionamento co-paternal indicam que o primeiro ano é o mais difícil, com 95% declarando que seus sentimentos mudaram consideravelmente no ano após o divórcio, de uma maneira que permitiu um relacionamento melhor (Goldsmith, 1980). Achados preliminares de um recente estudo de Kelly (1986) revelaram que a comunicação centrada na criança era significativamente melhor do que a discussão das questões conjugais, um indicador encorajador para a paternidade cooperativa pós-divórcio. Coexiste uma combinação de sentimentos positivos e negativos, embora nenhum deles extremo. A maioria das discussões centra-se nas questões de paternidade, com as maiores áreas de desacordo girando em torno das finanças e das práticas de criação dos filhos. Alguns ex-cônjuges se reúnem em família para eventos como os aniversários dos filhos, atividades escolares, formaturas e outros acontecimentos relacionados à vida dos filhos (Ahrons, 1981; Goldsmith, 1980).

Apesar de uma alta incidência de conflito (Ahrons, 1981; Goldsmith, 1980), de modo geral o relacionamento é satisfatório para a maioria, embora existam diferenças significativas na maneira pela qual os homens e as mulheres percebem o relacionamento, com os homens relatando um envolvimento paterno consideravelmente maior do que suas ex-mulheres relatavam para eles (Goldsmith, 1980; Ahrons, 1981).

O que faz o relacionamento funcionar não é a interação *em si*, mas as fronteiras claras e combinadas (Ahrons, 1981; Goldsmith, 1980).

Para os cônjuges, o fator mais poderoso para desarmar o vínculo conjugal e recuperar a autoestima é o estabelecimento de uma nova relação amorosa (Hetherington, 1982; Spanier & Casto, 1979). Assim como um novo relacionamento auxilia o processo de ajustamento emocional, a estabilidade econômica facilita a transição para uma nova vida. Para alguns, o ajustamento a uma nova vida pode ser a parte mais difícil (Spanier & Casto, 1979). Frequentemente, inúmeras preocupações financeiras e práticas aumentam a crise, e a menos que haja bastante dinheiro, a necessidade econômica ditará muitas mudanças. A separação pode introduzir um estilo de vida inteiramente novo; de qualquer maneira, as preocupações financeiras se tornam uma preocupação maior para a maioria das pessoas que se divorciam, independentemente do nível salarial.

As consequências econômicas são significativamente diferentes para os homens e para as mulheres, com a maioria dos homens dizendo estar financeiramente "bem", e as mulheres pior do que antes, depois do divórcio (Spanier & Casto, 1979). Grandes mudanças nas leis do divórcio em todo o país, destinadas a tratar ambos os sexos de forma mais justa, conduziram a uma espécie de divórcio sem culpa em 48 estados, com as decisões financeiras baseadas na visão do casamento como uma sociedade econômica. Os bens do casal são justa ou igualmente divididos e, na maioria dos casos, a pensão tornou-se obsoleta. Num estudo de dez anos sobre os efeitos do divórcio sem-culpa na Califórnia, Weitzman (1985) concluiu que as mulheres e os filhos se tornaram "as vítimas da revolução do divórcio". Com exceção das mulheres jovens com casamentos de curta duração e/ou das mulheres que sempre trabalharam durante o casamento e ganham o suficiente para se sustentarem, a maioria das mulheres não está preparada, financeira e profissionalmente, para o divórcio. Isso é especialmente difícil para as mulheres que estão sem trabalhar há muito tempo ou que jamais trabalharam, não possuem capacidades vendáveis, ou têm filhos pequenos.

As mulheres com filhos dependem em parte do sustento do pai, que pode estar ou não disponível – 47% dos acordos de auxílio não são cumpridos *(US Bureau of the Census, 1983)*. A incidência da omissão do sustento no primeiro ano após o divórcio chega a 75% *(US Bureau of the Census, 1983)*. Em 1984, o Congresso aprovou uma legislação para fazer cumprir o pagamento do sustento dos filhos, através de retenção obrigatória do salário para cobrir pagamentos atrasados. Entretanto, mesmo quando o sustento é proporcionado, a média do pagamento aos filhos (cerca de 13% do salário do marido) é de apenas $2.110 por ano *(US Bureau of the Census, 1983)*, uma pequena porção do custo real. O rendimento médio anual das mulheres com filhos que recebem pensão é $9.000, e $6.500 sem pensão *(US Bureau of the Census, 1983)*. Como resultado, nós nos deparamos com um novo problema social relacionado ao divórcio, chamado "a feminização da pobreza", com mais de 50% das famílias chefiadas pela mãe vivendo na pobreza *(The New York Times, 7 de setembro, 1983)*.

O quinto e último estágio *(Redefinição do Sistema)* começa quando a família resolveu as tarefas dos estágios anteriores e atinge uma nova autodefinição. Novos papéis e fronteiras foram clarificados, e todos os membros são incluídos se os pais vivem bem a paternidade. Quando existe um relacionamento continuado, cooperativo, entre os ex-cônjuges, a família se restabiliza mais rapidamente e mais efetivamente. O seguimento de dez anos de Wallerstein (1986) ao estudo de Wallerstein e Kelly (1980) sobre o divórcio descobriu que a mutualidade da decisão de divorciar-se muitas vezes permanece um problema, com o cônjuge que tomou a decisão relatando uma satisfação significativamente maior na qualidade de vida do que o cônjuge que não iniciou o processo.

Filhos do divórcio

Embora o divórcio possa ser percebido como uma solução para os problemas dos pais, poucos filhos parecem querer o divórcio, independentemente da tensão conjugal existente antes da separação (Wallerstein & Kelly, 1980). Suas reações variam de acordo com a idade, temperamento, sexo, posição na família, experiências passadas, sistemas de apoio e competência cognitiva e social. Para muitos filhos, o divórcio significa uma mudança na natureza do relacionamento com e do acesso à família ampliada – avós, tias, tios, primos. Quando o divórcio é amargo, os conflitos de lealdade muitas vezes são transmitidos ao longo das linhas geracionais de uma maneira improdutiva para todos.

No passado, a pesquisa centrava-se no impacto da ausência do pai sobre os filhos, e examinava a conexão entre delinquência, desempenho insuficiente, promiscuidade, identidade sexual confusa e a ausência do pai. Uma revisão de 200 estudos sobre a ausência do pai descobriu que embora essa ausência seja realmente um dos fatores, o impacto cumulativo de outros fatores psicossociais (tais como a pobreza) era mais central nos transtornos comportamentais (Herzog & Sudia, 1973).

Estudos mais recentes examinaram o impacto do divórcio sobre os filhos, comparando a família de dois progenitores com as famílias de progenitor único. Lowery e Settie (1985), em sua abrangente revisão da literatura de pesquisa sobre os filhos e o divórcio, descobriram que apesar de alguns estudos mostrarem diferenças estatisticamente significativas entre os filhos de famílias intactas e os das famílias divorciadas, outros não mostravam nenhuma diferença. Além disso, eles descobriram que havia achados favoráveis, em diferentes áreas, tanto para os filhos das famílias intactas quanto para os das divorciadas. Alguns filhos conseguiam adaptar-se satisfatoriamente aos estresses associados ao divórcio, ao passo que outros tinham mais dificuldade. Parece que não é o divórcio, por si, que cria os transtornos de longo alcance, mas as circunstâncias específicas emanando da separação – a saber, a perda de um progenitor, o conflito entre os pais (Ahrons, 1980; Wallerstein & Kelly, 1980), a qualidade da vida pós-separação, e o número e grau de outras mudanças estressantes decorrentes da separação. Lowery e Settle (1985) concluíram que os dados são mais significativos quando consideram variáveis específicas, tais como idade, sexo, conflito entre os pais, mudanças de vida depois do divórcio e a natureza dos arranjos dos cuidados paternos/maternos.

Idade

O consenso de muitos estudos sobre todos os tipos de arranjos era o de que quanto mais jovens os filhos na época do divórcio, maior o impacto a curto prazo. (Embora os achados também se apliquem aos bebês e crianças bem pequenas, houve pouca investigação sistemática sobre os efeitos nas crianças com menos de dois anos de idade.) Entretanto, no seguimento de dez anos do estudo de Wallerstein e Kelly (1980), Wallerstein (1984) descobriu que as criança pequenas que não têm nenhuma lembrança da vida pré-divórcio se ajustam melhor, com o passar do tempo, do que as crianças mais velhas, que se lembram da família que existia e consideram o divórcio como o evento central de sua infância. Além disso, a pesquisa recente indica que muitos filhos jovens adultos cujos pais se divorciaram há pouco tempo experienciam muitas dificuldades envolvendo conflitos de lealdade e raiva em relação ao pai, independentemente de quem iniciou o divórcio (Ahrons, 1986; Cooney e colaboradores, 1986).

Sexo

Muitos estudos indicam que o divórcio é mais difícil para os meninos do que para as meninas, embora as razões não tenham sido examinadas. Pode haver correlação entre a angústia e a partida do progenitor do mesmo sexo, afetando a estrutura e/ou o funcionamento da família de progenitor único. Uma outra possibilidade é a de que, uma vez que os meninos parecem apresentar uma maior vulnerabilidade constitucional ao estresse (Rutter, 1979), os deslocamentos envolvidos na custódia conjunta são inerentemente mais difíceis para eles.

Conflito entre os pais

Vários estudos sobre o ajustamento dos filhos encontraram uma forte correlação entre o ajustamento insuficiente dos filhos e o conflito entre os pais, independentemente do *status* conjugal (Hess & Camera, 1979; Raschke & Raschke, 1979). Os resultados de muitos estudos diferentes indicam que o relacionamento pós-divórcio entre os pais é o fator mais crítico no funcionamento da família. Embora um fator importante no ajustamento dos filhos após a separação seja o contato continuado, qualitativo, com ambos os pais, o nível de conflito entre os pais pode ser mais central no ajustamento do filho do que a ausência paterna ou o próprio divórcio (Hetherington, 1977; Emery, 1982). O estudo de Luepnitz (1982) sobre os estilos de manejo de famílias não atendidas clinicamente, em diferentes tipos de arranjos de custódia, descobriu que o conflito existente era o único preditor de ajustamento insuficiente nos filhos.

Mudanças de vida após o divórcio

O número e grau das mudanças às quais os filhos são submetidos afetam a sua capacidade de adaptar-se. Como foi observado, a ausência do pai está diretamente relacionada à instabilidade econômica, que por sua vez afeta o ajustamento.

Natureza dos novos arranjos de cuidados paternos

Muitos estudos indicaram que os filhos querem e precisam de um relacionamento qualitativo, contínuo, com ambos os pais. Na vasta maioria dos casos, os filhos moram com a mãe, por mútuo acordo entre os pais. Entretanto, em um estudo sobre as mulheres e a custódia dos filhos, Chester (1986) relatou que, quando existe uma batalha em relação à custódia e ambos os pais são "adequados", o pai tem uma chance muito maior de conseguir os filhos.

A terminologia usual do divórcio se refere à família dirigida pela mãe como uma família de progenitor único, apagando conceitualmente o papel do pai de uma maneira que reflete, com excessiva frequência, a realidade. O estudo sociológico de Furstenburg e seus colegas (1983) revelou que 50% dos filhos do divórcio não tiveram nenhum contato com o progenitor sem custódia durante um ano inteiro. Cerca de seis anos depois do divórcio, menos de um quarto dos pais sem custódia vêem seus filhos mais do que uma vez por mês, sendo o contato menos provável se os filhos são meninas e se o pai casou de novo (Hetherington, 1982). Para todos os filhos, o pai permaneceu uma pessoa significativa, mesmo se não houve um contato concreto.

Estudos diferentes descobriram que todos os membros da família se beneficiam quando existe uma paternidade continuamente compartilhada. Quando há um relacionamento de apoio, cooperativo, entre os pais, existe uma chance muito maior de que o pai permaneça envolvido, tanto fisicamente quanto financeiramente (Ahrons, 1981). Os pais, assim como seus filhos, se saem melhor quando existe um contato continuado (Jacobs, 1982; Greif, 1979). As mães sozinhas, frequentemente obrigadas ao papel de cuidadoras emocionais e financeiras da família, experienciam uma tremenda sobrecarga, que diminui sua capacidade de ajustar-se em todas as áreas (Ahrons, 1981; Hetherington e colaboradores, 1978).

A maioria dos filhos fica insatisfeita com o acesso tradicional (fins de semana alternados com o pai), sente-se afastada do progenitor que não tem a custódia, e deseja um contato maior (Wallerstein & Kelly, 1980; Ahrons, 1981). A custódia conjunta está emergindo como uma possível substituição para o tradicional arranjo de custódia única, baseada no pressuposto de que se assemelha mais à estrutura e às funções da família pré-divórcio, permitindo um acesso maior e mais natural a ambos os pais. Além disso, com a vasta maioria das mães sozinhas trabalhando, a suposição de que a mãe está em casa e disponível não mais se aplica. Tanto a mãe quanto o pai agora têm o mesmo tempo disponível para seus filhos.

Embora a maioria dos estudos, se não todos, relate um alto grau de satisfação com o arranjo (Greif, 1979; Abarbanel, 1979; Ahrons, 1981), grande parte da pesquisa foi conduzida a partir da resposta dos primeiros entusiastas do conceito, e pouco a partir da experiência dos filhos. Um dos estudos descobriu que um terço dos filhos experiencia intensos conflitos de lealdade e uma preocupação exagerada em ser justo com ambos os pais (Steinman, 1981). Um outro pequeno estudo realizado sobre a custódia do progenitor do mesmo sexo encontrou evidências de que os filhos gostam e se saem bem com esse tipo de custódia (Santrock & Warshak, 1979). Entretanto, o impacto de separar irmãos – um vínculo que tende a se reforçar com o divórcio – não foi medido e não pode ser deixado de lado. Luepnitz (1982) examinou todos os tipos de arranjos, entrevistando todos os membros da família, e descobriu que a custódia conjunta, em seu melhor modo, é superior à custódia única em seu melhor modo.

A partir dos achados de pesquisa até o momento, parece que independentemente do papel que o pai desempenhava na família pré-divórcio, ele é capaz de assumir toda a responsabilidade envolvida no cuidado com os filhos. Com a participação do pai num arranjo de custódia conjunta, desenvolve-se uma qualidade diferente de envolvimento psicológico. Entretanto, apesar da noção de que a paternidade compartilhada seria a solução ideal no divórcio, ela não é absolutamente uma panaceia para todos. Quando a mãe assumiu a responsabilidade primária pelos filhos antes da separação, ambos os pais precisam fazer imensos ajustes. As mulheres são significativamente menos positivas em relação aos arranjos de paternidade compartilhada, e, mais do que os homens, querem ter os filhos consigo por um tempo maior – 70% *versus* 40% do tempo (Kelly, 1986). E, embora possa ser difícil para a mãe abandonar seu papel como o principal progenitor, o pai também precisará ajustar-se para assumir um papel mais ativo, especialmente se houver filhos pequenos.

Para os ex-cônjuges, os arranjos de custódia conjunta podem constituir laços que os amarram de uma maneira que impede que sigam em frente em suas próprias vidas. Para os filhos, a co-paternidade na presença de conflitos contínuos e intensos parece ser mais prejudicial do que nenhum contato. Em resumo, o acesso contínuo e os relacionamentos qualitativos com ambos os pais parecem ser mais importantes do que a forma particular de arranjo de custódia.

De qualquer maneira, apesar de toda a conversa sobre a custódia conjunta, houve pouca mudança nos tipos de arranjos nos últimos dez anos. O sistema judiciário pode forçar a questão, todavia, definindo que a custódia conjunta é "para os melhores interesses da criança". Vários estados já possuem estatutos de custódia conjunta em funcionamento, e a maioria dos estados possui estatutos de custódia conjunta pendentes.

O IMPACTO DO DIVÓRCIO EM DIFERENTES ESTÁGIOS DO CICLO DE VIDA FAMILIAR

Como observamos previamente, o divórcio é uma crise no ciclo de vida familiar, criando um estado de desequilíbrio para todas as pessoas, em todos os níveis geracionais, por todo o sistema familiar nuclear e ampliado. O rompimento está associado a alterações e mudanças nas associações e fronteiras, requerendo uma reorganização maior do sistema familiar. O grau em que a família será afetada depende da fase do ciclo de vida familiar em que ocorre o divórcio, assim como de outros fatores relacionados ao contexto étnico, social e econômico da família. O trabalho delineado na seção seguinte abrangerá o divórcio em cada estágio do ciclo de vida familiar, utilizando o paradigma definido anteriormente neste livro.

O divórcio em casais recém-casados (sem filhos)

Os dados sociológicos apoiam a opinião de que o divórcio, nessa fase, ocorre mais provavelmente quando um ou mais dos seguintes fatores estão presentes: o casal se conhece ou casa após uma perda significativa; um ou ambos os parceiros desejam distanciar-se de suas famílias de origem; os *backgrounds* familiares são significativamente diferentes; o casal casa após um conhecimento de menos de seis meses ou após um noivado de mais de três anos; ou algum dos cônjuges tem um relacionamento ruim com seus irmãos ou pais (McGoldrick, Capítulo 10).

O divórcio produz a menor ruptura nesta fase do ciclo de vida. Menos pessoas estão envolvidas, papéis menos distintos emergiram, foram formados menos laços sociais como casal, e foram estabelecidas menos tradições. Sem filhos, o complexo processo de redefinição de papéis fica imensamente alterado. O casal não tem nenhuma razão real para manter um relacionamento, a não ser que escolham fazer assim.

Começar de novo é menos difícil, uma vez que ambos têm uma experiência bastante recente de ser solteiro para utilizar como estrutura de referência. A independência financeira, as questões profissionais e as tarefas de socialização também são mais fáceis, especialmente no clima atual de famílias com duas carreiras. Cada cônjuge, com muita probabilidade, já começou a realizar essas tarefas.

O casamento pode ter sido uma solução experimental para a incapacidade de um ou de ambos o cônjuges de "sair de casa". Consequentemente, a principal forma de redefinição que talvez precise ocorrer envolva questões não resolvidas com a família de origem. A idade do casal e a duração do casamento nem sempre são a pista; pelo contrário, é importante ver até que ponto cada um dos cônjuges completou os processos desenvolvimentais de transição, envolvidos na separação em relação à sua família de origem. Tratar o divórcio nesse estágio como um não evento (uma ocorrência comum) desqualifica o processo emocional, que frequentemente se manifesta através da raiva, vergonha, perda e confusão.

O seguinte caso ilustra como a decisão do divórcio é tomada quando o casal reconhece que casou como uma "solução" para questões não resolvidas com a família de origem. Inicialmente, o terapeuta explorou o comprometimento do casal em trabalhar as questões conjugais, assim como o relacionamento entre seus problemas conjugais e as questões com suas famílias de origem. A falta de disposição do marido em comprometer-se com a terapia acabou levando a esposa à decisão de divorciar-se. O foco então mudou, passando a ser o de ajudar o casal a compreender as razões por trás de seu casamento "reativo".

Exemplo de caso: a família Martinez

Diane, de 24 anos de idade, com um *background* ítalo-americano, foi encaminhada para aconselhamento por seu médico, que a vinha tratando por problemas estomacais nos últimos três meses. Diane, que veio sozinha à primeira entrevista, falou de sua infelicidade em seu recente casamento. Quatro meses antes, ela casara com Juan, um salvadorenho de 26 anos de idade, após um namoro de dois meses cheio de paixão e romance. Logo desencantada, ela ficou muito confusa, e sentiu que não havia ninguém que pudesse ajudá-la, pois ela casara contra a vontade dos pais.

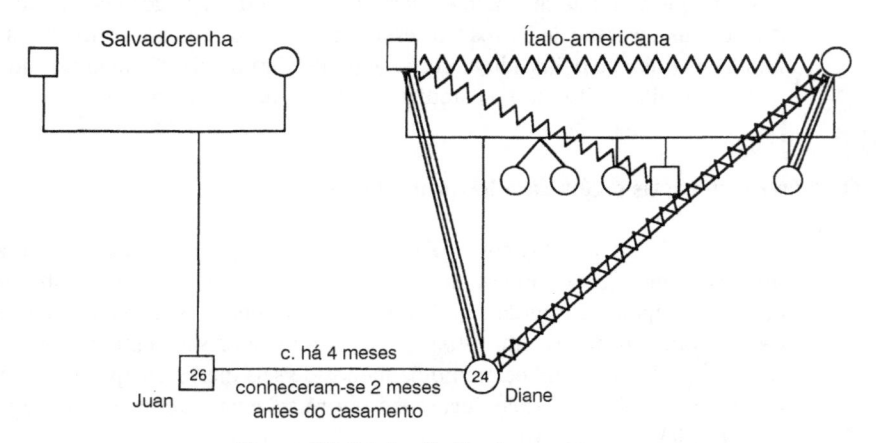

Figura 15-1 A família Martinez.

Antes de casar, Diane morava em casa e tinha uma história de relacionamento explosivo com os pais. A mais velha de seis irmãos, ela tivera um papel de excessiva responsabilidade na família. Nos últimos anos, o casamento de seus pais se transformara num constante campo de batalha, e eles continuamente recorriam a ela para restaurar a paz e a ordem. Por mais que quisesse partir, ela sentia-se presa à sua família, que julgava que a única maneira aceitável de uma filha sair de casa era através do casamento.

No final da primeira sessão, foi sugerido que ela trouxesse Juan consigo no próximo encontro. Ela achou que ele iria recusar-se, uma vez que não acreditava em terapia, mas ele apareceu na sessão seguinte com uma rosa para ela.

Vendo o casal junto, ficou aparente que nenhum deles tinha ideia de como se faz um casamento dar certo. Eles não tinham nenhuma compreensão mútua de responsabilidades profissionais, sociais ou domésticas, nem haviam discutido suas diferenças culturais como relacionadas às suas expectativas de casamento e família. Nós trabalhamos nessas duas linhas por um tempo, mas Juan vinha às sessões esporadicamente. Quando ele aparecia, as sessões eram tumultuadas.

Diane sentia que Juan não estava interessado em trabalhar com ela as questões conjugais, e ficava zangada por estar novamente numa posição de excessiva responsabilidade. Na medida em que a intensa emoção que os aproximara diminuiu, o casal concordou que seu casamento tinha pouco fundamento para o futuro, embora Diane visse isso com maior clareza do que Juan. Ela percebeu que, para ela, o casamento fora uma saída do lar paterno, uma escolha "reativa". Ela começou a pensar e falar sobre divórcio.

Eles decidiram divorciar-se e, depois de esclarecer as questões envolvidas num passo desses, o casal foi encaminhado a um mediador de divórcio, para elaborar o acordo de divisão dos bens. Não se sentindo emocionalmente pronta para ficar sozinha, Diane voltou para a casa dos pais depois da separação, sabendo que ainda tinha questões para elaborar com sua família de origem. Entretanto, na época, com todo o ajustamento envolvido no retorno à vida de solteira, ela não se sentiu emocionalmente apta para a tarefa. Eventualmente, Diane retornou ao tratamento, para uma segunda fase da terapia, para elaborar as questões relacionadas à sua paralisação emocional na família.

O divórcio nas famílias com filhos pequenos

A pesquisa demonstrou que a família corre o maior risco de divórcio durante essa fase do ciclo de vida familiar – coincidindo com o fato de que os filhos, nesse estágio desenvolvimental, são inicialmente muito afetados pelo divórcio. Depois da chegada dos filhos, o casal precisa fazer a transição de redefinir o seu relacionamento, de assumir o papel de cuidador e de realinhar-se com a família, amigos e comunidade. Para as famílias com filhos pequenos, o impacto do divórcio difere para os filhos, pais e avós, de acordo com as idades desenvolvimentais dos filhos. Parte da pesquisa citada abaixo é do estudo de cinco anos de Wallerstein e Kelly (1980) sobre o impacto específico do divórcio sobre os filhos em diferentes fases desenvolvimentais. Seus achados devem ser considerados no contexto de sua amostra, escolhida numa população que recebia atendimento clínico, parte da qual estava perturbada antes da separação.

Famílias com filhos em idade pré-escolar

Os bebês parecem menos diretamente afetados pelo divórcio, experienciando principalmente a angústia dos pais – embora na medida em que formem laços emocionais, comecem a perceber as mudanças, as idas e vindas de ambos os pais e outros cuidadores (Wallerstein & Kelly, 1980). A combinação de pais perturbados e/ou não disponíveis e arranjos de cuidados inconsistentes pode produzir criança exigentes ou retraídas (Wallerstein & Kelly, 1980). Conforme elas se aproximam dos dois anos de idade, sua luta pela independência está estreitamente ligada ao sentimento de segurança. Com a perda de um dos pais, sua segurança fica ameaçada.

O divórcio é muito difícil para os pré-escolares (Wallerstein & Kelly, 1980). Desenvolvimentalmente, eles estão começando a afastar-se de casa em direção aos amigos e à escola. Eles possuem os primórdios de um senso de moralidade, combinado com a dificuldade em distinguir entre seus pensamentos e a realidade, sendo assim especialmente vulneráveis à culpa e à confusão. Eles podem regredir desenvolvimentalmente de várias maneiras: ansiedade de separação, transtornos do sono, molhar a cama, apego excessivo, medo de qualquer saída, fantasias agressivas (Wallerstein & Kelly, 1980). Estas manifestações da criança em reação ao divórcio e a resposta dos pais podem interferir com o desenvolvimento da identidade sexual. Quando isso ocorre, a criança pode tornar-se vulnerável ao comportamento de atuação sexual na adolescência.

Os pais que estão lutando com seus próprios sentimentos de fracasso, raiva, culpa e perda têm dificuldade em proporcionar um ambiente estabilizador, consistente, para seus filhos. O divórcio é difícil para ambos, mas de maneiras muito diferentes. Hetherington e seus colaboradores (1977) estudaram o impacto do divórcio sobre diferentes membros da família nas famílias dirigidas pela mãe com filhos em idade pré-escolar, com seguimento um e dois anos depois. A menos que citemos especificamente, as informações seguintes se baseiam em seus achados. Podemos supor que grande parte daquilo que eles descobriram também se aplica a famílias com filhos mais velhos.

Assumir sozinha os filhos cria tremendos estresses para as mulheres, especialmente quando estão envolvidas dificuldades financeiras, fazendo com que elas se sintam infelizes, frustradas, ansiosas, incompetentes, aprisionadas e angustiadas pela angústia de seus filhos. O relacionamento entre a mãe que tem a custódia e seus filhos é intenso e inicialmente difícil por uma série de razões, especialmente durante o primeiro ano. Se ela é dona de casa, precisa lidar com o isolamento de cuidar sozinha de seus filhos. As mães que trabalham (supermães), sobrecarregadas pela dupla jornada de tempo integral, terão pouco tempo, energia ou recursos para qualquer vida fora do trabalho e do lar. Experienciando os efeitos combinados da sobrecarga de trabalho, dificuldades financeiras e isolamento social, o relacionamento da mãe com seus filhos fica estressado. O contínuo apoio dos membros da família ampliada – pais e irmãos – e dos amigos enaltece essa maternidade. Pelo final do segundo ano, a vida está novamente se tornando predizível: novas rotinas, padrões e responsabilidades foram estabelecidos; elas estão mais disponíveis para os filhos; o padrão de visitas está estabelecido; o padrão de apoio (ou de ausência de apoio) foi estabelecido. Muitas vezes, a reestabilização é obtida quando uma nova pessoa é trazida para o sistema familiar (um membro da família ampliada, uma empregada, uma *babysitter*, um namorado, etc.) (Isaacs, 1982).

O divórcio é doloroso para os homens, que perdem o contato cotidiano com seus filhos. Pode haver um sentimento de desarraigamento, perda e falta de continuidade. Eles têm de lidar com o fato de estarem separados dos filhos e montando um novo lar. Os bebês e as crianças bem pequenas precisam de continuidade para desenvolverem relacionamentos; o vínculo se desenvolve na medida em que o progenitor compartilha das rotinas do dia a dia, tais como alimentar, banhar e colocar os filhos na cama. Muitos homens consideram-se inadequados para o papel de cuidador, especialmente quando deixaram para mãe as tarefas da criação dos filhos. Sentindo-se perdidos, eles gradualmente se distanciam do relacionamento. Na medida em que se retraem, sentem-se menos conectados com os filhos, os quais, consequentemente, os experienciam como distantes. Sem um contato frequente com crianças muito pequenas, jamais se cria um vínculo. Existe uma tendência de o pai ser excluído ou excluir-se da família, enquanto uma fronteira se forma naturalmente em torno da mãe e dos filhos. Isto aliena o pai, aumentando a carga da mãe, e criando mais angústia e disfunção familiar para todos os participantes (Ahrons, 1980). Para alguns homens, isso se torna tão doloroso que eles se retraem completamente.

A quantidade de contato e a qualidade do relacionamento com o pai passam por muitas transições, algumas das quais não se relacionam aos filhos. A natureza do relacionamento pré-separação do pai com os filhos não indica o papel que ele desenvolverá na família pós-divórcio. No início, o contato do pai com os filhos pode ser mais frequente do que antes da separação, por várias razões: apego aos filhos e/ou à mulher, dever, culpa, incapacidade de partir, ou como uma estratégia para irritar a mulher. Entretanto, esse padrão declina rapidamente num período de dois anos, caindo bastante depois de um ano, nivelando-se então após dois anos (Furstenburg e colaboradores, 1983).

Muitos homens recorrem a seus pais e namoradas para ajudá-los a cuidar dos filhos. Os avós e a família ampliada podem ajudar durante a transição, se nenhum dos cônjuges exige lealdade. Com excessiva frequência, a família ampliada sente-se confusa com a ruptura do divórcio e fica insegura em relação ao que se espera dela.

Os perigos dessa fase são os de que o pai perca seu senso de conexão primária com seus filhos e/ou de que o apego da mãe aos filhos não deixe espaço para o pai. O fator-chave, ao ajudar a família neste estágio, é o reconhecimento de ambos os cônjuges de que um relacionamento de co-paternidade beneficiará a eles e aos filhos. O processo de redefinição que ocorre quando os cônjuges são capazes de separar seu papel paterno do papel conjugal permite a restabilização da família (Ahrons, 1980). O desafio consiste em fazer com que os filhos experienciem um contato continuado com ambos os pais durante toda a sua infância.

Para começar o processo de reorganização e redefinição, os pais precisam conversar com os filhos, juntos, sobre o divórcio iminente. Os filhos precisam conseguir expressar uma ampla variedade de emoções. Para diminuir a sua confusão, os pais devem tentar prepará-los para todas as mudanças (Messinger & Walker, 1981). Extremamente importante, os filhos em idade pré-escolar precisam ter um plano bem definido de visitação e contato com ambos os pais, para reassegurá-los de que ainda serão amados e cuidados (Wallerstein & Kelly, 1980).

O seguinte caso ilustra a tentativa de um casal de resolver as questões da visitação e da custódia. As questões centrais na terapia envolveram ajudar o casal a fazer arranjos de co-paternidade não reativos para a sua filha, e a obter certa perspectiva dos problemas pessoais que estavam contribuindo para sua disputa em relação à custódia.

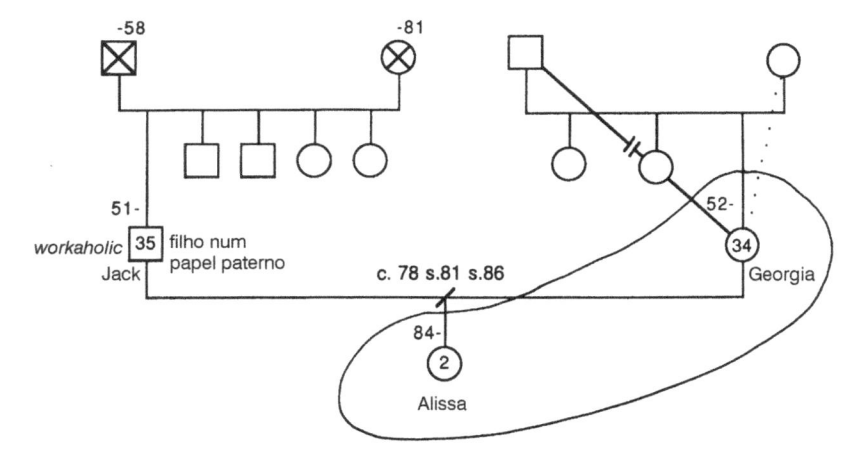

Figura 15-2 *A família Jerald.*

Exemplo de caso: a família Jerald

Georgia e Jack, um casal de profissionais em meados da casa dos trinta, que haviam se separado várias semanas antes de sua primeira visita, chegaram à terapia em crise com relação aos futuros arranjos para sua filha de dois anos, Alissa. Esta era a sua segunda separação em oito anos de casamento, tendo a primeira ocorrido cinco anos antes, logo depois da morte da mãe de Jack. Eles fizeram, na época, uma breve terapia e a encerraram, contra os conselhos da terapeuta, quando se reconciliaram.

Georgia, a mais jovem de três irmãs, assumira o papel de "filho" em sua família. Ela caracterizava-se como competitiva e ativa. Jack, também, descreveu-se como um *workaholic**. O mais velho de cinco irmãos, ele assumira um papel paterno cedo em sua vida, após a morte de seu pai; com o trabalho, a única desculpa aceitável para não tomar conta da casa.

Nenhum deles pretendia ter filhos. Entretanto, quando Georgia engravidou, depois de inicialmente terem decidido abortar, no último minuto ambos concordaram em ter o bebê. O período da

---

* N. de T.: Uma pessoa que gosta de trabalhar demais ou que é incapaz de parar de trabalhar.

gravidez foi o melhor tempo de seu casamento. Com o nascimento de Alissa, apesar do fato de ambos serem loucos pelo bebê, o casamento deteriorou rapidamente. Lembrando-se de como se sentia quando criança com uma mãe ausente, ele agora queria que Georgia desistisse de seu trabalho e ficasse em casa com o bebê. Além disso, ela foi pressionada pelos pais a deixar seu trabalho para mais tarde. Isso foi especialmente doloroso vindo de seu pai, que ela adorava. Alienada e zangada, ela rompeu com eles. Eles ficaram num beco sem saída, que acabou culminando com a separação. Georgia queria que Jack saísse de casa, mas ele se recusava. Após vários meses de uma tensão insuportável, ela finalmente decidiu ir morar temporariamente com uma amiga, deixando Alissa com Jack.

Assim começou uma batalha por Alissa, com ambos querendo a custódia única. Seguiram-se recriminações. Jack acusava Georgia de estar mais envolvida em sua carreira do que com a maternidade. Georgia acusava Jack de estar afetado demais por suas experiências infantis para poder ser um bom pai. A companheira de apartamento de Georgia, tendo ela própria estado envolvida numa batalha semelhante, sugeriu que eles procurassem aconselhamento em relação ao divórcio, pelo bem de Alissa, se não pelo bem deles mesmos. Ambos concordaram, embora nenhum deles estivesse disposto a deixar de lado a disputa legal.

Ambos estavam cautelosos em relação à possibilidade de uma resolução amigável e temerosos de prejudicar sua posição legal, especialmente Georgia. A terapeuta confrontou-os com o fato de que tinham dois objetivos mutuamente exclusivos: ganhar a custódia e fazer o que fosse melhor para Alissa. Ela lhes disse que somente poderia ajudá-los se eles quisessem trabalhar a última questão, e, para fazer isso, precisavam suspender a primeira. Ambos acharam que precisavam de tempo para pensar sobre o que fazer. Ela lhes deu uma lista de leituras sobre filhos e divórcio, salientando aquelas que enfatizavam a paternidade compartilhada.

Duas semanas mais tarde, eles voltaram. A terapeuta cumprimentou-os por colocarem seu desejo de serem bons pais acima de sua considerável raiva um pelo outro. Georgia, desesperada por não ter Alissa com ela, queria estabelecer um arranjo temporário em que Alissa dividiria seu tempo igualmente entre eles. Jack, enraivecido por Georgia estar usando a terapia para obter concessões dele, ameaçou largar a terapia. A terapeuta agiu rapidamente, assegurando Jack de que este era um tribunal para trazer ideias para uma mútua resolução, e Georgia estava no direito de pedir o que quisesse, assim como ele. A partir daí, a terapeuta investigou as ideias de Jack sobre o papel de Georgia como mãe, nessas circunstâncias – ele a queria totalmente fora de cena? Com isso, Jack tornou-se muito emocional, contando a história de sua infância solitária. Ele mesmo percebeu que seu desejo de manter Alissa para si próprio era injusto para com Alissa, que precisava da mãe.

A partir desse ponto, o tom das discussões mudou, uma vez que Jack conseguiu enxergar que seu desejo de obter a custódia única tinha mais a ver com seus sentimentos em relação à Georgia do que com sua preocupação pelo bem-estar de Alissa; Georgia, também, admitiu a mesma coisa. Ela não queria Jack separado de Alissa, mas sentia que não tinha escolha a não ser assumir aquela posição tendo em vista a posição dele. Os meses de tensão conjugal os haviam levado além do ponto do pensamento racional, com Alissa como um simples fantoche na batalha. O foco mudou, passando a ser o de levá-los a concordar em princípio com o tipo de arranjo que funcionasse bem para eles. Eles conseguiram planejar uma divisão igual do tempo, com os necessários ajustes conforme Alissa crescesse. Foram encaminhados a um mediador para resolver os detalhes.

Quando a batalha terminou, ambos ficaram completamente dominados pela noção de serem pais sozinhos exatamente a metade do tempo. Finalmente, cada um deles foi capaz de examinar as questões com suas famílias de origem evocadas por isso, não para salvar o casamento, mas para que cada um deles pudesse prosseguir sozinho. Georgia queria encontrar uma maneira honrosa de reconectar-se com sua família, o que a terapeuta considerou um importante objetivo. Ambos foram atendidos individualmente para discutirem suas próprias questões, e, uma vez por mês, eram atendidos juntos para discutirem a co-paternidade. Georgia continuou em terapia por vários meses, e Jack ainda mais tempo, embora ambos mantivessem a ideia de usar um tribunal neutro como a terapia para continuar a conversar sobre Alissa. Eventualmente, eles reduziram esses encontros para uns três ou quatro encontros de rotina por ano, vindo nos intervalos sempre que fosse necessário. Talvez por esta ser sempre uma opção, nunca houve a necessidade de marcar um encontro de emergência.

Famílias com filhos na idade da escola elementar

O impacto do divórcio nos filhos dessa idade é mais profundo. Wallerstein e Kelly (1980) descobriram que as crianças de seis a oito anos parecem passar por dificuldades maiores do que qualquer outro grupo de idade, pois elas são suficientemente crescidas para perceberem o que está acontecendo, mas ainda não têm a capacidade adequada para lidar com o rompimento. Elas muitas vezes têm um sentimento de responsabilidade, experienciam tremendo pesar, e uma grande tristeza e saudade do progenitor que partiu. Ao mesmo tempo, elas têm fantasias recorrentes de reconciliação e frequentemente pensam que têm o poder de fazer isso acontecer.

Quando o divórcio é amargo, os filhos correm riscos, em termos psicológicos, se envolvidos em conflitos de lealdade. Algumas crianças assumem ou são levadas a papéis paternos, passando a ter responsabilidades adultas que são emocionalmente prejudiciais. Elas podem desenvolver problemas escolares e/ou com os amigos, caracterizados por mau desempenho, comportamento problemático com amigos ou a autoridade, e/ou sintomas somáticos (Wallerstein & Kelly, 1980).

Quanto mais velhos os filhos forem no momento da separação, mais fácil será para o pai estabelecer um papel paterno efetivo, pois ele os conhece como pessoas, com personalidades e interesses com os quais pode se relacionar. Entretanto, conforme eles crescem e ficam mais envolvidos com os amigos e outros compromissos, podem afastar-se do pai tanto em termos físicos quanto emocionais, a menos que este seja sensível ao desejo geral deles de passar menos tempo com os pais, não tomando isso em termos pessoais.

Novamente, os pais precisam apresentar juntos aos filhos o fato de que estão se divorciando, dando-lhes tempo para processar a ideia. As crianças precisam ter a chance de pensar e falar sobre suas reações e ajuda para compreender as consequências, em termos do impacto que isso terá em sua vida e na continuidade dos relacionamentos com os pais, parentes e amigos.

Na medida em que os filhos ficam mais velhos, aumenta o potencial de as questões conjugais não resolvidas serem encobertas, como por uma cortina de fumaça, através dos filhos, que passam a carregar a perda, a raiva e a culpa para os pais.

O seguinte caso ilustra três objetivos do trabalho clínico com pais que estão se divorciando. O primeiro objetivo foi o de tornar mais lenta a decisão do divórcio, para que, se e quando o casal decidisse separar-se, isso pudesse acontecer de maneira menos perturbadora. O segundo objetivo foi o de evitar que o cônjuge que não iniciou a separação levasse os filhos a ficar contra aquele que escolheu a separação. O terceiro objetivo foi o de ajudar o casal a reconhecer os benefícios, para os filhos, de um relacionamento cooperativo de co--paternidade.

Exemplo de caso: a família Grace

> Joan, de 35 anos de idade, fez o contato inicial, mencionando estar infeliz em seu casamento e querer sair dele. Ela disse que já conversara com o marido, Peter, sobre o divórcio. A terapeuta pediu que ela viesse com Peter, sugerindo que seria extremamente benéfico se ambos viessem conversar sobre a decisão iminente. Joan estava casada com Peter, de 35 anos, de origem greco-americana, há 12 anos. Eles tinham dois filhos – Elena, de dez anos, e Peter, de oito. Ao casar, Joan esperava ser cuidada pelo marido, em termos emocionais e financeiros. Peter, por outro lado, o filho mais jovem de uma família que virara um caos depois de ser abandonada pelo pai, foi atraído por aquilo que julgou ser a força de Joan, procurando na esposa uma mulher em quem ele pudesse se apoiar. Cansada de cuidar das necessidades de todos, alguns anos antes Joan voltara a estudar, querendo formar-se. Peter assumira muitas das responsabilidades domés-

ticas e dos cuidados com as crianças, para ajudar Joan a conseguir seus objetivos, pensando estar fazendo aquilo pela família. No processo, ele parou a sua vida, enquanto Joan estava florescendo, tanto social quanto intelectualmente, e ele não percebeu absolutamente que Joan estava se afastando dele. Quando Joan lhe disse que estava pensando em deixá-lo, ele ficou devastado, especialmente por ter, quando criança, experienciado a dor do divórcio dos pais.

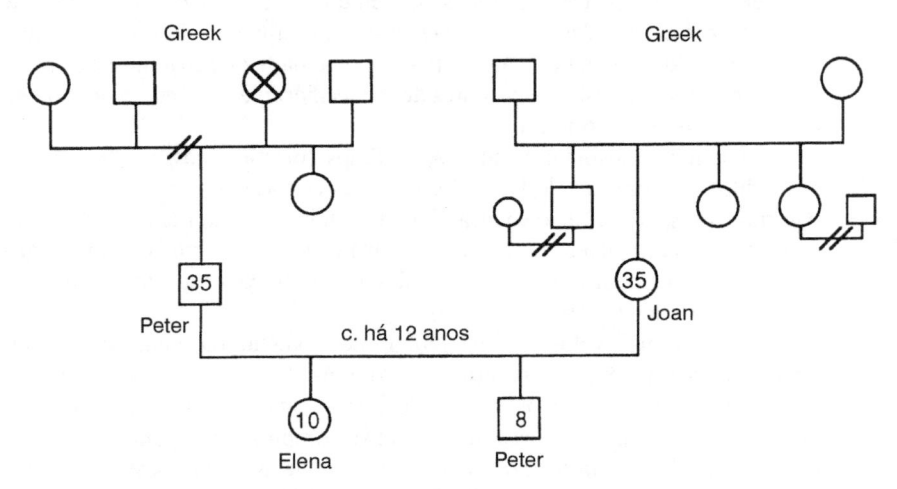

Figura 15.3 A família Grace.

O primeiro movimento foi tornar mais lento o processo da tomada de decisão, para ajudar Peter a absorvê-la e para possibilitar que o casal colocasse a decisão num contexto que ambos pudessem compreender. Para fazer isso, o tratamento envolveu uma revisão da história e do desenvolvimento do casamento, assim como das questões relacionadas às suas famílias de origem. Por toda essa fase, Peter suplicou a Joan que repensasse sua decisão; ele chegou a ameaçar suicidar-se. Foi feito um contrato com o casal, de continuarem por mais três meses, para trabalharem as questões relacionadas às famílias de origem e para finalizarem seus planos. Durante esse período, eles viveram num estilo pseudocolegas de apartamento, dividindo as tarefas domésticas e as responsabilidades pelos cuidados com as crianças, como se estivessem separados. Essa "separação experimental" levou a discussões sobre o futuro, relativas aos arranjos financeiros e de cuidados aos filhos. Antes de fazerem qualquer plano específico, Peter disse aos filhos que a mãe deles estava separando a família. Ele aliou-se a eles, apresentando a ideia de que todos eram vítimas. A terapeuta sugeriu maneiras mais adequadas de lidar com essa área sensível, e atendeu o casal juntamente com os filhos, para ajudar no processo e para tentar evitar conflitos de lealdade.

Durante a última fase do tratamento, a co-paternidade tornou-se o foco-chave da discussão, e foram feitos planos para depois da separação. Em resultado do foco na preocupação pelo ajustamento dos filhos e no processo emocional de separação de um casal, eles foram capazes de elaborar um acordo cooperativo de co-paternidade e de se separarem de um modo minimamente disruptivo. Peter conseguiu ver que sua vida e seu relacionamento íntimo com os filhos podiam continuar, que ele tinha a capacidade de desenvolver seu próprio potencial para futuros relacionamentos e trabalho. Ele também reconheceu o impacto do divórcio de seus pais em sua resposta à presente crise.

O divórcio nas famílias com adolescentes

Novamente, as questões que as famílias enfrentam se relacionam à fase desenvolvimental dos filhos. A adolescência é um estágio de muitas mudanças, físicas e emocionais.

É o momento em que os filhos estão iniciando seu processo de sair de casa, formando uma identidade separada de seus pais. Essa fase do ciclo de vida familiar requer uma nova definição dos filhos dentro da família e do papel dos pais em relação aos filhos. As famílias precisam estabelecer fronteiras qualitativamente diferentes, mais permeáveis. Os pais não são mais a autoridade completa; mas os filhos ainda precisam da estabilidade que eles representam. Os adolescentes querem ser dependentes, às vezes, e outras vezes testar sua independência.

Em virtude de sua natureza instável, as reações dos adolescentes ao divórcio incluem raiva, desejo de um lar estável e necessidade de claras fronteiras entre eles e os pais, especialmente em torno das questões como sexualidade, encontros com pessoas do sexo oposto e responsabilidades domésticas. Como no caso da criança que está aprendendo a caminhar, os adolescentes dependem de uma base segura para poderem partir. O divórcio ameaça essa base, e eles ficam zangados com as mudanças. Eles não querem ter de pensar sobre a vida dos pais. Muitos sentem que precisam apressar-se e crescer, outros, que não podem partir. Eles se preocupam com sexo e casamento, e podem passar a preocupar-se com a sexualidade dos pais.

Os adolescentes podem seguir dois caminhos. Para aqueles que estavam tendo dificuldades, o divórcio cria uma carga adicional, aumentando o risco de problemas emocionais; para outros, a mudança na participação na vida familiar é uma experiência amadurecedora. Entretanto, eles podem ser levados a conflitos de lealdade indesejados ou assumirem posições acusatórias. Eles querem que a vida dos pais esteja em ordem; querem ser cuidados pelos pais. Podem ser obrigados a assumir, ou eles mesmos podem assumir papéis paternos em relação aos irmãos. Eles querem ser deixados em paz, mas ambos os pais podem procurar sua companhia para preencher a solidão. Quando os filhos preenchem esse vazio, isso os isola de seus amigos e os impede de seguir em frente. Os filhos, nessa idade, podem empenhar-se em comportamentos autodestrutivos: matar aula, fracassar na escola, abusar de substâncias, atuação sexual. Quando ocorre o divórcio, o processo transicional precisa permitir a continuação do movimento adolescente. O divórcio fica ainda mais complicado pela convergência de muitas questões semelhantes para os adolescentes e seus pais – sair com alguém do sexo oposto, lidar com a própria sexualidade, aprender a ser independente.

Lidar com os adolescentes é difícil, mesmo quando o casamento está intacto. Manejar os adolescentes sem o apoio do outro cônjuge compõe a dificuldade, especialmente no caso das mães com filhos do sexo masculino (Hetherington, 1982), que aceitam o mito social de que os adolescentes do sexo masculino somente podem ser "controlados" por homens, ou o mito psicanalítico de que o relacionamento mãe-filho de alguma maneira tende a ser erotizado se não existe nenhum marido ao redor. Confrontado continuamente por novas situações, o progenitor solteiro pode sentir-se esmagado e não querer se encarregar. A co-paternidade pode tornar-se desagradável. Quando o comportamento do adolescente é problemático e nenhum dos pais sabe o que fazer, podem compor a dificuldade acusando-se mutuamente. A capacidade de exercer a co-paternidade está diretamente relacionada à capacidade de comunicar-se e cooperar.

Ambos os pais já terão estabelecido um relacionamento com os filhos. Na extensão em que este é um vínculo estreito, ele permanecerá intacto – a menos que os filhos sejam levados a conflitos de lealdade. Embora tenham mais contato com o progenitor que tem a custódia, os adolescentes normalmente veem o outro progenitor sempre que desejam e/ou é possível. Dependendo das idades dos filhos, eles muitas vezes participam dos arranjos de custódia. O perigo é quando são chamados a assumir o papel do cônjuge ausente, a tornar-se confidente do pai ou da mãe e um co-progenitor, especialmente se há irmãos menores.

Para as mulheres neste estágio, as ramificações econômicas do divórcio variam imensamente, dependendo de terem ou não trabalhado durante o casamento. Poucas podem contar com uma pensão continuada, e, mesmo se essa pensão existir, é improvável que permita o mesmo estilo de vida. A maioria terá de procurar emprego, contando com as capacidades que tem ou lutar para melhorar suas qualificações, buscando uma auto-suficiência maior para a longa jornada.

A maioria dos homens nesse estágio investiu de 15 a 20 anos em seu desenvolvimento profissional e estão em seu apogeu, com muitos anos produtivos pela frente. Embora possam antecipar pesadas despesas com a faculdade dos filhos num futuro próximo, é improvável que tenham de sustentar suas ex-esposas indefinidamente, e sua preocupação frequentemente está centrada na preparação de um futuro em que talvez tenham uma outra família para sustentar.

O seguinte caso ilustra os problemas de uma mãe envolvidos em cuidar sozinha de um adolescente, quando o pai efetivamente rompe com a família depois de um amargo divórcio. O problema apresentado foi a fuga de casa da filha adolescente. A primeira fase dessa terapia pós-divórcio incluiu a mãe a filha. Depois que seu relacionamento foi restaurado, o passo seguinte foi o de abrir o sistema, trazendo o pai de volta num papel paterno ativo. Isso levou a trabalhar o relacionamento de co-paternidade em benefício da filha. Na terceira fase, a mãe trabalhou suas questões pessoais e a relação destas com a família de origem. Como acontece frequentemente, o pai não se interessou em continuar a terapia.

Exemplo de caso: a família Jones

Joanne, de 43 anos, procurou ajuda para sua filha de quinze anos, Barbara, que fugira de casa três vezes em quatro meses. Joanne e o pai de Barbara, Bob, haviam travado uma amarga batalha no tribunal na época de seu divórcio, dois anos atrás e, em resultado, Barbara não tivera nenhum contato com o pai durante aquele período.

Na sessão inicial, da qual participaram a mãe e a filha, Joanne informou a terapeuta que tinha problemas para disciplinar Barbara e sustentar a casa, e que queria Barbara "ajustada". Ela, uma alcoolista que recentemente deixara de beber, disse que participava regularmente dos encontros dos AA e, embora tivesse seus próprios problemas, não queria tratá-los na terapia. Pelo final da primeira sessão, estava claro que mãe e filha tinham um forte apego emocional. Barbara, uma adolescente pseudomadura, sentia necessidade de ficar perto da mãe e ao mesmo tempo precisava afastar-se dela. Ela também queria voltar a ter contato com o pai.

Durante a primeira fase da terapia, Joanne e Barbara falaram muito sobre como era viver junto num espaço confinado, sem nenhuma família nem rede de apoio social. Joanne não falava com seus pais nem com sua irmã, que viviam fora da cidade. Ela tinha poucos amigos e nenhum contato social com as pessoas no trabalho. Isso incomodava Barbara, que sentia que a mãe dependia demais dela para companhia.

Depois de atender mãe e filha por um mês, reformulando o comportamento de fuga de Barbara como uma preocupação em relação à mãe, a terapeuta sentiu que esse era o momento de ajudar Barbara a reconectar-se com o pai. Joanne finalmente concordou em deixar a terapeuta chamar Bob, embora predissesse que ele se recusaria a vir. Para sua surpresa, ele concordou em vir, desde que ela não pedisse dinheiro.

A fase seguinte da terapia durou seis meses, envolvendo Bob e Barbara, Joanne e Barbara, e, finalmente, os três juntos, para tratar das questões das finanças e disciplina. O trabalho com Bob e Barbara buscou restabelecer seu relacionamento. Bob estabeleceu dias de visita regulares com Barbara. No final dessa fase, ele também começou a pagar a escola de Barbara e uma conta do ortodontista há muito tempo vencida. Nessa época, Barbara estava indo à escola regularmente, sendo mais cooperativa em casa e apreciando as visitas ao pai.

Na medida em que seu relacionamento com a filha melhorou, Joanne começou a perceber quão solitária, isolada e zangada ela se sentia. Agora, pronta para lidar com seus próprios problemas, a última parte da terapia centrou-se apenas em Joanne – em seu trabalho, em seu papel como mãe, e em seus relacionamentos com a família e com os amigos. Durante todo o tratamento, Bob não quis tratar de nada que não estivesse diretamente relacionado à paternidade.

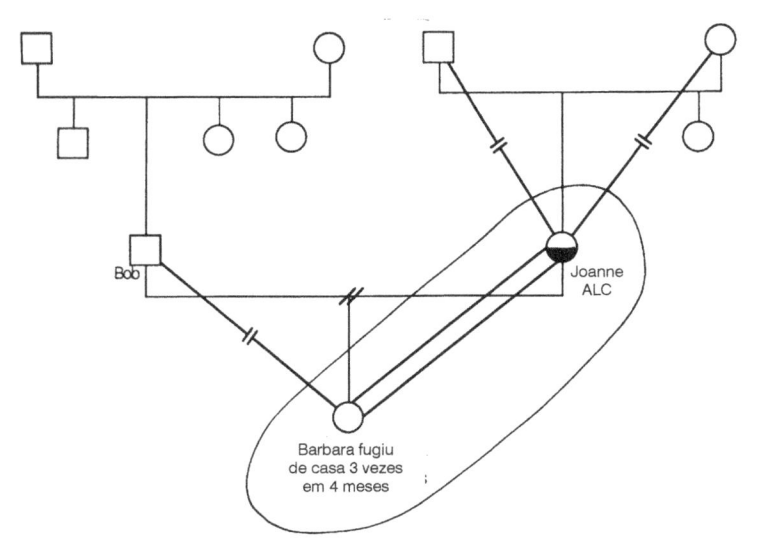

Figura 15-4 A família Jones.

O divórcio nas famílias com filhos sendo lançados

Em virtude da expectativa de vida aumentada, essa fase do ciclo de vida familiar é a mais nova e a mais longa. Nessa época, depois de um longo casamento, o divórcio pode criar um grande tumulto, já que o casal tem uma história tão longa junto. Os filhos, geralmente, estão saindo de casa. As funções do casal de prestar cuidados muitas vezes se transformam em responsabilidade por pais idosos. Os casamentos podem se tornar vulneráveis quando os filhos não são mais o foco maior do casal, e a reestruturação do relacionamento conjugal, necessária depois da partida dos filhos, pode trazer consigo a decisão de divorciar-se.

Os filhos podem ter um relacionamento separado bem-definido com cada um dos pais. Entretanto, apesar do fato de talvez estarem fora da casa paterna, o divórcio pode ser muito estressante para os filhos adultos jovens, com um sentimento de crescente responsabilidade por seus pais e uma vulnerabilidade a conflitos de lealdade (Ahrons, 1986; Cooney e colaboradores, 1986). Muitas vezes, grande parte da raiva é dirigida ao pai, por deixar a mãe aos seus cuidados, mesmo quando ele não iniciou o divórcio (Ahrons, 1986). O relacionamento pai-filha parece especialmente em risco (Cooney e colaboradores, 1986). Além disso, os jovens adultos podem experienciar um sentimento de perda da vida familiar, de abandono pelos pais e uma preocupação em relação ao seu próprio casamento (Ahrons, 1986). Existem evidências de um aumento no abuso de álcool (Cooney e colaboradores, 1986). O maior risco para os filhos é quando os pais se agarram a eles ou eles assumem o papel de cônjuge substituto para preencher a solidão. Quando os pais são incapazes de começar novamente de maneira significativa, os filhos podem ter dificuldade em seguir em frente na sua própria vida.

Talvez o divórcio ocorra quando os pais que ficaram juntos "pelas crianças" agora se sentem livres para terminar um casamento longo e infeliz. Nessas circunstâncias, ambos os cônjuges levaram anos se separando e já têm amigos e interesses separados suficientes para tornar a transição relativamente fácil. Um deles, ou ambos, podem ter um novo companheiro esperando, ainda não conhecido publicamente. Livres das responsabilidades paternas, o divórcio pode ser uma chance bem-vinda de começar uma nova vida.

Entretanto, quando um dos cônjuges é deixado contra a sua vontade nessa fase, o divórcio é devastador, especialmente para as mulheres, tanto em termos do ajustamento à separação quanto à nova vida. Wallerstein (1986) descobriu que as mulheres acima dos quarenta anos têm mais dificuldade em reconstruir sua vida, socialmente, economicamente e psicologicamente. Para aquelas cujo papel primário sempre foi dentro de casa, o divórcio pode ser extremamente difícil, com o marido e os filhos indo embora na mesma época. Os aspectos sociais são particularmente difíceis, devido às mudanças na rede de amizades e à reentrada num mundo estranho de encontros com o sexo oposto, em que a juventude e a beleza são buscadas nas mulheres. Para a mulher que nunca trabalhou e agora precisa sustentar-se, o desafio pode ser impossível de enfrentar. O mercado de trabalho é competitivo, sendo a idade e falta de experiência severas desvantagens. Combinado com tudo isso está o desejo de ter alguém de quem depender. Talvez haja a carga adicional de cuidar de pais doentes ou idosos. Algumas podem desenvolver sintomas psicológicos ou físicos que impedem o movimento para a frente. Outras mulheres podem enfrentar o desafio, lidando bem com as mudanças. Muito depende da idade, oportunidades profissionais, interesses e rede fora de casa, e da disposição de desistir da ideia de casamento como essencial para a felicidade.

Para o homem, nesse estágio da vida, o divórcio é inerentemente mais fácil de um ponto de vista financeiro, pois muito provavelmente ele sustentou-se durante toda a sua vida adulta. Os ajustamentos mais difíceis envolvem a perda do lar, de ser cuidado e o início dos encontros com o sexo oposto. As estatísticas mostram que embora as mulheres neste e em estágios posteriores tenham uma chance remota de casar novamente (Glick, 1984), os homens muitas vezes lidam com as dificuldades voltando a casar rapidamente; a oportunidade para isso é bastante fácil.

Os filhos podem ter um relacionamento separado bem-definido com cada um dos pais. Entretanto, a recente pesquisa de Constance Ahrons sobre o impacto do divórcio nos jovens adultos de 19 a 24 anos de idade (AFTA *Conference*, Washington, D.C., junho de 1986) indica que o divórcio dos pais pode ser muito difícil. Embora eles não se sintam responsáveis pelo divórcio, experienciam conflitos de lealdade, um senso de perda do lar familiar, abandono pelos pais, raiva em relação ao pai por sua responsabilidade maior em ter de tomar conta da mãe, mesmo quando não foi ele quem iniciou o divórcio, e um sentimento de preocupação em relação ao casamento. Há evidências de um aumento no abuso de álcool. O maior risco para os filhos é quando os pais se agarram a eles ou eles assumem o papel de cônjuge substituto para preencher a solidão. Quando os pais são incapazes de recomeçar significativamente, os filhos podem ter dificuldade em seguir em frente na sua própria vida.

As tarefas nesta fase transicional se relacionam menos aos aspectos de paternidade na vida familiar e mais à capacidade individual de adaptar-se à vida sozinho. Isso inclui manter contato com filhos, parentes e amigos do passado, assim como conseguir fazer novos amigos e empenhar-se em novas atividades e estilos de vida.

O seguinte caso ilustra a maneira pela qual a decisão de divorciar-se evolui, quando nenhum dos cônjuges está disposto a trabalhar as questões conjugais. Foi utilizada a técnica da "orientação futura", numa tentativa de ajudar o casal a fazer planos cooperativos para sua vida pós-separação, baseados na discussão de suas necessidades individuais.

Exemplo de caso: a família Smith

Jim, de 50 anos de idade, e Beth, de 48, ambos WASP, estavam casados há 23 anos quando buscaram terapia por sugestão do médico da família, que ficara preocupado por ambos apresentarem sintomas relacionados a estresse. O problema apresentado foi a deterioração de seu casamento. Há muitos anos, eles vinham se distanciando cada vez mais. O casal não passava nenhum tempo junto e não tinha nenhum relacionamento sexual ou emocional. O domínio de Beth era o lar, onde tinha toda a responsabilidade por cuidar da casa, dos filhos e dos relacionamentos com a família ampliada, incluindo o cuidado de sua mãe idosa que morava com eles. Jim passava a maior parte de seu tempo preocupado com seu negócio, lutando para não contrair dívidas. Ambos os filhos, de 19 e 20 anos de idade, estavam na faculdade, e na maior parte do tempo, fora de casa.

Beth disse que há anos desejava deixar Jim, mas estava com medo de sua reação, especialmente porque ele era sujeito a períodos de depressão, "humor negro", como ele os descrevia. Jim disse que ele, também, pensava ocasionalmente em divórcio, mas achava que não tinha sentido começar novamente em suas "avançadas" idades. Beth sentia que a resistência de Jim a impedia de seguir em frente na vida dela – ela queria a concordância dele para ir adiante com a separação. Quando foi salientado que ou ela aceitava a decisão de Jim de ficarem juntos ou decidia o que queria fazer, ela disse que gostaria de dar mais uma chance ao casamento. A terapeuta revisou com eles a história de seu relacionamento conjugal e seu potencial para a mudança. Quando foram sugeridas maneiras pelas quais eles poderiam mudar para ajudar o relacionamento, ficou claro para ambos que nenhum deles tinha motivação suficiente para fazer o que fora recomendado. Quando Beth finalmente decidiu que queria o divórcio, Jim também estava pronto para aceitá-lo.

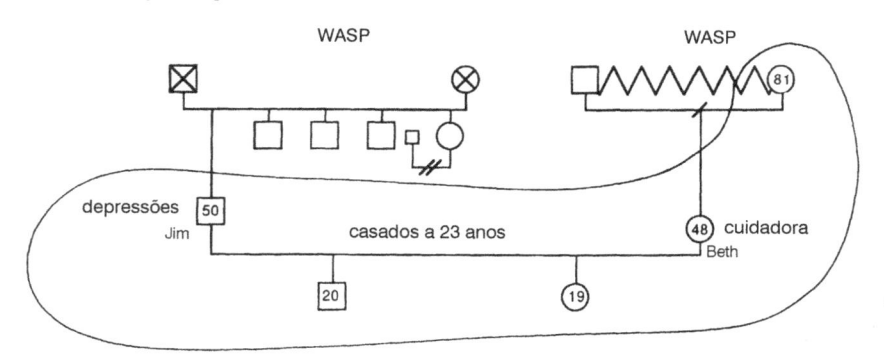

Figura 15.5 A família Smith.

A fase seguinte da terapia foi "orientada para o futuro", envolvendo uma exploração das questões práticas e emocionais de ajustamento ao divórcio, tanto para Jim quanto para Beth. Em virtude das dificuldades de Jim nos negócios, eles decidiram que sua casa teria de ser vendida. Jim achava que Beth deveria permanecer na casa e ele poderia viver numa pensão. Quando foram exploradas as consequências a longo prazo desse plano, ambos concordaram que não era um arranjo justo. Embora percebessem que as perspectivas de trabalho para Beth não eram muito promissoras, uma vez que ela não trabalhava há 21 anos, Beth decidiu que queria trabalhar, tanto para preencher seu tempo quanto para minorar a dificuldade financeira. Tudo isso era muito difícil para eles, e embora muitas vezes pensassem em manter o presente estado de coisas, ambos sentiam que continuar a viver um casamento sem amor era insustentável.

As ramificações de seu divórcio, neste sistema familiar de três gerações, foram exploradas. Foram discutidos o dilema de cuidar da mãe de Beth, assim como a continuação do relacionamento de Jim com ela. Eles concordaram que cada um teria de buscar seu próprio relacionamento com os filhos, e conversaram sobre a importância de não pedir aos filhos que escolhessem um lado ou preenchessem o vazio e a solidão que ambos antecipavam. Conforme cada área foi sendo discutida, Jim e Beth sentiram-se mais bem equipados para agir em função da decisão que se tornara sua. A terapeuta serviu como uma consultora para ambos durante a fase transicional, na medida de suas necessidades.

O divórcio nas famílias no estágio tardio da vida

Quando o divórcio ocorre num estágio tardio da vida, ele reverbera como uma onda de choque por toda a família, com todos os aspectos da fase anterior – insegurança financeira e ajustamento emocional – exagerados. Além disso, agora existem três gerações de membros da família cuja vida será alterada pelo divórcio.

Existem muitos laços vinculadores após um longo casamento – filhos, provavelmente netos, família e amigos. Uma vez que as pessoas se identificam em relação aos papéis que emergiram do casamento, o processo de redefinição é muito difícil, especialmente considerando o fato de que elas cresceram numa época em que o divórcio era menos aceito e o clima social está tão mudado.

As reações dos filhos e as responsabilidades percebidas por eles se tornam aspectos-chave no processo de ajustamento ao divórcio durante esta fase. Os pais podem querer envolver-se novamente com os filhos de uma maneira inadequada. Numa reversão de papéis, os filhos podem agora sentir-se sobrecarregados pelos pais.

Parte do manejo que as pessoas terão depende das circunstâncias da decisão do divórcio. Um divórcio indesejado, inesperado, neste estágio, é traumático, mesmo quando o casamento é insatisfatório há muitos anos. Quando esse é o caso, grande parte do ímpeto de hostilidade e amargura será sentido pelas gerações mais jovens (Ahrons, 1986). Começar de novo como uma pessoa solteira é muito difícil, particularmente quando não existe um senso de identidade claro à parte dos papéis dentro do casamento. É especialmente difícil encontrar um novo significado na vida neste estágio da vida. A solidão é um grande problema. O apoio emocional talvez tenha de vir de fora da família. Os pais do cônjuge podem estar mortos, seus filhos e irmãos envolvidos em sua própria vida. Eles podem sentir-se muito isolados de sua habitual rede social, na medida em que ela inclui casais, descobrindo que a sua vida social gira em torno de casais e que, assim, suas oportunidades são limitadas. Se um dos cônjuges foi deixado pelo outro, ele/ela muitas vezes fica envergonhado/a, humilhado/a, e, em resultado, pode isolar-se de vínculos anteriores e não ter a energia ou o desejo de estabelecer novos relacionamentos.

Existem questões individuais de ajustamento para os homens e para as mulheres. Para a dona-de-casa que não trabalha há muitos anos ou nunca trabalhou, o divórcio pode trazer mudanças financeiras drásticas. Talvez haja uma pensão, mas, a menos que exista muito dinheiro, ela não será suficiente para manter o mesmo estilo de vida. Se a mulher precisa começar a trabalhar, as oportunidades de emprego são extremamente limitadas. O marido talvez esteja enfrentando a aposentadoria, o que significa que muito provavelmente terá menos dinheiro para viver e mais tempo livre em suas mãos. O divórcio pode ser bem-vindo; entretanto, é mais provável que traga um vazio, acompanhado por depressão. As tarefas para os cônjuges incluem manter sua própria vida e relacionamentos que não sobrecarreguem as pessoas em sua rede de apoio – família e amigos. As reações dos filhos e netos e as responsabilidades percebidas por estes também se tornam aspectos-chave da terapia. As armadilhas desta fase incluem "escolher um dos lados" e a reversão de papéis.

O seguinte caso ilustra um breve aconselhamento em relação ao divórcio para uma família inteira, quando o idoso casal decidiu divorciar-se. Por ter sido uma decisão bem-refletida, mútua, o foco da preocupação era o impacto da decisão sobre os filhos e netos e não as questões de ajustamento relacionadas ao casal. Quando as vidas separadas de ambos os pais foram discutidas, os filhos se acalmaram e a família conseguiu planejar produtivamente as mudanças que vinham pela frente.

Exemplo de caso: a família Rubin

Ben, de 38 anos de idade, marcou uma consulta, ansioso com o fato de que seus pais, Rebecca e Sam, ambos com 65 anos, haviam acabado de informar a ele, à sua irmã Rachel, de 28 anos, e aos seus respectivos cônjuges, que iriam divorciar-se. Ele estava muito preocupado com o impacto que a decisão teria sobre o futuro de toda a família, e precisava de orientação. Embora ele não soubesse especificamente de nada, tinha certeza de que seu pai estava envolvido com uma mulher mais jovem e estava muito preocupado com o impacto emocional e financeiro que isso teria sobre sua mãe. Quando ele apresentou a situação, a terapeuta percebeu que apesar dos anos de tensão no casamento dos pais, esta era uma família judia com muitos vínculos estreitos e tradições religiosas que seriam afetados por um divórcio. Ela sugeriu que Ben trouxesse os membros adultos da família para uma sessão, a fim de discutirem a iminente separação. Ben achava que seus pais estavam firmemente decididos e que não viriam. Consequentemente, a terapeuta sugeriu que Ben lhes dissesse que estava sentindo a notícia como uma crise para a família, que eles o estariam ajudando se viessem para uma sessão.

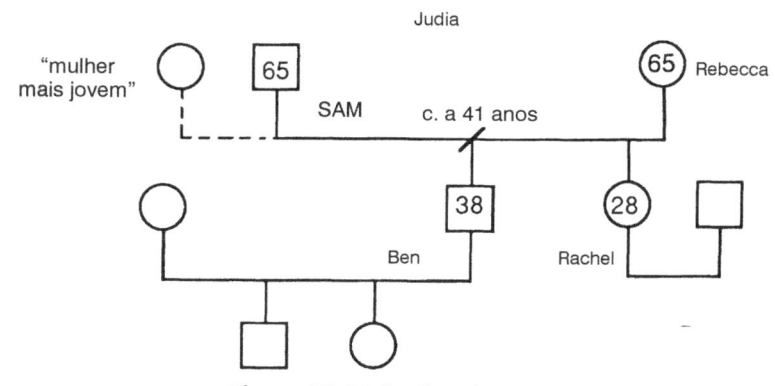

Figura 15.6 A família Rubin.

Durante a longa e emocional sessão, Rebecca e Sam afirmaram sua intenção de divorciar-se. Rebecca falou sobre seus 41 longos e difíceis anos juntos, lembrando os filhos de sua breve separação uma década atrás, quando soubera que Sam estava tendo um caso com sua secretária. Ela disse que na época ambos haviam decidido ficar juntos até que ambos os filhos estivessem estabelecidos. Agora que Rachel estava casada, ficara bem mais difícil continuarem uma vida juntos. Ambos queriam coisas diferentes nesse estágio de suas vidas. Sam estava para aposentar-se e queria mudar-se para o Arizona, seu sonho por muitos anos. Rebecca, muito envolvida em atividades voluntárias e na vida dos filhos, não queria deixar os filhos, netos e laços na comunidade. Sam disse que ainda estava envolvido naquele caso amoroso, e sua amante estava planejando mudar-se com ele.

A terapeuta percebeu que esta era uma decisão bem refletida e o divórcio emocional do casal já ocorrera durante os dez anos em que haviam vivido vidas separadas numa mesma casa. Ela mudou o foco para as preocupações de Ben e Rachel, que haviam ficado perturbados e zangados com a revelação do caso. Ben confrontou Sam com sua responsabilidade financeira por Rebecca. Sam assegurou-lhe que pretendia fazer o possível para que Rebecca mantivesse o mesmo estilo de vida. Tanto Ben quanto Rachel expressaram seu medo com a perspectiva de terem a mãe sozinha na comunidade. Eles se sentiam embaraçados com isso e preocupados com serem colocados numa posição de responsabilidade obrigatória – tanto em termos emocionais quanto financeiros. Rebecca assegurou-lhes que não pretendia ser uma carga para eles, dizendo que tinha muitos amigos e interesses para mantê-la ocupada. Eles também estavam preocupados com os planos do pai, com como ele manejaria a aposentadoria numa comunidade onde não conhecia ninguém, e como os netos se sentiriam por não tê-lo por perto. Ele disse que pretendia voltar ao leste muitas vezes por ano e esperava que seus filhos e netos também fossem visitá-lo no Arizona. Quando os medos e preocupações de Ben e Rachel foram articulados e Sam e Rebecca conseguiram apresentar seus planos futuros, todos começaram a acalmar-se. Ficou evidente que essa não era uma decisão impulsiva, e no momento em que os filhos começaram a aceitá-la e foram reassegurados de que suas próprias vidas não seriam drasticamente alteradas por ela, a terapeuta utilizou o tempo restante para focar os planos que asseguravam a continuação do relacionamento com os filhos e netos.

IMPLICAÇÕES CLÍNICAS

Como afirmamos repetidamente neste capítulo, a família que se divorcia apresenta-se com múltiplas questões complexas e de longo alcance, para as quais não existem soluções simples. Todos os membros da família estão emocionalmente em risco no período de separação e divórcio, as questões dependendo, em parte, da fase do ciclo de vida particular da família. Cada família tem seu próprio conjunto idiossincrático de associações e comportamentos que desencadeará fortes sentimentos, dependendo dos padrões étnicos e familiares. Certos eventos inerentes ao processo de separação são minas emocionais potenciais para o casal: o período de tomada de decisão, anunciar a decisão para a família e os amigos, a separação concreta, as discussões iniciais e posteriores em torno das finanças e dos filhos, consultas com advogados e, finalmente, a redefinição para uma nova vida.

As pessoas da família, o casal e a família como um todo podem buscar terapia em diferentes momentos desse caminho. A avaliação clínica e as intervenções variam de acordo com o estágio do processo de separação e da natureza do problema apresentado. Dada a atmosfera emocional carregada e as complexidades inerentes aos relacionamentos entre as três gerações nas famílias que estão se divorciando, é fácil os terapeutas ficarem oprimidos e estreitarem o campo, aceitando a definição familiar de quem compõe a família e excluindo, em especial, o pai que não tem a custódia ou um ou mais avós. Ao tratar essas famílias, os terapeutas devem incluir todos os seus membros, a fim de compreender os problemas. Se existe história de abuso, de qualquer tipo (adições, abuso da esposa ou dos filhos), a avaliação clínica e os planos de tratamento devem incorporar essa informação. As intervenções, então, precisam fundamentalmente lidar com o problema no contexto do processo de ajustamento ao divórcio.

Fase de pré-decisão

Durante a fase de tomada de decisão, um dos cônjuges ou ambos podem buscar terapia. Se é um dos cônjuges, a primeira tarefa é convencê-lo a trazer o outro para discutirem juntos a decisão. Com o casal, o objetivo inicial do terapeuta é tornar o processo mais lento, a fim de que o casal possa explorar a decisão do divórcio e as questões relacionadas. A decisão cabe unicamente ao casal e não ao terapeuta. O trabalho do terapeuta é o de ajudá-los a esclarecer o processo que os levou a considerar o divórcio como uma solução, e cada cônjuge precisa compreender a sua parcela de responsabilidade na desintegração do casamento. Isso permitirá que cheguem a uma decisão bem-refletida.

Uma outra tática é provocar decisões orientadas para o futuro, ajudando o casal a perceber as ramificações que se seguirão a uma decisão dessas, identificando questões específicas em seu estágio de ciclo de vida particular. Para muitas mulheres, que talvez não tenham pensado nas consequências econômicas da decisão e estão totalmente inconscientes das realidades que as aguardam, a terapia deve incluir uma discussão completa dos planos futuros. Talvez fosse adequado encaminhar o(s) cônjuge(s) para um grupo psicoeducacional que focasse o processo de divórcio e as questões financeiras e relacionadas aos filhos.

Uma alternativa poderia ser recomendar uma separação experimental sem nenhuma implicação legal, como um período de esfriamento. Para que uma separação experimental seja efetiva, o casal precisa estabelecer o seguinte: um limite de tempo, no final do qual o relacionamento será avaliado e tomada uma decisão, seja de aumentar o tempo de separação, reconciliar-se ou divorciar-se; arranjos temporários de vida, sem vínculos, com provisões financeiras e relação com os filhos; se, quando e como o casal terá contato, incluindo telefonemas, encontros e sexo; e o tribunal onde trabalhar o casamento (isto é, a terapia). Durante o período de tempo especificado, o casal não deve ficar obcecado com a decisão de divorciar-se ou não, a decisão deve ser adiada. O foco muda para examinar o relacionamento e a participação de cada um nos problemas.

Uma outra intervenção que objetiva ajudar o casal a enfrentar a realidade é recomendar uma consulta com um mediador de divórcio. Um novo campo, a mediação do divórcio, emergiu na década passada como uma alternativa racional e humana para o processo hostil de divórcio. Basicamente uma abordagem sistêmica ao divórcio, a mediação requer que o casal se encontre com uma terceira parte, o mediador, para discutir e negociar algum ou todos os termos do acordo de separação: o sustento da esposa e dos filhos, a divisão dos bens, e a custódia e visitação dos filhos. Assim, o casal participa do processo de reorganizar a família, em vez de transferir as decisões para os advogados. Os advogados são usados, em vez disso, no final da mediação, para formalizá-la. Como uma estratégia terapêutica, encaminhar para uma consulta de mediação um casal que está num impasse põe em discussão a sua decisão. Quando confrontados com a realidade das mudanças de acesso aos filhos e das dificuldades financeiras, eles talvez voltem à terapia para elaborarem as questões conjugais, caso sua ambivalência em relação ao divórcio seja suficientemente grande.

Fase de separação

Depois que a decisão foi tomada, o foco na terapia passa a ser a própria separação: discussões acerca dos filhos e das finanças, do ajustamento inicial à separação e à nova vida. Se o casal estava numa terapia conjugal, não é o momento de terminá-la. Em vez disso, o foco do tratamento muda para o aconselhamento em relação ao divórcio – trabalho com o casal e família para planejar a ação para as transições que vêm pela frente. É um momento de tomar decisões importantes, que afetam a longo prazo o futuro de toda a família, num período em que o casal está muito pouco preparado, em termos emocionais e intelectuais, para pensar e agir claramente. O terapeuta pode acompanhar o casal através das etapas, levando em consideração as necessidades de todos os envolvidos. Ironicamente, enquanto na terapia conjugal o casal é dirigido a esferas de interesse separadas, no aconselhamento de divórcio o foco é o de assegurar que mantenham juntos papéis apropriados como co-progenitores, enfatizando-se o planejamento da paternidade cooperativa e dos arranjos financeiros. Além disso, uma vez que o relacionamento com seus pais e parentes por afinidade será afetado, é importante ajudá-los a fazer os ajustes necessários, mantendo esses relacionamentos.

Os filhos precisam ser preparados, embora a maioria dos pais ignore essa etapa crítica ou pense que se disserem aos filhos que seus pais não se amam mais mas ainda os amam, isso constitui a preparação. O terapeuta pode ajudar o casal a pensar sobre o que dizer aos filhos e às famílias ampliadas com relação à separação iminente. Este se torna o início de um processo que continuará durante anos. Muitas vezes, a carga da responsabilidade pelo bem-estar dos filhos cai sobre a mulher – ou é assumida por ela. Quando isso ocorre, o terapeuta pode ajudar ambos os pais a compartilharem a responsabilidade paterna.

A resolução do apego emocional, comumente referida como o divórcio emocional, torna-se o foco terapêutico (Bowen, 1978). Para que cada cônjuge possa seguir com sua vida, é necessário libertar-se emocionalmente, recuperar o senso de si próprio que lhe permita seguir em frente sozinho. Elaborar o divórcio emocional é um processo triplo: fazer o luto pelo casamento e pela família perdida, examinar o próprio papel na deterioração do casamento e planejar uma maneira de seguir em frente sem distorções ou rompimento com o passado.

Existem diferentes estratégias que podemos usar quando nos deparamos com um alto nível de apego emocional. A tarefa inicial é elaborar o luto. A pessoa precisa entristecer-se por muitas perdas: as esperanças, sonhos e expectativas de uma vida compartilhada, que foram desfeitos, assim como a perda do parceiro conjugal e da unidade familiar. Concorrentemente, o indivíduo precisa perceber seu próprio papel no rompimento, com perspectiva, e não acusações. A menos e até que ele/ela consiga assumir certa responsabilidade pelos problemas, jamais estará livre para seguir em frente sem repetir os mesmos erros em futuros relacionamentos.

Diferentes membros da família – adultos, filhos e/ou avós – talvez precisem ser dirigidos para grupos psicoeducacionais ou de apoio, como um seguimento ao aconselhamento de divórcio ou à terapia, ou em lugar deles. Essas modalidades de tratamento proporcionam informações e apoio de outras pessoas que estão passando pela mesma experiência.

Um outro aspecto doloroso do divórcio é a dissolução legal do casamento. Qualquer discussão acerca da parte prática da separação é potencialmente inflamável, especialmente quando os procedimentos legais são iniciados. A natureza hostil do tradicional processo de divórcio torna difícil que mesmo o mais amistoso dos casais permaneça em bons termos, e no entanto, como vimos, é essencial para o bem-estar de todos os membros da família que os cônjuges mantenham um relacionamento de co-paternidade. Qualquer pessoa querendo brigar ou prolongar o casamento pode utilizar a arena legal. E quando o processo de divórcio se torna amargo, ele fica extremamente custoso, em termos financeiros e emocionais, atrapalhando o processo de ajustamento emocional de todos os envolvidos. Os terapeutas têm a responsabilidade profissional de informarem seus clientes a respeito da mediação do divórcio, um processo que tem o potencial de estimular a cura e permitir o encerramento, de uma maneira inexistente no processo hostil de divórcio.

A essa altura, deve estar claro que a terapia de divórcio é um negócio difícil. O terapeuta deve manter uma posição de neutralidade, ao mesmo tempo em que se vincula a cada membro. Para explorar as questões com uma mente aberta, ele precisa conhecer bem suas questões e preconceitos pessoais. Provavelmente não será possível um terapeuta que "não acredita em divórcio" ajudar os casais que estão em luta com essa decisão ou passando por um processo de divórcio. Por outro lado, os terapeutas que estão atravessando seu próprio divórcio, um processo que leva de um a três anos, terão dificuldade em serem objetivos e lidarem com o sofrimento despertado em si mesmos. Em todas as circunstâncias, seria indicado que o terapeuta que está lidando com muitos divórcios tivesse um sistema de apoio, seja um grupo, de iguais ou um colega.

REFERÊNCIAS

Abarbanel, A. (1979). Shared parenting after separation and divorce. *American Journal of Orthopsychiatry* April.

Ahrons, C. R. (1980). Divorce: A crisis of family transition and change. *Family Relations* 29.

Ahrons, C. R. (1980a). Redefining the divorced family: A conceptual framework. *Social Work* Nov.

Ahrons, C. R. (1981). The continuing co-parental relationship between divorced spouses. *American Journal of Orthopsychiatry* July.

Ahrons. C. R. (1986). Divorce when the children are older. American Family Therapy Association Conference, Washington, D.C., June.

Ahrons, C. R., & Rodgers, R. H. (1987). *Divorced families: A multi-disciplinary developmental view.* New York: Norton.

Berman, W. H. &Turk, D. C. (1981). Adaptation to divorce: Problems and coping strategies. *Journal of Marriage and the Family* 43.

Bloom, B. L., White, S. W., & Asher, S. J. (1978). Marital disruption as a stressor: A review and analysis. *Psychological Bulletin* June.

Bowen, M. (1978). *Family therapy in clinical practice.* New York: Jason Aronson.

Briscoe, C. W., Smith, J. B., Robins, E., Marten, S., & Gaskin, E, (1973). Divorce and psychiatric disease. *Archives of General Psychiatry* 29.

Bumpass, L., & Rindfuss, R. (1979). Children's experience of marital disruption. *American Journal of Sociology* 85.

Cherlin, A., (1979). "Work life and marital dissolution. In G. Levinger & O. Moles (Eds.), *Divorce and separation: Context, causes and consequences.* New York: Basic Books.

Chester, P. (1986). *Mothers on trial.* New York: McGraw-Hill.

Chiriboga, D. A., Roberts, J., & Stein, J. A. (1978). Divorce, stress and social supports: A study in help seeking. *Journal of Divorce* 2.

Cooney, T., Smyer, M., Hagestad, G., & Klock, R. (1986). Parental divorce in young adulthood: Some preliminary findings. *American Journal of Orthopsychiatry* July.

Emery, R. (1982). Interparental conflict and the children of discord and divorce. *Psychological Bulletin* 91.

Furstenberg, F. F. Jr., Nord, C. Winquist, Peterson, J. L., & Zill, N. (1983). The life course of children of divorce: Marital disruption and parental contact. *American Sociological Review* vol. 48.

Furstenberg, F. F., Jr. (1976). Premarital pregnancy and marital instability. *Journal of Social Issues* 32.

Glick, P. C., (1984). How American families are changing. *American Demographics* Jan.

Glick, P. C., (1984a). Marriage, divorce, and living arrangements: Prospective changes. *Journal o f Family Issues* March. Goldsmith, J. (1980). Relationships between former spouses: Descriptive findings. *Journal of Divorce* 4.

Greif, J. B. (1979). Fathers. children and joint custody. *American Journal of Psychiatry* April.

Herzog, E., & Sudia, C. (1973). Children in fatherless families. In B. M. Caldwell & H. N. Ricuiti (Eds.), *Review of child development research: Volume 3: Child development and child policy.* Chicago: University of Chicago Press.

Hess, R., & Camara, K. (1979). Post-divorce family relationships as mediating factors in the consequence of divorce for children. *Journal of Social Issues* 35.

Hetherington, E. M., Cox, M., & Cox, R. (1978). The development of children in mother headed households. In H. Hoffman & D. Reis (Eds.), *The American family: Dying or developing.* New York: Plenum.

Hetherington, E. M. (1982). Modes of adaptation to divorce and singie parenthood which enhance healthy family functioning; implications for a preventative program. University of Virginia.

Hetherington. E. M., Cox, M., & Parker, R. D. (1977). Beyond father absence: Conceptualization of the effects of divorce. In *Contemporary Readings in Child Psychology.* New York: McGraw-Hill.

Holmes, T. & Rane, R. (1967). The social readjustment rating scale. *Journal of Psychsomatic Research* 11.

Isaacs, M. (1982). Helping Mom fail: A case of a stalemated divorcing process. *Family Process* 21 (2).

Jacobs, J.. (1982) The effects of divorce on fathers: An overview ofthe literature. *American Journal of Orthopsychiatry* 139.

Kelly. J., Gigy, L., & Hausman, S. (1986). Mediated and adversarial divorce: Initial findings from the divorce and Mediation Project. In J. Folberg & A. Milne (Eds.), *Divorce mediation: Theory and practice.* New York: Guilford Press.

Kivnick, H. Q. (1982). Grandparenthood: An overview of meaning and mental health. *The Gerontologist* 22.

Levinger. A. (1976). A social psychological perspective on marital dissolution. *Journal of Social Issues* 32.

Lowery, C., & Settle. S. (1984). Effects of divorce on children: Differential impact of custody and visitation patterns. *Family Relations* 34.

Luepnitz. D. (1982). *Child custody: A study of families after divorce,* Lexington, Mass.: Lexington Books.

McGoldrick, M., Pearce, J. K.. & Giordano. J. (1982). *Ethnicity and family therapy,* New York: Guilford Press.

Messinger. L.. & Walker, K. (1981). From marriage breakdown to remarriage: Parental tasks and therapeutic guidelines. *American Journal of Orthopsychiatry* 51(3).

Mueller, C. W., & Pope, H. (1977). Transmission betewen generations. *Journal of Marriage and the Family* 39.

National Center for Health Statistics, (1984). Advance report of final divorce statistics, 1981. *Monthly Vital Statistics Report,* Vol. 32 No. (9) (supp. (2)). DHSS Pub. No. (PHS) 84-1120. Public Health Service, Hyattsville, Md. Jan.

National Center for Health Statistics (1984a). Births, marriages, divorces and deaths, U.S. 1983. *Monthly Vital Statistics Report,* Vol, 32, No. 12, DHHS Pub. No. (PHS) 84-1120. Public Health Service. Hyattsville, Md., March 26.

Norton, S. J., & Glick, P. C. (1976). Marital instability: Past, present and future. *Journal of Social Issues* 32: 5-20.

Raschke, H. & Raschke, V., (1979). Family conflict and children's selfconcepts: A comparison of intact and single-parent families. *Journal of Marriage and the Family* 41.

Ross, H. L. & Sawhill, l. V. (1975). *Time of transition: the growth of families headed by women.* Washington, D.C.: Urban Institute.

Rutter, M., (1979). Sex differences in children's responses to family stress. In E. J. Anthony & C. Koupernik (Eds.), *The child in his family.* Huntington, N.Y.: Krieger.

Santrock, J., & Warshak, R. (1979). Father custody and social development in boys and girls. *Journal of Social Issues* 35.

Spanier, G. B., & Casto, R. F. (1979). Adjustment to separation and divorce: An analysis of 50 case studies. *Journal of Divorce* 2.

Steimnan, S., (1981). The experience of children in a joint custody arrangement: A report of a study. *American Journal of orthopsychiatry* 51.

U.S. Bureau of the Census (1983). Current Population Reports, Series P-20, No. 380. *Marital statistics and living arrangements: March 1982.* U.S. Government Printing Office, Washington, D.C.

Wallerstein, J. (1986). Women after divorce: Preliminary report from a 10-year follow up. *American Journal of Orthopsychiatry* Jan.

Wallersein, J., & Kelly, J. B. (1980). *Surviving the breakup: How hildren and parents cope with divorce.* New York: Basic Books.

Weiss, R. S. (1979). The emotional impact of marital separation. In G. Levinger & O. Moles. (Eds.), *Divorce and separation: Context, canses and consequences.* New York: Basic Books.

Weiss, R. S. (1973). *Marital separation.* New York: Basic Books.

Weitzman, L. (1985). *The divorce revolution.* New York: Free Press.

16

A família pós-divórcio

Freda Herz Brow, R.N., Ph.D.

Em 1980, 51% das famílias nos Estados Unidos eram dirigidas por mulheres *(National Center for Health Statistics,* 1984), representando o mais alto índice de crescimento de qualquer forma de família. Na verdade, o número de filhos vivendo em lares com um único progenitor é considerável. Em 1990, o *National Center for Health Statistics* estima que aproximadamente metade de todas as crianças em idade escolar residirão em lares com um único progenitor ou com um/a padrasto/madrasta *("Changing USA Family",* 1984; Glick, 1979). Uma vez que o índice de divórcio entre casais recasados é projetado para atingir 60% em 1990 (Glick, 1980), muitos filhos vivendo num lar com padrasto/madrasta pode esperar viver novamente num lar de progenitor único antes de se estabelecerem como adultos independentes.

À luz desses números sobre divórcio e recasamento, o lar de progenitor único é considerado como um ponto de partida para um outro casamento. Entretanto, com as estimativas de que aproximadamente um terço (35%) dessas famílias não se tornarão famílias recasadas, também fica claro que as famílias com um único progenitor estão se tornando uma nova forma de família (U.S. *Bureau of the Census,* 1985). Quer os pais com custódia casem ou não, o argumento da autora deste capítulo é o de que a família, e o terapeuta que a trata, irão beneficiar-se de uma perspectiva que defina seus membros não como uma família "em transição" para uma outra família binuclear de dois progenitores, mas como uma família "em transição" para uma estrutura ou organização diferente, uma genuína forma de família. O objetivo da terapia não é o de ajudá-los a suportar um período de espera, talvez a espera de ajuda para chegar lá, mas o de ajudá-los a se considerarem ativos participantes no estabelecimento de uma nova maneira de viver. A "espera" monta o cenário para um sentimento de fracasso, porque perpetua uma perene questão feminina de que "a ajuda vai chegar", ou de que uma mulher não pode viver uma vida satisfatória sem um parceiro. Essa noção intensifica os sentimentos realistas de ser esmagada pela tarefa a ser cumprida e tende a criar um sentimento de impotência, impedindo ainda mais as tentativas da família de lidar com a ruptura do divórcio.

Uma das áreas em que pode se desenvolver um sentimento de impotência é a das finanças. Foi sugerido que, no ano de 1990, as famílias compostas por mulheres e seus filhos dependentes constituirão os pobres da nação (Weitzman, 1985). Certamente, uma das maiores razões pelas quais uma mulher talvez case novamente é pela segurança econômica que o casamento pode proporcionar a ela e a seus filhos (Glick, 1986). Vários estudos recentes sugeriram que a pobreza é responsável pela maioria dos problemas relacionados aos filhos nas famílias com um único progenitor. Embora o terapeuta não possa mudar o *status* financeiro da família, ele pode contribuir para que a mulher obtenha um sentimento de poder para lidar com isso.

O objetivo terapêutico é o de ajudar a mãe solteira a tentar não copiar o que "existia" na família com dois progenitores, e sim criar novas maneiras de satisfazer as necessidades emocionais e financeiras de seus filhos numa família com um único progenitor. A realidade de sua posição é a de que ela não pode utilizar como guia o tradicional modelo de família, precisando reorganizar completamente todas as expectativas, responsabilidades e relacionamentos.

Neste capítulo, a autora desenvolve um sistema para o entendimento do processo de reorganização da estrutura e relacionamentos numa família com um progenitor sozinho. O entendimento das complexidades deste processo ajudará os terapeutas que trabalham com famílias divorciadas a abordarem este estágio não apenas como uma transição temporária para o recasamento.

O PROCESSO DE TORNAR-SE UMA FAMÍLIA DE PROGENITOR SOZINHO

Não há dúvida de que o divórcio é uma ruptura maior no sistema familiar, que resulta numa série de mudanças na estrutura familiar básica e em todos os seus relacionamentos. As famílias com progenitor sozinho, a maioria das quais são dirigidas por mulheres, existem num contexto social e econômico que ainda se relaciona com a família tradicional de dois progenitores como norma. O divórcio requer uma grande mudança na maneira pela qual essas famílias funcionam em muitas áreas e uma nova definição de vida familiar normal. Independentemente da dinâmica individual da família, todas as famílias com progenitor sozinho experienciam vários problemas para estabelecer-se como uma unidade viável. Três problemas inter-relacionados dominam sua vida: dinheiro, paternidade* e relacionamentos sociais. Geralmente, as dificuldades nessas áreas aparecem imediatamente após a separação e persistem, de alguma forma, durante toda a fase de ajustamento, perdurando de três a cinco anos.

Muitos dos problemas mais urgentes enfrentados em todos os estágios se relacionam às realidades financeiras do divórcio nos Estados Unidos, onde o sistema legal deixa as mulheres em desvantagem, agindo como se os homens e as mulheres tivessem oportunidades financeiras iguais, como se recebessem salários iguais, como se o cuidado dos filhos fosse pronta e facilmente obtido, e como se a mulher provavelmente logo fosse casar novamente – e nada disso é verdade. De fato, a renda média dessas famílias é de $9.000 para aquelas que recebem pensão e de $6.000 para aquelas que não recebem (Weitzman, 1981; Bouton, 1984; *"Changing USA Family"*, 1984).

As mulheres geralmente estão mal preparadas para sustentarem a si mesmas e a seus filhos sozinhas, pois tradicionalmente esperavam ter maridos que cuidassem delas financeiramente, enquanto elas criavam os filhos e liberavam os maridos para o trabalho. Embora o custo de vida mais elevado tenha trazido muitas mães de filhos pequenos à força de trabalho antes da época do divórcio, os empregos que elas têm pouco aumentam a renda do marido/pai. As mulheres de classes socioeconômicas mais baixas (Goldberg & Dukes, 1985) podem considerar as dificuldades financeiras do divórcio como menos graves do que as mulheres de classe média e alta, pois seu estilo de vida não muda tanto. Suas companheiras

---

* N. de T.: O termo "paternidade" é utilizado aqui como "cuidados paternos/maternos aos filhos", incluindo tanto a mãe quanto o pai. Igualmente, os termos "cuidados paternos" também incluem os cuidados prestados pela mãe e pelo pai.

financeiramente mais dotadas, por outro lado, descobrem que o divórcio não é nada mais do que um desastre econômico que põe um fim à vida que conheciam antes.

Os problemas de paternidade nas novas famílias com progenitor sozinho relacionam-se à dificuldade de disciplinar e educar os filhos, num momento em que a pessoa se sente esmagada por uma grande perda emocional. A ausência do pai não apenas deixa uma lacuna na hierarquia familiar como também coloca uma exigência incrível nos recursos do progenitor remanescente. Confrontadas com a necessidade de trabalhar em tempo integral (talvez pela primeira vez desde que tiveram filhos) e de cuidar sozinha de todas as tarefas domésticas, muitas mães ficam sem estabilidade. Muitas vezes, há pouco tempo ou energia para satisfazer às necessidades dos filhos, que também estão passando por uma grande perda.

Certamente, o estágio do ciclo de vida familiar em que o divórcio ocorre tem algo a ver com o tipo de dificuldade que uma mãe solteira provavelmente encontrará ao cuidar dos filhos (veja o Capítulo 15). Crianças muito pequenas apresentam uma longa lista de necessidades de cuidados; crianças mais velhas, entrando na adolescência, podem ser mais difíceis de disciplinar. Independentemente do estágio em que ocorre o divórcio, a mãe que tem a custódia precisa estabelecer-se como a única cuidadora dos filhos no dia-a-dia, e encontrar as reservas emocionais para lidar com as tarefas desenvolvimentais normais de seus filhos. Para fazer isso efetivamente, ela precisa confiar em sua própria capacidade.

As famílias com progenitor sozinho também enfrentam o isolamento social (Minuchin, 1974; Hetherington e colaboradores, 1977; Cashion, 1982; McLanahan, 1981). Antigos amigos do casal muitas vezes ficam pouco à vontade por permanecerem amigos de ambos os ex-cônjuges e sentem que precisam tomar partido. Ou eles podem convidar apenas para os eventos que envolvem os filhos, excluindo a mulher das reuniões sociais envolvendo casais. Por outro lado, o progenitor solteiro* pode recusar convites para reuniões sociais com casais, sentindo-se inadequados para irem sozinhos ou exaustos demais para atividades sociais.

A perspectiva de sair com pessoas do sexo oposto naturalmente existe para todos os novos progenitores solteiros. Algumas mulheres podem entrar imediatamente após a separação num relacionamento indesejável, somente para sofrer um desapontamento logo depois. O medo de ficar sozinha, combinado com medos em relação a dinheiro, impele muitas a recasamentos prematuros (Bouton, 1984; Norton, 1983). Outras podem evitar completamente a questão da intimidade durante muitos anos, preferindo dedicar-se aos filhos.

O processo concreto de resolver essas questões e de tornar-se um progenitor sozinho consiste em três fases distintas: (1) as consequências; (2) o realinhamento; e (3) a estabilização. Cada fase tem suas características, tarefas, dificuldades e triângulos distintos, relacionados às questões acima. Durante o processo de estabilizar-se como uma família de progenitor sozinho, o fluxo e refluxo normal do ciclo de vida familiar é rompido e são acrescentadas tarefas adicionais. Infelizmente, muitas dessas famílias não conseguem estabilizar-se em sua nova forma. Entretanto, este é um processo que, quando completado com sucesso, resulta numa família que é *capaz de funcionar bem, independentemente de a mãe decidir casar de novo ou não.*

FASE I – AS CONSEQUÊNCIAS

Essa fase é assim chamada porque o primeiro ano após a separação e/ou divórcio pode ser tão devastador quanto qualquer desastre natural. A família pode realmente sentir como se um terremoto, um tornado ou um furacão tivesse atacado seu lar, e poucas conseguem articular sua experiência durante essa fase, em meio à sua perplexidade e confusão.

---

* N. de T.: "Solteiro", neste capítulo, significa "sozinho, divorciado".

Nessa fase, as famílias estão respondendo a uma intensa crise situacional e à resultante ruptura na maneira como viviam o seu cotidiano.

As famílias que se divorciam frequentemente pensam que ao se divorciarem legalmente ficarão emocionalmente divorciadas. Os casais muitas vezes usam os advogados para negociar o processo, sem perceber que ter uma outra pessoa (especialmente um adversário treinado), não elimina a necessidade de resolver o processo. A experiência da autora é a de que um divórcio legal pode ou não ajudar a resolver o divórcio emocional. De fato, um divórcio emocional completo jamais será possível, especialmente quando há filhos envolvidos. Na medida em que precisamos lidar com um ex-cônjuge, antigas conexões e reações emocionais são novamente despertadas. Entretanto, é essencial trabalhar o processo de tornar-se menos reativo, em termos emocionais, ao comportamento do ex-cônjuge, e eventualmente obter uma visão do casamento e do divórcio que não culpe o cônjuge por tudo, nem torne a pessoa uma vítima inocente. Para um divórcio emocional adequado, é necessário reaver do casamento o senso de eu e os objetivos pessoais de vida, e reinvestir essas expectativas no próprio eu.

No início deste processo emocional, existe a realidade de negociar um acordo com relação ao sustento, divisão dos bens do casal, custódia e visitas. Ao elaborarem o processo legal, os cônjuges muitas vezes se deparam com o óbvio – que não nos livramos de nossos problemas através do divórcio. De fato, o processo de divórcio frequentemente exacerba antigos problemas, mesmo acrescentando novos.

As mulheres, em particular, ao se depararem com a severa ameaça econômica que surge com o divórcio, podem sentir-se oprimidas, mesmo que tenham sido elas a iniciarem o divórcio. O casamento "dela" normalmente é um casamento em que foi entregue pelo pai ao marido para ser cuidada em termos econômicos (Bernard, 1971). Ela foi ensinada a depender do casamento para segurança econômica, intimidade e companheirismo. Para um grande número de mulheres, o final do casamento assinala a primeira vez em que irão viver sozinhas. No entanto, elas são responsáveis por manter a continuidade do lar para os filhos durante um grande tumulto emocional.

Ao mesmo tempo em que existem tremendas mudanças na família nuclear, também existem mudanças nos relacionamentos com a família ampliada. A primeira mudança que deve acontecer é a nova base para a relação com a família do ex-cônjuge. É importante que as famílias mantenham um sistema de relacionamentos tão aberto quanto possível, embora os relacionamentos com os parentes do ex-cônjuge ponham à prova a capacidade de conseguir isso. Não é incomum que a família ampliada proteja os seus membros e considere o outro cônjuge *totalmente* responsável pelo divórcio. Frequentemente, os cônjuges que estão se divorciando responsabilizam seus parentes por afinidade pelos problemas em seu casamento, diretamente ou através de sua real ou imaginária influência negativa sobre o ex-cônjuge durante a infância. É necessária muita energia para deixar os filhos livres para verem os parentes por afinidade e, se possível, para sentir-se à vontade incluindo-os em celebrações familiares.

Os relacionamentos com a própria família também mudam durante esse período. A intensidade e grau de mudança desses relacionamentos dependem parcialmente da natureza dos relacionamentos da pessoa com seus pais, da frequência do divórcio na família ampliada e dos sentimentos da família em relação ao casamento e ao divórcio subsequente. As famílias "acostumadas" a lidar com o divórcio muitas vezes ficam mais à vontade para negociar as questões associadas; outras, com menos experiência nesta área, sofrem durante toda a transição. Se o casamento era encarado negativamente, o divórcio pode mudar a natureza dos relacionamentos numa direção mais positiva.

Todavia, a fase transicional frequentemente conduz a mudanças negativas no relacionamento da mãe solteira com seus pais, em uma das seguintes duas direções.

Algumas mães solteiras, especialmente as muito jovens, vão morar com os pais, deixando que eles suplementem o seu funcionamento. Por outro lado, muitas rompem com a família ampliada para proteger-se de críticas, estreitando as fronteiras num sistema já estressado, e aumentando fundamentalmente a intensidade de seu isolamento.

Dinheiro

A sociedade tende a considerar os homens como os responsáveis pela manutenção da família antes, durante e depois do divórcio.* Apesar disso, as mulheres frequentemente experienciam uma abrupta redução na renda no primeiro ano após a separação, a qual continua nos anos seguintes *(Family Therapy News*, 1984; Bouton, 1984). De fato, Weitzman (1985) relata que a renda da família média dirigida pela mãe, de progenitor solteiro, diminui cerca de 73% durante este período.

Além de seus problemas financeiros mais imediatos, a mulher se depara com a realidade de administrar o futuro financeiro dela própria e dos filhos. Às vezes, o pai dela passa a ser o "provedor", continuando a sustentá-la financeiramente durante anos após a separação. Esse sustento raramente está livre de amarras emocionais, como podemos ver no seguinte caso.

> O rico pai de Susan oferecera-lhe um considerável sustento durante seu casamento, o que fora uma fonte de conflito entre ela e o ex-marido. Quatro anos depois do divórcio, seu pai ainda complementava a pensão, o sustento dos filhos e as despesas de Susan. Susan continuava preocupando-se em cuidar dos filhos e não trabalhava. Embora ela vivesse numa casa separada, seu pai via essa ajuda financeira como dando a ele a "palavra final" com relação aos problemas referentes aos netos.

Uma dona de casa que descartou ou jamais teve ambições profissionais poderá ter dificuldade em imaginar-se, numa determinada ocupação e hesitar em colocar seus filhos aos cuidados de outras pessoas. Outras podem perceber que uma renda outrora suplementar é tristemente insuficiente para manter seu padrão de vida anterior, particularmente se as despesas com os filhos também precisam ser consideradas. De fato, pode ser difícil para uma mulher reorganizar-se para buscar um emprego novo ou melhor durante esta fase. Existem aquelas "supermulheres" que descobrem uma nova autoestima neste período e esforçam-se diretamente para assumirem o controle de sua situação econômica; entretanto, a maioria espera até a próxima fase para lidar com este problema.

Paternidade

Os relacionamentos com os filhos passam por uma rápida mudança durante a fase das consequências. Mesmo as mães que geralmente conseguem manejar e cuidar dos filhos muitas vezes se sentem oprimidas neste momento (Chiriboga e colaboradores, 1979; Goldsmith, 1982; Hetherington e colaboradores, 1977, 1979). Segundo os filhos, as mães frequentemente não levam a cabo ou são instáveis nas exigências do dia-a-dia (Wallerstein & Kelly, 1975, 1976, 1977; Hetherington e colaboradores, 1977 & 1979; Minuchin, 1984). Em virtude das maiores responsabilidades e encargos, não é incomum a mãe procurar alguém para preencher a lacuna no funcionamento experienciada por ela. Quanto mais súbita a mudança na estrutu-

---

* Nota da tradutora: No texto original, a frase é "...tende a considerar as mulheres como as responsáveis pela manutenção da família..." Uma vez que a autora está falando da manutenção financeira, é evidente que se trata de um erro de impressão.

ra, quanto mais drástica a mudança financeira e quanto menos eficiente era a mãe antes do divórcio, maior dificuldade ela irá experienciar com a ausência do marido/pai.

O senso de impotência da mãe é proporcional à sua percepção do vácuo criado pela ausência do pai na casa. Na extensão em que ela sente uma lacuna em sua própria competência pessoal, ela provavelmente empurrará seus filhos, o pai ou os avós para o espaço vazio. Isso proporciona uma assistência temporária, mas pode levar a uma disfunção a longo prazo.

O filme *"Shoot the Moon"*, de 1979, descreve um triângulo comum usado para preencher a lacuna do poder: a filha mais velha no papel de progenitora e cônjuge. Neste tipo de triângulo familiar, a filha mais velha, que sempre foi "a garota do pai" e "a ajudante da mãe", assume o lugar da mãe, cuidando de seus irmãos menores. O efeito positivo disso para a filha é que ela se aproxima da mãe, tornando-se sua confidente e compartilhando atividades ou interesses iguais. Entretanto, as dificuldades a longo prazo deste triângulo criam problemas frequentemente observados pelo terapeutas de família. Quando o namorado da mãe assume seu lugar como o principal confidente, a filha fica magoada e revoltada. Sua aliança com seu pai é reativada e ela corre para ele depois de um tumulto com a mãe e seu namorado.

Um segundo triângulo é observado quando o pai funciona como a figura paterna poderosa dentro da família. Isso acontece frequentemente quando ele sempre teve esse papel, e todos conspiram para mantê-lo envolvido da mesma maneira. Geralmente, a base subjacente deste triângulo é a continuação do superfuncionamento do pai, que solapa a capacidade da mãe de funcionar independentemente. O seguinte caso é um exemplo de um triângulo desses.

> Jane tinha um relacionamento altamente conflituado com sua filha mais velha, que atualmente estava tendo problemas na escola e se tornando incorrigível em casa. Qualquer diferença de opinião entre elas fazia com que a filha lhe gritasse obscenidades e depois procurasse o pai. John, o pai, estava mais do que disposto a consolar "suas garotas" e lidar com o problema da filha. John e Jane haviam tido um longo relacionamento, no qual ele superfuncionara com sua mulher e filhas. A família continuava mantendo o mesmo padrão depois da separação.

Uma outra maneira comum de lidar com o equilíbrio do poder na fase das consequências é através de triângulos intensos e frequentemente amargos envolvendo mãe, pai e filhos. O pai pode usar o poder dos pagamentos de pensão e a mãe, a visitação dos filhos, em sua luta um com o outro. Nenhum deles parece perceber que os sentimentos de impotência emocional não serão resolvidos por meio destas ações; e, de fato, elas apenas tendem a exacerbar os sentimentos negativos que porventura existam. Ninguém vence, mas a batalha continua.

A mãe também pode colocar sua própria mãe no vácuo criado pela ausência do pai. A jovem mãe pode ir morar com os pais, a fim de que os avós possam cuidar das crianças enquanto ela trabalha ou vai à escola, ou pode morar perto para facilitar esses arranjos de cuidados. Esse padrão é especialmente comum nos grupos étnicos em que mães e filhas mantêm seus respectivos papéis de mãe/filha por todo o ciclo de vida. Nesses grupos, os relacionamentos entre as gerações tendem a ser abordados de forma diferente, e a avó, vendo sua filha sobrecarregada, frequentemente se apresenta como voluntária para ajudar com as crianças.

> Celeste mudou-se para a casa dos pais imediatamente depois do divórcio, para que sua mãe ficasse com as crianças enquanto ela ia trabalhar. Três anos depois, as crianças estavam chamando a avó de "mãe-mãe" e ela estava bloqueando todas as tentativas de Celeste de disciplinar seus próprios filhos. Na época em que iniciou a terapia. Celeste passava a maior parte do tempo trabalhando e longe de casa, e era rotulada de "irresponsável" pela mãe.

Quanto mais oprimida estiver a mãe sozinha, e quanto mais rigidamente ela e sua mãe aderirem aos antigos papéis de mãe/filha, mais provável será que a avó passe a funcionar também como mãe do netos. A filha, assim, em vez de ser ajudada, fica cada vez mais privada de seus direitos no relacionamento com os filhos. Uma vez que as mulheres geralmente consideram seu papel maternal como uma parte vital de sua identidade, particularmente depois do divórcio, isso pode levar à redução do funcionamento também em outras áreas.

Relacionamentos sociais

Sem o companheirismo e a rede social proporcionados pelo casamento, muitas mulheres têm dificuldade em organizar a vida social. Muitas vezes, uma mulher recentemente separada não busca novos amigos em virtude do tremendo estresse ao qual está submetida em todas as frentes (Hetherington e colaboradores, 1977, 1979; Wallerstein & Kelly, 1980; Rice & Rice, 1986). Frequentemente, as fontes potenciais de novos contatos sociais estão limitadas a bares locais de solteiros ou grupos para pessoas separadas e divorciadas – alternativas que talvez não atraiam muitas mulheres recentemente solteiras. A ausência da identidade de "solteira" e a profunda exaustão podem transformar o planejamento de uma saída noturna em uma tarefa insuperável. Se o rompimento foi relativamente harmonioso, ela pode depender do ex-marido para levá-la e aos filhos a jantar fora ou a um passeio ocasional. O dinheiro, novamente, pode ser um obstáculo para iniciar novos *hobbies* ou atividades que poderiam ser mais gratificantes do que as escolhas acima mencionadas.

> Barbara relatou que passava a maior parte de seu tempo livre em casa, lendo, mesmo quando as crianças estavam com o pai. Ela namorara o ex-marido durante toda a faculdade e se mudara seis vezes durante o casamento. Ela estava trabalhando em tempo integral desde o divórcio e estava estudando. Quando os filhos passaram o dia de Natal com o pai, ela recusou vários convites para jantar e passou o dia na cama com um "bom livro", um presente para si mesma.

Enbora um dos benefícios do divórcio possa ser, e em muitos casos é, uma nova autoconfiança para as mulheres, muitas realmente se isolam de relacionamentos significativos com outros adultos por se sentirem esmagadas por tarefas, ou pelo sentimento de fracasso que o divórcio inicialmente traz. Essa tendência de evitar situações sociais e não fazer uso das amizades como fonte de apoio pode levar a mãe solteira a buscar os filhos, ou inclusive o ex-marido. Os filhos têm um saudável interesse por suas próprias atividades, e não podem satisfazer a necessidade de um progenitor de proximidade e cooperação. O pai, tentando negociar sua nova vida, não pode ajudar a mãe nessa área sem solapar a sua independência e a dela. A falta de interação com amigos pode acabar exacerbando a tendência da mãe a encarar o mau comportamento dos filhos como algo pessoal, em vez de como parte de seu desenvolvimento normal.

Algumas mães solteiras também se isolam de suas famílias. Muitas vezes, essas mulheres continuam a exigir apoio dos ex-maridos ou experienciam relacionamentos muito conflituados com seus filhos. Antigas questões não resolvidas podem surgir na forma de problemas com um filho, como no caso seguinte.

> Mary procurou tratamento com sua filha de 13 anos, Cara, queixando-se de que esta era egoísta e exigente. Depois de muita exploração, Cara admitiu que ultimamente estava mais absorvida em si mesma. Entretanto, a menina achava que a reação da mãe parecia pouco típica dela e intensa demais. Quando perguntamos a razão disso, Mary subitamente disse: "Eu sei. Cara é exatamente como minha mãe!"

INTERVENÇÕES

A mãe solteira enfrenta inúmeras escolhas pessoais durante esta fase. As escolhas positivas podem ser descritas como aquelas que facilitam sua autonomia — isto é, conseguir um emprego e o apoio de amigos —, em vez de depender totalmente de seus filhos ou de sua família para apoio. Sua capacidade de negociar com o ex-marido um acordo financeiro e de custódia mutuamente satisfatório também constitui um bom presságio para a próxima fase. Infelizmente, as escolhas feitas nesta fase muitas vezes criam soluções temporárias e negativas para questões básicas, que complicam e aumentam os triângulos na fase II.

As mães frequentemente buscam tratamento por dificuldades com seus filhos. As *intervenções nesta fase precisam ser orientadas no sentido de diminuir a experiência da lacuna, de poder na família*. As mulheres talvez precisem primeiro desenvolver certa competência financeira e legal para aliviar o estresse pessoal. Elas precisam conhecer os fatos sobre o divórcio e as finanças, para poderem negociar com conhecimento. Consequentemente, o terapeuta precisa estar bem informado sobre esses fatos ou encaminhar os clientes a um profissional que o esteja (um advogado ou mediador).

Se uma mulher não trabalhava, ela precisa ser ajudada a pensar sobre como poderá sustentar-se. Infelizmente, os advogados frequentemente recomendam que ela não procure trabalho até os acordos de divórcio serem completados. Entretanto, a experiência da autora é a de que quanto antes a mulher começar a considerar suas opções, melhor ela ficará. Enquanto ela negocia um acordo, mesmo um trabalho em tempo parcial pode fazê-la sentir-se menos esmagada e com maior controle sobre sua vida.

Nessa época, os triângulos que parecem ajudar a mãe, mas que eventualmente podem prejudicar sua capacidade de proteger os filhos, provavelmente já se desenvolveram. Embora possamos ficar tentados a trazer o pai, ou os avós em alguns casos, *a prioridade é ajudar a mãe solteira a ser competente com os filhos sozinha*. Trazer o pai prematuramente, normalmente parecerá uma afirmação de sua inadequação como mãe. Hetherington e seus colegas (1977) descobriram que uma boa empregada é geralmente a melhor ajuda para a família neste estágio, porque ela é "empregada pela" mãe, trabalha a seu pedido e auxilia o seu sucesso, em vez de solapá-lo. Se seus recursos financeiros tornam possível essa alternativa, o terapeuta pode encorajar a mãe solteira a procurá-la.

Na maioria dos casos, todavia, e especialmente naqueles em que a família inclui uma avó, a mãe solteira precisa ser ajudada a definir de que forma quer que os outros a ajudem. Isso aumenta seu sentimento de poder e controle sobre a situação em casa. O terapeuta talvez precise orientá-la para "empregar" outros em vez de deixá-los assumirem por ela. Ao "empregar" outros, a mãe mantém o direito de dirigir essa assistência e de fazer ou não determinadas coisas. Por exemplo:

> A Sra. Brown veio para uma sessão com sua mãe e seus três filhos. Ficou claro que, com sua mãe presente, a Sra. Brown estava se sentindo desconectada dos filhos e mal-sucedida com eles. Quando ela lhes dizia o que fazer, eles olhavam para a avó, que então fazia com que ouvissem. A terapeuta simpatizou abertamente com a situação da avó, dizendo: "Deve ser difícil não saber como ajudar sua filha". Ela então sugeriu que a Sra. Brown dissesse à mãe que tipo de ajuda queria dela. Isso foi afirmado explicitamente e demonstrado estruturalmente nas três sessões seguintes. A terapeuta interveio consistentemente entre a avó e os netos, pedindo que as duas adultas se consultassem mutuamente. A Sra. Brown passou a sentir-se mais bem sucedida com os filhos, enquanto sua mãe percebeu a competência da filha e começou a confiar em seu julgamento.

O apoio social é crítico para diminuir o isolamento e o sentimento de impotência que acompanham esta fase. Como em todas as situações de crise, os grupos familiares de autoajuda são importantes no estágio inicial do tratamento. Frequentemente, eles aliviam a ansiedade e estimulam o poder da pessoa, tornando possível uma abordagem ativa à sua situação.

Quando uma mulher recentemente separada procura a autora para tratamento, é marcado um encontro inicial em que se realiza uma entrevista de avaliação padrão e o problema apresentado é definido e elaborado. Se parece que a mulher está definindo o problema como o divórcio mas não consegue ser específica em relação aos problemas originados por ele, dizemos a ela que seus sentimentos são normais e que a terapia não é um tratamento para o divórcio. Dessa maneira, a crise e seus sentimentos concomitantes são normalizados e é montado o cenário para ver a terapia como um lugar para elaborar problemas que se tornaram sintomas. A autora frequentemente define a "solução" ou o tratamento para sua atual perturbação como encontrar outras pessoas com quem possa compartilhar suas experiências e que possam lhe oferecer orientação e apoio para negociar as questões que costumam surgir. Nesse momento, ela pode ser encaminhada para o próximo nome numa lista de telefones, elaborada pela autora, de mães solteiras que conseguiram lidar satisfatoriamente com o processo. Quando existe ou está para ser formado um grupo psicoeducacional centrado no processo pós-divórcio positivo, ela é encaminhada para ele. Uma vez que todas as famílias tendem a parecer disfuncionais durante a crise, é difícil para o terapeuta avaliar a necessidade de tratamento num caso particular. Na experiência da autora, a maioria das mães solteiras nessa fase pode parecer disfuncional apenas pela natureza de sua situação. Entretanto, começar o "tratamento" nesta fase muitas vezes cria um processo de disfuncionalidade, em que o terapeuta é facilmente incorporado pela família para preencher uma posição vazia. Esperar que a poeira baixe, oferecendo outros apoios e recursos, muitas vezes evita esse desastre de tratamento.

Clinicamente, parece haver várias situações que, durante o processo de avaliação, deveriam servir como luzes de alerta em relação ao tratamento. A primeira delas é quando a família está experienciando crises duais – a separação e o lançamento de um filho ou a morte de um avô e a separação. Crises duais criam tanta ruptura que frequentemente é impossível para a família lidar simultaneamente com elas sem ajuda terapêutica. O segundo indicador de necessidade de tratamento é quando um dos triângulos potenciais da fase I começa a solidificar-se. Então, um filho ou avô ocupou o "espaço vazio", como eles o vêem, e estão lançadas as sementes para uma disfunção potencial. Um terceiro indicador seria uma história de rompimentos ou relacionamentos problemáticos na família de origem, que pioraram ou podemos esperar que piorem, sob o estresse do divórcio.

FASE II – O REALINHAMENTO

Durante esta fase, a família passa de um estado de crise para um estado de transição. Algumas famílias o descrevem como uma montanha russa, marcada pela alternação de euforia e depressão, na medida em que a vida começa a tomar forma. A transição dura de dois a três anos, e é caracterizada pelos esforços de "reagrupar-se", isto é, de fazer mudanças externas nas circunstâncias sociais, econômicas e extrafamiliares da família, e mudanças internas nos relacionamentos entre os membros da família nuclear e ampliada (Ahrons, 1980, 1981,a,b,c; McLanahan, 1981).

Embora o casamento termine legalmente quando um dos cônjuges sai do lar conjugal, espera-se que no final desta fase o casamento termine emocionalmente. Independentemente de quão acertada tenha sido a decisão de terminar um casamento, ela cria tristeza. A maioria das pessoas foge desta tristeza, preenchendo seu tempo e vazio com outras pessoas e preocupações. De fato, é possível passar por todo esse processo de três fases, e inclusive casar novamente, sem jamais lidar com o sofrimento gerado pela perda do parceiro. Os casais que brigam constantemente e envolvem seus filhos em suas batalhas estão entre aqueles que não conseguiram resolver essas questões emocionais. Outros continuam envolvidos no relacionamento da mesma maneira, compartilhando problemas pessoais e envolvendo-se diretamente com as preocupações cotidianas um do outro. Frequentemente, esses casais jamais instituem os procedimentos de divórcio, permanecendo "casados, mas não casados". Quando isso acontece, qualquer movimento de um deles em direção à arena social é experienciado pelo outro como uma ameaça, se não ao ex-parceiro, então aos filhos. A perturbação normal dos filhos em relação ao novo relacionamento da mãe ou do pai é frequentemente exagerada nesses casos.

Conseguir o divórcio emocional é um processo árduo e ativo que envolve a aceitação dos próprios erros no casamento e o conhecimento emocional de que poderíamos ou não ter feito o casamento funcionar. A pergunta essencial que deve ser feita e respondida é: "O que o divórcio solucionou ou não solucionou para mim?" Resolver essa questão emocional tem uma tremenda influência na capacidade do progenitor solteiro de enfrentar as preocupações da família.

Dinheiro

O problema mais urgente das mulheres neste estágio continua a ser o econômico. A antiga unidade familiar precisa ajustar-se à vida em duas casas, ao invés de em uma, com cada progenitor assumindo a responsabilidade por suas necessidades financeiras. Para as mulheres, em particular, isso quase sempre significa reajustamentos no padrão de vida, uma vez que normalmente ganham muito menos do que os ex-maridos e não recebem uma pensão suficiente para cobrir as reais despesas dos filhos. Isso pode trazer mudanças concomitantes em seu *status* na comunidade, que frequentemente era definido pelo trabalho do marido. Duas mudanças importantes provavelmente serão feitas em resposta a essas questões: (1) vender a casa do casal e (2) conseguir um emprego.

O divórcio muitas vezes significa decidir se é possível, financeiramente (ou socialmente), permanecer na casa da família. As mulheres às vezes se sentem paralisadas por duas razões. Em primeiro lugar, elas veem sua casa como sua fonte de igualdade e hesitam em deixá-la, mesmo quando as despesas de manutenção pesam mais do que o valor a longo prazo dessa igualdade. Além disso, para muitas mulheres (se não para a maioria) , "a casa" tem um significado emocional especial. Ela sempre foi o seu domínio, e muita energia foi investida em sua decoração e conservação. Como uma mulher disse: "Embora eu não possa mais manter esta velha casa 'nos trinques', e todos os vizinhos sejam casados, parece que não consigo me separar dela".

Embora a partida do pai possa sinalizar o início da mudança para uma família de progenitor único, geralmente só depois de a mãe tomar uma decisão final quanto a manter sua casa é que se faz a transição completa. Os casais que casam novamente frequentemente compram uma nova casa como uma maneira de definir seu novo casamento e família, mas os casais que estão se divorciando raramente veem isso como um modo de redefinir sua situação. Assim, geralmente se supõe que a mãe deve manter a casa para os filhos, mesmo que muito provavelmente ela não tenha recursos para isso.

Os terapeutas muitas vezes não levam em consideração o impacto desta decisão sobre a mãe sozinha e seus filhos. As mulheres podem sentir-se dilaceradas entre seu desejo emocional de manter certa segurança num ambiente conhecido e o desejo de livrar-se do passado. (Uma cliente descreveu a casa conjugal como um "museu".) A mudança, em si mesma, é uma tarefa monumental que muitas mulheres podem hesitar em assumir sozinhas.

As mães também ficam conflituadas com os sentimentos dos filhos. Os filhos costumam experienciar a mudança de casa como a maior perda, simbolizando o fim da família como eles a conheciam. Essa mudança significa abandonar o último vestígio de suas fantasias de um lar intacto, e também todas as questões normais envolvidas em mudar de escola e fazer novos amigos.

Para a maioria das mulheres, esta fase significa repensar seus objetivos para o futuro. Com os arranjos financeiros estabelecidos e o trauma emocional inicial superado, a mulher normalmente consegue fazer planos efetivos a longo prazo. Isso pode assinalar a primeira vez, desde seu casamento, em que ela precisa lidar com as realidades do mercado de trabalho e do mundo dos negócios. O sucesso ou fracasso em negociar essa área de sua nova vida depende da extensão em que ela consegue superar as desvantagens econômicas bem reais que as mulheres experienciam. Geralmente, quanto mais objetiva ela conseguir ser em relação ao problema e quanto mais perceber que ele não é um defeito pessoal seu, mais efetiva ela será ao dar os passos necessários para lidar com ele. Algumas mulheres, ao enfrentarem o desafio dessas realidades, se tornam "supermães", que estudam e trabalham, além de cuidarem dos filhos. Outras começam a preparar-se, passo a passo, para obter melhores posições profissionais. Finalmente, há as mulheres que não são capazes de dominar as realidades econômicas, e que continuam a depender financeiramente dos ex-maridos.

Paternidade

A maior necessidade dos filhos é o contato continuado com ambos os pais, e que o sentimento de apoio por parte de cada um deles não ameace sua lealdade ao outro (Hetherington, 1977; Wallerstein & Kelly, 1980; Rice & Rice, 1986; Ahrons, 1986). Muitos filhos ajustam-se bem a vários arranjos paternos que são incompreensíveis para as famílias com dois progenitores, enquanto outros continuam a sentir uma hostilidade aberta ou encoberta entre seus pais.

O divórcio muitas vezes significa uma mudança na maneira pela qual cada progenitor se relaciona com os filhos. Em virtude da maior carga de trabalho, as mães solteiras, mais do que as casadas, tendem a exigir mais que os filhos se cuidem sozinhos (Hetherington e colaboradores, 1977, 1979; Nehis & Morganbesteelf, 1980; Wallerstein & Kelly, 1980). Enquanto na história da família os filhos participavam muito das tarefas domésticas, a família de classe média com dois progenitores opera num contexto em que os filhos pouca coisa devem fazer além de sair-se bem na escola. Na família com um único progenitor, a extensão em que as novas responsabilidades interferem em suas próprias atividades ou em seu foco nos relacionamentos com os amigos determina se elas estão sendo consideradas de modo positivo ou negativo pelos filhos.

Se uma mulher dependeu dos filhos, dos pais ou do ex-marido para ajudá-la na maternidade durante a crise familiar inicial que cerca o divórcio, ela agora deve esforçar-se por restabelecer sua autonomia nesta área. Se a mãe não tem sido efetivamente disciplinadora, ela precisa agora estabelecer a sua autoridade. De outra forma, a família permanecerá paralisada num padrão que a define como fraca e/ou impotente, e os *triângulos temporários da Fase I se solidificam*. Por exemplo:

> Depois de sua separação e divórcio, a Sra. Green precisou estabelecer-se num emprego e lutou, com sucesso, durante os últimos dois anos, para prosseguir sozinha. Inicialmente, ela sentira-se muito oprimida, e seu pai a ajudara tremendamente, "substituindo o marido". Ele frequentemente interferia na disciplina com as crianças, que costumavam chorar quando ela os repreendia ou tentava dar-lhes instruções, dizendo: "O vovô não faria isso conosco". Seu

ex-marido se queixava de que os filhos estavam excessivamente apegados ao avô, e que lhe diziam as mesmas coisas quando ele os disciplinava.

Neste exemplo, uma adaptação temporária na fase das consequências do divórcio tornou-se um problema na segunda fase para ambos os pais. Na paternidade, a tarefa crítica para a mãe é aprender a lidar sozinha com os filhos.

Relacionamentos sociais

A outra grande mudança para o progenitor sozinho é ajustar-se à vida social como uma pessoa solteira. Uma vez que o progenitor solteiro não está realmente sozinho, esta fase geralmente envolve o equilibrar a vida de "pessoa solteira" com a vida de progenitor. Enquanto os homens se voltam para as mulheres, as mulheres parecem voltar-se para outras mulheres em busca de apoio. Ter amigas é uma tremenda fonte de autoestima, e muitas vezes permite que as mulheres experienciem um período de crescimento pessoal que pode ter sido interrompido pelo casamento durante a fase de jovem adulta (Aylmer, Capítulo 9).

Quando as mulheres se divorciam, elas se unem às fileiras de um grande número de mulheres sozinhas na casa dos trinta e dos quarenta, as quais se divorciaram ou jamais casaram. Os homens e as mulheres passam a ter um *status* diferente no mundo dos solteiros, porque o sexismo e o preconceito contra a idade consideram os homens mais velhos mais desejáveis do que as mulheres mais velhas.

Um grande estigma também se deve ao fato de que as mulheres normalmente ficam com a custódia dos filhos, apresentando assim "um pacote", com seus problemas associados a potenciais companhias masculinas, ao passo que os filhos de um homem normalmente estão sob a custódia da ex-mulher. Igualmente, desde que os homens tendem a casar-se com mulheres mais jovens, a mãe solteira será menos procurada do que a mulher que ainda não casou e, finalmente, um homem divorciado traz muito mais dinheiro (e, portanto, poder) ao cenário dos solteiros.

Quando as mães começam a sair com pessoas do sexo oposto, os filhos precisam adaptar-se às novas circunstâncias. Para os filhos, esses encontros significam a realidade de seus pais não estarem mais interessados romanticamente um pelo outro. Fica mais difícil agarrar-se às fantasias sobre os pais voltarem a ficar juntos quando eles começam a sair com outras pessoas. Quando o progenitor solteiro passa a ter outros relacionamentos, os filhos muitas vezes adotam métodos muito criativos para expressar suas reações negativas. Eles podem tentar desfazer relacionamentos tornando-se verdadeiras pestes, desobedientes ou companhias desagradáveis. Podem combinar alguma ou todas essas técnicas com comparações com o pai (ou mãe, no caso do pai estar namorando), criticando a aparência, os modos, etc, da pessoa. Por exemplo:

> Jeannie procurou tratamento por estar muito chateada com o comportamento de sua filha, Carole, de 15 anos de idade, que estava "colada" nela desde que Jeannie começara a sair com Rick. Rick era o pai de um dos amigos de Carole, e esta inicialmente parecera satisfeita com seu relacionamento, mas atualmente se tornara uma companhia constante para eles. Ela também começara a questionar Jeannie, em detalhes, sobre seu comportamento ao namorar, isto é, sobre beijos, carícias, etc.

Como no caso acima, os adolescentes, em luta com a sua própria sexualidade, frequentemente ficam melindrados com relação aos namoros e/ou relacionamentos sexuais dos pais. Algumas mães fazem dos filhos seus confidentes e estabelecem com eles um relacionamento de iguais, compartilhando os detalhes do namoro. Isso costuma acontecer mais frequentemente entre mães e filhas que são mais próximas em idade. A mãe pode inclusive considerar isso como uma solução para questões potenciais que a filha pode trazer em relação ao seu namoro. Entretanto, isso começa a colocar a filha num papel de cônjuge com a mãe, inibindo a liberdade do adolescente de crescer e obter experiência com seus iguais.

Intervenção

Uma vez que a intensa ansiedade da crise diminuiu, os padrões disfuncionais tendem a manifestar-se durante esta fase. Os triângulos temporários que podem ter incluído um filho, uma avó e/ou um pai na posição vazia percebida na hierarquia tendem a solidificar-se, criando sintomas ou disfunção em um ou mais membros da família. As intervenções durante esta fase muitas vezes objetivam perceber ou reiniciar os relacionamentos de poder na família. Durante esta fase, a mãe também está trabalhando para estabelecer-se economicamente. Assim, estas questões também são diretamente relevantes para os relacionamentos dentro da família e para o movimento em direção à terceira fase do processo. A mãe solteira talvez precise ser aconselhada a respeito de como procurar trabalho ou de estratégias profissionais, assim como sobre a administração do dinheiro. Os terapeutas precisam estar conscientes das dificuldades que as mulheres enfrentam nesta área, e ajudá-las a instruir-se adequadamente nesses assuntos.

A terapia frequentemente busca levar aquela pessoa que estava funcionando como um parceiro da mãe, como se houvesse um lugar vazio, a fazer as coisas de forma mais adequada ao seu papel, ao mesmo tempo em que ajuda a mãe a assumir o funcionamento executivo dentro da família. O primeiro passo é identificar e intervir em qualquer triângulo relevante que possa estar presente. No caso seguinte, a pessoa que "assumira" o sistema era a terapeuta da mãe, que buscou orientação com a autora por sentir-se incapaz de provocar progressos em relação à principal queixa da mãe.

> Joan era uma jovem mãe atendida pelo serviço social, com dois filhos, Jeanie, de 5 anos, e Brian, de 18 meses. Ela começara a terapia em função daquilo que chamava de sua "baixa autoestima". Durante a consulta, a autora observou que a terapeuta costumava ajudar Joan com os filhos sempre que eles ficavam difíceis. Conforme a autora começou a bloquear o aceso da terapeuta aos filhos, Joan começou a reagir diretamente aos filhos, muitas vezes brigando com a filha em relação aos cuidados com o filho.

Como no caso acima, pode haver simultaneamente mais de um triângulo importante. Geralmente todos funcionam da mesma maneira, na medida em que várias pessoas tentam assumir o funcionamento da mãe com seus filhos, em detrimento de seu poder pessoal neste papel primário. Neste caso, Joan estava envolvida não apenas num triângulo com sua terapeuta e os filhos, mas também num segundo triângulo com sua filha e seu filho, e ainda num terceiro:

> Ficou claro que a irmã de Joan, Marie, funcionava como um "papai que leva ao circo", chegando nos fins de semana com presentes para as crianças. Ela frequentemente levava uma ou ambas as crianças para passear, deixando Joan em casa, ou sozinha ou com a criança remanescente. Joan sentia-se terrivelmente inadequada, uma vez que não podia comprar presentes ou planejar "bons programas" com os filhos.

Esses triângulos precisam ser cuidadosamente investigados, e geralmente manejados um de cada vez. Depois de realinhar as dificuldades estruturais dentro do sistema, as intervenções precisam buscar o estabelecimento de tantos relacionamentos abertos e equilibrados com o sistema e a rede ampliada quantos forem possíveis. O progenitor solteiro também precisa lidar com seu relacionamento com o ex-cônjuge e família. Isso requer primeiramente sessões apenas com o progenitor solteiro, e talvez mais tarde algumas sessões para elaborar os detalhes da co-paternidade e da conduta dos avós.

Como na fase das consequências, o progenitor solteiro precisa ser encorajado a buscar relacionamentos com iguais. Frequentemente surgem questões em relação a namoro e intimidade. Encorajar a cliente a cultivar amizades femininas geralmente é um primeiro passo positivo. Através do contato com outras mulheres, a mãe solteira pode adquirir um senso de identidade positivo em seu atual papel, que apoia a autoestima e a torna capaz de escolher companhias masculinas pela genuína compatibilidade e interesses mútuos, em vez de por pura solidão e desespero.

FASE III – ESTABILIZAÇÃO

Infelizmente, algumas famílias de progenitor solteiro acham que chegaram a esta fase sem ter negociado as maiores áreas de problema associadas ao processo de tornar-se uma família de progenitor único. O que frequentemente passa por estabilização, ou uma volta ao "normal", é o recasamento da mãe. Em muitos casos, a mãe solteira casa novamente sem ter chegado ao manejo das finanças, à autoridade materna sobre os filhos ou a uma rede social viável. Assim, num momento em que o processo deveria estar completo, antigas questões ainda estão muito vivas e não resolvidas, como no seguinte caso.

> O Sr. e a Sra. Jones haviam casado há seis meses. Era o primeiro casamento para o Sr. Jones e o segundo para a Sra. Jones, cujos três filhos viviam com eles. O Sr. Jones descreveu seu atual problema como seu conflito com as crianças. Ele queixava-se de que elas frequentemente eram desobedientes, interrompendo-o e brigando umas com as outras. A Sra. Jones sentava-se calmamente e deixava seu novo marido brigar com o filho mais velho, John, pela autoridade em relação aos filhos menores. Ficou claro que ela não havia negociado as importantes tarefas da fase do realinhamento antes do novo casamento, e as crianças ainda não a obedeciam.

Um triângulo de segunda fase com um filho no papel de cônjuge, um progenitor com custódia e os outros filhos está especialmente sujeito a "tornar-se um problema" depois do novo casamento. Entretanto, mesmo nos casos em que o progenitor não casa novamente e a família parece ter se estabilizado, as tarefas normais do estágio de vida do jovem adulto talvez tenham dificuldade em aflorar. O esforço desse/a filho/a para permanecer envolvido com o progenitor enquanto ele/ela continua a amadurecer pode criar problemas tanto para o progenitor quanto para o/a filho/a. No seguinte caso, o recasamento da mãe e a entrada da filha na fase de jovem adulta combinaram-se para provocar um grande tumulto familiar.

> Os Gordon procuraram tratamento porque a filha de dezoito anos de um casamento anterior da Sra. Gordon, Vanessa, estava continuamente ameaçando suicídio. Vanessa voltara para casa da faculdade por insistência de sua conselheira, tendo em vista as ameaças de suicídio. Ela estava em casa há duas semanas e não queria voltar para a escola. A Sra. Gordon achava que isso não era sensato, mas estava com muito medo de mandar a filha de volta para a faculdade. Ela disse que seu ex-marido, o Sr. James, também estava preocupado e gostaria de participar. Ela e o Sr. Gordon haviam casado apenas há quatro meses, logo antes de Vanessa começar a faculdade e cinco anos depois do divórcio da Sra. Gordon. A mãe e a filha deixaram claro que Vanessa era muito apegada ao pai. Vanessa se preocupava com o bem-estar dele e ele, por sua vez, sentia o casamento da ex-mulher e a partida da filha para a faculdade como perdas imensas.

Fica certamente mais difícil lidar com os sentimentos de perda do Sr. James em relação à sua ex-mulher e filha quando ambos passaram claramente para a fase seguinte do ciclo de vida. Voltar atrás e realizar tarefas de fases anteriores é mais problemático, porque, conforme o tempo passa, o processo se torna mais complexo e o número de pessoas e relacionamentos envolvidos aumenta.

Idealmente, na fase de estabilização, existe a energia e a atenção para lidar com as tarefas desenvolvimentais comuns do ciclo de vida familiar. Esta fase é muitas vezes um período de tranquilidade e calma, e é nela que as soluções para os vários problemas de toda a transição são experimentadas e vividas. Existe a aceitação dos novos desenvolvimentos. Os filhos estão livres para transitar entre as duas casas e no mundo externo. Os ex-cônjuges se sentem relativamente à vontade para lidarem um com o outro e para terem novos relacionamentos. Frequentemente, pelo menos um dos pais casa novamente (com maior frequência o pai), criando assim tarefas adicionais acerca das questões de padrastos e irmãos. Naturalmente, o recasamento de um ou de ambos os pais requer um ajustamento de todas as pessoas afetadas por ele. Entretanto, quando o processo do divórcio é completado, temos todas as razões para esperar que a família possa integrar essas mudanças, e também realizar as tarefas normativas dos estágios de ciclo de vida que estão pela frente.

Intervenções

Já que a essa altura a maioria das tarefas de se tornar uma família de progenitor solteiro foi realizada, normalmente as famílias não se apresentam para tratamento nesta fase. Todavia, algumas mães buscam terapia conforme começam a ser mais ativas social e sexualmente. Além disso, na medida em que a família atinge novos estágios do ciclo de vida, assim como a fase do lançamento, ela pode vir por problemas relacionados à partida de um filho que funciona como cônjuge ou pai.

Nesse momento, as intervenções buscam solidificar as atividades extrafamiliares de cada membro da família, e lidar mais especificamente com o triângulo que mantém o/a filho/a em casa (Haley, 1980). Por exemplo:

> Marianne, de dezoito anos de idade, marcou uma consulta porque estava extremamente ansiosa em relação aos seus planos para a faculdade, e não conseguia mandar o dinheiro de matrícula para a faculdade escolhida por ela. Quando ela chegou com sua mãe e irmãs mais jovens, ficou claro que ela se sentia muito responsável pelo bem-estar da família. Na sessão, ela disse várias vezes às suas irmãs de 12 e 14 anos o que deveriam fazer ou não fazer. A mãe permitia isso, comentando como Marianne era boa com as crianças. Quando questionada sobre os efeitos da partida de Marianne sobre o funcionamento da família, a Sra. L. declarou que as coisas ficariam "muito diferentes". Ela disse que as meninas teriam muito menos supervisão; também mencionou que o dinheiro ficaria bem mais curto, já que ela não apenas teria algumas despesas relacionadas à faculdade, como também perderia a pensão de Marianne.

Ficou claro, neste contato inicial com Marianne e sua família, que sua incapacidade de fazer a matrícula na faculdade estava relacionada aos seus medos reais sobre o que a mãe e "as meninas" fariam sem ela e sem o dinheiro de sua pensão. Como muitos filhos num papel paterno, Marianne assumia mais responsabilidade pelo problema do que seria adequado em sua idade e em seu *status* na família. Também é típica, nas famílias de progenitor único, a inclusão dos filhos em discussões que costumavam ser paternas – isto é, dinheiro, despesas com instrução, etc. Na segunda sessão com esta família, três semanas mais tarde, emergiram várias outras questões que estavam afetando a partida de Marianne.

A Sra. L. e suas três filhas vieram para a segunda sessão tendo seguido a sugestão terapêutica – de Marianne retardar o envio do dinheiro de matrícula até sua mãe convencê-la de que poderia manejar as coisas sem ela. A Sra. L. relatou que, por querer muito que Marianne tivesse a oportunidade de fazer faculdade, tentara duramente e achava que "manejara quase tudo" sozinha. Ela tentara duas vezes impedir que sua filha a ajudasse com as crianças. A Sra. L. passou a explicar que tivera muitas oportunidades para pensar desde a última sessão. Ela sentia que a partida de Marianne significava que, pela primeira vez, ela teria de chegar a um acordo com seu estado de ser sozinha. Ela não teria mais uma companhia. Ela também sentia que a partida de Marianne era como experienciar novamente o divórcio. As duas irmãs mais jovens expressaram sua raiva por Marianne poder partir e seu medo de não voltar a vê-la. A Sra. L. foi solicitada a reassegurar as filhas mais jovens em relação a esse ponto.

Ao contrário das famílias com dois progenitores que temem um divórcio depois que os filhos saem de casa, as mães solteiras podem temer que essa partida recrie a tristeza da perda original (o próprio divórcio) e implique ter que reequilibrar novamente o sistema, com o estresse associado. Se o terapeuta não é sensível a essa questão, a família permanecerá impassível às intervenções que ele fará. Para a família L., novas sessões continuaram a liberar Marianne para que ela pudesse ir para a faculdade. Depois da quinta sessão, Mariannne anunciou, alegremente, que mandara o dinheiro da matrícula. Também estava satisfeita com a perspectiva de finalmente conseguir um emprego remunerado enquanto cursasse a faculdade. Em sessões subsequentes, a Sra. L. continuou a trabalhar a questão de como seguir em frente em sua vida, deixando para trás um divórcio que ocorrera há quatro anos.

O PROGENITOR SOLTEIRO SEM CUSTÓDIA

Conforme a mãe solteira passa pelas várias transições necessárias para estabelecer sua competência e autoridade como indivíduo e mãe com custódia, seu ex-marido passa por um processo diferente, embora recíproco. A maioria dos homens tende a experienciar uma perda de estrutura com o fim do casamento, e com isso a perda do senso de lar e família.

Tradicionalmente, o casamento, para os homens, significa responsabilidade econômica em troca do companheirismo e do apoio emocional de suas mulheres, também cuidadoras de seu lar e filhos (Bernard, 1972). Embora os homens, de forma estereotipada, se queixem de que suas esposas os incomodam para que façam tarefas domésticas e exijam mais "comunicação", eles na verdade progridem mais com o casamento do que as mulheres ou os homens solteiros (Bernard, 1971, 1972). Talvez em virtude de maior liberdade pessoal e profissional e de menores expectativas em relação à intimidade, os homens casados experienciam índices mais baixos de doença emocional e física e relatam índices mais elevados de felicidade pessoal (Bernard, 1972).

De fato, como será citado em vários exemplos de caso a seguir, o pai sem a custódia geralmente permanece um membro auxiliar ativo da família dirigida pela mãe solteira. Além disso, pelo menos legalmente, ele tem uma responsabilidade financeira a longo prazo em relação aos filhos, se não em relação à ex-mulher. Vale a pena considerar seus problemas em relação a dinheiro, paternidade e relacionamentos sociais no contexto desta discussão.

Dinheiro

Os acordos financeiros e a necessidade de sustentar duas casas reduz substancialmente a base econômica do pai que está partindo. Embora ninguém discuta que os homens geralmente estão numa posição melhor para se refazerem depois deste revés financeiro, pode haver um senso inicial de perda em relação à esta questão. Quanto mais pesadamente ele investiu na definição de seu sucesso com base em sua riqueza líquida (ou quanto menor a sua segurança financeira), mais ameaçado ele ficará com a perspectiva de enfrentar muitos anos de sustento dos filhos e/ou de pagamentos de pensão. O fato de que deve continuar a sustentar uma casa onde não mora mais, e da qual não recebe mais nenhum benefício pessoal, também pode contribuir para tornar essa questão econômica também uma questão emocional.

Quando um homem não iniciou a separação, pode haver uma resistência ainda maior a pagar esse sustento. As questões de classe muitas vezes entram em cena aqui. Os tribunais podem exigir que os pais de classe média-alta paguem porções maiores de seus ganhos do que suas contrapartes da classe trabalhadora. Com os preços dos imóveis cada vez mais altos, os pais talvez não consigam comprar uma segunda casa, sendo forçados a morar num apartamento e/ou dividi-lo com colegas. Com efeito, eles podem acabar vivendo como solteiros ou estudantes novamente.

> John estava separado há 18 meses quando procurou tratamento. Ele fora recentemente advertido por seu patrão que seu emprego estava em risco, em virtude de seus atrasos e mau desempenho geral no trabalho. Quando perguntado sobre como explicava seu problema no trabalho, John disse que estava morando com três amigos solteiros num apartamento, desde sua separação; ele não podia comprar uma casa ou apartamento, e parecia melancólico. Assim, ele e três velhos "camaradas" tinham ido morar juntos, fazendo festas frequentes e bebendo todas as noites. Ele não levava os filhos para passar a noite porque não havia espaço suficiente e passava apenas uma noite e um dia por semana com eles. Ele não sabia o que fazer. Por causa das despesas, ele tinha de continuar morando lá, mas não podia continuar morando lá e não participar das festas.

Os homens que dirigem uma negócio próprio, em especial, podem preocupar-se muito com as questões econômicas, porque o divórcio ameaça a estabilidade de seus negócios *(Inc. Magazine,* 1986). A ameaça pode vir em duas formas. Ele pode corretamente temer que sua ex-mulher ataque os recursos do negócio no processo do acordo legal; e/ou ele pode perceber que o divórcio o deixará esgotado demais, em termos emocionais, para lidar com todas as funções que um proprietário/empresário precisa manejar para manter viável uma empresa pequena *(Inc. Magazine,* 1986).

Assim, várias preocupações financeiras contribuem para o atual problema nacional de fazer com que os pais paguem os valores legalmente determinados. Quando eles pagam, frequentemente o fazem de modo irregular (Bouton, 1984; Weitzman, 1985; Wright & Price, 1986). O sistema judiciário mais amplo tentou corrigir esta situação, penhorando a devolução do imposto e/ou o salário dos pais delinquentes. Embora esses procedimentos sejam demorados e difíceis de executar, particularmente entre estados diferentes, foi relatado um certo sucesso com sua utilização (Wright, 1986). Na maioria dos casos, o pai paga o que decide pagar e, se desejar, pode tornar quase impossíveis quaisquer procedimentos de cobrança.

Na verdade, para os homens, o dinheiro se torna a maior fonte de poder no processo de divórcio. Uma vez que eles têm o controle do dinheiro, tanto na forma dos pagamentos regulares de pensão quanto nas decisões sobre aceitar ou não o pagamento de despesas adicionais, é importante que eles considerem as maneiras pelas quais seu uso do dinheiro afeta o relacionamento com seus filhos e com suas ex-mulheres.

Paternidade

Sem a estrutura do casamento e os esforços de suas mulheres para definir seus relacionamentos paternos, os pais frequentemente se distanciam dos filhos, pois eles não têm capacidade de conduzir sozinhos esses relacionamentos. Geralmente, aqueles pais que pagam a pensão regularmente também visitam mais os filhos, e muitos veem esse dinheiro como uma garantia de que a ex-mulher não "voltará os filhos contra eles". O ex-marido muitas vezes acha doloroso entrar no antigo território ao fazer visitas, pois ele o lembra dos velhos tempos. Pelas mesmas razões, o homem pode experienciar uma segunda perda quando sua ex-mulher vende a casa que foi de ambos, o que assinala o verdadeiro fim do "lar" conforme ele uma vez o conheceu. No caso seguinte, a ex-mulher vendeu a casa, e o cliente sentiu-se um intruso na nova casa dela.

> Depois que Gene e sua mulher se separaram, ele ficou muito deprimido. Ele pensava frequentemente em "como eles deveriam estar se divertindo por lá". Ele se sentia "deixado de fora" da família, e respondia tornando-se mais distante. Ele não entrava na casa quando ia buscar as crianças, mas esperava lá fora, no carro, preferindo buzinar para chamar os filhos.

Embora não possamos invejar a distância emocional do pai sem custódia em relação aos filhos, devemos observar que os homens ainda agem como se tivessem uma *opção* quanto a participar na paternidade. As mulheres raramente consideram a paternidade como uma opção, e aquelas que a fazem arriscam-se às consequências negativas da opinião que a sociedade terá sobre elas. Na medida em que o papel dos pais muda na sociedade, tem havido um pequeno aumento daqueles que querem a custódia, assim como um aumento no número de pais empenhados em arranjos de custódia conjunta (*"Changing USA Families"*, 1984; Rothberg, 1983). Para essa pequena minoria, as questões de paternidade aproximam-se mais das que a mãe solteira enfrenta.

Por exemplo, um pai que tem a custódia também pode usar seus pais, de forma inadequada, para substituir a esposa ausente no cuidado aos filhos. Entretanto, os homens tendem a ver suas mães ou namoradas como substitutas convenientes para sua ex-mulher, em vez de como competidoras. Devido ao seu foco no trabalho, os homens parecem ter menos conflitos em relação ao seu papel como pais e é improvável que busquem tratamento.

Possivelmente por não terem sido educados para cuidar diretamente dos filhos, muitos pais não estabelecem um "segundo lar" adequado para seus filhos. Os termos "papai que leva ao circo" e "papai que leva ao zoológico" se referem ao fato de que o maior contato que os pais têm com os filhos costuma ser um momento social ou "divertido", com pouca disciplina ocorrendo no limitado tempo que passam juntos. Como no caso do pai que tem a custódia, o pai sem custódia normalmente se envolve mais com os próprios pais depois da separação, pois a casa dos pais é um lugar conveniente para as visitas dos filhos e uma oportunidade de não precisar lidar sozinho com eles (Bloom, 1985; Nehis & Murgenhessty, 1980).

Embora muito pais não consigam criar uma atmosfera de lar sozinhos, muitos continuam a ser os principais disciplinadores dos filhos para suas ex-mulheres. Enquanto o homem permanece sozinho, isso pode deixar ambas as partes à vontade, mas provavelmente haverá problemas quando algum deles casar novamente.

> Steve ainda estava ativamente envolvido nos problemas pessoais de sua ex-mulher, Judy. Ela frequentemente pedia a sua ajuda em "emergências", que variavam desde "Eu preciso conversar com alguém" até resolver brigas entre os dois filhos do casal. Seu segundo casamento está agora à beira do divórcio porque Linda, sua nova esposa, se ressente das muitas intrusões de Judy.

Conforme o tempo passa, um pai que tem dificuldade em manter contato com seus filhos pode sair de suas vidas completamente. Ele pode fazer isso indiretamente assumindo um emprego em outro estado, ou diretamente, simplesmente deixando de fazer as visitas. Isso tende a acontecer mais nas famílias em que os conflitos conjugais ainda estão muito vivos, mesmo que não sejam discutidos, e o pai se sente incapaz de lidar com sua ex-mulher. Da mesma forma, a ex-mulher também pode decidir afastar os filhos da influência direta do pai. Ela pode fazer isso para buscar seus próprios objetivos e/ou acompanhar um novo marido para um outro estado, ou para eliminar a necessidade de contato porque o casal ainda não resolveu o divórcio emocional. Quando isso acontece, o pai pode sentir uma perda esmagadora que o deixa impotente para buscar outras oportunidades, tais como férias escolares, para as visitas.

Relacionamentos sociais

Enquanto as mulheres se tornam mães solteiras depois do divórcio, os homens se tornam *solteiros*. Uma vez que eles não têm a responsabilidade da paternidade em tempo integral, eles têm mais tempo livre depois do divórcio. Apesar da perda da estrutura familiar e de sua condição concomitante, os homens divorciados têm maiores facilidades sociais do que suas contrapartes femininas. Embora não tenham o apoio social de amizades íntimas, eles frequentemente possuem uma rede social já estabelecida no trabalho.

Em termos de relacionamentos sociais com mulheres, um homem divorciado geralmente é considerado um "bom partido". Ele pode inicialmente sentir-se desajeitado para namorar, mas ainda é sua a vantagem de ser o iniciador e, portanto, poder "escolher" se vai convidar alguém para sair ou não, em vez de esperar ser convidado. Além disso, não há falta de companhias potenciais, pois eles sempre tiveram uma maior variedade para selecionar suas parceiras de encontros. Ansiando por conforto emocional, os homens muitas vezes também buscam as mulheres como amigas. Depois do divórcio, os homens se casam mais cedo, e com maior frequência que as mulheres, muitas vezes com parceiras uma década ou duas mais jovens do que eles (Glick, 1980).

Embora a maioria dos homens divorciados não tenha dificuldade em encontrar novas parceiras, eles podem comprometer-se prematuramente, numa resposta à perda da "família". Quando o fazem sem resolver as questões envolvidas no término de seu primeiro casamento, isso muitas vezes exacerba seus problemas. Por outro lado, alguns homens evitam completamente a intimidade, centrando-se na gratificação sexual de seus novos relacionamentos. Quando o envolvimento num relacionamento aumenta, esses homens costumam passar para um outro relacionamento. Geralmente, esses são os homens que a mãe solteira encontra quando começa a sair. O seguinte exemplo ilustra os problemas associados à primeira situação mencionada, o "rápido recasamento".

> Ralph buscou tratamento após o fim de seu segundo casamento, que durara oito meses. Esse casamento com Rita ocorrera dois dias depois que o divórcio de sua primeira mulher, Jane, fora homologado. Ralph estava extremamente deprimido – queixando-se de que fracassara duas vezes e relacionando todos os seus erros. Ele não desejava o fim deste segundo casamento, mas achava que a decisão de Rita de partir era certamente compreensível. Ele disse que Rita, de 30 anos de idade, queixava-se de que, desde o casamento deles, ele lhe dera a responsabilidade por seus três filhos, adolescentes e pré-adolescentes. Os filhos a tratavam mal, e ele estava ocupado demais ganhando a vida para intervir.

Ralph apresenta um padrão bastante típico, dos homens que tentam recriar uma família antes de terem ficado à vontade como pais sozinhos, ou antes de terem lidado com a perda do primeiro casamento. A pressão para casar novamente, para encontrar um refúgio para si mesmo e alguém para cuidar dos filhos muitas vezes cria uma imensa pressão no sistema, e especialmente na nova esposa.

Intervenções

O fato de os pais sem custódia procurarem tratamento constitui um fenômeno bastante recente. Os homens geralmente não buscam assistência para problemas relacionados às finanças. O que eles fazem para resolver problemas de dinheiro é trabalhar mais, o que constitui uma frequente "solução masculina" para qualquer desorganização na vida. Os homens também tendem a não buscar ajuda para as questões de relacionamento até estarem casados. A essa altura, surgem problemas derivados das suas expectativas da nova esposa com relação aos filhos e à sua ex-esposa. Ou o foco pode ser as expectativas da nova mulher quanto ao seu relacionamento com os filhos dela. Essas, então, se tornam questões da família recasada.

O que realmente está trazendo cada vez mais ao tratamento o pai sem custódia são as questões referentes à paternidade com os seus filhos. Este é um fenômeno bastante recente, e parece estar relacionado ao papel mais ativo que, de modo geral, eles estão assumindo na paternidade.

Às vezes, sua distância em relação aos filhos cria tanta ansiedade que eles precisam ser impedidos de agirem com rapidez demasiada, sem a necessária preparação do sistema para uma mudança. Outras vezes, eles se sentem tão distantes que ficam impotentes para mudar as coisas e temem ter perdido os filhos para sempre. Uma vez assegurados de que os filhos quase nunca desistem dos pais, eles estão prontos para aprender a trazê-los de volta. Muitas vezes, os homens estão ansiosos por aprender, e um divórcio pode apresentar a primeira oportunidade de aprender a manter os relacionamentos vivos e satisfatórios.

ORIENTAÇÃO GERAL PARA O TRATAMENTO

Tornar-se uma família de progenitor único é um processo que leva de três a cinco anos. Não existe nenhum método através do qual uma família (ou um terapeuta) possa alterar a quantidade de tempo necessária para estabilizar-se depois de um divórcio. Parece haver alguma coisa orgânica no processo, que é definido por uma variedade de características físicas, emocionais e legais. Por outro lado, a maneira pela qual a família negocia as tarefas necessárias para a reorganização pode ser alterada. Parece que tanto para a família quanto para o terapeuta, a questão principal que logo emerge é a ideia de que a ausência do pai criou uma posição vaga na família. Com este ponto de vista operando, a mãe sente necessidade de recrutar outros para preencher o espaço vazio. Esta definição de "alguma coisa faltando" na estrutura familiar perpetua a atitude de que esta é meramente uma situação temporária que acabará sendo corrigida pelo aparecimento de um novo "cavaleiro numa brilhante armadura".

Para a família, a questão central sempre é a de como manejar todos os papéis instrumentais e emocionais de uma família com dois progenitores quando existe apenas um progenitor. O fato é: é impossível que a família de progenitor único funcione como antes. Tentar fazê-lo conduz inevitavelmente a continuado sentimento de fracasso, e a um contínuo esforço de recrutar candidatos disponíveis (isto é, um dos filhos, um dos pais, o ex-cônjuge, o terapeuta) para substituir o cônjuge "desaparecido".

É necessário que a mãe solteira desenvolva uma nova visão de sua forma familiar, uma visão que elimine a percepção de uma "pessoa faltando" no sistema, que lhe permita ver a si mesma como a única administração. Na verdade, poderíamos comparar a mudança a uma modificação na forma de governo familiar.

O dilema central para a mãe é como recrutar a ajuda de outros sem permitir que eles assumam as coisas por ela. Como vimos ao longo de todo o capítulo, a consequência a longo prazo de deixar alguém "assumir as coisas" é a diminuição no funcionamento dela.

De forma compreensível, ela pode querer exatamente isso e talvez seja necessário um encorajamento especial para redefinir sua situação.

O terapeuta deve ter cuidado para não cair na mesma armadilha ao tentar ajudá-la. A maioria dos profissionais da saúde mental é do sexo feminino e assim, a maioria destas famílias será atendida por terapeutas mulheres. Se ela tiver uma idade semelhante, a tendência será a de tornar-se uma amiga, uma amiga paga, que fica com pena da mãe solteira e lhe dá conselhos, mas não faz terapia. Também é possível que uma terapeuta mais velha aja como uma avó superenvolvida, diminuindo assim o funcionamento da mãe.

Uma família que busca uma clínica de saúde mental pode ser encaminhada para uma terapeuta jovem, que talvez aja como uma filha num papel paterno, tentando ajudar a mãe com as crianças, e muitas vezes dirigindo a atividade dos filhos na sala de terapia. Se a família é encaminhada para um terapeuta do sexo masculino, o dilema para ele é não se tornar o "homem da família", oferecendo conselhos e apoio como um marido. Os terapeutas de ambos os gêneros precisam lembrar que seu trabalho é estimular o funcionamento da cliente. Assim, precisamos examinar se a terapia não está na verdade permitindo o comportamento disfuncional. Embora seja útil para a mãe que os filhos a ajudem mais depois do divórcio, isso deve ocorrer sob sua tutela, a seu pedido e sob as suas condições. Um filho no papel paterno não mais funciona a pedido da mãe ou sob a sua supervisão, e sua posição frente à mãe é de um igual.

Uma prática simples reforça tremendamente o desenvolvimento dessa visão da mãe como a única chefe da família: a terapeuta da família primeiramente precisa examinar o sistema como ele é – com um único progenitor – e observar seu funcionamento apenas com o progenitor que tem a custódia. Muitas vezes, os terapeutas supõem que devem incluir logo o pai para compreender como o sistema funciona. É verdade que a informação sobre ele é importante para obter um quadro completo do sistema, pois o pai pode estar envolvido na formação do sintoma em mais de um triângulo. Entretanto, seria bom que a terapeuta trabalhasse primeiro outros triângulos dentro da família; por exemplo, um filho no papel paterno, ou um avô ou avó que está interferindo. Depois que a mãe se sente mais bem-sucedida na família, o pai pode e deve ser convidado a participar de uma sessão com (ou sem) os filhos. Essa orientação não se aplica às situações em que o relacionamento entre os pais é tão conflituado e emaranhado que impede qualquer outro foco familiar.

Como vimos, parece haver um forte relacionamento positivo entre o funcionamento de uma família de progenitor único e a abertura dos relacionamentos na família e suas redes sociais. Assim, é importante que o terapeuta ajude as famílias a desenvolverem relacionamentos abertos dentro dos sistemas familiares nuclear e ampliado. Em relação a isso, também é bom trabalhar vários subsistemas no tratamento; por exemplo, fazer uma sessão com os irmãos, para fortalecer os relacionamentos entre eles, ou trabalhar com a mãe e sua mãe, ou o pai e os filhos. Ao utilizar o entendimento dos triângulos potenciais nos sistemas e os temas nessas famílias, é possível para o terapeuta orientar o progenitor em relação às questões na família de origem sem que esta esteja presente. Nesse processo é necessário identificar a participação da pessoa no padrão repetitivo e trabalhar para modificá-lo, com o terapeuta agindo tanto como um professor quanto como um analista de sistemas. O uso de abordagens psicoeducacionais e/ou grupos multifamiliares aumenta os recursos sociais da família, e, consequentemente, seu senso de competência, permitindo ao terapeuta opções adicionais de tratamento.

CONCLUSÕES

Na experiência da autora, essas orientações gerais, combinadas com as intervenções específicas para cada fase previamente elaboradas, proporcionarão uma estrutura para ajudar as famílias a negociarem o processo de reorganização familiar depois do divórcio.

O terapeuta da família também precisa tratar de algumas das questões mais amplas que surgem a partir do trabalho clínico com as famílias de progenitor único. Algumas dessas questões se relacionam ao desenvolvimento de uma política e programa familiar, em caráter nacional, que proporcione oportunidades de treinamento ocupacional e financeiro para a mãe, e creches e outros recursos para os filhos. Uma vez que os terapeutas de família estão bastante familiarizados com os problemas dessas famílias, é importante que eles utilizem seu conhecimento para tratar de algumas das condições sociais e econômicas que perpetuam esses problemas.

O trabalho clínico com estas famílias nos obriga a repensar nossos modelos de família e de terapia familiar. A noção de que a hierarquia familiar deve incluir dois progenitores agindo como uma unidade está claramente aberta para revisão. A noção de que uma família pode e deve cumprir todas as funções instrumentais e emocionais também está aberta ao questionamento, assim como todas as outras noções que temos em relação a fronteiras definidas.

Certamente, em termos de modelos de terapia, nosso trabalho com famílias de progenitor único sugere que pelo menos revisemos as típicas intervenções de terapia familiar que exigem que afastemos as mães "superenvolvidas" e envolvamos os pais distantes, sem considerar a metamensagem assim enviada. No sentido mais amplo, o trabalho sugere que diferentes formas e estruturas familiares podem realmente originar não apenas novas técnicas de terapia familiar, mas também pesquisas e teorias sobre o desenvolvimento da família.

REFERÊNCIAS

Ahrons, C. R. (1980). Divorce: A crisis of family transition and change. *Family Relations* 29: 533-540.
Ahrons, C. R. (1980b). Redefining the divorced family. A conceptual framework for postdivorce family systems reorganization. *Social Work* 25: 437-44.
Ahrons, C. R. (1980). Joint custody arrangments in the post divorce family. *Journal of Divorce* 3 (Spring): 189-205.
Ahrons, C. R. (1981). The continuing co-parental relations between divorced spouses. *American Journal of Orthopsychiatry*. 51: 315-328.
Bernard, J. No news but new ideas. In P. Bohamman (Ed.), *Divorce and after*. New York: Anchor(1971).
Bernard, J, (1972). *The future of marriage*. New York: Baniam.
Biller, H. B. (1970). Father absence and the personality development of the male child. *Developmental Psychology* 2: 181-201.
Biller, H. B. (1974). *Paternal deprivation: Family school, sexuality and society*. Lexington, Mass.: Heath.
Biller, H. B. (1976). The father and personality development: Paternal deprivation and sexrole development. In M. E. Lamb (Ed.), *The role of the father in child development*. New York: Wiley.
Bloom, B. (1985). A prevention program for newly separated: Final evaluation. *American Journal of Orthopsychiatry*. 55 (1).
Bouton, K. (1984) Women and divorce. *New York Magazine* Oct. 8 p. 34.
Brandwein, R. A., Brown, C. A., & Fox, F. M. (1974). Women and children last: The social situation of divorced mothers and their families. *Journal of Marriage and the Family* 36: 498-514.
Cashion, B. G. (1982). Female headed families: Effects on children and clinical Implications. *JMFT S (2)*: 77-86.
Changing USA families (1984). *Family Therapy News,* 15(2): 16.
Chester. R. (1971). Health and marriage breakdown: Experience of a sample of divorced women. *British Journal of Preventive and Social Medicine*, 25: 231-235.
Chiriboga, D. A., Coho, A., Stein, J. A., & RobertsJ. Divorce, stress, and social supports: A study in helpseeking behavior. *Journal of Divorce* (1979). 3: 121-136.
Glick, P. C. (1979). The future ofthe family in current population reports. *Special Studies Series,* P-23, No. 78. Washington, D.C.: U.S. Government Printing Office.

Glick, P. C. (1980). Remarriage: Some recent changes and variations. *Journal of famlly Issues* l: 455-78.
Glick, P. C., & Sung-Ling, L. (1986). Recent changes in divorce and remarriage. *Journal of Marriage and the Family*. 48. 737-749.
Goldberg, M. L., & Dukes, J. L. (1985). Social support in black low-income, single parent families: Normative and dysfunctional patterns, *American Journal of Orthopsvchiatry*. 55 (1).
Goldsmith, J. (1982) The postdivorce family system. In F. Walsh (Ed.). *Normal family process*. New York: Guilford Press.
Haley, J. (1980). *Leaving home*. New York: McGraw-Hill.
Herman, S. J. (1977). Women, divorce, and suicide. *Journal of Divorce* l: 107-117.
Hetherington, E. M., Cox, M., & Cox, R. (1976). Divorced fathers. *The Family Coordinator* 25: 417-428.
Hetherington, E. M., Cox, M., & Cox, R. (1977). The after math of divorce. In J. H. Stevens, Jr., & M. Mathews (Eds.), *Mother-child, father-child relations*. Washington, D.C.: National Association for the Education of Young Children.
Hetherington, E. M., Cos, M., & Cox, R. (1979). Family interaction and the social, emotional, and cognitive development of children following divorce. In V. C. Vaughn 111 & Brazelton (Eds.), *The family: Setting priorities*. New York: Science & Medicine Publishers.
Kelly, J. B., & Wallerstein, J. S. (1976). The effects of parental divorce: Experiences of the child in early latency. *American Journal of Orthopsychiatry*. 46: 20-32.
Kressel, K., & Deutsch, M. (1977). Divorce therapy: An in-depth survey of therapists views. *Family Process* 16: 413-443.
Kressel, K., Haffe, N., Tuchman, B., Watson, D., Deutsch, M. (1980). A typology of divorcing couples: Implications for mediation and the divorce process. *Family Process* 19: 101-116.
Lupnitz, D. (1982). *Child custody: A study of families after divorce*. Lexington, Mass.: Books.
Maxwell, J. W., & Andress, E. L. (1982). Marriage role expectations of divorced men and women. *Journal of Divorce,* 5: 55-66.
McLanahan, S., Wedemeyer, N., & Adelberg., T. (1981) Network Structure, Social Support & Psychological Wellberg in the singie parent family. *Journal of Marriage and Family* 43: 601-612.
National Center for Health Statistics (1984). *Monthly vital statistics report,* Vol. 32, No. 2, March 25, 1984. Washington, D.C.: U.S. Government Printing Office.
Nehls, N., & Morgenbesster, M. (1980). Joint custody: An exploration of the issues. *Family Process* 19: 2.
Norton, A. J., & Glick, P. C. (1976). Marital instability: Past, present and future. *Journal of Social Issues* 32: 5-20.
Norton, A. J. (1983). Family life cycle: 1980. *JMF45* (2) 267.
Rice, J. K., & Rice, D. G. (1986). *Living through divorce*. New York: Guilford Press.
Rothberg, B. (1981). Joint custody: Parental problems and satisfaction. *Family Process* 22 (1): 43-52.
Spanier, G. S. B., & Glick, P. C. Marital instability in the United States: Some correlates and recent changes. *Family Relations* 20: 329-338.
U.S. Bureau of the Census. (1977). *Current population reports,* Series P-60: 106. Characteristics of the population below the poverty level: 1975. Washington, D.C.: U.S. Government Printing Office.
Wallerstein, J. S., & Kelly, J. B. (1975). The effects of parental divorce: Experience of the preschool child. *Journal of the American Academy of Child Psychiatry* 14: 600-616.
Wallerstein, J. S., & Kelly, J. B. (1976). The effects of parental divorce: Experience of the child in later latency. *American Journal of Orthopsychiatry* 46: 256-269.
Wallerstein, J. S., & Kelly, J. B. (1977). Divorce counselling: A community service for families in the midst of divorce. *American Journal of Orthopsychiatry* 47: 4-22.
Wallerstein, J. S., & Kelly, J. B. (1980). *Surviving the break-up: How children and parents cope with divorce*. New York: Basic Books.
Weitzman, L. J. (1981). The economics of divorce: Social and economic consequences of property, alimony and child support awards. *UCLA Law Review* 28: 1181-1268.
Weitzman, L. J. (1985). *The divorce revolution*. New York: Free Press, 1985. Wright. D. W., & Price, S. J. (1986). Court ordered child support payment: The effect of the former spouse relationship on compliance. *Journal of Marriage and lhe Family,* 48: 89-874.
Wojahn, Ellen (1986). *Divorce Inc.,* pp. 55-68.

17

Constituindo uma família recasada

Monica McGoldrick, M.S.W. e *Betty Carter*, M.S.W.

Assim como o primeiro casamento que teve o seu curso de ciclo de vida familiar rompido por morte ou divórcio significa a união de duas famílias, um segundo casamento envolve o entrelaçamento de três, quatro ou mais famílias. Tão complexo é o processo através do qual o sistema familiar recasado se estabiliza e recupera sua confiança desenvolvimental, que viemos a pensar neste processo como acrescentando uma outra fase ao ciclo de vida familiar para aqueles envolvidos. Em 1990, 35% dos filhos podem esperar viver com um padrasto/madrasta por algum tempo antes dos dezoito anos de idade.

De acordo com o *U.S. Bureau of the Census,* cerca de 50% dos primeiros casamentos acabarão em divórcio: 65% das mulheres e 70% dos homens provavelmente casarão de novo (Glick & Lin, 1986; Norton & Moorman, 1987). Acrescentem a isso o número de pessoas que casam de novo depois da morte do cônjuge e o crescente número que vive junto numa segunda família sem casamento, e fica evidente que esse processo envolve muitíssimas famílias. Entretanto, todo o processo da formação de uma família com padrastos é deficientemente compreendido e manejado, se o índice de redivórcio serve como evidência. Foi projetado pelo *Census Bureau* (Glick, 1984) que 61% dos homens e 54% das mulheres que estavam na casa dos trinta anos na década de 80 irão divorciar-se duas vezes.

A maior parte da pesquisa está centrada nas primeiras famílias intactas. O processo "normal" de constituir uma família recasada ainda não foi realmente definido, embora haja sinais de normas emergindo (Dahl e colaboradores, 1987). A intrínseca ambiguidade das fronteiras e associações desafia uma definição simples, e nossa cultura não possui padrões ou rituais estabelecidos para ajudar-nos a manejar os complexos relacionamentos dos membros dessas novas famílias. Os termos de parentesco oferecidos por nossa cultura têm conotações negativas (por exemplo, madrasta), o que aumenta as dificuldades para as famílias que estão tentando elaborar esses relacionamentos.

A maioria das pessoas, incluindo os terapeutas, não percebe a necessidade de um paradigma de família inteiramente novo com o recasamento, que leve em consideração os novos relacionamentos e papéis, extremamente complexos. Até os termos utilizados para descrever esse tipo de família sugerem os problemas envolvidos. Por exemplo, elas foram referidas como famílias com padrasto/madrasta, famílias reconstituídas, famílias misturadas e famílias reestruturadas. Em nossa experiência, "misturada" sugere um grau de integração maior do que normalmente é possível, enquanto "família com padrasto/madrasta" sugere que ela não é bem verdadeira e de certa forma tem uma conotação negativa. Famílias reconstituídas e reestruturadas soa como se tudo fosse uma questão de rearrumar as partes da família. Nós escolhemos o termo "recasada" para enfatizar que é o vínculo conjugal que forma a base para o complexo arranjo de várias famílias numa nova constelação. Muitas das dificuldades das famílias com padrasto/madrasta, na vida e na terapia, podem ser atribuídas à tentativa por parte da família e/ou do terapeuta de utilizar como orientação os papéis e normas da família do primeiro casamento. Essas tentativas de copiar a família nuclear "intacta" podem provocar severos problemas:

1. Uma estreita fronteira de lealdade em torno dos membros da família excluindo pais ou filhos biológicos não é realista, embora seja extremamente difícil para todos abandonarem a ideia da "família nuclear".
2. O fato de que o vínculo progenitor-filho antecede o vínculo conjugal, frequentemente em muitos anos, faz com que o padrasto/madrasta comece a competir com seus enteados pela primazia em relação ao cônjuge, como se os relacionamentos fossem no mesmo nível.
3. Os tradicionais papéis de gênero, exigindo que as mulheres assumam a responsabilidade pelo bem-estar emocional da família, coloca a madrasta e a enteada em posições antagônicas e a ex-mulher e a nova mulher em posições de adversárias, especialmente com relação aos filhos.

Assim, o novo modelo de família requer o seguinte:

1. Fronteiras permeáveis em torno dos membros das diferentes famílias, que permitam aos filhos ir e vir facilmente, conforme combinado nos acordos de visitação e custódia.
2. Aceitação das responsabilidades e dos sentimentos paternos do cônjuge, sem assumir essas responsabilidades por ele ou tentar competir com o apego progenitor-filhos ou combater o necessário contato com o ex-cônjuge.
3. Revisão dos tradicionais papéis de gênero na família. Esses papéis tradicionais, rigidamente aplicados, são uma das mais sérias falhas na atual instável estrutura dos primeiros casamentos. E se as antigas normas que exigiam que as mulheres criassem os filhos e os homens trabalhassem e cuidassem do dinheiro não estão funcionando bem nas famílias de primeiro casamento – e certamente não estão —, elas não têm absolutamente nenhuma chance num sistema em que alguns dos filhos são estranhos para a esposa, e em que as finanças incluem fontes de renda e despesas que o marido não tem o poder de gerar ou controlar (por exemplo, pensão, sustento dos filhos, rendimentos da ex-mulher ou da atual mulher).

Num sistema recasado funcional, então, as responsabilidades de cuidar dos filhos dele e dos dela devem estar distribuídas de maneira que não exclua ou combata a influência dos pais biológicos. Isso realmente significa que cada cônjuge, em conjunção com seu ex-cônjuge, deve assumir a responsabilidade primária por criar ou disciplinar seus próprios filhos biológicos. O relacionamento dos filhos com o padrasto/madrasta será então definido e elaborado à luz de fatores como a idade e residência principal dos filhos, as circunstâncias do divórcio e os desejos de todos os envolvidos. Os padrastos e enteados podem então desenvolver um relacionamento que se assemelhe ao relacionamento dos pais (ou padrinhos) com os filhos, tia ou tio, amigos, ou qualquer modelo de relacionamento amigável que desejarem.

A maioria das pessoas, tanto homens quanto mulheres, supõe que a madrasta, por ser mulher, tomará conta da casa, dos filhos e dos relacionamentos emocionais de todo o sistema. Como ela tomará conta das crianças sem enfrentar dificuldades com a mãe delas não é considerado até acontecer, e é então rotulado como culpa dela ou culpa da mãe das crianças. Choques entre madrastas e enteadas são comuns, na medida em que as filhas se sentem responsáveis por proteger sua mãe natural e entram em conflito em relação aos papéis. A insatisfação das madrastas com seu novo marido e sua ambivalência em relação ao seu papel materno são particularmente agudas quando os enteados são pequenos e permanecem sob a custódia da ex-mulher do marido. Nessa situação bastante comum, a madrasta se sente menos ligada às crianças em termos emocionais; ela se sente perturbada e explorada durante suas visitas, e precisa lidar com o fato de que a parceria de co-patemidade do marido é vivida muito mais com a ex-mulher do que com ela (Ambert, 1986). Todos os fatos dessa situação estão em desacordo com suas suposições a respeito de casamento, de família e de seu papel no sistema. Nem as normas de sua família nem as normas societais a prepararam para aceitar ou participar de relacionamentos familiares que não incluem necessariamente um vínculo emocional primário. Ela não se sente capacitada nesse papel e não pode simplesmente ignorar as questões de relacionamento que surgem.

É claro, este novo modelo de família repousa sobre a suposição de que os ex-cônjuges são adultos responsáveis que podem aprender a cooperar um com o outro, para o bem de seus relacionamentos com seus filhos. Esse nem sempre é o caso, e Elkin (1987) relaciona várias contraindicações a arranjos pós-divórcio de custódia conjunta ou compartilhada. Entre elas estão:

1. Doença mental ou adição em um ou em ambos os pais.
2. Uma história de violência familiar e/ou abuso e negligência dos filhos.
3. Desacordos inconciliáveis em relação à criação dos filhos.

Este capítulo apresentará um resumo do processo de recasamento, discutirá as implicações de sua ocorrência em diferentes estágios do ciclo de vida familiar e sugerirá intervenções clínicas no caso das famílias que ficam paralisadas nesse processo. A nossa experiência é a de que esta é uma das transições desenvolvimentais mais difíceis para as famílias negociarem. É assim por causa do desejo de encerramento prematuro para acabar com a ambiguidade e o sofrimento, e pela probabilidade de que o estágio anterior (fazer o luto por uma morte ou elaborar as complexidades emocionais de um divórcio) tenha sido inadequadamente manejado e será, em todos os casos, reativado emocionalmente.

É fácil compreender o desejo de uma resolução clara e rápida quando a pessoa passou pela dor do final de uma primeira família. Infelizmente, entretanto, a "intimidade instantânea" que as famílias recasadas esperam de si mesmas é impossível de obter, e os novos relacionamentos são ainda mais difíceis de negociar, uma vez que não se desenvolvem lentamente, como nas famílias intactas, mas começam no meio do caminho, depois que o ciclo de vida de uma outra família foi deslocado. Naturalmente, as segundas famílias carregam as cicatrizes das primeiras. Nem os pais, nem os filhos, nem os avós podem esquecer os relacionamentos que existiram antes. Os filhos jamais desistem de seu apego ao primeiro progenitor, por mais negativo que esse relacionamento tenha sido ou ainda seja. Ter a paciência para tolerar a ambiguidade da situação e conceder um ao outro o espaço e tempo para os sentimentos acerca de relacionamentos passados é crucial para o processo de constituir uma família recasada. Entretanto, o "cansaço de guerra" dos membros da família conduz naturalmente a uma tendência a buscar conforto, resultando frequentemente na pseudomutualidade característica (Goldstein, 1974), que nega as dificuldades e impede a sua resolução.

ESTUDOS SOBRE O RECASAMENTO: ACHADOS CLINICAMENTE ÚTEIS

Segue-se um breve resumo de alguns achados clinicamente úteis, de pesquisas sobre famílias recasadas, realizadas na última década. Para uma cobertura mais completa, sugerimos ao leitor os excelentes livros de Visher e Visher (1979, 1982 e especialmente 1987), Ahrons e Rodgers (1987) e Sager e colaboradores (1983), e o *Stepfamily Bulletin*, publicado trimestralmente pela *Stepfamily Association of America in Baltimore, Md.*

Nós sabemos que os homens recasam mais rapidamente e com maior frequência, e que embora suas primeiras esposas sejam em média três anos mais jovens do que eles, suas segundas esposas são em média seis anos mais jovens. Quanto maior a renda e melhor a instrução de uma mulher, menos provável que case novamente. O inverso é verdadeiro para os homens: quanto mais ricos e instruídos, mais provável que casem novamente, e o façam rapidamente. Em geral, aqueles com instrução "incompleta" (por exemplo, alguns anos de faculdade, mas nenhum curso concluído) parecem ter maior probabilidade de se divorciarem, mas aqueles com maior instrução parecem ter menor probabilidade de se divorciarem pela segunda vez. Cerca de metade dos casais que casam pela segunda vez têm filhos, e a média estatística é a de que os casais que se divorciam e recasam o fazem num período de dez anos a partir do primeiro casamento.

Num dos poucos estudos sobre famílias recasadas não atendidas clinicamente, Dahl e seus colegas (1987) entrevistaram 30 famílias recasadas em Connecticut. Elas eram famílias predominantemente brancas, protestantes ou católicas, de classe média, com dois salários. Os pesquisadores descobriram que:

1. O "sentimento de pertencer a", na família recasada, demorou de três a cinco anos para a maioria de seus membros, e mais tempo se havia adolescentes.
2. As famílias normalmente se mudavam ou redecoravam a casa durante o primeiro ano, mais ou menos, para evitar o sentimento de "estar morando na casa de uma outra pessoa".
3. Ambos os cônjuges preferiam relacionamentos distantes, mas cordiais, com o ex--cônjuge e o/a novo/a parceiro/a do ex-cônjuge.
4. Os problemas sérios de disciplina com os filhos e os arranjos de visita para os filhos pequenos eram manejados pelo progenitor biológico. Os homens estavam ativamente envolvidos na paternidade de seus filhos e enteados.
5. As experiências de infância numa família grande podem ser úteis no manejo das complexidades de uma família recasada.
6. A satisfação conjugal estava correlacionada à conexão dos padrastos com seus enteados.

Perguntadas sobre que conselho dariam a outras famílias recasadas, elas disseram:

1. Vão devagar. Tenham paciência. Encerrem seu antigo casamento (divórcio) antes de começar um novo. Aceitem a necessidade de contínuo envolvimento das partes da antiga família com a nova. Ajudem as crianças a manterem relacionamentos com seus pais biológicos.
2. Os padrastos devem tentar ser cordiais, mas não esperem o amor de um enteado. Eles devem respeitar o vínculo especial entre o progenitor biológico e a criança.
3. Comuniquem-se, negociem, comprometam-se e aceitem o que não pode ser mudado.

White e Booth (1985) estudaram o papel dos enteados no recasamento. Eles descobriram que os casamentos, em si, poderiam ser bastante satisfatórios, mas que a presença de enteados frequentemente significava que o casal tinha problemas relacionados aos filhos que os poderiam levar à separação. Eles descobriram que os enteados apresentavam uma probabilidade muito maior de mudarem ou de saírem cedo de casa do que os filhos que viviam com seus pais biológicos.

Clingempeel (1981) e Clingempeel e colegas (1984a, 1984b) também descobriram que as famílias nas quais os padrastos haviam deixado os filhos de um casamento anterior tinham dificuldades no relacionamento com os enteados, relacionadas à ausência de prescrições sociais de papel para orientá-los. Entretanto, isso necessariamente não os tornava menos capazes de desenvolver relacionamentos com os enteados do que os padrastos sem experiência anterior de paternidade. As enteadas pareciam ter maiores dificuldades do que os enteados para lidar com os padrastos, talvez, novamente, porque as mulheres não são educadas para manter relacionamentos familiares sem envolvimento.

Frank Furstenberg e seus colegas (1983) descobriram que o recasamento de um dos cônjuges tinha um efeito negativo sobre a frequência do contato entre o pai e seus filhos biológicos. Eles descobriram que o nível de contato entre um pai divorciado e seus filhos é duas vezes mais elevado se ele não casou novamente, e ainda maior se a mãe não casou novamente. Se ambos os pais casaram pela segunda vez, apenas 11% dos filhos têm um contato semanal com seus pais, comparados a 49% dos filhos quando nenhum dos pais casou novamente.

Anderson e White (1986) estudaram 63 famílias, metade delas recasadas. Eles descobriram, em suas famílias com padrasto-madrasta, que 69% dos filhos tinham contato com seu pai menos de cinco vezes por ano. Eles estudaram as primeiras e as segundas famílias funcionais e disfuncionais, e descobriram que:

1. Nas famílias funcionais com padrasto/madrasta, o relacionamento entre o padrasto e os filhos era menos intenso do que o do pai com seus filhos nas primeiras famílias intactas.
2. Era menos frequente que as famílias funcionais com padrasto/madrasta desejassem excluir um membro.
3. Havia menos coalizões progenitor-filhos nas famílias funcionais com padrasto/madrasta.

E. Mavis Hetherington e seus colegas (1977), ao estudarem casais intactos e divorciados, descobriram o seguinte:

1. Em 70% dos casais divorciados estudados, um dos cônjuges estava envolvido num caso amoroso, mas apenas 15% deles casaram com a pessoa com quem estavam tendo um caso.
2. O recasamento de um ex-cônjuge era acompanhado por uma reativação dos sentimentos de depressão, desamparo, raiva e ansiedade, particularmente nas mulheres. Os homens, possivelmente por razões financeiras, e por serem normalmente menos centrais no sistema emocional, tendiam a ficar menos perturbados com o recasamento da ex-mulher.
3. O recasamento frequentemente conduzia a uma renovação das dificuldades financeiras e/ou de custódia. Expectativas conflituantes de papel levavam as mães e madrastas a disputas competitivas em relação a práticas de criação dos filhos.

Um outro estudo, de Stern (1978), sobre a disciplina e a integração com o padrasto, em 30 famílias, descobriu que os padrastos levavam quase dois anos para assumirem seus enteados numa co-paternidade com as esposas. Eles primeiro precisavam ficar amigos das crianças, e apenas gradualmente podiam assumir um papel ativo na paternidade.

Ainda em outro estudo, de Estelle Duberman (1975), 88 casais recasados foram entrevistados para determinar seu nível de "integração familiar". Duberman descobriu que:

1. A integração familiar era melhor se o cônjuge anterior houvesse morrido, em vez de se divorciado.
2. A integração familiar era melhor se o novo cônjuge fosse divorciado/ em vez de ser solteiro.
3. Quanto mais prolongado o período de tempo em que a família estava junta como uma unidade, mais alto era o nível de integração familiar.
4. Os relacionamentos entre pais e filhos eram melhores quando o casal recasado tinha seus próprios filhos.
5. Os relacionamentos entre pais e filhos eram melhores quando os filhos do primeiro casamento da esposa estavam com ela.
6. Os homens que haviam deixado os filhos com sua ex-mulher não se relacionavam tão bem com os enteados quanto os solteiros.
7. As madrastas se relacionavam melhor com enteados pequenos do que com adolescentes.
8. As viúvas se relacionavam melhor com seus enteados do que as divorciadas.
9. O relacionamento entre a madrasta e a enteada era o mais problemático de todos os relacionamentos nas famílias com padrasto/madrasta.
10. Os relacionamentos nas famílias recasadas eram melhores quando os membros da família ampliada aprovavam ou aceitavam o casamento, menos bons quando eles desaprovavam ou eram negativos, e piores quando eles haviam rompido ou eram indiferentes.

Provavelmente refletindo o fato de que as filhas se sentem mais responsáveis pelos relacionamentos emocionais numa família, ficando presas entre a lealdade e proteção à mãe biológica e conflitos com sua madrasta, um recente estudo de Bray (1986) revelou que as meninas nas famílias com padrasto/madrasta apresentavam um estresse mais negativo do que os meninos nas famílias com padrasto/madrasta ou as meninas nas famílias nucleares.

Especialmente relevante para a nossa opinião é o achado de Nolan (1977) e Ahrons (1980), substanciado por Isaacs e seus colegas (1986), de que os filhos funcionam melhor depois do divórcio se conseguem manter um contato satisfatório com ambos os pais.

QUESTÕES EMOCIONAIS PREDIZÍVEIS NO RECASAMENTO

A premissa básica da teoria sistêmica da família é a de que todos nós carregamos para nossos novos relacionamentos a bagagem emocional de questões não resolvidas de relacionamentos passados importantes. Esta bagagem nos torna emocionalmente sensíveis nos novos relacionamentos, e nós tendemos a reagir de uma dessas duas maneiras: tornamo-nos autoprotetores, fechados e temerosos de ficarmos vulneráveis a novas mágoas (isto é, colocamos barreiras à intimidade) ou tornamo-nos intensamente esperançosos e exigentes, querendo que os novos relacionamentos compensem ou apaguem mágoas passadas.

Qualquer uma dessas situações complica os novos relacionamentos. No primeiro casamento, a bagagem que trazemos é de nossas famílias de origem: nossos sentimentos não resolvidos em relação aos pais e irmãos. No recasamento, há pelo menos três conjuntos de bagagem emocional:

1. Da família de origem.

2. Do primeiro casamento.
3. Do processo de separação, divórcio e do período entre os casamentos.

Na extensão em que um ou ambos os parceiros recasados esperam que o outro os alivie dessa bagagem, o novo relacionamento tornar-se-á problemático. Por outro lado, na extensão em que cada cônjuge consegue trabalhar para resolver suas próprias questões emocionais com as pessoas significativas do passado, o novo relacionamento pode prosseguir por seus próprios méritos.

Existem algumas questões emocionais importantes predizíveis no recasamento, que serão brevemente resumidas aqui. Elas foram tratadas com maior profundidade por outros autores (Visher & Visher, 1977; Schulman, 1972; Goldstein, 1974; Whiteside, 1982; Wald, 1981; Sager e colaboradores, 1983).

Novos papéis e relacionamentos complexos, conflituantes e ambíguos

Em vez de uma progressão passo a passo, do namoro ao casamento e à paternidade, as famílias recasadas precisam mergulhar instantaneamente em múltiplos papéis, como quando uma jovem adulta solteira se torna esposa e madrasta de quatro crianças. Nessas situações, o relacionamento progenitor-filhos antecede o relacionamento de casal, com as óbvias complicações que isso traz.

A complexidade das famílias recasadas provavelmente não apresentaria tantos problemas para os seus membros se a nossa sociedade oferecesse uma orientação para os papéis e relacionamentos, mas nós não temos nem mesmo a linguagem ou os rótulos de parentesco para ajudar a orientar positivamente os membros dessas famílias em relação aos seus novos parentes. Esses problemas não são triviais, e invadem imediatamente todos os aspectos da vida familiar e o contato com as pessoas de fora. Como as crianças podem explicar que seu irmão tem um sobrenome diferente e sua mãe um terceiro sobrenome? Como elas devem tratar seus avós por afinidade? E como podem aprender a ser o filho do meio, quando foram os mais velhos por tantos anos?

Nossos costumes, rituais e suposições culturais ainda se relacionam principalmente à família intacta do primeiro casamento, e o evento mais comum, tal como preencher um formulário ou comemorar um feriado, pode se tornar uma fonte de agudo embaraço ou sofrimento para os membros das famílias recasadas.

Fronteiras complexas e ambíguas do sistema

As dificuldades de fronteiras incluem questões de:

1. Associação (Quem são os "verdadeiros" membros da família?)
2. Espaço (Qual é o meu espaço? A qual lugar eu realmente pertenço?)
3. Autoridade (Quem está realmente no comando? Da disciplina? Do dinheiro? Das decisões? etc.)
4. Tempo (A quem dedicar meu tempo – e quanto – e quanto tempo eu recebo deles?)

Esse grupo de questões é central e deve ser negociado pelas famílias recasadas, uma vez que não existe uma simples fronteira em torno dos membros da família, como na maioria das primeiras famílias. É necessária uma grande flexibilidade para que a família constantemente expanda e contraia suas fronteiras, inclua as crianças em visita e depois as deixe partir, ao mesmo tempo em que estabelece seu estilo de vida estável. Um outro problema de fronteiras surge quando entram em cena os "tabus de incesto instantâneos", como quando vários adolescentes anteriormente não relacionados devem subitamente considerar uns aos outros como irmãos, ou quando um novo padrasto não deve ter sentimentos sexuais em relação à sua atraente enteada.

Problemas afetivos: desejando a resolução da ambiguidade

Intensos sentimentos conflituantes, ou sua negação, são problemas predizíveis nas famílias recasadas.

A culpa é uma questão especialmente difícil. Por exemplo, se um pai deixou os filhos de seu primeiro casamento com a ex-mulher, ele pode ser levado pela culpa a ser um pai "melhor" na nova família, criando uma intensidade especial em seus relacionamentos com os enteados. Ou uma mulher pode não gostar muito dos filhos do marido, pode achá-los mal-comportados ou intrusivos, mas ao mesmo tempo sentir que eles são "parte do negócio", que precisam dela em virtude de suas perdas anteriores, ou que seu marido confia nela para fazer um bom trabalho com eles. "Tentar exageradamente" é um problema maior para o novo progenitor nessas famílias, frequentemente relacionado à culpa por aspectos não resolvidos ou insolúveis do sistema. Esse é um problema mais frequente para as madrastas, pelas exigências especiais que nossa cultura faz em relação às mulheres, de que assumam a responsabilidade pelos relacionamentos emocionais na família.

Uma outra fonte importante de dificuldade são os conflitos de lealdade. Os filhos sempre serão leais aos pais biológicos. Uma das maiores dificuldades para os pais é deixarem seus filhos sentir e expressar toda a variação de sentimentos negativos e positivos em relação aos pais e padrastos. Um progenitor pode proibir um filho de expressar sentimentos negativos em relação a um progenitor morto, ou sentimentos positivos em relação a um progenitor que se divorciou ou os abandonou. Muitas vezes, os pais exigem a total lealdade dos filhos, e a maioria das crianças sente que se amarem um dos pais irão de alguma forma magoar o outro. Se elas não amarem um/a novo/a padrasto/madrasta, temem magoar e despertar a raiva num progenitor; se elas realmente amarem o/a novo/a padrasto/madrasta, sentir-se-ão desleais em relação ao progenitor.

A tendência para a pseudomutualidade ou fusão

As famílias recasadas são constituídas contra um fundo de mágoa e fracasso. O sentimento de vulnerabilidade, medo e desconfiança é muito difícil de manejar. Em resultado, as famílias muitas vezes encobrem os conflitos, temendo que sua expressão provoque mais mágoa e separação. Existe um sentimento de: "Não vamos estragar as coisas desta vez".

O PROCESSO DE RECASAMENTO

O processo de recasamento deve ser visto como parte de um processo emocional que remonta pelo menos à desintegração do primeiro casamento. A intensidade da emoção despertada pela ruptura do ciclo de vida pelo divórcio deve ser manejada muitas vezes antes que os sistemas deslocados voltem a se estabilizar. As emoções relacionadas ao final do primeiro casamento podem ser visualizadas como um gráfico tipo "montanha russa", com picos de intensidade nos momentos de:

1. Decisão de separar-se.
2. Separação concreta.
3. Divórcio legal.

4. Recasamento de um dos cônjuges.
5. Mudança na custódia de algum dos filhos.
6. Mudança de casa de um dos cônjuges.
7. Doença ou morte de um dos ex-cônjuges.
8. Transições do ciclo de vida dos filhos (formaturas, casamento, doença, etc.).

Visto dessa maneira, deve ficar claro que por mais que as dificuldades emocionais do divórcio sejam "manejadas", isso não encerrará definitivamente o processo antes do recasamento, embora pareça, clinicamente, que quanto mais completo o trabalho emocional realizado em cada etapa, menos intensas e perturbadoras serão as subsequentes reativações. A incapacidade de lidar suficientemente com o processo em cada pico pode bloqueá-lo o suficiente para impedir a estabilização da família recasada.

O Capítulo 1 descreve os passos desenvolvimentais necessários para a formação de uma família recasada, semelhantes, em muitos aspectos, aos descritos por Ransom e colegas (1979). Seu resumo é particularmente casual ao tratar da necessidade de conceitualizar o planejamento para o novo casamento. Embora certamente seja verdade que um planejamento mais avançado também seria útil num primeiro casamento, ele é um ingrediente essencial para um recasamento bem-sucedido, em virtude do modelo conceitual diferente e do número de relacionamentos familiares que precisam ser negociados ao mesmo tempo no novo casamento. Nós ampliamos o resumo de Ransom e colegas para incluir a conceitualização e o planejamento da nova família, assim como do casamento. Isso foi feito porque, como eles mesmos observaram, "A presença dos filhos nos primeiros estágios impede o estabelecimento de um relacionamento cônjuge-para-cônjuge exclusivo, que antecede a assunção da paternidade" (página 37). Nós também acrescentamos à estrutura os relacionamentos com a família ampliada, que consideramos vitais para a estabilização do sistema.

A nossa opinião é a de que as tarefas emocionais listadas na coluna 2 de nossa tabela são atitudes-chave nas transições, que permitem à família executar as tarefas da coluna 3. Se, como terapeutas, estamos lutando com a família em relação a questões desenvolvimentais (coluna 3) antes que as atitudes que constituem pré-requisitos tenham sido adotadas, provavelmente estamos desperdiçando nossos esforços. Além do trabalho emocional, o tempo é um ingrediente essencial neste processo. Hetherington e colaboradores (1977) descobriram ser necessária uma média de dois anos para a reestabilização da família depois do divórcio. Outros estudos sugeriram (Stern, 1978), e nós observamos clinicamente, que as famílias recasadas levam no mínimo dois anos para estabilizar-se. Este tempo para a estabilização mínima é consideravelmente mais curto do que os três a cinco anos referidos no estudo de Dahl para que os membros da família desenvolvam um "sentimento de pertencer *a*".

A partir de nossa experiência clínica, resumimos alguns preditores de dificuldade na transição para o recasamento:

1. Uma grande discrepância entre os ciclos de vida das famílias.
2. Negação de perda anterior e/ou um intervalo curto entre os casamentos.
3. Incapacidade de resolver questões de relacionamento intenso na primeira família – por exemplo, se membros da família ainda sentem intensa raiva ou amargura em relação ao divórcio, ou se ainda há ações legais pendentes.
4. Falta de consciência das dificuldades emocionais do recasamento para os filhos.
5. Incapacidade de abandonar o ideal da primeira família intacta e passar para um novo modelo conceitual de família.
6. Esforços para estabelecer firmes fronteiras em torno da nova associação familiar e pressão para haver lealdade e coesão primárias na nova família (excluindo assim todos os outros membros da família).

7. Exclusão dos pais ou avós biológicos; combater sua influência.
8. Negação das diferenças e dificuldades; agir "como se" esta fosse apenas uma família comum.
9. Mudança na custódia dos filhos perto do recasamento.

O IMPACTO DO RECASAMENTO EM VÁRIAS FASES DO CICLO DE VIDA FAMILIAR

Cônjuges em diferentes fases do ciclo de vida

Para ser útil aos terapeutas, a visão de ciclo de vida familiar do desenvolvimento humano deve incluir as variações na estrutura das famílias recasadas. A mesma complexidade que nem sempre permite uma resposta simples a perguntas como "Quem são os seus pais?" ou "Onde você mora?", aplica-se igualmente à tentativa do terapeuta de localizar a família recasada numa determinada fase do ciclo de vida familiar. De fato, os dois subsistemas agora reunidos pelo recasamento podem vir de fases bem diferentes, e essa diferença de experiência e abordagem às atuais responsabilidades pode provocar uma considerável dificuldade, caso não seja explicitamente tratada pelos novos cônjuges.

Em geral, quanto maior a discrepância em experiência no ciclo de vida familiar entre os cônjuges, maior será a dificuldade de transição e mais demorada será a integração da família. O pai de filhos adolescentes e/ou adultos jovens com uma nova esposa, jovem, que nunca foi casada, deve esperar um período de ajustamento bastante ativo e demorado, durante o qual ele terá de lidar com suas responsabilidades emocionais e financeiras em relação ao novo casamento e aos seus (provavelmente perturbados) filhos. Sua esposa, esperando os aspectos românticos de um primeiro casamento, encontrará, em vez disso, os muitos estresses de lidar com adolescentes que provavelmente não facilitarão as coisas para ela, o que acontece quer os filhos vivam com o casal quer não vivam. Se algum dos cônjuges tentar impor ao outro exclusivamente um estilo de vida ou atitude que negue ou limite as tarefas do ciclo de vida dessa pessoa, as dificuldades se transformarão em sérios problemas. Assim, se o marido espera que sua nova esposa assuma imediatamente um papel maior e bem-sucedido na vida dos filhos, ou que ela recue graciosamente sempre que seus interesses e preferências se chocarem com os dos filhos, haverá sérios problemas no casamento, na medida em que a formação do vínculo do novo casal está sempre em segundo plano. Por outro lado, se a nova esposa tenta, aberta ou sutilmente, romper ou afrouxar o laço entre o pai e os filhos, ou se ela insiste em vir sempre em primeiro lugar, obrigando o marido a uma escolha entre eles, também haverá sérios problemas. As variações, em que a nova esposa afirma apoiar o marido mas inicia uma batalha com sua ex-mulher, considerando-a a fonte das dificuldades, são igualmente disfuncionais.

Uma vez que é impossível, em termos emocionais, apagar ou adquirir experiência da noite para o dia, seria bom conceitualizar a união de parceiros em fases discrepantes do ciclo de vida como um processo em que ambos precisam aprender a funcionar em várias fases diferentes do ciclo de vida, simultaneamente e fora de sua sequência normal. A nova esposa terá de lutar com o papel de madrasta de adolescentes antes de se tornar uma esposa experiente ou mãe de seus próprios filhos. O marido terá de reatravessar com ela várias fases que já atravessou: a lua de mel, – o novo casamento com sua ênfase no romance e nas atividades sociais, e o nascimento e criação dos filhos deles. Ambos precisam estar conscientes de que uma segunda passagem por estas fases automaticamente reativa parte da intensidade em relação às questões que foram problemáticas da primeira vez. Tentativas de "compensar" erros ou tristezas passadas podem sobrecarregar o novo relacionamento. O foco deve ser o de ter essas experiências novamente, não o de anular, refazer ou negar o passado. Com uma discussão franca, apoio mútuo, entendimento e cuidadoso planejamento, a passagem simultânea por várias fases pode proporcionar rejuvenescimento ao cônjuge mais velho e experiência ao mais jovem, que poderão enriquecer suas vidas. Se as dificuldades não forem compreendidas e manejadas, elas aparecerão como conflito ou distância emocional em cada transição do ciclo de vida, em todos os subsistemas da família recasada.

Cônjuges na mesma fase do ciclo de vida

Quando os cônjuges recasados chegam juntos à mesma fase do ciclo de vida familiar, eles tendem a ter a vantagem de trazer à nova família as mesmas tarefas de ciclo de vida e a mesma experiência prévia geral. Suas maiores dificuldades provavelmente estarão relacionadas a alguma fase da criação dos filhos. Obviamente, as pessoas sem filhos de casamentos anteriores trarão a menor complexidade à nova situação. As famílias com filhos adultos e netos de ambos os lados constituem sistemas complexos com longas histórias e exigirão cuidadosa reflexão para negociarem de forma bem-sucedida. Nenhuma dessas circunstâncias, entretanto, provavelmente trará a tensão envolvida nas fases que incluem filhos pequenos e adolescentes, em que os papéis ativos de pais e padrastos precisam, ser incluídos na nova família. Infelizmente, a vantagem de ter tarefas, responsabilidades e experiências semelhantes muitas vezes de nada adianta, quando existe uma luta competitiva decorrente da sobrecarga dessas tarefas e preocupações (seis filhos são mais difíceis de cuidar e sustentar do que três); do intenso investimento emocional para serem bons pais ("Meus métodos são melhores do que os seus"); e da necessidade de incluir ambos os ex-cônjuges nos muitos arranjos referentes aos filhos ("Por que você a/o deixa mandar na nossa vida?").

Reações dos filhos ao recasamento

As famílias recasadas mais complexas, e elas são a maioria, são aquelas em que um ou ambos os cônjuges têm filhos com menos de dezoito anos. Ao avaliar prováveis problemas existentes nas famílias recasadas com filhos, é necessário considerar vários fatores importantes: o grau de reconhecimento de perdas profundas anteriores (seja por morte ou divórcio); o tempo decorrido entre os casamentos, em que as perdas anteriores foram manejadas; a extensão em que perdas e/ou conflitos familiares anteriores foram realmente resolvidos; e o reconhecimento e a aceitação das questões emocionais importantes para os filhos na época do recasamento, e os métodos, conforme a idade de cada um, para lidar com essas questões.

Clinicamente, nós descobrimos que a negação da importância de uma perda anterior, pouco tempo entre os casamentos, incapacidade de resolver intensas questões de relacionamento na primeira família (incluindo a família ampliada), e expectativas de que o casamento seja rápida ou facilmente aceito pelos filhos, todos estão associados a um mau ajustamento dos filhos na família recasada.

Visher e Visher (1979) dedicaram vários capítulos de seu livro às questões cruciais para os filhos de várias idades. Seu resumo baseia-se no trabalho clínico com este problema ao longo de muitos anos, e no pequeno mas importante corpo de pesquisa sobre o assunto, notavelmente o trabalho de Wallerstein e Kelly (1980). Os Visher identificam as questões mais importantes para os filhos no recasamento conforme segue:

1. Lidar com perdas.
2. Lealdades divididas.
3. A que lugar eu pertenço? (Mudança na posição dos irmãos, papel na estrutura familiar, tradições familiares.)

4. Fazer parte de duas famílias.
5. Expectativas pouco razoáveis.
6. Fantasias sobre a re-união dos pais biológicos.
7. Culpa por ter provocado o divórcio.
8. Para os adolescentes, problemas adicionais com a identidade e a sexualidade.

As lutas dos filhos com essas questões aparecem como problemas de comportamento e/ou na escola, afastamento em relação à família e aos amigos ou comportamento de "atuação", que complicam ou podem impedir completamente o processo de reorganização da família recasada. Há indicações de que os filhos em idade pré-escolar, se lhes damos tempo e os ajudamos a fazer o luto pelas perdas anteriores, ajustar-se-ão mais facilmente à nova família, sendo que o ajustamento dos adolescentes é o mais difícil (Visher & Visher, 1979). As crianças na idade da latência parecem ter a maior dificuldade em resolver os sentimentos de lealdade dividida (Wallerstein & Kelly, 1976) e se beneficiam da cuidadosa atenção à sua necessidade de contato com ambos os pais. Evidentemente, os filhos de todas as idades sofrem quando há um conflito intenso entre os pais biológicos e se beneficiam quando estes mantêm relacionamentos cordiais, cooperativos, de co-paternidade (Ahrons & Rogers, 1987; Ahrons & Wailisch, 1986); a pesquisa de Ahrons (1981) demonstra que se os pais não conseguem cooperar, estruturar os relacionamentos é a segunda melhor alternativa.

Famílias recasadas com adolescentes

Uma vez que as dificuldades da maioria das famílias americanas com adolescentes são legendárias, não surpreende que as complicações adicionais desta fase nas famílias recasadas possa elevar o nível de estresse a um ponto não manejável. Nós descobrimos as seguintes questões comuns nesta fase para as famílias recasadas.
1. Conflito entre a necessidade de união da família recasada e a concentração normal dos adolescentes na separação. Os adolescentes frequentemente se ressentem de mudanças maiores em seus padrões familiares habituais, e resistem a aprender novos papéis na nova constelação familiar neste momento, quando estão preocupados em afastar-se da família.
2. Dificuldades especiais para o/a padrasto/a em disciplinar um adolescente.
3. Os adolescentes tentam resolver suas lealdades divididas tomando algum partido (Wallerstein & Kelly, 1974) ou jogando um lado contra o outro.
4. A atração sexual entre irmãos por afinidade ou padrastos e enteados pode ser um problema, juntamente com a dificuldade do adolescente em aceitar a sexualidade do progenitor biológico.

O impacto do recasamento nas fases posteriores do ciclo de vida

Embora não haja a tensão diária de viver com enteados e padrastos, o recasamento numa fase posterior à criação dos filhos requer um ajustamento significativo dos relacionamentos nos dois sistemas familiares, que agora talvez incluam parentes por afinidade e netos. É provável que os filhos e netos adultos aceitem mais facilmente um recasamento após a morte de um dos pais do que após um divórcio. Geralmente há um grande alívio em toda a família se um progenitor viúvo idoso encontra um novo parceiro e um novo interesse pela vida, ao passo que um divórcio numa etapa tardia da vida normalmente desperta preocupação e espanto em toda a família. Um homem adulto disse sentir que todas as suas lembranças infantis haviam sido postas em dúvida e tiveram de ser reorganizadas quando seus pais se divorciaram depois dos sessenta anos. Ele ficou zangado com ambos quando casaram novamente, por precisar aceitar dois novos relacionamentos "estranhos", e por privar seus filhos de avós "normais". Uma filha adulta queixou-se do estresse de selecionar os convidados para aniversários, formaturas e feriados, e ficou especialmente perturbada quando o pai e sua nova esposa ficaram morando na casa de sua infância, "modificando e redecorando o meu passado". Um problema frequente para os casais recasados mais idosos é o de negociar um com o outro como seus testamentos serão feitos e quanta assistência financeira será dada aos filhos adultos. Este é um problema maior quando os recursos financeiros são muitos.

Em termos clínicos, descobrimos que o fator de ajustamento mais importante no recasamento na meia-idade ou na velhice é a hostilidade ou cooperação entre os ex-cônjuges. Quando o relacionamento é suficientemente cooperativo para permitir a reunião de todos os filhos e netos em importantes funções familiares, e quando os arranjos de férias são feitos de comum acordo, costuma seguir-se a aceitação familiar do novo casamento.

TERAPIA FAMILIAR COM FAMÍLIAS RECASADAS: PROCEDIMENTOS CLÍNICOS E ILUSTRAÇÕES

Há alguns anos, defrontando-nos com um número cada vez maior de famílias recasadas em nosso trabalho clínico e no de nossos treinandos, iniciamos um projeto informal, discutindo casos e desenvolvendo procedimentos clínicos para trabalhar com essas famílias. O que se segue é um resumo de nosso trabalho.

Conforme indicado na coluna 2 de nosso sumário desenvolvimental (Tabela 1-1), há pelo menos três atitudes emocionais essenciais que permitem a transição através das etapas desenvolvimentais envolvidas no processo de formação e estabilização das famílias recasadas: resolução do apego emocional ao ex-cônjuge; abandonar o ideal de estrutura da primeira família e aceitar um modelo conceitual diferente de família; e aceitar o tempo e espaço envolvidos na ambivalência e dificuldade de todos os membros da família de chegarem à organização da família recasada. O malogro emocional em atingir suficientemente essas "atitudes capacitadoras" dificultará, retardará ou impedirá seriamente a reorganização e o futuro desenvolvimento da família.

Os terapeutas de família costumam investigar uma ou duas gerações atrás para compreender o problema familiar apresentado. Assim, a dificuldade com uma criança envolverá uma avaliação do casamento dos pais e dos relacionamentos dos pais com a geração dos avós. Seja qual for o problema apresentado por uma família recasada, é essencial olhar lateralmente, assim como para trás, e avaliar os relacionamentos atuais e passados com ex-cônjuges, para determinar o grau em que a família precisa de ajuda para desenvolver os padrões necessários à nova estrutura. Geralmente, nós assumimos a posição de que quanto mais abertas são as fronteiras para todos os membros da família, e mais claros os papéis, mais funcional será a nova estrutura. Conflitos ou rompimentos com ex-cônjuges, pais biológicos e avós tenderão a sobrecarregar os relacionamentos na família recasada e torná-la problemática.

Nas famílias de primeiro casamento, os triângulos mais problemáticos envolvem os pais com algum ou todos os filhos, e cada pai com seus próprios pais. Nas estruturas mais complexas das famílias recasadas, nós identificamos seis dos triângulos mais comuns e dos triângulos conectadores. Para os propósitos deste capítulo, limitamos nossas ilustrações clínicas àquelas comumente apresentadas nas famílias e subsistemas nucleares das famílias recasadas. De maneira nenhuma queremos sugerir, com este foco, que os triângulos com a família ampliada e a geração dos avós são pouco importantes para o entendimento e a terapia das famílias recasadas. Entretanto, esse processo foi detalhadamente explicado alhures

(Bowen, 1978). De fato, nós consideramos os genetogramas um instrumento básico para explorar a estrutura e descobrir os processos em todas as famílias, e como essenciais no trabalho com as famílias recasadas, em virtude da complexidade estrutural que tanto influencia os triângulos predizíveis existentes nessas situações (McGoldrick & Gerson, 1985). Para uma exploração mais extensiva do uso dos genetogramas com famílias recasadas veja Visher e Visher (1987). Em nosso trabalho clínico com famílias recasadas, a orientação dos adultos para uma maior diferenciação em relação às suas famílias de origem se dá juntamente com o trabalho sobre os problemas familiares atuais. O aspecto da família ampliada na terapia familiar foi omitido em grande parte dos exemplos, tendo em vista o foço deste capítulo.

Uma advertência final: As breves estórias de caso pretendem ilustrar possíveis movimentos clínicos. O que elas não conseguem transmitir é a enorme intensidade desperta pelas tentativas de mudar esses relacionamentos, a extrema raiva e medo que bloqueiam a mudança, os muitos, muitos retrocessos, e a reciclagem de antigos conflitos que acompanha cada movimento para a frente. Nossa experiência indica que as famílias dispostas a trabalhar os relacionamentos com suas famílias de origem se saem melhor do que aquelas que não estão dispostas a isso.

Triângulos-chave apresentados nas famílias recasadas

1. O *marido, a segunda mulher e a ex-mulher. Ou: a mulher, o segundo marido e o ex-marido.*

Em termos clínicos, as variações deste triângulo normalmente serão apresentadas diretamente como o principal problema somente quando o casal recasado reconhecer suas dificuldades conjugais e procurar a terapia por essa razão. (Na verdade, uma ou ambas as variações deste triângulo normalmente estão presentes, embora talvez não reconhecidas, nos problemas com os filhos e enteados.) Quando este triângulo é apresentado como a dificuldade principal, normalmente em torno de questões financeiras ou ciúme sexual, é provável que os ex-cônjuges não tenham realizado o divórcio emocional. Pode haver conflito entre os três no triângulo, ou um cônjuge pode defender ou desculpar as intrusões do ex-cônjuge, ao mesmo tempo em que afirma não ter nenhum apego emocional a ele/ela. Em qualquer caso, a terapia precisa focar a conclusão do divórcio emocional entre os ex-cônjuges. O primeiro passo neste trabalho clínico extremamente complicado é o terapeuta estabelecer uma aliança de trabalho com o novo cônjuge, que de outra forma sabotará os esforços de focar o primeiro casamento. A tentativa de trabalhar a resolução do divórcio reunindo apenas os ex-cônjuges ou todos os três provavelmente criará mais ansiedade do que o sistema pode manejar, e nós descobrimos que esse trabalho corre mais facilmente quando um dos cônjuges é orientado, na presença do novo cônjuge, para tomar certas medidas fora das sessões de terapia que modificarão o relacionamento que ele/ela mantém atualmente com o ex-cônjuge. Pode ser necessária uma redução no contato, se os cônjuges divorciados ainda são emocionalmente dependentes um do outro, ou uma atitude mais cordial e amigável, se eles mantiveram seu apego emocional através do intenso conflito. O novo cônjuge terá de aprender a reconhecer a importância passada desse vínculo para o seu parceiro e aceitar o fato de que certo grau de interesse provavelmente sempre permanece no relacionamento, dependendo da duração do primeiro casamento e do fato de haver filhos ou não.

Exemplo de caso: a família Blackman

Catherine e John Blackman, ambos com trinta e poucos anos de idade, procuraram terapia conjugal depois de dois anos de casamento. Ele havia sido casado antes; ela não. O primeiro casamento de John acabara em divórcio dois anos antes do casamento deles, e suas duas filhas, de oito e dez anos de idade, moravam com a mãe, Agnes. Catherine e John descreveram seus problemas como "intermináveis conflitos em relação a dinheiro", provocados, segundo Catherine, pelo fato de John colocar as necessidades da ex-mulher acima das dela e de concordar com todas as suas exigências de dinheiro extra. John defendeu a necessidade de dinheiro da ex-mulher e sua recusa em trabalhar, pela razão de que as crianças precisavam dela. Ele disse sentir culpa por ter terminado seu primeiro casamento, ainda que tivesse sido infeliz, e Catherine se recusava a compreender suas obrigações financeiras em relação à sua família anterior. Agnes estava bebendo desde o divórcio, considerava uma carga ter de cuidar das filhas, não tinha nenhuma vida social e ele não podia dar um chute nela enquanto estivesse na pior. John disse que as queixas de Catherine de que ele se importava mais com Agnes do que com ela não tinham fundamento, pois ele mal respondia aos frequentes telefonemas de sua primeira mulher e jamais se encontrava com ela a sós.

Após várias sessões, Catherine concordou que John não estaria livre para planejar uma vida com ela enquanto não tivesse resolvido seu apego culpado à sua primeira mulher, e isso não seria resolvido, apenas exacerbado, se ela insistisse em que ele brigasse ou rompesse todo o contato com Agnes. Depois disso, com o apoio um tanto ambivalente de Catherine, John encontrou-se várias vezes com Agnes para explicar-lhe que limitaria seu futuro sustento financeiro e oferecer-se para ficar com as filhas enquanto ela reorganizava a sua vida.

Uma vez que as raivosas acusações de Agnes haviam sido preditas numa sessão de terapia, John conseguiu escutá-las bastante bem, sem contra-atacar. Em sessões conjuntas com Catherine, alternadas com encontros com Agnes e as filhas, John aos poucos controlou suas raivosas tiradas sobre o passado, respondeu às perguntas das filhas sobre o divórcio, assumiu a responsabilidade pela sua parte nos problemas conjugais e sua decisão de divorciar-se, e ficou mais firme em suas insistência para que Agnes planejasse com ele os cuidados financeiros e emocionais das filhas. Eventualmente, quando seus ataques a ele não provocavam nem contra-ataques nem afastamento culpado, Agnes aceitou a realidade do divórcio e passou a preocupar-se com como melhorar a sua vida e a das filhas. Com o constante esforço de John, o contato entre eles ficou mais amistoso e menos frequente. Na época em que eles terminaram a terapia, Agnes somente telefonava para John quando era necessário e deixara de criticar Catherine para as filhas, que atualmente estavam menos hostis com ela. Durante suas sessões conjuntas e em sessões com as filhas de John, Catherine o ouvira expressar sua tristeza pelo fracasso de seu primeiro casamento e aprendera a aceitar aquela parte de seu passado sem reagir de modo pessoal. Ela agia de forma muito cuidadosa com as crianças, deixando todas as decisões disciplinares para John e Agnes. E, o mais difícil de tudo, Catherine abandonou sua expectativa de que John a sustentasse financeiramente, e eles estabeleceram um plano, baseado numa renda conjunta e na divisão das despesas.

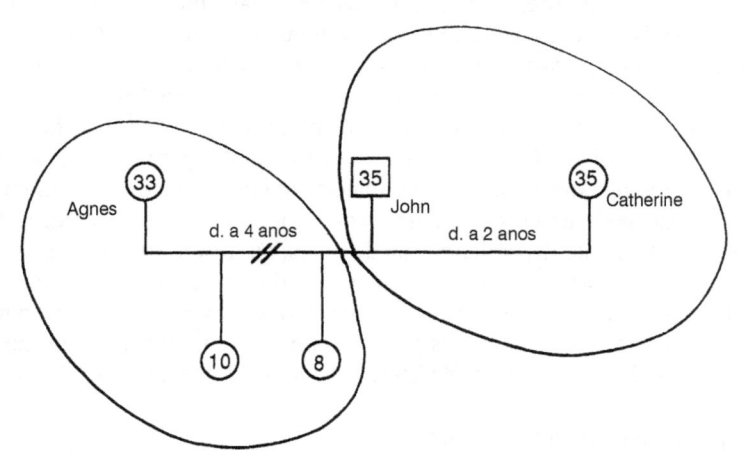

Figura 17-1 Triângulos-chave em famílias recasadas: família Blackman.
O conflito conjugal entre John e Catherine em relação a dinheiro
Triângulo do marido-segunda mulher-ex-mulher.

2. O *casal recusado "pseudomútuo", um ex-cônjuge e um filho ou filhos*.

Neste triângulo, o problema apresentado normalmente é a atuação ou problemas na escola, de um ou mais filhos, ou talvez o pedido de um filho para que a custódia troque de progenitor. O casal recasado apresenta-se como não tendo absolutamente nenhuma discórdia, e culpa ou a criança ou o ex-cônjuge (ou ambos) pelo problema. Embora o pedido, na terapia, seja de auxílio para a criança, ou para manejar o comportamento dela, a história por trás normalmente revelará um intenso conflito entre os ex-cônjuges, com o novo parceiro apoiando totalmente o cônjuge nos conflitos com o/a enteado/a. O primeiro movimento para separar este triângulo é colocar o manejo do comportamento da criança, temporariamente, nas mãos do progenitor biológico, e fazer com que o novo cônjuge assuma uma posição neutra, em vez de colocar-se contra a criança. Esse movimento provavelmente acalmará as coisas, mas elas não permanecerão calmas a menos que a pseudomutualidade do casal recasado seja trabalhada, permitindo que as diferenças e os desacordos sejam ventilados e resolvidos, e permitindo que a criança tenha um relacionamento com seu progenitor biológico que não inclua automaticamente o novo cônjuge em cada passo do caminho. Finalmente, devemos trabalhar para encerrar a batalha com o ex-cônjuge e completar o divórcio emocional, cuja ausência é perpetuada pelo intenso conflito em relação ao filho ou filhos.

Exemplo de caso: a família Bergman

Bob e Nora Bergman procuraram a terapia para ajudá-los a lidar com o filho de Bob, Larry, de 14 anos de idade. Eles estavam casados há um ano, durante o qual Larry morara com a mãe e os visitara nos fins de semana. A filha do primeiro casamento de Nora, Louise, de nove anos, morava com o casal. O primeiro marido de Nora morrera de câncer quando Louise estava com cinco anos. Os Bergman relataram que seu casamento era extremamente harmonioso e que Louise era esperta, alegre e agradável, e tinha um excelente relacionamento com a mãe e o padrasto. Eles temiam que Larry estivesse ficando "seriamente perturbado", pois suas notas escolares haviam piorado dramaticamente e ele estava se tornando cada vez mais truculento e retraído durante as visitas de fim de semana, provocando intermináveis brigas com Louise e não atendendo aos mais simples pedidos de Nora de que arrumasse suas coisas. Uma vez que a mãe de Larry era "uma pessoa desequilibrada" que utilizava todas as oportunidades para "atormentá-los", os Bergman começaram a perguntar-se se Larry "também estaria ficando mentalmente doente".

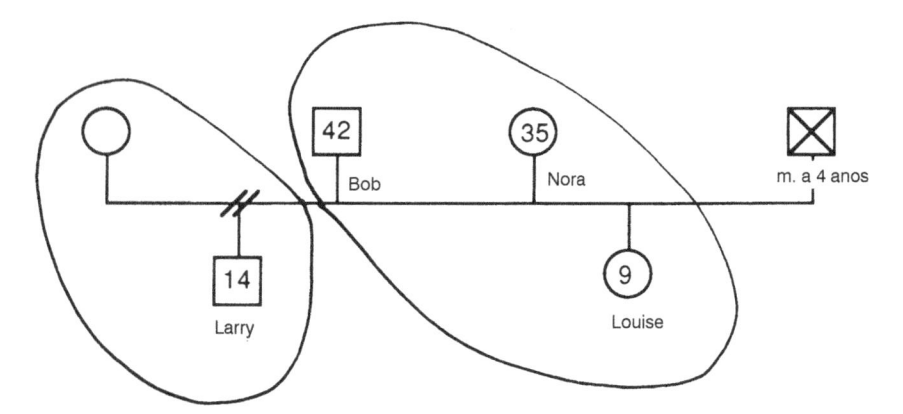

Figura 17-2 Triângulos-chave em famílias recasadas: família Bergman.
Casal recasado temia que Larry estivesse ficando mentalmente doente como sua mãe
Triângulo de casal pseudomútuo-ex-cônjuge-filho(s).

Bob Bergman trabalhava muito e deixava a administração da família e dos filhos para a esposa, que, segundo ele, lidava de forma agradável e "imparcial" com ambos os filhos. Nora concordou, dizendo que amava Larry "como se ele fosse meu próprio filho" e dedicava-se inteiramente ao bem-estar de sua "nova família de quatro pessoas". Ela tentava ao máximo ser educada com a ex-Sra. Bergman, mas a achava grosseira e quase impossível de manejar. Ela também achava que a ex-Sra. Bergman era uma "influência perniciosa" sobre Larry, tratando-o de forma inconsistente e deixando-o ocasionalmente sozinho quando tinha encontros com homens. Larry disse que os dois Bergman "odiavam" sua mãe, e ele não suportava que falassem dela. Ele disse que sua mãe somente telefonava para saber se ele estava bem porque sabia que o pai "deixava tudo a cargo daquela mulher".

A terapia prosseguiu conforme mencionado acima. Bob Bergman concordou em ser a ligação com a escola do filho e assumiu totalmente seu comportamento durante as visitas à família recasada. Ele também foi estimulado a viajar sozinho com Larry ocasionalmente. Ele admitiu, depois de muito encorajamento, que ele e sua nova esposa tinham algumas ideias diferentes sobre a educação de um menino, mas que ele não quisera discutir com ela, uma vez que ela estava se saindo tão bem, de modo geral. Nora, quando teve permissão para tanto, admitiu que era difícil ser mãe, parte do tempo, de um estranho, e foi encorajada a repensar seu papel, uma vez que Larry já tinha uma mãe. Quando o comportamento de Larry melhorou, o casal concordou em trabalhar suas relações com a mãe de Larry, embora avisando a terapeuta de que ela era "muito louca". Quando os Bergman encerraram seu lado da batalha, o comportamento "louco" da mãe de Larry diminuiu, embora Bob não estivesse disposto a ir muito longe na resolução de antigas questões entre ele e sua ex-mulher. A nova Sra. Bergman, todavia, trabalhou consideravelmente para elaborar seu luto pelo primeiro marido, que fora incompleto, e foi capaz, pela primeira vez, de conversar com a filha a respeito dele e de mostrar-lhe antigos álbuns de fotografia. Essa elaboração, disse ela, fez com que ficasse mais fácil usufruir sua segunda família e não tentar tão desesperadamente fazer com que todos fossem felizes.

3. *O casal recasado num conflito em relação ao filho ou filhos de um deles*

A. O marido, a segunda mulher e os filhos do marido.

Este triângulo, apesar de não ser a composição familiar mais comum, é o mais problemático, em virtude do papel central que a madrasta deve desempenhar na vida dos enteados que moram com ela. Se a madrasta nunca foi casada, e se a mãe dos filhos está viva e tem um relacionamento menos do que ideal com o ex-marido, esta pode ser a situação mais impossível. Mesmo o procedimento de dar temporariamente o manejo completo dos filhos ao progenitor biológico é bastante difícil, se o pai trabalha muito e a madrasta é quem fica em casa. No entanto, recomenda-se alguma versão disso, com a madrasta retrocedendo o suficiente para renegociar com o marido e os filhos qual deve ser seu papel, de forma realista. Ela está na posição muito difícil de ser a cuidadora primária, embora não possa substituir a mãe das crianças. Nenhuma mulher pode funcionar bem nesta situação, sendo aberta ou sutilmente criticada pelo pai das crianças. Em vez de deixar que a madrasta e as crianças resolvam as coisas, o pai terá de participar ativamente, estabelecendo e reforçando as regras combinadas por eles. Quando sua família imediata estiver em ordem, o marido terá de trabalhar para estabelecer um relacionamento cooperativo de copaternidade com sua ex-mulher, ou o conflito com ela instigará novamente as crianças e, inevitavelmente, envolverá mais uma vez sua nova esposa.

Se a primeira mulher dele está morta, ele talvez precise elaborar seu luto por ela e ajudar os filhos a fazerem isso, para deixar o passado para trás e não enxergar sua segunda mulher como uma substituta insatisfatória para a primeira.

Exemplo de caso: a família Burns

Sandy e Jim Burns procuraram terapia conjugal à beira do divórcio. A primeira mulher de Jim, Susie, morrera de câncer quando as filhas estavam com três e quatro anos. Ele casara com Sandy um ano mais tarde, e ela se mudara para a casa deles, que Susie decorara com extremo bom-gosto. Embora pouco à vontade por estar tão completamente cercada pelos sinais de Susie, Sandy racionalizara que seria um "desperdício" redecorar a casa e instalou-se nela. Ela ouvira atentamente quando Jim explicara a rotina das filhas, do que elas gostavam e não gostavam, e tentara manter suas vidas exatamente como haviam sido. Conforme os anos passavam, com Jim criticando sempre que ela não fazia as coisas "da maneira de Susie", os nervos de Sandy começaram a ficar em frangalhos, e ela tornou-se, em suas próprias palavras, "uma madrasta malvada". Ela gritava com as meninas e com Jim e eles trocavam olhares e cochichavam a respeito dela. Uma vez, ela ameaçara redecorar a casa, mas desistira pela fúria de Jim. Agora, com ambas as meninas na adolescência e cada vez mais grosseiras com ela, e com Jim afastado e taciturno a maior parte do tempo, ela achou que talvez devesse admitir seu fracasso e terminar o casamento.

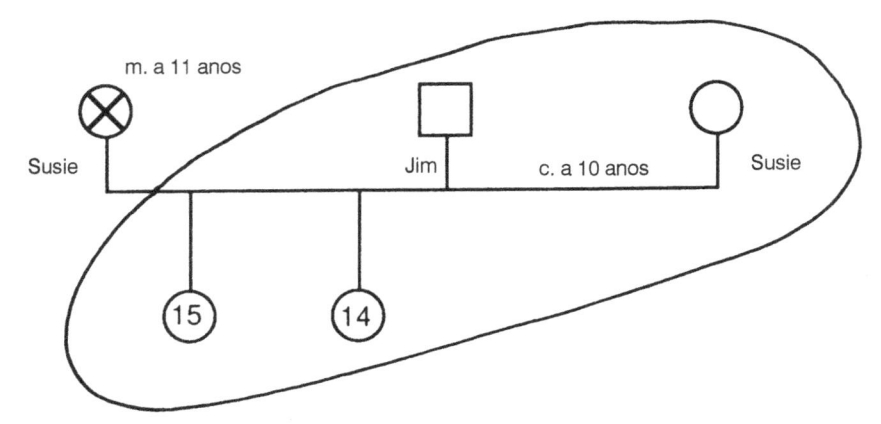

Figura 17-3 Triângulos-chave em famílias recasadas: família Burns.
Conflito conjugal em relação aos filhos.
Triângulo do casal recasado em conflito por causa do(s) filho(s).
Marido-segunda mulher-filhos do marido.

O primeiro ponto decisivo na terapia foi quando Jim percebeu que, por sua tristeza em relação à primeira esposa e sua preocupação pelo bem-estar das filhas, ele realmente jamais "criara um espaço" para Sandy no fechado sistema enlutado formado por ele e pelas filhas. Ele jamais apoiara sua autoridade em relação a elas e continuara reunindo-se a elas em sua rebelião contra Sandy. Então, ele se dispôs a assumir o comportamento das filhas e começou a apoiar Sandy contra elas. Quando o relacionamento de Jim e Sandy estava melhor, assim como o comportamento das meninas, a terapia centrou-se na incompleta elaboração do luto por parte de Jim e das filhas, que visitaram várias vezes o túmulo de Susie juntos. Em sua terceira visita, Jim convidou Sandy para acompanhá-los. Depois disso, Sandy redecorou a casa e pendurou uma fotografia de Susie com suas outras fotos de família. Durante todo esse período, Sandy trabalhou o relacionamento com sua família de origem, especialmente com sua mãe, que passara a maior parte de sua vida resistindo às tentativas do pai de Sandy de "dizer a ela o que fazer".

B. A mulher, o segundo marido e os filhos da mulher

Numericamente, este é o triângulo mais comum nas famílias recasadas. Como no exemplo acima, o novo cônjuge é visto tanto como um salvador quanto como um intruso.

Ele deve ajudar sua esposa na tarefa de criar os filhos dela, mas talvez não o deixem entrar no sistema, que tem uma longa história antes do aparecimento dele, podendo ter ficado ainda mais fechado no intervalo entre os casamentos da mãe.

Exemplo de caso: a família Cooper

Harold e Nancy Cooper procuraram tratamento para a filha de Nancy, Susan, de 17 anos, que fora presa por roubar numa loja. Harold e Nancy estavam casados há três anos, um segundo casamento para ambos. As duas filhas de Harold haviam ficado sob a custódia da mãe, fora do estado, e ele as via raramente. Não querendo "falhar duas vezes como pai", ele investira em criar um lar feliz para Nancy e seus dois filhos, Susan, com 14 anos na época do recasamento, e Kevin, com 12. O primeiro casamento de Nancy terminara num amargo divórcio e numa batalha pela custódia, quando as crianças estavam com nove e sete anos, e eles haviam passado os cinco anos entre os casamentos como uma família fechada, sitiada, isolados dos pais de Nancy, que não aprovavam um divórcio, e destroçados por contínuas batalhas legais entre Nancy e seu ex-marido. Harold queixava-se de que eles estavam num estado tumultuado desde o casamento, apesar de seus grandes esforços para se "tornarem uma família de verdade".

Harold acusava os "desobedientes" filhos de Nancy, que não sabiam apreciar um bom pai, e Nancy, alternativamente, acusava Harold de "lidar inconsistentemente" com os filhos dela e com os tormentos que o ex-marido lhes impunha. Ela ficou com um medo terrível de que o problema com a polícia permitiria ao ex-marido ser bem sucedido em suas periódicas tentativas de obter a custódia dos filhos.

Numa tentativa de acalmar a família, antes de entrar nos triângulos que envolviam ambos os ex-cônjuges, a terapeuta utilizou a técnica habitual de deixar o progenitor biológico totalmente responsável pelo filho ou filhos sintomáticos. Entretanto, em virtude dos sentimentos de impotência de Nancy em relação a seus filhos, e em virtude do superinvestimento de Harold em ser um pai para eles, esta "simples" mudança não foi conseguida durante muito tempo. Nancy e Harold concordaram em tentar, mas Nancy frequentemente queixava-se de Susan para Harold, que então intervinha, algumas vezes criticando Nancy, outras vezes fazendo preleções a Susan, sendo então intensamente criticado por Nancy por "manejar inadequadamente" a situação. A terapeuta, numa sessão separada, orientou Harold para ficar fora dos conflitos entre Nancy e Susan. Durante meses e meses, Harold tentou manter essa posição, às vezes tendo sucesso, às vezes fracassando.

Mantendo num segundo plano a tentativa de mudar o triângulo apresentado, a terapeuta começou a tratar dos triângulos conectadores entre os ex-cônjuges. Quando Nancy admitiu ter investido mais energia emocional na briga com o ex-marido do que no relacionamento com seu atual marido, a terapeuta perguntou-se, em voz alta, se Nancy havia dedicado sua vida à vingar-se do ex-marido. Várias semanas mais tarde, Nancy anunciou na terapia que pararia de brigar com ele. Durante esses eventos, a terapeuta discutiu com Harold a história de seu relacionamento com suas filhas biológicas, trazendo à superfície sua agonia por ter-se separado delas e sua tentativa de substituí-las pelos filhos de Nancy. Com o encorajamento da terapeuta, e apesar da ansiosa objeção de Nancy, que se sentiu ameaçada por sua reconexão com o passado, Harold começou a escrever e telefonar para elas, e a visitá-las. Nesse momento, ele finalmente conseguiu afastar-se do conflito entre Nancy e Susan, e esse conflito diminuiu. Então, Nancy foi ajudada a reconhecer sua competência em relação aos filhos e deixou de pedir a Harold que a auxiliasse nos conflitos que tinha com eles. Em vez disso, de muitas maneiras concretas, Nancy "deu espaço" e convidou Harold a entrar no sistema de maneira positiva. Harold, novamente empossado como pai de suas filhas biológicas, parou de exigir um relacionamento excessivamente intenso com os filhos de Nancy, e trabalhou para definir, para si mesmo e com os enteados, o que é um "padrasto". Nancy, então, pensou em maneiras de "fazer as pazes" com o ex-marido e desenvolver com ele um relacionamento cooperativo.

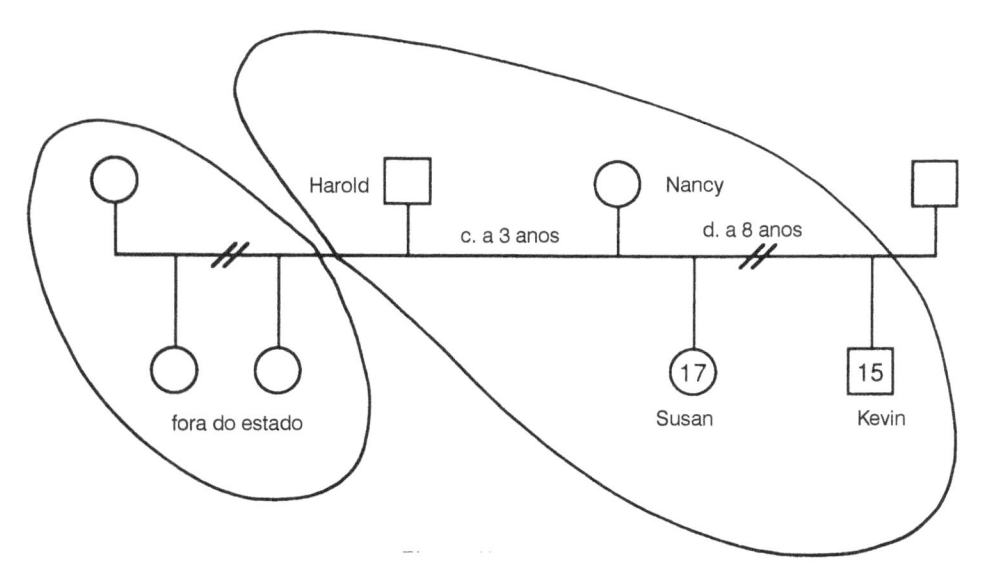

Figura 17-4 Triângulos-chave em famílias recasadas: família Cooper.
Filha Susan presa por roubar numa loja.
Triângulo do casal recasado em conflito por causa do(s) filho(s).

4. *O casal recusado "pseudomútuo", os filhos dele e os filhos dela*

Este triângulo apresenta um feliz casal recasado "sem nenhuma dificuldade, a não ser o fato de ambos os conjuntos de filhos brigarem constantemente um com o outro". Os filhos normalmente estão lutando em função dos conflitos negados pelo casal recasado, quer no casamento quer no relacionamento com um ou ambos os ex-cônjuges. Uma vez que a confrontação direta de pseudomutualidade aumenta a resistência, e uma vez que o pedido de ajuda é em relação aos filhos, seria bom começar com uma exploração dos triângulos envolvendo os filhos e ex-cônjuges, com o foco no bem-estar das crianças.

Exemplo de Caso: A Família Brown

Jim e Sally Brown procuraram terapia familiar em virtude da interminável briga entre seus filhos sempre que os filhos de Jim ficavam com eles. Jim e Sally estavam com trinta e poucos anos, e haviam casado há menos de um ano. Seu relacionamento começara como um caso amoroso, quando Jim ainda estava casado, um fato que eles acreditavam não ser conhecido pela ex-mulher e pelos filhos dele – de oito e seis anos de idade. Sally havia-se divorciado dois anos antes do caso com Jim e tinha a custódia de seus dois filhos, um menino de oito anos e uma menina de cinco. O casal relatou que um apoiava o outro em todas as questões relacionadas aos ex-cônjuges; de fato, Jim frequentemente combinava as visitas dos filhos de Sally ao pai biológico, pois "Sally não queria discutir com ele". A ex-esposa de Jim era uma "pessoa perturbada", que ele mal conseguia manejar, mas, novamente, eles tentavam juntos não deixar que ela lhes causasse problemas. Sally dissera a Jim que se a "irracionalidade" de sua ex-mulher se tornasse muito perturbadora para os filhos, ela o apoiaria para tentar obter a custódia e criá-los juntamente com seus próprios filhos.

Uma vez que Jim e Sally não percebiam nada disso como tendo a ver com as brigas entre os filhos de ambos, a terapeuta passou várias sessões instruindo-os sobre os conflitos de lealdade dos filhos e suas reações ao divórcio e recasamento; sua necessidade, principalmente nessa

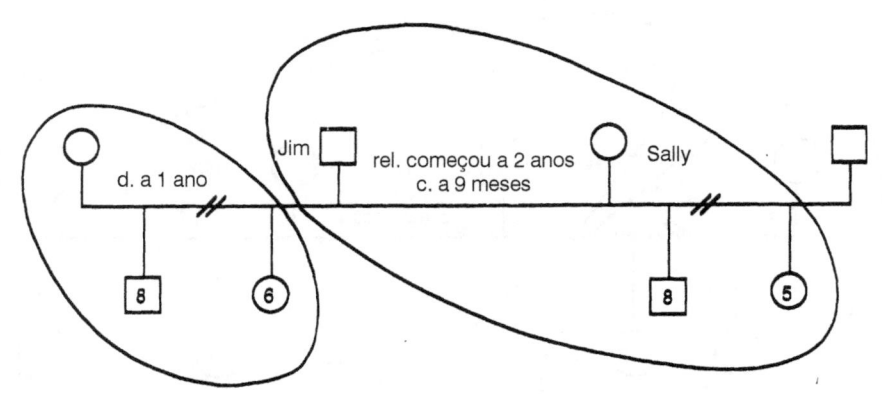

Figura 17-5 Triângulos-chave em famílias recasadas: família Brown.
Conflito entre os filhos dele e os dela.
Triângulo de casal pseudomútuo.

idade, de apoio para manter os relacionamentos com ambos os pais biológicos; e o tempo que precisavam para aceitar o/a padrasto/madrasta. Quando Jim registrou isso e pensou em como melhorar seu relacionamento com a ex-mulher, a cobertura pseudomútua foi pelos ares, com Sally rompendo em lágrimas, ameaçando separar-se, terminar a terapia, ou qualquer outra coisa que em sua opinião pudesse deter Jim. Em sessões subsequentes, ela confessou intensos sentimentos de culpa e insegurança em decorrência do caso, temendo "ter tirado Jim de sua esposa, que então teria razão em tentar tirá-lo dela". Muito mais tarde no tratamento, Sally também reconheceu que a razão oculta em sua oferta de criar os filhos de Jim era o desejo de ambos de eliminar o contato com sua ex-esposa.

Com as questões agora claramente colocadas sobre a mesa, onde podiam ser manejadas, Jim e Sally foram responsivos à sugestão da terapeuta de que cada um deles, sem a "ajuda" do outro, assumisse as tarefas de lidar com os respectivos ex-cônjuges e filhos. Quando ambos fizeram isso, o conflito entre os dois grupos de filhos diminuiu. O trabalho de cada um deles em relação aos ex-cônjuges foi longo e intenso, e eles ameaçaram desistir, ou divorciar-se, várias vezes durante o processo. A ausência de tempo entre os casamentos de Jim tornava especialmente intensa a sua luta com o apego culpado à ex-esposa, e desencadeava culpa e insegurança em Sally. Somente depois de certo período de trabalho em suas famílias de origem, eles conseguiram compreender e assumir a responsabilidade pela contribuição pessoal no fracasso de seus primeiros casamentos. Sentindo-se menos como "vítimas", eles foram capazes de reduzir sua tendência a unir-se desamparadamente contra o "exterior".

5. *Um dos pais, os filhos biológicos e os enteados*

Como no caso acima, este triângulo pode apresentar-se como um "simples" conflito familiar, com um dos progenitores enredado no meio de seus filhos biológicos e enteados. De fato, ele é bastante complexo, sempre conectado com o triângulo envolvendo o casal recasado (que pode ter tanto uma relação pseudomútua quanto conflitiva) e com os triângulos com ambos os ex-cônjuges.

Exemplo de caso: a família Green

Florence Green marcou uma consulta para ajudá-la a resolver uma briga com seu filho de 18 anos, Donald, que estava ameaçando não ir para a faculdade se não pudesse ir para a dispendiosa escola de sua escolha em vez da faculdade de preços moderados que Florence preferia. Florence disse que queria esclarecer sua própria posição nessa questão, que, segundo ela, não era firme. Quando ela argumentou com Donald, destacou as escolhas sensatas e bons hábitos de trabalho de seu enteado, Jimmy, também com 18 anos de idade; todavia, nas frequentes e amargas brigas com seu marido, ela o acusava de sempre favorecer o filho "dele" em detrimento do "dela". Florence relatou que em seus quinze anos de casamento eles ainda não haviam se tornado uma família. O principal motivo pelo qual ela permanecia no casamento era ter um filho com ele, atualmente com apenas 13 anos.

A família Green é um exemplo de uma família recasada que não atingiu a integração e estabilização mesmo depois de muitos anos. Eles haviam casado um ano depois do encerramento do divórcio de ambos. Florence havia rompido com o ex-marido, que, segundo ela, somente desapontava e negligenciava o filho, Donald. James Green, um médico abastado, empenhara-se numa série de amargas brigas com sua ex-esposa pela custódia do filho, que continuavam até o presente momento. A história das tentativas de se integrarem como uma família recasada revelou que Florence, investindo pesadamente em conseguir um "bom pai" para Donald, ao mesmo tempo empurrava o marido para o filho e criticava sua maneira de lidar com ele. Numa tentativa de fazer as coisas darem certo, ela fazia esforços extraordinários para se dar bem com o filho de Jimmy, o que despertava o ressentimento de Donald. Por seu lado, as energias emocionais do marido iam para a batalha pela custódia com a ex-mulher e para a sua profissão, que era extremamente exigente. Ele não conseguia entender por que a mulher não apreciava a segurança financeira que dava a ela e ao filho e ficava cada vez mais ressentido com o antagonismo de Donald em relação a ele e a Jimmy. As alianças familiares estavam perfeitamente refletidas no testamento que fizera recentemente, no qual deixava a maior parte de seus bens para Jimmy; um legado secundário para o filho do casal, Alex; uma porção menor para Florence; e nada para Donald. Florence temia que a herança desigual mantivesse a hostilidade familiar nas próximas gerações, colocando seus dois filhos biológicos, Donald e Alex, um contra o outro, e também destruindo qualquer relacionamento entre Donald e Jimmy.

A terapia familiar, nesta complexa situação, requeria que Florence estivesse motivada a voltar às tarefas não resolvidas de 15 anos atrás e saísse dos triângulos que envolviam seu marido e Donald, por um lado, e Donald e Jimmy, por outro. Teria sido feito um maior progresso no tratamento, inicialmente, se seu marido pudesse ter sido envolvido no tratamento e convencido a desistir das batalhas com a ex-mulher. Eventualmente, Donald pediu ajuda para

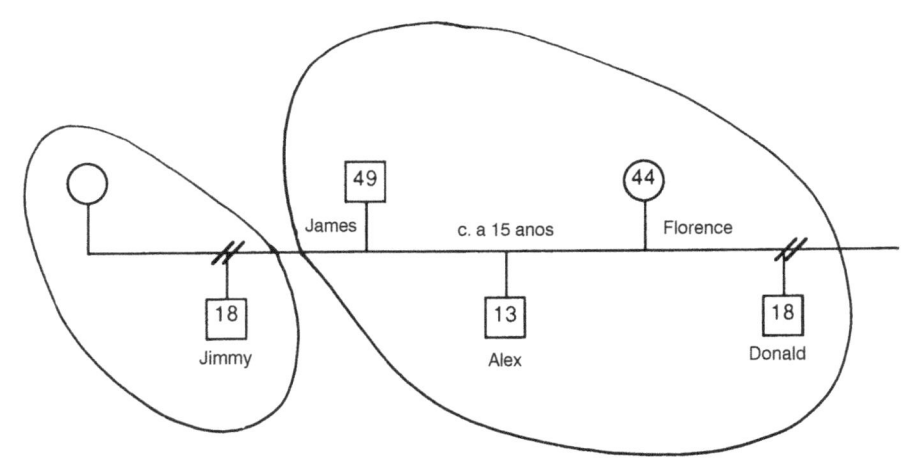

Figura 17-6 Triângulos-chave em famílias recasadas: família Green.
Conflito mãe-filho: comparação com o enteado.
Triângulo de progenitor-filho biológico-enteado.

conseguir sair da posição de bode expiatório e reconectar-se com seu pai biológico. Uma vez que o vínculo conjugal estava em questão, Florence teve de encontrar a motivação para iniciar essas mudanças, pelo seu próprio bem e para o bem dos filhos. Somente depois de ter confrontado o marido com os efeitos negativos que seu testamento provocaria e de tê-lo convencido de que tanto os termos do testamento quanto os relacionamentos familiares teriam de mudar, foi que ela decidiu que valia a pena trabalhar para estabilizar seu segundo casamento.

6. Os *cônjuges recusados e os pais de ambos*

Este triângulo traz os parentes por afinidade como parte do problema apresentado, mas devemos lembrar que os relacionamentos com a geração dos avós são tão cruciais nas famílias recasadas quanto em todas as outras famílias, e sua exploração deve ser parte de uma avaliação de rotina. A apresentação da geração mais velha como parte do problema atual é mais provável se eles desaprovaram o divórcio e o recasamento, e/ou estiveram ativamente envolvidos em cuidar dos netos antes ou durante o recasamento.

Exemplo de caso: A família Hendrix

O Sr. e a Sra. Hendrix estavam casados há dois anos quando buscaram terapia conjugal. John era um executivo em meados da casa dos quarenta, e fora casado antes. Sua ex-mulher tinha a custódia dos três filhos, o mais velho dos quais morava com os pais de John, "por causa da excelente escola de sua cidade". Joan Hendrix era quinze anos mais jovem do que seu marido e nunca fora casada. John disse que o maior problema deles era que Joan brigava constantemente com a mãe dele e o colocava "no meio". Joan afirmou que a mãe de John jamais aceitara o divórcio ou o recasamento, que ela falava e agia como se John ainda estivesse casado com sua ex-mulher, Ethyl, com quem a Sra. Hendrix mais velha mantinha um relacionamento muito estreito. Além disso, queixou-se Joan, ela ainda não tivera uma lua-de-mel e todos os fins de semana eram dedicados a "entreter" os filhos de John, ou em seu pequeno apartamento em Nova Iorque, ou, pior ainda, na casa dos pais de John nos subúrbios. Nessas últimas ocasiões, disse Joan, sua sogra estava fria e hostil com ela, interferindo em cada mo-

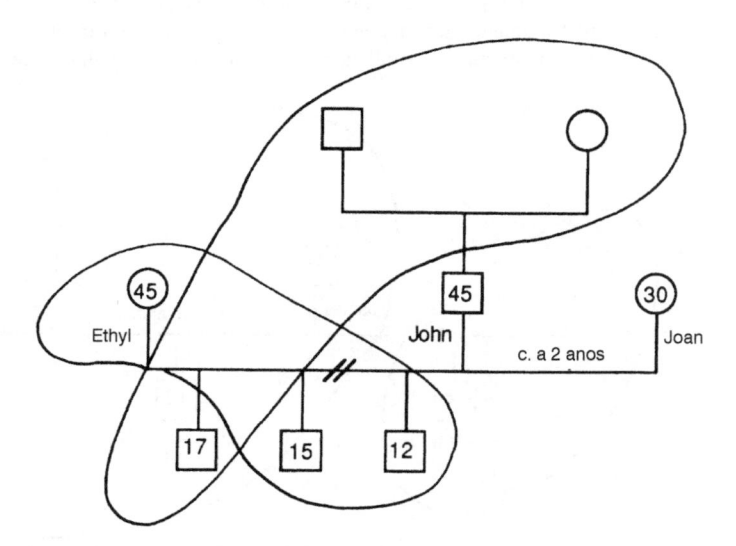

Figura 17-7 Triângulos-chave em famílias recasadas: família Hendrix.
Conflito conjugal em relação à mãe do marido.
Triângulo dos cônjuges recasados e os pais de ambos.

vimento que fazia em relação aos filhos de John, e falando constantemente da solidão e das dificuldades financeiras de Ethyl. Quando eles passavam a noite, a mãe de John insistia em que os filhos menores dormissem no quarto deles, para não "bagunçar" a sala de estar. John jamais censurava a mãe por qualquer uma dessas coisas, mas esperava que Joan "compreendesse que a intenção dela era boa".

Uma vez que John e Joan queriam que seu casamento funcionasse, eles fizeram um acordo, segundo o qual John iria esclarecer as fronteiras de seu novo casamento com os pais, os filhos e a ex-mulher, e Joan pararia de criticar e discutir com a sogra. Para começar, eles fizeram uma viagem de lua de mel, apesar da mãe dele objetar que ele não deveria deixar os filhos por um período tão longo. Depois disso, entretanto, a parte de John na barganha não foi tão fácil de cumprir. Durante o prolongado período em que ele renegociou os arranjos de visita, resolvendo seu apego culpado à ex-mulher, e reelaborando seu relacionamento com os pais, houve muitas explosões por todo o sistema. Um dos filhos começou a ir mal na escola, o menino mais velho voltou a morar com a ex-mulher, seu pai teve um ataque cardíaco e sua ex-mulher foi hospitalizada brevemente por depressão. Com cada nova tensão, Joan voltava a ter conflitos com a sogra. Essas ocasiões diminuíram consideravelmente quando ela começou um sério trabalho em relação à sua família de origem, da qual estava afastada desde seu casamento. Embora muito satisfeita com o resultado, após vários anos de trabalho intensivo, Joan disse que "envelhecera dez anos tentando ajustar um casamento a uma família inteira, em vez de apenas a uma pessoa".

Durante o curso do tratamento, a terapeuta envolveu todos os subsistemas nas sessões: o casal recasado sozinho, com os filhos de John, e com os pais de John; Joan e seus pais; Ethyl e seus filhos; Ethyl sozinha, Ethyl e seus pais; e, uma vez, Ethyl, John, Joan, a mãe de John e o filho mais velho.

Alguns comentários precisam ser feitos aqui, em relação à nossa prática de envolver ex-cônjuges na terapia da família recasada. Nós incluímos ex-cônjuges em sessões conjuntas somente quando precisamos lidar com alguma questão específica relativamente séria que diz respeito aos filhos. Mesmo nessas situações, o nível de tensão e a falta de vínculo pessoal entre o primeiro e o segundo cônjuge frequentemente cria um clima de alta ansiedade e pouquíssima vantagem traz ao terapeuta em sua busca de uma resolução construtiva das dificuldades familiares. Esse encontro talvez tenha um valor diagnóstico primário ou seja útil para salientar a seriedade da situação da criança. Para algumas famílias, somente a passagem do tempo as ajuda a aceitar a inevitabilidade de terem de lidar com os ex-cônjuges.

Entretanto, nós rotineiramente fazemos contato com o ex-cônjuge e o/a convidamos para um encontro, apenas com ela ou com os filhos também, para ouvir um relato sobre nossa opinião em relação aos problemas dos filhos que foram trazidos pela família recasada. Quando informamos a família dessa intenção, somos frequentemente prevenidos de que o ex-cônjuge em questão não se importa, não irá responder ou é "louco". No entanto, um telefonema desses com frequência localiza um progenitor preocupado que está plenamente disposto a vir (embora nos alerte que nosso/a cliente é "louco/a"). Esses ex-cônjuges muitas vezes participam de sessões subsequentes, sozinhos ou com os filhos.

CONCLUSÕES

Com a repetida advertência de que nenhuma lista de faça isso e não faça aquilo pode substituir uma clara estrutura teórica e o julgamento clínico experiente, gostaríamos de concluir com um resumo de algumas atitudes e procedimentos que muito nos têm ajudado a manejar a complexidade das famílias recasadas.

Nossos objetivos gerais visam estabelecer um sistema aberto com fronteiras funcionais. Isso inclui o seguinte:

1. Um bom relacionamento de co-paternidade, aberto, é desenvolvido entre os ex-cônjuges.
2. O divórcio emocional entre os ex-cônjuges deve ser trabalhado. Nós supomos que isso não foi resolvido se eles não estão se falando ou se têm conflitos contínuos. A raiva, certamente, é um vínculo muito forte. Como Truman Capote colocou: "Você pode perder muitos bons amigos, mas é difícil perder um bom inimigo".
3. Os filhos jamais devem ter o poder de decidir sobre o recasamento, a custódia e a visitação. As fronteiras e responsabilidades paternas precisam ser claras, embora a participação dos filhos nas decisões obviamente aumente com a idade.
4. Os pais precisam ajudar os filhos a sentirem a completa gama de sentimentos em relação a eles – aceitando as lealdades divididas.

Como regras práticas mais específicas, nós delineamos o seguinte:

1. Faça um genetograma de três gerações e um resumo dos casamentos anteriores antes de mergulhar nos atuais problemas familiares.
2. Tenha em mente dificuldades específicas relacionadas (a) ao fato de as famílias estarem em estágios do ciclo de vida diferentes; (b) ao papel central das mulheres, em termos emocionais, na família e às dificuldades especiais que elas têm ao mover-se para um novo sistema; e (c) à tentativa de manter o mito da família perfeita.
3. Cuidado com as famílias que estão lutando com tarefas desenvolvimentais antes de terem adotado as atitudes que são pré-requisitos para o recasamento (por exemplo, um pai forçando um filho e a madrasta a serem próximos sem aceitar que seu relacionamento leva tempo para se desenvolver).
4. (Relacionado ao item 3.) Ajudar as famílias a terem paciência para tolerar a ambiguidade e não "tentarem demais" fazer as coisas darem certo. Isso inclui aceitar que os laços familiares não se desenvolvem da noite para o dia. Encorajar os padrastos a compreenderem que as reações negativas de uma criança não devem ser tomadas pessoalmente, e ajudá-los a tolerar a culpa, sentimentos conflituantes, lealdades ambivalentes e divididas e assim por diante.
5. Incluir o novo cônjuge nas sessões em que você orientar um cônjuge para resolver seu relacionamento com o ex-cônjuge, pelo menos no início.
6. Encare com certa reserva a frequente caracterização de um ex-cônjuge como "louco". A lista de terríveis comportamentos do ex-cônjuge pode refletir as provocações e/ou retalizações do cliente.
7. Quando o recasamento termina com um estreito relacionamento progenitor-solteiro/criança, o sentimento de perda, especialmente para a criança, deve ser manejado, sabendo-se que a mudança para um novo sistema leva tempo.
8. Se a criança é apresentada como o problema, tente envolver todos os pais e padrastos tão cedo quanto possível na terapia. Se forem feitas sessões conjuntas, a discussão deve ser dirigida para um trabalho cooperativo que resolva as dificuldades da criança (nós não permitimos a discussão de questões conjugais nesses encontros).
9. Nos problemas que envolvem tumultos centrados na criança, coloque o progenitor biológico como o responsável pelo filho temporariamente. Quando o tumulto diminuir, oriente o progenitor biológico para "dar um espaço" e incluir o novo cônjuge no sistema – primeiramente, apenas como cônjuge. Avise a família de que a mudança para uma ativa atuação dos padrastos pode levar vários anos e exigirá o ativo apoio do progenitor biológico. No caso dos adolescentes mais velhos, talvez não seja adequado esperar que essa mudança ocorra, em qualquer grau.

10. Procure os "motivos ocultos" nas súbitas propostas de modificar os arranjos de custódia, visitação ou financeiros.

11. Inclua o trabalho com as famílias de origem dos cônjuges tão cedo quanto possível no tratamento.

REFERÊNCIAS

Ahrons, C. H. (1980). Redefining the divorced family: A Conceptual framework for postdivorce family systems reorganization *Social Work* 25: 437-41.
Ahrons, C. (1981). The continuing coparental relationship between divorced spouses. *American Journal of Orthopsychiatry,* 51: 315-328.
Ahrons, C. R., & Rodgers, R. H. (1987). *Divorced families.* New York: Norton.
Ahrons, C., & Wailisch, L. (1986). The relationship between former spouses. In S. Duck & D. Periman (eds.), *Close relationships: Development, dynamics and deterioration* (pp. 269-296) Beverly Hills, Calif.: Sage. Ambert. A. M. (1986). Being a stepparent: Live-in and visiting stepchildren. *Journal of Marriage and the Family* 48/4: 795-804.
Anderson, J. Z., & White, G. D. (1986). Dysfunctional intact families and stepchildren. *Family Process* 25/3: 407-23.
Bray, J. (1986). Reported in *Marriage and Divorce Today.* 12/9. Bumpass, L. (1984). Some characteristics of children's second families. *American Journal of Sociology* 90: 608-623.
Cherlin, A. J. (1981). *Marriage, divorce, remarriage.* Cambridge, Mass.: Harvard University Press.
Clingempeel, W. G. (1981). Quasi-kin relationships and marital quality in stepfather families. *Journal of Personality and Social Psychology* 41: 890-901.
Clingempeel, W. G., Brand, E., & Ievoli, E. (1984a). Stepparent-stepchild relationships in stepmother and stepfather families: A multimethod study. *Family Relations* 33: 456-473.
Clingempeel, W., Glen, R., Ievoli. R., & Brand, E. (1984b). Structural complexity and the quality of stepfather-stepchild relationships. *Family Process* 23: 547-60.
Dahl, A. S., Cowgill, K. M., & Asmundsson, R. (1987). Life in remarriage families. *Social Work* 32/1: 40-44.
Duberman, L. (1975). *The reconstituted family: A study of remarried couples and their children.* Chicago: Nelson-Hall.
Elkin, M. (1987). Joint custody: Affirming that parents and families are forever. *Social Work* 32/1.
Furstenberg, R, Nord, C. W., Peterson, J. L., & Zill, N. (1983). The life course of children of divorce: Marital disruptions and parental contact. *American Sociological Review* 48: 656-668.
Furstenberg, R, & Spanier, G. (1984). *Recycling lhe family.* Beverly Hills, Calif.: Sage Publications.
Glick, P. C. (1980). Remarriage: Some recent changes and variations. *Journal of Family Issues,* 455-478.
Glick, P. C. (1984). Marriage, divorce, and living arrangements: Prospective changes. *Journal of Family Issues* 46: 563-576.
Glick, P. C., & Lin, S. L. (1986). Recent changes in divorce and remarriage. *Journal of Marriage and lhe Family* 48/4: 737-747.
Goldstein, H. S. (1974). Reconstituted families: The second marriage and its children. *Psychiatric Quarterly* 48/3: 433-441.
Hetherington, E. M., Cox, M., & Cox, R. (1977). The aftermath of divorce. In Steven & Matthews (Eds.) *Mother-child relations.*
Washington, D.C.: NAEYC. Isaacs, M. B., Montalvo, B., & Abelsohn, D. (1986). *The difficult divorce: Therapy for children and families.* New York: Basic Books.
Kitson, G. C., & Lopata, H. A. (1980). Divorcees and widows: Similarities and difierences. *American Journal of Orthopsychiatry* 50: 291-301.
McGoldrick, M., & Gerson, R. (1985). *Genograms in family assessment.* New York: Norton.
Messinger, L., & Walker, K. N. (1981). From marriage breakdown to remarriage: Parental tasks and therapeutic guidelines. *American Journal of Orthopsychiatry* 51:429-438.
Nolan, J. F. (1977). The impact of divorce on children. *Conciliador. Courts Review* 15/2: 25-29.

Norton, A. J., & Moorman, J. E. (1987). Current trends in marriage and divorce among American women. *Journal of Marriage and the Family* 49/1: 3-14.

Ransom, J. W., Schiesinger, S., & Derdeyn, A. (1979). A stepfamily in formation. *American Journal of Orthopsychiatry* 49/1.

Sager, C. J., Brown, H. S., Crohn, H., Engel, T., Rodstein, E., & Walker, L. (1983). *Treating the remarried family*. New York: Brunner/Mazel.

Schulman, G. (1972). Myths that intrude on the adaptation of the step family. *Social Casework* March.

Stern, P. N. (1978). Stepfather families: Integration around child discipline. *Issues in Mental Health Nursing*.

Visher, E. B., & Visher, J. (1979). *Stepfamilies: A guide to working with stepparents and stepchildren* New York: Brunner/Mazel.

Visher, E. B., & Visher, J. (1982). *How to win in a step family*. New York: Dembner. Visher, E., & Visher, J. (1987). *Old loyalties, new ties: Therapeutic strategies with step families*. New York: Brunner/Mazel.

Wald, E. (1981). *The remarried family: Challenge and promise*. New York: Family Service Association of América.

Wallerstein, J., & Kelly, J. (1980). *Surviving the breakup*. New York: Basic Books. White, L., & Booth, A. (1985). The quality and stability of remarriages: The role of stepchildren. *American Sociological Review*.

Whiteside, M. (1982). Remarriage: A family developmental process. *Journal of Marital and Family Therapy* 8: 59-68.

Parte 4

Variáveis que modificam ainda mais o ciclo de vida familiar

18
Doença crônica e o ciclo de vida familiar

John S. Rolland, M.D.

Na arena da doença física, particularmente da doença crônica, o foco da preocupação é o sistema criado pela interação de uma doença com um indivíduo, uma família ou algum outro sistema biopsicossocial (Engel, 1977, 1980). Do ponto de vista da família, a teoria sistêmica familiar deve incluir o sistema da doença. Além disso, para colocar o desdobramento de uma doença crônica em um contexto desenvolvimental, é crucial compreender o entrelaçamento de três fios evolutivos: a doença e os ciclos de vida do indivíduo e da família.

Para pensar de uma maneira interativa ou sistêmica sobre a interface dessas três linhas desenvolvimentais, precisamos de uma linguagem e de um conjunto de conceitos comuns que possam ser aplicados a cada um e permitam uma tríade. Este capítulo descreve uma estrutura conceitual dirigida a essa necessidade. São necessários dois passos preliminares para estabelecer os fundamentos deste modelo. Em primeiro lugar, precisamos de uma linguagem que permita que a doença seja caracterizada em termos psicossociais e longitudinais – cada doença tendo uma "personalidade" particular e um curso desenvolvimental de vida esperado. Isso é análogo às linguagens descritivas que retratam os tipos de personalidade e desenvolvimento dos indivíduos e da família. Em segundo lugar, os modelos teóricos de ciclo de vida individual e familiar precisam ser vinculados, selecionando-se de cada um seus conceitos-chave. No presente, o relacionamento desenvolvimental entre esses níveis sistêmicos diferentes permanece em grande parte inexplorado.

É necessário um esquema para conceitualizar as doenças crônicas, que seja relevante para as interações dos mundos psicossocial e biológico e proporcione uma metalinguagem comum que transforme ou reclassifique a linguagem biológica habitual. Dois obstáculos importantes ao avanço nesta área têm sido ignorados. Primeiro, tem sido dada insuficiente atenção às áreas de diversidade e semelhança inerentes às diferentes doenças crônicas. Segundo, tem havido um encobrimento das diferenças qualitativas e quantitativas na maneira pela qual as várias doenças se manifestam ao longo do curso da enfermidade. As doenças crônicas precisam ser conceitualizadas de uma maneira que organize essas semelhanças e diferenças no curso da doença, de modo que o tipo e grau de demandas relevantes à pesquisa psicossocial e à prática clínica sejam esclarecidas de uma maneira mais proveitosa.

A primeira seção deste capítulo revisa uma tipologia psicossocial da doença crônica ou da doença que ameaça a vida (Rolland, 1984, 1987). Os problemas da variabilidade e fases temporais da doença são tratados em duas dimensões separadas. Primeiro, as doenças crônicas são agrupadas de acordo com semelhanças e diferenças biológicas essenciais que impõem demandas psicossociais significamente distintas para o indivíduo doente e sua família. Segundo, são identificadas as principais fases temporais na evolução natural da doença crônica. Na segunda sessão do capítulo, já equipados com uma linguagem psicossocial para descrever as doenças crônicas, serão considerados os aspectos transgeracionais da doença, a perda e a crise. Na última seção, que integra conceitos-chave da teoria desenvolvimental da família e do indivíduo, será descrita a interface da doença com os ciclos de vida individual e familiar.

TIPOLOGIA PSICOSSOCIAL DA DOENÇA

Uma classificação da doença baseada em critérios puramente biológicos agrupa as doenças de maneira a atender às necessidades da medicina. Essa nosologia se ajusta ao mundo da anatomia, fisiologia, bioquímica, microbiologia, diagnóstico físico, farmacologia, cirurgia e assim por diante. De um ponto de vista médico tradicional, o diagnóstico de uma doença específica é uma preocupação primária, porque ele determina o plano de tratamento subsequente. Entretanto, um esquema de classificação diferente pode proporcionar um vínculo melhor entre os mundos biológico e psicossocial, e assim esclarecer o relacionamento entre a doença crônica e o ciclo de vida familiar.

O entendimento da evolução das doenças crônicas fica dificultado porque o clínico muitas vezes se envolve no cuidado de indivíduos ou famílias que estão lidando com a doença crônica em momentos diferentes do "ciclo de vida da doença". Os clínicos raramente seguem a interação de um processo de doença na família ao longo da história de vida completa de uma doença.

Qualquer tipologia da doença é, por natureza, arbitrária. O objetivo desta tipologia é o de facilitar a criação de categorias para uma ampla série de doenças crônicas. Esta tipologia não se destina ao tratamento médico tradicional ou a propósitos de prognóstico, mas, pelo contrário, pretende examinar o relacionamento entre a dinâmica familiar ou individual e a doença crônica.

Esta tipologia conceitualiza grandes distinções de (1) início, (2) curso, (3) consequências e (4) grau de incapacitação da enfermidade. Essas categorias são consideradas as mais significativas na interface da doença e do indivíduo ou família, para uma ampla variedade de doenças. Embora cada variável seja na verdade um contínuo, todas serão descritas de uma maneira categórica pela seleção de pontos-chave fixos ao longo do contínuo.

Início

As doenças podem ser divididas entre aquelas que têm um início agudo e aquelas com um início gradual. Derrames e infartos do miocárdio são exemplos de doenças com uma apresentação clínica súbita. Exemplos de doenças com um início gradual incluem a artrite, o enfisema e a doença de Parkinson. As doenças com um início gradual apresentam uma forma de estressor para o indivíduo ou a família diferente daquele que ocorre numa crise súbita. Embora a quantidade total de reajustamento na estrutura, papéis, solução de problemas e manejo afetivo da família possa ser a mesma para os dois tipos de doença, no caso de enfermidades com início agudo como o derrame, essas mudanças afetivas e instrumentais ficam comprimidas num tempo muito curto. Isso exige da família uma mobilização mais rápida da capacidade de administrar a crise. Algumas famílias estão mais bem equipadas para lidar com a mudança rápida. As famílias que são capazes de tolerar estados afetivos altamente carregados, intercambiam papéis claramente definidos com flexibilidade, resolvem problemas eficientemente e utilizam recursos externos terão uma vantagem no manejo de doenças com um início agudo.

O índice de mudança familiar necessário para lidar com as doenças de aparecimento gradual, tais como a artrite reumatoide ou a doença de Parkinson, permite um período de ajustamento mais prolongado. Nas doenças de início agudo, existe uma tensão relativamente maior, na medida em que a família divide a sua energia entre proteger-se contra outros danos, desintegração ou perda através da morte e os esforços progressivos para aumentar o domínio, reestruturando-se ou resolvendo o novo problema (Adams & Lindemann, 1974).

Curso

O curso das doenças crônicas assume essencialmente três formas gerais: progressiva, constante ou reincidente/episódica. Uma doença *progressiva* (por exemplo, câncer, doença de Alzheimer, diabete juvenil, artrite reumatóide, enfisema) é, por definição, uma doença continuamente ou geralmente sintomática e progride em severidade. O indivíduo e a família se defrontam com os efeitos de um membro da família perpetuamente sintomático, cuja incapacidade aumenta de modo gradual ou progressivo. Os períodos de alívio em relação às demandas da doença tendem a ser mínimos. Estão implícitas uma contínua adaptação e mudança de papéis. Uma tensão crescente nas pessoas que prestam os cuidados é provocada tanto pelos riscos de exaustão quanto pelo contínuo acréscimo de novas tarefas ao longo do tempo. Está em jogo a flexibilidade familiar, em termos da reorganização interna de papéis e da disposição para utilizar recursos externos.

Uma doença *de curso constante* é aquela em que, tipicamente, ocorre um evento inicial, após o qual o curso biológico se estabiliza. Os exemplos incluem derrame, infarto do miocárdio de episódio único, trauma com resultante amputação e dano de medula espinhal com paralisia. Tipicamente, depois do período inicial de recuperação, a fase crônica é caracterizada por algum déficit claro, ou uma limitação residual, funcional. Podem ser observadas recorrências, mas o indivíduo ou a família se defronta com uma mudança semipermanente, que é estável e predizível durante um considerável período de tempo. Existe o potencial de exaustão familiar, sem a tensão de novas demandas de papel ao longo do tempo.

O terceiro tipo de curso é caracterizado como *reincidente ou episódico*. As doenças como colite ulcerativa, asma, úlcera péptica, enxaquecas, estágios iniciais da esclerose múltipla e câncer em remissão são típicas. O aspecto característico deste curso de doença é a alternação de períodos estáveis de duração variada, caracterizados por um baixo nível ou ausência de sintomas, com períodos de exacerbação. Muitas vezes, a família mantém uma rotina "normal". Entretanto, o espectro da recorrência paira sobre suas cabeças.

As doenças reincidentes exigem um tipo um pouco diferente de adaptabilidade familiar. Em comparação com as doenças progressivas ou de curso constante, elas requerem menos cuidados contínuos ou redistribuição de papéis. Mas a natureza episódica de uma doença requer uma flexibilidade que permita o movimento de um lado para outro entre as duas formas de organização familiar. Em certo sentido, a família deve estar pronta a restabelecer a estrutura de crise para lidar com as exacerbações da doença. A tensão sobre o sistema familiar é causada tanto pela frequência das transições entre crise e não crise quanto pela contínua incerteza de *quando* ocorrerá a próxima crise. Igualmente, a grande discrepância psicológica entre os períodos de normalidade *versus* doença é um aspecto particularmente opressivo, característico das doenças crônicas reincidentes.

Consequências

A extensão em que uma doença crônica pode provocar a morte e o grau em que ela pode encurtar a vida de alguém são aspectos críticos característicos, com profundo impacto psicossocial. O fator mais crucial é a expectativa inicial quanto à possibilidade de uma doença provocar a morte. Num extremo do contínuo estão as doenças que não costumam afetar a duração da vida, assim como a hérnia de disco lombosacra, cegueira, artrite, dano de medula espinhal e distúrbios epiléticos. No outro extremo estão as enfermidades claramente progressivas e normalmente fatais, como o câncer metastático, SIDA, e coreia de Huntington. Existe também uma categoria intermediária, mas impredizível. Ela inclui tanto as enfermidades que encurtam a vida, tais como a fibrose cística, a diabete juvenil e a doença cardiovascular, quanto aquelas com a possibilidade de morte súbita, tais como a hemofilia ou recorrências de infarto do miocárdio ou derrame. No caso das doenças que ameaçam a vida, o membro doente teme que a vida termine antes de executar seu "plano de vida" e teme estar sozinho na morte. Os membros da família temem ser sobreviventes sozinhos no futuro. Para ambos existe uma tendência à tristeza e à separação antecipatórias que permeiam todas as fases da adaptação. As famílias muitas vezes ficam presas entre um desejo de intimidade e um impulso para afastar-se, emocionalmente, do membro doente. A futura expectativa de perda pode dificultar muito a manutenção de uma perspectiva familiar equilibrada. Uma literal torrente de afeto poderia potencialmente distrair a família da miríade de tarefas práticas e solução de problemas que mantêm a integridade familiar (Weiss, 1983). Igualmente, a tendência a ver o membro doente como praticamente "no caixão" pode acionar respostas desadaptativas que privam a pessoa doente de responsabilidades importantes. O resultado final pode ser o isolamento estrutural e emocional daquela pessoa em relação à vida familiar. Esse tipo de alienação psicológica foi associado a consequências médicas inadequadas na doença que ameaça a vida (Davies e colaboradores, 1973; Derogatis e colaboradores, 1979; Schmale & Beer, 1971; Simonton e colaboradores, 1980).

No caso das doenças que podem encurtar a vida ou provocar morte súbita, a perda é uma consequência menos iminente ou certa do que nos casos de doenças claramente fatais ou não fatais. Em virtude disso, as questões de mortalidade predominam menos na vida cotidiana. É por essa razão que este tipo de doença proporciona um solo tão fértil para interpretações familiares idiossincráticas. O caráter de "poderia acontecer" dessas doenças cria a possibilidade de superproteção por parte da família e grandes ganhos secundários para o membro doente. Isso é particularmente relevante nas doenças infantis, como a hemofilia, diabete juvenil e asma (Baker e colaboradores, 1975; Hamburg e colaboradores, 1980; Minuchin e colaboradores, 1978).

Incapacitação

A incapacitação pode resultar do prejuízo da cognição (por exemplo, doença de Alzheimer), sensação (por exemplo, cegueira), movimento (por exemplo, derrame com paralisia, esclerose múltipla), produção de energia, e desfiguramento ou outras causas médicas de estigma social. As doenças cardiovasculares e pulmonares diminuem a capacidade corporal de produzir energia pura. Isso pode diminuir o desempenho ou a capacidade de realizar esforços motores, sensoriais ou cognitivos. Doenças como lepra, neurofibromatose ou queimaduras severas são cosmeticamente incapacitantes, na extensão em que o estigma social suficiente diminui a capacidade da pessoa de interagir socialmente de modo normal. A SIDA é socialmente incapacitante em virtude dos efeitos combinados do risco de contágio percebido, do longo período de portador assintomático, do *status* atual como incurável e do vínculo com grupos altamente estigmatizados em nossa sociedade – homossexuais e pessoas que usam drogas intravenosas.

Os diferentes tipos de incapacitação implicam diferenças nos ajustamentos específicos necessários numa família. Por exemplo, os déficits cognitivos e motores de uma pessoa, combinados com um derrame, exigem uma redistribuição de papéis familiares muito maior do que no caso de uma pessoa que sofreu dano de medula espinhal, mas retém suas faculdades cognitivas. Algumas doenças crônicas – tais como hipertensão, úlcera péptica, muitos distúrbios endócrinos ou enxaqueca – provocam uma incapacitação moderada, uma incapacitação apenas intermitente ou nenhuma incapacitação. Este é um fator altamente significativo na moderação do grau de estresse para a família. No caso de algumas doenças, como o derrame ou dano de medula espinhal, a incapacitação frequentemente é maior no início e exerce sua maior influência nesse momento. A incapacitação no início de uma doença magnifica as questões de manejo familiar relacionadas ao início, curso esperado e consequências. Nas doenças progressivas, como a esclerose múltipla, artrite reumatoide ou demência, a incapacidade assoma como um problema crescente em fases posteriores da enfermidade. Isso dá à família mais tempo para preparar-se para as mudanças antecipadas. Em especial, proporciona ao membro doente uma oportunidade de participar no planejamento familiar relativo à doença.

Em resumo, o efeito da incapacitação em um determinado indivíduo ou família depende da interação do tipo de incapacitação com as exigências de papel pré-enfermidade do membro doente, e da estrutura, flexibilidade e recursos da família. Entretanto, talvez seja a presença ou ausência de *qualquer* incapacitação significativa o que constitua a principal linha divisória relevante para uma primeira tentativa de construir uma tipologia psicossocial da doença (Viney & Westbrook, 1981).

Ao combinar os tipos de início (agudo *versus* gradual), curso (progressivo *versus* constante *versus* reincidente/episódico), consequências (fatal *versus* período de vida diminuído *versus* não fatal) e incapacitação (presente *versus* ausente) em um formato de grade, nós criamos uma tipologia com 32 tipos psicossociais potenciais de doença (veja Rolland, 1984).

A extensão em que as doenças são predizíveis ainda não foi formulada como uma categoria separada na tipologia. Pelo contrário, a predizibilidade deveria ser vista como um tipo de metacaracterística que reveste e colore os outros atributos: início, curso, consequências e incapacitação. Em relação a isso, existem duas facetas distintas na predizibilidade de uma doença crônica. As doenças podem ser mais ou menos incertas com relação à *natureza* real do início, curso, consequências ou presença de incapacitação. E elas podem variar quanto ao *grau de velocidade* em que as mudanças ocorrerão.

Vários outros atributos importantes que diferenciam as doenças foram excluídos desta tipologia por parecerem de menor importância ou relevantes apenas para um subgrupo de distúrbios. Quando adequado, eles devem ser considerados numa avaliação cuidadosa, sistemicamente orientada. A complexidade, frequência e eficácia de um regime de tratamento, a quantidade de cuidados no lar *versus* no hospital exigidos pela doença, e a frequência e intensidade dos sintomas variam amplamente de acordo com as doenças e têm importantes implicações para a adaptação do indivíduo e da família.

FASES TEMPORAIS DA DOENÇA

Para criarmos um esquema psicossocial das doenças crônicas, as fases temporais desenvolvimentais de uma doença devem ser consideradas como uma segunda dimensão. Frequentemente, ouvimos falar sobre como "enfrentar o câncer", "lidar com a incapacidade" ou "encarar uma doença que ameaça a vida". Esses clichês podem criar uma espécie de visão de túnel que impede uma atenção suficiente às fases de uma doença. Cada fase tem suas próprias tarefas desenvolvimentais psicossociais que requerem forças, atitudes ou mudanças familiares significativamente diferentes. Para capturar os temas nucleares psicossociais na história natural da doença crônica, podemos descrever três fases importantes: (1) de crise, (2) crônica e (3) terminal.

A fase *de crise* inclui qualquer período sintomático antes do diagnóstico concreto, quando o indivíduo ou a família sente que alguma coisa está errada, mas a exata natureza e alcance do problema não estão claros. Ela inclui o período inicial de reajustamento e manejo, depois que o problema foi esclarecido através de um diagnóstico e de um plano inicial de tratamento.

Durante este período há várias tarefas-chave para o membro doente e sua família. Moos (1984) descreve certas tarefas práticas universais relativas à doença. Elas incluem (1) aprender a lidar com dor, incapacitação ou outros sintomas relacionados à doença; (2) aprender a lidar com o ambiente do hospital e com os procedimentos terapêuticos relativos à doença e (3) estabelecer e manter bons relacionamentos com a equipe que presta cuidados. Além disso, existem tarefas críticas de natureza mais geral, às vezes existencial. A família precisa (1) criar um significado para o evento da doença que maximize a preservação de um sentimento de domínio e competência; (2) entristecer-se pela perda da identidade familiar pré-enfermidade; (3) buscar uma posição de aceitação da mudança permanente, mantendo um sentimento de continuidade entre seu passado e seu futuro; (4) unir-se para conseguir a reorganização da crise a curto prazo e (5), perante a incerteza, desenvolver a flexibilidade no sistema, tendo em vista objetivos futuros.

A fase *crônica* pode ser longa ou curta, mas é essencialmente o período de tempo entre o diagnóstico inicial e o período de ajustamento e a terceira fase, quando predominam as questões de morte e doença terminal. E uma época que pode ser marcada por constância, progressão ou mudança episódica. Nesse sentido, seu significado não pode ser apreendido pelo simples conhecimento do comportamento biológico de uma doença. Pelo contrário, é mais um construto psicossocial, que foi chamado de "a longa provação" ou a fase de "conviver com a doença crônica". Muitas vezes, o paciente e a família chegam a um acordo, em termos psicológicos e/ou organizacionais, com as mudanças permanentes apresentadas por uma doença crônica e desenvolvem um adequado *modus operandi*. Num dos extremos, a fase crônica pode durar décadas como uma doença estável, não fatal. Por outro lado, a fase crônica pode não existir num distúrbio de início agudo, rapidamente progressivo, fatal, em que a fase de crise e a fase terminal são contíguas. A capacidade da família de manter uma aparência de vida normal na presença "anormal" de uma enfermidade crônica e de uma incerteza aumentada constitui uma tarefa-chave deste período. Se a doença é fatal, este é um tempo de "viver no limbo". No caso de certas doenças debilitantes mas não claramente fatais, tais como um derrame maciço ou demência, a família pode ficar sobrecarregada com um exaustivo problema "interminável". Paradoxalmente, a esperança de algumas famílias de retomar um ciclo de vida "normal" somente será compreendida após a morte de seu membro doente. Isso chama a atenção para uma outra tarefa crucial desta fase: a manutenção de máxima autonomia para todos os membros da família perante o impulso para a mútua dependência e cuidados.

A última fase é o período *terminal*. Ela inclui o estágio pré-terminal da doença, em que a inevitabilidade da morte se torna aparente e domina a vida familiar. Ela abrange os períodos de luto e resolução da perda. O que distingue essa fase é a predominância das questões envolvendo separação/morte, tristeza, resolução do luto e retomada de uma vida familiar "normal" depois da perda.

Além de seu próprio significado, as três fases iluminam pontos críticos de transição ligando cada período. Descrições adequadas na literatura sobre o desenvolvimento adulto e o ciclo de vida familiar, por Levinson (1978, 1986) e Carter e McGoldrick (1980), esclareceram a importância dos períodos de transição. O mesmo vale para as transições entre as fases desenvolvimentais no curso da doença. Este é um tempo de reavaliação da adequação da estrutura de vida familiar anterior à doença em face das novas exigências desenvolvimentais relacionadas à enfermidade. Questões não terminadas da fase anterior podem complicar ou bloquear o movimento através das transições. Como Penn (1983) salientou, as famílias ou os indivíduos podem permanecer indefinidamente congelados numa estrutura adaptativa que perdurou além de sua utilidade. Por exemplo, a benéfica união do período de crise pode tornar-se uma prisão desadaptativa e sufocante para todos os membros da família na fase crônica. As famílias emaranhadas, em virtude de sua natureza rígida e fundida, teriam dificuldade em negociar esta delicada transição. Uma família perita em manejar aspectos práticos do cotidiano de uma doença estável prolongada, mas limitada no manejo afetivo, pode encontrar dificuldades quando a doença se torna terminal. A demanda relativamente maior de capacidade afetiva de lidar com a situação na fase terminal de uma doença, em comparação com a fase crônica, pode criar uma crise para a família que está passando por essa transição.

A interação das fases temporais e da tipologia da doença proporciona uma estrutura para um modelo desenvolvimental psicossocial de doença crônica. As fases temporais (de crise, crônica e terminal) podem ser consideradas amplos períodos desenvolvimentais na história natural da enfermidade crônica. Cada período tem certas tarefas básicas, independentemente do tipo de doença. Além das tarefas desenvolvimentais específicas da fase, comuns a todos os tipos psicossociais de doença, cada "tipo" de enfermidade tem tarefas suplementares específicas. Isso é análogo ao relacionamento entre o desenvolvimento particular de um indivíduo e certas tarefas de vida universais. As tarefas básicas das três fases temporais e transições da doença recapitulam, em vários aspectos, o desdobramento do desenvolvimento humano. Por exemplo, a fase de crise é semelhante, de certas maneiras, à época da infância e da adolescência. A pesquisa de Piaget (1952) demonstrou que o desenvolvimento da criança envolve um prolongado período de aprendizagem para assimilar e acomodar os fundamentos da vida. Os pais frequentemente tentam moderar outros planos desenvolvimentais (por exemplo, carreira) para acomodar a criação dos filhos. De maneira análoga, a fase de crise é um período em que as pessoas aprendem os fundamentos de como viver com uma doença crônica. Durante essa fase, outros planos de vida são frequentemente adiados pela família de modo a acomodar sua convivência com a enfermidade. Temas como separação e individuação são centrais na transição da adolescência para a idade adulta. Erikson (1950) salientou que é concedido aos adolescentes um período de moratória ou postergação, durante o qual a identidade da infância gradualmente se funde na identidade da idade adulta. Eventualmente, o adolescente deve renunciar a esta moratória e assumir responsabilidades adultas. Semelhante à própria vida, a transição para a fase crônica da doença enfatiza a autonomia e a criação de uma estrutura de vida viável, adaptada às realidades da doença. Na transição para a fase crônica, um "embargo" ou moratória de outras tarefas desenvolvimentais, que serviu para proteger o período inicial de socialização/ adaptação a uma vida com enfermidade crônica, é reavaliado. As tarefas desenvolvimentais separadas de "viver com a doença crônica" e "viver as outras partes da própria vida" devem ser reunidas numa estrutura coerente de vida. Nós voltaremos, mais tarde, a este conceito de desenvolvimento da doença.

Neste ponto, nós podemos combinar a tipologia e as fases da doença para construir uma matriz bidimensional (Rolland, 1984).

Acrescentando um modelo sistêmico de família, nós podemos criar uma representação tridimensional do sistema mais amplo de doença/família. Os tipos psicossociais de doença, as fases temporais da enfermidade e os componentes do funcionamento familiar constituem as três dimensões. Este modelo oferece um veículo para um diálogo flexível entre o aspecto da doença e o aspecto familiar do sistema doença/família. Em essência, este modelo permite a especulação sobre a importância das forças e fraquezas nos vários componentes do funcionamento familiar, em relação a diferentes tipos de enfermidade em diferentes fases do curso de vida da doença. Como uma aplicação específica deste modelo, esta discussão tratará dos estágios do desenvolvimento familiar em relação ao tipo e fases temporais da enfermidade.

Em seu núcleo, os componentes da tipologia oferecem um meio para apreendermos o caráter de uma doença crônica em termos psicossociais. Eles proporcionam para o terapeuta uma significativa ponte entre os mundos biológico e psicossocial. Talvez a maior contribuição seja uma estrutura para a avaliação e intervenção clínica em uma família que está enfrentando uma doença crônica ou que ameaça a vida. Os aspectos referentes ao início, curso, consequências e incapacitação proporcionam marcos que facilitam a integração de uma avaliação. O conceito de fase temporal permite que o terapeuta pense longitudinalmente e obtenha um entendimento mais completo da doença crônica como um processo contínuo com marcos importantes, pontos de transição e demandas que se modificam. A linha temporal de uma doença delineia os estágios desenvolvimentais psicossociais de uma enfermidade, cada fase com suas tarefas desenvolvimentais específicas. Kaplan (1968) enfatizou a importância de resolver as tarefas específicas de cada fase dentro dos limites temporais estabelecidos pela duração de cada fase desenvolvimental sucessiva de uma enfermidade. Ele sugere que o fracasso em resolver as questões de maneira sequencial pode pôr em risco o processo global de manejo familiar. Consequentemente, a atenção ao momento no tempo permite que o terapeuta avalie as forças e vulnerabilidades da família em relação às fases presentes e futuras da enfermidade.

Tomadas juntas, a tipologia e as fases temporais proporcionam um contexto no qual integrar outros aspectos de uma avaliação abrangente. Isso envolveria a avaliação de várias dinâmicas familiares universais e específicas na doença, em relação ao tipo psicossocial e fases temporais de enfermidade. Esta discussão focará a interface da doença com o desenvolvimento individual e familiar, e a história transgeracional da família referente ao manejo da doença, crise e perda. Outros componentes importantes de uma avaliação familiar orientada para a enfermidade que não serão tratados neste capítulo incluem o sistema de crença da família em relação à doença (Rolland, 1987), o significado da doença para a família, o planejamento médico da família na crise, a capacidade familiar de prestar cuidados médicos em casa e a comunicação familiar orientada para a doença, a solução de problemas, a substituição de papéis, o envolvimento afetivo, o apoio social e a utilização e disponibilidade de recursos na comunidade.

Equipados com esta tipologia e modelo desenvolvimental de doença, podemos voltar à nossa tarefa original – descrever a interface do desenvolvimento da doença, do indivíduo e da família.

HISTÓRIA TRANSGERACIONAL DE DOENÇA, PERDA E CRISE

Os teóricos com orientação sistêmica enfatizaram que o atual comportamento da família não pode ser adequadamente compreendido à parte de sua história (Boszormenyi-Nagy & Sparks, 1973; Bowen, 1978; Carter & McGoldrick, 1980; Franzo, 1976; McGoldrick & Walsh, 1983; Paul & Grosser, 1965). Eles vêem o questionamento histórico como uma maneira de investigar eventos e transições essenciais, para compreendermos as mudanças organizacionais e as estratégias de manejo de uma família, *como um sistema,* em resposta a estressores passados. Este não é um modelo de causa-e-efeito, mas reflete a crença de que esta busca histórica pode ajudar a explicar o atual estilo familiar de lidar com a situação e adaptar-se a ela. Uma perspectiva histórica, sistêmica, envolve mais do que simplesmente decifrar como uma família organizou-se em função de estressores passados; também significa investigar a evolução da adaptação familiar ao longo do tempo. A esse respeito, é importante considerarmos os padrões de adaptação, repetições, descontinuidades, mudanças nos relacionamentos (isto é, alianças, triângulos, rompimentos) e sentimentos de competência. McGoldrick e Walsh (1983) descrevem como esses padrões são transmitidos ao longo das gerações como mitos, tabus, expectativas catastróficas e sistemas de crença familiares. Obtendo essa informação, o terapeuta cria um genetograma familiar básico (McGoldrick & Gerson, 1985).

Um genetograma orientado para a doença crônica envolve o mesmo processo básico de investigação, mas foca a maneira pela qual uma família se organizou, como um sistema em evolução, especificamente em relação a doenças e crises inesperadas anteriores, nas gerações atuais e prévias. Um objetivo central é descobrir as "diferenças aprendidas com a doença" pelos adultos (Penn, 1983).

A tipologia da doença e as fases temporais são conceitos úteis nessa parte da avaliação familiar. Embora uma família possa ter certas maneiras-padrão de lidar com uma doença, pode haver diferenças críticas em seu estilo e êxito na adaptação aos diferentes "tipos" de enfermidade. Uma família pode desconsiderar as diferenças nas demandas relacionadas aos diferentes tipos de doença e, assim, manifestar uma disparidade no nível de manejo de uma doença em comparação com uma outra. Se o terapeuta investigar separadamente tipos de doença semelhantes ou iguais em comparação com tipos diferentes (por exemplo, reincidente *versus* progressiva, a que ameaça a vida *versus* aquela que não ameaça a vida), ele poderá utilizar melhor os dados históricos. Por exemplo, uma família pode ter-se organizado bem perante doenças que não ameaçam a vida, mas ter vacilado sob o impacto do câncer metastático da avó paterna. Esta família pode ficar particularmente vulnerável se ocorrer alguma outra enfermidade que ameace a vida. Uma família diferente pode ter tido experiência somente com doenças que não ameaçam a vida e desconhecer a maneira de lidar com as incertezas existentes nas doenças que ameaçam a vida. O conhecimento desses fatos chamará a atenção para áreas de força e vulnerabilidade na maneira pela qual uma família lida com o câncer. Uma recente consulta familiar salienta a importância de investigar doenças anteriores na família.

> Joe, sua mulher Ann e seus três filhos adolescentes apresentaram-se para uma avaliação familiar dez meses depois de ter sido diagnosticada em Joe uma asma moderadamente severa. Joe, com 44 anos de idade, trabalhara muitos anos como um bem-sucedido pintor, utilizando spray. Aparentemente, a exposição a uma nova substância química no spray desencadeara o início de ataques de asma que tornavam necessária a hospitalização e o incapacitavam profissionalmente. Embora um pouco melhor, ele continuava a ter sintomas respiratórios persistentes e moderados. Inicialmente, seus médicos haviam dito que haveria certa melhora, mas

mantiveram reserva quanto ao nível de cronicidade. Suas persistentes dificuldades respiratórias contribuíram para crescentes sintomas de depressão, explosões temperamentais pouco características, abuso do álcool e discórdia familiar.

Como parte da avaliação inicial, eu perguntei a respeito de experiências anteriores com doenças crônicas. Este era o primeiro encontro da família nuclear com uma enfermidade crônica. Em termos de suas famílias de origem, a experiência era limitada. O pai de Ann morrera sete anos antes, de um súbito e inesperado ataque cardíaco. O irmão de Joe morrera por afogamento acidental comprovado. Nenhum deles tinha experiência com doença como um processo contínuo. Joe supusera que essa melhora significava "cura". Para ambos, uma enfermidade significava morte ou recuperação. O médico e o sistema familiar não estavam sintonizados com os riscos que esta família estava correndo, ao fazer a transição da crise para a fase crônica de sua asma — o momento em que a permanência da doença precisava ser tratada.

Investigar a capacidade da família de manejar as fases de crise, crônica e terminal em doenças anteriores salientará complicações na adaptação, relacionadas a momentos diferentes do "ciclo de vida da doença". Uma família pode ter-se adaptado bem na fase de crise do dano de medula espinhal do avô paterno, mas ter fracassado na transição para uma organização familiar consistente com a adaptação a longo prazo. Uma família emaranhada, com sua tendência a uma rígida superproximidade, pode ter ficado congelada numa estrutura de crise e ter sido incapaz de lidar adequadamente com as questões de maximizar a autonomia individual e coletiva na fase crônica. Uma outra família, com um membro com insuficiência renal crônica, pode ter funcionado bem para manejar os aspectos práticos da diálise em casa. Entretanto, na fase terminal, sua limitação em termos de expressão afetiva pode ter deixado um legado de tristeza não resolvida. Uma história das dificuldades familiares específicas em cada fase temporal pode alertar o terapeuta para períodos potencialmente vulneráveis no curso da doença crônica atual. O seguinte exemplo, de uma família lidando com uma doença atual, ilustra a interação dos problemas que são alimentados por questões não resolvidas relacionadas a experiências com doenças na família de origem da pessoa.

Mary, seu marido Bill e o filho de ambos, Jim, apresentaram-se para tratamento quatro meses depois de Mary ter sofrido um acidente de carro, uma colisão frontal, que pôs em risco sua vida. A culpa foi do outro motorista. Mary sofreu uma séria concussão. A equipe médica, por vários meses, também temia que ela pudesse ter sofrido uma hemorragia cerebral. Recentemente, foi esclarecido que isso não ocorrera. Durante esse período, Mary foi ficando cada vez mais deprimida e, apesar do intenso reasseguramento, continuava a acreditar que sua condição era crítica e morreria de hemorragia cerebral.

Durante a avaliação inicial, ela revelou que estava tendo sonhos muito vívidos de encontros com o pai falecido. Seu pai, a quem fora muito ligada, aparentemente morrera de uma hemorragia cerebral, após uma história de quatro anos de um progressivo e incapacitante tumor cerebral. Sua doença fora marcada por progressivos e incontroláveis ataques epilépticos. Mary estava com 14 anos na época, e era o "bebê" da família; seus dois irmãos eram mais de dez anos mais velhos. A família a protegera da doença do pai. Isso culminara na decisão da mãe de que ela não iria nem ao velório e nem ao funeral do pai. Esse evento reforçara a sua posição como a "criança que precisava de proteção" – uma dinâmica que ela levou para o casamento. Apesar de sua mágoa, raiva e inconformidade pela morte dele, ela evitara discutir seus sentimentos com a mãe por mais de vinte anos. A história familiar também revelou que o irmão de sua mãe morrera de um derrame súbito e uma prima morrera quando uma lâmpada de rua caíra em sua cabeça.

Seu próprio ferimento, que pusera em risco sua vida, desencadeara uma reação catastrófica e o dramático ressurgimento de perdas anteriores não resolvidas envolvendo tipos semelhantes de doença e ferimento. A terapia centrou-se numa série de tarefas e rituais, segundo os quais ela deveria começar a conversar com a mãe e visitar o túmulo do pai.

A história familiar de manejo de crises em geral, especialmente crises não antecipadas, deve ser explorada. Doenças com início agudo (por exemplo, ataque cardíaco), súbita incapacitação moderada-severa (por exemplo, derrame) ou rápida reincidência (por exemplo, colite ulcerativa, reação diabética à insulina, hérnia de disco) exigem a capacidade de mobilizar-se rapidamente na crise. Nessas situações, a família precisa reorganizar-se rápida e eficientemente, modificando sua organização habitual para uma estrutura de crise. Outras doenças podem criar uma crise em virtude da contínua demanda de força na família (por exemplo, dano de medula espinhal, artrite reumatoide, enfisema). A história de como a família maneja os estressores contínuos, moderados ou severos, é um bom preditor de ajustamento nesses tipos de enfermidades.

Em qualquer doença crônica significativa na família de origem de ambos os adultos, o terapeuta deve tentar saber como essas famílias se organizaram para lidar com as muitas tarefas práticas e afetivas relacionadas à doença. É particularmente importante saber se os pais (como filhos) assumiram excessivas responsabilidades (num papel paterno) ou foram protegidos de um envolvimento. O que eles aprenderam, a partir dessas experiências, que influencia a maneira pela qual eles encaram a atual enfermidade? É essencial saber se eles emergiram com um grande sentimento de competência ou de fracasso. Num determinado caso envolvendo uma família com três gerações de hemofilia transmitida pela mãe, o pai fora protegido do conhecimento de que seu irmão mais velho, que morrera na adolescência, tivera uma forma terminal de doença renal. Esse homem também foi impedido de ir ao funeral do irmão. A partir desse trauma, ele passou a ser extremamente franco em todas as questões referentes a doenças, com seus dois filhos hemofílicos e com suas duas filhas, que eram portadoras.

Obtendo essas informações sobre a família de origem dos adultos, podemos antecipar áreas de conflito e consenso. Penn (1983) e Walker (1983) descreveram a frequência com que questões não resolvidas relacionadas à doença e perda podem permanecer dormentes num casamento e emergir subitamente quando desencadeadas por uma enfermidade crônica na atual família nuclear. Penn (1983) descreve a seguinte vinheta como um exemplo típico de como determinadas alianças que emergem no contexto de uma doença crônica correspondem àquelas que existiam na família de origem da cada adulto.

> Se uma mãe foi sempre quem salvou sua mãe de um marido tirânico, e em sua própria família tem um filho hemofílico, ela se tornará a salvadora dele, muitas vezes indo contra o pai de seu filho. Dessa maneira, ela continua a salvar sua mãe, mas, surpreendentemente, não de seu marido e sim de seu próprio pai... Nesta família com um filho hemofílico, o pai do pai estivera doente por um longo período e recebera toda a atenção da mãe. Na atual família dele, este pai, embora aparentemente objetasse a essa aliança entre sua mulher e seu filho, respeitava esse relacionamento, como se esperasse que ele compensasse aquele do qual fora privado com sua própria mãe. A aliança na família nuclear parece aberta e adaptativa (mãe e filho), mas é alimentada por alianças do passado (mãe com sua mãe, e pai com a mãe dele).

O restabelecimento de configurações sistêmicas prévias em torno da doença pode ocorrer como um processo amplamente inconsciente, automático. Além disso, a complementaridade disfuncional que vemos nessas famílias pode emergir *de novo* especificamente dentro do contexto de uma enfermidade crônica. Sob um questionamento detalhado, os casais frequentemente revelarão que existia um entendimento tácito, silencioso, de que, se ocorresse alguma doença, eles iriam se reorganizar para trazer de volta "questões não terminadas" de suas famílias de origem. De modo típico, o papel escolhido representa uma repetição ou um oposto do papel desempenhado por eles ou pelo progenitor do mesmo sexo em sua família de origem. Este processo se assemelha ao desdobramento de um modelo genético que é acionado apenas em determinadas condições biológicas. Ele salienta a necessidade de o terapeuta fazer certa distinção entre o processo familiar funcional com e sem doença crônica. No caso das famílias que se apresentam desta maneira, colocar a ênfase terapêutica na resolução das questões com a família de origem talvez seja a melhor abordagem para evitar ou corrigir um triângulo doentio.

As famílias, como estas recém-descritas, em que a doença é uma "bomba-relógio" encapsulada, precisam ser distinguidas daquelas que apresentam padrões disfuncionais mais infiltrados e duradouros. No último caso, as doenças tenderão a ser absorvidas por uma teia de transações familiares fundidas. Assim como os pais podem restabelecer um triângulo desviado através de um filho doente, para evitar um conflito conjugal não resolvido (Minuchin e colaboradores, 1975, 1978), também o terapeuta pode conluiar-se com a resistência de uma família, centrando-se excessivamente na doença em si. Nessa situação, as distinções entre sistemas familiares com doença *versus* sistemas familiares sem doença são, em grande grau, semânticas. A doença serve para tornar mais rígida uma disfunção familiar pré-existente. No tradicional sentido de "psicossomático", esse tipo de família apresenta um nível mais elevado de reatividade básica, de modo que quando uma doença entra no sistema, esta reatividade é expressa somaticamente, através de um curso médico inadequado e/ou não obediência ao tratamento. Essas famílias não têm o fundamento de um sistema funcional não doente, que pode servir como o equivalente metafórico do "ego sadio" no manejo dos padrões da família de origem em relação à doença. O foco inicial na intervenção terapêutica talvez precise ficar mais no eixo horizontal (família nuclear) do que no eixo vertical intergeracional. O prognóstico para esse tipo de família é mais reservado.

Um terceiro tipo de família sintomática enfrentando a enfermidade crônica é aquela sem padrões familiares disfuncionais significativos intra ou intergeracionais. Qualquer família pode vacilar diante de estressores múltiplos, superpostos, relativos ou não à doença, que têm um impacto num tempo relativamente curto. Doenças progressivas, incapacitantes, ou as enfermidades que ocorrem em vários membros da família são cenários típicos. Uma abordagem pragmática que foque a utilização ampla ou criativa de apoio e recursos fora da famílias é extremamente produtiva.

Interface dos ciclos de vida da doença, do indivíduo e da família

Para colocar o desdobramento da doença crônica num contexto desenvolvimental, é crucial compreender o entrelaçamento de três fios evolutivos: os ciclos de vida da doença, do indivíduo e da família. Este é um processo altamente complexo que permanece amplamente inexplorado.

Uma vez que a doença é parte do indivíduo, é essencial pensar simultaneamente sobre a interação do desenvolvimento do indivíduo e da família. Para criar um contexto para o diálogo, é necessária uma linguagem que una esses fios desenvolvimentais. Um conceito central para cada um deles é o de ciclo de vida. A noção de ciclo sugere uma ordem subjacente do ciclo de vida, através da qual a singularidade do indivíduo, da família ou da doença ocorre dentro de um contexto de sequência e desdobramento básico. Um segundo conceito-chave é o de estrutura de vida humana. Embora a descrição original de Levinson (1978) da estrutura de vida estivesse dentro do contexto de seu estudo sobre o desenvolvimento masculino adulto, a noção genérica de estrutura de vida também pode ser aplicada à família como uma unidade. Por estrutura de vida, ele quer dizer o padrão ou propósito subjacente da vida de uma pessoa/família em qualquer momento dado do ciclo de vida. Seus componentes primários são os relacionamentos recíprocos de uma pessoa/família com vários "outros" no ecossistema mais amplo (isto é, pessoa, grupo, instituição, cultura, objeto ou lugar). A estrutura de vida estabelece uma fronteira entre o indivíduo/família e o ambiente. Ela tanto governa quanto media as transações entre eles.

O desenvolvimento da doença, do indivíduo e da família têm em comum a noção de épocas marcadas pela alternação dos períodos de construção/manutenção da estrutura de vida e dos períodos de mudança (transição) dessa estrutura, ligando épocas desenvolvimentais. O objetivo primário de um período de construção/manutenção é criar uma uma estrutura de vida e enriquecê-la, com base nas escolhas-chave que o indivíduo/família fez durante o período de transição precedente. A delineação de épocas separadas origina-se de um conjunto de tarefas desenvolvimentais associadas a cada período. Como mencionamos anteriormente, os períodos de transição são potencialmente os mais vulneráveis, pois as estruturas de vida anteriores do indivíduo, família e doença são reavaliadas em face de novas tarefas desenvolvimentais que podem exigir uma mudança descontínua, em vez de pequenas alterações. Levinson (1978, 1986) foi pioneiro em descrever quatro épocas importantes no desenvolvimento da estrutura de vida de um indivíduo: infância e adolescência, e idade adulta inicial, média e tardia. Duvall (1977) e Carter e McGoldrick (1980) dividiram o ciclo de vida familiar em oito e seis estágios, respectivamente. Precisamos fazer uma distinção primária entre os modelos de Levinson e de ciclo de vida familiar. Nos modelos de ciclo de vida familiar, os eventos-marco (por exemplo, casamento, nascimento do primeiro filho, último filho que sai de casa) anunciam a transição de um estágio para o seguinte. A pesquisa de Levinson elucidou uma sequência de períodos específicos da idade, de cinco a sete anos de duração, durante os quais certas tarefas desenvolvimentais para os homens adultos são executadas independentemente de eventos-marco. Nesse modelo, os eventos-marco irão colorir o caráter de um período desenvolvimental e, por sua vez, serão coloridos pelo momento em que ocorrerem no ciclo de vida do indivíduo.

Os conceitos de estilos e fases familiares centrípetos *versus* centrífugos no ciclo de vida familiar são particularmente úteis para a tarefa de integrar o desenvolvimento da família, do indivíduo e da doença (Beavers, 1982; Beavers & Voeller, 1983). O recente trabalho de Combrinck-Graham (1985) elabora a aplicação das fases centrípetas/centrífugas ao ciclo de vida familiar. Ela descreve um modelo espiral de ciclo de vida familiar, no qual imagina todo o sistema familiar de três gerações oscilando através do tempo entre períodos de aproximação familiar (centrípeto) e períodos de afastamento familiar (centrífugos). Esses períodos coincidem com oscilações entre as tarefas desenvolvimentais familiares que requerem um intenso vínculo ou altos níveis de coesão familiar, como o início da criação dos filhos, e as tarefas que enfatizam a identidade pessoal e a autonomia, como a adolescência. De modo típico, o indivíduo experienciará três oscilações durante sua vida: sua própria infância e adolescência, o nascimento e adolescência de seus filhos, e o nascimento e desenvolvimento de seus netos. Num sentido literal, centrípeta e centrífuga descrevem a tendência a aproximar-se e a afastar-se de um centro. Em termos de ciclo de vida, esses termos implicam um ajuste entre as tarefas desenvolvimentais e a relativa necessidade de energia coesiva internamente dirigida na pessoa e no grupo familiar para executar essas tarefas. Durante um período centrípeto, a estrutura de vida da pessoa e da unidade familiar enfatizam a vida familiar interna. As fronteiras externas em torno da família são estreitadas, ao passo que as fronteiras pessoais entre os membros são um tanto afrouxadas, para intensificar o trabalho de equipe da família. Na transição para um período centrífugo, a estrutura de vida familiar se modifica para acomodar objetivos que enfatizem a troca dos membros da família com o ambiente externo extrafamiliar. A fronteira familiar externa é afrouxada, enquanto aumenta a distância não patológica entre alguns membros da família.

A partir deste breve resumo dos modelos de ciclo de vida, nós podemos selecionar vários conceitos-chave para fundamentar a discussão sobre a doença crônica. Podemos considerar o ciclo de vida como contendo períodos de estrutura de vida que se alternam, períodos de transição e de construção ou manutenção. Além disso, determinados períodos de transição ou de construção/manutenção de estrutura de vida podem ser caracterizados como centrípetos ou centrífugos em sua natureza. A seguinte discussão utilizará esses conceitos como ponto de referência central, em vez dos períodos de idade ou de eventos específicos.

A noção de modos centrípetos e centrífugos é útil para unir o ciclo de vida da doença aos ciclos de vida do indivíduo e da família. Podemos pensar sobre esta interface do ponto de vista das enfermidades crônicas em geral, ou da perspectiva mais finamente sintonizada de tipos ou fases específicos de doença, no desdobramento da doença crônica.

Em geral, a doença crônica exerce uma força centrípeta sobre o sistema familiar. Nos modelos desenvolvimentais de família, os períodos centrípetos começam com a adição de um novo membro da família (o bebê), que impulsiona a família a um prolongado período de socialização dos e com os filhos. De uma maneira análoga, a ocorrência da doença crônica na família se assemelha à adição de um novo membro, que aciona na família o processo centrípeto de socialização com a enfermidade. Os sintomas, a perda de função, as exigências de mudança, relacionadas à nova doença, nos papéis práticos e afetivos, e o medo da perda através da morte, tudo isso serve para que a família crie um novo foco interno.

Se o início de uma doença coincide com um período centrífugo, isso pode alterar o movimento natural da família. Se um jovem adulto adoece, ele talvez precise voltar à sua família de origem para ser cuidado. A autonomia e individualidade fora-da-família de todos os membros estão em risco. A estrutura de vida inicial do jovem adulto, fora de casa, fica ameaçada temporária ou permanentemente. Ambos os pais talvez precisem desistir de novos interesses fora da família. A dinâmica familiar, assim como a severidade da doença, irão determinar- se a reversão familiar para uma estrutura de vida centrípeta é um giro temporário em seu movimento geral para fora ou uma mudança permanente, involutiva. Uma família moderadamente fundida ou emaranhada frequentemente enfrenta com receio a transição para um período mais autônomo. Uma doença crônica proporciona uma razão justificada para retornar à "segurança" do período centrípeto anterior. Para alguns membros da família, o abandono da construção de uma nova estrutura de vida que já está em progresso pode ser mais devastadora do que quando a família ainda está num período mais centrípeto, em que os planos para o futuro estão num estágio mais preliminar, menos formulado ou menos claramente decidido. Uma analogia seria a diferença entre um casal descobrindo que não tem dinheiro suficiente para construir uma casa *versus* ser forçado a abandonar seu projeto de construção quando as fundações da casa já foram feitas. O início da doença coincidindo com um período centrípeto no ciclo de vida familiar (por exemplo, início da criação dos filhos) pode ter várias consequências importantes. No mínimo, isso pode estimular o prolongamento desse período. Na pior das hipóteses, provoca uma permanente paralisação nessa fase de desenvolvimento. Nesse exemplo, o impulso para dentro criado pela doença e a fase do ciclo de vida coincidem. O risco aqui é a tendência de um amplificar o outro. Para as famílias que funcionavam marginalmente antes da doença, esse tipo de reforço mútuo pode desencadear um processo de fuga que conduz a uma clara disfunção familiar. A pesquisa de Minuchin e colegas (1975, 1978) sobre as famílias "psicossomáticas" documentou este processo em várias doenças comuns da infância.

Quando um dos pais desenvolve uma enfermidade crônica durante esta fase de desenvolvimento centrípeta da criação dos filhos, a capacidade de uma família de permanecer no curso implica um imenso esforço. Em essência, a doença é acrescentada como um novo bebê. Esse novo membro é como uma criança com "necessidades especiais" competindo com as crianças reais pelos recursos familiares potencialmente escassos. No caso de doenças mais brandas em termos psicossociais, uma redistribuição eficiente de papéis pode ser suficiente. Um recente caso ilustra esse ponto.

>Tom e sua mulher, Sally, apresentaram-se para tratamento seis meses depois de Tom ter sofrido uma severa queimadura nas mãos, que exigiu um enxerto de pele. Seria necessário um ano de recuperação antes que Tom pudesse voltar ao seu emprego, que requeria trabalho físico e uso completo das mãos. Antes de ele sofrer esta queimadura, sua mulher ficava em casa o tempo todo, cuidando de seus dois filhos, de três e cinco anos de idade. Neste caso, embora Tom estivesse temporariamente incapacitado em termos profissionais, ele era fisicamente capaz de assumir o papel de dono de casa. Inicialmente, Tom e Sally ficaram em casa, usando o salário-doença para "sobreviver". Quando Sally demonstrou interesse em conseguir um emprego para diminuir as dificuldades financeiras, Tom resistiu, e a tensão conjugal manejável provocada pelo ferimento explodiu num conflito disfuncional.
>Havia recursos suficientes no sistema para acomodar as tarefas relativas à doença e à criação dos filhos. Sua definição de casamento carecia da necessária flexibilidade de papel para dominar o problema. O tratamento buscou repensar a masculina e monolítica definição de Tom de "provedor da família", uma definição que, de fato, emergira com força total durante esta fase centrípeta do ciclo de vida familiar.

Se a doença que afeta um dos pais é mais debilitante (por exemplo, dano cerebral traumático, dano de medula espinhal cervical), seu impacto sobre a família que está criando os filhos é duplo. O progenitor doente se torna, para a família, uma outra criança com "necessidades especiais", competindo com as verdadeiras crianças pelos recursos familiares potencialmente escassos. Em segundo lugar, um dos pais é "perdido" e cria-se uma aparência de família de progenitor único. No caso das doenças com início agudo, ambos os eventos podem ocorrer simultaneamente. Nessas circunstâncias, os recursos familiares talvez sejam inadequados para satisfazer as exigências combinadas da criação dos filhos e dos cuidados ao doente. Esta situação é perfeita para a emergência de um filho no papel paterno ou para o recrutamento de um avô como progenitor ativo.

Se observarmos as doenças crônicas de uma forma mais refinada, através das lentes da tipologia e das fases temporais da doença, fica imediatamente aparente que o grau de força centrípeta/centrífuga varia imensamente. Esta variabilidade tem importantes efeitos sobre o ciclo de vida familiar, independentemente da dinâmica da família. A tendência de uma doença a interagir centripetamente com a família aumenta na medida em que o nível de incapacitação ou risco de morte também aumenta. As doenças progressivas, com o passar do tempo, são inerentemente mais centrípetas em termos de seu efeito sobre as famílias do que as doenças de curso constante. O acréscimo permanente de novas demandas conforme a enfermidade progride mantém a energia da família voltada para dentro. Depois de ter sido estabelecido um *modus operandi,* uma doença de curso constante (excluindo aquelas com severa incapacitação) permite à família iniciar ou retomar uma fase mais centrífuga do ciclo de vida. A força centrípeta crescente exercida por uma doença progressiva aumenta o risco de reversão no afastamento familiar normal ou de congelamento da família num permanente estado de fusão.

>O Sr. L., de 54 anos de idade, fora ficando cada vez mais deprimido em resultado de severas e progressivas complicações de sua diabete adulta, nos últimos cinco anos. Essas complicações incluíam uma amputação de perna e uma insuficiência renal que atualmente exigia uma diálise em casa quatro vezes por dia. Durante vinte anos, o Sr. L. tivera um curso constante sem complicações, que lhe permitia levar uma vida plenamente ativa. Ele era um excelente atleta e participava de vários grupos de esporte, corno recreação. O planejamento familiar, a

curto e longo prazo, jamais se centrara em sua doença. Esta atitude otimista era reforçada pelo fato de que duas pessoas na família de origem do Sr. L. haviam tido diabete sem complicações. Seu único filho, de 26 anos de idade, saíra de casa sem nenhum problema depois do segundo grau. Ele casara recentemente. O Sr. e a Sra. L. tinham um casamento estável, no qual mantinham vários interesses externos independentes. Em resumo, a família passara facilmente pela transição para uma fase mais centrífuga do ciclo de vida familiar.

A transformação de sua doença para um curso mais progressivo, associada à natureza incapacitante e abreviadora de vida de suas complicações, reverteu o processo normal de afastamento familiar. Sua mulher precisou trabalhar num segundo emprego, o que exigiu que ela abandonasse seus *hobbies e* envolvimentos cívicos. O filho voltou a morar com eles para ajudar a mãe a cuidar do pai e da casa. O Sr. L., incapacitado para trabalhar e fazer esportes, sentia ser uma carga para todos e ficou bloqueado em seu próprio desenvolvimento no meio da vida.

O objetivo essencial do tratamento, em termos desenvolvimentais, era o de reverter parte da super-reação centrípeta do sistema para um equilíbrio mais realista. No caso do Sr. L., isso significava uma reelaboração de sua estrutura de vida, para acomodar suas limitações reais, e ao mesmo tempo estimular ao máximo o retorno ao seu estilo basicamente independente. No caso da Sra. L. e do filho, isso significava desenvolver expectativas realistas em relação ao Sr. L. e reestabelecer aspectos essenciais da autonomia de ambos dentro de um sistema doença/família.

As doenças reincidentes alternam períodos em que a família se volta para dentro de si mesma e períodos em que fica liberada das demandas imediatas da doença. Entretanto, o estado de prontidão imposto por essas enfermidades mantém parte da família num modo centrípeto, apesar dos períodos medicamente assintomáticos. Novamente, isso pode atrapalhar o fluxo natural das fases do ciclo de vida familiar.

Uma maneira de pensar a respeito das fases temporais da doença é que elas representam para a família uma progressão de uma fase de crise centrípeta para uma fase crônica mais centrífuga. A fase terminal, se ela ocorrer, força a família a voltar para um modo mais centrípeto. Em outras palavras, a assim chamada "estrutura de vida da doença", desenvolvida por uma família para acomodar cada fase no ciclo de vida da doença, é colorida pela natureza centrípeta/centrífuga de cada fase temporal. Por exemplo, numa família em que o início da doença coincidiu com uma fase centrífuga de desenvolvimento, a transição para a fase crônica permite à família retomar sua inércia original.

Os terapeutas precisam estar muitíssimo atentos ao *timing do* início de uma doença crônica com os períodos de desenvolvimento de transição do indivíduo/família e de construção/manutenção de estrutura de vida.

Todas as *transições* envolvem inerentemente os processos básicos de terminação e iniciação. Chegadas, partidas e perdas são eventos comuns de vida, durante os quais existe uma corrente subterrânea de preocupação com morte e finitude (Levinson, 1978). As doenças crônicas que ameaçam a vida precipitam a perda da identidade pré-doença da família. Elas obrigam a família a uma transição em que uma das principais tarefas é a de acomodar a antecipação de novas perdas e, possivelmente, da morte prematura. Quando o início de uma doença crônica coincide com uma transição no ciclo de vida do indivíduo ou da família, podemos esperar que as questões relacionadas a perdas anteriores, atuais e antecipadas sejam magnificadas. Uma vez que os períodos de transição são frequentemente caracterizados por tumulto, reavaliação, mudança e maior entropia familiar, existe nesses momentos um risco maior de que a doença seja desnecessariamente inserida, ou inadequadamente ignorada, no planejamento para o próximo período desenvolvimental. Esse pode ser um precursor importante de disfunção familiar no contexto da doença crônica. Se um terapeuta adota uma perspectiva desenvolvimental longitudinal, ele permanecerá sintonizado com as futuras transições e sua sobreposição.

Um exemplo pode esclarecer a importância da doença em relação a futuras transições desenvolvimentais. Imaginem uma família em que o pai, um carpinteiro e provedor finaceiro primário, desenvolve uma esclerose múltipla. A princípio, seu nível de incapacidade é moderado e estável. Isso permite-lhe continuar a trabalhar parte do tempo. Já que os filhos são todos adolescentes, sua esposa pode trabalhar num dos turnos para ajudar a manter a estabilidade finaceira. O filho mais velho, de 15 anos de idade, parece relativamente não afetado. Dois anos mais tarde, a doença do pai tem uma rápida progressão, deixando-o totalmente incapacitado. Seu filho, agora com 17 anos, sonha em ir para a faculdade e dedicar-se profissionalmente à ciência. O espectro das dificuldades financeiras e a necessidade de um "homem na família" criam um sério dilema de escolha para o filho e a família. Neste exemplo, existe um choque fundamental entre as questões desenvolvimentais de separação/individuação e as contínuas demandas à família da progressiva e crônica incapacidade. Esta vinheta demonstra o choque potencial entre períodos de transição simultâneos: a transição da doença para um curso mais incapacitante e progressivo, a transição do filho adolescente para o início da idade adulta, e a transição da família do estágio de "viver com adolescentes" para o de "lançar jovens adultos". Igualmente, este exemplo ilustra o significado do tipo de doença. Uma doença menos incapacitante ou reincidente (numa oposição à doença de curso progressivo ou constante) talvez interferisse menos na separação desse jovem em relação à sua família de origem. Se seu pai tivesse uma enfermidade intermitentemente incapacitante, como uma hérnia de disco, o filho poderia sair de casa, planejando suas escolhas de modo a permanecer próximo e disponível durante os episódios agudos.

O início de uma doença crônica pode provocar um tipo diferente de ruptura se coincide com *um período de construção/manutenção de estrutura de vida* no desenvolvimento individual ou familiar. Esses períodos são caracterizados pela sobrevivência de uma certa estrutura de vida decorrente da reavaliação, formulação e mudança do período de transição precedente. Os vínculos coesivos do indivíduo/família buscam proteger a atual estrutura de vida. As doenças com um nível apenas moderado de severidade psicossocial (por exemplo, não fatal, nenhuma incapacitação ou incapacitação moderada, não progressiva) podem exigir do indivíduo/família alguma revisão da estrutura de vida, mas não uma reestruturação radical, que implicaria um retorno mais básico a uma fase transicional de desenvolvimento. Uma doença crônica com um limiar crítico de severidade psicossocial exigirá o restabelecimento de uma forma de vida transicional num momento em que a inércia indivíduo/família tende a preservar a quantidade de movimento de um período estável. Esta transição será altamente centrípeta em natureza, uma vez que a enfermidade, assim como a adição de um recém-nascido, exigirá um período de socialização. O nível de adaptabilidade de um indivíduo ou família é um fator essencial para uma passagem bem sucedida neste tipo de crise. Neste contexto, o conceito de adaptabilidade familiar é considerado em seu sentido mais amplo – a capacidade de uma família de transformar toda a sua estrutura de vida em um prolongado estado transicional.

Por exemplo, em nosso caso anterior, a esclerose múltipla do pai progrediu rapidamente enquanto o filho mais velho estava num período de transição em seu próprio desenvolvimento. A natureza da tensão, em termos desenvolvimentais, seria muito diferente se a progressão da doença do pai tivesse ocorrido quando este jovem estivesse com 26 anos, já tivesse saído de casa, terminado a faculdade, conseguido um emprego, casado e tido seu primeiro filho. Neste último cenário, a estrutura de vida do filho mais velho está num período centrípeto, de manutenção de estrutura em sua recém-constituída família nuclear. Acomodar inteiramente as necessidades de sua família de origem poderia exigir uma mudança monumental de suas prioridades desenvolvimentais. Quando essa crise de doença coincidiu com um período de transição desenvolvimental (17 anos de idade), embora existisse um dilema de escolha, o filho estava disponível e menos constrangido por outros compromissos. Mais tarde, aos 26 anos de idade, ele fez escolhas desenvolvimentais e está no processo de executá-las. Ele não somente tem compromissos, como estes são centrípetos em natureza – centrados em sua família recentemente constituída. Para atender às exigências de uma transição de doença, o filho talvez precisasse reverter sua estrutura de vida previamente estável a um estado transicional; e a mudança aconteceria "fora de fase" no seu fluxo de desenvolvimento individual e no fluxo de desenvolvimento de sua família nuclear. Uma maneira precária de resolver este dilema de lealdades divididas pode ser a fusão de duas famílias, criando assim um grande sistema familiar centrípeto único.

Esta discussão levanta várias questões clínicas essenciais. De um ponto de vista sistêmico, no momento em que é diagnosticada uma doença crônica é importante saber a fase do ciclo de vida familiar e o estágio de desenvolvimento individual de todos os membros da família, não apenas do membro doente. Esta informação é importante por várias razões. Em primeiro lugar, a doença crônica num membro da família pode afetar profundamente os objetivos desenvolvimentais de um outro membro. Por exemplo, um bebê incapacitado pode constituir um sério obstáculo para uma mãe ter sucesso como mãe, ou uma enfermidade que ameaça a vida de um jovem adulto pode interferir com a tarefa do cônjuge de iniciar a fase da paternidade. Em segundo lugar, os membros da família frequentemente não se adaptam uniformemente à doença crônica. A capacidade de cada membro da família de adaptar-se e a rapidez com que o faz estão diretamente relacionadas ao estágio desenvolvimental de cada indivíduo e ao seu papel na família (Ireys & Burr, 1984). O filho mais velho no exemplo anterior ilustra este ponto.

Os terapeutas e pesquisadores geralmente concordam que existe um *timing* normativo e não normativo da doença crônica no ciclo de vida. Lidar com a doença crônica e a morte são consideradas tarefas normalmente antecipadas na idade adulta tardia. Por outro lado, doenças e perdas que ocorrem antes disso estão "fora de fase" e costumam ser desenvolvimentalmente mais disruptivas (Herz, 1980; Neugarten, 1976). Como eventos prematuros, as doenças crônicas podem romper severamente o sentimento normal de continuidade e ritmo do ciclo de vida. A pesquisa de Levinson (1978) demonstrou que o *timing* no ciclo de vida de um evento inesperado, como uma doença crônica, irá determinar a forma da adaptação e a influência do evento no desenvolvimento subsequente.

Esta discussão sugere que a noção de doenças fora-de-fase pode ser conceitualizada de maneira mais refinada. Em primeiro lugar, como descrito anteriormente, as doenças têm uma influência centrípeta na maioria das famílias. Neste sentido, elas estão naturalmente "fora de fase" nas famílias que estão num período mais centrífugo ou em transição para um período mais centrífugo. Deste ponto de vista, as doenças podem ser mais disruptivas para as famílias numa fase centrífuga de seu desenvolvimento. Em segundo lugar, o início da doença crônica costuma criar um período de transição, cuja duração ou intensidade depende do tipo psicossocial e da fase da doença. Esta transição forçada está particularmente "fora de fase" se coincide com um período de construção/manutenção de estrutura de vida no ciclo de vida do indivíduo ou da família. Em terceiro lugar, se esta determinada doença é progressiva, reincidente, crescentemente incapacitante e/ou potencialmente fatal, então as fases de desdobramento da doença serão pontuadas por numerosas transições. Nessas condições, as famílias precisarão, mais frequentemente, alterar sua estrutura de vida para acomodar as variáveis, e muitas vezes crescentes, exigências da doença. Esse nível de exigência e incerteza mantém a doença num primeiro plano da consciência familiar, influenciando constantemente suas tentativas de retornar "à fase" em termos desenvolvimentais. Finalmente, a transição da crise para a fase crônica do ciclo de vida da doença é frequentemente o momento crítico em que a intensidade da convivência da família com a doença crônica pode ser abrandada. Neste sentido, ela oferece uma "janela de oportunidade" para a família corrigir seu curso desenvolvimental.

Alguns investigadores acreditam que as doenças crônicas que ocorrem no período da criação dos filhos são mais devastadoras por seu potencial impacto sobre as responsabilidades financeiras e de criação dos filhos (Herz, 1980). Novamente, o impacto real dependerá do "tipo" de doença e dos papéis que cada membro da família desempenhava antes da enfermidade.

Em face da doença crônica, um objetivo essencial é a família lidar com as demandas desenvolvimentais da doença sem que seus membros sacrifiquem seu próprio desenvolvimento ou o desenvolvimento da família como um sistema. Consequentemente, é vital perguntar que planos de vida a família ou seus membros tiveram de cancelar, adiar ou alterar em resultado do diagnóstico. E importante saber quem teve seus planos mais, e menos, afetados. Ao perguntar à família quando e em que condições eles retomarão os planos adiados ou tratarão de futuras tarefas desenvolvimentais, o terapeuta pode antecipar crises desenvolvimentais referentes à "independência em relação à" *versus* "subjugação à" doença crônica.

CONCLUSÕES

Este capítulo tentou oferecer uma base conceitual para pensarmos sobre o sistema criado na interface da doença crônica com os ciclos de vida do indivíduo e da família. A descrição de uma tipologia psicossocial e de fases temporais da doença é um passo preliminar necessário para a criação de uma linguagem comum que una os mundos do desenvolvimento da doença, do indivíduo e da família. Esta paisagem desenvolvimental é marcada por períodos de transição, períodos de cumprir decisões e compromissos, períodos em que a família se centra nela mesma e períodos menos ditados por tarefas grupais familiares. O que emerge é a noção de três linhas entrelaçadas de desenvolvimento, durante o qual existe uma contínua interação de estruturas de vida, necessária para a execução das tarefas desenvolvimentais específicas para cada fase da doença, do indivíduo e da família. Os paradigmas familiares intergeracionais relacionados à doença crônica, crise e perda influenciam esses três fios desenvolvimentais entrelaçados e acrescentam sua própria textura e padrão.

BIBLIOGRAFIA

Adams, J. E., & Lindemann, E. (1974). Coping with long-term disability. In G. V. Coelho, D. A. Hamburg, J. E. Adams (Eds.), *Coping and adaptation*. New York: Basic Books.
Baker, L., Minuchin, S., Milman, L., et al. (1975). Psychosomatic aspects of juvenile diabetes meilitus: A progress report. *In Modern prohiems in pediatrics, 12*, White Plains, N.Y.: S. Karger.
Beavers, W. R. (1982). Healthy, Midrange, and Severely dysfunctional families. In F. Walsh (Ed.), *Normal family processes*. New York: Guilford Press.
Beavers, W. R. & Voeller, M. M. (1983). Family models: Comparing and contrasting the Olson circumplex model with the Beavers systems model. *Family Process* 22:85-98.
Boszormenyi-Nagy, I., & Spark, G. (1973). *Invisible loyalties*. New York: Harper & Row. Bowen, M. (1978). Theory in the practice of psychotherapy. In *Family therapy in clinical practice*. New York: Jason Aronson.
Carter, E. A., & McGoldrick, M. (Eds.), (1980). *The family life cycle: A framework for family therapy*. New York: Gardner Press.
Combrinck-Graham, L. (1985). A developmental model for family systems. *Family Process* 24:139-150.
Davies, R. K., Quinlan, D. M., McKegney, P., & Kimball, C. P. (1973). Organic factors and psychological adjustment in advanced cancer patients. *Psychosomatic Medicine* 35:464-471.
Deogatis, L. R., Abeloff, M. D., & Melisartos, N. (1979). Psychological coping mechanisms and survival time in metastatic breast cancer. *Journal of the American Medical Association* 242:1504-1508.

Duvall, E. (1977). *Marriage and family development* (5th ed.). Philadelphia: Lippincott.

Engel, G. H. (1977). The need for a new medical model: A challenge for biomedicine. *Science* 196:129-136.

Engel, G. H. (1980). The clinical application of the biopsychosocial model. *American Journal of Psychiatry* 137:535-544.

Erikson, E. H. (1950). *Childhood and society.* New York: Norton. Framo, J. (1976). Family of origin as therapeutic resource for adults in marital and family therapy. *Family Process* 15:193-210.

Hamburg, B. A., Lipsett, L. F., Inoff, G. E., & Drash, A. L. (Eds.) (1980). *Behavioral and psychological issues in diabetes.* LJ.S. Government Printing Office, NIH Publication no. 80-1993.

Herz, F. (1980). The impact of death and serious illness on the family life cycle. In E.A. Carter & M. McGoldrick (Eds.), *The family life cycle: A framework for family therapy.* New York: Gardner Press.

Ireys, H. T., & Burr, C. K. (1984). Apart and a part: Family issues for young adults with chronic illness and disability. In M. G. Eisenberg, L. C. Sutkin, & M. A. Jansen (Eds.). *Chronic illness and disability througli the life span: Effects on self and family.* New York: Springer.

Kaplan, D. M. (1968). Observations on crisis theory and practice. *Social Casework* 49:151-155.

Levinson, D. J. (1978). *The seasons of a man's life.* New York: Knopf.

Levinson, D. J. (1986). A conception of adult development. *American Psychologist* 41:3-13.

McGoldrick, M., & Gerson, R. (1985). *Genograms in family assessment.* New York: Norton.

McGoldrick, M., & Walsh, F. (1983). A systemic view of family history and loss. In M. Aronson & L. Wolberg, (Eds.), *Group and family therapy 1983.* New York: Bruner/Mazel.

Minuchin, S., Rosman, B.L., & Baker, L. (1978). *Psychosomatic families.* Cambridge, Mass: Harvard University Press. Minuchin, S., Baker, L., Rosman, B., Liebman, R., Milman, L-, & Todd, T. (1975). A conceptual model of psychosomatic illness in children: Family organization and family therapy. *Archives of General Psychiatry* 32:1031-1038.

Moos, R.H. (Ed.) (1984). *Coping with physical illness, 2: New perspectives.* New York: Plenum.

Neugarten, B. (1976). Adaptation and the life cycle. *The Counselling Psychologist* 6:16-20.

Paul, N., & Grosser, G. (1965). Operational mourning and its role in conjoint family therapy. *Community Mental Health Journal* 1:339-345.

Penn, P. (1983). Coalitions and binding interactions in families with chronic illness, *Family Systems Medicine* 1:16-25.

Piaget, J. (1952). *The origins of intelligence in children.* New York: International Press.

Rolland, J. S. (1984). Toward a psychosocial typology of chronic and life-threatening illness. *Family Systems Medicine* 2:245-263.

Rolland, J. S. (1987). Family systems and chronic illness: A typological model, *Journal of Psychotherapy and the Family* (in press).

Rolland, J. S.. (1987). Family illness paradigms: Evolution and significance. *Family Systems Medicine* 5:467-186.

Schmale, A. H., & Iker, H. (1971). Hopelessness as a predictor of cervical cancer. *Social Science Medicine* 5:95-100.

Simonton, C.O., Mathews-Simonton, S., & Sparks, T.F. (1980). Psychological intervention in the treatment of cancer. *Psychosomatics* 21:226-233.

Viney, L. L., & Westbrook, M.T. (1981). Psychosocial reactions to chronic illness related disability as a function of its severity and type. *Journal of Psychosomatic Research* 25:513-523.

Walker, G. (1983). The pact: The caretaker-parent/ill-child coalition in families with chronic illness. *Family Systems Medicine* 1:6-30.

Weiss, H. M. (1983). Personal communication.

19

O impacto da morte e da doença grave sobre o ciclo de vida familiar

Fredda Herzs Brown, R.N., Ph.D.

Uma coisa da qual temos certeza em nossa vida é que iremos morrer. De fato, podemos dizer que desde o momento em que nascemos estamos morrendo. Considerando as profundas conexões históricas entre os membros de um sistema familiar, não surpreende que o ajustamento à morte pareça ser mais difícil do que o ajustamento a outras transições de vida (Holmes & Rahe, 1967). A maioria dos estudos clínicos de pesquisa centrou-se no relacionamento diádico entre o indivíduo que apresenta o sintoma e a pessoa que morreu. Entretanto, existem muitas evidências clínicas, a partir da terapia familiar, de que a morte é um processo sistemático do qual todos os membros participam de maneiras mutuamente reforçadoras, sendo aquele que apresenta o sintoma apenas um dos que foram, direta ou indiretamente, afetados pela perda de uma pessoa da família.

O impacto da morte não é somente intenso e frequentemente prolongado; seus afetos muitas vezes também não são reconhecidos pela família como relacionados à perda (Paul & Paul, 1982; McGoldrick & Walsh, 1983). Embora a negação da morte funcione para nos manter inconscientes de sua eventualidade e de seus efeitos, ela na verdade tem uma função positiva nas famílias com doentes terminais, permitindo que elas mantenham a esperança de vida.

Têm havido algumas recentes mudanças societais no sentido de focar os efeitos do pensamento, fantasia e negação positivas no tratamento das pessoas que estão grave e terminalmente enfermas, e de levar de volta à família os cuidados pelos indivíduos que estão morrendo. No entanto, ainda existe uma negação societal da morte que afeta não apenas o tratamento mas também o impacto da morte sobre a família. Nossa sociedade criou uma variedade de "especialistas em morte" para lidar com todos os aspectos da morte – hospitais para abrigar os doentes graves, agentes funerários encarregados da preparação do corpo para o funeral, e diretores de funeral para lidar com os detalhes do enterro. Com todas essas pessoas lidando com a morte, a família, entretanto, tende a ficar distante da pessoa que está morrendo.

Uma vez que as famílias geralmente funcionam de modo a manter baixa a tensão emocional e o equilíbrio estabilizado, não é incomum que seus membros reajam automaticamente da maneira que consideram menos disruptiva e perturbadora para si mesmos e para os outros. Assim, uma reação típica é querer manter distância da realidade da morte e deixar que os especialistas em morte assumam o comando. Num momento em que relacionamentos abertos seriam extremamente benéficos para a resolução de uma crise de vida e para o funcionamento emocional da família, os efeitos conjuntos dos processos sociais, familiares e individuais tendem a deixar a família menos capaz de lidar com o estresse e a ruptura da morte.

O foco deste capítulo é triplo: (l) desenvolver os fatores que afetam o impacto da morte sobre o sistema familiar; (2) definir algumas reações familiares funcionais e disfuncionais e suas consequências e (3) desenvolver algumas intervenções clínicas para lidar com o luto atual, o luto antecipado e o luto não resolvido.

FATORES QUE AFETAM O IMPACTO DA MORTE E DA DOENÇA GRAVE NO SISTEMA FAMILIAR

A morte e uma doença grave de qualquer membro da família rompem o equilíbrio familiar. O grau de ruptura no sistema familiar é afetado por vários fatores, sendo os mais significativos (1) o contexto social e étnico da morte; (2) a história de perdas anteriores; (3) o *timing* da morte no ciclo de vida; (4) a natureza da morte ou da doença grave; (5) a posição e função da pessoa no sistema familiar; e (6) a abertura do sistema familiar.

CONTEXTO SOCIAL E ÉTNICO DA MORTE

Desde que Kubler-Ross (1969) escreveu seu livro *On Death and Dying*, houve várias mudanças societais que influenciaram a reação das famílias à morte e ao tratamento terapêutico da morte. Algumas delas são as mudanças nos papéis das mulheres e nos métodos de cuidados de saúde para lidar com a morte. Durante gerações, as mulheres cuidaram dos membros doentes e agonizantes de suas famílias e da sociedade; de fato, a palavra família frequentemente significava mulheres. Conforme as mulheres passaram a ter menos filhos e uma vida mais móvel, elas deixaram de ficar amarradas aos cuidados da nova e da prévia geração. Com o aumento do tempo disponível e as mudanças no contexto político e social da sociedade ocidental, tais como o surgimento do feminismo e o crescente custo de vida, as mulheres entraram na força de trabalho em grande número. A mudança em seu papel familiar tendeu a criar um vácuo no funcionamento da família. "Quem cuidará dos doentes e dos agonizantes?" – assim como "Quem cuidará dos filhos?" – é uma pergunta que surge em virtude da centralidade das mulheres na vida familiar. Elas muitas vezes se sentem culpadas e perturbadas por não estarem dispostas a desempenhar sozinhas esse papel, frequentemente sem recompensas em termos emocionais.

Ao encontro dessa visão feminina, descobriu-se que as famílias costumam apelar para hospitais e enfermeiras somente se não têm em casa uma pessoa cuidadora principal (PCP) para prestar esses cuidados (Mor & Hiris, 1983; McCusker, 1983) e que 70% das PCP eram mulheres. Também era mais provável que nas famílias com renda mais alta e pessoas casadas, seus membros morressem em casa (Mor & Hiris, 1983; McCusker, 1983). Na experiência da autora, embora as mulheres cuidem dos outros ou se sintam culpadas por não fazê-lo, elas frequentemente não esperam que sua família se sinta à vontade cuidando delas.

Ao saírem de casa para trabalhar, as mulheres também estão modificando sua expectativa de vida e os índices baixos de mortalidade *(US Vital Statistics,* 1982). Embora as mulheres ainda apresentem índices de mortalidade mais baixos do que os homens na maioria das áreas (Waldron 1983), conforme elas entram na força de trabalho apresentam um aumento nos índices de morbidade e mortalidade, nas áreas de disfunção pulmonar e câncer de seio e pulmão. Entretanto, uma vez que os homens estão expostos a condições profissionais mais perigosas, eles apresentam índices de acidentes mais elevados do que as mulheres. A maior exposição, durante muito tempo, a cancerígenos industriais contribui para os índices mais altos de alguns tipos de câncer nos homens (Waldron, 1983).

As mulheres apresentam índices mais elevados de sintomas, assim como de consultas médicas, do que os homens (Waldron, 1983). Se a severidade da doença é controlada, então os homens fazem visitas igualmente frequentes aos serviços de atendimento de saúde. Uma vez que as mulheres costumavam ficar em casa e os homens no trabalho, não é incomum os homens procurarem tratamento apenas para as doenças que interferem com as atividades normais – isto é, trabalho – ao passo que as mulheres tendem a procurar atendimento preventivo. Os efeitos a longo prazo das mudanças nos papéis da mulheres (e homens) no tipo de problema e utilização dos serviços de saúde provavelmente não serão claros durante umas duas décadas, quando as mulheres que começaram a trabalhar começarem a equiparar-se aos seus equivalentes masculinos em número de anos no trabalho.

A mudança nos métodos de atendimento de saúde para lidar com a morte

Durante a década passada, começou a haver uma mudança na filosofia e nos serviços de saúde disponíveis para as pessoas grave e terminalmente enfermas. A mudança de uma posição patológica, que põe o cuidado no hospital e no especialista, o médico, para uma visão mais normativa e aguda, que coloca a responsabilidade do cuidado e das decisões relativas à doença no indivíduo e na família. De acordo com essa mudança na responsabilidade, existe uma certa mudança no foco para as técnicas que dão ao indivíduo mais senso de controle, como o pensamento positivo, a fantasia e o riso (Cousins, 1979; Simonton, 1978).

O movimento em função dos cuidados no hospital e/ou em casa também evoluiu, a partir de uma mudança na responsabilidade, e o resultado foi o de colocar os cuidados nas mãos da unidade cuidadora primária, a família. Alguns dos medos originais nesse movimento eram os de que as famílias ficariam devastadas por verem uma pessoa amada morrer; de que elas seriam incapazes de cuidar adequadamente dela; e de que o nível de estresse seria extremamente elevado. Entretanto, foi comprovado o oposto: as famílias que decidiram cuidar de seus membros grave ou terminalmente doentes sempre se saíram melhor em todas as medidas-padrão emocionais que aquelas que deixaram os doentes no hospital (Mulhern e colaboradores, 1983; Mor & Hiris, 1983; McCusker, 1983).

As famílias não apenas experenciam menos sintomas psicológicos e psicossomáticos, como também encaram seu tempo junto como um período de crescimento (Lauer & Carnmitta, 1980; Lauer e colaboradores, 1983; Mulhern e colaboradores, 1983). A seleção de um programa de cuidados hospitalar ou caseiro depende em parte da disponibilidade de um cuidador primário, de recursos financeiros e do status conjugal. Embora pudéssemos esperar que os pobres escolhessem a forma mais barata de cuidados de saúde, eles são frequentemente os que escolhem o cuidado hospitalar. Se tivessem apoio e recursos suficientes, e maior disponibilidade de serviços hospitalares conforme necessário, eles também poderiam utilizar os cuidados caseiros. Embora isso signifique mais trabalho, parece trazer menos consequências emocionais para a família com o passar do tempo.

A INFLUÊNCIA ÉTNICA

Nossa etnicidade não apenas influencia a maneira como encaramos a saúde e a doença (McGoldrick, 1982; Schartzmann, 1982), mas também, por extensão, a maneira como encaramos a vida e a morte. Alguns grupos étnicos parecem estar mais bem preparados do que outros para lidar com a morte, com o morrer e com as doenças graves. Aqueles que viram *"Ordinary People"* não podem deixar de lembrar a cena em que a mãe, papel representado por Mary Tyler Moore, de maneira silenciosa e contraída, retém as lágrimas enquanto faz as malas para deixar a casa. Sem nenhum ritual para lidar com a morte, com um forte senso de autonomia e a falta de expressividade verbal, o grupo étnico anglo-saxão protestante não prepara as famílias para lidar com as tragédias da vida. Frequentemente, estas famílias precisam de muita ajuda para aceitar e lidar com seus sentimentos. É importante ajudá-las a criarem rituais para assinalar o evento e facilitar o manejo da perda, de modo a evitar um rápido encobrimento e a resultante explosão ou ondas de choque de divórcio, suicídio ou doenças graves.

No outro extremo do contínuo estão os judeus, que estão bem preparados para lidar com as tragédias e os sofrimentos inerentes à existência. Eles se preocupam muito com o fluxo e refluxo da vida, conforme demonstrado por seu foco no ritual de ciclo de vida. Eles também são um grupo étnico muito expressivo, com uma tradição de sofrimento compartilhado; isto é, expressar e compartilhar o sofrimento com os outros promove o sentimento de "povo". Esses valores e características ajudam os judeus a lidar com a morte de modo aberto e direto. Se eles precisam de ajuda em relação a isso, é no sentido de chegarem aos aspectos pessoais do ritual de morte e de torná-lo tão significativo quanto possível para todos os envolvidos.

A história de perdas anteriores

Quando considerada em seu momento de ocorrência, isto é, como um evento, a morte parece terminar com a vida de um indivíduo e deixar claro que o tempo avança numa única direção – do passado através do presente para o seu fim. E somente quando o tempo é considerado como evolutivo e circular na sua natureza que a morte pode ser vista como parte de um fluxo e refluxo, de inícios e fins, e não como um fim absoluto. Que toda a vida pode ser considerada como um movimento de afastamento ou aproximação da morte é o mesmo que dizer que a morte pode ser considerada como um movimento de afastamento ou de aproximação da vida. Mortes passadas e o relacionamento da família com elas são sempre relevantes para o movimento atual e futuro de um sistema, e como tal constituem uma teia ou contexto temporal para compreendermos o impacto das mortes atuais.

O movimento de pelo menos três ou quatro gerações ocorre ao longo de um eixo transgeracional e desenvolvimental (Carter, 1978). O movimento desenvolvimental em um sistema inclui tanto as crises normativas ou predizíveis quanto os eventos situacionais ou impredizíveis que podem romper o processo de ciclo de vida da família. O movimento transgeracional consiste em padrões de relacionamento e funcionamento baseados em experiências familiares anteriores, que são transmitidos ao longo das gerações. Eles incluem as atitudes, mitos, temas, tabus, expectativas catastróficas e questões espinhosas familiares. Quando há a interseção de estresses desenvolvimentais e transgeracionais, a família experiencia um extremo estresse, que aumenta dramaticamente a probabilidade de disfunção no sistema. Quando um estresse situacional atual corta uma transição normativa da vida, como a morte de um jovem adulto, a capacidade da família de suportar o desafio atual fica prejudicada. Se essas crises desenvolvimentais e situacionais são complicadas adicionalmente por lembranças de perdas traumáticas anteriores, a capacidade das famílias de manejar a situação fica ainda mais comprometida.

Perdas passadas, e a capacidade familiar de dominá-las, podem cruzar com uma perda no ciclo de vida atual e criar um impasse no ciclo de vida – um impasse no tempo, com a família ficando incapaz de mover-se em busca de uma resolução. Uma sobrecarga de perdas passadas e uma história de dificuldade no manejo dessas perdas parecem prejudicar a capacidade da família de lidar com uma perda atual. Ao inibir o uso do passado no presente, a família fica impedida de aprender a partir da experiência e de compreender as semelhanças e diferenças entre as várias perdas.

A incapacidade de utilizar positivamente as perdas passadas no presente com frequência se manifesta de duas maneiras: (1) não tomar conhecimento da interseção da morte com outros eventos do ciclo de vida e (2) a ausência ou diferenças de lembrança em relação a determinadas perdas na família. McGoldrick e Walsh (1983) supõem que aquelas perdas anteriores em relação às quais os membros da família apresentam uma extrema discrepância de lembrança são frequentemente as mais problemáticas e provavelmente tornaram rígidos os padrões de resposta familiar. E raro que as famílias ofereçam espontaneamente informações referentes a mortes passadas, pois elas frequentemente não as consideram, significativas para os atuais problemas.

> Geri e Jim, um jovem casal, buscaram terapia familiar em função de dificuldades conjugais que haviam começado há um ano e meio e culminado na descoberta, por parte de Geri, de um prolongado caso amoroso de Jim. Na sessão de avaliação, ficamos sabendo que este casal tivera uma filha, que morrera aos oito meses de idade de uma rara doença degenerativa muscular, dois anos atrás. Dois meses depois da morte do bebê, eles adotaram uma outra criança, atualmente com dois anos de idade. Jim disse sentir-se um tanto entorpecido em relação à Geri e à criança adotada. Geri explicou que se sentira desamada e não amorosa durante muitos anos. Foi somente várias sessões depois que ambos perceberam o impacto da perda de seu bebê em sua experiência de relacionamento "entorpecido".

Quando solicitadas a falarem a respeito de mortes passadas, as famílias frequentemente não só não se lembram dos detalhes do(s) evento(s), como também manifestam uma reação emocional exagerada em relação à lembrança. Isto é, ou elas são extremamente emocionais, soluçando enquanto descrevem aquilo de que se lembram, ou permanecem plácidas e/ou estoicas ao descreverem o que parece ser um evento particularmente traumático.

Às vezes, é impossível para essas famílias seguirem em frente, lidarem com a perda iminente ou real de uma pessoa amada, sem lidarem antes com as perdas passadas. (Veja as intervenções nos lutos não resolvidos, para estratégias de manejo com este tipo de situação.) Outras vezes, as perdas passadas podem ser manejadas indiretamente no contexto da perda atual, através de intervenções que vinculem a perda passada à situação atual. O caso de Geri e Jim foi desse tipo.

> O impacto da morte de seu bebê foi mais intenso para Geri e Jim em virtude da morte da mãe dela durante a gravidez. A mãe de Jim morrera há muitos anos, em circunstâncias suspeitas, e ele se recusava a discutir o evento ou sua reação a ele. Ele se apegara muito à mãe de Geri, e não apenas sentira muito a falta dela quando ela morrera, como também concordou que se lembrara da morte de sua própria mãe. Geri ansiara por uma mãe durante sua gravidez e os primeiros meses do bebê, e ainda pensava nela com frequência, chorando nessas ocasiões. A família dela nunca discutira a morte da mãe (de câncer) e o pai casara novamente. O bebê falecido recebera os nomes de ambas as avós.

> Geri estava interessada em resolver a morte de sua filha, mas não via como a morte da mãe salientava ainda mais aquela morte para ela. Antes de fazer uma visita ao túmulo da filha, pedimos a ela que escrevesse uma carta para a sua mãe, descrevendo sua experiência como uma mãe que perdeu sua filha e como uma filha que perdeu sua mãe. Pedimos que examinasse as semelhanças e diferenças naquelas experiências. Isso a colocou em contato com o impacto da perda da mãe e com sua experiência da morte da filha. Ela decidiu ler esta carta para a sua mãe, em seu túmulo, antes de visitar o túmulo da filha.

MOMENTO DA MORTE NO CICLO DE VIDA

Os norte-americanos vivem mais do que viviam várias décadas atrás; de fato, a maioria das pessoas vive até a sua sétima ou oitava década de vida *(US Vital Statistics,* 1980-82). De modo geral, quanto mais tarde no ciclo de vida, menor é o grau de estresse associado à morte e à doença grave. A morte numa idade mais avançada é considerada como um processo natural. De fato, chegar a um acordo com a própria mortalidade é uma tarefa desenvolvimental para os idosos (Walsh, 1980). É quando um avô ou bisavô morre que a maioria das pessoas se torna pessoalmente consciente da morte. Embora a maioria de nós prefira que a morte chegue na velhice e seja súbita, não violenta, tranquila e digna, este muitas vezes não é o caso. Infelizmente, as estatísticas indicam *(US Vital Statistics,* 1982) que quanto mais tempo nós vivermos, mais provável será que morramos de uma doença debilitante e crônica – as mais comuns das quais são a doença cardiovascular e o câncer – e certamente não uma morte súbita, tranquila ou digna.

Embora a morte dos idosos seja vista como uma parte integrante do ciclo de vida familiar, isso não acontece sem estresse. Parte do estresse decorre das mudanças no estilo de vida, necessárias para lidar com os efeitos da própria doença debilitante. Por exemplo, o que acontece quando os idosos, em virtude de sua saúde debilitada, ficam incapazes de cuidar de si mesmos? A resposta a essa pergunta frequentemente cria uma crise para as gerações seguintes, e geralmente repousa sobre os ombros das mulheres (Kramer & Kramer, 1976; Tobin & Leiberman, 1976). Com a mudança no papel das mulheres em nosso país, elas podem não estar disponíveis para cuidar dos membros idosos agonizantes da família. Sua falta de disponibilidade criou um vácuo nesta área de funcionamento familiar, provocou muita culpa nas mulheres e estimulou cada vez mais a utilização dos hospitais, casas de repouso e de saúde para os nossos idosos.

> A Sra. James, mãe de cinco filhos adultos, era filha única e seu pai morrera cinco anos antes de nosso encontro. A Sra. James era uma profissional com um trabalho de grande responsabilidade, no qual ela encontrava muita realização. Após a morte de seu pai, ela levara sua mãe para morar nos subúrbios, perto dela, porque achava que a área onde a mãe morava estava ficando cada vez mais perigosa. Sua mãe, de 85 anos de idade, inicialmente se dera bem com a mudança, mas logo começara a deprimir-se por estar longe dos amigos. Ela queixava-se continuamente para a filha, que se sentia culpada e acabou sugerindo que a mãe voltasse para a antiga casa. A mãe disse que não, ela não podia mudar-se novamente porque "isso a mataria". A partir desse momento, a Sra. James tornou-se prisioneira de sua própria culpa e do ressentimento da mãe. Ela passava todos os minutos disponíveis cuidando da eternamente insatisfeita mãe, que se queixava continuamente de sua grande infelicidade. A Sra. James sentia-se totalmente oprimida pela situação; seu marido queixava-se de que eles não conseguiam mais ficar juntos. A Sra. James disse que simplesmente não podia continuar dessa maneira. "Estou exausta e ressentida, mas se não ajo assim me sinto culpada e infeliz."

Se a filha adulta decide assumir a responsabilidade pelos cuidados, ela precisa lidar não apenas com o estresse de um membro adicional da família, mas também com a contínua tarefa de cuidar. Os custos de contratar alguém para prestar esses cuidados normalmente são grandes, e uma vez que os idosos frequentemente também são pobres, a família precisa lidar com a carga financeira de sua decisão. Entretanto, uma parte importante do estresse familiar surge porque a morte de uma geração mais velha aproxima cada geração sucessiva de sua própria morte. Muitas vezes isso ocorre num momento em que as gerações seguintes estão lidando com questões que as aproximam da vida, isto é, comprometimentos, autonomia e trabalho.

Jeanine, de 25 anos de idade, buscou tratamento por estar muito deprimida e pensando cada vez mais em suicídio na última semana. Quando atendida, ela relatou que pensava frequentemente em pular da janela de seu escritório no décimo andar. Ela não conseguia determinar a razão para a intensidade de seus sentimentos; as coisas estavam correndo muito bem para ela nos últimos tempos. Ela tinha um emprego excelente e estava morando sozinha, sem qualquer ajuda financeira de sua mãe. Ela saía com homens e tinha uma grande rede de amizades. A única coisa que parecia ser um problema era que sua mãe, uma mulher muito solitária e zangada desde o seu divórcio quinze anos antes, recebera recentemente um diagnóstico de câncer terminal. Embora Jeanine achasse que sua mãe podia e queria cuidar-se sozinha, também ficava presa entre seu desejo de manter suas recentes conquistas e seu desejo de ajudar a mãe. Ela não conseguia encontrar uma solução para isso, e sentia-se um tanto órfã com a morte iminente da mãe, oito anos depois da morte do pai. Sessões com a mãe e a irmã ajudaram a esclarecer as necessidades da mãe e a capacidade e disposição da filha em ajudar. Ambas as irmãs se alternaram para ficar com a mãe em seus últimos meses, tendo sido realizadas sessões em sua casa.

Enquanto um membro idoso da família é considerado como alguém que completou sua vida e a quem restam poucas tarefas e responsabilidades, a doença grave ou morte numa outra fase do ciclo de vida é considerada como algo que encerra uma vida incompleta; ela não segue o curso de vida normativo. O momento é errado; está fora de sincronia. Na experiência da autora, as mortes ou doenças graves cujas vítimas estão na plenitude da vida são as que provocam maior ruptura na família. Isso pode ser parcialmente compreendido pelo fato de que é nesta fase do ciclo de vida que os indivíduos têm as maiores responsabilidades. A morte de um indivíduo neste ponto do ciclo de vida, após uma doença grave ou terminal, deixa a família com uma lacuna no funcionamento que é difícil, se não impossível, de preencher, e pode, consequentemente, impedir que a família complete suas tarefas do ciclo de vida. Tanto nas fases iniciais do ciclo de vida quanto na finais, o indivíduo tem menos responsabilidades familiares essenciais. Assim, parece haver um período crítico de aproximadamente vinte anos em que, em iguais circunstâncias, a morte e a doença grave parecem provocar o maior impacto. Consideremos os estresses familiares provocados primeiro pela morte ou doença grave de um membro adulto da família, e depois pela morte ou doença grave de uma criança ou adolescente.

Recentemente, um casal com um filho e uma filha adultos procurou tratamento. A esposa estava morrendo lenta e dolorosamente de um câncer ósseo que metastatizara de um câncer no seio seis anos antes. Ela ficou presa ao leito, e o marido continuou a terapia. Ele estava preocupado com a reação de seu filho, de 28 anos, à morte da mãe. Quando o pai e o filho foram atendidos juntos, o filho tentou explicar ao pai suas preocupações em relação à morte da mãe. Primeiro, o filho disse: "Acho que é mais difícil para você perder sua mulher do que é para mim perder minha mãe. Eu sei, desde que me casei, que o relacionamento com uma esposa é diferente! Também, papai, você e mamãe estavam esperando ansiosamente este período, em que poderiam ficar sozinhos novamente – ter tempo um para o outro sem filhos em volta – só vocês dois. Eu sentirei falta da mamãe; acho que ela não chegará a conhecer seus netos. Também me preocupo com o que acontecerá a você".

O filho expressou sucintamente as questões e tarefas para a família com filhos adultos jovens em que um dos cônjuges morre. A morte encerra uma época da vida em que a maioria dos casais está começando a experienciar menos responsabilidades familiares e esperando ter algum tempo sozinhos para aproveitar um ao outro e aos filhos. Quando um casamento dura até essa época, o maior impacto da morte é sobre o cônjuge, que precisa pensar em passar seus últimos anos de vida sozinho ou começar novamente com uma outra pessoa. Foi demonstrado que no primeiro ano após a morte de um cônjuge, nessas circunstâncias, o cônjuge sobrevivente está vulnerável ao suicídio (Osterweiss e colaboradores, 1984) e a doenças graves. Os homens, parcialmente porque não utilizam sistemas de apoio social e estão acostumados a serem cuidados, não se saem tão bem quanto as mulheres, com um significativo aumento na morte por acidente, doença cardíaca e algumas doenças infecciosas e uma maior probabilidade de suicídio no primeiro ano (Osterweiss e colaboradores, 1984).

A experiência desta família seria muito diferente se o filho fosse um adolescente, ou mesmo um jovem adulto ainda na casa dos pais, na época da doença e morte da mãe. A doença grave ou morte de um dos pais com filhos ainda em casa pode ter como resultado a família não resolver as tarefas destes estágios do ciclo de vida. Na família com adolescentes ou adultos jovens dependentes, a maior tarefa do ciclo de vida é a independização mútua dos pais e filhos. A doença grave ou morte de um dos pais impede a conclusão deste processo. Segue-se um exemplo.

> A família de uma menina de 16 anos procurou tratamento quando suas notas na escola caíram de "A" ou "B" para "Suficiente". Ao investigar os recentes estresses na família, a autora ficou sabendo pela mãe que esta tinha esclerose múltipla e fora hospitalizada várias vezes durante os últimos dois anos (exatamente quando as notas começaram a piorar). A mãe continuou, dizendo: "Não sei o que fazer, quero que minha filha saia com os amigos e faça as coisas que as garotas de sua idade fazem, mas também preciso dela em casa para me ajudar, eu simplesmente não consigo mais fazer as coisas. Eu me canso facilmente; ela muitas vezes precisa fazer o jantar e colocar as crianças (três outros filhos) na cama. Talvez ela esteja apenas cansada demais para fazer as tarefas escolares". A filha disse, rapidamente: "Mas eu não me importo".

A doença grave de um dos pais nesta fase do ciclo de vida não apenas interfere com a conquista da independência por parte do adolescente através da rebelião normal e do foco fora da família, como também pode colocar o adolescente como um substituto paterno em relação aos irmãos, mantendo-o assim muito dentro da família.

Para o outro cônjuge, as responsabilidades financeiras, domésticas e emocionais ficam mais do que dobradas, pois ele/ela agora precisa cuidar do outro cônjuge, e também fazer aquilo que ele/ela fazia. A morte, depois de uma doença prolongada, pode ser um alívio por não ser mais necessário prestar os cuidados, tentar preencher o lugar do outro e "agir como se" a pessoa não se importasse, ou talvez inclusive gostasse de fazer tudo aquilo.

Um casal que atendi recentemente é um exemplo das questões enfrentadas por uma família com filhos pequenos ao lidar com a morte de um dos progenitores. O marido, de 28 anos de idade, estava morrendo de leucemia. Seus dois filhos estavam com sete e cinco anos de idade. Ele dizia frequentemente, desde o início do tratamento: "Todos os dias sou confrontado com a realidade de jamais ver meus filhos crescerem. É difícil até olhar para eles, quanto mais fazer planos para o seu futuro". Num momento em que a vida deveria estar na sua plenitude, em termos de planos e sonhos, estava acabando para ele. A morte do pai ou da mãe numa família nesta fase do ciclo de vida deixa o progenitor sobrevivente responsável pelas tarefas de criação dos filhos e pela família. Se o pai é a principal fonte de sustento financeiro, sua morte geralmente deixa a mulher com a dificuldade adicional de estabelecer uma nova fonte econômica de sustento. Uma vez que as mulheres tradicionalmente têm sido as responsáveis pelos aspectos emocionais e de comunicação na família, não surpreende que a morte de uma mãe geralmente deixe o pai com uma tarefa para a qual ele se sente mal preparado, e uma tarefa que é extremamente importante para o ajustamento familiar depois da morte. Nas famílias em que o pai é incapaz de adaptar-se ao seu novo papel como o principal responsável pelos aspectos emocionais e de comunicação, o ajustamento familiar fica prejudicado (Cohen e colaboradores, 1977).

As reações de uma criança à morte de um dos pais são variadas, e parecem ser influenciadas principalmente pela idade, nível de desenvolvimento emocional e cognitivo da criança, e pela proximidade emocional em relação ao progenitor falecido/agonizante e ao progenitor sobrevivente (Bowen, 1976; Schiff, 1977; Kubler-Ross, 1976). Um recente estudo (Elizur & Kaffman, 1983) sugere que o que tem inicialmente maior impacto sobre o ajustamento da criança é a contenção da expressão emocional e a incapacidade do progenitor sobrevivente de compartilhar a tristeza dessa criança. Mais tarde, no processo de luto, é a perplexidade, ansiedade e inconsistência do progenitor – isto é, a incapacidade de ir além de sua própria tristeza inicial para estruturar o mundo da criança – que parecem, ter o maior efeito no ajustamento da criança. Na experiência da autora, essas reações paternas iniciais e posteriores são manifestações de sua tristeza e luto, sendo que as reações posteriores decorrem da incapacidade de avançar na elaboração do luto. Assim, não é tanto a reação de tristeza do progenitor, mas a incapacidade de expressá-la no sistema, fazendo com que se interponha entre a criança e o progenitor, o que é problemático no ajustamento de ambos.

A morte de um filho certamente é considerada pela maioria das pessoas como a maior tragédia da vida. Essa visão origina-se do fato de que a morte de uma criança parece completamente fora de lugar no ciclo de vida. Em termos do funcionamento instrumental do sistema familiar, a criança pequena é um membro da família com poucas responsabilidades e fatores emocionais, e, consequentemente, uma doença grave ou morte não deixa uma lacuna impossível de preencher nas responsabilidades globais da família.

Então, como explicar o drástico e duradouro impacto da morte ou doença grave de uma criança? A autora acredita que uma parte maior da intensidade emocional pode ser explicada pelo processo de projeção familiar através do qual os filhos se tornam o foco emocional importante da família. Uma vez que a maioria dos pais vê os filhos como extensões de suas esperanças e sonhos de vida, a perda de um filho é um golpe existencial do pior tipo. Como superar o fato de ver morrer o filho que criamos e educamos? Provavelmente não existe nada mais doloroso para os pais. Estas famílias não apenas lidam com a tristeza crônica e a permanente incerteza dos resultados, como também precisam ser os ativos cuidadores da criança. Isso frequentemente significa que pelo menos um dos pais deve permanecer em casa em tempo integral (ou ter um trabalho flexível que lhe permita lidar com as exacerbações da doença) e assumir dolorosas responsabilidades de cuidados. A família é atingida não somente pela perda do salário de um dos pais, como também pelos custos médicos proibitivos. E o tempo e a energia necessários para lidar com o sofrimento da doença e/ou morte da criança certamente têm um impacto sobre os relacionamentos entre os membros da família.

Os efeitos da morte de uma criança sobre o relacionamento dos pais geralmente são profundos, com separação ou divórcio resultando em 70%-90% dos casos com hospitalização (Kaplan e colaboradores, 1976; Payne e colaboradores, 1980; Schiff, 1977; Teitz e colaboradores, 1977). Em estudos sobre o impacto da morte de uma criança com cuidados prestados em casa (Mulhern e colaboradores, 1983; Lauer & Camitta, 1980; Lauer e colaboradores, 1983), os pais relatam uma rápida recuperação do funcionamento social, menos problemas conjugais e pessoais, e culpa, ansiedade ou depressão menos intensas. Eles também não parecem ficar socialmente retraídos ou insatisfeitos com suas decisões (Mulhem e colaboradores, 1983). Mulhern e seus colaboradores (1983) atribuem os efeitos positivos dos cuidados prestados em casa ao maior senso de poder e controle e menor senso de desamparo sentido pelos pais no estágio terminal da doença dos filhos.

Na experiência da autora, o impacto da morte de um filho é ainda maior para os pais cujo apego àquele filho era disfuncional. Isto é, quanto mais significativo é o filho para o senso de bem-estar ou senso de eu dos pais (Bowen, 1976), maior o grau de ruptura familiar depois da morte dele. Uma vez que a importância do filho no relacionamento disfuncional com o progenitor frequentemente envolve um relacionamento distante e/ou conflitual entre os pais, não é improvável que a morte desse/dessa filho/a represente uma perda de eu, de um amigo e de um para-choque entre os cônjuges. Já que a intensidade desta perda supera de longe a perda do filho em si, é comum que ela tenha um poderoso impacto sobre os relacionamentos familiares.

O Sr. e a Sra. Cunninghan procuraram terapia porque estavam brigando violentamente desde a morte de seu único filho. Paul, num acidente de carro. Paul fora a "menina dos olhos" da mãe, recebera o seu mesmo nome, era o filho suficientemente brilhante para realizar todas aquelas coisas que a Sra. Cunningham sentia que ela o marido não poderiam realizar. O Sr. Cunninghan apresentou um quadro totalmente diferente de Paul. Ele achava que a morte de Paul resultara de seu comportamento tipicamente irresponsável, encorajado pela Sra. Cunninghan. Ele relatou numerosas situações em que ela não cumprira as combinações deles referentes a Paul e o deixara safar-se de atos irresponsáveis. Sua irresponsabilidade final foi dirigir depois de beber, rápido demais, saindo da estrada num barranco. O marido e a mulher brigavam continuamente sobre quem era o responsável e quem poderia ter feito alguma coisa diferente, e seus outros relacionamentos pessoais com a família não eram reconhecidos. Na época da primeira sessão, eles estavam prestes a divorciar-se.

Os irmãos de uma criança que está gravemente doente ou agonizante podem apresentar vários sintomas, de dificuldades comportamentais ou escolares a doenças somáticas, depressão e inclusive suicídio (Kaplan e colaboradores, 1976; Payne e colaboradores, 1980), especialmente a criança que vem a seguir (Schiff, 1977; Teitz e colaboradores, 1977; Hare-Mustin, 1979; Bank & Kahn, 1982). Os irmãos são geralmente afetados de três maneiras principais: (1) sendo assombrados pelo/a irmão/ã morto/a,(2) ficando temerosos ou contrafóbicos e/ou (3) ressuscitando o/a irmão/ã morto/a, passando a levar duas vidas (Bank & Kahn, 1982). Conrad Jarret, no filme *"Ordinary People"* (1976) manifesta todas essas reações e interações com seus pais diante da morte acidental de seu irmão mais velho. As reações dos irmãos à morte do filho mais querido pelos pais não são apenas afetadas pela resposta paterna, mas também pelas circunstâncias que cercam a morte – o grau de horror associado à morte; o tempo decorrente entre o diagnóstico da doença e a morte do irmão; o grau em que a morte poderia ter sido evitada e a idade do/s filho/s sobrevivente/s (Bank & Kahn, 1982). Pesquisas recentes (Mulhern e colaboradores, 1983; Lauer & Camitta, 1980) sobre o impacto da morte de um irmão sobre os filhos sobreviventes, quando os cuidados foram prestados em casa, sugerem que a capacidade de interagir e sentir-se menos isolado diminui os medos, ansiedade e depressão nos irmãos. Em algumas famílias, uma criança é concebida para tomar o lugar da, criança morta, ou o lugar do/a filho/a morto/a é mantido aberto pela família, criando outras complicações para o/s irmão/s sobrevivente/s (Teitz e colaboradores, 1977).

Para a maioria das famílias, a adolescência é um período de grande tumulto. De fato, provavelmente há poucos outros momentos no ciclo de vida familiar em que um tumulto desses é considerado como normativo. Grande parte do tumulto deste estágio se centra nas dificuldades de cumprir a tarefa do ciclo de vida de independização mútua de pais e filhos. Essas dificuldades surgem porque, embora os adolescentes estejam entrando na idade adulta, eles ainda precisam viver numa família em que se sentem alternativamente tratados como adultos (quando há um trabalho a ser feito) e como crianças (quando eles querem fazer alguma outra coisa). Assim, o dilema particular da vida familiar nessa época é um dilema em que o elenco familiar não se modifica, mas se inicia uma nova hierarquia. A doença grave ou morte de um adolescente pode ser considerada como o acréscimo de muito mais estresse/tumulto a uma fase já estressante da vida. O fato de que a maioria dos adolescentes morre subitamente, em resultado de um acidente ou por suicídio *(Monthly Vital Statistics Report,* 1981), aumenta ainda mais o grau de ruptura familiar. Os sintomas dessa ruptura familiar são muitas vezes duradouros, e variam da dissolução da família através de separação/divórcio à sintomatologia emocional, como depressão ou doença física, geralmente em outro filho adolescente.

    Vários anos atrás, uma jovem me procurou, querendo ajuda para lidar com as consequências do suicídio de seu irmão mais jovem, que ocorrera dois anos antes. Disse que ela e a família não haviam contado a ninguém sobre o suicídio e o discutiam raramente entre eles. Ela achava que, além de se sentir envergonhada pelo que o irmão havia feito, também achava que ela e seus outros irmãos eram culpados e/ou responsáveis por aquilo. Ela achava que deveria ter conseguido ajudá-lo, apesar de julgar seu comportamento irresponsável e uma afronta aos seus próprios valores. Sua mãe e seu pai haviam-se divorciado; sua mãe e uma irmã sofriam de depressões. Tudo o que ela queria fazer era superar aquilo. "Não quero continuar sofrendo. Eu fico me perguntando como ele seria agora, e o que foi tão terrível que o levou a matar-se."

Para esta família e outras como ela, o processo de afastamento é paradoxalmente abrupto e jamais terminado. Isto é, eles muitas vezes ficam num estado de animação suspensa, sem jamais conseguir completar verdadeiramente sua tarefa de ciclo de vida, mas tendo esta tarefa e este processo interrompidos. Além disso, estas famílias, como no exemplo acima, normalmente sentem uma tremenda culpa e raiva em relação ao suicídio, tentando ao mesmo tempo entendê-lo, explicá-lo aos outros e aceitar a sua própria responsabilidade e a do adolescente.

Em contraste com este tipo de animação suspensa no ciclo de vida familiar estão aqueles casos em que o adolescente está crônica ou gravemente doente. Nessas situações, o adolescente e a família ficam envolvidos num prolongado processo de afastamento. A família, temerosa e preocupada com a saúde do/a filho/a, geralmente age para protegê-lo/a, mantendo o adolescente cercado. A necessidade dos pais de manterem o adolescente dentro das fronteiras familiares é extrema quando os contatos ou atividades extrafamiliares colocam uma ameaça real ou imaginária à saúde do adolescente. Além disso, há certos tipos de doença crônica ou grave que impedirão o adolescente de sair da família, tal como a artrite, o retardo mental ou o câncer. O adolescente gravemente enfermo pode rebelar-se contra as limitações da doença e/ou da família, fazendo coisas como não tomar a medicação e comer comidas proibidas, ou pode aceitar as limitações e tornar-se o paciente da família. A família, especialmente os pais, podem alternar-se entre lutas de poder abertas, raiva e confusão desamparada. Os irmãos frequentemente ficam ressentidos com a atenção dedicada ao filho doente, e sentem culpa por isso. As manifestações desse prolongado processo de independência são variadas, mas o processo na família permanece essencialmente o mesmo.

Este foi um necessário breve resumo referente ao momento da morte no ciclo de vida familiar. Entretanto, deve ficar claro que o entendimento das tarefas e questões do ciclo de vida para a família, em cada estágio, é crucial para compreendermos os efeitos da morte e da doença grave em uma família.

A NATUREZA DA MORTE

A morte pode ser esperada ou inesperada, e pode envolver ou não períodos de cuidados. A morte pode inclusive ocorrer antes do nascimento, como no caso de natimortos, abortos espontâneos ou provocados. Cada tipo de morte tem implicações na reação e no ajustamento familiar. As mortes súbitas pegam o indivíduo e/ou a família despreparados. A família reage com choque. Não há tempo para despedidas ou para a resolução das questões de relacionamento. Não há nenhum luto antecipatório. Nos casos de homicídio (1,2% das mortes totais) e mortes acidentais (5,1% das mortes totais), *(Monthly Vital Statistics,* 1981), descobriu-se que a intensidade da reação inicial de tristeza é maior do que nos casos de morte prolongada e natural, e manifestada principalmente pelas pessoas com menos de 60 anos de idade (Prouty, 1982).

Além da falta de preparação psicológica para a morte, também pode haver a falta de preparação para as realidades da morte, tais como testamento, seguro e outros arranjos financeiros. Após a intensa reação inicial a essas mortes, a perda é muitas vezes encoberta e tende a tornar-se um assunto "tabu", conforme descrito por Solomon e Hersch (1979). Essas famílias costumam iniciar um longo curso de dificuldades familiares, normalmente vistas como não relacionadas à morte. Embora a pessoa mais diretamente afetada pela morte possa desenvolver sintomas, não é incomum que um outro membro sensível às ansiedades familiares também desenvolva sintomas. O seguinte caso é um exemplo.

> A cliente, uma mulher de 36 anos, divorciada, mãe de três filhos, começou a tratar-se por uma depressão, a qual ela relacionava à separação conjugal de três anos. Na investigação da história familiar e do genetograma, observamos que o pai da cliente morrera subitamente de uma ataque cardíaco quatro anos antes. A mulher descreveu seu relacionamento com o pai como intenso e próximo. "De fato, isso pode soar esquisito, fico realmente sem jeito, mas eu guardo uma caixa de bombons que ele me deu antes de morrer. Sei que é tolice, mas não consigo jogá-la fora." Ela então descreveu dificuldades semelhantes em seu terceiro filho, seu favorito, o único filho homem. A maior parte do tratamento centrou-se na resolução da morte de seu pai. Depois de um ano, a cliente relatou, um tanto embaraçada, que finalmente conseguira jogar fora a caixa de bombons.

Embora as mortes súbitas constituam uma pequena proporção de um total de 15 causas principais de morte, e tenham como desvantagem maior a dificuldade de resolver a perda, uma vantagem deste tipo de morte é que ela não é precedida por longos períodos de estresse. Este período de prolongado estresse é a maior dificuldade associada a mortes esperadas, resultantes de doenças debilitante (Cohen e colaboradores, 1977). As famílias em que um dos membros tem uma doença prolongada (nove das 15 causas principais de morte), como o câncer, sofrem um estresse de permanente incerteza. Elas jamais estão seguras em relação ao curso da doença. Cada remissão traz a esperança de vida, e cada exacerbação o medo da morte. Esta constante incerteza pode esgotar a família emocionalmente. Ver um membro da família morrendo com dor é algo muito difícil para todos. Estar impotente para fazer alguma coisa que alivie o sofrimento do membro da família, como quando a pessoa está hospitalizada, somente aumenta o estresse emocional familiar. E o esgotamento emocional é intensificado pelo esgotamento financeiro de uma doença prolongada. No final de um processo tão longo, não é raro que a pessoa agonizante e a família desejem a morte (Shanfield e colaboradores, 1984). É difícil para a família lidar com a intensidade de uma doença prolongada, numa base contínua, em virtude da dificuldade de manter um equilíbrio entre viver e morrer. Muitas vezes, a família e o indivíduo agonizante, tentando proteger um ao outro da ansiedade, param de se comunicar. A resultante incapacidade de lidar com a tensão cria distância e mais tensão, manifestada numa variedade de sintomas. Entretanto, se os membros da família estiverem dispostos a trabalhar isso, a doença terminal (diferentemente da morte súbita) permite que a família, se o sistema permanece aberto, resolva questões de relacionamento e de realidade, e diga um adeus final antes da morte. O caso seguinte é um exemplo especial de uma família em que esses objetivos não foram atingidos.

Um pai, no final da casa dos trinta, estava morrendo de leucemia. Numerosas vezes, durante o curso de sua doença, ele tentara conversar com a esposa sobre seus sentimentos e planos. Quando ela se distanciava, em virtude de sua própria ansiedade, ele desistia. Criou-se entre eles uma distância fixa. A esposa envolveu-se num caso amoroso. Seu filho de seis anos começou a ter dificuldades na escola, e sua filha de nove começou a pensar e falar sobre morrer.

Uma categoria especial de reações familiares à natureza da morte existe naquelas mortes que ocorrem por volta da época do nascimento. Embora o índice destas mortes venha diminuindo constantemente desde 1930 *(US Vital Statistics,* 1930-1982), seu significado é suficientemente diferente dos outros tipos de morte para merecer uma consideração separada.

A morte no parto e por aborto espontâneo ou provocado, todas elas acontecem antes que um sistema de relacionamento mútuo seja estabelecido na família. Entretanto, é este exato fato o que as torna diferentes. Ao contrário de outras mortes esperadas ou inesperadas em que a pessoa falecida já havia estabelecido um relacionamento com a família, nestes casos a família havia estabelecido uma conexão emocional com o (e tinha sentimentos pelo) bebê que ainda não nascera. O seguinte exemplo ilustra as questões para uma família que sofre este tipo de morte.

Uma parteira pediu uma consulta com relação a uma família – mãe, 32 anos, pai, 34 anos, e dois filhos – que haviam tido recentemente um natimorto. As cinco sessões de terapia ocorreram três meses depois da experiência. A parteira estava preocupada com a depressão da mãe e sua incapacidade de relacionar-se com os filhos, que perguntavam ansiosamente pela irmãzinha que nascera. Na segunda sessão com o marido e a esposa, ela descreveu seus sonhos repetitivos de perder o bebê e seus outros filhos. Ela pensava muito em como era o bebê, por que ele morrera, e o que ela fizera para "fazê-lo" morrer. Embora ela quisesse ver o bebê depois do nascimento, a equipe do hospital e o médico haviam dito que seria melhor que ela não o visse. A recusa deles somente solidificou sua crença de que a criança era defeituosa e ela, fraca demais (ou incapaz) para manejar a situação. Quando ela conversou com o marido sobre seu pedido, ele não conseguiu entender por que ela queria ver a criança. Ela passou a descrever sua ambivalência em relação à concepção e gravidez. Quando ela tentou discutir esses sentimentos com ele, ele disse que não adiantava conversar sobre aquilo. Criou-se entre eles uma distância fixa, em que a esposa passou a envolver-se cada vez mais com seus pensamentos a respeito da filhinha e cada vez menos com a família.

Todos os membros da família desenvolvem certas expectativas, desejos, fantasias e assim por diante, durante o curso da gravidez. A possibilidade de um relacionamento é encerrada abruptamente com a morte da criança no nascimento ou antes do nascimento. Além disso, as expectativas e fantasias costumam continuar depois da morte, a menos que o processo seja terminado de alguma maneira, como vendo o bebê e fazendo algum trabalho de elaboração do luto. Com relação a isso, as reações à morte no parto são com frequência semelhantes às reações nos casos em que a família decide não ter o filho (aborto) ou em que a mãe não consegue levar a gravidez até o final (aborto espontâneo). Em geral, as diferenças de reação são na intensidade. Quanto mais a mãe deseja o filho (por quaisquer razões), ou quanto maior a ambivalência de algum dos pais, ou desentendimento entre eles com relação à gravidez ou ao nascimento, e quanto mais longa a duração da gravidez, mais severos serão o estresse e a ruptura familiar.

Os nascimentos de bebês com anomalias ou doenças graves ou crônicas também diminuíram nas últimas cinco décadas *(US Vital Statistics,* 1982). Quer o bebê morra imediatamente ou não dos efeitos desses distúrbios, o conhecimento das "imperfeições" frequentemente representa a perda de sonhos, expectativas e esperanças em relação à criança que estava por nascer. Os pais normalmente passam por um período de luto depois desses nascimentos; este período é complicado pelo fato de que eles também precisam tomar decisões em relação aos cuidados da criança, e estão se relacionando ativamente com ela, o que dificulta o luto. Além disso, um nascimento desses frequentemente inicia um longo período de permanente incerteza e tremendas responsabilidades financeiras e emocionais. A concomitância do evento de ciclo de vida normativo do nascimento (e seus estresses) e do estresse situacional da incapacidade e potencial morte de um bebê muitas vezes cria um intenso período de estresse para os novos pais e para as famílias ampliadas.

A FRANQUEZA DO SISTEMA FAMILIAR

Muitas reações emocionais e dificuldades de ajustamento a longo prazo relacionadas à morte se originam da falta de franqueza no sistema familiar. Por franqueza a autora quer dizer a capacidade de cada membro da família de permanecer não reativo à intensidade emocional no sistema e de comunicar seus sentimentos aos outros sem esperar que os outros sejam influenciados por esses sentimentos. De acordo com a teoria de Bowen (1976a), dois contínuos inter-relacionados determinam o grau de franqueza de um sistema. O primeiro contínuo define o sistema familiar de acordo com o nível de diferenciação (mais ou menos equivalente ao nível de maturidade emocional). A diferenciação define as pessoas conforme o grau de distinção entre o funcionamento emocional e o intelectual. Resumidamente, este conceito sugere que os indivíduos cujas vidas são mais ou menos dominadas pelas reações emocionais são aqueles em que as funções emocionais e intelectuais estão fundidas. As ações dessas pessoas se baseiam naquilo que "parece" certo ou bom, e/ou nas reações dos outros. Um indivíduo mais diferenciado consegue permanecer não reativo à emocionalidade dos outros. Esta pessoa é capaz de definir sua posição baseada em ideias ou princípios, e ouve as ideias dos outros sem reagir exageradamente. O nível de diferenciação do indivíduo é determinado pelo grau em que ele/a está preso/a no processo emocional na família de origem. Quanto mais baixo o nível de diferenciação dos cônjuges, menos capazes eles serão de expressar diretamente para o outro ideias e sentimentos divergentes ou ansiogênicos sem ficarem zangados ou perturbados. Quanto mais indiferenciados eles forem, mais provável que surjam conflitos conjugais, fusão e disfunção num dos cônjuges ou num filho, quando o estresse for grande.

O nível de estresse familiar, o segundo contínuo, é o elemento crucial na evolução da sintomatologia familiar. Uma família pode ser relativamente indiferenciada, ter pouco estresse e estar livre de sintomas. Por outro lado, uma família bem diferenciada pode desenvolver sintomas quando o estresse for grande. Em vários estudos sobre os efeitos do estresse familiar no desenvolvimento da doença, Holmes e Masuda (1973) descobriram que a morte de um cônjuge é o evento de vida associado ao mais alto grau de estresse. Além disso, eles descobriram um alto grau de associação entre alterações na saúde e eventos de ciclo de vida familiar, um dos quais é a morte de um cônjuge.

Nas famílias que estão lidando com a morte ou com a doença terminal, a autora descobriu haver uma maior probabilidade de desenvolvimento de sintomas emocionais e/ ou físicos quando seus membros são incapazes de se relacionarem francamente uns com os outros em relação à morte. Entretanto, independentemente de quão bem diferenciada for a família, a capacidade de expressar com franqueza os próprios pensamentos e sentimentos e de não reagir à ansiedade do outro está relacionada à intensidade e duração do estresse. Quanto mais longo e intenso for o estresse, mais difícil será que os relacionamentos familiares permaneçam francos e mais provável será que se estabeleça a disfunção. Além disso, a própria natureza da morte e da doença terminal com frequência isola a família de redes de apoio externas, tais como os amigos e o trabalho. Este isolamento fecha ainda mais o sistema. As famílias que conseguem se comunicar, compartilhar informações e opções, e utilizar fontes externas de apoio para essas funções parecem se reestabilizar melhor depois da morte (Cohen e colaboradores, 1977; Mulhern e colaboradores, 1983; Shanfield e colaboradores, 1984). A autora está cada vez mais convencida de que qualquer coisa que um terapeuta faça que ajude os membros da família a permanecerem conectados uns com os outros, às famílias ampliadas e aos recursos extrafamiliares terá um profundo impacto sobre o ajustamento a longo prazo da família após uma morte. A experiência da autora sugere que a exacerbação dos sintomas na fase terminal frequentemente se relaciona ao grau de franqueza ou conexão entre os membros da família naquele momento. Por exemplo:

> Um casal entrou num grupo de câncer porque a esposa estava tendo dificuldade em lidar com a morte iminente do marido, que, aos 50 anos, estava morrendo de um câncer no pâncreas. Ela passara sua vida numa total dedicação (fusão) ao marido. Quando sua morte começou a parecer iminente, ela foi ficando cada vez mais ansiosa com a ideia de viver sem ele. Na medida em que ela se tornava mais ansiosa e loquaz, o marido começou a afastar-se dela. Essa distância aumentou sua ansiedade e o processo continuou a escalar. Seus dois filhos, de 16 e 20 anos de idade, também não comunicavam seus pensamentos e sentimentos diretamente ao pai, e sim à mãe. O resultado final era um sistema em que todos os membros da família estavam isolados uns dos outros, e em que a ansiedade continuava a escalar. Começaram a aparecer sintomas físicos em todos eles, levando a frequentes hospitalizações de vários membros.

A POSIÇÃO NA FAMÍLIA DA PESSOA QUE ESTÁ MORRENDO OU MORREU

Nem todas as mortes têm igual importância para o sistema familiar. Em geral, quanto mais emocionalmente significativa é aquela pessoa para a família, mais provável que sua morte seja seguida por uma agitação nas várias gerações. A razão para esse efeito é dupla: o rompimento no equilíbrio familiar e a tendência familiar a negar a dependência emocional quando essa dependência é grande.

O significado de um indivíduo para a família pode ser compreendido em termos de seu papel funcional na família e do grau de dependência emocional da família em relação ao indivíduo. Por exemplo, a perda de um dos pais quando os filhos são pequenos remove as posições funcional e emocional de ganha-pão e/ou progenitor quando a família mais depende dessas funções. A morte de um avô que funciona como o chefe do clã é um outro exemplo de uma séria perda funcional na família. Em geral, quanto mais central a posição da pessoa que está morrendo ou morreu, maior será a reação emocional da família.

Também observamos que quanto mais a família depende emocionalmente daquela pessoa (McGoldrick & Walsh, 1983; Mueller e McGoldrick-Orfanidis, 1976), maior será a reação. Por exemplo, nos casais com extrema fusão ou dependência conjugal, a perda do cônjuge normalmente representa a perda emocional do eu para o outro cônjuge. O mesmo acontece nas famílias em que há dependência emocional em relação a um filho. Qualquer membro da família que funcione numa posição de superresponsabilidade emocional provavelmente terá pessoas na família que dependam emocionalmente dele e reagirão fortemente à sua morte.

O impacto de uma perda funcional e/ou emocional é expresso no fenômeno de onda de choque emocional, descrito pela primeira vez na literatura por Bowen (1976). Ele é uma série de choques subsequentes para o sistema emocional/funcional. Ocorre com maior probabilidade nas famílias em que a dependência emocional é negada e, portanto, não manejada diretamente. Os sintomas numa onda de choque podem ser qualquer problema (emocional, social ou físico) em vários membros da família. A família frequentemente vê esses eventos como não relacionados e nega o significado e impacto da morte que os precedeu.

INTERVENÇÃO DE TRATAMENTO FAMILIAR

Dos seis fatores que afetam a reação e ajustamento familiar à morte e à doença grave, o único que a família ou o terapeuta familiar consegue modificar é a franqueza do sistema. Não há nenhuma maneira pela qual a família (ou o terapeuta) possa modificar o momento ou a natureza da morte, ou a posição familiar da pessoa que está morrendo ou morreu. Consequentemente, a maior parte das intervenções antes, no momento ou depois da morte tem o objetivo de tornar mais francos os sistemas emocionais familiares.

Intervenções antes ou no momento da morte

O maior propósito das intervenções familiares nessas situações é a prevenção de sintomatologia e disfunção familiar durante a doença e depois da morte. Existem sete intervenções que geralmente são úteis para lidar com o estresse e a ruptura da doença grave e da morte: (1) considerar a família no contexto; (2) utilizar informações e terminologia francas e factuais; (3) estabelecer pelo menos um relacionamento franco na família; (4) respeitar a esperança de vida e de viver; (5) permanecer humano, mas não reativo à dor da família; (6) lidar com sintomas e estresse e (7) reconhecer e ajudar a família a utilizar rituais, costumes e estilos para lidar com a morte.

Considerar a família no contexto

Nem todas as famílias buscam tratamento porque estão conscientes do impacto ou impacto potencial da morte de um de seus membros. De fato, algumas famílias entram em tratamento por sintomas que consideram como totalmente não relacionados com a doença grave ou a morte iminente. Em todas essas situações, uma cuidadosa e detalhada avaliação trigeracional irá não apenas mostrar os atuais estressores de vida, como também os colocará no contexto da história familiar. Além disso, esse tipo de avaliação, que coloca os sintomas num contexto nuclear e de três gerações, ajuda a família e o terapeuta a definirem a rede familiar e as fontes de apoio existentes. Outras fontes de apoio podem ser definidas e desenvolvidas quando o terapeuta explorar os relacionamentos familiares com outros sistemas, como escola, trabalho, amigos e igreja.

Sem realizar uma avaliação completa, o terapeuta não sentirá a "textura" e o estilo da família, e sua capacidade de compreender o impacto da doença grave e da morte ficará diminuída, assim como sua capacidade de desenvolver hipóteses e intervenções relevantes.

Utilizar terminologia e informação francas e factuais

É importante que o terapeuta familiar evite usar termos ou expressões indiretas, tais como "declínio", "partir" ou "passamento". Estes termos significam que o terapeuta é incapaz de falar diretamente sobre a morte, e, assim, a família também não deve fazê-lo. Utilizar palavras diretas como morte e morrendo sugere à família que o terapeuta é capaz de ser franco e ficar relativamente à vontade ao conversar sobre isso. O mesmo princípio vale na apresentação de informações. As famílias com um membro gravemente doente se deparam frequentemente com profissionais de saúde que controlam as informações relevantes sobre a enfermidade. Os profissionais de saúde – médicos ou enfermeiras – decidem o que e quanto contar ao paciente. Além disso, as próprias famílias muitas vezes resolvem ocultar informações do paciente. É importante que o terapeuta seja um modelo, informando a família de modo factual, incluindo o paciente, e deixando que eles façam o uso que quiserem dessas informações. Dessa maneira, o terapeuta encoraja a família, incluindo a pessoa que está morrendo, a assumir a máxima responsabilidade pelas decisões de vida.

Estabelecer pelo menos um relacionamento franco no sistema familiar

Uma das maiores contribuições do trabalho de Kubler-Ross (1969) não foi apenas a de definir os estágios do morrer, mas também a de tornar a morte "um assunto" sobre o qual era certo conversar. O leitor perceberá que o foco das intervenções da autora está num relacionamento *dentro* do sistema familiar. Uma discussão franca da morte entre o terapeuta e um dos membros da família, isolado dos outros, não torna mais francos os relacionamentos familiares. Ela pode diminuir a ansiedade o suficiente para impedir que as pessoas da família lidem umas com as outras. De fato, isso frequentemente provoca disfunção, porque o terapeuta se envolve num triângulo com a família. Para que as pessoas se beneficiem de uma discussão franca sobre a morte, ela deve ocorrer no contexto dos relacionamentos íntimos familiares. Uma vez que uma das maiores dificuldades que todas as famílias têm é a de conseguirem se comunicar diretamente acerca de um assunto difícil ou tabu, não surpreende que a discussão sobre a morte provoque tanta tensão nos membros da família. Quando a tensão aumenta entre dois dos membros da família, com relação à questão da morte, não é raro que o indivíduo que ficou menos à vontade envolva um terceiro para aliviar sua tensão. Uma outra variante do mesmo processo é esses dois entrarem num conluio para evitar uma discussão sobre a morte iminente.

O terapeuta familiar muitas vezes é confrontado com alguma destas variações de triângulo (um relacionamento disfuncional em que a relação entre duas pessoas dependa do relacionamento com uma terceira). A tarefa é a de ajudar cada pessoa a falar diretamente com a outra. Podemos fazer isso de várias maneiras. Uma delas é trabalhar com a pessoa que está menos à vontade, que pode ser a mais motivada para mudar seu papel no processo. Orientando esta pessoa para que controle suas emoções e planeje um método para puxar o assunto da morte, o terapeuta familiar frequentemente consegue fazer com que o sistema se abra para lidar com a morte. Outras vezes, a utilização de material de deslocamento pode abrir essa questão. Por exemplo, a autora colocou para algumas famílias a gravação da palestra de Bowen sobre a morte *(Georgetown University Medical Center Videotape),* como uma maneira de ajudá-las a começar a falar sobre a questão da morte. A autora também descobriu ser proveitoso dar à família um material para leitura. As famílias respondem bem a materiais como o trabalho de Anderson (1974) e Schiff (1977), e a filmes populares como *"I Never Sang For My Father", (Columbia Pictures)* e ao filme de televisão *"Death Be Not Proud".* O uso de grupos familiares e grupos de auto-ajuda também foram úteis nesse processo. É sempre surpreendente ver como esses grupos normalizam a experiência familiar de morte e de morrer.

Respeitando a esperança de vida e de viver

Com muita frequência, a autora escuta uma afirmação como a seguinte, por parte de um treinando em terapia familiar: "Mas aquele pai tem apenas três meses de vida e a família ainda está discutindo o filho". Ninguém sabe exatamente quando alguém vai morrer, exceto talvez a pessoa que está morrendo, que muitas vezes sente a hora da morte. Algumas vezes, os pacientes vivem mais do que o tempo previsto; outras vezes, eles vivem menos tempo. Uma vez que as famílias estão constantemente vivendo numa gangorra emocional, é muito difícil para elas lidarem continuamente com a morte. Eu descobri que alguns clientes não lidam com assuntos relacionados à morte durante a remissão, mas discutem os mesmos assuntos durante as exacerbações. Cada família desenvolve um *timing* e um estilo de trabalho, muito semelhante ao *timing* que Kubler-Ross (1969) define para o trabalho individual. Embora os profissionais da saúde mental possam querer que a família lide com questões de morte em todos os momentos, eles precisam respeitar o *timing* da família e sua necessidade de esperança, e o fato de que a família avança e retrocede em estágios.

> Uma cliente, viúva, mãe de quatro filhos, começou o tratamento quatro anos depois que seu câncer de pulmão foi diagnosticado. Esta mulher vinha às sessões irregularmente – somente quando tinha alguma dificuldade com os filhos. Eu sempre lhe perguntava sobre seus planos para os filhos e para si mesma. Todas as vezes, ela dizia que havia muitos outros problemas para resolver e que ela lidaria com sua morte quando esta fosse iminente. Após dois anos de sessões irregulares, ela anunciou que morreria logo e tinha várias questões a resolver com relação a si mesma e aos filhos. Ela morreu seis meses mais tarde, quando seus planos para os filhos estavam completos. Os filhos, três anos depois, estão se saindo muito bem em termos emocionais.

Este exemplo ilustra a necessidade de equilibrar as questões referentes à morte e aquelas relacionadas à vida, e de compreender que as tarefas têm sua sequência no ciclo de vida. Embora nós fiquemos ansiosos e impacientes para ajudar as famílias que estão enfrentando a morte, precisamos respeitar suas esperanças de continuar vivendo e de lidar com as questões da sua vida.

Permanecendo humano mas não reativo à dor familiar

Para ajudar as famílias a lidarem com a morte e o morrer, o terapeuta deve ser capaz de permanecer calmo e pensar claramente. As famílias, enfrentando uma morte antecipada ou real, não estão apenas lidando com os estresses normais do ciclo de vida, mas também com os estresses adicionais de conviver com a morte. As famílias muitas vezes buscam tratamento quando o estresse está alto e elas não conseguem diminuí-lo. Um terapeuta familiar que é incapaz de permanecer calmo aumenta ainda mais o estresse da família. A autora não quer dizer que o terapeuta não pode sentir emoções, mas apenas que suas ações não devem ser guiadas pelas emoções.

Se a morte for um assunto difícil para o terapeuta, então ele tenderá a ser reativo e a interromper as discussões, conluiando-se com a família para não discutir as questões ou, ao contrário, insistindo para que ela lide com a morte. O terapeuta que começa a comportar-se de uma dessas maneiras deve examinar seus próprios sentimentos e experiências em relação à morte. Ao mesmo tempo, um terapeuta que permanece impassível e despido de qualquer emoção, "profissional", como as famílias chamam, também não é útil para as famílias que estão lidando com a morte e a doença grave. Os membros da família não irão discutir sua dor com alguém que consideram incapaz de senti-la ou não disposto a isso. Eles podem nos ensinar sobre a morte, e crescerão com essa experiência, se o terapeuta permanecer conectado com eles e com seus próprios sentimentos, enquanto os ajuda a serem francos e a lidarem uns com os outros.

Lidando com os sintomas de estresse

Com o nível de estresse tão alto nessas famílias, não é incomum que o terapeuta se depare com numerosos "shows secundários". Shows secundários são como a autora chama os sintomas que se desenvolvem em alguma parte do sistema porque a tensão não está sendo manejada numa outra área. Por exemplo, uma jovem esposa cujo marido tem câncer terminal começa a ter um caso amoroso, ou um filho começa a desenvolver sintomas. Os shows secundários não devem ser ignorados; eles são uma indicação de estresse. Entretanto, o terapeuta familiar deve ter cuidado para não gastar tempo demais com o sintoma. É importante verificar o progresso familiar no manejo do estresse maior nos relacionamentos.

Uma família que a autora estava atendendo há três anos apresentava um novo "sintoma" a cada um ou dois meses. A autora sempre dedicava um breve período de tempo a perguntas sobre o novo sintoma e aos planos para lidar com ele. Depois, verificava como a família estava se saindo no manejo de uma questão prévia. Depois de um curto período de tempo, a família começou a fazer a conexão e a utilizar o sintoma ou disfunção como um sinal de algum estresse que deveria ser manejado mais diretamente.

Reconhecendo e encorajando as famílias a utilizarem seu próprio estilo, costumes e rituais para lidar com a morte

Todas as famílias têm rituais ou costumes pessoais e/ou religiosos para lidar com a morte. Ao fazermos o genetograma familiar, sempre é útil perguntar às famílias sobre como as mortes foram manejadas nas famílias ampliadas. Nós não apenas obtemos uma ideia dos rituais, como também informações sobre como as famílias lidam emocionalmente com a morte, seja através de zangadas brigas em relação a dinheiro, rompimentos ou depressão. Uma outra área que sempre deve ser discutida com as famílias é como o cliente planeja sua morte, funeral e enterro. Isto é, onde o cliente quer morrer, quem deseja que esteja presente, onde quer ser enterrado e como quer o seu funeral. A autora sempre tem interesse em ver esses planos discutidos na família. No processo dessa discussão, o terapeuta pode observar a reatividade da família aos planos e começar a orientá-la. Os terapeutas jamais devem sugerir a maneira "certa" ou a "melhor" maneira, pois a maneira certa ou melhor é aquela que a família quer e aceita. Existem algumas linhas gerais para orientar a família em relação ao ritual do funeral (Bowen, 1976b; Friedman, 1980).

Em primeiro lugar, os rituais são importantes porque assinalam um evento. Em segundo lugar, os rituais devem estar de acordo com as crenças religiosas e filosóficas da família. Em terceiro lugar, eles devem ser tão personalizados quanto possível. Em quarto lugar, os membros da família devem ver a pessoa depois da morte, de modo a tornar a morte mais real. Em quinto lugar, os filhos precisam ser informados sobre a morte e ter a oportunidade de participar do funeral, ver a pessoa morta e dizer adeus. (A maioria das crianças quer ir, quando deixamos para elas decidirem.) Por último, a família deve falar frequentemente sobre a pessoa morta. Quando lhes oferecemos as opções, a maioria das famílias é capaz de seguir inteiramente essa orientação.

Intervenção no luto não resolvido

As famílias geralmente não buscam tratamento por questões relacionadas a uma morte recente ou passada. O tratamento frequentemente é buscado por um problema ou disfunção num membro ou relacionamento daquela família. Embora os sintomas sejam parte da onda de choque emocional que se segue à morte, a família não considera a morte como a questão importante no problema atual e, portanto, não a menciona. A menos que o terapeuta sempre faça um genetograma e uma cronologia dos eventos de vida importantes, ele talvez não desconfie que uma morte tenha ocorrido na família. Se o terapeuta menciona o relacionamento entre o sintoma e a morte, a família negará ou dirá que é coincidência. Forçar a questão apenas provocará maior negação, e possivelmente retraimento na terapia. O terapeuta familiar deve permanecer atento ao problema apresentado pela família, orientando-a nesta área e começando a fazer perguntas sobre os relacionamentos com aquela pessoa que morreu. Frequentemente, depois que o problema inicial foi aliviado até certo ponto, o foco das sessões começa mudar. O objetivo do tratamento passa a ser a resolução do relacionamento passado. Há vários fatores comuns acerca dessas situações que são importantes.

Em primeiro lugar, o membro falecido da família tende a ser ou idealizado ou denegrido, mas não é visto como uma pessoa tanto com fraquezas quanto com forças. Segundo, há algumas questões que não foram resolvidas no relacionamento com aquela pessoa, e esta falta de resolução interfere em outros relacionamentos. Terceiro, os fatos que cercam a morte são muitas vezes confusos, incertos ou irreais. Quarto, o cliente ou nunca fala daquela pessoa ou se centra demasiadamente nela, como se ainda estivesse viva. O seguinte exemplo ilustra como o conhecimento desses fatores pode ser utilizado no tratamento.

> Uma mulher de 42 anos, mãe de dois filhos, de 13 e 16 anos, começou o tratamento por uma depressão que considerava relacionada à súbita morte do marido três anos antes. Depois de muito esforço, ela conseguiu restabelecer o contato com a família e os amigos do marido, enxergá-lo como um ser humano, não como um ídolo, e visitar seu túmulo para dizer adeus. Ela recusou-se a trazer os filhos para uma sessão durante aquela época, e interrompeu o tratamento depois de um ano. Um ano mais tarde, ela interessou-se seriamente por um homem e eles começaram a fazer planos para o casamento. Nesse momento, sua filha, então com 18 anos de idade, começou a discutir muito com a mãe e não queria deixá-la sozinha com o noivo. Mãe e filha procuraram tratamento. Durante a primeira sessão, a filha começou a chorar. Ela expressou seu desejo de que o pai ainda estivesse vivo, e descreveu como o imaginava abraçando-a quando as coisas iam mal na escola ou com o namorado da mãe. Ela disse que, no que lhe dizia respeito, o pai sempre estaria lá quando ela precisasse dele. A autora comentou que enquanto ela não pusesse o pai em seu túmulo, não conseguiria seguir em frente com sua própria vida.
>
> Nós desenvolvemos um plano em que ela deveria fazer contato com os antigos amigos do pai, seus sócios de negócios e família; uma visita ao túmulo do pai, com e sem sua mãe; e conversar com a mãe sobre o que acontecera na noite em que o pai morrera. Também sugerimos que ela procurasse mencionar o pai várias vezes por dia. Ela voltou para duas outras sessões, com duas semanas de intervalo, para contar sobre seu progresso com o plano. Ela não apenas estava satisfeita consigo mesma, mas também com seu novo relacionamento com a mãe e com o padrasto em perspectiva. Ela iniciou a última sessão dizendo: " Deixei meu pai descansar – eu não preciso mais que ele esteja aqui para me salvar".

Este exemplo ilustra várias intervenções úteis para ajudar os membros da família a lidarem com o luto não resolvido. A primeira delas é ajudar a família a obter uma visão clara dos detalhes acerca da morte e urna visão equilibrada da pessoa que morreu. Em geral, para atingir esses objetivos, o terapeuta precisa orientar o indivíduo para que torne reais a "pessoa morta" e a morte ; visitas ao túmulo (Friedman, 1980; Williamson, 1978; Carter, 1978) e a parentes e amigos do falecido ajudam muito nessa tarefa. Também é extremamente importante que o terapeuta familiar dedique tempo para lidar com a intensidade de sentimentos que esta tarefa provoca no indivíduo e respeite o ritmo e *timing* necessários para atingir esses objetivos. Os benefícios de se dar a um pedaço da história seu lugar apropriado e relevante na vida da pessoa são importantes para a capacidade de seguir em frente com a vida.

REFERÊNCIAS

Anderson, R. (1974). Notes of a survivor. In S. Troop & C. Green, (Eds.), *The patient, death and the family*. New York: Scribner's.

Anonymous (1973). A family therapists own family. *The Family* 1:26-32.

Anonymous (1977). Taking a giant step: First moves back into my family In J. E. Loria & L. McClenathan (Eds.), *Georgelown symposia: Collected papers.* Vol. II. Washington, D.C.: Family Center, 1977.

Anonymous (1982). Annual summary of births, deaths, marriages and divorces: U.S. 1982. *Monthly Vital Statistic-s Report.* vol. 31, no. 13. Center for Health Statistics.

Bank, S. R, & Kahn, M. D. (1982). *The sibling bond.* New York: Basic Books.

Bowen, M. (1976a) Theory in the practice of psychotherapy. In P. Guerin (Ed.), *Family therapy: Theory and practice.* New York: Gardner Press.

Bowen, M. (1976b). Family reaction to death. In P. Gueren (Ed.), *Family therapy: Theory and practice.* New York: Gardner Press.

Bowling, A. (1983). The hospitalization of death: Should more people die at home? *Journal of Medical Ethics* 9:158-161.

Carter, E. A. (1978). Trangenerational scripts and nuclear family stress. In R. R. Sager (Ed.), *Georgetown family symposia.* Vol. 3, 1975-76. Washington, D.C.: Georgetown University Press.

Cohen, P., Dizenhuz, l. M., & Winget, C. (1977). Family adaptation to terminal illness and death of a parent. *Social Casework* 58:223-228.

Coleman, S. B., & Stanton, M. D. (1978). The role of death in the addict family. *Journal of Marriage and Family Counseling* 4:79-91.

Cousins, N. (1979). *Anatomy of an illness.* New York: Norton.

Elizur, E. & Kaffman, M. (1983). Factors influencing the severity of childhood bereavement reactionsm. *American Journal of Orthopsychology* V. 53: 668-676.

Evans, N. S. (1976). Mourning as a family secret. *Journal of American Academy of Child Psychiatry* V. 15: 502-509.

Friedman, E. H. (1980). Systems and ceremonies. In E. A. Carter & M. McGoldrick (Eds.), *The family life cycle a framework for family therapy.* Gardner Press.

Hare-Mustin, R. T. (1979). Family therapy following the death of a child. *Journal of Marital and Family Therapy* 5:5.

Herz, F, & Rosen, E. (1982). Jewish-American families. In M. McGoldrick, J. Pierce, and J. Giordano, (Eds.), *Ethnicity and Family Therapy.* New York: Guilford Press.

Holmes T, & Rahe, R. H. (1967). The social adjustment rating scale. *Journal of Psychosomatic Research* 11: 17-21.

Holmes, T., & Masuda, M. (1973). Life change and illness susceptability. In *Separation and depression: Clinical and research aspects.* Washington D.C.: American Association for the Advancement of Science.

Juncker, A. G.. & McCusker, J. (1983) Where do elderly patients prefer to die? *Journal of American Gerontological Society* 31; 457-461.

Kaplan, D. M., Grobskin, R., & Smith, A. (1976). Predicting the impact of severe illness in families. *Health Social Work* 1:71.

Kowalski, K. & Bowes, N. (1976). Parents' response to a stiliborn baby. *Contemporary Ohstetrics and Gynecology* 8:53-57.

Kramer, C., & Kramer, J. (1976). *Basic principles of long term patient care.* Springfield, 111.: Charles C. Thomas.

Kubler-Ross, E. (1969). *On death and dying.* New York: Macmilian.

Kubler-Ross, E. (1976) *Death and dying.* Interview on Public Broadcasting System.

Kuhn, J. (1981). Realignment of emotional forces following loss. *The Family* 5:19-24.

Lauer, M. E., & Camitta, B. M. (1980). Homecare for dying children: A nursing model. *Journal of Perdiatrics* 47: 1032.

Lauer, M. E.. Mulhern, R. K., Wallaskog, J. M., et al. (1983). A comparison study of parental adaptation following a child's death at home or in the hospital. *Pediatrics* 71:107,

Lester, D. & Blustein, J. (1980). Attitudes toward funerals: A variable independent of attitudes towards death. *Psychological Reports* 46(3).

Lieberman. M. D. (1973). New Insights into the crisis of aging, *University of Chicago Magazine* 66:11-14.
Melgis, F. T.. & DeMaso. D. R. Grief resolution therapy: Reliving revising, revisiting. *American Journal of Psychotherapy* 34:51-61.
McCusker, J. (1983). Where cancer patients die: An epidemiologic study. *Public Health Reports.* 98(2): 170-176.
McGoldrick, M. (1982). Normal families: An ethnic perspective. In F. Walsh (Ed.). *Normal family process.* New York: Guilford Press.
McGoldrick, M., & Walsh, F. (1983). A systemic view of family history and loss. In L. R. Wohlberg & M. L. Aronson (Eds.). *Group and family therapy.* New York: Brunner/Mazel.
Monthly vital statistics report (1984). Advance Report of Final Mortality Statistics, 1981, PHS. National Center for Health Statistics. Vol. 33. No. 3. Supplement, June 22.
Mueller, P. & McGoldrick-Orfanidis. M. (1976). A method of co-therapy for schizophrenic families. *Family Process* 15:179-192.
Mor, V., & Hiris, J. (1983). Determinants of site of death among hospice cancer patients. *Journal of Health and Social Behavior* 24: 375-385.
Mulhern, R. K., Lauer, M. E., & Hoffman, R. G. (1983). Death of a child at home or the hospital: Subsequent psychological adjustment of the family. *Pediatrics* 71:743-747.
Osterweiss, M., Solomon, R, & Green, M. (Eds.) (1984). *Bereavement reactions, consequences and care.* Washington, D.C.: National Academy Press.
Payne, J. S., Goff, J. R., & Paulson, M. A. (1980). Psychological adjustment of families following the death of a child. In J. Schulman & M. Kupst (Eds.), *The child with cancer.* Springfield, 111.: Charles C. Thomas.
Paul, N., & Paul, B. B. (1982). Death and changes in sexual behavior. In Walsh, F. (Ed.), *Normal family process.* New York: Guilford Press.
Prouty, E. N. (1983). The impact of race, age and other factors in experience of bereavement. *Dissertation Abstracts International* Vol. 44, No. 5, Sect. b, 1605.
Rosen, H., & Cohen, H. L. (1981). Children's reactions to sibling loss. *Clinical Social Work Journal* 9: 211-219.
Schiff, H. W. (1977). *The bereaved parent.* New York: Crown.
Schneidman, E. S. (1971). You and death. *Psychology Today* 5:44.
Schwartzman, J. (1982). Normality from a cross-cultural position. In P. Walsh (Ed.), *Normal Family Process.* New York: Guilford Press.
Shanfield, S. B., Benjamin, A., & Swain, B. (1984). Parent reactions to the death of an adult child from cancer. *American Journal of Psychiatry.* 141:1092-1094.
Shanfield, S. B., & Swain, B. (1984). Death of adult children in traffic accidents. *Journal of Nervous and Mental Diseases* 172:533-538.
Simonton, C., & Simonton-Matthews, S. (1978). *Getting well again.* Los Angeles: Tarcher.
Solomon, M., & Hersch, L. B. (1979). Death in the family: Implications for family development. *Journal of Marital and Family Therapy* 5:43.
Teitz, W., McSherry, L., & Bratt, B. (1977). Family sequelae after a child's death due to cancer, *American Journal of Psychotherapy* 31:417-425.
Tobin, S. S., & Lieberman, M. A. (1976). *Last home for the aged: Critical implications of institutionalization.* San Francisco: Jossey-Bass.
U.S. vital statistics. (1980-1982). U.S. Department of Health, Education, and Welfare.
Vargas, L. A. (1983). Early bereavement in the four modes of death in whites, blacks, and Hispanics, *Dissertation Abstracts International* Vol. 43, No. 11, Sec. B. 3746.
Waldron, I. Sex differences in human mortality: The role of genetic factors. *Social Science and Medicine* 17(6).
Walsh, F. (1978). Concurrent grandparent death and birth of schizophrenic off spring: An intriguing finding. *Family Process* 17:457-463.
Walsh, F. (1980). In E. Carter & M. McGoldrick (Eds.), *The family life cycle: A framework for family therapy.* New York: Gardner Press.
Williamson, D. S. (1976). New life at the graveyard: A method of therapy for individuation from a dead former parent. *Journal of Marriage and Family Counseling* 4: 93-101.

20
Problemas de alcoolismo e ciclo de vida familiar*

Jo-Ann Kreston, M.A., C.A.C. e Cláudia Bepko, M.S.W.

O alcoolismo é um problema de proporções epidêmicas, que nenhum terapeuta de família consegue evitar tratar. Numa estimativa moderada, 4% da população total ou 8,8 milhões de norte-americanos são alcoolistas (Royce, 1981). Em segmentos específicos da população, esta estimativa sobe para 8% ou 10%. Cada alcoolista afeta diretamente a vida de pelo menos quatro ou cinco outras pessoas. Os bebedores problemáticos estão incluídos em 42% de todas as fatalidades do trânsito e o abuso de álcool está implicado 67% dos casos de abuso da criança/ 40% dos casos de estupro, 51% dos delitos graves e 38% dos suicídios (Royce, 1981). Dada a sombria realidade desta difundida tendência ao abuso do álcool em nossa cultura, é bom que o terapeuta desconfie da existência de um problema com o álcool na família até que a avaliação comprove o contrário.

O alcoolismo representa tipicamente uma sequência progressiva de eventos que podem continuar através de várias fases sucessivas do ciclo de vida. Se a pessoa começa a beber numa fase desenvolvimental inicial, a disfunção pode estar óbvia, ou ela pode permanecer mais insidiosa, e consequentemente não ser identificada. O beber não problemático pode começar cedo no ciclo de vida e tornar-se disfuncional em fases posteriores, podendo resolver-se mais tarde ainda (Vaillant, 1983). A disfunção para o indivíduo e a família ocorre *ao longo do tempo* e seu ritmo é diferente em diferentes indivíduos e família. Frequentemente, o ritmo e a intensidade da disfunção estão relacionados aos estresses do ciclo de vida presentes no início do beber problemático.

Por exemplo, o beber muitas vezes se torna problemático para as mulheres em pontos desenvolvimentais como a menopausa, ou em estágios do ciclo de vida como o início do casamento ou da maternidade, que enfatizam o conceito e ajustamento de papel. Ou os pais podem aumentar significativamente seu consumo de álcool em resposta a estresses impostos pela entrada ou saída da adolescência.

A avaliação do impacto de um problema com o álcool deve levar em conta questões desenvolvimentais. O modelo de ciclo de vida é clinicamente relevante para um entendimento dos problemas com o álcool, porque o estágio desenvolvimental da família e o estágio desenvolvimental do indivíduo se intersecionam para tornar-se um contexto em que um problema com o álcool talvez seja tanto a causa quanto o efeito da disfunção. O alcoolismo tanto interrompe a realização das tarefas desenvolvimentais quanto pode ser uma resposta a estresses impostos pelas fases desenvolvimentais específicas.

ALCOOLISMO E O CICLO DE VIDA: QUESTÕES GERAIS DE TRATAMENTO

A ausência de uma definição de alcoolismo universalmente aceita é um obstáculo na avaliação para a maioria dos terapeutas, e frequentemente resulta num diagnóstico errôneo ou no fracasso em identificar um problema de bebida na família. Um importante texto recente sobre o alcoolismo (Pattison & Kaufman, 1982) dedica seis capítulos às questões de definição e diagnóstico. Em vez de repisar aqui esse ponto, adotaremos, para o propósito deste capítulo, a definição de alcoolismo do *National Council on Alcoholism:* "A pessoa com alcoolismo não consegue predizer consistentemente a duração do episódio ou a quantidade que será consumida" *(National Council on Alcoholism,* 1976). Juntamente com esta incapacidade de predizer consistentemente o comportamento de beber por parte do bebedor, o terapeuta perceberá vários sintomas somáticos, psicológicos e interpessoais na família, que variam de perturbações no funcionamento profissional, conflito e infidelidade conjugal a problemas no funcionamento escolar dos filhos, e podem também incluir depressão, isolamento social, abuso de prescrições ou de outras drogas para combater a ansiedade, ou inúmeros distúrbios físicos em todos os membros da família. Os problemas apresentados raramente são vistos pela família como estando relacionados ao comportamento de beber. Sempre que o incesto ou abuso físico está presente numa família, o alcoolismo deve ser um diagnóstico presumido.

Existe uma considerável controvérsia quanto à classificação do alcoolismo como doença. Nossa premissa operativa é a de o alcoolismo constitui um processo sistêmico que afeta e é afetado pela interação entre o bebedor e o álcool, o bebedor e ele mesmo, e o bebedor e outros. Os efeitos do beber resultam em mudanças adaptativas em todos os níveis sistêmicos, e uma vez que ele é altamente destrutivo em todos esses níveis, assim como uma ameaça potencial à vida, o alcoolismo é muito adequadamente chamado de doença.

Como Vaillant (1983) comenta, "O motivo de utilizarmos o termo *doença é* simplesmente para salientar que uma vez que o indivíduo perdeu a capacidade consistente de controlar o quanto e com que frequência ele vai beber, o uso continuado do álcool pode ser uma causa necessária e suficiente da síndrome que rotulamos de alcoolismo" (página 17). Essa opinião sugere que a atividade de ingerir o álcool adquire um ímpeto autossustentador, autorreflexivo e destrutivo que requer tratamento ou intervenção externa para a sua interrupção.

Outras suposições importantes são as de que, como uma droga psicoativa, o consumo do álcool produz efeitos altamente predizíveis no bebedor (levando-se em consideração diferenças culturais e étnicas), e isso, com o passar do tempo, distorce os padrões de *feedback* interpessoal dentro do sistema familiar. O tratamento de outros problemas da família pode interromper ou diminuir o comportamento de beber em algumas famílias (Bowen, 1978). Nesses casos, o comportamento de beber geralmente é mais situacional do que aditivo, e não seria classificado como um beber alcoolista por quaisquer indicadores diagnósticos padronizados de alcoolismo. Em outras famílias, entretanto, o comportamento de beber se tornou tão aditivo e assumiu uma importância tão central, que passa a ser o fulcro de sequências interacionais. Este tipo de família pode ser chamado de "sistema alcoolista" ou "organizado em torno do" alcoolismo (Steinglass, 1979). Neste tipo de família, a abstinência do álcool é um objetivo necessário, mas não suficiente. A abstinência deve ser mantida para que a interação distorcida e disfuncional da família possa ser tratada, mas a interação disfuncional também precisa ser tratada para que a abstinência possa ser mantida e evitada outra sintomatologia (Meeks & Kelly, 1970).

Avaliar os comportamentos que mantêm o beber é sempre mais importante do que fazer hipóteses sobre as causas do comportamento de beber. É importante compreender a qualidade oscilatória da interação alcoolista entre os estados de embriaguez e sobriedade (Berenson, 1976) e considerar o tratamento como um processo para reequilibrar estes extremos comportamentais.

Generalizar princípios de tratamento do sistema familiar para as famílias alcoolistas não é suficiente. É imperativo um entendimento da dinâmica da adição ao álcool, e o tratamento deve ser realizado com a supervisão de profissionais experientes com relação ao alcoolismo. O tratamento em conjunção com o encaminhamento a programas de Alcoólicos Anônimos (AA) é ótimo, uma vez que apenas a terapia familiar não é suficiente para tratar as complexas questões representadas pela adição ao álcool. No sentido de que a adição representa um processo que ocorre num nível interacional que inclui um nível de *feedback* criado entre o bebedor e o álcool, o tratamento é mais eficiente num contexto que inclui o reconhecimento deste aspecto do problema. Assim, os AA atualmente constituem o contexto mais efetivo existente para tratar a natureza compulsiva, autocorretiva, do comportamento de beber. Com seu foco no apoio dos iguais, mutualidade, pensamento "correto", mudança comportamental e entrega espiritual, os AA modificam a experiência de si mesmo por parte do bebedor, de uma maneira que tipicamente não pode ser conseguida no contexto da terapia.

Em termos dos efeitos do beber nas fases desenvolvimentais, é importante distinguir entre o início precoce (o beber que começa cedo no ciclo de vida) e o início tardio (o beber que começa em estágios posteriores do ciclo de vida), em termos da ruptura imposta às tarefas desenvolvimentais familiares. O beber de início tardio pode ter provocado apenas uma ruptura menor na progressão desenvolvimental da vida familiar, ao passo que o prolongado (de início precoce) normalmente terá prejudicado severamente a capacidade da família de realizar as transições de um estágio para outro.

O lapso de tempo entre o início do beber e o momento em que a família busca tratamento também é significativo. Depois de vários anos de alcoolismo crônico, a disfunção normalmente é muito grave, ao passo que a intervenção e o tratamento logo no início sugerem um grau menos intenso de prejuízo, assim como um melhor prognóstico para o futuro ajustamento familiar.

O alcoolismo difere de outros problemas ou doenças que podem afetar a vida familiar, pois a família, assim como o bebedor, desenvolvem um rígido sistema de negação, numa tentativa de evitar o reconhecimento do problema. Os efeitos do alcoolismo são insidiosos, e tanto distorcem quanto destroem a autoconfiança e a autoestima na família. A negação se torna uma defesa contra o reconhecimento da crescente falta de controle que tipicamente ocorre nos níveis emocional e funcional. A negação pode ser considerada um dos maiores sintomas do alcoolismo, e pode ampliar-se para uma negação tanto do beber problemático quanto do impacto desse beber em outros membros da família (Vaillant, 1983).

Finalmente, é importante conceitualizar o alcoolismo como um distúrbio com um impacto intergeracional. A ocorrência de um problema com o álcool em algum ponto da estrutura trigeracional da família nuclear imediata que se apresenta para tratamento afeta significativamente os padrões comportamentais e emocional da família. É importante que o terapeuta avalie o efeito que o alcoolismo pode ter tido em gerações anteriores na família e reconheça sua relevância para as questões atuais de diferenciação, individuais ou familiares. Não podemos trabalhar com um jovem adulto que apresenta típicos problemas de separação/diferenciação, por exemplo, sem compreender a influência particular que um avô alcoolista possa ter tido nos atuais padrões interacionais da família. Quer a família defina o alcoolismo nas gerações passadas como um problema quer não defina, ele deve ser avaliado como influenciando o atual funcionamento da família.

Wolin e colegas (1980) realizaram recentemente uma pesquisa que avalia o impacto da ruptura dos rituais familiares na transmissão intergeracional do alcoolismo. Sua hipótese é a de que as famílias que protegem seus rituais da influência disruptiva do progenitor que bebe estão menos sujeitas a transmitirem o alcoolismo para a próxima geração. Numa outra pesquisa atualmente em progresso, eles estão examinando o significado da ordem do nascimento e de outros fatores na transmissão intergeracional.

DETERMINAÇÃO DO ESTÁGIO

A determinação do estágio, o processo de avaliar e definir os aspectos de disfunção relacionados à fase e seu tratamento, é crucial no tratamento de qualquer problema, e este processo é particularmente complexo num sistema alcoolista (qualquer família em que o beber problemático ocorreu ou está ocorrendo dentro de três gerações). Esta complexidade relaciona-se ao fato de estarem ocorrendo duas sequências interatuantes de eventos – a progressão do alcoolismo no indivíduo, que influencia e é influenciada pela progressão desenvolvimental da própria família. Vários autores tentaram descrever a história desenvolvimental da família influenciada pelo álcool (Steinglass, 1979), a progressão fisiológica e psicológica do alcoolismo no indivíduo (Jellinek, 1960) e o processo de ajustamento da família ao alcoolismo (Jackson, 1954).

Uma adequada avaliação do estágio de alcoolismo e tratamento devem incluir um claro entendimento dos seguintes pontos:

1. Em que estágio do ciclo de vida está o indivíduo que bebe? Um bebedor adolescente representa uma dinâmica familiar diferente e requer diferentes abordagens de tratamento se comparado a um bebedor idoso, por exemplo.

2. Em que geração da família está o indivíduo que bebe (avô, pai, filho) e em que estágio do ciclo de vida está a família que este bebedor está afetando?

3. Qual é o lapso de tempo entre o início dos primeiros sinais de alcoolismo e a apresentação da família para tratamento? Quantas fases do ciclo de vida ocorreram desde o início do beber e de que maneira elas foram ou não resolvidas?

4. Em que estágio do alcoolismo está o bebedor? Jellinek (1960) identifica três fases de progressão do alcoolismo: as fases prodrômica, intermediária e crônica. Resumidamente, a fase prodrômica é caracterizada pela crescente tolerância ao álcool, preocupação com o beber, utilização do álcool pelo efeito e mudanças na personalidade depois de poucos drinques. O estágio intermediário é caracterizado por *blackouts,* incapacidade consistente de predizer o comportamento de beber, beber sozinho, mudanças de personalidade mais acentuadas, crescente dependência física e psicológica incluindo sintomas iniciais de abstinência, e maior racionalização ou negação do beber. Finalmente, o último estágio é caracterizado por perda do emprego, isolamento social, problemas médicos, deterioração ética e moral, pensamento irracional, extremas flutuações de humor, vago medo, ansiedade, paranóia, tolerância ao álcool diminuída, e frequente ou constante embriaguez. Existem sintomas físicos e será necessário um tratamento médico para lidar com as potenciais complicações da

abstinência? O alcoolista está sóbrio ou ainda bebendo ativamente? (Um sistema em que há um alcoolista sóbrio ainda é um sistema alcoolista.)

5. Em que fase de ajustamento ou resposta adaptativa ao beber está a família? Joan Jackson (1954) sugere a seguinte sequência de reações da família a um problema de bebida. Embora seu modelo esteja baseado numa família em que o marido é o bebedor, as respostas adaptativas delineadas de certa forma podem ser generalizadas para uma família em que algum outro membro bebe.

a. Interação conjugal tensa em resposta ao beber – tendência a minimizar ou evitar problemas não relacionados ao beber.

b. Crescente isolamento social da família – a interação familiar se torna mais reativa, se "organiza" em torno do comportamento de beber. O ajustamento conjugal se deteriora. Conforme a autoestima é minada, intensificam-se as tentativas de controlar o bebedor ou de "manter a família funcionando". Os filhos adotam papéis disfuncionais.

c. O comportamento familiar muda para um extremo oposto, na medida em que as tentativas de controlar o bebedor são abandonadas, e as respostas buscam o alívio da tensão. Os filhos podem apresentar um comportamento de atuação ou perturbado, enquanto o cônjuge experimenta uma grande ansiedade em relação à sua própria capacidade de funcionar adequadamente. O cônjuge se sente "culpado" pelo beber.

d. O cônjuge passa a ser responsável por todas as tarefas funcionais e paternas, e o bebedor não é mais considerado como um membro adulto responsável da família. A família agora tende a proteger e a "sentir pena" do bebedor. O cônjuge se torna mais confiante em sua capacidade de administrar a família e se desenvolve uma nova organização familiar que procura minimizar a influência perturbadora do bebedor. O bebedor e o cônjuge podem ou não separar-se. Quer se separem quer não se separem, quando e se o alcoolista fica sóbrio e tenta restabelecer seu papel na família, esta sente dificuldade em reorganizar-se e aceitar os novos papéis exigidos pela sobriedade.

Estas perguntas fornecem ao terapeuta um meio de avaliar a maneira pela qual a família e o indivíduo se adaptaram e mudaram em resposta ao beber, e o modo como o beber é influenciado por estresses relacionados à mudança desenvolvimental normal na família. Elas definem o estágio específico do comportamento de beber dentro do contexto do desenvolvimento familiar.

O tratamento baseado no entendimento destes fatores pode ocorrer numa das três fases que definimos conforme segue:

• Pré-sobriedade: o bebedor ainda está bebendo ativamente e a família funciona num estado de crise sustentada que se intensifica conforme o beber progride. Os padrões interacionais na família normalmente tornam-se rígidos e extremos. Os membros da família assumem papéis reativos e orientados para a sobrevivência. O isolamento social se intensifica e aumenta a incapacidade de negociar e resolver as transições desenvolvimentais. A característica predominante da família nesta fase é uma complementaridade disfuncional de papéis, em que um ou mais membros funcionam exageradamente ou são exageradamente responsáveis, enquanto o bebedor se torna cada vez mais irresponsável. Os objetivos de tratamento nesta fase incluem a redução do isolamento e das rígidas fronteiras familiares, através do encaminhamento a programas como o dos AA e a outros recursos da comunidade, tratando a rígida complementaridade dos papéis, reduzindo a superresponsabilidade nos membros-chave da família, e motivando o bebedor a parar de beber, preferentemente num programa de reabilitação do alcoolismo ou nos AA. Outros problemas familiares se tornam secundários nesta fase do tratamento e não podem ser tratados efetivamente enquanto o beber continua. Pouco trabalho efetivo sobre os problemas familiares pode ocorrer se a interação continua a ser distorcida pela presença de álcool no sistema, da mesma maneira como os problemas conjugais provavelmente não serão resolvidos enquanto for permitida a continuação de um caso extraconjugal.

• Ajustamento à sobriedade: Uma vez que o alcoolista parou de beber, a família e o bebedor se defrontam com a "crise" da sobriedade. Esta fase pode continuar por seis meses a dois anos depois de ter sido conseguida a sobriedade. Os objetivos gerais de tratamento buscam ajudar a família a estabilizar-se em resposta ao desequilíbrio radical representado pela sobriedade. É importante manter num mínimo a reatividade familiar. As questões primárias a serem tratadas focam a diferenciação e o eu de cada cônjuge, e não a interação conjugal, e a reestruturação de papéis previamente disfuncionais assumidos na paternidade. O ressentimento intensificado por parte do cônjuge e dos filhos, potencial depressão, atuação ou mudança de um comportamento sintomático para um outro membro da família devem ser preditos e explicados. A família deve ser ajudada a compreender as mudanças e a dinâmica que são consequências normais da modificação para a sobriedade.

• Manutenção da sobriedade: Esta fase ocorre após aproximadamente dois anos de sobriedade mantida. Agora, a família geralmente está estabilizada o suficiente para encorajar o reequilíbrio dos extremos interacionais que ocorriam antes da sobriedade. O objetivo fundamental é modificar a dinâmica familiar de uma maneira que impeça uma recaída na bebida ou sintomas em outros membros da família. A família precisa ser ajudada a compreender como o beber funcionava para evitar ou distorcer conflitos interacionais e questões de poder, dependência e conflito de papel sexual na família.

QUESTÕES CARACTERÍSTICAS EM ESTÁGIOS ESPECÍFICOS DO CICLO DE VIDA

Embora um entendimento geral da determinação do estágio e das fases do tratamento proporcione um contexto global para a abordagem da família alcoolista, os alcoolistas e membros relacionados da família apresentam questões particulares em vários pontos do ciclo de vida que devemos ter em mente. Nossa discussão dessas categorias baseia-se no conceito de estágios do ciclo de vida já apresentado em capítulos anteriores, e nossa intenção é esclarecer tarefas desenvolvimentais e objetivos de tratamento específicos conforme eles se relacionam a estágios específicos do ciclo de vida.

O ADULTO JOVEM SOLTEIRO

A maior tarefa nesta fase do ciclo de vida é diferenciar-se da própria família de origem. O grau em que esta tarefa é completada influenciará profundamente as escolhas de vida subsequentes.

A presença de alcoolismo na família – em qualquer geração – complica a tarefa de diferenciação para todos os membros da família. As fronteiras familiares geralmente são rígidas ou difusas demais, os papéis estão frequentemente trocados ou de alguma maneira inadequados, e triângulos disfuncionais são ativados e modificados dependendo de o sistema estar numa fase seca ou numa fase alcoolizada (Berenson, 1976). Se o alcoolismo está avançado e a família está num estágio avançado de reorganização em torno do álcool, prevalecem o rompimento e isolamento em relação à família ampliada e à comunidade. O alcoolismo é frequentemente um segredo, como são a violência, o incesto e outras complicações potenciais do alcoolismo.

É neste ambiente familiar disfuncional que o jovem adulto passou seus anos formativos e é deste sistema familiar disfuncional que ele ou ela deve diferenciar-se. O problema é que, no melhor dos casos, ele ou ela desenvolveu a capacidade para sobreviver dentro do sistema familiar sem ter desenvolvido a capacidade para separar-se dele.

Quando é encontrado o alcoolismo na família de origem do jovem adulto, tende a predominar uma de três soluções potenciais para os problemas de diferenciação. O indivíduo pode tornar-se alcoolista e portanto um adito também, assumindo uma posição pseudodiferenciada; ele ou ela pode perpetuar um papel familiar de funcionamento super-responsável e casar com um alcoolista; ou pode simplesmente romper emocionalmente com a família.

Os efeitos de crescer num sistema alcoolista influenciam as adaptações e capacidade do jovem adulto de lidar com as situações por todo o ciclo de vida, e obviamente não se limitam aos anos iniciais da idade adulta. O tratamento durante esta fase particular de vida, entretanto, pode ajudar significativamente a restaurar a capacidade do indivíduo de negociar adequadamente os estágios desenvolvimentais que vem a seguir.

Quando o jovem adulto em tratamento está abusando de álcool ou drogas, é importante sugerir um período de abstinência, mesmo que não esteja claro que o problema de álcool ou droga tenha progredido para uma verdadeira adição.

Uma vez que o alcoolismo distorce tanto o pensamento quanto o afeto, e o beber alcoolista frequentemente sustenta uma posição pseudoindependente ou uma imagem do eu, o beber não pode deixar de complicar o processo de diferenciação. A realização das tarefas desta idade – escolha ocupacional, escolha do futuro parceiro e solidificação de um senso de identidade – requer capacidades que o abuso do álcool torna inalcançáveis ou não aproveitáveis.

Uma vez obtida a abstinência do álcool, o trabalho sobre as questões de diferenciação pode prosseguir como em outras situações clínicas, com a orientação da família de origem (Carter & Orfanidis, 1976) como um foco primário do tratamento. Vários autores (Woititz, 1983; Black, 1982) comentaram a característica "perda da infância" que domina o desenvolvimento da personalidade da criança que cresce num sistema alcoolista. Quando adulto, este indivíduo pode experienciar isolamento emocional, medo da intimidade e uma tendência a reagir passivamente em vez de agir em seu próprio interesse.

Consequentemente, tanto o jovem adulto que abusa do álcool quanto sua parceira que não bebe frequentemente funcionaram exageradamente ou insuficientemente em sua família de origem, e, a menos que sejam rompidos, estes padrões de super ou sub-responsabilidade podem perpetuar-se na nova família e preparar o cenário para o alcoolismo nas futuras gerações. Essa reciprocidade de papéis, de responsabilidade exagerada ou insuficiente, constitui uma dinâmica-chave nos sistemas alcoolistas, e parte do tratamento para o jovem adulto, em qualquer uma das categorias, é restaurar um comportamento mais autofocado, autorresponsável.

É importante estar consciente de que os adultos que cresceram numa família alcoolista se tornam alcoolistas, casam com alcoolistas e produzem o alcoolismo num índice alarmante, e também que eles frequentemente foram vítimas de incesto ou abuso físico (Black, 1982; Herman, 1981; Kempe & Helfer, 1972). Em nossa experiência clínica, eles apresentam maior probabilidade de desenvolver distúrbios de alimentação, fobias, problemas depressivos e adições a outras drogas.

Tendo experienciado intensa disfunção em suas famílias e um senso distorcido de eu como resultado, a maioria dos filhos adultos de alcoolistas está completamente inconsciente de que o alcoolismo tem uma influência significativa em sua vida. A negação, um intenso orgulho ou defensividade tendem a bloquear o reconhecimento da influência do beber paterno. As mesmas defesas que permitiram a sobrevivência do filho adulto eventualmente bloqueiam a execução das tarefas adultas relacionais.

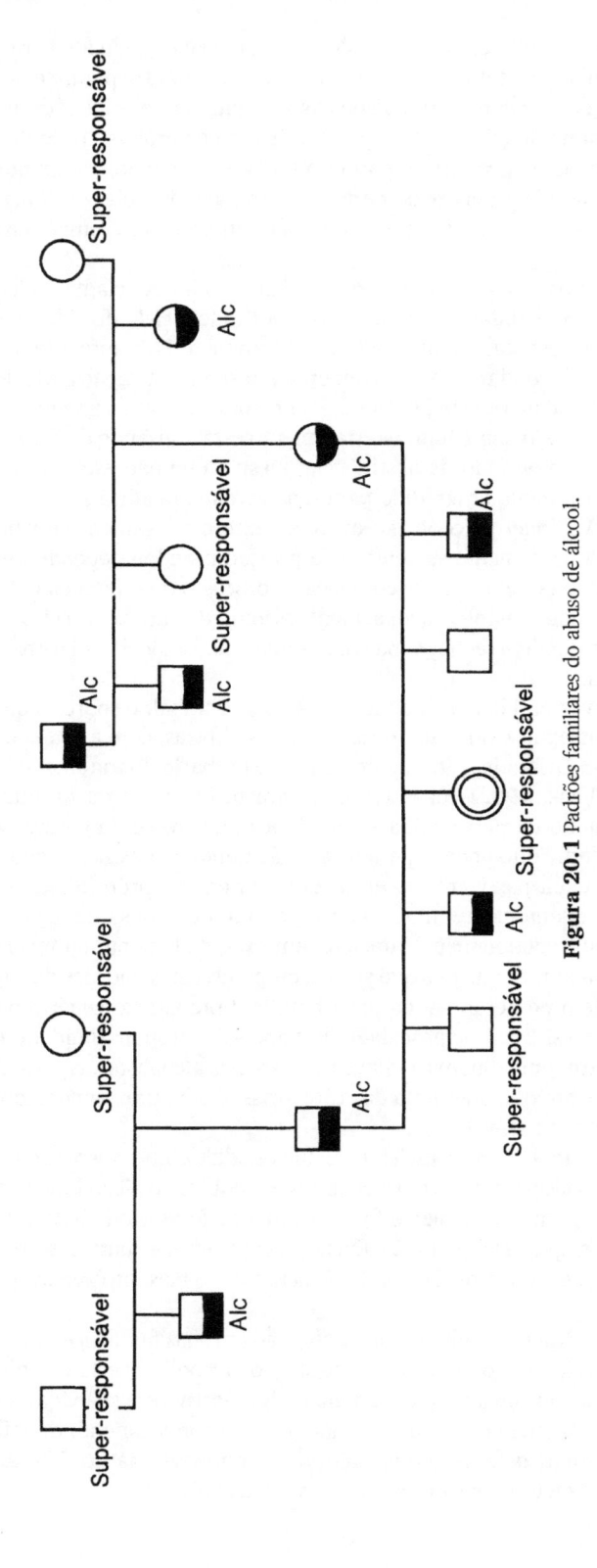

Figura 20.1 Padrões familiares do abuso de álcool.

Uma mulher fóbica de 26 anos, em tratamento, descreveu a profunda distorção de papéis e a realidade característica da maioria dos lares alcoolistas. Quando ela estava com dez anos de idade, sua mãe fez com que ela e seus irmãos ficassem em fila contra uma parede, para questioná-los sobre um vaso quebrado. Conforme cada criança respondia, a mãe embriagada batia em seu rosto. Depois, na mesma tarde, as crianças brincaram no pátio como se nada tivesse acontecido. Ninguém falou sobre o incidente.

Presentemente, um irmão alcoolista caiu e machucou-se seriamente. Os pais ficaram em torno, sem ajudar, enquanto a cliente levava o irmão para o hospital. No dia seguinte, os pais ignoraram o diagnóstico do médico de que seu filho tinha um problema com o álcool, e sentaram-se para tomar seus drinques antes da janta como costumavam fazer. Parte da questão no tratamento da cliente, além de lidar com os problemas do papel paterno super-responsável assumido por ela na família, é sua incapacidade de aceitar que seus pais são alcoolistas. Enquanto ela não aceitar isso, continuará a ter uma visão distorcida, disfuncional, de si mesma e de seu papel e respostas dentro da família.

O genetograma da filha ilustra alguns dos padrões intergeracionais potenciais que podem ocorrer nos sistemas alcoolistas.

Os pais do pai não bebiam, ao passo que o pai e um irmão se tornaram alcoolistas. O pai da mãe era alcoolista. Na família do pai, o funcionamento e rigidez exagerados no nível paterno resultaram no funcionamento insuficiente dos filhos homens. Na família da mãe, uma das filhas funcionava exageradamente e suas duas irmãs se tornaram alcoolistas. No caso da própria filha e seus irmãos, ocorria uma sequência alternada de papéis de super e sub-responsabilidade.

Em geral, nas famílias em que um ou ambos os pais são alcoolistas, é típico os filhos mais velhos, especialmente as filhas mais velhas, assumirem o papel de funcionar exageradamente. Na família do pai neste caso, a complementaridade do superfuncionamento dos pais *versus* o funcionamento insuficiente dos filhos era extrema – nenhum dos filhos assumiu um papel superresponsável. Na família da mãe, entretanto, observem que o filho mais velho tornou-se alcoolista e a filha mais velha tornou-se aquela que funcionava exageradamente. Sua irmã, a mãe da paciente, respondeu com um funcionamento insuficiente e também tornou-se alcoolista. Na terceira geração, o filho mais velho (o irmão mais velho da paciente) assumiu um papel super-responsável, e, como a filha mais velha, a paciente passou a assumir este papel na medida em que ele se envolvia menos com a família. Em geral, o gênero e a ordem do nascimento afetam os padrões de super e sub-responsabilidade – as mulheres, principalmente, se tornam as cuidadoras emocionais super-responsáveis nas famílias, a menos que o primogênito seja homem ou o *timing do* alcoolismo e a triangulação em torno dele tenha seu principal impacto, em termos desenvolvimentais, num filho homem nascido num momento posterior na história da família. Tanto os homens quanto as mulheres podem responder às pressões da super-responsabilidade. Poderíamos generalizar que aquela pessoa com um papel predominantemente sub-responsável provavelmente começará a beber em fases iniciais do ciclo de vida, como na adolescência, ao passo que aquela que assumiu um papel super-responsável começa a beber mais tarde na vida, tipicamente, em resposta às responsabilidades e pressões impostas pelas exigências adicionais dos estresses desenvolvimentais de sua vida adulta.

O tratamento dos adultos jovens nos sistemas familiares alcoolistas pode ser conceitualizado como tendo duas fases. Na primeira, é crucial encorajar aquilo que podemos considerar como um processo linear não sistêmico, em que o paciente é ajudado a experienciar e expressar a profunda raiva e desespero, que são uma parte inevitável do crescer num lar alcoolista. A experiência afetiva deve ser manejada no tratamento, pois uma abordagem puramente cognitiva perpetua o processo de amortecer ou ignorar sentimentos, característico do sistema alcoolista. O filho adulto deve passar, emocionalmente, de um processo de entristecer-se para uma aceitação do grau particular de limitação paterna imposto pelo alcoolismo.

Na segunda fase, a responsabilidade por si mesmo deve ser encorajada através de uma abordagem mais sistêmica, incluindo orientação sobre os novos comportamentos de papel e o encorajamento de uma compreensão mais cognitiva dos papéis e da dinâmica familiar. O adulto jovem precisa aprender novas formas de atingir a intimidade, desenvolver uma apreciação mais realista das forças e limitações em sua personalidade, e atingir um equilíbrio mais funcional em relação à tendência de ser ou super ou sub-responsável.

O NOVO CASAL

Conforme McGoldrick sugere no Capítulo 5 da primeira edição, as maiores armadilhas para os casais nesta fase do ciclo de vida são a expectativa da Utopia, os problemas de fronteiras com a família ampliada e a tendência a "triangular" para estabilizar o relacionamento conjugal através de um superfoco numa terceira pessoa ou questão, incluindo o álcool.

O uso do álcool é um frequente regulador das questões de proximidade e distância no casal. O alcoolismo interfere com a formação de fronteiras adequadas tanto entre os parceiros quanto entre o casal e outras partes do sistema. O alcoolismo também distorce a formação de papéis e regras adequadas dentro do casamento. Consequentemente, o abuso do álcool interfere poderosamente nas tarefas desta fase do ciclo de vida e as sequências interacionais que se formam em torno do uso do álcool preparam o cenário para a incapacidade de resolver questões subsequentes de diferenças, poder e intimidade.

Quando os casais procuram aconselhamento conjugal durante os primeiros anos de seu casamento, a bebida é frequentemente mencionada como um problema e como a causa do conflito, mas o alcoolismo e as implicações de um diagnóstico de alcoolismo são em geral negadas rigidamente. Se o alcoolismo é clara e rapidamente aceito como um fator significativo de disfunção conjugal, o prognóstico para a resolução é bom, seja através da conquista da sobriedade ou do divórcio. Entretanto, é muito mais comum que a intensa negação continue a bloquear o progresso terapêutico. Os relacionamentos conjugais afetados pelo alcoolismo podem ser caracterizados por um intenso conflito simétrico, competitividade, um alto grau de dependência clara ou encoberta por parte de ambos os cônjuges e extremo desequilíbrio na complementaridade de papéis, com um dos cônjuges superfuncionando pelo outro, que funciona insuficientemente. Um problema comum apresentado pelos casais que buscam tratamento é a infidelidade conjugal. Mesmo quando o problema de bebida é identificado como uma fonte de preocupação, é comum que o caso amoroso seja percebido como mais problemático e perturbador. É importante observar que nos casamentos em que um ou ambos os parceiros são filhos de um progenitor alcoolista, pode ocorrer uma dinâmica semelhante no casamento, mesmo não estando presente o beber alcoolista.

O álcool frequentemente funciona no casamento para regular ou suprimir conflitos relacionados ao comportamento de papel sexual. Expectativas quanto a si mesmo e ao parceiro de expressões adequadas da "condição de homem" e da "condição de mulher" são aumentadas pela necessidade de desenvolver regras referentes ao funcionamento de papel no início do casamento.

Embora pareça haver uma tendência na sociedade atual à aceitação de um comportamento mais andrógino e menos tradicional de papel sexual, com os homens assumindo funções de cuidadores dos filhos e mais mulheres entrando na força de trabalho (Romer,

1981; Travis, 1977), as visões mais tradicionais de funcionamento de papel sexual continuam a ser fortemente reforçadas por muitas famílias. Casais que parecem ter adotado expectativas de funcionamento de papel sexual menos tradicionais revertem para definições de papel masculino e feminino mais estereotipadas depois do nascimento do primeiro filho (Romer, 1981).

A relevância das noções de um indivíduo sobre um apropriado comportamento de papel sexual para uma discussão do alcoolismo e do ciclo de vida familiar é que o uso do álcool pode funcionar para permitir que o indivíduo suprima ou expresse impulsos que contradizem uma noção prevalente sobre o que constitui um comportamento adequado para o homem e para a mulher. Por exemplo, se uma mulher aprendeu que a expressão da raiva ou tentativas diretas de afirmar poder são pouco femininas, o álcool pode funcionar para permitir esses impulsos sem que ela se sinta diminuída. Para um homem, a bebida pode permitir uma dependência ou emocionalidade que seriam inaceitáveis em termos das noções estereotipadas de comportamento masculino se atuadas em estado sóbrio.

Nesse sentido, o abuso do álcool representa uma crítica às limitações impostas pelo contexto social mais amplo, e também distorce seriamente o processo de diferenciação, em termos da capacidade de desenvolver um claro senso das próprias preferências comportamentais e identidade de papel sexual. Nenhum dos parceiros agindo de acordo com essas suposições limitadoras de papel sexual tradicional está livre para expressar aspectos mais "masculinos" ou mais "femininos" de sua personalidade. Um casamento em que existe este tipo de confusão é predizivelmente conflituado, e é comum que o casal não consiga desenvolver uma estrutura funcional para lidar com as demandas e limitações da vida familiar, uma vez que a comunicação clara ou a consciência das reais necessidades e sentimentos está distorcida.

O tratamento do casal com um problema de álcool é complexo e é influenciado significativamente pela negação do cônjuge e seu crescente sentimento de inadequação. Os passos primários no tratamento são: conseguir que o bebedor pare de beber, ajudar o cônjuge a "chegar ao fundo" (isto é, experienciar seu próprio desespero por ser impotente para afetar ou mudar o comportamento do bebedor apesar do extremo superfuncionamento), orientar o cônjuge para que deixe de superfuncionar pelo bebedor, e eventualmente, uma vez que a sobriedade tenha sido atingida, ajudar o casal a adquirir novas capacidades que permitam a intimidade, a clara definição de papéis e uma melhor condição para a resolução do conflito.

A FAMÍLIA COM FILHOS PEQUENOS

O beber problemático também existe nas crianças pequenas, embora este grupo de idade receba pouca atenção na literatura. Um estudo descobriu que 3% das crianças de segundo ano e 8% de terceiro ano haviam ficado embriagadas pelo menos uma vez, e algumas haviam experienciado ressacas (Rice, 1982).

Todavia, quando a família com filhos pequenos se apresenta para tratamento, é mais comum que o problema apresentado reflita o alcoolismo paterno. Foi estimado que 15 milhões de crianças em idade escolar (Booz-Allen & Hamilton, 1974) são afetadas pelo alcoolismo paterno e uma alta porcentagem de problemas escolares talvez tenha o alcoolismo como um fator determinante. O papel do alcoolismo materno na etiologia de deficiências intelectuais, físicas e acadêmicas em crianças tornou-se proeminente como uma questão a ser pesquisada (*Seattle Research*, 1969-1972). Os componentes da síndrome alcoólica fetal incluem deficiência mental, deficiência de crescimento e morfogênese alterada. A síndrome é facilmente reconhecível no nascimento (Streissguth, 1976). As famílias alcoolistas com filhos pequenos são frequentemente encaminhadas por outras agências em virtude de problemas escolares, dificuldades de aprendizagem, delinquência, negligência ou abuso, ou buscam tratamento com um foco na disfunção conjugal ou nas dificuldades relacionadas ao comportamento da criança. Em qualquer caso, a presença de alcoolismo paterno sempre deve ser avaliada.

Um dos efeitos mais trágicos do alcoolismo paterno nas crianças pequenas é que ele rouba a sua infância (Black, 1982). Uma das funções da vida familiar é a de garantir a segurança emocional e física da criança e um ambiente em que as tarefas desenvolvimentais normais possam ser completadas. O alcoolismo, seja num irmão ou num dos pais, distorce os processos e os papéis familiares normais (Wegscheider, 1981; Black, 1982), frequentemente levando os filhos a papéis paternos, e cria um clima em que prevalecem raiva, desconfiança, culpa e tristeza. Wegscheider (1981) identifica quatro papéis que os filhos assumem – herói, bode expiatório, criança perdida ou mascote. Black (1982) inclui ainda três categorias: de "responsável", "ajustador" e "conciliador". Cada papel geralmente identifica um padrão de comportamento de super ou sub-responsabilidade que representa a tentativa da criança de lidar com a desorganização e inconsistência emocional do ambiente familiar. As necessidades normais de dependência dos filhos não são satisfeitas, e a criança pode experienciar um sentimento crônico de tristeza e perda, que se manifesta na depressão e num senso de ser "diferente" ou isolado dos outros.

O abuso sexual, o espancamento e a negligência podem ser as experiências comuns da criança no lar alcoolista. Black (1982) afirma que mais de 50% das vítimas de incesto comprovado viviam em lares alcoolistas, e em vários estudos (Korcok, 1979; Behling, 1979; *New York Times*, 1974) 69% de casos relatados de espancamento e negligência estavam relacionados ao abuso do álcool. A família alcoolista tende a centrar-se no álcool e não na criança. Embora os filhos dessas famílias possam responder com comportamento delinquente ou de atuação, o mais frequente é se tornarem submissos, quietos e retraídos, o que dificulta o reconhecimento por parte das autoridades escolares e outros profissionais.

Apesar da percepção de que o dano aos filhos pequenos é mais intenso se o bebedor é a mãe, esta percepção muitas vezes reflete um preconceito social que considera o alcoolismo um desvio maior nas mulheres do que nos homens. Os efeitos da bebida e os comportamentos adaptativos desenvolvidos pelo cônjuge em resposta ao alcoolismo tendem a criar padrões interacionais prejudiciais que podem ser igualmente intensos, quer o bebedor seja a mãe quer seja o pai. Estudos atuais ainda não diferenciam adequadamente os efeitos do alcoolismo paterno e materno (Williams & Klerman, 1984) e um estudo (McLachlan e colaboradores, 1973) indicou que os filhos eram afetados mais negativamente pela presença de um pai bebendo ativamente do que por uma mãe recuperada ou não recuperada.

O nascimento do primeiro filho é comumente um evento de ciclo de vida estressante, que pode preparar o cenário para o alcoolismo. Os pais frequentemente se sentem presos numa armadilha e mal equipados para lidar com as responsabilidades da criação dos filhos. Como foi observado previamente, o nascimento de uma criança pode despertar conflitos de papel sexual que eram mais facilmente resolvidos quando a paternidade não fazia parte do casamento. A distância tende a aumentar entre os parceiros quando uma criança exige atenção e a bebida geralmente representa a tentativa de um dos parceiros de lidar com o maior sentimento de isolamento e o menor sentimento de adequação relacionado à paternidade.

Quando estamos tratando uma família em que os filhos pequenos são afetados pelo alcoolismo, os objetivos primários devem incluir o seguinte:

Antes da sobriedade

1. Validar os sentimentos de raiva, medo e perda da criança – tratar o medo da criança de ser a responsável pelo problema – instruir a criança a respeito do alcoolismo.
2. Encorajar o progenitor que bebe a assumir mais a responsabilidade paterna, mas investigar cuidadosamente o comportamento para assegurar que a criança não está sendo tratada de modo punitivo ou abusivo. Em alguns casos, dependendo da severidade do alcoolismo, o progenitor pode retomar ou assumir algum papel efetivo com a criança. Se ele/ela fracassa, o terapeuta pode utilizar este fato como uma maneira de evidenciar que a bebida está afetando a sua capacidade de cuidar adequadamente do filho e que há motivos fortes para a necessidade de abstinência.

Depois da sobriedade

1. Ensinar habilidades paternas e ajudar os pais a repararem o dano provocado pela ausência de cuidados antes da sobriedade.
2. Ajudar a família como um todo a ajustar-se às perdas e ganhos de papel que são observados com a sobriedade. Por exemplo, se uma criança estava funcionando como um cônjuge e progenitor substituto, a criança perderá esse lugar quando o progenitor reassumir seu papel adequado. Neste exemplo, a criança perde tanto o relacionamento especial com o progenitor que não bebe quanto o status adulto que tinha. A depressão ou o comportamento de atuação pode ser um resultado.
3. Continuar a validar a raiva e mágoa da criança, mesmo que sejam negadas. Ajudar a família a atingir a capacidade de ser mais responsiva em termos emocionais, sem recorrer a regras disfuncionais e rígidas ditadas por necessidades percebidas de poder e controle.

A FAMÍLIA COM ADOLESCENTES

É comum que uma disfunção inerente à estrutura familiar só emerja quando os filhos atingem a adolescência. Muitas vezes, regras inadequadas, violações de fronteiras, triangulamentos e conflitos entre os cônjuges são sustentados e a família é capaz de funcionar com um tênue equilíbrio até surgirem os problemas e desafios da adolescência às regras hierárquicas da família.

Nesta fase, o alcoolismo ou o abuso do álcool podem apresentar-se como um problema no adolescente ou na geração paterna. Geralmente os dois estão correlacionados. Um estudo de Jessor e Jessor (1975) descobriu que o uso do álcool por parte dos pais aumenta as chances de uso pelos filhos (de ambos os sexos), e que os pais têm uma maior influência sobre os hábitos de beber das filhas do que dos filhos. Evidências clínicas sugerem que o beber em uma filha adolescente, talvez relacionado à promiscuidade sexual e gravidez não planejada, frequentemente tem efeitos mais perturbadores na família do que o comportamento de beber num filho homem, e é um desencadeante mais frequente da decisão familiar de buscar terapia (Williams & Kleman, 1984). O sexo do progenitor que bebe, no estudo citado anteriormente (McLachlan e colaboradores, 1973) parece ter um efeito maior na qualidade do relacionamento progenitor-criança do que nas cataterísticas gerais de personalidade ou no comportamento de beber do adolescente de ambos os sexos. Em geral, neste estudo, os adolescentes eram menos afetados pelo beber materno do que pelo paterno. Miller e Lang (1977) descobriram, entretanto, que, quando adultos, os filhos homens eram bebedores mais pesados do que as filhas mulheres, independentemente do sexo do progenitor que bebia, mas que as filhas tendiam a beber mais pesadamente se a mãe havia sido alcoolista.

A natureza intensamente exigente do comportamento adolescente e a emergência da condição de ser separado e diferente da família, tudo isso ameaça seriamente o senso de adequação dos pais, e pode reacender conflitos de identidade não resolvidos na sua própria adolescência. As questões referentes às respostas à autoridade, autonomia e sexualidade certamente começam a dominar a vida familiar durante esta fase. Este período, com sua concomitante antecipação de separação e mudança na família, é, em termos clínicos, a fase em que mais frequentemente o beber paterno é relatado como tendo-se tornado problemático (Rouse, 1981). O beber adolescente durante este período muitas vezes representa o intenso conflito do/a filho/a em relação à separação, sexualidade e adequação de papel sexual (Wilsnack, 1977).

Os jovens estão bebendo cada vez mais (Blane & Hewitt, 1977). Alguns estudos indicam que os índices de consumo per capita estão aumentando mais rapidamente do que os índices de uso nos adultos (U.S. *Dept. Health, Education & Welfare,* 1974). As influências paternas no beber do adolescente são complexas e em vários níveis (Zucker, 1976). O ambiente sociocultural com certeza é altamente significativo como um determinante do abuso de álcool por parte do adolescente (O'Leary e colaboradores, 1976; Kamback e colaboradores, 1977; Schuster, 1976).

O abuso de álcool na adolescência também está altamente correlacionado ao abuso de outras drogas (Royce, 1981) e é menos provável que represente uma adição fisiológica. Esta última observação nos faz perguntar se a abstinência é um objetivo de tratamento necessário para todos os abusadores adolescentes (Coyle & Fisher, 1977). Em vista da prevalência do comportamento de beber pesadamente na adolescência, o diagnóstico diferencial é muito mais difícil do que em outros grupos de idade.

Se o adolescente que abusa do álcool se apresenta como um problema e o abuso do álcool for excluído nos pais, é altamente provável que havia alcoolismo na família de origem de um dos pais. Entretanto, frequentemente os pais são bebedores ativos ou em recuperação.

A maior escolha a ser feita com relação à direção do tratamento do abusador adolescente é entre orientar os pais a recuar totalmente e deixar a inteira responsabilidade pelas consequências do abuso químico com o adolescente, uma vez que ele tenha sido instruído, versus orientar os pais a assumirem a inteira responsabilidade pelo abuso do adolescente (Haley, 1980; Stanton e colaboradores, 1982), incluindo obrigá-lo ao tratamento.

Por exemplo, em um caso, Mary, uma mãe solteira, tinha quatro filhos adolescentes, todos envolvidos com álcool e drogas. A filha em questão, Joan, tentara sem sucesso vários programas de tratamento e fora hospitalizada muitas vezes por intoxicação e superdose de drogas. A resposta de Mary, todas as vezes, era ficar altamente ansiosa, superenvolvida e, consequentemente, impedir que a filha alguma vez experienciasse as consequências da sua bebida. Ela constantemente pagava a fiança da filha, dando-lhe dinheiro, levando-a de volta e, em geral, aceitando a responsabilidade por todo o seu comportamento irresponsável. Mary foi orientada, lenta e firmemente, a recuar até o ponto em que ela nem sequer se envolveu no arranjo para a última admissão de Joan a um programa de tratamento.

Joan conseguiu ficar sóbria por seis meses, mas durante uma recaída, um dia, vomitou, aspirou e morreu. Embora o resultado deste caso particular tenha sido supremamente negativo, o período de seis meses de sobriedade foi o mais prolongado que Joan experienciou desde o início do beber. Parece evidente que, nesta situação, a saída de Mary de sua posição super-responsável representou uma mudança que estabeleceu uma ótima probabilidade de modificação no sistema, dada a história de fracassos relacionada ao seu superfuncionamento anterior. A idade de Joan (19 anos), o *status de* Mary como mãe solteira sem nenhum envolvimento com o pai biológico dos filhos ou com um substituto paterno para apoiá-la, e a história de repetidas hospitalizações, todos eram fatores que indicavam uma abordagem de recuo.

Em um outro caso, os pais de Susan, uma adolescente de 15 anos de idade, foram orientados para arranjar a admissão num programa de tratamento, depois de uma sessão em que ambos concordaram que Susan deveria internar-se para tratar seu alcoolismo e eles, não ela, iriam decidir onde ela seria internada. As malas de Susan foram feitas e ela foi levada da sessão de terapia diretamente para o programa. Ela está sóbria há dois anos.

Não existe nenhuma regra rígida, além do julgamento clínico, para determinar o curso a seguir. A idade do adolescente e a história de tentativas anteriores de tratamento são fatores importantes. Em certos casos menos extremos, em que o abuso do álcool ou drogas está em estágios iniciais, é útil orientar os pais para serem mais firmes como pais e estabelecerem limites baseados em expectativas adequadas à idade do adolescente, ao mesmo tempo em que recuam em termos de seu superfoco e super-responsabilidade, deixando para o adolescente as decisões que ele é capaz de tomar. Uma mãe, por exemplo, havia estabelecido limites extremamente rígidos para seu filho adolescente, e aos 17 anos de idade ele não tinha permissão para tomar decisões quanto à hora de voltar para casa, e ela guardava as economias dele para ajudá-lo a controlar a maneira como ele gastava seu dinheiro. Ela foi orientada para ajudá-lo a ser mais responsável por si mesmo, decidir a hora de voltar para casa, escolher como gastaria seu dinheiro e que desempenho teria na escola, ao mesmo tempo em que ela deixou claro quais seriam as consequências de novos abusos de drogas ou álcool. Eventualmente, na medida em que a comunicação entre eles e seu senso de independência melhorou, o abuso de substâncias regrediu.

Como um princípio de ação geral, é importante lembrar que a extrema super-responsabilidade no progenitor resultará tipicamente na extrema sub-responsabilidade, incluindo o abuso de álcool ou drogas, no adolescente. A fina linha da adequada responsabilidade pelos sentimentos e comportamento dos filhos geralmente é muito difícil de definir. É crucial que o terapeuta esteja à vontade com a abordagem escolhida, seja claro e consistente nessa abordagem, e se disponha a enfrentar as crises que inevitavelmente surgirão no curso do tratamento.

Um dos maiores determinantes desta escolha, finalmente, refere-se à existência atual ou passada de alcoolismo paterno. Se o progenitor está bebendo ativamente, o alcoolismo paterno deve ser tratado, juntamente com o alcoolismo do adolescente. Se o progenitor é um alcoolista em recuperação (sóbrio) ou ativo, é provável que qualquer limite estabelecido para o adolescente seja ineficaz sem os cuidados paternos reparadores mencionados anteriormente, e se não permitirmos que o adolescente expresse para os pais sua raiva pelo alcoolismo paterno.

Muitos problemas da adolescência, incluindo anorexia, bulimia, distúrbios escolares e gravidez não planejada, mascaram o alcoolismo paterno. Embora o problema apresentado precise ser tratado e às vezes possa ser tratado sem que se trate o alcoolismo paterno, o problema do adolescente não deve ser tratado sem que se reconheça o alcoolismo do sistema. Isso significa que mesmo que o alcoolista não reconheça o problema ou atinja a sobriedade, o manejo do alcoolismo com o cônjuge e outras pessoas significativas, e o reconhecimento do sofrimento que o alcoolismo paterno provoca no adolescente sempre devem ser parte do plano de tratamento. É importante confrontar o cônjuge com seu papel na manutenção do alcoolismo do parceiro. A modificação nos papéis, necessária nos membros da família depois que o alcoolista atinge a sobriedade, pode ser particularmente problemática para o adolescente.

Debbie, uma atraente filha do meio de 17 anos de idade, com notas médias na escola e bastante popular com seus iguais, veio à terapia em virtude de um relacionamento altamente conflituado com sua mãe, Roberta, que entrara nos AA e parara de beber quando Debbie estava com 12 anos. Antes disso, Debbie desenvolvera uma boa capacidade de autonomia, e jamais exigira muita atenção de Roberta ou do segundo marido desta, Hank, também um alcoolista. O lar era caracterizado pela ausência da paternidade, e não por real negligência ou abuso. Quando Roberta e Hank pararam de beber, ficaram extremamemente interessados em serem bons pais. Roberta, de modo inconsistente, tentava estabelecer limites firmes com Debbie. O estabelecimento dos limites, entretanto, coincidiu com a entrada de Debbie na adolescência, uma época em que ela deveria ter tido mais autonomia, e não menos. Uma vez que ela tivera uma autonomia maior do que o comum antes da sobriedade de Roberta, e uma vez que ela não tivera cuidados adequados e ainda desejava que a mãe os prestasse, o dilema adolescente de querer ser um bebê e um adulto ao mesmo tempo foi intensamente exacerbado pela mudança nas normas familiares após a sobriedade.

LANÇANDO OS FILHOS E SEGUINDO EM FRENTE

Esta fase ocorre de modo típico quando os pais estão entre os quarenta e poucos anos e os sessenta e poucos, e é comumente chamada de fase do "ninho vazio". É um estágio que começa com a saída dos filhos de casa e termina com o casal vivendo sozinho numa pré-aposentadoria. Grandes mudanças são observadas na família nesta época, com alguns membros saindo (casamento, faculdade, morte) e novos membros entrando (parentes por afinidade, filhos).

O impacto do alcoolismo é significativo neste período porque o casal, estabelecendo-se novamente como uma díade conjugal, é forçado a enfrentar questões que talvez não tenham sido resolvidas anteriormente no casamento. O beber alcoolista pode representar uma tentativa de evitar essas questões, pode substituir os filhos como um triângulo no casamento ou, tendo sido tolerado antes, agora passa a ser um foco de preocupação para o cônjuge que não bebe. Mudanças nas expectativas de intimidade ou necessidades de evitar a intimidade ocorrem frequentemente neste estágio, e geralmente o equilíbrio anterior do relacionamento muda radicalmente. Embora um alto grau de fusão (Bowen, 1978) possa ser tolerável num relacionamento quando os filhos estão presentes, ele tende a tornar-se mais intenso e, consequentemente, menos tolerável com a ausência dos filhos. A meia-idade também obriga a maioria dos casais a lidar com a morte dos pais e a perda de apoios na família ampliada.

Um homem de 56 anos de idade, proeminente arquiteto, foi intimado pelo tribunal a buscar terapia com sua esposa de 50 anos, por abusar fisicamente dela. Ficou claro desde o início que ele era alcoolista há 15 ou 20 anos. Eles tinham quatro filhos, o mais jovem com 17 anos.

O início do abuso parecia estar relacionado à tentativa da esposa de mudar o equilíbrio de poder conjugal. John, que estava muito zangado com a terapia imposta pelo tribunal, deixou claro para a terapeuta quais eram suas expectativas. "Em qualquer situação deve haver um líder. Sim, madame, e eu sou o líder e sempre serei."

A esposa de John, entretanto, começara a afirmar-se e a reclamar do alcoolismo de John. Quando a terapeuta perguntou sobre o desencadeante de seu desejo de mudar as regras, ela disse: "Está mais aparente para mim agora que as crianças cresceram e foram embora".

Embora o início do beber problemático possa ter ocorrido bem mais cedo, o meio da vida é o estágio em que tanto os homens quanto as mulheres costumam buscar ajuda para os problemas de abuso de álcool (Collier, 1982). As diferenças entre bebedores do sexo masculino e feminino não foram bem definidas e totalmente pesquisadas, mas os conflitos e diferenças relacionados aos papéis sexuais são importantes determinantes do comportamento de beber.

As estimativas da prevalência de mulheres alcoolistas se comparadas aos homens variam de uma para cinco a uma para um (Schuckit, 1976; Homiller, 1977; Sandmaier, 1977). A maioria dos estudos indicam que o abuso de álcool por parte das mulheres aumentou nos últimos dez anos (McCrady, 1982) e que as mulheres, mais do que os homens, relacionam o início do alcoolismo a estresses específicos de vida (Curlee, 1969). Também existe uma tendência a associar o alcoolismo nas mulheres a mudanças fisiológicas, como aquelas que ocorrem nos problemas ginecológicos e na menopausa (Wilsnack, 1973; Beckman, 1977). Essas mudanças também incluem a saída dos filhos de casa, a morte de um dos pais e problemas conjugais, todas questões típicas do meio da vida.

Outros achados comuns clinicamente significativos incluem o fato de que a depressão está mais frequentemente associada ao alcoolismo nas mulheres, assim como o uso concomitante de outras drogas, e de que os homens abandonam mulheres alcoolistas mais do que as mulheres abandonam homens alcoolistas (Fraser, 1973). A partir da observação clínica, parece que os maridos de alcoolistas raramente buscam ajuda para a mulher e esta tendência a negar o problema ou agir protetoramente em relação à mulher é mais típica nos maridos do que nas mulheres de alcoolistas. Fox (1956) descobriu que os maridos de alcoolistas tendiam a ser menos pacientes e a aceitar menos o problema da mulher do que acontecia no caso das esposas de alcoolistas. Estas diferenças refletem preconceitos e limitações sociais (a depressão é uma doença "feminina", as mulheres são mais frequentemente tranquilizadas por médicos do que os homens, e os homens são economicamente mais capazes de acabar um casamento).

Em qualquer caso, parece que os fatores econômicos e fisiológicos afetam os padrões do beber dos homens e das mulheres, e, conforme mudarem as limitações sociais, poderão emergir diferentes padrões do beber. As mulheres estão mais impacientes pelas mudanças sociais e, consequentemente, talvez experienciem mais mudanças em termos da função do álcool em sua vida. Uma autora (Ellis, 1984) descreve assim o problema: "O instinto nutridor é difícil de morrer. Nós estamos condicionadas a desenvolver nossa nova vida dentro de uma estrutura de [proporcionar] sistemas de contínuo apoio para maridos, famílias, filhos lançados longe e pais que estão envelhecendo. Em muitos casos, os maridos estão falando em aposentadoria enquanto nós nos encaminhamos para o portão de partida..." É no meio da vida que as diferenças nas expectativas de funcionamento de papel e nas necessidades pessoais podem-se tornar mais aparentes num casamento. O casal precisa ser ajudado a adaptar-se à mudança sem recorrer ao álcool. Em muitos casos, os casais precisam de auxílio para reconhecer diferenças inconciliáveis e a possibilidade de o casamento ser impraticável.

ALCOOLISMO E DIVÓRCIO

O divórcio é um frequente resultado do alcoolismo e, especialmente para as mulheres, pode ser também um antecedente do alcoolismo. Clinicamente, parece que o divórcio ocorre com maior frquência não quando o bebedor está ativo, mas nos primeiros estágios da sobriedade, quando a reação à remoção do álcool como um estabilizador é mais intensa. Estudos existentes relatam um índice mais alto de divórcio e separação entre as alcoolistas do sexo feminino. As mulheres divorciadas, assim como os homens, correm um risco maior de desenvolver problemas com o álcool. A partir da impressão clínica, parece que a fase do ciclo de vida em que existe a maior probabilidade de divórcio é quando a família está lidando com filhos adolescentes. Talvez o agudo estresse sobre a família nesta fase do ciclo de vida, assim como a tendência ao alcoolismo, particularmente nos homens, atinja seu auge no meio da vida.

A FAMÍLIA NO ESTÁGIO TARDIO DA VIDA

Embora o alcoolismo em qualquer geração afete todas as gerações, esta discussão limita-se primariamente ao impacto do alcoolismo sobre a pessoa idosa e os problemas que ele pode trazer para os parentes mais jovens.

O grupo de idade acima dos 65 anos é o que mais cresce na vida norte-americana, conforme a longevidade aumenta e os efeitos do aumento do índice de natalidade pós-guerra se tornam mais aparentes. Nesta fase do ciclo de vida, os adultos mais velhos e outros membros da família precisam adaptar-se à mudança do poder dos membros mais velhos para os mais jovens da família. A perda é um tema simultâneo e igualmente importante. A geração do meio enfrenta a perda dos pais através da morte ou do funcionamento prejudicado. A geração mais velha enfrenta múltiplas mudanças que podem envolver perda de *status* de papel, de capacidade física e mental, da identidade profissional na aposentadoria, de poder e, a mais carregada afetivamente, do cônjuge ou parceiro.

Em geral, um crescente isolamento em relação ao apoio da família e dos iguais tende a caracterizar o idoso, e este isolamento poderia ser definido como o maior problema afetando o ajustamento da pessoa mais velha à esta fase do ciclo de vida. Estes problemas são compostos por padrões sociais em que as dificuldades da velhice são geralmente ignoradas. O alcoolismo nos idosos parece ser um problema crescente e uma frequente resposta por parte dos profissionais médicos e da saúde mental e dos membros da família reflete um pessimismo que sugere que a melhor solução é ignorá-lo.

Esther, uma viúva de 80 anos de idade, morando num condomínio de aposentados para "pessoas mais velhas", começou a fazer companhia a Pete, três anos mais velho, depois da morte do marido. O almoço aos domingos progrediu para uma situação em que Pete foi morar com Esther. Um dia, ela chamou a vizinha, perturbada. Pete estava caído no chão, aparentemente em convulsões. A vizinha chamou uma ambulância e Pete foi levado para a emergência do hospital mais próximo. O hospital liberou Pete com um diagnóstico de alcoolismo, mas não fez qualquer tentativa de arranjar tratamento. Esther foi falar com o administrador do condomínio, para perguntar se ele poderia ajudá-la a encontrar uma casa de saúde ou outra ajuda para Pete. Ele não apenas não estava disposto a ajudar, como informou Esther que ela estava violando as normas do condomínio ao morar com um homem sem ser casada com ele e que seria despejada se a situação continuasse.

As estimativas da prevalência do alcoolismo nos idosos são especialmente confusas. Por um lado, os dois picos de idade relatados por alguns estudos sobre o abuso do álcool são os de 45-54, com uma proporção de 23 por 1.000 (Bozzetti & MacMurray, 1977; Pascarelli, 1974; Mishara & Kastenbaum, 1980), ao passo que Vaillant e outros indicam estudos relatando a volta ao beber assintomático ou à abstinência espontânea num estágio posterior de vida (Vaillant, 1983; Maletta, 1982). A confusão do alcoolismo com a deterioração física do processo de envelhecimento, os relatos insuficientes sobre o alcoolismo nos idosos, (Royce, 1981; Maletta, 1982), a questão do abuso de muitas drogas (Royce, 1981) e o fato da mortalidade (isto é, muitos alcoolistas não vivem o suficiente para serem contados nas estatísticas), tudo isso torna as estimativas de prevalência altamente questionáveis.

O beber pode tornar-se problemático quando a pessoa idosa se aposenta, pode exacerbar-se durante essa fase, ou pode regredir como um problema. Como foi observado previamente, o álcool pode funcionar para suprimir conflitos relacionados às mudanças nas expectativas de papel no casamento durante esta fase, ou pode funcionar para ajudar a pessoa mais velha a lidar com crescentes sentimentos de isolamento e o senso de inadequação associado à perda de papel. Mesmo que os membros da família ampliada morem perto, o contato menos frequente com eles ou a experiência de não ser uma parte significativa de suas vidas podem aumentar a tendência a beber. A aposentadoria ou uma crescente incapacidade física podem trazer consigo a expectativa de uma reversão de papel, em que se espera que os filhos fiquem super-responsáveis pelo progenitor. O filho de meia-idade pode reagir a esta expectativa distanciando-se ou rompendo, e o progenitor, ao ver frustrada sua expectativa, pode ser levado a um comportamento de beber sub-responsável. O beber tende a aumentar o isolamento que acionou o próprio comportamento de beber. Os membros da família tendem a distanciar-se ainda mais do parente que bebe e os efeitos do álcool deixam a pessoa cada vez mais incapaz, fisicamente, de funcionar em situações sociais. Embora a maioria dos membros da família fosse procurar ajuda para um problema de bebida reconhecido num membro mais jovem, muitas vezes o alcoolismo de um parente mais velho é tolerado, pois é considerado como uma situação irremediável.

Devemos classificar o alcoolismo nos idosos em dois subgrupos: (Maletta, 1982; Zimberg, 1978) alcoolismo de início precoce, definido como aquele que começa antes dos 65 anos de idade e progride a partir daí, e alcoolismo de início tardio, que começa depois dos 65 anos. O aspecto mais distintivo do bebedor de início precoce é o isolamento quase total que já ocorreu em torno dos 65 anos de idade. Muitas vezes, a pessoa nesta categoria faz tentativas súbitas, impredizíveis, de reparar os rompimentos.

O pai de Joan, que havia abandonado a família quando ela tinha 15 anos e era alcoolista desde que ela conseguia lembrar, telefonou talvez umas cinco ou seis vezes para a família entre 1960 e 1979. No Natal de 1979, ele telefonou para ela e pediu 25 dólares para pagar o aluguel. No outono de 1983, Joan buscou terapia. Seu pai estava num abrigo do Exército da Salvação, depois de ter sido recolhido das ruas com uma perna ulcerada. Ele havia entrado em contato com Joan e sua mãe, e pedido à mulher, que nunca se divorciara dele, se poderia viver novamente com ela. A mãe de Joan estava pensando em se o aceitava de volta, apesar da quase total falta de contato por 24 anos.

Este bebedor de início precoce estava quase totalmente isolado em termos sociais, embora restasse, em sua mente, um laço com a família. Joan avaliou seu relacionamento com o pai e resolveu ter com ele um contato limitado, mas sua mulher não o aceitou de volta e ele continuou sendo responsabilidade da comunidade. O isolamento experienciado por tantas pessoas idosas fora tornado quase total por seu alcoolismo.

O grupo de início tardio é maior (Maletta, 1982) e é considerado como tendo um prognóstico melhor. O beber, neste grupo, é visto como relacionado mais especificamente aos estresses do envelhecimento e mais responsivo às tentativas terapêuticas de aliviar estes estresses (Rosin & Glatt, 1971).

É importante que o terapeuta que trabalha com alcoolismo faça um diagnóstico diferencial entre o alcoolismo acompanhado por distúrbios mentais orgânicos e o distúrbio mental orgânico ou alcoolismo como uma condição isolada (Maletta, 1982). Muitos dos efeitos do abuso crônico de álcool sobre o funcionamento intelectual podem ser errôneamente atribuídos ao distúrbio cerebral orgânico (Maletta, 1982). O uso do álcool também intensifica queixas e problemas somáticos já existentes e aconselhamos que estas questões sejam examinadas.

Também existem razões para acreditarmos que uma considerável parte do alcoolismo na velhice seja iatrogênica (Blume, 1973); isto é, o alcoolismo acionado por um médico bem-intencionado que recomenda o álcool como um tranquilizante.

Finalmente, o abuso do idoso tornou-se uma fonte de preocupação em anos recentes. O abuso pode envolver violência física real, ataques verbais, negligência, autonegligência e exploração financeira. Algumas estimativas indicam (Parness, 1984) que entre 50% e 70% dos casos relatados de abuso envolvem alcoolismo, seja no idoso ou na geração do meio que tem o maior contato direto com a vítima. Embora a sociedade possa querer ignorar a questão do alcoolismo e do idoso, o uso do álcool afeta significativamente a qualidade de vida da pessoa mais velha. Mesmo se o idoso não é o bebedor, o álcool pode perturbar seriamente os relacionamentos entre aquela pessoa e outros membros da família.

A abordagem à pessoa idosa com um problema de álcool é a de tentar diminuir o isolamento, ajudando a família a encontrar soluções para proporcionar contato e apoio ao idoso. A questão de quem é responsável pelo quê ou por quem deve ser examinada, assim como os fatores emocionais na família relacionados à perda, tristeza e raiva não resolvida. Tanto a família quanto a pessoa mais velha precisam utilizar produtivamente os apoios da comunidade, e jamais se deve pensar que o encaminhamento aos AA ou Al-Anon seja uma sugestão improdutiva em virtude da idade da pessoa. Alguns indivíduos podem necessitar uma desintoxicação e tratamento médico para as consequências fisiológicas do beber abusivo. Muitos estudos (Zimberg, 1978) sugerem que a terapia de grupo é uma modalidade efetiva para tratar o isolamento da pessoa mais velha, mas a terapia familiar certamente tem muito a oferecer, como um recurso, às famílias com dificuldade em ajustar-se a esta fase da vida.

ORIENTAÇÃO GERAL PARA O TRATAMENTO

(Para uma descrição completa do curso de tratamento, veja Bepko e Krestan, 1985).

1. Faça uma cuidadosa avaliação do grau em que o beber é um problema atual ou já vem afetando a família nas duas gerações anteriores. Por exemplo, num casal recém-casado, avalie se o beber tornou-se problemático como uma questão atual no casamento ou se o relacionamento conjugal está sendo influenciado pelos efeitos do alcoolismo paterno de um ou de ambos os cônjuges.

2. Se o alcoolismo for um problema atual da família e o foco principal da interação, a abstinência é crucial para o sucesso do tratamento. O terapeuta deve ficar atento à necessidade da família, e também do bebedor, de negar a seriedade do problema. A credulidade do terapeuta, em termos de acreditar nos relatos familiares sobre a extensão do beber e a disfunção relacionada a isso pode ser o maior obstáculo ao tratamento efetivo. A melhor maneira de atingir a abstinência é nos AA, com a família participando de grupos para famílias nos Al-Anon ou Al-Ateen.*

---

* Nota do Revisor: Al-Anon e Al-Ateen são entidades assistenciais norte-americanas.

3. Quatro conceitos gerais são importantes para o tratamento efetivo.

a. Instruir a família sobre o alcoolismo – a família precisa de informações para corrigir as percepções errôneas e romper sua negação. Encaminhamento ou consulta com um aconselhador experiente em alcoolismo, caso seja necessário.

b. Tornar o sistema tão franco quanto possível, esclarecendo o grau em que o beber é mantido como um segredo para outros membros da família e encorajando uma discussão aberta do problema com outros membros da família. Estimular a participação em todos os recursos externos existentes na comunidade para as famílias envolvidas com o álcool.

c. Avaliar e ajudar a família a compreender como o alcoolismo pode ter sido uma resposta a transições ou estresses específicos do ciclo de vida da família ou do indivíduo. Um genetograma trigeracional, o exame de obstáculos desenvolvimentais significativos, padrões de manejo anteriores e interações triangulares dentro da família são cruciais. A avaliação da fase desenvolvimental em que o beber tornou-se problemático na família pode alertar o terapeuta para a dinâmica familiar que precisa ser tratada *depois que a sobriedade for atingida*. Por exemplo, os filhos de alcoolistas do sexo masculino frequentemente também se tornam alcoolistas. Embora evidências inconclusivas apontem para uma base genética para este fenômeno, também pode ser verdade, por exemplo, que o beber no sistema paterno do filho tenha se tornado problemático quando o pai era recém-casado e estava começando uma família, indicando uma dificuldade de ajustamento às mudanças de papel exigidas pelas tarefas desenvolvimentais desta fase do ciclo de vida. Uma vez que o filho do alcoolista não teve nenhum modelo de papel para desenvolver sua própria ideia de si mesmo como marido e pai, é comum o abuso do álcool tornar-se uma solução provável para sua dificuldade nesta transição. Se esse colapso desenvolvimental pode ser localizado geracionalmente dentro da família, ele dá uma direção para o trabalho do terapeuta, conforme ele avalia a maneira pela qual a incapacidade de resolver esta fase do ciclo de vida afeta ou cruza com os padrões familiares do cônjuge, criando uma disfunção que mantém o problema de bebida. O trabalho sobre o comportamento de papel sexual e um apropriado senso de responsabilidade certamente é importante neste tipo de família, e um foco geral pós-sobriedade envolverá as questões desta determinada fase desenvolvimental.

d. Finalmente, o terapeuta deve estar alerta às necessidades médicas do alcoolista – o beber num estágio médio-tardio ou final frequentemente requer desintoxicação médica, e o encaminhamento a um programa de tratamento de alcoolismo geralmente é indicado.

4. O processo da terapia envolve, como dissemos antes, três fases distintas. A orientação geral para cada fase inclui o seguinte:

Pré-sobriedade

1. Lidar com a negação.
2. Ajudar o bebedor a atingir a abstinência, de preferência nos AA.
3. Reverter os padrões de super e sub-responsabilidade.

Nesta fase, é de primária importância fazer com que a pessoa que mais super-funciona na família "recue" ou abandone o papel superresponsável, tanto na dimensão funcional quanto na emocional. Orientar o cônjuge especificamente para fazer isso e investigar o comportamento cuidadosamente. O conhecimento dos triângulos na família é importante, uma vez que o cônjuge que superfunciona pode desistir de seu papel apenas para ser substituído por outra pessoa, tipicamente o/a filho/a mais velho/a. Antecipar a resistência ao processo de reverter a super-responsabilidade, mas convencer a família de sua importância.

Todos os membros da família devem comprometer-se a participar de no mínimo seis encontros dos AA ou Al-Anon. Se o bebedor não parar de beber e abandonar o tratamento, devemos continuar a trabalhar com os outros membros da família as questões de super e sub-responsabilidade.

Ajustamento à sobriedade

A tarefa do terapeuta nesta fase é a de estabilizar a família em torno de sobriedade. A organização e os comportamentos de papel anteriores da família já não funcionam mais. Uma vez que a sobriedade é tênue nesse ponto, é importante reduzir o conflito e encorajar o autofoco em cada membro da família. Os membros da família precisam ser orientados a agir conforme as tarefas básicas do funcionamento familiar. Algum trabalho das questões de paternidade é importante nesta fase, mas as questões conjugais geralmente devem ser evitadas. É importante ajudar a família a antecipar ressentimentos, expectativas frustradas de sobriedade e perda do papel que a sobriedade inicial possa representar. A frequência da terapia pode ser reduzida durante esta fase, particularmente se há um forte envolvimento com os AA e os Al-Anon. As condições em que uma terapia mais intensiva é indicada incluem (1) envolvimento de um filho com drogas ou álcool, (2) severa depressão de qualquer membro da família, (3) abuso físico, (4) incesto ou (5) insistência de um dos cônjuges em lidar com as questões conjugais. Em qualquer um destes casos, o terapeuta deve informar a família qual é a probabilidade de uma recaída.

Manutenção da sobriedade

Uma vez que a família ajustou-se de modo estável à sobriedade, preferivelmente com os AA e Al-Anon, a tarefa terapêutica é a de reequilibrar o sistema, de maneira a promover maior flexibilidade de funcionamento de papel e permitir à família a expressão de sentimentos ou comportamentos que antes só podiam ser expressados através do beber. O terapeuta também pode ajudar a família a remover obstáculos desenvolvimentais surgidos em resultado do alcoolismo ou aqueles que criaram estresses para os quais o beber tornou-se a solução. Questões importantes dessa fase incluem (1) conceitos e comportamento de papel sexual; (2) sexualidade; (3) intimidade emocional; (4) questões de poder, dependência e controle; (5) orgulho e perfeccionismo; (6) manejo da raiva, aceitação da limitação; (7) obtenção de um equilíbrio interacional "correio", em que a dependência é reconhecida e as "barganhas" conjugais, em termos de complementaridade no relacionamento, são claras e aceitas por ambos os cônjuges.

Pontos importantes a manter em mente

- O alcoolismo tem um efeito intergeracional – não pense que, por não ser atual, o alcoolismo não afeta o sistema familiar.
- Um bebedor pode não estar bebendo atualmente, mas se o alcoolismo não foi tratado (AA, um programa de reabilitação ou tratamento), as questões de pré-sobriedade ou ajustamento talvez precisem ser tratadas, e organização familiar talvez seja mais característica daqueles estágios iniciais, mesmo que o beber tenha para-

do durante alguns anos. Isso acontece frequentemente quando o bebedor participou de poucos encontros dos AA e então parou.
- Os filhos que crescem em lares alcoolistas têm necessidades especiais, mesmo quando adultos. Quando trabalhamos com filhos de alcoolistas, é crucial avaliar as questões de ciclo de vida e definir os estágios desenvolvimentais específicos em que o alcoolismo ocorreu no sistema paterno.
- As famílias alcoolistas se beneficiam mais com um tratamento diretivo, que proporcione informações sobre a natureza do alcoolismo, seus efeitos na família e os passos concretos a serem dados por cada membro para tratá-lo.

REFERÊNCIAS

Beckman, L. J. (1975). Women alcoholics: A review of social and psychological studies. *Journal of Studies on Alcohol,* 36:797-824.

Beckman, L. J. (1976), Alcoholism problems and women: An overview. In M. Greenblatt & M. A. Schuckit (Eds.), *Alcoholism problems in women and children.* New York: Grune & Stratton.

Behling (1979). Alcohol abuse as encountered in 51 instances of reported child abuse. *Clinical Pediatrics,* 18.

Bepko, C. with Krestan, J. A. (1985). *The responsibility trap: A blueprint for treating the alcoholic family.* New York: Free Press.

Berenson, D. (1976). Alcohol and the family system. In P. Guerin (Ed.), *Family therapy: Theory and practice.* New York: Gardner Press.

Black, C. (1982). *It will never happen to me.* Colorado: MAC.

Blane, H. T., Hewitt, L. E. (1977). Alcohol and youth: An analysis of the literature, 1960-1975. NIAAA, Rockville, Md. (U.S. Dept of Commerce, National Technical Information Service, PB-268, 698).

Blume, S. B. (1973). Iatrongenic alcoholism. *Quarterly Journal of Studies on Alcoholism,* 34:1348-1352. Booz-Allen & Hamilton, Inc. (1974). An assessment of the needs of and resources for children of alcoholic parents. NIAAA. Rockville. Md. (pp. 14c, 15).

Bozzetti, L. D., & MacMurray, J. P. (1977). Drug misuse among the elderly: A hidden menace. *Psychiatric Annals* 7:95-107.

Bowen, M. (1978). *Family therapy in clinical practice.* New York: Jason Aronson.

Carter, E., & Orfanidis, M. (1976). Family therapy with one person and the family therapist's own family. In P. Guerin (Ed.). *Family therapy: Theory and practice,* New York: Gardner Press.

Cahalan, D., Cisin, I. H., & Crossiey, H. M. (1969). *American drinking practices: A national study of drinking behavior and altitudes.* New Brunswick, N.J.: Rutgers Center for Alcoholic Studies.

Collier, H. V. (1982). *Counseling women.* New York: Free Press.

Corrigan, E. M. (1980). *Alcoholic women in treatment.* New York: Oxford University Press.

Coyle, B., & Fischer, J. (1977). A young problem drinker's program as a means of establishing and maintaining treatment contact. In J. H. Madden. R. Walker, & W. H. Kenyon (Eds.), *Alcoholism and drug dependence – ta multi disciplinary approach.* New York: Plenum, pp. 227-238.

Curlee, J. (1969). Alcoholism and the "empty nest." *Bulletin of Menninger Clinic,* 33:165-171.

Curlee, J. (1970. A comparison of male and female patients at an alcoholism treatment center. *Journal of Psychology,* 74: 239-247.

Deutsch, C. (1982). *Broken bottles, broken dreams.* New York: Teachers College Press, Columbia University.

Ellis, J. (1951). From work in progress based on lives of women at Vassar.

Fallup, C. (1974). The rising number of drinkers. *Washington Post* B2, June 10.

Fifeld, L., Latham, J. D., & Phillips, C. (1978). Alcoholism in the gay community: The price of alienation, isolation, and oppression. Sacramento, Calif. Division of Substance Abuse.

Fox, R. (1956). The alcoholic spouse. In V. W. Eisensteid (Ed.), *Neurotic interaction in marriage.* New York: Basic Books.

Fraser, J. (1973). The female alcoholic. *Addictions.* 20:64-80.
Greenblatt, M., & Schuckit, M. A. (Eds.) (1976). *Alcoholism problems in women und children.* New York: Grune & Stratton.
Haley, J. (1980). Drinking altitudes and behaviors among college students. *Journal of Alcoholic Drug Education,* 19:6-14.
Hawley, Richard A. (1983). *The purposes of pleasure.* Wellesley Hills, Mass.: The Independent School Press.
Herman, J. L., with Hirschman, L. (1981). *Father-daughter incest.* Cambridge, Mass.: Harvard University Press.
Homiller, J. D. (1977). *Women and alcohol: A guide for state and local decisionmakers.* Washington, D.C.: Alcohol and Drug Problems Association of North America.
Jackson, J. (1954). The adjustment of the family to the crisis of alcoholism. *Quarterly Journal of Studies on Alcohol,* 15 (4):562-586.
James, I. P. (1966). Blood alcohol levels following successful suicide. *Quarterly Journal of Studies on Alcohol* 2:23-29.
Jellinek, E. M. (1960). *The disease concept of alcoholism.* New Haven, Conn.: College and University Press.
Jessor, R., & Jessor, S. L. (1975). Adolescent development and the on set of drinking: A longitudinal study. *Journal of Studies on Alcohol* 36 (1):27-51.
Kamback, M. C., Bosma, W. G., & D'Lugoff, B. C. (1977). Family surrogates. The drug culture or the methadone maintenance program. *British Journal of Addiction,* 72:171-176.
Kempe, H., & Helfer, R. E. (1972). *Helping the battered child and his family.* New York: Lippincott.
Korcok, M. A. (1979). Alcoholism is a family affair. *Focus on alcohol and drug issues* 2:4.
Lawson, G., Peterson, J. S., & Lawson, A. (1983). *Alcoholism and the family.* Rockville, Md.: Aspen Systems Corporation.
Lisansky, E. S. (1957). "Alcoholism in women: Social and psychological concomitants: Social history data. *Quarterly Journal of Studies on Alcohol,* 18:588-623.
Lohrenz, L. J., Connelly, J. C., Coyne, L., & Spare, K. E. (1978). Alcohol abuse in several mid western gay communities. Unpublished paper.
Malleta, G. (1982). Alcoholism and the aged. In E. Pattison & E. Kaufman (Eds.), *Encyclopedic handbook of alcoholism.* New York: Gardner Press.
McGoldrick, M., & Carter, E. (1982). The family life cycle. In F. Walsh (Ed.), *Normal family processes.* New York: Guilford Press.
McCrady, B. S. (1982). Women and alcohol abuse. In M. R. Notman & C. C. Nadelson (Eds.), *Aggression, adaptations, and psychotherapy.* Vol. 3 of *The woman patient.* New York, Plenum, pp. 217-244.
McLachlan, J. F. C., Walderman, R. L., & Thomas, S. (1973). A study of teenagers with alcoholic parents (Research monograph No. 3). Toronto: Donwood Institute.
Meeks, D., & Kelly, C. (1970). Family therapy with the families of recovering alcoholics. *Quarterly Journal of Studies on Alcoholism,* 31:399-413.
Miller, D., & Lang, M. (1977). Children of alcoholics. A 20 year longitudinal study. *Social Work Research and Abstracts,* 13(4):23-29.
Mishara, B., & Kastenbaum, R. (1980). Treatment of problem drinking among the elderly. In B. Mishara & R. Kastenbaum (Eds.), *Alcohol and old age.* New York: Grune & Stratton.
National Council on Alcoholism (1976). Definition of alcoholism. *Annals of Internal Medicine* 85:764.
New York Times (Feb. 1974) 17.
O'Leary, D. E., O'Leary, M. R., & Donavan, D. M. (1976). Social skill acquisition and psychosocial development of alcoholics: A review. *Addictive Behavior,* 1:111-120.
Parness, J. (1984). Protective Services for the Elderly, F&CS, Long Branch, N.J. Personal communication.
Pascarelle, E. F. (1974). Drug dependence: An age-old problem compounded by old age. *Geriatrics,* 29:109-114.
Pattison, E, Mansell & E. Kaufman (Eds.) (1982). *Encyclopedic handbook of alcoholism.* New York: Gardner Press.
Rada, R. R. (1975). Alcoholism and forcible rape. *American Journal of Psychiatry,* 132:444-446.

Rice, M. M. (1982). Alcohol use and abuse in children. In E. Pattison & E. Kaufman (Eds.), *Encyclopedic handbook of alcoholism*. New York: Garder Press.
Romer, N. (1981). *The sex-role cycle*. Old Westbury, N. Y.: Feminist Press.
Rosin, A., & Glatt, M. (1971). Alcohol excess in the elderly. *Quarterly Journal of Studies on Alcoholism*, 32:53-59.
Rouse, B. A. (1981, April), Stressful stages in the family life cycle and ethanol intake of husbands and wives. Paper presented at the National Alcholism Forum of the National Council on Alcoholism. New Orleans, La.
Royce, J. E. (1981). *Alcohol problems and alcoholism*. New York: Free Press.
Saghir, M. T., et al. (1970). Homosexuality IV: Psychiatric disorder and disability in the female homosexual. *American Journal of Psychiatry*. 127: 147-154.
Sandmaier, M. (1980). *The invisible alcoholics, women and alcohol abuse in America*. New York: Mc-Graw-Hill.
Schuster, R. (1976). Trust: Its implication in the etiology and treatment of psychopathic youths. *International Journal of Offender Therapy*, 3:128-133.
Smart, R. G., & Finley, J. (1975). Increases in youthful admissions to alcoholism treatment in Ontario. *Drug and Alcohol*, 1:83-87.
Stanton, D. et al. (1982). *The family therapy of drug and alcohol abuse*. New York: Guilford Press.
Steinglass, P. (1979). Family therapy with alcoholics: A review. In E. Kaufman & P. N. Kaufman, (Eds.), *Family therapy of drug and alcohol abuse*. New York: Gardner Press, pp. 147-186.
Streissguth, A. P. (1976). Maternal alcoholism and the outcome of pregnancy: A review of the fetal alcohol syndrome. In M. Greenblatt & M. A. Schuckit (Eds.), *Alcoholism problems in women and children*. New York: Grune & Stratton.
Travis, C. (1977). Men and women report their views on masculinity. *Psychology Today*, 10:34-42.
U.S. Department of Health, Education and Welfare: Second special report to the U.S. Congress cf Alcohol and Health. New knowledge. Washington, D.C.: DHEW.
Vaillant, G.. E. (1983). *The natural history of alcoholism*. Cambridge, Mass.: Harvard University Press.
Wegscheider, S. (1981). *Another chance: Hope and health for the alcoholic family*. Palo Alto, Calif: Science and Behavior Books, Inc.
Williams, C., & Kleman, L. (1984). Female alcohol abuse, its effects on the family. In S. Wilsnack & L. Beckman, (Eds.). *Alcohol problems in women*. New York: Guilford Press.
Wilsnack. S. (1973). Sex-role identity in female alcoholism. *Journal of Anormal Psychology*, 82: 253-251.
Wilsnack, S. C. (1977). Women are different: Overlooked differences among women drinkers. Keynote address, Symposium on Alcoholism and Women. Institute of the Study of Women in Transition. Portiand, Maine.
Wilsnack, S., & Beckman. L. (1984). *Alcohol problems in women*. New York: Guilford Press.
Wolin, S., Bennett, L., Noonan, D., &Teitelbaum, M. P.H. (1980). Disrupted family rituals.
A factor in the intergenerational transmission of alcoholism. *Journal of Studies on Alcohol* 41 (3): 199-214.
Zimberg, S. (1978). Psychosocial treatment of elderly alcoholics. In S. Zimberg, J. Wallace, & S. Blume (Eds.), *Practical approaches to alcoholism psychotherapy*. New York: Plenum Press.
Zimberg, S., Wallace, J., & Blume, S., (Eds.) (1978). *Practical approaches to alcoholism psychotherapy*. New York: Plenum Press.
Zucker, R. A. (1976). Parental influences on the drinking patterns of their children. In Greenblatt, M. & M. A. Shuckit (Eds.), *Alcoholism problems in women and children*. New York: Grune & Stratton.

21

O ciclo de vida familiar nas famílias negras pobres*

Paulette Moore Hines, Ph.D.

Indubitavelmente, as famílias pobres fazem parte daquela população mais necessitada e com a qual é mais difícil trabalhar. Infelizmente, elas não atraíram a atenção de muitos teóricos e terapeutas do campo da terapia familiar. À primeira vista, isto é um pouco surpreendente, dada a proporção relativamente grande de famílias pobres que buscam ou são encaminhadas a serviços clínicos se comparada a outras populações (por exemplo, anoréxica) e considerando que a classe pobre está crescendo numa proporção mais rápida do que a classe média (Norton, 1985). A quantidade de pobres está crescendo não apenas devido ao crescente número de famílias de progenitor solteiro, mas também devido à crescente proporção de mulheres idosas e de meia-idade com responsabilidade por um crescente número de crianças e jovens adultos que não trabalham.

Neste capítulo, nós limitamos nosso foco às famílias multiproblemáticas, pobres, geralmente desempregadas, de hereditariedade afro-americana. Mais do que todos os outros grupos étnicos/raciais nos EUA, os negros lutaram por liberdades e oportunidades básicas e foram prejudicados continuamente pelas instituições criadas para auxiliá-los. A outrora legal escravatura física e psicológica dos negros resultou em serem os principais representantes dos pobres, depois de mais de 100 anos da "Grande Emancipação". As famílias negras ainda têm uma renda média de 58% da renda das famílias brancas (Noble, 1984) e uma de cada duas crianças negras cresce na miséria.

As famílias negras pobres não podem esperar nada além de um trabalho esporádico, inferior. O ciclo de vida destas famílias é prejudicado pelo desemprego, desnutrição, nascimentos pré-conjugais, instabilidade e violência familiar, distúrbios mentais, delinquência, abuso de substâncias, um alto índice de mortalidade infantil, incapacidade física, morte precoce, e os estresses contínuos de habitações inadequadas e constantes dívidas. Sempre falta dinheiro para satisfazer as necessidades básicas e as opções recreacionais são insuficientes.

---

* A autora agradece a contribuição de Fernando Colon, cujo capítulo na primeira edição deste livro serviu como a estrutura básica deste artigo

Em contraste com as famílias de classe média cujas preocupações com as estruturas governamentais se relacionam a impostos, financiamento habitacional, crédito educativo, serviço militar e questões ambientais que ameaçam a vida como o lixo tóxico, as famílias negras pobres se relacionam com o governo para garantir sua subsistência básica. Várias agências participam e se intrometem em sua vida cotidiana, afetando sua sobrevivência básica, visão de mundo e tomada de decisões. Elas dependem das agências governamentais para auxílio no aluguel, planejamento familiar, renda básica, suplementos alimentares, energia, transportes, benefícios médicos, educação e treinamento profissional. Seu ciclo de vida constitui virtualmente uma série de crises, e suas capacidades adaptativas são frequentemente levadas além de limites humanos. Dessa forma, o empobrecimento emocional também se torna parte de seu perfil. Embora elas compartilhem problemas semelhantes com números crescentes de famílias pobres de todas as raças, as atitudes discriminatórias no sistema de poder prevalente as separam, de várias maneiras, dos pobres não negros.

Apesar de vários autores terem considerado as questões culturais ao fazerem terapia com famílias negras (por exemplo, Hines e Boyd-Franklin, 1982; Pinderhughes, 1982), foi dada relativamente pouca atenção no campo da terapia familiar às famílias negras pobres multiproblemáticas e às suas respostas adaptativas ao seu duro ambiente desde o trabalho de Minuchin e colegas (1967) e Aponte (1974,1976). Estas famílias não são apenas famílias que enfrentam um ou outro tipo de problema. Elas enfrentam condições complexas, frequentemente extremas e impiedosas, relacionadas à raça e à miséria, que vão muito além da experiência dos mais capazes profissionais. É comum não querermos trabalhar com esta população, ou sermos esmagados por seus múltiplos problemas, uma vez que nossos métodos tradicionais de tratamento geralmente falham miseravelmente com ela.

Aqueles inseridos num contexto de crônico desemprego e discriminação parecem ficar extremamente limitados em sua capacidade de funcionar de uma maneira que permita aos membros da família progredirem. Quando são encaminhados aos serviços de saúde mental, eles apresentam múltiplos problemas e ambivalência em relação ao valor da terapia. Eles costumam faltar às sessões ou terminar prematuramente a terapia. A complexidade das questões que cercam a miséria parece promover a suposição dos agentes de auxílio de que a terapia familiar pouco ajuda as famílias pobres a efetuarem mudanças em suas vidas. Entretanto, os membros das família negras multiproblemáticas são interdependentes financeiramente, assim como emocionalmente. A sobrevivência e o sucesso de uma pessoa dependem dos outros. O estresse é persistentemente alto e as famílias estão consistentemente experienciando demandas de mudança e flexibilidade. Quando o impacto desses estressores externos é aumentado pelos estressores desenvolvimentais normais e pelos estressores verticais de questões familiares não resolvidas, são grandes as chances de que o avanço desenvolvimental seja dificultado tanto para os membros individuais quanto para a família como um todo. Qualquer demanda de adaptação ou mudança será extremamente estressante quando as famílias passarem de um estágio para outro, e o sucesso somente será obtido se as necessidades desenvolvimentais prévias tiverem sido adequadamente satisfeitas. Os terapeutas de famílias certamente não podem agir como se eles e as famílias que tratam existissem num vácuo. A terapia familiar não é nenhuma panaceia, mas pode ajudar as famílias a obterem um nível de funcionamento mais sadio dentro dos limites de seu contexto. Em particular, a estrutura de ciclo de vida familiar é um valioso instrumento na avaliação e intervenção neste grupo.

As observações aqui apresentadas pretendem fazer pensar, ao invés de serem conclusivas. Por um lado, a autora quer que o leitor reconheça a individualidade de cada indivíduo e família. Com excessiva frequência, visões distorcidas das família afro-americanas foram perpetuadas por uma literatura escrita com insuficiente atenção aos contextos social, político e econômico e à heterogeneidade do grupo. Mas é necessário reconhecer que as famílias pobres disfuncionais realmente existem; elas são semelhantes e diferentes das famílias da classe trabalhadora e da classe média.

Este capítulo descreve o ciclo da miséria e o ciclo de vida das famílias negras pobres multiproblemáticas, faz recomendações para a avaliação e o tratamento e discute o "fracasso" terapêutico no trabalho com essas famílias. São fornecidos exemplos de caso para esclarecer a questão do ciclo de vida. Embora focada naquelas mais severamente oprimidas pela miséria e pelo racismo, a discussão é relevante para a terapia familiar com outras famílias pobres multijproblemáticas, particularmente para aquelas que vivem na pobreza há mais de uma geração.

O CICLO DE POBREZA

O relacionamento entre o *status* socioeconômico e o nível de funcionamento familiar não é linear. Ser pobre não significa automaticamente ser uma família disfuncional. Alguns dos aspectos da pobreza nas populações urbanas negras pobres são compartilhados pelos pobres em contextos culturais muito diferentes: em todos esses ambientes existem famílias pobres que lutam para sobreviver com recursos inadequados, mas conseguem satisfazer as necessidades desenvolvimentais básicas de seus membros. No entanto, eu gostaria de enfatizar a importância da pobreza como um fator que pode obrigar a família mais sadia a dar-se por vencida, especialmente quando existem aspectos societais que servem para mantê-la numa posição de miséria e impotência.

Eu acredito que o ciclo da pobreza é multiplamente determinado e é *circular* em vez de *linear*. A estrutura da sociedade deixa certos grupos sujeitos a uma situação de crônica miséria. Os norte-americanos negros, em particular, têm assegurada uma escolha igual, mas não uma oportunidade igual. Eles aprendem uma variedade de respostas para lidar com um ambiente persistentemente empobrecido e hostil. Muitas destas respostas adaptativas são um reflexo de grande criatividade e força. Entretanto, algumas respostas são desadaptativas e tendem a perpetuar sua condição. Embora estes comportamentos possam tornar-se arraigados, eles são respostas aprendidas e os membros da família podem modificá-los.

Um exemplo claro de como a pobreza é perpetuada de modo circular fica evidente na maneira pela qual a autoestima é atacada pela ausência de empregos adequados. A vida tomou-se mais complexa nas duas últimas décadas e há menos empregos para trabalhadores não especializados. Na medida em que uma maior instrução e habilidade técnica tornouse crítica, este grupo geralmente não tem a oportunidade de adquiri-la. Eles são os últimos a serem empregados e os primeiros a serem despedidos.

Por estas razões, os membros das famílias negras pobres multiproblemáticas podem desenvolver um senso geral de impotência, raiva e desespero. Sua visão de mundo é moldada por sua superexposição à tragédia e ao sofrimento (Lefever, 1977). Sua raiva pode ser dirigida contra a sociedade, contra membros de sua própria família ou contra eles mesmos (Coles, 1970, 1978). Pinderhughes (1982) sugeriu que aqueles mais severamente vitimizados se adaptam à sua impotência adotando comportamentos que incluem: preferência pela expressão emocional imediata, manipulação dos relacionamentos, retraimento ou agressão passiva, comportamento de oposição ou rebelião, e identificação com o agressor. Em relação a isso, Minuchin e Montalvo (1967) afirmam: "As famílias que experienciam crônica frustração e impotência e não conseguem ver como poderiam afetar seu ambiente, ou permanecem imobilizadas em situações nas quais seria indicado um movimento diferenciado dirigido ou respondem com uma atividade rápida, ao acaso, que serve apenas como uma maneira imperfeita de aliviar o estresse" (Página 885).

CARACTERÍSTICAS DO CICLO DE VIDA FAMILIAR

Existe uma ampla variedade de estruturas familiares entre os pobres. Nesse aspecto, eles não são diferentes de seus semelhantes de classe média e alta. Gans (1968), em um artigo antigo, mas ainda relevante, observou que existe tanta variedade entre os pobres quanto entre os ricos.

> Muitos são pobres há várias gerações, outros são pobres periodicamente. Alguns se movem para baixo, outros para cima. Muitos compartilham os valores da classe média, outros adotam os valores da classe trabalhadora. Alguns, em virtude da crônica privação, têm dificuldade em adaptar-se a novas oportunidades, e outros estão sujeitos a doenças físicas e emocionais que os tornam incapazes de adaptar-se a situações não patológicas. Não foi feita uma pesquisa para nos dizer que porcentagem da população pobre se enquadra em cada uma destas categorias (Gans, 1968, páginas 205-6).

As famílias negras pobres também variam imensamente em suas inter-relações familiares, às vezes ativas, outras infrequentes ou ainda inexistentes.

O planejamento do trabalho com as famílias pobres foi fortemente influenciado pelo trabalho de Minuchin e colegas (1976), que tentaram observar, avaliar, intervir e documentar os seus sucessos e fracassos no trabalho com famílias pobres de gueto. Eles descreveram as famílias estudadas como desorganizadas e sem claras fronteiras geracionais e padrões de comunicação diferenciados. Eles delinearam a organização de dois tipos de famílias: as "desembaraçadas" e as "emaranhadas".

Aponte (1974, 1976b), que passou muitos anos trabalhando com estas famílias, observou que embora elas tenham sido chamadas de "desorganizadas", ele prefere usar o termo "suborganizadas", para sugerir não tanto um tipo inadequado de organização quanto uma deficiência nos graus de constância, diferenciação e flexibilidade da organização estrutural do sistema familiar. Ele distinguiu três suportes estruturais de padrões operacionais nos sistemas sociais: alinhamento, força e fronteira. O alinhamento se refere à união ou oposição de um membro do sistema em relação a outro ao executar uma operação. A força define a relativa influência de cada membro no resultado de uma atividade. A fronteira nos diz quem está incluído ou excluído da atividade. Aponte descreve as famílias suborganizadas como não tendo conseguido desenvolver e elaborar esses suportes organizacionais.

Lewis e Looney (1983) realizaram um estudo com 18 famílias do interior, negras, de classe trabalhadora, com dois progenitores, numa tentativa de explorar a utilidade do conceito de Beaver (1976) de um contínuo de competência familiar. A competência era definida em termos de duas tarefas: estabilizar as personalidades dos pais e desenvolver filhos autônomos. As famílias incluíam uma variação completa de funcionamento familiar. Apesar de sua baixa renda e contínuos estresses externos, elas eram famílias com um ótimo funcionamento. As famílias no extremo da linha da miséria foram consideradas as menos competentes; entretanto, os dados não sugeriram um simples relacionamento linear entre renda e funcionamento familiar.

Nós observamos quatro características distintivas nos ciclos de vida das famílias negras pobres: (1) Seu ciclo de vida parece mais truncado do que o das famílias de classe média, e as transições não estão claramente delineadas. (2) As famílias são frequentemente chefiadas por mulheres e do tipo de família ampliada. (3) Seu ciclo de vida é pontuado por numerosos eventos de vida imprediziveis e pelos estresses associados criados por eles. (4) Elas contam com poucos recursos para ajudá-las a lidar com estes estressores e dependem extensivamente das instituições governamentais para satisfazer até mesmo suas necessidades básicas.

Ciclo de vida truncado

Nas famílias negras pobres geralmente não existe tanto uma época prevista para o desdobramento dos vários estágios desenvolvimentais e elas se deparam com inúmeras crises vitais impredizíveis em cada estágio. Os membros da família saem de casa, casam, têm filhos e se tornam avós em idades muito mais iniciais do que seus semelhantes de classe média. Um ciclo de vida encurtado significa que há um tempo inadequado para resolver as tarefas desenvolvimentais de cada estágio, e os indivíduos frequentemente precisam assumir novos papéis e responsabilidades antes de serem capazes, em termos desenvolvimentais, de fazê-lo. As mudanças dos papéis de criança e adolescente para os papéis de cônjuge, pais e avós podem ser confusas e sem clara demarcação transicional ou ritos de passagem. Os estágios subsequentes ficam cada vez mais difíceis de atravessar, uma vez que os suportes sólidos das tarefas previamente resolvidas não estão lá, resultando num sistema familiar que talvez esteja inadequadamente organizado para lidar com suas necessidades.

Lares chefiados por mulheres

Frequentemente, se está presente um companheiro/pai, sua participação e tempo de permanência na família são pequenos. Os lares chefiados por mulheres na população negra aumentaram para 47% em 1980, de 21% em 1960 e 8% em 1950 (Noble, 1984). Geralmente a mãe, seus filhos e os filhos de suas filhas vivem juntos, ou à curta distância, sem uma clara definição de seus respectivos papéis. Esta adaptação às circunstâncias pode criar problemas adicionais, incluindo uma incrível carga econômica e emocional sobre a avó, e dificultar que as jovens mães assumam suas responsabilidades maternas. Na verdade, a super-representação das mulheres como chefes dos lares pobres resultou nos termos "a feminização da pobreza". Certamente, nem todas as famílias pobres chefiadas por mulheres são disfuncionais. As que são funcionais geralmente mantiveram o acesso a recursos contextuais e mantêm laços ricos, viáveis, com suas famílias ampliadas e com suas comunidades (Hill, 1977; Klausner, 1978; Goldberg & Duke, 1985).

Estresse impredizível

As famílias multiproblemáticas estão sujeitas à perda abrupta de seus membros através de rompimento familiar, morte, aprisionamento e adição ao álcool e a drogas. Juntamente com o fato básico da pobreza, isso cria barreiras adicionais ao desenvolvimento normal. O potencial de conflito emocional fica imensamente aumentado pelas realidades concretas da miséria, tal como a superlotação. Os recursos informais são continuamente taxados por crises, tornando muito mais difícil para a família responder às demandas do cotidiano.

Confiança no apoio institucional

As famílias negras pobres são frequentemente forçadas a buscar a assistência pública para satisfazerem suas necessidades básicas, o que acaba contribuindo para a maior deterioração de um sistema emocional já estressado. O exemplo mais claro é o pai, com pouco ou nenhum dinheiro, que sabe que se abandonar a família a deixará em melhor situação, pois eles passarão a receber benefícios médicos ou sustento do governo. Estas soluções institucionalizadas suplementam, mas não substituem, o apoio social e emocional existente mesmo na mais limitada estrutura familiar (Colon, 1973;1978). Conforme Lefever (1977) sugere, os relacionamentos primários têm uma importância ainda maior para as pessoas de baixa renda, porque a unidade familiar talvez seja a sua única fonte de avaliação favorável.

ESTÁGIOS DO CICLO DE VIDA FAMILIAR

O ciclo de vida encurtado descrito pode ser dividido em três estágios: adolescência/adulto jovem solteiro, a família com filhos pequenos e a família num estágio posterior de vida. Ao tentarmos comparar as tarefas normativas destes estágios com a realidade das famílias multiproblemáticas, podemos perceber melhor as dificuldades que estas famílias experienciam ao atravessarem este ciclo de vida. Embora os estágios estejam descritos amplamente em termos da experiência dos membros destas determinadas famílias, os estudos de caso que se seguem proporcionam uma perspectiva de três ou quatro gerações para os múltiplos problemas das famílias representativas em cada estágio.

Estágio I – Adolescência/adulto jovem solteiro

Os teóricos da família dizem que a capacidade do jovem de negociar as tarefas deste estágio é influenciada por sua observação dos membros adultos da família; mas já que as fronteiras entre a adolescência e a idade adulta jovem são tipicamente confusas, os objetivos normais da classe média neste estágio podem parecer impossíveis, de acordo com as observações dos adolescentes do mundo que os cerca. Existe geralmente uma qualidade "tudo-ou-nada", "fazer-ou-morrer", "pegar-ou-largar" na experiência do adolescente negro pobre, na medida em que eles rapidamente se descobrem com responsabilidades adultas. Além disso, parece que os negros pobres se deparam com esta dura realidade em idades cada vez mais iniciais, pois o que costumava ocorrer aos 16 ou 17 anos de idade está acontecendo agora ao 10 ou 11 anos.

Embora elas estejam baseadas no desenvolvimento psicológico normativo das famílias de classe média e talvez não correspondam à realidade da vida no gueto, para os propósitos desta discussão definiremos as tarefas deste estágio como: (1) diferenciação do eu, (2) estabelecimento do eu no trabalho e (3) desenvolvimento de relacionamentos íntimos com os iguais.

Diferenciação do eu

Os adolescentes das famílias negras pobres multiproblemáticas são frequentemente empurrados para fora de casa para prover a própria subsistência ou utilizados desesperadamente como uma fonte de ajuda concreta. Outros, ainda, continuam a morar em casa com uma definitiva necessidade de depender do apoio e afirmação que a família proporciona. No entanto, a maioria inevitavelmente considera insuportáveis as pressões do lar e procura distanciar-se da carga que a família representa. A influência dos iguais é poderosa e eles podem tentar precipitadamente se virar sozinhos, ou permanecer em casa mas recusar-se a contribuir de qualquer maneira para a situação familiar. Este senso de encargo não permite que se afastem gradualmente de suas famílias mas os arranca delas, deixando-os mal equipados para se saírem bem em estágios posteriores.

Estabelecimento do eu no trabalho

É extremamente difícil para os jovens negros pobres desenvolver um senso de comprometimento com o mundo do trabalho. Eles podem ter altas aspirações (Hines, 1978), mas as expectativas de realização de um jovem negro pobre podem ser limitadas pela observação da sempre presente realidade de fracasso. Os negros pobres estão super-representados nas estatísticas de abandono da escola secundária, e, em 1985, as estatísticas de desemprego dos jovens negros era de 39% – duas vezes e meia o índice dos jovens brancos (Norton, 1985). Aqueles que encontram empregos inferiores são afortunados, e o que está mais disponível é a atividade ilegal. A economia *underground* promete acabar rapidamente com a miséria e seu apelo é poderoso.

Alguns, mas pouquíssimos, têm sorte. Eles encontram as pessoas certas no momento certo, e conseguem vislumbrar seus talentos e ter um senso de responsabilidade. Com o apoio das pessoas interessadas, conseguem evitar os campos minados que os cercam e subir até a classe média. No entanto, mesmo esses poucos talvez precisem lidar com profundos sentimentos de culpa e confusão por terem deixado para trás suas famílias e seus iguais.

Desenvolvimento de relacionamentos íntimos com os iguais

Os jovens negros de famílias multiproblemáticas têm pouco tempo para desenvolver as capacidades essenciais para negociar com sucesso os relacionamentos íntimos, na medida em que os previamente citados concomitantes da miséria não sustentam os relacionamentos. Além disso, a experimentação sexual adolescente provavelmente será rapidamente substituída pela responsabilidade paterna.

Embora as adolescentes negras sejam menos discriminadas, em certos aspectos, do que as brancas, elas muitas vezes consideram a maternidade como sua única chance de identidade positiva. Conforme Gibbs (1984) escreve: "Elas são crianças tendo filhos, com profundas consequências físicas e psicossociais para si mesmas, assim como para... seus bebês e suas famílias" (página 10).

O adolescente do sexo masculino, em virtude de limitadas opções de trabalho e das desanimadoras chances de conseguirem cumprir as funções dos homens adultos nesta sociedade, muitas vezes se tornam uma figura temporária nesses relacionamentos heterossexuais. De fato, ele talvez tenha visto poucos homens funcionando como marido e pai com um emprego estável. Consequentemente, ele afirma sua masculinidade através de uma função procriativa mas raramente consegue ir além deste ponto.

Exemplo de caso: a família Gary

A agência de proteção à criança encaminhou Natalie, de 13 anos de idade, na quinta série, em virtude de sua recusa a ir à escola, de seu desempenho insuficiente, relacionamentos inadequados com os companheiros e conflitos familiares. Cinco anos antes, ela havia sido encaminhada por problemas escolares. No ano anterior, ela fora hospitalizada por uma tentativa de suicídio, na qual tomou seis tipos de medicação, e há alguns meses ela passara duas semanas num centro de tratamento para adolescentes depois de esfaquear sua irmã. Ela também tinha artrite juvenil. Seu irmão Ronnie também tinha uma história de hospitalizações psiquiátricas e era atendido esporadicamente em sessões de seguimento. Sua irmã Jill, mãe solteira, estava grávida do segundo filho e fora recentemente abandonada pelo pai de ambas as crianças. Deprimida e retraída, Jill tinha frequentes ideias de suicídio, e a mãe, a Sra. Gary, a levava junto sempre que saía de casa. A Sra. Gary também cuidava do bebê de Jill (enquanto esta ia à escola), assim como de dois filhos seus ainda pequenos e de outros dois filhos de uma mãe "irresponsável" da vizinhança. A filha Mary saíra de casa depois de brigar com a mãe por causa da paciente, Natalie. A filha mais velha, Hazel, também não morava mais em casa.

Esses dados foram coletados numa visita à casa, depois de a Sra. Gary ter ligado em cima da hora cancelando sua consulta em virtude de um ferimento na perna. Várias observações foram feitas durante uma entrevista bastante casual de duas horas, realizada em meio às rotinas normais da família Gary. Natalie estava hostil e pouco cooperativa com os entrevistadores. Ela assumia um papel paterno em relação aos irmãos, que pareciam relativamente felizes e bem-cuidados. A Sra. Gary achava que não tinha direito de queixar-se, já que seus problemas não se comparavam aos que sua mãe enfrentara com 11 filhos. Ela disse que sempre tivera o papel de cuidadora, e embora relatasse muita depressão em relação à sua vida, incluindo o fim de um relacionamento no ano anterior, ela não tinha tempo para "preocupar-se com isso". Sua maior preocupação no presente era o estado mental de Jill e as crianças pequenas, das quais insistia em cuidar em casa apesar da existência da creche. Ela nos informou que também assumiria o segundo filho de Jill, pois não queria que ele fosse entregue para adoção, e ficamos sabendo que não recebia nenhuma ajuda financeira pelas outras crianças que cuidava. Jill manifestou um certo interesse pelo tratamento e Ronnie disse que sua terapia também o ajudara.

Intensamente envolvida em seu papel materno, a Sra. Gary enviava uma mensagem ambivalente em relação à escolha de Jill de ser uma mãe adolescente. Nós também concluímos que os filhos nesta família somente podiam deixar a mãe através da raiva e do rompimento. A luta transicional normal entre pais e adolescentes parecia intensificada pelas simultâneas, mas conflituantes, tarefas com as quais a Sra. Gary se deparava. Ela tinha a tarefa de permitir e estimular a independência de seus filhos mais velhos, ao mesmo tempo em que reforçava sua posição como progenitora com os filhos pequenos. A dificuldade de cumprir essas duas tarefas simultaneamente pode contribuir para aquilo que frequentemente observamos – os pais desistindo de suas responsabilidades paternas por seus filhos adolescentes.

A equipe de terapia aceitou a definição da Sra. Gary do problema, e no final da sessão ela concordou em mandar Jill para uma segunda sessão e em ir ela própria quando fosse necessário. Como era esperado, eles não seguiram com a terapia. A natureza intensa, facilmente esmagadora do cotidiano dos Gary, os limitados recursos para canalizar, ou inclusive de ficar sozinho para examinar as próprias frustrações, juntamente com o legado de "força familiar" transmitido pela Sra. Gary, contribuíam para a propensão familiar a negar ou diminuir as variadas necessidades desenvolvimentais de seus membros. (Os adolescentes e os adultos jovens sofrem muito num caso desses, pois é neste estágio que sua necessidade de separar-se emocional e fisicamente da família é maior.) Na medida em que os jovens Gary se aproximavam da idade adulta, as mensagens ambíguas e ambivalentes referentes aos seus privilégios e responsabilidades intensificavam as brigas adolescentes normais, e eles se tornavam ainda mais vulneráveis à atuação de seus conflitos e à influência negativa de seus iguais. Dadas as múltiplas exigências à Sra. Gary, a melhor maneira de conseguirem atenção e novas opções para sair de sua situação opressiva era ficarem doentes ou agirem mal. Os Gary foram contatados por carta e não responderam. No caso dos Gary, as crises claramente haviam passado e as agências envolvidas com a família estavam mais preocupadas com as circunstâncias do que os próprios membros da família. Menos de um anos depois, a família ressurgiu. A Sra. Gary havia casado novamente, e Natalie fugira e fora hospitalizada mais uma vez.

Estágio 2 – A família com filhos

De modo significativo, para dois terços das mulheres negras esta fase começa sem o benefício do casamento (Cherlin, 1981). Embora esta estatística inclua mães negras maduras da classe trabalhadora e da classe média que optaram por ter filhos fora do casamento, muitas dessas mães ainda são adolescentes e solteiras. Em 1981, 83% dos bebês de mães negras adolescentes nasceram fora do casamento. Fursenberg (1986) realizou um estudo

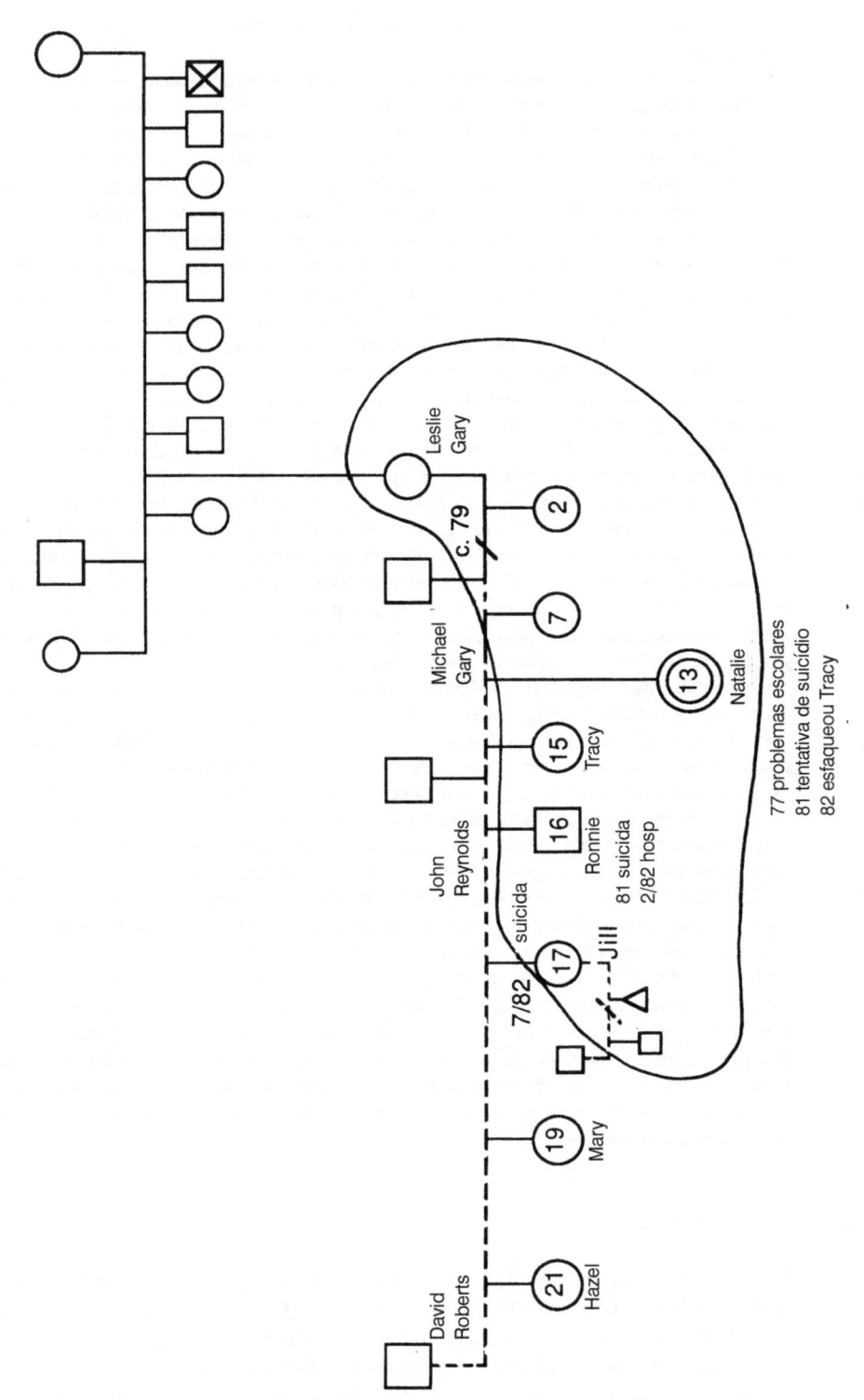

Figura 21.1 Família com adolescentes: a família Gary.

com 300 mães negras adolescentes e descobriu que mesmo nas famílias de alto risco as mães adolescentes conseguiam escapar da miséria se limitassem o número de nascimentos subsequentes e se envolvessem em programas educacionais incluindo aconselhamento, educação dos filhos, saúde e planejamento familiar. A maioria daquelas que estavam se saindo bem estava casada ou vivendo com um homem que proporcionava uma renda extra. No entanto, aquelas que chegam a casar provavelmente irão divorciar-se ou separar-se. Por exemplo, Teachman (1983) descobriu que as mulheres negras que casam antes dos 16 anos apresentam uma probabilidade de 57% de dissolução conjugal. Ele também descobriu que os nascimentos pré-conjugais diminuem as chances de um casamento bem-sucedido em 33%, mesmo quando comparamos com os nascimentos pós-conjugais que ocorrem num período de até sete meses depois do casamento. A subsequente busca de um parceiro é difícil para a mãe solteira, pois ela fica limitada por suas responsabilidades. Se ela casar com um homem mais velho do que o pai de seu filho também existirá um maior potencial de atrito conjugal em relação a papéis, o que contribui bastante para o índice de rompimento conjugal.

A implicação para uma mulher negra pobre é a de que seu papel pode limitar-se, numa idade precoce, ao de cuidadora. Ela provavelmente interromperá sua instrução, e tornar-se-á dependente da *Aid for Dependent Children (AFDC),* para sustento e benefícios médicos. Se e quando ela chegar a entrar no mercado de trabalho, os custos de creche e transporte talvez sejam proibitivos, e poucas opções terá uma vez que não tem história anterior de trabalho e poucas, se alguma, capacidades vendáveis.

Em termos do desenvolvimento normal, as tarefas desta fase combinam as maiores tarefas do "casal recém-casado" e da "família com filhos pequenos". Elas são (1) formar um sistema conjugal, (2) assumir papéis paternos e (3) realinhamento dos relacionamentos com a família. As tarefas relacionadas de ajustamento, que incluem a geração mais velha, assumem um significado diferente na medida em que a avó se torna a fonte primária de assistência, se não a verdadeira chefe da família.

Formando um sistema conjugal

Em 1982, o índice de divórcio para os negros era de 220 em 1000 – o dobro do índice para os brancos (Cherlin, 1981). Embora não esteja claro quantas pessoas pobres estão representadas nesta estatística, os relacionamentos homem-mulher entre os negros pobres (casados ou não casados) são inerentemente instáveis. É extremamente difícil sustentar um relacionamento num contexto de crônico estresse. As pressões da vida cotidiana induzem transações marido/mulher tipicamente incompletas, vagas e não resolvidas. Questões conflituais envolvendo o uso do tempo e dinheiro são tão fluidas que os casais acham difícil explorar, negociar e modificar estas áreas de sua vida.

O conflito entre os cônjuges parece surgir de várias definições incompletas de papel, uma vez que nenhum deles teve a oportunidade de completar as tarefas da infância e da adolescência. Pode haver lacunas, inconsistências, confusão e incerteza em relação a como os papéis adultos são desempenhados. Isso é frequentemente resultado das histórias interpessoais, sociais e emocionais empobrecidas de seus pais. Embora alguns possam ter modelos estáveis para os papéis conjugais na família ampliada, para muitos o único modelo está nas famílias da televisão, cujos recursos são muito mais abundantes do que os deles. A atração da antiga vida de solteiro, mais excitante, é poderosa quando comparada aos tormentos de um futuro preenchido pelas esmagadoras necessidades dos filhos pequenos e do trabalho mal remunerado.

Um outro fator significativo que influencia grandemente os relacionamentos homem/mulher é o da proporção homem/mulher. As mulheres negras entre 20 e 40 anos de idade superam em número os homens negros em quase 700.000. Estas são diferenças suficientemente significativas para afetar o potencial para o casamento quando consideradas junto com as outras condições que tornam os homens negros menos disponíveis. Staples (1981) escreve: "Muitos defeitos de um parceiro negro precisam ser tolerados para que a mulher tenha afeição e uma companhia. Em certo sentido, muitas mulheres negras tem de amar nos termos do homem" (página 32). Quando as tensões e os conflitos chegam à superfície, como inevitavelmente chegam, podem estar relacionados a este desequilíbrio. Em qualquer caso, existem menos opções de resolução.

Assumindo papéis paternos

Embora a procriação seja talvez a única fonte de continuidade para os casais negros pobres, a chegada dos filhos quando os pais não têm empregos significa problemas para nova família. Ainda primariamente identificados com seu grupo adolescente de iguais, eles tendem a evitar papéis adultos paternos; as funções da mutualidade e da responsabilidade adulta pelos filhos compartilhada talvez demorem a se desenvolver. Geralmente, a mãe é obrigada a obter a ajuda da AFDC, e o pai se torna o homem periférico. Em alguns casos, ambos os pais permanecem imaturos, e os filhos precisam se virar sozinhos para sobreviver (Minuchin e colaboradores, 1967).

Conforme este sistema evolui, a mulher, que tem a maior oportunidade econômica, se torna a força organizadora central da família. Os rompimentos e as longas separações conjugais são comuns. Entretanto, Cherlin (1981) observa que isso não significa uma total ausência de contato entre os parceiros ou entre o pai e os filhos, um fato frequentemente ignorado em terapia. Com sua crença internalizada de que não se pode confiar ou depender dos homens, a mulher talvez contribua para o status periférico de seu companheiro. Assim, ela pode manter distância como parceira e limitar seu envolvimento com os filhos (alguns dos quais talvez não sejam filhos biológicos dele) de modo a protegê-los do sofrimento caso ele resolva ir embora. Se o marido/pai ficar por perto, o subsistema conjugal pode ficar vagamente delineado ou definido (Minuchin e colaboradores, 1967), pois num contexto de escassez o papel do homem como ganha-pão supera qualquer outro papel que ele possa ter.

Com o passar do tempo, os filhos podem vir a enxergar o pai/companheiro como um membro inútil da família. Os filhos do sexo masculino, em particular, são prejudicados por este conceito depreciativo da condição de homem e pela incapacidade de visualizar um papel para eles na família. O cara da loteria dos números (o que equivaleria no Brasil ao jogo do bicho) e o traficante de drogas podem ser as pessoas com as quais eles se identificam e que os confundem ainda mais, ao igualar a irresponsabilidade e a violência à masculinidade. Entretanto, sem uma figura masculina adulta consistente, os filhos de ambos os sexos perdem uma rica fonte de identificação com o subsistema conjugal e o papel do pai.

A mãe, única responsável pelo cuidado do filhos, logo fica sobrecarregada, e eventualmente um "filho no papel paterno" pode tentar ajudá-la. Esses filhos estão numa posição difícil, e, com capacidades ou poder inadequados, podem facilmente tornar-se objeto da raiva dos irmãos. Estes podem invejar os favores especiais que aquele filho recebe da mãe, ou enraivecer-se com a mãe por esta não ser um progenitor adequado (Minuchin e colaboradores, 1967). Igualmente importante, as necessidades da família entram em conflito com as necessidades desenvolvimentais do jovem, fazendo com que o filho repita o padrão familiar.

Em geral, as crianças em idade escolar das famílias multiproblemáticas enfrentam uma vida terrível e correm um grande risco de desajustamento. A mãe, cronicamente sobrecarregada e deprimida, pode ser incapaz de responder a qualquer um dos filhos numa base individual. As expectativas podem mudar abruptamente sem que a criança esteja pronta para responder. Sem uma atenção adequada, estas crianças frequentemente não conseguem desenvolver capacidades vitais cognitivas, afetivas e de comunicação. Dada essa realidade, elas facilmente preenchem as expectativas negativas dos professores num sistema escolar orientado para a classe média.

A disciplina tende a ser autoritária, num esforço para fortalecer as capacidades de sobrevivência das crianças. A punição física é o modo principal de estabelecer limites. Inseridos num ambiente duro, os pais exigem respostas rápidas e ficam impacientes quando os filhos não obedecem. Muitos não conseguem mudar para outra forma de disciplina quando os filhos atingem a adolescência e, assim, se sentem mais sem controle do que precisariam, quando a família atinge este estágio.

Realinhamento dos relacionamentos

A integração dos companheiros e/ou filhos na família não é necessariamente experienciada como um estresse maior, dado o contexto de família ampliada das famílias negras. As fronteiras são facilmente afrouxadas para aceitar recém-chegados; a inclusão emocional e funcional num sistema de mútuo intercâmbio pode começar durante o namoro. A chegada de filhos antes ou no início de um relacionamento de casal apressa a aceitação do novo companheiro na rede da família ampliada. Os novos casais frequentemente moram na casa de um dos pais ou membro da família, ou bem perto, e interagem quase diariamente. A rede da família ampliada proporciona uma proteção necessária, particularmente no caso da família com filhos. Entretanto, o nível de inter-relacionamento deixa espaço para alguns problemas predizíveis. As negociações normais das decisões cotidianas são complicadas pela necessidade de administrar o impacto sobre a rede maior da família ampliada. Os membros da família precisam lutar com questões de lealdade entre a família recentemente criada e um ou dois sistemas de família ampliada. O casamento e/ou os filhos podem trazer mudanças de papel e relacionamento, mas a hierarquia geracional é mantida. Os jovens adultos que não tiveram tempo suficiente para estabelecer suas identidades separadas estão predispostos a continuar funcionando sem considerar inteiramente as exigências de papel que um casamento ou a paternidade trazem.

Exemplo de caso: a família James

A Srta. James, de 22 anos de idade, mãe solteira de dois meninos que dependiam da assistência social, procurou a clínica por estar preocupada com seu filho de sete anos, Marshall. A família incluía também Anthony, de cinco anos, de um outro relacionamento da Srta. James. Depois de muito perguntar a Marshall sobre sua tardia chegada da escola, o namorado da Srta. James, Sr. Newton, que morava com eles, contou que ele estava sendo abusado sexualmente por vários outros meninos maiores na escola.

Os perpetradores incluíam um primo que se mudara para o sul há alguns anos. A Srta. James imaginava que o abuso começara no mínimo antes da partida deste primo. Mais recentemente, Marshall também contara que fora vitimado por dois homens jovens que o haviam levado, e a seu irmão, a um programa na igreja. Marshall revelou que ficara com medo de apanhar dos meninos na escola e também que eles deixassem de ser seus amigos. Ele também admitiu que gostara um pouco dos contatos sexuais e temia ser castigado pela mãe. A Srta. James temia que Marshall continuasse a ser vitimizado em virtude de seu medo de ser rejeitado pelas outras crianças e de sua relutância em recorrer a ela quando precisava de ajuda para seus problemas. O abuso foi negado por todos os acusados. As autoridades escolares concordaram em transferir Marshall da escola em que os incidentes tiveram lugar, uma vez que haviam permitido que um detetive acompanhasse Marshall de aula em aula para identificar os meninos acusados.

Desesperada, a Srta. James espancou Marshall até machucá-lo por ele não ter contado logo a verdade, e teve de apresentar-se na agência de proteção à criança. Intimidada pela escola, pela polícia e pela agência, ela ficou muito deprimida pela falta de apoio da família e culpada por sua própria inadequação. Ela também relatou problemas com o Sr. Newton, que não tinha um relacionamento positivo com nenhuma das crianças. Um duro disciplinador, ele ocasionalmente usava drogas e não contribuía financeiramente em casa.

A Srta. James havia se mudado para o norte, depois de abandonar a escola secundária, quando Marshall estava com um ano de idade. Antes disso, sua mãe havia cuidado da criança. A Srta. Marshall sentia-se muito culpada por "ter tirado Marshall" de sua mãe. Quando ela estava com 14 anos de idade, sua mãe havia abandonado o marido e os filhos. O relacionamento entre elas fora tenso desde então. A avó agora criticava abertamente seu relacionamento com o Sr. Newton e solapava os esforços deste para disciplinar as crianças. Embora trabalhasse como voluntária na escola, a Srta. James não tinha uma rede social e disse não ter dinheiro ou transporte para buscar outros interesses. Além disso, ela achava que suas irmãs exigiam demais a sua ajuda, esgotando sua energia e recursos concretos.

Considerando o paradigma do ciclo de vida familiar, a terapeuta concluiu que a capacidade da Srta. James de nutrir, reassegurar e proteger seus filhos das realidades de seu ambiente estava prejudicada por seu sentimento de culpa, depressão e impotência. Como a maioria das mulheres que se tornam mães durante a adolescência, ela sempre se sentira inadequada em sua capacidade como progenitora. Sua conexão com a mãe fora abruptamente rompida durante a adolescência. Marshall e seu irmão haviam preenchido um vácuo emocional para ambas as mulheres, que jamais conseguiram resolver seus conflitos uma com a outra. Consciente do triângulo e querendo provar a si mesma que era competente como mãe, a Srta. James não desenvolveu os relacionamentos normais com seus iguais na adolescência ou idade adulta jovem. Estes fatores, juntamente com o desejo de proteger seus filhos dos perigos do seu ambiente urbano, contribuíram para uma dura disciplina que a deixou inacessível aos filhos, e acabou sujeitando-a à supervisão da agência de proteção à criança; inevitavelmente, isto aumentou seu sentimento de inadequação e impotência. A questão, para a terapeuta, era claramente a de compreender os comportamentos adaptativos da mãe e dos filhos em relação às suas necessidades, interromper a espiral problema-resposta-problema e reforçar a capacidade da Srta. James de ajudar seu filho a evitar novos abusos. A terapeuta tinha certeza de que o problema ia além da família, estando também na recusa do sistema mais amplo a intervir com os prováveis abusadores, para garantir que outras crianças também não fossem abusadas. A terapeuta conseguiu fazer com que a Srta. James afirmasse seus direitos às autoridades escolares e policiais, salientando suas forças e informando-a das opções de ação. Ela também foi encorajada a prestar mais atenção às suas necessidades e pareceu ficar aliviada quando a terapeuta confirmou os múltiplos estresses em sua vida. Foram sugeridos métodos alternativos para disciplinar seus filhos e também que ela inscrevesse os meninos num programa de recreação depois da escola. Marshall entrou em terapia individual e num grupo para desenvolver habilidades sociais. Ele beneficiou-se muito desta oportunidade de melhorar suas habilidades sociais e desenvolveu relações positivas de amizade. Consequentemente, suas queixas sobre a aceitação dos amigos diminuíram.

A Srta. James fez grandes progressos na terapia, mas continuou a ter dificuldades com o Sr. Newton, que não quis participar das sessões. Durante o curso do tratamento, ela recebeu seu diploma de equivalência geral, inscreveu-se num programa de enfermagem e conseguiu um emprego de meio-turno. Seu manejo dos filhos melhorou. Os conflitos do casal escalaram depois da morte da mãe da Srta. James, e sua irmã mudou-se para o apartamento durante alguns meses. Ela acabou conseguindo uma ordem do tribunal para tirar o Sr. Newton de casa, embora voltasse mais tarde a reunir-se com ele. Ela tinha medo de ficar sozinha e de expor os filhos a uma série de relacionamentos que não seriam mais satisfatórios do que este. No último contato, ela relatou que o relacionamento do Sr. Newton com os meninos melhorara significativamente, embora a interação do casal continuasse insatisfatória.

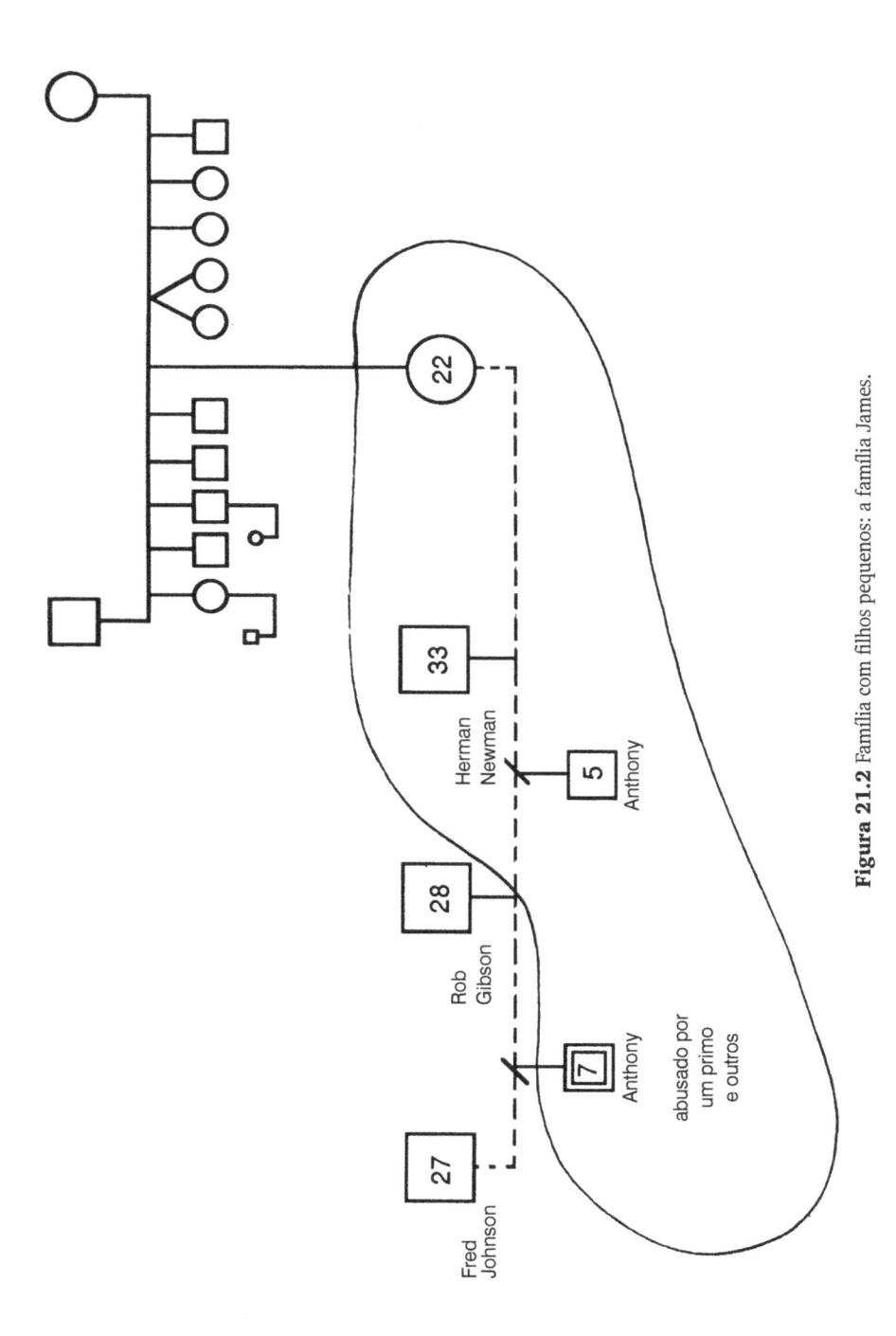

Figura 21.2 Família com filhos pequenos: a família James.

Estágio 3 – A Família no Estágio Tardio da Vida

Em contraste com as famílias de classe média, este estágio para as famílias negras pobres multiproblemáticas não significa uma redução das responsabilidades cotidianas e uma mudança para as questões que cercam a aposentadoria, na geração mais velha. Os membros idosos da família são grandes fontes de sabedoria e força em virtude de sua sobrevivência. Entretanto, os homens, em particular, geralmente morrem antes ou logo depois da aposentadoria. Muitas pessoas idosas continuam a trabalhar para conseguirem sobreviver, apesar de problemas de saúde. Não é provável que haja um "ninho vazio"; de fato, em decorrência do nível de inter-relacionamento entre os membros da família, os idosos costumam ser membros ativos das famílias em expansão e dos sistemas familiares. A tarefa de mudar papéis geracionais muitas vezes já surgiu antes do meio da vida, quando a filha num papel paterno descrita no estágio 2 tenta escapar da família tornando-se mãe. Entretanto, depois que o bebê nasce, ela pode ser incapaz de mudar, de deixar de ser uma filha "num papel paterno" para tornar-se mãe. Sua própria mãe também pode não permitir que esta mudança ocorra, ou ser incapaz de mudar para o papel de avó. O bebê pode sentir sua mãe como uma "irmã mais velha", enquanto a nova mãe continua sendo primariamente uma filha.

Nesse momento, o que frequentemente surge é um sistema familiar de três ou quatro gerações, chefiado por uma avó que é responsável por cuidar de seus filhos pequenos, alguns de seus netos e possivelmente de alguns bisnetos. Dados os debilitantes efeitos da miséria durante uma vida inteira, em muitos casos ela atinge esse estágio posterior da vida com severos problemas médicos que influenciam sua capacidade de lidar satisfatoriamente com esta tarefa esmagadora. Para o sistema familiar mais amplo, as questões permanecem semelhantes às dos estágios anteriores, pois geralmente ainda há adolescentes e jovens adultos na casa, assim como crianças pequenas a serem cuidadas. Um crescimento adulto adicional para a avó é bloqueado por essas contínuas responsabilidades e o impulso para a frente do ciclo de vida para todos os membros da família pode ser protelado.

O papel da avó não evoluída neste tipo de ambiente requer que ela seja um ser humano excepcional. Embora os papéis sejam tipicamente confusos nestas famílias, o status da avó não evoluída é geralmente o mais bem definido. Entretanto, sua capacidade de desempenhar esse papel é taxada pela persistência das crises econômicas, e as famílias negras pobres podem fragmentar-se totalmente, ou serem obrigadas a viver juntas em habitações apinhadas, inadequadas. Na verdade, estatísticas recentes indicam que as mulheres negras pobres neste estágio provavelmente estarão em más condições de saúde e terão uma renda inferior a $3,500 por ano. A vida cotidiana fica ainda mais complicada pelos conflitos envolvendo as questões não resolvidas entre os vários membros da família no sistema familiar ampliado.

Exemplo de caso: a família Arnold

Depois de um derrame, a Sra. Arnold, de 79 anos de idade, uma bisavó uma vez divorciada e duas vezes viúva, foi encaminhada à agência de atendimento familiar por sua enfermeira da saúde pública. Confinada a uma cadeira de rodas, ela morava com Margaret, de 30 anos, sua neta, e suas bisnetas, Ann, de 11 anos, e Lisa, de 9, das quais ela cuidava enquanto Margaret trabalhava. A mãe de Margaret, Flo, de 61 anos de idade, era a única filha da Sra. Arnold. A Sra. Arnold e Flo tinham um relacionamento altamente conflituado, marcado por vários períodos sem contato. Margaret e Flo também tinham um relacionamento ruim, de modo que a jovem recorreu à avó, e não à mãe, para ajudá-la com suas filhas. A Sra. Arnold era proprietária de sua casa com um único quarto, e se sustentava por meio da Segurança Social e dos pagamentos pela incapacidade física. Margaret, que trabalhava em tempo integral por um salário mínimo,

As mudanças no ciclo de vida familiar **455**

Figura 21.3 A família num estágio posterior de vida: a família Arnold.

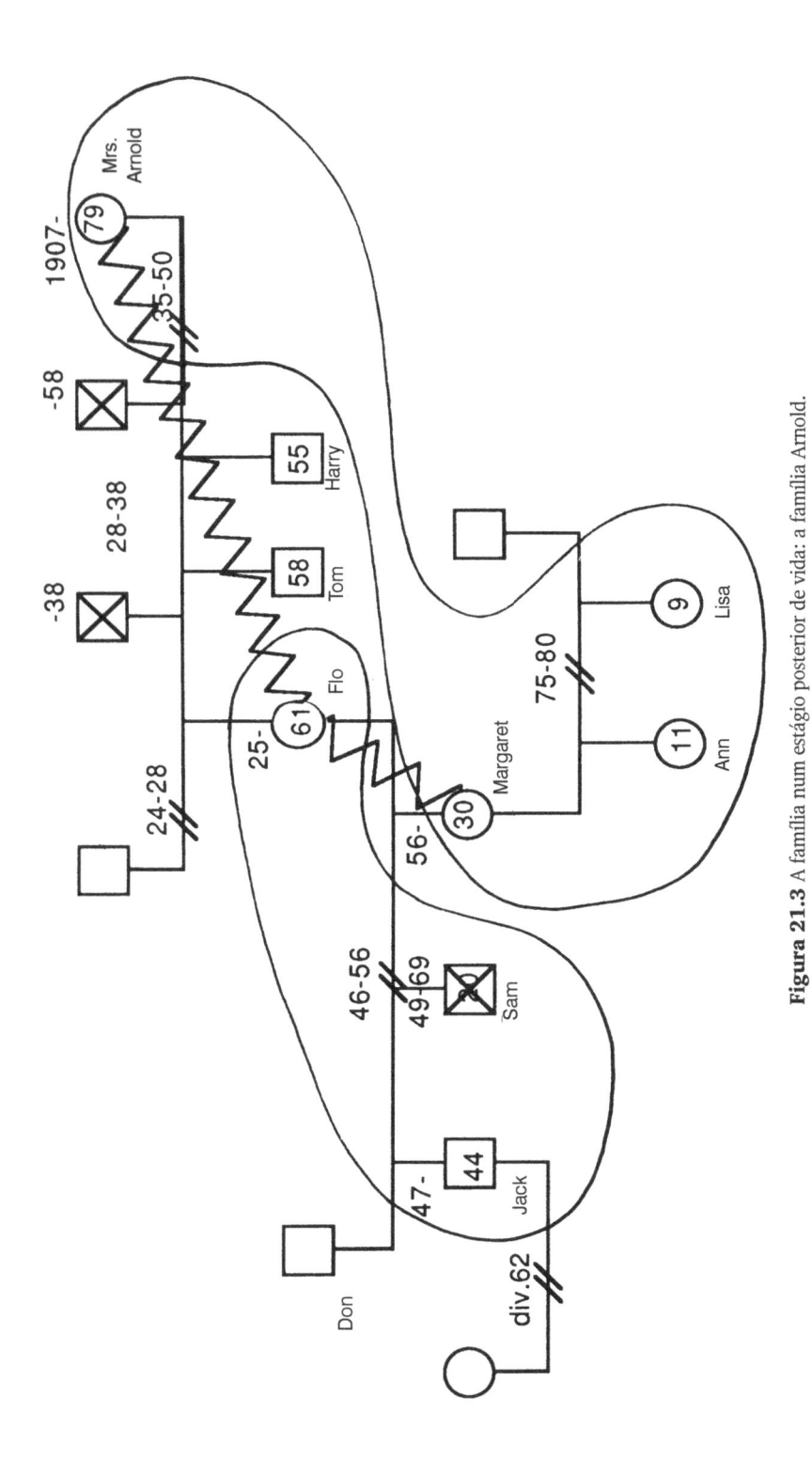

deveria contribuir financeiramente, mas não o fazia. Ao contrário, ela passava a maior parte de seu tempo livre bebendo no bar local com seus amigos. Nesse momento, a Sra. Arnold, que recentemente parara de beber, estava ameaçando deixar de cuidar de Ann e Lisa.

Estava claro que os problemas da Sra. Arnold com Flo originavam-se da história conjugal da primeira. A Sra. Arnold casara com o pai de Flo aos 17 anos de idade, e Flo fora a única filha do casal. Depois de quatro anos, eles se divorciaram em virtude da "imaturidade" dele, e no ano seguinte ela casou com o segundo marido. Flo foi criada durante um certo tempo com dois filhos mais jovens deste homem. Uma figura relativamente estável em casa, o segundo marido morreu depois de nove anos. Quando Flo estava com 17 anos, sua mãe casou novamente. O terceiro marido morreu 15 anos mais tarde. Flo aproximava-se intermitentemente da mãe, quando ela estava divorciada ou viúva. Entretanto, cada vez que ela casava, a Sra. Arnold tendia a excluir Flo do relacionamento.

Flo casou com Don, pai de Margarete um ano depois do terceiro casamento da mãe. O casal teve dois outros filhos, Sam e Jack. Sam morreu aos 20 anos de idade, de insuficiência cardíaca, e Jack atualmente morava com Flo, depois de divorciar-se. Margaret achava que Flo favorecia Jack, o que, dado o intenso apego de Flo ao filho, não era uma avaliação insensata. Novamente, o padrão de mau relacionamento mãe-filha foi repetido. Margaret casou aos 19 anos, teve Ann e Lisa, e divorciou-se depois de seis anos. Ela inicialmente foi morar com a Sra. Arnold e recebia AFDC, dizendo-se incapaz de cuidar das filhas e trabalhar ao mesmo tempo. Quando ela se empregou, as filhas foram colocadas temporariamente em lares adotivos, mas voltaram a morar com a Sra. Arnold, com quem viviam há quatro anos e meio.

Em primeiro lugar, a terapeuta ajudou a Sra. Arnold com um problema prático do cotidiano, fazendo com que uma rampa fosse construída na sua casa para facilitar o trânsito da sua cadeira de rodas. A terapia depois buscou facilitar os relacionamentos mãe-filha nas quatro gerações. Com certa dificuldade, Flo foi envolvida no processo terapêutico, e ela e sua mãe passaram algum tempo revisando suas experiências em torno dos três maridos/pais na sua história compartilhada. Depois de perceber mudanças em seu relacionamento com a mãe, Flo conseguiu aproximar-se de Margaret. Este, também, foi um projeto a longo prazo, pois Margaret de início estava desconfiada e não responsiva aos esforços da mãe.

O último passo era o de aproximar as três mulheres para diferenciar melhor seus respectivos papéis e solidificar e integrar as conquistas que haviam realizado. Na medida em que Flo e Margaret trabalhavam questões com suas mães, elas se tornavam mães mais efetivas para suas próprias filhas. Quando isso aconteceu, a Sra. Arnold conseguiu diminuir suas responsabilidades por Ann e Lisa, e Flo, que também não estava trabalhando, assumiu mais as tarefas de avó. Enquanto isso, Margaret começou a interessar-se mais ativamente pelas filhas e a velocidade do processo geracional cruzado foi reativada, conforme os papéis paternos eram novamente passados de uma geração para outra.

Este caso ilustra como as tarefas transicionais da terceira idade na geração mais velha das famílias negras pobres multiproblemáticas são frequentemente coloridas pela interdependência que a pobreza e os valores culturais impõem. O ativo e diário envolvimento das famílias multigeracionais aumenta a interação de suas tarefas de fase de vida. Os membros da família podem incluir de três a quatro gerações; assim, é altamente provável o aparecimento dos conflitos intergeracionais. A realidade exige que os idosos assumam papéis significativos; a tarefa terapêutica é a de ajudá-los a serem úteis sem superfuncionarem. A terapia familiar facilitou uma mudança para novas opções que permitiram ao sistema familiar multigeracional prosseguir com suas vidas interligadas sem repetir os padrões que haviam levado à triangulação de membros mais jovens da família.

AVALIAÇÃO E INTERVENÇÃO

A adequada avaliação das famílias pobres multiproblemáticas, assim como a de todas as famílias, exige a coleta de informações para um genetograma (Bowen, 1978; McGoldrick & Gerson, 1985). Esta informação demográfica e os detalhes concomitantes referentes aos eventos de vida e sistemas existentes na família ajudam o terapeuta a decidir quem deverá participar das sessões. Os dados também permitem o entendimento das forças e conexões da família com seu ecosistema. Infelizmente, a questão não é apenas se tal família pode conectar-se viavelmente com as fontes de apoio e continuidade externas, mas se esses apoios externos existem.

Uma família pode ser encaminhada por causa dos problemas de um dos membros, mas ter numerosas outras preocupações em relação a outros da família. Muitas vezes, as famílias aparecem relutantemente, afirmando que não têm problemas e expressando pouco ou nenhum entendimento do motivo pelo qual foram encaminhadas. Os terapeutas podem supor, de modo geral, que estas famílias têm poucas informações, ou informações distorcidas, sobre o que esperar, de que maneira o processo ajudará e a natureza do relacionamento do terapeuta com outras agências envolvidas em suas vidas. A história e sua experiência contemporânea determinam a desconfiança, e, no melhor dos casos, uma postura ambivalente sobre procurar ajuda (Hines & Boyd-Franklin, 1982).

O terapeuta entra na sala com a tarefa de engajar a família, limitar o campo de investigação de modo a não sentir-se esmagado, compreender o(s) problema(s) apresentado(s) dentro do contexto familiar e de sua ecologia mais ampla, e intervir de tal maneira que a família seja mobilizada para pensar de modo diferente sobre a pessoa identificada, o problema e a validade de retornar, quando for o caso. Perguntas relevantes incluem as seguintes:

1. Qual é a definição familiar do problema que os trouxe à terapia?
2. Onde o problema está ocorrendo e que sistemas estão envolvidos?
3. Em que ponto da vida do problema e do ciclo de vida a família está buscando ajuda?
4. De que maneira o problema identificado se relaciona à fase atual ou transição do ciclo de vida familiar, assim como a questões não resolvidas no ciclo de vida familiar do sistema multigeracional?
5. Quem tem o poder de influenciar os resultados, com relação ao problema?
6. Qual é o relacionamento familiar com o agente que encaminhou e quão consistentes são as percepções do problema por parte dos membros da família?
7. Que experiências e atitudes têm os membros da família em relação aos agentes de auxílio, em geral, e em relação à terapia, em particular?
8. Com base nos dados disponíveis, qual é a hipótese plausível sobre aquilo que está mantendo o problema?
9. De que maneira o problema apresentado pode ser redefinido para mudar a percepção da família sobre o cliente e o "problema" identificado?
10. Quais serão as consequências para todos os membros da família se o problema for resolvido?
11. Que forças individuais e familiares, assim como recursos da comunidade, podem ser mobilizados?

A investigação dessas áreas deve ajudar o terapeuta a definir as forças da família, assim como as informações, atitudes, mudanças emocionais, capacidades comportamentais, e recursos extrafamiliares de que a família precisa para exercitar maneiras alternativas de enfrentar o problema. A distinção entre avaliação e intervenção talvez se torne artificial, no sentido de que ambas precisam ocorrer durante a primeira sessão para maximizar o impacto terapêutico. As intervenções clínicas podem ser agrupadas em quatro categorias gerais: (1) estrutural, (2) sistemas mais amplos, (3) educacional e reabilitativa e (4) modelos de tempo ampliado.

Com outros serviços sociais como auxílio, aqueles que utilizam o método estrutural entram rapidamente para apoiar a hierarquia familiar distorcida (normalmente depositada na mãe e na avó) e para definir as fronteiras geracionais (Minuchin e colaboradores, 1967, 1976; Haley, 1976).

Também existem abordagens enfatizando os sistemas mais amplos que possuem claras aplicações no trabalho com famílias pobres. Aponte (1974, 1976) expandiu o modelo estrutural para incluir o inter-relacionamento entre a família e sistemas mais amplos. A abordagem "eco-estrutural" reconhece que os problemas da família podem estar fora do sistema familiar. Assim, o terapeuta pode convidar pessoas relevantes de fora do sistema familiar para participar das sessões familiares, de modo a facilitar a avaliação e a intervenção, e/ou realizar sessões terapêuticas fora da clínica (por exemplo, nas escolas).

Palazzoli e colaboradores (1980) descrevem usos efetivos de intervenções sistêmicas com a participação, na sessão, da pessoa que fez o encaminhamento, ou com intervenções que levam em conta o relacionamento com o agente que encaminhou a família. Coppersmith descreveu um modelo em que um consultor é convidado, normalmente pelo terapeuta da família, a conduzir uma série de entrevistas conjuntas com a família, o terapeuta familiar e representantes de sistemas mais amplos (Coppersmith, 1983b, página 40). Este modelo oferece numerosas vantagens quando tratamos famílias multiproblemáticas. É menos provável que as famílias sejam trianguladas em conflitos de opinião e conselhos por seus numerosos "ajudantes". Em segundo lugar, todos os ajudantes da família são poupados da raiva, frustração e fracasso que acompanham o trabalho em que existem objetivos conflituantes e duplicação de esforços.

Anderson e colaboradores (1986) apresentam uma abordagem psicoeducacional que, embora desenvolvida para os cronicamente incapacitados e suas famílias, pode ser útil no trabalho com famílias multiproblemáticas de baixa renda. Na abordagem psicoeducacional reunimos múltiplas unidades familiares e intervimos através de um processo educacional estruturado dirigido ao manejo da medicação e aos processos relacionais. Isso permite um intercâmbio entre o(s) profissional(ais) e os membros da família, que facilita mudanças de informação, atitudes e comportamentos na família. As famílias podem ajudar-se mutuamente para resolverem problemas concretos e problemas relacionais. Elas desenvolvem as capacidades e a confiança necessárias para buscarem a ajuda de que precisam.

Terapia familiar de múltiplo impacto

Na experiência da autora, muitas famílias pobres multiproblemáticas, negras ou não, foram encaminhamentos perdidos em resultado de nossa aderência ao modelo tradicional de terapia, de uma sessão por semana, que ignora muitas das realidades da vida dos pobres. As abordagens acima mencionadas servem como a base para o desenvolvimento do modelo de Terapia Familiar de Múltiplo Impacto (TFMI), uma abordagem alternativa para as famílias multiproblemáticas que não têm nenhum interesse numa terapia semanal contínua (Richman e colaboradores, 1984). Nossa formulação deste modelo também se vale do trabalho de MacGregor e colegas (1964), Alexander e colaboradores (1981,1982) e das escolas de Milão. Essencialmente, o modelo combina (1) uma imediata resposta ao pedido de atendimento; (2) uma abordagem de tratamento breve, orientada para o problema; (3) o uso de uma equipe de terapeutas que trabalham diretamente com a família; (4) o envolvimento de representantes de agências relacionadas à família; e (5) um formato de sessão ampliado.

Na semana em que foi solicitado o atendimento, a família é atendida por uma equipe de três terapeutas numa sessão de dia inteiro, dividida em quatro fases – pré-sessão de desenvolvimento de estratégias, avaliação, planejamento do tratamento e intervenção. E marcada uma visita de seguimento após seis semanas, com assistência neste período e mais tarde (por exemplo, proteção de sistemas), fornecida por um dos terapeutas conforme necessário.

Antes da chegada da família, a equipe se encontra para formular hipóteses com base na entrada de dados. A estrutura de ciclo de vida familiar permite à equipe dirigir sua atenção àquilo que está mantendo os problemas familiares. Esta hipótese permite à equipe limitar o campo de investigação e lidar com o que de outra forma pode tornar-se uma quantidade esmagadora de informações por parte da família e de outras agências. Isso reduz a chance de sermos desviados pelos múltiplos problemas da família e por seus múltiplos contadores de histórias.

Durante a fase de avaliação, a equipe se encontra com a família como grupo e subsequentemente em agrupamentos individuais e/ou de subsistemas, para coletar informações adicionais e comprovar suas hipóteses, ampliando o campo de investigação conforme for necessário. Os encontros de subgrupo são um componente importante da aplicação do modelo às famílias negras pobres multiproblemáticas, uma vez que permite esclarecer aquilo que está bloqueando a satisfação das necessidades individuais de ciclo de vida dentro do sistema multigeracional. Quando necessário, e com a permissão da família, representantes de agências envolvidas com a famílias são incluídos na entrevista de grupo familiar.

Depois da sessão da manhã, os representantes de agências externas partem e a família tem um intervalo para almoçar. A equipe se encontra para dividir as informações coletadas nas entrevistas com os subsistemas. Ela aperfeiçoa ou reformula a hipótese de trabalho e desenvolve um plano de ação para ajudar a família com seu(s) problema(s) maior(es) e para mobilizar mudanças no sistema que melhorem o atual funcionamento familiar. O intervalo para o almoço também dá à família um tempo para discutir a sessão da manhã e para trabalhar relacionamentos e tentar resolver problemas por eles mesmos.

A equipe se vale de muitas abordagens de terapia familiar durante a fase de intervenção. Entretanto, ela sempre oferece à família uma reestruturação direta e clara do(s) problema(s) apresentado(s), orientada para eles. Reforçar e tornar mais franca a comunicação são os fundamentos dos quais partem todas as estratégias para estas famílias, que sofrem de uma sobrecarga de sistemas e de um sentimento de desesperança. A estrutura de ciclo de vida familiar proporciona uma maneira útil de apresentar questões que a família pode alterar, independentemente de seu contexto empobrecido e das forças além de seu controle. Quer as questões de ciclo de vida sejam o problema primário quer não sejam, com o uso deste paradigma os terapeutas podem rapidamente focar as questões emocionais que são cruciais para que a família possa prosseguir desenvolvimentalmente.

Seis semanas depois da sessão de dia inteiro, é marcada uma entrevista de duas horas com a família e qualquer outra pessoa ou representante de agência considerada apropriada. O *status* dos problemas-alvo da intervenção é revisado. Se a família conseguiu resolver os problemas identificados ou está se aproximando desta resolução, dizemos a ela que seu caso permanecerá ativo por um período de três meses, caso surjam problemas ou perguntas. Eles, evidentemente, podem entrar em contato com o centro depois deste período, se necessário. Se houve pouca ou nenhuma mudança nos problemas identificados, são realizadas novas intervenções e, se apropriado, é estabelecida uma data e hora para o seguimento. Ironicamente, as famílias que requerem intervenção adicional depois do seguimento de seis semanas frequentemente se comprometem bastante e se mostram dispostas a encontrar-se numa base mais frequente se for assim recomendado.

A singularidade do modelo de TFMI não reside em qualquer uma de suas partes mas em seu todo. Uma vez que "três cabeças pensam melhor do que uma", a equipe é capaz de avaliar e intervir mais eficientemente do que um único terapeuta. Além disso, as variadas personalidades, fases do ciclo de vida e capacidades dos membros da equipe aumentam as chances de que a família seja engajada. O potencial de fracasso e perda da objetividade e do foco por parte do terapeuta também fica reduzido. O encontro de dia inteiro facilita o processo de reunião e permite um impacto maior do que aquele obtido em sessões semanais de uma hora com numerosas sessões perdidas. Ele também aumenta as chances de todos os membros relevantes da família estarem presentes no momento em que o sistema familiar está mais aberto à mudança, em virtude da crise que precipitou o encaminhamento.

Exemplo de caso: a família Goodwin

A Srta. Goodwin, uma mãe solteira de 34 anos, buscou a clínica para ajudá-la com seus sete filhos. Sua condição física vinha se deteriorando gradualmente há dois anos, em virtude de uma esclerose múltipla, e ela disse: "Meus filhos me fazem passar um mau pedaço e não demonstram nenhum respeito por mim". Ela estava particularmente preocupada porque Cindy, de 17 anos, não queria ajudar a cuidar das crianças menores. Além disso, seu filho Charles, de dez anos de idade, começara a vir para casa às três horas da madrugada e sua filha Laurel, de dois anos, fora suspensa da escola maternal em virtude de seu comportamento.

A família faltou a duas horas marcadas. A terapeuta ficou sabendo, através de representantes da assistência pública e da agência de proteção à criança, que a Srta. Goodwin e os filhos frequentemente faltavam às horas marcadas, porque ela precisava de ajuda para vestir-se e para descer os três lances de escada de seu edifício.

Concluindo que a família provavelmente não conseguiria seguir uma terapia tradicional, foi decidido que o caso seria atendido por uma equipe de terapeutas, utilizando-se o modelo de terapia familiar de múltiplo impacto previamente descrito.

A equipe de três terapeutas reuniu-se antes da chegada da família para revisar informações e formular uma hipótese de trabalho. Segundo uma estrutura de ciclo de vida familiar, o curso de ciclo de vida da família fora seriamente perturbado por uma doença inesperada, grave e irreversível. A capacidade da Srta. Goodwin de cumprir suas funções maternas havia sido grandemente diminuída, resultando numa perda emocional e funcional para a família. Exaustos e frustrados por seu fracasso em preencher a lacuna de poder e em restabelecer a ordem no caos, os filhos mais velhos haviam-se retirado, mas de uma maneira que não lhes permitia prosseguir com suas próprias vidas e nem dar à família o apoio que poderiam proporcionar.

A avaliação consistiu em uma entrevista familiar e em entrevistas separadas mas simultâneas com a Srta. Goodwin e os filhos. Ficamos sabendo que a doença da Srta. Goodwin fora diagnosticada há 14 anos, mas piorara muito durante a gravidez de Kevin, agora com três anos de idade. Sua condição deteriorara rapidamente, e os filhos pareciam não entender nem aceitar isso. Insatisfeita com os atuais cuidados médicos, ela frequentemente ignorava os conselhos médicos. John (15 anos) havia ido morar com o pai há três meses, queixando-se das esmagadoras responsabilidades. Desde essa época, Cindy, descrita pelos irmãos como uma "espancadora", porque os ameaçava constantemente com surras quando não se comportavam bem, estava-se recusando a ajudar a mãe nas tarefas mais insignificantes. Cindy perdera muitos dias de aula por ter de levar os irmãos ao médico.

Debby (12 anos) não estava se saindo tão bem na escola quanto poderia; fora isso, não havia nenhuma outra preocupação em relação a ela, e nem a Tim (8 anos) ou a Kevin (3 anos), exceto por sua tendência a serem irresponsivos aos esforços disciplinadores de Cindy e dos parentes da Srta. Goodwin.

Charles, chamado de "rueiro", era descrito como o mais problemático. Fracassando na escola, ele se tornara também totalmente desobediente em casa. Ele frequentemente esmurrava sua cabeça sem uma provocação aparente. A Srta. Goodwin ameaçara colocá-lo num lar adotivo, porque temia que ele fosse morto se continuasse a vagar pela vizinhança à noite.

Durante as entrevistas com os irmãos e com a família, os filhos negaram a gravidade da doença da mãe. Cindy a atribuía ao fato de a mãe não fazer exercícios; ela também culpava seus irmãos menores, pois lera que a esclerose múltipla podia ser agravada pela gravidez. Charles achava que a mãe não podia caminhar porque deixara de ir à igreja e bebia demais. Todos os filhos pareciam zangados com John: "Ele se acha o tal porque mora numa mansão – está cheio de roupas legais – e uma cama grande como a de um rei".

Houve muitas referências a promessas feitas por seus vários pais. Cindy expressou claramente seu aborrecimento pelas frequentes críticas recebidas dos irmãos e da mãe, e como isso a levara à sua atual recusa em ajudar. Cindy queria que a mãe conseguisse alguém para ajudar, de modo que ela (Cindy) pudesse prosseguir com sua vida, dizendo: "Essas crianças estão numa situação péssima e eu não sou responsável por isso".

Na entrevista individual com a Srta. Goodwin, ficamos sabendo que ela também tinha muitos medos e ideias erradas sobre a sua doença. Ela ainda era sexualmente ativa e se recusava a usar contraceptivos ou a fazer uma ligação tubária. Não querendo colocar nenhum de seus filhos em lares adotivos, com grande ambivalência ela recentemente permitira que seus parentes cuidassem das crianças menores durante o dia. De acordo com os profissionais que conheciam o caso, havia muito conflito entre ela e a irmã e o cunhado. Ela frequentemente sabotava seus esforços para disciplinar as crianças, mesmo quando pedia a ajuda deles. Ela confirmou estar ansiosa e zangada por perceber como sua vida e a vida de seus filhos estavam cada vez mais fora de seu controle.

Durante o encontro de dia inteiro, foi fornecido um almoço à família, enquanto os terapeutas se reuniam para compartilhar informações e impressões. As informações apoiavam a hipótese inicial, de que a capacidade familiar de funcionar adequadamente ficara diminuída pela ativação da doença da Srta. Goodwin. Assediada pela raiva, depressão e um crescente sentimento de impotência, a Srta. Goodwin oscilava entre o total abandono de suas responsabilidades maternas e a resistência à ajuda que os filhos mais velhos e parentes tentavam dar. Ela temia perder os filhos física e emocionalmente, e eles temiam que ela morresse em virtude da doença. Os adolescentes na família estavam muito ambivalentes em relação a afastar-se para buscar seus próprios interesses e necessidades; mas eles não conseguiam assumir satisfatoriamente o papel paterno em relação às crianças menores, as quais precisavam que novos recursos fossem integrados ao sistema familiar. A Srta. Goodwin, Cindy, John e Tim apresentavam respostas diferentes ao lidar com a situação, mas cada um estava essencialmente tentando cair fora de uma situação esmagadora da qual ninguém conseguira escapar, exceto John.

Da perspectiva de ciclo de vida familiar, a família não poderia reestabilizar-se e prosseguir até ter aceitado as implicações da doença da Srta. Goodwin. Sua hesitação em valer-se do apoio concreto e emocional que sua família ampliada e igreja poderiam oferecer restringia ainda mais sua capacidade de fazer a transição necessária. Os filhos estavam assumindo um nível de responsabilidade e independência para o qual não estavam preparados desenvolvimentalmente. Além disso, as várias agências envolvidas com a família estavam aumentando o caos e a falta de estrutura, ao invés de corrigi-los. A falta de coordenação resultou no fracasso em assegurar muitos recursos disponíveis. A equipe concluiu que mais "ajuda" seria inútil, a menos que a Srta. Goodwin pudesse sentir-se competente e responsável pela situação, ainda que apenas da cadeira de diretora.

A equipe estabeleceu as seguintes prioridades: (1) esclarecer as concepções errôneas sobre a doença da Srta. Goodwin; (2) encorajar a família e reconectar-se com seu sistema de apoio natural; (3) ajudar a Srta. Goodwin a assegurar recursos adicionais; (4) criar um fórum para coordenar o atendimento; e (5) apoiar a Srta. Goodwin em seu direito e capacidade de proporcionar apoio e direção a seus filhos.

A equipe reuniu-se com a família Goodwin e compartilhou suas observações e recomendações. Os terapeutas enfatizaram que estavam altamente impressionados com o nível de interesse que parecia evidente perante uma situação que seria estressante e frustrante para qualquer pessoa. Eles sugeriram que os vários problemas comportamentais e relacionais pareciam ser maneiras inadequadas através das quais os membros da família tentavam proteger-se de outros estresses, e que as soluções experimentadas haviam complicado o problema mais concreto de não terem recursos adequados. Eles salientaram para a Srta. Goodwin que seus filhos precisavam de sua maturidade e experiência e que a resposta de cada um estava parcialmente relacionada às suas próprias questões desenvolvimentais.

A enfermeira da equipe foi particularmente útil ao ensinar à família a realidade sobre a esclerose múltipla. Na medida em que a discussão evoluía, houve um declínio notável nos insultos, interrupções, ameaças e comunicações incompletas. A Srta. Goodwin, sem ser induzida, pediu que a ajudássemos a encontrar um grupo de apoio para pessoas com esclerose múltipla e o transporte para tal. A equipe cumprimentou Cindy por suas realizações acadêmicas e esportivas, e por ter percebido que só falar não seria suficiente para resolver a situação em casa. Também foi reforçada a posição da Srta. Goodwin como a pessoa que deveria tomar as decisões.

A equipe fez um intervalo enquanto a Srta. Goodwin dirigia uma discussão familiar. Um pouco mais tarde, os membros da equipe se reuniram com ela para conversar sobre a ajuda que ela gostaria de ter, além de conectar-se com um grupo de apoio para a esclerose múltipla. Ela ficara impressionada com o interesse dos filhos em reconectar-se com sua igreja, e disse que isso talvez a ajudasse a sentir-se menos deprimida e parar de beber.

A equipe organizou em encontro, várias semanas mais tarde, entre a Srta. Goodwin e os vários ajudantes da família. Um sentimento de frustração, mas também de maior empatia com o dilema familiar, foi experienciado pela equipe na medida em que o grupo lutava com numerosos problemas logísticos. Por exemplo, as condições da Srta. Goodwin a qualificavam para receber visitas da enfermeira e ajuda doméstica, mas a assistente social da agência antecipou que seria difícil encontrar pessoas dispostas a trabalhar até o anoitecer, porque a família morava numa área em que havia um alto índice de crime. A ausência de um telefone e a recusa do responsável pelo prédio a consertar o elevador faziam com que ficasse difícil para a Srta. Goodwin conseguir serviços de transporte quando necessário. Não obstante, no final dessa sessão, o papel de cada agência ficara claro, em termos de fundos, coordenação e provisão de terapia física, creche, enfermagem suplementar, serviços domésticos, transportes e o cuidado temporário das crianças se a Srta. Goodwin fosse hospitalizada.

Na sessão de seguimento após seis semanas, a Srta. Goodwin relatou que John ainda estava morando com o pai, mas havia retomado o contato com a família. Ela e os filhos tinham voltado a ir à igreja e ela estava bebendo menos. Os membros da igreja haviam fornecido muitos utensílios de cozinha necessários. A Srta. Goodwin estava cooperando mais com a irmã, que continuava a cuidar das crianças menores durante o dia. Entretanto, surgira um novo conflito entre esses parentes e a agência de proteção à criança, que estava se recusando a pagá-los pelo cuidado às crianças. Cindy compartilhou seu entusiasmo por uma possível bolsa de estudos para a faculdade pelo basquete. Seu nível de cooperação melhorara, mas ela voltou a afirmar claramente que não podia fazer o papel de progenitor. A equipe reforçou a capacidade da Srta. Goodwin de cuidar dos filhos, embora de um modo diferente do dos pais que não tinham limitações físicas para mover-se. Também foi predito, ria presença de Cindy, que apesar de sua aparente raiva e frustração, sua ambivalência (de Cindy) em deixar a família poderia levá-la a sabotar sua bolsa de estudos para a faculdade. Foi sugerido que apenas a Srta. Goodwin poderia ajudar Cindy nesta luta.

Um dos terapeutas assumiu a responsabilidade por um seguimento adicional, na forma de periódicas visitas à família e manutenção da defesa de seus interesses.

Este exemplo de caso demonstra tipicamente os tipos de dilema enfrentados pelas famílias negras pobres multiproblemáticas e por seus terapeutas. Geralmente não existem soluções simples. No caso dos Goodwin, havia a sobrecarga de tarefas anterior à doença da Srta. Goodwin. Problemas previamente existentes foram intensificados quando os membros da família não puderam lidar franca e realisticamente com as realidades da doença. As necessidades concretas da família exigiam uma resposta imediata, que não poderia ser dada pelo sistema tradicional de terapia. Ampliar o sistema para incluir a rede informal da família foi uma parte crucial da intervenção de múltiplos níveis necessária neste caso.

ORIENTAÇÕES GERAIS

Resumindo, nós apresentamos aos terapeutas algumas orientações para a avaliação e terapia:

1. Oriente as famílias para que elas entendam que tipo de ajuda está disponível e qual é o seu relacionamento com as outras pessoas na rede de atendimento.
2. Examine o problema dentro do contexto dos múltiplos sistemas em que a família está inserida. Envolva as pessoas e os sistemas que você considera essenciais, mesmo que não participem das sessões de terapia.

As mudanças no ciclo de vida familiar   **463**

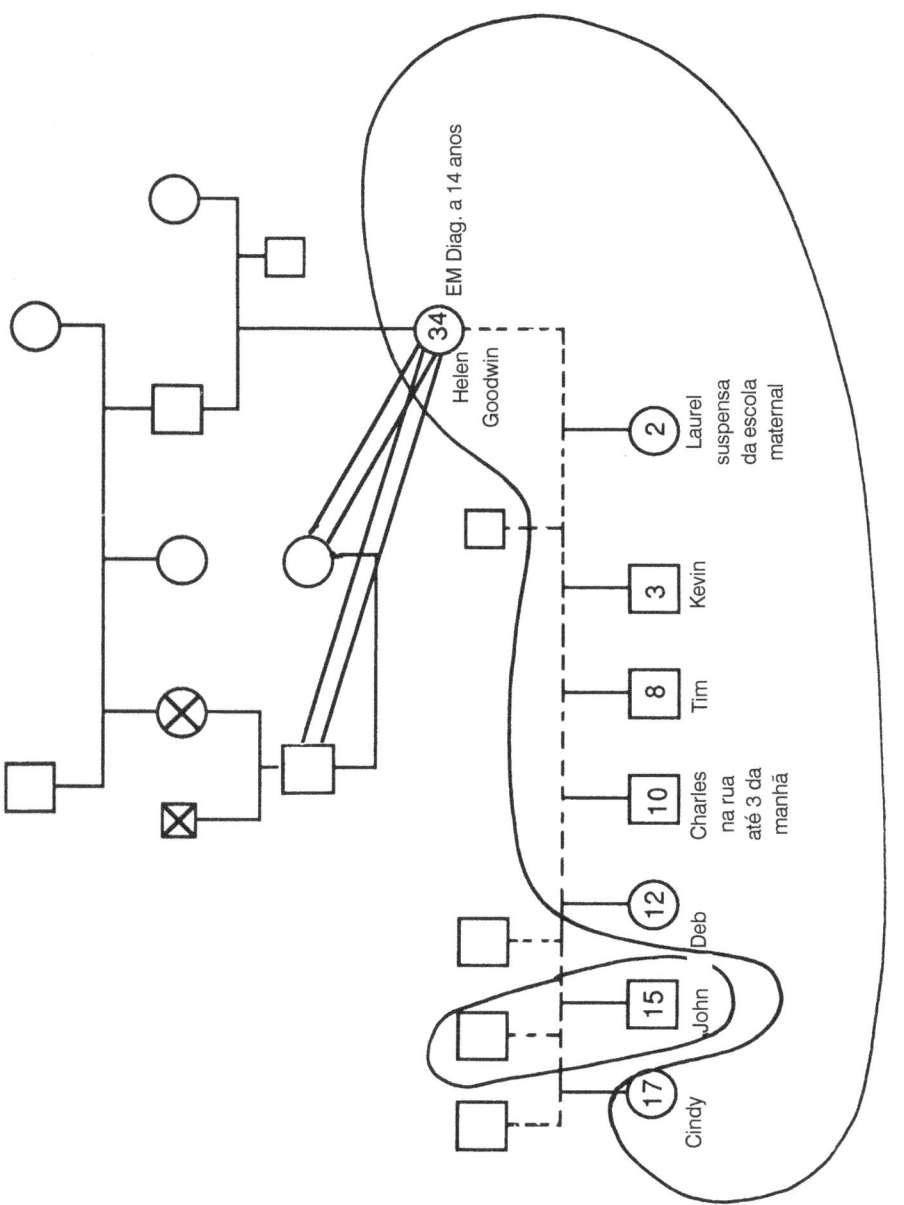

Figura 21.4 Terapia familiar de múltiplo impacto: a família Goodwin.

3. Desenvolva objetivos de tratamento claros, que sejam significativos para a família.

4. Ofereça esperança – pense, diga e faça alguma coisa positiva (Ford e colaboradores, 1986).

5. Ajude os membros da família a recuperar sentimentos reprimidos através de encontros de subgrupos, fazendo-os prestar atenção aos sentimentos abaixo da superfície (Minuchin & Montalvo, 1967).

6. Fortaleça-os de todas as maneiras possíveis no manejo de suas circunstâncias de vida. Pinderhughes (1983) coloca essa questão de modo eloquente: "Utilizar estratégias de fortalecimento com nossos clientes requer que os ensinemos sobre a dinâmica do poder e os sistemas nos quais eles vivem. Eles podem vir a compreender a maneira pela qual o sistema social apoia ou solapa suas funções como indivíduos e como família. Eles podem aprender a separar os fatores, na sua difícil situação, que pertencem aos sistemas externos e aqueles que pertencem a eles. Ao fazê-lo, eles não se culparão por influências sistêmicas, mas assumirão a responsabilidade pelo modo como se conluiam para reforçar sua própria impotência" (página 335).

7. Reforce as famílias. Ramirez (1978), numa revisão dos fatores que afetam a utilização dos serviços de saúde mental, observa: "E provável que nossas atuais estratégias de profissionalizar e institucionalizar todos os problemas causem danos aos sistemas naturais e, no final das contas, exacerbem, em vez de melhorar, nossa situação. A profissionalização dos problemas, que remove as pessoas do ambiente natural, pode proporcionar um alívio temporário, mas também priva a comunidade de experiência e recursos para lidar com este e com problemas semelhantes no futuro. Penso que, ao ignorarmos estruturas de ajuda existentes (ou não conseguindo criá-las com as pessoas), podemos sistematicamente diminuir a capacidade adaptativa de muitas populações humanas e enfraquecer aqueles recursos inerentes que em tempos de crise talvez sejam os únicos disponíveis e cooperativos" (páginas 58-59).

8. Pense em termos políticos. Kantor (1984) oferece excelentes conselhos em relação a isso: Evite situações de mão única, de dar-e-receber, pois elas reforçam a impotência e nada fazem para alterar os processos familiares. Preocupe-se sempre com os aspectos adaptativos dos comportamentos, porque uma determinada família pode precisar manter o comportamento como parte de seu repertório, mas exercitar um uso mais seletivo ou modificar sua forma.

9. Evite tentar resolver todas as crises familiares que surgirem. As crises fazem parte da existência da família pobre. Em vez disso, foque aqueles processos e padrões que estão mantendo os problemas e os sintomas, e que requerem tratamento.

10. Aceite que as famílias podem desistir e voltar mais tarde. A porta giratória não é necessariamente um indicador negativo se a família evidencia progressos.

11. Utilize o tempo de modo flexível.

12. Não pense que as famílias podem mudar por sentirem ou pensarem de modo diferente, porque elas talvez precisem de um treinamento de capacidades.

13. Proteja-se do fracasso. É essencial conectar-se com outros terapeutas no trabalho com famílias, e providenciar supervisão e apoio.

14. Lute pelas mudanças sistêmicas que reduzem o estresse nas famílias que buscam atendimento e nos terapeutas de família que aceitam o desafio de tentar ajudá-las.

EVITANDO O FRACASSO DO TERAPEUTA

Existem muitas razões compreensíveis para o "fracasso" ou exaustão emocional do terapeuta, assim como para sua satisfação profissional reduzida, no trabalho com famílias multiproblemáticas. Aqueles que fazem este tipo de trabalho precisam de uma maior flexibilidade e apoio administrativo para poderem funcionar de modo efetivo. O custo do fornecimento do serviço é uma consideração importante. Entretanto, não é necessariamente mais caro utilizar uma equipe de tratamento ou consulta em vez de um único terapeuta – considerando o custo do fracasso do terapeuta, que conduz a frequentes modificações da equipe, proficiência diminuída e, por sua vez, maior fuga de pacientes.

O apoio administrativo pode ser ampliado por políticas de designação de casos e avaliações de desempenho que não coloquem uma ênfase indevida no número de casos que devem ser atendidos. Um único caso de uma família multiproblemática pode consumir numerosas horas não planejadas, quando o terapeuta se envolve com a escola e outras agências e responde a pedidos de ajuda, em virtude de eventos inesperados na vida desta família. Também podem ser necessárias visitas domiciliares que exigem mais tempo do que o normal. Além disso, as famílias podem adotar o terapeuta em sua rede e pedir ajuda em questões que não se relacionam formalmente ao problema apresentado ou aos objetivos "planejados" da sessão. Por exemplo, uma recente visita à casa de uma incorrigível garota de 14 anos de idade levou o terapeuta a envolver-se na burocracia referente à solicitação de benefícios para os veteranos que a avó viúva da menina estava tentando conseguir; numa carta referente a violações do código habitacional que ameaçou o sentimento de segurança da família; no fato de a Administração da Segurança Social não ter atendido à solicitação de incapacidade do filho de 19 anos da cliente, incapaz em termos psiquiátricos; e no fracasso da equipe escolar em conseguir uma colocação especial para o irmão mais jovem da cliente.

Os terapeutas de família são constantemente desafiados a definir seu papel e limites, e seus maiores esforços evidentemente nem sempre são suficientes. É muito raro encontrar um terapeuta que não tenha enfrentado momentos de dúvida em relação a esse trabalho. Mesmo quando as famílias se engajam satisfatoriamente, elas podem abandonar o tratamento sem uma entrevista de término, e reaparecer na lista da agência depois de uma outra crise. Os terapeutas podem ser ajudados por uma supervisão a verem este fenômeno de porta giratória como uma oportunidade de auxiliar as famílias a atingir níveis mais altos de funcionamento nos vários estágios, e não como um fracasso do tratamento.

Às vezes, os terapeutas podem sentir-se paralisados por não poderem justificar sua própria riqueza perante a miséria de um cliente. Os profissionais mal-pagos da comunidade podem superidentificar-se com os clientes pobres, tornando-se igualmente ineficientes. Tentativas de operar na base da culpa ou de um "coração sangrando" inevitavelmente fracassarão. É necessário permanecer pessoalmente conectado com os pobres, mas também permanecer conectado com a própria base contextual viável. Isso significa um contato regular e ativo com a própria família ampliada, que proporciona uma base contínua de esperança e vitalidade para o terapeuta.

Os administradores e terapeutas também se beneficiariam se seguissem o conselho de Beeis (1976) àqueles que trabalham com famílias de esquizofrênicos:

> Às vezes, devemos ser capazes de nos afastar. Ninguém consegue fazer este trabalho todos os dias da semana ou todos os anos de sua vida. A vida de trabalho da equipe precisa incluir momentos de afastamento e reflexão. De outra forma, eles fracassam – esgotados permanentemente por uma luta excessiva (página 281).

A maioria dos terapeutas que trabalham com famílias multiproblemáticas está genuinamente comprometida a ajudar a população e às vezes ignora a necessidade de afastar-se, até na forma de um almoço longe do consultório. As ordens da agência nesse sentido podem ser insuficientes, na medida em que cabe ao terapeuta reconhecer a necessidade de abastecer seu próprio tanque, da mesma maneira como recomendam tão frequentemente às famílias que sucumbem à luta excessiva.

CONCLUSÕES

Neste capítulo, revisamos aspectos do ciclo de vida familiar das famílias negras pobres multiproblemáticas. Juntamente com as tradições étnicas, o triplo risco de ser economicamente pobre, politicamente desprovido e discriminado em virtude da raça é um fator significativo na maneira pela qual essas famílias se organizam e funcionam. A necessidade de ser flexível e de adaptar-se aos contínuos estresses resultaram em grande heterogeneidade familiar, inclusive num mesmo ambiente. É extremamente necessária uma pesquisa que identifique aqueles fatores que permitem a alguns indivíduos e famílias lutarem contra, e inclusive se mobilizarem para superar as duras condições que a miséria e o racismo impõem.

Uma perspectiva de ciclo de vida familiar proporciona uma estrutura útil para avaliação e intervenção, uma vez que ela não descarta nem foca unicamente o impacto do contexto e dos estressores externos. Ela permite o entendimento de como esses fatores exacerbam o estresse das necessidades desenvolvimentais normais e das questões familiares não resolvidas e, extremamente importante, proporciona uma direção para a intervenção.

As famílias negras pobres multiproblemáticas enfrentam e apresentam muitos desafios. O sucesso nesse enfrentamento depende em parte de sua capacidade de manter a esperança. A autora acredita que aqueles que perdem a capacidade da esperança perdem a capacidade de perceber e agir de acordo com as escolhas e recursos disponíveis para eles, apesar de limitados. O sucesso do terapeuta em ter e transmitir esperança depende de sua capacidade de superar diferenças de experiência relacionadas à classe social, raça, etnicidade, gênero e assim por diante. Assim, a pergunta "Como você sabe para onde eu estou indo se você não sabe de onde venho?" merece atenção. O terapeuta familiar comum pode não conseguir conectar-se com as famílias negras pobres com base na raça ou na opressão compartilhada. Entretanto, seu próprio ciclo de vida familiar foi às vezes pontuado por experiências de impotência, de uma forma ou outra (Pinderhughes, 1984). Seja de que modo for, os terapeutas precisam encontrar maneiras de lidar com seus complexos e delicados sentimentos de raiva, culpa, confusão, e desejo de afastar-se do sofrimento da vida íntima dos pobres e da feia decoração do mundo externo que os cerca. Ao fazê-lo, os terapeutas ficam mais livres para comunicar um respeito e uma compaixão genuínos, e, fundamentalmente, para fortalecê-los.

BIBLIOGRAFIA

Aging America (19?). U.S. Senate Special Committee on Aging in Cooperation with the American Association of Retired Persons.

Alexander, J. R, & Parsons, B. V. (1982). *Functional family therapy*, Monterey, Calif.: Brooks/Cole.

Anderson, C. Reiss, D., Hogarty, G. (1986) *Schizophrenia and the family.* New York: Guilford Press.

Aponte, H. (1974) Psychotherapy for the poor: An eco-structural approach to treatment. *Delaware Medical Journal,* 46:432-448.

Aponte, H. (1976a). The family school interview, an eco-structural approach. *Family Process* 15/3:303-312.

Aponte, H. (1976b). Underorganization in the poor family. In P. J. Guerin, Jr. (Ed.), *Family therapy: Theory and practice.* New York: Gardner Press, pp. 249-283.

Beeis, C. (1976). Family and social management of schizophrenia. In P. Guerin (Ed.), *Family therapy: Theory and Practice.* New York: Gardner Press, pp. 249-283.

Bowen, M. (1976), *Family therapy in clinical practice* New York: Jason Aronson.

Cherlin, A. J. (1981). *Marriage, divorce, remarriage.* Cambridge, Mass.: Harvard University Press, pp. 93-112.

Coles, R. (1970). *Uprooted children.* Pittsburgh: University of Pittsburgh Press.

Coles, R., & Coles, J. (1978). *Women of crisis.* New York: Delacorte.

Colon, F. (1973). In search of one's past: an identity trip. *Family Process* 12(4): 429-438.
Colon, F. (1978). Family ties and child placement. *Family Process* 17(3); 289-312.
Ford, R., Gregory, H., Merriweather, J., Brown, G., & Norman, R. (1985), Expanding perspectives on the black family. Eighth Annual Family Network Symposium, Arlington, Va.
Furstehberg, F. (1986). Teen mothers 17 years later–They've recovered but their children are maladjusted. *Professional Newsletter for Family Therapy Practictioners.* 11(46).
Gans, H. J. (1968). Culture and class in the study of poverty: An approach to anti-poverty research. In D. P. Moynihan (Ed.), *On understanding poverty,* New York: Basic Books, pp. 205-206, 216, 219.
Gibbs, J. (1984). Black adolescents and youth: An endangered species. *American Journal of Orthopsychiatry.* 54(1): 6-21.
Haley. J. (1976). *Problem solving therapy.* San Francisco: Jossey-Bass. Hill. R. (1977). *Informal adoption among black families.* Washington, D.C.: National Urban League.
Hines, P. & Boyd-Franklin, N. (1982). Black families. In McGoldrick, M., Pearce, J., & Giordano, N. (Eds.), *Ethnicity and family therapy.* New York: Guilford Press, pp. 84-107.
Imber-Coopersmith, E. (1983). The family and public service systems: An assessment method. In J. Hansen & B. Keeney (Eds.), *Diagnosis and assessment in family therapy.* Aspens Systems Corp., pp. 84-99.
Imber-Coopersmith, E. (1983b). The family and public sector systems: Interviewing and interventions. *Journal of Strategic and System Therapies.* 2:38-47.
Kantor, D,, Peretz, A., & Zander, R. (1984). The cycle of poverty–Where to begin? *Family Therapy Collections,* 9:59-73.
Klausner, S. (1978). *Six Years in lhe lives of the impoverished: An examination of the win thesis.* Philadelphia: Center for Research on the Acts of Man.
Lefever, H. (1977). The religion of the poor: Escape or creative force? *Journal of the Scientific Study of Religion* 16 (3):225-236.
Lewis, J., & Looney, J. (1983). *The long struggle: Well functioning working class black families.* New York: Brunner/Mazel.
Lindblad-Goldberg, M., & Dukes, J. (1984). Social support in black, low-income single-parent families: Normative and dysfunctional patterns. *American Journal of Orthopsychiatry* 55 (l): 42-58.
MacGregor, R., Ritchie, A., Serrano, A., & Schuster, F. (1964), *Multiple impact therapy with families.* New York: McGraw-Hill.
McGoldrick, M. & Gerson, R. (1985), *Genograms in family assessment.* New York: W. W. Norton.
Minuchin, S., & Montalvo, B. (1967). Techniques for working with disorganized low socioeconomic families. *American Journal of Orthopsychiatry* 37/5, Oct: 880-887.
Minuchin, S., Montalvo, B., Rosman, B. L., & Schumer, R. (1967). *Families of the slums.* New York: Basic Books, p. 368.
Noble, K. (1984). Plight of black family is studied anew. *New York Times,* Jan. 29.
Norton, E. (1985). Restoring the traditional black family. *The New York Times Magazine.* June 2: 43-93.
Palazzoli, M., Boscolo, L., Cecchin, G., & Prata, G. (1980). The problem of the referring person. *Journal of Marital and Family Therapy,* Jan.: 3-9.
Parsons, T, & Bales, R. (1955). *Family, socialization and interaction process.* Glencoe, 111: Free Press.
Pinderhughes, E. (1982). Afro-American families and the victim system. In McGoldrick, M., Pierce, J., & Giordano, J. (Eds.), *Ethnicity and family therapy.* New York: Guilford Press, pp. 108-122.
Pinderhughes, E. (1983). Empowerment for our clients and for our selves. *Social Casework,* 64(6):331-338.
Pinderhughes, E. (1984). Teaching empathy. Ethnicity, race and power at the cross-cultural treatment interface. *American Journal of Social Psychiatry,* 4(1).
Ramirez, O. (1978). Chicano mental health status and implications for services. Preliminary examination paper. Ann Arbor, Mich: Department of Psychology, University of Michigan, pp. 58-59.
Richman, D., Hays, N., Hines, P. & Maxim, K. (1984). Beyond outreach–Engaging the multi-problem family. Presented at the Family Networker Conference, Washington, D.C.
Staples, R. (1981a). The myth of the black matriarchy *The Black Scholar.* Nov./Dec.: 26-34.
Staples, R. (1981b), Black manhood in the 1970s. A critical look back. *The Black Scholar.* May/June: 2-9.
Teachman, J. (1982). Early marriage, premarital fertility and marital dissolution. *Journal of Family Issues* (4(1):105-126.

22

Famílias de baixa renda e famílias com formação profissional: uma comparação da estrutura e do processo de ciclo de vida

Richard H. Fulmer, Ph.D.

Este capítulo lida com um segmento do ciclo de vida familiar – os anos em que os filhos estão entre as idades de 12 e 35 anos – conforme ele é vivido por dois tipos diferentes de família em nossa sociedade: famílias com formação profissional, com duas carreiras, e famílias de baixa renda que recebem assistência pública.

O autor realizou as observações clínicas que constituem a base deste capítulo em três diferentes ambientes de trabalho. Ele trabalhou com futuros profissionais no serviço de aconselhamento psicológico de uma respeitada universidade dos Estados Unidos, de 1979 a 1981. Ele também atendeu profissionais mais velhos em sua clínica privada, na zona oeste de Manhattan, na cidade de Nova Iorque, de 1976 até o presente. Esses grupos são em quase sua totalidade compostos por pessoas brancas, com um nível de renda médio ou médio-superior e planejam (ou já conseguiram) uma formação mais elevada, pós-universitária. Seu contato com famílias de baixa renda aconteceu quando ele supervisionou famílias num centro de saúde mental comunitário no sul de Bronx, na cidade de Nova Iorque, de 1980 até o presente. Este grupo era constituído por 55% de hispânicos (na maioria porto-riquenhos), 30% de negros e 15% de brancos. Oitenta e cinco por cento destas famílias recebiam assistência pública.

FONTES DOS DADOS

Uma discussão da estrutura e da classe social da família requer, em termos ideais, a citação dos dados de casamento e nascimento em relação ao nível de renda. Infelizmente, muitas estatísticas nacionais relevantes sobre o nível social e cultural não são coletadas ou relatadas com referência ao nível de renda familiar (*Childrens Defense Fund*, 1985, página 6). Os dados sobre casamento e nascimento são relatados com referência à raça, embora geralmente apenas para os negros e brancos. Uma vez que a pobreza está desproporcionalmente concentrada entre as minorias raciais nos Estados Unidos, os estudos da estrutura e da classe social da família podem adotar a estratégia admitidamente imperfeita de considerar o subgrupo estatístico dos negros como representando o grupo de baixa renda e o subgrupo estatístico dos brancos como representando o grupo de renda média. Este método, evidentemente, confunde os efeitos de raça e classe, uma falha séria, mas atualmente inevitável, à qual todas essas análises estão sujeitas.

Complicando ainda mais esta análise está o fato de que os hispânicos, na população clínica do autor, se tornaram uma minoria considerável há relativamente pouco tempo. Muitas estatísticas ainda refletem apenas as raças negra e branca, e somente agora estão considerando os hispânicos como um grupo separado. O fato de os hispânicos, nos Estados Unidos (incluindo mexicanos, cubanos, porto-riquenhos e pessoas da América Central e do Sul) serem suficientemente uniformes em classe social e cultural para poderem ser considerados um "grupo" é uma questão para discussão acadêmica. De qualquer forma, embora as observações do autor das famílias de baixa renda tenham sido feitas em um grupo racial misto, não existem estatísticas suficientes para distinguir as diferentes culturas representadas.

Uma dificuldade adicional é a de que o conhecimento sociológico norte-americano abrange as famílias negras muito mais extensivamente do que as hispânicas. Embora os membros de baixa renda dessas duas minorias compartilhem, atualmente, as mesmas áreas residenciais e condições ambientais nas áreas urbanas, eles diferem em sua história nos Estados Unidos e na história de sua estrutura familiar. Consequentemente, citar a sociologia da família negra para afirmar algo sobre as famílias predominantemente hispânicas da população clínica do autor pode ser questionável. O autor observou, entretanto, algumas semelhanças entre as famílias negras e hispânicas na função da família ampliada. Por exemplo, tanto nas famílias negras (Stack, 1974) quanto nas porto-riquenhas (Garcia-Preto, 1982), os filhos são considerados responsabilidade de toda a rede familiar, não apenas da mãe biológica. A criação dos filhos alheios e a adoção informal de parentes são comuns. Além disso, Rogler e colegas (1983) escrevem que as famílias porto-riquenhas em Porto Rico "emaranham seus membros num sistema de intercâmbio de favores" (página 22). Isto é muito semelhante às descrições sociológicas e antropológicas das famílias negras de baixa renda que citaremos mais adiante. Assim, parece haver semelhanças suficientes entre as famílias negras e porto-riquenhas de baixa renda para permitir *alguma* generalização, mas o terapeuta deve ter cuidado ao aplicar as conclusões gerais deste capítulo a qualquer família específica.

PADRÕES DE NATALIDADE E CASAMENTO

Uma diferença central entre os dois grupos comparados neste capítulo (além da socioeconômica) é a idade em que as mulheres costumam tornar-se mães. Na classe profissional, as mulheres nascidas na década de cinquenta estão adiando substancialmente esta transição, em relação às mulheres nascidas vinte anos antes. Num recente relatório sobre o relacionamento entre gravidez adiada e emprego, David Bloom (1986) utiliza as estatísticas do *US Bureau of the Census* de 1985 para demonstrar isso no caso das mulheres atualmente com 30-39 anos: "As mulheres com formação profissional que trabalham apresentam uma alta probabilidade de terem adiado a gravidez para depois dos 27 anos, enquanto as que trabalham como administradoras e executivas apresentam uma alta probabilidade de [ainda] não terem filhos". Ele prossegue, dizendo que 52% das mulheres que ainda não têm filhos aos 30 anos pretendem tê-los. Entre 1970 e 1983, o índice de natalidade do primeiro filho aumentou 120% para as mulheres entre 30 e 34 anos. O índice para as mulheres de 35-39 anos aumentou 105%.

Bloom também afirma que:

> O fenômeno da gravidez adiada está quase exclusivamente associado ao comportamento de fertilidade das mulheres brancas. A idade média no nascimento do primeiro filho tem se mantido notavelmente regular no grupo das mulheres negras nascidas entre 1935 e 1960.

Todavia, o nível de instrução, não a raça, parece ser o fator maior no adiamento da gravidez. Bloom observa que quase metade da diferença na idade no nascimento do primeiro filho é eliminada quando comparamos mulheres negras e brancas com o mesmo nível de instrução. Staples (1985) afirma que as mulheres negras com formação universitária (e assim, presumivelmente, com renda média) "têm seus filhos mais tarde e em menor número do que qualquer outro grupo socioeconômico ou racial nos Estados Unidos" (página 1011).

No grupo de baixa renda, a idade média no nascimento do primeiro filho tende a ser bem inferior, e os nascimentos fora do casamento muito mais comuns. A idade média no nascimento do primeiro filho para as mulheres negras é em torno dos 21 anos. Staples (1985) utiliza os números do *US Census* de 1984 para relatar que entre as mulheres que completaram 20 anos entre 1975 e 1980, 41% das negras e 19% das brancas já se tornaram mães. Staples diz:

> Dentro do mesmo grupo de mulheres jovens negras, cerca de 75% de todos os nascimentos ocorreram fora do casamento, comparados a apenas 25% no caso das mulheres brancas, (página 1006)

Embora a proporção absoluta das gravidezes fora do casamento e em adolescentes seja ainda muito mais alta para as negras do que para as brancas, as brancas estão diminuindo a diferença. O *Children's Defense Fund* (1985) cita o fato de que, entre 1970 e 1981, o índice de natalidade no grupo das mulheres brancas não casadas subiu aproximadamente um terço, e cerca de 57% no grupo das adolescentes. No grupo das adolescentes negras, o índice caiu 10%. Assim, a raça não é o único determinante da gravidez na adolescência ou do nascimento de bebês fora do casamento. Numa publicação posterior, a mesma fonte *(Children's Defense Fund,* 1986) afirma que o padrão de natalidade fora do casamento é uma função da classe social.

> Mulheres jovens em situação desfavorável, sejam negras, brancas ou hispânicas, apresentam uma probabilidade de 'três a quatro vezes maior de se tornarem mães solteiras do que as adolescentes que não são pobres. Ter um filho fora do casamento na adolescência está muito mais ligado à pobreza do que à raça ou outros indicadores. (Página 6)

Assim, estes dois grupos vivem os marcos do ciclo de vida em idades amplamente diferentes. Eles também diferem estruturalmente, no sentido de que, quando nasce uma criança fora do casamento, a família fica constituída pela mãe e pela criança e mais tarde é acrescentado um marido/padrasto. Em contraste, a família com formação profissional começa com o casal e acrescenta os filhos somente depois de um substancial adiamento. O modelo normativo para o desenvolvimento do ciclo de vida pode então ser relevante para o grupo único maior de famílias nos EUA de hoje, mas precisa ser revisado para criar normas para estas duas minorias. O terapeuta deve trabalhar com expectativas diferentes do que seria "normal" e "sadio" no ritmo desenvolvimental e na estrutura desses dois grupos. Isso implica em diferentes técnicas de avaliação, intervenção e expectativas em relação ao resultado. As mesmas teorias de patologia se aplicam: às famílias com problemas que não estão realizando uma determinada tarefa desenvolvimental; aos membros da família que estão ou próximos demais ou distantes demais uns dos outros, e à maioria dos problemas que pode ser considerada uma função de uma hierarquia perturbada. Duas diferenças importantes são:

1. Os padrões patológicos serão atuados por diferentes pessoas e em momentos diferentes neste dois grupos minoritários.
2. As famílias de baixa renda sofrem pressões ambientais muito mais severas do que as famílias com formação profissional. Qualquer teoria de disfunção da família de classe mais baixa deve considerar o duro ambiente da pobreza como uma causa do distúrbio familiar ou transtorno desenvolvimental.

ACRÉSCIMOS À TEORIA DO CICLO DE VIDA FAMILIAR

Estas duas variações no ciclo de vida – o extremo alongamento do processo de constituir uma família na classe com formação profissional e a extrema aceleração deste processo na classe baixa – sugerem um acréscimo à teoria do ciclo de vida: o tempo que uma família leva para passar por certos estágios afeta a estrutura da família. Na família de baixa renda, a aceleração da gravidez torna impossível passar pelos estágios de "lançamento", "adulto jovem" e "formação de casal" sem filhos envolvidos. Assim, o "lançamento" frequentemente deve ser realizado quando a jovem está na casa da mãe. "Adulta jovem" é certamente um nome inadequado para uma mãe adolescente com filhos. E uma vez que o vínculo marido/mulher não precede a criação dos filhos, ele provavelmente não é enfatizado como o relacionamento central em torno do qual a família é construída. Com esta aceleração, o relacionamento central provavelmente será o da mãe com a filha, tanto na geração avó/mãe quanto na mãe/filha. A família também será maior, não apenas porque cada mulher terá vários filhos, mas também porque ela os terá quando jovem, de modo que várias gerações estarão vivas ao mesmo tempo.

Por outro lado, o modelo profissional alongado cria um tipo muito diferente de estrutura. O extremo adiamento da gravidez e a ênfase na instrução mais elevada criam um intervalo muito claro durante a fase de "lançamento", depois da qual os filhos não têm praticamente nenhuma responsabilidade familiar. Se eles vão morar na universidade, têm muito pouco contato real com a família. O estágio de "adulto jovem" pode alongar-se por vários anos. Durante esses anos, a profissão, não os relacionamentos familiares, ainda é o foco primário. Uma vez que a "formação do casal" sempre precede a criação dos filhos, muita atenção pode ser dada a esse estágio. Ambos os parceiros são geralmente muito seletivos, experimentando alguns relacionamentos sérios, mas sem filhos, antes de casar. Uma vez casados, esse relacionamento tem primazia em relação ao relacionamento com os pais. Os filhos ainda não são um foco. Quando chegam os filhos, os pais com duas carreiras podem deixar uma porção substancial dos cuidados com profissionais pagos, com os avós como visitantes. Raramente algum parente cria os filhos ou a mãe cuida de filhos que não são dela por períodos longos de tempo. Uma vez que os filhos chegam tão tarde, poucos casais têm mais de dois filhos, e em uma idade tão tardia que geralmente apenas três gerações estão vivas ao mesmo tempo. Assim, a família ampliada é menor e, em relação aos filhos, muito mais velha. O divórcio e o recasamento ocorrem frequentemente, mas normalmente quando os pais estão com vinte ou trinta e poucos anos. Quando divorciados, os pais normalmente ainda vivem independentes dos avós. O número de membros da família é menor e todos estão mais afastados, tanto no espaço quanto no tempo.

Um segundo acréscimo possível à teoria do ciclo de vida sugerido por esta comparação se refere à teoria da formação do sintoma. Terkelsen (1980) coloca que os sintomas ocorrem quando a estrutura familiar não acompanha as necessidades desenvolvimentais de seus membros (página 46). A evidência deste processo patológico é comumente exemplificada pelos pais superatentos que se movem com excessiva lentidão através do ciclo de vida e não acomodam a crescente necessidade de independência e autonomia dos filhos. O filho responde com um comportamento imaturo, confirmando a ideia dos pais de que é necessária mais supervisão, e segue-se um *loop* patológico. É possível que esta lentidão na mudança estrutural seja uma característica relacionada à classe. Ela talvez seja mais comum no modelo de ciclo de vida alongado da classe profissional. O modelo comprimido da classe mais baixa ilustra um outro processo de formação de sintomas.

As famílias de classe mais baixa estão sujeitas a súbitas mudanças estruturais devido às pressões ambientais. A mãe perde o emprego, o pai vai embora, o apartamento pega fogo ou uma irmã engravida. Tudo isso requer uma súbita mudança na estrutura de associação e de cuidados. Numa situação tão sujeita e emergências, as mudanças na estrutura podem preceder, em vez de não acompanhar, as necessidades desenvolvimentais dos filhos e de outros membros da família. Talvez se espere que os filhos cresçam com excessiva rapidez, em vez de com excessiva lentidão. Por exemplo, os filhos pequenos talvez precisem supervisionar a si mesmos em casa porque a necessidade de sobrevivência faz com que a mãe esteja fora. Essa prematura autoconfiança pode levar as crianças a se afastarem defensivamente dos cuidadores, tornando difícil para os pais influenciá-las quando ficam adolescentes.

Essa aceleração estrutural pode ocorrer também nas famílias de profissionais, se os pais estão preocupados demais com suas carreiras para dispor de tempo para cuidar dos filhos. O autor certamente já viu um retardo estrutural nas famílias de baixa renda em que a mãe, com medo de ficar sozinha, age como se seus filhos não estivessem crescendo. Mas talvez cada cultura seja especialmente vulnerável a uma fonte diferente de formação de sintoma, em virtude do ritmo particular com que atravessa o ciclo de vida familiar.

ESTÁGIOS DE CICLO DE VIDA NAS FAMÍLIAS "PROFISSIONAIS"

Este é um grupo que não apenas conclui o segundo grau e a faculdade, mas que também conquista no mínimo um grau pós-universitário. Ele é caracterizado por uma escolaridade contínua e prolongada e um adiamento da gravidez. Esse padrão vale para este grupo independentemente da raça.

Identidade "profissional"

Um significado original do verbo "professar" era "confessar ou possuir uma crença religiosa" *(Shorter Oxford,* 1959). É neste sentido que uma profissão é distinguida de um trabalho. Não é apenas uma maneira de sustentar-se, mas também constitui um conjunto de crenças, uma missão, uma maneira de praticar o significado da vida. A atividade profissional específica e o produto desta atividade se tornam centralmente importantes para a felicidade e a autoestima daquele que a pratica.

O segundo significado, mais popular, de "profissional" é para distingui-lo de "amador". Isto é, os profissionais são pagos para praticar suas habilidades. Todos precisam destes dois elementos na vida – uma maneira de praticar o significado e uma maneira de sustentar-se. Os profissionais são afortunados por conseguirem combinar ambas as atividades em seu trabalho cotidiano.

Final do primeiro grau e segundo grau: 12-17 anos de idade

A preparação para uma profissão requer uma longa concentração em tarefas não remuneradas. A renda da classe média faz com que isso seja possível para os filhos nestas famílias. O foco central é no desempenho escolar. Isso significa que os pais esperam que os filhos e as filhas frequentem a escola e façam seus temas de casa. Ambas as tarefas são monitoradas, e ausências escolares inexplicadas de um dia ou dois provocam uma crise familiar.

As notas também são monitoradas e o "desempenho insuficiente" (isto é, as notas que permitem passar mas são mais baixas do que o esperado) geralmente leva os pais a conferenciar ansiosamente com seus filhos, os professores dos filhos, os supervisores da escola, os professores particulares e, finalmente, os profissionais da saúde mental. É esperado que ambos os sexos concluam o segundo grau na época prevista e que ambos os sexos façam vestibular na universidade. Durante este período (e até mesmo antes), os pais (e avós) economizam dinheiro para ajudar a financiar pelo menos quatro anos de faculdade.

Comparação dos estágios de ciclo de vida familiar

Idade	Famílias "Profissionais"	Famílias de Baixa Renda
12-17	a. Evitam a gravidez b. Terminam o segundo grau c. Pais continuam a sustentar enquanto permitem que os filhos obtenham maior independência	a. Primeira gravidez b. Tentam terminar o segundo grau c. Pais tentam um rígido controle antes da gravidez. Depois da gravidez, o controle é relaxado e a nova mãe e o bebê continuam a ser sustentados
18-21	a. Evitam a gravidez b. Saem da casa paterna para a faculdade c. Adaptação à separação pais-filhos	a. Segunda gravidez b. Nenhuma instrução adicional c. A jovem mãe adquire um *status* adulto na casa paterna
22-25	a. Evitam a gravidez b. Desenvolvem uma identidade profissional na faculdade c. Continuam separados da casa paterna. Começam a viver um relacionamento sério	a. Terceira gravidez b. Casamento – saem da casa paterna para constituir uma família com padrasto c. Continuam conectados com a rede familiar
26-30	a. Evitam a gravidez b. Casamento – desenvolvem um casal nuclear separado dos pais c. Intenso envolvimento com o trabalho quando a carreira começa	a. Separam-se do marido b. A mãe se torna a chefe da própria família dentro da rede familiar
31-35	a. Primeira gravidez b. Renovam o contato com os pais como avós c. Papéis diferenciados na carreira e na criação dos filhos entre marido e mulher	a. Primeiro neto b. A mãe se torna avó e cuida da filha e do bebê

A gravidez é incompatível com a expectativa de bom desempenho escolar e da carreira universitária, de modo que é evitada. Isso é realizado parcialmente pela supervisão paterna de ambos os sexos. Eventualmente, isso é feito pelos próprios adolescentes, que praticam os jogos sexuais sem intercurso ou praticam o intercurso com alguma forma de controle da natalidade. Se chega a ocorrer uma gravidez, ela normalmente é interrompida pelo aborto (Zelnick e colaboradores, 1981). Este controle da gravidez é motivado não tanto pela moralidade em relação à atividade sexual, mas pela utilidade. A preparação profissional exige que não se tenha filhos, de modo que isso prevalece.

Questões características

Os problemas mais comuns apresentados por este grupo são o desempenho insuficiente na escola, a desobediência na escola e em casa, o abuso de drogas e de álcool, e a anorexia/bulimia.

Intervenções possíveis

A maioria dos teóricos da terapia familiar considerarão estes problemas como funções da desarmonia paterna que perturbou a hierarquia dos pais em relação aos filhos. Os terapeutas tentarão sanar a divisão paterna e restaurar o estabelecimento de limites adequados. A impotência, ansiedade, hipervigilância, negligência ou perfeccionismo dos pais serão vistos como funções da insuficiente cooperação entre as duas metades da díade paterna. Os problemas não são vistos como resultando da ausência de recursos paternos, mas do conflito entre os pais na utilização desses recursos.

Faculdade:* 18-21 anos de idade

Na maioria dos casos, ambos os sexos vão sair de casa para a faculdade, tornando-se jovens adultos. As tarefas desenvolvimeritais para esses jovens adultos são as de tornar-se independentes dos pais nas funções de manejo da vida, tomada de decisões e escolhas sociais. Não se espera que sejam independentes financeiramente.

Os universitários podem trabalhar para suplementar o sustento dos pais, mas normalmente eles não estão começando suas "carreiras" com os empregos que conseguem. Eles talvez precisem "viver pobremente", com o entendimento de que este é um arranjo temporário. Seu trabalho principal é o escolar. Uma tarefa desenvolvimental importante é a de aprender a trabalhar duro sem a supervisão dos pais.

Também se espera que eles desenvolvam uma identidade pessoal, experimentem a intelectualidade e desenvolvam uma direção vocacional. Espera-se que sejam sexualmente ativos. Os pais que se preocupavam quando eles *eram* ativos entre os doze e os dezoito anos, agora ficarão preocupados se eles não forem. O intercurso é mais comum, mas a gravidez ainda é evitada, e as mulheres (normalmente) utilizam métodos medicamente aprovados de controle da natalidade.

Ligações sérias são desenvolvidas e os casais às vezes moram junto, mas poucos casam.

Os pais precisam ajustar-se à ausência permanente dos filhos. Isso faz com que eles invistam em seu relacionamento conjugal, em seus filhos menores ou em seu trabalho (Fulmer e colaboradores, 1982). Durante este período, eles não têm netos nos quais investir, uma situação que toleram de bom grado.

Questões características

Muitos universitários apresentam problemas relacionados ao estudo: pouca concentração, falta de motivação, incapacidade de estudar, bloqueio para escrever ou sono durante as aulas. Eles também podem apresentar dificuldades sociais – timidez ou solidão – ou com o abuso de drogas ou álcool. Processos familiares problemáticos característicos são a tensão entre a necessária perda de autoridade dos pais e sua contínuas responsabilidades financeiras, reajustamento ao sistema de irmãos que ainda está em casa, intensificação da

---

* N. de T.: "Faculdade", neste item, se refere à parte da universidade norte-americana para ensino geral.

disfunção familiar conforme os papéis paternos passam a exigir menos, e os conflitos do jovem adulto entre afirmar uma posição diferenciada e ao mesmo tempo manter os ideais familiares.

Intervenções possíveis

O terapeuta familiar deve entender estas questões como funções da tarefa dos adolescentes mais velhos de se separarem de suas famílias. A terapia então se centra na resistência de toda a família a essa tarefa (Fulmer & Medalie, 1987). Os estudantes são frequentemente separados de suas famílias em termos geográficos, de modo que a influência familiar atual fica menos óbvia. Nem sempre é fácil conseguir uma terapia com toda a família presente.

Em virtude da juventude e dependência financeira dos estudantes universitários, é cedo demais para esperar que se tornem inteiramente individuados. Entretanto, sessões com eles sozinhos podem ajudar a começar a resolver conflitos de identidade e desafiar o grau em que seu comportamento é provocador ou desnecessariamente dependente dos pais. Sessões apenas com os pais (se possível) podem focar a mudança em seus papéis como pais e normalizar algumas das ambiguidades de ainda serem financeiramente responsáveis pelo filho ao mesmo tempo em que têm pouco controle sobre ele.

Nas circunstâncias especialmente difíceis, os terapeutas podem tentar reunir toda a família, mesmo que esteja geograficamente dispersa (Whiting, 1981). Sessões conjuntas com os estudantes, pais e irmãos podem lidar com novos padrões de funcionamento na estrutura familiar que está se modificando. Essas sessões devem centrar-se mais na comunicação e no entendimento do que no estabelecimento de limites. Em geral, os pais devem ser menos protetores do que no passado e os limites devem vir da comunidade ou da escola. O estabelecimento de limites é um foco adequado, todavia, se o estudante está abusando de drogas ou é esquizofrênico e pretende continuar morando em casa.

Faculdade:* 22-25 anos de idade

A classe profissional por definição frequenta a faculdade às vezes por dois anos (assistência social, direito, administração) e às vezes por quatro até oito anos (psicologia, medicina). No final da parte inicial da faculdade (para ensino geral), os estudantes deixam de morar nos dormitórios ou apartamentos da universidade e passam a morar com um ou dois colegas de quarto, mas abandonam a "gangue" adolescente. Eles tendem a tornar-se mais independentes financeiramente, trabalhando para sustentar-se, conseguindo crédito educativo e recebendo um salário. Os pais muitas vezes reduzem sua contribuição financeira depois da etapa inicial da faculdade, de modo que a separação dos estudantes em relação à família é mais completa.

Os casais começam a "morar junto" mais seriamente, mas muitos ainda adiam o casamento. Para os casais que "moram junto", a gravidez e os filhos são rigorosamente evitados. As mulheres que moram sozinhas são também sexualmente ativas, mas evitam a gravidez e fazem um aborto se engravidam. Muito poucas mulheres escolhem assumir sozinhas a maternidade nesse momento. O foco do relacionamento é a satisfação mútua do casal – o maior desenvolvimento de cada indivíduo dentro de um relacionamento íntimo, cotidiano, com um membro do sexo oposto. Esses relacionamentos não são casuais, mas iniciam e

---
* N. de T.: "Faculdade", aqui, se refere aos cursos universitários específicos nos Estados Unidos, a chamada "graduação".

terminam mais facilmente do que os casamentos. Eles são conduzidos a uma distância maior dos comentários ou envolvimento paterno do que os namoros anteriores ou os casamentos subsequentes. Se eles terminam, não existe nenhuma censura social em relação a qualquer um dos participantes.

O foco acadêmico muda, da busca intelectual para a preparação prática para uma profissão específica. Os estudantes não "experimentam" com cursos fora de seu campo principal. Eles seguem um programa relativamente invariável, que vai ensinar-lhes um "negócio", com o qual eles ganharão a vida.

Questões características

Este é o período em que o ambiente proporciona a menor estrutura para estes filhos adultos. Eles estão relativamente distantes de suas famílias de origem e ainda não constituíram a sua própria família. Eles já não participam do ritmo mais intensamente estruturado da vida inicial da faculdade (dormitórios, atletas participantes ou espectadores, festas frequentes). Eles ainda não estão em empregos regulares, de tempo integral. Uma parte do tempo é dedicada a assistir às aulas, mas uma parte maior ainda a estudar e escrever solitariamente. Uma tarefa importante é a de aprender a estruturar o próprio tempo, tornar-se autoconfiante e aprender a trabalhar de modo independente. O intrínseco interesse pelo campo escolhido deve ser a sua motivação primária, e não a autoridade dos pais, professores ou patrões.

Se os universitários entram em conflito consigo mesmos ou com seus pais em relação a esta tarefa, podem perder o embalo em seu desenvolvimento, não avançando em seu curso e nem aceitando um emprego regular não profissional. Eles podem ficar paralisados num estado temporário, não chegando a atingir a "linha de partida" (um diploma mais adiantado) da vida adulta.

Às vezes, os pais dos estudantes receberam eles próprios o grau de bacharel, mas não fizeram cursos mais adiantados. Os conflitos sobre realizações que não emergiram antes podem emergir agora. Isso acontece especialmente com as mulheres, pois é muito improvável que suas mães tenham recebido títulos mais elevados ou se preparado para uma vida com a atividade profissional em seu centro. As mulheres profissionais desta geração, portanto, geralmente não têm modelos de papel na família. As expectativas de gênero que talvez não tenham sido tão claras no início da faculdade podem agora tornar-se bastante aparentes, no momento em que o propósito da instrução é desenvolver uma identidade central como alguém que trabalha fora de casa. Para as mulheres, especialmente, o sucesso pode significar dificuldades em encontrar ou manter um parceiro, uma vez que as mulheres com títulos mais elevados estão entre as últimas a casar e as primeiras a divorciar-se (Norton & Moorman, 1987).

Para os pais, esta pode ser uma época agudamente frustrante, porque seus filhos estão retardando um estágio desenvolvimental de uma maneira desconhecida para eles. Isso também prolonga o período de estar "não estabelecido", uma condição que os pais tem dificuldade em tolerar. Os filhos não estão mais sob sua proteção, mas ainda não têm a proteção do casamento e uma renda regular. Os pais agora estão mais ansiosos por terem netos, mas não vêem nem mesmo as pré-condições para isso.

Intervenções possíveis

A terapia neste estágio provavelmente não focará tanto as questões concretas de sair de casa, e sim os conflitos dos filhos por viverem fora do esquema de vida que seus pais querem para eles. A menos que os problemas da separação sejam literais e graves, a terapia familiar com uma única pessoa (Carter & Orfanidis, 1976) é indicada, centrando-se nos temas de como a família encara o "sucesso", a separação e as atitudes em relação aos papéis sexuais. Os filhos adultos talvez estejam agora suficientemente crescidos e independentes financeiramente para esperarmos que busquem a individuação. Uma vez que tal processo não é nada mais nada menos do que a tarefa desenvolvimental adequada à época, o trabalho provavelmente prosseguirá lentamente. O progresso será aumentado e talvez seja prolongado. Se os problemas são mais graves, talvez fosse bom reunir a família e focar o sentimento dos pais de que ainda precisam cuidar dos filhos e os sentimentos dos filhos de que devem cuidar dos pais.

Escola de pós-graduação: 26-30 anos de idade

Depois de completar a escola de graduação, os profissionais entram num período de intenso envolvimento com o trabalho conforme iniciam suas carreiras. Eles também começam a mudar seus arranjos sociais, de "viver junto" para casar-se. Pela primeira vez, eles talvez demonstrem ansiedade ou depressão se ainda *não* são casados. No entanto, é provável que casem com outros profissionais, de modo que mesmo casados, podem continuar a trabalhar em sua profissão e a evitar a gravidez por alguns anos. Em seu livro sobre diferentes padrões do início da paternidade, Danieis e Weingarten (1982) se referem a este processo de *"timing* tardio" como um "adiamento programático".

Questões características

Os problemas deste estágio envolvem encontrar um equilíbrio entre a autoafirmação e a acomodação dos relacionamentos íntimos. Este processo é comum para todos os novos casais, mas fica complicado pela natureza simétrica dos papéis do marido e da mulher. Ambos esperam seguir suas profissões como a fonte central de significado da vida. Nenhum deles pretende centrar-se no lar ou no casamento. Nos casamentos com duas carreiras, nossa sociedade ainda não tem nenhum modelo para como distribuir as funções de ganhar dinheiro e manter os relacionamentos. Os homens talvez esperem trabalhar fora de casa e serem cuidados por suas mulheres como seus pais foram. As mulheres podem acabar prestando esses cuidados tanto quanto suas mães prestavam, mas sem considerar o fato de não terem nem o tempo nem a energia para fazer isso. Podem resultar brigas de poder, para decidir quem deve prestar cuidados e qual carreira é mais importante. A carreira da mulher geralmente é vista como menos importante, porque talvez ganhe menos dinheiro do que o homem e porque ambos antecipam silenciosamente que quando eles *realmente* tiverem filhos, ela tomará conta deles e mais responsabilidades financeiras cairão sobre ele. Assim, mesmo no estágio inicial das famílias com duas carreiras, existe uma pressão para este tipo de diferenciação de papel e para as desigualdades que dela resultam.

Intervenções possíveis

Os casais muitas vezes têm suposições implícitas e inconscientes sobre o casamento, que não tinham sobre seu relacionamento quando estavam morando juntos. Essas suposições são um produto da crença social e de duas influências familiares importantes: uma imitação do casamento dos pais ou uma reação contra esse casamento, e as respectivas posições fraternas dos cônjuges. Uma investigação cuidadosa dessas áreas geralmente revelará essas expectativas. Cada cônjuge considerará algumas delas como aspectos ego-sintônicos, não negociáveis, da realidade. O outro cônjuge pode considerar as mesmas ideias como caprichos autoindulgentes, arbitrários. Para os casais profissionais, pode ser especialmente difícil harmonizar essas suposições diferentes. Seu senso quase religioso de comprometimento com suas profissões faz com que justifiquem muitos desejos, não como desejos idiossincráticos mas como exigências de seu trabalho. A maneira como o tempo de lazer é utilizado, quem assume as tarefas domésticas, e quanto tempo passam juntos, tudo isso é virtuosamente defendido como necessidades ditadas pelas exigências das profissões. Isso parece acontecer principalmente nas profissões "de ajuda". Os profissionais sentem que já estão se sacrificando tanto por suas profissões que o cônjuge bem poderia ter mais boa-vontade.

Recompor suas virtuosas exigências na forma de desejos pessoais comuns (expressados em declarações tais como "Eu quero"... ou "Eu sinto...") é uma tarefa terapêutica muito difícil, mas necessária (Lemer, 1985). Entretanto, ela às vezes é quase impossível, uma vez que a prática da profissão é uma parte tão grande da identidade do profissional. Aceitar a ideia de que nossos desejos são exatamente iguais aos desejos de qualquer outra pessoa, e não merecem nem mais nem menos consideração, pode ser um sério golpe em nossa auto-estima. Isso parece pôr em dúvida o sentimento de ter uma missão ímpar, que às vezes está presente na ideia da profissão.

Nascimento do primeiro filho: 31-35 anos de idade

É aqui que os papéis sexuais realmente divergem. As famílias que tentam dividir simetricamente as tarefas de ganhar dinheiro e cuidar dos filhos batalham duramente para manter seu equilíbrio, começando pelos fatos de que só a mulher gera e dá à luz o filho e que o homem geralmente recebe um salário melhor. Mesmo depois do nascimento, as responsabilidades primárias dos cuidados à criança (mesmo que isso signifique encontrar *babysitters*) ainda ficam normalmente com a mãe (O' Donnel, 1984), enquanto o pai fica como o responsável primário por ganhar o pão, pelo menos durante alguns anos.

Questões características

As tarefas de ganhar dinheiro e encontrar significado na profissão continuam, mas agora o casal também se depara com a tarefa de serem pais consistentes. O modo de dividir esta nova tarefa é às vezes fonte de lutas de poder, em que ambas as partes sentem que estão sendo exploradas e não têm o direito de escolher. Para os indivíduos cujas vidas se baseavam na experiência da escolha (escolher uma faculdade, um campo principal de estudo, uma profissão, um apartamento, um parceiro, um emprego, o momento de engravidar), este sentimento de ser "forçado" pelas poderosas "obrigações" da paternidade pode ser especialmente doloroso. As mães podem sentir que não estão recebendo dos maridos apoio suficiente na sua função de mãe, enquanto os maridos podem sentir que não estão recebendo suficiente apreciação emocional por serem o ganha-pão da família. As mulheres podem ficar relutantes em interromper uma carreira na qual investiram tanto e podem querer que os maridos as compensem por isso. Algumas vezes, nenhum dos pais aceita realmente a responsabilidade paterna, o que traz sérias consequências para a criança. Uma vez que esta família de profissionais é suficientemente rica para ser independente (e muitas vezes geograficamente distante) das famílias de origem dos pais, e uma vez que o nascimento foi tão retardado, não se espera que as avós agora relativamente idosas cuidem dos netos, sendo que elas provavelmente não estão livres para ou dispostas a isso.

Intervenções possíveis

Já que os numerosos casais com duas profissões são um fenômeno relativamente recente, quase todos eles vêm de famílias que não oferecem um modelo para uma família com duas profissões. Ambos trazem modelos complementares para um relacionamento supostamente simétrico. Fazê-los reconhecer a diferença entre os valores explícitos que professam e as suposições implícitas a partir das quais eles realmente agem, é uma tarefa importante. Uma vez que isso seja obtido, os casais estarão mais livres para decidir deliberadamente como querem repartir as tarefas. O terapeuta familiar pode ajudá-los muito, esclarecendo como decidem aquilo que decidem e validando a dificuldade de criar um novo modelo de família.

ESTÁGIOS DE CICLO DE VIDA NAS FAMÍLIAS DE BAIXA RENDA

Os pais com uma baixa renda muitas vezes não têm empregos fora de casa. Eles trabalham muito, mas normalmente cuidando de suas famílias. Quando têm empregos externos, remunerados, estes não são "profissões", nem mesmo "carreiras". Isto é, os empregos raramente expressam uma crença em relação a si mesmo, que dá um significado especial à atividade cotidiana. Eles podem trabalhar pelo salário, ou pelos contatos sociais no trabalho, ou porque gostam de ser intencionalmente ativos, ou porque ganham autoestima por se sustentarem, mas eles geralmente não veem a atividade específica do trabalho como uma fonte de significado pessoal em sua vida. Um trabalho vale tanto quanto outro, se forem iguais em dificuldade, estimulação social, status e pagamento.

Já que muitas vezes é difícil investir significado no trabalho disponível para o grupo de baixa renda, preparar-se para ele indo à escola talvez também não seja visto como algo especialmente significativo. Isto é, o conhecimento não é adquirido para aumentar a prática do significado, mas para garantir melhores oportunidades de trabalho. Quando poucos empregos estão visivelmente disponíveis, mesmo para aqueles que concluem o segundo grau, a escola parece ainda menos significativa. Quando o trabalho (na forma de um emprego ou profissão) não existe como fonte de significado ou sustento financeiro, outras fontes de significado precisam ser encontradas. Uma das fontes mais ricas de significado existente para as famílias de baixa renda é a atividade da própria família, especificamente a criação dos filhos.

Nas famílias de baixa renda, a estrutura familiar ao longo dos estágios de ciclo de vida é diferente da estrutura das classes profissionais. Ela muitas vezes parece ser uma família "de progenitor único". De fato, a unidade familiar básica é, mais comumente, uma rede familiar ampliada de três ou quatro gerações. Se o único modelo de "família" que estamos esperando observar é o da "nuclear" baseada no casal, estas famílias parecem deficientes e "desorganizadas", no sentido de que o pai está ausente (Frazier, 1948; Moynihan, 1965, 1986). O recente conhecimento sociológico afirma que estas famílias não são necessariamente desorganizadas se a unidade observada for a família ampliada (Gutman, 1976; Martin & Martin, 1978; Stack, 1974).

Estes autores descrevem as famílias negras de baixa renda como redes familiares amplas que fazem um intercâmbio muito grande de recursos materiais e de serviços, permutando suas posses e os "cuidados das crianças" (Stack, 1974). As atividades dessas organizações familiares são vistas como estratégias adaptativas às condições da pobreza. Talvez fosse mais adequado chamá-las de famílias "com múltiplos progenitores". Longe de serem sub-organizadas ou caóticas, elas são vistas como grupos predizíveis unidos pela lealdade e pelas recíprocas obrigações, em que (quando estão funcionando bem) escassos recursos são compartilhados da forma mais eficiente possível.

Aplicação da teoria a um modelo de família ampliada

Se a unidade familiar não é "nuclear", mas "ampliada", as ideias sobre hierarquia, fronteiras geracionais e separação que se aplicam ao modelo de família de classe média precisam ser revisadas. Nós também precisamos modificar nossa teoria sobre a formação do sintoma. Várias teorias de formação do sintoma para as famílias de baixa renda foram porpostas por diferentes autores.

Pressão ambiental

Ao investigar uma grande amostra de mulheres brancas inglesas, Brown e Harris (1978) descobriram que as de classe trabalhadora ficavam deprimidas com uma frequência quatro vezes maior do que as mulheres de classe média. Belle e colegas (1979) relatam um achado semelhante em uma amostra dos Estados Unidos. Eles atribuem esta diferença ao maior número de eventos de vida negativos entre as mulheres de baixa renda. O impacto acumulado destes eventos produz uma desesperança crônica, deixando-as mais vulneráveis à depressão quando novas perdas ocorrerem. A depressão da mãe também pode ter sérios efeitos psíquicos sobre outros membros da família, especialmente sobre os filhos. Assim, o efeito ambiental da pobreza é visto como uma fonte importante de comportamento sintomático nas famílias de baixa renda.

Isolamento do apoio familiar

Embora seja normativo o fato de as famílias nucleares de renda média serem relativamente separadas de sua família ampliada em termos de intercâmbio de bens e serviços, tal separação pode ser desastrosa para as famílias de baixa renda. Morawetz e Walker (1984) sugerem que as famílias sintomáticas "de progenitor único" são aquelas que romperam com suas redes familiares através da migração e urbanização (página 322).

Não reciprocidade dos relacionamentos

Lindblad-Goldberg e Dukes (1985), entretanto, compararam as redes familiares das mães solteiras negras que tinham filhos sintomáticos com aquelas cujos filhos não apresentavam sintomas. Eles descobriram que não havia nenhuma diferença no tamanho da rede ou na quantidade de contato entre as redes. O que eles descobriram foi que as mães com filhos sintomáticos relatavam menos reciprocidade por parte de suas redes familiares. Isto é, aquelas mães sentiam que davam mas não recebiam numa proporção igual. Esses achados sugerem que não é o número de pessoas com quem a mãe está envolvida, mas a qualidade desses relacionamentos, que está associado ao fato de haver ou não sintomas nos filhos. Brown e Harris (1978) descobriram que as mulheres da classe trabalhadora que não possuem "um relacionamento de confiança com um marido ou namorado" (este é um entre vários fatores) apresentavam uma probabilidade maior de ficarem deprimidas. Novamente, o achado é o de que os sintomas não estavam associados ao fato de a mulher *ter* um marido ou namorado, mas à qualidade de seu relacionamento com ele.

Sub-organização

Aponte (1986) propõe uma quarta teoria da fonte dos sintomas nas famílias pobres: uma "sub-organização" da família em termos de "número,... complexidade, ... coerência,... continuidade,... e flexibilidade" (página 547). Ele diferencia explicitamente este fenômeno do "conflito familiar, a dinâmica mais comumente discutida na literatura sobre terapia familiar" (página 547).

Conflito entre mãe e executivos* não paternos

Esta é uma variante do modelo estrutural (Minuchin, 1967, 1974) de discórdia entre os pais associada a alianças geracionais cruzadas inadequadas. Em vez de discórdia entre a mãe e o pai, entretanto, a ruptura é entre a mãe e a avó, ou entre a mãe e a tia, dependendo de quem tem o direito de disciplinar a criança no sistema executivo da rede.

É provável que os indivíduos das famílias de baixa renda se tornem sintomáticos em virtude de alguma combinação dessas influências da sociedade mais ampla para a família. O terapeuta precisa avaliar a família em busca das seguintes possibilidades:

1. A mãe está tão esmagada pelas pressões ambientais – um despejo, um roubo, uma escola perigosa, o desemprego ou a doença de um membro da família – que não pode dar atenção total aos cuidados às crianças. Este é primariamente um problema entre ambiente e família, não entre mãe e filhos. O terapeuta deve concentrar-se em ajudar a família a utilizar serviços concretos até passar a crise.

2. A mãe não tem uma rede familiar à qual recorrer, seja por ter se afastado pela migração seja porque esta rede se desintegrou em resultado das pressões da vida urbana. Este é novamente um problema "fora" do subsistema da mãe e dos filhos. Aqui, o terapeuta pode ajudar a família a recriar uma rede social de amigos para substituir o apoio que falta.

3. A mãe tem uma rede familiar intacta, mas não está recebendo apoio em virtude de um relacionamento não recíproco com esta rede. Este é um problema entre a família ampliada e a mãe. Pode ser um produto do conflito entre adultos ou uma questão de perda não resolvida. Aqui, o terapeuta precisa descobrir a razão para o colapso da ajuda mútua. Em vez de ajudar a mãe a construir uma nova rede, a tarefa será a de resolver o rompimento entre ela e sua rede existente.

4. A família está sub-organizada, colocando dessa forma uma responsabilidade excessiva sobre uma pessoa. Este pode ser um problema na família composta pela mãe e pelos filhos. Não há dois membros da família lutando pelo poder, mas a família é governada pela atividade e presença de uma única executiva sobrecarregada, e não por regras e expectativas compartilhadas. Pouquíssima responsabilidade é delegada no sistema. Aqui, o terapeuta pode apoiar a executiva da família, enquanto trabalha para esclarecer e diferenciar papéis para os outros membros da família.

5. A mãe está em conflito com alguma outra pessoa dentro do subsistema executivo da rede familiar, em relação a como a criança sintomática deve ser educada. As mães solteiras frequentemente aparecem para tratamento deprimidas, isoladas e sobrecarregadas com responsabilidades de cuidados aos filhos. A maioria das famílias de baixa renda tem dificuldades no nível ambiental que requerem um bom estudo de caso antes que qualquer dinâmica familiar possa ser abordada. Numa investigação mais detalhada (incluindo um genetograma), geralmente fica claro que a criança em questão também está recebendo diferentes mensagens disciplinares de diferentes executivos, ou que a as práticas educativas da mãe estão sendo rispidamente criticadas por sua própria mãe. Acaba ficando claro que o conflito executivo conduziu a uma organização aparentemente caótica e solapou a moral da mãe. Nesses casos, o terapeuta deve tratar do conflito.

A avaliação de uma rede familiar requer alguns procedimentos técnicos especiais. Um deles é descobrir o real (que pode diferir do nominal) subsistema executivo para cada criança. A criança que cresce numa família com a mesma mãe, pai e irmãos morando juntos sozinhos por 18 anos consecutivos é a exceção neste grupo, não a regra. Qualquer um dos

---

* N. de T.: "Executivo", aqui, se refere àquelas pessoas que executam, agem e tomam decisões em relação à criança.

parentes que cuidou de uma criança pode achar que tem o direito de disciplinar aquela criança. Mesmo que eles não exerçam uma disciplina direta, podem estar implicitamente autorizados a comentar as tentativas disciplinares da mãe. Cada criança, consequentemente, pode estar respondendo a um conjunto diferente de executivos. Por exemplo, a mãe de um homem que se separou e casou novamente pode ter o direito de disciplinar os filhos que seu filho teve, mas não os enteados do filho.

Um subsistema executivo numa rede familiar está, evidentemente, vulnerável às mesmas pressões (lutas de poder, diferentes filosofias de educação dos filhos, alianças geracionais cruzadas, etc.) que qualquer família nuclear de dois progenitores sofre. Uma vez que o susbsistema tenha sido localizado, a próxima tarefa na avaliação será investigar essa disfunção.

História de separações

Uma outra questão especial nos sistemas familiares é avaliar o efeito da história do movimento de cada criança dentro do sistema. Nem todas as crianças são criadas exclusivamente pelos pais; algumas são criadas por aquela pessoa da rede familiar que pode cuidar delas naquele momento. Na medida em que um executivo passa a ter mais encargos ou desenvolve mais recursos, as crianças podem mover-se de um cuidador para outro. No melhor dos casos, esse movimento pode dar à criança o sentimento de que existem múltiplos recursos de apoio. Mas as mudanças abruptas de residência ou de cuidador realmente têm um impacto psíquico, mesmo que as necessidades físicas mais importantes da criança sejam assim satisfeitas. As separações tornadas necessárias por condições ambientais podem levar a medo de abandono, retraimento defensivo ou prematura autoconfiança. Os cuidadores adultos que lutaram para assegurar esses cuidados talvez não sejam especialmente tolerantes com tais sentimentos. Eles, compreensivelmente, podem sentir que salvaram a criança de ficar sob a custódia do estado, e que a criança deveria ficar satisfeita com isso.

A adoção informal e a criação de filhos alheios nessas redes ampliadas também podem mudar abruptamente a situação dos irmãos nestas famílias. Irmãos podem ser separados. Primos podem subitamente tornar-se irmãos por parentesco, exigindo um novo arranjo da "ordem de importância" ou deslocando uma criança de uma posição conhecida e privilegiada como a mais velha ou mais nova. Essas mudanças frequentemente afetam também os arranjos para dormir. Nenhuma criança tem seu próprio quarto. Poucas têm sua própria cama. O autor supervisionou uma família em que o paciente identificado, um menino de oito anos de idade, não queria mais dormir com sua tia de 92 anos de idade quando ela se tornou enurética. Ele começou a dormir com a mãe, intensificando seu relacionamento já emaranhado. Suas irmãs passaram a chamá-lo de "bichinha" e seu comportamento desregrado na escola piorou. Depois de alguma terapia familiar, ele começou a dormir num sofá da sala. Quando sua irmã mais velha (que morara um tempo fora) subitamente voltou para casa, ela reclamou o sofá (que era sua antiga cama) e ele voltou a dormir com a mãe.

O fato de as famílias pobres estarem acostumadas a tais eventos não significa que eles sejam insignificantes em seu impacto emocional. Eles seriam considerados como tendo um grande poder explicativo se fossem descobertos na história de um paciente de classe média. Por serem tão necessários, num sentido concreto, físico, os pais talvez não pensem em seus efeitos psicológicos. Assim, eles nem os mencionam ao entrevistador.

Final do primeiro grau e segundo grau: 12-18 anos de idade

Neste estágio do ciclo de vida, pode estar acontecendo uma importante transição no susbsistema executivo da família. Se a mãe teve seus primeiros filhos quando era adolescente, pode ter recebido uma considerável ajuda de sua própria mãe para criá-los. O susbsistema executivo nessas famílias de mãe solteira jovem não é mãe/pai, mas avó/mãe, com a avó naturalmente tendo mais autoridade do que sua filha adolescente. Na medida em que a mãe amadurece, entretanto, ela assume mais autoridade. Quando seus filhos entram na adolescência, a avó passa a se envolver menos no cuidado direto e a responsabilidade total passa para a mãe, que está agora com cerca de trinta anos.

Na medida em que os filhos se tornam mais independentes como adolescentes, as famílias com dois progenitores têm a tarefa desenvolvimental de reavivar o relacionamento conjugal, que talvez tenha sido menos central quando as crianças exigiam muita atenção. Na família de progenitor único, entretanto, não existe nenhum vínculo conjugal no qual reinvestir. O subsistema avó/mãe, embora seja uma unidade *paterna* muito útil, não pode satisfazer as mesmas necessidades que uma unidade *conjugal* satisfaz.

Assim, quando os filhos se tornam mais independentes, a mãe e a avó devem encontrar amigos (ou um trabalho, ou a igreja) para preencher a lacuna. Essa tarefa não é nada fácil. Embora a tarefa do ciclo de vida exija um crescente envolvimento com iguais, tanto para a mãe quanto para os filhos, isso talvez não ocorra se a mãe não tiver ninguém a quem se vincular. A supervisão que antes era sentida como um cuidado é agora experienciada pelos adolescentes como uma interferência. Os meninos e as meninas podem responder a esta atenção indesejada de maneiras caracteristicamente diferentes, que serão consideradas abaixo.

Uma outra tarefa transicional é transferir a autoridade da avó para a mãe num momento em que o desafio do adolescente à autoridade é mais intenso e importante. Os filhos, particularmente os mais velhos, podem ter dificuldade em aceitar a mãe como a autoridade total quando a viram em anos anteriores mais como uma irmã mais velha. Eles podem inclusive ter sido colocados numa instituição ou criados por algum tempo numa outra família, quando a mãe era jovem, e estarem agora retornando e começando a conhecê-la verdadeiramente. Podem surgir problemas se a mãe não assumir totalmente a ingrata tarefa de disciplinar os adolescentes, e se a avó permanecer envolvida como uma crítica da mãe.

Atitudes em relação à escola

As escolas para as crianças de baixa renda são notoriamente pobres, desorganizadas e fisicamente perigosas para os alunos. As oportunidades depois da escola são limitadas, particularmente para os meninos. Staples (1985) relata que os homens negros que fizeram faculdade podem inclusive receber salários menores do que os homens brancos que não concluíram o segundo grau. É difícil imaginar como, em tais condições, a escola poderia se tornar o foco central para os filhos destas famílias. No entanto, esta é uma atividade na qual as mães investem muito e levam muito a sério. Apesar disso, a escola é vista principalmente como uma oportunidade de conseguir um diploma de segundo grau e assim melhorar as chances de obter um emprego. Para este propósito, é necessário apenas uma frequência regular. É raro que os alunos aprendam alguma coisa interessante ou útil ou tentem conseguir notas altas para entrar na faculdade (como na classe de profissionais).

As expectativas de gênero em relação à escola diferem amplamente, e desde cedo, nos grupos de baixa renda – é mais provável que as meninas concluam o segundo grau, ao passo que não se espera que os meninos necessariamente o façam. Nenhum dos sexos, entretanto, tenta o vestibular em número apreciável. Os pais não têm dinheiro para sustentá-los. Uma vez que nem todos terminam o segundo grau no período previsto (e muitos não chegam a terminar), o final do segundo grau não serve como o marco claro do estágio de "lançamento" como acontece na classe de profissionais.

Questões para as filhas adolescentes: escola ou gravidez?

Um determinante maior da permanência ou não da jovem na escola é a gravidez. Uma vez que a escolaridade, compreensivelmente, não merece muito o respeito das adolescentes da comunidade de baixa renda, ela não constitui uma alternativa muito atraente se comparada a ter um bebê.

As mães muitas vezes são explicitamente contra uma gravidez precoce antes de ela acontecer – não tanto por motivos morais como por motivos práticos. As mães sabem como é difícil completar o segundo grau com filhos pequenos, e frequentemente advertem enfaticamente as filhas contra isso. Suas tentativas de supervisioná-las para evitar uma gravidez são um dos maiores motivos dos conflitos que levam as famílias às clínicas.

Mas, embora sejam explicitamente contra a gravidez, elas infelizmente não podem ser um exemplo do que *não fazer*, nem estão na mais forte posição de autoridade. E as filhas que estão aconselhando devem sua própria existência à gravidez precoce de suas mãe. Notman e Zilbach (1975) relatam que em algumas famílias existe uma pressão não ambivalente para que a filha adolescente tenha um bebê. Eles julgam que isso decorre da necessidade da mãe de substituir o relacionamento de dependência que está perdendo com sua filha.

Antes da primeira gravidez da adolescente, as mães muitas vezes não reconhecem a atividade sexual da filha. Virtualmente, o único método de controle da natalidade que encorajam é a abstinência. Elas nem mesmo discutem outros métodos, temendo que isso signifique uma aprovação implícita da atividade sexual. Se elas levam as filhas para fazer o exame ginecológico necessário para a prescrição de um diafragma ou pílulas, as filhas às vezes se recusam, constrangidas.

Os adolescentes do sexo masculino e a atividade sexual

As mães não tentam impedir que os filhos tenham atividade sexual, mas os previnem de que elas não cuidarão de qualquer bebê que possam gerar. Stack (1974) escreve, entretanto, que as mães das redes familiares negras estudadas por ela não fazem nem mesmo isso. Elas "encorajam os filhos a terem bebês" (página 121), esperando que isso os "torne mais responsáveis". Elas ficam muito orgulhosas em serem avós paternas e tentam cuidar dos bebês sempre que podem. De qualquer forma, não se espera que os adolescentes do sexo masculino mantenham a abstinência ou usem preservativos quando são sexualmente ativos.

Questões para o filho Adolescente: escola ou delinquência?

Uma vez que os pais adolescentes não casados normalmente não se envolvem com os cuidados aos filhos e não conseguem empregos para contribuir para o seu sustento, não é o fato de tornar-se pai que os impede de concluir o segundo grau. No entanto, eles abandonam a escola mais cedo e em maior número do que as meninas.

As mães de baixa renda cuidam e supervisionam seu filho pré-adolescente da mesma maneira como supervisionam a filha. Mas quando eles se tornam adolescentes, elas geralmente consideram que os perderam para o mundo pouco confiável e incontrolável dos homens adultos. Elas deixam de esperar que eles sejam responsáveis e fazem poucas tentativas de influenciá-los. Assim, também perdem o contato íntimo com eles.

A tarefa desenvolvimental de um filho é diferente da de suas irmãs. Ele precisa separar-se mais de sua mãe para poder identificar-se como homem e pode pensar que abandonar a escola é uma maneira conveniente de desafiar os desejos declarados da mãe. Frequentar a escola pode ser visto como uma obediência pouco masculina. Os adolescentes do sexo masculino de qualquer classe social muitas vezes se identificam com os "proscritos" para se sentirem livres das normas do pais. No grupo de baixa renda, a tendência é ainda maior, porque os verdadeiros proscritos talvez sejam os únicos homens bem-sucedidos na vizinhança. Ser durão, para não ser considerado um "filhinho da mamãe", levará os adolescentes do sexo masculino às ruas. A rebelião adolescente normal pode levá-los à séria delinquência com consequências no nível adulto.

Dornbusch e colegas (1985) estudaram o efeito de diferentes estruturas familiares sobre o controle dos adolescentes. Depois de controlar os efeitos da pobreza, eles descobriram que nas famílias em que a mãe era a única executiva, os garotos começavam a tomar decisões sem qualquer influência paterna já na idade de 13 anos. As meninas, entretanto, continuavam a aceitar as opiniões ou participação da mãe em decisões conjuntas até a idade de 16 ou 17 anos, momento em que demonstravam mais autonomia. Nas famílias de um único progenitor em que um membro da família ampliada estava presente, entretanto, a mãe tinha maior influência sobre os filhos de ambos os sexos, estabelecendo "um nível de controle paterno mais semelhante ao controle dos adolescentes encontrado nas famílias com dois progenitores" (página 336).

Esses achados confirmam a impressão clínica do autor de que as mães solteiras podem perder a confiança em sua capacidade de influenciar os filhos quando estes atingem a adolescência. Mas eles também comprovam que esta influência pode ser mantida com o apoio da família ampliada. Devemos observar que os achados de Dornbusch e colegas, todavia, não se aplicam aos padrastos, cuja presença na verdade *aumentava* a rebeldia dos adolescentes do sexo masculino (página 333). Assim, se as mães de baixa renda sentem que não podem controlar seu filho adolescente, isso talvez se deva ao fato de seu relacionamento com a família ampliada estar perturbado, seja por rompimento ou por conflito.

Intervenções possíveis

1. Centrar a terapia familiar nas dificuldades com a tarefa de passar a autoridade da avó para a mãe. Talvez seja necessário convocar a avó para participar das sessões. As questões de fronteira entre as gerações terão a ver com aquela pessoa que está responsável pelos filhos.

2. Tentar fazer com que o subsistema executivo continue a proporcionar cuidados e supervisão aos filhos (monitorar a frequência à escola, o tema de casa), em vez de colocá-los prematuramente em papéis paternos em relação aos filhos menores. Para que a mãe continue a cuidar de seus adolescentes, ela também precisará de apoio. Isso pode requerer a convocação de irmãs, tias ou da própria mãe para reassegurá-la, aconselhá-la ou apresentar uma política unificada em relação aos adolescentes rebeldes. Se a família está muito distante geograficamente, podemos colocá-la em contato com grupos de mães, PTA ou grupos de igreja (Douglas & Jason, 1986; Parker, Piotrkowski & Peay, 1987).

3. Tentar esclarecer as comunicações ambíguas sobre atividade sexual. Fazer com que as mães a aceitem como uma realidade e ajudem as adolescentes num planejamento efetivo para evitar a gravidez. Isso deve incluir visitas ao ginecologista e obedecer às prescrições utilizando os métodos prescritos, e não apenas exortações dramáticas. Talvez seja preciso convencer as mães de que aconselhar a respeito do controle da natalidade não aumenta necessariamente a atividade sexual.

Numa revisão da literatura sobre o papel da família na prevenção da gravidez, Fox (1981) descobriu que a comunicação paterna sobre a contracepção, "embora mínima ou inexata", tendia a retardar ou a prevenir a atividade sexual. Entre as filhas já ativas, isso estava relacionado a uma contracepção mais efetiva. Furstenberg (1981) também descobriu que "a probabilidade de uma adolescente fazer contracepção estava altamente relacionada ao grau em que sua atividade sexual era abertamente reconhecida e aceita por seus pais" (página 143).

Infelizmente, a gravidez precoce não é mais o único "perigo" para os homens e mulheres sexualmente ativos. A síndrome de imunodeficiência adquirida (SIDA) ameaça as pessoas de todas as classes sociais. Ela é especialmente prevalente, entretanto, nas áreas onde há uma alta frequência de uso de drogas intravenosas. Até 1984, a maioria das pessoas com SIDA na cidade de Nova Iorque eram homossexuais brancos do sexo masculino. Desde então, a frequência da doença declinou neste grupo, mas aumentou entre os usuários de drogas intravenosas. Desde 1985, a maioria dos aidéticos tem sido de heterossexuais e não brancos – isto é, negros (31%) ou hispânicos (23%). De todos os bairros de Nova Iorque, o Bronx possui a maior proporção de mulheres com SIDA em relação aos homens (1:4) e o maior número de crianças com SIDA *(New York City Department of Health,* 1987). Para protegerem a si mesmos e aos seus filhos desta catastrófica doença, os pais e os adolescentes devem ser instruídos sobre como ela se propaga e como praticar um sexo mais seguro, especialmente através do uso de preservativos.

4. As mães estarão mais dispostas a discutirem a contracepção com suas filhas, certamente, mas também vale a pena dedicar-se ao relacionamento mãe-filho. A família ampliada pode ser convocada para apoiar a mãe nesta tarefa desconhecida e ansiogênica. Encorajar os filhos, de modo firme e sem julgamento, a serem responsáveis pela contracepção e pelos cuidados com a saúde, instruindo-os no uso de preservativos é uma maneira de as mães comunicarem seu contínuo respeito aos filhos do sexo masculino.

5. Esforçar-se especialmente para apoiar as mães, a fim de que continuem a orientar seus filhos adolescentes do sexo masculino. Frequentemente, as mães pensam que por serem mulheres, elas simplesmente não podem educar os meninos, que eles precisam de uma "forte mão masculina". Esta ideia é muitas vezes apoiada pela crença popular. Essas mulheres, desesperadas, às vezes convocam filhos mais velhos, namorados ou padrastos para disciplinarem fisicamente seus filhos adolescentes do sexo masculino. Isso normalmente têm consequências desastrosas e explosivas. A disciplina física não é adequada para os adolescentes, e qualquer tipo de disciplina somente será efetivo se aplicado por um executivo aceito pelos filhos. Consequentemente, a mãe deve utilizar seu relacionamento e poder de persuasão para influenciar seu filho.

Encoraje a mãe a recorrer à sua família ampliada em busca de apoio moral e conselhos. Ela talvez consiga convocar membros mais distantes mas respeitados da família (homens ou mulheres) para serem conselheiros ou mentores do menino. Ela pode utilizar a pressão social da rede familiar, pedindo a outros membros da família que concordem com ela. Ela também pode evitar vazamentos na rede ao conseguir que outros membros da família recusem favores ao menino até que ele obedeça. Uma preocupação não indulgente coordenada e persistente por parte da mãe e dos parentes do menino pode mantê-lo conectado e influenciado pela família.

Se a filha engravida:

1. Embora seja difícil, vale a pena encorajá-la a continuar na escola.
2. Se a família demonstra algum interesse pelo aborto ou pela adoção formal, o terapeuta pode ajudá-los a pensar sobre isso. No entanto, essas opções raramente são escolhidas, porque os valores das famílias de baixa renda as rejeitam, e porque o bebê terá uma importante função na família.

3. Se a gravidez é mantida, a frequência à escola pode ser apoiada pelos esforços de assegurar um cuidado adequado à criança, ou na rede familiar, ou em creches ou com uma dona de casa. Muitas escolas e agências possuem atualmente programas especiais para pais jovens (Forbush, 1981).

4. Depois do nascimento, ajudar a esclarecer quem é responsável pelos cuidados à criança. No caso de uma mãe de 15 anos de idade, a mãe *dela* ainda dirigirá a família.

5. Fazer com que as avós orientem suas filhas que estão tendo filhos quanto às expectativas adequadas em relação aos bebês e crianças pequenas. O padrão a evitar é o de criticarem profundamente as filhas e simplesmente assumirem totalmente a função de maternagem. Isso quase sempre foi feito a elas por suas mães, de modo que uma investigação em sua família de origem pode ser útil.

6. O estabelecimento de um jovem casal que funcione como tal é raro, mas explore a possibilidade de assumirem a responsabilidade paterna. Isso pode ser feito se o casal morar junto, com uma das famílias. Se tal arranjo é impossível, o pai poderia continuar a viver com sua rede, mas deveria contribuir com dinheiro e tempo para o sustento de seu filho. Essa, novamente, é uma tentativa com pouca probabilidade de êxito, mas a possibilidade deve ao menos ser considerada, mesmo que seja apenas como uma maneira de demonstrar respeito pela ideia de que o pai tem um papel na vida familiar. Ooms (1981) sugere que esses jovens poderiam se envolver mais na vida da mãe adolescente do que outrora se pensava, e que qualquer avaliação familiar deveria incluir o relacionamento atual, assim como a tentativa de descobrir também as necessidades dele. Furstenberg (1981) descobriu que um fator primário no envolvimento do jovem pai com seu filho era a disposição dos pais da mãe em inclui-lo.

Jovem adulto: 18-21 anos de idade

Nas famílias de baixa renda, este período não é a moratória que é para os alunos da faculdade da classe profissional. Ele é "experimental" no sentido de que os jovens adultos devem tentar coisas que não tentaram antes, mas as consequências de cada "experimento" são sentidas com força total. Os alunos da faculdade podem tentar um curso ou trabalho em tempo parcial, ou um caso amoroso, e desistir, caso não gostem. As mães de baixa renda, entretanto, estão jogando a dinheiro. Um emprego perdido pode significar a falta de refições ou do pagamento do aluguel, e uma mudança de moradia precipitada. Um romance que não deu certo pode significar ser deixada sozinha com um outro filho para cuidar. Descobrir que ela ainda não está pronta para cuidar de crianças pequenas o dia inteiro traz consequências para o resto da vida, tanto para a mãe quanto para a criança.

Tarefas para as mulheres

Este é um período em que as mães deveriam conseguir mais autoridade em relação às suas próprias mães, tornando-se as chefes de suas famílias. Não é realista esperar que uma mãe solteira pobre com filhos pequenos possa encontrar um apartamento (ou dormitório na faculdade) e sair de casa, de modo que a pergunta para esta fase é: "De que maneira as filhas adultas obtêm um *status* adulto enquanto ainda estão morando na casa da mãe?" As mães podem aceitar mais responsabilidade pelos cuidados dos filhos ou, se a avó concorda em continuar a cuidar das crianças, conseguir um emprego e contribuir para as despesas da casa. De qualquer maneira, a avó e a mãe devem buscar algo mais semelhante à igualdade na estrutura doméstica, com igual influência e responsabilidade pelas duas tarefas de ganhar dinheiro e cuidar das crianças.

Intervenções possíveis

O "casal" familiar que deve ser preservado aqui não é o de marido e esposa, mas o de avó/mãe. Assim, a fronteira a ser monitorada não é aquela que divide as gerações (como seria na classe profissional), mas a que divide as pessoas que compõem o lar daquelas que não o compõem. Evidentemente, é apropriado que tanto a mãe quanto a avó tenham contato com homens, mas o acesso destes ao lar deveria ser ordenado. As crianças terão dificuldade em distinguir entre os namorados e padrastos temporários. Na verdade, não se pode esperar que as mães saibam se um romance casual vai tornar-se um relacionamento sério ou não. Mas uma importante tarefa desta época é as mães manterem uma família razoavelmente predizível para seus filhos e regularem com sensatez quem vai dormir na casa, não dando a um namorado a responsabilidade de cuidar dos filhos, e mantendo um relacionamento tão bom quanto possível com os pais de seus filhos.

Este é o estágio desenvolvimental em que as mulheres podem tentar sair da casa da mãe e estabelecer uma família nuclear com um homem num lar separado. Stack (1974) e Kenkel (1981) escrevem que a rede familiar frequentemente considera o casamento como perigoso para a mulher e para a estabilidade da própria rede, podendo, portanto, resistir a ele. Uma vez que a mãe quase sempre já tem filhos, este casamento criará uma família com um padrasto, mesmo que seja o primeiro casamento para ambos os parceiros. Os parceiros muitas vezes esperam que ele funcione como um primeiro casamento, e ficam desapontados quando os relacionamentos entre os filhos e pais são inesperadamente problemáticos. O relacionamento com parentes por afinidade sempre é uma questão no casamento da classe média, é claro. No entanto, ele pode ser ainda mais crucial nos grupos de baixa renda, porque a rede familiar é muito mais forte e mais necessária para a sobrevivência. Poucos casamentos sobreviverão muito tempo sem sua benção. Se o terapeuta tiver a oportunidade de tratar o casal de baixa renda, deve dar uma cuidadosa atenção à aceitação do marido (e sua rede) por parte da família da mãe, e vice-versa.

Tarefas para os homens

Esta é a época em que se espera que os homens de baixa renda entrem na força de trabalho em tempo integral. Esta é uma tarefa notoriamente difícil, dada a alta probabilidade de inadequada preparação acadêmica e o baixo número de empregos não especializados disponíveis. É mais provável que eles saiam de casa do que as mulheres, mas raramente estabelecem sua própria família. Eles circulam entre os membros da família ampliada, vivendo onde podem. A família ampliada pode ser muito útil, nesta fase, proporcionando apoio para a tarefa prolongada, ansiogênica e desencorajadora de conseguir um emprego estável. Não conseguir um emprego é uma situação perigosa. Os jovens devem ter alguma maneira de demonstrar que são homens. Se não conseguem fazê-lo conseguindo um emprego e ganhando a vida, restam-lhes dois outros métodos: demonstrar potência sexual e ter aventuras ousadas. O primeiro costuma ser o de ter filhos e o último o de usar drogas e cometer crimes – atividades que os expõem a um sério perigo. Nos vários períodos do ciclo de vida entre as idades de 15 e 35 anos, os homens negros têm uma probabilidade dez vezes maior de serem mortos do que os homens brancos *(Health Hazard Appraisal, 1972).*

Intervenções possíveis

Nesta época, os homens raramente se apresentam para tratamento. Os membros da família que mais comumente se apresentam são as jovens mães que têm algum problema com os filhos. O terapeuta muitas vezes precisa convocar a avó para o tratamento. Uma investigação sobre onde estão todos os membros da família irá, pelo menos, identificar os homens.

O maior perigo familiar para os homens neste estágio do ciclo de vida é que o sistema familiar permitirá que subfuncionem, e será superindulgente com eles até expulsá-los zangadamente para as ruas, apenas, para acolhê-los novamente alguns meses mais tarde, numa condição deteriorada. Eles devem ser avaliados com especial atenção para uma possível depressão. Organizar a família para apoiar esses homens (proporcionar abrigo e respeito), e exigir deles um comportamento adulto (levantar cedo, não usar drogas em casa, procurar persistentemente um emprego), é uma tarefa difícil, mas que vale a pena. Ela vale a pena especialmente em relação ao sistema social mais amplo, porque esses jovens são os pais dos filhos das jovens mães solteiras que constituem o restante dos casos do terapeuta.

22-30 anos de idade

Enquanto na classe profissional esta época começa com o final da primeira parte da faculdade e termina com a conclusão de um programa de graduação, no grupo de baixa renda ela não está tão calaramente delineada. Entretanto, existem algumas semelhanças, no sentido de que é nesta época que os homens e as mulheres têm as melhores oportunidades de constituir casais estáveis, independentemente do nível de renda. A maturação pode torná-los menos necessitados de auto-asserção e mais capazes de acomodação. A frequência da gravidez pode diminuir na medida em que as famílias ficam maiores, e as mães (e avós) adquirem o conhecimento e a maturidade para evitá-la. Os filhos existentes estão ficando mais velhos, indo à escola e precisando de menos cuidados. Os homens tiveram mais tempo para conseguir um emprego, e talvez tenham tido a chance de estabelecerem certa superioridade. Stack (1974) relata que alguns jovens casais não planejam nem mesmo morar juntos até nascer seu *segundo* filho, mas que nesse momento o fazem.

Durante esta época desenvolvimental, o pai às vezes pode contribuir mais para a sua família de enteados do que para a sua família original. Um pai desempregado pode ficar humilhado por sua incapacidade de atender às expectativas da sociedade de que sustente seus filhos. Ele pode diminuir esta humilhação simplesmente abandonando aquela família. Mas, como padrasto, ele nada deve aos enteados. Nesse contexto, mesmo uma pequena contribuição parece generosa, é apreciada, e aumenta seu *status* na comunidade.

Intervenções possíveis

A diferença entre a classe de baixa renda e a profissional nesta época é a de que o casal no grupo de baixa renda é quase sempre um casal com enteados. Os filhos da mulher frequentemente têm dois ou três diferentes pais biológicos. Assim, a família se depara com as questões especiais da formação de famílias com padrastos. Essas questões estão detalhadas em Mc Goldrick e Carter (1980), e incluem a resolução de casamentos anteriores, a união de diferentes subsistemas fraternos, a competição entre o marido e os filhos pela atenção da esposa, e o lento desenvolvimento de relacionamentos entre o padrasto e os enteados. Uma questão adicional para o grupo de baixa renda é a de que o "casamento anterior" pode incluir a díade avó/mãe que cuidou dos filhos quanto estes eram pequenos. Um padrasto entrando num sistema executivo avó/mãe talvez tenha uma especial dificuldade em adquirir direitos como pai, pois a parceria avó/mãe certamente não se dissolverá tão completamente como a de ex-marido/ex-mulher. Geralmente é melhor desenvolver seu papel como marido e não esperar que exercite a responsabilidade paterna, exceto em relação aos seus próprios filhos.

31-35 anos de idade

Durante esta época, os filhos mais velhos da mulher estão chegando à adolescência e o ciclo já descrito de "Final do Primeiro Grau e Segundo Grau: 12-18 Anos de Idade" começa a repetir-se. Hill (1986) a vê como uma de duas épocas (a outra sendo quando os filhos estão em idade pré-escolar), quando "as famílias de único progenitor estão mais vulneráveis a transições críticas de papel" (página 28).

Se a mãe recém casou ou começou a viver com um homem, os ajustamentos à condição de enteado e padrasto (já difíceis) são agravados pelo fato de os filhos estarem se tornando adolescentes e buscando sua própria identidade. Isso vale especialmente para os adolescentes do sexo masculino. Sua maior rebelião deveria ser uma consequência esperada da nova família com um padrasto. A mãe não deve esperar que o padrasto estabeleça limites, especialmente para os filhos mais velhos dela, mas deve indicar que espera que eles sejam educados com o marido dela. Nessas condições, os relacionamentos positivos entre padrastos e enteados têm pelo menos uma chance de se desenvolverem.

Se a mãe não está com um homem e mora com a avó, ela não tem nenhuma díade conjugal na qual voltar a se envolver quando seus filhos se tornam mais independentes. Tanto a avó quanto a mãe devem encontrar alguma maneira de compensar sua perda de papel como mães. Num momento em que a mãe e a avó talvez estejam relutantes em deixá-los mais livres, os filhos precisam começar a funcionar de modo mais independente. Para se identificarem como separados de suas famílias, os adolescentes de classe média podem envolver-se em atividades escolares e equipes atléticas organizadas. Essas saídas geralmente não estão disponíveis para os adolescentes de baixa renda. Os meninos, procurando desidentificar-se com suas mães, provavelmente irão para as ruas e se reunirão a um grupo informal de iguais adolescentes, que ganha *status* ao cometer pequenos delitos.

Nessa transição, é possível um padrão muito diferente se a mãe tenta compensar sua iminente solidão (e a característica ingratidão do adolescente) envolvendo-se com os problemas de seus filhos menores, dessa forma virtualmente abandonando os mais velhos. Neste caso, o adolescente negligenciado pode sentir-se privado e apresentar um comportamento imaturo, num esforço não reconhecido de conseguir orientação e reentrar na família, ao mesmo tempo em que ainda luta pelos privilégios da idade.

A *função da gravidez precoce no sistema da família ampliada*

A solução para muitas das tensões familiares desta época do ciclo de vida é a jovem filha engravidar. Algumas tentativas de explicar as causas da gravidez precoce centraram-se nas motivações internas da adolescente (Schaeffer & Pine, 1972). Esses autores viam as adolescentes como lutando tanto com os desejos de serem cuidadas pela mãe quanto com os desejos de serem mães. Fisher e Scharf (1980) afirmaram que algumas meninas haviam experienciado déficits iniciais nos cuidados e engravidaram para compensar seus sentimentos de vazio, ou como uma tentativa de domínio. Essas hipóteses podem ser muito úteis para o terapeuta conseguir um relacionamento empático com essa adolescente. O pensamento sistêmico, entretanto, requer que consideremos como uma gravidez precoce seria também uma função de forças em toda a rede familiar e no contexto socioeconômico em que ela está inserida.

A gravidez realmente satisfaz várias das necessidades da adolescente. Satisfaz sua necessidade de atividade sexual, de *status* adulto e de ter um bebê. Ela proporciona um propósito significativo para a sua vida (Buchholz & Gol, 1986). Mas ela também tem efeitos importantes sobre outras gerações na família. Ela pode gratificar a mãe da menina de várias maneiras. Ao dar-lhe um bebê para cuidar e aumentando sua dependência em relação a ela, a alivia da solidão com a qual poderia se defrontar se seus filhos partissem e vivessem de modo independente. Uma vez que sua filha está grávida, as brigas em relação à maquilagem, cabelos, hora de voltar para casa e temas da escola se tornam irrelevantes, para o alívio de ambas. Por ter sido tão jovem quando teve os seus primeiros filhos, é provável que a mãe não os tenha criado ela própria. Assim, ela pode ficar satisfeita com a oportunidade de cuidar dos filhos da filha. Ela agora tem a chance de "fazer bem-feito" (Rodman Hill, 1977). A mãe também consegue a superioridade moral de ser uma avó. Agora que aquele filho não é dela, ela não é condenada por gerá-lo e recebe a gratidão e aprovação extras da comunidade por cuidar dele.

A bisavó também pode ficar gratificada por uma gravidez precoce, no sentido de que ela pode começar a funcionar como uma "verdadeira" avó, mimando seus bisnetos sem a responsabilidade primária por seus cuidados. Dessa forma, as várias tensões – pessoais e intergeracionais – que surgem quando a geração mais jovem atinge a adolescência são resolvidas quando a adolescente engravida.

Implicações clínicas

Perda de tração

Se há dois progenitores na família, uma gravidez precoce pode provocar um severo conflito. O pai pode acusar sua filha de ser moralmente frouxa e sua mulher de ter sido insuficientemente rígida em sua supervisão. A mãe pode juntar-se a ele na condenação à filha, e também acusá-lo de ter sido muito distante. A filha pode ser pressionada a fazer um aborto.

Numa família de progenitor único, também pode haver inicialmente uma tempestade de protesto, mas eventualmente a perspectiva de um novo bebê é tão gratificante que as famílias geralmente perdem o interesse por seus sintomas. As questões de hierarquia perturbada parecem tornar-se triviais quando a filha adolescente é subitamente promovida à condição de mulher. Os comportamentos que outrora pareciam excessivamente "adultos" (ficar fora até tarde, fazer sexo, recusar-se à ir à escola) não desaparecem, mas são repentinamente redefinidos como "comportamentos de mulher", e não mais provocam conflito familiar. A gravidez agora absorve o interesse da família e muitas vezes fica difícil mantê-las em tratamento.

Imitação e competição por parte das irmãs

Quando as irmãs atingem a adolescência, elas ficam tentadas a repetir a estratégia bem-sucedida de suas irmãs mais velhas de ter um filho. Às vezes, as irmãs mais velhas que evitaram a gravidez, mas não foram particularmente bem-sucedidas em outros aspectos sentir-se-ão provocadas com a gravidez de uma irmã mais jovem. A mais velha pode sentir-se estimulada a engravidar, na esperança de obter novamente a atenção e o *status* perdidos. Preocupada com a primeira gravidez, a mãe talvez não pense nesta possibilidade em relação a suas outras filhas.

FORÇAS E VULNERABILIDADES

O autor tentou descrever estes dois tipos de família naturalisticamente, trabalhando a partir da experiência clínica. Mas na verdade elas representam tipos de família já identificados na literatura sociológica. Skolnick e Skolnick (1971) deixaram claro que a família nuclear, e o modelo de ciclo de vida construído em torno dela, não constitui um agrupamento familiar universal. Eles citam Aries (1962), que afirma que a "adolescência" não foi um conceito fixo por toda a história, mas, pelo contrário, é um construto recentemente inventado, que se desenvolveu com o aumento da educação pública em massa e o declínio da condição de aprendiz. Assim como o ciclo de vida familiar não é um dado imutável, a própria estrutura familiar varia de acordo com as circunstâncias. Goode (1963) vê a estrutura familiar como mudando, no século passado, do modelo de "grupo de parentesco" para o modelo "conjugal" (ou nuclear), com o aumento da industrialização. Winch e Blumberg (1971) afirmam que o modelo de "grupo de parentesco" é especialmente típico das sociedades agrárias, em que a família de estabelece num pedaço de terra que permanece sua propriedade ao longo das gerações. A família conjugal ou "nuclear", entretanto, tem um "ajuste peculiar" com a sociedade industrializada. Os casais se separam da unidade familiar e se mudam para onde existem empregos disponíveis. Os empregos são (ou pelo menos podem ser) mais valorizados do que os laços familiares (Skolnick & Skolnick, 1971). Assim, a família nuclear não é vista por estes autores como uma forma ideal, primaria, tradicional, básica. Ela é simplesmente uma forma que evoluiu para acomodar-se às exigências da industrialização.

Demos (1986), no entanto, se opõe ao "mito" de que a *estrutura doméstica* de "família ampliada" era a norma em tempos pré-modernos. Ele cita o fato de que o "tamanho médio da estrutura doméstica" foi de cerca de cinco ou seis pessoas durante séculos (diminuindo muito lentamente depois da industrialização), nas sociedades ocidentais. Ele garante que as comunidades pré-modernas – vilarejos ou bairros – "apoiavam uma densidade de contatos de parentesco desconhecida em nossos dias" (página 5).

Gutman (1976) analisou cuidadosamente registros de plantações e dados do censo durante o período de 1750-1925, para estudar as mudanças no tamanho e forma da família negra norte-americana desde o tempo da escravidão até depois da grande migração de pessoas negras das fazendas do sul para as cidades do norte. Diferentemente dos estudiosos que consideram a escravidão como tendo tido um efeito desorganizador na família negra, que se manteve desorganizada até os tempos modernos (Frazier, 1948; Moynihan, 1965, 1986), Gutman centrou-se na resposta dos escravos às práticas dos escravagistas. Ele concorda com um abolicionista que escreveu sobre alguns negros de Sea Island, em 1862, que "nós, os abolicionistas, diminuímos o sofrimento produzido pela escravidão entre os negros, mas aumentamos sua desmoralização" (página 474). Gutman afirma que as famílias escravas não foram desorganizadas pela escravidão, mas desenvolveram seus próprios costumes conjugais, de natalidade e de família ampliada, os quais criaram um ambiente tão estável e predizível quanto seria possível naquelas circunstâncias. Ele concorda com Demos que a família rural pré-moderna era nuclear em sua forma (página 443) e apoiada por uma densa rede de parentesco. Quando ele investiga o movimento dos negros para as cidades, todavia, ele vê uma mudança. Em 1925, na cidade de Nova Iorque, apenas duas em cada cinco famílias negras eram nucleares em composição, e as famílias ampliadas vivendo na mesma estrutura doméstica haviam aumentado em importância (página 454). Entretanto, ele acrescenta que essa mudança "não foi acompanhada por um aumento da estrutura doméstica com ausência masculina" (página 454). Ele vê essas estruturas domésticas ampliadas como unidades organizadas, predizíveis, constituindo uma adaptação necessária ao maciço desemprego que aguardava os negros nas áreas urbanas. Ele atribui a mais recente perda da presença masculina nas famílias urbanas pobres, entre 1950 e 1970, aos efeitos cumulativos de 35 anos mais de contínuo desemprego, não às distorções estruturais na família negra norte-americana iniciadas durante a escravidão.

Assim, parece claro que quando as famílias urbanas de qualquer raça encontram emprego e são financeiramente bem sucedidas, elas tendem a um modelo de família nuclear. Quando estão desempregadas e oprimidas pela miséria, as famílias negras e hispânicas tentam valer-se de seu modelo de rede familiar para compartilhar seus escassos recursos e sustentar seus filhos. O último modelo é uma adaptação organizada e predizível, não uma versão quebrada e desorganizada da família nuclear.

Ao utilizar a visão de forma familiar de Skoinick e Skoinick em relação à sua estrutura socioeconômica circundante, é possível calcular os custos e benefícios dos diferentes modelos familiares. A forma de família ampliada proporciona um grande número de cuidadores para as crianças. As pessoas necessitadas podem ser sustentadas pela rede, e não pelo estado. Poucos recursos (bens ou trabalho) são desperdiçados, pois sempre existe alguém para utilizá-los. Se uma pessoa é perdida ou fica incapacitada, uma outra foi "treinada" e é levada, por laços de mútua obrigação, a tomar o lugar daquela.

Mas esse modelo não encoraja a extrema individuação que se espera dos empregados numa sociedade industrializada. No modelo agrícola pré-industrial, os filhos são treinados por outros membros da família em tarefas agrícolas e domésticas (incluindo o cuidado das crianças menores). Na medida em que eles crescem, é esperado que ajudem os outros como foram ajudados. Na cidade, entretanto, eles são treinados por estranhos (professores) para assumirem empregos que não têm nada a ver com a família. Eles precisam ser suficientemente móveis, até mesmo para se afastarem da família em busca desses empregos. Este é o dilema do grupo de baixa renda. Os laços de mútua obrigação que lhes permitem sobreviver pressionam contra a diferenciação exigida pela preparação para empregos que permitiriam a saída da pobreza.

A classe profissional, em contraste, tem o capital que torna a obrigação familiar menos importante, e pode assim diferenciar-se extremamente. É quase como se o objetivo da família de profissionais (com sua ênfase no adiamento da gravidez, na adolescência ampliada, etc.) fosse o de maximizar a descontinuidade entre pais e filhos. E, na verdade, essa descontinuidade geracional realmente serve para a formação do casal.

Embora o casal isolado crie uma unidade de apoio altamente móvel para o marido e a mulher, ideal para satisfazer as demandas do emprego profissional, seus custos se tornam mais aparentes quando o casal tem filhos. Uma carga extremamente pesada de responsabilidade pelos filhos cai sobre a mãe. Ela talvez precise abandonar ou reduzir bastante a carreira pela qual trabalhou tanto. Se não conta com nenhuma ajuda, precisa assumir sozinha o ininterrupto encargo dos cuidados aos filhos, sem o alívio e apoio que uma rede familiar pode oferecer no dia-a-dia. Os filhos também precisam suportar a carga de serem criados por uma mãe inexperiente, isolada, sobrecarregada. Em um estudo comparando a educação dos filhos em várias culturas diferentes (incluindo um subúrbio americano e algumas sociedades agrárias), Minturn e Lambert (1964) descobriram que as mães suburbanas cuja boa condição econômica lhes permitia ficarem extremamente isoladas tendiam a ser menos pacientes com os filhos do que nas culturas em que havia outras mulheres presentes. Para resolver este problema, a família nuclear tenta modificar-se para assemelhar-se ao modelo de parentesco, tanto restabelecendo laços de parentesco reais (avós são recrutados como *babysitters)* quanto (em grau muito maior) empregando auxiliares domésticos como "parentes". Novamente, o sucesso financeiro destas famílias lhes permite trabalhar, educar os filhos e manter os parentes à distância.

Todos os casais de profissionais com filhos lutam com o seguinte cálculo em suas tentativas de revisar o modelo nuclear para acomodar os filhos: É melhor que os pais eduquem seus próprios filhos? Vale a pena desistir de uma profissão para fazer isso? Ou é melhor manter a profissão como uma satisfação essencial para sustentar a moral dos pais e empregar um estranho para cuidar dos filhos? O quanto se deve envolver novamente os avós (de quem os pais lutaram para se separar) para ajudar a cuidar dos filhos (supondo-se que estejam dispostos)?

Além da relativa escassez de recursos para cuidar dos filhos na família de profissionais, um outro custo deste modelo familiar decorre do fato de haver tão poucos participantes. A perda de qualquer membro da família é sentida de forma muito aguda, porque há poucos parentes e poucos laços de parentesco para substituir o papel que aquela pessoa desempenhava no grupo familiar. Se um marido/pai é perdido em decorrência de um divórcio, por exemplo, uma mãe profissional talvez não espere (e nem queira) que sua mãe ou irmã cuide de seus filhos enquanto ela trabalha. O papel perdido deve ser compensado empregando-se um auxiliar, e não por um outro membro da família. Assim, esta forma familiar exige boas condições econômicas para neutralizar sua vulnerabilidade.

As forças dessas formas familiares são também suas fraquezas. A interdependência das famílias de baixa renda, que lhes permite sobreviver em circunstâncias de privação, faz com que tenham dificuldade em desenvolver um modelo nuclear que aumentaria as chances de conseguir emprego. As famílias profissionais altamente individualizadas são bem planejadas para permitir a longa preparação necessária para os empregos bem-remunerados, mas realmente não têm ninguém para cuidar dos filhos. Sua falta de laços familiares requer que diminuam sua atividade profissional ou empreguem estranhos para aumentar sua capacidade de cuidar dos filhos.

REFERÊNCIAS

Aponte, H. (1986). If I don't get simple, I cry. *Family Processes* 25:4, 531-548.
Aries, P. (1962). *Centuries of childhood: A social history of family life.* New York: Vintage.
Belle, D., et al. (1979). Depression and low-income female-headed families. In E. Corfman (Ed.), *Families today: A research sampler on families and children,* Vol. l. Washington, D.C.: NIMH Science Monographs l. DHEW Pub. No. (ADM) 79-815.
Bloom, D. (1986). The labor market consequences of delayed childbearing. Paper presented at the annual meeting of the American Statistical Association, Chicago.
Brown, G., & Harris, T. (1978). *Social origins of depression: A study of psychiatric disorder in women.* New York: Free Press.
Buchholz, E., & Gol, B. (1986). More than playing house: A developmental perspective on the strengths in teenage motherhood. *American Journal of Orthopsychiatry* 56:3, 347-359.
Carter, E., & Orfanidis, M. (1976). Family therapy with one person and the family therapists own family. In P. Guerin (Ed.), *Family therapy: Theory and practice.* New York: Gardner Press.
Children's Defense Fund (1985). *Preventing children having children.* Clearinghouse paper number one, Washington, D.C.
Children's Defense Fund. (1986). *Adolescent pregnancy: Whose problem is it?* Adolescent Pregnancy Prevention Clearinghouse, Washington, D.C. (January).
Daniels, P. & Weingarten, K. (1982). *Sooner or later: The timing of parenthood in adult lives.* New York: Norton.
Demos, J. (1986). *Past, present, and personal: The family and the life course in American history.* New York: Oxford University Press.
Dornbusch, S., Carlsmith, J. M., Bushwall S., Ritter, P. Leiderman, H., Hastorf, A., & Gross, R. (1985). Single parents, extended households, and the control of adolescents. *Child Development,* 56: 326-341.
Douglas, J., & Jason, L. (1986). Building social support systems through a baby sitting exchange program. *American Journal of Orthopsychiatry* 56:1, 103-108.
Fisher, S., & Scharf, K. R. (1980). Teenage pregnancy: An anthropological, sociological and psychological overview. *Adolescent Psychiatry* 8: 393-403.
Forbush, J. (1981). Adolescent parent programs and family involvement. In T. Ooms (Ed.). *Teenage pregnancy in a family context: Implications for policy.* Philadelphia: Temple University Press.
Fox, G. (1981). The farnily's role in adolescent sexual behavior. In T. Ooms (Ed.), *Teenage pregnancy in a family context: Implications for policy.* Philadelphia: Temple University Press.

Frazier, E. F. (1948). *The negro family in the United States.* Chicago: University of Chicago Press.
Fulmer, R. & Medalie, J. (1987). Treating the male college student from a family systems perspective. In J. Coleman (Ed.), *Working with troubled adolescents: A handbook.* London: Academic Press.
Fulmer, R., Medalie, J., & Lord, D. (1982). Life cycles in transition: A family system's perspective on counselling the college student. *Journal of Adolescence* 5: 195-217.
Furstenberg, F. (1981). Implicating the family: Teenage parenthood and kinship involvement. In T. Ooms (Ed.). *Teenage pregnancy in a family context: Implications for policy.* Philadelphia: Temple University Press.
Garcia-Pretro, N. (1982) Puerto Rican families. In McGoldrick, M., Pearce, J.. & Giordano, J. (Eds.), *Ethnicity and family therapy.* New York: Guilford Press.
Goode, W. (1963). *World revolution and family patterns.* New York: Free Press of Glencoe.
Gutman, H. (1976). *The black family in slavery and freedom: 1750-1925.* New York: Vintage.
Health hazard appraisal (1972). Probability tables of deaths in the next ten years from specific causes. Methodist Hospital of Indiana, Indianapolis.
Hill, Reuben. (1986). Life cycle stages for types of single-parent families: Of family development theory. *Family Relations* 35: 19-29.
Hill, Rodman. (1977). Personal communication.
Kenkel, W. (1981). Black-white differences in age at marriage: Expectations of low-income high school giris. *Journal of Negro Education* 50:425-438.
Lerner, H. (1985). *The dance of anger.* New York: Harper.
Lindblad-Goldberg, M., & Dukes, J. (1985). Social support in black, low-income, single-parent families: Normative and dysfunctional patterns. *American Journal of Orthopsychiafry* 55:1, 42-58.
McGoldrick, M., & Carter, E. (1980). Forming a remarried family. In E. Carter & M. McGoldrick (Eds.), *The family life cycle: A framework for family therapy.* New York: Gardner Press.
Martin, E., & Martin, J. M. (1978). *The black extended family.* Chicago: University of Chicago Press.
Minturn, L., & Lambert, W., et ai. (1964). *Mothers of six cultures.* New York: Wiley, pp. 291-292.
Minuchin, S. (1974). *Families and family therapy.* Cambridge, Mass.: Harvard University Press.
Minuchin, S., Montalvo, B., Guerney, B., Rosman, B., & Schumer, F. (1967). *Families of the slums: An exploration of their structure and treatment.* New York: Basic Books.
Morawetz, A., & Walker, G. (1984). *Brief therapy with single-parent families.* New York: Brunner/Mazel.
Moynihan, D. (1965). *The negro family in America: The case for national action.* Washington, D.C.: U.S. Government Printing Office.
Moynihan, D. (1986). *Family and nation.* New York: Harcourt, Brace, Jovanovich.
New York City Department of Health (1987). AIDS surveillance update (2/25/87).
Norton, A., & Moorman, J. (1987). Marriage and divorce patterns of U.S. women. *Journal of Marriage and the Family* 49: l.
Notman, M. T., & Zilbach, J. J. (1975). Family aspects of nonuse of contraceptives in adolescence. In H. Hirsch (Ed.), *The family. 4th International Congress of Psychosomatic Obstetrics and Gynecology.* Basel: Karger, pp. 213-217.
O'Donnell, L. (1984). *The unheralded majority: Contemporary women as mothers.* Lexington, Mass.: Lexington Books.
Ooms, T. (1981). Family involvement, notification, and responsibility: A personal essay. In T. Ooms (Ed.), *Teenage Pregnancy in a family context: implications for policy.* Philadelphia: Temple University Press.
Parker, F.; Piotrkowski, C.; Peay, L. (1987) Head Start as a social support for mothers: the psychological benefits of involvement. *American Journal of Orthopsychiatry,* 57:2, 220-233.
Rogler, L., Cooney, R., Costantino, G., Earley, B., Grossman, B., Gurak, D., Malady, R., & Rodriguez, O. (1983). A *conceptual framework for mental health research on Hispanic populations.* Monograph No. 10, Hispanic Research Center, Fordham University, New York.
Schaffer, C., & Pine, F. (1972). Pregnancy, abortion and the developmental tasks of adolescence. *Journal of American Academy of Child Psychiatry* (3):11,511-536.
Shorter Oxford English Dictionary (3rd ed.) (1959). London: Oxford.
Skolnick, A., & Skolnick, J. (1971). Rethinking the family. In A. Skolnick & J. Skolnick (Eds.), *Family in transition.* New York: Little, Brown.

Stack, C. B. (1974). *All our kin: Strategies for survival in a black community.* New York: Harper.

Staples, R. (1985). Changes in black family structure: The conflict between family ideology and structural conditions. *Journal of Marriage and the Family* (Nov.), 1005-1013.

Terkelsen, K. (1980). Toward a theory of the family life cycle. In E. Carter & M. McGoldrick (Eds.), *The family life cycle: A framework for family therapy.* New York: Guilford Press.

Winch, R. F., & Blumberg, R. L. (1971). Societal complexity and familial organization. In A. Skolnick & J. Skolnick (Eds.), *Family in transition.* Boston: Littie, Brown.

Whiting, R. (1981) The practice of family therapy at a college counseling center. *Journal of College Student Personnel,* 22, 558-559.

Zelnick, M., Kantner, J., & Ford, K. (1981). *Sex and pregnancy in adolescence.* Beverly Hills, Calif: Sage.

Índice por autores

Abarbanel, A-, 300
Abeloff, M.D., 376
Abelsohn, D., 349
Adams, J.E., 375
Adelberg, T., 323, 329
Adelson, J., 230
Aguirre, B.E., 33, 34
Ahrons, C., 23, 24, 293, 294, 296, 297, 298, 299, 300, 304, 305, 311, 312, 314, 329, 346, 349, 355
Alexander, J., 47, 458
Altman, I., 252
Anderson, C., 256, 276, 458
Anderson, J.Z-, 348
Anderson, R., 409
Anzieu, D., 148, 157
Aponte, H., 25, 441, 443, 458, 481
Apter, T., 33, 186
Aries, P., 13, 491
Ashby, W.R., 86, 88, 89
Asher, S.J., 293
Asmundsson, R., 344, 346
Avis, J., 30, 42
Aylmer, R.C., 176, 177, 178, 187

Bach-Peterson, J., 276
Bacon, L., 203
Baker, L., 376, 384, 386
Baldwin, C., 35
Bank, S.P., 401, 402
Barbour, L.S., 35
Barker, D.L., 195
Barko, N., 213
Barnett, R., 30, 31, 34
Baruch, G., 30, 31, 34
Bateson, G., 84, 92
Beavers, W.R., 385
Beck, R., 270, 274
Becker, G., 203
Beckman, L.J., 431
Beels, C., 466
Belenky, M.F., 32, 61
Belle, D., 30
Belsky, J., 213
Bengston, V.L., 258
Benjamin, A., 404, 406
Bennett, L., 418
Bennett, S.A., 131
Bepko, C., 57, 58, 192, 434
Berenson, D., 417, 420
Berheide, C.W., 35
Berman, W.H., 295
Bernard, J., 13, 30, 32, 33, 40, 57, 170, 185-186, 323, 336
Bianchi, S.M., 14, 31, 35, 36
Biener, L., 34

Black, C., 421, 422, 425, 426
Blane, H.T., 428
Blau, T., 258
Blenkner, M., 270, 277
Bloom, B., 293, 338
Bloom, D., 470
Blos, P., 226, 227
Blumberg, R.L., 492
Blume, S.B., 434
Blumstein, P., 34, 35, 57, 192
Bodstein, E., 231
Bohrstedt, G.W., 227
Booth, A., 203, 347
Borgatta, E.F., 227
Boscolo, L., 135, 138, 257, 458
Bosma, W.G., 428
Boss, P., 59
Boszormenyi-Nagy, I., 176, 216, 381
Bouton, K., 322, 323, 324, 337
Bowen, M., 11, 17, 68, 104, 176, 179, 187, 190, 212, 252, 253, 256, 260, 318, 356, 381, 401, 405, 407, 411, 417, 430, 456
Boyd-Franklin, N., 67, 441, 457
Bozzetti, L.D., 432
Bradt, J., 211, 217, 252
Brand, E., 347
Bank, S.P., 401, 402
Bratt, B., 401, 402
Bray, J., 349
Briscoe, C.W., 293
Brodsky, A.M., 30
Brody, E., 31, 270, 276, 277
Bronfenbrenner, U., 210
Broverman, D.M., 32, 227
Broverman, J.K., 32, 227
Brown, G., 464, 480
Brown, H.S., 231, 346, 350
Browne, A., 70
Buchholz, E., 490
Bumpass, L.., 203, 292
Burchinal, L.G., 203
Burke, RJ., 204
Bushwall, S., 485-486
Butler, R., 270, 273, 278, 279, 285

Camara, K., 299
Camitta, B.M., 401, 402, 413
Campbell, A., 9
Cantor, M., 276
Caplan, J., 11
Carlsmith, J.M., 485-486
Carper, M., 276
Carter, E.A., 11, 133, 176, 179, 228-229, 261, 379, 381, 385, 396, 412, 421, 477, 489
Cashion, B.G., 323

Caspi, A., 282
Casto, R.F., 293, 294, 297
Cecchin, G., 135, 138, 257, 458
Cherlin, A.J., 449, 450
Chester, P., 300
Chiriboga, D.A., 272, 295, 325
Chodorow, N., 43, 227
Christensen, H.T., 203
Cirirelli, V.G-, 9
Clark, R.W., 146
Clarkson, F.E., 32, 227
Clinchy, B.M., 32, 61
Clingempeel, W.G., 347
Cohen, M., 279
Cohen, P., 400, 404, 406
Cohler, B., 30
Coho, A., 325
Coles, R., 443
Collier, H.V., 431
Colon, F., 444
Combrinck-Graham, L., 9, 385
Contralto, S., 43
Cooney, t., 299, 311
Cousins, N., 395
Cowen, C.P., 43
Cowgill, K.M, , 344, 346
Cox, M., 24, 300, 303, 323, 325, 327, 328, 331, 348, 352
Cox, R., 24, 300, 323, 325, 327, 328, 331, 348, 352
Coyle, B., 428
Crohn, H., 231, 346, 350
Crouter, A., 213
Curlee, J., 431

Dahl, A.S., 344, 346
Daniels, P., 32, 43, 43, 477
Davies, R.K., 376
Deli, P., 84, 85
Demos, J., 492, 492
Derdeyn, A., 351, 352
Derogatis, L.R., 376
Deutscher, I., 270
Dickman, J.R., 225
Dinnerstein, D., 32, 43
Dizenhuz, LM., 401, 404, 406
D'Tugoff, B.C, 428
Doherty, W J., 35
Dohrenwend, B.S., 30
Donavan, D.M, 428
Dornbusch, S., 485, 486
Douglas, J, 485
Douvan, E., 230
Drash, A.L., 376
Duberman, L., 348
Dukes, J.L, 323, 444, 480

Duszynski, D.R., 11
Duvall, E, 9, 251, 385

Edwards, J.N., 203
Elssler, K.R., 158
Elder, G., 282
Elizur, E., 401
Elkin, M., 346
Ellis, J., 431
Ellman, B., 60
Emery, R., 299
Engel, G.H., 373
Engel, T., 231, 346, 350
Epstein, N.B., 61
Erikson, E., 9, 32, 47, 87, 170, 252, 270, 282, 379
Eskew, R.W., 252
Evans, R.R., 227

Feikema, R.J., 258
Feiring, C., 43
Feld, S., 186
Ferree, M.M., 35
Fischer, J-, 428
Fisher, S., 490
Fogarty, T., 187
Forbush, J., 487
Ford, R., 464
Forrest, V., 67
Fox, G., 486
Fox, M.F., 33, 35
Fox, R., 431
Framo, J., 265, 381
Fraser, J., 431
Frazier, E.F., 479, 492
Freeman, L., 158
Freud, E., 157
Freud, S., 226
Freud Lowenstein, S, 158
Friedan, B., 34, 36, 61
Friedman, E-, 69, 77, 106, 114, 187, 190, 196, 411, 412
Fulmer, R., 474, 475
Furstenberg, F., 292, 300, 304, 348, 449, 486, 487

Gans, H.J., 443
Garcia Preto, N., 75, 236, 237, 469
Gaskin, F., 293
Gelfand, D.E., 13, 78, 79, 282
Gelfand, E.G., 73
Gerson, R., 145, 163, 357, 381, 456
Gibbs, J., 446
Gibson, R., 74, 282
Gigy, L., 295, 296, 301
Gilligan, C., 7, 9, 33, 33, 47, 61, 170, 175, 176, 208, 209, 227, 230, 253, 254
Giordano, J., 291
Glatt, M., 433
Glen, R., 347
Glenn, N., 254
Glick, P.C., 23, 186, 204, 251, 292, 293, 312, 321, 339, 344
Glicklhorn, R., 146
Gofr, J.R., 401

Gol, B., 490
Goldberg, M.L., 323, 444
Goldberger, N.R., 32, 61
Goldfarb, A., 277
Goldner, V., 7, 30, 35
Goldsmith, J., 296, 297, 325
Goldstein, H.S., 346, 350
Goode, W., 9, 492
Goodman, J.T., 61
Goodrich, T.G., 60
Goodrich, W., 203
Goolishian, H., 84, 85
Gorney, R., 210
Gould, R., 9
Gove, W.R., 30
Grainger, R., 135
Gramsci, A., 90
Greeley, A.M., 74
Green, M., 75, 401
Gregory, H., 464
Greif, J.B., 300
Grobskin, R., 401
Gross, R., 485
Grosser, G., 11, 381
Groves, L., 271
Grunes, J., 271
Guerin, P., 263
Guerney, B., 25
Gurin, G., 186
Gutman, H., 479
Gutmann, D., 492
Gutmann, J., 492

Hadley, T., 11
Hagestad, G., 251, 299, 311
Haley, J., 88, 133, 256, 257, 335, 428, 458
Hall, J.S., 257
Halsted, C., 60
Hamburg, B.A., 376
Handelsman, M.M., 70
Hansen, D.A., 88
Hare-Mustin, R.T., 7, 30, 48, 61
Harkins, E., 254
Harris, T., 480
Harry, J., 9
Hartman, A., 44
Hastorf, A., 485
Hausman, S., 295, 296, 301
Hays, N., 458
Helfer, R.E., 422
Heller, S., 224
Hendrix, L., 204
Herman, J.L., 422
Hersch, L.B., 404
Herz, F., 76, 390
Herzog, E., 76, 298
Hess, B.B., 9, 31, 34, 35, 53
Hess, R., 299
Hesse-Biber, S., 22, 33, 35, 50, 102
Hetherington, E.M., 24, 291, 293, 295, 296, 297, 299, 300, 303, 309, 323, 325, 327, 328, 331, 348, 352
Hewitt, L.E., 428
Hewlett, S.A., 36
Heyman, D., 272

Hill, R., 9, 88, 444, 490, 491
Hines, P., 67, 75, 441, 446, 457, 458
Hiris, J., 395, 413
Hirschman, L., 422
Hoffman, L.W., 34, 44
Hoffman, R.G., 401, 402, 406, 413
Hogarty, G., 458
Holmes, R-, 406
Holmes, T., 88, 294, 393
Homiller, J.D., 431
Hoorwitz, A.N., 135
Hopkins, J.R., 311, 312
Horner, M.S., 37
Howard, K.L, 313
Huston, T., 41

Ievoli. E., 347
Iker, H., 476
Imber-Black, E., 135
Imber Coopersmith, E., 135, 138, 140
Inhelder, B, , 228
Inoff, G.E., 376
Isaacs, M., 304, 349

Jacklin, C., 43, 208
Jackson, J., 418
Jacob, T., 11
Jacobs, J., 300
James, K., 33
Jason, L., 485
Jellinek, E.M., 418
Jessor, R., 227, 427
Jessor, S., 227, 427
Johnson, V.E., 272
Jones, E., 152, 158
Jordon, B., 70

Kaffman, M., 401
Kafka, J.S., 187, 201, 203
Kagan, J., 43, 44
Kahana, R., 277
Kahn, M.D., 401, 402
Kamback, M.C., 428
Kantor, D., 464
Kaplan, D.M., 381, 401
Kastenbaum, R., 432
Kaufman, E., 416
Kegan.R., 171, 175, 176
Kelly, C., 417
Kelly, J., 294, 295, 296, 298, 299, 300, 301, 303, 305, 307, 327, 331, 355
Kempe, H., 422
Kenkel, W., 487
Kessler, R.C., 30, 33
Kun, B-L., 67
Kimball, C.P., 376
Kivnick, H.Q, 293
Klausner, S., 444
Klerman, L., 426, 427
Klock, R., 299, 311
Kohlepp, K.A., 290
Korcok, M.A., 426
Kotsonis, M., 43
Kramer, C., 279, 398
Kramer, J., 279, 398
Krestan, J., 57, 58, 192, 434

Krull, M., 152, 150, 158
Kubler-Ross, E., 394, 401, 410
Kuhn, M., 283
Kulys, R., 279
Kutzik, A.J., 13, 78, 79
Kuypers, J., 282

Lambert, W., 493
Lang, A.M., 31
Lang, M., 428
Lappin, J., 78
Lauer, M.E., 401, 402, 406, 413
Lee, E., 75
Lefever, H., 443, 444
Leiblurn, S.R., 192
Leiderman, H., 485
Lerner, H., 37, 263, 478
Lever, J., 44
Levin, S., 61, 277
Levinger, A., 293
Levinson, D.J., 9, 33, 57, 170, 171, 175, 253, 254, 255, 282, 379, 384, 385, 388, 390
Lewin, T., 210
Lewis, J., 443
Lewis, M., 43, 44, 270, 273, 278, 279
Libow, J.A., 7
Lieberman, M., 13, 30, 271, 298
Liebman, R., 376, 384, 386
Lin, S.L., 344
Lindblad-Goldberg, M., 480
Lindemann, E., 87, 375
Linsk, N., 276
Lipsett, L.F., 376
Looney, J., 443
Lopata, H., 273
Lord, D., 474
Lowenthal, M., 272
Lowery, C., 299
Lueprutz, D., 299, 301
Lynch, J.J., 253

Maas, H., 282
Maccoby, E.E., 43, 208
MacGregor, R., 458
MacMurray, J.P., 432
Maletta, G., 433, 434
Marten, S., 293
Martin, E., 479
Martin, J.M., 479
Martin, M., 225
Mas, C.H., 47
Masson, J., 158
Masters, W.H., 272
Masuda, M., 406
Mathews-Simonton, S., 406
Matthews, S., 274
Maxim, K., 458
McCrady, B.S., 431
McCullough, P., 263
McCusker, J., 395, 413
McGill, D., 66, 76, 79, 233
McGoldrick, M., 7, 14, 33, 67, 70, 75, 82, 98, 133, 145, 162, 163, 187, 202, 236, 237, 245, 260, 273, 279, 282, 291, 357, 379, 381, 385, 393,
396, 407, 413, 456, 489
McKegney, P., 376
McLachlan, J.F.C., 426, 427
McLanahan, S., 323, 329
McLeod, J.D., 30
McRae, J.A., 33
McSherry, L., 401, 402
Mead, M., 274, 275
Medalie, J., 474, 475
Mediey, M., 272
Meeks, D., 417
Melisartos, N., 376
Merriweather, J., 464
Messinger, L., 305
Miller, D., 428
Miller, J.B., 7, 9, 32, 33, 61, 170
Milliones, J., 11
Milman, L., 376, 384, 386
Minturn, L., 493
Minuchin, S., 25, 97, 238, 323, 325, 376, 384, 386, 441, 443, 450, 451, 458, 464, 481
Mishara, B., 432
Moitoza, E., 233
Montalvo, B., 25, 349, 441, 443, 450, 451, 458, 464
Moore, S.F., 203
Moorman, J., 344, 476
Moos, R.H., 378
Mor, V, 395, 413
Morawetz, A., 480
Morgenbesster, M., 331, 338
Morsbach, H., 68
Moss, H.A., 44
Mott, F.J., 203
Moynihan, C., 211, 217, 252
Moynihan, D., 479, 492
Mueller, C.W., 293
Mueller, P., 407
Mulhem, R.K., 401, 402, 406, 413
Murphy, R., 257

Nadelson, C., 9
Nehls, N., 331, 338
Neugarten, B., 254, 258, 259, 260, 271, 272, 274, 281, 283, 390
Newfield, N.A., 20, 244
Newman, B.M., 230
Newman, P.R., 230
Nichols, M., 192
Nicholson, S., 238
Noble, K., 440, 444
Nolan, J.F., 349
Noonan, D., 418
Nord, C., 300, 304, 348
Norman, R., 464

O'Connor, J., 135
O'Connor, M., 257
O'Connell, L., 479
Offer, D., 228
Olcamura, A.I., 67
O'Leary, D.E., 428
O'Leary, M.R., 428
Olson, D.H., 187, 201, 203
Ooms, T., 487

Orfanidis, M., 176, 179, 232, 260, 421, 477
Osterweis, M., 75, 400
Ostrov, E., 228
Ozawa, N., 67

Padan, D., 34
Palazzoli, M., 135, 138, 257, 458
Papp, P., 135
Parker, F., 485
Parker, R.D., 303
Parsons, B.V., 458
Pascarelli, E.F., 432
Pattison, E.H, 16
Paul, B.B., 260, 393
Paul, N., 260, 381, 393
Paulson, M.A., 401
Payne, J.S., 401
Pearce, J.K., 66, 76, 79, 233, 291
Pearson, W., 204
Peay, L., 485
Penn, P., 379, 381, 383
Peplau, L.A., 227
Peretz, A., 464
Perry, R., 257
Perry-Jenkins, M., 213
Peterson, J.L., 300, 304, 348
Piaget, J., 228, 379
Pinderhughes, E., 441, 443, 464, 466
Pine, F., 490
Pinkston, E., 276
Piotrkowski, C., 34, 485
Platt, J., 85-86
Pogrebin, L.C., 57
Pope, H, , 293
Prata, G., 135, 138, 257, 458
Prause, G., 150
Preto, N.G., 66, 69, 82, 202
Price, S.J., 337
Prosen, H., 225
Protinsky, H.O., 20, 244
Prouty, E.N, , 404

Quinlan, D.M., 376
Quinn, W.H., 20, 244

Rabkin, R., 91
Radetsky, D.S., 71
Rahe, R.H., 88, 294, 393
Rainwater, L., 211
Ramirez, O., 464
Rampage, C., 60
Ransom, J.W., 351, 352
Raschke, H., 299
Raschke, V, 299
Rausch, H.L., 204
Reever, K.E., 276
Reiss, D., 458
Repetti, R.L., 34
Rice, D.G., 327, 331
Rice, J.K, 327, 331
Rice, M.M., 425
Richardson, L., 40
Richman, D., 458
Rilke, R.M., 187
Rindfuss, R., 292

Ritchie, A., 534
Ritter, P., 485
Rivers, C., 30
Roberts, J., 295, 325
Robins, E., 293
Rodgers, R., 9, 23, 346, 355
Rodstein, E., 346, 350
Rolland, J.S., 374, 377, 380
Romer, N., 32, 43, 44, 424
Rosen, E.M., 76
Rosenkrantz, P.S., 32
Rosin, A., 433
Rosman, B.L., 25, 376, 384, 386, 441, 443, 450, 451, 458
Ross, H.L., 293
Roth, S., 58, 192
Rothberg, B., 338
Rotunno, M., 67
Rouse, B.A., 428
Royce, J.E., 415, 428, 433
Rubin, L., 57
Rutter, M., 299
Ryder, R.G., 187, 201, 203

Sager, C.J., 231, 346, 350
Saltz, R., 274
Saluter, A.F., 40
Sandmaier, M., 431
Santa-Barbara, J., 61
Santrock, J., 301
Sassen, G-, 37
Satir, V., 187
Sawhill, I.V., 293
Schaeffer, C., 490
Scharf, K.R., 490
Schiff, H.W., 401, 401, 409
Schiesinger, S., 351, 352
Schmale, A.H., 376
Schram, R., 9, 249, 252
Schulman, G., 350
Schulz, B., 227
Schumer, R., 25, 441, 443, 450, 451, 458
Schuster, F., 458
Schuster, R., 428
Schwartz, P., 34, 35, 57, 192
Schwartzman, J., 131, 413
Schydlowsky, B.M., 57
Scott, S., 78
Seiden, A., 208
Seltzer, M., 135
Seltzer, W., 135
Serrano, A., 458
Settle, S., 299
Shanfield, S.B., 404, 406
Sheehy, G., 175
Simonton, C., 395
Simonton-Matthews, S., 395
Simon, R., 101
Simonton, C.O., 376
Simos, B.G., 259
Sinott, J.D., 282
Skolnick, A., 491, 492

Skolnick, J., 491, 492
Sluzki, C., 14, 79
Smith, A., 401
Smith, J.B., 293
Smyer, M., 251, 299, 311
Soldo, B.J., 35, 53
Solomon, F., 75
Solomon, M., 400
Spain, D., 14, 31, 35, 36
Spanier, G.B., 293, 294, 297
Spark, G., 216, 270, 277, 381
Sparks, T.F., 376
Spitz, D., 11
Sprey, J., 274
Stack, C.B., 67, 469, 479, 485, 487, 488
Stanton, D., 428
Staples, R., 450, 470, 484
Stein, J.A., 295, 325
Steinglass, P., 417
Steinman, S., 301
Stern, P.N., 348
Sternberg, R., 40
Stierlin, H., 231
Strean, H.S., 158
Streib, G., 270, 274
Streiner, D.L., 61
Streissguth, A.P., 426
Strube, M.J., 35
Sudia, C., 298
Swain, B., 404, 406
Swales, P., 148, 150, 154, 158
Sweet, J., 203
Swensen, C.H., 252

Taeuber, M., 270, 283
Taggert, M., 7, 30
Tarule, J.M., 32, 61
Taylor, P., 252
Teachman, J., 449
Teitelbaum, M.P.H., 418
Teitz, W., 401, 402
Terkelson, K.G., 133, 471
Thomas, C.G., 11
Thomas, S., 426, 427
Thurner, M., 272
Thurow, L., 12, 13, 36
Tobin, S., 279, 398
Todd, T., 376, 384, 386
Toews, J., 225
Toman, W., 104, 175, 202, 216
Travis, C., 424
Treas, J., 270
Troll, L., 270, 282
Turk, D.C., 295

Vaillant, G.E., 33, 57, 170, 253, 254, 255, 415, 416, 432
Van der Hart, O., 135, 135
Van Gennep, A., 132
Veroff, J., 186
Viney, L.L., 377
Visher, E.B., 346, 350, 355, 357

Visher, J., 346, 350, 355, 357
Voeller, M.M., 385
Vogel, S.R., 32

Wald, E., 350
Walderman, R.L., 426, 427
Waldron, H., 47
Waldron, I., 395
Walker, G., 383, 480
Walker, K., 305
Walker, L., 231, 346, 350
Wallaskog, J.M., 401, 413
Wallerstein, J., 294, 295, 298, 299, 300, 303, 305, 307, 312, 327, 331, 335
Wallisch, L., 355
Walsh, F., 11, 162, 187, 232, 260, 273, 276, 279, 280, 282, 381, 393, 396, 398, 407
Warburton, J., 47, 61
Ware, L., 276
Waring, J.M., 9
Warsak, R., 301
Watzlawick, P., 142, 244
Wedemeyer, N., 323, 329
Wegscheider, S., 425, 426
Weiner, J.P., 59
Weingarten, K., 32, 42, 43, 477
Weinstein, K., 274
Weintraub, M., 43
Weir, T., 204
Weiss, H.M., 376
Weiss, R.S., 33, 57, 294, 295
Weitzman, L.J., 34, 297, 321, 322, 324, 337
Welts, E.P., 79
Westbrook, M.T., 377
White, G.D., 348
White, K., 36, 40
White, L., 347
White, S.W., 293
Whiteside, M., 350
Whiting, R., 475
Williams, C., 426, 427
Williamson, D., 265, 412
Williamson, J., 22, 50, 102
Wilsnack, S., 428, 431
Winch, R.F., 492
Winget, C., 401, 404, 406
Woehrer, C.E., 13, 71-74, 276, 282
Wolin, S., 131, 418
Woodward, C.A., 61
Wright, D.W., 377
Wright, L.M, , 257
Wynne, L., 93

Zander, R., 464
Zarit, J., 276
Zarit, S., 276
Zborowski, M., 76
Zilbach, J.J., 485
Zill, N., 300, 304, 348
Zimberg, S., 433, 434
Zucker, R.A., 428

Índice por assunto

Aborto espontâneo, 426
Aborto, 426
Abuso da criança, alcoolismo e, 426
Abuso sexual, alcoolismo e, 426
Abuso
  alcoolismo e, 426
  dos idosos, 434
Aconselhamento, *veja* Terapia familiar
Acréscimo, crise de, 88
Adaptabilidade, mulheres e, 32
Adolescência, sistema familiar na, 19-20, 233-246, *veja também* Puberdade
  apego e, 231
  autonomia e, 229-231
  concepções de tempo na, 236-239
  divórcio e, 308-310
  doença dos pais e, 400
  encontro com adolescentes na, 241
  encontro com os irmãos na, 242-243
  encontro com os pais na, 239-241
  encontro com outros parentes na, 243-244
  etnicidade e, 70, 233-236, 243-244
  famílias de baixa renda e, 483-487
  famílias de profissionais e, 472-474
  famílias negras pobres e, 400
  fatores socioculturais e, 147-151
  genetogramas e, 150
  identidade e, 227-229
  intervenção clínica na, 236-245
  morte do adolescente e, 402-403
  mulheres na, 47-50
  perda e, 231-233
  problemas com o álcool e, 427-430
  recasamento e, 355
  rituais terapêuticos para, 244
  separação e, 231
  sexualidade e, 225-227
  subsistemas na, 239
  tarefas do adolescente e, 225-236
  usos do eu e, 244-245
  visão trigeracional de transformação e, 224-225
Adolescentes, *veja* Adolescência, sistema familiar na
Alcoólicos Anônimos e, 417
  determinação do estágio dos, 418-420
  divórcio e, 431
  estatísticas sobre, 415
  família com adolescentes e, 427-430
  família com filhos pequenos e, 426-427
  família no estágio tardio da vida e, 432-434
  famílias com o jovem adulto sozinho e, 420-424
  fase de lançamento e, 430-431
  impacto intergeracional dos, 418
  negação dos, 418
  novo casal com, 424-425
  orientação para o tratamento dos, 434-437
  progressão dos, 418
  questões gerais de tratamento, 416-418
Ambiente, *veja também* Status socioeconômico
  filhos e, 210-212
Ambiguidade, recasamento e, 350, 351
Amizades, *veja também* Rede social
  casamento e, 197
  mulheres e, 57
Ansiedade, *veja também* Estresse
  desenvolvimento da carreira e, 174
  estresses familiares e, 11-12
  ritos de passagem e, 125, *veja também* Ritos de passagem
Apego
  adolescência e, 231
  autonomia e, 176
  desenvolvimento feminino e, 33
Aposentadoria, 128-129, 272
  adaptação disfuncional à, 272
  problemas com o álcool e, 432-433
Arranjos paternos pós-divórcio, 300-301, 304-305, *veja também* Questões de custódia; Divórcio
Assistência governamental, famílias negras pobres e, 441, 444
Assistência pública, famílias negras pobres e, 441, 444
Ausência de filhos
  decisão para, 211
  velhice e, 283
Autonomia, *veja também* Fase de lançamento
  adolescentes e, 229-231
  apego e, 176
  doença e, 386
Avós, 19, 213, 258, 274-275

Bagagem emocional, recasamento e, 349-351
Bar mitzvah, 124-127
Bebês, morte de, 405

Casa da família, venda depois do divórcio, 330
Casais homossexuais, *veja* Homossexualidade
Casais sem filhos, divórcio de, 301-302
Casais, 16-18, *veja também* Casamento

etnicidade e, 69-70
homossexuais, 58, 192-195
não casados, 186
recasados, *veja* Recasamento Casamento inter-racial, grupos étnicos e, 69
Casamento, 16-18, 184-204, *veja também* Divórcio; Intimidade; Recasamento amizades depois do, 197
carreira *versus*, 36-37
cerimônias de casamento e, 119-123, 195-197
como resposta ao processo familiar, 119
decisões envolvidas no, 184-185
diferenças culturais e, 202
efeitos da paternidade sobre, 213-215
estágio tardio da vida e, 272
etnicidade e, 69-70
evasividade no, 191
fusão e intimidade no, 187-192
gênero e satisfação no, 30, 39-42, 186
idade no, 186-187
índice de, 14, 186
meio da vida e, 20, 251-253, 263
morando junto antes do, 186, 191-192
morte de um filho e, 401
mulheres e, 39-42, 204
negros pobres e, 449-450
nos genetogramas, 145-148, 155-157
padrões de família ampliada e, 198-200
parentes por afinidade e, 201
problemas com o álcool no, 424-425, 430-432
profissionais e, 477-478
questões de ajustamento no, 203-204
questões fraternas e, 201-202
reações paternas contra, 121-123
status socioeconômico e, 469-471
Casas de saúde, idosos e, 279
Cerimônias de casamento, 119-123, 195-197, *veja também* Casamento
Cerimônias, *veja também* Ritos de passagem
étnicas, 77
mito sobre, 111-114
Choque, emocional, 407
Ciclo de vida da doença, 381-382
Ciclo de vida familiar
alcoolismo e, 416-418
deslocamentos do, 24
doença e, 384-391
estágios do, 9, 15-22, *veja também* Estágios do ciclo de vida; *estágio específico, p.e..* Fase de lançamento
fase de "panela de pressão", 14
momento da morte no, 398-403
mudanças no, 13-15
períodos de construção/manutenção da estrutura de vida no, 386, 388-389
perspectiva de, 7-8
status socioeconômico e, 471-472
variações maiores no, 22-26

Coabitação, 186
casamento depois da, 191-192
Comportamento de cuidados com a saúde, das mulheres, 58-59, 395
Comunicação
falta de, no casamento, 191
injunção paradoxal na, 91-96
Comunidade rural, adolescente e, 234
Comunidade suburbana, adolescentes e, 234
Condição de progenitor solteiro, *veja também* Divórcio
filhos adolescentes e, 234-236
aumento na, 321
estresse da, 303-304
famílias negras pobres e, 444, *veja também* Famílias negras pobres
processo de tomar-se uma família de progenitor único, 322-323
sem custódia, 336-340
Conflito paterno, ajustamento dos filhos ao divórcio e, 299
Conflito, *veja também* Triângulos
adolescentes e, 224
as mulheres e o trabalho e, 19, 33-35
casais negros pobres e, 449-450
condição de avós e, 275
conjugal, 253
de lealdade, 351
famílias de baixa renda e, 481-482
paterno, ajustamento dos filhos ao divórcio e, 299
Conflitos de lealdade, recasamento e, 351
Consequências pós-divórcio, 323-329
Consequências pós-divórcio; Estabilização pós-divórcio; Famílias pós-divórcio; Realinhamento pós-divórcio
dinheiro nas, 324-325
intervenções nas, 327-328
paternidade nas, 325-326
relacionamentos sociais nas, 326-327
Contato pessoa a pessoa, 178
Contexto econômico, 12, *veja também* Pobreza; *Status* socioeconômico
adolescentes e, 233
divórcio e, 297-298, 309, *veja também* Consequências pós-divórcio; Estabilização pós-divórcio; Famílias pós-divórcio; Realinhamento pós-divórcio
meia-idade e, 251
Contexto financeiro, *veja* Contexto econômico; *Status* socioeconômico Contexto político, 12
famílias pobres e, 25-26
Contexto social, 12
da morte, 394-395
famílias pobres e, 25-26
Contracepção, famílias de baixa renda e, 486
Controle, adolescência e, 231
Crescimento hierárquico, 86-87
Criação dos filhos, *veja também* Paternidade
doença durante o período de, 386
etnicidade e, 70

gênero e, 42-43, 208-210
recasamento e, 345-346 "Crise do meio da vida", 20
Crises de estágio de vida, esperáveis, 87-88
Crises duais, 329
Crises, *veja também* Eventos nodais; Pontos de transição; *crises específicas, p.e.*, Divórcios duais, 329
esperáveis, 87-88
Cronologias familiares, *veja* Genetogramas Cronologias, *veja também* Genetogramas
da família Freud, 165-166
Cuidado dos filhos, conflitos acerca do, 19, 215
Culpa, recasamento e, 351
Cultura, *veja também* Etnicidade; Ritos de passagem
adolescência e, 233-236
casamento e, 202
ciclo de vida familiar e, 13
divórcio e, 291-292
processo familiar e, 109-110
Culturas ocidentais *versus* culturas orientais, 65
Custódia conjunta, 56, 300-301

Defeitos congênitos, 405
Delinquência, 485-486
Demência senil, 276
Demografia, divórcio e, 292-293
fase do meio da vida e, 250-251
Dependência, velhice e, 275-279
Desarraigamento geográfico, 129-130, *veja também* Migração
Desenvolvimento adulto, teoria do ciclo de vida e, 169-171
Desenvolvimento da carreira, *veja também* Trabalho
na idade adulta jovem, 174-175
reações dos pais ao, 171
Desenvolvimento feminino *versus* desenvolvimento masculino, 31-33
Desenvolvimento humano, *veja também* Desenvolvimento adulto gênero e, 31-33
Desenvolvimento masculino *versus* desenvolvimento feminino, 31-33
Desenvolvimento moral, feminino, 33
Desenvolvimento psicossocial, doença e, 379-380
Design for a Brain, 88
Desmembramento, crise de, 88
Destriangulação, 180
Diferenciação do sistema familiar, 406
Dinheiro, *veja* Contexto econômico; *Status* socioeconômico
Divórcio emocional, 317, 323
Divórcio, 14, 22-25, 127, 291-318
alcoolismo e, 431
arranjos de paternidade depois do, 300-301
aspectos legais do, 317-318
casais recém-casados sem filhos e, 301-302
como crise de transição, 293
consequências do, 301-329
consequências econômicas do, 297-298

demografia do, 292-293 emocional, 317, 323
estabilização depois do, 334-335
estágio do ciclo de vida e, 301-316
estágio tardio de vida e, 314-316
famílias com adolescentes e, 308-310
famílias com filhos pequenos e, 303-308
famílias negras pobres e, 449-450
fase de cognição individual no, 294
fase de lançamento e, 311-313
fase de metacognição familiar no, 294
fase de pré-decisão, 294, 316-317
fase de redefinição, 298
fase de reorganização, 296
fase de separação, 294, 317-318
filhos adolescentes e, 234-236
filhos e, 298-301, 303-308, 317
gênero e efeitos do, 31, 56, 295
impacto sobre a família, 294-298
implicações clínicas do, 316-318
índice de, 292
mediação do, 317
meia-idade e, 251
processo de ajustamento no, 294-295
realinhamento depois do, 329-334
rede social e, 295-296
relacionamento co-paterno e, 296-297
separação experimental antes do, 317
Doença crônica, 373-391, *veja também* Doença
Doença de Alzheimer, 276
Doença fatal, *veja* Doença terminal
Doença física, *veja* Doença
Doença que ameaça a vida, *veja* Doença terminal
Doença terminal, 279, 376, *veja também* Morte; Doença
Doença, 373-391, *veja também* Morte
alcoolismo como, 416
bebês e, 405
ciclo de vida familiar e, 384-391
consequências da, 376
curso da, 375-376
de curso constante, 375-376, 386-387
de um adolescente, 403
episódica, 376, 387
estilo familiar centrípeto *versus* centrífugo e, 385-387
estresse devido à, 404-406
estrutura da vida humana e, 384
fase crônica da, 378
fase de crise da, 378
fase terminal da, 378-379
fases temporais da, 378-380
fora-de-fase, 390
identidade familiar e, 388
incapacitação e, 376-377
início da, 375
matriz tridimensional, 380
mulheres e, 58-59
períodos de construção/manutenção da estrutura de vida e, 386, 388-389

progressiva, 375
recorrente, 376, 387
tipologia psicossocial da, 374-377
velhice e, 275-279
Dupla mensagem, 91-96

Emaranhamento, 179
doença e, 381
Emergência do sintoma
status socioeconômico e, 471-472
transição idiossincrática e, 133-134
Emprego, *veja* Desenvolvimento da carreira; Trabalho
Enfermidade, *veja* Doença
Envelhecimento, *veja* Estágio tardio de vida
Escola, atitudes em relação à, famílias de baixa renda e, 484-485
Esfera doméstica, *veja* Lar

Espancamento, alcoolismo e, 426
Estabilização pós-divórcio, 334-335
intervenção durante, 335
Estágio tardio da vida, 21-22, 269-285
abuso no, 434
aposentadoria e, 128-129, 272
ausência de filhos e, 283
condição de avós e, 274-275, *veja também* Netos; Avós
dependência no, 275-279
dificuldades no, 21-22
divórcio no, 314-316
doença no, 275-279, 398-399
estereótipos e, 285
etnicidade e, 72-74
famílias negras pobres no, 453-456
filhos de meia-idade dos pais no, 258-260, 263-265
flexibilidade de papel e, 282-283
genetogramas e, 159-162
interação geracional cruzada das questões de ciclo de vida e, 280-282
invisibilidade e, 284-285
migração no, 78-79
mitos sobre, 21
morte no, 398-399
mulheres no, 53-55
preparando o cenário para, 270-271
problemas com o álcool e, 431-434
questões de tratamento no, 283-285
recasamento no, 355
terapia de revisão de vida e, 278
viuvez e, 272-273
Estágios do ciclo de vida, *veja também* Ciclo de vida familiar, estágios do; *estágio específico, p.e.,* Fase do meio da vida
do terapeuta *versus* da família, 97-101, 103
etnicidade e, 67
recasamento e, 353-355
Estigma
mães solteiras e, 332
rituais de redefinição de identidade e, 140-141

Estratégias de fortalecimento, 462
Estresse desenvolvimental, 12
morte e, 396
Estresse transgeracional, 12
morte e, 396
Estresse, *veja também* Pressão emocional
desenvolvimento da carreira e, 174
crises esperáveis e, 87-88
diferenças culturais e, 202
doença provocando, 404-406
famílias negras pobres e, 444
lançamento dos filhos e, 51
morte e, 406-406, 411
pontos de transição e, 8-9, 11-13, *veja também* Ritos de passagem
questões de intimidade e, 178
suscetibilidade das mulheres ao, 30
Estresses da rede, mulheres e, 30
Estruturas domésticas, 36-36
duas carreiras, *veja* Famílias com duas carreiras
Estruturas familiares, atuais, 15
Estudantes na fase de graduação da faculdade, 475-477
Estudantes na fase inicial da faculdade, 475-477
Estudantes, *veja também* Filhos
da fase final da faculdade (escola de graduação), 475-477
da fase inicial da faculdade, 474-475
Etnicidade, 65-82, *veja também* Famílias negras pobres
adolescência e, 233-236, 243-244
casamento inter-racial e, 69
cerimônias relacionadas à, 77, *veja também* Ritos de passagem
conceito familiar e, 66-67
estágios do ciclo de vida e, 66-67
famílias com adolescentes e, 70
imigração e, 77-79
jovem adulto sozinho e, 67-69
jovem casal e, 68-70
lançamento dos filhos e, 72-73
morte e, 74-75, 395-396
paternidade e, 70-71
problemas relacionados à, 76
rituais e, 76, *veja também* Rituais
terapia e, 79-82
velhice e, 72-74
Eu, *veja também* Identidade
diferenciação do, adolescentes negros pobres e, 445
filhos *versus*, 211
orientação individual *versus* interdependente do, 176
usos do, 244-245
Eventos de ciclo de vida, estresse familiar e, 11
Eventos nodais, 127
desenvolvimento individual, 177-178
Ex-cônjuge
casal recasado e o, 357-359
terapia familiar incluindo o, 367
Expectativa de vida, aumento na, 14, 250

Família ampliada gravidez precoce e, 490-491
  modelo e baixa renda de, 479-482
  padrões de casamento e, 198-200
  paternidade e, 213-214
  questões de intimidade e, 176-178
Família centrada na criança, 217
Família de classe média, *veja também* Status socioeconômico
  estágios do ciclo de vida da, 15-22
Família Freud, cronologia da, 165-166, *veja também* Genetogramas
Família nuclear, redução no tamanho da, 250-251
Família
  centrada na criança, 217
  conceitos étnicos de, 66-67
  do terapeuta, 104-105
  mito do colapso da, 108-109
Famílias com dois salários, *veja* Famílias com duas carreiras; Famílias de profissionais
Famílias com duas carreiras, *veja também* Famílias de profissionais; Trabalho
  com filhos pequenos, 19, 214-215
Famílias com padrasto/madrasta, 25, 56-57, *veja também* Recasamento
  com adolescentes, 355
  conselhos para, 347
Famílias de baixa renda, 479-491, *veja também* Famílias negras pobres; Pobreza; Status socioeconômico
  22-30 anos de idade nas, 489
  31-35 anos de idade nas, 490-491
  arranjos fraternos nas, 483
  conflito entre a mãe e executivos não patemos nas, 481-482
  famílias de profissionais *versus*, 473
  filhos em idade de primeiro e segundo grau e, 483-487
  história de separações nas, 482-482
  isolamento das, 480
  jovem adulto nas, 487-489
  modelo de família ampliada e, 479-482
  não reciprocidade nos relacionamentos nas, 480
  pressão ambiental e, 480
  suborganização das, 481
Famílias de profissionais, 472-479, *veja também* Status socioeconômico
  escola de graduação (fase final da faculdade) e, 475-477
  estágio de pós-graduação nas, 477-478
  famílias de baixa renda *versus*, 473
  fase inicial da faculdade e, 474-475
  identidade das, 472
  paternidade nas, 478-479
  primeiro e segundo grau e, 472-478
Famílias misturadas, *veja* Recasamento; Famílias com padrasto/madrasta
Famílias negras pobres, 440-466, *veja também* Pobreza; Status socioeconômico
  apoio institucional das, 444

  avaliação das, 456-458
  características das, 444-444
  ciclo da miséria e, 442-443
  ciclo de vida truncado das, 444
  estágio de adolescência/jovem adulto sozinho nas, 445-448
  estágio tardio da vida e, 454-456
  estratégias de fortalecimento para, 462
  estresse impredizível nas, 444
  famílias chefiadas por mulheres nas, 444
  filhos e, 449-454
  intervenção nas, 458-464
  orientações gerais para, 462-464
  terapia de múltiplo impacto para, 458-464
  visão de mundo das, 443
Famílias negras, *veja* Etnicidade; Famílias negras pobres
Famílias pós-divórcio, 321-342, *veja também* Divórcio; Recasamento; Condição de progenitor solteiro
  fase das consequências, 323-329
  fase de estabilização, 334-335
  fase de realinhamento, 329-334
  processo de tornar-se, 322-323
  progenitor sem custódia das, 336-340
Family Policy Panel, 221
Fase centrípeta *versus* fase centrífuga, 385-387
Fase da "panela de pressão", 14
Fase de lançamento, 20-21, 169-183, 248-267, *veja também* Fase do meio da vida
  desenvolvimento adulto e, 169-171
  divórcio na, 311-313
  etnicidade e, 72-73
  fatores do sistema familiar na, 171-174
  fatores individuais na, 171
  migração na, 78-79
  mulheres e, 50-53
  nos genetogramas, 154-155
  orientação na, 179-183
  problemas com o álcool e, 430-432
  problemas com, 256-257
  questões de carreira na, 174-175
  questões de intimidade na, 175-179
  transição para a fase tardia da vida e, 270-271
Fase do "ninho vazio", 51, *veja também* Fase do meio da vida
Fase do meio da vida, 20-21, 248-267, *veja também* Fase de lançamento
  adolescentes e, 225
  casamento e, 251-253
  considerações clínicas para, 260-265
  divórcio e, 251
  duração da, 249, 251
  genetogramas e, 154-155
  geração mais velha e, 258-260
  maturidade na, 253-255
  mudanças demográficas na, 250-251
  mulheres que trabalham e, 251
  novos relacionamentos na, 257-259

problemas com o álcool na, 430-432
processo de duas partes na, 251
questões não resol vidas na, 260, 261-263
relacionamentos com filhos adultos na, 255-257
responsabilidade por outras gerações na, 263-265
status econômico na, 251
Fatores socioculturais, *veja também* Cultura; Etnicidade
adolescência e, 233-236
divórcio e, 291-292
Feedback, evolutivo, 84-85
Feminismo, *veja* Mulheres
Filho(s), *veja também* Bebês; Progenitor
adolescente, 19-20; *veja também* Adolescência, sistema familiar na
adulto, 171-174, *veja também* Fase de lançamento
adulto, 255-257
custódia do, 56, 300-301, 305-307
de mães que trabalham, 34
divórcio e, 298-301, 303-308, 317, 332, *veja também* Divórcio
espaço para, 210-212
lançamento do, 20-21, *veja também* Fase de lançamento
migração e, 77
morte do, 400-403
pais alcoolistas e, 426-427
papel filial do, 277
pequeno, 18-19, *veja também* Paternidade
recasamento e, 354-355, *veja também* Recasamento
status socioeconômico e, 469-471
Filhos adultos, relacionamentos adultos com, 255-257
Filhos em idade pré-escolar, divórcio e, 303-307
Filhos na idade da escola elementar, divórcio e, 307-308
Filhos pequenos, 18-19, *veja também* Progenitor
divórcio e, 303-308
pais alcoolistas e, 426-427
Flexibilidade de papel, envelhecimento bem-sucedido e, 282-283
Força de trabalho, *veja* Trabalho Fracasso do terapeuta, evitação do, 464-465
Funerais, 114-120, *veja também* Morte
oportunidades relacionadas aos, 115
Fusão
intimidade e, 187-192
recasamento e, 351

Gêmeos, 215-216
Generation to Generation, 114
Gênero, *veja também* Mulheres
adolescência e, 47-50
adolescentes de baixa renda e, 484-486
ajustamento ao divórcio e, 295
amizades e, 57
autonomia adolescente e, 230
casamento e, 31, 39-42, 186
comportamento de cuidados com a saúde e, 58-59
contexto econômico do divórcio e, 297-298, 309
criação dos filhos e, 42-43
desenvolvimento adulto e, 170

desenvolvimento humano e, 31-33
diferenças estabelecidas entre, 208
divórcio no estágio tardio da vida e, 314
divórcio no meio da vida e, 312
dos filhos, divórcio e, 299
estrutura de identidade e, 277, 228-229
etnicidade e, 69-70, 72-73
famílias de profissionais e, 478-479
ganhos e, 12-13
maturidade do meio da vida e, 254
opiniões em relação ao casamento e, 18
paternidade e, 208-210
problemas com o álcool e, 427-428, 430-432, *veja também* Problemas com o álcool
proporção negra de, 450
questões de carreira e, 175
relacionamentos homem-mulher, 101-103
sexualidade adolescente e, 226-227
velhice e, 282
Genetogramas, 145-166
casamento nos, 145-148, 155-157
estágio tardio da vida nos, 159-162
famílias com adolescentes nos, 153
fase do meio da vida nos, 154-155
paternidade nos, 148-152, 157-159
segunda geração nos, 155-159
triângulos predizíveis e, 148
Gerações
morte e, 398-399
no sistema familiar, 9
Gravidez, *veja também* Progenitor
adolescente, 484-485, 486-487, 490-491
perda da, 405
precoce, sistema de família ampliada e, 490-491

Hispânicos, *veja* Etnicidade Homens, *veja também* Gênero
amizades e, 57
baixa renda, 488-489
com filhos pequenos, 42-43
questões emocionais e, 50
Homeostase, 84, *veja também* Mudança descontínua
Homossexualidade, 192-195, *veja também* Transições idiossincráticas femininas, 57-58

Idade adulta jovem, 15-16, *veja também* Fase de lançamento
desenvolvimento da carreira na, 174-175
etnicidade e, 67-69
famílias de baixa renda e, 445-448, 487-489
famílias negras pobres e, 445-448
morte de um dos pais e, 399-400
mulheres na, 36-39
relacionamentos paternos na, 171-174
sistema familiar alcoolista e, 420-424
Identidade familiar, doença e, 388
Identidade vocacional, 174-175, *veja támbem* Trabalho
Identidade, *veja também* Eu
"profissional", 472

adolescente, 227-229
etnicidade e, 66, 76
família, doença e, 388
gênero e, 32, *veja também* Gênero
vocacional, 174-175
Idosos, *veja* Estágio tardio de vida
Igualitarismo
  paternidade e, 208-210
  rivalidade fraterna e, 216
Imigração, 77-79
In a Different Voice, 170
Incapacitação, doença e, 376-377
Independência econômica, as mulheres e a, 34-35
Independência, *veja também* Fase de lançamento
  adolescentes e, 229-231, *veja também* Adolescência, sistema familiar na
  econômica, 34-35
Injunções paradoxais, "prensa" e, 91-96
Institucionalização, idosos e, 279
Instrução, natalidade e, 470
Intervenção clínica, *veja* Terapia familiar Intimidade
  definição de, 208
  fusão e, 187-192
  jovens adultos solteiros e, 175-179
  paternidade e, 213 Irmãos, *veja também* Irmãs
  casamento e, 201-202
  de baixa renda, 483
  e adolescentes, 242-243
  gravidez adolescente e, 491-491
  morte de, 401-402
  posição dos, *veja* Ordem de nascimento
  rivalidade entre, 152, 215-217
Irmãs, relacionamentos das, 54-55

Jovem adulto solteiro, 15-16
  do sexo feminino, 36-39
  etnicidade e, 67-69
  lançamento do, 169-183, *veja também* Fase de lançamento
  sistema familiar alcoolista e, 420-424
Lar
  equilíbrio do trabalho com o, 207, 214-215, *veja também* Paternidade
  venda do, depois do divórcio, 330
Lésbicas, 57-58, 193-195
Licença de maternidade, 210
Linguagem, preconceito sexista na, 32
Local de trabalho, adaptações necessárias no, 221
Luto, *veja também* Tristeza
  não resolvido, 411-412

Madrastas, 56-57
  expectativas em relação às, 346
Mãe(s), *veja também* Progenitor; Mulheres
  baixa renda, conflito entre outros membros da família e, 481-482
  que trabalham, 34, 210

Maturação
  adolescente, 124-127, 225-227
  no meio da vida, 253-255
Mecanismos de medida, 88-91
Menarca, 225
Meninas, *veja* Gênero Meninos, *veja* Gênero
Menopausa, 50-51
Métodos de cuidados com a saúde, doença grave, 395
Migração, 14, 77-79, 129-130
Mina and Nature, 84
Modelo espiral de vida familiar, 385
Morando junto, *veja* Coabitação Morfoestase *versus* morfogênese, 91
Morrendo, *veja* Morte; Doença terminal Morte, 393-412; *veja também* Doença; Viuvez
  contexto familiar e, 408
  contexto social da, 394-395
  de um adolescente, 402-403
  de um membro adulto da família, 399-400
  dos filhos, 400-403
  esperança e, 409-410
  estabelecimento de um relacionamento franco e, 409
  estresse e, 411
  etnicidade e, 74-75, 395-396
  franqueza do sistema familiar e, 406-406
  funerais e, 114-119
  informação sobre, 408-409
  intervenção de tratamento familiar e, 408-412
  luto não resolvido e, 411-412
  momento da morte no ciclo de vida, 398-403
  mudança nos métodos de cuidados de saúde e, 395
  natureza da, 403-406
  ordem sequencial da, 162
  perdas anteriores e, 396-397
  perinatal, 405
  posição na família e, 406-408
  questões não resolvidas e, 260
  reação do terapeuta à, 410-411
  rituais e, 411
  súbita, 403-404
Mudança descontínua, 84-96
  crescimento hierárquico e, 86-87
  crises de estágio de vida esperáveis e, 87-88
  feedback evolutivo e, 84-85
  injunções paradoxais e, 91-96
  mecanismos de medida e, 88-91
Mulheres, 29-61
  baixa renda, 487-488
  casamento e, 30-31, 39-42, 186-187, 204
  com filhos pequenos, 42-47
  condição de progenitor solteiro e, 303-304, *veja também* Condição de progenitor solteiro
  cuidados de saúde e, 58-59, 395
  desenvolvimento humano e, 31-33
  divórcio e, 56, *veja também* Divórcio
  estresses e, 30
  estruturas domésticas e, 36-36

etnicidade e, 72-73
ganhos das, 12-13
idade adulta jovem das, 36-39
lançamento dos filhos e, 50-53
lésbicas, 57-58, 193-195
mudança no papel das, 13
nas famílias com adolescentes, 47-50
prestação de cuidados e, 31
recasamento e, 56-57
redes de amizade das, 57
terapia familiar e, 59-61
trabalho e, 12-13, 33-35, 210, 251, 330-331
velhice e, 53-55
Nacionalidade, *veja* Etnicidade Natal, ansiedade circundante, 125
Natimorto, 405
National Councu on Alcoholism, 416
Negligência, alcoolismo e, 426
Netos, 257-259

Onda de choque emocional, 407
Ordem de nascimento
estabilidade conjugal e, 201
terapeuta e, 104
Orientação de Bowen, 68, 179-183

Padrastos, 348 Pai(s), *veja também* Progenitor
com filhos pequenos, 42-43
paternidade pós-divórcio e, 300-301, 304-305, 336-340
Papel filial, 277
Paradigmas, colisão de, 208-210
Parentes por afinidade, 201, 257-259
Parentes, *veja também* Família ampliada; *relacionamento específico*
da família na adolescência, 243-244
Paternidade, 18-19, 206-222, *veja também* Filho(s)
alcoolismo e, 426-427
colisão de paradigmas e, 208-210
consequências pós-divórcio e, 325-326
decisões a favor ou contra, 211
equilíbrio lar/trabalho e, 207, 214-215
espaço para os filhos e, 210-212
etnicidade e, 69-71
família ampliada e, 213-214
família centrada na criança e, 217
famílias de baixa renda e, 478-482
famílias de profissionais e, 478-479
famílias negras pobres e, 449-452
igualdade sexual e, 208-210
intimidade e, 213
mulheres e, 42-47
nos genetogramas, 148-152, 157-159
orientação para a intervenção, 217-221
realinhamento pós-divórcio e, 331
rivalidade fraterna e, 215-217
sexualidade e, 212
solteira, *veja* Condição de progenitor solteiro

Perda, *veja também* Morte; Tristeza; Doença
adolescência e, 231-233
divórcio e, 317
doença terminal e, 279
rituais curativos e, 138-139
Perspectiva de ciclo de vida, *veja também* Ciclo de vida familiar
alertas a respeito, 7-8
desenvolvimento adulto e, 169-171
Pobreza, *veja também* Famílias negras pobres; *Status* socioeconômico adolescentes e, 233
ciclo da, 442-443
ciclo de vida das famílias na, 25-26
condição de progenitor solteiro e, 322
feminização da, 298
Poder pessoal, gênero e, 103
Pontos de transição, 131-132, *veja também* Ritos de passagem; transições específicas, p.e.. Divórcio doença e, 379
estresse familiar e, 8-9, 11-13, *veja também* Estresse
idiossincráticos, 132-134
Práticas de natalidade, etnicidade e, 70-71
Preconceito contra a idade, 285
"Prensa", 91-96
Pressão emocional, *veja também* Estresse
divórcio e, 23-25, 294-295
Prestação de cuidados, as mulheres e a, 31
Prison Notebooks, 90
Problemas afetivos, recasamento e, 351
Problemas com o álcool, 415-437
respostas adaptativas aos, 418-419
Procedimentos legais, divórcio e, 317-318
Processo de projeção familiar, 176
Processo familiar
cultura e, 109-110
ritos de passagem e, 106-130, *veja também* Ritos de passagem
Progenitor e o *Disability Leave Act,* 221
Progenitor sem custódia, 336-340
dinheiro e, 336-337
intervenções para, 340
relacionamentos entre os filhos e o, 337-339
relacionamentos sociais do, 339-340
Progenitor(es), *veja também* Pai(s); Mãe(s)
de cônjuges recasados, 365-366
doença crônica do, 386, *veja também* Doença morte do, 339-400, *veja também* Morte
que estão envelhecendo, 277, *veja também* Estágio tardio da vida
reações ao casamento dos filhos, 121-123, 196
relacionamento pós-casamento com, 198-200
relacionamento pós-divórcio do, 296-297
relacionamentos dos jovens adultos com, 171-174
resposta aos adolescentes, 224, *veja também* Adolescência, sistema familiar na
sem custódia, 336-340, *veja também* Progenitor sem custódia

Pseudo-eu, 176
Pseudolançamento, 265
Pseudomutualidade, recasamento e, 351, 359-360, 362-364
Psicopatologia, divórcio e, 293
Puberdade, 124-127, 225-227, *veja também* Adolescência, sistema familiar na

Questões de ciclo de vida, interação geracional cruzada das, 280-282
Questões de custódia, 56, 300-301, 305-307
    progenitor sem custódia, 337-340
Questões emocionais, homens e", 50

Raça, *veja* Etnicidade; Famílias negras pobres
Realinhamento pós-divórcio, 329-334
    dinheiro no, 329-331
    intervenção no, 333-334
    paternidade no, 331
    relacionamentos sociais no, 332-333
Realização escolar, famílias de profissionais e, 472, *veja também* Famílias de profissionais
Recasamento, 22-25, 344-368
    achados clinicamente úteis sobre, 347-349
    com os cônjuges em fases diferentes do ciclo de vida, 353-354
    com os cônjuges nas mesmas fases do ciclo de vida, 354
    constituição familiar no, 346
    depois da viuvez, 273
    dificuldades de fronteira no, 350-351
    índices de, 344
    integração familiar no, 348-349
    modelo da família no, 345
    mulheres e, 56-57
    no estágio tardio de vida, 355
    nos genetogramas, 145-148
    objetivos no, 367-368
    papéis e relacionamentos no, 350
    papel dos filhos no, 347
    preditores de dificuldades no, 352
    prematuro, 339-340
    problemas afetivos e, 351
    processo de, 351-352
    questões emocionais no, 349-351
    reações dos filhos ao, 354-355
    responsabilidades da educação dos filhos no, 345-346
    tendência à fusão no, 351
    tendência à pseudomutualidade no, 351
    terapia familiar e, 356-367
    triângulos no, 415-426, *veja também* Triângulos Reconexão, 180-181
Rede de trabalho, 103
Rede familiar, *veja* Família ampliada Rede social, *veja também* Amizades
    consequências pós-divórcio e, 326-327
    do progenitor sem custódia, 339-340
    família pós-divórcio e, 323
    jovens negros pobres e, 446
    realinhamento pós-divórcio e, 332-333
Relacionamento pai-filha, adolescência e, 47-48
Relacionamentos com iguais, *veja* Amizades; Rede social Relacionamentos progenitor/filho, superproximidade nos, 210-211
Relacionamentos, *veja também* Amizades; Rede social
    com filhos adultos, 255-257
    com filhos pequenos, 210-211, *veja também* Paternidade
    íntimos, 175-183, *veja também* Casamento
    não reciprocidade dos, nas famílias de baixa renda, 480
    novos, na meia-idade, 257-259
Religião, *veja* Etnicidade Reminiscência, 278
Renda, *veja* Contexto econômico; *Status* socioeconômico
Reversões de papel, 180
Reversões, 180
Ritos de passagem judaicos, *veja também* Etnicidade; Ritos de passagem
    bar mitzvah, 124-127
Ritos de passagem, 106-130, *veja também* Rituais
    aposentadoria, 128-129
    cerimônias de casamento, 119-123, 195-197, *veja também* Casamento
    cerimônias *versus*, 111-114
    desarraigamento geográfico, 129-130
    divórcio, 127-128, *veja também* Divórcio
    funerais, 129-134, *veja também* Morte
    mitos que inibem a visão de processo familiar dos, 108-114
    naturais *versus* nodais, 127
    puberdade, 124-127
    séries de períodos temporais em torno dos, 112-113
Rituais curativos, 138-139
Rituais de redefinição de identidade, 140-141
Rituais de transição, 135-137, *veja também* Ritos de passagem; Rituais
    discussão dos, 137-138
Rituais terapêuticos, 135
    propósito dos, 142
    sistema familiar na adolescência e, 244
Rituais, 131-132, *veja também* Ritos de passagem
    curativos, 138-139
    de redefinição de identidade, 140-141
    de transição, 135-138
    etnicidade e, 75
    morte e, 411
    terapêuticos, 135, 142, 244
Rompimento, 179-180
    fase de lançamento e, 256

Saltologia, 91
Saúde, *veja também* Doença
    status conjugal no meio da vida e, 252-253
    velhice e, 275-279

Separação experimental, 317
Separação, *veja também* Divórcio; Fase de lançamento
  adolescência e, 231
  experimental, 317
  história de, famílias de baixa renda e, 482-482
Sexismo, *veja também* Mulheres
  linguagem e, 32
Sexo, *veja* Gênero; Mulheres Sexualidade
  adolescentes das famílias de profissionais e, 473
  adolescentes de baixa renda e, 485, 486
  adolescentes e, 225-227
  paternidade e, 212
SIDA
  adolescentes de baixa renda e, 486
  casais homossexuais e, 192
Sistema familiar de três gerações, 9-10, 224-225
Sistema familiar
  alcoolismo e, 417, *veja também* Problemas com o álcool
  doença e, 380, *veja também* Doença
  fase de lançamento e, 171-174
  morte e, 406-406
  movendo-se através do tempo, 8-13
  recasamento e, 345, *veja também* Recasamento
  transformação na adolescência, 19-20, 223-246, *veja também* Adolescência, sistema familiar na
Sogra, 201
Status socioeconômico, 468-495, *veja também* Contexto socioeconômico
  baixa renda, 479-491, *veja também* Famílias de baixa renda; Famílias negras pobres; Pobreza e acréscimos à teoria do ciclo de vida familiar, 471-472
  fontes de dados sobre, 468-469
  forças e vulnerabilidades e, 491-495
  formação do sintoma e, 471-472
  padrões de casamento e, 469-471
  padrões de natalidade e, 469-471
  profissional, 472-479, *veja também* Famílias de profissionais
Stepfamily Bulletin, 346
Suicídio, adolescente, 402-403
Supervisão, 103
Sustento dos filhos, depois do divórcio, 297-298, 336-337

Tamanho da família, redução do, 250-251
Teoria do desenvolvimento humano de Erikson, gênero e, 32
Teoria do pulo, 91
Teoria sistémica de Bowen, fusão na, 187
Terapeuta, *veja também* Terapia familiar ainda não chegou ao estágio de ciclo de vida da família, 98-99
  escolha do modelo pelo, 103
  evitação do fracasso do, 464-465
  família de origem do, 104-105
  já passou do estágio de ciclo de vida da família, 100-101
  no mesmo estágio de ciclo de vida da família, 99-100

posição do, 103
rede de trabalho e, 103
sistema familiar na adolescência e, 244-245
supervisão e, 103
Terapia de revisão de vida, 278 Terapia familiar de múltiplo impacto, 458-464 Terapia familiar, 97-105; *veja também* Rituais terapêuticos; Terapeuta
  adolescentes e, 236-245, 241
  ajuste entre terapeuta e família na, 97-101, 103
  com o terapeuta e a família no mesmo estágio do ciclo de vida, 99-100
  com o terapeuta que ainda não chegou ao estágio de ciclo de vida da família, 98-99
  com o terapeuta que já passou do estágio de ciclo de vida da família, 100-101
  de múltiplo impacto, 458-464
  divórcio e, 316-318
  estrutura para, 7-26
  etnicidade e, 79-82
  ex-cônjuges na, 367
  famílias de baixa renda e, 486-489
  fase do meio da vida e, 260-265
  famílias negras pobres e, 458-464
  idosos e, 283-285
  irmãos de adolescentes e, 242-243
  morte e, 408-412
  mulheres e, 59-61
  orientação na, 179-183
  pais com filhos pequenos e, 217-221
  pais de adolescentes e, 239-241
  parentes da família na adolescência e, 356-357
  pós-divórcio, 327-329, 333-334, 335, 340-341
  problemas com o álcool e, 434-437
  progenitor sem custódia e, 340
  reformulando o conceito familiar de tempo na, 236-239
  usos do eu na, 244-245 TFMI (terapia familiar de múltiplo impacto), 458-464
Trabalho doméstico, 36
Trabalho, *veja também* Desenvolvimento da carreira
  homens de baixa renda e, 488
  jovens negros pobres e, 446
  mulheres e, 12-13, 33-35, 210, 251, 330-331
  paternidade e, 207, 214-215, *veja também* Paternidade
  profissional, *veja* Famílias de profissionais Transições do ciclo de vida, idiossincráticas, 132-134
  emergência dos sintomas e, 133-134
  rituais e, 135-143, *veja também* Rituais Transições paranormativas, 132-134
Tratamento, *veja* Terapia familiar Triângulo na família nuclear, 212
  sensível à distância, 177, 178
  sensível ao emaranhamento, 177
Triângulo sensível à distância, 177-178
Triângulos, 180
  adolescentes e, 224, 231

casal recasado pseudomútuo e, 359-360, 362-364
casal-irmãos, 201-202
cônjuge-segundo cônjuge-ex-cônjuge, 357-359
cônjuges recasados e os pais de ambos, 365-366
consequências pós-divórcio e, 325-326, 328, 329
esposa-segundo marido-filhos da esposa, 361-362
"família gatilho", 98
família nuclear, 212
marido-segunda esposa-filhos do marido, 360
morte e, 409
parentes por afinidade e, 201
predizíveis, 148
progenitor-filhos-enteados, 364-365
realinhamento pós-divórcio e, 333-334
sensíveis à distância, 177-178
sensíveis ao emaranhamento, 177, 178
Tristeza, 87, 115, *veja também* Morte; Perda
  divórcio e, 317
Velhice, *veja* Estágio tardio da vida
Viuvez, 53-54, 272-273